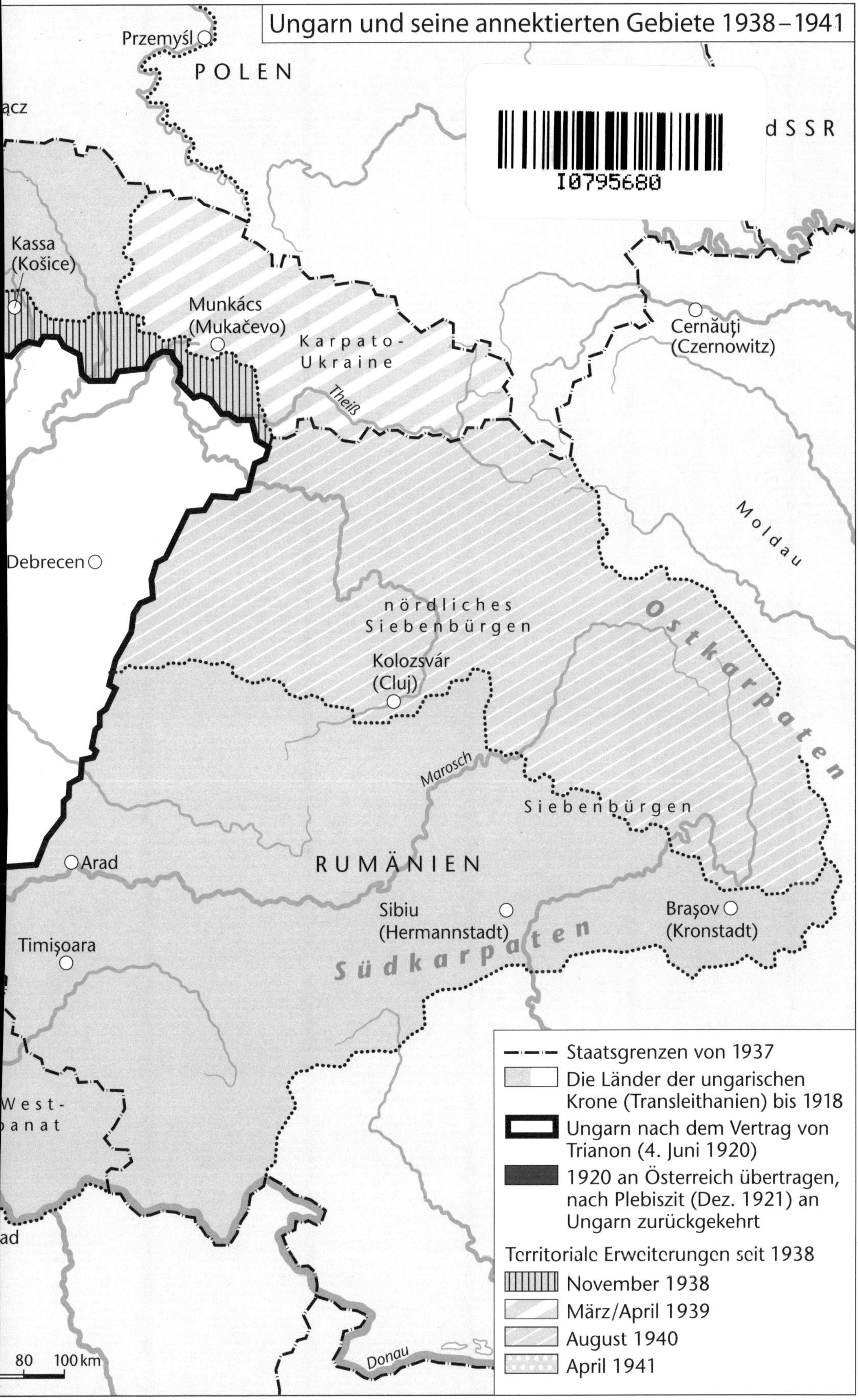

Ungarn und seine annektierten Gebiete 1938–1941

Verfolgung und Ermordung der Juden 1933–1945

Die Verfolgung und Ermordung der europäischen Juden durch das nationalsozialistische Deutschland 1933–1945

Herausgegeben im Auftrag des Bundesarchivs, des Instituts für Zeitgeschichte, des Lehrstuhls für Neuere und Neueste Geschichte an der Albert-Ludwigs-Universität Freiburg von

Susanne Heim, Ulrich Herbert, Michael Hollmann, Horst Möller, Dieter Pohl, Sybille Steinbacher, Simone Walther-von Jena und Andreas Wirsching

Die Verfolgung und Ermordung der europäischen Juden durch das nationalsozialistische Deutschland 1933–1945

Band 15

Ungarn 1944–1945

Bearbeitet von Regina Fritz

DE GRUYTER
OLDENBOURG

ISBN 978-3-11-036502-3
e-ISBN (PDF) 978-3-11-060410-8
e-ISBN (EPUB) 978-3-11-060576-1

Library of Congress Control Number: 2020952260

Bibliografische Information der Deutschen Nationalbibliothek
Die Deutsche Nationalbibliothek verzeichnet diese Publikation in der Deutschen Nationalbibliografie; detaillierte bibliografische Daten sind im Internet über http://dnb.dnb.de abrufbar.

Endredaktion: Stephan Lahrem, Berlin
Karten: Peter Palm
Einband und Schutzumschlag: Frank Ortmann und Martin Z. Schröder
Satz: Meta Systems Publishing & Printservices GmbH, Wustermark
Druck & Bindung: Hubert & Co. GmbH & Co. KG, Göttingen

MIX
Papier aus verantwortungsvollen Quellen
FSC www.fsc.org FSC® C016439

www.degruyter.com

Inhalt

Vorwort der Herausgeber

Die Edition „Die Verfolgung und Ermordung der europäischen Juden durch das nationalsozialistische Deutschland 1933–1945“ besteht aus insgesamt 16 Bänden. In ihnen wird eine thematisch umfassende, wissenschaftlich fundierte Auswahl von Quellen publiziert. Der vorliegende 15. Band der Edition dokumentiert die Verfolgung der Juden in Ungarn und den von Ungarn annektierten Gebieten seit 1938 mit einem Schwerpunkt auf der Zeit ab März 1944 bis Mai 1945.

Im Vorwort zum ersten Band der Edition sind die Kriterien der Dokumentenauswahl detailliert dargelegt. Die wichtigsten werden im Folgenden noch einmal zusammengefasst: Quellen im Sinne der Edition sind Schrift- und gelegentlich auch Tondokumente aus den Jahren 1933 bis 1945. Fotografien sind nicht einbezogen, vor allem weil sich die Umstände ihrer Entstehung oft nur schwer zurückverfolgen lassen. Auch Lebenserinnerungen, Berichte und juristische Unterlagen, die nach Ende des Zweiten Weltkriegs entstanden sind, werden aus quellenkritischen Gründen nicht in die Edition aufgenommen. Allerdings wird von ihnen in der Kommentierung vielfältig Gebrauch gemacht. Dokumentiert werden die Aktivitäten und Reaktionen von Menschen mit unterschiedlichen Lebenserfahrungen, Überzeugungen und Absichten, an verschiedenen Orten, mit jeweils begrenzten Horizonten und Handlungsspielräumen – Behördenschreiben ebenso wie private Briefe und Tagebuchaufzeichnungen, Zeitungsartikel, Gerichtsurteile und die Berichte ausländischer Beobachter.

Die Dokumentation wechselt vom Brief eines Mannes, der die antijüdische Gewalt nach dem Einmarsch ungarischer Truppen in seine Heimatstadt beschreibt, zum sogenannten Zweiten Judengesetz; auf die verzweifelte Anfrage einer konvertierten Frau an einen Bischof, ob sie weiterhin die katholische Messe besuchen dürfe, folgt die Verordnung über die Konzentration der Juden in Ungarn. Das Telegramm des Reichsbevollmächtigten in Ungarn, der die zügige Umsetzung der ungarischen antijüdischen Maßnahmen lobt, steht neben dem Bericht von Vertretern neutraler Staaten über den schlechten körperlichen Zustand jener Deportierten, die nach tagelangen Fußmärschen die österreich-ungarische Grenze erreichen. Auf eine thematische Zusammenstellung der Dokumente haben die Herausgeber bewusst verzichtet und auch der häufige Perspektivenwechsel ist gewollt. Ein Sachgruppenindex soll die thematische Zuordnung der Dokumente sowie transnationale Vergleiche erleichtern und Zusammenhänge verdeutlichen.

Die Herausgeber danken der Deutschen Forschungsgemeinschaft für die großzügige Förderung des Editionsprojekts. Ferner schulden sie einer großen Zahl von Fachleuten und Privatpersonen Dank, die durch Quellenhinweise, biographische Informationen über die in den Dokumenten erwähnten Personen und Auskünfte zur Kommentierung die Arbeit unterstützt, Teile oder – wie Dr. Krisztián Ungváry – das gesamte Manuskript kritisch gelesen haben.

In den Band wurden Dokumente aus insgesamt sieben Sprachen aufgenommen. Die im Original ungarischen Dokumente übersetzten Katalin Teller, Andrea Dunai, Claus Michael Hutterer und Andrea Seidler. Die in englischer Sprache verfassten Dokumente hat Dr. Britta Grell ins Deutsche übertragen. Aus dem Italienischen übersetzte Walter Kögler. Die Übersetzungen aus dem Hebräischen hat Doron Oberhand, aus dem

Französischen Inga Frohn und aus dem Schwedischen Jana Eder angefertigt. Das Übersetzungslektorat besorgte Ulrike Baureithel.

Die Archivrecherchen im In- und Ausland haben Riki Bodenheimer, Dr. László Csősz, Dr. Kinga Frojimovics, Dr. Attila Gidó, Ayla Zacek, Simone Eck, Anne Junger, Ulrike Koppermann und Jakob Ackermann unterstützt.

Als studentische oder wissenschaftliche Hilfskräfte haben an diesem Band mitgearbeitet Lea von der Hude, Niklas Lämmel, Laura Pörzgen, Tamás Solymosi, Vanja Nikic, Flora Filinger, Olivia Zajkas und Hannah Fiedler, als wissenschaftliche Mitarbeiter Romina Becker, Johannes Gamm, Ádám Gellért, Stefanie Haupt, Sonja Knopp, Dr. Ingo Loose und Carolin Raabe.

Sollten sich trotz aller Sorgfalt an einzelnen Stellen Ungenauigkeiten ergeben haben, sind die Herausgeber für entsprechende Mitteilungen dankbar.

Die Adresse des Herausgeberkreises lautet: Institut für Zeitgeschichte, Edition Judenverfolgung, Finckensteinallee 85/87, 12 205 Berlin oder vej@ifz-muenchen.de.

Berlin, München, Freiburg i. Br., Frankfurt a. M., Klagenfurt im März 2021

Editorische Vorbemerkung

Die Quellenedition zur Verfolgung und Ermordung der europäischen Juden soll in der wissenschaftlichen Literatur als VEJ abgekürzt zitiert werden. Das geschieht im Fall von Querverweisen zwischen den einzelnen Bänden auch in dem Werk selbst. Die Dokumente sind – mit jedem Band neu beginnend – fortlaufend nummeriert. Demnach bedeutet „VEJ 1/200" Dokument Nummer 200 im ersten Band dieser Edition. Die Drucklegung der einzelnen Schriftzeugnisse folgt dem Schema: Überschrift, Kopfzeile, Dokument, Anmerkungen.

Die halbfett gesetzte, von den Bearbeiterinnen und Bearbeitern der Bände formulierte Überschrift gibt Auskunft über das Entstehungsdatum des nachfolgenden Schriftstücks, dessen Kernbotschaft, Verfasser und gegebenenfalls Adressaten. Die darunter platzierte Kopfzeile ist Teil des Dokuments. Sie enthält Angaben über die Gattung der Quelle (Brief, Gesetzesentwurf, Protokoll usw.), den Namen des Verfassers, den Entstehungsort, gegebenenfalls Aktenzeichen, Geheimhaltungsvermerke und andere Besonderheiten. Die in Berlin seinerzeit ansässigen Ministerien und zentralen Behörden, etwa das Reichssicherheitshauptamt oder die Kanzlei des Führers, bleiben ohne Ortsangabe. Die Kopfzeile enthält ferner Angaben über den Adressaten, gegebenenfalls das Datum des Eingangsstempels, sie endet mit dem Entstehungsdatum und Hinweisen auf Bearbeitungsstufen der überlieferten Quelle, etwa „Entwurf", „Durchschlag" oder „Abschrift". Dem schließt sich der Text an. In der Regel wird er vollständig ediert. Anrede- und Grußformeln werden mitgedruckt, Unterschriften jedoch nur einmal in die Kopfzeile aufgenommen. Hervorhebungen der Verfasser in den Originaltexten werden übernommen. Sie erscheinen unabhängig von der in der Vorlage verwendeten Hervorhebungsart im Druck immer kursiv. Fallweise erforderliche Zusatzangaben finden sich im Anmerkungsapparat.

Während die von den Editoren formulierten Überschriften und Fußnoten sowie die Übersetzung fremdsprachiger Dokumente der heutigen Rechtschreibung folgen, gilt für die Quellen die zeitgenössische. Offensichtliche Tippfehler in der Vorlage und kleinere Nachlässigkeiten werden stillschweigend korrigiert, widersprüchliche Schreibweisen und Zeichensetzungen innerhalb eines Dokuments vereinheitlicht. Die sprachlichen Eigenheiten deutscher Texte, die von Nicht-Muttersprachlern verfasst wurden, werden beibehalten. Versehentlich ausgelassene Wörter oder Ergänzungen infolge unlesbarer Textstellen fügen die Editoren in eckigen Klammern ein. Bilden jedoch bestimmte orthographische und grammatikalische Eigenheiten ein Charakteristikum der Quelle, vermerken sie „Grammatik und Rechtschreibung wie im Original". Abkürzungen, auch unterschiedliche (z. B. NSDAP, N.S.D.A.P. und NSDAP.), werden im Dokument nicht vereinheitlicht. Sie werden im Abkürzungsverzeichnis erklärt. Ungebräuchliche Abkürzungen, vor allem in privaten Briefen, werden bei einmaliger Nennung in eckigen Klammern oder in den Anmerkungen aufgelöst, ansonsten im Abkürzungsverzeichnis aufgeführt.

Handschriftliche Zusätze in maschinenschriftlichen Originalen übernehmen die Editoren ohne weitere Kennzeichnung, sofern es sich um formale Korrekturen und um Einfügungen handelt, die mit hoher Wahrscheinlichkeit vom Verfasser stammen. Verändern sie die Aussage in beachtlicher Weise – schwächen sie ab oder radikalisieren sie –, wird dies in den Fußnoten vermerkt und, soweit feststellbar, der Urheber mitgeteilt. Auf die in den Originalen häufigen, von den Empfängern oder auch von späteren Lesern vorgenommenen Unterstreichungen mit Blei- oder Farbstift wird im Allgemeinen pauschal, in interessanten Einzelfällen speziell in der Fußnote hingewiesen.

In der Regel werden die Dokumente im vollen Wortlaut abgedruckt. Lediglich in Ausnahmefällen, sofern einzelne Dokumente sehr umfangreich sind, erfolgt der Abdruck nur teilweise. Dasselbe gilt für Sitzungsprotokolle, die nicht insgesamt, sondern nur in einem abgeschlossenen Teil von der nationalsozialistischen Judenpolitik oder den damit verbundenen Reaktionen handeln. Solche Kürzungen sind mit eckigen Auslassungsklammern gekennzeichnet; der Inhalt wird in der Fußnote skizziert. Undatierte Monats- oder Jahresberichte erscheinen am Ende des jeweiligen Zeitraums. Von der strikten Chronologie der Dokumente nach ihrer Entstehungszeit wird nur dann abgewichen, wenn eine Einordnung nach dem Datum des geschilderten Ereignisses für wichtiger erachtet wurde.

In der ersten, der Überschrift angehängten Fußnote stehen der Fundort und, sofern er ein Archiv bezeichnet, auch die Aktensignatur. Handelt es sich um gedruckte Quellen, etwa Zeitungsartikel oder Gesetzestexte, finden sich in dieser Fußnote die üblichen bibliographischen Angaben. Wurde eine Quelle schon einmal in einer Dokumentation veröffentlicht, wird sie nach dem Original ediert, doch wird neben dem ursprünglichen Fundort auch auf die Publikation verwiesen. Ursprünglich nicht auf Deutsch verfasste Quellen erhalten einen Hinweis, aus welcher Sprache der Text übersetzt wurde. In einer weiteren Fußnote werden die Entstehungsumstände des Dokuments erläutert, gegebenenfalls damit verbundene Diskussionen, die besondere Rolle von Verfassern und Adressaten, begleitende oder sich unmittelbar anschließende Aktivitäten.

Die dann folgenden Fußnoten erläutern sachliche und personelle Zusammenhänge. Sie verweisen auf andere – unveröffentlichte, andernorts oder in der Edition publizierte – Dokumente, sofern das für die geschichtliche Einordnung hilfreich erscheint. Weiterhin finden sich in den Fußnoten Erläuterungen zu einzelnen Details, etwa zu handschriftlichen Randnotizen, Unterstreichungen, Streichungen. Bearbeitungsvermerke und Vorlageverfügungen werden entweder in der weiteren Fußnote als vorhanden erwähnt oder aber in den späteren Fußnoten entschlüsselt, sofern sie wesentliche Aussagen enthalten. Für die im Quellentext genannten Abkommen, Gesetze und Erlasse werden die Fundorte nach Möglichkeit in den Fußnoten angegeben, Bezugsdokumente mit ihrer Archivsignatur. Konnten diese nicht ermittelt werden, wird dies angemerkt.

Für die in den Schriftstücken angeführten Absender und Adressaten wurden, soweit möglich, die biographischen Daten ermittelt und angegeben. Dasselbe gilt für die im Text erwähnten Personen, sofern sie als handelnde Personen eingestuft werden. Die Angaben stehen in der Regel in der Fußnote zur jeweils ersten Nennung des Namens innerhalb eines Bandes und lassen sich so über den Personenindex leicht auffinden.

Die Kurzbiographien beruhen auf Angaben, die sich in Nachschlagewerken und in der speziellen Fachliteratur finden. In schwer zu klärenden Fällen wurden im In- und Ausland Personalakten und -karteien eingesehen, Standesämter befragt, Gerichts-, Wiedergutmachungs- und Entnazifizierungsakten geprüft. Für denselben Zweck wurden die speziellen, auf die NS-Zeit bezogenen Personenkarteien und -dossiers einschlägiger Archive benutzt: in erster Linie die des ehemaligen Berlin Document Center und der Zentralen Stelle der Landesjustizverwaltungen (Ludwigsburg), die heute im Bundesarchiv

verwahrt werden, sowie die der ausländischen Nationalarchive und die der Spezialarchive zum Zweiten Weltkrieg und der Verfolgung der Juden in den jeweiligen Ländern.
Trotz aller Mühen gelang es nicht immer, die biographischen Daten vollständig zu ermitteln. In solchen Fällen enthält die jeweilige Fußnote nur die gesicherten Angaben, wie z. B. das Geburtsjahr. Waren Personen nicht zu identifizieren, wird auf eine entsprechende Anmerkung verzichtet; desgleichen bei allseits bekannten Personen wie beispielsweise Adolf Hitler, Thomas Mann oder Albert Einstein.
In der Regel setzen die Editoren die zeitüblichen Begriffe des nationalsozialistischen Deutschlands nicht in Anführungszeichen. Dazu gehören Wörter wie Altreich (gemeint ist das Deutsche Reich in den Grenzen von 1937), Führer, Judenfrage, Judenrat etc. Der Kontext macht deutlich, dass keines der Wörter affirmativ verwendet wird. Die Begriffe Jude, Jüdin, jüdisch werden folglich, den Umständen der Zeit entsprechend, auch für Menschen verwandt, die sich nicht als jüdisch verstanden haben, aber aufgrund der Rassengesetze so definiert wurden und daher der Verfolgung ausgesetzt waren. Begriffe wie „Mischling", „Mischehe" oder „Arisierung", die eigentlich auch Termini technici der Zeit waren, werden dagegen in Anführungszeichen gesetzt. Ein solcher nicht klar zu definierender Gebrauch der Anführungszeichen lässt sich nicht systematisch begründen. Er bildet einen gewiss anfechtbaren Kompromiss zwischen historiographischer Strenge und dem Bedürfnis, wenigstens gelegentlich ein Distanzsignal zu setzen. Die in den zeitgenössischen Dokumenten und in der Historiographie häufig verwendeten Begriffe „Erstes Judengesetz", „Zweites Judengesetz", „Drittes Judengesetz" wurden zwar auch für den vorliegenden Band übernommen. Indem diese Wörter jedoch in Anführungszeichen gesetzt werden, soll auf die Vielzahl von weiteren antijüdischen Gesetzen und Verordnungen in Ungarn zwischen 1920 und 1945 aufmerksam gemacht werden.
Ein großer Teil der Dokumente wurde aus dem Ungarischen übersetzt. Im Ungarischen existiert nur ein unbestimmtes Personalpronomen. Soweit es aus dem Kontext ersichtlich war, wurde dieses durch „er", „sie" oder „es" spezifiziert. Bei unklaren Zuordnungen wurde eine Fußnote gesetzt. Personennamen, die im ungarischen Original immer mit dem Familiennamen beginnen, wurden für die Edition – wie in der deutschen Sprache üblich – umgedreht. Eine Besonderheit im Ungarischen stellen Namen von verheirateten Frauen dar. Diese nehmen in vielen Fällen den Vor- und Nachnamen ihres Mannes an und ergänzen ihn mit dem Zusatz „né" (Frau). So heißt die Ehefrau von Miklós Horthy dann Horthy Miklósné. Um Verwirrungen beim Leser vorzubeugen, werden in den Titel- und Briefzeilen Frauen – soweit möglich – mit dem Geburtsnamen angeführt. Die Fußnoten weisen den verheirateten Namen mit „verh." aus (Beispiel: Magdolna Purgly, verh. Horty). War es nicht möglich, den Geburtsnamen zu eruieren, wurden die Namen mit dem Zusatz „Frau" ins Deutsche übertragen: Frau Miklós Horthy.
Aufgrund von Besatzung oder Gebietsverschiebungen nach dem Ersten Weltkrieg änderten viele Orte mehrfach ihren Namen. Orte, die zwischen 1938 und 1941 von Ungarn annektiert oder besetzt waren, werden mit dem damals gebräuchlichen ungarischen Namen bezeichnet. In der Einleitung, im Dokumententitel sowie in den Fußnoten wird jeweils bei der ersten Nennung in Klammern die 1937 völkerrechtlich richtige Bezeichnung ergänzt. Im Register werden alle Orte in beiden Schreibweisen aufgeführt.
Ortsnamen und Begriffe, bei denen in den Dokumenten die Sonderzeichen fehlen, werden, falls zum Verständnis erforderlich, in der Fußnote verbessert. Personennamen wurden in jedem Fall korrigiert.

Ein besonderes Problem bildet die wechselnde Schreibweise des Begriffs Getto bzw. Ghetto. Im Deutschen waren damals beide Formen gebräuchlich. Sie werden daher wie im Original belassen. In übersetzten Dokumenten wird die Schreibweise Getto benutzt, desgleichen in der Einleitung und im Kommentierungstext.
Hebräische, jiddische und zeitgenössische ungarische Begriffe werden in einer Fußnote, bei Mehrfachnennung im Glossar erläutert.

Einleitung

Im März 1944 war die überwiegende Mehrheit der europäischen Juden bereits ermordet worden. Mit der deutschen Besetzung Ungarns am 19. März 1944 – zu einem Zeitpunkt, als sich die militärische Niederlage des Deutschen Reichs deutlich abzeichnete – begann die Vernichtung der letzten großen verbliebenen jüdischen Gemeinschaft in Europa. In Zusammenarbeit mit der SS deportierte die ungarische Regierung innerhalb weniger Wochen mehr als 400 000 Juden aus dem ungarischen Kernland und den ungarisch besetzten bzw. annektierten Gebieten. Die meisten von ihnen wurden kurz nach der Ankunft in Auschwitz-Birkenau in den Gaskammern ermordet. Als Reichsverweser Miklós Horthy dem in- und mehr noch dem ausländischen Druck im Sommer 1944 nachgab und die Deportationen einstellen ließ, lebten in Ungarn nur noch die Budapester Juden und die zum Arbeitsdienst einberufenen jüdischen Männer. Doch schon bald nach ihrer Machtübernahme im Oktober 1944 setzten die Pfeilkreuzler unter der Führung von Ferenc Szálasi die Deportationen fort und lieferten dem Deutschen Reich weitere 76 000 Juden aus. Die Gesamtzahl der bis Mai 1945 ermordeten Juden aus ungarisch kontrollierten Gebieten wird heute auf über eine halbe Million geschätzt.

Angefangen hat das „letzte Kapitel“ des Holocaust allerdings nicht erst im Jahr 1944. Der legislativ geregelte Ausschluss der Juden aus dem gesellschaftlichen Leben Ungarns begann bereits 1920, als die ungarische Regierung das europaweit erste antijüdische Gesetz nach dem Ersten Weltkrieg verabschiedete, das den Prozentsatz jüdischer Studenten an den ungarischen Hochschulen begrenzte. In den 1930er-Jahren intensivierte sie die Ausgrenzung der jüdischen Bevölkerung, gleichzeitig führten ihr Interesse an einer Revision der im Friedensvertrag von Trianon 1920 festgesetzten Grenzen und ihr Versuch, die verlorenen Gebiete zurückzuerlangen, zu einer Annäherung an das nationalsozialistische Deutsche Reich.

Dabei folgte die antijüdische Politik zwischen 1920 und 1944 keiner eindeutigen Linie. Die verschiedenen ungarischen Regierungen unter Reichsverweser Horthy beschlossen bis zur deutschen Besetzung mehrere antijüdische Gesetze sowie zahlreiche Verordnungen und führten mit dem zweiten ungarischen Wehrgesetz 1939 einen militärischen Arbeitsdienst für männliche Juden ein. Im Sommer 1941 schob die Regierung Bárdossy (1941/42) zwischen 18 000 und 21 000 Juden – die meist nicht die ungarische Staatsbürgerschaft besaßen – in die deutsch besetzte Ukraine ab; sie wurden mehrheitlich in Kamenez-Podolski (Kamjanez-Podilskyj) erschossen. Ungarische Truppen ermordeten zudem im Januar 1942 in Újvidék (Novi Sad) und Umgebung, dem an Ungarn gefallenen Teil Jugoslawiens, 3300 bis 3500 Frauen, Männer und Kinder – mehrheitlich Serben –, darunter auch zwischen 700 und 1000 Juden.

Doch obwohl antijüdische Maßnahmen bereits vor der Etablierung der nationalsozialistischen Herrschaft in Deutschland integraler Bestandteil der ungarischen autoritär-konservativen Politik waren, bewahrte der Staat die einheimischen Juden bis zur deutschen Besetzung weitgehend vor Deportation und Ermordung. Trotz antijüdischer Gesetze waren im ungarischen Parlament elf Personen jüdischer Abstammung vertreten.[1] Zudem fanden bis zu 70 000 ausländische Juden vor allem aus Polen in Ungarn Zuflucht.

Die nach dem deutschen Einmarsch am 19. März 1944 neu eingesetzte Regierung unter Döme Sztójay beendete diese Situation, auf die sich zahlreiche Juden in Ungarn trotz allem verlassen hatten. Der neue Staatsapparat kollaborierte bereitwillig mit den deutschen Stellen, vor allem mit dem Sondereinsatzkommando unter Leitung von Adolf Eichmann, bei der Gettoisierung und der Deportation der Juden, die innerhalb kurzer Zeit umgesetzt wurden.

Der vorliegende Band beschränkt sich nicht auf die Radikalisierung der Verfolgungsmaßnahmen nach der deutschen Besetzung am 19. März 1944, sondern thematisiert auch den Einfluss des Deutschen Reichs und dessen Vorbildwirkung auf die ungarische antijüdische Politik seit der Einführung des sogenannten Ersten Judengesetzes 1938. Sie umfasst daher auch die diversen antijüdischen Maßnahmen, welche die Juden ab 1938 schrittweise aus dem ungarischen gesellschaftlichen Leben hinausdrängten, ihnen die ökonomische Existenzgrundlage entzogen und einzelne Gruppen bereits vor 1944 der Ermordung preisgaben.

Der geographische Fokus des Bands liegt auf dem Gebiet des heutigen Ungarn, dessen Territorium weitgehend mit jenem identisch ist, das durch den Friedensvertrag von Trianon im Jahr 1920 festgelegt wurde, sowie auf den Gegenden, die Ungarn ab 1938 im Zuge zweier Schiedssprüche bzw. als Folge kriegerischer Handlungen annektierte. Die in den besetzen Gebieten lebenden, oftmals orthodoxen Juden, von denen viele keine ungarische Staatsbürgerschaft besaßen, waren besonders stark von der ungarischen Verfolgungspolitik betroffen, die sich zunächst in erster Linie gegen sie als Staatenlose oder ausländische Staatsbürger richtete. Auch wurden die antijüdischen Gesetze und Maßnahmen zur Gettoisierung und Deportation in den annektierten Gebieten oft radikaler umgesetzt als im Kernland.

Die allermeisten Juden Ungarns wurden außerhalb der ungarischen Staatsgrenzen ermordet. Diese Verbrechen werden daher in anderen Bänden der Edition behandelt. Die Ermordung und der Zwangsarbeitseinsatz der Juden aus dem damaligen ungarischen Territorium im Deutschen Reich bzw. im besetzten Europa sind insbesondere in den Bänden 11 und 16 dokumentiert, die Massaker in Kamenez-Podolski 1941 und in der Batschka 1942 sind dagegen sowohl Thema dieses Bandes als auch der Bände 7 und 14.

Die Situation der Juden in Ungarn bis 1938

Jüdisches Leben im Königreich Ungarn

Menschen jüdischen Glaubens lebten vermutlich bereits vor der ungarischen Landnahme in der damals als Pannonia bezeichneten Provinz des Römischen Reichs.[2] Nach der ungarischen Staatsgründung im Jahr 1000 wurden sie in der Gesetzgebung das erste

1 Raul Hilberg, Die Vernichtung der europäischen Juden, Bd. 2, 9. Aufl., Frankfurt a. M. 1999, S. 863.

2 Zur Geschichte der Juden in Ungarn siehe ausführlich Tibor Erényi, A zsidók története Magyarországon, Budapest 1996; Raphale Patai, The Jews of Hungary. History. Culture, Psychology, Detroit 1996; François Fejtö/Gyula Zeke, Hongrois et Juifs: Histoire millénaire d'un couple singulier

Mal 1092 erwähnt, als die Heirat zwischen Juden und Nichtjuden verboten wurde. Bis zum 14. Jahrhundert lebten Juden im Karpatenbecken in relativer Sicherheit und waren – anders als ihre Glaubensgenossen im westlichen und zentralen Europa – keiner Verfolgung ausgesetzt. Zu sehr war der junge christliche Staat darum bemüht, gegen das Heidentum vorzugehen. Zudem war das unterentwickelte und wenig bevölkerte Königreich auf jüdische Händler, Handwerker und Kreditgeber angewiesen. So nahmen die ungarischen Könige bis zum 14. Jahrhundert etliche jüdische Flüchtlinge auf. Andreas II. (1205–1235) und Béla IV. (1235–1270) besetzten wichtige politische Ämter mit Männern jüdischen Glaubens. Béla IV. verbot zudem die Zwangstaufe von Juden, ließ einen eigenen christlichen Judenrichter (Judex Judaeorum) ernennen und sicherte Juden im Jahr 1251 königlichen Schutz zu. Fortan galten sie als Diener der königlichen Kammer, waren der königlichen Schatzkammer zur Abgabe verpflichtet und genossen persönlichen und materiellen Rechtsschutz. Damit sicherte sich Béla IV. die Unterstützung der Juden beim Wiederaufbau des nach der Invasion der Mongolen (1241/42) verwüsteten Königreichs.[3]

Im 14. Jahrhundert verschlechterte sich die Lage der Juden in Ungarn. Ludwig I. (1342–1382) vertrieb sie für vier Jahre aus dem Land, nachdem sich viele geweigert hatten, zum christlichen Glauben zu konvertieren. Und obwohl König Sigismund (1387–1437) den Freibrief von Béla IV. erneuerte, wurden Juden verpflichtet, einen gelben Fleck auf der Kleidung zur Kennzeichnung zu tragen. Auch wurde es ihnen verboten, in der königlichen Stadt Buda Handel zu treiben.

Unter Matthias Corvinus (1458–1490) erlebten die jüdischen Gemeinden eine erste Blütezeit. Er ließ das Amt des christlichen Judenrichters auflösen und ernannte einen Judenpräfekten, der selbst jüdischen Glaubens war. Ende des 15. Jahrhunderts existierten in zwei Dutzend größeren Städten bereits jüdische Gemeinden.[4] Doch mit dem Tod von Matthias Corvinus loderte die Judenfeindschaft wieder auf, und es kam zu den ersten Ritualmordklagen. Im Jahr 1494 wurden in Nagyszombat nach dem Verschwinden eines christlichen Kindes zwölf Juden auf dem Scheiterhaufen hingerichtet. 1529 wurden in Bazin 30 Juden der Ermordung eines neunjährigen Kindes beschuldigt und verbrannt. Tatsächlich hatte Graf Ferenc Wolf, der sich auf diese Weise seiner Schulden bei den Juden entledigen wollte, das Kind nach Wien bringen lassen, von wo es nach den Hinrichtungen wohlbehalten zurückkehrte.[5]

Nach dem Sieg der Osmanen und dem Zerfall des Königreichs im 16. Jahrhundert entwickelte sich die Lage der Juden in den nunmehr drei Landesteilen sehr unterschiedlich. Aus dem osmanisch besetzten Buda wurden die dort ansässigen Juden ins Osmanische Reich gebracht, doch schon bald siedelten sich neue jüdische Familien in der Stadt an, so dass die Gemeinde von Buda sich in der zweiten Hälfte des 16. Jahrhunderts zu einer der wichtigsten in Europa entwickelte und über drei Synagogen verfügte. Im Fürstentum

(1000–1997), Paris 1997; György Haraszti, A magyarországi zsidóság rövid története a kezdetektől az ortodoxia és neológia szétválásáig, Diss., Országos Rabbiképző-Zsidó Egyetem 2004; Géza Komoróczy, A zsidók története Magyarországon, 2 Bde., Pozsony 2012.

3 Ferenc Fejtő, Magyarság, zsidóság, Budapest 2000, S. 25–27.

4 Ebd., S. 27 f.

5 János Pelle, Az utolsó vérvádak. Az etnikai gyűlölet és a politikai manipuláció kelet-európai történetéből, Budapest 1995; Tamás Kende, Vérvád, Budapest 1995.

Siebenbürgen sicherte Gábor Bethlen (1613–1629) den Juden freien Handel und freie Religionsausübung zu und sah von ihrer Kennzeichnung ab. Im verbliebenen Königreich Ungarn jedoch, das nunmehr Teil des Habsburgerreichs wurde, kam es wiederholt zu Pogromen; so wurden in den Jahren 1529 und 1536 in Pozsony und Nagyszombat mehrere Frauen, Männer und Kinder verbrannt, die Überlebenden vertrieben.[6]
Die kriegerischen Auseinandersetzungen zwischen den osmanischen und den habsburgischen Truppen sowie die anschließenden Aufstände der Kuruzzen gegen die Vorherrschaft der Habsburger hatten zur Folge, dass ganze Landstriche entvölkert wurden und verödeten. Mit der Vertreibung der Osmanen verschwand auch der Großteil der jüdischen Gemeinden in Ungarn. Ihre Mitglieder wurden ermordet oder flüchteten vor der Gewalt. Laut der ersten Zählung jüdischer Familien zwischen 1735 und 1738 (Conscriptio Judaeorum) waren unter den 2500 jüdischen Familienoberhäuptern in Ungarn lediglich 358 Personen, die noch vor 1700 auf ungarischem Territorium geboren worden waren.[7]
Mit Erzbischof Lipót Kollonichs Interesse an der Ansiedlung deutscher Einwanderer im ungarischen Königreich, das im 17. Jahrhundert ganz in die Habsburgermonarchie integriert wurde, und der Erlaubnis zahlreicher ungarischer Magnaten für Juden, sich auf ihren Ländereien niederzulassen, begann eine neue jüdische Besiedlungsphase in Ungarn.[8] Vor allem deutschsprachige Juden aus Böhmen, Mähren und dem Deutschen Reich, aber auch aus Polen wanderten in Ungarn ein und waren oft als Händler landwirtschaftlicher Produkte tätig.[9]
Die Mehrzahl der jüdischen Migranten ließ sich dabei in jenen Landesteilen nieder, die nah ihrer Herkunftsländer lagen: die aus dem Westen Europas stammenden Juden in den westlichen Verwaltungsbezirken (Komitaten), die polnischen Einwanderer im Osten.[10] Auch wenn beide Gruppen Aschkenasim waren, gab es zwischen Ost und West bedeutende wirtschaftliche, soziale und kulturelle Unterschiede.[11]
Im ungarischen Ständestaat wurden die Juden zwar als Mitglieder einer fremden Nation behandelt (Natio Hebraica), doch war ihr Status rechtlich klar geregelt. Dieser hing vor allem davon ab, unter wessen Hoheitsgewalt sie lebten. Bis zur Mitte des 18. Jahrhunderts oblag es den Städten und Landbesitzern, darüber zu entscheiden, ob sie die Niederlassung von Juden auf ihrem Gebiet bzw. Boden erlaubten. Die auf den Ländereien der Magnaten, des Gemeinadels, der Kirchen etc. lebenden Juden hatten an die Grundbesitzer „Schutzgeld" und an die Komitate Steuern zu zahlen. Dafür erhielten sie bestimmte Privilegien. Mit der Einführung einer Sondersteuer (Taxa Tolerantialis) unter Maria Theresia (1740–1780) bekamen Juden schließlich das Recht, überall sesshaft zu werden, wo dies durch spezielle Gesetze oder Privilegien nicht verboten war. Doch stieß dies auf den Widerstand einiger Komitate und Städte, die den Juden eine Ansiedlung lange Zeit

6 László Gonda, A zsidóság Magyarországon 1526–1945, Budapest 1992.
7 Magyar Kir. Központi Statisztikai Hivatal (Hrsg.), A magyar szent korona országainak 1910. évi népszámlálása, Budapest 1912, S. 32 f.
8 János Gyurgyák, A zsidókérdés Magyarországon. Politikai eszmetörténet, Budapest 2001, S. 25 f. Siehe auch György Haraszti, A zsidóság visszatérése Magyarországra a XVIII. században, in: ders., Két világ határán, Budapest 1999, S. 129–148.
9 Willliam O. McCagg, A History of Habsburg Jews, 1670–1918, Bloomington 1992.
10 Fejtő, Magyarság, zsidóság (wie Anm. 3), S. 31.
11 Gyurgyák, A zsidókérdés Magyarországon (wie Anm. 8), S. 28.

weiterhin verweigerten.[12] Noch bestehende Niederlassungsverbote wurden erst 1840 aufgehoben.

Als Verfechter des aufgeklärten Absolutismus war Joseph II. (1765–1790) darum bemüht, die Situation der Juden zu verbessern. Mit einem Toleranzpatent sorgte er 1782 schließlich dafür, dass Juden sich in allen königlichen Städten ansiedeln durften, gewährte ihnen freie Religionsausübung, öffnete zahlreiche Berufszweige, das Militär sowie öffentliche Schulen für Juden und gestattete Konvertierten, Ackerland zu erwerben. Gleichzeitig verpflichtete er die jüdischen Gemeinden, Schulen zu errichten und die deutsche Sprache zu erlernen. Seine Reformen hatten das Ziel, die Assimilation voranzutreiben und die Bereitschaft zur Konversion zu stärken.[13]

Die Reformen des 18. Jahrhunderts begünstigten die Entwicklung der jüdischen Bevölkerung in Ungarn. Während 1735 insgesamt 12 219 Juden im Königreich lebten, wuchs ihre Zahl bis 1787 bereits auf 83 000 an. 1805 wohnten 130 000 Menschen jüdischen Glaubens in Ungarn (1,5 Prozent der Gesamtbevölkerung), bei der Volkszählung 1910 gaben 910 000 Personen an, der „israelitischen Religionsgemeinschaft" anzugehören (fünf Prozent der Gesamtbevölkerung).[14] In Budapest betrug ihr Anteil 23,1 Prozent.[15]

Juden auf dem Weg zur Emanzipation

Im ethnisch vielfältigen Ungarn des 19. Jahrhunderts, das unter anderem das heutige Gebiet von Siebenbürgen, die Slowakei, die Karpato-Ukraine und Teile von Kroatien umfasste, bestimmte die grundbesitzende Aristokratie die staatliche Politik. Während die Großgrundbesitzer die staatstragenden Schlüsselpositionen einnahmen, wurden die Staatsämter und das Offizierskorps in der zweiten Hälfte des 19. Jahrhunderts zunehmend von der teils verarmten adeligen Schicht der Gentry (dzsentri) besetzt. Sie klammerten sich an ihre frühere gesellschaftliche Stellung und behielten die Lebensweise der Oberschicht bei. Gleichzeitig beobachteten sie mit Misstrauen den Bedeutungszuwachs des Bürgertums, das in Ungarn vor allem Personen jüdischer und deutscher Abstammung bildeten.[16]

Aufgrund der multinationalen Zusammensetzung des Staats benötigte die adelige Oberschicht für die Bildung einer ungarischen Staatsnation im 19. Jahrhundert Verbündete, die bereit waren, die agrarisch geprägte Gesellschaft wirtschaftlich zu modernisieren und sich politisch und kulturell für ungarische Interessen einzusetzen. Hierbei stützte

12 Ebd., S. 25, 29–35.

13 Ebd., S. 39.

14 Fejtő, Magyarság, zsidóság (wie Anm. 3), S. 31.

15 Magyar Kir. Központi Statisztikai Hivatal (Hrsg.), A magyar szent korona (wie Anm. 7), S. 32 f. Zur Geschichte der jüdischen Gemeinschaft in Budapest siehe Kinga Frojimovics/Géza Komoróczy/Viktória Pusztai u. a. Jewish Budapest. Monuments, Rites, History, Budapest 1999; Julia Richers, Jüdisches Budapest. Kulturelle Topographie einer Stadtgemeinde im 19. Jahrhundert, Köln u. a. 2009.

16 Ignác Romsics, Magyarország története a XX. században, 3. Aufl., Budapest 2005, S. 57; Krisztián Ungváry, Antisemitismus und Deutschfeindlichkeit. Der Zweifrontenkrieg, in: Suevia Pannonica 20 (2002), S. 105–119.

sich die herrschende ungarische Klasse unter anderem bald auf das jüdische Bürgertum,[17] das sie gleichzeitig zur Assimilation drängte.[18]

Beim Beginn der Revolution im März 1848 gegen die Vorherrschaft der Habsburger forderten die Revolutionäre im Rahmen eines Zwölf-Punkte-Programms die Gleichstellung aller Bürger und aller Religionen vor dem Gesetz, das betraf auch das Judentum. Der Anführer der ungarischen Revolution, Lajos Kossuth, verband die Emanzipation der Juden jedoch mit zwei Forderungen: Sie müssten sich assimilieren und ihre Religion modernisieren. Die aktive Teilnahme der Juden in Ungarn an der revolutionären Bewegung galt schließlich als Beweis der Bereitschaft, diese Forderungen umzusetzen.[19]

Das ungarische Parlament nahm am 28. Juli 1849 einen Gesetzesentwurf zur Gleichstellung der Juden in Ungarn einstimmig an, der jedoch durch die Niederschlagung der Revolution keine politischen Folgen zeitigte. So war der jüdischen Gemeinschaft erst nach den Jahren des Neoabsolutismus die lang ersehnte bürgerliche Emanzipation möglich. 1867 wurden alle Verordnungen, die das Judentum in seiner bürgerlichen Existenz behindert hatten, abgeschafft, und im Jahr 1895 wurde der „israelitische Glaube" als staatlich geschützte Konfession anerkannt. Fortan konnten Christen zum jüdischen Glauben konvertieren.

Für einen Teil der Juden im Königreich Ungarn ebnete dieser Prozess den Weg für einen beispiellosen kulturellen und wirtschaftlichen Aufschwung.[20] Er stärkte das Loyalitätsbewusstsein und den Patriotismus vor allem des städtischen, reformorientierten Judentums, das sich unter der Bezeichnung „Neologie" zunehmend von der Orthodoxie abgrenzte.[21]

Während des israelitischen Landeskongresses von 1868/69 brach das Judentum in Ungarn schließlich in eine reformorientiert-neologe, eine konservativ-orthodoxe und eine gemäßigt-traditionstreue („Status quo ante") Strömung auseinander. Die neologen Gemeinden führten Reformen durch, gaben die orthodoxen Kleidungsvorschriften auf und passten sich in vielen Bereichen der nichtjüdischen Bevölkerung an. Die Orthodoxie hingegen bewahrte ihre traditionellen Regeln sowie ihre kulturelle Identität. Die „Status quo ante"-Gemeinden positionierten sich nicht eindeutig und schlossen sich weder der Orthodoxie noch den neologen Gemeinden an.[22] 1930 gehörten innerhalb des damali-

17 Viktor Karády, Zsidóság Europában a modern korban. Társadalomtörténeti vázlat, Budapest 2000, S. 168.

18 Zur Emanzipation der ungar. Juden siehe Jacob Katz, Aus dem Ghetto in die bürgerliche Gesellschaft. Jüdische Emanzipation 1770–1870, Frankfurt a. M. 1986.

19 Gyurgyák, A zsidókérdés Magyarországon, S. 50–53 (wie Anm. 8); Richers, Jüdisches Budapest (wie Anm. 15), S. 171–220. Siehe auch Cathrine Horel, Juifs de Hongrie, 1825–1849. Problèmes d'assimilation et d'émancipation, Strasbourg 1995.

20 Gyurgyák, A zsidókérdés Magyarországon (wie Anm. 8), S. 56 f.

21 Christian Gerlach/Götz Aly, Das letzte Kapitel. Der Mord an den ungarischen Juden 1944–1945, Frankfurt a. M. 2004, S. 53. Siehe auch Jacob Katz, A House Divided. Orthodoxy and Schism in Nineteenth-Century European Jewry, Hanover u. a. 1998.

22 Nathaniel Katzburg, The Jewish Congress of Hungary 1868–1869, in: Randolph L. Braham (Hrsg.), Hungarian-Jewish Studies, Bd. 2, New York 1966, S. 1–33; Catherine Horel, Orthodoxes et néologues: Le congrès des juifs de Hongrie et la scission de la communauté, 1868–69, in: Etudes Danubiennes 10/1 (1994), S. 25–42; Walter Pietsch, Zwischen Reform und Orthodoxie. Der Eintritt des ungarischen Judentums in die moderne Welt, Berlin 1999, S. 67–88.

gen ungarischen Territoriums 65,5 Prozent der Juden der neologen, 29,2 Prozent der orthodoxen und 5,3 Prozent der „Status quo ante"-Gemeinde an.
Die Überzeugung zahlreicher Juden, das politische System beschütze sie vor Antisemitismus, stärkte ihre Loyalität gegenüber dem Staat und der ungarischen Regierung, die judenfeindliche Vorfälle, wie beispielsweise jenen in Tiszaeszlár, öffentlich verurteilte.[23] Als die Bevölkerung der nordostungarischen Stadt 1882 den Juden Salamon Schwarz und mehrere vermeintliche Mittäter der rituellen Ermordung von Eszter Solymosi beschuldigte, missbilligte die ungarische politische Elite, allen voran Ministerpräsident Kálmán Tisza, die Anklage. Der Parlamentsabgeordnete Károly Eötvös übernahm die gerichtliche Verteidigung der Angeklagten, die im Prozess von Tiszaeszlár am 3. August 1883 freigesprochen wurden.[24] Als Folge der unbegründeten Beschuldigungen kam es zwar in mehreren Ortschaften zu pogromartigen Ausschreitungen, bei denen acht bis zehn Menschen zu Tode kamen,[25] die Behörden schritten jedoch entschieden gegen diese Gewalt ein. Nach dem Prozess von Tiszaeszlár existierte kurzzeitig eine antisemitische Partei, diese verlor jedoch in den 1890er-Jahren aufgrund des allgemeinen wirtschaftlichen Aufschwungs im Königreich Ungarn zunehmend an Bedeutung.[26]
Die Haltung der ungarischen Regierung, die nicht zuletzt im Prozess von Tiszaeszlár zum Ausdruck kam, und die liberale Politik des späten 19. Jahrhunderts motivierten viele Juden im ungarischsprachigen Teil der Österreichisch-Ungarischen Monarchie zur Assimilation. Die Mehrheit der Juden in Ungarn verstand sich bald als integraler Bestandteil der Nation und bekannte sich zum ungarischen Staat.[27] Viele Juden magyarisierten ihre Namen und erlernten die ungarische Sprache, so dass 1910 nur noch 24 Prozent der Juden in Ungarn angaben, ihre Muttersprache sei nicht Ungarisch.[28] Das Selbstverständnis, das vor allem neologe Juden in Budapest teilten, formulierte Vilmos Vázsonyi, der im Juni 1917 erster Minister jüdischen Glaubens wurde: „Wir sind keine ungarischen Juden, sondern jüdische Ungarn. Wir halten an der Religion unserer Urahnen fest, aber dieses Vaterland gehört auch uns."[29]
Dabei sympathisierte vor allem die jüdische Elite, die mehrheitlich den neologen Gemeinden angehörte, mit der Idee der Assimilation, da diese mit wichtigen wirtschaftlichen und

23 Randolph L. Braham, A Népirtás politikája. A Holokauszt Magyarországon, Budapest 1997 (engl.: The Politics of Genocide. The Holocaust in Hungary, New York 1981) [zitiert als Braham, A Népirtás politikája (a)], Bd. 1, S. 9.

24 Mehr zum Prozess siehe Iván Sándor, A vizsgálat iratai. Tudósítás a tiszaeszlári per körülményeiről, Budapest 2004; György Kövér, A tiszaeszlári dráma. Társadalomtörténeti látószögek, Budapest 2011.

25 Szabolcs Szita, Együttélés, üldöztetés, holokauszt, Budapest 2001, S. 135.

26 Die Staatliche Antisemitische Partei konnte 1884 bei den Wahlen 17 und 1887 elf Mandate gewinnen; siehe Karády, Zsidóság Europában (wie Anm. 17), S. 382.

27 Randolph L. Braham, A Népirtás politikája. A Holokauszt Magyarországon, Budapest 2003 [zitiert als Braham, A Népirtás politikája (b)], S. 14. Siehe auch Rolf Fischer, Entwicklungsstufen des Antisemitismus in Ungarn 1867–1939. Die Zerstörung der magyarisch-jüdischen Symbiose, München 1988; Michael K. Silber (Hrsg.), Jews in the Hungarian Economy 1760–1945, Jerusalem 1992; Mária M. Kovács, Liberal Professions and Illiberal Politics. Hungary from the Habsburgs to the Holocaust, Washington u. a. 1994.

28 Karády, Zsidóság Europában (wie Anm. 17), S. 168. Von diesen 24 Prozent gaben die meisten Deutsch oder Jiddisch als Muttersprache an.

29 Zit. nach: Enzyklopädie jüdischer Geschichte und Kultur, hrsg. von Dan Diner, Stuttgart 2011, Bd. 1, S. 460.

gesellschaftlichen Vorteilen verbunden war und in vielen Fällen den sozialen Aufstieg beförderte.[30] Zahlreiche Juden besetzten bald Positionen, die die verarmte adelige Schicht der Gentry für sich zunächst als unwürdig erachtet hatte.[31] 62 Prozent der Privatärzte, 45 Prozent der Rechtsanwälte und 42 Prozent der Journalisten gehörten im Jahr 1910 der israelitischen Glaubensgemeinschaft an.[32] Einigen jüdischen Familien gelang gar der Aufstieg in das Großbürgertum, die meisten Juden zählten jedoch zum Mittelstand.[33]
1914 zogen nicht nur viele jüdische Soldaten in den Krieg,[34] der Erste Weltkrieg setzte auch eine Fluchtbewegung in Gang, die antisemitische Agitatoren auf den Plan rief. Auf die aus Galizien nach Budapest geflohenen orthodoxen und chassidischen Juden reagierten nicht nur die antisemitischen Kreise, sondern auch die Budapester Juden mit Unruhe. Sie befürchteten, der Antisemitismus, der sich im öffentlichen Diskurs nun immer stärker niederschlug, könne konkrete Formen annehmen und in Gewalt oder in judenfeindliche Politik übergehen.

Die politische Situation in Ungarn nach dem Ersten Weltkrieg

Nach dem Ende der Realunion mit Österreich und der Loslösung von der Österreichisch-Ungarischen Monarchie 1918 stürzte Ungarn in eine tiefe Orientierungskrise. Mit der Entstehung neuer Nationalstaaten am Ende des Ersten Weltkriegs war das Land empfindlich geschrumpft und verlor riesige Agrarflächen, wichtige Produktionsstätten und Millionen von Arbeitsplätzen.
Innerhalb von zwei Jahren scheiterten nacheinander acht Regierungen an den zahlreichen Herausforderungen, vor allem am territorialen Zerfallsprozess des ehemaligen Königreichs Ungarn. Der im Oktober 1918 von den Antikriegsparteien (Sozialdemokraten, Bürgerlich-Radikale und Unabhängigkeitspartei) gegründete Ungarische Nationalrat unter der Führung des Grafen Mihály Károlyi suchte zunächst eine bürgerliche Demokratie einzurichten. Doch tschechische, rumänische, serbische und französische Truppen ignorierten das im November 1918 unterzeichnete Waffenstillstandsabkommen. Während in Paris seit Januar 1919 eine Friedenskonferenz tagte, rückten sie in Ungarn weiter vor, besetzten Gebiete jenseits der von den Alliierten festgesetzten Demarkationslinie und verlängerten die kriegerischen Auseinandersetzungen in der Region.[35] Als die Entente von Ungarn schließlich die Räumung rein ungarisch bewohnter Gebiete forderte,[36] dankte die Regierung Károlyi ab und übergab die Macht an die Sozialdemokrati-

30 Karády, Zsidóság Europában (wie Anm. 17), S. 165.
31 Gábor Kádár/Zoltán Vági, Aranyvonat. Fejezetek az zsidó vagyon történetéből, Budapest 2001, S. 16; Krisztián Ungváry, A Horthy-rendszer és antiszemitizmusának mérlege. Diszkrimináció, társadalompolitika és antiszemitizmus Magyarországon 1919–1944, Budapest 2016, S. 32.
32 Kádár/Vági, Aranyvonat (wie Anm. 31), S. 16.
33 Ebd., S. 17.
34 Zu jüdischen Soldaten in der k. u. k. Armee siehe Péter Róbert: Egyenlő jog a hősi halálra: Magyar zsidók az I. világháborúban, Budapest 2010; Erwin A. Schmidl, Habsburgs jüdische Soldaten 1788–1918, Wien 2014.
35 Robert Gerwarth, Die Besiegten. Das blutige Erbe des Ersten Weltkriegs, München 2017.
36 Gefordert wurde die Räumung der östlichen Tiefebene mit den ungar. Städten Debrecen und Szeged.

sche Partei, die sich am 21. März 1919 mit der Kommunistischen Partei unter der Führung von Béla Kun zur Sozialistischen Partei Ungarns zusammenschloss. Diese rief eine kommunistische Räterepublik aus, die jedoch schon nach wenigen Monaten an den innen- und außenpolitischen Widerständen zerbrach. Im November 1919 rückte schließlich der ehemalige Admiral der k. u. k. Kriegsflotte Miklós Horthy von Nagybánya an der Spitze der „Nationalarmee“ – der einzigen überregionalen Macht im Land – in Budapest ein, das zuvor einige Monate lang rumänische Truppen besetzt hatten. Am 1. März 1920 wählte ihn die Nationalversammlung ohne zeitliche Begrenzung zum „Reichsverweser“.[37] Er sollte in dieser Funktion den König vertreten, bis dieser seine Macht wieder ausüben könne. Damit setzte die Nationalversammlung auf die „monarchistische Wiederauferstehung“[38] und Ungarn blieb formell weiterhin ein Königreich.
Das Regime unter Miklós Horthy, das vor allem von Angehörigen der verarmten Gentry, von Offizieren, Großgrundbesitzern und nicht zuletzt von jüdischen Großindustriellen getragen wurde,[39] verfügte zwar über ein unabhängiges Gerichtswesen, freie Gewerkschaften, gewählte Abgeordnete und formal über ein Mehrparteiensystem.[40] Die Staatsform hatte jedoch autoritär-konservativen Charakter, und die Politik gestaltete der Reichsverweser sowie die von der Einheitspartei gestellte Regierung.[41] Nur ein geringer Prozentsatz der Bevölkerung war wahlberechtigt. Im Jahr 1922 betrug der Prozentsatz der zur Wahl zugelassenen Personen beispielsweise 29,8 Prozent.[42]
Die Monate vor der Wahl Horthys waren von Gewaltakten gekennzeichnet. Während des Bestehens der Räterepublik hatte ein etwa 200-köpfiges Kommando unter dem Namen „Lenin-Jungs“ tatsächliche und vermeintliche Gegner des kommunistischen Regimes verfolgt. Der „rote Terror“, der mehrere Hundert Menschen das Leben gekostet hatte,[43] diente nun als Rechtfertigung für den „weißen Terror“ – für gewaltsame Aktionen von paramilitärischen Freikorps gegen Sozialdemokraten, Liberale, Arbeiter und vor allem auch Juden, die brutal zusammengeschlagen oder ermordet wurden.

37 Zur Person von Horthy siehe insbes. Nikolaus von Horthy, Ein Leben für Ungarn, Bonn 1953; Peter Gosztony, Miklós von Horthy. Admiral und Reichsverweser, Göttingen u. a. 1973; Thomas Sakmyster, Miklós Horthy. Ungarn 1918–1944, Wien 2006; Dávid Turbucz, Horthy Miklós, Budapest 2011; Krisztián Ungváry, Horthy Miklós. A kormányzó és felelőssége 1920–1945, Budapest 2020.

38 Gerlach/Aly, Das letzte Kapitel (wie Anm. 21), S. 20.

39 Holger Fischer/Konrad Gündisch, Eine kleine Geschichte Ungarns, Frankfurt a. M. 1999, S. 175.

40 Ignác Romsics, A Horthy-rendszer jellegéről, in: Ignác Romsics, Múltról a mának. Tanulmányok és esszék a magyar történelemről, Budapest 2004, S. 339–357; Levente Püski, Demokrácia és diktatúra között. A Horthy-rendszer jellegéről, in: Ignác Romsics (Hrsg.), Mítoszok, legendák, tévhitek a 20. századi magyar történelemről, Budapest 2005, S. 206–233 Dávid Turbucz, A politikai rendszer jellege a Horthy-korszak első tíz évében, in: Múltunk LII (2007) 4, S. 228–254; Levente Püski, A Horthy-korszak parlamentje, Budapest 2015.

41 Von 1932 an führte sie den Namen Partei der Nationalen Einheit. Von 1939 an nannte sie sich Partei des Ungarischen Lebens.

42 Turbucz, A politikai rendszer jellege (wie Anm. 40), S. 247.

43 Das Horthy-Regime sprach von 600 Opfern des „roten Terrors“, wobei diese Zahl auch die Deserteure und die gewöhnlichen Straftäter einschloss. Der Historiker István Deák schätzt die Zahl der tatsächlichen politischen Opfer deshalb auf 200 bis 300; siehe István Deák, Revolutionäre oder Verräter? Politische Prozesse in Ungarn zwischen 1919 und 1958, in: Transit. Europäische Revue 15 (1998), S. 60–72, hier S. 62.

Hinsichtlich der Opferzahlen des „weißen Terrors“ bewegen sich die Schätzungen zwischen 500 und 5000 Opfern.[44]
Bei den Gewalttaten kam nicht zuletzt das auch in anderen europäischen und außereuropäischen Staaten aufkeimende antisemitische Narrativ vom „Judeo-Bolschewismus“ zum Tragen,[45] demzufolge es einen unheilvollen Nexus zwischen Judentum und Kommunismus gäbe und der Bolschewismus ein jüdisches Phänomen sei. So äußerte sich der ungarische Bischof Ottakár Prohászka 1920 über die Räterepublik: „Lauter Juden waren dabei am Werk; Juden und immer nur Juden.“[46] In der Tat waren viele Protagonisten der Räterepublik jüdischer Herkunft, darunter Béla Kun und die Volkskommissare Tibor Szamuely und Ottó Korvin, die in den Augen der Öffentlichkeit den institutionalisierten „roten Terror“ personifizierten.[47] Dass Juden unter der Regierung Béla Kun als Angehörige des Bürgertums jedoch selbst verfolgt worden waren[48] und viele Juden die konterrevolutionäre Bewegung Horthys unterstützt hatten (Dok. 66), wurde jedoch ignoriert – zu gut ließ sich das Narrativ vom „Judeo-Bolschewismus“ politisch instrumentalisieren.[49]
Die antijüdische Gewalt, die sich auch in Pogromen äußerte, kostete viele Menschen das Leben. So wurden beispielsweise in der Stadt Celldömök am 23. August 1919 mindestens sechs, in Diszel im September neun Juden ermordet.[50] Die antisemitisch motivierten Morde wurden oft mit besonderer Brutalität ausgeführt. Nachdem Horthy in die Hauptstadt eingerückt war, misshandelten und beraubten Mitglieder des Offizierskorps sowie der Ende 1918 gegründeten rechtsradikalen, antisemitischen Vereinigung Erwachendes Ungarn in Budapest mehrere Hundert jüdische Frauen und Männer.[51]
Als im Februar 1920 zwei Journalisten der sozialdemokratischen Tageszeitung Népszava – Béla Somogyi und Béla Bacsó – ermordet wurden, wuchs die öffentliche Kritik an den Gewalttaten. Vor allem befürchtete man, dass sich diese negativ auf den Ausgang der Friedenskonferenz auswirken würden, die seit Januar 1919 in Paris tagte und über Grenz- und Reparationsfragen entschied. Nach der Ernennung Horthys zum Reichsverweser

44 Ebd., S. 63.

45 Paul Hanebrink, In defense of Christian Hungary. Religion, nationalism, and antisemitism, 1890–1944, Ithaca 2006; ders., Transnational Culture War: Christianity, Nation, and the Judeo-Bolshevik Myth in Hungary, 1890–1920, in: Journal of Modern History 80/1 (March 2008), S. 55 bis 80; André Gerrits, The Myth of Jewish Communism. A Historical Interpretation, Brussels 2009; Eliza Ablovatski, The 1919 Central European Revolutions and the Judeo-Bolshevik Myth, in: European Review of History 17/3 (2010), S. 473–489; Paul Hanebrink, A Specter Haunting Europe: The Myth of Judeo-Bolshevism, Cambridge 2018.

46 Ottakár Prohászka, Die Judenfrage in Ungarn, Hamburg 1920, S. 10.

47 Thomas von Bogyay, Grundzüge der ungarischen Geschichte, 4. Aufl., Darmstadt 1990, S. 129. Siehe auch Ignác Romsics, Utak a kommünhöz, in: János Kőbányai (Hrsg.), Heller Ágnes ünnep 90, Budapest 2019, S. 243–278.

48 László Bernát Veszprémy, Baloldali antiszemitizmus, anticionizmus és a zsidó vagyon államosítása a Tanácsköztársaság idején, in: Századok 153 (2019) 5, S. 887–916.

49 Ausführlich Julia Richers/Regina Fritz, Der Vorwurf des „Judeo-Bolschewismus“ und die Folgen der Räterepublik für die jüdische Gemeinschaft in Ungarn, in: Christian Koller/Matthias Marschik (Hrsg.), Die ungarische Räterepublik 1919. Innenansichten – Außenperspektiven – Folgewirkungen, Wien 2018, S. 155–166.

50 Gábor Kádár/Zoltán Vági, A vegső döntés. Berlin, Budapest, Birkenau 1944, Budapest 2013, S. 110 bis 112. Gábor Kádár und Zoltán Vági zählen mindestens 40 solche Fälle, wo die örtliche Bevölkerung Juden angriff.

51 Ausführlich Ilse Josepha Lazaroms, Marked by Violence: Hungarian Jewish Histories in the Wake of the White Terror, 1919–1922, in: Zutot 11 (2014), S. 39–48, sowie die Ausgabe der jüdischen Zeitung Egyenlőség vom 11.9.1919.

im März 1920 versuchten er und sein Kabinett daher, die Übergriffe einzudämmen.[52] Der Antisemitismus blieb jedoch bis Oktober 1944 ein bestimmendes Element des autoritär-konservativen Staats.

Das Numerus-clausus-Gesetz von 1920

Der am 4. Juni 1920 unterzeichnete Friedensvertrag von Trianon war ein schwerer Schock für die ungarische Gesellschaft. Ungarn musste zwei Drittel seines Territoriums, in dem mehr als die Hälfte seiner Bevölkerung lebte, an seine Nachbarstaaten abtreten – an Rumänien, die Tschechoslowakei, Österreich, an das Königreich der Serben, Kroaten und Slowenen, an Polen und Italien. Etwa ein Drittel der in den abgetrennten Gebieten lebenden Menschen fühlte sich nach Sprache, Herkunft und Kultur der ungarischen Nationalität zugehörig.[53]

In den Monaten zuvor waren bereits 300 000 bis 400 000 Menschen aus diesen Gebieten ins Kernland geflüchtet und drängten auf den Arbeitsmarkt bzw. an die Universitäten.[54] Gleichzeitig waren in dem geschrumpften Land, das aufgrund von Inflation, Arbeitslosigkeit und Geldverfall mit enormen sozialen Problemen zu kämpfen hatte, weniger Ärzte, Beamte und Ingenieure erforderlich.

Dies verschärfte den Konkurrenzkampf, ließ die Angst vor der Zukunft und das Gefühl von Perspektivlosigkeit wachsen und verstärkte jene Stimmen, die den Ausschluss bestimmter gesellschaftlicher Gruppen aus einzelnen Berufsfeldern bzw. von den Universitäten forderten; das traf vor allem Frauen[55] sowie Juden, die sich als Träger der Modernisierung in der wirtschaftlichen Krisensituation besonders als Sündenböcke eigneten.[56] Der Bildungs- und Aufstiegswille vieler Juden verstärkte dabei die Ressentiments eines Teils der nichtjüdischen Bevölkerung, die sich auch mit körperlicher Gewalt für ihre diskriminierenden Forderungen einsetzten. Bereitwillig ignorierten sie dabei, dass die ungarischen Juden, deren Zahl sich nach dem Friedensvertrag von Trianon auf etwa 448 000 Personen halbiert hatte,[57] unter den wirtschaftlichen und politischen Folgen des Krieges ebenfalls litten. Gerade Sektoren, in denen Juden stark vertreten waren, wie Handel und Industrie, waren von der wirtschaftlichen Krise besonders betroffen.

Unter diesen Voraussetzungen erließ die ungarische Regierung am 26. September 1920 das Numerus-clausus-Gesetz, das nicht nur den universitären Zugang von Frauen begrenzte, sondern auch die Zahl der jüdischen Studierenden an den Universitäten, deren Anteil im Studienjahr 1918/19 36,4 Prozent betragen hatte, auf sechs Prozent beschränkte.[58]

52 Szita, Együttélés (wie Anm. 25), S. 144.

53 Gerlach/Aly, Das letzte Kapitel (wie Anm. 21), S. 29.

54 Romsics, Magyarország története (wie Anm. 16), S. 155.

55 Ausführlich N. Katalin Szegvári, Numerus Clausus rendelkezések az ellenforradalmi Magyarországon: A zsidó és nőhallgatók főiskolai felvételéről, Budapest 1988.

56 Ungváry, A Horthy-renszer és antiszemitizmusának mérlege (wie Anm. 31), S. 25.

57 Samu Stern, Emlékirataim – Versenyfutás az idővel! A „zsidótanács" működése a német megszállás és a nyilas uralom idején, Budapest 2004, S. 206.

58 Mária M. Kovács, Törvénytől sújtva. A Numerus Clausus Magyarországon 1920–1945, Budapest 2012, S. 132. Siehe auch dies., The Numerus Clausus in Hungary, 1920–1945, in: Regina Fritz/Grzegorz Rossolinski-Liebe/Jana Starek (Hrsg.), Alma mater antisemitica. Akademisches Milieu, Juden und Antisemitismus an den Universitäten Europas zwischen 1918 und 1939, Wien 2016, S. 85–111.

Zunächst hatte sich der Gesetzesvorschlag des damaligen Ministers für Religion und Bildung, István Haller, in erster Linie gegen Frauen und Protagonisten und Unterstützer der Räterepublik gerichtet und darauf abgezielt, den Zugang zur Universität an die politische Zuverlässigkeit zu binden. Der Passus, der sich gegen Juden wandte, fand erst im Lauf der Parlamentsdebatten Eingang in das Gesetz. Die Forderungen nationalistischer, radikaler Studentenverbindungen und der Kameradschaftsverbände Turul, Hungaria und anderer, die sie nicht nur an den Universitäten erhoben, sondern auch mit Gewalt auf die Straße trugen, wirkten sich radikalisierend auf den Gesetzesentwurf aus. Die Mitglieder der studentischen Verbände hatten ihre jüdischen Kommilitonen seit Kriegsende wiederholt am Betreten des Universitätsgeländes gehindert und sie misshandelt. Als Folge der Ausschreitungen wurden die Universitäten mehrmals zeitweilig geschlossen. Auch in den Jahren nach der Einführung des Gesetzes forderten die Kameradschaftsverbände immer wieder gewaltsam die Einhaltung und Verschärfung der Numerus-clausus-Bestimmungen und traten bald gegen alles auf, was sie in der Gesellschaft als jüdisch identifizierten: Sie demonstrierten gegen die „jüdische Presse", störten Theatervorstellungen und sprachen sich für einen Numerus clausus in Banken und Fabriken aus.[59] (Dok. 1)

Die vielfältigen radikalen Forderungen der Studentenschaft fanden auch außerhalb der Universitäten Zuspruch und wurden teilweise von der Politik aufgegriffen. So setzte die Regierung Teleki (1920/21) eine Reihe weiterer antijüdischer Regelungen um und entzog beispielsweise 3000 jüdischen Gastwirten die Schanklizenz. Einige Gemeinden beschlossen sogar erste Schritte zur Segregation der Juden. So bestimmte das örtliche Bezirksgericht in Cegléd, dass Juden nur an ausgewählten Tagen die öffentlichen Bäder benutzen durften. Anschließend sollten alle Bäder gereinigt und desinfiziert werden.[60] Im Jahr 1920 entschied die Regierung zudem, all jene Juden auszuweisen, die nach dem 1. Januar 1914 ins Land gekommen waren.[61] Diese Maßnahme betraf nicht nur aus Galizien eingewanderte Juden, sondern auch jüdische Migranten, die nach dem Vertrag von Trianon aus den abgetrennten Gebieten nach Ungarn geflüchtet waren.[62] Von 1930 an wurden alle Ausländer bei der neu geschaffenen Zentralen Behörde zur Kontrolle fremder Staatsbürger registriert, die 1941 bei der Deportation staatenloser Juden eine führende Rolle spielen sollte. Bis Dezember 1939 wies die Behörde mehr als 3600 Juden aus dem Land aus.[63]

59 Krisztián Ungváry, A Horthy-rendszer mérlege. Diszkrimináció, szociálpolitika és antiszemitizmus Magyarországon, Budapest 2013, S. 90; Róbert Kerepeszki, A Turul Szövetség Országos és Debreceni Szervezete (1919–1945), Diss., Debrecen 2009.

60 Mária M. Kovács, Bethlen István és a zsidókérdés, in: Mozgó Világ vom August 2015. Siehe auch Ungváry, A Horthy-rendszer mérlege (wie Anm. 59), S. 104.

61 Braham, A Népirtás politikája (a) (wie Anm. 23), Bd. 1, S. 41.

62 Kinga Frojimovics, I have been a Stranger in a Strange Land: The Hungarian State and Jewish Refugees in Hungary, 1933–1945, Jerusalem 2007.

63 Kádár/Vági, A végső döntés (wie Anm. 50), S. 126.

Antijüdische Politik bis 1937

Zahlreiche jüdische Studenten wanderten als Reaktion auf den Numerus clausus und die antisemitische Gewalt an den Universitäten aus.[64] Ihr Ziel waren vor allem Hochschulen in Italien, Frankreich, Österreich, der Tschechoslowakei und der Schweiz. Im Jahr 1921 studierten 1000 ungarische Juden an der deutschen Technischen Hochschule in Prag, an den Wiener Universitäten waren es ungefähr 700.[65] Aufgrund der Perspektivlosigkeit, mit der sich jene Personen konfrontiert sahen, die sich ein Studium im Ausland nicht leisten konnten, nahmen sich mehrere Menschen das Leben.[66]

Die jüdische Elite im Inland – vor allem Mitglieder der größten neologen Gemeinde in Ungarn, der Pester Israelitischen Gemeinde – begehrte zwar gegen den Numerus clausus auf, versicherte der ungarischen Regierung jedoch weiterhin ihre Unterstützung und setzte sich im Ausland für ungarische Interessen ein, vor allem für die Revision der Grenzen.[67] Die politische Radikalisierung nach 1920 konnte ihre Loyalität und ihren Glauben an den jüdisch-nichtjüdischen Zusammenhalt nicht erschüttern. Die führenden Repräsentanten der jüdischen Gemeinden fühlten sich nach der Konsolidierung des Horthy-Regimes vielmehr in ihrer Politik der diskreten Einflussnahme bestärkt. Zwar verübten radikale Antisemiten in den ersten Jahren der Regierung unter Ministerpräsident István Bethlen (1921–1931) mehrere Bombenattentate gegen jüdische Vereine,[68] doch der Staat distanzierte sich von den Gewalttaten der radikalen Rechten und ging gerichtlich gegen die Verantwortlichen vor. Obwohl der Antisemitismus als Ideologie und als öffentliche Agitation in der politischen Landschaft und Gesellschaft weiterhin präsent war, wurde die offizielle Politik gegenüber den Juden zunächst gemäßigter.[69] Die Regierung Bethlen unternahm erste Schritte zur Schwächung der rechtsradikalen Gruppierungen, verbot beispielsweise mehrmals die Vereinigung Erwachendes Ungarn,[70] und modifizierte im Jahr 1928 auch jenen international viel kritisierten Passus des Numerus-clausus-Gesetzes, der den Anteil der jüdischen Studierenden auf sechs Prozent beschränkt hatte.[71] Ziel dieser taktischen

64 Viktor Karády, Egyetemi antiszemitizmus és érvényesülési kényszerpályák: magyar-zsidó diákság a nyugat-európai főiskolákon a numerus clausus alatt, in: Levéltári Szemle 42 (1992) 3, S. 21–40; Michael Laurence Miller, From White Terror to Red Vienna: Hungarian Jewish Students in Interwar Austria, in: Frank Stern/Barbara Eichinger (Hrsg.), Wien und die jüdische Erfahrung 1900–1938. Akkulturation – Antisemitismus – Zionismus, Wien 2009, S. 307–324; Ágnes Kelemen, Migration and Exile: Hungarian Medical Students in Vienna and Prague, 1920–1938, in: János Kenyeres/Miklós Lojkó/Tamás Magyarics/Éva Eszter Szabó (Hrsg.), Az emberi sors és a történelem kereszteződésében. Tanulmánykötet Frank Tibor 70. Születésnapjára, Budapest 2018, S. 222–241.

65 Michael M. Miller, „A Numerus Clausus száműzöttjei" a berlini felsőoktatási intézetekben 1920 és 1933 között, in: Múlt és Jövő 17 (2006) 4, S. 84–91, hier S. 85.

66 Ágnes Katalin Kelemen, Peregrináció, emigráció, száműzetés. A két világháború közötti magyar diákvándorlás és a numerus clausus összefüggései, in: Múltunk 4 (2018), S. 4–31.

67 Stern, Emlékirataim (wie Anm. 57), S. 225–229.

68 Ebd., S. 139.

69 Kovács, Bethlen István és a zsidókérdés (wie Anm. 60).

70 Ungváry, A Horthy-rendszer mérlege (wie Anm. 59), S. 107.

71 Andor Ladányi, A numerus clausus törvény 1928. évi módosításáról, in: Századok 128 (1994) 6, S. 1117–1148. Zu den Auswirkungen des Numerus clausus auf die Zahl der jüdischen Studierenden siehe Sándor Király, Az egyetemi hallgatóság társadalmi arculata Magyarországon a két világháború között, Diss., Debrecen 2009 sowie Kovács, Törtvénytől sújtva (wie Anm. 58).

Maßnahmen war die internationale Anerkennung, schließlich war Ungarn um ausländische Kredite zur Sanierung der Wirtschaft bemüht und wollte die Position des Landes bei den Verhandlungen über eine Revision der Grenzen stärken.
Bis in die 1930er-Jahre hinein folgten keine weiteren antijüdischen Gesetze, obwohl 1932 ein Mann den Posten des Ministerpräsidenten übernahm, der für seine radikalen antisemitischen Ideen bekannt war. Der Führer der extremen Rechten in Ungarn, Gyula Gömbös,[72] hatte zusammen mit Endre Bajcsy-Zsilinszky und Tibor Eckhardt den rechtsradikalen, antisemitischen Ungarischen Landeswehrverein (MOVE) ins Leben gerufen und war Gründer der Ungarischen Nationalen Unabhängigkeitspartei sowie führendes Mitglied der Geheimgesellschaft Bund von Etelköz. Diese Organisationen, deren Angehörige wichtige politische Positionen innehatten, waren lautstarke Verfechter des „ungarischen Rassenschutzes" und forderten, die sozialen Probleme des Landes durch den Ausschluss der Juden aus der ungarischen Wirtschaft zu lösen.[73]
Die Anhänger des „ungarischen Rassenschutzes" postulierten die Notwendigkeit eines „neuen ungarischen Menschen" und vertraten die Ansicht, dass Ungarn aufgrund seiner Kultur und seiner zentralen Lage im Donaubecken die Führungsrolle unter den Völkern in Zentraleuropa übernehmen müsse.[74] Gömbös hatte bereits 1920 gefordert, die Anzahl jüdischer Mitarbeiter in allen Berufszweigen auf fünf Prozent zu beschränken, und erklärt, „die Judenfrage ist keine religiöse, sondern eine erstrangige rassische und wirtschaftliche Frage".[75]
Horthy hatte Gömbös zunächst wegen seiner radikalen Ideen für politische Führungspositionen nicht in Erwägung gezogen. Vor seiner Ernennung zum Ministerpräsidenten 1932 musste er Horthy versprechen, keine antijüdischen Maßnahmen einzuführen. Gömbös gewann schließlich sogar die Unterstützung der neologen jüdischen Gemeinde, indem er versicherte, ihr wirtschaftlich nicht zu schaden und keine radikalen antisemitischen Maßnahmen einzuführen.[76] In seiner ersten Rede als Ministerpräsident erklärte er: „Dem Judentum sage ich offen und ehrlich: Ich habe meinen Standpunkt revidiert. Jenen Teil des Judentums, der sich zur Schicksalsgemeinschaft der Nation bekennt, möchte ich genauso als Bruder oder Schwester begrüßen wie meine ungarischen Geschwister."[77]
Er setzte also seine ursprünglichen radikalen antisemitischen Forderungen nicht durch, forcierte aber die Umgestaltung des Staats. Er formte die Partei der Nationalen Einheit zu einer Massenpartei um und trieb die vielfach geforderte „Wachablösung" – einen Elitenaustausch und Generationswechsel – in Politik und Armee voran. So rückte in den 1930er-Jahren die Generation der um 1890 Geborenen, die sich weniger mit den

72 Zu Gömbös siehe ausführlich József Vonyó, Gömbös Gyula, Budapest 2014.
73 Ungváry, A Horthy-rendszer mérlege (wie Anm. 59).
74 János Gyurgyák, Ezzé lett magyar hazátok. A magyar nemzeteszme és nacionalizmus története, Budapest 2007.
75 A zsidókérdés, in: Szózat vom 10.8.1920, S. 1.
76 Braham, A Népirtás politikája (a) (wie Anm. 23), Bd. 1, S. 46.
77 Sitzung am 11.10.1932, Abdruck in: Az 1931. évi július hó 18.-ára hirdetett Országgyűlés Képviselőházának Naplója, Bd. 11, Budapest 1932, S. 52. Auf Deutsch erschienen in: Gyula Gömbös, Für die nationale Selbstzwecklichkeit: zwölf Reden des Ministerpräsidenten Julius Gömbös, Budapest 1932.

konservativen Werten des dualistischen Ungarn als vielmehr mit rechten Ideen identifizierte, zunehmend in leitende Positionen ein.[78]
Außenpolitisch näherte sich Gömbös dem faschistischen Italien und dem nationalsozialistischen Deutschland an. Nach der Machtergreifung Hitlers reiste er schon im Juni 1933 nach Berlin und schloss ein Handelsabkommen mit Deutschland ab. 1934 unterzeichnete Gömbös die „Römischen Protokolle", welche die wirtschaftliche Zusammenarbeit von Ungarn, Österreich und Italien vertiefen sollten. Seine Politik brachte ihn schließlich in Konflikt mit gemäßigteren konservativen Kräften, die sich zunehmend von ihm distanzierten. Bei den Parlamentswahlen im Frühjahr 1935 konnte er sich zwar behaupten, er erkrankte jedoch und starb im Oktober 1936.

Die antijüdische Politik von 1938 bis 1944

Im Wahlkampf von 1935 erschienen erstmals explizit nationalsozialistische Kandidaten auf der politischen Bühne, doch war die radikale Rechte in mehrere Parteien zersplittert. Schließlich schafften es nur zwei nationalsozialistische Abgeordnete ins Parlament, während die Regierungspartei mit knapp 70 Prozent der Mandate die bestimmende Kraft im Parlament blieb.[79] Unter den zahlreichen Splitterparteien, die nicht im Parlament vertreten waren, befand sich die Partei des Nationalen Willens. Ferenc Szálasi, ein ehemaliger Offizier, der später zum Führer der Pfeilkreuzler werden sollte,[80] hatte sie einige Wochen vor den Wahlen, am 1. März 1935, gegründet. In den folgenden Jahren gelang es Szálasi, seiner Partei zum politischen Erfolg zu verhelfen.
Den Aufstieg radikaler rechter Parteien beobachteten die etablierten konservativen Parteien mit Sorge. 1937 intensivierten sich die Gerüchte über einen bevorstehenden Putsch von rechts.[81] Dies nutzte im April die ungarische Regierung, um die Partei des Nationalen Willens zu verbieten und Ferenc Szálasi zu einer längeren Haftstrafe zu verurteilen (Dok. 3). Gleichzeitig übernahm das Horthy-Regime Forderungen der radikalen Rechten, um diese, so ihre Begründung, zu kontrollieren und ihr die Unterstützung in der Bevölkerung zu entziehen.[82] Doch verfehlten die Maßnahmen ihr Ziel: Szálasis Gefängnisstrafe festigte die radikale Rechte, statt sie zu schwächen, und das Parteiverbot umging seine Partei mit wiederholten Neugründungen. So konnte sie zu einer Massenbewegung heranwachsen, bis sie im Februar 1938 erneut verboten wurde. Die einen Monat später gegründete Nachfolgepartei der Pfeilkreuzler erreichte 1939

78 Romsics, Magyarország története (wie Anm. 16), S. 153.

79 Margit Szöllösi-Janze, Die Pfeilkreuzlerbewegung in Ungarn. Historischer Kontext, Entwicklung und Herrschaft, München 1989, S. 104.

80 Zu Szálasi und seiner Bewegung siehe ausführlich Miklós Lačko, The Social Roots of Hungarian Fascism, The Arrow Cross, in: Stein Ugelvik Larsen/Bernt Hagtvet/Jan Petter Myklebust (Hrsg.), Who were the Fascists? Social Roots of European Fascism, Bergen 1980, S. 395–400; Elek Karsai/László Karsai, A Szálasi-per, Budapest 1988; Rudolf Paksa, Szálasi Ferenc és a hungarizmus, Budapest 2013; ders., Magyar nemzetiszocialisták, Budapest 2013; Zoltán Paksy, Nyilas mozgalom Magyarországon 1932–1939, Budapest 2013; László Karsai, Szálasi Ferenc. Politikai életrajz, Budapest 2016.

81 Szöllösi-Janze, Pfeilkreuzlerbewegung (wie Anm. 79), S. 109.

82 Ebd., S. 148.

bei den letzten ungarischen Wahlen der Zwischenkriegszeit mit 15 Prozent der Stimmen ein Rekordergebnis. Und dies trotz eines verschärften Wahlgesetzes, das das aktive Wahlrecht an die zehnjährige ungarische Staatsbürgerschaft, an sechs Jahre Ortsansässigkeit und an die Absolvierung von sechs Grundschulklassen knüpfte.[83] In jenen Wahlkreisen, in denen die Pfeilkreuzlerpartei Direktkandidaten aufgestellt hatte, kam sie durchschnittlich gar auf 40 Prozent der Stimmen.[84] Sie wuchs damit zur stärksten Oppositionspartei im Parlament heran; zusammen mit den anderen nationalsozialistisch gesinnten Parteien stellte sie 48 der insgesamt 260 Abgeordneten. Ihren Erfolg verdankte die Partei nicht nur innenpolitischen Aspekten, sondern auch dem Aufstieg des Nationalsozialismus in Deutschland,[85] den auch die Regierungspartei mit zunehmendem Interesse verfolgte. Bald setzte die Staatsmacht auf eine politische Annäherung an das Deutsche Reich, weil sie hoffte, so ihrem zentralen außenpolitischen Ziel, der Wiedergewinnung der nach dem Ersten Weltkrieg verlorenen Gebiete, näherzukommen.

Gebietszugewinne

„Nach gewissen, in den letzten Tagen hauptsächlich durch die englische Presse verbreiteten Nachrichten besteht die Absicht, die tschechische Frage derart zu lösen, daß die von Deutschen bewohnten Gebiete der Tschechoslowakei mit oder ohne Volksabstimmung abgetrennt und dem Deutschen Reiche angeschlossen werden. Ansonsten würde alles beim Alten bleiben." Mit diesem Satz eröffnete Miklós Horthy seinen Brief an Adolf Hitler vom 17. September 1938. Darin bat er Hitler, „daß allen Nationalitäten der Tschechoslowakei durch Volksabstimmung die Berechtigung zuerkannt werde, über die Zugehörigkeit der von ihnen bewohnten Gebiete zu entscheiden".[86] Das zwölf Tage später unterzeichnete Münchner Abkommen verfügte schließlich in einem Zusatzprotokoll, dass die Tschechoslowakei in bilaterale Verhandlungen mit Ungarn treten solle, um die Frage der ungarischen Minderheit zu lösen. Als die anschließenden Gespräche scheiterten, handelte Deutschland mit Italien den Ersten Wiener Schiedsspruch aus, der am 2. November 1938 verkündet wurde und die Tschechoslowakei zwang, Ungarn Teile der Slowakei und der Karpato-Ukraine abzutreten. Schon am nächsten Tag marschierten ungarische Truppen in das insgesamt 11 927 km^2 große Gebiet ein. Ziel der ungarischen Außenpolitik war es nun, auch die restliche Karpato-Ukraine zurückzubekommen, die durch das Münchner Abkommen innerhalb der Tschechoslowakei Autonomie erlangt hatte. Wenige Tage nachdem Hitler im März 1939 seine Unterstützung zugesagt hatte, besetzten ungarische Truppen die gesamte Karpato-Ukraine.[87]

83 Ebd., S. 149. Zum neuen Wahlgesetz siehe ausführlich Ungváry, A Horthy-rendszer és antiszemitizmusának mérlege (wie Anm. 31).

84 Ungváry, A Horthy-rendszer és antiszemitizmusának mérlege (wie Anm. 31), S. 269.

85 Braham, A Népirtás politikája (a) (wie Anm. 23), Bd. 1, S. 62.

86 Brief von Miklós Horthy, Budapest, an Adolf Hitler, 17.9.1938, Abdruck in: Magda Ádám/Gyula Juhász/Lajos Kerekes (Hrsg.), Allianz Hitler–Horthy–Mussolini. Dokumente zur ungarischen Außenpolitik (1933–1944), Budapest 1966, S. 192.

87 Romsics, Magyarország története (wie Anm. 16), S. 246 f.

Bereits einige Monate später bot sich für die ungarische Regierung eine neue Gelegenheit, um ihrem Wunsch nach weitreichender Revision der Grenzen näherzukommen. Nachdem die Sowjetunion im geheimen Zusatzprotokoll des deutsch-sowjetischen Nichtangriffspakts vom August 1939 ihr Interesse an Bessarabien bekundet hatte, marschierte sie im Juni 1940 in diesem Gebiet sowie in Teilen der Bukowina ein. Damit sah Ungarn den Zeitpunkt gekommen, einen Teil von Siebenbürgen wieder an sich zu bringen. Der zwischen Rumänien und Ungarn anschwellende Konflikt um die territoriale Frage sollte auf dem Verhandlungsweg gelöst werden, doch scheiterten die Gespräche bereits nach einer Woche. Mit dem vom Deutschen Reich und Italien daraufhin ausgehandelten Zweiten Wiener Schiedsspruch vom 30. August 1940 wurde Ungarn auch Nordsiebenbürgen zugesprochen. Mit der Besetzung der Batschka und des südlichen Teils der Baranja im Anschluss an den deutschen Angriff auf Jugoslawien im April 1941 konnte Ungarn schließlich sein Territorium von 93 000 (1938) auf insgesamt 172 000 km^2 vergrößern.[88]

Doch die territoriale Ausdehnung verstärkte zugleich die wirtschaftliche und politische Abhängigkeit von Deutschland.[89] Nach dem Ersten Wiener Schiedsspruch verließ Ungarn nicht nur den Völkerbund, sondern trat auch dem Antikominternpakt bei. Mit dem Zweiten Wiener Schiedsspruch sicherte Ungarn der deutschsprachigen Minderheit weitgehende Sonderrechte zu und schloss ein Landwirtschaftsabkommen mit dem Deutschen Reich, das seit dem Anschluss Österreichs 1938 zum wichtigsten Handelspartner Ungarns geworden war.[90] Deutschen Interessen entgegenkommend, steigerte die Regierung die Produktion von Weizen, Hülsenfrüchten und Pflanzenöl.[91] Nach der Besetzung der jugoslawischen Gebiete verpflichtete sich Ungarn zudem, überschüssige Lebensmittel aus der Batschka an Deutschland und Italien sowie die gesamte Erdölförderung aus dem Gebiet an Deutschland abzugeben.[92] Allerdings hatte sich die ungarische Regierung – anders als die Slowakei – geweigert, am Krieg gegen Polen teilzunehmen, und der Wehrmacht im September 1939 keine Durchmarscherlaubnis erteilt.[93]

Die Wiederangliederung an Ungarn erlebten die Juden in der Karpato-Ukraine, in Nordsiebenbürgen und in der Felvidék sehr unterschiedlich. Viele der in der Felvidék lebenden Juden hatten die tschechoslowakische Herrschaft positiv empfunden und einige sahen der Annexion durch Ungarn, wo seit 1920 Juden zunehmend entrechtet wurden, mit gemischten Gefühlen entgegen.[94] Doch auch jene, die sich in der Zeit der tschechoslowakischen Herrschaft für ungarische Interessen stark gemacht hatten, wurden enttäuscht, ebenso wie die jüdischen Gemeinden in Nordsiebenbürgen, wo viele die un-

88 Gerlach/Aly, Das letzte Kapitel (wie Anm. 21), S. 35.
89 Ebd., S. 36.
90 Braham, A Népirtás politikája (a) (wie Anm. 23), Bd. 1, S. 144.
91 Gerlach/Aly, Das letzte Kapitel (wie Anm. 21), S. 33.
92 Ebd., S. 35.
93 Ebd., S. 31–33.
94 Éva Kovács, Felemás asszimiláció. A kassai zsidóság a két világháború között (1918–1938), Somorja, Dunaszerdahely 2004; Raz Segal, Genocide in the Carpathians: War, Social Breakdown, and Mass Violence, 1914–1945, Stanford 2016.

garischen Truppen euphorisch empfangen hatten.[95] Sie mussten bald feststellen, dass die Regierung die antijüdischen Gesetze des Kernlands in den annektierten Gebieten mit besonderer Härte anwendete.

Durch die Gebietserweiterungen wuchs die Zahl der Juden in Ungarn laut Volkszählung von 1941 auf 725 005. Innerhalb der Grenzen von Trianon lebten rund 400 000 Juden, davon 184 453 in Budapest. Hinzu kamen 100 000 zum Christentum Konvertierte, die nach den antijüdischen Gesetzen als Juden galten.[96]

Die soziale Struktur der Juden in den annektierten Gebieten unterschied sich erheblich von jener in Trianon-Ungarn. In den nun an Ungarn angeschlossenen Gebieten lebten auch viele arme, orthodoxe Juden, die an religiösen Traditionen und Konventionen festhielten. Der Wunsch nach Assimilation war hier weniger ausgeprägt als im Kernland; so bekannten sich bei der Volkszählung 1941 in den annektierten Gebieten weit mehr Juden zur „jüdischen Nationalität" als innerhalb Trianon-Ungarns.[97] Auf dieser sozialen und religiösen Diskrepanz baute jener „Zwei-Klassen-Antisemitismus" auf, der bereits die Juden aus Galizien nach dem Ersten Weltkrieg getroffen hatte. Ungarische Politiker, darunter Horthy selbst, unterschieden in ihren öffentlichen Wortmeldungen zunehmend zwischen den assimilierten, bürgerlichen Juden im Kernland, die zur Modernisierung der Gesellschaft und zum kulturellen und wirtschaftlichen Aufblühen des Landes beitrügen, und den nichtassimilierten, meist orthodoxen und jiddischsprachigen Juden der annektierten Gebiete, die in teils ärmlichen und bescheidenen Verhältnissen lebten.[98] Die radikale Umsetzung der antisemitischen Maßnahmen in den annektierten Gebieten verschärfte die ohnehin schwierige wirtschaftliche Situation vieler dort lebender Juden. So berichtete das Protektionsbüro der ungarischen Israeliten im Mai 1940 nach einer Reise in die Felvidék: „Die verschiedenen Maßnahmen nach der Wiedereingliederung haben unsere Glaubensbrüder materiell und seelisch schwer mitgenommen. Die Aberkennung der Gewerbescheine und anderer Lizenzen hat für mindestens 80 % die frühere Arbeit und den Broterwerb unmöglich gemacht."[99] Besorgt zeigte sich das Protektionsbüro über die Verarmung der jüdischen Bevölkerung; ein Befund, der sich auch in anderen Berichten aus den annektierten Regionen wiederfindet (Dok. 49).

95 Zur Situation der ungar. Juden in Nordsiebenbürgen siehe u. a. Holly Case, Between States. The Transylvanian Question and the European Idea during World War II, Stanford 2009; Anders E. B. Blomqvist, Economic Nationalizing in the Ethnic Borderlands of Hungary and Romania. Inclusion, Exclusion and Annihilation in Szatmár/Satu Mare 1867–1944, Stockholm 2014; Randolph L. Braham, A holokauszt Észak-Erdélyben, in: ders. (Hrsg.), Tanulmányok a holokasuztról, Bd. 4, Budapest 2014, S. 211–232; Attila Gidó, A kolozsvári zsidóság a két világháború között, Kolozsvár 2016. Zur Karpato-Ukraine siehe Raz Segal, Days of Ruin. The Jews of Munkács During the Holocaust, Jerusalem 2013; Csilla Fedinec, A Magyar Szent Kononához visszatért Kárpátalja, 1938–1944, Budapest 2015. Zu Délvidék siehe Linda Margittai, „Zsidókérdés a Délvidéken", Diss., Univ. Szeged 2019.

96 Braham, A Népirtás politikája (a) (wie Anm. 23), Bd. X, S. 74.

97 Gerlach/Aly, Das letzte Kapitel (wie Anm. 21), S. 53.

98 Braham, A Népirtás politikája (b) (wie Anm. 27), S. 14 f.; Gábor Kádár/Zoltán Vági, Hullarablás. A magyar zsidók gazdasági megsemmisítése, Budapest 2005, S. 20.

99 Bericht des Protektionsbüros der ungarischen Israeliten über seine Reise vom 23. bis 27.5.1940 in der Felvidék, MZSML, MIOI segélyszervezetek, MIPI iratok 1938–1941.

Antijüdische Gesetze

Nach dem Tod von Gyula Gömbös im Oktober 1936 wurde Kálmán Darányi Ministerpräsident. Dieser erklärte am 5. März 1938, die „Judenfrage“ müsse auf gesetzlichem Weg gelöst werden: „Es gibt eine Judenfrage“, konstatierte er bei einer Versammlung der Regierungspartei in Győr. „Den Kern der Frage sehe ich darin, dass das innerhalb der Landesgrenzen lebende Judentum – aufgrund seiner besonderen Disposition und Lage, aber teilweise auch wegen der Gleichgültigkeit der ungarischen Rasse – in bestimmten Zweigen des wirtschaftlichen Lebens eine unverhältnismäßig große Rolle spielt.“[100]

Einen Monat später, am 8. April, übergab Darányi dem Parlament einen Gesetzesentwurf „zur wirksameren Sicherung des Gleichgewichts des gesellschaftlichen und wirtschaftlichen Lebens“, der später als „Erstes Judengesetz“ bekannt geworden ist. Das Gesetz, das Ende Mai in Kraft trat, beschränkte den Prozentsatz der Juden in bestimmten Berufszweigen und verfügte unter anderem, dass in Presse-, Rechtsanwalts- oder Ärztekammern der Anteil der Juden 20 Prozent nicht überschreiten dürfe (Dok. 14). Dabei blieb die Definition des Begriffs „Jude“ zwar an die Religionszugehörigkeit gebunden, doch galten Personen, die nach 1919 konvertiert waren, weiterhin als Juden.

Mit diesem Gesetz setzte die ungarische Regierung erste radikale Maßnahmen zum Ausschluss der Juden aus der ungarischen Wirtschaft um. Gleichzeitig betonte sie, dass dieser nur schrittweise erfolgen könne. So hatte der Finanzminister Lajos Reményi-Schneller nach Auskunft des US-amerikanischen Diplomaten John F. Montgomery im Gespräch ihm gegenüber geäußert: „[J]eder, der Ungarn auch nur im Geringsten kenne, [sei] darüber im Bilde, dass die Vorstellung, die Juden gleichsam über Nacht zu vertreiben, geradezu lächerlich sei, da die Christen zu wenig von wirtschaftlichen Belangen verstünden, als dass sie in der Lage sein würden, ihren Platz einzunehmen“.[101] Tatsächlich spielten jüdische Unternehmer und Selbständige in der ungarischen Wirtschaft der Zwischenkriegszeit eine bedeutende Rolle; in den Berufsgruppen der Ärzte, Rechtsanwälte, Journalisten und Gewerbetreibenden betrug ihr Anteil 30 bis 50 Prozent (1930).[102] Einige jüdische Familien besaßen staatswichtige Industriebetriebe, darunter die Manfréd Weiss Stahl- und Metallwerke mit mehreren Zehntausend Mitarbeitern.[103] Die Mehrzahl der Juden in Ungarn war allerdings nicht außergewöhnlich vermögend.

Angesichts des Aufstiegs rechtsradikaler Kräfte rechtfertigte die ungarische Regierung das „Erste Judengesetz“ als Gegenmaßnahme gegen den wachsenden Antisemitismus. So erklärte Reményi-Schneller gegenüber Montgomery, „dass der Entwurf für das

100 Rede von Kálmán Darányi in Győr, 5.3.1938, zit. nach: Andor Ladányi, Az első zsidótörvény megszületése, in: Múlt és Jövő 2 (2010), S. 102–121, hier S. 104.

101 Gespräch von John F. Montgomery mit Reményi-Schneller am 14.4.1938, Abdruck in: Tibor Frank (Hrsg.), Zwischen Roosevelt und Hitler. Die Geheimgespräche eines amerikanischen Diplomaten in Budapest 1934–1941, Berlin 2009, S. 205.

102 Gerlach/Aly, Das letzte Kapitel (wie Anm. 21), S. 51; Kádár/Vági, Hullarablás (wie Anm. 18), S. 16.

103 Braham schätzt die Anzahl der jüdischen Familien, die der ungar. Oberschicht angehörten, auf etwa 50. Kádár und Vági erwähnen in diesem Zusammenhang in erster Linie die Familien Weiss, Chorin, Kornfeld, Mauthner, Vida, Perényi, Ullmann, Bíró, Fellner und Goldberger; siehe Kádár/Vági, Hullarablás (wie Anm. 98), S. 21.

Judengesetz in einer Weise abgefasst werden musste, die die Antisemiten zufrieden stellen, gleichzeitig aber nicht die Finanzierung des Fünfjahresplans gefährden würde".[104] Diese Argumentation stieß von Anfang an auf Kritik bei liberalen Politikern: „Die Regierung hat in der Presse eineinhalb Jahre lang den konfessionellen Hass geschürt, und nun stellt sie sich hierhin, beruft sich auf diesen Hass und gibt es als ein Verdienst aus, dass sie mit diesem [Gesetzes-]Vorschlag den Hass kanalisiert."[105] Diese Politiker warnten zugleich, das Gesetz könne Befürworter antisemitischer Maßnahmen bestärken und dazu animieren, noch radikalere Schritte zu fordern. So befürchtete die sozialdemokratische Abgeordnete Anna Kéthly weitsichtig, dass die im Gesetz verankerte 20-Prozent-Marke für bestimmte Berufszweige bald schon für zu hoch gehalten werden könnte: „Es wird ein Feilschen geben, wie es auch Personen gab, die statt 20 Prozent fünf Prozent forderten und anschließend den endgültigen Ausschluss aus dem wirtschaftlichen Leben bis hin zur physischen Vernichtung verlangten."[106] Doch die Kritik oppositioneller Politiker, Intellektueller und Künstler verhallte ungehört (Dok. 11).
Bereits wenige Wochen nach der Verabschiedung des Gesetzes zeigte sich, dass Kéthly recht behalten sollte. Am 23. Dezember 1938 brachte die Regierung Imrédy einen neuen, verschärften Gesetzesvorschlag ein, der schließlich unter Ministerpräsident Pál Teleki am 5. Mai 1939 in Kraft trat. Dieses Gesetz „zur Einschränkung der jüdischen Expansion im öffentlichen und wirtschaftlichen Leben" (Dok. 29) senkte den zulässigen Anteil der Juden in bestimmten Berufen von 20 auf sechs bzw. zwölf Prozent und ordnete die schrittweise Entlassung jüdischer Beamter und Angestellter aus dem Staatsdienst an. Juden wurden aus der Leitung von Zeitungen, Verlagen, Theatern und Kinos verbannt. Den Austausch jüdischer Angestellter und Beamter überwachte das „Regierungskommissariat zur Beseitigung der intellektuellen Arbeitslosigkeit", das in deutschen Dokumenten als Juden-Kommissariat firmierte[107] (Dok. 91). Des Weiteren schränkte das sogenannte Zweite Judengesetz das aktive und passive Wahlrecht jüdischer Bürger ein und führte den 1928 modifizierten Numerus clausus wieder ein. Fortan war es untersagt, Juden die ungarische Staatsbürgerschaft zu verleihen – eine Regelung, die die in den annektierten Gebieten lebenden Juden mit besonderer Härte traf. Während das „Erste Judengesetz" zunächst nur Angehörige der jüdischen Religionsgemeinschaft und die nach 1919 zum Christentum Konvertierten betraf, schloss das „Zweite Judengesetz" auch jene Ungarn ein, bei denen mindestens zwei Großeltern der jüdischen Religionsgemeinschaft angehörten.
Mit der antijüdischen Gesetzgebung knüpfte Ungarn an Entwicklungen im nationalsozialistischen Deutschland an und an antisemitische Tendenzen, die sich auch in anderen

104 Gespräch von John F. Montgomery mit Reményi-Schneller am 14.4.1938, Abdruck in: Frank (Hrsg.), Zwischen Roosevelt und Hitler (wie Anm. 101), S. 205.

105 Rede von Károly Rassay vor der geeinten Kommission des Abgeordnetenhauses am 22.4.1938, zit. nach: János Pelle, A gyűlölet vetése. A zsidótörvények és a magyar közvélemény 1938–1944, Budapest 2001, S. 39.

106 Rede von Anna Kéthly vor dem Parlament am 12.5.1938, in: Az 1935. évi április hó 27.-ére hirdetett Országgyűlés Képviselőházának Naplója, Bd. 18, Budapest 1938, S. 556.

107 Gerlach/Aly, Das letzte Kapitel (wie Anm. 21), S. 46. Innerhalb eines halben Jahres erreichten diese Abteilung 14 000 Anzeigen; siehe Ungváry, A Horthy-rendszer és antiszemitizmusának mérlege (wie Anm. 31), S. 453.

europäischen Staaten beobachten ließen.[108] So hatte Rumänien bereits im Januar 1938 ein neues Staatsbürgerschaftsgesetz erlassen, auf dessen Basis mehr als jedem dritten Juden die rumänische Staatsbürgerschaft entzogen wurde; zahlreiche Juden waren aus den Berufskammern, darunter jenen der Ärzte und Anwälte, ausgeschlossen worden.[109] Das Rassenmanifest des italienischen Ministeriums für Volkskultur vom 14. Juli 1938 legte fest, dass Juden nicht der „italienischen Rasse" angehörten, und wenige Monate später beschloss der italienische Ministerrat, ausländische Juden auszuweisen und jüdische Schüler und Lehrer aus den öffentlichen Schulen und Universitäten zu verbannen. Im November wurde Juden verboten, eine Ehe mit Nichtjuden einzugehen und im öffentlichen Dienst zu arbeiten.[110] Wenige Tage nachdem Ungarn sein „Zweites Judengesetz" erlassen hatte, verabschiedete schließlich auch die slowakische Regierung ihr erstes antijüdisches Gesetz, in dem sie den Begriff „Jude" definierte und Berufsverbote erteilte.[111]

Allerdings entstanden die zwei antijüdischen Gesetze in Ungarn nicht auf deutschen Druck hin. Béla Imrédy, der an der Ausarbeitung beider Gesetze beteiligt war, erklärte nach dem Krieg vor dem Volksgericht: „Ich habe neben weiteren Reformen auch das Zweite Judengesetz eingereicht, um breitere Volksmassen hinter meiner Regierung versammeln zu können. Beim Entwurf des Zweiten Judengesetzes spielte der deutsche Einfluss keine Rolle, ich habe es unabhängig von jeglicher politischen Taktik als eine gesellschaftliche Notwendigkeit erachtet."[112] Imrédy hatte auf einer Parteiversammlung am 15. November 1938 betont, dass die Gebietszugewinne und die dadurch wachsende Zahl an Juden ein zweites Judengesetz erforderten: „Mit den zurückgewonnenen Gebieten wurde der ohnehin schon unvorteilhafte Prozentsatz der Juden noch ungünstiger. Auch das Tor zur Einwanderung aus dem Osten wurde weiter geöffnet."[113] Entsprechend findet sich in der Begründung des Gesetzes ein expliziter Hinweis auf die annektierten Gebiete.

Die zwei antijüdischen Gesetze in Ungarn hatten weitreichende Folgen für all jene Personen, die nun als Juden galten. „Massenhaft wurden Menschen sofort am 1. gekündigt und vor die Tür gesetzt",[114] notierte Fanni Gyarmati am 2. Januar 1939 in ihr Tagebuch und konstatierte zwei Tage später: „Was für eine Masse von schiffbrüchigen Schicksalen umgibt uns jetzt schon."[115] In der Tat verloren etwa 90 000 Männer und Frauen ihre

108 Diesen Aspekt diskutieren u. a. Krisztián Ungváry, Der Getriebene und der Treiber. Das Verhältnis zwischen ungarischer Politik und deutschen Deportationsplänen, in: Brigitte Mihok (Hrsg.), Ungarn und der Holocaust. Kollaboration, Rettung und Trauma, Berlin 2005, S. 41–54, hier S. 45; Christian Gerlach, Der Mord an den europäischen Juden. Ursachen, Ereignisse, Dimensionen, München 2017, S. 306–325; Ferenc Laczó, The Radicalization of Hungarian Antisemitism until 1941: On Indigenous Roots and Transnational Embeddedness, in: Frank Bajohr/Dieter Pohl (Hrsg.), Right-wing politics and the rise of Antisemitism in Europe 1935–1941, Göttingen 2019, S. 39–59.

109 VEJ 13, S. 52.

110 VEJ 14, S. 20.

111 VEJ 13, S. 24.

112 Zit. nach: Péter Sipos, Imrédy Béla, Budapest 2001, S. 163.

113 Zit. nach: Braham, A Népirtás politikája (a) (wie Anm. 23), Bd. 1, S. 144.

114 Miklósné Radnoti Fanni Gyarmati, Napló 1935–1946, Bd 1: 1935–1940, Budapest 2018, S. 361.

115 Ebd., S. 362.

Arbeit.[116] Die Gesetze zerrissen Familien, indem sie einzelne Familienmitglieder plötzlich als Juden, andere weiterhin als Nichtjuden definierten. Der zum Calvinismus konvertierte István Dénes wandte sich am 16. Mai 1939 in einem verzweifelten Brief an den reformierten Bischof László Ravasz und schilderte sein Schicksal: Zwei Jahre nach seiner Geburt, im Dezember 1919 – und damit vier Monate nach dem vom „Ersten Judengesetz" festgelegten Stichtag – konvertierten seine Eltern. Seine beiden Geschwister, 1920 und 1927 geboren, galten weiterhin als Christen, da sie nach 1919 auf die Welt gekommen und sofort nach ihrer Geburt getauft worden waren. „Bin ich ein weniger guter Christ als sie?", fragte er den Bischof und bat um die Prüfung der Regelung.[117]

Zahlreiche Juden erwogen zu konvertieren oder setzten entsprechende Pläne in die Tat um. Während einige die Hoffnung hegten, der Glaubenswechsel könne sie vor den Bestimmungen der antijüdischen Gesetze und Verordnungen bewahren, kritisierten andere die Kirchen aufgrund der antisemitischen Grundhaltung mehrerer Bischöfe und Priester sowie wegen der Zustimmung der kirchlichen Vertreter im Oberhaus zum sogenannten Ersten und Zweiten Judengesetz. Die Bischöfe hatten dabei zwar die Ausweitung der Gesetze auf Konvertiten beanstandet, aber gleichzeitig erklärt, dass eine „Judenfrage" existiere.[118]

Um den Austritten Einhalt zu gebieten, ergriffen die jüdischen Gemeinden ab 1938 zum Teil harte Maßnahmen. So führte die Pester Israelitische Gemeinde ein Verfahren ein, demzufolge der Austritt formell vor einem dreiköpfigen Rabbinerrat vollzogen werden musste. Der Vorsitzende des Rabbinerrats schloss die Zeremonie mit den Worten ab: „Wir stoßen Sie auf Grundlage ihrer eigenen Erklärung aus dem Bund des Judentums aus. Gemäß unserer religiösen Traditionen hören Sie für unsere Religionsgemeinschaft auf zu existieren, deshalb sprechen wir das Totengebet."[119] Im November 1938 kündigte die Pester Israelitische Gemeinde in einem Schreiben an ihre Mitglieder an, die Namen aller zu veröffentlichen, die um einen Religionsübertritt ersuchten. Sie bat ihre Mitglieder, auf diese Personen noch einmal einzuwirken, damit sie von ihrem Vorhaben Abstand nähmen.[120]

Doch für die meisten führte der Religionsübertritt ohnehin zu einem Gewissenskonflikt (Dok. 9, 19 und 77). Der damals 50-jährige Schriftsteller Milán Füst notierte am 1. November 1938 in sein Tagebuch: „Als sie Direktionsposten in Aussicht gestellt haben, bin ich nicht konvertiert. Aber jetzt werde ich konvertieren. Weil es so nicht weitergeht. Denn wer ist ein solcher Held, der die Verachtung der Welt aushält, und dies nicht einmal aus Überzeugung. […] Gleichwohl denke ich mir: Die Verfolgten kann ich doch

116 Yehuda Don, Economic Implications of the Anti-Jewish Legislation in Hungary, in: David Cesarani (Hrsg.), Genocide and Rescue. The Holocaust in Hungary 1944, Oxford u. a. 1997, S. 47–76, hier S. 59.

117 Ráday Levéltár, A-1-c Elnöki iratok, 1396/1944.

118 Claudia K. Farkas, Zsidótörvények – egy egyházi ember szemével, in: Csaba Fazekas (Hrsg.), Fiatal egyháztörténészek írásai, Miskolc 1999, S. 194–231; dies., Ravasz László és a magyarországi zsidótörvények, in: Századok 133 (1999) 4, S. 795–822; Randolph L. Braham, Magyarország keresztény egyházai és a holokauszt, in: ders. (Hrsg.), Tanulmányok a holokausztról, Bd. 1, Budapest 2001, S. 9–36.

119 Zit. nach: Kinga Frojimovics, Bürokratikus időhúzás. Kikeresztelkedők és visszatérők 1938 után az Izraelita Hitközségben, in: Egyházfórum 29 (2014) 2–3, S. 11–18, hier S. 13.

120 Brief der Pester Israelitischen Gemeinde vom Nov. 1938, MZSML, PIH iktatott iratok, 1938/13264.

nicht im Stich lassen. Ich habe keine Kinder, ich bin alt, und wer ich war, der bleibe ich."[121] Am 2. Dezember 1938 konvertierte Füst zusammen mit seiner Frau.

Mit dem sogenannten Dritten Judengesetz vom 2. August 1941 führte die ungarische Regierung schließlich eine Regelung ein, die im Deutschen Reich seit den Nürnberger Gesetzen 1935 in Kraft war, und erfüllte damit eine seit Langem erhobene Forderung der radikalen Rechten. Dieses Gesetz untersagte Eheschließungen zwischen Juden und „Ariern" und erklärte uneheliche sexuelle Beziehungen zwischen Juden und Nichtjuden zu Akten der „Rassenschande" (Dok. 51). Auch „Halbjuden" galten nun als „Volljuden", wenn sie der jüdischen Religionsgemeinschaft angehörten.

In den folgenden Monaten wurde eine Reihe weiterer antijüdischer Regelungen eingeführt, die die Juden in Ungarn aus dem wirtschaftlichen und kulturellen Leben immer weiter ausschlossen. So schränkte die Regierung die Zuteilung der Gewerbescheine an Juden ein und verpflichtete sie im September 1942 dazu, ihre landwirtschaftlichen und forstwirtschaftlichen Güter abzutreten[122] (Dok. 59 und 89). Bevorzugt erhielten Soldaten oder Kriegerwitwen diese Besitztümer.

Vielen politischen Akteuren gingen die antijüdischen Maßnahmen der Regierung dennoch nicht weit genug. Insbesondere der Vizegespan des wichtigen Komitats Pest-Pilis-Solt-Kiskun, László Endre, der 1944 einer der Hauptverantwortlichen bei der Gettoisierung und Deportation der Juden werden sollte, wurde eigenmächtig tätig.[123] Von Beginn seiner Amtszeit an erschwerte er den jüdischen Bewohnern seines Verwaltungsbezirks durch die besonders strenge Anwendung von Verordnungen, aber auch durch eigene Maßnahmen das Leben. So verbannte er im Mai 1941 Juden von den Badestränden des Komitats und ordnete in der Weihnachtszeit in den Jahren 1938 und 1940 an, nichtjüdische Geschäfte mit einer Tafel als „christliche ungarische Geschäfte" zu kennzeichnen. Viele seiner radikalen Initiativen erklärten die zuständigen Ministerien als verfassungswidrig und nahmen sie zurück. Dennoch hatten sie Vorbildcharakter für andere Komitate, die lautstark radikalere Regierungsmaßnahmen gegen Juden verlangten.[124]

Arbeitsdienst

Mit dem zweiten ungarischen Wehrgesetz vom 11. März 1939 wurde der militärische Arbeitsdienst eingeführt. Er sollte für Personen gelten, die als unzuverlässig und daher für die Landesverteidigung als ungeeignet eingestuft wurden. In erster Linie betraf dies Juden und Kommunisten, die für einige Monate zum militärischen Ersatzdienst einbe-

121 Milán Füst, Teljes Napló, Budapest 1999, Bd. 2, S. 476.

122 Gesetz 1942: XV; siehe dazu ausführlich László Csősz, Földreform és fajvédelem: a negyedik zsidótörvény végrehajtása, in: Judit Molnár (Hrsg.), A Holokauszt Magyarországon Europai perspektivában, Budapest 2005, S. 176–192.

123 Zur Person von Endre siehe Kádár/Vági, A vegső döntés (wie Anm. 50); Zoltán Vági, Endre László politikai pályája 1919–1945. Szélsőjobboldali elit, közigazgatási apparátus, zsidókérdés, Diss., Eötvös Loránd Universität Budapest 2003; Nicholas M. Nagy-Talavera, László Endre, Frontrunner of the Final Solution in Hungary, in: Randolph L. Braham/Attila Pók (Hrsg.), The Holocaust in Hungary. Fifty Years Later, New York 1997, S. 359–388.

124 Kádár/Vági, A végső döntés (wie Anm. 50), S. 157 f.

rufen werden sollten.[125] Dabei war die ungarische Militärführung der Meinung, Juden sollten von militärischen Beförderungen und Auszeichnungen ausgenommen werden, doch dürfte im Falle eines Krieges „das jüdische Blut auf Kosten der Christen" nicht geschont werden.[126]

In den folgenden Jahren wurden die Verordnungen über den Arbeitsdienst mehrmals modifiziert, verschärft und wieder gelockert. Bis Sommer 1940 stellte das Verteidigungsministerium 60 jüdische Arbeitsdienstkompanien auf,[127] die vor allem im Straßenbau, an Flugplätzen und in der Landwirtschaft tätig waren, aber auch Befestigungsarbeiten durchführten. Für die geleistete Arbeit erhielten sie einen Sold. Bis zum Frühsommer 1941 durften sie Uniform tragen.[128] Gleichzeitig waren bis 1941 jüdische Männer zum Militärdienst zugelassen.

Der ungarische Dichter Miklós Radnóti erhielt am 5. September 1940 einen Einberufungsbefehl zum Arbeitsdienst in Gödöllő. Ein guter Freund, der Volkskundler Gyula Ortutay, verbrachte den Tag mit Radnóti und notierte betroffen in sein Tagebuch: „Miklós hält sich tapfer und gut, er nimmt die Gedichte von Arany mit, nichts anderes, vielleicht eine Bibel. […] Ich kann nichts schreiben, ich schäme mich zu Tode […]. Ich wünsche mir fast, dass sie auch mich einberufen. Das gemeinsame Leiden und Demütigung wären vielleicht Opfer und Sühne."[129]

Während die Behandlung in den Arbeitsdienstkompanien in den ersten Monaten nach ihrer Einrichtung noch einigermaßen human war, änderte sich die Situation ab Frühjahr 1941 mit der ersten Beteiligung Ungarns an den kriegerischen Auseinandersetzungen in Europa. Nachdem Ungarn es 1939 noch abgelehnt hatte, am Krieg gegen Polen teilzunehmen, nutzte es im April 1941 den Angriff der Wehrmacht auf Jugoslawien, um Teile der Vojvodina zu besetzen. Einen tiefen Einschnitt im Leben zahlreicher Arbeitsdienstler bedeutete schließlich die Kriegserklärung Ungarns an die Sowjetunion am 27. Juni 1941. Damit schloss sich die ungarische Regierung unter Ministerpräsident László Bárdossy[130] dem einige Tage zuvor erfolgten deutschen Angriff auf die Sowjetunion an, an dem auch rumänische und slowakische Truppen beteiligt waren. Zu sehr fürchtete die politische Führungsschicht, eine Abstinenz könnte unter diesen Umständen eine Revision der Schiedssprüche nach sich ziehen.

Wenige Monate zuvor, am 16. April 1941, hatte die Regierung eine Verordnung herausgegeben, die den Arbeitsdienst erheblich verschärfte und die rechtliche Grundlage für die diskriminierende Behandlung der Juden in der ungarischen Armee schuf. Auf Grundlage dieses Erlasses und dessen Durchführungsverordnung vom August 1941 verloren

125 László Csősz/Martina Fiamova/Attila Gidó u. a., Munkaszolgálat a második világháború idején a történelmi Magyarország utódállamaiban, in: Múltunk 2 (2015), S. 72–145, hier S. 85 f. Seit 1942 wurden auch nationale Arbeitsdienstkompanien für Rumänen, Serben und Kroaten aufgestellt, die als nicht zuverlässig galten. Im Aug. 1944 wurden auch Arbeitsdienstkompanien für Roma ins Leben gerufen; siehe ebd., S. 91.

126 Zit. nach: Krisztián Ungváry, A magyar honvédség a második világháborúban, Budapest 2005, S. 117.

127 László Karsai, Holokauszt, Budapest 2001, S. 219. Zum ungar. Arbeitsdienst siehe u. a. Elek Karsai (Hrsg.), „Fegyvertelen álltak az aknamezőkön …". Dokumentumok a munkaszolgálat történetéhez Magyarországon, 2 Bde., Budapest 1962.

128 Csősz/Fiamova/Gidó u. a., Munkaszolgálat (wie Anm. 125), S. 86.

129 Gyula Ortutay, Napló, Bd. 1: 1938–1954, Pécs 2009, S. 198.

130 Zu Bárdossy siehe u. a. Pál Pritz (Hrsg.), Bárdossy László a népbíróság előtt, Budapest 1991.

etwa 16 000 Männer jüdischer Herkunft ihre militärischen Ränge.[131] Ausnahmeregelungen waren nur bei besonderen Verdiensten während des Ersten Weltkriegs vorgesehen. Mitglieder der jüdischen Religionsgemeinschaft und zum christlichen Glauben konvertierte Männer durften keine bewaffneten militärischen Dienste mehr leisten und mussten fortan gelbe bzw. weiße Armbinden tragen.

Am 17. März 1942 entschied die Armeeführung schließlich, jüdische Arbeitsdienstkompanien an die Front zu versetzen.[132] Der Großteil wurde in die Ukraine abkommandiert und der 2. Ungarischen Armee unterstellt.[133] Schätzungen zufolge waren 37 000 bis 50 000 Arbeitsdienstler an der Ostfront eingesetzt,[134] viele bei den rückwärtigen Diensten hinter der Frontlinie. Ein Teil der Arbeitsdienstler wurde zu besonders gefährlichen Arbeiten, etwa zur Minensuche, gezwungen, die anderen mussten Nachschub-, Schanz- und Pionierarbeiten verrichten. Am 3. Juli 1942 notierte der 21-jährige Fähnrich Miklós Kiss von Nemeskér in sein Tagebuch: „Die Minensperre wurde unter Anleitung von technischen Truppen [...] von jüdischen Arbeitsdienstkompanien geräumt. [...] im Durchschnitt ist jede zwanzigste [Mine] explodiert und ein paar Juden sind dort geblieben. [...] Mit dieser Minenräumung haben wir auf jeden Fall zwei Ziele erreicht: einerseits wurden die Juden dezimiert, anderseits haben wir das Leben der ungarischen Pioniere gerettet. Die Deutschen selbst haben oft auch neidisch gesagt, dass sie daran nicht gedacht hatten! Das haben wir besser gemacht!“[135]

Viele Arbeitsdienstler wurden bei schwerer Arbeit im Straßenbau oder beim Verladen von Nahrungsmitteln nur unzureichend versorgt und litten in provisorischen Unterkünften unter der Kälte des Winters.[136] Um ihre Situation zu mildern, wandte sich die Staatliche Ungarische Jüdische Hilfsaktion, die auf Initiative des Joint Distribution Committee nach dem „Ersten Judengesetz“ gegründet worden war, wiederholt mit Spendenaufrufen an die Mitglieder der jüdischen Gemeinden (Dok. 62).

Aufgrund der Lebens- und Arbeitsbedingungen bzw. als Folge der brutalen Behandlung durch ungarische Offiziere und Soldaten starben zahlreiche der Arbeitsdienst leistenden Juden. Die Tagebücher ungarischer Armeeangehöriger lassen ihre desolate Lage an der Ostfront erahnen. So notierte der Reserveleutnant István Simon am 17. Dezember 1942 in sein Tagebuch: „Die unglückseligen Juden erfrieren. [...] Ich sah, dass sie in Schneehütten schlafen. In der Früh sind sie lahm, ihre Nasen und ihre Beine sind abgefroren, ohnmächtig schleppen sie sich dahin. Die Kleidung hängt in Fetzen von ihnen. Dann ziehen sie ein, zwei Tote [aus den Schneehütten] heraus, ihre Kameraden ziehen sie an eine Schnur gebunden, wie einen verendeten Hund, auf die Straße. Sie machen den Eindruck von abgestumpften, ohnmächtigen Sterbenden.“[137] Jüdische Arbeitsdienstkompanien wurden auch Opfer von Massakern. So zündeten ungarische Soldaten im

131 Karsai, Holokauszt (wie Anm. 127), S. 220.

132 Braham, A Népirtás politikája (a) (wie Anm. 23), Bd. 1, S. 311 f. Siehe dazu auch Robert Rozett, Conscripted slaves. Hungarian Jewish forced laborers on the eastern front during the Second World War, Jerusalem 2013.

133 Judit Pihurik, Naplók és memoárok a Don-kanyarból 1942–1943, Budapest 2007.

134 Csősz/Fiamova/Gidó u. a., Munkaszolgálat (wie Anm. 125), S. 87 f.

135 Miklós Nemeskéri Kiss, Napló az orosz harctérről I–II. 1942, zit. nach: Pihurik, Naplók és memoárok (wie Anm. 133), S. 156.

136 VEJ 8/229.

137 Tagebuch von Simon István, zit. nach: Pihurik, Naplók és memoárok (wie Anm. 133), S. 162.

April 1943 in dem ukrainischen Dorf Dorositsch eine Baracke mit typhuskranken Arbeitsdienstlern an und ermordeten auf diese Weise über 400 Menschen.[138] Zudem wirkten ungarische Truppen an mindestens einer Erschießung einheimischer Juden in den besetzten Gebieten mit.[139]

Die Nachrichten über die schlechte Lage der jüdischen Arbeitsdienstler an der Ostfront erreichten auch den neuen Verteidigungsminister Vilmos Nagy. Er erklärte Ende 1942 vor dem Ministerrat: „Wenn wir von den Arbeitsdienstkompanien gute Arbeit erwarten, dann müssen wir sie gut behandeln, sie gut mit Kleidung und Nahrungsmitteln versorgen."[140] In den folgenden Monaten verbesserten sich zwar die Lebensbedingungen in jenen Arbeitsdienstkompanien, die innerhalb von Ungarn eingesetzt waren. Die Arbeitsdienstler durften regelmäßig Besuch und einmal im Monat Pakete empfangen. Doch die Verbesserungen wirkten sich auf die Situation der Arbeitsdienstler an der Ostfront nicht aus. Im Zuge der sowjetischen Winteroffensive wurde die 2. Ungarische Armee im Januar 1943 zerschlagen. Über 21 000 Arbeitsdienstler starben, wurden verletzt oder gerieten in sowjetische Kriegsgefangenschaft.[141]

1943 erhob schließlich das Deutsche Reich Anspruch auf die ungarischen Arbeitsdienstler und forderte 10 000 Männer für Bergwerksarbeiten in Serbien an. Im Juli 1943 übergab die ungarische Regierung der Organisation Todt mehrere Arbeitsdienstkompanien,[142] die in den Kupferbergwerken in Bor und beim Bau der Eisenbahnstrecke Bor–Žagubica zum Einsatz kamen[143] (Dok. 101). Mit dem Näherrücken der Front wurden im September 1944 die Lager in Bor geräumt und die Arbeitsdienstler in zwei Wellen evakuiert. In der ersten Gruppe von 3500 Personen befand sich auch Miklós Radnóti, der im Mai 1944 das dritte Mal zum Arbeitsdienst einberufen worden war. Wie zahlreiche seiner Kameraden überlebte er den Fußmarsch nach Ungarn nicht. Im November 1944 erschossen ihn Soldaten der ungarischen Armee in der Nähe der Gemeinde Abda. Bei seiner Exhumierung im Jahr 1946 fand man bei ihm ein Notizbuch, das seine letzten Gedichte enthält, in denen er die Strapazen des Lagerlebens und der Evakuierungsmärsche in eindrücklicher Weise schildert.[144]

Die Massaker in Kamenez-Podolski und andere Deportationspläne

Der Kriegseintritt Ungarns an der Seite des Deutschen Reichs am 27. Juni 1941 hatte nicht nur einen massiven Einfluss auf das Leben zahlreicher Arbeitsdienstler. Nun witterten hochrangige ungarische Politiker auch die Möglichkeit, ins Land geflüchtete, aus-

138 Ungváry, A magyar honvédség (wie Anm. 126), S. 121.

139 Krisztián Ungváry, Das Beispiel der ungarischen Armee. Ideologischer Vernichtungskrieg oder militärisches Kalkül?, in: Christian Hartmann/Johannes Hürter/Ulrike Jureit (Hrsg.), Verbrechen der Wehrmacht. Bilanz einer Debatte, München 2005, S. 98–106.

140 Karsai, Holokauszt (wie Anm. 127), S. 222.

141 Csősz/Fiamova/Gidó u. a., Munkaszolgálat (wie Anm. 125), S. 88.

142 Bis Sommer 1944 arbeiteten 6000 Arbeitsdienstler in den Kupferbergwerken von Bor; siehe ebd., S. 89.

143 Zvi Erez, Jews for Copper. Jewish Hungarian Labor Service Companies in Bor, in: Yad Vashem Studies 28 (2000), S. 243–286; Tamás Csapody, Bori munkaszolgálatosok. Fejezetek a bori munkaszolgálat történetéből, Budapest 2012.

144 Diese erschienen 1946 im Gedichtband mit dem Titel „Tajtékos ég".

ländische bzw. staatenlose Juden abzuschieben. Der ungarische Innenminister erklärte im Parlament rückblickend: „Als unsere Truppen in Galizien so weit vorgedrungen waren, dass man schon die Juden dorthin bringen konnte, habe ich veranlasst, dass die Juden aus Galizien, deren Ausweisung bislang nicht durchgeführt werden konnte, weil die Russen dies nicht erlaubten, an ihren Geburtsort zurückgebracht werden."[145]

Am 10. Juli 1941 informierte der Regierungskommissar der Karpato-Ukraine Miklós Kozma den Ministerpräsidenten László Bárdossy: „In der kommenden Woche werde ich die Galizier, die über keine ungarische Staatsbürgerschaft verfügen und sich hierher geflüchtet haben, die exponierten ukrainischen Agitatoren[146] und die Zigeuner über die Grenze schieben lassen."[147] Dass zu diesem Zeitpunkt bereits mehrere Massenerschießungen und Pogrome an einheimischen Juden in Ostgalizien verübt worden waren,[148] darüber sah die ungarische Regierung scheinbar hinweg. Stattdessen begann die Gendarmerie fünf Tage später – nach entsprechender Zustimmung durch das Kabinett[149] – jene Juden zusammenzufassen und auszuweisen, die keine ungarische Staatsbürgerschaft besaßen. Die Mehrzahl der Deportierten stammte aus den karpato-ukrainischen Gebieten, die 1939 an Ungarn gefallen waren. Das im selben Jahr erlassene Gesetz über die „Zusammenführung der zur Ungarischen Heiligen Krone zurückgekehrten karpatoukrainischen Gebiete mit dem Staat" hatte zwar verfügt, dass jene Personen, die am 26. Juli 1921 laut den damals gültigen Gesetzen ungarische Staatsbürger und seit dem 15. März 1929 ohne Unterbrechung in der Karpato-Ukraine oder in Oberungarn wohnhaft gewesen waren, ohne behördliche Maßnahme ihre ungarische Staatsbürgerschaft zurückerlangen sollten. Personen jedoch, die nach dem Vertrag von Trianon für die tschechoslowakische Staatsbürgerschaft optiert hatten, mussten auf administrativem Wege um die ungarische Staatsbürgerschaft ersuchen. Die Zentrale Behörde zur Kontrolle fremder Staatsbürger und das Innenministerium verfuhren bei der Vergabe der Staatsbürgerschaft willkürlich.[150] Die Abschiebungen betrafen daher in vielen Fällen Personen, die seit Generationen in der Region gelebt hatten, dies jedoch nicht (rechtzeitig) nachweisen konnten (Dok. 53, 54 und 65). Neben polnischen, sowjetischen und staatenlosen Juden sowie jüdischen Flüchtlingen aus Mitteleuropa wurden zudem auch Juden mit ungarischer Staatsbürgerschaft abgeschoben, die den örtlichen Behörden ein Dorn im Auge waren.

Das Protektionsbüro der ungarischen Israeliten meldete am 3. August 1941 unter anderem: „In vielen Fällen werden auch Witwen mit ihren Kindern des Landes verwiesen, deren Ehemänner Polen oder Russen waren, aber oft schon seit fünf, zehn oder fünfzehn

145 Rede von Keresztes-Fischer am 26.11.1941, Abdruck in: Az 1939. évi június 10.-ére hirdetett Országgyűlés Képviselőházának Naplója, Bd. 12, Budapest 1942, S. 62.

146 Gemeint sind ukrainische Nationalisten.

147 MNL OL, K-429, 38. csomó, 1653. sz. feljegyzés, zit. nach: Ádám Gellért/János Gellért, Az 1941. évi kőrösmezői deportálások. A kitoloncolásokat jóváhagyó minisztertanácsi döntés háttere, in: Betekintő 2 (2012).

148 Dieter Pohl, Nationalsozialistische Judenverfolgung in Ostgalizien 1941–1944. Organisation und Durchführung eines staatlichen Massenverbrechens, 2. Aufl., München 1997, S. 60 f., 67–71.

149 Ausführlich Gellért/Gellért, Az 1941. évi kőrösmezői deportálások (wie Anm. 147).

150 Kinga Frojimovics, Állampolgárság-revizió: Deportálás 1941–1942-ben, in: Viktória Bányai/Csilla Fedinec/Szonja Ráhel Komoróczy (Hrsg.), Zsidók Kárpátalján. Történelem és örökség a Dualizmus korától napjainkig, Budapest 2013, S. 240–248, hier S. 240.

Jahren verstorben sind, während die Ehefrau vor der Eheschließung ungarische Staatsbürgerin war."[151] In manchen Fällen wurde die jüdische Bevölkerung ganzer Dörfer zusammengefasst und deportiert. Das Protektionsbüro beklagte: „Wir intervenieren hier umsonst bei den hiesigen Behörden im Interesse der Unglückseligen."[152]
Die zur Abschiebung vorgesehenen Personen wurden zunächst in geschlossenen Lagern interniert – zum Beispiel in der Rumbach-Sebestyén-Synagoge in Budapest (Dok. 52) –, von wo sie an die Grenze zwischen der Karpato-Ukraine und Galizien in das Lager Kőrösmező gebracht wurden. Sie durften nur Lebensmittel für drei Tage und 50 Kilogramm Gepäck mitnehmen, aber manche Personen wurden so überraschend abgeholt, dass sie nicht einmal diese Menge zusammenpacken konnten. Über die Zustände im Lager meldete das Protektionsbüro der ungarischen Israeliten besorgt: „Im Lager Kőrösmező stellt die Behörde selbst keinerlei Versorgung, kein Wasser, keine Nahrungsmittel zur Verfügung. Darum müssen sich die jüdischen Organisationen kümmern. Es gibt auch keinerlei Gesundheitsversorgung."[153] Manche verbrachten in Kőrösmező (Jassinja) einige Tage, andere wurden sofort über die Grenze abgeschoben: „Es kommt öfter vor, dass Familienmitglieder voneinander getrennt werden aufgrund der zu schnellen Abwicklung der Aussiedlung, Eltern treffen ihre Kinder nicht, Kinder ihre Eltern nicht. Nachdem die Aussiedlung in die unterschiedlichsten Gebiete von Galizien erfolgt, muss man befürchten, dass diese [Menschen] sich ihr Leben lang nicht mehr wiedersehen werden."[154]
Der innen- und außenpolitische Druck auf die Regierung, die Deportationen einzustellen, wuchs seit Ende Juli 1941. Oppositionelle Politiker intervenierten und verfassten Protestschriften (Dok. 53). Kritik kam auch aus dem Deutschen Reich, da deutsche Behörden mehrere Tausend in den besetzten Gebieten ankommende Juden als Sicherheitsproblem erachteten (Dok. 60). Am 15. August ordnete schließlich der Leiter der Zentralen Behörde zur Kontrolle fremder Staatsbürger, Sándor Siménfalvy, die Entlassung aller noch verbliebenen Juden aus dem Lager Kőrösmező an. Ministerpräsident László Bárdossy erklärte einige Monate später vor dem Parlament: „Nach der Besetzung der ukrainischen Gebiete haben wir die dort ansässigen galizischen Juden in bedeutender Anzahl ausgesiedelt. [...] Wir wollten noch mehr aussiedeln, aber das mit uns befreundete Deutsche Reich hat uns gewarnt, dass wir das nicht weiter tun sollen. Diesem Wunsch mussten wir uns natürlich beugen."[155]
Bis zur Einstellung der Aktion wurden zwischen 18 000 und 21 000 Juden deportiert.[156] Die abgeschobenen Juden standen in Ostgalizien vor dem Nichts. Sowohl die ungarischen als auch die deutschen Behörden hatten keinerlei Vorbereitungen getroffen, um die ankommenden Menschen unterzubringen, mit Nahrungsmitteln und Medikamenten

151 Meldung über die Umstände der Deportation und Vorschlag zur Mäßigung des Missbrauchs, Abdruck in: Tamás Majsai (Hrsg.), Iratok a kőröszmezei zsidódeportálás történetéhez 1941, in: Ráday Gűjtemény Évkönyve IV–V (1984–1985), S. 195–237, hier S. 210.

152 Meldung aus Huszt an das Protektionsbüro der ungarischen Israeliten, 3. 8. 1941, Abdruck in: ebd., S. 214.

153 Meldung über die Umstände der Deportation, Abdruck in: ebd., S. 211.

154 Ebd.

155 223. Sitzung des Abgeordnetenhauses am 21. 11. 1941. Abdruck in: Az 1939. évi június 10.-ére hirdetett Országgyűlés Képviselőházának Naplója, Bd. 11, Budapest 1941, S. 537.

156 Kádár/Vági, A végső döntés (wie Anm. 50), S. 128.

zu versorgen. Zudem stießen die Juden in vielen Fällen auf gesellschaftliche Ablehnung der Ortsansässigen (Dok. 56 und 58). „Es trafen auch solche Nachrichten bei uns ein, dass in manchen Gebieten die dort lebende und notleidende Bevölkerung die Neuankömmlinge verjagt und ihr Leben bedroht, weil sie in ihnen – in der sowieso schon schweren Ernährungssituation – Personen sieht, die ihre wachsende Entbehrung verursachen“,[157] meldete das Protektionsbüro am 3. August 1941. Tatsächlich trafen auch bei den in Ungarn verbliebenen Angehörigen bald Briefe ein, die über die katastrophale Lage in Ostgalizien berichteten: „Wir hungern. Wenn nicht bald etwas geschieht, werden wir umkommen, weil wir nichts zum Essen haben“, schrieb Mitte August ein Mann, von dem nur noch sein Vorname bekannt ist, an seinen Bruder in Budapest.[158]

Mehrere Wochen lang irrten die abgeschobenen Juden von einem Ort zum nächsten, wurden vertrieben oder von deutscher Seite wieder über die ungarische Grenze geschoben,[159] bis ein Teil von ihnen in Nadwirna, Kolomea und Stanislau untergebracht, zum Teil eingesperrt wurde (Dok. 55). Sie gehörten zu den Ersten, die die deutsche Polizei bei den Massenerschießungen ab Oktober 1941 ermordete. Etwa 2000 bis 3000 Personen gelang die Rückkehr in den ungarischen Hoheitsbereich.[160]

Die meisten Flüchtlinge kamen aber nach Kamenez-Podolski. Eine ungarische Militäreinheit skizzierte am 19. August 1941 die sich zuspitzende Situation in der Stadt: „Das jüdische Quartier der Stadt ist voll mit internierten Juden, darunter viele aus Budapest. Sie leben in unsäglichem und unbeschreiblichem Schmutz, sie wandeln in unvollständiger Kleidung herum, die Straßen stinken, in manchen Häusern riecht man die nicht begrabenen Leichen. Das Wasser des Dnjestr ist verseucht, am Ufer liegen überall Leichen.“[161] Angesichts der schwierigen Versorgungslage forderte der deutsche Feldkommandant in Kamenez-Podolski den „Abtransport“ der jüdischen Flüchtlinge vor der Errichtung der Zivilverwaltung am 1. September 1941.[162] Am 26. August 1941 begann schließlich ein Massaker, das drei Tage lang andauern sollte. Angehörige der Stabskompanie des Höheren SS- und Polizeiführers Russland-Süd und des Polizeibataillons 320 erschossen jüdische Flüchtlinge aus Ungarn und ortsansässige Juden. Der als Chauffeur tätige Arbeitsdienstler Gábor Mermelstein wurde Zeuge des Massakers: „Wir sahen mehrere Hundert Menschen sich entkleiden. [...] Plötzlich sahen wir eine quadratische Grube, an allen vier Seiten standen Menschen. Hunderte unschuldige Menschen wurden mit Maschinengewehren massenhaft erschossen. Ich werde nie vergessen, was ich sah und fühlte: entsetzte Gesichter, Männer, die ohne Widerstand in ihr Grab gingen, Frauen, Kinder. Ich spürte in mir Erschrecken, Empörung und maßlosen Schmerz

157 Meldung über die Umstände der Deportation, Abdruck in: Majsai (Hrsg.), Iratok (wie Anm. 151), S. 212.

158 Brief von Miki an Rezső (Budapest), vermutlich am 14.8.1941, Ráday Levéltár, A/1/b-2571/1941; Abdruck in: Majsai (Hrsg.), Iratok (wie Anm. 151), S. 217.

159 Pohl, Nationalsozialistische Judenverfolgung (wie Anm. 148), S. 109.

160 Karsai, Holokauszt (wie Anm. 127), S. 232. Siehe dazu Ádám Gellért/János Gellért, Menekülés a népirtás elől. Az 1941-es deportáltak hazatérési kísérletei és a magyar állam ellenintézkedései, in: Betekintő 3 (2013).

161 HM HIM, II. 1693, Magyar királyi V. gépkocsizó tarack osztály hadinaplója vom 19.8.1941, zit. nach: Ádám Gellért/János Gellért, Egy tömeggyilkosság anatómiája – Kamenyec-Podolszkij, 1941. augusztus, in: Betekentő 4 (2015).

162 VEJ 7, S. 43.

gleichzeitig."[163] Dem bis dahin größten Massaker des Holocaust fielen insgesamt 23 600 Frauen, Männer und Kinder zum Opfer. 15 000 davon waren zuvor aus Ungarn abgeschoben worden.[164]

Zwei Monate nach dem Massaker in Kamenez-Podolski berichtete die ausländische Presse über die Mordaktion. Am 26. Oktober 1941 schrieb die New York Times: „Tausende Juden, die aus Ungarn nach Galizien deportiert wurden, sowie Abertausende galizische Juden sind von deutschen Soldaten und ukrainischen Banditen mit Maschinengewehren erschossen worden. [...] Die Anzahl der Toten soll so groß sein, dass die Leichen den Dnjestr hinuntertrieben, ohne dass man sich große Mühe machte, sie zu bergen und zu begraben."[165]

Mitte August 1941 stellte die ungarische Regierung die Deportationen offiziell ein, doch schoben die ungarischen Behörden noch bis 1942 kleinere Gruppen von Juden nach Galizien ab.[166] Im Jahr 1942 nahmen zudem hochrangige ungarische Militärangehörige – vermutlich ohne Rücksprache mit den übergeordneten politischen Organen – Verhandlungen mit dem Deutschen Reich über die Deportation von etwa 100 000 Juden aus Ungarn auf. Das Auswärtige Amt verwarf die Initiative zunächst aufgrund von Transportschwierigkeiten. Gleichzeitig fasste es im Juni 1942 die deutschen antijüdischen Bemühungen in Ungarn zusammen und erhob die Deportation der in Ungarn lebenden Juden zum zentralen Ziel. Als im Juli 1942 der ungarische Militärattaché in Berlin, Sándor Homlok, erneut die Aussiedlung von 100 000 Juden ansprach, prüfte das deutsche Auswärtige Amt die Möglichkeit einer Deportation bereitwillig. Doch der Plan, die Juden in Transnistrien unterzubringen, scheiterte am rumänischen Widerstand.[167] Schließlich erklärte auch der Leiter des Referats IV B4 (Juden- und Räumungsangelegenheiten) im Reichssicherheitshauptamt, Adolf Eichmann, „daß es aus technischen Gründen z. Zt. nicht möglich ist, eine Teilaktion für Ungarn in die Wege zu leiten", und schlug im September 1942 vor, so lange zu warten, bis Ungarn bereit sei, alle einheimischen Juden „in die Maßnahmen einzubeziehen" (Dok. 76).

Das Massaker in der Batschka

Während staatliche Stellen die Deportationsmaßnahmen 1941 angeordnet hatten, stieß jenes Massaker, das ungarische Truppen im Januar 1942 in Újvidék und umliegenden Ortschaften verübten, bei der Regierung auf Missfallen. Den Vorwand für dieses Massaker hatten Partisanenaktivitäten in der Region geliefert, die seit Juli 1941 zugenommen hatten.[168]

163 Randolph L. Braham (Hrsg.), A magyarországi háborús munkaszolgálat. Túlélők visszaemlékezései, Budapest 1996, S. 15 f.

164 Kádár/Vági, A végső döntés (wie Anm. 50), S. 129; siehe auch VEJ 7/70.

165 VEJ 7/101.

166 Zit. nach: Kádár/Vági, A végső döntés (wie Anm. 50), S. 130.

167 Ebd., S. 132.

168 Zwischen Juli und Okt. 1941 kam es zu 35 Sabotageaktionen in der Batschka; siehe József Kaló, Szombathelyi Ferenc a magyar királyi honvéd vezérkar élén, Diss., Univ. Debrecen 2010, S. 103. Zum Massaker siehe Enikő A. Sajti, Impériumváltások, revízió és kisebbség: magyarok a Délvidéken 1918–1947, Budapest 2004; Krisztián Ungváry, Vojvodina under Hungarian Rule, in: Sabrina

Generalstabschef Ferenc Szombathelyi erteilte den Befehl zur Vernichtung der Partisaneneinheiten und ließ Standgerichte einsetzen, die zahlreiche Todesurteile fällten. Obwohl diese Maßnahmen die Widerstandsgruppen stark schwächten, gelang es der aus 58 Personen bestehenden Partisaneneinheit aus Sajkás (Šajkaš), der ungarischen Gendarmerie und Armee kleinere Verluste zuzufügen.[169] Als Vergeltungsmaßnahme starteten Einheiten der ungarischen Armee, Gendarmerie und Grenzpolizei am 4. und 5. Januar 1942 eine Razzia in der Region. In deren Folge kam es nicht nur zum Schusswechsel zwischen Partisanen und ungarischen Einheiten, sondern auch zu Mordaktionen an der vornehmlich serbischen und jüdischen Zivilbevölkerung. Allein in Csurog (Čurug) und Zsablya (Žabalj) wurden 1540 Frauen, Männer und Kinder ermordet.[170]

Am 12. Januar informierte Generalleutnant Ferenc Feketehalmy-Czeydner Innenminister Ferenc Keresztes-Fischer, Verteidigungsminister Károly Bartha und Generalstabchef Ferenc Szombathely, dass sich die Partisanen nach Újvidék zurückgezogen hätten. Bei dieser Besprechung beschlossen die Beteiligten, die Razzia auf die Stadt auszuweiten. Am 20. Januar schlossen ungarische Truppen Újvidék ein. Dort begann am 21. Januar ein Massaker, das bis zum 23. Januar anhielt und dem 879 Personen – darunter Partisanen, serbische, ungarische und deutsche Zivilisten sowie etwa 550 jüdische Frauen, Männer und Kinder – zum Opfer fielen[171] (Dok. 64 und 67).

Das Morden geschah mehrheitlich auf offener Straße oder am Donauufer. Die damals 21-jährige Jüdin J.K. lebte zu diesem Zeitpunkt am Stadtrand: „Eines Morgens wachten wir auf [und stellten fest], dass man nicht auf die Straße gehen darf und wir von Militär und Maschinengewehren umgeben sind." Nach Ende der dreitägigen Razzia beschloss J.K., nach ihren Eltern zu schauen, die im Stadtzentrum lebten: „Auf der Straße lagen blutüberströmte Leichen", erinnerte sie sich. „Der Schnee war blutig. Auf der Straße waren die Wände hoch mit Blut bespritzt. Ich habe bei meinen Eltern geläutet, erst als ich die Schritte meines Vaters hörte, löste sich die furchtbare Angst. Viele unserer Verwandten wurden hingerichtet. Sie saßen 48 Stunden lang auf dem kalten Stein und am Ende wurden sie in die Donau geworfen."[172]

In den folgenden Tagen kam es zu weiteren Razzien in der Umgebung, bis Szombathelyi am 30. Januar 1942 die Aktion einstellen ließ. Insgesamt wird die Zahl der Opfer auf 3300 bis 3500 Personen geschätzt. Darunter waren 700 bis 1000 jüdische Männer, Frauen und Kinder, aber auch einige Batschkadeutsche.[173]

Die Nachrichten über das Massaker schlugen im In- und Ausland hohe Wellen. Ungarische Oppositionelle protestierten umgehend und forderten eine Untersuchung der Ereignisse. So intervenierte der Abgeordnete der Partei der Unabhängigen Kleinen Landwirte Endre Bajcsy-Zsilinszky wiederholt vor dem Parlament und legte am 4. Februar 1942 dem Reichsverweser ein umfangreiches Memorandum vor. Einige Tage später empfing ihn Horthy zu einer persönlichen Audienz.

P. Ramet/Ola Listhaug (Hrsg.), Serbia and the Serbs in World War Two, New York 2011, S. 70–92; Árpád von Klimó, Remembering Cold Days: The 1942 Massacre of Novi Sad, Hungarian Politics and Society, 1942–1989, Pittsburgh 2018.

169 Kaló, Szombathelyi Ferenc (wie Anm. 168), S.103.

170 Ebd., S. 106.

171 Braham, A Népirtás politikája (a) (wie Anm. 23), Bd. 1, S. 210.

172 Protokoll der Aussage von Frau J.K., 6.7.1945, DEGOB 761, online abrufbar unter www.degob.hu.

173 Braham, A Népirtás politikája (a) (wie Anm. 23), Bd. 1, S. 210, sowie VEJ 14, S. 51.

Als Reaktion auf den innenpolitischen Druck ordnete Szombathelyi eine Untersuchung der Vorkommnisse an. Im Juni legte der Militärrichter Oberst József Babos einen ausführlichen Bericht vor, in dem er feststellte, dass es im Zuge der Razzien auch zum Massenmord gekommen war.[174] Am 10. Juli 1942 ordnete Szombathelyi daher staatsanwaltschaftliche Ermittlungen gegen Armeeangehörige an, die Horthy jedoch bald einstellen ließ,[175] wohl vor allem, weil die ungarische Führungselite die „Ehre der Armee" nicht befleckt sehen wollte.[176] Lediglich die Untersuchungen, die gegen Mitglieder der Gendarmerie eingeleitet worden waren, liefen weiter, bis im Oktober 1943 die Ermittlung gegen Feketehalmy-Czeydner und Komplizen unter Hinweis auf neue Informationen wieder aufgenommen wurde. Tatsächlich dürfte bei dieser Entscheidung jedoch die Waffenstillstandserklärung Italiens im September 1943 eine wesentliche Rolle gespielt haben. Die ungarische Regierung suchte immer dringlicher nach Möglichkeiten, aus dem Krieg auszusteigen. Durch Gesten wie die gerichtliche Aburteilung von Kriegsverbrechern wollte sie dem Ausland ihre Bereitschaft signalisieren, mit den westlichen Alliierten zu verhandeln. Die Militärstaatsanwaltschaft legte schließlich eine Anklageschrift gegen die Verantwortlichen vor, darunter gegen Feketehalmy-Czeydner, auf deren Grundlage am 14. Dezember 1943 die Hauptverhandlung begann. Die Hauptangeklagten wurden jedoch nicht verhaftet und konnten im Januar 1944 ins Deutsche Reich fliehen, wo sie von Hitler persönlich politisches Asyl erhielten[177] (Dok. 110). Die ungarische Regierung protestierte lautstark und erklärte die Geflüchteten zu Deserteuren und Verrätern. Zwei Monate später kehrten sie in Uniformen der SS nach Ungarn zurück.

Jüdischer Alltag zwischen Ausgrenzung und Normalität

Trotz der immer restriktiveren antisemitischen Maßnahmen und des mörderischen Vorgehens gegen vermeintlich oder tatsächlich staatenlose und ausländische Juden hatten viele Juden in Ungarn in den Entwicklungen der 1930er- und frühen 1940er-Jahre zunächst keine unmittelbare Bedrohung für sich selbst gesehen. Die antijüdischen Maßnahmen hatten sie vielmehr als eine typische Erscheinung der Epoche verstanden und geglaubt, dass sie unter dem Schutz der konservativ-aristokratischen Regierung den Zweiten Weltkrieg überleben würden.[178] Sogar zionistische Organisationen in Ungarn, die aufgrund ihrer internationalen Kontakte und ihrer Flüchtlingsarbeit über deutsche Vernichtungsaktionen informiert waren, glaubten, dass das, was im übrigen Europa passierte, in Ungarn nicht geschehen könne (Dok. 102). Die Tatsachen, dass die ungarische Regierung sich – trotz der Zurückdrängung der Juden in Ungarn aus dem öffentlichen Leben – den seit 1942 erhobenen deutschen Forderungen nach deren Deportation widersetzte und dass der ungarische Staat bis zu 70 000 Juden aus dem Ausland, vor allem aus Polen, zeitweilig Zuflucht bot,[179] stärkten diesen Glauben.

174 Siehe die Zeugenaussage von József Babos im Volksgerichtsprozess gegen Ferenc Szombathelyi, ÁBTL V-87992/1-a. Der Bericht selbst ist bislang nicht aufgefunden worden.
175 Ferenc Feketehalmy-Czeydner und József Gassy wurden anschließend pensioniert.
176 Gerlach/Aly, Das letzte Kapitel (wie Anm. 21), S. 76.
177 Hilberg, Die Vernichtung der europäischen Juden (wie Anm. 1), Bd. 2, S. 877.
178 Braham, A Népirtás politikája (b) (wie Anm. 27), S. 22.
179 Gerlach/Aly, Das letzte Kapitel (wie Anm. 21), S. 31.

Die größte jüdische Gemeinschaft im Land, die Pester Israelitische Gemeinde, und das Staatliche Büro der Israeliten hatten sich zwar wiederholt mit Memoranden an die ungarische Regierung gewandt, um diese zu bitten, von der Einführung der Judengesetze Abstand zu nehmen (Dok. 62). Auch war der Präsident der Pester Gemeinde, Samu Stern, zusammen mit deren Generalsekretär Sándor Eppler im Mai 1939 nach Paris und London gereist, um die internationalen jüdischen Organisationen um finanzielle Hilfe und Unterstützung bei der Auswanderung zu bitten. Doch gleichzeitig betonte die Pester Israelitische Gemeinde immer wieder ihre Loyalität gegenüber dem Staat und rief ihre Mitglieder dazu auf, der nichtjüdischen Gesellschaft mit harter Arbeit den Beweis zu liefern, „dass sie ungerecht zu uns war“: „Lasst uns alle ungarischere Ungarn, jüdischere Juden, menschlichere Menschen werden. Wir dürfen niemals vergessen, dass dieses Land unser Vaterland ist, auch dann nicht, wenn seine Bewohner uns stiefmütterlich behandeln, und wir müssen mit allen unseren Taten weiter danach trachten, dass wir nützliche Bürger werden.“[180]

Die politische und wirtschaftliche jüdische Elite wurde in ihrer Annahme, dass der Staat die Juden in Ungarn vor radikalem Antisemitismus in letzter Konsequenz schützen würde, wiederholt von der Politik bestärkt. So empfing Horthy 1937 Samu Stern zu einer Audienz, bei der Stern seine Sorgen bezüglich des wachsenden Antisemitismus offen aussprach: „Der Reichsverweser betonte, dass er jene Stimmungsmache, die die Pfeilkreuzler derzeit betreiben, nicht als bedeutungsvoll erachtet, weil [...] die Regierung die öffentliche Ordnung aufrechterhalten wird. Wenn es aufgrund von Aufwiegelung entgegen allen Erwartungen zu Exzessen kommen sollte, dann wird er [...] schießen lassen.“[181]

Nach dem Anschluss Österreichs an das Deutsche Reich am 12. März 1938 nahm bei vielen Juden dennoch die Beunruhigung zu. Die unmittelbare Nachbarschaft zum Deutschen Reich beobachteten viele mit wachsender Sorge. Fanni Gyarmati notierte am 22. November 1938 in ihr Tagebuch: „Dorrit erzählt furchtbare Sachen über ihre Schwester in Wien: Grundlos nahmen sie ihnen alles weg, ihre Wohnung mit vier Zimmern, ihr gesamtes bewegliches Vermögen, [...]. Kann man das aushalten? Kann das auch bei uns passieren?“[182] Trotz solcher Nachrichten hielt das Vertrauen in die ungarische Politik und in die erfolgreiche Assimilation den Großteil zumindest jener Juden davon ab, zu emigrieren oder sich zionistischen Gruppen anzuschließen, die im Kernland und vor allem in Budapest lebten. Die Zeilen, die Milán Füst am 1. November 1938 notierte, spiegeln den Standpunkt zahlreicher Juden in diesen Jahren wider: „Und ich werde von hier niemals weggehen. Sie können mich häuten, auch dann gehe ich nicht. Das ist meine Heimat. Hier musst du leben und sterben.“[183]

Statt auszuwandern versuchten daher viele Juden jene Nischen zu finden, in denen so etwas wie Normalität fortlebte. János Hoffmann, dessen Firma infolge der Weltwirtschaftskrise in Konkurs gegangen war und der nun im Warenhaus seines Schwiegervaters arbeitete, schrieb am 22. Juli 1941 in sein Tagebuch: „[W]ir sind wirklich für ein paar Stunden glücklich, wenn die Sorgen der Hausarbeit, des Gartens und des Hofes unsere

180 Brief der Pester Israelitischen Gemeinde an die Gemeindemitglieder, Mai 1938, MZSML, L 4/7 Nachlass József Pásztor.

181 Stern, Emlékirataim (wie Anm. 57), S. 243.

182 Gyarmati, Napló (wie Anm. 114), Bd. 1, S. 347 f.

183 Füst, Teljes Napló (wie Anm. 121), Bd. 2, S. 477.

Gedanken von den unlösbaren Problemen [des Berufslebens] ablenken […]. Es ist unverständlich, wie man so leben kann, manchmal lachen kann, für Sekunden alle Sorgen vergessend fröhlich sein kann und auch kleine Pläne für morgen machen kann, wie man für längere Zeit ohne Pläne und Ziele leben kann."[184] Einige Tage später beschloss Hoffmann, an den Plattensee zu fahren und sich mit einem zweiwöchigen Segelausflug einen Jugendtraum zu erfüllen (Dok. 50). Auch Lilly Kertész erinnerte sich nach dem Krieg: „Wir jungen Leute nahmen die Dinge, wie sie kamen. Man entzog die Gewerbescheine? Also wandten sich die betroffenen Juden in Oberungarn der Heimarbeit zu, was zugelassen war. Sie lernten weben, spinnen und sicherten sich so ihren Lebensunterhalt. Wir durften keine Vergnügungslokale besuchen? Also trafen und verabredeten wir uns woanders, veranstalteten kleine Picknicks und tanzten zum Grammophon. Die Jugend mit ihrer ungebrochenen Lebensfreude und ihrem Unterhaltungsdrang half sich, wo immer sie konnte."[185]

Auch auf institutioneller Ebene versuchten jüdische Vereine dem Ausschluss aus dem gesellschaftlichen und kulturellen Leben entgegenzuwirken. Der bereits 1910 gegründete Ungarisch-Israelitische Landesverband für öffentliche Bildung stellte jüdischen Kunstschaffenden, die aufgrund der antijüdischen Regelungen vor einem nichtjüdischen Publikum nicht mehr auftreten durften, in seinen Räumlichkeiten drei- bis viermal in der Woche eine öffentliche Bühne für Theater- und Musikaufführungen, für Lesungen und für Varieté-Abende zur Verfügung (Dok. 31). Die letzte Veranstaltung fand einen Tag vor der deutschen Besetzung am 18. März 1944 statt.

Gleichwohl erreichten Nachrichten über Massenmorde im Osten auch bald die Juden in Ungarn. Durch das Abhören ausländischer Sender und Berichte geflüchteter, oft polnischer Juden, aber auch Arbeitsdienstler, die im Osten Zeugen von Massenerschießungen geworden waren, waren viele über die Lage der Juden im Ausland, über die sich ständig verschärfenden antijüdischen Maßnahmen und über die Errichtung von Gettos und Konzentrationslagern informiert. Doch noch immer wollten viele den Nachrichten keinen Glauben schenken, wie sich auch Elie Wiesel erinnerte. Eines Tages traf er einen Mann, der Monate zuvor von den ungarischen Behörden als ausländischer Jude verschleppt und außer Landes gebracht worden war. Er war dem Massaker in Kamenez-Podolski nur entkommen, weil man ihn nach einem Beinschuss für tot gehalten hatte. „Tage- und nächtelang lief er von einem Haus zum andern und erzählte die Geschichte Malkas, des jungen Mädchens, das drei Tage lang starb, und das Schicksal des Schneiders Tobias, der flehte, man möge ihn vor seinen Söhnen erschießen", berichtete Wiesel. „Die Leute weigerten sich nicht nur, seine Geschichten zu glauben, sondern auch, sie anzuhören."[186]

184 János Hoffman, Ködkárpit. Egy zsidó polgár feljegyzései, Szombathely 2001, S. 70.

185 Lilly Kertesz, Von den Flammen verzehrt. Erinnerungen einer ungarischen Jüdin, Bremen 1999, S. 9.

186 Elie Wiesel, Die Nacht. Erinnerung und Zeugnis, 5. Aufl., Freiburg u. a. 1996, S. 19 f. Zum Wissensstand der Juden in Ungarn über den Holocaust im Jahr 1944 siehe Gergely Kunt, An Open Secret? The Dissemination and Reception of News about Auschwitz in Hungary in 1944, in: S:I.M.O.N. 6 (2019) 1, S. 35–51.

Die antijüdische Politik seit 1943

Durch die Landung der Alliierten in Nordafrika im November 1942, die Niederlage der deutschen 6. Armee bei Stalingrad und den verlustreichen Kollaps der ungarischen Armee am Don im Januar 1943 sank die Bereitschaft der ungarischen Regierung, sich weiter an den Kampfhandlungen zu beteiligen. Zunehmend setzte sie sich dafür ein, dass die ungarische Armee aus dem Osten zum Schutz der Grenzgebiete zurückgezogen werde.[187] Gleichzeitig begann sie, die Möglichkeit eines Separatfriedens mit den Westmächten zu sondieren. In der Türkei, der Schweiz und in Schweden nahmen ungarische Diplomaten Kontakt zu den Alliierten auf und verhandelten über die Bedingungen für einen Kriegsaustritt. Im Zuge dieser Bestrebungen wurde die antijüdische Politik des autoritär-konservativen Regimes zurückhaltender.

Diese Entwicklungen blieben auch der deutschen Führung nicht verborgen. Reichspropagandaminister Joseph Goebbels notierte am 21. März 1943 in sein Tagebuch: „Sogar der ungarische Außenminister soll auf Umwegen Verbindung mit dem englischen und dem amerikanischen Botschafter in Ankara aufgenommen haben. Dabei soll erklärt worden sein, daß die Ungarn nicht mehr daran dächten, auch nur noch einen einzigen Soldaten an die Ostfront zu schicken [...]. Außerdem träten sie in der Judenpolitik auf der Stelle. Sie täten zwar uns gegenüber so, als wollten sie eine dem Nationalsozialismus entsprechende antisemitische Politik betreiben, in Wirklichkeit aber schonten sie die Juden, soweit das überhaupt nur möglich sei."[188]

Tatsächlich war es im Jahr 1942 zwar noch zu mehreren Verhandlungen zwischen deutschen und ungarischen Diplomaten über die Auslieferung der in Ungarn befindlichen Juden an das Deutsche Reich gekommen, bei denen Martin Luther, Unterstaatssekretär im Auswärtigen Amt, auf den Ausschluss der Juden aus der ungarischen Wirtschaft, die Einführung des gelben Sterns und die Deportation der Juden drängte (Dok. 81).[189] Miklós Kállay erklärte allerdings die „Judenfrage" bald darauf zu einer innerungarischen Angelegenheit, die durch Auswanderung nach dem Krieg gelöst werden sollte (Dok. 99). Wie mehrere Berichte zeigen, war die ungarische Regierung zu diesem Zeitpunkt über Mordaktionen in den deutsch besetzten Gebieten bereits informiert. So meldete der ungarische Botschafter in Berlin, Döme Sztójay, am 3. Oktober 1942 an Ministerpräsident Kállay: „Kanzler Hitler hat erneut mit den schärfsten Worten gegen die Juden Stellung bezogen und deren Vernichtung in Aussicht gestellt. Seine immer wiederkehrende, entschlossene und bis zum Letzten gehende Stellungnahme in diesem Zusammenhang lässt keinen Zweifel daran zu, dass man hinter seinen Worten kein leeres Propagandaziel suchen darf, was die Fakten ohnehin beweisen."[190] Auch beim Treffen zwischen Hitler und Horthy in Schloss Kleßheim nahe Salzburg am 16. und 17. April 1943 kam die Vernichtung der Juden in Polen in aller Deutlichkeit zur Sprache. So sagte Hitler laut Ge-

187 Siehe z. B. das Schreiben von Horthy an Hitler, 12.2.1944, Abdruck in: Ádám/Juhász/Kerekes (Hrsg.), Allianz (wie Anm. 86), S. 358 f.

188 Die Tagebücher von Joseph Goebbels, hrsg. im Auftrag des Instituts für Zeitgeschichte von Elke Fröhlich, Teil II: Diktate 1941–1945, Band 7: Januar–März 1943, München u. a. 1993, S. 599.

189 László Varga, Ungarn, in: Wolfgang Benz (Hrsg.), Dimension des Völkermords, München 1991, S. 331–351 hier, S. 334. Siehe auch Gerlach/Aly, Das letzte Kapitel (wie Anm. 21), S. 81; Kádár/Vági, A végső döntés (wie Anm. 50), S. 134.

190 Zit. nach: Karsai, Holokauszt (wie Anm. 127), S. 235.

sprächsprotokoll: „Wenn die Juden dort [in Polen] nicht arbeiten wollten, würden sie erschossen. Wenn sie nicht arbeiten könnten, müßten sie verkommen. Sie wären wie Tuberkelbazillen zu behandeln, an denen sich ein gesunder Körper anstecken könne."[191] Beim Treffen in Kleßheim erhöhte die deutsche Führung den Druck auf die ungarische Regierung, die Juden in Ungarn zu deportieren. Hitler und Reichsaußenminister Joachim von Ribbentrop forderten von Horthy mehr Härte. Im Protokoll des Chefdolmetschers Paul Schmidt vom 18. April 1943 heißt es dazu: „Auf die Gegenfrage Horthys, was er denn mit den Juden machen solle, nachdem er ihnen so ziemlich alle Lebensmöglichkeiten entzogen habe – erschlagen könne er sie doch nicht –, erklärte der RAM, daß die Juden entweder vernichtet oder in Konzentrationslager gebracht werden müßten. Eine andere Möglichkeit gäbe es nicht."[192] Doch die im März 1942 ernannte Regierung unter Ministerpräsident Mikós Kállay blieb standhaft und stimmte der Deportation der Juden Ungarns nicht zu, und dies, obwohl Kállay im April 1942 selbst erklärt hatte, „dass es keine andere Lösung gibt als die Aussiedlung der 800 000 Juden".[193]

Weniger eindeutig bezog die ungarische Regierung Stellung bei der Frage, wie viel Handlungsfreiheit sie dem Deutschen Reich lassen sollte, die in den besetzten Gebieten oder im Deutschen Reich lebenden ungarischen Juden in die dortigen antijüdischen Maßnahmen einzubeziehen. Hartnäckig drängte Ungarn in diesem Zusammenhang darauf, als Verbündeter des Deutschen Reichs genauso wie Rumänien und Italien behandelt zu werden. So protestierte die ungarische Regierung gegen die Kennzeichnung der im Ausland lebenden ungarischen Juden und verwies darauf, dass rumänische Juden von den Maßnahmen bislang ausgenommen worden seien.[194]

Im Dezember 1942 betonte die ungarische Botschaft in Berlin, dass ihre Regierung nur solchen antijüdischen Maßnahmen zustimmen werde, die auch gegen alle anderen ausländischen Juden angewendet würden.[195] Das Deutsche Reich erklärte sich schließlich bereit, die im Ausland lebenden ungarischen Juden von den antijüdischen Maßnahmen auszunehmen, wenn sie innerhalb einer festgelegten Frist nach Ungarn heimtransportiert würden. Doch trotz wiederholter Interventionen der ungarischen Regierung im Interesse der im Ausland lebenden ungarischen Juden zögerten die ungarischen Behörden ihren Heimtransport mehrere Jahre hinaus und waren an der Heimholung aller jüdischen Staatsbürger Ungarns ohnehin nicht interessiert. Es wurden vor allem jene nach Ungarn zurücktransportiert, deren Staatsbürgerschaft sich eindeutig feststellen ließ und die über Vermögen bzw. gute Verbindungen verfügten. Schließlich war die Kállay-Regierung in erster Linie darum bemüht, auf das Vermögen der im Ausland befindlichen ungarischen Juden zuzugreifen, und protestierte gegen deutsche Enteignungsmaßnahmen.

Obwohl sich Ungarn mit der Deportation seiner Staatsbürger ins Ausland nicht einverstanden erklärte, geschah dies in mehreren Fällen. Viele der in Westeuropa lebenden

191 VEJ 11/11.

192 Ebd.

193 Rede auf der Sitzung der Regierungspartei, Magyar Országos Tudósító, 20.4.1942, zit. nach: Kádár/Vági, A végső döntés (wie Anm. 50), S. 131.

194 Schreiben von Martin Luther, Aug. 1942, Abdruck als Faksimile in: Randolph L. Braham (Hrsg.), The Destruction of Hungarian Jewry. A Documentary Account, New York 1963, S. 11–16.

195 Schreiben der ungar. Botschaft in Berlin, 2.12.1942, Abdruck in: György Ránki (Hrsg.), A Wilhelmstrasse és Magyarország. Német diplomáciai iratok Magyarországról 1933–1944, Budapest 1968, S. 701–794.

ungarischen Juden wurden in Internierungslagern festgehalten, etwa im niederländischen Westerbork oder im französischen Drancy. Die meisten von ihnen wurden im Oktober 1943 nach Buchenwald und Ravensbrück deportiert.[196] Die ungarische Botschaft in Berlin, die um den Rücktransport der nach Theresienstadt, Auschwitz, Buchenwald oder Ravensbrück deportierten ungarischen Juden bat, wurde vertröstet.[197] Das Auswärtige Amt lehnte Ausreisegenehmigungen von Konzentrationslagerinsassen mit Verweis auf „sicherheitspolizeiliche Erwägungen“ ab.[198]

Unter deutscher Besatzung

Jene Stimmen in Ungarn, die auf einen separaten Waffenstillstand mit den Westalliierten drängten, wurden nach dem Seitenwechsel Italiens im September 1943 lauter. Bereits einen Tag nach der Waffenstillstandserklärung durch Italien traf Ungarn eine Vereinbarung mit den Alliierten, die unter anderem vorsah, die „militärische Zusammenarbeit mit Deutschland“ zu verringern und seine Truppen aus der Sowjetunion zurückzuziehen.[199] Die Informationen, die Hitler über die Verhandlungen zwischen Ungarn und den westlichen Alliierten erreichten, und Horthys Bitte, die ungarischen Truppen von der Ostfront abzuziehen,[200] bewogen ihn schließlich dazu, das Land zu besetzen.
Angesichts des Vordringens der Roten Armee im Osten, die sich schnell den von Ungarn annektierten Gebieten näherte, der Erfolge der Alliierten im Westen und der Entscheidung Italiens, das Bündnis mit dem Deutschen Reich aufzukündigen, befürchtete die deutsche Führung, dass der Kriegsaustritt Ungarns ihre Herrschaft auf dem Balkan gefährden und die Ostfront schwächen könnte. Zudem wollte das Deutsche Reich keinesfalls den Zugriff auf die ungarischen Bauxit- und Ölvorkommen verlieren, den sie als kriegsentscheidend einstufte.[201] Goebbels notierte am 4. März 1944 in sein Tagebuch: „Aus der ungarischen Armee können wir eine Unmenge von Waffen herausholen, die uns natürlich für die kommenden schweren Schlachten sehr gut zustattenkommen werden. Außerdem haben die Ungarn große Ölvorräte gehortet, die auch ausnahmslos in unsere Hand fallen würden. Dazu kommen noch Ölquellen, über die sie ja auch in ziemlichem Umfange verfügen, ganz zu schweigen von den Lebensmittelreserven, die zwar nicht schwer für uns zu Buch schlagen, aber immerhin etwas bedeuten.“[202]
Welchen Stellenwert die „Lösung der ungarischen Judenfrage“ dabei hatte, das Land zu besetzen, ist bis heute umstritten. Fest steht, dass die deutsche Führung die angeblich

196 Braham, A Népirtás politikája (a) (wie Anm. 23), Bd. 2, S. 990.
197 Kádár/Vági, A végső döntés (wie Anm. 50), S. 136–140.
198 Fernschreiben von Horst Wagner, 25.8.1943, Abdruck als Faksimile in: Braham (Hrsg.), The Destruction of Hungarian Jewry (wie Anm. 194), S. 35.
199 Text der vorläufigen Vereinbarung zwischen den Alliierten und Ungarn, 9.9.1943, Abdruck in: Magda/Juhász/Kerekes (Hrsg.), Allianz (wie Anm. 86), S. 357 f.
200 Braham, A Népirtás politikája (a) (wie Anm. 23), Bd. 1, S. 375 f.
201 Siehe Gerlach/Aly, Das letzte Kapitel (wie Anm. 21), S. 97. Zur Besetzung Ungarns siehe auch György Ránki, Unternehmen Margarethe. Die deutsche Besetzung Ungarns, Wien 1984.
202 Die Tagebücher von Joseph Goebbels, hrsg. im Auftrag des Instituts für Zeitgeschichte von Elke-Fröhlich, Teil II: Diktate 1941–1945, Bd. 11: Januar–März 1944, München u. a. 1994, S. 397 f.

knapp eine Milllion Juden im Rücken der Wehrmacht als Bedrohung empfand.[203] Sie beschuldigte die Juden, Ungarns Austritt aus dem Krieg „weitgehend vorbereitet“,[204] „das geistige und kulturelle Leben Ungarns völlig zersetzt, soziale Reformbewegung zu unterdrücken gewußt und den Geist der Wehrhaftigkeit fast vernichtet“[205] zu haben.
Am 18. März 1944 informierte Hitler Reichsverweser Miklós Horthy bei einem Staatsbesuch auf Schloss Kleßheim über den Einmarsch. Einen Tag später besetzten deutsche Truppen Ungarn. „Die Deutschen sind einmarschiert“, notierte eine im fünften Monat schwangere Jüdin am 20. März in ihr Tagebuch: „Ich kann nicht glauben, dass nun all die Schrecken bei uns beginnen, vor denen wir uns gefürchtet haben und die wir nur vom Hörensagen kannten. Deutsche, polnische, italienische, niederländische Juden, wie sehr taten sie uns leid, und jetzt sind wir dran?“[206]
Beim Einmarsch am 19. März 1944 folgte die deutsche Führung den Empfehlungen des Verbindungsmanns des Auswärtigen Amts, Edmund Veesenmayer, der angesichts der Gerüchte über Waffenstillstandsverhandlungen zwischen Ungarn und den westlichen Alliierten bereits 1943 nach Ungarn gereist war, um „die Lage sehr sorgsam zu studieren“.[207] Er hatte damals hervorgehoben, dass „eine nachhaltige Regierungsänderung nur mit, nicht aber ohne oder gar gegen die Persönlichkeit des Reichsverwesers mit Aussicht auf Erfolg und unter Ausschaltung der Gefahr allzu großer Erschütterungen durchgeführt werden“ könne (Dok. 97). Veesenmayer hatte sich deshalb dafür ausgesprochen, „den Reichsverweser indirekt zum Soldaten des Führers zu machen“.[208] Tatsächlich war die deutsche Führung bei den Gesprächen in Kleßheim nicht nur darum bemüht, Horthy die Zustimmung zum Einmarsch abzuringen, sondern ihn auch davon zu überzeugen, im Falle einer deutschen Besetzung nicht zurückzutreten. Auf diese Weise sollte die neu eingesetzte Regierung legitimiert und der Rückhalt in der Bevölkerung gesichert werden. Der Plan ging auf: Die ungarische Armee leistete den Besatzungstruppen keinen Widerstand. Einzig der Parlamentsabgeordnete Endre Bajcsy-Zsilinszky widersetzte sich am Tag der deutschen Besetzung mit Waffengewalt seiner Verhaftung durch die Gestapo. Bei einem kurzen Schusswechsel wurde er verletzt und anschließend inhaftiert.
Zum Ministerpräsidenten der neuen prodeutschen Regierung wurde der bisherige ungarische Botschafter in Berlin, Döme Sztójay, ernannt.[209] Damit konnte Horthy zwar verhindern, dass der von den Deutschen bevorzugte Imrédy den Posten erhielt, doch die bisher regierende Partei des Ungarischen Lebens musste eine Koalition mit Imrédys Par-

203 Gerlach/Aly, Das letzte Kapitel (wie Anm. 21), S. 104.
204 Telegramm Ribbentrops an die Missionschefs, 22.3.1944, PAAA, R 29794, zit. nach: Gerlach/Aly, Das letzte Kapitel (wie Anm. 21), S. 99.
205 Merkblatt über Ungarn und das Verhalten der Truppe in Ungarn, Anlage 2 zu OKW/WFSt/Qu. 2 (Süd/Südost), Besondere Anordnungen Nr. 1 zum Stichwort „Margarete“, 11.3.1944, BArch-MA, RW 4/v. 585, Bl. 7, zit. nach: ebd., S. 104.
206 Tagebuch von Frau Sándor Dévényi; Abdruck in: Huhák Helena/András Szécsényi/Erika Szívós (Hrsg.), Kismama sárga csillaggal. Egy fiatalasszony naplója a német megszállástól 1945 júliusáig, Budapest 2015, S. 17.
207 Aussage von Veesenmayer vor dem IMT, 21.7.1948, Fall XI, Prot.S. 13 231, IfZArch, MB 26/89, zit. nach: Igor-Philip Matić, Edmund Veesenmayer. Agent und Diplomat der nationalsozialistischen Expansionspolitik, München 2002, S. 195.
208 Zweiter Bericht von Edmund Veesenmayer, 10.12.1943, PAAA, R 29793.
209 Zu Sztójay siehe v. a. László Karsai/Judit Molnár (Hrsg.), A magyar Quisling-kormány. Sztójay Döme és társai a népbíróság előtt, Budapest 2004.

tei der Ungarischen Erneuerung eingehen.[210] Miklós Horthy blieb im Amt und legitimierte auf diese Weise die Zusammenarbeit mit den Deutschen. Er gab der neu eingesetzten Regierung freie Hand bei der Verabschiedung antijüdischer Gesetze. Fortan konnten diese ohne seine Zustimmung und Unterschrift beschlossen werden (Dok. 119).

Edmund Veesenmayer, der zum Bevollmächtigten des Großdeutschen Reichs in Ungarn ernannt wurde,[211] war darum bemüht, eine Staatsordnung zu schaffen, die den ungarischen Behörden weiterhin eine gewisse Handlungsfreiheit gewährte und die Besatzungsmacht von den unmittelbaren Verwaltungs- und Polizeiaufgaben entlastete. Dadurch sollte die Zahl der deutschen Soldaten und Sicherheitskräfte im Land gering gehalten werden. Andor Jaross, ein Gefolgsmann von Imrédy, übernahm das Innenministerium. Ihm wurden drei Staatssekretäre unterstellt, darunter László Baky, zuständig für Gendarmerie und Polizei, und der in Verwaltungsfragen versierte László Endre, der die Organe der Stadt- und Komitatsverwaltung lenken sollte.[212]

Bereits am ersten Tag der deutschen Okkupation kam es zu zahlreichen Verhaftungen und Festsetzungen in Geiselhaft, durchgeführt von sieben der acht Einsatzkommandos der Sicherheitspolizei und des Sicherheitsdienstes unter Führung von Hans-Ulrich Geschke. Diese hatten sich einige Tage zuvor, am 10. März 1944, im KZ Mauthausen getroffen, um den deutschen Einmarsch in Ungarn vorzubereiten. Der Verwaltungsführer des Konzentrationslagers hatte notiert: „Das Lehrgangskommando SD mit durchschnittlich 700 Mann wird im hiesigen Lager verpflegt. Der Aufenthalt soll 10 bis 14 Tage dauern."[213] Unter den Einsatzkommandos hatte sich auch das Sondereinsatzkommando unter Führung Adolf Eichmanns befunden, dessen Aufgabe die „technische Durchführung der Judentransporte" aus Ungarn sein sollte.[214] Obwohl Eichmann seine Weisungen direkt aus dem Reichssicherheitshauptamt erhielt, unterstand sein Sondereinsatzkommando formell dem Höheren SS- und Polizeiführer in Ungarn, Otto Winkelmann, der Veesenmayer regelmäßig über die Arbeit des Sondereinsatzkommandos informierte. Die Deportationen fielen zwar nicht in den Zuständigkeitsbereich Veesenmayers, doch schuf er die politischen Voraussetzungen dafür und stellte den reibungslosen Ablauf sicher.[215]

In den ersten Wochen nach der deutschen Besetzung wurden Tausende von Ungarn verhaftet, in erster Linie Industrielle, missliebige Politiker des autoritär-konservativen Regimes, Anhänger und Mitglieder der Oppositionsparteien sowie Intellektuelle – darunter auch zahlreiche Juden.[216] Die Verhaftungen stutzten sich auf vorbereitete Listen und auf

210 Die Partei der Ungarischen Erneuerung stellte mit Andor Jaross, Antal Kunder und Jenő Rátz drei Minister. Imrédy übernahm zudem am 24.5.1944 den Posten eines „Super-Ministers" für wirtschaftliche Angelegenheiten.

211 Vollmacht für den Gesandten und Bevollmächtigten des Großdeutschen Reiches in Ungarn, 19.3.1944, PAAA, Inland II g 471, Berichte und Meldungen zur Lage in Ungarn, zit. nach: Matić, Edmund Veesenmayer (wie Anm. 207), S. 217.

212 László Karsai/Judit Molnár (Hrsg.), Az Endre–Baky–Jaross per, Budapest 1994. Zur Person von László Endre siehe die Arbeiten von Zoltán Vági.

213 Tätigkeitsbericht des Verwaltungsführers im Konzentrationslager Mauthausen, Eintrag vom 10.3.1944, Abdruck in: Bertrand Perz, Verwaltete Gewalt. Der Tätigkeitsbericht des Verwaltungsführers im Konzentrationslager Mauthausen 1941 bis 1944, Wien 2013, S. 208.

214 Theodor Horst Grell, Sachbearbeiter für Judenfragen in der deutschen Gesandtschaft in Budapest, ans Auswärtige Amt, 2.8.1944, zit. nach: Gerlach/Aly, Das letzte Kapitel (wie Anm. 21), S. 127.

215 Matić, Edmund Veesenmayer (wie Anm. 207), S. 250 f.

216 Szita, Együttélés (wie Anm. 25), S. 178.

Denunziationen aus der Bevölkerung. Der ehemalige ungarische Finanz- bzw. Außenminister Gustav Gratz erinnerte sich kurz nach dem Krieg: „Nach und nach erfuhr ich, dass der Minister des Inneren, Keresztes-Fischer, [sowie] meine Freunde Baranyai, Sigray, Rassay und Csekonics von deutschen Polizeiorganen aus ihren Wohnungen verschleppt worden waren. Von Bethlen hieß es, dass er beim Reichsverweser Schutz gefunden habe, vom Ministerpräsidenten Kállay, dass er in die türkische Botschaft geflüchtet sei."[217] Die meisten Verhafteten wurden im Konzentrationslager Mauthausen inhaftiert, wo am 25. April 1944 ein erster Transport mit 53 Personen aus Ungarn eintraf.[218]

Neben der Ausschaltung der politischen Opposition verschärften die ungarischen Behörden in Zusammenarbeit mit den deutschen Besatzern auch die antijüdische Politik und führten zahlreiche Maßnahmen ein, die in den deutsch kontrollierten Ländern Europas teilweise bereits seit Jahren angewendet wurden. Diese Verordnungen wurden in den meisten Fällen von ungarischer Seite ausgearbeitet und umgesetzt.[219] Veesenmayer meldete drei Tage nach dem Einmarsch an das Auswärtige Amt, dass die antijüdische Gesetzgebung „mit einer für hiesige Verhältnisse ungewöhnlichen Schnelligkeit" verabschiedet werde (Dok. 131).

Vom 5. April 1944 an unterlagen ab dem Alter von sechs Jahren alle in Ungarn lebenden Juden der Kennzeichnungspflicht durch einen gelben Stern an der Kleidung (Dok. 120). „‚Gebrandmarkte', dieses Wort kreist in meinem Kopf", notierte eine Budapester Jüdin am 5. April in ihr Tagebuch: „Wir trauen uns nicht, die Wohnung zu verlassen. […] Ich sehe meine Schwägerin Nelli das erste Mal mit einem Stern. Sie ist meine erste Besucherin heute. Wir fragen sie aus: Wie ist es, was haben die Menschen auf der Straße gesagt? Sie sagt, es gab welche, die hingeschaut haben, aber viele haben ihre Köpfe weggedreht, oder sie haben es gar nicht gemerkt." Am nächsten Tag war sie selbst gezwungen, eine längere Fahrt durch Budapest zu unternehmen: „In der Straßenbahn traue ich mich nicht, mich zu setzen. Auf dem Bahnsteig stehe ich mit dem Rücken zu den Menschen, ich schaue auf die Straße. Ich schaue die Menschen an. Wie viele tragen den Judenstern […]. Es ist sehr beschämend und dennoch, wie lächerlich schauen sie mit diesem grellen, gelben Fleck aus. Als hätten das gar nicht Erwachsene, sondern Kinder erfunden."[220]

Durch die Erweiterung der Definition, wer als „Jude" galt, traf der schrittweise Ausschluss aus dem wirtschaftlichen Leben auch zahlreiche Konvertierte, die von den antijüdischen Bestimmungen bislang ausgenommen gewesen waren. Viele wandten sich mit verzweifelten Briefen an das Innenministerium und an kirchliche Repräsentanten und baten um Ausnahmeregelungen (Dok. 123 und 125).

Gleichzeitig begannen die ungarischen Behörden mit der Beschlagnahme von Radios, Telefonen, Autos und schließlich des gesamten jüdischen Vermögens.[221] Am 16. April

217 Vince Paál/Gerhard Seewann (Hrsg.), Augenzeuge dreier Epochen. Die Memoiren des ungarischen Außenministers Gustav Gratz 1875–1945, München 2009, S. 538 f.

218 Hans Maršálek, Die Geschichte des Konzentrationslagers Mauthausen, Wien 1995, S. 147. Szita spricht von 54 Personen aus Szekszárd, Barcs und Pécs; siehe Szabolcs Szita, Ungarn in Mauthausen. Ungarische Häftlinge in SS-Lagern auf dem Territorium Österreichs, Wien 2006, S. 55.

219 Kádár/Vági, A végső döntés (wie Anm. 50), S. 168 f.

220 Tagebuch von Frau Sándor Dévényi; Abdruck in: Huhák/Szécsényi/Szívós (Hrsg.), Kismama sárga csillaggal (wie Anm. 206), S. 33.

221 Zur Enteignung der ungar. Juden siehe Gábor Kádár/Zoltán Vági, Self-Financing Genocide: The Gold Train – The Becher Case – The Wealth of Jews, Budapest 2004.

1944 verpflichtete die ungarische Regierung per Verordnung alle Juden dazu, ihre Vermögenswerte anzumelden (Dok. 137). Das jüdische Vermögen sollte nicht nur die Gettoisierung und Deportation der jüdischen Bevölkerung finanzieren, sondern auch der Sanierung des Staatshaushalts dienen.[222] Der Raub verlief meist unkoordiniert und chaotisch (Dok. 172, 222 und 252). Durch den Ausschluss mehrerer Hunderttausend Menschen aus dem wirtschaftlichen Leben und die Beschlagnahme ihres Besitzes kam es in einigen Wirtschaftszweigen zu Engpässen bei der Produktion und bei der öffentlichen Versorgung.[223]

Ende März hatte die ungarische Regierung ein Berufsverbot für jüdische Künstler, Beamte, Juristen und Journalisten erlassen. Nur jüdische Ärzte durften ihren Beruf weiterhin ausüben, weil sie mehr als die Hälfte aller Ärzte in Ungarn stellten. Juden durften in ihren Haushalten keine nichtjüdischen Hausangestellten mehr beschäftigen, und am 7. April untersagte eine Verordnung den Juden, ohne schriftliche Genehmigung ihren Aufenthaltsort zu verlassen. Viele Komitatsvorsteher, Bürgermeister oder Polizeikommandanten kamen den Regierungsverordnungen zuvor – so befahl General Géza Fehér in Munkács (Mukačevo) bereits am 23. März 1944 das Tragen des gelben Sterns – oder ergriffen in ihrem Machtbereich eigene antijüdische Maßnahmen (Dok. 121).[224]

Das Sondereinsatzkommando, das für die Konzentration und Deportation der Juden in Ungarn zuständig war, nahm noch am Tag des deutschen Einmarsches Kontakt zur Pester Israelitischen Gemeinde auf. Bei einem persönlichen Besuch in den Räumlichkeiten der Gemeinde ließen die Deutschen dem Vorstand der Gemeinde ausrichten, sich am nächsten Tag um zehn Uhr für eine Besprechung einzufinden.[225] Die verzweifelten Versuche der jüdischen Gemeindeleitung, mit den ungarischen Behörden in Kontakt zu treten und sie um Unterstützung zu bitten, scheiterten. Sie konnten nur den stellvertretenden Polizeipräsidenten erreichen, der ihnen riet, den Befehlen der Deutschen Folge zu leisten.[226] Am 20. März 1944 informierten der Stellvertreter Eichmanns, Hermann Krumey, und SS-Hauptsturmführer Dieter Wisliceny die Vorstandsmitglieder der Gemeinde über die geplanten antijüdischen Maßnahmen und stellten ihnen gleichzeitig in Aussicht, das kulturelle und geistige Leben ungestört weiterführen zu können, wenn sie mit den deutschen Behörden kooperierten. Tags darauf wurde auf deutsche Anordnung hin ein Zentralrat der Juden in Budapest gebildet, in dem neben Vertretern der neologen und der orthodoxen Gemeinde auch Zionisten vertreten waren. Die Leitung des Zentralrats übernahm der langjährige Präsident der Pester Israelitischen Gemeinde Samu Stern.[227]

222 Siehe dazu in erster Linie Kádár/Vági, Aranyvonat (wie Anm. 31).

223 Gábor Kádár/Zoltán Vági, Theorie und Praxis. Die ökonomische Vernichtung der ungarischen Juden, in: Mihok (Hrsg.), Ungarn und der Holocaust (wie Anm. 108), S. 55–71, hier S. 62.

224 Gerlach/Aly, Das letzte Kapitel (wie Anm. 21), S. 134.

225 Jenő Lévai, Fekete könyv a magyar zsidóság szenvedéseiről, Budapest 1946, S. 86 (engl.: Jenő Lévai, Black book on the martyrdom of Hungarian Jewry, Zürich 1948).

226 Ebd.

227 Zum Zentralrat siehe u. a. Judit Molnár, The Foundation and Activities of the Hungarian Jewish Council, March 20–July 7, 1944, in: Yad Vashem Studies 30 (2002), S. 93–124; Judit Molnár/Kinga Frojimovics (Hrsg.), Gettómagyarország 1944. A Központi Zsidó Tanács iratai, Budapest 2002; Dan Michman, A Zsidó Tanács – a magyar helyzet új szempontok tükrében, in: Molnár (Hrsg.), A Holokauszt Magyarországon (wie Anm. 122), S. 247–257.

Zehn Tage später, am 31. März 1944, empfing Eichmann die Vertreter des Judenrats. Er ging auf ihre Bitten ein, bemühte sich um Beschwichtigung und informierte sie über ihre Aufgaben. Der damalige stellvertretende Präsident der Pester Gemeinde, Ernő Boda, notierte: „Er [Eichmann] teilte mit, dass alle, die dazu verpflichtet sind, den gelben Stern zu tragen, in die Zuständigkeit des Zentralen Judenrats fallen, unabhängig von ihrer Religion."[228] Auch die jüdischen Gemeinden außerhalb der Hauptstadt ordnete Eichmann dem Zentralrat unter und gab bekannt, dass er vor allem an der jüdischen Arbeitskraft interessiert sei. Auf die Frage, ob die Zwangsarbeiter in Ungarn bleiben dürften, „konnte er noch keine endgültige Antwort geben", hieß es im Protokoll.

Auf die Vielzahl der antijüdischen Regelungen reagierten die Juden in Ungarn, die lange Zeit auf den Schutz durch das autoritär-konservative Regime vertraut hatten, mit tiefer Verunsicherung und Bestürzung. Die Zahl der Selbstmorde stieg in den Märztagen an und erreichte mit der Einrichtung der Gettos ab April 1944 ihren vorläufigen Höhepunkt.

Ein großer Teil der nichtjüdischen Bevölkerung begrüßte die verschärften antijüdischen Maßnahmen. Der Schriftsteller Sándor Márai notierte im Jahr 1944 resigniert: „Man kann mit den Menschen über nichts mehr reden. Wie man auch mit Betrunkenen oder Verrückten nicht streiten kann: Die ungarische Mittelschicht ist verrückt geworden und ist trunken von der Judenfrage. Die Russen sind bei Kőrösmező, die Engländer und die Amerikaner kreisen über Pest und diese Gesellschaft – wahnsinnig und schäumend – will nicht, kann nicht über etwas anderes reden als die Juden."[229]

Gettoisierung

Am 7. April 1944 gab das Innenministerium die streng geheim gehaltene Anordnung heraus, die Juden in Ungarn vom Rest der Bevölkerung abzusondern und in regionalen Sammellagern unterzubringen (Dok. 129). Zu dieser Zeit lebten etwa 762 000 Männer, Frauen und Kinder in Ungarn, die gemäß der antijüdischen Bestimmungen als Juden galten.[230]

Die Erfahrungen aus anderen europäischen Staaten hatten gezeigt, dass die Durchführung der Gettoisierung und der Deportation ohne Mitwirkung einheimischer Organe nicht möglich war. So rettete beispielsweise das bewusste Wegschauen von Polizei und Küstenwache einigen Tausend Juden in Dänemark das Leben, die auf diese Weise nach Schweden flüchten konnten.[231] In den rumänisch besetzten Gebieten wurden Juden Opfer systematischer Verfolgung, doch zog die rumänische Führung unter Ion Antonescu 1942 ihre frühere Zustimmung zur Deportation der Juden im rumänischen Kernland wieder zurück.[232] Und auch in Frankreich weigerte sich das Kollaborationsregime zu-

228 Vermerk über die Sitzung am 31.3.1944; Abdruck in: Ernő Munkácsi, How it happened. Documenting the Tragedy of Hungarian Jewry, Toronto 2018.

229 Sándor Márai, Napló 1943–1944, Budapest 1990, S. 156.

230 Siehe die Zahlen des Jüdischen Weltkongresses von 1945, zit. nach: Braham, A Népirtás politikája (a) (wie Anm. 23), Bd. 2, S. 1246.

231 VEJ 12, S. 20–22.

232 VEJ 13, S. 64–67.

nächst, die einheimischen Juden dem Deutschen Reich zu übergeben, während die französische Polizei bei der Verschleppung ausländischer Juden bereitwillig kooperierte.[233] Bei seiner Arbeit in Ungarn war das Sondereinsatzkommando also auf die ungarische Verwaltung, Gendarmerie und Polizei angewiesen, zumal ihr Personal für eine großangelegte Aktion nicht ausreichte. Nur etwa 20 Mitglieder des Sondereinsatzkommandos waren „Spezialisten" für Deportationen, die sich seit Jahren an der Verfolgung und Ermordung der Juden in Europa beteiligt hatten, darunter Hermann Krumey, Dieter Wisliceny, Theodor Dannecker, Siegfried Seidl und Franz Novak.[234] Das Sondereinsatzkommando sollte dabei den ungarischen Behörden lediglich beratend zur Seite stehen (Dok. 129).

Schon bald zeigte sich, dass die ungarische Exekutive, allen voran das Innenministerium mit den beiden Staatssekretären László Endre und László Baky sowie die Gendarmerie und Polizei, bereit war, mit den deutschen Behörden zu kooperieren. Mehr noch: Durch ihr Drängen trug sie maßgeblich zur Beschleunigung der Gettoisierungs- und Deportationsmaßnahmen bei. Aufgrund dieser Unterstützung konnte das Eichmann-Kommando einen großen Teil seiner Ziele innerhalb weniger Wochen erreichen.

Nachdem Innenminister Jaross dem von Endre und Eichmann ausgearbeiteten Plan[235] zur Gettoisierung zugestimmt hatte, wies das Innenministerium am 1. April 1944 die Bürgermeister und die Kommunalverwaltungen an, Juden in ihren Verwaltungsbezirken namentlich zu erfassen. Auf einer Sitzung am 7. April 1944 unter Vorsitz von László Baky, an der László Endre, zwei SS-Offiziere sowie Gendarmerie- und Polizeikommandanten teilnahmen, präsentierte das Innenministerium jene Anordnung, die den Ablauf der Gettoisierungsmaßnahmen zusammenfasste. Gegenstand der Sitzung war zwar eigentlich die Umsiedlung der karpato-ukrainischen Juden, die Anwesenden erarbeiteten aber bereits die Struktur und den Ablauf der Gettoisierung in den anderen Verwaltungsbezirken für die kommenden Monate (Dok. 130).[236]

Die Gettoisierung sollte schrittweise nach Zonen erfolgen, die im Großen und Ganzen den Gendarmeriedistrikten entsprachen. Es war vorgesehen, zuerst die Juden der Distrikte VIII (Kassa), IX (Kolozsvár) und X (Marosvásárhely), die in erster Linie die im Zuge der beiden Wiener Schiedssprüche und durch Kriegshandlungen annektierten Gebiete umfassten, umzusiedeln. Ihnen sollten die Distrikte II (Székesfehérvár) und VII (Miskolc) folgen und daran anschließend V (Szeged) und VI (Debrecen). Die Distrikte III (Szombathely) und IV (Pécs) waren die letzten, bevor der Distrikt I, die Hauptstadt Budapest, gettoisiert werden sollte.[237]

233 VEJ 12, S. 64 f.

234 Gerlach/Aly, Das letzte Kapitel (wie Anm. 21), S. 249; Kádár/Vági, A végső döntés (wie Anm. 50), S. 154; Vági, Endre László politikai pályája (wie Anm. 123), S. 150 f. Während Braham die Zahl der Mitglieder des Sondereinsatzkommandos insgesamt auf 150 bis 200 Personen beziffert, schätzt Ungváry auf Grundlage des Budapester Telefonverzeichnisses des SD, dass die Zahl der Mitarbeiter samt Chauffeuren und Sekretärinnen nur 65 Personen betrug; Krisztián Ungváry, Mesterterv? A deportálások döntési mechanizmusa, in: Századok 149 (2015) 1, S. 1–32, hier S. 14.

235 Kádár/Vági, A végső döntés (wie Anm. 50), S. 164–167.

236 Ebd., S. 146 f., 171.

237 Judit Molnár, Csendőrök a népbíróság előtt, in: dies. (Hrsg.), A Holokauszt Magyarországon (wie Anm. 227), S. 647–662, hier S. 657.

Am 26. April 1944 erschien schließlich die Regierungsverordnung über die Gettoisierung, die zwei Tage später in Kraft trat. Zu diesem Zeitpunkt war die Gettoisierung in den ersten drei Distrikten bereits in vollem Gange. Die Konzentration der Juden hatte dort am 16. April 1944 begonnen. Bis Anfang Juni 1944 fassten die ungarischen Behörden in Zusammenarbeit mit dem deutschen Sondereinsatzkommando über 400 000 Juden in 215 Gettos und Sammellagern zusammen, so dass die Gettoisierung in Ungarn mit Ausnahme von Budapest in wenigen Wochen fast vollständig abgeschlossen war.[238] Dabei verlief die Gettoisierung in den annektierten Gebieten grundsätzlich nicht nur brutaler, sondern auch deutlich unstrukturierter als im Kernland. Die jüdische Bevölkerung wurde in der Regel in provisorischen Sammellagern unter extrem schlechten Bedingungen konzentriert (Dok. 140 und 148). Im Kernland dagegen, wo die Behörden auf die Erfahrung aus den annektierten Gebieten zurückgreifen konnten, wurden die in den größeren Städten lebenden Juden zunächst in gekennzeichnete Gebiete umgesiedelt, die von den restlichen Teilen der Stadt meist vollkommen abgeschottet waren. Die Juden in den Dörfern und in Kleinstädten unter 10 000 Einwohnern wurden gemäß der Verordnung vom 26. April vorübergehend in ihren Heimatorten in Synagogen und anderen jüdischen Gemeindeeinrichtungen untergebracht. Später siedelten die ungarischen Behörden auch sie in die Gettos der in der Nähe gelegenen größeren Städte um. Erst ein bis zwei Wochen vor ihrer Deportation wurden die Juden aus dem Kernland schließlich in Sammellagern konzentriert. In einigen Städten wurden mehrere Gettos eingerichtet, wobei die örtliche jüdische Bevölkerung in einem abgeschlossenen Quartier, oft im ehemaligen jüdischen Viertel der Stadt, untergebracht wurde, während die Juden der Umgebung in Sammellager ziehen mussten, die sich meist am Stadtrand befanden.

Der Ort der Gettoisierung und die Verhältnisse im Getto hingen maßgeblich von den regionalen Verwaltungen ab, die vor der Errichtung der jeweiligen Gettos in administrativen Beratungen über Standort, Versorgung und Ausstattung entschieden. Da zentrale Direktiven vielfach fehlten, hatten die örtlichen Entscheidungsträger einen erheblichen Handlungsspielraum und konnten die verordneten Maßnahmen radikaler oder gemäßigter umsetzen[239] (Dok. 161). Zudem hatte die örtliche Bevölkerung in mehreren Kommunen Einfluss auf die Entscheidung, wo das Getto eingerichtet wurde. So beanspruchten zahlreiche Nichtjuden Wohnungen von Juden, die eigentlich in den Bereich des Gettos gefallen wären. Gleichzeitig gab es Klagen von nichtjüdischen Personen, deren Häuser oder Wohnungen sich im für das Getto vorgesehenen Bereich befanden, da sie diese nicht räumen wollten.[240] Die Beschwerden führten in manchen Fällen dazu, dass der anfänglich vorgesehene Bereich der Gettos schließlich verkleinert oder das Getto außerhalb der Wohnbezirke in stillgelegten Fabriken oder Wirtschaftsgebäuden eingerichtet wurde, wo schlechtere, lagerähnliche Bedingungen herrschten.[241] Allerdings gab

238 Hinzu kamen etwa 100 bis 150 provisorische Sammelplätze wie Synagogen oder Schulen, in denen die jüdische Bevölkerung aus kleineren Ortschaften für wenige Tage vor dem Abtransport in ein größeres Getto zusammengefasst wurde; siehe Zoltán Vági/László Csősz/Gábor Kádár, The Holocaust in Hungary. Evolution of a Genocide, Lanham (Md.) 2013, S. 82.

239 Judit Molnár, Zsidósors 1944-ben az V. (Szegedi) Csendőrkerületben, Budapest 1995; Regina Fritz/László Csősz, Ein Protokoll, in: S:I.M.O.N. 1 (2014), S. 18–21.

240 László Csősz, Tettesek, szemtanúk, áldozatok. A vészkorszak Jász-Nagykun-Szolnok megyében, Diss., Univ. Szeged 2010, S. 42, 92.

241 Ebd., S. 79.

es auch Ortschaften, wo die jüdische Bevölkerung bis zur Deportation weiter in ihren Häusern wohnen durfte, so beispielsweise in der südungarischen Stadt Hódmezővásárhely. Dort gelang es dem stellvertretenden Bürgermeister Pál Beretzk, die Gettoisierung bis zur Deportation der örtlichen Juden unter dem Vorwand hinauszuzögern, dass er keine geeignete Stelle für das Getto finden könne.[242]

In Budapest entschieden die Behörden zunächst, die jüdische Bevölkerung ab Mitte Juni 1944 in Häusern unterzubringen, die mit einem gelben Stern von 30 Zentimeter Durchmesser gekennzeichnet wurden und über das gesamte Stadtgebiet verstreut lagen.[243] In der Nähe von kriegswichtigen Fabriken wurden Arbeitsdienstlager eingerichtet.[244] Die Schaffung eines abgeschlossenen Gettos lehnten die Behörden bis November 1944 ab, da sie – nach entsprechenden Gerüchten, die auch der Budapester Judenrat verbreitete[245] – die Bombardierung von ausschließlich nichtjüdischen Stadtteilen befürchteten.

Obwohl die meisten Gettos umzäunt und von außen von der Polizei bzw. Gendarmerie bewacht wurden, waren nicht alle hermetisch abgeriegelt. Mitglieder des Judenrats oder Personen, die Behördengänge erledigen oder den örtlichen Markt aufsuchen mussten, durften das Gettogelände verlassen – teilweise allerdings nur zu bestimmten, behördlich vorgeschriebenen Zeiten. In einigen wenigen Gettos erlaubte der zuständige Bürgermeister das uneingeschränkte Verlassen des Geländes. Angesichts des allgemeinen Arbeitskräftemangels im Krieg sahen viele Bürgermeister und Beamte eine vollständige Abschließung der Gettos ohnehin als problematisch an, da dadurch der Kriegswirtschaft wertvolle Arbeitskräfte verloren gegangen wären. Daher wurden vielfach jüngere Frauen und Männer zur Arbeit in landwirtschaftlichen Betrieben außerhalb der Gettos eingeteilt. Einige arbeiteten auch für militärische Zwecke oder in Bergwerken. In manchen Ortschaften durften Juden sogar ihrer ursprünglichen Tätigkeit nachgehen, was den Mangel an nichtjüdischen Fachkräften, vor allem im medizinischen Bereich, verdeutlicht. Der jüdische Arzt des Gettos Körmend durfte beispielsweise das Getto täglich verlassen, um seine Patienten zu besuchen, obwohl die Behandlung nichtjüdischer Patienten Juden offiziell untersagt war.[246]

In welchem Ausmaß die ungarische Regierung an der Ausbeutung jüdischer Arbeitskräfte interessiert war, zeigt die verstärkte Einberufung der jüdischen Männer zum Arbeitsdienst im Vorfeld der Deportationen. Im Mai 1944 ließ das ungarische Verteidigungsministerium die Anzahl der jüdischen Arbeitsdienstkompanien von 210 auf 575 erhöhen (Dok. 162).[247] Der anschließend vom zuständigen Minister Lajos Csatay veröffentlichte Aufruf, wonach sich alle jüdischen Männer zwischen 18 und 48 Jahren beim Arbeitsdienst zu melden hätten, erreichte jedoch wegen der bereits fortgeschrittenen Gettoisierung nur noch wenige. Aus diesem Grund stellte das Verteidigungsministerium spezielle Einberufungsbefehle mit besonderer Dringlichkeit aus, die noch in den Gettos

242 Karsai, Holokauszt (wie Anm. 127), S. 241.
243 Zur Situation in Budapest siehe Tim Cole, Holocaust city. The making of a Jewish ghetto, London u. a. 2003.
244 Karsai, Holokauszt (wie Anm. 127), S. 249.
245 Siehe die Aussage des Vorsitzenden des Budapester Judenrats Samu Stern, o. J., DEGOB 3627.
246 Tim Cole, Building and Breaching the Ghetto Boundary: A Brief History of the Ghetto Fence in Körmend, Hungary, 1944, in: Holocaust and Genocide Studies 23 (2009) 2, S. 54–75.
247 Szita, Együttélés (wie Anm. 25), S. 168.

zugestellt wurden.[248] Es gab auch Divisionskommandanten, die direkt in den Gettos Musterungen durchführten. Am 15. Mai wurden schließlich auf deutschen Druck hin weitere Einberufungen zum Arbeitsdienst verboten. Diese Instruktion sabotierten jedoch mehrere militärische Kommandanten, indem sie die Zustellung der Einberufungsbefehle in Gettos und Sammellager zum Teil weiterhin gestatteten (Dok. 191).[249]
Die Männer in den Arbeitsdienstkompanien waren bis zur Machtergreifung der Pfeilkreuzler im Oktober 1944 von der Deportation ausgenommen. Mit Beginn der Deportationen im Frühjahr/Sommer 1944 konnte somit die Einberufung zum Arbeitsdienst, die vor dem deutschen Einmarsch das Leben zahlreicher Männer gefordert hatte, Rettung bedeuten.

Leben im Getto

Die örtliche Unterbringung der jüdischen Bevölkerung bestimmte wesentlich ihre Wahrnehmung des Gettos.[250] Die hohe Konzentration von Menschen auf engem Raum war in erster Linie für die Gettos in den annektierten Gebieten charakteristisch. Dort herrschte mit durchschnittlich einem Quadratmeter Wohnfläche pro Person der größte Platzmangel. Im Kernland waren dagegen zumeist vier Quadratmeter pro Person vorgesehen, obwohl letztlich in vielen Gettos nur etwa die Hälfte des Platzes zur Verfügung stand, nachdem das ausgewählte Gebiet aufgrund von Beschwerden örtlicher Nichtjuden in vielen Fällen verkleinert wurde.[251] Am 19. Mai 1944 schilderte eine Frau in einem Brief an ihre Schwester die Situation im Getto Miskolc: „Wie ich geschrieben habe, schlafen wir zu siebt in einem kleinen Zimmer, die sieben Betten füllen unser Zimmer auch aus, so dass wir uns darin fast überhaupt nicht bewegen können. [...] An dieses Leben kann man sich nicht gewöhnen, das fühlt sich wie Gefangenschaft an."[252]
Die Umsiedlungen ins Getto führten die zuständigen Dienststellen der ungarischen Polizei und der Gendarmerie durch, wobei Vertreter des Sondereinsatzkommandos als „beratendes Organ" meist anwesend waren. Die Juden in den einzelnen Distrikten hatten zwischen drei und zwölf Tagen Zeit, um in die gekennzeichneten Gebiete zu ziehen. In einigen Kommunen ließ man ihnen jedoch nur wenige Stunden. Die Organisation des täglichen Lebens übernahm ein eigens hierfür geschaffener lokaler Judenrat. In zahlreichen Orten wurde zudem eine Gettopolizei eingerichtet, die über die Ordnung im Getto wachte.
Meist war vorgeschrieben, wie viel Gepäck mitgenommen werden durfte, im Regelfall 50 Kilogramm pro Person, doch auch hier gab es Unterschiede: Manchmal durften die

248 Braham, A Népirtás politikája (a) (wie Anm. 23), Bd. 1, S. 346.
249 Szita, Együttélés (wie Anm. 25), S. 169.
250 Zum Alltag im Getto siehe ausführlich Cole, Building and Breaching the Ghetto Boundary (wie Anm. 246); Tim Cole, Traces of the Holocaust. Journeying in and out of the Ghettos, London u. a. 2011; Regina Fritz, Inside the Ghetto: Everyday Life in Hungarian Ghettos, in: Hungarian Historical Review 4 (2015) 3, S. 606–639. Siehe auch Randolph L. Braham (Hrsg.), The Geographical Encyclopedia of the Holocaust in Hungary, 3 Bde., Evanston 2013, sowie Dokumentumok a zsidóság üldöztetésének történetéhez, hrsg. von Ágnes Ságvári, Budapest 1994.
251 Csősz: Tettesek, szemtanúk, áldozatok (wie Anm. 240), S. 79.
252 Brief vom 19.5.1944, MZSML, D 6/2.

Juden so viel von ihrem Besitz mitnehmen, wie sie in ihrem neuen Wohnort unterbringen konnten. In manchen Ortschaften war es gestattet, Möbelstücke ins Getto zu transportieren.[253] In anderen Gettos blieb den Bewohnern dagegen lediglich die Kleidung, die sie am eigenen Leib trugen.

Besonders in den lagerähnlichen Gettos und Sammellagern in den annektierten Gebieten war die Situation katastrophal. In manchen Fällen musste die jüdische Bevölkerung unter freiem Himmel hausen, und vor allem der Wassermangel bereitete oft große Schwierigkeiten (Dok. 139 und 158). Hinzu kam die unzureichende Versorgung mit Nahrungsmitteln und Medikamenten. Es gab zwar in den meisten Gettos eine Gemeinschaftsküche, die allerdings nicht immer funktionierte. So waren viele Personen auf die mitgebrachten Essensvorräte angewiesen. Besonders hart traf das Versorgungsproblem die orthodoxen Juden in der Karpato-Ukraine und in Nordostungarn. Dort begannen die ungarischen Behörden am 16. April 1944, am letzten Tag des Pessach-Festes, mit der Konzentration der Juden. Da sich nach den religiösen Geboten während dieser Zeit keine gesäuerten Lebensmittel im Haus befinden dürfen, hatten die orthodoxen Juden keine Brotreserven, die sie ins Getto hätten mitnehmen können.

Da mehrere Gettos nicht vollständig abgeriegelt wurden, blieben viele Kontakte zwischen Juden und Nichtjuden auch nach der Einrichtung der Gettos erhalten – nicht zuletzt weil in einigen Gettos die örtliche nichtjüdische Bevölkerung in den Häusern innerhalb des Gettogeländes wohnen bleiben durfte. Auch war es in vielen Gettos gestattet, Briefe und Pakete zu empfangen, und immer wieder betraten nichtjüdische Arbeiter das Getto, beispielsweise Geldeintreiber, Schornsteinfeger, Installateure, Bauarbeiter oder Personen, die für das Ablesen der Gas-, Wasser- oder Stromzähler zuständig waren.[254] In einigen Fällen erhielten nichtjüdische Menschen die Möglichkeit, ihre Bekannten im Getto zu besuchen.[255] So bot sich in zahlreichen Gettos immer wieder die Möglichkeit zum Austausch zwischen jüdischer und nichtjüdischer Bevölkerung sowie zum Schmuggel von Lebensmitteln und zur Flucht (Dok. 179).

Mit der Zeit wurden aber die Kontakte zur Außenwelt eingeschränkt, und die Zahl der Personen, die das Getto verlassen oder betreten durften, nahm ab. So besagte beispielsweise die am 1. Juni 1944 herausgegebene Gettoordnung von Szombathely, dass niemand das Getto mehr verlassen dürfe, auch jene Personen nicht, die zuvor noch auf dem öffentlichen Markt hatten einkaufen können.[256]

Bald belasteten zudem gewaltsame Übergriffe der Gendarmerie und Polizei das tägliche Leben: „Den einen haben sie geschlagen, weil sein gelber Stern nicht richtig aufgenäht war, den anderen, weil er seine Hände in den Taschen hatte, sie fanden also bei jedem einen Fehler",[257] erinnerte sich eine Überlebende des Gettos Mátészalka nach dem

253 Tagesbericht aus Celldömölk, 17.5.1944, und aus Keszthely, Abdruck in: Molnár/Frojimovics (Hrsg.), Gettómagyarország 1944 (wie Anm. 227), S. 61, 87.

254 Gettoordnung aus dem Getto in Szombathely, 16.5.1944, Abdruck in: Források a szombathelyi gettó történetéhez. 1944. Április 15–1944. Július 30., S. 34.

255 Csősz, Tettesek, szemtanúk, áldozatok (wie Anm. 240), S. 88; Tagesbericht aus dem Getto in Sepsiszentgyörgy, 31.5.1944, Abdruck in: Molnár/Frojimovics (Hrsg.), Gettómagyarország 1944 (wie Anm. 227), S. 125.

256 Gettoordnung für das Getto in Szombathely, 1.6.1944, Abdruck in: Források a szombathelyi gettó történetéhez (wie Anm. 254), S. 52.

257 Protokoll der Aussage von Frau R.N., 14.7.1945, DEGOB 1/81.

Krieg. Vor allem orthodoxe Juden wurden Opfer von Schikanen und physischer Gewalt. Die 13-jährige Éva Heyman schilderte die schrittweise Verschärfung der Lebensbedingungen in ihrem Tagebuch: „Immer denke ich, das ist jetzt schon das Schlimmste, aber dann sehe ich, dass alles noch schlimmer, viel schlimmer kommen kann. Bis jetzt hatten wir genug zu essen, jetzt haben wir nichts mehr. Bisher durften wir uns wenigstens auf dem Gettogelände bewegen, uns gegenseitig besuchen, ab jetzt darf keiner mehr das Haus verlassen."[258]

Die erste Phase der Deportationen (Mai bis Juli 1944)

Der provisorische Charakter vieler Gettos lässt erkennen, dass zahlreiche Bürgermeister sie als kurzzeitige Übergangsstationen in die Deportation ansahen. Allerdings stand beim deutschen Einmarsch im März 1944 noch nicht fest, ob und in welchem Ausmaß die Juden in Ungarn deportiert werden. Dass die „Endlösung der europäischen Judenfrage" auch die Juden Ungarns einschließen sollte, darüber waren sich die hochrangigen NS-Funktionäre auf der Wannsee-Konferenz im Januar 1942 einig gewesen.[259] Zwischen 1942 und 1944 hatten sich jedoch die innen- und außenpolitischen Rahmenbedingungen geändert. Mit Rücksicht auf die militärische Lage wollte die deutsche Führung im Frühjahr 1944 die Zahl der deutschen Besatzungstruppen in Ungarn möglichst gering halten. Es war daher ihr Anliegen, keine Widerstände zu provozieren und die Kooperation des ungarischen Staatsapparats nicht zu gefährden. Inwieweit jedoch die ungarische Regierung bei der Gettoisierung und der Deportation der Juden kollaborieren würde, war zum Zeitpunkt der deutschen Besetzung noch unklar. Insbesondere stellte sich die Frage, ob sie der Deportation der gut assimilierten Juden aus dem Kernland und vor allem aus Budapest zustimmen würde.

Zudem führte die Entscheidung der deutschen Führung als Reaktion auf die weitflächigen alliierten Bombardierungen, die Rüstungs- und Flugzeugproduktion in unterirdische Höhlen und Stollen zu verlagern bzw. Großbunker zu errichten, ab Dezember 1943 zu einem massiven Arbeitskräftebedarf. Hatte Heinrich Himmler noch im November 1942 die Weisung ausgegeben, „sämtliche im Reich gelegenen Konzentrationslager judenfrei zu machen",[260] fiel im Frühjahr 1944 die Entscheidung, dem Mangel an Arbeitskräften im Reich durch jüdische Zwangsarbeiter aus Ungarn zu begegnen. Anfang April 1944 erklärte Adolf Hitler, er werde „sich persönlich mit dem Reichsführer SS in Verbindung setzen und diesen veranlassen, aus Ungarn die erforderlichen 100 000 Mann durch Bereitstellung entsprechender Judenkontingente aufzubringen" (Dok. 128). Bereits am folgenden Tag forderte Karl-Otto Saur, Stabschef im Jägerstab, der im März 1944 im Reichsluftfahrtministerium gegründet worden war, um die Produktion von Jagdflugzeugen zu steigern, zusätzlich 100 000 jüdische Arbeitskräfte an.[261]

258 Ágnes Zsolt, Das rote Fahrrad, Wien 2012, S. 109 (Tagebucheintrag vom 10.5.1944).
259 Siehe VEJ 6/65.
260 VEJ 6/187.
261 Ulrich Herbert, Arbeit und Vernichtung. Ökonomisches Interesse und Primat der „Weltanschauung" im Nationalsozialismus, in: ders., Europa und der „Reichseinsatz". Ausländische Zivilarbeiter, Kriegsgefangene und KZ-Häftlinge in Deutschland 1938–1945, Essen 1991, S. 384–426, hier S. 413 f.; sowie VEJ 16, S. 40.

Am 13. April besprach Veesenmayer Hitlers Wunsch mit Ministerpräsident Sztójay, der mündlich zusagte, 50 000 jüdische Zwangsarbeiter im April und nochmal 50 000 im Mai 1944 an das Deutsche Reich zu übergeben. Die Deportationen verzögerten sich jedoch zunächst aufgrund von Transportschwierigkeiten. Am 22. April soll schließlich Eichmann die Weisungen vom Reichssicherheitshauptamt zum Abtransport von „50000 Juden zum Arbeitseinsatz in geschlossenen Lagern" erhalten haben.[262] Doch bereits einen Tag später teilte Veesenmayer dem Auswärtigen Amt mit, den Abtransport nochmal verschieben zu müssen (Dok. 147). Stattdessen sei die „Judenaktion [als] ein totales Ganzes" zu verstehen. Beginnend mit dem 15. Mai sollten täglich 3000 Juden deportiert werden.

Damit vollzog sich eine politische Wende, die die Historiographie unterschiedlich bewertet. Möglicherweise ist der Meinungsumschwung auf ein Gespräch am Abend vor dem 23. April zurückzuführen. Denn an diesem Tag hatte Staatssekretär László Endre auf seinem Anwesen in der Provinz Innenminister Andor Jaross, den Höheren SS- und Polizeiführer Otto Winkelmann, den Befehlshaber der Sicherheitspolizei und des SD Hans-Ulrich Geschke, Adolf Eichmann, Otto Hunsche, Staatssekretär László Baky und seinen Sekretär Albert Takáts zum Essen geladen. Die Historiker László Kádár und Zoltán Vági gehen davon aus, dass bei diesem Abendessen die Entscheidung fiel, alle Juden aus Ungarn zu deportieren, und erklären damit den Wandel in der Haltung von Veesenmayer.[263] Am 24. April begann Endre in Begleitung von Eichmann und Wisliceny eine achttägige Inspektionsreise durch 34 Ortschaften (Dok. 167). Dabei sollen sie über die Details des Deportationsablaufs und auf Drängen von Endre auch über die Erhöhung der Zahl der Transporte entschieden haben. Nunmehr sollten statt 3000 täglich 12 000 Personen deportiert werden.[264] Die Historiker Götz Aly und Christian Gerlach sprechen dagegen von einem komplexeren Prozess und sehen im Schreiben Veesenmayers vom 23. April lediglich den frühesten Beleg für die deutschen Pläne, die Deportationen auszuweiten.[265]

Ob man der Annahme von Kádár/Vági oder Gerlach/Aly folgt, auf jeden Fall musste vor Beginn der Aktion die Zustimmung der höheren politischen Instanzen eingeholt werden. Am 26. April stimmte der ungarische Ministerrat zu, 50 000 Arbeitsdienstler samt Familien an das Deutsche Reich zu übergeben, und legalisierte damit nicht nur die mündliche Zusage von Sztójay vom 13. April, sondern erweiterte den Kreis der Deportierten um die Familienangehörigen der Zwangsarbeiter.[266] Allerdings umfasste die Zusage des Ministerrats noch nicht die gesamte jüdische Bevölkerung Ungarns. Auch die Fahrplankonferenz am 4. und 5. Mai in Wien beschäftigte sich mit der Organisation der Deportation von etwa 325 000 Juden aus der Karpato-Ukraine, der von Ungarn annektierten Südslowakei und aus Nordsiebenbürgen, nicht aber mit jener der jüdischen Bevölkerung im ungarischen Kernland.[267] In Wien berieten Eichmanns Koordinator für

262 Schreiben von Eberhard von Thadden an Ribbentrop und Ritter, 22.4.1944, Abdruck als Faksimile in: Braham (Hrsg.), The Destruction of Hungarian Jewry (wie Anm. 194), S. 354.

263 Kádár/Vági, A végső döntes (wie Anm. 50), S. 192 f.

264 Ebd., S. 197–199.

265 Gerlach/Aly, Das letzte Kapitel (wie Anm. 21), S. 253, 265.

266 Protokoll der Ministerratssitzung, 26.4.1944, MNL OL, W 12.

267 Gerlach/Aly, Das letzte Kapitel (wie Anm. 21), S. 259.

Eisenbahntransporte, Franz Novak, der Gendarmeriehauptmann László Lulay sowie Vertreter der deutschen, der ungarischen und der slowakischen Bahn über die technische Abwicklung der Deportation und einigten sich auf täglich vier Transporte – insgesamt etwa 110 Züge – auf der Strecke „Karpato-Ukraine, Kaschau, Muszyna, Tarnow, Krakau".[268] Diese Zahl findet sich bis Mitte Mai in zahlreichen Dokumenten wieder, so war etwa bei einer Besprechung in Munkács am 12. Mai von 110 Zügen die Rede (Dok. 168). Auch der US-Nachrichtendienst ging in einem Schreiben am 18. Mai von der Deportation von 300 000 Juden aus (Dok. 177).

Zwischen dem 25. Mai und dem 1. Juni 1944 dürfte schließlich die endgültige Absprache zwischen der deutschen und der ungarischen Regierung über die Deportation aller Juden in Ungarn erfolgt sein.[269] Am 25. Mai 1944, zwei Tage nach einer Unterredung mit Adolf Eichmann, schrieb der Judenreferent im Auswärtigen Amt, Eberhard von Thadden: „Lediglich etwa 80 000 arbeitsfähige Juden sollen unter Bewachung der Honved in Ungarn zurückbleiben, um in der ungarischen Rüstungsindustrie beschäftigt zu werden."[270] Und auch Ministerpräsident Sztójay informierte am 1. Juni den Ministerrat, „dass am 6. Juni die Deportation der Juden aus dem Gebiet der Armeekorps in Miskolc und Székesfehérvár beginnen wird. Sobald diese abgeschlossen ist, beginnt der Abtransport der Juden aus Szeged, Debrecen und schließlich vom Gebiet der Armeekorps in Szombathely und Pécs. Danach ist das Gebiet der Armeekorps in Budapest an der Reihe und als Letztes werden die Juden aus dem Gebiet von Budapest abtransportiert."[271] Bei der zweiten Wiener Fahrplankonferenz am 10. Juni berieten dann die zuständigen Organe über den Abtransport der Juden aus dem Kernland.[272] Am 21. Juni erklärte Béla Imrédy schließlich vor dem Ministerrat: „Die Aussiedlung und der Transport der Juden geschieht nur auf mündliche deutsche Vereinbarung, etwas Schriftliches gibt es darüber nicht" (Dok. 217).

Zwei bzw. drei Tage nach der Zusage des Ministerrats, 50 000 Arbeitsdienstler an das Deutsche Reich zu übergeben, fuhren am 29. und 30. April 1944 die ersten Transporte aus Ungarn nach Auschwitz ab. Deportiert wurden dabei jedoch keine Arbeitsdienstler, sondern Gefangene aus den Lagern in Kistarcsa und Topolya sowie aus Budapester Gefängnissen. Über 70 Prozent der insgesamt 3800 jüdischen Deportierten wurden sofort nach der Ankunft in den Gaskammern ermordet.[273] Ein Teil der zur Arbeit selektierten Personen wurde beim Ausbau des Gleisanschlusses vom örtlichen Güterbahnhof in das Vernichtungslager Birkenau eingesetzt.[274] Durch die Verlängerung der Gleise sollte der reibungslose Ablauf der bevorstehenden Vernichtungsaktion sichergestellt werden. Um die Ankunft Hunderttausender vorzubereiten und die geplante Mordaktion zu beschleunigen, traf am 8. Mai auch der ehemalige Lagerkommandant Rudolf Höß wieder

268 Telegramm (Inl. II 882 g) von Eberhard von Thadden, Berlin, an die deutsche Botschaft, Budapest, Mai 1944, Abdruck als Faksimile in: Braham (Hrsg.), The Destruction of Hungarian Jewry (wie Anm. 194), S. 370.
269 Gerlach/Aly, Das letzte Kapitel (wie Anm. 21), S. 266.
270 Aufzeichnungen Eberhard von Thadden, 25.5.1944, PAAA, R 100894, Bl. 18.
271 Protokoll der Ministerratssitzung, 1.6.1944, MNL OL, W 12.
272 Gerlach/Aly, Das letzte Kapitel (wie Anm. 21), S. 260.
273 Kádár/Vági, A végső döntes (wie Anm. 50), S. 201.
274 Gerlach/Aly, Das letzte Kapitel (wie Anm. 21), S. 255, 274.

in Auschwitz ein und ließ alle Ausbauarbeiten intensivieren. So wurde das stillgelegte Krematorium V reaktiviert und es wurden mehrere Verbrennungsgruben ausgehoben. Die systematische Deportation der gettoisierten jüdischen Bevölkerung in Ungarn begann schließlich am 15. Mai 1944. Sie erfolgte, wie schon die Gettoisierung, nach Gendarmeriedistrikten, wobei mit Verweis auf die militärische Lage auch Gettos in den Grenzregionen mit den ersten Deportationszügen geräumt wurden. Bis zum Juli 1944 wurden laut deutschen Angaben 437 402 Menschen deportiert.[275] Gendarmerieoberstleutnant László Ferenczy, der vor Ort die Abwicklung der Gettoisierungs- und Deportationsmaßnahmen lenkte, sprach in seinen Berichten von 434 351 Personen (Dok. 242).
Spätestens ein bis zwei Wochen vor ihrer Deportation wurde die jüdische Bevölkerung aus den Gettos in Sammellager umgesiedelt: „Wir waren vier Wochen im Getto", berichteten nach dem Krieg Überlebende des Gettos Munkács. „Eines Morgens um sieben Uhr brachen die Gendarmen mit dem Gewehrkolben die Türen auf, drangen in die Wohnungen ein, sie jagten alle hinaus, sie zerrten die Menschen, die Kinder wahrlich aus den Betten heraus und schlugen sie währenddessen wie die Pferde. Das war unser furchtbarster Weg während der ganzen Deportation."[276]
Die allgemeine und die medizinische Versorgung brachen in den Sammellagern, die in stillgelegten Wirtschafts- und Fabrikgebäuden provisorisch eingerichtet worden waren, vollkommen zusammen. Viele Menschen mussten draußen schlafen: „Wir wohnten großteils unter freiem Himmel, es stand uns kein Wasser, keine Latrine zur Verfügung. Manchmal gab es furchtbar große Regenfälle, so dass unsere Situation grauenvoll war", erinnerten sich zwei Frauen an das Sammellager im nordungarischen Monor.[277] Der ungarische Maler István Farkas wandte sich im Juni 1944 kurz vor seiner Deportation nach Auschwitz aus dem Sammellager in Kecskemét in einem Brief an den Schriftsteller Ferenc Herczeg: „Ich bin in eine verhängnisvoll unmögliche Situation geraten. [...] Auspeitschen, Hunger, ein Meer aus Dreck. – Es ist unbeschreiblich!! Ich bitte Dich sehr, tu alles, damit ich so schnell wie möglich (es ist dringend!!) – weil sie mich sonst wegbringen – von hier wegkomme."[278]
Vor ihrem Abtransport wurden die Juden aufgefordert, Wertsachen und Geld abzuliefern, die sie vor den brutalen Durchsuchungen der ungarischen Beamten im Getto erfolgreich hatten verstecken können. „Nach einem Aufenthalt von sechs Wochen in Iza wurden wir in strömendem Regen nach Huszt zur Bahnstation geführt", schilderte eine Frau im Juni 1945 die Situation unmittelbar vor der Deportation. „Dort wurden uns zunächst alle unsere Habseligkeiten weggenommen, dann wurden wir unter Schlägen in die Eisenbahnwagen getrieben, wo wir nicht nur nicht sitzen, sondern nicht einmal stehen konnten, da wir über hundert Personen in einem Waggon waren. Zu essen und zu trinken hatten wir überhaupt nichts, da man uns bei unserer Ankunft in Huszt alles weggenom-

275 Telegramm von Veesenmayer an das AA, 11.7.1944, Abdruck als Faksimile in: Braham (Hrsg.), The Destruction of Hungarian Jewry (wie Anm. 194), S. 443.
276 Protokoll der Aussagen von Frau B. B. und Frau B. J., 13.7.1945, DEGOB 1459.
277 Protokoll der Aussagen von Frau K. S. und Frau W. É. über das Sammellager in Monor, 11.6.1945, DEGOB 2336.
278 Brief von István Farkas an Ferenc Herczeg, 23.6.1944, Magyar Nemzeti Galéria Adattára, 6721/1954. sz., Abdruck in: Gyöngyi Erdei, Katalin Irás, Utolsó levelek. Töredékek a magyar holocaust ismeretlen irodalmi dokumentumaiból, in: Múlt és Jövő 5 (1994) 4, S. 24–36, hier S. 35.

men hatte, was wir an Proviant mit uns gebracht hatten."[279] Der aus Marosvásárhely (Tîrgu Mureş) stammende Arzt Ladislaus Szücs erinnerte sich an die Deportation: „Wir klebten aneinander wie Ölsardinen. […] die Toten blieben bei uns. Es wurde heiß im Innenraum. Der Verwesungsgeruch machte sich bald bemerkbar. […] Es gab immer mehr Tote: alte Leute und Säuglinge, die meist verdursteten. Ein ständiges Stöhnen, Weinen, Zetern, Schreien hat die Menschen bis zum Wahnsinn getrieben."[280] Eine Schneiderin berichtete im Juni 1945: „Sechs schreckliche Tage verbrachten wir in den verschlossenen Waggons ohne Wasser. Zwei kleine Kinder und ein Mann waren die Opfer der Fahrt."[281] Am Bahnhof von Kassa (Košice) wurden die Züge den deutschen Dienststellen übergeben. Erneut forderte man die im Waggon eingeschlossenen Juden auf, eventuelle Wertsachen abzuliefern. Manchen Personen gelang es, im Tausch gegen Geld oder Schmuck Wasser zu erhalten.

Einige Juden versteckten sich innerhalb der Gettos, um der Deportation zu entgehen. Sowohl im Getto in Nagyvárad (Oradea) als auch in Kassa und Munkács fanden die Behörden Wochen nach den Deportationen untergetauchte Personen (Dok. 249).[282] Einigen Juden gelang die Flucht. Vor allem die im rumänisch-ungarischen Grenzgebiet lebenden Menschen versuchten, aus dem örtlichen Getto heraus nach Rumänien zu gelangen. Manche tauchten mit falschen Papieren unter – eine Strategie, die vor allem in der Anonymität der Hauptstadt erfolgreich war. Aufgrund der Ausweglosigkeit der Situation und der Enttäuschung nahmen sich zahlreiche Menschen das Leben (Dok. 146 und 158).

Die Mehrheit der Deportierten kam in das Vernichtungslager Auschwitz-Birkenau, das trotz der deutschen Anstrengungen auf die große Zahl der täglich ankommenden Transporte nicht ausreichend vorbereitet war. Laut seiner Nachkriegsaussage hatte Rudolf Höß angesichts von insgesamt fast einer halben Million Deportierten aus Ungarn Eichmann davor gewarnt, dass das Lager diese Zahl an Neuankömmlingen nicht aufnehmen könne. Doch sein Protest habe keine Wirkung gezeigt, und auch die Anzahl der Transporte, die auf ungarischen Druck hin erhöht worden war, wurde nicht reduziert.[283]

Bald nach Beginn der Deportationen kursierten in der ungarischen Bevölkerung Gerüchte über deren Zielort. Der Mönch Pius István Zimándi notierte am 23. August 1944 in sein Tagebuch: „Über das Schicksal der ins Ausland transportierten Juden weiß niemand etwas mit Sicherheit. Es kursieren verschiedene Schreckensnachrichten: aus den Dünnen machen sie Kunstdünger, aus den Dicken Seife. Ein anderes [Gerücht]: In Polen wurden sie in Kammern getrieben und dort mit giftigem Gas getötet usw."[284]

Tatsächlich wurden mehr als 320 000 Männer, Frauen und Kinder – drei Viertel der Deportierten – kurz nach ihrer Ankunft in Auschwitz-Birkenau in den Gaskammern ermordet. Da die Kapazität der Krematorien nicht ausreichte, wurden zahlreiche Leichen in einer der fünf ausgehobenen Gruben neben dem Krematorium V verbrannt.

279 Protokoll der Aussage von Frau R.K., 24.6.1945, DEGOB 138.
280 Ladislaus Szücs, Zählappell. Als Arzt im Konzentrationslager, 3. Aufl., Frankfurt a. M. 2000, S. 25.
281 Protokoll der Aussage von Frau R.S., 22.6.1945, DEGOB 119.
282 Csősz, Tettesek, szemtanúk, áldozatok (wie Anm. 240), S. 142.
283 Gerlach/Aly, Das letzte Kapitel (wie Anm. 21), S. 256. Siehe auch Ungváry, Mesterterv? (wie Anm. 234), S. 29 f.; Kádár/Vági, A végső döntés (wie Anm. 50), S. 216 f.
284 Pius István Zimándi, Egy év története naplójegyzetekben (1944. Március 19.-1945. Március 17.), Budapest 2015, S. 110.

Nach ihrer Ankunft verbrachte Teréz Alexander aus Kassa zwei Stunden im geschlossenen Waggon in Birkenau: „Aus der Ferne, aus dem Waggon, sahen wir, dass zwischen den Holzbaracken Frauen hin- und hergingen. Wir sahen auch viele Männer in gestreifter Kleidung, wir dachten, es sind deutsche Gefangene.“ Schließlich wurden die Türen geöffnet und es stiegen Häftlinge ein: „Sie hatten unterschiedliche Nationalitäten. Diese Häftlinge gingen zu den jungen Frauen und forderten sie in allen ihnen bekannten Sprachen auf, ihre Kinder an ihre Mütter oder an andere ältere Frauen zu übergeben. [...] Wir konnten ihr Verhalten nicht verstehen“, erinnerte sich Teréz Alexander nach dem Krieg. Aus ihrem Gepäck, das sie im Waggon zurücklassen sollte, nahm sie eine Zahnbürste, Zahnpasta sowie eine Seife mit und stieg mit ihren Freundinnen aus. „Nach wenigen Schritten standen wir vor einem Mann in SS-Offiziersuniform, der uns mit einer Handbewegung voneinander trennte. Das ging so schnell vor sich, dass man kaum zu sich gekommen ist, und die Masse hat einen schon weitergetrieben.“[285] Der Schneider E. F. traf am 25. Mai 1944 in Birkenau ein: „Wir wurden auswaggoniert, alle unsere Habseligkeiten wurden uns weggenommen, die Familien wurden getrennt. Nun folgte eine Selektion nach Arbeitsfähigen und Arbeitsunfähigen; die Frauen und Kinder kamen zu den Letzteren. In diese Gruppe wurden auch mein Vater, meine Mutter, meine Schwester und ihre beiden Kinder eingereiht.“ Ein damals 15-jähriges Mädchen aus Huszt (Chust) erinnerte sich: „Es entstand ein großes Durcheinander. Wir waren betäubt, müde von der Reise, wir konnten kaum denken, wir klammerten uns nur an unsere Angehörigen, damit wir zusammenbleiben, doch je mehr wir klammerten, desto eher wurden wir getrennt.“[286]

Die großangelegten Selektionen in Birkenau überlebten lediglich 100 000 Juden aus Ungarn, die in der deutschen Kriegswirtschaft eingesetzt werden sollten.[287] Einigen der zur Arbeit selektierten Menschen wurde eine Lagernummer tätowiert und sie verblieben im Lagerkomplex Auschwitz. Die meisten wurden jedoch nicht registriert und in den Lagerabschnitten B III oder in den Transitlagern B IId bzw. B IIc untergebracht. Innerhalb weniger Tage transportierte man diese sogenannten Depot-Häftlinge in andere Lager weiter, wo sie in der Mehrzahl bei Rüstungsarbeiten unter Tage beschäftigt wurden. So erreichten beispielsweise die ersten Transporte ungarischer Juden aus Auschwitz im Mai und Juni 1944 den Lagerkomplex Mauthausen.[288] Es handelte sich dabei um über 7000 Personen, von denen die Mehrzahl in den Außenlagern von Mauthausen zur Zwangsarbeit eingesetzt wurde, darunter auch der 36-jährige György Zilczer, der drei Tage nach der Ankunft in Auschwitz-Birkenau nach Melk deportiert wurde. Dort musste er zunächst helfen, für eine unterirdische Fertigungsstätte der Steyr-Daimler-Puch-Werke eine Stollenanlage zu errichten. „Die Arbeit war äußerst anstrengend, sogar jene Männer, die von Hause aus harte physische Arbeit gewöhnt waren, hielten – besonders bei der mageren Ernährungslage – nicht länger als drei Monate durch“, erinnerte er sich nach dem Krieg: „So kam es, dass von den 19 Personen, mit denen ich hier gemeinsam ankam und zur gleichen Zeit zu arbeiten begann, lediglich zwei Personen am Leben blie-

285 Protokoll der Aussage von Teréz Alexander, 30.8.1945, DEGOB 2257.

286 Protokoll der Aussage von Herrn E. F., 22.6.1945, DEGOB 141, sowie Protokoll der Aussage von Frau R. B., 12.7.1945, DEGOB 1860.

287 Gerlach/Aly, Das letzte Kapitel (wie Anm. 21), S. 294.

288 Maršálek, Mauthausen (wie Anm. 218), S. 147.

ben."[289] Weitere Transporte gingen nach Buchenwald, Dachau, Ravensbrück, Stutthof, Mittelbau-Dora oder Groß-Rosen. Laut Schätzungen wurden bis Frühjahr 1945 in 500 bis 600 Lagern Juden aus dem damaligen ungarischen Gebiet gefangen gehalten und zur Zwangsarbeit herangezogen.[290]

Ein kleiner Teil der Transporte aus Ungarn wurde nicht nach Auschwitz geleitet, sondern gelangte direkt ins österreichische Durchgangslager Strasshof an der Nordbahn. Die dort ankommenden 15 000 Juden wurden in Zwangsarbeitslagern im Raum Wien untergebracht, wobei die Familien meist nicht getrennt wurden. Die als arbeitsfähig eingestuften Männer und Frauen wurden in der Landwirtschaft, in der Industrie oder beim Bau von Schützengräben eingesetzt, während die Kinder und die betagten Personen in den Lagern bleiben durften. Die Arbeits- und Lebensbedingungen dieser jüdischen Zwangsarbeiter waren meist vergleichsweise erträglich, doch waren auch hier mehrere Hundert Todesfälle zu verzeichnen.[291] Ein großer Teil dieser jüdischen Zwangsarbeiter gelangte erst nach der Evakuierung dieser Lager im Frühjahr 1945 in den nationalsozialistischen Konzentrationslagerkomplex, etwa in das KZ Mauthausen, nach Bergen-Belsen und nach Theresienstadt.

Kollaboration und Bereicherung der nichtjüdischen Bevölkerung

Die nichtjüdische Bevölkerung reagierte unterschiedlich auf die verschärften antijüdischen Maßnahmen, auf die Konzentration der einheimischen Juden und auf ihre Deportation. Die meisten begegneten dem Schicksal der Juden mit Gleichgültigkeit, manche zeigten Mitgefühl. Einzelne versuchten, den Verfolgten zu helfen; sie schmuggelten Lebensmittel ins Getto, halfen bei der Flucht oder beim Verstecken von Vermögenswerten oder gar von Menschen.

Doch ein Teil der Bevölkerung unterstützte die Behörden aktiv, davon zeugt die hohe Zahl an Denunziationen.[292] Samu Stern erinnerte sich kurz nach dem Krieg: „[D]ie Deutschen selbst haben gesagt, dass sie in keinem anderen Land mit so vielen Anzeigen konfrontiert waren wie in Ungarn."[293] Ähnliches geht auch aus dem Tagebucheintrag des Politikers Imre Csécsy hervor: „Von jemandem höre ich, dass bei der Gestapo innerhalb einer Woche 27 000 anonyme Anzeigen eingingen", notierte er am 10. April 1944. „Hochrangige deutsche Offiziere, die in Polen, in den Niederlanden, in Belgien, in Norwegen einmarschiert sind, sagten verwundert, dass sie so etwas noch nirgends erlebt

289 Protokoll der Aussage von György Zilczer, 17.11.1945, DEGOB 3550.

290 Gábor Kádár/Zoltán Vági, Táborok könyve. Magyarok a náci koncentrációs táborokban, Budapest 2017.

291 Ausführlich dazu: Eleonore Lappin-Eppel, Ungarisch-jüdische Zwangsarbeiter und Zwangsarbeiterinnen in Österreich 1944/45. Arbeitseinsatz – Todesmärsche – Folgen, Münster u. a. 2010; Kinga Frojimovics/Éva Kovács, Jews in a „Judenrein" City: Hungarian Jewish Slave Laborers in Vienna (1944–1945), in: Hungarian Historical Review 43 (2015), S. 705–736.

292 Tim Cole, Writing „Bystanders" into Holocaust History in More Active Ways: „Non-Jewish" Engagement with Ghettoisation, Hungary 1944, in: Holocaust Studies 11 (2005) 1, S 55–74; Gábor Kádár/Zoltán Vági, Zsidók és nem zsidók. Szolidaritás és embermentés a vészkorszakban, in: Holocaust Füzetek 10 (1998), S. 9–107; Cesarani (Hrsg.), Genocide and Rescue (wie Anm. 116).

293 Stern, Emlékirataim (wie Anm. 57), S. 311.

haben."[294] Die ungarische politische Polizei erhielt täglich durchschnittlich 50 bis 60 Anzeigen gegen Personen, die jüdisches Vermögen versteckten.[295] Vereinzelt beteiligten sich Privatpersonen auch aktiv an den Verfolgungsmaßnahmen. So erinnerten sich Überlebende in Tárkány, dass die Angehörigen der Familie Branna, die schon vor 1944 „lange Vorträge" darüber gehalten hatten, dass „die Juden ausgerottet werden müssen", mit Beginn der Gettoisierung den Gendarmen selbst dabei behilflich waren, die Juden ins Getto zu sperren. Jenen Nichtjuden, die Nahrungsmittel ins Getto bringen wollten, drohten sie mit Internierung.[296]

Einige profitierten erheblich vom Ausschluss der jüdischen Konkurrenz aus dem Geschäftsleben sowie von Enteignung und Gettoisierung.[297] Die ungarische Regierung war bestrebt, das jüdische Vermögen zur Stabilisierung der Wirtschaft zu nutzen, und ordnete an, Häuser und Wohnungen der deportierten Juden abzusperren und Vermögenswerte zu registrieren. Dennoch kam es zu zahlreichen individuellen Bereicherungen durch Einbrüche, Wohnungsbesetzungen und Ähnliches (Dok. 172). Da es kein organisiertes staatliches Vorgehen gab, konnten sich lokale Verwaltungen, Privatpersonen oder deutsche Besatzungsorgane im entstandenen Chaos bereichern.[298] Dies führte wiederholt zu Konflikten zwischen Ungarn und dem Deutschen Reich (Dok. 235), etwa als die SS mehr als die Hälfte des führenden ungarischen Rüstungskonzerns, der Manfréd-Weiss-Werke, übernahm. Dieser war aufgrund der Enteignungsmaßnahmen zu 49 Prozent an den ungarischen Staat gefallen. Der SS gelang es, die restlichen 51 Prozent des Konzerns, die in den Händen des nichtjüdischen Teils der Familie Chorin-Weiss lagen, an sich zu bringen. SS-Obersturmbannführer Kurt Becher, der nach Ungarn gereist war, um 100 000 Pferde für zwei SS-Kavallerie-Divisionen zu kaufen, bot der Familie Chorin-Weiss als Gegenleistung die Auswanderung von 42 Familienmitgliedern nach Portugal an (Dok. 173). Die ungarische Regierung reagierte mit Empörung auf den Verlust der Anteile (Dok. 210).

Zahlreiche Privatpersonen wandten sich an die ungarischen Behörden, um an jüdischen Besitz zu gelangen (Dok. 256). So berichtete die Zeitung Dunántúli Hétfő am 30. Mai 1944: „Was für ein unglaubliches Gedränge war um das Wohnungsamt herum, wie oft haben sie [die Antragsteller] die Beamten des Wohnungsamts mit ihren persönlichen Vorsprachen und Telefonanfragen in ihrer Arbeit gestört! Alle wollten gleichzeitig ihre Wohnung bekommen, auf die sie ein Auge geworfen hatten, und ein paar Tage Verzögerung war schon ein ‚Skandal' – nach Auffassung des Antragstellers."[299]

294 Zit. nach: Braham, A Népirtás politikája (a) (wie Anm. 23), Bd. 2, S. 1017.

295 Ungváry, A Horthy-rendszer és antiszemitizmusának mérlege (wie Anm. 31), S. 647.

296 Protokoll der Aussage von Überlebenden, 21.6.1945, DEGOB 16.

297 Siehe in erster Linie Kádár/Vági, Aranyvonat (wie Anm. 31); Krisztián Ungváry, „Nagy jelentőségű szociális akció". Adalékok a zsidó vagyon begyűjtéséhez és elosztásához Magyarországon 1944-ben, in: János Rainer/Éva Standeisky (Hrsg.), Évkönyv 2002, Budapest 2002, S. 287–321. Siehe auch Tim Cole, Ebenen der „Kollaboration". Ungarn 1944, in: Christoph Dieckmann/Barbette Quinkert/Tatjana Tönsmeyer (Hrsg.), Kooperation und Verbrechen. Formen der „Kollaboration" im östlichen Europa 1939–1945 (= Beiträge zur Geschichte des Nationalsozialismus 19), Göttingen 2003, S. 55–77, hier S. 73; Kádár/Vági, Hullarablás (wie Anm. 98).

298 Gábor Kádár/Zoltán Vági, „Racionális" népirtás Magyarországon, in: Budapesti Könyvszemle 2 (2003), S. 219–227.

299 Források a szombathelyi gettó történetéhez (wie Anm. 254), S. 51.

Die Immobilien von Juden wurden in erster Linie Personen übergeben, deren Wohnungen sich innerhalb des Gettogeländes befunden hatten. Um sie für die Räumungen zu entschädigen, versprachen ihnen die Behörden bessere und größere Unterkünfte. Zahlreiche Wohnungen gingen zudem an (ehemalige) Militärangehörige, Gendarmen, Polizisten und Verwaltungsbeamte.
Raub und Ausbeutung der jüdischen Bevölkerung setzten sich auch innerhalb der Gettos fort. Die Gendarmerie versuchte mit Hilfe brutaler Verhörmethoden, Informationen über versteckte Vermögenswerte zu erhalten. Besonders jene Juden, die als reich galten, wurden Opfer von Gewalt. Frauen wurden entwürdigenden Leibesvisitationen unterzogen, bei denen Hebammen sie nach versteckten Vermögenswerten durchsuchten. Infolge der Verhöre starben mehrere Personen (Dok. 206).[300]

Rettungsversuche

Bereits unmittelbar nach dem Beginn der Gettoisierungsmaßnahmen wandten sich das Staatliche Büro der Ungarischen Israeliten und das Zentrale Büro der Autonomen Orthodoxen Israelitischen Gemeinde in einem Memorandum an Ministerpräsident Sztójay und ersuchten ihn, die Vorgänge in der Karpato-Ukraine zu prüfen. In den folgenden Wochen legten die jüdischen Gemeinden bzw. die einzelnen örtlichen Judenräte den ungarischen Verwaltungsinstanzen und Ministerien weitere Denkschriften vor. Darin betonten sie ihre jahrhundertealte Loyalität zum ungarischen Staat und baten darum, von einer Gettoisierung bzw. Verschleppung ins Ausland abzusehen (Dok. 139 und 185). Zudem wandten sich zahlreiche Privatpersonen an Vertreter der Kirchen und der Politik, schilderten ihren individuellen Fall und baten um Ausnahmeregelungen (Dok. 144, 165 und 169). Schließlich beschloss Reichsverweser Horthy jenes Recht geltend zu machen, das ihm im „Zweiten Judengesetz" 1939 zugesichert worden war: Die Möglichkeit, Personen von den Judengesetzen „auf dem Gnadenwege" auszunehmen, hatte er bis Sommer 1944 nicht genutzt, und daher war diese Regelung juristisch nicht umgesetzt worden. Horthys Entschluss, dieses Recht einzufordern, kam jedoch für viele bereits zu spät. Die entsprechende Ministerialverordnung wurde erst am 21. August 1944 erlassen, Wochen nachdem die letzten Deportationszüge aus Ungarn Richtung Auschwitz abgefahren waren.[301]
Auch die Vertretungen neutraler Staaten sowie die Alliierten meldeten sich bald zu Wort und kritiserten die Vorgänge in Ungarn. Wenige Tage nach dem deutschen Einmarsch drohte der US-amerikanische Präsident Franklin D. Roosevelt, dass jene Personen, die sich der Verfolgung und Ermordung der europäischen Juden schuldig gemacht haben, nach dem Krieg bestraft werden würden. Er drückte seine Sorge darüber aus, die Juden Ungarns könnten zu einer Zeit, in der sich die deutsche Niederlage bereits abzeichnete, Opfer der nationalsozialistischen Verfolgungspolitik werden[302] (Dok. 116). Diese Be-

300 Ilona Benoschofsky/Elek Karsai (Hrsg.), Vádirat a nácizmus ellen. Dokumentumok a magyarországi zsidóság történetéhez, Bd. 3, Budapest 1967, S. 206; Protokoll der Aussagen von Frau K.M. und Frau H.J., 20.7.1945, DEGOB 1743.

301 Ungváry, Horthy Miklós (wie Anm. 37), S. 123–133.

302 Henry Freingold, The Roosevelt Administration and the Effort to Save the Jews of Hungary, in: Randolph L. Braham (Hrsg.), Hungarian-Jewish Studies, Bd. 2, New York 1969, S. 211–252.

fürchtung teilte die New York Times,[303] die – wie andere internationale Presseorgane – die Öffentlichkeit im Laufe des Frühjahrs und Sommers 1944 in mehreren ausführlichen Artikeln über das Schicksal der Juden Ungarns informierte (Dok. 166 und 305).

Vom Frühjahr 1944 an intervenierte auch der Apostolische Nuntius Angelo Rotta mehrmals im Interesse der Juden (Dok. 170). Obwohl einige Geistliche die Flucht zahlreicher Juden in die Konversion kritisierten und den Religionswechsel zu erschweren suchten (Dok. 160), gab es nicht wenige unter ihnen, die Gettoisierung und Deportationen betroffen beobachteten und nach kirchlichem Protest riefen (Dok. 218). Tatsächlich erhoben Vertreter der Kirchen bald vor allem für jene Personen ihre Stimme, die zum christlichen Glauben konvertiert waren, und forderten für sie Ausnahmeregelungen. Schließlich sagte ihnen Ministerpräsident Szójay zu, dass Konvertiten von einer eigens für sie eingerichteten Interessenorganisation vertreten werden dürften. Ende Juni entwarfen die Bischöfe der christlichen Kirchen nach längeren Auseinandersetzungen mehrere Hirtenbriefe in der Absicht, diese während der Gottesdienste verlesen zu lassen (Dok. 225). Sie sollten die Deportationen öffentlich verurteilen, doch nahmen die Kirchen nach Verhandlungen mit der ungarischen Regierung schließlich Abstand von diesem Schritt (Dok. 233).

Als die Deportation der Juden aus Ungarn begann, versuchte der Zentralrat der ungarischen Juden, der am 22. April 1944 als „Verband der Juden in Ungarn" durch eine Verordnung neu formiert und dem ungarischen Innenministerium unterstellt wurde, Zeit zu gewinnen, indem er deutsche Forderungen bereitwillig erfüllte und zu Ruhe und Ordnung aufrief (Dok. 127). Gleichzeitig bemühten sich zionistische Organisationen, durch Verhandlungen und die Zahlung von Lösegeldern Leben zu retten – allen voran die zionistische Hilfsorganisation Vaadat ha'Ezra ve'ha'Hatzalah, der Budapester Rettungsausschuss, unter der Führung von Ottó Komoly und Rezső Kasztner.[304] Diese Hilfsorganisation hatte seit 1943 Erfahrungen bei der Rettung von Juden gesammelt und sich um jüdische Flüchtlinge aus den von Deutschland besetzten Ländern gekümmert. Der Vaada wurde in seiner Rettungsstrategie dabei von führenden slowakischen Juden bestärkt, die der irrigen Ansicht waren, die Bestechung des „Beauftragten für jüdische Angelegenheiten" Dieter Wisliceny hätte zur Einstellung der Deportation in der Slowakei geführt.[305]

So trafen sich zionistische Vertreter im April 1944 mit Vertretern der SS und erhielten tatsächlich die Zusage, gegen Geldzahlungen und Wertsachen Juden aus Ungarn die Ausreise zu ermöglichen. In den folgenden Wochen verhandelte der Budapester Rettungsausschuss im Rahmen der „Blut gegen Ware"-Aktion mit Himmlers Wirtschaftsvertreter SS-Obersturmbannführer Kurt Becher über den Austausch von angeblich einer Million ungarischer Juden gegen kriegswichtige Güter, darunter 10 000 Lastwagen.[306]

303 New York Times vom 10.5.1944, S. 5: Jews in Hungary fear annihilation; Gas-Chamber „Baths" on Nazi Model Reported Prepared by Puppet Regime.

304 Rezső Kasztner: Der Kastner-Bericht über Eichmanns Menschenhandel in Ungarn, München 1961; Andreas Biss, Wir hielten die Vernichtung an. Der Kampf gegen die „Endlösung" 1944, Herbstein 1985; Yehuda Bauer, Jews for Sale? Nazi-Jewish Negotiations, 1933–1945, New Haven 1994.

305 Siehe dazu VEJ 13, S. 35.

306 Randolph L. Braham, Rettungsaktionen. Mythos und Realität, in: Mihok (Hrsg.), Ungarn und der Holocaust (wie Anm. 108), S. 15–40, hier S. 31.

Die Deutschen stellten dabei in Aussicht, die LKW ausschließlich an der Ostfront einzusetzen, und wollten auf diese Weise nicht zuletzt die Sowjetunion und die Westalliierten entzweien. Eine derartige Anzahl von Fahrzeugen konnten nur die Westalliierten verkaufen. Um sie für das Kaufgeschäft zu gewinnen, reiste das führende Mitglied der Vaada Joel Brand Mitte Mai nach Istanbul. Er wurde vom Doppelagenten Bandi Grosz begleitet, der im Auftrag von Heinrich Himmler Verhandlungen über einen Separatfrieden mit den Westalliierten aufnehmen sollte.[307] Die Verhandlungen scheiterten, die Briten verhafteten Brand und verhörten ihn in Kairo. Dennoch gelang es dem Budapester Rettungsausschuss, der SS die Zusage abzuringen, dass vier Deportationszüge mit insgesamt 15 000 Juden aus Ungarn statt wie vorgesehen ins Vernichtungslager Auschwitz-Birkenau ins Lager Strasshof/Nordbahn in der Nähe von Wien geleitet wurden. Sie sollten als sogenannte Austauschjuden „unter Vorbehalt ihres jederzeitigen Abzuges" den Arbeitskräftemangel im Raum Wien beheben.[308]

Im Frühjahr 1944 konnte der Budapester Rettungsausschuss zudem im Rahmen der sogenannten Kasztner-Aktion etwa 1680 Personen freikaufen.[309] Die beiden Mitglieder des Sondereinsatzkommandos Hermann Krumey und Otto Hunsche erklärten am 21. April, dass Berlin der Ausreise von 600 Juden, die über ein Zertifikat für die Ausreise nach Palästina verfügten, zugestimmt habe (Dok. 149). Im Laufe der Verhandlungen wurde die Zahl auf über 1600 Personen erhöht, und die Gruppe durfte im Juni 1944 Ungarn verlassen (Dok. 236). Am 9. Juli 1944 trafen sie im Konzentrationslager Bergen-Belsen ein, wo sie als „Vorzugsjuden" in gesonderten Baracken untergebracht wurden. Einige Wochen bzw. Monate später brachte man sie in zwei Transporten in die Schweiz. In dieser Gruppe befanden sich Aktivisten der zionistischen Bewegung, Rabbiner, Künstler und Intellektuelle mit ihren Familienmitgliedern (Dok. 270).[310]

Auch zionistische Jugendorganisationen versuchten, Menschen vor der Deportation zu retten. Sie waren bei der Flucht, beim Verstecken und bei der Beschaffung falscher Papiere behilflich. Den großen Zulauf nach 1945 verdankten die Zionisten diesen erfolgreichen Rettungsaktivitäten.[311]

Stopp der Deportationen

Am 10. April 1944 gelang es zwei slowakischen Häftlingen, Rudolf Vrba und Alfréd Wetzler, aus dem Konzentrationslager Auschwitz zu fliehen. In der Slowakei angekommen, diktierten die beiden einen ausführlichen Bericht, in dem sie Aufbau und Funktion des Lagers Auschwitz und den Ablauf der Vernichtung in Birkenau präzise schilder-

307 Gerlach/Aly, Das letzte Kapitel (wie Anm. 21), S. 314.

308 Schreiben von Ernst Kaltenbrunner an den Oberbürgermeister der Stadt Wien, Hanns Blaschke, 30.6.1944, Abdruck als Faksimile in: Braham (Hrsg.), The Destruction of Hungarian Jewry (wie Anm. 193), S. 415 f.

309 Braham, Rettungsaktionen (wie Anm. 306), S. 17; Szabolcs Szita, Verschleppt, verhungert, vernichtet. Die Deportation von ungarischen Juden auf das Gebiet des annektierten Österreich 1944–1945, Wien 1999, S. 35.

310 Szita, Verschleppt, verhungert, vernichtet (wie Anm. 309), S. 35.

311 Regina Fritz, Nach Krieg und Judenmord. Ungarns Geschichtspolitik seit 1944, Göttingen 2012.

ten.[312] Sie wollten mit der Dokumentation nicht zuletzt die Juden in Ungarn erreichen und sie davor warnen, dass „die Umsiedlungsgebiete in Wirklichkeit Gaskammern“[313] waren. Er habe gehofft, „wenn man den Ungarn jetzt die Wahrheit sagt, werden sie sich wehren und nicht brav in die Öfen wandern“,[314] fasste Vrba später seine damaligen Gedanken zusammen.

Ende April bzw. Anfang Mai 1944 wurde der Bericht ins Ungarische übersetzt und den Bischöfen Jusztinián Serédi, László Ravasz, Sándor Raffay, dem Präsidenten des Budapester Rettungsausschusses Ottó Komoly sowie der Ehefrau von Miklós Horthy übergeben. Bereits vor Beginn der Deportationen erreichte die Schrift zudem führende jüdische Repräsentanten in Ungarn, darunter den Leiter des Zentralrats der ungarischen Juden Samu Stern. Entgegen der Intention von Vrba und Wetzler wurde der Auschwitz-Bericht jedoch nicht unter der jüdischen Bevölkerung Ungarns verbreitet. Zu sehr fürchtete sich der Judenrat vor unvorhersehbaren und unkontrollierbaren Panikreaktionen und vertraute Eichmanns Worten, wonach es zu keinen Deportationen kommen werde, wenn die jüdische Bevölkerung kooperiere.

Mitte Juni gelang es dem Leiter des Palästinabüros, Miklós Krausz, schließlich, den Bericht in die Schweiz zu schmuggeln (Dok. 224). Nach seiner Publikation in Teilen der ausländischen Presse protestierten Papst Pius XII., Präsident Roosevelt und der schwedische König gegen die Deportationen aus Ungarn. Die internationale Kritik beschäftigte bald auch den ungarischen Ministerrat, wo der stellvertretende Außenminister Mihály Jungerth-Arnóthy am 24. Juni 1944 anmerkte, dass „die radikale Lösung der Judenfrage nach dem Krieg schwer auf uns lasten wird“,[315] und auf internationale Angebote verwies, Einreisevisa an mehrere Tausend Juden in Ungarn zu vergeben. In seiner Sitzung am 26. Juni sagte der Kronrat nicht nur zu, die Ausreise von 7800 Juden zu erlauben, Horthy forderte auch, die Deportationen einzustellen, und ließ schließlich am 6. Juli 1944 „die Fortsetzung der Judenaktionen“ stoppen (Dok. 237). Damit entgingen die meisten Budapester Juden, die im Blickfeld der internationalen Öffentlichkeit standen, vorerst der Deportation. Diese Entscheidung Horthys resultierte vor allem aus der Einsicht, dass der Krieg angesichts der Landung der alliierten Truppen in der Normandie und des schnellen Vormarsches der Roten Armee für die Deutschen und ihre Verbündeten unausweichlich verloren war. Zudem dürfte die schwere Bombardierung Budapests durch amerikanische Luftverbände am 2. Juli 1944 den Beschluss des Reichsverwesers begünstigt haben.[316]

Trotz des Deportationsstopps gingen aus der Umgebung von Budapest noch tagelang Transporte nach Auschwitz ab. So veranlasste Innenminister Jaross am 9. Juli 1944 einen Transport, und Eichmann unternahm am 14. Juli ebenfalls einen Versuch, die Juden aus dem Lager Kistarcsa nach Auschwitz zu deportieren. Diese Aktion konnte zwar auf Horthys Intervention hin zunächst gestoppt werden, aber es gelang Eichmann schließlich doch, 1220 Juden aus Kistarcsa am 19. Juli 1944 nach Auschwitz zu deportieren. Sie kamen am 22. Juli im Vernichtungslager Birkenau an. Zudem wurden am 24. Juli sowie

312 Siehe VEJ 16/108.

313 Rudolf Vrba, Ich kann nicht vergeben. Meine Flucht aus Auschwitz, Frankfurt a. M. 2010, S. 407.

314 Ebd., S. 414.

315 MNL OL, K 27 (1944.06.24).

316 Cole, Ebenen der „Kollaboration“ (wie Anm. 297), S. 76.

am 4. und 5. August je 1500 Juden aus dem Lager in Sárvár nach Auschwitz deportiert[317] (Dok. 241, 259 und 263).

Hitler kritisierte den offiziellen Stopp der Deportationen scharf, doch fehlten ihm angesichts der militärischen Lage die Mittel, ihre Wiederaufnahme zu erzwingen.[318] Stattdessen stellte er in Aussicht, einigen Tausend Juden aus Ungarn die Ausreise nach Palästina zu gewähren, wenn „der vom Reichsverweser vorübergehend gestoppte Abtransport der Juden ins Reich nunmehr sofort und schnellstens zu Ende geführt" werde.[319] Damit griff er die vom ungarischen Kronrat am 26. Juni zugesagte Auswanderungserlaubnis für 7800 Juden auf.

Tatsächlich erwog der ungarische Regierungsapparat dieses Tauschangebot Hitlers. Doch trotz der wiederholten Interventionen von Veesenmayer und Eichmann wurden die Deportationen nicht wieder aufgenommen. Und dies, obwohl das SS-Wirtschafts- und Verwaltungshauptamt noch am 15. August 1944 mit 90 000 weiteren jüdischen Zwangsarbeitern aus Ungarn rechnete[320] und obwohl selbst ungarische Regierungskreise die Möglichkeit diskutierten, die Deportationen fortzusetzen. So schlug Innenminister Jaross auf der Kabinettssitzung am 2. August vor, 300 000 Juden in die Provinz umzusiedeln, sie damit aus dem internationalen Blickfeld zu entfernen und anschließend nach Deutschland zu deportieren.[321] Auch in einem Dokument von Mitte August 1944 wird der Plan erwähnt, dem Deutschen Reich 55 000 bis 60 000 Personen zu übergeben (Dok. 265). Eichmann und sein Kommando erstellten für den Zeitraum zwischen dem 27. August und dem 18. September Deportationsfahrpläne, doch scheiterte die Umsetzung dieser Maßnahmen offenbar an der Intervention jüdischer Repräsentanten bei Horthy.[322] Am 24. August informierte der Reichsverweser Veesenmayer, er könne weitere Deportationen „mit seinem Gewissen nicht vereinbaren".[323] Um Konflikte mit der ungarischen Regierung zu vermeiden, ließ Himmler am 25. August 1944 die Deportation ungarischer Juden mit sofortiger Wirkung einstellen (Dok. 266). Zu diesem Zeitpunkt lebten in Ungarn bis auf die Budapester Juden und die jüdischen Männer, die in der ungarischen Armee Arbeitsdienst leisten mussten, kaum mehr Juden.

Himmlers Entscheidung ist im Kontext des politisch-militärischen Seitenwechsels von Rumänien am 23. August zu betrachten. Das Deutsche Reich fürchtete, die ungarische Regierung könnte dem Beispiel Rumäniens folgen. Tatsächlich nutzte Horthy die außenpolitische Situation, um die sich seit Juli zuspitzende Regierungskrise zu lösen. Am 25. August setzte er eine neue Regierung unter Géza Lakatos ein und entfernte ihm unliebsame politische Handlungsträger. Unter der neuen Regierung nahm die antisemitische Verfolgung ab und das Sondereinsatzkommando wurde am 29. September 1944 weitgehend aufgelöst.[324]

317 Braham, A Népirtás politikája (a) (wie Anm. 23), Bd. 2, S. 732.
318 Gerlach/Aly, Das letzte Kapitel (wie Anm. 21), S. 334.
319 Telegramm von Joachim von Ribbentrop an Veesenmayer, 10.7.1944, Abdruck als Faksimile in: Braham (Hrsg.), The Destruction of Hungarian Jewry (wie Anm. 194), S. 700 f.
320 Gerlach/Aly, Das letzte Kapitel (wie Anm. 21), S. 344.
321 Asher Cohen, The Halutz resistance in Hungary 1942–1944, Boulder 1986, S. 149.
322 Gerlach/Aly, Das letzte Kapitel (wie Anm. 21), S. 347 f.
323 Telegramm von Veesenmayer an das AA, 24.8.1944, PAAA, R 100891A, Bl. 73.
324 Hilberg, Die Vernichtung der europäischen Juden (wie Anm. 1), Bd. 2, S. 921.

Dennoch erwog die Regierung Lakatos zunächst – möglicherweise nur pro forma –, die Budapester Juden aufs Land umzusiedeln.[325]
Gleichzeizig nahm sie geheime Waffenstillstandsverhandlungen mit der Sowjetunion auf, deren Truppen Ende September 1944 erstmals das Territorium von Trianon-Ungarn erreichten. Am 6. Oktober 1944 traf sich die von Gábor Faragho geleitete ungarische Delegation mit dem sowjetischen Außenminister Molotow und unterschrieb fünf Tage später die sowjetischen Bedingungen. Am 15. Oktober erklärte Horthy schließlich im ungarischen Rundfunk den Waffenstillstand. Die Ereignisse des Tages erlebte der Redakteur Jenő Lévai in Budapest. Auf dem Weg zu seinem Anwalt hörte er Horthys Radioansprache: „Auf den Straßen der Leopoldstadt drängen die Menschen in Massen heraus und reißen frohlockend ihren Stern herunter. Andere entfernen die großen, gelben Sterne auf den Häusern."[326] Doch noch am selben Tag zwangen die Deutschen die Regierung Lakatos und Horthy zum Rücktritt, dem sie androhten, beim geringsten Anzeichen von Widerstand seinen zuvor in das Konzentrationslager Mauthausen entführten Sohn zu erschießen.[327]
Die Regierung übernahm Ferenc Szálasi, der Führer der ungarischen Pfeilkreuzler, der den „totalen Krieg" erklärte und die vollständige Mobilisierung anordnete.
Bereits am ersten Tag nach der Machtübernahme beobachtete Lévai Übergriffe der Pfeilkreuzler auf die jüdische Bevölkerung von Budapest: „Unter irgendwelchen erfundenen Vorwänden werden innerhalb einer halben Stunde die jüdischen Bewohner von einzelnen Häusern zusammengetrieben, ihre Wohnungen ausgeraubt. Sie [die Pfeilkreuzler] nehmen alles weg, Wertgegenstände, die noch übriggeblieben sind, Eheringe, Uhren, Messer, Lampen, Füllfederhalter und Bleistifte und in erster Linie den gesamten Inhalt ihrer Geldbörsen."[328] Doch blieb es nicht bei der Ausplünderung der Juden. Die blutigen Ausschreitungen bewaffneter Pfeilkreuzlertrupps kosteten mehrere Hundert Menschen das Leben.[329]
Szálasi, der die Deportationen im Frühjahr/Sommer 1944 mit der Begründung abgelehnt hatte, Ungarn verliere auf diese Weise wichtige Arbeitskräfte (Dok. 197), erklärte unmittelbar nach seiner Machtübernahme die „Lösung der ungarischen Judenfrage" zu einer inneren Angelegenheit Ungarns. Im Aufbauplan vom 17. Oktober hieß es dazu: „Die Juden bleiben in Ungarn und werden im Arbeitsdienst für die Nation eingesetzt."[330] Obwohl Szálasi seit Jahrzehnten ein judenfreies Ungarn als Ziel deklariert hatte, stellte er nun ökonomische Gesichtspunkte in den Vordergrund. Zudem hoffte er auf Anerkennung seiner Regierung durch das neutrale Ausland, indem er sich zu Kompromissen in der antijüdischen Politik bereit zeigte.[331]

325 Gerlach/Aly, Das letzte Kapitel (wie Anm. 21), S. 351–353.
326 Jenő Lévai, „… csak ember kezébe ne essem én …". Deportáció, Télach, Schutzpass … Napló, 1944–1945, hrsg. von János Dési, Budapest 2016, S. 49.
327 Miklós Horthy, Emlékirataim, Budapest 1990, S. 314 f.
328 Lévai, „… csak ember kezébe ne essem én …" (wie Anm. 326), S. 53.
329 Braham, A Népirtás politikája (a) (wie Anm. 23), Bd. 2, S. 909.
330 Pester Lloyd vom 19.10.1944, S. 2, zit. nach: Szöllösi-Janze, Pfeilkreuzlerbewegung (wie Anm. 79), S. 426.
331 Varga, Ungarn (wie Anm. 189), S. 348. Zur antijüdischen Politik des Szálasi-Regimes siehe u. a. András Zoltán Kovács, A Szálasi-kormány belügyminisztériuma. Rendvédelem, állambiztonság, közigazgatás a nyilas korszakban, Máriabesnyő u. a. 2009 sowie die Arbeiten von László Karsai, etwa The „Jewish Policy" of the Szálasi-Regime, in: Yad Vashem Studies 40 (2012) 1, S. 119–156.

Die zweite Phase der Deportationen (Oktober 1944 bis April 1945)

Am 20. Oktober 1944 gab der neue Verteidigungsminister Károly Beregfy eine Verordnung heraus, die jüdische Männer zwischen 16 und 60 Jahren zu „Landesverteidigungsarbeiten" verpflichtete. Da die Juden außerhalb der Hauptstadt zu diesem Zeitpunkt bereits deportiert worden waren, betraf diese Maßnahme ausschließlich die etwa 160 000 jüdischen Bewohner von Budapest.[332] Veesenmayer meldete noch am Abend desselben Tages, 22 000 Personen habe die ungarische Armee zu Arbeitsdiensteinheiten eingeteilt.[333] Am folgenden Tag erging ein Einberufungsbefehl an die restlichen jüdischen Männer zwischen 16 und 60 Jahren und an alle Frauen zwischen 16 und 40 Jahren.[334] Die Männer mussten sich am 23. Oktober bei der Trabrennbahn in der Kerepesi-Straße und die Frauen am Sportplatz des Landeszentrums der Sportkreise der Mittelschulen melden (Dok. 278). Insgesamt wurden etwa 34 000 Frauen und Männer auf diese Weise zu Räumungs- oder zu Schanzarbeiten in der Nähe von Budapest eingesetzt.[335] Unter ihnen befand sich die 16-jährige Lilla Ecséri, die nach einem mehrtägigen Marsch in einem Waldgebiet namens Locsodpuszta einen Graben ausheben und Bäume fällen musste. „Ich habe mich natürlich nicht sehr angestrengt", notierte sie nach ihrer Rückkehr nach Budapest in ihr Tagebuch. „Die Kost, die wir für vier Tage bekamen, war ein halbes Kilo Brot, ein wenig Einheits-Marmelade und Speck (seitdem kann ich keins davon mehr sehen) und zum Abendessen irgendein warmes Essen, das in der Regel schlecht war."[336]

Nach der Machtübernahme durch Szálasi hofften das deutsche Reichssicherheitshauptamt und das Auswärtige Amt, die Deportation der Juden in Ungarn abschließen zu können. Eichmann kehrte noch im Oktober 1944 nach Ungarn zurück und verhandelte mit der Szálasi-Regierung über die Wiederaufnahme der Transporte.[337] Im Rahmen seines Gesprächs mit dem neuen Innenminister Gábor Vajna bat er darum, dem Deutschen Reich 50 000 jüdische Zwangsarbeiter zu „leihen", die es unter anderem für unterirdische Produktionsarbeiten und für den Bau des Südostwalls brauchte, der das Vorrücken der sowjetischen Armee nach Wien stoppen sollte.

Der neue Innenminister machte am 18. Oktober 1944 die Zusage, so Veesenmayer in einem Telegramm an das Auswärtige Amt, „trotz seitens Szalasis bereits erfolgter grundsätzlicher Stellungnahme […] ausnahmeweise Zustimmung zu beantragter einmaliger zeitweiser Überlassung von 50 000 männlichen einsatzfähigen Juden zu erlangen".[338] Doch stieß der Innenminister damit auf den Widerstand ungarischer Regierungsstellen,

332 Szöllösi-Janze, Pfeilkreuzlerbewegung (wie Anm. 79), S. 426.

333 Telegramm von Veesenmayer an das AA, 20.10.1944, Abdruck als Faksimile in: Braham (Hrsg.), The Destruction of Hungarian Jewry (wie Anm. 194), S. 508.

334 Bekanntmachung von Beregfy, 21.10.1944, Abdruck in: Elek Karsai/László Karsai (Hrsg.), Vádirat a nácizmus ellen. Dokumentumok a magyarországi zsidóság történetéhez, Bd. 4, Budapest 2014, S. 126.

335 Csősz/Fiamova/Gidó u. a., Munkaszolgálat (wie Anm. 125), S. 92.

336 Lilla Ecséri, Napló, 1944. Egy tizenhat éves kislány naplójának eredeti szövege, Budapest 1995, S. 41 f.

337 VO 3.840/1944 M. E., Abdruck in: Budapest Közlöny vom 3.11.1944, S. 2–4.

338 Telegramm von Veesenmayer an das AA, 18.10.1944; Abdruck als Faksimile in: Braham (Hrsg.), The Destruction of Hungarian Jewry (wie Anm. 194), S. 507.

und Szálasi willigte zunächst nur ein, 25 000 Personen für ein halbes Jahr an das Deutsche Reich zu „verleihen".[339] Er betonte, Ungarn benötige selbst „das Gros der Juden für Schanzarbeiten und andere vordringliche Aufgaben" (Dok. 280). Damit gab sich das Auswärtige Amt nicht zufrieden, zu groß war der Bedarf an Arbeitskräften, wie Ribbentrop Veesenmayer am 29. Oktober in einem Telegramm wissen ließ.[340] Schließlich konnte dieser dem Auswärtigen Amt am 1. November 1944 mitteilen, dass weitere 25 000 jüdische Zwangsarbeiter dem Deutschen Reich zugesagt worden seien.[341]

Verteidigungsminister Beregfy ordnete am 26. Oktober die Überstellung von 70 Arbeitsdienstkompanien an das Deutsche Reich an. Jene Juden, die in der Umgebung von Budapest Ende Oktober zu Schanzarbeiten abkommandiert worden waren bzw. mehrere Tausend Personen, die bei Razzien in den mit gelbem Stern gekennzeichneten Budapester Häusern erfasst worden waren, wurden in einer Ziegelei in Budapest konzentriert und von dort vom 8. November an zu Fuß Richtung Österreich in Marsch gesetzt.[342] „Seit Tagen ist die Räumung der Sternhäuser im Gange", notierte der Fotograf Pál Kis in sein Tagebuch. „Niemand darf in den Wohnungen bleiben, abgesehen von den hilflosen Alten – sie werden in Reihen aufgestellt, Juden mit Sternen und mit tränenden, traurigen Gesichtern. Sie [die Pfeilkreuzler] führen sie mit einem Bündel, mit flüchtig zusammengesuchten Sachen ihrem unberechenbaren Schicksal entgegen."[343]

Während der Großteil der 70 Arbeitsdienstkompanien die österreichisch-ungarische Grenze per Bahn erreichte, war eine Deportation der jüdischen Zivilisten aus Budapest wegen der näherrückenden Front und fehlender Transportmöglichkeiten auf der Schiene kaum mehr möglich. Die brutalen Gewaltmärsche kosteten zahlreiche Menschenleben. Zeitgenössische Meldungen gehen davon aus, dass jeder fünfte Verschleppte an den Strapazen der tagelangen Fußmärsche starb oder erschossen wurde.[344] „Auf unserem Rückweg sahen wir am Wegrand an vielen Stellen Leichen der zu Tode gehetzten und von den Pfeilkreuzlern ermordeten Menschen. Niemand dachte daran, sie zu begraben",[345] berichteten Vertreter der schwedischen Gesandtschaft, nachdem sie an die österreich-ungarische Grenze gereist waren, um den Deportierten zu helfen. Die schlechte körperliche Verfassung führte sogar auf deutscher Seite zu Kritik[346] (Dok. 289). So merkte der stellvertretende Leiter des Volkbunds der Deutschen in Ungarn, Georg Goldschmidt, an, „daß die jüdischen Frauen, die im Westen Ungarns zu Schanzarbeiten herangezogen werden sollen, nach einem 8- bis 10tägigen Fußmarsch für diese Arbeiten ganz ungeeignet sein werden".[347] Tatsächlich scheinen nicht arbeitsfähige Personen an der Grenze zum Teil abgewiesen worden zu sein.[348]

339 Telegramm von Veesenmayer an von Ribbentrop, 24.10.1944, Abdruck als Faksimile in: ebd., S. 513.

340 Telegramm von Brenner an Veesenmayer, 29.10.1944, Abdruck als Faksimile in: ebd., S. 421.

341 Telegramm von Veesenmayer an das AA, 1.11.1944, Abdruck als Faksimile in: ebd., S. 526.

342 Szöllösi-Janze, Pfeilkreuzlerbewegung (wie Anm. 79), S. 429.

343 Csillaggal nem jó járni most. Kis Pál budapesti fényképész naplója (1944. Október – December), Budapest 2016, S. 69.

344 Gerlach/Aly, Das letzte Kapitel (wie Anm. 21), S. 360.

345 Jenö Levai, Eichmann in Ungarn, Budapest 1961, S. 187 f.

346 Siehe z. B. die Vernehmung des Chefs des SS-Führungshauptamts Hans Jüttner vom 12.12.1960, ZStL, V 502 AR-Z 60/58, Bd. 1, Bl. 273–278.

347 Aufzeichnung, gez. Dr. Goldschmidt, Berlin, 1.12.1944, PAAA, R 100409.

348 Gerlach/Aly, Das letzte Kapitel (wie Anm. 21), S. 362.

Insgesamt übergab die Szálasi-Regierung dem Deutschen Reich über 76 000 Juden aus Ungarn.[349]

Mit dem Beginn der neuerlichen Deportationen im November 1944 versuchten ausländische Diplomaten, der Vatikan sowie das Internationale Rote Kreuz, Hilfe zu leisten und Menschenleben zu retten. Sie versorgten die in Richtung Österreich Verschleppten mit Nahrungsmitteln sowie Medikamenten und verteilten Schutzpässe, ausgestellt von den diplomatischen Vertretungen der Schweiz, Schwedens, Portugals, Spaniens und der päpstlichen Nuntiatur. Diese bestätigten, dass der Besitzer des Schreibens Staatsbürger des ausstellenden Landes ist bzw. unter dessen Schutz steht (Dok. 283, 284 und 292).

Mit Hilfe dieser Dokumente konnten ausländische Diplomaten mehrere Tausend Menschen aus den Deportationskolonnen retten. Am 11. November bemerkte der Chef der Sicherheitspolizei und des SD, Ernst Kaltenbrunner, kritisch: „Wie mir berichtet wird, fuhren beim Abtransport der in das Reich gehenden jüdischen Marschkolonnen Abgesandte der Schweizer Gesandtschaft einer Kolonne nach und verteilten an die marschierenden Juden Schutzpässe in so großer Anzahl, daß am Ende des Marschtages der Großteil der Kolonne verschwunden war, da die ausgegebenen Schutzpässe von den begleitenden Wachmannschaften der Honved respektiert wurden."[350] Die päpstliche Nuntiatur intervenierte in Begleitung von Vertretern der schwedischen und der schweizerischen Gesandtschaft beharrlich für eine Einstellung der Fußmärsche, in die Szálasi schließlich am 17. November einwilligte (Dok. 289). Die Deportationen in Güterzügen gingen dennoch weiter. Bis zum 1. Dezember wurden 17 000 Arbeitsdienstangehörige zum Arbeitseinsatz an die österreich-ungarische Grenze bzw. ins Deutsche Reich transportiert.[351]

Ein Teil der an die SS übergebenen Juden wurde in Konzentrationslager gebracht, beispielsweise nach Mauthausen, Ravensbrück, Bergen-Belsen und Dachau. So traf am 14. Dezember 1944 ein Transport aus Budapest in Bergen-Belsen ein, wo bis zur Befreiung über 14 000 Häftlinge aus Ungarn registriert wurden.[352] Unter den Deportierten befand sich Károly Székely, der im sogenannten Sonderlager Blockältester wurde. Bald nach seiner Ankunft wurde seine Tochter Magda ebenfalls nach Bergen-Belsen deportiert, und sie begannen einen regen geheimen Briefverkehr. Bis Frühjahr 1945 wuchs die Zahl der in Bergen-Belsen inhaftierten Häftlinge so massiv an, dass die Versorgung des Lagers zusammenbrach. Aufgrund der katastrophalen hygienischen Bedingungen breiteten sich Epidemien aus. In ihrem letzten Brief an ihren Vater schrieb Magda Székely: „Die letzten Minuten. Papa, nur du kannst uns helfen. Ich weiß nicht, was kommt. […] Hier darf man kein Wasser trinken, und wir haben ständig Durst. Es ist furchtbar. In der Nacht rufe ich deinen Namen, hörst du es nicht? Papa hilf uns!"[353] Magda Székely erkrankte an Flecktyphus und starb einige Zeit später.

349 Ebd., S. 10, 366 f. Zum Arbeitseinsatz der ungar. Juden auf dem Gebiet des heutigen Österreich siehe v. a. Lappin-Eppel, Ungarisch-jüdische Zwangsarbeiter (wie Anm. 291). Siehe auch Szita, Verschleppt, verhungert, vernichtet (wie Anm. 309).

350 Braham (Hrsg.), The Destruction of Hungarian Jewry (wie Anm. 194), S. 810.

351 Gerlach/Aly, Das letzte Kapitel (wie Anm. 21), S. 364.

352 Helena Huhák/András Szécsényi, Táborok tükrében. A Székely-család levelei a munkaszolgálat és a deportálás idejéből, Budapest 2014, S. 25.

353 Brief von Magda Székely und Rózsi Günsch an Károly Székely, 5.3.1945, Abdruck in: ebd., S. 95.

Ein Teil jener Juden, die die ungarische Regierung im Winter 1944 der SS übergab, musste in deutschen und österreichischen Industriebetrieben Zwangsarbeit leisten. Die verbleibenden Frauen und Männer wurden zu Bauarbeiten am Südostwall gezwungen. Die Lebensbedingungen in den Südostwall-Lagern waren katastrophal. Allein im Lager Felixdorf starben etwa 1800 Personen an einer Fleckfieberepidemie.[354] Gábor Bán, der im Südostwall-Lager in Fertőrákos Zwangsarbeit leisten musste, erinnerte sich nach dem Krieg: „Wir haben in so einem scheunenähnlichen Gebäude gewohnt, zumindest ich, das kein Dach [hatte], also wenn es regnete, dann regnete es in das Gebäude hinein." Während der Silvesterfeier betranken sich die Soldaten, die zur Bewachung abkommandiert worden waren, und zündeten ein Gebäude an. Sie hielten die Lagerinsassen an, das Feuer zu löschen. Der Brunnen befand sich jedoch auf einer vereisten Anhöhe: „Jeder der ausrutschte, wurde erschossen. Also ich bin zwar nicht ausgerutscht, aber sie schossen mir auch in den Schenkel, und die [Kugel] blieb auch einige Tage in mir, bis sich dann ein guter Arzt fand, der sie mit einem Taschenmesser herausholte, und so überlebte ich."[355] Mit dem Näherrücken der Front gab die SS den Befehl, die in Österreich befindlichen ungarisch-jüdischen Zwangsarbeiter zu evakuieren, darunter auch jene der Strasshofer Transporte vom Frühjahr/Sommer 1944 und der Südostwall-Lager. Während die letzten deutschen Truppen Ungarn verließen, ermordeten die ungarischen Wachmannschaften zahlreiche Kranke und Marschunfähige aus den Südostwall-Lagern noch vor dem Abmarsch. Entlang den Marschrouten kam es zu mehreren Massakern durch die Begleitmannschaften – meist Mitglieder des Volkssturms, der Hitlerjugend oder der regulären Polizei – bzw. durch lokale NS-Aktivisten,[356] so beispielsweise in Rechnitz, wo Ende März 1945 rund 200 jüdische Zwangsarbeiter aus Ungarn erschossen wurden, und am Präbichl-Pass, wo 200 bis 250 Personen Opfer eines Massakers wurden.[357] Ein Überlebender erinnerte sich nach dem Krieg: „Wir überquerten die Alpen in der Steiermark, als wir bei Eisenerz die Spitze des Berges erreichten, gab es eine Wachablöse. Die neue Wachmannschaft begann uns zu jagen, sie gaben den Befehl: rasch, rasch, los. Wir mussten den Abhang hinunterrennen, hinter uns begannen sie zu schießen. Wir dachten, sie schießen nur in die Luft, aber als wir zu einer Kurve kamen, sahen wir Menschen mit frischem Genickschuss am Boden liegen."[358]

354 Gerlach/Aly, Das letzte Kapitel (wie Anm. 21), S. 365.

355 Interview von Julia Vajda mit Gábor Bán am 6.5.2002, AMM, MSDP, OH/ZP1/162.

356 Peter Kammerstätter: Der Todesmarsch ungarischer Juden vom KZ Mauthausen nach Gunskirchen, April 1945. Eine Materialsammlung mit Bildern, unveröff. Manuskript, Linz 1971; Benedikt Friedman, „Iwan, hau die Juden". Die Todesmärsche ungarischer Juden durch Österreich nach Mauthausen im April 1945, St. Pölten 1989; Szabolcs Szita, Utak a pokolból. Magyar deportáltak az annektált Ausztriában 1944–1945, Sopron 1991; Heimo Halbrainer (Hrsg.), Todesmarsch Eisenstraße 1945: Terror, Handlungsspielräume, Erinnerung: menschliches Handeln unter Zwangsbedingungen, Graz 2005; Gregor Holzinger (Red.), Das Drama Südostwall am Beispiel Rechnitz: Daten, Taten, Fakten, Folgen, Eisenstadt 2009; Walter Manoschek (Hrsg.), Der Fall Rechnitz: Das Massaker an Juden im März 1945, Wien 2009; Lappin-Eppel, Ungarisch-jüdische Zwangsarbeiter (wie Anm. 291); Ines Bernt-Koppensteiner (Hrsg.), Nirgendwohin. Todesmärsche durch Oberösterreich 1945. Eine Spurensuche in die Zukunft, Steyr 2015; Walter Manoschek, „Dann bin ich ja ein Mörder!" Adolf Storms und das Massaker an Juden in Deutsch Schützen, Göttingen 2015.

357 Lappin-Eppel, Ungarisch-jüdische Zwangsarbeiter (wie Anm. 291), S. 434.

358 Protokoll der Aussage von Frau J.I., 14.8.1945, DEGOB 1214.

Die evakuierten Häftlinge schliefen meist unter freiem Himmel und erhielten nur unregelmäßig Wasser und Nahrungsmittel, so dass die Überlebenden des Marsches vollkommen entkräftet im bereits überfüllten Konzentrationslager Mauthausen ankamen. Die Zahl der Menschen in diesem Lagerkomplex war bereits zu Jahresanfang 1945, als die ersten Evakuierungstransporte aus anderen Konzentrationslagern eingetroffen waren, drastisch gestiegen. Ende März begann die SS auch mit der Räumung einiger Außenlager von Mauthausen und verlegte etwa 25 000 Personen in das Stammlager, nach Ebensee, Gusen oder Gunskirchen.[359] Aufgrund der vielen Neuankömmlinge entschied die Lagerleitung von Mauthausen im Herbst 1944, provisorische Unterkünfte zu errichten. Nordöstlich des Stammlagers wurden auf einer Fläche von rund 5000 Quadratmetern sechs große und acht kleine Militärzelte mit provisorischen Latrinen und Waschrinnen aufgestellt, wo zeitweise mehrere Tausend jüdische Häftlinge untergebracht wurden.[360] Der damals 41-jährige Elektroingenieur Andor Gellis schrieb am 7. April 1945 kurz nach seiner Ankunft in Mauthausen in sein Tagebuch: „Das Lager übersteigt alle Höllenfantasien, wenn eine Seuche ausbricht, werden wir alle hier sterben. Infolge des Hungers gibt es täglich ca. 100 Tote.“[361]
Mitte April 1945 entschied die Lagerleitung schließlich, einen Teil der im Zeltlager Untergebrachten in das im Dezember 1944 errichtete Auffanglager Gunskirchen zu verlegen.[362] „Es hat sich herausgestellt, dass wir weiterziehen müssen“, notierte Gellis am 16. April 1945. „Wir fühlen uns schwindlig vor Hunger, weil wir gestern nicht ‚normal‘ zu Essen bekamen, auch heute erhielten wir noch nicht einen Bissen.“[363] Die Häftlinge verließen am 16., 26. und 28. April das Hauptlager Mauthausen. Im Zeltlager verblieben lediglich einige Hundert Menschen.[364] Der drei bis vier Tage dauernde Fußmarsch von Mauthausen in das 55 Kilometer entfernte Gunskirchen kostete zahlreiche Häftlinge das Leben. Jene, die nicht mithalten konnten, wurden von den Wachen erschossen.[365]

Kampf um Budapest

Die von der ersten großen Deportationswelle zwischen Mai und Juli 1944 verschont gebliebenen Juden in der Hauptstadt wurden ab November 1944 in zwei Gettos umgesiedelt. Im sogenannten Internationalen Getto wurden alle untergebracht, die über einen Schutzpass eines neutralen Landes verfügten. Dort lebten etwa 30 000 bis 35 000 Personen[366] (Dok. 290). Aranka Grünberger erinnerte sich nach ihrer Befreiung: „Mit den

359 Das Konzentrationslager Mauthausen 1938–1945. Katalog zur Ausstellung in der KZ-Gedenkstätte Mauthausen, Wien 2013, S. 233.
360 Florian Freund/Bertrand Perz, Mauthausen – Stammlager, in: Wolfgang Benz/Barbara Distel (Hrsg.), Der Ort des Terrors, Bd. 4: Flossenbürg, Mauthausen, Ravensbrück, München 2006, S. 300 f.
361 Naplótöredékek a XX. Századból, Budapest 2004, S. 55.
362 Florian Freund, Gunskirchen, in: Benz/Distel (Hrsg.), Der Ort des Terrors (wie Anm. 360), Bd. 4, S. 369.
363 Naplótöredékek (wie Anm. 361), S. 56.
364 Freund/Perz, Mauthausen (wie Anm. 360), S. 301.
365 Kammerstätter: Todesmarsch (wie Anm. 356), S. 29.
366 Karsai, Holokauszt (wie Anm. 127), S. 253.

zwei Kindern wohnen wir zu zwölft in einem Zimmer, zu 32 in der Wohnung. Hier sind alle voller Todesangst, sie sind nervös, aufbrausend, niemand hat ein gutes Wort für die Kinder, so werden auch sie nervös, unartig, weinerlich und unruhig. [Mein zweijähriger Sohn] Peter lässt meinen Rock nicht für eine Minute los, immer will er bei mir sein, so werde auch ich nervös."[367]

Zusätzlich zum Internationalen Getto verfügte eine Verordnung am 29. November die Errichtung eines allgemeinen Gettos im VII. Budapester Stadtbezirk. In diesem ab Dezember 1944 bestehenden sogenannten Großen Getto lebten zeitweise bis zu 70 000 Personen. Es war in zehn Bezirke gegliedert, an deren Spitze jeweils ein jüdischer Bezirksvorsteher stand, unterstützt von einem Stellvertreter. Diese Vorsteher, vom Judenrat unter Leitung von Lajos Stöckler ernannt, fungierten als Ausführungsorgan, verfügten jedoch auch über eine gewisse Autonomie. Sie mussten die Bewohner mit Nahrungsmitteln versorgen, die Feuerwehr organisieren, ein Registrierungssystem einführen, hatten gerichtliche Kompetenzen und waren für die alleinstehenden Kinder verantwortlich. Es gab einen, wenn auch schlecht funktionierenden Postdienst. Innerhalb des Bezirks verfügten alle Gebäude über einen „Hauskommandanten", den ebenfalls der Judenrat ernannte, und die Wohnungen über einen „Wohnungskommandanten". Die Ordnung im Getto hielt ein jüdischer Ordnungsdienst aufrecht, der in erster Linie versuchte, Heiz- und Nahrungsmitteldiebstähle zu unterbinden.

Die Versorgung der Gettobewohner fiel in die Zuständigkeit der Stadtverwaltung, doch auch internationalen Hilfsorganisationen und zionistischen Gruppen gelang es, Nahrungsmittel in das abgeschlossene Stadtgebiet zu transportieren. Die Situation im Großen Getto verschlechterte sich dennoch von Tag zu Tag (Dok. 309). Aranka Grünberger, die zusammen mit dem zwei Jahre alten Péter und dem sechsjährigen Gyuri Anfang Januar 1945 aus dem Internationalen Getto ins Große Getto umziehen musste, erinnerte sich im Mai 1945: „Hier liegen wir alle drei zwei Wochen lang auf einem Strohsack, wir leben unter den furchtbarsten Bedingungen. Im wahrsten Sinne des Wortes erbettele ich den Kindern das Essen, für Geld bekommt man nichts und [Tausch-]Sachen habe ich nicht. Peter bekommt die Ruhr und Gyuri hat zweimal blutigen Durchfall, und das ist das Furchtbarste für mich. [...] Peter wacht immer wieder mitten in der Nacht auf und brüllt 30 bis 40 Minuten lang, zum Beispiel ‚Ich werde brav sein, ich werde brav sein' oder ‚Gebt mir mein Polster zurück', und man kann ihn nicht beruhigen."[368]

Mehrmals kam es zu gewalttätigen Überfällen auf beide Gettos, zu willkürlichen Erschießungen von Juden, die sich außerhalb der Gettos aufhielten, und zu Massakern bei Hausdurchsuchungen (Dok. 287, 299 und 303). Pfeilkreuzler, oft nicht älter als 15 Jahre, erschossen Tausende Budapester Juden im Winter 1944/45 am Ufer der Donau.[369] Die Morde verübten unkontrollierte Pfeilkreuzlertrupps aus den lokalen Parteibüros.[370] Der Versuch einiger Parteifunktionäre, die Gewalt der Basis einzudämmen,

367 Tagebuch von Aranka Grünberger, USHMM, 2008.69.

368 Ebd.

369 Gerlach/Aly, Das letzte Kapitel (wie Anm. 21), S. 369. Krisztián Ungváry spricht von 2600 bis 3600 Personen, die am Donauufer erschossen wurden; siehe Krisztián Ungváry, Budapest ostroma, 5., erw. Aufl., Budapest 2005, S. 246. Ausführlich über die Erschießungen am Donauufer: Gábor Tabajdi, Duna-parti gyilkosságok, in: Rubicon 11 (2004), S. 32–39.

370 Zur Rolle der Frauen in der Pfeilkreuzler-Bewegung siehe Andrea Pető, Láthatatlan elkövetők. Nők a magyarországi nyilas mozgalomban, Budapest 2019.

hatte kaum Erfolg. Ab dem 17. Dezember wurden schließlich vor den Toren des Großen Gettos Polizeiwachen postiert, die die willkürlichen Aktionen der Pfeilkreuzler unterbinden sollten (Dok. 302). Zusätzlich patrouillierten von Januar 1945 an ungarische Polizisten innerhalb des Gettos.

Einer der Männer, dessen Brutalität vielen Überlebenden in Erinnerung blieb, war der ehemalige Mönch András Kun, der sich in seinem Ordensgewand von den übrigen Pfeilkreuzlern abhob. Nach dem Krieg bezeichnete ihn das Volksgericht als „schrecklichstes, blutrünstigstes Individuum der Pfeilkreuzlerära" und verurteilte ihn zum Tode. Kun war nicht nur an den Erschießungen am Donauufer, sondern auch an mehreren Razzien und Massenmorden unter anderem in jüdischen Krankenhäusern beteiligt, so beispielsweise in der Maros-Straße, wo Pfeilkreuzler aus dem Parteilokal im XII. Bezirk, dem auch Kun angehörte, mehr als 90 Patienten und Angehörige des Krankenhauspersonals ermordeten. „Am 12. Januar 1945 erschienen Pfeilkreuzler im Krankenhaus, verstellten die Ausgänge und versammelten die Kranken, die Ärzte und das Personal in der Eingangshalle im Erdgeschoss", erinnerte sich nach der Befreiung der Hauptstadt eine Überlebende. „Zuerst haben sie uns alle Wertgegenstände abgenommen, danach mussten sich die Frauen und Männer bis auf die Unterwäsche ausziehen. […] Anschließend wurden wir paarweise in den Hof geführt […]. Dann begannen die Hinrichtungen paarweise."[371]

Da die Pfeilkreuzlertrupps im Internationalen Getto die reicheren und über internationale Kontakte verfügenden Juden vermuteten, war die Zahl der Razzien dort besonders hoch. In der Hoffnung, den Übergriffen zu entkommen, zogen zahlreiche Juden, die über einen Schutzpass verfügten, bald in das Große Getto um. Anfang Januar beschloss schließlich auch der schwedische Diplomat Raoul Wallenberg den Umzug der schwedischen „Schutzjuden" in das Große Getto. Er hatte mehrere Tausend Juden mit Schutzpässen versehen und einige bereits im August 1944 in Häusern in der Pozsonyi-Straße einquartiert, die unter schwedischem Schutz standen.[372]

Die Gewaltakte gegen Juden, die vor den Augen der Zivilbevölkerung stattfanden, veranlassten immer mehr Stadtbewohner zu Hilfsaktionen. Die Zahl der in Budapest untergetauchten und versteckten Juden wird auf etwa 25 000 Personen geschätzt (Dok. 282).[373] Ei-

371 Aussage vor der „Verbrechens-Kommission" am 12.4.1945, BFL, XVII.2, 19. doboz, 37.A csomó. Siehe dazu ausführlich Regina Fritz, Eine frühe Dokumentation des Holocaust in Ungarn. Die „Untersuchungskommission zur Erforschung und Bekanntmachung der von den Nationalsozialisten und Pfeilkreuzlern verübten Verbrechen" (1945), in: Zeithistorische Forschungen/Studies in Contemporary History, Online-Ausgabe, 14 (2017) 2, S. 352–368.

372 Zum Leben und zur Tätigkeit von Wallenberg in Ungarn siehe u. a. Christoph Gann, Raoul Wallenberg: so viele Menschen retten wie möglich, München 1999; Jenö Levai, Raoul Wallenberg, Melbourne 2002; Paul A. Levine, Raoul Wallenberg in Budapest. Myth, History and Holocaust, London 2010; Szabolcs Szita, The power of humanity. Raoul Wallenberg and his aides in Budapest, Budapest 2012; Bengt Jangfeldt, The hero of Budapest, The triumph and tragedy of Raoul Wallenberg, London 2014; Ingrid Carlberg, Raoul Wallenberg: Die Biografie - Das außergewöhnliche Leben und das mysteriöse Verschwinden des Mannes, der Tausende ungarischer Juden vor dem Holocaust rettete, 2019. Siehe auch Raoul Wallenberg, Letters and dispatches, 1924–1944, hrsg. vom United States Holocaust Memorial Museum, New York 1995.

373 Braham, A Népirtás politikája (a) (wie Anm. 23), Bd. 2, S. 1247. Gerlach und Aly sprechen von 10 000 bis 30 000 untergetauchten und versteckten Juden; siehe Gerlach/Aly, Das letzte Kapitel (wie Anm. 21), S. 371.

nige unter ihnen wurden gegen Bezahlung von Nichtjuden versteckt.[374] Zahlreiche Kinder waren in Kinderheimen der Kirche oder von Wohlfahrtsorganisationen untergebracht (Dok. 309). Zudem gab es in Budapest viele Juden mit falschen Papieren, wobei die Fälschung von internationalen Schutzpässen im Winter 1944 florierte. Einzelne Zionisten nutzten die Uniformen oder die rot-weiß-gestreiften Armbinden der Pfeilkreuzler, um Festgenommene vor Erschießungen zu retten.[375] Durch die Arbeit des schwedischen Botschaftssekretärs Raoul Wallenberg, des Schweizer Konsuls Carl Lutz und des Abgesandten der spanischen Botschaft Girgio Perlasca konnten mehrere Tausend Juden gerettet werden (Dok. 294 und 313). Die Gewaltverbrechen, die zu einem Zeitpunkt stattfanden, als die sowjetische Armee bereits vor den Toren der Hauptstadt stand, veranlassten auch Mitglieder der „alten“ staatlichen Institutionen, Menschenleben zu retten. So verhaftete der Gendarm Kálmán Gere mehrere Juden, um sie anschließend in Sicherheit zu bringen. Und auch der Polizeihauptkommissar Zoltán Tarpataky schritt mehrere Male gegen Pfeilkreuzlerrazzien in geschützten Häusern ein.[376]

Doch manche Zivilisten nutzten die Zwangslage der Juden aus und ergriffen die Gelegenheit, um sich zu bereichern. So gab der Verwalter des Krankenhauses in der Városmajor-Straße, das Schauplatz eines Massakers wurde, nach dem Krieg zu Protokoll, dass nach der Ermordung der Patienten und des Krankenhauspersonals nicht nur Pfeilkreuzler das Krankenhaus plünderten, sondern auch die umliegende Bevölkerung.[377] Viele Nichtjuden denunzierten versteckte Juden oder Personen mit gefälschten Schutzpässen, initiierten Razzien und Hausdurchsuchungen und gefährdeten das Leben zahlreicher Juden. So musste auch der Journalist und ehemalige Parlamentsabgeordnete Miksa Fenyő Anfang Dezember 1944 sein Versteck verlassen, nachdem sein Helfer denunziert worden war: „Wir müssen fliehen, und zwar sofort, in unserem Interesse, im Interesse von den H.s“, notierte er am 3. Dezember.[378]

Am 26. Dezember 1944 schlossen sowjetische und rumänische Truppen Budapest vollständig ein. Jenő Lévai vermerkte in seinem Tagebuch: „Am ersten Tag von Weihnachten ständiger Kanonendonner, Treffer. Die Straßen sind ausgestorben. Pfeilkreuzler requirieren in den geschützten Häusern Rucksäcke und Decken.“[379] Die anschließende Belagerungsschlacht, die teilweise Haus für Haus ausgefochten wurde, kostete zahlreiche Menschenleben. „Den wievielten Tag verbringen wir im Keller?“, fragte Miksa Fenyő am 2. Januar. „Den zehnten? Den hundertsten? Ich weiß es nicht. Wie Hagel fällt das Maschinengeschützfeuer auf die Stadt, und es wird nie aufhören. Und wir werden hier im Keller sitzen, dumm, hoffnungslos, und über uns verschwindet die Stadt, die Häuser, die Straßen fallen in sich zusammen und werden zum Friedhof für Tausende.“[380]

374 Lajos Nagy, Pincenapló, Budapest 1970, S. 114.

375 Asher Cohen, Resistance and Rescue in Hungary, in: Cesarani (Hrsg.), Genocide and Rescue (wie Anm. 116), S. 123–134, hier S. 131.

376 Arno Lustiger, Rettungswiderstand. Über die Judenretter in Europa während der NS-Zeit, Göttingen 2011, S. 331.

377 Protokoll der Aussage von Halpern Mór, aufgenommen von der Kommission zur Untersuchung der von den Pfeilkreuzlern und von den Nationalsozialisten verübten Verbrechen, 8.4.1945, BFL, XVII.2. 19. doboz, 37. A csomó.

378 Miksa Fenyő, Az elsodort ország. Naplójegyzetek 1944–1945-ből, Budapest 2014, S. 432.

379 Lévai, „... csak ember kezébe ne essem én ...“ (wie Anm. 326), S. 141.

380 Fenyő, Az elsodort ország (wie Anm. 378), S. 497.

Die jüdische und nichtjüdische Stadtbevölkerung litt in den Bunkern massiv unter mangelnder Versorgung. Bereits am 23. Dezember schrieb Szálasi, dass die Anzahl verhungerter Zivilisten „erschreckend hoch“ sei, insbesondere unter den Kindern.[381] Der Hunger hatte auch im Großen Getto fatale Konsequenzen (Dok. 309). Generaloberst Iván Hindy fürchtete am 30. Dezember einen Aufstand, nachdem dort die Versorgung völlig zum Erliegen gekommen war. „Wenn diese Juden aufgrund des Hungers aus dem Getto ausbrechen, kann das sehr unangenehme Konsequenzen haben“, meldete er und ordnete daraufhin an, das Getto mit Maismehl zu versorgen, „womit das Elend, so hoffe ich, für einige Tage gelindert wird“.[382]

Fast drei Wochen später, am 18. Januar 1945, befreite die Rote Armee das Große Getto in Budapest. In den folgenden Tagen machten sich zahlreiche Personen auf den Weg nach Hause. „Zerlumpte, blasse Gestalten mit einem unsicheren Blick; die Gräuel, die sie durchlebt haben, stehen in ihren Augen geschrieben. Ein Großteil von ihnen trägt noch den gelben Stern“, bemerkte Miksa Fenyő.[383] Am 1. Februar 1945, als in einigen Teilen der Hauptstadt nach wie vor ein erbitterter Häuserkampf tobte, verfügte die Polizei des VII. Budapester Bezirks die Bestattung jener Leichen, die sich auf dem Gelände des ehemaligen Großen Gettos befanden. Im Hof der Synagoge in der Dohány-Straße begannen Freiwillige am nächsten Tag damit, mehrere Massengräber auszuheben. Dort wurden bis zum 17. Februar 1945 insgesamt 2281 Frauen und Männer bestattet.[384]

Als die Rote Armee am 13. Februar 1945 schließlich die gesamte Stadt einnahm, befanden sich noch zwischen 120 000 und 140 000 Juden in Budapest.[385] Während die Pfeilkreuzler in den von ihnen kontrollierten Gebieten den bewaffneten Kampf auf Seiten der Deutschen bis April 1945 fortführten,[386] fanden in den befreiten (süd-)ostungarischen Landesteilen im Dezember 1944 bereits Wahlen zu einer Provisorischen Nationalversammlung statt. Am 22. Dezember ernannte diese eine Provisorische Nationale Regierung, in der hochrangige Offiziere, Angehörige der Kommunistischen bzw. der Sozialdemokratischen Partei, der Partei der Unabhängigen Kleinen Landwirte sowie der Nationalen Bauernpartei vertreten waren. Diese erklärte Deutschland den Krieg und unterzeichnete am 20. Januar 1945 ein Waffenstillstandsabkommen mit den Alliierten.[387]

Ferenc Szálasi und seine Anhänger flohen am 29. März 1945 aus Ungarn – und mit ihnen fast eine Million Menschen.[388] Am 4. April 1945 verließen die letzten deutschen Truppen ungarisches Gebiet.

381 Ungváry, Budapest ostroma (wie Anm. 369), S. 223.

382 Meldung von Iván Hindy, 30.12.1944, zit. nach: Péter Gosztonyi, Vihar Kelet-Europa felett, Budapest 1990, S. 46–49.

383 Fenyő, Az elsodort ország (wie Anm. 378), S. 528.

384 Aufstellung, 18.2.1945, BFL, XVII.2, 18. doboz.

385 Tamás Stark, Zsidóság a vészkorszakban és a felszabadulás után 1939–1955, Budapest 1995, S. 46. Braham schätzt die Zahl der in Budapest Befreiten auf etwa 130 000; siehe Braham, Rettungsaktionen (wie Anm. 306), S. 20. Aly und Gerlach sprechen von 119 000 überlebenden Juden in Budapest; siehe Gerlach/Aly, Das letzte Kapitel (wie Anm. 21), S. 374.

386 Nach der Befreiung von Budapest am 13.2.1945 kämpften weiterhin zwölf bewaffnete ungar. Einheiten auf der Seite des Deutschen Reichs.

387 Siehe die diesbezügliche VO Nr. 525/1945 M. E., in: Magyar Közlöny, 17.3.1945, S. 1 f.

388 Romsics, Magyarország története (wie Anm. 16), S. 269.

Es dauerte noch einen weiteren Monat, bis die Alliierten mit Mauthausen und Gusen die letzten nationalsozialistischen Konzentrationslager befreiten.[389] Bis Ende 1945 kehrten nach Angaben des Jüdischen Weltkongresses 116 500 Juden auf jenes Territorium zurück, das sich 1944 unter ungarischer Verwaltung befunden hatte, darunter 56 500 von den etwas mehr als 300 000 Juden, die aus den ehemals annektierten Gebieten ins Ausland verschleppt worden waren.[390] Insgesamt wird die Zahl derjenigen Juden Ungarns, die Verfolgung und Ermordung überlebt haben, auf 220 000 bis 260 000 geschätzt. Davon lebten etwa 190 000 auf dem Gebiet von Trianon-Ungarn.[391]

Die in ihre Heimatdörfer oder -städte zurückgekehrten Juden fanden ihre Wohnungen und Häuser oft zerbombt, geplündert oder von neuen Mietern bezogen vor.[392] „Nach Hause kehrte ich ungefähr zu der gleichen Zeit zurück, wie ich fortgegangen war",[393] schrieb der Schriftsteller Imre Kertész in seinem berühmten „Roman eines Schicksallosen" und schilderte anschließend eine Episode, die zahlreiche Überlebende nach ihrer Rückkehr teilten: „Auf unserem Stockwerk klingelte ich dann an unserer Tür. Sie öffnete sich auch bald, aber nur so weit, wie der innere Verschluss, irgend so ein Haken oder eine Sperrkette, es zuließ, […]. Aus dem Türspalt schaute mich das gelbe, knochige Gesicht einer fremden Frau etwa mittleren Alters an. Sie fragte, wen ich suche, und ich sagte zu ihr, ich wohnte hier. ‚Nein', sagte sie, ‚hier wohnen wir', und wollte die Tür schon wieder schließen, was ihr aber nicht gelang, da ich den Fuß dazwischengestellt hatte. Ich versuchte ihr zu erklären, das sei ein Irrtum, denn von hier sei ich weggegangen, und es sei ganz sicher, dass wir hier wohnten, sie hingegen versicherte mir, ich täuschte mich, weil ohne jeden Zweifel sie hier wohnten."[394]

Doch nicht alle Überlebenden aus Ungarn entschieden sich, nach der Befreiung der Konzentrationslager in die Heimat zurückzukehren. Einige wählten den Weg in die Emigration, da sie erzwungenermaßen ohnehin vor einem Neuanfang standen: Das soziale Umfeld, aus dem sie deportiert worden waren, gab es in vielen Fällen nicht mehr, Berufswege waren unterbrochen, Familie und Freunde großteils ermordet worden.[395]

389 Zur Geschichte der ungar. Juden in Mauthausen siehe Szabolcs, Ungarn in Mauthausen (wie Anm. 218); Regina Fritz, Daily Life and Survival in Mauthausen in the final stage of the war: The Hungarian Jews, in: Dapim – Studies on the Holocaust 29 (2015) 3, S. 222–239.

390 Zit. nach: Braham, A Népirtás politikája (a) (wie Anm. 23), Bd. 2, S. 1246.

391 Braham, A Népirtás politikája (b) (wie Anm. 27), S. 226–228; ders., Rettungsaktionen (wie Anm. 306), S. 16. Viktor Karády wies darauf hin, dass nach Kriegsende auch eine gewisse Migration von rumän. und slowak. Juden nach Ungarn stattfand; siehe Karády, A társadalmi trauma szociológiájához a magyarországi zsidóüldözések kapcsán, in: Molnár (Hrsg.), A Holokauszt Magyarországon (wie Anm. 122), S. 544–556, hier S. 548.

392 Fritz, Nach Krieg und Judenmord (wie Anm. 311), S. 123–135.

393 Imre Kertész, Roman eines Schicksallosen, Reinbek bei Hamburg 1998, S. 259.

394 Ebd., S. 276 f.

395 Zur Heimkehr der ungar. Juden siehe Stark, Zsidóság a vészkorszakban (wie Anm. 385); Regina Fritz, „Wenn dieser Krieg vorbei ist, warten unermessliche Aufgaben". Heimkehr und Rückholung der ungarischen jüdischen Deportierten, in: Imke Hansen/Enrico Heitzer/Katarzyna Nowak (Hrsg.), Neue Perspektiven auf die Geschichte der nationalsozialistischen Konzentrationslager, Berlin 2014, S. 106–128; Heléna Huhák, Magyar deportáltak életútjai a felszabadulástól a „fél-szabadságon" át a hazatérésig, in: Randolph L. Braham (Hrsg.), Tanulmányok a holokausztról, Bd. 7, Budapest 2017, S. 147–185. Über die Zahl der Personen, die aus den befreiten Konzentrationslagern direkt ins Ausland emigrierten, liegen bislang keine gesicherten Informationen vor.

Die Deportation der Juden aus Ungarn in der Spätphase des Kriegs, die in ihrer Schnelligkeit die Verfolgungsmaßnahmen in anderen europäischen Ländern übertraf, kostete mehr als eine halbe Million Menschen das Leben.[396] Jeder dritte in Auschwitz-Birkenau ermordete Jude stammte aus ungarisch kontrollierten Gebieten.

396 Braham schätzt die Zahl der Ermordeten auf 565 000, davon waren mehr als 60 000 bereits vor der deutschen Besetzung 1944 zu Tode gekommen; siehe Braham, Rettungsaktionen (wie Anm. 306), S. 16.

Dokumentenverzeichnis

127 A Magyar Zsidók Lapja: Aufruf des Zentralrats der ungarischen Juden vom 6. April 1944 an alle Juden, Ruhe zu bewahren und diszipliniert ihrer Arbeit nachzugehen

128 Hitler fordert am 6. und 7. April 1944, 100 000 Juden aus Ungarn für die deutsche Rüstungsverlagerung und den Bau von Großbunkern zur Verfügung zu stellen

129 Staatssekretär László Baky ordnet am 7. April 1944 die Konzentration der Juden und die Enteignung ihres Vermögens an

130 Die Verwaltungs- und Polizeiführung bespricht am 7. April 1944 den Ablauf der Gettoisierung in den annektierten Gebieten

131 Edmund Veesenmayer meldet am 7. April 1944 dem Auswärtigen Amt, dass die neue ungarische Regierung die antijüdische Politik besonders entschieden angegangen ist

132 Jenő Zagróczky bittet am 10. April 1944 darum, sich von seiner jüdischen Ehefrau scheiden lassen zu dürfen, um seine Arbeit als Beamter zu behalten

133 Das Auswärtige Amt vermerkt am 11. April 1944, dass aufgrund zahlreicher Ausnahmebestimmungen weniger Personen von den ungarischen Judengesetzen betroffen sind als im Reich

134 Magdolna Gergely hält in der ersten Hälfte des April 1944 die Reaktionen auf die Einführung des Judensterns in Budapest fest

135 Der Zentralrat der ungarischen Juden fordert am 14. April 1944 Sándor Weisz auf, seine Wohnung für ausgebombte Personen sofort frei zu machen

136 Der Schriftsteller und Übersetzer Artúr Elek schreibt am 15. April 1944 seinem Freund Lajos Fülep, wie er unter den neuen antijüdischen Bestimmungen leidet

137 Die ungarische Regierung regelt am 16. April 1944 die Enteignung von jüdischen Personen

138 Magyarság: Aufruf des Staatssekretärs László Baky vom 16. April 1944 an die Bevölkerung, Juden zu denunzieren, die gegen die antijüdischen Verordnungen verstoßen

139 Die Juden von Ungvár (Užhorod) und der Karpato-Ukraine flehen am 17. April 1944 darum, von der Gettoisierung in der Region abzusehen

140 Amtsarzt Károly Biringer weist am 18. April 1944 auf die unzureichende Wasserversorgung und die Typhusgefahr im Sammellager in Ungvár (Užhorod) hin

141 Die Schwestern Ilona und Olga Iczkovics schreiben im April 1944 ihrem Bruder, dass sie mit ihrer Mutter in das Getto Beregszász (Berehowe) ziehen müssen

142 Das ungarische Innenministerium verlangt am 19. April 1944 von der Bevölkerung, den deutschen Sicherheitsdienst im Kampf gegen den Bolschewismus und das Judentum zu unterstützen

143 Edmund Veesenmayer teilt am 19. April 1944 dem Auswärtigen Amt mit, dass es Schwierigkeiten gebe, Waggons für die Deportation von 10 000 Juden zur Verfügung zu stellen

144 Die Haushaltsangestellte Jolán Szabó bittet am 20. April 1944 Staatssekretär László Endre, bei ihrem jüdischen Arbeitgeber bleiben zu dürfen

DOKUMENTE

DOK. 1
The American Jewish Year Book: Bericht von 1937 über die Annäherung Ungarns an Deutschland und über den wachsenden Antisemitismus[1]

Ungarn
Antijüdische Manifestationen

Nachrichten sowohl aus Ungarn als auch aus Deutschland vermerken während der vergangenen Berichtsperiode eine Zunahme der antijüdischen Politik des unter Nazi-Einfluss stehenden neuen Kabinetts.[2] Im Dezember 1936 kündigte die halboffizielle Zeitung *Esti Újság*[3] an, dass Innenminister Miklós Kozma[4] auf Einladung von Reichsinnenminister Wilhelm Frick[5] zu einem fünftägigen Aufenthalt nach Berlin reisen werde.[6] Diplomatische Kreise interpretierten den Besuch als ersten Schritt Deutschlands, seinen Einfluss in Ungarn geltend zu machen. Ende Dezember erklärte der [ungarische] Innenminister, dass keine jüdische Einwanderung mehr aus Deutschland oder Osteuropa geduldet würde. Er wies die Polizei an, die Aufenthaltserlaubnis ausländischer Juden nicht zu verlängern. Zur selben Zeit tauchten in Budapest Plakate auf, die vor Weihnachten zu einem Boykott jüdischer Geschäfte aufriefen.
Im Januar 1937 erhob der *Pester Lloyd*,[7] halboffizielles Organ des Außenministeriums, den Vorwurf, dass „die antibolschewistische Agitation nur ein Ablenkungsmanöver derjenigen sei, denen es eigentlich darum gehe, zum eigenen Nutzen Unruhe zu stiften". Der Beitrag brachte die Meinung konservativer Kreise zum Ausdruck und zielte auf pronazistische Jugendorganisationen, die unter dem Vorwand, den Kommunismus zu bekämpfen, eine gewaltsame Kampagne gegen die Juden vorbereiteten.
Im April sprach sich Premierminister Koloman Darányi[8] in einer Rede vor Regierungsvertretern und Parlamentariern aus „wirtschaftlichen" Gründen für einen Einwanderungsstopp für Juden aus dem Osten aus. Er erklärte: „Die jüdische Frage stellt sich nicht auf rassischer, sondern auf wirtschaftlicher Grundlage. Es wäre wünschenswert, die jüdische Einwanderung aus dem Osten zu stoppen, um die im Land alteingesessenen Juden

1 The American Jewish Year Book. September 6, 1937 to September 25, 1938, hrsg. von Harry Schneiderman, Bd. 39, Philadelphia 1937, S. 365–368. Das Dokument wurde aus dem Englischen übersetzt. Das angegebene Erscheinungsjahr weicht vom Berichtszeitraum ab.
2 Gemeint ist die Regierung unter Ministerpräsident Kálmán Darányi (1936–1938).
3 Die Tageszeitung Esti Újság (Abendzeitung) erschien von 1936 bis zum Nov. 1944. Die Boulevardzeitung stand der hungaristischen Bewegung nahe.
4 Miklós Kozma (1884–1941), Jurist, Offizier; 1919 Leiter der Propagandaabt. der Nationalarmee, von 1922 an Leiter des Ungarischen Nachrichtenbüros; von 1934 an Mitglied des Oberhauses; 1935–1937 Innenminister, 1940 bis Dez. 1941 Regierungskommissar der Karpato-Ukraine.
5 Dr. Wilhelm Frick (1877–1946), Jurist; 1933–1943 Reichsinnenminister.
6 Miklós Kozma reiste am 9.12.1936 nach Berlin und kehrte acht Tage später nach Budapest zurück.
7 Die liberale deutschsprachige Tageszeitung Pester Lloyd erschien zwischen 1854 und 1945.
8 Richtig: Kálmán Darányi von Pusztaszentgyörgy und Tetétlen (1886–1939), Jurist; 1917/18 Obergespan des Komitats Zólyom, später der Komitate Győr und Komárom, von 1923 an des Komitats Győr–Moson–Pozsony; Mitglied der Einheitspartei, von 1927 an Parlamentsabgeordneter; 1928–1935 Politischer StS in der Kanzlei des Ministerpräsidenten, von 1935 an Landwirtschaftsminister, 1936–1938 Ministerpräsident, 1938/39 Parlamentspräsident; 1939 Präsident der Ungarisch-Deutschen Gesellschaft.

dafür zu gewinnen, sich stärker in den Dienst der Nation zu stellen. Die [jüdische] Frage kann nicht mittels Demonstrationen oder Ausschreitungen gelöst werden." Er sagte, er sei entschlossen, die Ordnung gegen jegliche Unruhestifter zu verteidigen.[9]
Am 12. Mai warnte Ex-Premier Graf Stephan Bethlen[10] in einer Rede vor dem Abgeordnetenhaus, dass Ungarn einen Zusammenbruch seiner Wirtschaft riskiere, falls das Land in der Behandlung der Juden „Nazi-Methoden" anwenden sollte.[11] „Als Konsequenz einer Politik des Nachäffens Hitlers wäre die Nation einem weltweiten Boykott ausgesetzt, der in kürzester Zeit den Kollaps des gesamten Landes herbeiführen könnte, indem das industrielle Leben völlig zum Stillstand käme." Er hob jedoch auch die – wie er es nannte – unverhältnismäßig große Zahl von Juden in Ungarns Industrie hervor und rief die Regierung dazu auf, ein Programm zu erarbeiten, um diese Schieflage zu beseitigen. Gleichzeitig solle der antisemitischen Agitation mit harter Hand begegnet werden, „da das jüdische Problem niemals durch Unruhen gelöst werde". Er lobte den jüdischen Beitrag zur nationalen Wirtschaft und sagte im Hinblick auf den ökonomischen Erfolg der Juden, dass „daran nichts verwunderlich ist, da es sich bei den Juden um ein Volk mit fünftausendjähriger Kultur handelt, dem in den meisten Ländern nie erlaubt gewesen ist, in einem anderen Beruf als im Handel tätig zu werden". In einer anschließenden Parlamentssitzung erklärte Premierminister Darányi, dass die „Staatsform Deutschlands" kein Vorbild für Ungarn sein könne, hob aber zugleich die Notwendigkeit einer deutsch-ungarischen Freundschaft hervor.
Im Juni kam es in Hódmezővásárhely, einer Stadt im Südosten des Landes, zu antijüdischen Ausschreitungen, bei denen Karl Wollner, ein jüdischer Holzhändler, schwer verletzt wurde;[12] außerdem wurden die [Fenster-]Scheiben mehrerer jüdischer Häuser eingeworfen. Die Ausschreitungen waren von einer hundertköpfigen Bande von Pfeilkreuzlern, einer antijüdischen Organisation nach Nazi-Vorbild, organisiert worden. Die Polizei trieb die Randalierer auseinander.

Universitätsunruhen
Im November 1936 überreichte eine Studentengruppe Premierminister Darányi eine Denkschrift, in der die Einführung des Rasseprinzips bei der Zulassung zur Universität, die kulturelle Absonderung der Juden, ein Einwanderungsverbot und ein *Numerus clausus* für alle Bereiche des Handels gefordert wurden.[13] Ende des Monats veröffentlichte

9 Gemeint ist vermutlich die Rede von Kálmán Darányi am 18.4.1937 in Szeged.

10 Richtig: Graf István Bethlen von Bethlen (1874–1946), Jurist, Politiker; von 1901 an Abgeordneter im ungar. Reichstag, 1914–1918 Präsident der Siebenbürgischen Union, 1919 führende Figur des antibolschewistischen Komitees, 1921–1931 Ministerpräsident, 1935 Austritt aus der Einheitspartei, von 1939 an Mitglied des Oberhauses; nach der deutschen Besetzung im Untergrund; im April 1945 in die Sowjetunion verschleppt, im Krankenhaus eines Moskauer Gefängnisses verstorben.

11 Gemeint ist die Rede von Bethlen vor dem Abgeordnetenhaus am 11.5.1937.

12 Laut Pressemeldungen war ein Streit zwischen Wollner und Frau József Nyéky Auslöser der Ausschreitungen. Im Zuge der anschließenden Krawalle wurden die Fenster des Hauses von Wollner und seines Bruders, Albert Wollner, eingeschlagen. Albert Wollner wurde bei der Schlägerei verletzt und in ein Krankenhaus eingeliefert; siehe Budapesti Hírlap, Nr. 125 vom 5.6.1937, S. 4.

13 Die nach dem Ersten Weltkrieg gegründeten Kameradschaftsverbände waren die Träger des universitären Antisemitismus der Zwischenkriegszeit. Ihre Forderungen beschränkten sich in vielen Fällen nicht auf den universitären Bereich, sondern sie sprachen sich auch für die institutionelle und wirtschaftliche „Lösung der ungarischen Judenfrage" aus.

der Jüdische Studentenverband eine Stellungnahme, in der dieser hervorhob, dass die Zahl jüdischer Studenten an ungarischen Universitäten stetig zurückgegangen sei, von 1970 im Jahr 1932/33 auf 1180 im Jahr 1936. Von den 538 jüdischen Studenten, die 1932/33 neu immatrikuliert worden waren, sind 1936 nur noch 356 übrig geblieben, weil Armut und Elend ein Drittel der Studenten davon abgehalten hatten, ihr Studium fortzusetzen.[14]
Im Dezember lehnte es Premier Darányi ab, eine Delegation der Pfeilkreuzler zu empfangen, die ihm ihre Forderung nach antijüdischen Restriktionen vortragen wollten, darunter die Einführung einer kulturellen Separation der Juden. Zur gleichen Zeit warnte Bildungsminister Valentin Hóman[15] die Studenten, dass „die ungarischen Behörden strengste Maßnahmen gegen alle Studenten ergreifen würden, die für Unruhen jedweder Art verantwortlich sind".
Im Februar 1937 setzte die Polizei Säbel ein, als sie an der Universität von Pécs eine antijüdische Demonstration von mehreren Hundert Studenten auflöste. Einige der Studenten wurden dabei verwundet. Im selben Monat wurden drei jüdische Studenten bei Ausschreitungen an den Universitäten von Budapest und Pécs verletzt. Die Randale an der Universität von Pécs ereignete sich anlässlich des [Hochschul-]Abschlusses dreier jüdischer Studenten an der Medizinischen Fakultät.[16] Alle drei wurden verletzt. Der Rektor hatte noch versucht, sie zu schützen, indem er sie in einem Raum einschloss, doch die hundert Randalierer brachen die Tür auf. Premier Darányi ließ in einer Erklärung verlauten, dass derartige Ausschreitungen im Interesse des Landes aufhören müssten; die Regierung sei entschlossen, im Wiederholungsfall strengste Maßnahmen zu ergreifen. Die Polizei löste später eine Demonstration in Budapest auf, in deren Verlauf die Scheiben einer Synagoge, des Büros der Jüdischen Gemeinde und einer jüdischen Grundschule eingeschlagen worden waren. Einige Tage darauf ordnete Erziehungsminister Hóman an, die Universität von Pécs auf unbestimmte Zeit zu schließen, nachdem es weitere antisemitische Unruhen gegeben hatte; Emmerich Kemery Nago,[17] der Anführer der antijüdischen Studenten, wurde wegen seiner Beteiligung an den Krawallen zu einer Geldstrafe von 600 Pengő bzw. sechzig Tagen Haft verurteilt.

14 Aufgrund des im Jahr 1920 eingeführten Numerus-clausus-Gesetzes sank die Zahl jüdischer Studenten von 25,2% (1913/14) auf 12,1% (1920/21). 1928 wurde das Gesetz modifiziert und der auf Juden bezogene Paragraph des Gesetzes zurückgenommen. Dennoch nahm der Anteil der jüdischen Studenten an den ungar. Universitäten in den folgenden Jahren weiterhin ab, bis er im Jahr 1942/43 lediglich 2,7% entsprach. Siehe dazu Mária M. Kovács, Törvénytől sújtva. A Numerus Clausus Magyarországon 1920–1945, Budapest 2012, S. 134 f.

15 Richtig: Bálint Hóman (1885–1951), Historiker; von 1915 an Bibliothekar, 1922 Direktor der Széchényi-Nationalbibliothek, 1923–1932 Direktor des Ungarischen Nationalmuseums, von 1925 an Ordinarius an der Universität Budapest; von 1929 an Mitglied, 1933–1945 Direktor der Ungarischen Akademie der Wissenschaften; 1932–1938 und 1939–1942 Minister für Religion und Bildung; 1946 vom ungar. Volksgericht zu lebenslanger Haft verurteilt.

16 Laut András Szécsényi war die Entscheidung des Universitätsrats von Pécs, die Schirmherrschaft über den Ball des Landesverbands der Ungarischen Israelitischen Hörer an Universitäten und Hochschulen zu übernehmen, Auslöser der Unruhen. András Szécsényi, Lovagias ügy. Epizód az antiszemitizmus történetéhez az 1930-as években, in: Múlt és Jövő 1 (2009), S. 133–138, hier S. 136.

17 Richtig: Imre Kémery-Nagy (1903–1942), Journalist; seit den 1920er-Jahren führender Protagonist der irredentistischen und rechtsextremen Bewegung, 1938/39 Offizier in der Lumpengarde (Rongyos Gárda), anschließend der Ungarischen Legion in Finnland, 1942 im Krieg gegen die Sowjetunion, dort gefallen.

Jüdisches Gemeindeleben
Am 6. November 1936 haben sich jüdische Persönlichkeiten getroffen, um über die Bildung einer antibolschewistischen Front zu beraten. Sie kündigten an, sich am Kampf Ungarns gegen den Kommunismus zu beteiligen. Präsident Samuel Stern[18] versicherte im Namen der Pester Israelitischen Gemeinde, die antikommunistische Kampagne unterstützen zu wollen, und auch Samuel Kahn Frankl,[19] Präsident der Orthodoxen Jüdischen Gemeinde, sagte die Hilfe seiner Gruppe zu.
Im November sind die Repräsentanten zehn jüdischer Gemeindebezirke [Ungarns] in Budapest zusammengekommen, um über die bevorstehenden Gesetze der Regierung zur Neugestaltung des jüdischen Gemeindelebens zu beraten. Mit den neuen Bestimmungen verbanden sie die Hoffnung, dass sie zu einer Renaissance des religiösen und kulturellen Lebens führen könnten. Die Delegierten wurden vom Staatssekretär des Religionsministeriums empfangen und ihnen wurde versichert, dass die Regierung volles Verständnis für die religiösen Belange der Juden habe.
Im Dezember unterstrich Samuel Stern in einer Rede vor der ungarischen Cobden-Vereinigung,[20] wie sehr die ungarischen Juden von der liberalen Bewegung des Landes abhängig seien. Er führte aus, die bittersten Feinde des Liberalismus seien in der antisemitischen Front zu finden, während die ungarischen Juden einen untrennbaren Bestandteil der ungarischen Nation darstellten. „In Anbetracht der großen Rolle, die die Juden für den ungarischen Staat gespielt haben", sagte er, „glauben sie bekräftigen zu dürfen, dass sie eine solche Rolle auch in der Zukunft übernehmen sollten."
Am 15. Januar 1937 sprach sich die Budapester Jüdische Gemeinde auf ihrer Jahreskonferenz dafür aus, ihre Tätigkeit trotz schwieriger wirtschaftlicher Bedingungen im selben Jahr noch auszuweiten. Präsident Samuel Stern erklärte, es gebe für die ungarischen Juden keinen Grund, sich vor Verfolgungen zu fürchten, wie sie die Juden in anderen zentraleuropäischen Ländern zu erleiden hätten. Zugleich protestierte er gegen die zionistische Propaganda in Ungarn, „da sie geeignet ist, separatistische Bestrebungen zu provozieren". Das Programm der Gemeinde für den Ausbau beinhalte, wie er ausführte, die Errichtung neuer Krankenhäuser, eine neue Synagoge und verstärkte Anstrengungen in der religiösen Erziehung.

18 Richtig: Samu Stern (1874–1947), Geschäftsmann; Direktor der Pester Ungarischen Handelsbank; 1929–1944 Präsident der Pester Israelitischen Gemeinde, 1932–1944 Präsident des Staatlichen Büros der Ungarischen Israeliten; 1944 Leiter des Zentralrats der ungarischen Juden; das nach 1945 gegen ihn eingeleitete Untersuchungsverfahren wegen des Vorwurfs der Kollaboration wurde eingestellt.
19 Richtig: Samu Kahán-Frankl (1890–1970), Rabbiner; Präsident des Zentralen Büros der Ungarischen Autonomen Orthodoxen Israelitischen Glaubensgemeinde; von 1944 an Mitglied des Zentralrats der ungarischen Juden, vom Sommer 1944 an im Untergrund; 1950 Emigration nach Israel, anschließend in die USA.
20 Gemeint ist eine Vereinigung des Manchesterliberalismus, die für den Freihandel eintrat. Einer ihrer zentralen Vertreter war der brit. Unternehmer Richard Cobden.

DOK. 2

Egyenlőség: Artikel vom 13. Januar 1938 über die Ernennung des Vordenkers des ungarischen Rassenschutzes, László Endre, zum Vizegespan des Komitats Pest[1]

Vitéz László Endre

Die extreme Rechte jubelt. Jene Parteien, die wir extremistisch nennen, feiern ihren Triumph. Auf den Posten des Vizegespans des Komitats Pest wird Oberstuhlrichter Vitéz László Endre,[2] Vorkämpfer der Ideologie des Rassenschutzes, gewählt. Wir müssen dieses Ereignis ernst und besonnen betrachten und uns bei dessen Einschätzung zunächst zwei Aspekte vor Augen halten. Für die Idee des Liberalismus bedeutet diese Wahl zweifellos eine ernsthafte und schwere Niederlage. In jenem Saal, in dem die Emanzipation des ungarischen Judentums erstmals artikuliert und eingefordert worden ist und in dem sich *Simon Dubravitzky*, Graf *Gedeon Ráday* und *Pál Nyáry*,[3] diese herausragenden Persönlichkeiten der ungarischen Geschichte, für die Gleichstellung und Anerkennung der Juden als Ungarn stark gemacht haben, in diesen Wänden wurde der gerade gewählte Vizegespan heute von der Pfeilkreuzler-Delegation um *Imre Kémeri-Nagy* enthusiastisch gefeiert. Der andere Aspekt: Wir können und wollen nicht glauben, dass sich der neue Vizegespan in dieser hohen und verantwortungsvollen Position zu Entscheidungen und Taten hinreißen lassen wird, die entweder den ungarischen Gesetzen oder den heiligen Traditionen und dem Geist der uralten ungarischen Verfassung widersprechen.

In diesem Glauben fühlen wir uns durch die geschichtliche Erfahrung bestätigt, dass auch Gyula Gömbös,[4] ein anderer führender Verfechter der Politik des Rassenschutzes, nach Übernahme eines verantwortungsvollen politischen Postens es als richtig ansah, *die extremen Aspekte seiner Prinzipien einer Revision zu unterziehen*.[5] Vitéz László Endre hat zwar erklärt, dass *er nichts revidieren werde*, doch wir glauben, dass er davon abrücken wird.

1 Egyenlőség, Nr. 2 vom 13.1.1938, S. 1 f.: Vitéz Endre László. Das Dokument wurde aus dem Ungarischen übersetzt. Egyenlőség (Gleichheit) war eine in Budapest 1882–1938 herausgegebene jüdische Wochenzeitung. Die Redaktion und die Autoren standen den sog. Neologen nahe, die sich für eine moderate Reform des Judentums einsetzten.

2 Vitéz László Endre (1895–1946), Jurist; 1923–1937 Oberstuhlrichter von Gödöllő, 1938–1943 Vizegespan des Komitats Pest-Pilis-Solt-Kiskun; 1944 StS für Verwaltung im Innenministerium, hauptverantwortlich für die Deportationen nach Auschwitz, in der Pfeilkreuzlerregierung Regierungskommissar für die Zivilverwaltung der Operationsgebiete; 1946 vom ungar. Volksgericht verurteilt und hingerichtet.

3 Richtig: Simon Dubraviczky (1791–1849), Jurist; von 1830 an in der Legislative tätig, setzte sich für die rechtliche und religiöse Gleichstellung der Juden ein. Gedeon Ráday (1806–1863), Jurist; als Abgesandter des Landtags plädierte er 1839 für die rechtliche und religiöse Gleichstellung der Juden, 1840 und 1845–1849 Hauptintendant des Nationaltheaters. Pál Nyáry (1805–1871), Jurist, Beamter; 1861 Vizegespan im Komitat Pest-Pilis-Solt, begleitete 1849 die Verabschiedung des Gesetzes über die Gleichstellung der Juden.

4 Gyula Gömbös (1886–1936), Offizier; 1919 Gründer der revisionistischen paramilitärischen Organisation MOVE, von 1920 an Parlamentsabgeordneter, 1924–1928 Leiter der Ungarischen Nationalen Unabhängigkeitspartei (Rassenschutzpartei), 1928/29 StS für Verteidigung, 1929–1936 Verteidigungsminister, 1932–1936 Ministerpräsident.

5 In seiner Antrittsrede als Ministerpräsident erklärte Gömbös, er nehme von seinen antisemitischen Überzeugungen Abstand, und revidierte seine Haltung hinsichtlich der assimilationswilligen Juden; siehe Einleitung, S. 26.

Weltanschauliche Überzeugungen und deren Revision gehören zu den intimsten Angelegenheiten eines Menschen. In sie kann man sich nicht einmischen. Sicher ist aber, dass niemand, nicht einmal jemand mit der *Würde eines Vizegespans, die ungarischen Gesetze und die ungarische Verfassung revidieren kann.* Die Verfassung und die Gesetze machen keinen Unterschied zwischen Staatsbürgern verschiedener Glaubensbekenntnisse, sie kennen keine Rassenfrage, sie kennen vielmehr die Gleichheit aller Staatsbürger vor dem Gesetz, die Emanzipation des ungarischen Judentums, die juristische Gleichstellung der jüdischen Religion und anderer Konfessionen und Kirchen sowie das Recht des ungarischen Judentums auf ihre Vertretung im Oberhaus, wie dies für alle Konfessionen gilt. Und in dem Versammlungssaal, in dem László Endre den Stuhl des Vizegespans besetzen wird, sitzen auch die Geistlichen *des ungarischen Judentums*, die kraft der ungarischen Gesetze die ungarische jüdische Glaubensgemeinde vertreten. Als das Gesetz den ungarischen Juden dieses außerordentliche Recht zuerkannte,[6] zollte es nicht nur der Gleichstellung der Religionen und der Konfessionen seine Anerkennung, sondern auch dem *patriotischen Wert des ungarischen Judentums.*
Am Galaabend bekannte sich der neue Vizegespan in seiner Rede *zum Schutz der ungarischen Rasse* und legte in diesem Sinn ein Gelöbnis ab. Wir sind nicht in die Geheimnisse der Rassenfrage eingeweiht. Wir wissen lediglich aus den Lehren der ungarischen Geschichte, dass ein Ungar zu sein nicht ausschließlich eine Frage der Rasse ist; ungarisch zu sein ist eine Idee, ein Gedanke, Zusammenhalt, Ziel und Ideal. Und wenn es in der ungarischen Geschichte auch herausragende Männer und einfache Bürger geben konnte, die ihrer Rasse nach zwar keine Ungarn waren, die aber für das Ungartum große Verdienste geleistet und dafür sogar ihr Leben geopfert haben, wenn die heldenhaften Toten auf den jüdischen Friedhöfen und die Häftlinge *in den rumänischen Gefängnissen* jüdische Soldaten, Schriftsteller, Journalisten sein konnten – die zu Märtyrern der Idee der ungarischen Rasse wurden –, wenn es jüdische Kaufleute in Siebenbürgen geben konnte, die in Gefängnissen schmachteten, weil sie unsere Hymne sangen und im Geheimen den Nationalfeiertag begingen, dann müssen wir feststellen: *Selbst wenn man der Rasse nach kein Ungar ist, kann man der treueste und hingebungsvollste Mann und Bürger dieses unseres Heimatlandes sein.*
Der Herr Vizegespan wird in den kommenden Tagen die faktische Macht und das Komitat übernehmen; jenes wunderschöne Komitat Pest, in dessen Dörfern und an dessen Plätzen in den schwierigsten Zeiten der Geist von Lajos Kossuth,[7] das unsterbliche Licht der ungarischen Freiheit und des ungarischen Liberalismus zu leuchten begann. Er wird das Komitat übernehmen: die Städte, die ruhigen Dörfer, die Höfe – und die *Friedhöfe.* Auf diesen Friedhöfen ruhen viele Helden, unsere Söhne. Die Namen unserer Söhne leuchten auf den Heldengedenktafeln im Komitat des Vizegespans: Sie erstrahlen an den Heldendenkmälern von Gödöllő, Cegléd, Abony, Kecskemét, Kalocsa, Újpest, Rákospalota, Kispest und in den Helden-Auen von Pécel, deren lebendige Bäume die Namen

6 Die Gleichstellung des israelitischen Glaubens und die Anerkennung der Juden als Staatsbürger Ungarns erfolgten in zwei Schritten, nachdem das einschlägige Gesetz von 1849 zwar vom Landtag verabschiedet worden war, wegen der Niederschlagung der Freiheitskämpfe 1848/49 aber nicht in Kraft treten konnte. Das Gesetz über die Gleichberechtigung der Juden von 1867 sicherte die Bürgerrechte und die politischen Rechte der Juden, während das Gesetz von 1895 die israelitische Religion mit anderen Glaubensbekenntnissen gleichstellte.

7 Lajos Kossuth (1802–1894), 1848/49 Anführer der Revolutionäre.

und die Erinnerung der verstorbenen jüdischen Soldaten bewachen, wie ein Symbol, als würde deren Blut die Kronen und das schattenspendende Grün nähren und erhalten. Und er wird auch die Heldendenkmäler der Gegenrevolution übernehmen, an denen unsterbliche Namen wie der von Aladár Spiller aus Abony oder József Schwartz aus Kalocsa leuchten, die für die Niederschlagung des Kommunismus ihr Leben gaben.[8] Aber auch darüber hinaus gibt es keine noch so winzige Gemeinde im Komitat, in der an der Synagoge nicht eine geschmückte oder auch nur einfache Tafel angebracht wäre, auf der einige heilige jüdische Namen jener Personen aufgelistet wären, die die Nachwelt an die heilige Einheit des Ungartums und des Judentums sowie an deren heldenhafte Hingabe erinnern würden.

Herr Vizegespan! *Auch sie waren „Rassenschützer", auch sie waren Ungarn!* Ihre Nachkommen und Glaubensbrüder können aus dem ungarischen Leben nicht ausgeschlossen werden, ihnen kann nicht das ungarische Brot verweigert werden. Herr Vizegespan! Wir glauben nicht, dass Sie, wenn Sie diese Friedhöfe und Denkmäler besuchen oder die Symbole des *Lebens* ins Auge fassen, die von ungarischer jüdischer Arbeit gespeisten, rauchenden Fabrikschornsteine in Újpest, Kispest, Nagykőrös, Kecskemét, dann glauben wir nicht, dass Sie [Ihren Kurs] nicht revidieren würden![9]

DOK. 3

Der Ungarische Staatliche Korrespondent: Meldung vom 19. Januar 1938 über den Verlauf des Prozesses gegen Ferenc Szálasi[1]

Die Strafsache gegen Major Ferenc Szálasi[2] *vor der Kurie.*[3]

Wie bekannt, erhob die kgl. ungar. Staatsanwaltschaft Budapest Anklage gegen Major i. R. Ferenc Szálasi wegen Aufwiegelung gegen eine Religionsgemeinschaft sowie wegen eines Pressedelikts zur Aufwiegelung zum gewaltsamen Umsturz der bestehenden

8 Der Gutsbesitzer Aladár Spiller wurde am 6.5.1919 auf Befehl von Tibor Szamuely, dem Volkskommissar für militärische Angelegenheiten der Ungarischen Räterepublik, erschossen. Die Umstände des Todes von József Schwartz sind ungeklärt: Er starb im Juni 1919 entweder im Feuergefecht zwischen den Horthy-treuen Weißen und den räterepublikanischen Roten oder wurde auf Befehl von Szamuely hingerichtet.

9 Als Vizegespan rückte Endre von seinem antisemitischen Kurs nicht ab und erließ zahlreiche antijüdische Verordnungen (Marktverbot, Verbannung aus Bädern und von Stränden, Ausschluss von der Fettversorgung), die trotz Gegenmaßnahmen seitens der Ministerien in mehreren ungar. Gemeinden angewandt wurden; siehe Einleitung, S. 35.

1 Magyar Országos Tudósító, Nr. 4 vom 19.1.1938: Szálasi Ferenc Bünügye a Kúria előtt. Das Dokument wurde aus dem Ungarischen übersetzt. Der Ungarische Staatliche Korrespondent war Teil der staatlichen Nachrichtenagentur Ungarisches Nachrichtenbüro.

2 Ferenc Szálasi (1897–1946), Offizier; 1925 Generalstabsoffizier, 1933 aufgrund seiner politischen Betätigung aus dem Generalstab entlassen, 1935 pensioniert; 1935 Gründung der Partei des Nationalen Willens, 1937 Gründung der Ungarischen Nationalsozialistischen Partei, 1938 Gründung der Nationalsozialistischen Ungarischen Partei, 1939–1945 Parteiführer der Pfeilkreuzlerpartei; 1937 und 1938–1940 in Haft; Okt. 1944 bis März 1945 „Führer der Nation"; vom ungar. Volksgericht zum Tode verurteilt und hingerichtet.

3 Die Kurie ist die oberste Instanz der ungar. Gerichtsbarkeit, ihre Urteile sind für die Gerichte bindend.

staatlichen und gesellschaftlichen Ordnung. Major Ferenc Szálasi hat als Leiter der Partei des Nationalen Willens[4] im vergangenen Februar ein Flugblatt veröffentlicht, das er verfasst und mittels Kopien auch selbst vertrieben hat. Darin greift er das Judentum mit scharfen Worten an und fordert in diesem Zusammenhang für die ungarische Arbeiterschaft mehr Rechte, Arbeit und Anerkennung, damit diese die Möglichkeit bekommt, sich von der Tyrannei der unter jüdischer Führung stehenden sozialdemokratisch-kommunistischen Gewerkschaften zu befreien. „Die ungarischen Arbeiter konnten bislang nur bitten", so der Text, „diese Bitten wurden jedoch nicht erhört. Nun fordern sie ein und werden sich nehmen, was ihnen im heiligen Namen ihres Vaterlandes zusteht. Die Juden haben die Arbeiterschaft in die Rolle von heimatlosen Schurken gedrängt und aus ihr das Proletariat gemacht." Der inkriminierte Text lässt das Judentum, so die Anklage der Staatsanwaltschaft, auf eine Weise erscheinen, als ob es die Ursache für den Niedergang der Nation sei.

Der zweite Teil des Flugblatts fordert eine Heimat für die Arbeiter, in der andere gesellschaftliche Klassen keine Bedeutung mehr haben. Er wünscht sich die alleinige Herrschaft der Arbeiterklasse, sie werde diese – wenn es sein müsse – auch auf gewaltsamem Wege erringen.

Der Strafgerichtshof befand den Angeklagten Ferenc Szálasi sowohl der Aufwiegelung gegen eine Religionsgemeinschaft für schuldig als auch des Pressedelikts der Aufwiegelung im Sinne des Ordnungsgesetzes[5] und verurteilte ihn deshalb zu einer Gefängnisstrafe von drei Monaten. Als nachdrücklich mildernden Umstand hob der Gerichtshof hervor, dass der Angeklagte das Flugblatt aus patriotischer Überzeugung verfasst habe. Nach Einspruch [des Verteidigers] wurde die Strafsache an das Oberlandesgericht überwiesen, das die Gefängnisstrafe auf zwei Monate herabsetzte, deren Vollstreckung jedoch auf drei Jahre zur Bewährung ausgesetzt wurde. Das Urteil des Oberlandesgerichts brachte den 36 Monate langen Frontdienst Szálasis und dessen hohe Auszeichnungen in Anschlag.[6] Das Oberlandesgericht stellte fest, dass Ferenc Szálasi bei dem ihm zur Last gelegten Vergehen von seinem fanatischen Glauben geleitet worden sei. Die Strafe werde ausgesetzt, weil die Richter davon ausgingen, dass der Angeklagte sich künftig zu keinen weiteren derart zügellosen Handlungen würde hinreißen lassen.

Sowohl die Staatsanwaltschaft als auch die Verteidigung legten gegen das Urteil Nichtigkeitsbeschwerden ein. Die kgl. ungar. Kurie hatte die Verhandlung in der Strafsache Ferenc Szálasi für heute anberaumt. Es war das erste Mal, dass der Vorsitzende der Kurie, Dr. Géza Töreky,[7] die Verhandlung selbst leitete. Nach der Beweisaufnahme ergriff zunächst der stellvertretende Kronanwalt, Dr. Béla Kéler,[8] das Wort. Dieser hob hervor,

4 Die hungaristische Partei des Nationalen Willens wurde 1935 gegründet und 1937 per Dekret des Innenministeriums aufgelöst. Im Jan. 1938 war Szálasi Parteichef der Ungarischen Nationalsozialistischen Partei, die der Innenminister im Febr. 1938 auflösen ließ.

5 Das Gesetz 1921:III stellte Delikte, die auf den Umsturz der bestehenden staatlichen und gesellschaftlichen Ordnung abzielten, unter Strafe.

6 Ferenc Szálasi wurde im Ersten Weltkrieg für seine Verdienste u. a. mit dem Orden der Eisernen Krone, III. Klasse ausgezeichnet.

7 Géza Töreky (1873–1961), Jurist; 1903–1915 Mitarbeiter des Justizministeriums, von 1915 an Richter am Budapester OLG, von 1921 an Richter an der Kurie, 1937–1944 Präsident der Kurie; von Juni 1944 an im Ruhestand, nach der Machtübernahme der Pfeilkreuzler verhaftet und nach Deutschland verschleppt; nach dem Krieg nicht mehr nach Ungarn zurückgekehrt.

dass der Angeklagte das Judentum in seiner Ganzheit angegriffen habe und eine derartige Anstachelung zum Hass in den heutigen, zu Extremen neigenden Zeiten besonders gefährlich sei. Es bestehe auch der Tatbestand der Aufwiegelung im Sinne des Ordnungsgesetzes, und diese stelle eine Gefahr dar. Die fanatisierten Arbeitermassen könnten unter dem Einfluss eines derart unruhestiftenden Flugblatts leicht in Bewegung geraten und aufgestachelte Massen seien kaum zu stoppen. Ähnliche Schriften könnten gar die ganze Nation in eine Revolution stürzen. Der stellvertretende Kronanwalt räumte ein, dass es sich bei dem Angeklagten um keinen gewöhnlichen Kriminellen handele, sondern eher um einen fanatischen politischen Agitator, der mit seinen Umtrieben den sozialen Frieden gefährde. Der Auffassung des Kronanwalts nach sei eine Erhöhung der Strafe durchaus begründet. Dagegen gebe es keinen Grund, die Strafrechtsnovelle anzuwenden [und] die Strafe auf Bewährung auszusetzen, weil das Oberlandesgericht bei der Milderung des Strafmaßes bereits den Umstand gewürdigt habe, dass der Angeklagte aus falsch verstandenem Patriotismus heraus gehandelt habe. Im Übrigen liefen mehrere Strafverfahren gegen den Angeklagten,[9] was den Schluss zulasse, dass es bei Szálasi keine günstige Wirkung zeigen würde, wenn das Urteil außer Kraft gesetzt werden würde. Weiterhin forderte der Kronanwalt von der Kurie die Verhängung einer Nebenstrafe.
Daraufhin ergriff der Verteidiger Ferenc Szálasis, Rechtsanwalt Dr. Géza Kiss,[10] das Wort. Er versuchte nachzuweisen, dass es sich beim Judentum nicht um eine Konfession, sondern um eine Rasse handele, weshalb man Szálasi eine Aufwiegelung gegen eine Konfession gar nicht zur Last legen könne. Er bezog sich auch auf das Gesetz des Numerus clausus,[11] das eigentlich nicht gegen die jüdische Konfession, sondern gegen die jüdische Rasse erlassen worden sei. Anschließend schilderte er die weiteren gegen Szálasi laufenden Verfahren und wies darauf hin, dass diese bereits vor dem ersten Urteil in diesem Verfahren begonnen wurden und die Anwendung der Strafrechtsnovelle deshalb auf jeden Fall gerechtfertigt sei. Er plädierte dafür, den Angeklagten in Ermangelung von Beweisen freizusprechen, zumindest aber das Urteil des Oberlandesgerichts zu bestätigen. Anschließend zog sich die Kurie zur Beratung zurück.
Nach mehr als einer Stunde Beratung verkündete Dr. Géza Töreky das Urteil der Kurie. Diese annullierte den Teil des erstinstanzlichen Urteils, der die Tat des Angeklagten als Aufwiegelung gegen eine Religionsgemeinschaft beurteilte. Dagegen folgte die Kurie der Bewertung des anderen Vergehens als Aufwiegelung und setzte das Strafmaß auf zwei Monate Gefängnis fest und sah von einer Nebenstrafe ab. Gleichzeitig wandten die Richter § 1 der Strafrechtsnovelle an und setzten den Vollzug der Strafe mit einer dreijährigen Bewährungsfrist aus.
In der Begründung des Urteils heißt es, das inkriminierte Flugblatt lasse in jenem Teil, der sich auf die Juden bezieht, den ungarischen Staat als einen jüdischen Staat erscheinen. Bei dem Vergehen handele es sich nicht um eine Aufwiegelung gegen die Juden,

8 Dr. Béla Kéler (1874–1945), Jurist, stellv. Kronanwalt.

9 Im Aug. 1938 wurde Szálasi wegen Aufwiegelung zum gewaltsamen Umsturz zu einer dreijährigen Haftstrafe verurteilt, im Spätsommer 1940 jedoch aufgrund einer allgemeinen Amnestie durch Miklós Horthy wieder aus dem Gefängnis entlassen.

10 Dr. Géza Kiss (*1892), Jurist, Berater von Ferenc Szálasi, Generalanwalt der Pfeilkreuzlerpartei.

11 Im Numerus-clausus-Gesetz wurde die jüdische Religionsgemeinschaft als Nationalität bzw. Rasse definiert.

sondern vielmehr um eine Verletzung der Ehre des ungarischen Staats. Als mildernden Umstand erkannte die Kurie Szálasis vorstrafenfreies Vorleben und seinen Kriegsdienst an sowie die Tatsache, dass er sich beim Verfassen und bei der Verbreitung des Flugblatts von einer patriotischen Gesinnung habe leiten lassen.

DOK. 4
Die deutsche Gesandtschaft berichtet am 10. Februar 1938, dass Ex-Ministerpräsident Bethlen vor der Übernahme der antijüdischen Politik Deutschlands warnt[1]

Schreiben der deutschen Gesandtschaft, Budapest – A.Nr. 26 P. 14 (Bethlen) –, gez. Erdmannsdorff,[2] an das Auswärtige Amt (Eing. Pol. IV 980, 15.2.1938) vom 10.2.1938[3]

Inhalt: Ministerpräsident a. D. Graf Bethlen über das deutsch-ungarische Verhältnis im Zusammenhang mit der Wahlrechtsreform

Ministerpräsident a. D. Graf Stefan *Bethlen* [4] hat im Abgeordnetenhaus in Anwesenheit des Ministerpräsidenten[5] und des Innenministers[6] eine mit großer Aufmerksamkeit verfolgte und von der ungarischen Öffentlichkeit stark beachtete Rede gehalten, in der er seine Bedenken gegen die nach seiner Ansicht den radikalen Strömungen nicht genug Einhalt gebietende, dem Parlament zur Beratung vorliegende Wahlrechtsreform[7] zum Ausdruck brachte und dabei einen inzwischen abgelehnten Antrag auf Einführung eines Pluralwahlrechts stellte.[8]

Graf Bethlen führte u. a. aus, daß das sogenannte vollkommene Wahlrecht, wie es in Deutschland bis zum Jahre 1933 bestand, zum Zusammenbruch der Nation und des Parlaments geführt habe. Mit der Einführung des geheimen Wahlrechts sei eine weitgehende Radikalisierung der Massen sowohl nach links wie nach rechts zu erwarten, wenn diese sich vielleicht auch erst bei späteren Wahlen auf Grund der Zunahme einer brutalen Propaganda voll auswirken würde.

1 PAAA, R 103789, Bl. 34–36.

2 Otto von Erdmannsdorff (1888–1978), Jurist, Diplomat; von 1919 an im auswärtigen Dienst, 1924 Legationsrat, 1931 Botschaftsrat; 1937 NSDAP-Eintritt; von 1936 an Leitung der Gruppe B im AA (Außereuropäische Gruppe), 1937–1941 Gesandter in Ungarn, von 1941 an im AA tätig; 1947 im Wilhelmstraßen-Prozess freigesprochen.

3 Im Original handschriftl. Ergänzungen.

4 Richtig: Graf István Bethlen von Bethlen.

5 Kálmán Darányi.

6 József Széll von Duka und Szentgyörgyvölgy (1880–1956), Jurist; 1937/38 Innenminister; nach 1945 enteignet.

7 Die Wahlrechtsreform im Jahr 1938 sah die Einführung von geheimen Wahlen vor und hob die Altersgrenze für das aktive Wahlrecht bei Männern auf 26, bei Frauen auf 30 Jahre an.

8 Siehe die Rede von Bethlen im öffentlich-rechtlichen Ausschuss des ungar. Abgeordnetenhauses; MNL OL, K 510. Bethlen hatte während seiner Regierungszeit im Jahr 1922 eine Wahlrechtsreform durchgesetzt, die die Zahl der Wahlberechtigten massiv begrenzte und – mit Ausnahme einiger Städte – die geheimen Wahlen wieder aufhob. Mit der Reform gelang es Bethlen, die historischen Eliten zu stärken, und die Regierungspartei konnte bei den nächsten Wahlen wiederholt über 50 % der Stimmen erreichen.

Wenn man nach den bitteren Erfahrungen, die Ungarn mit dem Kommunismus gemacht hätte,[9] auch annehmen könne, daß eher die rechtsextreme Richtung obsiegen werde,[10] so müsse er doch darauf hinweisen, daß die Lösung der Judenfrage nach dem deutschen System in Ungarn die wirtschaftliche und finanzielle Ordnung von einem Tag auf den anderen völlig umstürzen würde. Dann würde als erste die Grundbesitzerklasse zugrunde gehen, die sich mit dem Wahlgesetzentwurf in seiner augenblicklichen Fassung zur Unterstützung eines solchen Regimes beeile. Ebenso würde die zur Zeit herrschende Intelligenz, welche die ungarischen Traditionen hochhalte, beiseite geschoben werden.
Niemand könne ihm vorwerfen, kein Freund Deutschlands zu sein. Denn während seiner Regierungszeit und auch seither sei er der Fürsprecher einer deutschfreundlichen Politik auf außenpolitischem Gebiet gewesen. Er müsse aber betonen, daß, wenn in Ungarn eine Gleichschaltung des politischen Lebens im Zeichen der äußerst rechtsgerichteten Ideen erfolgen sollte, die Ungarn nicht mehr Freunde, sondern Vasallen Deutschlands sein würden. In einem solchen Falle würde es mit der unabhängigen ungarischen Außenpolitik ein für allemal zu Ende sein. Es sei höchste Zeit, daß die Regierung energische Schritte unternehme, um im Zusammenhang mit der Wahlrechtsreform dem Radikalisierungsprozess nach der äußersten Rechten Einhalt zu gebieten.
Während die das deutsch-ungarische Verhältnis berührenden Ausführungen des Grafen Bethlen vom Abgeordnetenhaus und einem großen Teil der ungarischen Presse sehr beifällig aufgenommen wurden, bemerkt das Regierungsblatt „Uj Magyarság“, es sei noch etwas früh, darüber nachzudenken, ob die Ungarn evtl. zu Knechten des Deutschen Reichs werden könnten, während sie im Augenblick noch die unerbittliche Wirklichkeit eines anderen knechtischen Leibeigenenzustandes erdulden müßten, wie er durch das wirtschaftliche Übergewicht des Judentums entstanden sei.[11]

DOK. 5

Reichspost: Artikel vom 7. März 1938 über die Rede des Kultusministers Bálint Hóman zur künftigen antijüdischen Politik[1]

Lösung der Judenfrage in Ungarn?

Kultus- und Unterrichtsminister Homan erörterte in einer Rede in Szentes das Arbeitsprogramm der ungarischen Regierung für die nächsten Jahre und sprach dann über die Judenfrage.[2] Er verwies darauf, daß das *Judentum in Ungarn zu unverhältnismäßigem*

9 Siehe Einleitung, S. 20–22.

10 Tatsächlich konnte die Pfeilkreuzlerpartei bei den nächsten Wahlen im Jahr 1939 zahlreiche Stimmen für sich gewinnen, während die Ungarische Sozialdemokratische Partei über 3 % der Stimmen einbüßte und ihr Stimmenanteil von 6,69 % im Jahr 1935 auf 3,42 % im Jahr 1939 fiel.

11 Új Magyarság, Nr. 32 vom 10.2.1938, S. 7: Széll József belügyminiszter felszólalása után a képviselőház közjogi bizottsága általánosságban elfogadta a választójogi javaslatot.

1 Reichspost, Nr. 65 vom 7.3.1938, S. 1. Die österreich. Tageszeitung Reichspost erschien 1894–1938 in einer Auflage von bis zu 30 000 Exemplaren (sonntags 45 000 Exemplare). Sie stand der Christlichsozialen Partei nahe und richtete sich an eine katholische Leserschaft.

2 Einen Tag zuvor hatte Ministerpräsident Darányi in Győr eine Rede gehalten, in der er ein Programm zur Wiederbewaffnung ankündigte und die gesetzliche Regelung der „Judenfrage“ in Aussicht stellte.

Einfluß und Beteiligung auf dem Gebiete der Wirtschaft, aber auch des kulturellen Lebens und in der Presse gelangt ist, wobei bei einzelnen Juden, so ganz besonders bei jenen, die in der letzten Zeit erst eingewandert seien, sich Weltanschauungen feststellen ließen, die dem ungarischen Volk *fremd seien* und auch immer bleiben würden. Die Teilnahme dieser Elemente an gewissen umstürzlerischen Bewegungen habe zu Verallgemeinerungen geführt, so daß es im Interesse der seit langem hier anwesenden Juden stehe, *daß diese Frage gelöst werde.*

An gewaltsame Mittel dürfe dabei nicht gedacht werden. Wir begnügen uns, sagte der Minister, mit den *gesetzmäßigen Mitteln* zur Lösung dieser Frage. Die christliche ungarische Jugend soll durch eine entsprechende Erziehung *konkurrenzfähig gemacht* und mit entsprechender Unterstützung in das Wirtschaftsleben eingeführt werden. Ferner soll das *illegale, eingesickerte und unerwünschte Judentum entfernt und die neuerliche Einwanderung solcher Elemente verhindert werden.* Schließlich – und dies ist eine Aufgabe des Judentums selbst – sollen die Juden dazu erzogen werden, sich der allgemeinen nationalen Auffassung anzupassen und alle jene Elemente aus ihrer Gemeinschaft auszuschalten, die sich der allgemeinen nationalen Auffassung und dem allgemeinen Geist entgegenstellen.

DOK. 6
Fanni Gyarmati beschreibt zwischen dem 12. und 16. März 1938 ihre Sorgen nach dem Anschluss Österreichs an das Deutsche Reich[1]

Stenograph. Tagebuch von Fanni Gyarmati,[2] Einträge vom 12. bis 16.3.1938 (Abschrift)

12. März

Ich gehe heute Morgen etwas später auf die Straße als sonst, weil heute Samstag ist. Zu dieser Zeit ist das große morgendliche Treiben schon vorbei, ich schaue mir die Schlagzeilen der Morgenblätter an, und mir wird plötzlich schwindlig. Ich muss die Augen schließen und mir schaudert vor der tierischen winselnden Angst tief in meinem Innern. Die deutschen Truppen haben die Grenze zu Österreich überschritten, die Regierung wird nun von den Nationalsozialisten gestellt. Ich bin überrascht, dass alle ganz normal ihren Geschäften nachgehen, nach außen merkt man den Straßen und den Menschen nichts an, sie ertragen alles. Die menschliche Toleranz ist unendlich dehnbar. Ich eile nach Hause, um etwas über diese Sache zu hören und darüber zu sprechen. Ob andere auch so erschüttert sind? Mutti[3] hat die ganze Nacht nicht geschlafen. Laci,[4] der gerne Panik verbreitet, ist noch in der Nacht zu ihnen [zu den Eltern von Fanni Gyarmati] gelaufen, um ihnen zu berichten. Ich muss sofort daran denken, dass dies das Ende

1 MTA Könyvtára Kézirattára, Ms 2672/7. Abdruck in: Miklósné Radnóti Fanni Gyarmati, Napló 1935–1946, Bd. I: 1935–1940, Budapest 2018, S. 281–283. Das Dokument wurde aus dem Ungarischen übersetzt.

2 Fanni Gyarmati (1912–2014), Sprachlehrerin; 1935 Heirat mit dem Dichter Miklós Radnóti; Lehrerin in der von ihrem Vater gegründeten Fachschule für Stenographie und Maschinenschreiben, während der deutschen Besatzung untergetaucht; nach 1945 Lehrerin an der Theater- und Filmakademie in Budapest.

meiner Lehrbefugnis bedeuten könnte. Kurt Radnai, dieser schöne arische Sohn von Radnai,[5] wird [in die Schule] kommen und alles nationalsozialistisch einrichten, er wird dafür sorgen, dass die Schule in die Hand einer entsprechenden Person gelangt.[6] Papa[7] tröstet mich pathetisch: Man brauche keine Angst zu haben, ich würde immer so viel haben wie heute. Ich solle auf sie pfeifen und mich nicht beunruhigen. Es ist schwer, ihnen [den Eltern] gewisse Dinge zu erklären, auch jetzt noch, wo sie doch die immer unsicherere Lage mit eigenen Augen sehen; sie verstehen und empfinden die Schrecklichkeit der ganzen Angelegenheit irgendwie nicht, sie glauben, alle finanziellen und moralischen Gefahren hinter sich gebracht zu haben. Und gestern, als wir gemeinsam mit Gyuszi[8] zu Abend aßen und uns ein wenig abgehoben und mit einer gewissen Zufriedenheit darüber unterhielten, dass es eine Volksabstimmung geben wird[9] und sich der ganze Hitlerismus möglicherweise als Bluff erweisen könnte, da haben wir gar nicht gewusst, was inzwischen in der Welt draußen passiert ist. Gyuszi sprach von der Leere und der Hoffnungslosigkeit, die er verspüre, und dass er ganz und gar seinen Glauben verloren habe; wir haben das Thema ein wenig stockend, bruchstückhaft und unsicher umkreist, wie wenn man einen ganz wunden Punkt berührt. Nachdem wir bis tief in die Nacht zusammengesessen hatten, ging er, und wir legten uns ruhig ins Bett. Und dann am Morgen diese Sache. Ich komme nur ganz langsam und schwer zu mir, erst gegen Mittag lebt mein seltsames, fröhliches, witzbereites und kindliches Gemüt wieder auf. Ich habe irgendwie das Gefühl, dass man sich darüber freuen sollte, dass sich die Dinge so schnell entwickeln, solange wir noch relativ jung und die Möglichkeiten schneller absehbar sind. Mik[10] ist schrecklich erschüttert, er weiß nichts mit sich anzufangen und drückt seine furchtbar schmalen Gesichtsknochen zusammen, [sein Schädel] erinnert an einen gequälten Windhund, mein armer Schatz.

3 Aranka Weisz (1881–1963), Mutter von Fanni Gyarmati.

4 László Gyarmati (1905–1962), Arzt; Bruder von Fanni Gyarmati; nach 1945 Assistent in der Lungenfachabt. im János-Krankenhaus, anschließend in Nordkorea tätig, 1957 Eröffnung der kinderchirurgischen Abt. im János-Krankenhaus.

5 Béla Radnai (1891–1962), Stenograph; Erfinder der Radnai-Stenographie; 1922–1961 Direktor der von ihm gegründeten Privatschule für Stenographie, von 1927 an geschäftsführender Präsident, später Präsident der Staatlichen Vereinigung der Ungarischen Stenographen.

6 Die stenographischen Schulen von Radnai und Gyarmati unterrichteten verschiedene stenographische Stile und standen miteinander in Konkurrenz.

7 Dezső Gyarmati, geb. als Guttmann (1873–1941), Jurist; von 1893 an Mitarbeiter des stenographischen Büros der Nationalversammlung, gründete 1903 die erste Fachschule für Stenographie und Maschinenschreiben, von 1929 an Leiter des stenographischen Büros des Parlaments, 1933 pensioniert.

8 Gyula Schöpflin (1910–2004), Schriftsteller; 1933–1935 Verlagslektor, 1938–1944 Mitarbeiter der Textilwerke in Budakalász; 1945–1949 Programmdirektor des Ungarischen Radios, 1949/50 Gesandter in Stockholm, Oslo und Kopenhagen, 1950 Emigration nach Großbritannien, 1964–1979 Dozent an einer technischen Hochschule.

9 Aufgrund des zunehmenden deutschen Drucks setzte der österreich. Bundeskanzler Kurt Schuschnigg am 9.3.1938 eine Volksabstimmung über die Unabhängigkeit Österreichs für den 13.3.1938 an. Bereits zwei Tage später wurde er von Hitler zum Rücktritt gezwungen und die Regierungsgewalt an Arthur Seyß-Inquart übergeben; siehe dazu ausführlich VEJ 2, S. 34.

10 Miklós Radnóti, geb. als Glatter (1909–1944), Dichter, Übersetzer; von 1930 an Studium der Literatur, 1930 Veröffentlichung des ersten Gedichtbands, Arbeit als Übersetzer und Privatlehrer, von 1942 an mehrmals zum Arbeitsdienst eingezogen, von Mai 1944 an im Lager Bor interniert, auf dem Evakuierungsmarsch erschossen.

13. März
Am Vormittag machen wir mit den Rácz', den Gombosis, mit Judit Beck und Pista Vas[11] einen Ausflug. Es ist ein schöner, kühler Frühlingstag, gegen Mittag kehren wir zurück, legen uns bedrückt und bar jeder Hoffnung ins Bett. Nachmittags bei den Bálints.[12] Ein Ferngespräch nach dem anderen. Gyuri[13] berichtet, man frage nach ihm. Drei Flüchtlinge aus dem Hause Habsburg sind eingetroffen, Frau Dollfuß[14] ist mit ihren Kindern auf der Margareteninsel. Das sind die Hauptsensationen. Zwischendurch stellen wir allerlei Überlegungen und Berechnungen an. Das erste schwache Anzeichen dessen, dass sich die Lage jetzt radikal geändert hat, ist vielleicht, dass nun auch Gyuri ausspricht, was mir im ersten Moment in den Sinn kam, nämlich dass ein Krieg besser wäre, ein Krieg, der die Völker über das wahre Wesen dieses schrecklichen Irrsinns aufklären und das linke Lager stärken oder neubegründen würde. Gyuszi erwidert darauf, dass uns Gott davor bewahren möge, er sei lieber ein Hund am Leben als ein hingeschlachteter Löwe. Na ja, so richtig ist das auch nicht. Genauer: Es mag auf ihn zutreffen, weil er am Leben ist und noch länger leben wird, egal was geschieht. Seine Familie ist von beiden Seiten her urdeutsch; wenn dieses Land untergeht, wird er seinen Adelstitel zurückerlangen, und er wird als erstrangiger Bürger klassifiziert werden, ausgezeichnete Chancen haben, er muss höchstens seine Prinzipien verschweigen, wenn er ihnen überhaupt treu bleibt. Wer weiß? Und wir? Auf uns wartet nichts anderes als Elend und Zagen.

14. März
Zsuzsa[15] holt mich ab, ich gehe in die Soziologische Gesellschaft, um den Vortrag von Gyula[16] zu stenographieren. Ich habe den Eindruck, als sei die Atmosphäre dort irgendwie luftleer. Gyula spricht mit einem sehr sympathischen, jugendlichen, unvoreingenommenen Eifer, sagt aber nicht viel, ich verstehe nicht, warum man daraus eine Mitschrift erstellen soll. Egal. Die Arbeit ist verdammt schwer, ich weiß gar nicht, ob mir die Abschrift gelingen wird, [Gyula] redete hastig, aber ich müsste mich schämen, wenn ich es nicht schaffen würde. Mik hat am Nachmittag an der Redaktionssitzung des *Nyugat*[17] teilgenommen, er erzählt, welche neuen Nachrichten Jenő Mohácsi[18] gerade aus

11 György Rácz (1907–1989), Architekt; Ibolya Rácz, Ehefrau von György Rácz; György Gombosi (1904–1945), Kunsthistoriker; Judit Beck (1909–1995), Malerin und Keramikerin; István Vas (1910–1991), Schriftsteller und Dichter.

12 György Bálint (1906–1943), Schriftsteller, Journalist; Vera Csillag (1909–1997), Graphikerin, Illustratorin; Ehefrau von György Bálint.

13 Gemeint ist György Bálint.

14 Alwine Dollfuß (1897–1973), Ehefrau des 1934 ermordeten österreich. Bundeskanzlers Engelbert Dollfuß.

15 Zsuzsa Kemény (1913–1982), Tänzerin, Bewegungskünstlerin, Ehefrau von Gyula Ortutay.

16 Gyula Ortutay (1910–1978), Ethnograph; Studienfreund von Miklós Radnóti, 1935–1944 Mitarbeiter des Ungarischen Radios; von 1943 an Mitglied der Partei der Unabhängigen Kleinen Landwirte; 1945–1947 Präsident der Ungarischen Zentralen Nachrichten AG, 1947–1950 Minister für Religion und Bildung, 1946–1978 Universitätsprofessor, 1957–1963 Rektor, 1945–1978 Parlamentsabgeordneter.

17 Nyugat (Westen) war eine der zentralen Literaturzeitschriften des 20. Jahrhunderts in Ungarn und erschien bis 1941.

18 Jenő Mohácsi (1886–1944), Schriftsteller, Journalist, Übersetzer; von 1908 an Mitarbeiter des Pester Lloyd, von 1942 an Vizepräsident des ungar. P.E.N.-Clubs.

Wien mitgebracht hat: *Die Tragödie des Menschen* sei in Graz sofort abgesetzt worden, weil der Übersetzer des Stückes ein Jude, nämlich er selbst sei, stattdessen würde nun ab sofort *Wilhelm Tell* aufgeführt, ohne Proben. In sämtlichen Redaktionen und Theatern seien die jüdischen Elemente beinahe binnen weniger Stunden hinausgeworfen worden. [Sigmund] Freud habe sich gemeinsam mit seiner 102 Jahre alten Mutter und der ebenfalls schon recht alten Tochter unter den Schutz der amerikanischen Botschaft gestellt.[19] Der alte Ignotus[20] sei bereits in Pest unterwegs, um sich eine Wohnung zu suchen. Wer weiß, was noch kommt.

15. März
Vormittags helfe ich bei Bandi Hevesi[21] aus, der, obwohl ein exponierter Journalist, mit dem Halbwissen eines Kindes in der Welt umherwandert und den nichts erschüttern kann. Jetzt ist er ganz und gar von Viola[22] eingenommen, obwohl diese Bindung, wie ich höre, nicht besonders gesund ist, weil Viola die blöden, voreingenommenen und in gewisser Hinsicht niederträchtigen bürgerlichen Ansichten von Bandi übernimmt. Sie[23] hat sich beispielsweise ungemein bösartig über das Gastspiel von Feri Hont[24] in Angyalföld geäußert, wobei es weniger um die Aufführung selbst ging, der in der Tat zu wenig Proben vorangegangen waren, sondern um das Milieu. [Sie sagte] nämlich: „Dieses Lumpenproletariat verdient so etwas gar nicht." Solche Äußerungen sind fremde Töne im Kolleg, erzählt auch Miklós; sie wurde während der Veranstaltung am Montagabend auch ordentlich zurechtgewiesen. Bandi wiederum imponiert es ungemein, dass er mit Tomori, der Dorfforscherin und selbständigen Organisatorin und Autorin, befreundet ist, einer weiblichen Persönlichkeit, wie sie bei uns eine Seltenheit ist. Am Nachmittag besuchen wir endlich die Familie von Onkel Ede,[25] nachdem wir einen drängenden Brief von Miks Mutter[26] erhalten haben. Der Arme sieht sehr zermartert aus, ist gebrochen, krank und schwach. Wir werden freudig empfangen, bekommen reichlich zu essen und bleiben bis ziemlich spät am Abend. Überall Politik, überall hört man dasselbe. In der Straßenbahn sehe ich am Abend die Aufschrift „Die Türe bitte vorne schließen", die aber abgeändert wurde in „Die Türe bitte vor Juden schließen". Ich habe nicht den Mut, Mik zu überreden, den Schaffner darauf aufmerksam zu machen, der ja die Pflicht hätte, die Aufschrift zu entfernen. Ich habe vor einer derartigen Szene Angst, stattdessen notieren

19 Sigmund Freuds Mutter, Amalie Nathansohn Freud, war bereits 1930 verstorben. Freud floh im Juni 1938 zusammen mit seiner Familie über Paris nach London.

20 Hugó Veigelsberg alias Ignotius (1869–1949), Schriftsteller, Dichter, Journalist; 1908–1929 Chefredakteur der von ihm mitbegründeten Literaturzeitschrift Nyugat, emigrierte 1919 nach Wien, 1938 Flucht über Budapest nach London, 1941 Emigration in die USA.

21 András Hevesi (1901–1940), Schriftsteller, Publizist; emigrierte 1939 nach Frankreich, er kämpfte als Freiwilliger in der franz. Armee gegen die deutsche Wehrmacht.

22 Viola Tomori (1911–1998), Sozialpsychologin, Soziologin, Dorfforscherin; 1933–1937 Universitätsassistentin, 1936/37 Stipendiatin der Humboldt-Stiftung, 1937–1942 Mitarbeiterin des Sozialpolitischen Instituts; bis 1952 unterrichtete sie in Odorheiu Secuiesc.

23 Da in der ungar. Sprache nur eine neutrale Form des Personalpronomens existiert, ist es an dieser Stelle unklar, ob sich Gyarmati auf Viola Tomori oder András Hevesi bezieht.

24 Ferenc Hont (1907–1979), Theaterregisseur.

25 Eduárd Molnár (1869?-1939), Bruder von Ilona Molnár.

26 Ilona Molnár (1885–1944), Stiefmutter von Miklós Radnóti, dessen Mutter 1909 starb; in Auschwitz ermordet.

wir nur auffällig die Nummer des Schaffners, der sich aber überhaupt nicht darum kümmert. Höchstwahrscheinlich hat er an irgendeiner Endstation selbst die Tafel überschrieben; kein Passagier gibt seinem Unmut laut Ausdruck. So sieht unsere Welt aus.

16. März
Mik, mein Herz, wird endlich mit diesem schrecklichen Tibull[27] fertig; wie lange hat er deswegen schon kein Gedicht mehr geschrieben. Für einen neuen Gedichtband hat er zu wenig [Material]. Diese Woche war wieder sehr gesellschaftlich geprägt, genauer gesagt, eine Woche voller Diskussionen. Mik fehlen auch die Nerven, um zu arbeiten. Jeder und jede trägt eine tief in die Seele eingebrannte Beklemmung mit sich herum, die nicht vergeht, selbst wenn wir versuchen, uns mit etwas anderem zu beschäftigen. Die Zeitungen und andere Quellen berichten immer öfter von Selbstmorden. Was kommt denn noch?

DOK. 7
Der Schriftsteller Gábor Oláh lobt im Frühjahr 1938 die deutsche antijüdische Politik und spricht sich für die Konversion der ungarischen Juden aus[1]

Handschriftl. Tagebuch von Gábor Oláh,[2] Eintrag 1938 [vermutl. März]

Als Hitler am 13. März 1938 Österreich an das Deutsche Reich angeschlossen hat, war ich bestürzt. Vielleicht verleibt er sich nächstes Jahr schon Transdanubien[3] ein. Vielleicht stimmt wirklich, was einer unserer Abgeordneten gesagt hat: nämlich dass die Debreciner mit der Hortobágy[4] nichts anfangen könnten, die Deutschen jedoch bereits einen Plan zur Nutzbarmachung dieser großen Puszta hätten.
Richard Huss,[5] Universitätsdozent in Debrecen, betreibt mittels eines deutschsprachigen Blattes[6] mitten in Ungarn deutsche Propaganda, als ob er als Pionier von Berlin dafür in den Osten abkommandiert worden wäre. Die ungarischen Dörfer im Komitat Baranya in Transdanubien sterben langsam aus, die Deutschen besetzen den Raum, den die schwindende Einwohnerschaft in der Drau-Ebene hinterlässt, und die germanische Woge breitet sich selbstbewusst in Richtung Donau aus. Kürzlich erschien in einem

27 Albius Tibullus war ein röm. Elegiker der augusteischen Zeit. Miklós Radnóti arbeitete an der Übersetzung seiner Werke in die ungar. Sprache.

1 Déri-Múzeum irodalmi gyülyteménye. Abdruck in: Gábor Oláh, Naplók, hrsg. von Lajos Lakner, Debrecen 2002, S. 554 f. Das Dokument wurde aus dem Ungarischen übersetzt.

2 Gábor Oláh (1881–1942), Dichter, Schriftsteller; Studium in Budapest; Mitarbeiter der Bibliothek des Reformierten Kollegiums in Debrecen, 1908 Gründer der Bokréta Literaturgesellschaft; von 1913 an Mittelschullehrer; Autor zahlreicher Gedichte, Novellen und Romane.

3 Gebiet in Ungarn westlich der Donau.

4 Die Puszta von Hortobágy ist ein Steppengebiet in der Nähe der Stadt Debrecen.

5 Richtig: Dr. Richard Huß (1885–1941), Germanist, Philologe; von 1918 an Professor in Debrecen, 1935–1938 Mitvorsitzender der Volksdeutschen Kameradschaft, Mitbegründer des Volksbundes der Deutschen in Ungarn.

6 Die Zeitschrift der Volksdeutschen Kameradschaft, der Deutsche Volksbote, wurde zwischen 1935 und 1938 von Richard Huß herausgegeben.

deutschen Journal namens *Die Woche* eine neue Karte von Großdeutschland: Darauf befindet sich Budapest bereits innerhalb der germanischen Grenzen. Die Rumänen hatten es vor dem Krieg ebenso gemacht: Zunächst hatten sie Siebenbürgen auf der Karte, dann den Boden besetzt.[7] Armes Ungarn, wie sehr steht es der Welt im Wege! Du liegst am Rande der Landstraße, jeder Vorbeigehende reißt sich ein Stück aus dir heraus. Von heute auf morgen verschwindest du von der Erdoberfläche. Und wir wollen unsere nationale Existenz sichern mit einem Gesetz, das die Juden in die Enge treibt. Ach, Ihr verträumten Ungarn.

Als Hitlers Soldaten in Wien einmarschierten, jagten sie die reichen Jüdinnen in ihren teuren Pelzmänteln und Juwelen aus den Kaffeehäusern auf die Straße und zwangen sie – so wie sie waren –, den Asphalt der Ringstraße zu schrubben.[8] Das ist heute wohl die populärste Aktion zwischen Rhein und Donau. Auch in Ungarn wollen die Leute mit Hakenkreuz und Pfeilkreuz dies nachahmen. Eine erbärmliche Komödie. Obwohl viel Wahrheit in ihr steckt. Es ist ja wirklich eine Schande, dass auch hierzulande ungarische Knechte jüdische Herren bedienen und nicht umgekehrt. Das arme ungarische Volk in den Dörfern und Städten hat nicht ein bisschen Selbstbewusstsein und Selbstwertgefühl. Dem sollte man mit der Verabschiedung neuer Gesetze abhelfen. Wie gern gerät auch hier in Debrecen ein Christenmädchen an einen jüdischen Burschen. Dass Hitler *damit* in Deutschland Schluss gemacht hat[9] – dafür können ihn auch die Ungarn nur bewundern. Die dummen Juden täten besser daran, wenn sie zum Christentum konvertieren würden. Nicht nur für sie wäre das besser, sondern auch für uns. Aber solange sich der Jude beschneidet und seine Gans vom Schächter schlachten lässt, wird ihn Europa nicht als Menschen anerkennen, so wie er die Gojim[10] nicht als Menschen wahrnimmt. An diesen Dingen erkenne ich, wie sehr sich die Menschheit noch im Kindesalter befindet. Wie viele Tausende, ja Millionen von Jahren müssen noch vergehen, bis wir uns ähnlich werden und jene reine Zeit dämmert, in der es nur eine Herde und einen Hirten geben wird.

7 Mit dem Vertrag von Trianon (1920) fiel Siebenbürgen an Rumänien.

8 Siehe dazu VEJ 2/17.

9 Anspielung auf das Gesetz zum Schutze des deutschen Blutes und der deutschen Ehre vom 15.9.1935, das die Eheschließung und außereheliche sexuelle Beziehungen zwischen Juden und Nichtjuden verbot; siehe VEJ 1/199.

10 Hebr. (Pl.): Nichtjuden; Singular: Goj.

DOK. 8
Zwei Bankdirektoren äußern gegenüber dem amerikanischen Diplomaten Montgomery am 7. April 1938 die Hoffnung, das geplante Judengesetz werde radikale Antisemiten zufriedenstellen[1]

Notiz von John F. Montgomery[2] über ein Gespräch mit Philip Weiss[3] und Victor Bator[4] vom 7.4.1938[5]

In einem Gespräch, das ich heute Morgen mit den Herren Weiss und Bator geführt habe, erfuhr ich, dass das antijüdische Gesetz, das heute dem Parlament zur Abstimmung vorliegt,[6] mit ihrer Kenntnis und Zustimmung vorbereitet worden ist und dass sie dieses umfassend billigen.
Herr Weiss sagte, dass das Gesetz zwar einen Christen aus ihm mache, er bis zu seiner Verabschiedung aber Jude bleibe und dementsprechend als solcher seine Zufriedenheit äußere.
Herr Bator sagte, Herr Imrédy[7] stehe hinter dem Gesetz, und er selbst sei gestern Nachmittag mit diesem alle Bestimmungen durchgegangen. Die Herren Imrédy und Darányi hätten erklärt, es sei notwendig, etwas gegen eine weitere Ausbreitung des Antisemitismus zu unternehmen und diejenigen zufriedenzustellen, die zu Aktionen gegen die Juden aufriefen. Die Hoffnung sei, dass dies mit diesem Gesetz gelingen könnte. Auf die Frage, ob er [Bator] diese Ansicht teile, entgegnete er: „Sehen Sie, selbst Mecsér[8] hat sich zufrieden gezeigt, und er gehört zu den rabiatesten Nazis."
Grundsätzlich unterscheiden die Bestimmungen des Gesetzes erstmals zwischen Juden und Nichtjuden. Mit anderen Worten, bis dato gab es keine entsprechenden Bestimmungen, nun wird die Unterscheidung gesetzlich fixiert. Allerdings wird jeder Jude, der

1 Országos Széchényi Könyvtár Kézirattára, John F. Montgomery-iratai, Bd. 2. Abdruck in: Tibor Frank (Hrsg.), Roosevelt követe Budapesten. John F. Montgomery bizalmas politikai beszélgetései 1934–1941, Budapest 2002, S. 179 f. Abdruck in deutscher Übersetzung in: Tibor Frank (Hrsg.), Zwischen Roosevelt und Hitler. Die Geheimgespräche eines amerikanischen Diplomaten in Budapest 1934–1941, Berlin 2009, S. 200–202. Das Dokument wurde aus dem Englischen übersetzt.

2 John F. Montgomery (1878–1954), Geschäftsmann, Diplomat; 1925–1933 Präsident der International Milk Company in Vermont; 1933–1941 US-amerikan. Botschafter in Ungarn; Autor von „Hungary: The Unwilling Satellite" (1947).

3 Richtig: Fülöp Weiss (1859–1942), Ökonom; 1911–1921 Generaldirektor, 1921–1938 Präsident der Pester Ungarischen Handelsbank, Präsident der Vereinigung der ungarischen Textilfabrikanten, Chefberater der Ungarischen Nationalbank, von 1927 an Mitglied des ungar. Oberhauses.

4 Richtig: Viktor Bátor (1891–1967), Jurist; 1918–1920 Beamter im Außenministerium, 1920–1939 Oberstaatsanwalt und Rechtsberater der Pester Ungarischen Handelsbank, 1940 Emigration.

5 Im Original handschriftl. Bearbeitungsvermerke und Unterstreichungen.

6 Gemeint ist das „Erste Judengesetz"; siehe Dok. 14 vom 29.5.1938.

7 Béla Imrédy (1891–1946), Jurist; von 1919 an Beamter im Finanzministerium, von 1928 an Direktor der Ungarischen Nationalbank, von 1935 an deren Präsident; 1932–1936 Finanzminister, 1938/39 Ministerpräsident, 1944 Minister ohne Portefeuille, zuständig für wirtschaftliche Angelegenheiten; Gründer der Partei der Ungarischen Erneuerung; durch das ungar. Volksgericht zum Tode verurteilt und hingerichtet.

8 András Mecsér (1883–1946?), Politiker; stand von 1919 an mit deutschen Kreisen in engem Kontakt, 1931–1939 Parlamentsabgeordneter, von 1934 an Präsident der Landwirtschaftskammer; von Nov. 1944 an ungar. Botschafter in Berlin; nach dem Krieg nach Äthiopien geflüchtet, in Abwesenheit vom ungar. Volksgericht zu zehn Jahren Haft verurteilt.

vor dem 1. August 1919 zum christlichen Glauben übergetreten ist, als Christ behandelt; das Gleiche gilt für diejenigen, die im Krieg gekämpft haben. Dadurch wird ein großer Teil der jüdischen Bevölkerung zu Christen.
Die wichtigste Bestimmung des Gesetzes besagt, dass 80 Prozent aller Angestellten eines Unternehmens Christen sein müssen. Im Falle von Banken usw. wird jedoch eine Frist von fünf Jahren eingeräumt, um dies umzusetzen. In der Industrie sind es zehn Jahre. Soweit die Handelsbank betroffen ist, wird es zu keinen merklichen Einschnitten kommen, weil jährlich [ohnehin] zehn Angestellte in Rente gehen. Damit ist alles, was in fünf Jahren notwendig ist, zu bewerkstelligen.
Die Bestimmungen des Gesetzes schreiben ferner vor, dass in der Umsetzungsphase 95 Prozent aller neu eingestellten Mitarbeiter Nichtjuden sein müssen. Sobald das Verhältnis von 80:20 erreicht ist, kann auch bei Neueinstellungen entsprechend dieser Relation verfahren werden. Dasselbe gilt für Ärzte und Rechtsanwälte; die Ärzte- und die Anwaltskammer werden in Übereinstimmung mit dem Gesetz bei Neuzulassungen das Verhältnis 95:5 so lange berücksichtigen, bis die Proportion 80:20 erreicht ist.
Auch wenn das Gesetz in mancher Hinsicht einschneidend sei, erklärte Herr Weiss, erniedrige es Juden dennoch nicht, und diese könnten durchaus zufrieden sein.
Bevor Herr Bator den Raum betrat, fragte ich Herrn Weiss, wann Imrédy seiner Ansicht nach zum Ministerpräsidenten ernannt werden würde. Er antwortete: „Hoffentlich bald.“[9] Ich fragte nach: „Rechnen Sie damit, dass es bald sein könnte?“ Er antwortete: „Ich wäre nicht überrascht, wir setzen alle auf ihn.“ Ich fragte ihn, ob Imrédy eher Nazi oder Anti-Nazi sei. „Ein Nazi“, antwortete er. „Und warum wollen Sie ihn dann [als Ministerpräsident]?“ Seine Antwort: „Wir brauchen einen kleinen Nazi, und wir vertrauen auf seine Fähigkeiten und darauf, dass er keine radikalen Maßnahmen ergreifen wird. Wir denken, dass die Situation eine starke Hand erfordert, deshalb ziehen wir Imrédy Darányi vor.“
Nachdem Bator hereingekommen und Weiss gegangen war, stellte ich diesem dieselben Fragen und erhielt praktisch identische Antworten. Beide waren der Ansicht, dass Imrédy hinter dem Plan stecke, und gaben zu verstehen, dass er der Wegbereiter der gegenwärtigen Regierung sei. Sie schienen ganz einverstanden damit.

9 Imrédy wurde am 14.5.1938 zum Ministerpräsidenten ernannt.

DOK. 9
Der Ingenieur Imre Patai erwägt angesichts des Judengesetzes am 18. April 1938 die Emigration[1]

Handschriftl. Tagebuch von Imre Patai,[2] Eintrag vom 18.4.1938

Die Ereignisse überstürzen sich. Am Tag von Mamas Begräbnis hielt Horthy[3] seine Rede im Radio,[4] die uns in Bezug auf die politische Lage beruhigte. Von […][5] erhielt ich am Tag zuvor einen Brief über die Judenfrage, der mich schmerzte. Ich hatte vor, etwas schärfer darauf zu reagieren, aber nur wenige Tage später wurde Darányis Vorlage zum Judengesetz publik.[6] Diese und die Stimmung, die seither herrscht, sind niederschmetternd. Man kann nur eine einzige vernünftige Konsequenz daraus ziehen: auswandern.
An Auswanderung dachte ich auch unabhängig davon in letzter Zeit schon sehr viel. Ich habe mich immer weniger mit meinen eigenen Dingen befassen können. Ich sehne mich nach einer Beschäftigung, in der es keine Fabrikführung, keine Administration[stätigkeit] usw. gibt, sondern nur Labor und Forschungsarbeit. Meine diesbezüglichen Pläne sind nun endlich ausgereift. Zunächst wollen wir[7] in Richtung Holland und von dort aus möglichst nach Amerika.
Man muss hier sehr viel zurücklassen: den Komfort, die möblierte Wohnung, die gewohnte Lebensweise, die Ordnung der Dinge, wie ich sie mir eingerichtet habe. Aber all dies hat mich auch nicht besonders produktiv werden lassen.
Meine Bücher und Hefte kann ich mitnehmen. Das Haus lassen wir zurück, das Labor auch.
Mamas Wohnung ist immer noch nicht vollständig aufgelöst. Wir haben ihre Kleider an die Tanten verschenkt, ein paar Teppiche habe ich genommen, die Nähmaschine ging an Gabi.
Das Klavier habe ich gestern für 500 Pengő verkauft, jetzt sind noch die Möbel dran. Ich möchte den Grabstein so schnell wie möglich aufstellen lassen. Was von den Erlösen

1 USHMM, 2000.155. Das Dokument wurde aus dem Ungarischen übersetzt.

2 Dr. Imre Patai (1894–1949), Maschinenbauingenieur; von 1930 an Technischer Direktor der ungar. Niederlassung des Unternehmens Philipps, 1938 für einige Monate Arbeit im firmeneigenen Forschungslaboratorium in Eindhoven (Niederlande), Rückkehr nach Ungarn, Gründung eines Unternehmens für Vakuumtechnik; 1946 Emigration nach Schweden, 1947 in die USA, Professor in Washington, D.C., und Physiker am Franklin Institute in Philadelphia.

3 Miklós Horthy von Nagybánya (1868–1957), Admiral; 1909–1914 Flügeladjutant von Kaiser Franz Joseph I., von Febr. 1918 an Befehlshaber der k. u. k. Kriegsmarine; 1920–1944 Reichsverweser; im Okt. 1944 in Bayern interniert; im Mai 1945 von der US-Armee befreit, emigrierte 1948 in die Schweiz, anschließend nach Portugal.

4 Vermutlich: die Radiorede von Miklós Horthy am 3.4.1938 zum Anschluss Österreichs an das Deutsche Reich und zur innenpolitischen Lage; Abdruck in: Miklós Szinai/László Szűcs (Hrsg.), Horthy Miklós titkos iratai, Budapest 1963, S. 170–177.

5 Ein Wort unleserlich. Möglicherweise: Trump.

6 Das „Erste Judengesetz" wurde unter der Regierung Darányi am 8.4.1938 eingereicht und von der Regierung Imrédy angenommen. Es trat am 29.5.1938 in Kraft; siehe Dok. 14 vom 29.5.1938.

7 Gemeint sind Imre Patai und Ági Jámbor (1909–1997), Konzertpianistin; 1926–1931 Studium an der Universität der Künste Berlin, 1931–1933 Aufenthalt in Paris; 1933 Heirat mit Imre Patai; 1946 Emigration nach Schweden, anschließend in die USA, Mitglied des Philadelphia Orchestra, Professorin für Klassisches Piano am Bryn Mawr College.

nach den Ausgaben übrig bleibt, möchte ich Laci zukommen lassen. In Zusammenhang mit dem Judengesetz und der Auswanderung rückte die Frage der Konversion in den Vordergrund. Ági hat die Unitarier besucht, wo sie aber unfreundlich empfangen wurde. Die Forrós[8] wollten uns die evangelische Konfession einreden, und fast wären wir soweit gewesen, nahmen aber schließlich doch Abstand davon. Nein, so geht das nicht. Wir werden diesen Schritt lieber an einem anderen Ort, in aller Stille unmittelbar vor unserer Abreise vollziehen, selbst wenn auch dann das bittere Gefühl der Erniedrigung und des Opportunismus bleiben wird. Aber es jetzt zu tun, so scheinheilig, verängstigt, demonstrativ und insbesondere auf das Drängen der Forrós hin, wäre stillos. Wir zogen uns diplomatisch zurück und beriefen uns dabei auf den Widerstand innerhalb der Familie.
Ich leide an Verdauungsstörungen, wahrscheinlich Gallenprobleme. Morgen, am Dienstag um acht Uhr, fange ich wieder bei Dr. Herrman mit der Analyse an, nun angesichts der Tatsache, dass die Auswanderung für uns beschlossene Sache ist. Ich wäre sicherlich nicht in der Lage, die Bestimmungen des Judengesetzes umzusetzen. Das Gesetz setzt auch dem Kampf mit der Shul[9] ein Ende.
Der Zustand von Jenő Barnóthy[10] war dermaßen schlecht, dass man ihn in die Benedek-Klinik einliefern musste. Nach einer durchgreifenden Insulin-Kur trat in den letzten Tagen eine eindeutige Besserung ein.
Ági bereitet sich für den Wettbewerb in Brüssel vor. Ihre Arbeit wird selbstverständlich von den vielen äußeren Ereignissen behindert.
Ihre Warschauer Kritiken waren außergewöhnlich begeistert und ausgezeichnet.
Wie leicht sind wir doch über Mamas Tod hinweggekommen!
Ich lerne ohne jeden Anlass Physik, Englisch, mal dies, mal das. Heute dachte ich, man müsste die physio-chemischen Wirkungen des Prießnitz-Wickels[11] durch die Analyse der über die Haut ausgeschiedenen Stoffe untersuchen. Ob man diese Ausscheidung durch eine umgekehrte [...][12] steigern könnte?
Magda macht eine Analyse bei Pfeifer, sie ist oft bei uns, auch waren wir gemeinsam zum Abendessen bei den Forrós eingeladen.
Wie wenig gefühlsmäßige Erinnerungen ich an das habe, was mich mit Magda und den ihren verbunden hat. Vielleicht empfinde ich sogar etwas Freude, dass alles nicht so gekommen ist, wie ich es mir damals so erhofft habe.

Ági und ich, wir stehen uns jetzt sehr nahe.

8 Vermutlich: Magdolna Forró (1904–1995), Physikerin; Forschungen zu kosmischen Strahlen, Entwicklung eines Teleskops zur Messung solcher Strahlen; 1948 Emigration in die USA zusammen mit ihrem Ehemann Jenő Barnóthy.

9 Jidd.: Synagoge.

10 Jenő Barnóthy (1904–1996), Ingenieur; Forschungen zu kosmischen Strahlen zusammen mit Magdolna Forró; Emigration in die USA, 1948–1953 Professor am Barat College in Lake Forest (Illinois), 1955 Gründung der Forro Scientific Co., von 1961 an Präsident der Biomagnetic Research Foundation.

11 Kaltwasserwickel, der v. a. bei Halsschmerzen Anwendung findet.

12 Ein Wort unleserlich

DOK. 10
A Cél: Kommentar von Lajos Méhely vom April 1938 zum Entwurf des Judengesetzes[1]

Schönheitsfehler des Entwurfs zum Judengesetz von Lajos Méhely[2]

Der 8. April 1938 wird als Datum von großer Bedeutung und nachhaltiger Wirkung in die Geschichte der ungarischen Nation eingehen, denn an diesem Tag hat Ministerpräsident Kálmán Darányi dem ungarischen Abgeordnetenhaus den Gesetzesentwurf zur Sicherung des Gleichgewichts im gesellschaftlichen und wirtschaftlichen Leben vorgelegt. Der harmlos und sachlich klingende Titel des Entwurfs lässt nicht das Feuer ahnen, das innerhalb des vorsichtig gezeichneten Rahmens lodert und gar eine Feuersbrunst zu entfachen vermag. Es geht nämlich um nichts weniger als darum, den Traum der weitsichtigen, um ihre Rasse und Nation besorgten patriotischen Ungarn endlich zu verwirklichen und das materielle und geistige Übergewicht des ungarländischen Judentums in seine Schranken zu weisen.

Damit erfüllt sich, wofür die begeisterten Ungarn bereits seit Jahrzehnten kämpften und was jeder Ungar ungeduldig erwartet hat. Die Frage ist nur, ob das neue Gesetz ein segensreicher, erfrischender Regen sein oder mit der Kraft eines rasenden Gewitters über uns hinwegfegen wird.

Das angesichts dieser ungewohnten Energie kleinlaute Judentum befürchtet selbstverständlich Letzteres, aber ob wir Ungarn auf einen günstigen Ausgang hoffen dürfen, ist noch schwer zu entscheiden.

Wir sind uns alle darin einig, dass das Gesetz dringend notwendig war. Ob es aber zur rechten Zeit kommt, ist zumindest umstritten. Eine weitere wichtige Frage ist, ob das neue Gesetz den berechtigten Erwartungen der Ungarn entspricht und ob es die logische Konsequenz eines gut begründeten äußeren und inneren Kampfes ist, der sich zum Ziel gesetzt hat, das beinahe unerträgliche wirtschaftliche und gesellschaftliche Übergewicht des Judentums zu begrenzen.

In Bezug auf den Zeitpunkt hat sich die Regierung offensichtlich einerseits von den Ereignissen beeinflussen lassen, die in letzter Zeit an unserer Westgrenze vor sich gehen,[3] und andererseits die im Lande spürbare Unruhe wie mit einem Blitzableiter auffangen wollen.

Ob zu Recht oder nicht, können wir Bürger von unten kaum beurteilen. Vom Gipfel des Berges aus blickt man weiter, und möglicherweise hat die Regierung den Status Nascendi, den historisch einmaligen, unwiederbringlichen Augenblick richtig erkannt.

1 A Cél, Jg. 9 vom April 1938, S. 109–116: Lajos Méhely, A zsidójavaslat szépséghibái. Das Dokument wurde aus dem Ungarischen übersetzt. Die antisemitische Zeitschrift A Cél, Fajvédelmi Folyóirat (Das Ziel. Zeitschrift zum Rassenschutz) erschien 1910–1944 mit wechselnden Untertiteln meist monatlich.

2 Dr. Lajos Méhely (1862–1953), Zoologe; 1896–1911 Mitarbeiter und 1911–1915 Leiter der zoologischen Sammlung des Ungarischen Nationalmuseums, 1915–1932 Professor, von 1919 an Direktor des Anthropologischen Instituts in Budapest, 1899–1931 Mitglied der Ungarischen Akademie der Wissenschaften; 1926–1940 Redakteur der Zeitschrift A Cél; Mitbegründer der ungar. rassenbiologischen Forschung; er starb nach seiner Verurteilung durch das ungar. Volksgericht im Gefängnis.

3 Gemeint ist der Einmarsch deutscher Truppen am 12.3.1938 in Österreich.

Der historisch richtige Moment wäre allerdings der 1. August 1919 gewesen, als die Nation nach allen göttlichen und irdischen Gesetzen das Judentum vor Gericht hätte stellen können, um es für die Zersetzung der Armee, das Vergeuden unseres Tausendjährigen Reiches,[4] den Aufruhr der Jahre 1918/19, die zum Himmel schreienden Mordtaten, das niederträchtige Zusammenraffen des Vermögens und viele andere Sünden zur Rechenschaft zu ziehen.[5]

Dieser Augenblick ist jedoch für immer dahin und die heutige Situation ist nicht geeignet, das Versäumte nachzuholen. Nicht etwa, weil die Sünden des Judentums milder zu beurteilen wären oder keine Vergeltung verdient hätten, sondern weil unsere Sorgen seither größer geworden sind und die Zahl unserer Feinde gewachsen ist. Wir haben gelernt, dass der Schutz des zwischen zwei Mühlsteinen aufgeriebenen Ungartums Wichtigeres und Dringlicheres erfordert, als die Juden zurückzudrängen.

Ich jedenfalls bin davon überzeugt, dass Ungarn heute eine lebenswichtige, die Nation rettende Aufgabe hat, die darin besteht, den Großgrundbesitz abzuschaffen und die drei Millionen mittellosen Ungarn, die in der großen ungarischen Tiefebene ihr Leben wie Tiere fristen, in die unbewachten Grenzgebiete umzusiedeln! Nichts ist dringlicher als das.

In gleicher Weise verfahren die Tschechen, Walachen, Raizen[6] und vor kurzem sogar die Russen an der polnischen Grenze. Nur wir sind mit Blindheit geschlagen. Solange wir mit zweifelhaften Experimenten unsere kostbare Zeit vergeuden, wird das ungarische Volk verkümmern, und an unseren Grenzen werden Menschengruppen heranwachsen, die einen tödlichen Hass auf uns haben.

Vae victis![7] – möchte ich den Machthabern zurufen, damit sie der Gefahr gewahr werden, die unsere Nation bedroht, und sich bemühen nachzuholen, was wir jahrhundertelang versäumt haben, bevor feindliche Horden, die unsere Grenzgebiete überfluten, die Flamme der letzten ungarischen Feuerstelle auslöschen.

Um auf den Kern des genannten Gesetzesentwurfs zurückzukommen, konzediere ich die gute Absicht der Regierung, kann jedoch nicht verschweigen, dass ich bloß dessen Grundidee befürworte. Schwere Bedenken habe ich indessen hinsichtlich des Umfangs und der Auslegung des Entwurfs.

Ich habe jedes Recht dazu, dies offen zu sagen, denn obwohl nach dem großen Zusammenbruch nicht allein ich die Fahne des Rassenschutzes auf dem von allen Seiten bestürmten ungarischen Gipfel gehisst habe,[8] kann niemand abstreiten, dass es mein Auftreten und meine Lehren waren, die unserem Kampf eine gesunde und gezielte Richtung gegeben haben, abgesichert durch die wissenschaftliche Wahrheit.

Die auf den Zusammenbruch folgende Misere trieb auch andere Menschen zum Handeln, aber ich bezweifle, dass man im heutigen Ungarn ohne meine Mitwirkung über Rassenschutz und Judengesetz sprechen würde.

4 Lajos Méhely bezieht sich auf die Landnahme der Magyaren unter Fürst Árpád um 895 n. Chr. und damit auf die über 1000-jährige Geschichte Ungarns.

5 Am 1.8.1919 trat der Revolutionäre Regierungsrat zurück. Die Vorstellung, die Juden seien für die Etablierung der Räterepublik und damit für die gewalttätige Herrschaft des Kommunismus verantwortlich gewesen, war seit 1919 weit verbreitet; siehe Einleitung, S. 22.

6 Altertümliche Bezeichnung für orthodoxe Serben.

7 Lat.: Wehe den Besiegten.

8 Zur Geschichte des ungar. Rassenschutzes siehe Einleitung, S. 26.

Ich bin fest überzeugt, dass die Französische Revolution ohne die Werke Voltaires und der Enzyklopädisten (Diderot, D'Alembert usw.), die die Stimmung vorbereiteten, nie stattgefunden hätte, und in ähnlicher Weise würde ohne mein Wirken auch in der Rassenfrage der internationale Liberalismus dominieren.
Meine zahlreichen Leitartikel für die Tageszeitung „A Nép“ sowie meine zahlreichen, in der Hauptstadt und in der Provinz gehaltenen Vorträge, in erster Linie aber meine auf der Sitzung der Ungarischen Akademie der Wissenschaften im Mai 1922 vorgestellte Studie „Die lebenswissenschaftlichen Grundlagen der Rassenfrage“[9] haben großes Interesse an diesem Gegenstand geweckt, das ich seitdem wachzuhalten bemüht bin.
„Als die erwähnte akademische Einführung zu hören war“, schreibt ein Bekannter von mir[10], „war die Rassenschutzbewegung der Jahre 19 und 20 bereits Vergangenheit. Die Aufnahmebereitschaft für antisemitische Publizistik hatte nachgelassen, und das Bestreben, die innen- und außenpolitischen Interessen ins Gleichgewicht zu bringen, dämpfte die Konterrevolution. Zweifelsohne verfügte an der Front des Rassenschutzes bis dahin niemand über solche Vorteile wie Méhely, der eine der höchsten und unabhängigsten Positionen, einen Lehrstuhl, innehatte und dem alle intellektuellen und öffentlichen Foren zur Verfügung standen, um die große Masse zu erreichen. Dennoch wäre er isoliert geblieben, hätte er keine treffenderen und wahrhaftigeren Argumente eingebracht als die, mit denen der Antisemitismus nach der Revolution operierte. Dieser stellte zwei Elemente einander gegenüber: Das Ungartum und das Judentum, ohne dass die antisemitischen Vertreter die wesentlichen Gründe dieses Gegensatzes hätten erklären können. Dem Ungartum fehlte das Bewusstsein des Bluts, das Bewusstsein und die Wertschätzung der *differentia specifica,*[11] ohne die man im Lebenskampf der Völker nicht einmal satisfaktionsfähig wird.“
„Méhely hat diesen grundsätzlichen Mangel richtig erkannt und seine Arbeit auf die Schaffung einer Rassenideologie gerichtet, die einerseits das Ungartum als biologische Einheit gegenüber anderen Völkern abgrenzt und diese Abgrenzung andererseits als natürlichen Selbstzweck ansieht und zu einer Mission macht. Dem Zeitgeist folgend beginnt seine akademische Vorlesung mit der Schilderung der Revolutionen und einer Skizze, welche Rolle die Juden dabei spielten. Es folgen naturwissenschaftlich fundierte Überlegungen zur Beschaffenheit der Rassen und der Rassenmerkmale und zu den wunderbaren Regeln der Vererbung und den schädlichen Folgen der Rassenmischung, mit einem Wort eine grundlegende Skizze der Rassenbiologie.“
Ich beziehe mich deshalb auf die oben zitierten Zeilen, weil sie aus der Feder eines auf dem Gebiet der biologischen Wissenschaft bewanderten Fachmanns[12] stammen und mit kühler Objektivität auf die Beweggründe und den eigentlichen Sinn meiner Tätigkeit im Bereich des Rassenschutzes verweisen.

9 Lajos Méhely, A fajkérdés élettudományi alapjai, in: A Cél, Jg. 16 (1926), S. 323–341.
10 Anmerkung im Original: „Dr. János Gáspár: Lajos Méhely és a tudományos fajvédelem Magyarországon. Budapest 1931, S. 7.“
11 Lat.: Artunterschied; spezifisches Merkmal, das eine Art von einer anderen unterscheidet.
12 Dr. János Gáspár (1899–1988), Arzt, Anthropologe; 1927–1932 Assistent von Méhely am Anthropologischen Institut in Budapest, Leiter der Anthropologischen Abt. des Anatomischen Instituts in Szeged, 1937–1942 Leiter der Medizinisch-Anthropologischen Abt. in Budapest; nach 1945 Emigration nach Schweden, von 1965 an Oberarzt in Växjö.

Ich könnte noch die verständnisinnigen, begeisterten, ehrfurchtsvollen und lobhudelnden Erklärungen mancher Parteien, Verbände und Gruppen anführen, doch da sie alle einen gewissen politischen oder weltanschaulichen Beigeschmack haben, wollen wir sie lediglich als Ausdruck patriotischer Gesinnung ansehen. Ich möchte jedoch darauf hinweisen, dass eine ganze Reihe von Rednern im Abgeordnetenhaus sowie zahlreiche Bücher und Zeitschriften meine Lehre verbreiten, die trotz der verzweifelten, oft hinterhältigen Attacken des Feindes das erwachte Ungartum beeinflussen.

Durch diese meine Bemühungen haben sich im Laufe von zwei Jahrzehnten auch in der Judenfrage gewisse Grundwahrheiten und daraus resultierende Folgerungen herauskristallisiert, die heute im Geist der ungarischen Gesellschaft tief verankert sind. Es ist deshalb sehr bedauerlich, dass sie in dem vom Regierungspräsidenten[13] eingereichten Gesetzesentwurf völlig fehlen.

Mir ist bekannt, dass das Gesetz nur auf gewisse Entlastungen im Bereich der Volkswirtschaft und nicht auf die Lösung der Judenfrage abzielt; doch die geplanten Maßnahmen berühren, wenn auch ungewollt, den Kern der Judenfrage, ohne die daraus folgenden logischen Konsequenzen zu ziehen.

In §4 des Gesetzes heißt es: „In die Presse- und Schauspielkammer dürfen Juden nur soweit aufgenommen werden, dass ihr Anteil 20 Prozent der Mitglieder nicht überschreitet."

Offensichtlich ist, dass das Gesetz zwei Kategorien von Landsleuten einführt, indem es 20 Prozent Juden allen übrigen Nichtjuden gegenüberstellt.

Zwar berührt der Entwurf Begriff und Merkmale der Juden nicht, trotzdem unterstellt er indirekt, dass „Jude" nur im Sinne einer Rasse zu verstehen sei. Als Konfession ist das Judentum nicht zu betrachten, weil es Unsinn ist, eine Konfession mit gesetzlichen Maßnahmen zurückdrängen zu wollen. Dies würde einen Angriff auf die Idee der Religion darstellen.

Das Judentum ist also als Rasse zu verstehen, was jeden denkfähigen Ungarn beruhigen würde, allerdings nur solange er nicht den nächsten Absatz liest, der folgendermaßen lautet: „In diese 20 Prozent sind Kriegsinvaliden, Frontkämpfer und diejenigen nicht einzubeziehen, die vor dem 1. August 1919 zu einer anderen Konfession konvertierten und ihr seitdem ohne Unterbrechung angehören oder von Eltern abstammen, die dieser Konfession angehören."

Selbstverständlich wird niemand ernsthaft Einwände gegen die Ausnahmeregelung für die Kriegsinvaliden und Frontkämpfer erheben. Mit den vor dem 1. August 1919 getauften Juden könnte das Gesetz allerdings in eine Sackgasse geraten, da hier im Gegensatz zum einleitenden Absatz in §4 das Judentum als Konfession betrachtet wird, und zwar als eine besondere Konfession, die nur vor dem 1. August 1919 als solche gilt, nach dem 1. August 1919 allerdings als Rasse.

Ich denke, es ist ohne weiteres einsichtig, dass dieser eklatante Makel, der allem logischen Denken widerspricht, den Wert des Entwurfs stark vermindert. Dabei hat in Bezug auf diese besondere Feststellung die biologische Wissenschaft, die Rassenkunde, die Geschichte und nicht zuletzt das Judentum selbst mitzureden.

13 Ministerpräsident Kálmán Darányi.

Es wäre überflüssig, hier die allgemein bekannten Feststellungen der Rassenkunde zu wiederholen, weil das entscheidende Wort hier dem Judentum selbst zusteht. Und dieses ist sich seit den Rassenschutzgesetzen von Esra[14] selbst völlig im Klaren über den eigenen Rassencharakter.

Zum Beweis dieser These reicht es aus, an die folgende Erklärung von Prof. Eduard Gans[15] zu erinnern: „Die Taufe und sogar die Kreuzung lohnen nicht. Wir bleiben bis in die hundertste Generation Juden, wie wir es 3000 Jahre zuvor waren. Wir verlieren nicht einmal in der zehnten Kreuzung den Geruch unserer Rasse (den Foetor Judaicus), und unsere Rasse bleibt Herrscher in einer Beziehung mit jedweder Frau: Aus dieser werden kleine Juden entstehen!“[16]

Nicht weniger beleuchten die folgenden Worte aus den 1864 in Paris erschienenen „Archives Israélites“ diese Frage: „Wir sind nicht deswegen Juden, weil wir beschnitten sind, sondern wir lassen unsere Kinder beschneiden, weil wir Juden sind. Unsere Geburt drückt uns das Brandmal des Judentums auf, und wir können dieses Brandmal nie ablegen, und sogar der getaufte Jude hört nicht auf, Jude zu sein, die Verbindlichkeiten des Judentums werden für ihn immer gültig bleiben.“[17]

Der Rassencharakter des Judentums kann demgemäß nicht bezweifelt werden, und es ist eine große Schwäche des Entwurfs, das nicht zum Ausdruck zu bringen. Daran leidet auch die bekannte Entscheidung der Kurie, die das Judentum als Konfession betrachtet.[18]

Nach Auffassung des Grafen Imre Károlyi[19] „haben wir ein unsinniges, veraltetes Gesetz, das das Judentum nur als Konfession betrachtet“,[20] eine falsche Annahme, da die Entscheidung der Kurie gar kein Gesetz ist. Möglicherweise wird sie jetzt dennoch Gesetzeskraft erlangen, falls die oben beanstandeten Bestimmungen des neuen Gesetzesvorschlags ihren Weg in das ungarische Recht finden.

Um dies zu verhindern, sollte man §4 des neuen Gesetzes dahingehend ergänzen, dass „diese Bestimmung nicht die rassische Zugehörigkeit der Juden betrifft.“

Die Entscheidung der Kurie hat im Übrigen insofern einen Sinn, als das Judentum nicht nur eine Rasse, sondern auch eine Konfession ist, denn jede Religion ist auch eine Rassenkonfession, und dies gilt insbesondere für die jüdische.

Aber selbst wenn wir anerkennen, dass die Mehrheit der Juden mosaischen Glaubens ist, besteht hinsichtlich der Entscheidung der Kurie eine weitere Schwierigkeit darin,

14 Der Hohepriester Esra bestand um 450 v. Chr. auf der Reinhaltung des jüdischen Volks und befahl die Scheidung von „Mischehen“.

15 Eduard Gans (1797–1839), Jurist, Rechtsphilosoph, Historiker.

16 Anmerkung im Original: „Prof. Dr. Jäger: Entdeckung der Seele. 3. Ausgabe. I. Kap., S. 247.“ Darin heißt es im deutschen Original: „Taufe und sogar Kreuzung nützen gar nichts, wir bleiben auch in der hundertsten Generation Juden wie vor 3000 Jahren. Wir verlieren den Geruch unserer Rasse nicht, auch nicht in zehnfacher Kreuzung, und bei jeglichem Coitus mit jeglichem Weibe ist unsere Rasse dominierend, es werden junge Juden daraus.“ Das Originalzitat bei Gans wird nicht nachgewiesen und konnte nicht ermittelt werden.

17 Nicht ermittelt.

18 Die kgl. ungar. Kurie urteilte am 13.5.1925, dass das Judentum keine Rasse und keine Nation, sondern eine Konfession sei.

19 Graf Imre Károlyi (1873–1943), Großgrundbesitzer, Autor; von 1897 an Mitglied des Magnatenhauses, 1927–1932 Mitglied des Oberhauses; von 1900 an Präsident der Belgisch-Ungarischen Bank, anschließend der Ungarischen Bank- und Handels-AG.

20 Anmerkung im Original: „Graf Imre Károlyi: A zsidókérdés Magyarországon, 1938, S. 5.“

dass die jüdische Religion, wie ich es in meiner Studie kürzlich ausgeführt habe,[21] 16 Konfessionen umfasst, die in Bezug auf die christliche Moral und die Sicherheit des Staats äußerst unterschiedliche Positionen vertreten.

Da aber jedes Gesetz und jede Rechtsvorschrift einer inneren Wahrheit entsprechen muss, würde die Entscheidung der Kurie nur dann den Erfordernissen entsprechen, wenn sie unmissverständlich festlegen würde, auf welche Konfession sie sich bezieht.

Aus meiner Studie wird ersichtlich, dass der jüdischen Religionsgemeinschaft rechtschaffene, im Prinzip nicht zu beanstandende Konfessionen angehören, die davon ausgehen können, dass man sie human behandelt. Es gibt aber auch andere, die für jedes nichtjüdische Volk eine tödliche Gefahr darstellen. Es wäre selbstmörderisch, den Schutz des Gesetzes auf diese auszuweiten.

Wir weisen in diesem Zusammenhang darauf hin, dass die unter der Herrschaft der Wunderrabbis lebenden Chassiden der gröbsten, abergläubischsten, fanatischsten, unmoralischsten Konfession innerhalb des Judentums angehören, die in ihrer religiösen Blindheit bereit ist, ohne Bedenken zu töten bzw. ihrem Gott „Menschenopfer darzubringen".[22]

Es gibt in der Literatur der Kulturvölker Hinweise auf Hunderte und Aberhunderte von Ritualmorden. Deshalb hätte man in dem neuen Judengesetz deutlich machen müssen, dass Mitglieder solch blutrünstiger Konfessionen als außerhalb des Gesetzes stehend betrachtet werden.

Wenn dieser Aspekt zur Geltung käme, wären wir der Lösung der Judenfrage auf jeden Fall näher, obwohl auch dann zahlreiche Forderungen unerfüllt blieben. Für deren Verwirklichung müsste das Ungartum einen neuen energischen Kampf beginnen, weil ohne die Lösung dieser Frage unser Kampf niemals enden wird.

Was das derzeit vorliegende Judengesetz anbietet, ist viel zu wenig, da die nachstehenden, früher oder später zu ergreifenden Maßnahmen fehlen:

1. das gesetzliche Verbot der ungarisch-jüdischen Eheschließung,
2. das Verbot für Juden, ungarische Mädchen in Dienst zu nehmen,
3. zehnjährige Zuchthausstrafe für Juden, die sich der unehelichen Rassenschande schuldig machen,
4. eine Quote für Juden in jedem Berufszweig,
5. das Verbot, Grund und Boden zu erwerben oder zu pachten,
6. das Verbot jeglicher jüdischer Einwanderung,
7. die Konfiszierung des im Krieg angehäuften Judenvermögens,
8. das Verbot aller der christlichen Moral entgegenstehenden jüdischen Konfessionen,
9. die Erklärung des Judentums zur nationalen Minderheit,
10. das Verbot für Juden, ungarische Namen zu tragen.

21 Anmerkung im Original: „Lajos Méhely: A zsidó felekezetekről. A Cél, 1935."

22 Der im 18. Jahrhundert in Osteuropa entstandene Chassidismus war eine religiös-mystische Bewegung, die sich als eine Alternative zum traditionellen Rabbinertum verstand. Sie lehnte die Aufklärung ab und zählte zu den konservativen Bewegungen innerhalb des Judentums. Die Bezichtigung, Juden würden aus rituellen Gründen Menschenopfer erbringen, ist ein altes antisemitisches Stereotyp.

Noch ist die Zeit, diese Forderungen umzusetzen, vielleicht nicht gekommen, sie sollte jedoch früher oder später kommen, weil dies die grundlegende Voraussetzung für das Weiterbestehen des Ungartums ist.
Bis dahin sollten wir aber frohen Herzens das Judengesetz annehmen in der Hoffnung, dass dies nur der erste Schritt auf dem Wege einer in naher Zukunft einzuführenden und an den Interessen des ungarischen Rassenschutzes orientierten Regelung ist.

DOK. 11
Pesti Napló: Am 5. Mai 1938 protestieren 59 ungarische Schriftsteller, Künstler und Wissenschaftler mit einer Erklärung gegen den Entwurf des „Ersten Judengesetzes"[1]

Erklärung der Schriftsteller, Künstler und Wissenschaftler an die ungarische Gesellschaft und die Mitglieder der ungarischen Legislative

Eine Gruppe von in Literatur, Wissenschaft und Kunst Tätigen wendet sich zum Schutz der staatsbürgerlichen Rechtsgleichheit mit der folgenden Erklärung an die ungarische Gesellschaft und an die Mitglieder der ungarischen Legislative!
Wir, ungarische Schriftsteller, Künstler und Wissenschaftler, Vertreter verschiedenster Weltanschauungen und Parteien, aus den unterschiedlichsten gesellschaftlichen Schichten stammend, die wir in den unterschiedlichsten Berufen und Arbeitsbereichen tätig sind, erheben als Erben der tausendjährigen ungarischen Kultur, die wir zu bewahren und zu bereichern aufgefordert sind, und als Nachfahren christlicher Familien, die wir im Einklang mit dem Christentum für Ehre, Vernunft und Patriotismus stehen, unsere feste Stimme im Interesse des Prinzips der staatsbürgerlichen Rechtsgleichheit. Diese soll mit dem Inkrafttreten des „Gesetzes über die wirksame Sicherung des gesellschaftlichen Gleichgewichts"[2] aus der ungarischen Verfassung eliminiert werden.
Dieser Gesetzesentwurf verspricht, das gesellschaftliche Gleichgewicht herzustellen, ignoriert aber durchweg die Lage der ärmsten und wirtschaftlich schwächsten Schichten. Dieser Entwurf erniedrigt nicht einmal das Judentum so sehr wie die Söhne der christlichen Mittelschichten, indem er voraussetzt, sie würden – alle heiligen Prinzipien staatsbürgerlicher Gleichheit missachtend – in Entrechtung, in beschämender Bevormundung, in einer Zwangsanstellung ihr Auskommen suchen. Der Gesetzesentwurf impliziert auch deren moralische Verirrung, indem er darauf abhebt, sie würden einem Teil ihrer Mitbürger aufgrund ihrer Religion ihre bürgerlichen Rechte aberkennen und sie stigmatisieren, um ihre eigenen Interessen durchzusetzen.

1 Pesti Napló, Nr. 101 vom 5.5.1938, S. 2: Írók, művészek, tudósok deklarációja a magyar társadalomhoz és a törvényhozás tagjaihoz. Abdruck in: László Karsai, Befogadók. Írások az antiszemitizmus ellen 1882–1993, Budapest 1993, S. 79–81. Teilweise abgedruckt in engl. Übersetzung in: Zoltán Vági/ László Csősz/Gábor Kádár, The Holocaust in Hungary. Evolution of a Genocide, Lanham (Md.) 2013, S. 4 f. Das Dokument wurde aus dem Ungarischen übersetzt. Die politische Tageszeitung Pesti Napló (Pester Journal) erschien zwischen 1850 und 1939.
2 Siehe Dok. 14 vom 29.5.1938.

In Bezug auf die Juden zielt dieser Entwurf vor allem auf die Ärmsten ab, auf jene, die ihren Arbeitgebern am meisten ausgeliefert sind, und er trifft auch unter ihnen insbesondere die Jugend, die pauschal bestraft wird, weil sie zu jung waren, um im Krieg gewesen zu sein.[3]
Mit unserem Gewissen ist es unvereinbar, wenn säkulare Behörden Menschen nach ihrem Taufdatum unterscheiden, obwohl die Kirche die Taufe ohne Unterschied und Vorbehalt im Sinne der Gleichheit vor Gott und der Nächstenliebe jedem gewährt, der sich in ihren Schoß begibt.
Unser christlicher Glauben, unsere patriotische Überzeugung, unser Beharren auf der Glaubwürdigkeit unseres Landes vor Europa und unser Festhalten an der nationalen Unabhängigkeit gebieten es uns, immer auf dem Prinzip der staatsbürgerlichen Rechtsgleichheit zu bestehen, errungen von den besten Geistern Ungarns in der schönsten Epoche seiner Geschichte.[4]
Das Ungartum benötigt in dieser historischen Krisenzeit seine ganze Kraft. Die Herren der besetzten Gebiete[5] versuchen mit statistischen Tricksereien, alle Ungarn jüdischen Glaubens vom ungarischen Volksstamm abzuspalten, obwohl sie, von geringen Ausnahmen abgesehen, als Minderheit ihr Schicksal mit der ungarischen Schicksalsgemeinschaft geteilt und diesem getrotzt haben. Dürfen wir – auch ungewollt – diesem Beispiel folgen und 400 000 Mitbürger aus dem Kreis der Ungarn ausschließen?
Haben wir vergessen, dass diese unsere Mitbürger, wie die Kulturgeschichte zweifellos bezeugt, nicht nur Teilhaber, sondern auch Stützen und Erbauer der ungarischen Kultur waren? Sollen wir leugnen, dass sie diese Schicksalsgemeinschaft in den Freiheitskämpfen von 1848 und im Weltkrieg mit ihrem Blut bezahlt haben? Wir bekennen uns dazu, dass diese unsere Mitbürger ebenfalls Ungarn sind, und wir lassen es deshalb nicht zu, dass ihnen ihr Ungartum streitig gemacht wird, zumal gegenwärtig entsprechende und besorgniserregende Bestrebungen aufkeimen, durch welche Staatsbürger, die sich als vollständige Ungarn fühlen und führende Positionen übernommen haben, aus dem ungarischen Volk ausgeschlossen werden.
Deshalb protestieren wir kraft unseres ganzen Gewissens und glauben daran, dass unsere Stimme in einem Land, das seinen Ruhm dem heldenhaften Kampf für die Glaubens- und Gedankenfreiheit sowie der Einlösung der Menschenrechte verdankt, nicht ohne Widerhall bleibt. Angetrieben von diesem inneren Gebot wenden wir uns an die Mitglieder beider Häuser der ungarischen Legislative,[6] an die christlichen Kirchen, an die Kammern der unterschiedlichen freien Berufe und Wirtschaftszweige, an die Gewerkschaften und andere Interessenvertretungen, an politische, soziale und kulturelle Vereine, an das vernünftige und patriotisch gestimmte Volk im ganzen Land mit der Bitte, Zeugnis abzulegen von ihrem Stolz, von ihrem Mut und von ihrer Uneigennützigkeit und gegen diesen Entwurf, der uns alle beschädigt, einzuschreiten.

3 Die Ausnahmebestimmungen des Gesetzes betrafen u. a. Kriegsinvaliden, Kriegerwitwen, Frontkämpfer sowie Kinder von Soldaten, „die den Heldentod starben".

4 Anspielung auf das 1848 aufgestellte Zwölf-Punkte-Programm für die Gleichstellung aller Bürger und aller Religionen; siehe Einleitung, S. 18.

5 Gemeint sind jene Staaten, an die Ungarn im Sinne des Friedensvertrags von Trianon Gebiete abtreten musste.

6 Oberhaus und Abgeordnetenhaus.

Jeder Zeitgenosse sollte dabei bedenken, welche Verantwortung er dafür trägt, wenn gegen jedes Gewissen ein Gesetz verabschiedet würde, das einmal als beschämendes historisches Zeugnis von Ungarn gelten wird!

Graf György Apponyi, Béla Bartók, István Bárczy, József Berda, Sándor Berecz, Aurél Bernáth, Mária Blaskó, László Bóka, Imre Csécsy, István Csók, József Darvas, Jenő Erdős, Jenő Eszenyi, Imre Győri Farkas, Noémi Ferenczy, Géza Féja, József Fodor, Gyula Földessy, Frau Lula Földessy Hermann, Zoltán Gáspár, István Hertelendy, Béla Horváth, György Pálóczi Horváth, Aurél Kárpáti, Károly Kernstok, János Kmetty, László Kocsis von Dernő, Zoltán Kodály, Erzsébet Kozma, Zsigmond Kun, Márton Lovászy, Vitéz Miklós Makay, Ödön Márffy, Ferenc Mátyás, Ernő Mihályfi, Farkas Molnár, Kálmán Molnár, Zsigmond Móricz, József Zugligeti Pintér, Ödön Polner, Gusztáv Rab, Gusztáv Rados, Zsigmond Remenyik, Margit Riedl, Aladár Schöpflin, Pál Simándy, Artúr Somlay, Géza Supka, Zoltán Szabó, Árpád Szakasits, Zoltán Szász, Graf György Széchenyi, Lajos Szimonidesz, J. Jenő Tersánszky, Aladár Tóth, János Vaszary, Béla Vikár, Tibor Vilt, Lajos Zilahy.[7]

7 Graf György Apponyi (1898–1970), Politiker; Béla Bartók (1881–1945), Komponist; István Bárczy (1866–1943), Politiker; József Berda (1902–1966), Dichter; Sándor Berecz (1891–1959), Jurist, Journalist; Aurél Bernáth (1895–1982), Maler; Mária Blaskó (1891–1956), Schriftstellerin; László Bóka (1910–1964), Dichter, Schriftsteller; Imre Csécsy (1893–1961), Schriftsteller; István Csók (1865–1961), Maler; József Darvas (1912–1973), Schriftsteller; Jenő Erdős (1912–1981), Journalist; Jenő Eszenyi (*1881), Grundbesitzer; Noémi Ferenczy (1890–1957), Künstlerin; Géza Féja (1900–1978), Schriftsteller, Journalist; József Fodor (1898–1973), Dichter, Journalist; Gyula Földessy (1874–1964), Literaturwissenschaftler, Kritiker; Frau Lula Földessy Hermann, geb. Hermann (1887–1955), Pianistin; Zoltán Gáspár (1901–1945), Journalist; István Hertelendy (1911–1945), Schriftsteller; Béla Horváth (1908–1975), Dichter, Journalist; György Pálóczi Horváth (1908–1973), Journalist; Aurél Kárpáti (1884–1963), Kritiker, Schriftsteller, Dichter; Károly Kernstok (1873–1940), Maler; János Kmetty (1889–1975), Maler, Graphiker; László Kocsis von Dernő (1903–1970), Journalist; Zoltán Kodály (1882–1967), Komponist; Erzsébet Kozma (1879–1973), Bildhauerin; Zsigmond Kun (1893–2000), Journalist, Kunstsammler, Schriftsteller; Márton Lovászy (1891–1975), Journalist; Vitéz Miklós Makay (1905–1977), reformierter Priester, Schriftsteller; Ödön Márffy (1878–1959), Maler, Graphiker; Ferenc Mátyás (1911–1991), Dichter; Ernő Mihályfi (1898–1972), Journalist; Farkas Molnár (1897–1945), Architekt; Kálmán Molnár (1881–1961), Jurist; Zsigmond Móricz (1879–1942), Schriftsteller; József Zugligeti Pintér (1913–1974), Redakteur, Journalist; Ödön Polner (1865–1961), Jurist; Gusztáv Rab (1901–1963), Journalist, Schriftsteller; Gusztáv Rados (1862–1942), Mathematiker; Zsigmond Remenyik (1900–1962), Schriftsteller; Margit Riedl, Tanzlehrerin; Aladár Schöpflin (1872–1950), Kritiker, Schriftsteller; Pál Simándy (1891–1978), Schriftsteller, Journalist; Artúr Somlay (1883–1951), Schauspieler; Géza Supka (1883–1956), Archäologe, Journalist; Zoltán Szabó (1912–1984), Schriftsteller; Árpád Szakasits (1888–1965), Journalist; Zoltán Szász (1877–1940), Schriftsteller, Journalist; Graf György Széchenyi (1889–1938), Politiker, Redakteur; Lajos Szimonidesz (1884–1965), evang.-luther. Priester, Journalist; J. Jenő Tersánszky (1888–1969), Schriftsteller; Dr. Aladár Tóth (1898–1968), Musikkritiker; János Vaszary (1867–1939), Maler; Béla Vikár (1859–1945), Ehtnograph; Tibor Vilt (1905–1983), Bildhauer; Lajos Zilahy (1891–1974), Schriftsteller.

DOK. 12
Die Pester Israelitische Gemeinde informiert am 12. Mai 1938 ein jüdisches Altersheim in Wien, dass die koschere Schlachtung auch in Ungarn verboten wurde[1]

Schreiben (5165/1938) des Generalsekretärs der Pester Israelitischen Gemeinde,[2] für den Vorstand Unterschrift unleserlich, Budapest, an die Verwaltung des Altersheims der Israelitischen Gemeinde Wien vom 12.5.1938[3]

In Beantwortung Ihrer Zuschrift Z.179/38, in welcher Sie uns um Übersendung von Koscherfleisch ersuchen,[4] müssen wir mit aufrichtigem Bedauern mitteilen, daß das Schachten[5] leider auch in Ungarn vor einigen Wochen durch eine Ministerialverordnung verboten wurde, d. h., es ist untersagt, Schlachttiere ohne vorherige Täubung zu töten.[6] Bei uns ist die Lage auch danach, daß unsere Vorräte von Koscherfleisch bald ausgehen werden, und die Versorgung der Bevölkerung mit koscherem Fleisch bedeutet auch für uns eine ebensolche noch ungelöste Frage.
Es schmerzt uns wahrhaftig, daß wir in dieser Sache Ihnen nicht beistehen können, und verbleiben
mit vorzüglicher Hochachtung

DOK. 13
Frau Paunz beschreibt am 17. Mai 1938 die antijüdische Stimmung in Mohács[1]

Handschriftl. Brief von Frau Paunz,[2] Mohács, an ihre Tochter Irma[3] vom 17.5.1938

Meine süße Irmuska!
In Mohács gehen inzwischen Schreckensnachrichten um, bisher hatten die Juden und die römischen Katholiken ja in Frieden und Eintracht hier zusammengelebt. Vor einigen Tagen ist der Verein der Pfeilkreuzler gegründet worden, und plötzlich explodiert alles. Alle, die aus Budapest nach Mohács gekommen sind, berichten übereinstimmend, die Stimmung dort oben sei definitiv besser geworden. Die Juden könnten sich wieder frei

1 MZSML, PIH iktatott iratok, 1938/05165.
2 Sándor Eppler (1890–1942), Angestellter; von 1908 an Mitarbeiter der Pester Israelitischen Gemeinde, von 1924 an stellv. Generalsekretär der Gemeinde, später deren Generalsekretär, von 1924 an Sekretär des Staatlichen Büros der Israelitischen Taubstummen; von 1940 an im Arbeitsdienst, zu Hause an den Folgen des Arbeitsdienstes verstorben.
3 Sprachliche Eigenheiten wurden beibehalten.
4 Siehe Schreiben des Altersheims der Israelitischen Kultusgemeinde Wien an den Vorstand der Israelitischen Gemeinde, Budapest, vom 5.5.1938, MZSML, PIH iktatott iratok, 1938/05165.
5 Richtig: Schächten.
6 Siehe §2 der VO 21.700/1938 des Landwirtschaftsministers vom 6.4.1938. Nach jüdischer Auffassung wird durch die Betäubung die Unversehrtheit des Tieres verletzt und dieses damit unrein.

1 WHL, Brody-Pauncz Family Papers, 627/5. Das Dokument wurde aus dem Ungarischen übersetzt.
2 Regina (Riza) Weisz, verh. Paunz (1875–1963).
3 Irma Paunz (auch Pauncz), verh. Brody (1903–1985), überlebte den Holocaust in Budapest mit Hilfe eines schwedischen Schutzpasses zusammen mit ihren Kindern Judit und Livia und ihrem Mann György Brody; 1957 Emigration in die Schweiz.

bewegen, es gebe keine Sabotage mehr, mit einem Wort: Die Luft rieche nicht nach Pulver. Hier hingegen wird über *nichts als* über Plünderung, Hitlerismus und ähnliche nette Dinge geredet. Dieser Tage hat mir jemand vorgeschlagen, ich solle Schmuck und gute Unterwäsche zusammenpacken und an Euch schicken. Weil ich alleine hier bin, würden sie mich hier überfallen, und die Sachen seien bei Euch sicherer. Ich empfinde die Situation momentan zwar als nicht so ernst, aber man kann nicht wissen![4] Du kannst dir vorstellen, wie ich zittere, wenn ich mich hier abends hinlege. Ringsherum diese Erwachenden.[5] Die Militärs wurden von Mohács abkommandiert, deshalb stehen jetzt sehr viele Offizierswohnungen leer, also gibt es eigentlich keine Wohnungsnot mehr. Um die Wohnung im Haus drängelt man sich nicht, dennoch gelingt es mir vielleicht bis Herbst, diese hier zu vermieten. Ich lege einen Brief für Arnold bei, die Kinder können ihn zu ihm bringen. Hugo bat mich, auch eine Postkarte an Arnold zu schicken, und so spare ich mir zwanzig Heller. Irmucsi, Du schreibst, dass Ilonka keine Probleme habe, doch ich bekam einen äußerst bitteren Brief von ihr. Bei Ernst liefe es sehr schlecht, er verdiene derzeit so gut wie nichts. Ilonka müsse für die Kleidung der Kinder sorgen, die in Lumpen herumliefen. Ob Dorit dieses Jahr hinunterfahren könne, sei noch fraglich, da Ernst nicht einmal das Geld für die Reisekosten usw. aufbringen könne. Ich weiß nicht, wem ich nun glauben soll, entweder beschönigst Du die Angelegenheit oder Ilonka übertreibt. (Ilonka übertreibt gerne!)
Aus der […][6] ließ ich die Fäden herausziehen, soll ich sie nun per Post schicken oder auf einen Anlass warten? Juczi brachte gestern hier in Mohács ein Mädchen zur Welt. Sie ist bei ihren Eltern. Teruska sagt, Éva war am Muttertag mit einem großen Blumenstrauß bei Dir, hat Dich aber nicht zu Hause angetroffen. Das ist so lieb von ihr!
Ansonsten gibt es nichts Besonderes, das Wetter ist inzwischen besser, und so hebt sich auch die Stimmung. Kennst du zufällig die Adresse von Koch? Sie sind vom Kálvária-Platz weggezogen, hinterließen aber keine neue Anschrift. Es sieht so aus, als ob sie ihre neue Anschrift bewusst nicht mitgeteilt haben, damit ich nicht weiß, wo sie sind. Wie hat der Kindergeburtstag geklappt? Wie viele sind gekommen? Wie geht es Euch Allemiteinander?[7]
Bitte, schreibe mir über alles, über die Kinder, Gyuri,[8] über Dich.
Mir geht es gut, ich küsse Euch vielmals.
In Liebe Deine Mutter
Wann bekommen wir ein wenig Geld von […]?[9]

4 Satz im Original deutsch.
5 Die radikale, antisemitische Vereinigung der Erwachenden Ungarn wurde 1918 gegründet und verübte mehrere politisch und antisemitisch motivierte Terrorakte in Ungarn.
6 Ein Wort unleserlich.
7 Wort im Original deutsch.
8 György Brody (1903–1960), Chemiker; Studium an der Technischen Hochschule Karlsruhe; überlebte den Holocaust in Budapest mit Hilfe eines schwedischen Schutzpasses und leitete ein geschütztes Haus in Budapest; 1956 Emigration in die Schweiz.
9 Ein Wort unleserlich.

DOK. 14
Das „Erste Judengesetz" vom 29. Mai 1938 schränkt den Anteil an Juden in den geistigen Berufen ein[1]

Gesetz 1938:XV über die wirksamere Sicherung des Gleichgewichts des gesellschaftlichen und wirtschaftlichen Lebens vom 29.5.1938[2]

Ich erinnere hiermit alle, die es betrifft, dass Ungarns Abgeordnetenhaus und Oberhaus des Parlaments das folgende Gesetz im gemeinsamen Einvernehmen geschaffen hat:

§1. Das kgl. ungar. Ministerium wird bevollmächtigt, innerhalb von drei Monaten nach der Verkündung des vorliegenden Gesetzes Verordnungen zu erlassen, um das Gleichgewicht im gesellschaftlichen und wirtschaftlichen Leben wirksam zu sichern. Dazu hat es in den in den folgenden Paragraphen aufgeführten Bereichen und gemäß den dort angeführten Prinzipien die notwendigen und dringenden Maßnahmen zu ergreifen – einschließlich solcher, die geeignet sind, die Arbeitslosigkeit unter den Intellektuellen zu bekämpfen –, auch wenn diese eigentlich in den Aufgabenbereich der Legislative fallen.

§2. Das kgl. ungar. Ministerium wird angewiesen, dafür zu sorgen, dass

a) für Herausgeber und Redakteure von periodisch oder nicht periodisch erscheinenden Zeitungen oder für Mitarbeiter, die in einem ständigen Arbeitsverhältnis stehen, eine Pressekammer [eingerichtet wird];

b) für Theaterkünstler, Filmschauspieler, Theater- und Filmregisseure und darüber hinaus für Geschäftsführer und Verwalter im Bereich Theater- und Filmkunst sowie für das künstlerische Hilfspersonal (Chorpersonal) in diesen Bereichen eine Schauspiel- und Filmkunstkammer eingerichtet wird.

Die Pressekammer und die Schauspiel- und Filmkunstkammer haben folgende Aufgaben: Ergreifung von Maßnahmen im Bereich des Presse- und Zeitungswesens bzw. der Schauspiel- und Filmkunst, die zur Durchsetzung und Sicherung des nationalen Geistes und der christlichen Moral geeignet sind, Vertretung der körperschaftlichen und sozialen Interessen der der Kammer angehörenden Personen, Wahrung des moralischen Niveaus und Ansehens ihres Berufsstands, Schutz der mit der Ausübung ihres Berufs einhergehenden Rechte und Kontrolle der zu erfüllenden Pflichten, Ausübung der behördlichen Disziplinargewalt sowie Abgabe von Stellungnahmen und Vorschlägen in Zusammenhang mit dem Presse- und Zeitungswesen sowie in Fragen, die sich auf die Schauspiel- und Filmkunst beziehen.

Herausgeber und Redakteur einer periodisch oder nicht periodisch erscheinenden Zeitung oder Mitarbeiter, der bei einer Zeitung in einem ständigen Arbeitsverhältnis steht, muss Mitglied der Pressekammer sein.

1 Az 1935. évi április hó 27-ére összehívott országgyűlés nyomtatványai, Budapest 1939, Bd. 12, S. 304 bis 321. Abdruck in: Robert Vértes (Hrsg.), Magyarországi zsidótörvények és rendeletek 1938–1945, Budapest 2002. Abdruck in deutscher Übersetzung in: Herder-Institut (Hrsg.), Dokumente und Materialien zur ostmitteleuropäischen Geschichte. Themenmodul „Ungarn in der Zwischenkriegszeit", bearb. von Zsolt Vitári, URL: https://www.herder-institut.de/no_cache/digitale-angebote/dokumente-und-materialien/themenmodule/quelle/206/details.html (Zugriff am 30.3.2019). Die Übersetzung wurde von dort übernommen und stark überarbeitet.

2 Im Original Vermerk: „Anhang zur Nr. 23 von Belügyi Szemle aus dem Jahr 1938".

Als Regisseur, Schauspieler oder Mitglied des künstlerischen Hilfspersonals darf in Theatern und in Unternehmen, die Filme herstellen oder auf dem Wege des Verleihs oder auf andere Weise in Umlauf bringen, im Rahmen der in Punkt b) des ersten Absatzes bestimmten Berufe nur angestellt werden, wer Mitglied der Schauspiel- und Filmkunstkammer ist. Der Minister für Religion und Bildung darf in begründeten Fällen im allgemeinen Interesse Ausnahmen machen.

§ 3. Mitglied der Pressekammer sowie der Schauspiel- und Filmkunstkammer kann nur sein, wer ungarischer Staatsbürger ist. Die übrigen Voraussetzungen für die Mitgliedschaft legt das kgl. ungar. Ministerium in einer Verordnung fest.

§ 4. Als Mitglieder der Pressekammer sowie der Schauspiel- und Filmkunstkammer dürfen Juden nur aufgenommen werden, soweit ihr Anteil 20 Prozent der Gesamtzahl der Kammermitglieder nicht übersteigt.
In diese 20 Prozent dürfen folgende Personen nicht einberechnet werden:

a) Kriegsinvaliden, Frontkämpfer sowie Kinder von Soldaten, die den Heldentod starben, und Kriegswitwen;

b) diejenigen Personen, die vor dem 1. August 1919 in eine andere anerkannte Konfession übergetreten sind und ohne Unterbrechung Mitglied dieser Konfession sind;

c) Nachkommen der unter Punkt b fallenden Eltern, die nicht Mitglied der israelitischen Konfession sind.

§ 5. Als ständige Mitarbeiter in einer periodisch oder nicht periodisch erscheinenden Zeitung dürfen unter § 4 Abs. 1 fallende Personen nur dann angestellt werden, wenn ihr Anteil 20 Prozent der Gesamtzahl der in einem ständigen Arbeitsverhältnis stehenden Personen nicht übersteigt; die Jahressumme ihrer Gesamtbezüge darf 20 Prozent der Gesamtbezüge sämtlicher ständiger Mitarbeiter nicht übersteigen. Diesen Bestimmungen muss der Arbeitgeber verpflichtend bis zum 31. Dezember 1939 Folge leisten. Hinsichtlich der Art und Weise der Durchführung darf der kgl. ungar. Ministerpräsident Anweisungen geben und hinsichtlich der Bestimmungen in begründeten, im allgemeinen Interesse liegenden Fällen Ausnahmen machen.
Für periodisch oder nicht periodisch erscheinende Zeitungen sind für das Verlagspersonal sowie das Redaktions-Hilfspersonal die Bestimmungen in § 8 maßgeblich.
Hinsichtlich der Bestimmungen des vorliegenden Paragraphen ist § 4 Abs. 2 angemessen anzuwenden.
Die Bestimmungen des vorliegenden Paragraphen dürfen nicht auf Periodika angewendet werden, die sich ausschließlich mit Fragen des Glaubens und mit konfessionellen Angelegenheiten befassen.

§ 6. Der Minister für Religion und Bildung legt das Verhältnis der in den einzelnen Theatern sowie in Unternehmen, die Filme herstellen oder auf dem Wege des Verleihs oder auf andere Weise in Umlauf bringen, nach Punkt b § 2 Abs. 1 zu beschäftigenden Personen fest, die unter § 4 Abs. 1 fallen.

§ 7. Als Mitglieder der Anwalts-, Ingenieurs- und Ärztekammer dürfen Personen, die unter § 4 Abs. 1 fallen, nur bis zu einem Anteil von höchstens 20 Prozent der Gesamtmitglieder aufgenommen werden. Hat der Anteil der übrigen Kammermitglieder 80 Prozent der Gesamtmitglieder nicht erreicht, darf die Kammer Personen, die unter § 4 Abs. 1 fallen, nur bis zu einem Anteil von fünf Prozent neu aufnehmen. Der zuständige Minister darf auf Antrag der Kammer in begründeten, im öffentlichen Interesse liegenden Fällen Ausnahmen machen.

Die Bestimmungen des § 4 Abs. 2 sind auch im Fall des vorliegenden Paragraphen anzuwenden.

§ 8. In Unternehmen, die unter die Rechtskraft des Gesetzes 1937:XXI[3] fallen und in denen die Zahl der Büroangestellten, Handlungsgehilfen und sonstigen in intellektuellen Tätigkeitsbereichen Beschäftigten zehn oder mehr Personen beträgt, dürfen Personen, die unter § 4 Abs. 1 fallen, nur in einer Zahl beschäftigt werden, dass ihr Anteil 20 Prozent der Gesamtzahl der dort beschäftigten Personen nicht übersteigt; die Jahressumme ihrer Bezüge darf 20 Prozent der Gesamtjahresbezüge des entsprechenden Personenkreises nicht übersteigen.
Übersteigt die Zahl der Personen, die unter § 4 Abs. 1 fallen und die in einem entsprechenden Tätigkeitsbereich beschäftigt sind, den im vorangegangenen Absatz bestimmten Anteil, darf das Unternehmen neu einzustellende Personen, die unter § 4 Abs. 1 fallen und in diesem Tätigkeitsbereich beschäftigt sind, nur bis zu einem Anteil von fünf Prozent aufnehmen, und zwar so lange, bis der Anteil der Personen, die unter § 4 Abs. 1 fallen, den im vorangegangenen Absatz festgelegten Anteil erreicht. Die detaillierten Regelungen zur allmählichen Erreichung dieses Anteils legt das kgl. ungar. Ministerium mittels Verordnung fest, und zwar in der Weise, dass der im vorangegangenen Absatz festgelegte Anteil laut Vorschrift bis zum 30. Juni 1943 erreicht werden muss. Diese Frist kann das kgl. ungar. Ministerium auf Vorschlag des zuständigen Ministers in begründetem, in öffentlichem Interesse liegendem Fall bis zum 30. Juni 1948 verlängern. Das kgl. ungar. Ministerium kann auf Vorschlag des zuständigen Ministers in begründeten Fällen aus öffentlichem Interesse auch Ausnahmen bezüglich der im vorliegenden Absatz festgelegten Bestimmungen machen.
In Unternehmen, die unter die Rechtskraft von Gesetz 1937:XXI fallen und in denen die Zahl der Angestellten, Handlungsgehilfen und sonstigen in intellektuellen Tätigkeitsbereichen Beschäftigten weniger als zehn Personen beträgt, darf der am 1. März 1938 bestehende Anteil der unter § 4 Abs. 1 fallenden Angestellten gegenüber den übrigen Angestellten nicht zugunsten der unter § 4 Abs. 1 fallenden Personen verändert werden. Für Unternehmen, die nach dem 1. März 1938 gegründet wurden, sind die Bestimmungen von Absatz 1 maßgeblich.
Die Bestimmungen in § 4 Abs. 2 sind auch im Falle des vorliegenden Paragraphen anzuwenden.

§ 9. Die mit dem Gesetz 1931:XXVI[4] erteilte und zuletzt mit Gesetz 1937:X bis zum 30. Juni 1938 verlängerte Ermächtigung, Maßnahmen, die in die Kompetenz der

3 Das Gesetz 1937:XXI regelte einzelne Fragen des Arbeitsverhältnisses wie Arbeitszeit, Mindestlohn oder bezahlter Urlaub. Es bezog sich auf Unternehmen, Betriebe und Geschäfte, die körperliche oder geistige Arbeit eines anderen gegen Entlohnung in Anspruch nehmen. Von den Bestimmungen des Gesetzes wurden die land- und forstwirtschaftliche Produktion, Tier- und Fischzucht, Gartenbau und Weinanbau, Imkerei, Seidenproduktion, der öffentliche Dienst sowie öffentliche Verkehrsbetriebe ausgenommen.

4 Siehe § 2 des Gesetzes 1931:XXVI über die Sicherung der Ordnung des wirtschaftlichen und religiösen Lebens und über das Gleichgewicht des Staatshaushalts. Das Gesetz ermächtigte das Ministerium, entsprechende Maßnahmen zu ergreifen, die gemäß der Verfassung eigentlich in den Aufgabenbereich der Legislative fallen. Diese Maßnahmen mussten einer 33-köpfigen staatlichen Kommission (országos bizottság) gemeldet werden, die aus Mitgliedern des Abgeordneten- und des Oberhauses im Parlament bestanden. Diese prüfte die Richtigkeit und Zweckmäßigkeit der Bestimmungen.

Legislative fallen, auf dem Verordnungswege regeln zu können, wird bis zum 30. Juni 1939 verlängert und erweitert. Die Ermächtigung erstreckt sich nun auch auf die Ergreifung von Maßnahmen, die der Sicherstellung der Kontinuität der Produktion dienen.
Die Bestimmungen des Gesetzes 1931:XXVI, die durch Gesetz 1932:VII[5] ergänzt wurden, bleiben ansonsten unverändert in Kraft, ebenso die §§2 und 3 des Gesetzes 1937:X.[6]

§10. Das vorliegende Gesetz tritt am Tage seiner Verkündung in Kraft;[7] für seine Durchführung sorgt das kgl. ungar. Ministerium.
Das kgl. ungar. Ministerium wird ermächtigt, zum Zwecke der Durchführung der Bestimmungen des vorliegenden Gesetzes sowie der Durchführung von Maßnahmen, die der Bekämpfung der Arbeitslosigkeit unter den Intellektuellen dienen, eine Auskunftspflicht festzulegen und die Richtigkeit der Auskünfte zu überprüfen. Außerdem wird es ermächtigt, die Verletzung dieser Bestimmungen oder deren Umgehung als Ordnungswidrigkeit zu qualifizieren und zu deren Ahndung die in §3 des Gesetzes 1931:XXVI[8] festgelegten Strafregelungen anzuwenden. Schließlich wird es dazu ermächtigt, in Unternehmen, die diese Bestimmungen verletzen oder umgehen, auf Kosten des Unternehmens einen Leiter einzusetzen, bis das Unternehmen die Umsetzung der Bestimmungen sicherstellt.
Budapest, den 28. Mai 1938[9]
Miklós Horthy, Reichsverweser Ungarns
Vitéz Béla Imrédy, Kgl.-Ungar. Ministerpräsident

5 Das Gesetz 1932:VII verlängerte die Ermächtigung des Ministeriums bzw. der Minister, Maßnahmen zu treffen, die gemäß der Verfassung in den Aufgabenbereich der Legislative fallen, bis zum 30.6.1933. Zudem verfügte es die Neugründung der staatlichen Kommission und ordnete die Zusammenstellung einer Liste mit Experten an, die bei Bedarf an den Sitzungen der Kommission als Sachverständige beratend teilnehmen sollten. Schließlich verpflichtete es die Kommission, dem Parlament mindestens einmal halbjährlich Bericht zu erstatten, und gestattete ihr, Sitzungen beider Häuser des Parlaments einzuberufen, um über eine von ihr vorgeschlagene Empfehlung zu beraten.

6 §§2 und 3 des Gesetzes 1937:X bestimmten u. a., dass Personen mit einem Jahr Zuchthaus zu bestrafen sind, die Nachrichten verbreiten, die dem Land wirtschaftlich bzw. innen- oder außenpolitisch schaden.

7 Das Gesetz wurde am 29.5.1938 im Amtsblatt des Innenministeriums Belügyi Közlöny veröffentlicht.

8 §3 des Gesetzes 1931:XXVI legte fest, dass Ordnungswidrigkeiten im Sinne des Gesetzes mit zwei Monaten Haft bzw. mit einer Geldstrafe von max. 8000 Pengő zu bestrafen sind. Sollte es nicht möglich sein, die Geldstrafe einzutreiben, könne die Ersatzfreiheitsstrafe nicht länger als sechs Monate betragen.

9 Das Gesetz wurde einen Tag später herausgegeben.

DOK. 15

Egyenlőség: Lajos Szabolcsi veröffentlicht am 9. September 1938 ein Gedicht über die Situation jüdischer Flüchtlinge im österreich-ungarischen Niemandsland[1]

Gedicht von Lajos Szabolcsi[2]

Das Schiff bei Rajka[3]
Kannst du schlafen?
Auf der großen Donau, siehst:
Vor Pressburg, nach Moson zieht
Wie eine Vision, wie eine schwere Pein
Grausamer, dunkler Schatten ein,
Etwas flattert, etwas regt sich,
Ein Chor steigt aus der Gischt,
Etwas schwimmt in der Flut, dort,
Etwas tanzt dort, am Horizont,
Halb Kahn, halb Floß,
Und voll Lärm, voll Wehe:
Ein alter Schleppkahn. Stinkende Grube.
Und darin, darin: vierzig Leute –
Das Schiff bei Rajka.
Das ist das Schiff der ewigen Juden,[4]
Es hat ein blaues Licht. Um die Not zu deuten.
Die Gefangenen werden so gerüttelt –
Sie sind schlaflos und zerrüttet.
Ihre Schuld ist die deine,
Ihr Gott der deine.
Im schwarzen Schiff unten
Warten vierzig auf den Morgen –
Das Schiff bei Rajka
Europa schweigt. Die Flut, sie tost.
Der Winter kommt. Krankheit und Tod.
Kalt ist es. Die Weide am Ufer weint.
Ein kleines, sanftes Feuer wäre fein.

1 Egyenlőség vom 9.9.1938, S. 4: A Rajkai Hajó. Das Dokument wurde aus dem Ungarischen übersetzt.

2 Lajos Szabolcsi (1889–1943), Dichter, Redakteur; von 1907 an Mitarbeiter, 1915–1943 Chefredakteur der Zeitung Egyenlőség.

3 Mitte April 1938 schoben österreich. Behörden eine größere Zahl burgenländ. Juden ins ungar.-österreich. Grenzgebiet ab. Die orthodoxe Jüdische Gemeinde in Bratislava brachte die Vertriebenen in einem Schleppkahn unter, der bei der ungar. Grenzgemeinde Rajka an der Donau vor Anker ging. Nach der Konferenz in Évian im Juli 1938 erklärte sich Jugoslawien bereit, 17 Flüchtlinge aufzunehmen. Am 21.9.1938 durften schließlich die übrigen Flüchtlinge in Ungarn an Land gehen. Die Mehrzahl von ihnen wanderte in die USA, nach Israel und Bolivien aus.

4 Gemeint ist die christliche Sage von dem von Jesus Christus auf dem Weg zur Kreuzigung verfluchten und durch ewige Zeiten wandernden Juden.

Aber die Wärme ist dort kostspielig.
In der Tiefe des Schiffs ist kein Licht.
Kein Schirm, der schützt: Sie sollen doch nass werden.
Und keine Decke: Sie sollen doch frieren.
Sühnen soll, wessen Glaube anders ist,
So ist das im Jahr achtunddreißig –
Das Schiff bei Rajka.
Wie muss dort die blaue Lampe schwingen –
(Könnt ihr, Sterne, schillern?)
Alles kracht und knarzt und zittert –
(Jetzt weinen unten die Kinder.)
Bös' ist das Wasser, der Schaum steigt hoch –
(Was, wenn die Ketten es aufgeben?)
Wie doch die Seile ächzen
(Ein blinder Kranker möchte jetzt trinken.)
Kannst du schlafen?
Draußen steigt die Flut.
… Auf wen noch wartet es? Worauf wartet
Das Schiff bei Rajka?

DOK. 16

Ein Mitglied des Stadtrats in Kiskunfélegyháza fordert am 26. Oktober 1938, die jüdische Migration nach Ungarn zu unterbinden[1]

Brief von János Gaál,[2] Mitglied des Stadtrats von Kiskunfélegyháza, an den Bürgermeister von Kiskunfélegyháza[3] vom 26.10.1938[4]

Dem gnädigen Herrn Bürgermeister von Kiskunfélegyháza
Die kgl. ungar. Regierung hat bereits unzählige Male erklärt, dass sie auf nationalem und christlichem Fundament beruht. Dennoch muss ich traurig feststellen, dass in letzter Zeit, seitdem ihnen in der Region Nyírség[5] die Erde unter den Füßen brennt, ganz neuartige Gestalten in Kaftan und mit Schläfenlocken in Kiskunfélegyháza aufgetaucht sind. Auch während des Kriegs hat es damit begonnen, dass der Abschaum aus Galizien die Große Ungarische Tiefebene überflutet hat, und die ganze Gesellschaft hat seitdem vergessen weiterzuziehen. Seither hat in der Hauptstraße unserer geliebten Stadt am Samstag kein seriöses Geschäft mehr geöffnet.
Unsere braven Ungarn werden von den neuen Landnehmern[6] auf wucherische Weise ausgenommen. Jetzt ist es höchste Zeit, uns von diesen unangenehmen Fremden zu be-

1 MNL BKML, V. 175. b Kiskunfélegyháza Város Polgármesteri Hivatalának iratai. Közigazgatási iratok. 31520/1938. Das Dokument wurde aus dem Ungarischen übersetzt.
2 János Gaál, Chef der Kiskunfélegyházer Gruppe der Nationalsozialistischen Ungarischen Partei.
3 Dr. József Ring, 1937/38 Bürgermeister von Kiskunfélegyháza.
4 Im Original handschriftl. Unterstreichungen und Vermerk: „Zwecks einer Angelegenheit öffentlichen Interesses, gebührenfrei".
5 Die Nyírség befindet sich im nordöstlichen Teil der ungar. Tiefebene.

freien. Ich befürchte, dass von den Territorien, die [derzeit] befreit werden,[7] eine weitere jüdische Invasion ausgehen und unsere Tiefebene überfluten wird. Seien Sie so gnädig und verhindern Sie die Ansiedlung von weiteren jüdischen Landnehmenden. Überprüfen Sie auch die Gewerbescheine und machen Sie den Lebensunterhalt der Juden über ihren landesweiten Bevölkerungsanteil hinaus unmöglich.
Mit patriotischer Hochachtung

DOK. 17
Die Israelitische Gemeinde von Érsekújvár (Nové Zámky) bittet am 28. November 1938 die Gemeinde in Budapest um Hilfe für ungarische Juden, die aus der Slowakei abgeschoben wurden[1]

Brief der Israelitischen Gemeinde Érsekújvár, Unterschrift unleserlich, an den Vorstand der Pester Israelitischen Gemeinde, Budapest, vom 28.11.1938 (5. Kislew 5699)[2]

An den hochwürdigen Vorstand der Israelitischen Gemeinde
Meine sehr geehrten Herren!
Wir wissen nicht, wie wir beginnen sollen. Wo ist der Maler, der dieses Elend und Unglück festhalten könnte, wo der Schriftsteller, der diese Bitterkeit und den Schmerz, die in Érsekújvár[3] herrschen, beschreiben könnte?
Menschen, die keinen anderen Fehler haben als den, als Ungarn, als Juden geboren worden zu sein, wurden im immer noch besetzten Teil Oberungarns, der Slowakei genannt wird, mitten in der Nacht aus ihren Betten gerissen, auf einen Wagen gepackt und durch den Regen auf ungarisches Gebiet verschleppt.[4] Auf einer offenen Wiese wurden sie sich selbst überlassen. Unter ihnen befanden sich auch Alte, Kranke, geschwächte Frauen und unschuldige Kinder. Es sind einige Hundert Personen hier vor Ort konzentriert und allesamt erwarten sie nun Hilfe von den ortsansässigen Juden. Notwendig wären Essen, Unterkunft, Kleidung, Medikamente und vieles mehr, um diese unschuldigen Menschen vor dem Tod zu bewahren.
Das unter der Leitung der beiden örtlichen Gemeinden gebildete Hilfskomitee hat alles versucht, um die notwendigen finanziellen Mittel zusammenzubringen. Die Gemeindemitglieder haben über ihre Kräfte hinaus gespendet und tun dies auch weiterhin, ihre Ressourcen sind jedoch völlig erschöpft. Es ist ohnehin offensichtlich, dass es nicht

6 Anspielung auf die Landnahme (honfoglalás) der Magyaren im Karpatenbecken.
7 Gemeint sind die durch den Ersten Wiener Schiedsspruch vom 2.11.1938 Ungarn zugesprochenen Gebiete der Südslowakei und der Karpato-Ukraine.

1 MZSML, PIH iktatott iratok, 1938/14332. Das Dokument wurde aus dem Ungarischen übersetzt.
2 Im Original handschriftl. Unterstreichungen und Stempel der Israelitischen Gemeinde Érsekújvár.
3 Die südslowak. Stadt Érsekújvár wurde nach dem Ersten Wiener Schiedsspruch am 2.11.1938 wieder Ungarn angegliedert.
4 Nach dem Ersten Wiener Schiedsspruch wurden Tausende staatenlose Juden bzw. Juden mit einer ungar. Staatsbürgerschaft von der neuen slowak. Autonomiebehörde nach Ungarn abgeschoben. Zahlreiche Personen waren gezwungen, sich wochenlang im Niemandsland aufzuhalten, da die ungar. Behörden sie nicht einreisen ließen. Nach internationalen Protesten wurden die Abschiebungen gestoppt.

allein die Aufgabe der örtlichen Gemeinden sein kann, dieses Elend zu lindern, sondern die Aufgabe jeder Gemeinde und jedes einzelnen Gemeindemitglieds. Deshalb möchten wir den verehrten Gemeindevorstand hiermit nachdrücklich auffordern, sofort jedes Mitglied anzuhalten, mittels einer kraftanstrengenden Spende dieses unerhörte Elend zu mildern.

Wir betonen, dass wir nicht um Almosen bitten, nicht um eine milde Gabe, sondern gründliche Unterstützung fordern. Jeder sollte Gott danken, dass er überhaupt in der Lage ist, Hilfe zu gewähren. Diese Spende ist ohnehin eine Vorleistung für die Andere Welt, die uns niemand nehmen kann. Jeder sollte sich freuen, dass seine Hilfe benötigt wird und er glücklicherweise nicht selbst in der bitteren Lage ist, um Unterstützung bitten zu müssen. Niemand weiß, was die Zukunft bringt. Dieses Unglück ist leider ansteckend, es verweilt nicht an einer Stelle. Wir sollten uns helfen, solange wir helfen können.

Wir hoffen, dass der liebe Gott angesichts dieser Unterstützung uns vor allem Unheil bewahren wird und seinem wohltätigen Volk Hilfe leisten wird.

Wir bitten Sie, die eingesammelte Summe an Dr. Jenő Adler,[5] Kassenwart des Hilfskomitees, Városháza-Straße 5, Érsekújvár, zu überweisen.

Mit glaubensbrüderlichem Respekt

DOK. 18

Die Pester Israelitische Gemeinde ruft im November 1938 ihre Mitglieder auf, Juden von der Konversion abzuhalten[1]

Brief (vertraulich) des Generalsekretärs und des Präsidenten der PIH,[2] gez. Sándor Eppler und Samu Stern, VII., Budapest, Síp-Straße 12, an die Mitglieder der Pester Israelitischen Gemeinde vom November 1938[3]

Sehr geehrter Glaubensbruder!

In der letzten Zeit ist die Zahl der Austrittswilligen leider schockierend stark im Steigen begriffen.[4] Dem einen Riegel vorzuschieben ist unsere ethisch-religiöse Pflicht. Zu diesem Zweck werden wir Ihnen fortlaufend eine Namensliste derer schicken, die mit einem Austrittsgesuch an uns herangetreten sind – und zwar jeweils bereits nach ihrer ersten Eingabe –, mit der respektvollen Bitte, von Ihrer Seite allen Einfluss geltend zu machen und selbst bzw. über möglicherweise nahe Bekannte der Betreffenden darauf hinzuwirken, diese von ihrem Vorhaben abzubringen.

Mit der Bitte, in dieser Angelegenheit naturgemäß allergrößte Diskretion walten zu lassen, verbleiben wir, die Leitung der Pester Israelitischen Gemeinde, mit vorzüglicher Hochachtung

5 Dr. Jenő Adler, Anwalt in Érsekújvár.

1 MZSML, PIH iktatott iratok, 1938/13264. Das Dokument wurde aus dem Ungarischen übersetzt.
2 Pesti Izraelita Hitközség: Pester Israelitische Gemeinde.
3 Im Original Stempel der PIH und Bearbeitungsvermerk.
4 Siehe dazu Einleitung, S. 34.

DOK. 19
Der Drucker Imre Kner schildert am 3. Januar 1939 die Konsequenzen der antijüdischen Bestimmungen für sein berufliches Leben[1]

Brief von Imre Kner,[2] Gyoma, an Miklós Móricz[3] vom 3.1.1939

Mein lieber Miklós!
Erst heute ist Dein Brief angekommen, der für uns alle eine Wohltat war. Außer Dir hatte in diesen Tagen bloß ein einziger Freund von uns das Bedürfnis verspürt, ein spontanes Zeichen der Liebe und Freundschaft zu geben. Außerdem hat selbstverständlich noch Lajos Fülep[4] einen sehr ernsthaften und warmherzigen Brief geschrieben. Ich weiß allerdings, dass es noch andere gibt, die mit uns fühlen, und nicht wenige, aber diese können sich vielleicht gar nicht vorstellen, wie ernst diese Sache einmal wird.
Ich kann sagen, mein lieber Miklós, dass nach dem enormen Umsatzrückgang vom Oktober/November (der sehr ernsthafte Ausmaße annahm, der aber größtenteils im großen Verwaltungsaufwand in Zusammenhang mit der Mobilisierung[5] und der Auszahlungen von Beihilfen etc. begründet lag) der Dezember viel Ermutigendes für mich brachte.[6] Zwar haben mich eine beträchtliche Anzahl guter Kunden fallen lassen, doch bei jedem Einzelnen können dafür äußere Einflüsse, der Zwang des Rechnungshofs (der die Annahme scheinbar billigerer Angebote erzwang) oder andere traurige Ursachen verantwortlich gemacht werden. Andererseits kehrten sehr viele Kunden zu mir zurück, auch solche, die seit fünf oder sechs Jahren nichts mehr bei mir bestellt hatten, und oftmals auch solche, bei denen der Umsatz in den letzten Jahren zurückgegangen ist, nun aber wieder steigt. Bei vielen gab es deutliche Anzeichen dafür, dass sie es anderswo versucht haben, jedoch so schlecht bedient worden sind, dass sie selbst unter den derzeitigen Umständen zu mir zurückgekehrt sind. Es gibt aber auch Fälle, über die ich in diesem Brief nicht schreiben kann, eines Tages erzähle ich Dir das mündlich. Diese Ausfälle konnten wir aber durch die Umsatzsteigerung von Ende Dezember ausgleichen, denn viele Gemeinden hatten einfach zu spät bestellt. Außerdem konnte ich [sie] mit größeren Aufträgen aus der Felvidék kompensieren, obwohl die Einrichtung

1 MNL BéML, XI. 9.c/23. Abdruck in: Ádám Erdész, „Ami sérelem ér, az mint magyart ér!“, in: Körösök Vidéke. Honismereti füzet 1 (1988), S. 75–78. Das Dokument wurde aus dem Ungarischen übersetzt.

2 Imre Kner (1890–1944), Buchdrucker, Typograph; von 1904 an Studium in Leipzig, von 1907 an technischer Leiter der Druckerei Kner in Gyoma; galt als Erneuerer der ungar. Typographie; 1937 Großpreis der Pariser Weltausstellung; unmittelbar nach der deutschen Besatzung 1944 in Budapest, Nagykanizsa und Sárvár interniert; die Umstände seines Todes sind ungeklärt.

3 Miklós Móricz (1886–1966), Journalist, Statistiker; 1923–1928 Redakteur der Tageszeitung Brassói Lapok (Kronstädter Blätter); 1933–1944 Chefredakteur der statistischen Tageszeitung Statisztikai Tudósító (Statistischer Korrespondent).

4 Lajos Fülep (1885–1970), Kunsthistoriker; Universitätsprofessor, nach der Niederschlagung der Räterepublik des Amtes enthoben, von 1920 an Pastor, von 1946 an Professor in Budapest.

5 Gemeint ist vermutlich die Mobilisierung im Zusammenhang mit dem Einmarsch der ungar. Armee in die Südslowakei nach dem Ersten Wiener Schiedsspruch.

6 Handschriftl. Anmerkung im Original: „Berichtigung: Der Umsatz von Ende Dezember ersetzte nur den Ausfall von Anfang Dezember, nicht von Oktober/November.“

der Verwaltung dort noch in den Kinderschuhen steckt.[7] Es ist rührend, dass sich die Gemeinden dort bei mir melden und sich dabei auf alte Kontakte berufen. Es gab sogar jemanden, der seinen Bestellbrief damit begann: „Anlässlich der Rückkehr zu unserer früheren Firma …"

Ich bin überzeugt, dass die Zusendung meines Buches und meiner großen Preisliste viel dazu beigetragen hat, zumal ich den gesundheits- und veterinärmedizinischen etc. Organen, die sich derzeit im Aufbau befinden, *vollständige* und exakte, den Richtlinien entsprechende Produkte zur Verfügung stellen kann.[8] Damit konnte ich dem Land einen *sehr* großen Dienst erweisen, der sich in der Zukunft entfalten wird, wenn man mich nur lässt …

Es ist möglich, dass ich diese Entwicklungen, die eine wertvolle moralische Belohnung für die Unmenge von Arbeit darstellen, trotz der schwierigen Situation als eine Beruhigung empfinde. Gerade deshalb kann ich mir wahrscheinlich nicht vorstellen und will nicht glauben, dass man *uns einfach so* aus dem ungarischen Leben ausschließt.

Mein lieber Miklós, in unserem Bekanntenkreis, aber auch im Kreise der Familie nehmen wir erschütternde Zeichen von Panik wahr. Es schmerzte uns, dies zu beobachten, und dennoch haben wir uns nicht mit der Taufe beeilt, da wir den törichten Nachrichten keinen Glauben schenken konnten, wonach diejenigen, die sich jetzt taufen lassen, günstiger dastehen als diejenigen, die 1919 konvertierten.[9]

Wir machen keine Auswanderungsexperimente und schmieden auch keine phantastischen Pläne, mein lieber Miklós. Wir haben die Sache durchgespielt und sind zur Überzeugung gelangt, dass wir nichts machen können, aber auch nicht weggehen wollen von hier. Wir haben hier gelebt, alle, die wir liebten und von denen wir abstammen, sind hier beerdigt. Die Sprache, die Landschaft, die ersten Eindrücke und Erlebnisse unserer Kindheit – mit all dem sind wir hier verbunden. Wir könnten nicht anderswo leben, und wenn wir dies müssten, hätten wir kein Interesse daran. Obwohl es um durchaus Wichtiges geht. Das Geschäft hat im letzten Jahr 90% seines Umsatzes über öffentliche Aufträge gemacht. Das erfordert von mir und meinem jüngeren Bruder[10] ständige geistige Präsenz und einen derartigen Arbeitseinsatz, dass wir uns mit anderen Dingen überhaupt nicht mehr befassen können. Wenn man uns als sog. jüdische Firma kategorisiert und wir deshalb diese Einnahmequelle verlieren, sind wir am Ende. Die hohe Produktionskosten verursachenden Einladungen für Bälle, die Publikationen, die Merkantildrucksachen sind nicht existenzsichernd, daher können wir im Rahmen der gegebenen hiesigen Verhältnisse nichts anderes machen. Wenn man uns das nimmt, bricht hier alles zusam-

7 Mit dem Ersten Wiener Schiedsspruch vom 2.11.1938 wurde die Südslowakei von der Tschechoslowakei abgetrennt und Ungarn zugesprochen. Zur Neuorganisation der Verwaltung wurde am 15.11.1938 das Oberungarische Ministerium unter der Leitung von Andor Jaross ins Leben gerufen, das bis 1.4.1940 tätig war.

8 Haupteinnahmequelle der Druckerei Kner war die Herstellung von Vordrucken für Verwaltungseinrichtungen.

9 Das Judengesetz von 1938 nahm jene Personen von den Bestimmungen aus, die vor dem 1.8.1919 und damit vor dem Sturz der Räterepublik zum christlichen Glauben konvertiert waren; siehe Dok. 14 vom 29.5.1938.

10 Endre Kner (1896–1943), Drucker; von 1935 an, zusammen mit Imre Kner, Leiter der Druckerei (zuständig für administrative und finanzielle Angelegenheiten); von 1942 an im Arbeitsdienst, seit Jan. 1943 gilt er als vermisst.

men.[11] Dann erwartet uns, weil wir als Juden keine Anstellung finden und keine andere Gewerbegenehmigung erhalten würden, weil wir nichts mehr zu liquidieren haben, die physische Vernichtung. Trotzdem können und wollen wir nicht weg von hier.
Ich bin überzeugt davon, dass dies prinzipiell und auch praktisch gar nicht durchführbar ist. Ich habe glaubwürdigen Informationen aus dem Ausland einmal entnommen, dass von keinem Staat Mittellose aufgenommen werden.[12] Jüdisches Vermögen kann jedoch nicht [ins Ausland] überführt werden – das Problem des Vermögenstransfers ist nicht lösbar. Ich bin daran aber auch nicht mehr interessiert, weil ich nicht mehr so flexibel bin. In dieser Umgebung lebe ich seit 49 Jahren, seit 36 Jahren arbeite ich hier und kann sonst nichts. Und diese Arbeit kann hierzulande niemand annähernd so gut wie wir machen.
Mein lieber Miklós, es ist undenkbar, dass all das, was ich hier bewerkstelligt und geschafft habe, mit dem Todesurteil belohnt werden sollte. Ich fühle mich unschuldig. Es hat mich viele schlaflose Nächte gekostet, bis ich die mir aufgegebene Frage entscheiden konnte: Braucht das ungarische Volk meine Vernichtung, erginge es ihm *besser*, wenn ich umkomme, nutze ich ihm mit meinem Untergang? Ich bin zum Schluss gekommen, dass ich ihm damit nicht nütze. Mehr noch. Bei diesen Überlegungen kamen mir auch die von Dir erlernten Fertigkeiten zu Hilfe. Ich weiß nicht, wie viele Hunderte oder Tausende Menschen in diesem Kreis arm sind, solche, die innerhalb eines Jahres nur an 80 bis 100 Tagen das Minimum verdienen. Ich sehe aber, dass zwischen 1920 und 1930 mehr als 2100 Menschen aus Gyomaendrőd abgewandert sind, während nur 78 Personen hierherkamen.
Mein lieber Miklós, im vorigen Jahr habe ich meinem Personal mehr als 86 000 Pengő ausbezahlt, d. h. 1,4 % weniger als im Jahre 1937. Der Umfang der Druckarbeiten lag aufgrund des Auftragsrückgangs und weil man in dieser unsicheren Zeit nicht auf Lager produzieren kann, aber um 1 750 000 [Pengő], also um 21 % niedriger. Ich habe dieses Opfer gebracht und mein Personal trotz stillstehender Maschinen behalten. Trotz der bei nüchterner Überlegung bereits absehbaren Konsequenzen des Anschlusses[13] nahm ich es auf mich, ein Verzeichnis der Druckpreise aufzulegen. Diese Maßnahmen haben meine letzten privaten Rücklagen verschlungen. Die Produktion läuft nun trotz des schlechten Vorjahrs ungebremst weiter – solange wir das machen. Von der Schaffung privater Reserven kann selbstverständlich unter diesen Umständen keine Rede sein.
Indessen haben mir Gemeinden aus dem Komitat Békés Aufträge in Höhe von etwa 22 000 bis 23 000 Pengő erteilt. Das bedeutet, dass ich etwa 85 % der oben genannten Summe, die ich für Gemeindesteuer, Fuhrleute und Handwerker ausgegeben habe, diesem unglückseligen Gebiet aus anderen Komitaten zugeschustert habe.[14] Außerdem haben drei Familien davon gelebt.

11 Die Kner-Druckerei konnte auch nach den Judengesetzen weiterbestehen, da Endre Kner als Frontkämpfer mit zwei Weltkriegsauszeichnungen von den antijüdischen Bestimmungen ausgenommen war. Imre Kner leitete die Druckerei bis zu seiner Internierung im April 1944 weiter.

12 Mit der steigenden Zahl der jüdischen Flüchtlinge aus dem Deutschen Reich wurde es zunehmend schwieriger zu emigrieren. Bei der Konferenz von Évian im Juli 1938 erklärte sich unter den 32 Teilnahmestaaten lediglich die Dominikanische Republik bereit, weitere jüdische Flüchtlinge aufzunehmen; siehe VEJ 2, S. 43–48.

13 Im Original deutsch. Gemeint ist der Anschluss Österreichs an das Deutsche Reich im März 1938.

14 Die Stadt Gyoma, in der sich die Druckerei Kner befand, lag im Komitat Békés.

Ich stelle hier also etwas auf die Beine, was sonst niemand tut, während die Konjunkturritter das Dorf ihrer Väter sofort verließen, als der Wind sich drehte. Es interessiert sie nicht, was hier passiert.
Na, ich will das jetzt nicht weiter ausführen, mein lieber Miklós. Dir und Deiner lieben, guten Frau wünschen wir von ganzem Herzen alles Gute. Ich las mit großer Freude und Genuss Deinen klaren, schönen Aufsatz in der letzten Ausgabe der OMKE.[15] Das Blut steigt mir in den Kopf, wenn ich lese, dass „für uns das Getreide keine Ware und der Boden kein Geschäft" sei. Offenbar hat uns das Schicksal noch nicht genug geschlagen, um zu erkennen: Diese viel beschimpfte „jüdische Mentalität" bezieht sich nicht auf Juden, sondern auf jenen westlichen Menschentyp, der sich statt vom dumpfen Gefühl von der Vernunft leiten lässt. Er kalkuliert das investierte Geld und – wobei es sich um das Gleiche handelt – das Verhältnis von Schweiß und Ertrag. Ich bedaure sehr, dass *ausgerechnet dieser* Aufsatz in einem Blatt für Kaufleute und nicht bei denjenigen erschienen ist, die den Inhalt beherzigen sollten. Die Begegnung mit Dir und den braven, nüchternen, menschlichen, also guten Ungarn, mit denen ich in meinem Leben zusammentraf, wird für mich immer eine liebe und warme Erinnerung bleiben. Unter allen Umständen ist es ein erhebendes, stolzes und Zuversicht spendendes Gefühl zu wissen, wie viele echte und anständige Ungarn den Weg in meine dörfliche Einsamkeit gefunden haben. Mit dem Ungartum verbinde ich nicht diejenigen, die sich heute auf dem Forum auf die Brust schlagen, sondern diejenigen, die als Ungarn mir nah kamen, und das Volk, mit dem ich seit 36 Jahren hier zusammengearbeitet und mit dem ich davor schon den Kindergarten besucht habe. Ich denke, dass mein Gewissen gegenüber diesem Volk, den Ungarn, rein ist und auch ich mich hundertprozentig weiterhin als Ungar fühlen darf und mir das niemand nehmen kann.
Mein lieber Miklós, ich kann Dir also nur mitteilen, dass meine Frau, meine Kinder[16] und ich sowie die Familie meines jüngeren Bruders Bandi[17] entschlossen sind, bis zum letzten Augenblick auf unserem Posten auszuharren und unsere Arbeit fleißig und mit gleicher Ruhe und Präzision wie bisher zu verrichten.[18] Möglicherweise ist unsere Phantasie zu schwach uns vorzustellen, was noch alles auf uns zukommen kann. Vielleicht lassen uns unsere Nerven im entscheidenden Augenblick im Stich und wir verlieren den Kopf. Doch so wollen wir es, und wir bereiten uns auch nicht auf etwas anderes vor. Es kann auch sein, dass wir mit dieser Einstellung unverantwortlich gegenüber unseren Kindern handeln, die viel schuldloser sind als wir. Als wir das alles mit ihnen besprochen haben, erklärten sie jedoch auch, nirgendwo anders hingehen, sondern hier bleiben zu wollen. Wir haben auch nichts anderes von ihnen erwartet, und wir können auch nichts anderes tun. Es könnte sein, dass sich mit dem Gesetz, dessen Wortlaut man im Gegen-

15 Das OMKE war ein wirtschaftliches Wochenblatt der Ungarischen Landesvereinigung für Handel.
16 Imre Kner war mit Etel Kulka verheiratet. Sie hatten zwei Kinder, Zsuzsa und Mihály. Etel Kulka (1894–1944), Pianistin; gilt seit Mai 1944 als vermisst. Zsuzsa Kner (1921–1973), Musiklehrerin; überlebte den Krieg. Mihály Kner (1923–1945), im April 1944 zum Arbeitsdienst einberufen, flüchtete im Nov. 1944 und verbrachte die folgenden Monate versteckt in Budapest; nach dem Krieg übernahm er die Leitung der Familiendruckerei, im Dez. 1945 nahm er sich das Leben.
17 Vermutlich: Endre Kner.
18 Imre und Endre Kner verzichteten auf eine Emigration. Der jüngste Bruder von Imre Kner, Albert Kner (1899–1976), Drucker, Graphiker, wanderte 1940 in die USA aus.

satz zu früher nicht nachlesen kann,[19] noch eine andere Möglichkeit für uns eröffnet. Davon würden wir dann, selbstverständlich streng legal, Gebrauch machen. Das alles könnte aber – wenn sich die Dinge so weiterentwickeln wie in Deutschland – sowieso nur vorübergehend sein.

Mein lieber Miklós, ich denke, auch Du bist einverstanden mit dem, was ich hier schreibe, und würdest wahrscheinlich auch nichts anderes empfehlen.

Ich danke Dir nochmals für Deinen lieben und so wohlgesinnten Brief, und wir erwidern Deine Güte mit ehrlich gemeinter Liebe und bleiben alte Freunde.

Ich lege unseren kleinen Rundbrief über die Anzahl unserer Beschäftigten, den wir auf eine unerwartete Verordnung hin herausgegeben haben, als Bonmot bei.

DOK. 20

Shlomo Leib Moskowitz berichtet am 18. Januar 1939 über die antijüdische Gewalt in Munkács (Mukačevo) nach dem ungarischen Einmarsch[1]

Handschriftl. Brief von Shlomo Leib Moskowitz,[2] Munkács, an Dr. Chaim Kugel[3] vom 18.1.1939[4]

Dem Herrn, dem ich mit ganzer Seele verbunden bin.

Möge Gott ihm lange Tage und Jahre des Glücks und der Freude bescheren [...][5] und ebenso seinen lieben Angehörigen.

Ihren Brief habe ich über Frau Ilonka erhalten. Ich übertreibe nicht, wenn ich sage, dass wir vor Freude getanzt und geweint haben. Nach so viel Leid und Seelenqual eine Botschaft, die Hoffnung und Trost spendet. Mir fehlen die Worte, mich für das Wohlwollen, das Sie mir gegenüber an den Tag legen, zu bedanken.

Ich versuche, meine Gefühle in Worte zu fassen: Nur einem aufrichtigen und loyalen Juden mit reiner Seele und einem Herz wie dem Ihren wird Großes zuteil!

Als ich nach Hause zurückkehrte, schrieb ich unverzüglich [...][6] und [...].[7] Eine Antwort erhielt ich [jedoch] nur von Herrn [...].[8] Er beteuert, dass ich aufgrund der veränderten Lage keine Chance habe, seine Stelle zu übernehmen [...].[9] Von [...][10] erhielt ich

19 Das Gesetz erschien im Jahr 1938 als Anhang Nr. 23 des Amtsblatts Belügyi Szemle.

1 YVA, O.15H/130.2. Das Dokument wurde aus dem Hebräischen übersetzt.

2 Shlomo Leib Moskowitz (1894–1945), Hebräischlehrer; im KZ Bergen-Belsen ermordet.

3 Dr. Chaim Kugel (1897–1953), Ökonom, Philosoph; als Abgesandter der zionistischen Studentenorganisation in Munkács tätig; Gründer und Direktor des Hebräischen Gymnasiums in Munkács, von 1935 an Parlamentsabgeordneter in Prag; nach dem ungar. Einmarsch Flucht aus Munkács, 1939 Emigration nach Palästina, Bürgermeister in Holon.

4 Im Original handschriftl. Notiz: „Sehr geehrte Frau! Einen herzlichen Gruß [...]! Ich möchte Sie inständig bitten, dem Herrn, möge er leben, diesen Brief auszuhändigen. Frau [...], möge sie leben, [...], möge er leben und dem lieben, netten Jodele, möge er leben, wünsche ich Gesundheit, Glück und Freude sowie alles Gute. Mit Bewunderung und Liebe, S. L. Moskowitz".

5 Unleserlich.

6 Name unleserlich, möglicherweise: Tiaschobo.

7 Name unleserlich, möglicherweise: Brezana.

8 Name unleserlich, vermutlich: Steiner.

9 Unleserlich.

10 Name unleserlich, möglicherweise: Tiaschobo.

[keine Nachricht]. Ich schrieb an alle Stellen, die Sie mir empfohlen hatten, vergeblich. Bisher immer noch keine Antwort.
Gestatten Sie mir noch, einige Worte über die Geschehnisse in unserer Stadt zu schreiben.
In den vergangenen Tagen wurden viele unserer Brüder durch die bekannten Schlägertypen verletzt. Ein Bursche erlag seinen Verletzungen. In der Synagoge wurde im Auftrag von […][11] und auf Anraten des Kommandanten eine Ausgangssperre angekündigt, die ab halb sieben gilt. Sie schlagen, foltern, rauben und plündern.[12] Und dem Weisen genügt ein Wort.[13]
Was die neuen Lehrer anbelangt,[14] sind es fünf an der Zahl (unter ihnen ist eine Frau) und uns sehr fremd, mein Herr! So weit weg! Nicht ein Ansatz von jüdischem Geist. Seelen, in denen jeder leuchtende und wärmende Funke erloschen ist. Es sind die sterblichen Überreste unseres Volkes, die voller Ehrfurcht die Stiefel ihrer Peiniger und Unterdrücker lecken. […][15] fanden sich die Menschen mosaischen Glaubens mit ihrem großen Unglück ab. In ihren Ansichten sind sie uns fremd, ihre Gedanken und ihr Geist erscheinen uns eigenartig.
„Mein Lieber hat einen Weinberg – Und er hat ihn verzäunt und mit Steinhaufen verwahrt – Er wartete, daß er Trauben brächte, aber er brachte Herlinge."[16]
Herlinge bestellen nun [auch] Ihren Weinberg, mein lieber Herr! Den Weinberg, den Sie mit Ihrem Blut und Ihrer Milch gepflanzt haben!
Verzeihen Sie! Ich möchte Ihnen keinen Kummer bereiten. Doch ich konnte es mir nicht verkneifen, zu groß und unerträglich ist meine Seelenqual beim Anblick dieser Fremden, die sich auf Ihrem Land niedergelassen haben.
Ihr wichtiger Brief hat mich ermutigt. „Ich habe die Hoffnung, nach Eretz Israel[17] auszuwandern", flüstern meine Lippen in Momenten schwerster Verzweiflung, wenn mir die Qualen das Herz zu zerbrechen drohen.
Ich danke Ihnen, mein Herr! Im Namen meiner überglücklichen Frau[18] und meiner Kinder.[19]
Mit höchster Wertschätzung und aus liebender Seele
Shlomo Leib Moskowitz

11 Name unleserlich.
12 Die transkarpatische Stadt Mukačevo fiel mit dem Ersten Wiener Schiedsspruch im Nov. 1938 an Ungarn. Anschließend kam es zu gewaltsamen Ausschreitungen gegen die jüdischen Einwohner der Stadt.
13 Sprichwort aus dem Aramäischen.
14 Gemeint sind vermutlich die neuen Lehrer im Hebräischen Gymnasium in Munkács, das Chaim Kugel gegründet hatte. Dieses war eine Woche vor der ungar. Besetzung im Nov. 1938 geschlossen worden und eröffnete zwei Monate später unter dem Namen Jüdisches Gymnasium. Zahlreiche Lehrer flüchteten in die anderen Gebiete der Tschechoslowakei. Viele neue Lehrer kamen aus dem ungar. Kernland und waren mit den lokalen jüdischen Traditionen nicht vertraut; siehe auch Tagebuch von Carmella Reichmann, YVA, O.33/3675.
15 Unleserlich.
16 Jes. 5,1–2.
17 Hebr.: Land Israel.
18 Malka Moskowitz, geb. Halpert (1894–1944); in Auschwitz ermordet.
19 Der zehnjährige Khaim und die zwölfjährige Ester wurden in Auschwitz ermordet. Ihr Bruder Moshe überlebte den Krieg.

Die Adresse von Frau Steiner kenne ich nicht, jene von Ilonka auch nicht. Ich schreibe mit einem gesonderten Briefumschlag an Frau […],[20] möge sie leben. Ein Briefumschlag für Frau Steiner und einer für Herrn Rosenblüth[21] in London liegt bei.

DOK. 21

Der ungarische Diplomat György Barcza fasst am 20. Januar 1939 seine Gespräche mit ungarischen Politikern zusammen und äußert seine Bedenken über die antijüdische Gesetzgebung[1]

Tagebuch von György Barcza,[2] Eintrag vom 20.1.1939

Nach einmonatiger Abwesenheit bin ich gestern Abend hierher [nach London] zurückgekehrt. Abgereist bin ich am 16. Dezember um 2 Uhr nachmittags. Es war eine ziemlich schlimme Überfahrt, aber dank Vasano, dem Präparat gegen Seekrankheit, wurde mir nicht übel. Ich saß an Bord im Pelzmantel, so erreichte ich Calais, wo ich den Arlberg-Express bestieg.

[…][3]

In Pest habe ich im Hotel Ritz gewohnt und mich noch vor Weihnachten beim neuen Außenminister Csáky[4] und auch bei Imrédy gemeldet. Letzterer bestellte mich bereits am folgenden Tag zu sich, anscheinend interessierte ihn, was ich von hier zu berichten hatte. Ich fand Imrédy in ziemlich schlechter Verfassung vor, man kann ihm ansehen, dass er kaum schläft und seine Nerven in ständiger Anspannung sind. Ich war fast eine Stunde bei ihm, es kamen alle möglichen außen- und innenpolitischen Themen zur Sprache. Ich notiere diese Unterhaltung, da sie irgendwann einmal von Belang sein wird. Es ging um die ungarische Innen- und Außenpolitik und ihre Auswirkungen auf das ungarisch-britische Verhältnis.

20 Name unleserlich, möglicherweise: Falk.

21 Vermutlich: Dr. Martin Rosenblüth (1886–1963), Schriftsteller; 1910–1915 Angestellter der Zionistischen Organisation im Kölner Zentralbüro, 1915–1920 Direktor des Büros in Kopenhagen, 1933–1939 organisierte er in London die brit. Unterstutzung für die Auswanderung der Juden aus Deutschland; 1949–1961 Vertreter des israel. Finanzministeriums für Nord- und Südamerika in New York; Autor von „Go forth and serve" (1961).

1 Original in Privatbesitz, Kopie: HIA, 80030-8.33. Das Dokument wurde aus dem Ungarischen übersetzt.

2 György Barcza von Nagyalásony (1888–1961), Jurist, Diplomat; von 1911 an im diplomatischen Dienst tätig, 1925–1927 Leiter der politischen Abt. im ungar. Außenministerium, 1927–1938 Botschafter im Vatikan, 1938–1941 in London, 1941 auf eigenen Wunsch pensioniert, von 1943 an in der Schweiz an Verhandlungen mit den Alliierten beteiligt; 1952 Emigration nach Australien.

3 Es folgt eine Beschreibung seiner Reise durch Österreich und seines zweitägigen Aufenthalts in Wien. Dort traf sich Barcza mit dem ehemaligen österreich. Botschafter in Paris, der sechs Monate von der Gestapo festgehalten worden war. Barcza skizziert anschließend seine Informationen über Verhaftungen, berichtet über die allgemeine Ernährungs- und Verkehrslage in Österreich und schildert die gedrückte Stimmung.

4 István Csáky (1894–1941), Jurist und Diplomat; von 1919 an im diplomatischen Dienst tätig, von 1921 an in den ungar. Botschaften im Vatikan, in Bukarest, Madrid und Lissabon tätig, Kabinettschef von Außenminister Kálmán Kánya, 1938 Mitglied der ungar. Delegation bei den Verhandlungen zum Ersten Wiener Schiedsspruch, 1938–1941 Außenminister.

Unser Gespräch begann damit, dass I. mir die Frage stellte, ob er noch Freunde in England habe. Daraufhin antwortete ich, dass er noch welche habe, diese die innenpolitischen Ereignisse in Ungarn jedoch mit großer Besorgnis verfolgten und ich befürchte, dass sie in England Antipathie gegen uns wecken werden. So missbillige vor allem die City[5] das neue Judengesetz[6] und hoffe, dass Imrédy nicht weiter gehen werde als Darányi mit seinem Judengesetz,[7] ganz im Sinne einer seiner Reden im Sommer, als er sagte, er erlaube niemandem, ihn in dieser Frage zu überholen.[8] Da das neue Judengesetz nun doch viel radikaler ausgefallen ist, werde es hierzulande [in England] auf großes Befremden stoßen. Sir W. Goode[9] teilte mir vor meiner Abfahrt mit, dass diese Frage in der City Gegenstand einer Besprechung gewesen sei und die führenden Geschäftsleute der City ganz offen ihr Missfallen darüber zum Ausdruck gebracht hätten, dass Imrédy die moderaten Maßnahmen des ersten Gesetzes verändern und ein neues, viel radikaleres Gesetz vorbereiten wolle. Die Stellungnahme der City, über die ich verpflichtet sei, Bericht zu erstatten, werde nicht nur geschäftlich von Nachteil für uns sein, sondern habe auch zur Folge, dass uns ein Teil der hiesigen Presse, der sich in der Hand der City befindet, angreifen wird.

Imrédy: Dies verstehe ich, und ich bin darauf vorbereitet, dass ich mich in London mit der Verschärfung des Judengesetzes unbeliebt machen werde, ich kann aber leider nicht anders handeln. Nicht nur, weil dies die einzige Möglichkeit ist, die Machtübernahme der Pfeilkreuzler zu verhindern. Die Verschärfung des Judengesetzes ist auch deshalb notwendig, weil alle benachbarten Staaten – Deutschland, die Tschechoslowakei,[10] Rumänien und nicht zuletzt auch Italien – Maßnahmen gegen Juden treffen,[11] und wenn wir nichts unternehmen, werden alle Juden aus diesen Staaten zu uns strömen. Dies muss aber verhindert werden. Als bezeichnend für die Situation war einem abgehörten Telefongespräch zu entnehmen, dass die Juden in Pest ihren jüdischen Freunden im Ausland erklärten, sie könnten ruhig nach Ungarn kommen, weil ihnen bei uns nichts passiere, die Regierung ohnehin nur herumrede, es jedoch nicht wage, etwas gegen sie zu unternehmen. Aus all diesen Gründen ist mir nichts anderes übriggeblieben, als ein neues, strengeres Judengesetz vorzubereiten.

Ich: Was das erste Argument betrifft, also dass du von der Verschärfung des Judengesetzes erhoffst, den ungarischen Pfeilkreuzlern den Wind aus den Segeln zu nehmen, bin ich selbst skeptisch, da die Bewegung nicht mit solchen Maßnahmen aufgehalten werden kann. Es ist möglich und sogar wahrscheinlich, dass die ungarischen Antisemiten das neue Judengesetz mit großer Freude willkommen heißen, da bei uns mehr oder

5 Gemeint ist die Finanzelite in der City of London.

6 Gemeint ist der Gesetzesvorschlag zum „Zweiten Judengesetz", der dem Parlament am 23.12.1938 vorgelegt wurde. Die Vorlage wurde unter Ministerpräsident Béla Imrédy ausgearbeitet und trat am 5.5.1939 in Kraft; siehe Einleitung, S. 32, sowie Dok. 29 vom 5.5.1939.

7 Das sog. Erste Judengesetz hatte Ministerpräsident Kálmán Darányi dem Parlament vorgelegt; siehe Dok. 14 vom 29.5.1938.

8 Nicht ermittelt.

9 Vermutlich: Sir William Goode (1875–1944), Journalist und Finanzberater.

10 In der Tschechoslowakei hatten antisemitische Bestrebungen nach dem Münchner Abkommen stark zugenommen, entsprechende Gesetze wurden jedoch nur im autonomen Landesteil Slowakei erlassen; siehe VEJ 13, S. 20–22.

11 Siehe VEJ 1, S. 30–34, 38–40, 44–47; VEJ 2, S. 15–23, 33–41, 48–63; VEJ 13, S. 48–52; VEJ 14, S. 19–21.

weniger alle Antisemiten sind, aber die Pfeilkreuzler möchten nur eines – an die Macht kommen und sich in allen Ämtern breitmachen.[12] Das lässt sich aber durch Maßnahmen weder ändern, noch werde ihnen ihre Hoffnung genommen. Seit Bestehen der Welt hat jede Opposition überall den einen Wunsch: Ôte-toi [de là] que je m'y mette – geh, damit ich deine Stelle einnehme![13] Sie wollen und streben dies an und man kann das mit nichts anderem als mit Entschlossenheit verhindern. Was den Zustrom ausländischer Juden zu uns betrifft, so denke ich, dass man dem tatsächlich mit strengeren polizeilichen Maßnahmen begegnen könnte. Man sollte sie einfach nicht über die Grenze lassen. (Ich denke, dass der Hauptgrund für die Verschärfung des Judengesetzes darin begründet liegt, dass die Deutschen dies wünschen.)
Imrédy: Ich bin darauf vorbereitet, dass die englische Presse über mich herfallen wird, aber ich kann es nicht ändern.
Ich: Ich habe es immer für die erste Pflicht eines Diplomaten gehalten, ehrlich Bericht zu erstatten und nicht nur die angenehmen Dinge mitzuteilen, sondern die Wahrheit zu berichten, da die sogenannten angenehmen Berichte ziemlich gefährlich sind, da Falschinformationen die Regierung in eine verhängnisvolle Lage bringen können.
[...][14]
Um auf die Reaktion Englands auf die ungarische Innenpolitik zurückzukommen, sollte man in Bezug auf das Judengesetz meiner Meinung nach unbedingt auf zwei Dinge achten. Zum einen sollten wir uns, wenn wir schon ein derart radikales Gesetz verabschieden müssen, in Zukunft damit zufrieden geben und nicht jede Woche aufs Neue behördliche Maßnahmen gegen die Juden ergreifen, sondern Ruhe einkehren lassen. Dies ist von Wichtigkeit, weil wir durch die ständigen und häufigen Verordnungen und Maßnahmen der gegen uns gerichteten Propaganda neue Angriffsflächen bieten, was zu vermeiden ist. Die Deutschen begingen diesen Fehler bereits. Sie schufen beinahe jede Woche eine neue Verordnung gegen die Juden, und die Presse im Ausland diskutierte ständig diese unaufhörlichen Judenverfolgungen. Zweitens, und das ist das Wichtigste, sollte bei uns gegen die Juden ohne jede Brutalität vorgegangen werden. Die Sicherheit des Vermögens und der Schutz des Lebens müssen unter allen Umständen gewahrt werden. Ein in Brand gesetzter jüdischer Laden oder eine Synagoge oder Fälle von verprügelten oder gar ermordeten Juden könnten uns im westlichen Ausland mehr Schaden zufügen als jedes Judengesetz. Die Engländer sind in allem, was inhuman ist, sehr sensibel. Jegliche Brutalität gegen Schutzlose, Frauen, Kinder oder Greise verurteilen sie zutiefst. Zwar bin ich erst seit einem Jahr in London, beobachte aber, dass der dortige große Hass gegen die Deutschen nicht in ihren außenpolitischen Erfolgen begründet ist, sondern in der Art, wie die deutschen Nazis im eigenen Land mit Juden und Schutzbedürftigen umgehen. In England kamen Schiffe mit hungernden, vor Kälte zitternden, ausgeplünderten Juden und Kindern an, und das löste hier ein solch unendliches

12 Siehe dazu Einleitung, S. 27.

13 Mit diesem Satz umschrieb Henri Comte de Saint-Simon die Aufstiegsbestrebungen bürgerlicher Schichten im Zuge des Liberalismus.

14 Im weiteren Verlauf des Gesprächs geht es um die Krise in der Tschechoslowakei, die Grenzverschiebungen infolge des Ersten Wiener Schiedsspruchs und die Haltung Großbritanniens zu den ungar. Forderungen nach Revision seiner Grenzen. Außerdem schildert Barcza Imrédy die Fortschritte Großbritanniens bei der Aufrüstung und mutmaßt, das Land werde erst in zwei Jahren in der Lage sein, auf dem europäischen Kontinent militärisch aktiv zu werden.

Befremden aus, dass man die Deutschen bis heute dafür hasst.[15] Wir, die wir ja nach deutschem Vorbild damit beginnen, den Einfluss der Juden zurückzudrängen, was auch völlig gerechtfertigt ist, müssen sehr darauf achten, dass dieses Vorhaben nicht in Unmenschlichkeit ausufert, und dass es durch verantwortungslose Elemente nicht zu Gewalt gegen schutzlose Juden kommt. Ungarn war in den letzten 20 Jahren, trotz seines schweren Schicksals, ein Land der Ordnung und der Ruhe. Die ganze Welt wusste, sah und anerkannte dies. Das ist ein moralisches Kapital, das wir keinesfalls zugunsten unverantwortlicher, judenjagender Rowdies verspielen dürfen! Falls es notwendig wird, energische Maßnahmen gegen die Juden zu ergreifen, deren Einschätzung sich meinem Kompetenzbereich entzieht, sollten diese einmalig sein und nicht in ständiger Belästigung und Verfolgung eskalieren. Weiterhin muss um jeden Preis die Sicherheit des Privatvermögens und des Lebens gewährleistet werden, es dürfen keine Skandale, Demonstrationen, Plünderungen, Brandstiftungen oder unmenschliche Folterungen schutzloser Juden vorkommen, denn das ist es eben, was das zivilisierte westliche Ausland nicht versteht und nicht verstehen kann und auch nie vergeben wird.

Imrédy: Ich teile deine Sicht völlig. Ich möchte nicht, dass die Juden ständigen Belästigungen ausgesetzt sind, und werde darauf achten, dass die Juden bei uns von niemandem verfolgt werden, keine Barbareien passieren und die bürgerliche Ruhe und Ordnung gesichert bleibt.

Ich: Wenn wir das in die Tat umsetzen, wird die englische Öffentlichkeit zwischen den deutschen Methoden und unseren Maßnahmen zu unserem Vorteil zu unterscheiden wissen.

Imrédy: Verfolgt England aus deiner Sicht momentan also eine Politik des Abwartens und der Aufrüstung?

Ich: Ja, das glaube ich wohl, und das höre ich auch von jedem in London so. Sicherlich, ich bin erst seit einem halben Jahr dort, und das ist sehr wenig Zeit, um die Sympathie der Engländer zu gewinnen. Bei den Engländern braucht es Jahre, ihr Vertrauen zu gewinnen, und man kann dort nicht mit den gleichen Methoden arbeiten wie an vielen anderen Orten. Knox,[16] der englische Botschafter in Pest, hasst uns leider, und in diesem Sinne schreibt er auch seine Berichte, und verständlicherweise glauben die Engländer ihm, dem Engländer, eher als mir.

[…][17]

Mit diesen Worten wurde das Gespräch beendet, Imrédy bedankte sich für meine Arbeit und bat mich, so man hier schon politisch nichts erreichen könne, doch wenigstens die uns noch verbliebenen Sympathien der Engländer zu pflegen.

Nach Weihnachten meldete ich mich beim Reichsverweser und ließ Uray[18] wissen, dass ich kurze Zeit in Budapest sei, und wenn den hochwohlgeborenen Herrn die Lage in

15 Siehe z. B. die Kindertransporte, VEJ 2/202, 213, 272 und 288.

16 Sir Geoffrey George Knox (1884–1958), Diplomat; von 1906 an im diplomatischen Dienst, 1932–1935 Vorsitzender der Saarkommission, 1935–1939 Gesandter in Ungarn, 1939–1941 Botschafter in Brasilien.

17 Im Folgenden bittet Imrédy Barcza, Knox in Großbritannien so weit wie möglich zu diskreditieren. Anschließend besprechen sie wirtschaftliche Fragen und diskutieren über die Möglichkeit, die Exporte nach Großbritannien zu steigern. Imrédy bittet Barcza, die deutsche Haltung in dieser Frage zunächst abzuwarten, was Barcza scharf kritisiert, da er in zu starken Zugeständnissen gegenüber Deutschland Gefahren für die Zukunft sieht.

England interessiere, er mich rufen lassen solle. Horthy ließ mich in der Tat zu sich kommen, ich war fast eine Stunde bei ihm. Gott sei Dank befindet er sich in ausgezeichneter Verfassung, wirkt unglaublich frisch, und seine 70 Jahre sind ihm nicht anzusehen. Die Audienz begann damit, dass er fragte, was man in London über uns erzähle. Eine schwierige Frage, aber ich beantwortete sie wahrheitsgemäß. Ich sagte, dass die Engländer gesellschaftlich noch immer mit uns sympathisieren, jedoch mit einer gewissen Sorge den zunehmenden deutschen Einfluss auf uns beobachten. Daraufhin erwiderte der Reichsverweser erzürnt: Richte den Engländern bitte aus, dass ich mich den Deutschen nicht unterwerfen und weder mich noch das Land verkaufen werde. Wir brauchen die Deutschen, wir kommen nicht ohne sie klar, aber wir wollen nicht ihre Knechte werden. Ich höre nicht immer auf meine Minister und Staatssekretäre und letztendlich mache ich das, was ich für richtig halte. Ich schätze die Engländer sehr, sie sind eine überragende, edle Nation, und eigentlich wäre das Klügste gewesen, Ungarn nach dem Krieg einfach unter englische Hoheit zu stellen, da die Engländer ausgezeichnete Verwalter sind und den Völkern ihre Eigenart belassen, sie nicht belästigen, und so hätten wir es wohl gut gehabt bei ihnen … (Eine unglaubliche Äußerung seitens eines Staatsoberhaupts!) Aber natürlich wäre das nicht möglich gewesen.

Anschließend erzählte ich Horthy, dass die Engländer voller Respekt von ihm sprächen, und eine vornehme englische Lady, die ihn grüßen lasse, sagte, dass Horthy could not be a Nazi, not only because he is a gentleman but also because he is a sailor![19] Dies gefiel dem Reichsverweser sehr. Selbstverständlich erzählte ich ihm auch, dass die Engländer die Deutschen ungemein hassen würden. Die Unmenschlichkeiten und Gewalttätigkeiten gegen die Juden, die Unterwerfung der Österreicher, die Inhaftierung von Schuschnigg[20] usw. haben in England höchsten Widerwillen erregt. Leider seien die militärischen Kräfte der Engländer im Herbst noch zu schwach gewesen, weshalb es Chamberlain[21] damals nicht gewagt habe, in einen Weltkrieg einzutreten,[22] und sich lieber mit dem Verlust einer großen Autorität abfand. Hier erkundigte sich der Reichsverweser, wann die Engländer militärisch denn wohl soweit seien. Ich gab ihm dieselbe Antwort wie dem Ministerpräsidenten,[23] dass man das im Voraus nicht wissen könne, vielleicht in ein bis zwei Jahren, aber es gebe bereits eine psychologische Allianz gegen das deutsche Regime; England, Frankreich und Amerika würden Hitler und seine Methoden gleichermaßen hassen. Uns hielten sie noch nicht ganz für Nazis, würden jedoch mit Sorge unsere Annäherung an Nazi-Deutschland beobachten. Hier versprach Horthy erneut, dass er, wenn es notwendig werde, energisch reagieren werde, er dulde

18 István Uray von Ura (1880–1961), Politiker; StS, bis Febr. 1943 Kabinettschef von Miklós Horthy; von 1943 an Mitglied des Oberhauses.

19 Engl.: „Horthy könnte kein Nazi sein, denn er ist nicht nur ein Gentleman, sondern auch ein Seemann." Horthy war 1918 der letzte Befehlshaber der k. u. k. Kriegsmarine.

20 Kurt A. J. Edler von Schuschnigg (1897–1977); 1934–1938 österreich. Bundeskanzler, wurde nach dem Anschluss Österreichs im März 1938 in Gestapohaft genommen und war bis 1945 in mehreren Konzentrationslagern inhaftiert.

21 Arthur Neville Chamberlain (1869–1940); 1937–1940 brit. Premierminister.

22 Um einen Krieg in Europa zu verhindern, unterzeichnete Chamberlain im Sept. 1938 das zwischen Großbritannien, Frankreich, Italien und dem Deutschen Reich ausgehandelte Münchner Abkommen, das die Tschechoslowakei zwang, das Sudetenland an Deutschland abzutreten.

23 Béla Imrédy.

keinen Aufruhr. Sollte es notwendig werden, werde ich den Schießbefehl erteilen, sagte er. (Ich überlegte dabei, wem gegenüber). Gegen die Juden musste etwas unternommen werden, er habe nichts gegen die alten, zu guten Ungarn gewordenen Juden, die seit Jahrzehnten bei uns wohnten und ehrlich ihren Pflichten nachgingen, aber [er habe etwas] gegen jene, die vor kurzem eingewandert seien und alles kaputtmachten.[24] An diesem Punkt machte ich den Reichsverweser wie schon Imrédy darauf aufmerksam, dass keine Judenverfolgungen und Gewalttaten in Ungarn vorkommen dürften wie in Deutschland und insbesondere in Österreich,[25] dass bei uns immer Ordnung geherrscht habe und dass das vom Ausland sehr geschätzt würde. Diese Wertschätzung der edlen Natur unserer Nation dürften wir nicht aufs Spiel setzen. Horthy wiederholte erneut, er werde keine revolutionären Bewegungen dulden, und er werde beweisen, wer Herr in Ungarn sei!

Weiterhin sprachen wir über mehrere weniger interessante Themen. In erster Linie sprach der Reichsverweser, der wie jeder, der ein hohes Amt innehat, gerne spricht und erläutert. Solche Monologe sind nicht so leicht zu unterbrechen. Ich gab meiner Überzeugung Ausdruck, dass die Engländer derzeit militärisch schwach seien und daher nicht intervenieren könnten und sich nur mit den Fragen befassen würden, die sie unmittelbar beträfen. Um uns würden sie sich deshalb leider wenig kümmern, wir seien für sie uninteressant. Zwischen den Engländern und den Ungarn gebe es viele Gemeinsamkeiten, sie würden uns als eine alte edle und Traditionen pflegende Nation schätzen. Diesen Glauben aufrechtzuerhalten und zu pflegen, sei momentan meine erste Pflicht, politisch zu arbeiten, um etwas zu erreichen – das könne man in England derzeit kaum. Mir und meiner Ehefrau[26] gegenüber verhielten sich die Engländer stets unendlich freundlich und zuvorkommend, offensichtlich schätzen sie auch bei einem Diplomaten den geborenen Edelmann, und so müssten und könnten wir in England nur auf dieser Ebene arbeiten, ansonsten interessierten wir sie nicht sehr. Dies nahm Horthy mit lebhafter Zustimmung zur Kenntnis. Der Reichsverweser unterhielt sich noch sehr freundlich mit mir und verabschiedete sich recht herzlich.

Auch bei Csáky war ich zweimal und sagte ihm ungefähr dasselbe wie bereits Imrédy. Csáky ist überzeugt, dass die Deutschen sehr stark seien und in Europa nun täten, was ihnen beliebte. Ihnen Widerstand entgegenzusetzen sei sehr schwierig, sie lassen keinen Raum für Diskussion, sondern fordern und kommandieren. Er fürchte sich schon jetzt vor seiner Reise nach Berlin, weil die Deutschen an allem etwas auszusetzen hätten.[27]

[…][28]

24 Im Zuge des Ersten Weltkriegs wanderten zahlreiche jüdische Flüchtlinge aus Galizien und anderen Kriegsgebieten in Ungarn ein. Die ungar. Bevölkerung und Politik begegneten den aufgrund ihrer Sprache, ihres Kleidungsstils und ihrer Tradition als fremd wahrgenommenen Juden in vielen Fällen mit Ablehnung.

25 Gemeint ist v. a. das Novemberpogrom in der Nacht vom 9. zum 10.11.1938, in dessen Verlauf viele Synagogen und jüdische Geschäfte zerstört und ausgeraubt sowie zahlreiche Juden misshandelt wurden; siehe VEJ 2/123–138.

26 Alexandra Jeszenszky (1888–1974).

27 István Csáky traf am 16.1.1939 Adolf Hitler in Berlin. Insgesamt galt Csáky – im Gegensatz zu seinem Vorgänger Kálmán Kánya – als deutschfreundlich.

28 Csáky berichtet, dass die ungar. Botschafter in London, Paris und Washington von deutscher Seite streng beobachtet würden, und fasst die deutsche Meinung zur Person von Barcza zusammen. Des Weiteren skizziert er die diplomatischen Hintergründe des Ersten Wiener Schiedsspruchs sowie

Eines Abends traf ich István Bethlen im Casino, wir unterhielten uns stundenlang. Er sieht die Zukunft sehr düster. Die Reformen von Imrédy, das Judengesetz und die Bodenreform[29] seien geradezu kapital- und vermögensfeindlich.[30] Es seien keine Reformen, behauptete Bethlen, sondern sie würden nur darauf abzielen oder zumindest bewirken, dass Ungarn auf das Niveau eines kleinen Balkanstaats herabsinke, die Produktion ins Stocken geraten und der landwirtschaftliche Ertrag sinken werde. Dann würden die Massen wie schon 1918 gegen all jene aufgewiegelt werden, die über Vermögen, Boden oder sonstige Werte verfügten. Zudem nehme Imrédys Unterwerfung den Deutschen gegenüber uns jede Chance, dass wir in der Stunde der großen, endgültigen Abrechnung anders behandelt werden als die Deutschen. Diese Nation verkaufe sich an die Deutschen und habe aufgehört, ein unabhängiger Staat zu sein – das ist Bethlens Sicht. Bethlen hält Imrédy für völlig unpolitisch, für einen, der von Politik keine Ahnung habe und die Nation ins Verderben stürzen werde. Die aus der Partei ausgetretenen oppositionellen Abgeordneten, um die 65 Leute,[31] gruppieren sich offenbar um Bethlen[32] und Sztranyavszky,[33] aber weil das Hohe Haus vermutlich bald aufgelöst werde und Neuwahlen ausgeschrieben würden, sei die große Frage, wie das neue Parlament aussehen wird.[34] Imrédy ist bei den sich nach Boden verzehrenden Massen in den Dörfern, den judenhassenden, arbeitslosen Intellektuellen und einem Teil des Militärs heute ausgesprochen populär, deshalb kann er eine Neuwahl riskieren. Laut Bethlen werde dies aber dazu führen, dass die radikalsten Elemente, Pfeilkreuzler, radikale Rassenschützer und in den Städten die Sozialisten, in das neue Parlament einziehen würden.[35] Die alte ungarische Mittelklasse, das konservative, aber modern denkende Element werde überall hinausgedrängt und werde auch seines Vermögens beraubt werden. Ich unterhielt mich sehr lange mit István B., wie schade, dass dieser so intelligente Mann, einer der wenigen ungarischen Politiker, die exportfähig sind, d. h. auch jenseits von Hegyeshalom[36] überall ihren Mann stehen, fremde Sprachen sprechen und mit ihrem vornehmen Auftreten und Benehmen auf europäischem Niveau sind, bei uns keine Rolle mehr spielt oder höchstens in der Opposition. Leider gilt Bethlen bei uns heute als Exponent des Judentums. Er bezieht von mehreren großen Unternehmen ein stattliches Einkommen,

der Sudetenkrise und unterrichtet Barcza über künftige personelle Veränderungen im ungar. diplomatischen Corps. Anschließend beschreibt Barcza in seinem Tagebuch seine Treffen mit dem ehemaligen Außenminister Kánya und skizziert, was er über dessen Rücktritt weiß.

29 Béla Imrédy wollte bereits im Nov. 1938 für die geplante Bodenreform neben unbestellten und in ausländischer Hand liegenden Flächen v. a. jüdischen Grundbesitz heranziehen.

30 Zur Haltung von Bethlen siehe auch Dok. 4 vom 10. 2. 1938.

31 Im Nov. 1938 traten mehrere Politiker aus Protest gegen die Politik Imrédys aus der Regierungspartei aus.

32 Bethlen war bereits 1935 aus der Regierungspartei ausgetreten.

33 Sándor Sztranyavszky (1882–1942), Politiker; 1912–1918 Abgeordneter, 1922 Obergespan des Komitats Nógrád und Hont, 1926–1931 StS im Innenministerium, Präsident der Partei der Nationalen Einheit, 1935–1938 Präsident des Abgeordnetenhauses, 1938 Landwirtschaftsminister, im Nov. 1938 aus der Regierungspartei ausgetreten.

34 Imrédy trat im Febr. 1939 als Ministerpräsident zurück, nachdem bekannt geworden war, dass eine seiner Urgroßmütter jüdische Vorfahren hatte. Sein Nachfolger wurde Pál Teleki. Bei den Neuwahlen am 25. und 26. 5. 1939 erlangte die Regierungspartei die absolute Mehrheit.

35 Tatsächlich wurden die Pfeilkreuzler bei den Wahlen im Mai 1939 zweitstärkste Kraft. Fünf der insgesamt 260 Mandatare gehörten der Sozialdemokratischen Partei an.

36 Grenzübergang zwischen Ungarn und Österreich.

seine Söhne sind bei jüdischen Unternehmen untergebracht,[37] und Imrédy hasst ihn geradezu. Zum Glück hat er [Bethlen] wieder ein gutes Verhältnis zu Horthy und besucht ihn auch.
Während meines Aufenthalts in der Heimat fielen mir bereits nach wenigen Tagen zwei wesentliche Dinge auf. Zum einen die Art, wie man dort auf die Deutschen schimpft und sie hasst, zum anderen, wie stark der Antisemitismus ist. Aus deutscher Sicht widerspricht sich das eigentlich, aber es verhält sich trotzdem so. Das ungarische Judentum, das sich überall hineingedrängt hat, jeglichen christlichen Einfluss aus dem Geschäftsleben, aus Handel, Banken und Kunst verdrängt und sich an der Indolenz, Sorglosigkeit und Lebensuntüchtigkeit der Christen bereichert hat, ist bis heute der Meinung, dass man ihm nichts anhaben kann. Zwar löste die Vorlage des Judengesetzes am Tag seines Bekanntwerdens große Bestürzung aus, einige arme hysterische jüdische Ärzte und Geschäftsleute flüchteten in den Freitod, aber schon bald erzählten sich die Juden, dass aus dieser Vorlage ohnehin nichts werde. So wie die Lage dieser Tage aber scheint, muss man davon ausgehen, dass auf Darányis erste Vorlage des Judengesetzes und Imrédys derzeitige zweite womöglich noch eine dritte, viel radikalere folgt.[38] All dies hängt davon ab, ob sich die Deutschen mit dem derzeitigen Status begnügen oder fordern, dass alles noch strenger gehandhabt wird. Pál Bíró,[39] Generaldirektor in Rimamurány, Landtagsabgeordneter, Mitglied der NEP[40] und ein Freund Bethlens, flüchtete, nachdem er viele Millionen [Pengő] heimlich aus dem Land geschafft hatte, und schrieb seinen Abdankungsbrief an das Abgeordnetenhaus aus Amsterdam. Als der Skandal bekannt wurde, erzählte man sich, er habe der Regierung Namen und Daten nennen können, so dass sie ihm erlaubt habe zu fliehen …[41] Diese Dinge geben der judenfeindlichen Stimmung selbstverständlich Nahrung, und das mit Recht. Ich war immer Antisemit, aber das Judengesetz befürworte ich nicht, denn es widerspricht der Verfassung und bringt uns im westlichen Ausland in Verruf. Man hätte den Einfluss der Juden auf einfachem administrativen Weg zurückdrängen können, ein „Einwanderungsgesetz" hätte dafür ausgereicht, dass alle Juden, die nach 1918 ins Land gesickert sind – wie die vielen polnischen Juden, die nur mit einem Bündel auf dem Rücken kamen und heute in großen Luxuswagen durch die Váci-Straße[42] rasen –, hätten entfernt werden können. Es hätte nichts weiter bedurft als einer derartigen Maßnahme. Den reichen Juden hätte man dann unter der Hand ausrichten können, dass sie die Hälfte ihres Vermögens an uns abzutreten hätten, wenn sie keine Probleme bekommen wollten. Sie hätten natürlich gezahlt wie verrückt, und die vielen kleinen schmutzigen Einwanderer wären in aller Stille verschwunden wie untaugliche Einwanderer. Die Juden aber, die schon hundert Jahre oder länger bei uns leben, tüchtig arbeiten, ihren Pflichten nachkommen, in den Krieg gezo-

37 András Bethlen (1902–1970), Journalist; István Bethlen (1904–1982), Eishockey- und Polospieler; Gábor Bethlen (1906–1981), Botschaftssekretär.

38 Das sog. Dritte Judengesetz wurde 1941 verabschiedet; siehe Dok. 51 vom 2.8.1941.

39 Pál Bíró (1881–1955), Jurist; von 1902 an Angestellter der Rimamurány-Salgótarján Eisenwerk AG, 1912 Direktor, 1917 Generaldirektor, 1927 deren Präsident; von 1922 an Parlamentsabgeordneter, trat vor den Wahlen 1935 zusammen mit István Bethlen aus der Regierungspartei aus, von 1935 an parteiloser Abgeordneter im Parlament, 1940 Emigration in die Schweiz.

40 Nemzeti Egység Pártja: Partei der Nationalen Einheit.

41 Nicht ermittelt.

42 Eine der zentralen Einkaufsstraßen und Flaniermeile in Budapest.

gen und gefallen sind oder verwundet wurden, für die Heimat bluteten, wären vollkommen unangetastet und rechtmäßige Mitglieder der ungarischen Heimat geblieben. Die ungarische Verfassung beruht auf Rechtsgleichheit, kennt keine Rassen- und Religionsunterschiede, vor dem Gesetz haben alle die gleichen Pflichten, aber auch Rechte. Wir als europäische Kulturnation, deren tausendjährige Verfassung und edle Unabhängigkeit landein, landaus bekannt ist, hätten dieses Prinzip oder zumindest den Anschein davon nicht aufgeben dürfen. Ja, man muss die Juden zurückdrängen, aber nicht mit Gewalt, sondern mit einer Methode, [die bewirkt,] dass auch Christen lernen, arbeiten, sich bemühen, ehrlich werden. Sie hätten sogar im Geschäftsleben ihr Glück gefunden, wenn die Geheimverordnung erlassen worden wäre, nach der alle [Unternehmen] nur Christen hätten anstellen dürfen. Man hätte dies alles auf administrativem Wege, lautlos, unauffällig erledigen können, denn mit Imrédy stimme ich darin überein, dass die Übermacht der Juden in bestimmten Berufen verhindert werden muss.

[…][43]

Ich sagte Imrédy und auch Horthy ganz offen, dass ich seit 1910 im Dienst stehe und in dieser Zeit 24 Jahre im Ausland verbracht habe,[44] wo ich viel gesehen und erlebt habe, so dass ich über eine gewisse Praxis in der Einschätzung der Lage verfüge. Ich habe den Weltkrieg erlebt, Revolutionen und Regimewechsel und dabei beobachtet, dass es immer die Schwäche der Zentralmacht war, die den Umsturz verursachte. Ich habe ebenfalls mitbekommen, dass man uns im Ausland nur dann und dafür geschätzt hat und schätzt, wenn man sehen konnte, dass wir charakterstark, patriotisch und selbstbewusst handeln, unseren alten Traditionen und unserer Verfassung treu sind, fremde Ideologien nicht servil nachahmen und in der Heimat Ordnung schaffen können. Die ungarische Nation hat es geschafft, in den schweren Zeiten nach dem furchtbaren Frieden über 20 Jahre lang auf eigenen Füßen zu stehen und die Ordnung aufrechtzuerhalten. Bei uns gab es kein Durcheinander, keinen Aufstand, kein Morden. Dieses arme, ausgeplünderte, um zwei Drittel dezimierte Land[45] galt in Europa in dieser Hinsicht als einmalig. Damit erkämpften wir uns den Respekt der ganzen Welt, aber auch damit, dass wir niemals aufhörten, unser Recht zu reklamieren, nie einen Kompromiss eingingen, uns nicht verkauften, uns Freunde erwarben, aber uns niemals blind in den Dienst von jemandem stellten. Die Fremden kamen zu uns (das wird jetzt wohl leider wahrscheinlich enden), alle bewunderten Fleiß, Ehrlichkeit und Talent des ungarischen Volkes, die Schönheit von Budapest, und man begann, die aus asiatischer Romantik und westeuropäischer Kultur hervorgegangene gesittete Atmosphäre zu schätzen, die bei uns herrschte. All dies steht heute auf dem Spiel. Ich denke leider, es ist bereits zu spät, die Nation vor dem Abgrund zu retten, in den sie zu gleiten beginnt. Im Land beginnt sich durch die Aufwieglung der Massen eine vermögens-, besitz- und traditionsfeindliche Atmosphäre auszubreiten, während wir nach außen bereits so auftreten wie ein Land, auf das die deutsche Macht bereits ihre Hand gelegt hat. Aber das ist das punctum saliens![46] Der

43 Im Folgenden rekapituliert Barcza seine Gespräche mit diversen ungar. Politikern und rechtfertigt seine Offenheit in politischen Fragen.

44 György Barcza war bis 1939 in den ungar. Botschaften in Athen, Kopenhagen, Stockholm, Wien, dem Vatikan und London tätig gewesen.

45 Hinweis auf die Gebietsverluste im Zuge des Friedensvertrags von Trianon im Jahr 1920.

46 Lat.: Der springende Punkt.

Kraft und der Gewalt müssen wir nachgeben, ein Blick auf die Karte genügt, und jeder wird verstehen, dass wir ohne die Deutschen und noch weniger gegen sie überleben können. Aber wir dürfen uns auch nicht verkaufen, einer fremden Herrschaft nicht die nationalen Werte opfern, die wir über Jahrtausende als unseren heiligen Schatz bewahrt haben. Darin liegt ein großer Unterschied. Wenn ein schwaches vornehmes Mädchen von einem wilden, gewalttätigen, machtbesessenen Mann vergewaltigt wird, dann ist das etwas anderes, als wenn sich eine Frau freiwillig dem Mann als dessen Besitz hinwirft. Le viol et la prostitution![47] Das ist ein großer Unterschied, das Erstere ist keine Schande, sondern nur ein großes Unglück, das andere aber reine Schande!

Tragisch ist das Schicksal dieser Nation! Der Logik nach sollte man annehmen, dass sich jetzt, da es uns nach 20 Jahren des Wartens und nach einem schweren Kampf gelungen ist, ohne Blutopfer eine Million Ungarn und 12 000 Quadratkilometer Land aus dem alten Großungarn zurückzugewinnen,[48] zu Hause alle in patriotischem Einvernehmen am nationalen Aufbruch erfreuen und gemeinsam für das Wohl der Heimat arbeiten würden. Leider erfuhr ich hier gerade das Gegenteil. Seit 20 Jahren ist die Stimmung nicht mehr so bedrückt gewesen wie jetzt, in den 20 Jahren hat man nicht so viel geflüstert und sich gefürchtet und ein so nervöses Verhalten an den Tag gelegt wie heute, und 20 Jahre lang war die Zukunft des Landes nicht so unsicher wie ausgerechnet jetzt! Unser Schicksal ist auch deshalb tragisch, weil die große Welt glaubt, dass zwischen den Deutschen und uns eine innig-warme Freundschaft bestünde, dass die Deutschen uns freundschaftlich unterstützen und die Stärkung der Nation befördern würden. Das Gegenteil ist der Fall. Die Deutschen, auch wenn sie eine vollständige Besetzung wie im unglückseligen Österreich bei uns wohl nicht planen, weil man zehn Millionen Ungarn nicht einfach so besetzen kann und hier auch nicht mehr als 300 000 bis 400 000 Deutsche leben, wollen uns trotzdem zu ihrem willenlosen Instrument machen. Ungarn ebenso wie Tschechien soll zu einer deutschen Kolonie werden. Wir sollen ihnen Getreide, Lebensmittel, Material liefern, Maßnahmen bei uns einführen, die bei den Deutschen existieren, auch wenn sie der ungarischen Volksseele vollkommen fremd sind, und wenn es notwendig ist, sollen wir uns militärisch an ihre Seite stellen, das Blut, das Leben unserer Söhne in den Dienst der deutschen Expansionsbestrebungen stellen. Es ist traurig, daran zu erinnern, aber so wahr wir 150 Jahre Türkenherrschaft überstanden haben,[49] werden wir wohl auch die Herrschaft Hitlers und Konsorten überstehen, aber wie viel an nationalem Wert, Vermögen und Leben wird in dieser Zeit zugrunde gehen! Ich war immer ein Freund der Deutschen, habe das große deutsche Volk immer verehrt und bewundert und seine hervorragenden Eigenschaften geschätzt und schätze sie immer noch. Dennoch stehen meine Erziehung, Menschenliebe, Rechtsauffassung und vornehme Herkunft in scharfem Widerspruch zu den Methoden der deutschen Nazis: die Anwendung roher Gewalt, die Unrechtmäßigkeiten, die Tränen und Blut verursachen!

Die Atmosphäre in Budapest war gedrückt, nervös und deprimiert! Es kursierten Gerüchte, mal stammten sie aus jüdischen, mal aus christlichen Kreisen, jeder schien etwas zu wissen, gab flüsternd eine Nachricht weiter, schaute sich um, bevor er sprach, und schloss die Tür, bevor er zu reden wagte, da jeder Angst hat um seine Haut, seinen Beruf,

47 Franz.: Vergewaltigung und Prostitution.
48 Gemeint ist der Erste Wiener Schiedsspruch.
49 Nach der Schlacht von Mohács 1526 kam ein Teil des ungar. Königreichs unter osman. Herrschaft.

seine Familie, seinen Boden, seinen ehrenwerten Namen und guten Ruf … Was ist das?, dachte ich mir. Wo sind wir? In Moskau, wo sowjetische Spione und Mikrofone im Einsatz sind? Die Telefone werden abgehört, die Briefe geöffnet, und wenn jemand etwas sagt, wird ihm das zur Last gelegt. Wo bleiben die ungarische Offenheit und der Freigeist, das Selbstwertgefühl und die vornehme Atmosphäre?

Wo ist die Nation, die ihre Freiheit, ihre Verfassung selbst gegen die Habsburger erkämpfte und als sie diese erkämpft hatte, sich auf edle Art mit ihrem König versöhnte?[50] Heute lautet das Motto, was werden die Deutschen zu diesem oder jenem sagen, was die Regierung? Alle schauen besorgt, zitternd und verängstigt der Zukunft entgegen. Wer auf der Straße zufällig mit einem Juden ins Gespräch kommt, schaut sich ganz genau um, bevor er stehenbleibt, um sicherzugehen, dass er von niemandem beobachtet wird. Juden öffentlich zu beschimpfen – das gehört offenbar zur Vorsichtsmaßnahme. Wer die Regierung kritisiert oder nur zu diskutieren wagt, wird sofort als „Judenknecht" abgestempelt, gilt als von den Juden bezahlt, als unzuverlässig, als jemand, der kein guter Patriot sein kann … Und das behaupten ausgerechnet Leute, deren Rasseungartum durchaus zu wünschen übrig lässt, da die heute tonangebenden Rasseungarn größtenteils deutscher Herkunft sind, einst deutsche Namen getragen haben, Schwaben also,[51] die vor ein paar Jahrzehnten erst ihre wunderbar klingenden ungarischen Namen annahmen und uns, die seit vielen Jahrhunderten wahre Ungarn sind, darüber belehren wollen, was Ungartum, was ungarischer Patriotismus ist! Difficile est satiram non scribere![52] Imrédy hieß früher Heinrich, was keine Schande ist, aber warum soll er nun ungarischer sein als viele andere? Einer, der noch aus den alten k. u. k. Zeiten stammt und Kammerherr war, ist verdächtig, ein Legitimist zu sein, jemand, der leise zu sagen wagt, dass außerhalb von Deutschland und Italien auch noch England, Amerika und Frankreich existieren, wird als „Vaterlandsverräter" verunglimpft, wer sich aufgrund der innenpolitischen Reformen um Produktion, Ausfuhr und seinen Arbeitsplatz Sorgen macht, wird als „Judenknecht" beschimpft … Kann man in einem derartigen Land noch ehrlich und uneigennützig miteinander reden?!

Wir haben nur einen Lichtblick: Miklós Horthy. Dieser großartige ungarische Herr, ein Gentleman, der noch in tadelloser Atmosphäre und in der ausgezeichneten Disziplin der Franz-Joseph-Zeiten[53] erzogen worden ist! Er ist unsere einzige Hoffnung. Wir glauben an ihn und an die Popularität, die er heute noch genießt. Horthy ist jedoch bereits 70 Jahre alt. Ich sage nichts, noch ist sein Befinden ausgezeichnet, und er könnte sicher noch zehn Jahre regieren, aber was passiert mit uns, wenn es ihn nicht mehr gibt? Es ist schlimm, nur daran zu denken.

Der Pester Humor ist allerdings auch heute noch nicht ausgestorben. Witze und Sprüche wuchern nur so. Ich zeichne einige zur Unterhaltung der Nachwelt auf. Der am meisten verbreitete Witz handelt von Imrédy. Man erzählt sich, Imrédy denke, dass er der Tisza[54]

50 Gemeint ist die ungar. Revolution von 1848/49 gegen die Vorherrschaft der Habsburger und der Ausgleich 1867, durch den die Doppelmonarchie Österreich-Ungarn ins Leben gerufen wurde.

51 Gemeint sind Ungarndeutsche, die oft allgemein als „Schwaben" bezeichnet wurden.

52 Lat.: Es ist schwer, keine Satire zu schreiben.

53 Gemeint ist die Herrschaft des österreich. Kaisers Franz Joseph I. von 1848 bis 1916.

54 Gemeint ist der Fluss Theiß. Tisza ist jedoch auch der Familienname einer Dynastie von ungar. Staatsmännern.

sei, aber er ist nur der Zagyva[55] (stammt von Szüllő).[56] Oder: Was beinhaltet Imrédy-Gulasch? 80 Prozent Blödsinn und 20 Prozent Nudelteig.[57] (Nach dem ersten Judengesetz dürfen am öffentlichen Leben 80 % Christen und 20 % Juden teilnehmen.) Weshalb ist die Tschechoslowakei heute das begehrteste Land? Weil es 20 Jahre alt ist, sehr schlank und schon von jedem vergewaltigt wird. Wie nennt man Imrédy in London? I'm ready. Es gibt auch unzählige Witze über Hitler. Zum Beispiel: Wie heißt Hitler auf Italienisch? Il Duce des Duce.[58] Ein Italiener stöhnt und sagt: „Erinnert ihr euch an die schöne alte Zeit, als uns noch Mussolini[59] regierte?" Natürlich, in Deutschland traut man sich nur flüsternd Witze über Hitler und das Regime zu erzählen, bei uns ist der Humor jedoch noch frei, wie lange noch – das ist die Frage.

Ich habe in Budapest im [Hotel] Ritz gewohnt, das fast vollkommen leer war. Die von der großen politischen Unsicherheit geprägte Depression war überall in der Stadt zu spüren. Theater, Geschäfte usw. sind halb leer, die Menschen sparen, weil niemand weiß, was die Zukunft bringt. Die Juden, die ausgerechnet am Weihnachtstag den Text der zweiten Judengesetzvorlage geschenkt bekamen, tauschten sich mit großem Erschrecken darüber aus, alle sprachen nur darüber, wer nach diesem neuen Gesetz als Volljude oder nur als „Halbblütiger" oder „Viertelblütiger" gelten wird. Bei vielen hat man natürlich geglaubt, herausgefunden zu haben, dass sie Juden sind, so erzählt man beispielsweise auch über Imrédy, dass sein Großvater mütterlicherseits, ein Mann namens Vajkai, früher ein Jude namens Senger gewesen sei.[60] Viele Juden versuchen, ihre Rassereinheit damit zu belegen, dass sie diskret darauf hinweisen, ihre christliche Mutter sei einmal vom Weg der Tugend abgekommen, und das aus der Verbindung mit einem ebenfalls christlichen Mann hervorgegangene Kind sei reiner Christ und der jüdische Vater existiere nur auf dem Papier … Erbauliche Dinge sind das!

Während sich die Städter bzw. ein Teil von ihnen über das angekündigte neue Judengesetz erregt, beschäftigt die Dorfbevölkerung, die Landbesitzer und Bauern die Vorlage zur Bodenreform. Imrédy möchte jährlich 200 000 Katasterjoch in Form von Kleinpachten unter den „Mittellosen" (das ist auch zu einem neuen Begriff geworden) verteilen. In erster Linie werden die großen und mittleren jüdischen Besitztümer, die großen Latifundien, die Pachtgrundstücke, die kirchlichen Besitztümer und schlecht bewirtschaftete Landwirtschaftsbetriebe in Frage kommen, danach erst alles Übrige. 20 % von 1500 bis 500 Katasterjoch Großflächen, 25 % der über 1500 Joch großen und so weiter können enteignet und Kleinpächtern überlassen werden. Die bodenlosen Bauern warten heute wie schon 1918, als der Slogan „Alles gehört uns" ertönte, in maßlosem Verlangen auf die Verteilung des Bodens der „Herren". Die Bodenpreise sind gefallen, es gibt keine

55 Die Zagyva ist ein Nebenfluss der Theiß. Gleichzeitig bedeutet zagyva im Ungar. Quasselei.

56 Vermutlich: Géza Szüllő (1873–1957), Politiker, Mitglied des ungar. Oberhauses.

57 Zitiert wurde hier im Ungarischen ein Wortspiel. Im Original: „marhaság" (Blödsinn), während „marha" Rind bedeutet; „metélt" (Nudelteig) heißt auch „beschnitten", in Anspielung auf die jüdischen Vorfahren Imrédys.

58 Italien.: Der Führer des Duce.

59 Benito Mussolini (1883–1945), italien. Ministerpräsident und Diktator.

60 Die Politiker István Bethlen und Károly Rassay fanden Hinweise darauf, dass eine Urgroßmutter von Imrédy jüdischer Abstammung war. Als Folge trat Imrédy im Febr. 1939 als Ministerpräsident zurück. Die Informationen von Bethlen und Rassay wurden auch von deutscher Seite bestätigt; siehe Anm. 34 und Dok. 90 vom 30.12.1942, Anm. 10.

Kredite, kurzum, es macht sich Unsicherheit und Spannung unter den Dorfbewohnern breit. Es wird gemunkelt, Imrédy brauche das für die bevorstehenden Wahlen, damit die Bauern ihn wählen, da sie von ihm Boden bekommen. Sie glauben, dass sie im Rahmen einer großen Landverteilung umsonst den Boden bekommen, obwohl laut der Vorlage der Staat den Bodenbesitzern lediglich einen garantierten Lohn für die Bearbeitung des ihnen zugesicherten Bodens anbietet. Aber die Bauern sehen das Ganze nicht, sie hören nur „ihr bekommt Boden" und „wir nehmen ihn den Herren weg" usw. – gefährliche und an die besten Zeiten des Kommunismus[61] erinnernde Slogans.

Damit kommen wir zum gefährlichsten Teil der Sache: Sowohl das Judengesetz als auch die Bodenreform werden heftige Erschütterungen im Geschäftsleben und in der landwirtschaftlichen Produktion nach sich ziehen, deren Folgen unabsehbar sind. Die Banken, Betriebe und Großunternehmen, die bis 1943 noch sechs bis acht Prozent jüdische und halbjüdische Angestellte behalten dürfen, werden sich außerstande sehen, diesen Abgang mit geeigneten, den Juden in Geschäftserfahrung und Fleiß ebenbürtigen christlichen Angestellten zu ersetzen. In den Dörfern, auf den vielen aufgeteilten Gutshöfen wird nicht einmal mehr die Hälfte dessen produziert werden, was unter rationeller Bearbeitung in den großen und mittleren Landwirtschaften möglich war. Das Geschäftsleben und die landwirtschaftliche Produktion werden völlig stagnieren. Industrie und Handel werden nicht mehr imstande sein zu produzieren, der Ertrag des Bodens wird sinken, es werden keine 25 oder 22 Millionen mm[62] Getreide mehr verfügbar sein, sondern nur noch 18 oder 16, also gerade so viel, dass der inländische Bedarf gedeckt werden kann. Für die Ausfuhr wird – insbesondere bei schlechten Ernten – nichts mehr übrig bleiben. Alles, was wir in den letzten 20 Jahren unternommen haben, um Industrie und Handel, aber auch die Landwirtschaft in Schwung zu bringen, wird verloren gehen. Ungarn wird auf das Niveau von Bulgarien und Griechenland zurückfallen. Ich kann diese Dinge nicht ganz einschätzen, da ich mich eigentlich in diesen Dingen nicht auskenne, aber alle, mit denen ich gesprochen habe, befürchten genau das. Sie befürchten auch, dass unter dem Vorwand der Bodenverteilung unter den erregten Massen künstlich Hass gegen die vermögende Klasse erzeugt werden könnte, der sich dann nicht mehr gegen die großen Gutsbesitzer, sondern gegen alle Besitzenden, kurz gegen den „kaputos"-Menschen[63] richten wird. Kurzum: Wir werden bei einer Art Kommunismus landen.

[…][64]

Es mag sein, dass ich meine Eindrücke und Erfahrungen aus der Heimat viel zu ausführlich beschrieben habe, aber irgendwann, wenn diese Zeiten Geschichte sein werden, wird es nicht uninteressant sein [zu lesen], was ich aufgeschrieben habe. Ich gehöre nicht in den Kreis der besorgten und völlig schwarz sehenden Patrioten, die Ungarns Absturz in die deutsche Sklaverei oder gar die tatsächliche Besetzung des Landes prophezeien, denn auch dieser Zustand wird nicht ewig andauern. Weder Hitler noch sein Regime

61 Gemeint ist die Zeit der Räterepublik unter Béla Kun im Jahr 1919.

62 Maßeinheit unklar.

63 Kaputos (ungar.): eigentlich ein langer Mantel; gemeint sind Adelige, städtische Akademiker oder Beamte.

64 Barcza skizziert im Folgenden ausführlich die Bewegung Ungarisches Leben und geht auf die innenpolitischen Entwicklungen ein. Er befürchtet, dass die Pfeilkreuzler die Macht ergreifen und Ungarn ganz in den Dienst Deutschlands stellen könnten. Abschließend beschreibt er den Besuch von Csáky in Deutschland.

werden ewig währen, auch „die Bäume wachsen nicht in den Himmel". In der Geschichte der Menschheit ist bisher noch jeder Diktator gestürzt worden und jede Diktatur fand binnen eines Menschenalters ihr Ende. Ich sehe angesichts unserer geographischen Lage und unserer Isoliertheit auch ein – da es unmöglich ist, das nicht einzusehen –, dass wir gegen die Deutschen nichts tun können, also il faut faire bonne mine au mauvais jeu[65] mit ihnen ein Stück des Weges zu gehen, aber, und hier kommt das große Aber: Wir müssen beziehungsweise sollten unsere alte Verfassung und die Verfassungsfreiheiten, unsere nationale Unabhängigkeit inner- und außerhalb unseres Landes aufs Äußerste verteidigen und uns nicht beschämend vor den Deutschen in den Staub werfen! Bis hierher und nicht weiter – das sollten wir den Deutschen ab und an signalisieren. Wir wollen eure Freundschaft, und wir geben, was wir können. Wir erlauben es euch aber nicht, unsere jahrtausendealten, jahrhundertealten juristischen Schätze zu nehmen. Diese werden wir mit unserem Blut und all unserer Kraft schützen. Gewalt gegen einen Schwächeren konnte man immer ausüben, aber auch ein Schwacher kann sich selbstbewusst wehren und damit die Achtung der Welt erringen und erhalten. Wenn sich der Schwächere aber freiwillig verkauft, wird er der öffentlichen Ächtung anheimfallen. Und wenn das deutsche Regime an sein Ende kommt, wenn der Zusammenbruch des deutschen Regimes aufgrund der immer schwieriger werdenden Wirtschaftslage im Innern oder auf Druck von außen kommt, werden wir uns auf nichts berufen können und den Deutschen zugerechnet werden und wieder da stehen, wo wir 1918/19 bereits gestanden haben: gnadenlosen Feinden gegenüber, die unseren Untergang besiegeln!

DOK. 22

Ferenc Szálasi denkt am 24. Januar 1939 in seinem Tagebuch über die Entfernung aller Juden aus Ungarn nach[1]

Handschriftl. Tagebuch von Ferenc Szálasi, Eintrag vom 24.1.1939

Egal ob er gestreichelt oder geschlagen wird, der Jude brüllt immer. Laut, lamentierend, heulend. Beim Brüllen kennt er keine Abstufungen. Sein Gebrüll steht in keinem Zusammenhang mit dem Ausmaß seiner Schmerzen, er brüllt stets in gleicher Tonlage und schreit frech und grölt. Schlussfolgerung: Die Judenfrage muss sofort und gründlich gelöst werden, da sich sein Brüllen ohnehin nicht ändert.
Wir, schwache Menschen, tun zumindest das, was der gute Gott, die ewige Güte, das ewige Erbarmen, die ewige Gnade mit diesem Gesindel getan hat. Gott hat es oft ermahnt, aber Moses erbettelte immer wieder Vergebung. Das Erbarmen, die Gnade und die Güte haben es schließlich auch nicht mehr ausgehalten und die Geschlechter der sündigen zwölf Stämme ausgemerzt, sie haben ihnen den Einzug ins Land Kanaan verwehrt. Warum gibt es wohl Schaben, Flöhe, Läuse, Bazillen, Krätzmilben, Asseln? Was hatte der Schöpfer vor mit ihnen? Warum haben wir so viele Wanzen, vor allem in Pest?

65 Franz.: Man muss gute Miene zum bösen Spiel machen.

1 BFL, XXV-1-a-293/1946–8541. Szálasi Ferenc ceruzával írott naplója. Abdruck in: Tamás Csiffáry (Hrsg.), Szálasi Ferenc börtönnaplója: 1938–1940, Budapest 1997, S. 80 f. Das Dokument wurde aus dem Ungarischen übersetzt.

Das hat einen einzigen Zweck: Es soll uns darauf aufmerksam machen, dass wir schmutzig und ungesund sind. Dieselbe Rolle spielt das Judentum im Leben der Nationen: Es macht sie auf den moralischen, geistigen und materiellen Dreck aufmerksam, der ihr gesamtes moralisches, geistiges und materielles Leben vergiftet.

Man sagt, Schaben, Wanzen, Flöhe, Läuse, Bazillen, Krätzmilben und Asseln seien nie vollständig auszurotten, weil das Gleichgewicht der Schöpfung dadurch gestört würde. Richtig. Man kann sie auch nicht ausrotten. Aber ich kann sie zumindest aus meinem Heim, aus meiner Heimat verbannen, und die wenigen, die übrigbleiben, kann und muss man ausrotten, wenn ich ein gesundes Leben führen will. Es bleiben ausreichend Orte, wo dieses Ungeziefer und der Schmutz, den sie erzeugen, gerne gesehen werden. Das sollte uns aber nicht interessieren. Schließlich lebt jeder nach seiner Fasson. Wir sollten uns durch Reinheit, Gesundheit, Sittlichkeit gefallen. Statt nach Geld, Schmeichelei, Gelaber – die nur auf moralischem, geistigem und materiellem Dreck gedeihen – sollten wir nach Wohlstand, Wahrheit und Moral streben, die jedoch ausschließlich auf Grundlage reiner und gesunder Moral und Materie, reinem und gesundem Geist erblühen können.

Man sagt, jede Familie, jedes Heim, jede Heimat bedürfe der Schaben, Wanzen, Flöhe, Läuse, Bazillen, Krätzmilben und Asseln als Anhaltspunkt, wann man schmutzig ist oder aufräumen muss. Es ist ein Trottel, ein Narr, ein Dummkopf, der die Pest, nachdem er sie selbst am eigenen Leibe erfahren und gelernt hat, wie man sich gegen sie schützt, nur deshalb einlässt, um sich gegen sie zu wehren! So einen Narren, so einen gemeingefährlichen Irren sollte man sofort in ein Irrenhaus stecken, selbst wenn er als Lohn für seine großartige und lobenswerte Tat eine goldene Statue bekommt – von den Pestbazillen!

DOK. 23

Il Resto del Carlino: Felice Bellotti kritisiert in einem Artikel vom 9. Februar 1939 die zögerliche Politik der Regierung Imrédy gegenüber den Juden[1]

Ungarn heute. Imrédy und die Juden von Felice Bellotti[2]

Der Kampf des ungarischen Volks gegen die Juden wird nicht mehr lange dauern: Deren erpresserische Tyrannei neigt sich dem Ende zu.

Budapest, im Februar.

Parteiengezänk und Parlamentarismus: Dieser beiden Übel hat sich Ungarn noch nicht entledigen können, vielleicht weil es noch nicht das durchgreifende Mittel gefunden hat. Die heikle Situation Ungarns, die mit der Krise der Tschechoslowakei begonnen hat, ist noch längst nicht überwunden.[3] Das anhaltende Chaos ist der Tatsache geschuldet, dass

1 Il Resto del Carlino vom 9.2.1939, S. 5: Imredy e gli ebrei. Die konservative italien. Tageszeitung aus Bologna existiert seit 1885. Das Dokument wurde aus dem Italienischen übersetzt.

2 Felice Bellotti (*1909); Journalist, u. a. bei La Stampa; Autor zahlreicher faschistischer Bücher und Reisebücher.

3 Gemeint ist die „Sudetenkrise". Im Vorfeld der Besetzung des Sudetenlands hatte Hitler der ungar. Regierung Teile der Slowakei in Aussicht gestellt. Mit dem Ersten Wiener Schiedsspruch erhielt Ungarn ein Gebiet von 11 927 km² zugesprochen.

der Traum von der Wiederherstellung der Stephanskrone[4] noch immer nicht aufgegeben wurde zugunsten des weniger glänzenden, schlüssigeren Ziels der ungarischen Einheit. Dieses Durcheinander, die mühselige Suche nach einer neuen innenpolitischen Ausrichtung, lähmt die gesamte Regierung. Keinem der Parteiführer scheint bewusst zu sein, dass lediglich das Judentum als der größte Gegner des ungarischen Volks daraus Profit zu ziehen versteht.

Als Imrédy die Fahne des Antisemitismus aufzog,[5] um die gefährlichste Oppositionspartei mit deren eigenen Waffen zu schlagen, sah es so aus, als ob eine Lösung für die innere Lage gefunden worden sei. Es stellte sich jedoch bald heraus, dass die Regierung einen schweren strategischen Fehler begangen hatte, indem sie ein ideelles Programm verkündete, das von keiner Substanz untermauert war. Unter dem Druck der politischen Notwendigkeit hatte Imrédy den Juden den Krieg erklärt, bevor er überhaupt wusste, wie und mit welchen Kräften er ihn führen würde. Die parlamentarische Schlacht gewann er. Weil er den Juden jedoch nur drohte, statt sie entschlossen zu bekämpfen, provozierte er deren langsame, aber äußerst gefährliche Reaktion.

Die Statistiken, die eine sehr viel klarere Sprache sprechen als die Herren Abgeordneten, offenbaren, dass ungefähr 85 Prozent des Handels und der Industrie in Ungarn in jüdischen Händen liegen sowie etwa 62 Prozent des Finanzwesens.[6] Wie es so weit kommen konnte, ist schnell erklärt. Das ungarische Volk, das „Herrenvolk" der mitteleuropäischen Donauregionen, betrachtete den Handel seit jeher als eines echten Mannes nicht würdig. Er kann ein feiner Herr, Künstler, Soldat oder Bauer sein, um Geschäfte kümmern darf er sich aber nicht. Geschäfte bedeuten Gewinne, die nach ungarischem Verständnis unmoralisch sind. Vielleicht wäre es richtiger zu sagen „unmoralisch waren", da sich die ungarische Mentalität inzwischen, nach der Demütigung von Trianon, allmählich verändert hat.

Im vergangenen Jahrhundert benötigten die Ungarn jemanden, der nicht nur zwischen Getreideproduzenten und Verbrauchern vermittelte, sondern auch zwischen dem csikós, dem Pferdehirten, und dem Herrn, der die Pferde ritt. Und man war froh, dass kein Ungar den Bauern oder den Magnaten bediente, und war zufrieden damit, dass dies eine Art Monopol der „piszok zsidó" war, was in etwa „Judenschweine" bedeutet. Solange die Juden als Menschen minderer Rasse betrachtet wurden, in der Rangordnung noch unter den Zigeunern, die ausgezeichnete Musiker und unermüdliche Liebhaberinnen hervorbringen, ging alles gut. Doch eines Tages erschollen die Fanfaren der Gleichheit. Als die Habsburger realisierten, dass das Reich[7] Risse bekam, begannen sie ihre „Politik des Teilens und Herrschens". Wien wollte seine Stimme allen Völkern und Rassen des riesigen Reichs zu Gehör bringen. Da erhoben die Juden ihr Haupt. Sie waren unempfindlich gegenüber materiellen Schlägen und Demütigungen, gegen Verachtung und Be-

4 Die Stephanskrone, die Königskrone des ehemaligen Königreichs Ungarn, symbolisiert die Zusammengehörigkeit der Gebiete, die das Königreich Ungarn bis 1918 umfasste. Eines der vorrangigen Ziele der ungar. Regierung war die Wiederangliederung der mit dem Friedensvertrag von Trianon 1920 abgetrennten Gebiete.

5 Mit dem sog. Ersten Judengesetz versuchte die Imrédy-Regierung, mit antijüdischen Bestimmungen den rechtsradikalen Kräften, allen voran der Pfeilkreuzlerpartei, den Wind aus den Segeln zu nehmen. Gleichwohl konnten diese bei den Wahlen im Mai 1939 ein Rekordergebnis verbuchen.

6 Siehe dazu Einleitung, S. 20 und 31.

7 Gemeint ist die österreich.-ungar. Monarchie.

leidigungen, gegen all das, was nicht Gewinn bedeutete, denn sie wussten, dass ihre einzige Stärke im Gold liegt und nur im Gold, wie die weisen Rabbiner lehren. So strömten die Juden aus ihren Gettos heraus und fielen über das ungarische Vaterland her.
Das Europa der Vorkriegszeit betäubte sich mit Liedern und einlullenden Wiener Walzern, mit der frivolen Pariser Unbedarftheit. Und jeder wohlhabende Herr empfand es als höchste Freude, einem bärtigen, lockigen Juden, der an seinem Kaftan ebenso hing wie an seinem Leben, eine Handvoll Münzen ins Gesicht zu werfen. Doch als der Sturm des Weltkriegs in einem Blutmeer die goldblitzenden Uniformen und die kostbaren Kleider ertränkte, als der Zusammenbruch dieser Welt eine ganze soziale Schicht hinwegfegte und die ruinöse Inflation den Reichtum aus den Schatullen der Aristokratie in die Hände der Geschäftemacher lenkte, hörte man auch in Ungarn auf zu singen, zu tanzen und zu träumen. Vielmehr begannen plötzlich andere „Herren" zu singen und zu tanzen, allerdings ohne sich Träumen hinzugeben: Sie schnitten sich die Locken und legten die Kaftane ab, rasierten sich und fingen an, ihren Reichtum und ihre Macht zur Schau zu stellen. Der Sieg über Béla Kuns[8] Experiment war für die Weiße Armee[9] unter Horthy und Bethlen nicht sehr ergiebig, denn wenn den Juden auch die politische Macht und die Verfügungsgewalt über die nationalen Streit- und Polizeikräfte vorenthalten blieben, beließ man ihnen doch ihre wahre Macht: das Monopol über Handel und Finanzen, das Geld.[10]
Die ungarischen Juden sind nicht anders als die polnischen oder die amerikanischen. In Budapest fanden sie jedoch günstige Bedingungen vor, um allen Übrigen ihre Mentalität aufzuzwingen. Ein Jude aus der ungarischen Hauptstadt mag zwar behaupten, sich zu hundert Prozent als Ungar zu fühlen. Die Wahrheit ist jedoch, dass sich die Ungarn judaisiert haben. Die hauptstädtischen Ungarn, versteht sich, nicht die Landbevölkerung, die die wahre Stärke Ungarns verkörpert. Im Übrigen musste es ja so kommen. Budapest war ruiniert, und den Bewohnern blieb nichts anderes übrig, als die Brotsamen unter dem jüdischen Tisch aufzusammeln. Aber wie merkwürdig es auch klingen mag, niemand hat es bemerkt. Die Erfahrung der Inflation schlug sich im Alltag nieder: Sparen war aus der Mode gekommen, niemand hatte Vertrauen in die Währung. Man fing an, in den Tag hinein zu leben, und das ist heute noch so.
Dieser Zustand hätte vielleicht ewig angehalten, wenn nicht das Beispiel der totalitären Mächte eines Tages alle Alarmglocken hatte schrillen lassen. Autarkieprogramme, Währungsrestriktionen und die Kontrolle über den internationalen Geld- und Warenverkehr waren furchtbare Schläge für das internationale Judentum, das verzweifelt zum Gegenangriff ansetzte. Doch was ihnen in den „demokratischen" Ländern gelang, wo man

8 Béla Kun, geb. als Kohn (1886–1938/39), Journalist, Politiker; 1916 russ. Kriegsgefangenschaft; 1918 Rückkehr nach Ungarn; Gründer der Kommunistischen Partei Ungarns; 1919 Volksbeauftragter für Außenbeziehungen und Militärwesen in der ungar. Räteregierung, nach dem Sturz der Räterepublik Flucht nach Österreich; 1920 Emigration nach Sowjetrussland, Funktionär der Kommunistischen Internationale; 1937 Verhaftung und Exekution im Rahmen des stalinistischen Großen Terrors.

9 Gemeint ist die im Juni 1919 ins Leben gerufene Nationalarmee.

10 Nach der Niederschlagung der kommunistischen Räterepublik, die in Ungarn zwischen März und Aug. 1919 bestand, wurden die Juden verstärkt für deren Entstehung verantwortlich gemacht. Die Argumentation stützte sich dabei auf den Umstand, dass bedeutende Mitglieder der Räterepublik, darunter Béla Kun selbst, jüdischer Herkunft waren; siehe Einleitung, S. 22.

einen Politiker leicht kaufen kann, erwies sich in den totalitären Nationen als vergebens: Die internationale Clique wurde besiegt, die Juden sahen sich in ihren Ländern isoliert und ohne Unterstützung. Und die Regierungen waren endlich imstande, die wirtschaftliche und moralische Dominanz der Juden auszumerzen.
Auch „Imrédy", ein Mann mit großer Erfahrung in der Banken- und Finanzwelt und damit ein perfekter Kenner jüdischer Macht, sah sich plötzlich vor die jüdische Frage gestellt. Wäre die Gründung der „Einheitspartei" wie geplant gelungen,[11] so wäre sie [die jüdische Frage] in Ungarn vielleicht schon gelöst oder auf dem Wege einer Lösung. Doch Imrédy hat mehr noch als mit den Juden mit der Opposition zu kämpfen, einer Opposition, die – zumindest teilweise – durchaus froh ist, jüdisches Kapital auf ihrer Seite zu wissen.
Deshalb präsentieren sich dem aufmerksamen Beobachter der innenpolitischen Lage Ungarns merkwürdige Missverhältnisse. Auf der einen Seite sitzt die Regierung recht fest im Sattel, auf der anderen machen unheilvolle Gerüchte über das Schicksal der Nation die Runde. Die Juden gießen Öl ins Feuer, um den Ungarn zu beweisen, dass die Deutschen die einzigen und wahren Feinde des ungarischen Volkes sind. Um dies zu unterstreichen, haben sie mittels Währungsgeschäften auf dem Schwarzmarkt gezielt den Fall des Pengő betrieben. Während die ungarische Währung in Zürich stieg, sank sie merkwürdigerweise gleichzeitig in Budapest: In einer Schweizer Bank bekommt man für 100 Pengő 44 Schweizer Franken, auf dem Schwarzmarkt in Budapest nur 30.
Wir haben damit die innenpolitische Lage Ungarns einer Betrachtung unterzogen. Die Regierung hat den Juden zwar den Krieg erklärt, aber noch bevor sie ihn umsetzen konnte, fand sie sich einer Opposition gegenüber, die jeder entsprechenden Initiative feindlich begegnete. Diese Opposition ist aller Wahrscheinlichkeit nach gar nicht judenfreundlich: Aber sie ist parlamentarisch, das heißt, sie berücksichtigt Privatinteressen, auch wenn diese den nationalen Interessen entgegenstehen. Und die Juden ließen sich das nicht zweimal sagen und wurden von Attackierten zu Angreifern. Dass sie sich durchsetzen, ist aber völlig ausgeschlossen. Die ungarische Nation muss sich von jedem jüdischen Monopol befreien, und das wird ihr letztlich auch gelingen. Der Kampf, den Imrédy führen muss, ist allerdings alles andere als einfach. Der anfängliche strategische Fehler hat dem Gegner die Möglichkeit gegeben, den Kampf auf einem besonders günstigen Terrain aufzunehmen. Doch alle sporadischen Erfolge [und] alles Zaudern der Regierung bei der Umsetzung antisemitischer Gesetze werden den Ausgang der entscheidenden Schlacht nicht verändern. Die erpresserische Tyrannei der Juden in Ungarn steht kurz vor ihrem Ende.

11 Die Einheitspartei oder auch Katholische Partei der Bauern, Kleinen Landwirte und Bürger wurde 1922 gegründet und stellte trotz Parteikrisen bis 1944 alle Regierungen in Ungarn. 1932 wurde der Parteiname in Partei der Nationalen Einheit, am 2.2.1939 in Partei des Ungarischen Lebens geändert. Als 1938 aus Protest gegen die Politik von Ministerpräsident Imrédy 58 Abgeordnete aus der Partei austraten und die übrigen dadurch im Parlament in die Minderheit gerieten, reichte Imrédy seinen Rücktritt ein, den Horthy jedoch zunächst ablehnte. Um seine Position in der Partei zu stärken, gründete Imrédy im Jan. 1939 die Bewegung Ungarisches Leben, die bei den kommenden Neuwahlen eventuell den Ausgangspunkt einer neuen Regierungspartei bilden sollte. Den Rücktritt von Imrédy am 13.2.1939 erzwang die Opposition, als sie herausfand, dass eine der Urgroßmütter von Imrédy jüdischer Herkunft war; siehe Dok. 90 vom 30.12.1942.

DOK. 24
Die Pester Israelitische Gemeinde und die Chevra Kadisha informieren im März 1939 über den Tod von Zsigmond Lukács nach dem Anschlag auf die Synagoge in der Dohány-Straße[1]

Todesanzeige von Zsigmond Lukács, aufgegeben von Mitgliedern der Pester Israelitischen Gemeinde und der Chevra Kadisha im März 1939

Der *Vorstand, der Ausschuss und die Deputierten der Pester Israelitischen Gemeinde* sowie der *Vorstand und Ausschuss der Chevra Kadisha* teilen tief erschüttert mit, dass als Opfer des Attentats auf die Synagoge in der Dohány-Straße unser Glaubensbruder *Zsigmond Lukács* am 1. März dieses Jahres im Alter von 81 Jahren in Budapest verstorben ist.
Er war ein frommes Mitglied unserer Gemeinde, das, müde vom Lebenskampf, jeden Freitagabend das Gotteshaus in der Dohány-Straße getreu aufsuchte, um sich dort seelisch zu erbauen. Nach Beendigung des Abendgottesdienstes am Freitag, dem 3. Februar, wo er eifrigen Herzens seinen frommen Dienst getan hatte, wurde unser greiser Glaubensbruder am Eingang unserer Synagoge Opfer eines heimtückischen Attentats, an dessen Folgen er nach mehrwöchigem Leiden verstarb.[2]
Wir betrachten den Verstorbenen als einen der Unseren und bewahren voller Respekt sein Andenken. Seinen erkalteten Leichnam geleiten wir am Montag, den 6. März um drei Uhr nachmittags von der Aufbahrungshalle des israelit. Friedhofs in Rákoskeresztur bis zur Grabparzelle der Märtyrer zur ewigen Ruhe.
Budapest, im Monat März 1939.
Segen und Frieden soll über seinem Andenken liegen!

1 MZSML, PIH iktatott iratok, 1939/03389. Das Dokument wurde aus dem Ungarischen übersetzt.

2 Nach Beendigung des Abendgottesdienstes am 3.2.1939 wurden zwei Granaten in die vor der Synagoge in der Dohány-Straße stehende Menge geworfen. Dabei wurden über 20 Personen verletzt, darunter vier schwer. Durch den Anschlag verschlechterte sich das Herzleiden des 81-jährigen Zsigmond Lukács, und er starb einige Wochen später. Der für das Attentat verantwortliche Jenő Kenyeres wurde zu einer lebenslangen Freiheitsstrafe verurteilt, seine Komplizen erhielten Gefängnisstrafen zwischen vier und zehn Jahren. Nach Ansicht des Historikers László Karsai war der Anschlag auf die Synagoge eine organisierte Aktion der politischen Polizei, um einen Vorwand zu finden, die Pfeilkreuzlerpartei vor den anstehenden Wahlen verbieten zu können; siehe László Karsai, Szálasi Ferenc. Politikai életrajz, Budapest 2016, S. 187.

DOK. 25

Magyar Nemzet: Artikel vom 1. April 1939 anlässlich des Rückzugs von Gyula Károlyi aus dem Oberhaus aus Protest gegen das geplante „Zweite Judengesetz“[1]

Abdankungsbrief von Graf Gyula Károlyi[2]

Graf Gyula Károlyi teilte seinen Anhängern im Oberhaus bzw. einer von ihm zusammengerufenen Versammlung eines engeren Kreises innerhalb des Oberhauses mit dem folgenden Brief seine Abdankung mit: Werte Versammlung! Ich habe zusammen mit meinen Freunden in zahllosen Besprechungen versucht, die Maßnahmen des eingereichten Judengesetzes, die die Interessen des Landes am meisten verletzen, zu verhindern.
Da die Regierung sich meine Überlegungen nicht zu eigen gemacht hat, habe ich mich entschlossen, auf meine Mitgliedschaft im Oberhaus zu verzichten, da die eventuelle Stellungnahme des Oberhauses zum Judengesetz schwere Turbulenzen in der Regierung auslösen könnte, deren Folgen ich nicht abschätzen kann.
Ich halte es angesichts der heutigen schweren innen- und außenpolitischen Lage für wenig zweckmäßig, derartige Störungen herbeizuführen, die Annahme der Gesetzesvorlage in der gegenwärtigen Form ist jedoch nicht mit meinem Gewissen vereinbar. Deshalb empfinde ich mich als ungeeignet, wegweisend oder auch nur meinungsbildend auf diese Vorlage einzuwirken. Graf Gyula Károlyi[3]

DOK. 26

Ungarische Kinobesitzer befürchten am 13. April 1939, dass durch die Überprüfung aller Kinolizenzen auch Nichtjuden ihre Lizenzen verlieren könnten[1]

Brief der christlich-ungarischen Kinolizenzinhaber,[2] ungez., vom 13.4.1939[3]

Gnädige und würdige Herren!
Christliche ungarische Herren!
Das Judengesetz wurde in Angriff genommen, um dem christlichen Ungartum mehr Brot zu verschaffen.[4]

1 Magyar Nemzet, Nr. 75 vom 1.4.1939, S. 7: Gróf Károlyi Gyula lemondólevele. Die konservative Tageszeitung Magyar Nemzet (Ungarische Nation) wurde 1938 gegründet und nahm eine antideutsche Haltung ein. Das Dokument wurde aus dem Ungarischen übersetzt.

2 Graf Gyula Károlyi von Nagykároly (1871–1947), Jurist; 1905–1918 Mitglied des Magnatenhauses, 1906–1910 Obergespan des Komitats Arad; von 1915 an Mitglied der Ungarischen Akademie der Wissenschaften; 1919 Gründung der konterrevolutionären Regierung in Arad, später in Szeged, von 1927 an Mitglied des Oberhauses; 1930/31 Außenminister, 1931/32 Ministerpräsident.

3 Der Rücktritt von Károlyi schwächte jene Kräfte im Oberhaus, die das sog. Zweite Judengesetz kritisiert hatten. Das Oberhaus beschloss schließlich, sich in drei Bereichen dafür einzusetzen, die Zahl jener Personen, die vom Gesetz ausgenommen wurden, zu erweitern. Das Gesetz trat mit kleinen Änderungen am 5.5.1939 in Kraft; siehe Dok. 29 vom 5.5.1939.

1 Ráday Levéltár, A-1-c Elnöki iratok 1061/1939. Das Dokument wurde aus dem Ungarischen übersetzt.

Der Entwurf beinhaltet einen Punkt, der unseren Broterwerb gefährdet, obwohl wir zu 98% ungarische Christen sind, noch dazu größtenteils Kriegsinvaliden, Kriegswitwen oder Frontkämpfer, die ihr Blut und ihre körperliche Unversehrtheit für die Heimat geopfert haben.

§12 besagt: „Die Kinolizenzen können vom Innenminister jederzeit überprüft und entzogen werden."

Was ist der Grund dafür, dass die christlichen Kinobetreiber in den Geltungsbereich des Judengesetzes geraten? Welchen geheimen Zweck verfolgt der Entwurf? Soll unsere Konzession ohne jede weitere Begründung überprüft und eingezogen werden können? Die Zahl jüdischer Lizenzinhaber liegt bei 2%.

Der Innenminister hat, auch ohne dieses Gesetz, schon heute das Recht, *in begründeten Fällen* die Konzession zu entziehen!

Viele von uns sind seit 15–20 Jahren im Besitz dieser Lizenzen. Wir haben unsere besten Jahre und unsere geringen Ersparnisse geopfert, um unsere bescheidene Existenz aufzubauen und unsere Kinder großzuziehen. Wohin sollen wir jetzt gehen, welchen Berufsweg könnten wir in unserem fortgeschrittenen Alter noch einschlagen, wenn auch unsere Lizenzen überprüft und unter Umständen eingezogen würden?

Jede Partei, die an die Macht kommt, möchte ihren Anhängern Posten und einen Broterwerb verschaffen. Was geschieht, wenn die eine oder andere Koryphäe Interesse an irgendeinem Kino in Budapest, Debrecen, Szeged oder Pécs verspürt? Er geht dem einfach so lange nach, bis die fragliche Lizenz revidiert und eingezogen wird. Auf diese Weise wäre ein Kombattant der Regierungspartei binnen einer Woche im Besitz einer Kinolizenz. Das würde uns nicht nur brotlos machen, sondern auch darauf hinauslaufen, dass man Denunzianten, Intriganten und Brotneider künstlich heranzüchtet. Wichtiger jedoch ist, dass dadurch die sich gut entwickelnde ungarische Filmindustrie zerstört würde und damit einer der wichtigsten Faktoren der ungarischen Volkserziehung und Kultur. Wenn den Kinobetreibern unablässig Gefahr droht, wird kein einziger bereit sein, sein Unternehmen weiterzuentwickeln und auf ein höheres Niveau zu heben.

Wir möchten nicht unterstellen, dass der amtierende Innenminister für diese Maßnahmen zu haben wäre, doch Regierungen kommen und gehen, und wir laufen Gefahr, von heute auf morgen auf der Straße zu landen.

Gnädige und würdige Herren!

Durch §12 wird die Existenz der christlichen Kinolizenzinhaber gefährdet! Falls dieses Gesetz ein „Judengesetz" sein soll, dann sollte es sich mit den Konzessionen der jüdischen Lizenzbetreiber befassen! Zwar widerstrebt es unserem menschlichen Empfinden, gegen andere zu intrigieren, doch wir sehen uns gezwungen, diesen Schritt zu tun, weil wir um unseren eigenen Broterwerb und den unserer Familien fürchten. Wir ersuchen Sie, im Interesse der christlichen Kinobetreiber Ihr gewichtiges Wort bei diesem Punkt des Gesetzes in die Waagschale zu werfen.

Vielen Dank dafür!

2 Das Schreiben ging vermutlich an mehrere Bischöfe, darunter an László Ravasz.
3 Im Original handschriftl. Unterstreichungen.
4 Siehe das sog. Zweite Judengesetz, Dok. 29 vom 5.5.1939.

DOK. 27
Der ungarische Ministerpräsident Pál Teleki spricht sich am 15. April 1939 im Oberhaus dafür aus, die Vorlage zum „Zweiten Judengesetz" unverändert anzunehmen[1]

Stenograph. Protokoll der Sitzung des Oberhauses, Rede von Pál Teleki[2] vom 15.4.1939

Graf Pál Teleki, Ministerpräsident: Hochverehrtes Oberhaus! (Hört! Hört!)[3] Ich gestatte mir, in diesem noch frühen Stadium der Debatte das Wort zu ergreifen, weil ich – wie Sie bereits wissen – übermorgen um sieben Uhr früh mit dem Herrn Außenminister[4] nach Rom fahren und somit nicht in der Lage sein werde, am Montag an der abschließenden Debatte teilzunehmen. Das ist der Grund dafür, weshalb ich an dieser Stelle um das Wort bitte.

Ich möchte mich zu der vom Herrn Justizminister[5] eingebrachten Gesetzesvorlage[6] äußern, um vor dem Oberhaus deutlich zu machen, welche Wichtigkeit ich der Zustimmung zur vorliegenden ursprünglichen Textversion beimesse. In erster Linie jedoch nutze ich diese Gelegenheit, weil ungeachtet all dessen, was ich bei bzw. seit meinem Amtsantritt verlautbart habe, die ungarische Öffentlichkeit meine Worte – weshalb auch immer – nicht in ihrer schlichten Wahrheit akzeptiert und sich nicht mit dem darüber Gesagten zufriedengibt. Viele denken noch immer, dass ich diese Gesetzesvorlage entweder einfach als Erbe weitertrage oder sie aus politischem Opportunismus unterstütze.[7] Ich habe aber schon unzählige Male betont, dass ich dieses Vorhaben nicht lediglich als ein politisches Erbe betrachte, sondern es in seiner Gesamtheit und den zentralen Teilen vertrete – mit der Einschränkung, dass der Gesetzesentwurf noch radikaler ausgefallen wäre, wenn ich ihn selbst entworfen hätte. (Lebhafter Beifall und Applaus von rechts.) All das habe ich oft genug wiederholt, und ich weiß nicht, warum es viele immer noch nicht glauben oder glauben wollen.

Zweitens möchte ich noch einmal betonen, dass ich die Vorlage nicht aus Opportunismus vertrete. Ich glaube nicht, dass man mir bei einer derart schicksalhaften Vorlage Leichtfertigkeit unterstellen könnte. Ich verfolge bei keiner einzigen Gesetzesvorlage –

1 Az 1935. évi április hó 27.-ére hírdetett Országgyűlés felsőházának naplója, Budapest 1939, Bd. 4, S. 143–148. Das Dokument wurde aus dem Ungarischen übersetzt.

2 Graf Pál Teleki (1879–1941), Geograph; von 1904 an Stuhlrichter in Szatmár, 1910–1923 Generalsekretär der Geographischen Gesellschaft, Professor und Dekan in Budapest, 1937/38 Rektor an der Technischen und Wirtschaftswissenschaftlichen Universität; 1920 Außenminister, 1927–1938 Mitglied des Oberhauses, 1920/21 und 1939–1941 Ministerpräsident; nahm sich 1941 in Reaktion auf die ungar. Beteiligung am Krieg gegen Jugoslawien das Leben.

3 In Klammern wurden in den Parlamentsprotokollen jeweils die Reaktionen aus dem Plenum vermerkt.

4 István Csáky.

5 András Nagy von Tasnád.

6 Den Entwurf zum sog. Zweiten Judengesetz legte Nagy am 23.12.1938 dem Parlament vor.

7 Die Gesetzesvorlage wurde bereits von der Imrédy-Regierung ausgearbeitet, die im Febr. durch eine neue Regierung unter Pál Teleki abgelöst wurde. Béla Imrédy hatte seit Nov. 1938 die Einführung eines neuen Judengesetzes gefordert. Als Anlass hierzu dienten ihm die ungar. Annexion von Teilen der Felvidék bzw. der Karpato-Ukraine nach dem Ersten Wiener Schiedsspruch und die damit gestiegene Zahl der Juden auf ungar. Territorium. Die Begründung des Gesetzes wurde von Teleki in seiner damaligen Funktion als Religions- und Bildungsminister ausgearbeitet.

und schon gar nicht in diesem Fall – irgendwelche Nebenabsichten, sondern allein die Interessen der Nation. (Beifall.) Da ich der Überzeugung bin, dass es im nationalen Interesse liegt, ein derartiges Gesetz in der uns vorliegenden Form in Kraft zu setzen, habe ich es diesem Haus vorgelegt und vertrete es vor ihm. (Lebhafter Beifall von rechts.) Ich pflege mich niemals mit fremden Federn zu schmücken; wenn ich von etwas überzeugt bin, stehe ich auch dafür ein. Ich hoffe, dass das Land dies endlich zur Kenntnis nehmen und begreifen wird, dass wenn ich etwas sage, es genauso zu verstehen ist. (Lebhafte Ovation und Applaus.)

Wie ich bereits in meiner Antrittsrede angemerkt habe,[8] war ich bei den Verhandlungen der Kommission und Unterkommission des hochverehrten Oberhauses anwesend, als es über verschiedene Änderungen beriet und einige davon auch annahm.[9] Auf diesen Komplex werde ich noch eingehen. Nichtsdestotrotz bitte ich Sie, der Gesetzesvorlage in ihrer ursprünglichen, hier vorliegenden Fassung zuzustimmen. Ich bin gern bereit, zwischen Oberhaus und Abgeordnetenhaus zu vermitteln, damit die erwähnten Veränderungen auch dort verhandelt und möglicherweise verabschiedet werden. Betonen möchte ich jedoch, dass die gegenwärtige Version des Gesetzesvorschlags für mich bereits ein gewisser Kompromiss ist. Bevor ich also zu einer zusammenfassenden Einschätzung komme, möchte ich noch zu einigen Punkten Stellung nehmen.

Nach meiner Überzeugung – auf die ich hier nicht länger eingehen möchte – ist dieses Gesetz historisch notwendig und eine natürliche Konsequenz der historischen Entwicklung unserer Heimat und Europas in den letzten 50 oder 100 Jahren.

Eine notwendige Folge, ja vielleicht sogar unmittelbare Auswirkung einer Entwicklung, die in der zweiten Hälfte des letzten Jahrhunderts für eine erhebliche wirtschaftliche Prosperität sorgte. Einerseits beeinflusste diese die Denkweise der Menschen in Zentraleuropa, andererseits schuf sie durch die Vorherrschaft Europas in der Welt eine eigenartige, eine Zeitlang bestehende wirtschaftliche Auffassung, nämlich die Idee des freien Marktes. Diese Idee war, basierend auf der wirtschaftlichen Entwicklung und der Entwicklung der Philosophie im 18. und 19. Jahrhundert, politisch vom Grundgedanken des Liberalismus begleitet. Aber so, wie die damit verbundene Hegemonie und der Imperialismus naturgemäß in den Weltkrieg führten, führt auf sozialer und wirtschaftlicher Ebene jene Gedanken- und Gefühlswelt der Menschen zu einer Entwicklung, die sich Veränderungen wünscht, wie sie in der vorliegenden Gesetzesvorlage zum Ausdruck kommen. György Freiherr von Prónay[10] hat vor der Kommission und seine Hoheit Bezerédj[11] vor dem werten Haus vorgetragen, die Gesetzesvorlage käme einem Bruch mit der

8 Pál Teleki verlas die Regierungserklärung am 22.2.1939 im Parlament. Seine Antrittsrede im Oberhaus hielt er einen Tag später.

9 Der gemeinsame Ausschuss des Oberhauses diskutierte den Gesetzesvorschlag zum sog. Zweiten Judengesetz am 31.3.1939 und am 13.4.1939. Am 15.4.1939 und am 17.4.1939 fand die allgemeine Diskussion des Gesetzesvorschlags in den Plenarsitzungen des Oberhauses statt. Nach mehreren Modifizierungen und Beratungen zwischen Unter- und Oberhaus nahm das Oberhaus den überarbeiteten Gesetzesvorschlag am 28.4.1939 an. Die Modifizierungsvorschläge des Oberhauses zielten v. a. auf die Ausweitung des Personenkreises ab, der vom Gesetz ausgenommen werden sollte.

10 György Freiherr von Prónay (1887–1968), Jurist; 1922–1924 StS im Ernährungsministerium, 1924 bis 1928 StS in der Kanzlei des Ministerpräsidenten, 1928–1931 StS im Landwirtschaftsministerium, 1934–1944 Mitglied des Oberhauses.

11 István Bezerédj (1886–1943), Staatswissenschaftler; 1901–1906 Vizegespan, anschließend Obergespan im Komitat Vas, 1927–1943 Mitglied des Oberhauses.

Gedankenwelt des Heiligen Stephan[12] gleich. Diese Herren haben aber eine sehr verengte Sicht auf die Ideen des Heiligen Stephan. (Richtig! Richtig!) Die Ideen des Heiligen Stephan haben nicht nur ein Element. Sie [diese Herren] betonen gern, dass der Heilige Stephan in seinem Testament an den Heiligen Fürst Emmerich[13] die Mahnung hinterließ, es sei gut, wenn das Land aus vielen Völkern, aus vielen Minderheiten besteht und seine Menschen unterschiedliche Sprachen sprechen.[14] Doch das Erbe des Heiligen Stephan erschöpft sich keineswegs nur darin, sondern ist viel tiefer, breiter und umfassender und hätte, wenn es so dürftig wäre, sicher keine 900 Jahre überdauert. Es ist ebenso eine Idee des Heiligen Stephan – und zwar viel wesentlicher –, dass die Führung des Landes bei denjenigen liegen sollte, die die Gefühls- und Gedankenwelt des Landes in der Gesamtheit ihres Seins vertreten. (Richtig! Richtig!)

Ein weiterer Aspekt besteht darin, dass seine Vorgaben sich der jeweiligen Situation des Landes und den Bedürfnissen der Nation genauso weise anpassen müssen wie zu Zeiten des Heiligen Stephan. Zumindest sollten wir dies mit unseren begrenzten Kräften anstreben.

Man darf die Gedanken des Heiligen Stephan, und insbesondere deren einzelne Teile, nicht schlagwortartig[15] – um den passenden und unübersetzbaren deutschen Begriff zu gebrauchen – verwenden. Gegenüber der Gefahr, die die Masse des meist nur oberflächlich assimilierten Judentums für den ungarischen Volkskörper und für das Wesen der ungarischen Nation darstellt, fordert der Gedanke des Heiligen Stephan meines Erachtens genau das Gegenteil dessen, was seine Exzellenz Prónay vorgestellt hat.

[…][16]

In diesem Zusammenhang erwähne ich auch, dass mancher meint – und darauf bin ich schon öfter eingegangen –, dieses Gesetz trage eine fremdartige Ideologie der Rasse und des Bluts in die ungarische Gesetzgebung und das ungarische Denken hinein. Abgesehen davon, dass ich diese Denkweise seit mehr als 20 Jahren selbst wissenschaftlich und gesellschaftlich vertrete und mündlich bzw. schriftlich verbreite, also viel früher, als diesbezügliche äußere Umstände hätten auf mich oder auf andere einwirken können, muss ich feststellen, dass nichts Fremdartiges daran ist, wenn wir über Rassen, Rassenzugehörigkeit und Rassenbeziehungen sprechen. Den heutigen Naturwissenschaften sind zwei Geheimnisse eigen: Das eine Rätsel besteht darin, dass die Schwelle zwischen Lebendigem und Nichtlebendigem noch unklar ist. Dem anderen liegt die Frage zugrunde, ob zwischen den materiellen und seelischen Bedingtheiten des Lebens eine Verbindung besteht. Dabei ist es deutlich, dass beide miteinander in enger Beziehung stehen: Die Seele schlägt sich im Gesicht nieder, die Formen des Körpers spiegeln den Habitus der Seele wider, Gruppen von Menschen weichen biologisch stark und erkennbar voneinander ab.

12 Stephan I. (975–1038), erster König des Königreichs Ungarn.

13 Emmerich (1000/1007–1031), Sohn von Stephan I.

14 Siehe das 6. Gebot Stephans an Emmerich in seinem Corpus Juris Hungarici von 1027 über die Beherbergung und Versorgung von Einwanderern. Darin machte Stephan seinen Sohn darauf aufmerksam, dass „ein Land mit [nur] einer Sprache und einer Moral schwach und zerbrechlich“ sei, und riet ihm, zu den Gästen gut zu sein, damit sie „lieber bei dir wohnen als woanders“.

15 Wort im Original deutsch.

16 Im Folgenden betont Teleki, dass sich das Gesetz ausschließlich gegen Juden und gegen keine anderen Minderheiten richte. Auch sehe er keine Notwendigkeit, das Gesetz gegen Muslime anzuwenden, da ihre Zahl verschwindend gering sei.

Bestimmte Eigenschaften sind bestimmten Menschentypen anzusehen, und sie verfügen auch über bestimmte Denkweisen. Bei starker Inzucht können besondere Merkmale, Rassen- oder Typeneigenschaften besonders hervortreten und so stark und dominant werden, dass im Falle einer Einheirat in eine andere Gruppe diese sich als bestimmend gegenüber schwächer ausgeprägten Eigenschaften durchsetzen. Für jeden, der ein bisschen in der Biologie und den Naturwissenschaften bewandert ist, liegt das auf der Hand. Das sind Fakten, die nicht wirklich zu bestreiten sind. Das ist das eine, was ich feststellen wollte.

Es ist oft erwähnt und eingewandt worden, dass die Gesetzesvorlage Christen als Juden umdefiniere. Wie schon ich zuvor wies Seine Eminenz, der Herr Primas,[17] in seiner Rede[18] darauf hin, dass in der Vorlage, aber auch im Allgemeinen das Gegenteil eines Christen nicht der Jude sei, sondern der Israelit. Es gebe christliche Juden und israelitische Juden.

Dem möchte ich nur hinzufügen, dass die Seele eines Menschen nicht nur aus seiner religiösen Überzeugung besteht, sondern sich ebenfalls zusammensetzt aus dem Nationalgefühl, der Verbundenheit mit der Tradition, der Liebe zu den mit ihm verbundenen Menschen und der Liebe zu jenen Gruppen, zu denen eine Affinität besteht. Das religiöse Gefühl, das religiöse Element bildet bloß einen Teil unseres seelischen Wesens. Es gibt zwar Menschen, deren Seele hundertprozentig davon ausgefüllt ist, aber es gibt auch solche, die dies nur geringfügig oder überhaupt nicht verinnerlicht haben. Diese wie jene sind eher Ausnahmen, es gibt also eher wenige von ihnen, während das religiöse Gefühl in der Seele der meisten Menschen schwankt, bei ein und demselben Menschen vielleicht sogar von verschiedenen Lebensphasen abhängt. Es wird oft von unserer früheren Entwicklung, von äußeren Einflüssen geprägt. Wenn wir demnach also jemanden, der sich hat taufen lassen, nur auf der Grundlage beurteilen, dass er konfessionell nun ein Christ ist, versäumen wir, ihn in seiner seelischen Gesamtheit zu betrachten, und insbesondere aus der Perspektive des Staats und der Nation können wir uns nicht nur auf dieses eine Kriterium verlassen. (Richtig! Richtig!) Ich habe gerade im Zusammenhang mit dieser Gesetzesvorlage bereits betont, dass das Gefühl tausendjähriger Zusammengehörigkeit und Tradition im Individuum nur selten und sehr langsam, und in familiären Gemeinschaften bzw. über die Generationen hinweg noch langsamer, erlischt.

Ich bin mit seiner Eminenz, dem Herrn Primas, in dieser Hinsicht vollkommen einig und [auch] mit dem größten Teil seiner weiteren Rede einverstanden, nach der immer eine gewisse Assimilation an das Christentum stattfindet. Selbstverständlich übt die heilige Taufe ihren Einfluss aus! Allerdings muss sie auch den Kampf gegen die andersgearteten Strömungen der Seele aufnehmen, und der Einzelne benötigt Willenskraft, damit die Taufe in ihrem Kampf gegen die feindlichen Strömungen obsiegt. In der Begründung der Gesetzesvorlage, die ich hier nicht langwierig wiederholen möchte, wird dies im Übrigen auch anerkannt. [...][19]

17 Jusztinián Serédi (1884–1945), Erzbischof von Esztergom, Primas von Ungarn.

18 Siehe die Rede von Serédi vor dem Oberhaus am 15.4.1939, wie Anm. 1, S. 135–138.

19 Im folgenden Abschnitt geht Teleki auf die Entrechtung der Juden ein, die mit dem Gesetz einherging. Er führt diese auf die Notwendigkeit des „Selbstschutzes“ bzw. auf die „außergewöhnlichen Zeiten“ zurück und betont, dass der Staat auch in anderen Bereichen in die Rechte seiner Bürger eingreife. Zudem nimmt er zum Vorwurf Stellung, das Gesetz widerspreche der Verfassung.

Diese Gesetzesvorlage versucht in erster Linie, ein gesellschaftliches Problem zu lösen – und damit notwendigerweise auch ein wirtschaftliches. Das Gesetz ist vor allem bestrebt, einen Geist zu verändern, der sich in der Nation immer weiter ausgebreitet hat. Seine Eminenz, der Herr Primas, erwähnte in seiner Rede, dass der jüdische Geist seit dem Rezeptionsgesetz[20] versucht hat, unter dem Vorwand der „Kunst" die christliche Moral auszuhöhlen und vieles zu diskreditieren, was dem christlichen Ungartum heilig war. Dies habe auch ich immer betont, auch in der Gesetzesvorlage und in der Begründung, warum wir dieses Gesetz in Kraft setzen müssen.
Als Person, die in der Öffentlichkeit steht und mit verschiedensten Menschen in diesem Land Umgang hat – um Schlussfolgerungen ziehen zu können, zu sehen und zu verstehen –, habe ich sowohl in den Kreisen, in denen ich verkehre, als auch aus der Ferne beobachtet, wie das Judentum Charakter und Denkweise der Ungarn auf gefährlichste Weise verändert hat. (Richtig! Richtig! Lebhafter Beifall.) Dabei beziehe ich mich nicht in erster Linie auf das Geschäfts-, sondern vielmehr auf das Gesellschaftsleben und das soziale Miteinander. In Schule, Ehe und Familie sehe ich eine Veränderung der vorherrschenden Art des familiären Denkens, eine Verjudung der Elite, eine veränderte Denkweise der christlichen Elite, der reinblütigen christlichen Elite. (Richtig! Richtig!)
Während über diese Gesetzesvorlage verhandelt und beraten wurde, suchten mich unzählige Male Herrschaften auf, die mich um Ausnahmen für bestimmte Gruppen angingen, anlässlich eines Falls, der ihnen bekannt geworden war und offensichtlich in irgendeiner Form nahelag. Ich sehe mich gezwungen, dies zu sagen, denn es handelt sich, nomina sunt odiosa,[21] um Symptome, die mir deutlich gemacht haben, wie weit es mit uns gekommen ist. (Richtig! Richtig! Lebendiger Beifall von rechts und der Mitte.) Diese Herren, die mich aus solcherlei Gründen besuchten, haben mich also nur in meiner gegenteiligen Überzeugung bestärkt. (Zustimmung.) Dagegen kann ich auch sagen, dass die Mehrheit der ungarisch-christlichen Gesellschaft, mit der ich in Verbindung stehe – und hier geht es nicht um Einzelheiten, denen ich keine große Bedeutung beimesse –, dringend ein solches oder ähnliches Gesetz erwartet und wünscht. (Richtig! Richtig! Zwischenrufe von rechts: Die öffentliche Meinung!) Sie erwartet es mit Recht und aus dem Geist ihrer Geschichte heraus. (Richtig! Richtig!)
[…][22]
Ich habe bereits in meiner Antrittsrede darauf hingewiesen, dass es sich um ein ungarisches Problem handelt, das seiner Lösung harrt. Es handelt sich nämlich um eine Menschengruppe, die sich im Zuge ihres langen Lebens in Zurückgezogenheit weniger assimiliert hat als alle anderen Rassen und Minderheiten, da sie mit ungleich schärfer konturierten körperlichen und seelischen Eigenarten ausgestattet ist. Wie gesagt, geht es nicht um Verfolgung, sondern um Verteidigung. Ich war es auch, der sich in Fragen der Heirat und Vererbung von Charaktereigenschaften unter den Mitgliedern des vorigen Kabinetts am radikalsten geäußert hat, ohne darin irgendeine Form von Verfolgung oder bewusste Erniedrigung sehen zu können. Im Gegenteil: Mein Gefühl sagt mir eher,

20 Mit dem Rezeptionsgesetz 1895 wurde die israelitische Religion in die Reihe der staatlich geschützten Konfessionen aufgenommen.
21 Lat.: Namen sind gehässig; es ist besser, keine Namen zu nennen.
22 Im folgenden Abschnitt übt Teleki Kritik am liberalen Zeitalter und an der Individualisierung der Gesellschaft. Er stellt stattdessen das Interesse der Nation in den Vordergrund.

dass wir mit einer Vielzahl von Ausnahmen und der Darstellung dieser Ausnahmen als Belohnung diese Gesetzesvorlage eher diskreditiert hätten, als es mit einer einfachen, radikalen Form der Fall ist. (Richtig! Richtig! Beifall.)[23]
[...][24]

DOK. 28
Jüdische Kriegsveteranen ersuchen Reichsverweser Miklós Horthy im Frühjahr 1939, ihren rechtlichen Sonderstatus durch das geplante „Zweite Judengesetz" nicht abzuerkennen[1]

Schreiben jüdischer Frontkämpfer, gez. Marcel Berény,[2] Béla Szilárd,[3] Fülöp Bajcsy,[4] Elek Kelecsényi,[5] Pál Balázs Blockner,[6] Imre Berény,[7] Dr. István Emődi,[8] Tibor Glass,[9] Gergely Halmos,[10] Béla László,[11] Dr. Ferenc Mező,[12] Endre Pollák,[13] Viktor Rechnitz,[14] Tibor Vámosi, Mihály Grósz,[15] Sándor Harmat,[16] Béla Hofstätter,[17] Ferenc Róna,[18] Dr. Mátyás Vészi[19] an Reichsverweser Horthy o. D. [Frühjahr 1939]

Seine Durchlaucht, Herr Reichsverweser, unser gnädigster Kriegsherr!
Wir, Vertreter der Frontkämpfer jüdischer Abstammung, die wir für unseren besonderen Heldenmut gegenüber dem Feind ausgezeichnet wurden, wenden uns im Namen Tausender namenloser Mitkämpfer an Sie, um Sie um Schutz zu bitten.

23 Mit dem sog. Dritten Judengesetz 1941 wurde die Heirat zwischen Juden und Nichtjuden verboten; siehe Dok. 51 vom 2.8.1941.
24 Abschließend bittet Teleki das Oberhaus, die Gesetzesvorlage in ihrer ursprünglichen Fassung anzunehmen. Das Oberhaus nahm den Gesetzesvorschlag mit den Modifizierungen des gemeinsamen Ausschusses am 18.4.1939 an.

1 MNL OL, K 589 I. F-12. Das Dokument wurde aus dem Ungarischen übersetzt.
2 Marcel Berény, für seine Leistungen bei den Kämpfen in Albanien ausgezeichnet.
3 Béla Szilárd (*1879), Kaufmann; „Held von Kostanjevica"; führte am 21.3.1939 eine Gruppe von 20 im Krieg ausgezeichneten jüdischen Invaliden an, die aus Protest gegen den Entwurf zum sog. Zweiten Judengesetz zur Parlamentsdebatte angereist waren.
4 Fülöp Bajcsy (gest. 1944), Graveur; hochdekorierter Kriegsinvalide.
5 Elek Kelecsényi (*1899), Offizier; für seine Leistungen in der Schlacht bei Gorlice ausgezeichnet.
6 Pál Balázs Blockner (1885–1966), Kaufmann; für seine Leistungen bei Kämpfen in Galizien ausgezeichnet.
7 Imre Berény (*1892), Journalist, Polizeireporter.
8 Dr. István Emődi, Kaufmann; für seine Leistungen an der Isonzofront ausgezeichnet.
9 Tibor Glass (1895–1960), Bankkaufmann; für seine Leistungen an der Ostfront ausgezeichnet.
10 Gergely Halmos, Bankkaufmann; für seine Leistungen an der Ostfront ausgezeichnet.
11 Béla László, Pharmazeut; für seine Leistungen bei den Kämpfen in Albanien ausgezeichnet.
12 Dr. Ferenc Mező (1885–1961), Lehrer, Sporthistoriker; für seine Leistungen an der Isonzofront ausgezeichnet.
13 Endre Pollák (Andrei Paul), Jurist.
14 Viktor Rechnitz, Zahntechniker, Zahnarzt.
15 Mihály Grósz (gest. 1960), Bauingenieur.
16 Sándor Harmat (auch Harmath); für seine Leistungen an der Ostfront ausgezeichnet.
17 Béla Jenő Hofstätter (1891–1944), Architekt; für seine Leistungen bei den Kämpfen auf dem Südbalkan ausgezeichnet.
18 Ferenc Róna; für seine Leistungen an der Ostfront ausgezeichnet.
19 Dr. Mátyás Vészi (auch Vészy) (1892–1959), Jurist; für seine Leistungen an der Isonzofront ausgezeichnet.

Wie bereits unsere Geschichtsschreiber festgestellt haben, gehörte es zu den uralten Bräuchen unseres Landes, nach dem Beitritt eines neuen Stammes zum Ungartum dessen Treue und aufrichtigen Assimilationswillen dadurch zu besiegeln, dass sie in den ersten kriegerischen Auseinandersetzungen in den vordersten Reihen kämpften.
Im Blutbad des Weltkriegs, aber auch schon im Freiheitskampf von 1848 folgten Tausende ungarische Frontkämpfer jüdischer Abstammung dieser uralten ungarischen Tradition und beglaubigten ihre Bindung zum Ungartum mit ihrem Blut. Dies ist der Mythos echten Bluts.
Jetzt ist dem Parlament ein Gesetzesentwurf vorgelegt worden,[20] der uns unseres Ungarseins berauben, uns aus der ungarischen Schicksalsgemeinschaft ausstoßen und aus dem Heimatland vertreiben will, das wir gemeinsam mit unseren ungarischen Brüdern mit unserem Blut verteidigt haben.
Der vorgelegte Gesetzesentwurf besagt zwar, dass die vorgesehenen Maßnahmen bei Frontkämpfern, die mit der silbernen oder goldenen Tapferkeitsmedaille oder zweifach ausgezeichnet wurden bzw. bei Kriegsbeschädigten mit mindestens 50 % Invalidität nicht angewendet werden muss. Doch die folgenden Paragraphen bemerken bei fast allen Maßnahmen, dass von den Restriktionen, die für Juden gelten, auch die Frontkämpfer nicht ausgenommen werden können. Was der Gesetzesentwurf für die ausgezeichneten Frontkämpfer jüdischer Abstammung und für die Kriegsinvaliden mit einer auch heute noch 50-prozentigen Behinderung als Vergünstigung zusichert, ist in der Praxis beinahe gleich null. Zwar wird eine Sonderquote von 3 % eingeräumt, dies ist jedoch irreführend, da sie nur in den Bereichen gilt, in denen mindestens 33 Personen beschäftigt sind. Außerdem zerstört dieser Entwurf den edlen Geist der Kameradschaft, der die Soldaten des Weltkriegs bis heute zusammengeschweißt hat. Sollte er Gesetz werden, wird ein Frontsoldat verzweifelt mit dem anderen konkurrieren müssen, um einen Platz unter den zugesprochenen 3 % zu erhalten.
Seine Durchlaucht!
Das Gesetz 1938:IV[21] sicherte ungarischen Frontkämpfern unter den gegebenen Umständen eine gewisse Wertschätzung. Der neue Gesetzesentwurf will den ungarischen Soldaten mit israelitischem Glaubensbekenntnis und jenen mit christlichem Glauben und jüdischer Abstammung ihre verbürgten Rechte nehmen. Damit trifft er eine unwürdige Unterscheidung, die von einem Sohn der ungarischen Nation, der tatsächlich am Weltkrieg teilgenommen hat, kaum akzeptiert werden kann, weil er weiß, dass es auf dem Schlachtfeld, im Donner der Geschütze und im Sturmlauf keinen Unterschied und keine Ausnahmen unter den Kämpfern gegeben hat.
In unserer furchtbaren Bedrängnis fühlen wir uns veranlasst, uns an den Höchsten Kapitän der ungarischen Helden,[22] den Höchsten Beschützer der uralten ungarischen Kriegstugenden zu wenden: Lassen „Sie" nicht zu, dass die Seele Zehntausender ungari-

20 Gemeint ist das sog. Zweite Judengesetz, das die Zugehörigkeit zum Judentum nicht nur nach Glaubensbekenntnis, sondern auch nach Abstammung definierte und weitere Restriktionen hinsichtlich der beruflichen Tätigkeit einführte. Das Gesetz trat am 5.5.1939 in Kraft; siehe Dok. 29 vom 5.5.1939.

21 Das Gesetz über die Anerkennung der Verdienste der Frontkämpfer im Ersten Weltkrieg räumte nicht nur den „Frontkämpfern" (tűzharcos, eigentl. Kämpfer im Feuergefecht) einen Sonderstatus ein, sondern sah auch ihre Privilegierung bei der Besteuerung, beruflichen Anstellung, Auftragserteilung usw. vor.

scher Frontsoldaten, das Gedächtnis der heldenhaften Toten und die uralten ungarischen Heerestraditionen zerstört werden. Die ungarische Geschichte kennt die Bestrafung von Verrätern aus den eigenen Reihen,[23] nicht aber die Erniedrigung von Soldaten, die auf dem Schlachtfeld ihre Pflicht erfüllt haben.
Wir bekennen uns unerschüttert zu unserem ungebrochenen Ungartum und denken mit großer Besorgnis daran, dass dieser der ungarischen Gesinnung fremde Geist, der sich in diesem Gesetzesentwurf ausdrückt, das starke und lebendige ungarische Heer, in dem wir als Soldaten treu gedient haben, weiterhin dienen und dem wir bis zu unserem letzten Blutstropfen treu bleiben werden, in Zukunft Schaden nehmen könnte.
Im Interesse von vielen Tausend namenlosen Frontkämpfern wenden wir uns an „Sie", Seine Durchlaucht. Wir haben immer im Glauben gelebt, dass wir unsere Pflichten gegenüber unserem Heimatland treu erfüllt haben, und wollen mit dem beruhigenden Gedanken sterben, dass wir uns im Kampf für das Heimatland auch für unsere Familien und Kinder eingesetzt haben.
Wir wenden uns an Seine Durchlaucht, den Herrn „Reichsverweser", unseren Gnädigsten Herren, der die Ehre, den edlen Geist und Charakter und die Ritterlichkeit der ungarischen Nation so blendend verkörpert, mit der demütigen Bitte, *er möge* die in den Gesetzen 1938:IV und 1938:XV[24] festgelegten Rechte der Frontkämpfer schützen, indem er verfüge, dass die Maßnahmen des genannten neuen Gesetzes auf Kriegsinvaliden und ehemalige Frontkämpfer sowie auf ihre Witwen, Ehefrauen und Kinder nicht angewendet werden.
Wir sind davon überzeugt, dass wir die Bezeichnung „Ungar" und „Frontsoldat" nicht mehr verdienten und dem Kameradschaftsgeist, dessen höchster Garant Seine Durchlaucht ist, untreu würden, wenn wir nicht dagegen protestieren würden, dass, wie es der Gesetzesentwurf nahelegt, die Zahl der Auszeichnungen den Unterschied zwischen den Frontkämpfern ausmachen soll. Wir sind sicher, dass auch jene am Leben gebliebenen, namenlosen Soldaten der Wertschätzung würdig sind, die ihre Pflicht treu erfüllt haben und unter denen viele nur deshalb nicht ausgezeichnet werden konnten, weil sie vorzeitig in Gefangenschaft geraten oder ihren Pflichten unauffällig, aber nicht minder heldenhaft nachgegangen sind.
Unser gnädigster Kriegsherr!
Es kann nicht sein, dass so viele Herzen vergeblich ihr Blut lassen sollen! Es kann nicht sein, dass der Aufstieg und das Vorankommen der ungarischen Nation mit der Verstoßung von Tausenden von Frontkämpfern einhergehen soll.
Wir glauben tief in unserer Seele, dass Seine Durchlaucht, der mutigste ungarische Soldat, den Zehntausenden bis auf den Grund gedemütigten und in die Verzweiflung getriebenen Frontkämpfern, ihren Gattinnen, Witwen und Waisen, deren einzige und letzte Hoffnung Seine Durchlaucht ist, beistehen wird.
Mit aller Ehrfurcht und Hochachtung verbleiben wir, die gehorsamen Diener unseres Höchsten Kriegsherren

22 Miklós Horthy bekleidete im Ersten Weltkrieg hohe militärische Posten in der k. u. k. Kriegsmarine und war von Febr. 1918 an deren Befehlshaber.

23 Im Original: Gyászmagyar.

24 Gemeint ist das sog. Erste Judengesetz, das für Personen israelitischen Glaubens berufliche Einschränkungen einführte, davon aber die im Weltkrieg Ausgezeichneten ausnahm; siehe Dok. 14 vom 29.5.1938.

DOK. 29
Das „Zweite Judengesetz“ vom 5. Mai 1939 definiert, wer als Jude zu gelten hat, und regelt den Anteil der Juden in bestimmten Berufsgruppen[1]

Gesetz 1939:IV über die Einschränkung der jüdischen Expansion im öffentlichen Leben und in der Wirtschaft vom 5.5.1939[2]

Ich erinnere hiermit alle, die es betrifft, dass Ungarns Abgeordnetenhaus und Oberhaus des Parlaments das folgende Gesetz im gemeinsamen Einvernehmen geschaffen haben:

§1. In Anwendung des vorliegenden Gesetzes ist eine Person als Jude zu betrachten, wenn sie bei Inkrafttreten des vorliegenden Gesetzes Mitglied der israelitischen Glaubensgemeinschaft ist oder mindestens ein Elternteil oder mindestens zwei Großelternteile Mitglieder der israelitischen Glaubensgemeinschaft sind oder wenn die Person oder mindestens ein Elternteil oder mindestens zwei Großelternteile vor Inkrafttreten des vorliegenden Gesetzes Mitglieder der israelitischen Glaubensgemeinschaft waren. Ebenso sind die nach dem Inkrafttreten des vorliegenden Gesetzes geborenen Nachkommen der entsprechenden Personen als Juden zu betrachten.

Unter den im vorhergehenden Abs. angeführten Personen sind nicht als Juden zu betrachten, die aus einer vor dem 1. Januar 1939 geschlossenen Ehe stammen, sofern lediglich ein Elternteil bzw. höchstens zwei Großeltern Mitglieder der israelitischen Glaubensgemeinschaft waren und sofern

1. beide Eltern bei der Eheschließung bereits Mitglieder einer christlichen Glaubensgemeinschaft waren und seitdem geblieben sind oder
2. die Person aufgrund einer vor der Eheschließung offiziell getroffenen Vereinbarung der Eltern dem Glaubensbekenntnis des christlichen Elternteils folgt und jener Elternteil, der bei der Eheschließung israelitischen Glaubens war, noch vor dem 1. Januar 1939 einer christlichen Glaubensgemeinschaft beigetreten und danach deren Mitglied geblieben ist oder
3. die Person von Geburt an Mitglied einer christlichen Glaubensgemeinschaft war oder vor Vollendung des siebten Lebensjahres Mitglied einer christlichen Glaubensgemeinschaft geworden ist und sofern jener Elternteil, der israelitischen Glaubens war, noch vor dem 1. Januar 1939 Mitglied einer christlichen Glaubensgemeinschaft geworden ist und sofern sowohl die Person selbst als auch besagter Elternteil Mitglied der christlichen Glaubensgemeinschaft geblieben sind.

Unter den in Abs. 1 angeführten Personen ist weiterhin nicht als Jude zu betrachten, wer

1 1939. évi Országos Törvénytár (Corpus Juris), Budapest 1939, S. 91–102. Teilweise abgedruckt in engl. Übersetzung in: Vági/Csősz/Kádár, The Holocaust in Hungary (wie Dok. 11 vom 5.5.1938, Anm. 1), S. 304–321. Teilweise abgedruckt in deutscher Übersetzung in: Einschränkung der jüdischen Expansion im öffentlichen Leben und in der Wirtschaft, 1939, in: Herder-Institut (Hrsg.), Dokumente und Materialien zur ostmitteleuropäischen Geschichte. Themenmodul „Ungarn in der Zwischenkriegszeit“, bearb. von Zsolt Vitári, URL: https://www.herder-institut.de/resolve/qid/273.html (Zugriff am 2.4.2019). Das Dokument wurde aus dem Ungarischen für diese Edition neu übersetzt.

2 Im Original Vermerk: „Anhang zur Nr. 20 von Belügyi Szemle aus dem Jahr 1939“.

a) vor dem 1. August 1919[3] Mitglied einer christlichen Glaubensgemeinschaft wurde und auch danach deren Mitglied geblieben ist und sofern die jüdischen Eltern bzw. der jüdische Elternteil – bzw. die Vorfahren der nach dem 31. Dezember 1848 geborenen Eltern – vor dem 1. Januar 1849 auf dem Gebiet Ungarns geboren wurden;
b) mit einer Person verheiratet ist, die nach dem vorliegenden Gesetz nicht als Jude zu betrachten ist, sofern die Eheschließung vor dem 1. Januar 1939 erfolgte und keines der Kinder, die aus dieser Ehe hervorgegangen sind oder hervorgehen werden, dem vorliegenden Gesetz nach als Jude zu betrachten ist;
c) Nachkomme von Eltern ist, die diesem Paragraphen gemäß nicht als Jude zu betrachten sind;
d) seit der Geburt einer christlichen Glaubensgemeinschaft angehört und Nachkomme von Eltern ist, die spätestens seit dem 1. Januar 1939 einer christlichen Glaubensgemeinschaft angehören und überdies die in Punkt a) aufgeführten persönlichen Voraussetzungen erfüllt. Die Bestimmungen in Abs. 2 und 3 erstrecken sich nicht auf Personen, deren Eheschließung mit einer Person, die dem vorliegenden Gesetz nach als Jude zu betrachten ist, nach Inkrafttreten des vorliegenden Gesetzes erfolgt.

Die Bestimmungen des vorliegenden Paragraphen sind auch auf außerehelich geborene Kinder entsprechend anzuwenden.

Auf die in Abs. 3 Punkt a) und d) aufgeführten Personen und deren Nachkommen sind die einschränkenden Bestimmungen in §5 Abs. 1, in den §§6, 7, 10, 15 und 16 sowie im §19 Abs. 2 anzuwenden.

Sollte die Notwendigkeit auftreten, ausnahmsweise einzelne Personen in besonderem nationalem Interesse aus dem Geltungsbereich des vorliegenden Gesetzes auszunehmen, wird das Ministerium angewiesen, dem Parlament einen Antrag vorzulegen, eine zuständige Institution einzurichten.

§2. Insofern durch vorliegendes Gesetz nicht anders verfügt, finden die o. g. Bestimmungen keine Anwendung

1. auf Frontkämpfer (Gesetz 1938:IV, §1)[4] oder Kriegsgefangene des Krieges 1914 bis 1918, die berechtigt sind, das Verwundetenabzeichen zu tragen, und für ihr tapferes Verhalten vor dem Feind mindestens einmal ausgezeichnet wurden, bzw. auf Kriegsinvaliden, die für ihr tapferes Verhalten vor dem Feind mindestens einmal ausgezeichnet wurden;
2. auf Personen, die im Krieg der Jahre 1914–1918 mit silberner oder goldener Tapferkeitsmedaille ausgezeichnet wurden oder für ihr tapferes Verhalten vor dem Feind mindestens zweimal eine andere Auszeichnung erhalten haben, sowie auf Personen, deren Väter im Krieg der Jahre 1914–1918 die goldene Tapferkeitsmedaille oder mindestens zweimal die große silberne Tapferkeitsmedaille als Auszeichnung erhalten haben;
3. auf Personen, denen im Krieg der Jahre 1914–1918 der Orden der Eisernen Krone III. Klasse mit Schwertern oder eine höhere Auszeichnung ebenfalls mit Schwertern verliehen wurde, sowie auf deren Kinder;

3 Am 1.8.1919 trat die Räteregierung zurück.

4 Im §1 des Gesetzes 1938:IV wurden als Frontkämpfer solche ungar. Staatsbürger definiert, die im Ersten Weltkrieg für ihre Dienste an der Front mit dem Karl-Truppenkreuz ausgezeichnet wurden.

4. auf Personen, die bei Inkrafttreten des vorliegenden Gesetzes mindestens zu 50 Prozent kriegsversehrt sind, bzw. auf Gattinnen und Kinder von Personen, die bei Inkrafttreten des vorliegenden Gesetzes zu 75 oder 100 Prozent kriegsversehrt sind;
5. auf Witwen und Kinder von Personen, die im Krieg der Jahre 1914–1918 den Heldentod starben;
6. auf Personen, die an den gegen die Revolution 1918/19 gerichteten nationalen Bewegungen teilgenommen haben und dabei ihr Leben riskierten oder Freiheitsentzug erlitten,[5] sowie auf deren Ehefrauen und Kinder bzw. auf die Witwen und Kinder derjenigen, die dabei ihr Leben verloren;
7. auf interne Geheimräte, kgl. ungar. Geheimräte sowie auf Personen, die bei Inkrafttreten des vorliegenden Gesetzes als aktiv oder emeritiert Lehrende einer Wissenschaftsuniversität oder der Palatin-Josef-Universität für Technik und Wirtschaftswissenschaften angehören;
8. auf Personen, die als aktive oder pensionierte Seelsorger einer christlichen Glaubensgemeinschaft angehören;
9. auf Personen, die an einer vom Internationalen Olympischen Komitee veranstalteten Olympiade einen Titel errungen haben.

Die im vorliegenden Paragraphen angeführten Ausnahmeregelungen erstrecken sich nicht auf die Nachkommen der aufgeführten Personen.
Die Bestimmungen in Abs. 1 Punkt 1.–5. sind auch auf alle Teilnehmer der Kämpfe für das Land nach dem Ende des Krieges 1914–1918 entsprechend anzuwenden.

§3. Juden können durch Einbürgerung, Eheschließung oder Ehelichkeitserklärung keine Staatsbürgerschaft mehr erwerben.
Der Innenminister wird ermächtigt, die Einbürgerung (Wiedereinbürgerung) jener Juden außer Kraft zu setzen, die die ungarische Staatsbürgerschaft nach dem 1. Juli 1914 durch Einbürgerung (Wiedereinbürgerung) erlangt haben und deren Lebensumstände keinen Verbleib auf dem Gebiet des Landes erfordern. Die Einbürgerung (Wiedereinbürgerung) ist außer Kraft zu setzen, falls die rechtlichen Voraussetzungen der Einbürgerung (Wiedereinbürgerung) nicht erfüllt waren oder falls eine Straftat bzw. ein Disziplinarvergehen begangen oder die Behörde getäuscht wurde, um die ungarische Staatsbürgerschaft durch Einbürgerung (Wiedereinbürgerung) zu erwerben.
Falls im Beschluss nicht anders verfügt, erstreckt sich die Außerkraftsetzung der Einbürgerung (Wiedereinbürgerung) auch auf die mit dem Eingebürgerten (Wiedereingebürgerten) zusammenlebende Ehefrau sowie auf minderjährige Kinder unter seiner väterlichen Gewalt.
Mit der Außerkraftsetzung der Einbürgerung (Wiedereinbürgerung) ist auch die Genehmigung zur Namensänderung außer Kraft zu setzen.

§4. Mit Ausnahme der zur Vertretung der israelitischen Glaubensgemeinschaft berufenen Seelsorgern dürfen Juden nicht zum Mitglied des Oberhauses des Parlaments gewählt werden.[6]

5 Gemeint ist der Kampf gegen die Regierungen Károlyi und Kun; siehe Einleitung, S. 20–22.
6 Entgegen dieser Regelung wurden 1943 Personen jüdischer Abstammung ins Oberhaus gewählt; siehe Dok. 96 vom 15.4.1943.

Juden verfügen über ein Parlaments-, Munizipial-[7] und Gemeindewahlrecht bzw. dürfen zum Parlamentsabgeordneten, zum Mitglied eines Munizipialausschusses und einer Gemeindevertretung nur dann gewählt werden, wenn sie und ihre Eltern – bzw. auch deren Eltern, wenn die Eltern nach dem 31. Dezember 1867 geboren wurden – in Ungarn geboren wurden und sie neben der Erfüllung der übrigen gesetzlichen Voraussetzungen glaubwürdig nachweisen, dass ihre Eltern oder – wenn die Eltern nach dem 31. Dezember 1867 geboren wurden – ihre Eltern seit dem 31. Dezember 1867 dauerhaft auf dem Gebiet des Landes wohnhaft waren.

Juden dürfen nur im Rahmen von allgemeinen Wahlen sowie aufgrund des Rechtstitels „Vertreter einer Religionsgemeinschaft" zum Mitglied eines Munizipialausschusses gewählt werden. Juden, die den höchsten Steuersatz entrichten, dürfen nicht Mitglieder einer Gemeindevertretung sein. Juden dürfen nicht in das Namensverzeichnis aufgenommen werden, in dem die die höchsten Steuern zahlenden Personen in den Munizipien und Gemeinden aufgeführt sind.

Eine Person, die aufgrund des vorliegenden Gesetzes als Jude zu betrachten ist und ins Wählerverzeichnis für die Parlamentswahlen aufgenommen worden ist, hat dies zu melden. Juden dürfen das Wahlrecht nur dann ausüben, wenn sie den Nachweis erbringen, dass ihnen dieses Recht gemäß der Bestimmungen in Abs. 2 zusteht. Die besonderen Regelungen zum Wahlrecht der Juden werden in einer Ministerialverordnung ausgeführt.

Falls Wahlen innerhalb von vier Monaten nach der Verkündung des vorliegenden Gesetzes abgehalten werden,[8] muss bei Juden, die über die sonstigen gesetzlichen Voraussetzungen für das Wahlrecht[9] hinaus nachweisen können, dass sie und ihre Eltern – bzw. deren Eltern, falls sie nach dem 31. Dezember 1867 geboren worden sind – in Ungarn geboren wurden, hinsichtlich der in Abs. 2 geregelten Wahlberechtigung überprüft werden, ob die Eltern oder – falls diese nach dem 31. Dezember 1867 geboren wurden – deren Vorfahren seit dem 31. Dezember 1867 dauerhaft auf dem Gebiet Ungarns wohnhaft waren.

§5. Juden dürfen als Beamte oder sonstige Angestellte weder in den Staats-, Munizipial-, Gemeindedienst oder in den Dienst anderer öffentlicher Körperschaften, Institutionen und Betriebe treten. Diese Bestimmung gilt auch für Vertragsärzte und provisorisch beauftragte Ärzte der Sozialversicherungsanstalten. Leiter von Versicherungsanstalten können Vertragsverhältnisse mit jüdischen Ärzten mit einjähriger Kündigungsfrist auflösen.

Jüdische Lehrende, die in Mittel-, Mittelstufen- und Fachschulen, bzw. jüdische Lehrende, die in Volksschulen unterrichten, sowie jüdische Gemeindenotare (Kreisnotare) sind bis zum 1. Januar 1943, jüdische kgl. Spruchrichter und jüdische Mitglieder von kgl. Staatsanwaltschaften mit dem 1. Januar 1940 zu pensionieren bzw. den richtungsweisenden Regelungen entsprechend mit einer Abfindung aus dem Dienst zu entlassen. Diese Bestimmung erstreckt sich nicht auf diejenigen, die vor dem oben festgelegten Datum eine Anstellung in einem anderen Zweig des öffentlichen Dienstes finden.

7 Als Munizipien wurden Körperschaften des öffentlichen Rechts bezeichnet, sie bildeten die höchste Ebene der kommunalen Selbstverwaltung.
8 Am 25. und 26.5.1939 fanden Parlamentswahlen in Ungarn statt.
9 Siehe Einleitung, S. 28.

Die Bestimmungen des vorliegenden Paragraphen sind auch auf Personen, die in §2 Abs. 1 definiert wurden, anzuwenden.
Die Bestimmungen des vorliegenden Paragraphen erstrecken sich nicht auf Religionslehrer der israelitischen Glaubensgemeinschaft und auf Angestellte in Organisationen, Institutionen und Institute der israelitischen Glaubensgemeinschaft.
Der Minister für Religion und Bildung wird ermächtigt, Zahl, Organisation, Tätigkeit und Kontrolle der Schulen und Lehrgänge mit israelitischem Religionsunterricht und allgemein den Unterricht in den sog. hebräischen Fächern in einer Verordnung zu regeln.

§6. Juden dürfen nicht zu kgl. Notaren, konzessionierten Dolmetschern, ständigen Gerichts- oder sonstigen amtlichen Sachverständigen (Taxatoren) ernannt oder als stellvertretende Notare bestellt werden. Juden ist keine Genehmigung als Patentanwalt zu erteilen. Diese Bestimmung ist auch auf die in §2 Abs. 1 definierten Personen anzuwenden.
Juden dürfen zum Examen zum Buchprüfer solange nicht zugelassen werden, bis der Anteil der jüdischen konzessionierten Buchprüfer unter sechs Prozent aller konzessionierten Buchprüfer sinkt.

§7. Zum ersten Semester an Universitäten und Hochschulen dürfen Juden nur zugelassen werden, wenn der Anteil der jüdischen Hörer (Studenten) sechs Prozent der an der jeweiligen Fakultät (Abteilung) der Universität oder Hochschule zugelassenen Personen nicht übersteigt. In der Abteilung für Volkswirtschaft und Handel der Volkswirtschaftlichen Fakultät der Palatin-Josef-Universität für Technik und Wirtschaftswissenschaften darf ihr Anteil zwölf Prozent nicht übersteigen. Diese Bestimmung erstreckt sich nicht auf die Hörer (Studenten) der theologischen Fakultäten der Universitäten und der Theologischen Hochschulen.

§8. Bei der Wahl der Selbstverwaltungsorgane der Sozialversicherung können nur Listen vorgeschlagen werden, auf denen nicht mehr als sechs Prozent jüdische Kandidaten aufgeführt sind. Auf den Listen der jeweils vorschlagenden Gruppen dürfen maximal sechs Prozent der Plätze von Juden besetzt werden. Dementsprechend steht nach Ausschöpfung der sechs Prozent der auf die jeweiligen Listen entfallenden Plätze – unter Nichtbeachtung der eventuell folgenden Juden in der tatsächlichen Reihenfolge – der Platz dem in der Reihe folgenden Nichtjuden zu.
Im Fall einer Wahl ohne Liste und wenn die einzelnen Wählergruppen nur ein ordentliches Mitglied wählen, dürfen keine Juden gewählt werden.

§9. In die Rechtsanwalts-, Ingenieurs-, Ärzte- und Pressekammer sowie in die Kammer für Schauspiel- und Filmkunst dürfen nur so viele jüdische Mitglieder aufgenommen werden, bis ihr Anteil sechs Prozent der Gesamtzahl der Mitglieder der jeweiligen Kammer nicht übersteigt. Wenn sich die Kammer in Fachabteilungen oder Berufsgruppen gliedert, darf der Anteil der jüdischen Mitglieder in den jeweiligen Fachabteilungen bzw. Berufsgruppen nicht mehr als sechs Prozent betragen. Solange die Zahl der jüdischen Kammermitglieder nicht unter sechs Prozent der Gesamtzahl der Mitglieder der jeweiligen Kammer sinkt, dürfen keine neuen jüdischen Kammermitglieder aufgenommen werden. Personen, die unter §2 Abs. 1 fallen, dürfen bis zu drei Prozent der Zahl der periodisch aufzunehmenden neuen Mitglieder auch dann zugelassen werden, wenn die Zahl der jüdischen Kammermitglieder noch nicht unter die oben festgesetzten sechs Prozent gefallen ist. Dies gilt auch für Personen, die nach §5 Abs. 2 pensioniert oder im Sinne der Bestimmung sonst aus dem Dienst entlassen worden sind, sowie für diejenigen Juden, die vor dem 1. Januar 1939 stellvertretende Notare waren. Jüdische Kriegsinvalide (§2, Punkt A des Gesetzes 1933:VII)[10] sowie Frontkämpfer (§1 des Gesetzes 1938:IV), die die Aufnahme in die Kammer beantragen, sind gegenüber den übrigen jüdischen Bewerbern zu bevorzugen.

Personen, die unter §2 Abs. 1 fallen, können auch dann bis zu drei Prozent der Gesamtzahl aller Kammermitglieder aufgenommen werden, wenn die Zahl der jüdischen Kammermitglieder – ungeachtet der Zahl der Personen, die unter §2 Abs. 1 fallen – unter sechs Prozent sinkt.

Die Bestimmungen der vorangehenden Absätze sind auch auf stellvertretende Rechtsanwälte und Rechtsanwaltsanwärter (§§67 und 70 des Gesetzes 1937:IV)[11] sowie auf stellvertretende Ingenieure (§10 des Gesetzes 1923:XVIII)[12] entsprechend anzuwenden.

In den Führungsgremien und im Ausschuss der im ersten Absatz aufgezählten Kammern dürfen nur sechs Prozent Juden vertreten sein. Wenn deren Anteil bei Inkrafttreten des vorliegenden Gesetzes in den Gremien und Ausschüssen der Kammern sechs Prozent übersteigt, endet der Auftrag der jüdischen Funktionäre bzw. Ausschussmitglieder, und ihre Plätze müssen innerhalb von 30 Tagen nach Inkrafttreten des Gesetzes mittels Neuwahl besetzt werden. Die diesbezüglich möglicherweise notwendigen detaillierten Regelungen legt der zuständige Minister mittels Verordnung fest.

Das Ministerium wird ermächtigt, unter Berücksichtigung der Bestimmungen in den §§2 und 3 des Gesetzes 1938:XV[13] und im vorliegenden Paragraphen für die Einrichtung von Kunstkammern zu sorgen.

§10. In den Redaktionen von periodisch oder nicht periodisch erscheinenden Blättern dürfen Juden in einem ständigen Arbeitsverhältnis nur entsprechend den Regelungen, die für die in einem intellektuellen Tätigkeitsbereich beschäftigten Personen festgelegt sind (§17), angestellt werden.

Juden dürfen nicht als verantwortliche Redakteure, Herausgeber, Chefredakteure oder anderweitig bezeichnete Mitarbeiter, die die Blattlinie festlegen oder einen sonstigen maßgeblichen redaktionellen Einfluss ausüben, fungieren. Diese Bestimmung ist auch auf die in §2 Abs. 1 genannten Personen anzuwenden.

Die Bestimmungen der vorangehenden Absätze sind nicht auf Periodika anzuwenden, die ausschließlich den Anliegen der israelitischen Glaubensgemeinschaft, der jüdischen Kultur, Wirtschaft und sonstigen gesellschaftlichen Zielen, die die Juden betreffen, dienen und die diese Eigenschaft in Titel (Untertitel) klar zum Ausdruck bringen.

Der Ministerpräsident kann für nicht ungarischsprachige Periodika hinsichtlich der Bestimmungen des vorliegenden Paragraphen Ausnahmen verfügen.

10 §2, Punkt A des Gesetzes 1933:VII über die Betreuung von Kriegsinvaliden und anderen Kriegsversehrten definierte als Kriegsinvalide Männer, deren Fähigkeit zur Ausübung einer Tätigkeit ohne eigenes Verschulden aufgrund einer im Krieg erlittenen Verletzung oder Erkrankung eingeschränkt war.

11 Die §§67 und 70 des Gesetzes 1937:IV definierten, wer als stellv. Staatsanwalt bzw. als Rechtsanwaltsanwärter zu gelten hat.

12 §10 des Gesetzes 1923:XVIII über die Organe der forstwirtschaftlichen Verwaltung besagte, dass kleinere technische und wirtschaftliche Facharbeiten in den Aufgabenkreis der staatlichen Forstingenieure vom forstwirtschaftlichen Hilfspersonal zu übernehmen sind.

13 Siehe Dok. 14 vom 29.5.1938.

§ 11. Juden dürfen nicht Direktoren, künstlerische Leiter, Dramaturgen oder anderweitig bezeichnete Angestellte eines Theaters sein, die die intellektuelle oder künstlerische Ausrichtung des Theaters bestimmen und die bei der Anstellung des künstlerischen Personals oder im künstlerischen Geschäftsbetrieb maßgeblichen Einfluss ausüben.
Die Bestimmungen des vorangehenden Absatzes sind entsprechend anzuwenden auch auf Direktoren von Unternehmen, die Filme herstellen, vertreiben oder vorführen, auf ihre künstlerischen Geschäftsführer mit Verwaltungsaufgaben sowie auf Sachbearbeiter und sonstige Angestellte, die bei der Herstellung und beim Vertrieb von Filmen oder bei der Programmgestaltung maßgeblichen Einfluss ausüben.
In Unternehmen, die Filme vorführen, dürfen nur Personen als Direktoren oder Geschäftsführer mit Verwaltungsaufgaben tätig sein, die Mitglieder in der Kammer für Schauspiel- und Filmkunst sind.
Für die geschäftsmäßige Veranstaltung (Abhaltung) von Theatervorstellungen dürfen Juden oder juristische Personen keine behördliche Genehmigung erhalten.
Die Bestimmungen des vorliegenden Paragraphen sind auch auf die in § 2 Abs. 1 genannten Personen anzuwenden.

§ 12. Genehmigungen für den Verkauf von Waren unter Staatsmonopol sowie solche nutzbringenden Lizenzen mit behördlicher Genehmigung, deren Bewilligung oder Verweigerung im freien Ermessen der Behörden steht, dürfen an Juden nicht erteilt werden. Genehmigungen (Lizenzen), die vor Inkrafttreten des vorliegenden Gesetzes an Juden erteilt (durch Juden erlangt) wurden, sind innerhalb von fünf Jahren nach Inkrafttreten des Gesetzes zu entziehen. Genehmigungen für den Groß- und Kleinhandel mit Tabak, für den geringfügigen Verkauf von Wein aus eigenem Anbau, weiterhin für den Ausschank und Verkauf von Alkohol in Komitatsstädten sowie in Groß- und Kleingemeinden sind innerhalb von zwei Jahren nach Inkrafttreten des Gesetzes und das Apothekenrecht drei Jahre nach Inkrafttreten des Gesetzes mit einer Frist von fünf Jahren zu entziehen.
Auf den im vorangehenden Absatz festgelegten Entzug der Genehmigung (Lizenz) für die Herstellung, Verarbeitung oder den Vertrieb von Waren unter Staatsmonopol oder auf die Verweigerung einer Verlängerung (Erneuerung) kann verzichtet werden, wenn durch die Einstellung des genehmigten (lizenzierten) Betriebs die Produktion, der öffentliche Konsum oder die Arbeitsverhältnisse zum gegebenen Zeitpunkt maßgeblich beeinträchtigt werden.
Falls das gemäß Abs. 1 entzogene Apothekenrecht erneut genehmigt wird, ist der neue Lizenzinhaber auf Ersuchen des früheren Inhabers bzw. seiner Erben verpflichtet, die Einrichtung und die Materialvorräte der Apotheke zu einem Schätzwert, der unter Berücksichtigung der tatsächlichen Verhältnisse vom entsprechenden Expertenrat des Landesgesundheitsrats festgelegt wird, zu übernehmen und darüber hinaus den Gegenwert der Apothekenlizenz zu erstatten. Als Gegenwert der Apothekenlizenz ist der jährliche Durchschnitt jener Beträge zu betrachten, die in den fünf Jahren vor dem Entzug als Grundlage für die Erhebung der Vermögenssteuer heranzogen wurden. Die Frist für die Entrichtung des Schätzwerts und des Gegenwerts für die Apothekenlizenz sowie die Zahlungsmodalitäten werden vom Innenminister festgelegt.
Juden dürfen aufgrund eines Rechtsgeschäfts zwischen natürlichen Personen überhaupt kein Realapothekenrecht erlangen. Anhand einer Verfügung von Todes wegen oder ei-

ner gesetzlichen Erbfolge können Juden das Realapothekenrecht nur in dem Fall erlangen, wenn der Erblasser ein Verwandter ersten Grades oder ein Ehepartner ist.
Zwecks Durchführung des vorliegenden Gesetzes kann der Innenminister jederzeit sämtliche an Filmbetriebe erteilte Vorführgenehmigungen überprüfen und entziehen.
Genehmigungen für den Verkauf von Waren unter Staatsmonopol sowie sonstige in Abs. 1 bestimmte Lizenzen dürfen auch Personen nicht erteilt werden, die die Genehmigung bzw. Lizenz in eigenem Namen für einen Juden zu erlangen versuchen.
Partnerschaftsverträge mit Juden, die die Nutzung von in Abs. 1 bestimmten Lizenzen betreffen, dürfen nicht bestätigt werden. Vor Inkrafttreten des Gesetzes abgeschlossene Verträge sind nach Aufforderung des Ministers aufzuheben; in diesem Fall können Partnerschaftsverträge mit einjähriger Kündigungsfrist auch dann beendet werden, wenn der Vertrag dies ausschließt oder eine längere Kündigungsfrist vorsieht.

§13. Öffentliche Aufträge (§21 des Gesetzes 1931:XXI)[14] dürfen nur dann an Juden erteilt werden, wenn deren Auftragssumme für die Jahre 1939 und 1940 insgesamt 20 Prozent, für die Jahre 1941 und 1942 zehn Prozent und ab dem Jahr 1943 sechs Prozent des Gesamtbetrags nicht übersteigt, der im Jahreshaushalt von Behörden, Ämtern, Anstalten, Unternehmen, Betrieben und sonstigen Institutionen sowie im festgelegten Investitionsplan (Arbeitsplan) für öffentliche Aufträge vorgesehen ist. Eine Abweichung von dieser Regelung ist nur dann erlaubt, wenn kein anderes Angebot für einen öffentlichen Auftrag vorliegt oder es wesentlich ungünstiger ist.
Personen, die von einem Gericht wegen eines im vorliegenden Gesetz festgelegten Vergehens rechtskräftig verurteilt worden sind, kommen für öffentliche Aufträge nicht in Betracht. Nichtjuden, die in eigenem Namen einen öffentlichen Auftrag für Juden erlangen oder zu erlangen versuchen, sowie Juden, die im Namen eines Nichtjuden einen öffentlichen Auftrag erlangen oder zu erlangen versuchen, dürfen an öffentlichen Aufträgen nicht beteiligt werden.

§14. Juden darf so lange kein Gewerbeschein bzw. keine Gewerbegenehmigung ausgestellt werden, bis die Zahl der in der jeweiligen Gemeinde an Juden ausgegebenen Gewerbescheine und Gewerbegenehmigungen auf sechs Prozent sämtlicher in der betreffenden Gemeinde ausgegebenen Gewerbescheine und Gewerbegenehmigungen gesunken ist. Der Minister für Handel und Verkehr bzw. der Minister für Gewerbe darf im öffentlichen Interesse Ausnahmen verfügen.
Für Arbeitsvermittlungsbüros sowie für Kreditinformationsdienste und Kreditauskunft darf Juden keine Gewerbegenehmigung erteilt werden. Gewerbegenehmigungen für Arbeitsvermittlungsbüros, die vor dem Inkrafttreten des vorliegenden Gesetzes an Juden erteilt wurden, werden zum 31. Dezember 1940 ungültig.

§15. Land- oder forstwirtschaftliche Liegenschaften dürfen Juden auf dem Wege eines Rechtsgeschäfts zwischen natürlichen Personen nur im Zuge einer Versteigerung oder eines freihändigen Verkaufs und nur anhand eines behördlich genehmigten Kaufgebots erwerben.

14 §21 des Gesetzes 1931:XXI verfügte, dass der Handelsminister in Zusammenarbeit mit den anderen zuständigen Ministern den Einkauf und die Auftragsbeschaffung, die Ausschreibung und die Vergabe von Aufträgen, die Vertragsunterzeichnung und -kontrolle von Behörden, Institutionen und Unternehmen auf dem Verordnungsweg regeln kann.

Die im vorangehenden Absatz bestimmte Beschränkung erstreckt sich nicht auf folgende Fälle:

a) wenn die Liegenschaft zum Zwecke der Errichtung, Erweiterung oder Betreibung einer Fabrikanlage, eines Bergwerks, einer Gewerbeniederlassung oder einer Bäderanlage erworben wird und die Vertragspartei mittels einer Erklärung, die von der zuständigen Gewerbe- und Handelskammer ausgestellt wurde, nachweist, dass der Erwerb der Liegenschaft für den erwähnten Zweck notwendig ist;

b) wenn die zu erwerbende Liegenschaft als Bauplatz geeignet und nicht größer als 600 Quadratklafter[15] ist und die Vertragspartei mit einer behördlichen Bescheinigung nachweisen kann, dass sie über keinen Bauplatz oder eine Liegenschaft mit Haus verfügt.

Die Nachweismodalitäten der in Abs. 1 aufgeführten Umstände sowie die in Abs. 1 aufgeführte Behörde, die die Genehmigungen bzw. Nachweise zu erteilen befugt ist, sowie die Verfahren und Regelungen bezüglich des Grundbucheintrags werden vom Justizminister in Übereinkunft mit dem Landwirtschaftsminister mittels Verordnung festgelegt.

§16. Ungeachtet sonstiger Beschränkungen können Juden verpflichtet werden, ihre gesamten landwirtschaftlichen Liegenschaften als Eigentum oder in Kleinpacht abzutreten. Diese Bestimmung ist auch auf landwirtschaftliche Liegenschaften anzuwenden, die Juden nach dem 31. Dezember 1937 und vor Inkrafttreten des vorliegenden Gesetzes mittels eines Rechtsgeschäfts zwischen natürlichen Personen oder für den Fall des Todes abgetreten haben; eine Abtretungsverpflichtung an einen Nichtjuden auf Grundlage dieser Bestimmung ist jedoch nur innerhalb eines Zeitraums von drei Jahren nach der Übertragung der Liegenschaft möglich.

Gemäß Abs. 1 liegt keine Abtretungsverpflichtung vor, wenn

a) die Liegenschaft einem im §15 Abs. 2 Punkt a) ausgewiesenen Zweck dient und die zuständige Behörde dies bestätigt;

b) die Liegenschaft als Bauplatz geeignet und nicht größer als 600 Quadratklafter ist und der Eigentümer mit einer behördlichen Bescheinigung nachweist, dass er über keinen anderen Bauplatz oder keine andere bebaute Liegenschaft mit Haus verfügt.

Hinsichtlich der Bestimmungen in Abs. 2 ist §15 Abs. 3 entsprechend maßgeblich.

Wenn ein Jude seine land- oder forstwirtschaftliche Liegenschaft übereignet, ist für die Übereignung – unabhängig von der Größe der Fläche der Liegenschaft und der Person des Vertragspartners – eine behördliche Zustimmung notwendig. In diesem Fall kann – unabhängig von der Größe der Fläche der Liegenschaft und der Person des Vertragspartners – auch das staatliche Vorkaufsrecht ausgeübt oder aber die Veräußerung der Liegenschaft ohne Ausübung des Vorkaufsrechts verweigert werden.

§17. Außerhalb des Bereichs des Öffentlichen Dienstes dürfen Juden in von natürlichen oder juristischen Personen geführten Gewerbe-, (Handels-), Bergbau-, Hütten-, Bank- und Geldwechselunternehmen, in privaten Versicherungsunternehmen, Verkehrsbetrieben und Landwirtschaftsunternehmen (Garten- und Weinbau) sowie in allen anderen Erwerbsberufen als Angestellte, Handelsgehilfen oder Geistesarbeiter nur

15 Das entspricht etwa 2158 m^2.

in dem Maße beschäftigt werden, bis die Zahl der jüdischen Beschäftigten, die nicht unter §2 Abs. 1 fallen, zwölf Prozent der bei dem Unternehmen in einem intellektuellen Tätigkeitsbereich beschäftigten (erwerbstätigen) Personen nicht übersteigt und die Zahl sämtlicher jüdischer Angestellter – also einschließlich der Personen, die unter §2 Abs. 1 fallen – 15 Prozent sämtlicher in diesem Tätigkeitsbereich Beschäftigten nicht übersteigt. Wenn die Gesamtzahl der in einem intellektuellen Tätigkeitsbereich beschäftigten Personen weniger als 15, aber mehr als vier beträgt, dürfen maximal zwei Juden beschäftigt werden; wenn die Zahl der Angestellten weniger als fünf beträgt, darf maximal ein Jude beschäftigt werden. Hinsichtlich dieser Bestimmung darf die in §2 Abs. 1 definierte Freistellung nicht berücksichtigt werden; Personen, die unter §2 Abs. 1 fallen, müssen jedoch – bei ansonsten gleichen Voraussetzungen – bei der Anstellung und dauerhaften Beschäftigung bevorzugt behandelt werden.
Die Regelungen in Abs. 1 und 2 sind auch maßgeblich für den Umfang der Entgeltsumme der Angestellten (Entlohnung in Geld- und Naturalform, gleichgültig unter welchem Titel).
Die in Abs. 1, 2 und 3 festgelegte Quote ist bis zum 1. Januar 1943 zu erreichen. Die zahlenmäßige Reduzierung muss halbjährlich zum 30. Juni und 31. Dezember jedes Jahres gleichmäßig so erfolgen, dass die in Abs. 1, 2 und 3 festgelegte Quote bis zum 1. Januar 1943 erreicht wird.
Unternehmen, deren öffentliche Aufträge in den vergangenen drei Jahren 20 Prozent des Jahresumsatzes überstiegen, sind verpflichtet, die im vorangehenden Absatz festgelegten Verpflichtungen bis zum 30. Juni 1941 umzusetzen. Das Ministerium kann auf Vorlage des zuständigen Ministers die in Abs. 4 festgelegte Frist für jene Unternehmen um zwei Jahre verlängern, die mindestens 33 Prozent ihrer Jahresproduktion ins Ausland liefern, und um drei Jahre für jene Unternehmen, die mindestens 33 Prozent ihrer Jahresproduktion gegen frei konvertible Devisen ins Ausland liefern.
Die am 1. März 1938 bestandene Quote, die sich aus dem Verhältnis von Zahl und Entlohnung der jüdischen Angestellten gegenüber der der gesamten Angestellten ergibt, darf nicht zugunsten der jüdischen Beschäftigten verändert werden. Diese Bestimmung schließt die Anstellung von Personen, die gemäß §5 Abs. 2 pensioniert oder gemäß der genannten Regelung aus dem Dienst entlassen wurden, nicht aus.
Positionen, die im Sinne des vorliegenden Paragraphen frei werden, dürfen ausländische Staatsbürger nur mit vorheriger Zustimmung des zuständigen Ministers einnehmen. Juden, die Mitglieder einer christlichen Glaubensgemeinschaft sind, müssen hinsichtlich des im vorangehenden Absatz festgelegten Prozentsatzes – bei sonst gleichen Voraussetzungen – mindestens bis zu einem Viertel berücksichtigt werden. Jüdische Kriegsinvalide (§ 2, Punkt A des Gesetzes 1933:VII) sowie Frontkämpfer (§1 des Gesetzes 1938:IV) sind im Rahmen der in den vorangehenden Absätzen festgelegten Quoten gegenüber anderen Juden – bei sonst gleichen Voraussetzungen – bevorzugt zu behandeln.
Das Ministerium kann in einer Verordnung verfügen, einen Teil der Stellen, die aufgrund des vorliegenden Gesetzes frei werden und nicht als Führungspositionen ausgewiesen sind, nur aus der Reihe jener Bewerber zu besetzen, die auf einer zu diesem Zweck zusammengestellten offiziellen Liste aufgeführt sind.
Wenn es im Interesse des ungestörten Ablaufs des Wirtschaftslebens oder der Produktion unbedingt erforderlich ist, kann das Ministerium auf Antrag des zuständigen

Ministers ausnahmsweise erlauben, Juden auf bestimmte Zeit in besondere Qualifikation erfordernden Arbeitsbereichen – sofern keine geeigneten nichtjüdischen ungarischen Staatsbürger für diesen Tätigkeitsbereich zur Verfügung stehen – zu einem Anteil zu beschäftigen, der über die in den vorangehenden Absätzen festgelegte Quote hinausgeht.
Hinsichtlich der Anwendung des vorliegenden Paragraphen sind Reisende (Akquisiteure, Agenten) von den übrigen Angestellten getrennt zu berücksichtigen; der zuständige Minister kann im öffentlichen Interesse hinsichtlich der Reisenden (Akquisiteure, Agenten) entsprechende Ausnahmen verfügen.
Die Bestimmungen des vorliegenden Paragraphen sind auch auf Angestellte von kgl. Notaren, Gerichtsvollziehern und Patentanwälten anzuwenden.

§18. Wenn ein Unternehmen über eine Kommissionsgesellschaft oder über eine andere Gesellschaft Waren für den öffentlichen Konsum vertreibt, dürfen Juden an der Gesellschaft nur in dem Maße beteiligt werden, dass ihr Anteil höchstens zwölf Prozent der Gesamtzahl der an der Gesellschaft Beteiligten beträgt und ihre Kommissionsquoten oder ähnliche Einnahmen zwölf Prozent der Kommissionsquoten oder sonstigen ähnlichen Einnahmen der gesamten Nutznießer nicht übersteigen. Sind unter §2 Abs. 1 fallende Personen miteinzubeziehen, beträgt dieser Anteil 15 Prozent.
Der Minister für Handel und Verkehr legt im Einvernehmen mit dem Minister für Gewerbe jene Warengruppen fest, auf die die Bestimmungen im vorangehenden Absatz anzuwenden sind, und bestimmt – möglichst unter Berücksichtigung der Bestimmungen in §17 Abs. 4, 5 und 6 – auch den zeitlichen Rahmen für die Durchführung dieser Bestimmungen.
Der mit einem Juden abgeschlossene Beteiligungsvertrag an einer Gesellschaft kann mit einjähriger Kündigungsfrist auch dann beendet werden, wenn der Vertrag eine Kündigung ausschließt oder eine längere Kündigungsfrist vorsieht. Nach Beendigung des Vertrags nach einem Jahr können weder im Hinblick auf die Vertragsdauer noch auf eine längere Kündigungsfrist Schadenersatzforderungen geltend gemacht werden.

§19. Die Bestimmungen in §17 sind auch auf Funktionäre sämtlicher Vereine (Interessenvertretungen) und Organisationen sowie Stiftungen und sonstige in einem intellektuellen Tätigkeitsbereich Beschäftigte, die nicht unter die Bestimmungen von §5 fallen, entsprechend anzuwenden.
Juden dürfen nicht Mitglieder in Verwaltungsorganen oder Führungsgremien eines Arbeitervereins oder einer anderen Arbeiterorganisation und nicht Funktionäre oder sonstige Geistesarbeiter einer arbeitsvermittelnden Organisation werden. Diese Bestimmungen sind auch auf die in §2 Abs. 1 bestimmten Personen anzuwenden.
Die Bestimmungen des vorliegenden Paragraphen sind nicht auf Organisationen und Stiftungen anzuwenden, die ausschließlich für Zwecke ins Leben gerufen werden oder bestehen, die in §10 Abs. 3 definiert sind, und in denen aufgrund ihrer Statuten oder anderer Regelungen ausschließlich Juden Mitglieder sein dürfen.

§20. Die in den §§12–16 für Juden getroffenen Bestimmungen sind auf juristische Personen und im Bereich des Gesellschaftsrechts entsprechend anzuwenden, soweit die Mehrheit der Obmänner, der Direktion oder des Aufsichtsrats bzw. der Mitinhaber von Juden gestellt wird. Die detaillierten Regelungen werden vom Ministerium in einer Verordnung festgelegt.

§21. Falls jüdische Angestellte infolge der Bestimmungen des vorliegenden Gesetzes gekündigt werden müssen, kann das Dienstverhältnis auch dann mit der gesetzli-

chen Kündigungsfrist beendet werden, wenn das Dienstverhältnis vertraglich befristet ist. In diesem Falle steht den gekündigten Angestellten der Lohnanteil für die gesetzliche Kündigungsfrist sowie eine gesetzliche Abfindung zu. Darüber hinaus kann keine Abfindung oder sonstige Entschädigung geltend gemacht werden.
Besteht aufgrund des Dienstvertrags oder der für die Angestellten maßgeblichen Regelungen ein Rentenanspruch entweder gegenüber dem Unternehmen oder einer anerkannten betrieblichen Rentenkasse, ist dieser von der Kündigung nicht betroffen.
Entsteht dem Unternehmen oder der anerkannten betrieblichen Rentenkasse infolge der Auszahlung der Rente oder der Abfindung des aufgrund dieses Gesetzes gekündigten Angestellten eine unzumutbare Belastung, kann die Summe der Rente oder der Abfindung aus Kulanz reduziert werden. Aus demselben Grund kann kulanzmäßig für die Auszahlung eine Fristverlängerung gewährt oder eine festgelegte Ratenzahlung der Abfindung zugelassen werden. Über die Zulassung einer entsprechenden Minderung bzw. Fristverlängerung und Ratenzahlung entscheidet die Aufsichtsbehörde für öffentliche Interessen unter Ausschluss des Rechtswegs. Im Falle von Einsprüchen sind die geltenden Rechtsvorschriften bezüglich der Einsprüche gegen andere Entscheide der Aufsichtsbehörde entsprechend anzuwenden.

§22. Das Ministerium wird ermächtigt, Maßnahmen, die die Auswanderung der Juden und die damit zusammenhängende Ausfuhr ihres Vermögens beschleunigen, auf dem Verordnungswege zu treffen, auch wenn sie in den Geltungsbereich der Legislative fallen. Das Ministerium kann zollrechtliche und sonstige Regelungen, die für den Schutz des nationalen Vermögens notwendig sind und im Zusammenhang mit der Förderung der Auswanderung der Juden stehen, ebenfalls auf dem Verordnungswege erlassen.

§23. Das Ministerium wird ermächtigt, zwecks Durchführung des vorliegenden Gesetzes eine Auskunftspflicht aufzuerlegen und für deren Überwachung zu sorgen.
Zwecks Durchführung der Bestimmungen des vorliegenden Gesetzes kann das Ministerium zur Leitung oder Kontrolle eines die Bestimmungen des vorliegenden Gesetzes verletzenden oder umgehenden Unternehmens oder einer sonstigen Organisation auf deren Kosten einen Obmann bestellen, bis das Unternehmen oder die Organisation ihren Pflichten nachkommt. Die Befugnisse des Obmanns werden vom Ministerium in einer detaillierten Verordnung geregelt.

§24. Soweit das vorliegende Gesetz oder andere Rechtsvorschriften keine anderen Verfügungen treffen, legt das Ministerium in einer Verordnung fest, welche Behörden und Organisationen für die Durchführung des vorliegenden Gesetzes zuständig sind.

§25. Soweit eine Straftat keiner gröberen Strafbestimmung unterliegt, verübt eine Person eine Übertretung und wird mit Haft von bis zu zwei Monaten bestraft, wenn sie

1. der im vorliegenden Gesetz angeordneten Melde-, Auskunfts- oder Anmeldepflicht nicht nachkommt oder die behördliche Kontrolle auf andere Weise behindert;
2. unter Verletzung der Bestimmungen in §10 Abs. 1 und der in den §§17 oder 19 genannten Bestimmungen einen Juden anstellt, dessen Anstellung aufrechterhält oder bei ihren jüdischen Angestellten die gesetzlich zugelassene Höhe der Bezüge überschreitet;

3. unter Verletzung der Bestimmungen in § 17 einen ausländischen Staatsbürger anstellt.

Hinsichtlich der Geldstrafe sind die Bestimmungen des Gesetzes 1928:X[16] maßgeblich, die Höchststrafe beträgt 8000 Pengő. Hinsichtlich der Dauer der Haft im Falle der Nichterbringung der Geldstrafe sind die Bestimmungen in § 3 Abs. 3 des Gesetzes 1931:XXVI und hinsichtlich der Verjährung der Übertretung die Bestimmungen in § 3 Abs. 4 maßgeblich.[17]

Verfahren im Falle der Übertretung fallen in die Zuständigkeit der Verwaltungsbehörden als Anstalten der Polizeigerichtsbarkeit, auf dem Einsatzgebiet der kgl. ungar. Polizei [fallen sie] in den Wirkungsbereich der kgl. ungar. Polizei als Anstalt der Polizeigerichtsbarkeit.

§ 26. Eine Person begeht einen Verstoß und wird mit einer Gefängnisstrafe bis zu einem Jahr bestraft, wenn sie

1. die in § 25 genannte Straftat begeht, obwohl sie von der Behörde auf ihre Pflichten hingewiesen wurde;
2. die in § 25 genannte Straftat begeht, nachdem sie wegen einer derartigen Übertretung bereits bestraft worden ist und seit dem Strafvollzug weniger als zwei Jahre vergangen sind;
3. im Rahmen der Durchführung des vorliegenden Gesetzes die Behörde bewusst täuscht oder dies versucht;
4. unter Verletzung der Bestimmungen in § 10 einen Juden als verantwortlichen Redakteur, Herausgeber, Chefredakteur eines Periodikums als Mitarbeiter anstellt, der die Blattlinie bestimmt oder in der Redaktion des Blattes maßgeblichen Einfluss ausübt, oder wenn ein Jude eine derartige Anstellung annimmt;
5. unter Verletzung der Bestimmungen in § 11 einen Juden als Theaterdirektor, künstlerischen Leiter, Dramaturg oder als Mitarbeiter anstellt, der die geistige oder künstlerische Ausrichtung des Theaters bestimmt oder im künstlerischen Geschäftsbetrieb einen sonst maßgeblichen Einfluss ausübt, oder ihn als Leiter eines Unternehmens anstellt, das Filme herstellt, vertreibt oder vorführt, bzw. als Angestellten, der einen in § 11 Abs. 2 erwähnten maßgeblichen Einfluss ausübt, oder wenn ein Jude eine derartige Anstellung annimmt;
6. als Nichtjude in eigenem Namen für einen Juden oder als Jude im Namen eines Nichtjuden für sich selbst eine Genehmigung für den Vertrieb von Waren unter Staatsmonopol oder eine in diesem Zusammenhang notwendige sonstige behördlich zu genehmigende Lizenz erwirkt, indem sie die gesetzlichen Bestimmungen umgeht oder versucht, durch Umgehung der gesetzlichen Bestimmungen eine derartige Genehmigung oder sonstige Lizenz zu erwirken;

16 Das Gesetz 1928:X regelte Fragen der Prozessordnung und der Rechtsprechung und legte die Höhe der Geldstrafe für bestimmte Delikte fest. Berücksichtigt werden sollten dabei u. a. die Anzahl der begangenen Taten und die finanzielle Situation des Verurteilten.

17 § 3 Abs. 3 des Gesetzes 1931:XXVI besagte, dass die Haftstrafe bei Nichterbringung der Geldstrafe sechs Monate nicht übersteigen dürfe. § 3 Abs. 4 verfügte, dass das Strafverfahren nach einem Jahr und die verhängte Strafe nach zwei Jahren verjähren.

7. als Nichtjude in eigenem Namen für einen Juden oder als Jude im Namen eines Nichtjuden für sich selbst einen öffentlichen Auftrag unter Verletzung der Bestimmungen in §13 erwirbt oder zu erwerben versucht;

Die in Punkt 3 definierte Handlung ist eine Straftat und kann mit einer Gefängnisstrafe von bis zu drei Jahren, mit Amtsenthebung und mit dem vorübergehenden Entzug der politischen Rechte bestraft werden, soweit sie mit dem Zweck verübt wird, die in §1 Abs. 3 Punkt a) oder d) bestimmten persönlichen Umstände nachzuweisen.

Hinsichtlich der Geldstrafe sind die Bestimmungen des Gesetzes 1928:X maßgeblich, die Höchststrafe beträgt 20 000 Pengő.

§27. Wird eine der in §26 bestimmten Straftaten oder Verstöße von einem Angestellten eines Unternehmens oder einem Auftragnehmer verübt und kann dem Eigentümer (Geschäftsführer) des Unternehmens bzw. dem Auftraggeber entweder ein absichtliches oder fahrlässiges Versäumnis im Zusammenhang mit der Erfüllung seiner amtlichen Überwachungs- oder Kontrollpflichten zur Last gelegt werden, ist der Eigentümer (Geschäftsführer) des Unternehmens bzw. der Auftraggeber im Sinne der in §26 festgelegten Bestimmungen zu bestrafen.

§28. Im Falle einer Verurteilung aufgrund der in den §§26 und 27 definierten Straftaten ist das Urteil in einer Zeitung auf Kosten des Verurteilten zu veröffentlichen.

§29. Die Gültigkeit der Bestimmungen in den §§4 bis 8 des Gesetzes 1938:XV über die wirksamere Sicherung des Gleichgewichts des gesellschaftlichen und wirtschaftlichen Lebens erlischt. Die Bestimmungen für die in §4 Abs. 1 des Gesetzes 1938:XV definierten Personen sind nach Inkrafttreten des vorliegenden Gesetzes entsprechend auf Juden anzuwenden.

Das vorliegende Gesetz tritt am Tag seiner Veröffentlichung in Kraft; seine Durchführung obliegt dem Ministerium, und dieses kann im Zuge der Durchführung in den wieder angeschlossenen Landesteilen – sofern die dortigen Verhältnisse dies erfordern – provisorisch abweichende Verfügungen erlassen.

Budapest, den 4. Mai 1939[18]

Miklós Horthy, Reichsverweser Ungarns

Graf Pál Teleki, Königl.-Ungar. Ministerpräsident

18 Das Gesetz wurde am Tag darauf herausgegeben.

DOK. 30

Jenő Sopronyi kritisiert am 10. Mai 1939 die Haltung des evangelisch-lutherischen Bischofs Raffay zum Judengesetz und erklärt, dass er zum jüdischen Glauben zurückkehren will[1]

Brief von Jenő Sopronyi,[2] XIV., Budapest, Thököly-Straße 91, an den evangelisch-lutherischen Bischof Dr. Sándor Raffay[3] vom 10.5.1939

Hochwohlgeborener Herr!
Unter den kürzlich in Zusammenhang mit dem Entwurf des Judengesetzes gehaltenen Reden der Abgeordneten des Oberhauses[4] haben mich – und wahrscheinlich noch Abertausende andere Gläubige – vor allem die Wortmeldungen der Abgeordneten der christlichen Kirchen interessiert.[5] Der Grund hierfür liegt, denke ich, auf der Hand: Durch diese Verlautbarungen wird die offizielle Haltung der ungarisch-christlichen Kirchen in Bezug auf die Judengesetze deutlich.
Ich muss zugeben, dass ich diese Äußerungen mit tiefer Bestürzung zur Kenntnis genommen habe, denn obwohl sich in jeder von ihnen etliche Einwendungen gegen den Entwurf finden, zielten diese nur auf unbedeutende Abschwächungen. Dem Entwurf selbst haben alle [Vertreter der christlichen Kirchen] ohne Ausnahme zugestimmt.[6]
Herr Bischof! Im Zusammenhang mit dieser Tatsache möchte ich im Folgenden einige Überlegungen anstellen. Erlauben Sie mir bitte, auf die gängigen Umgangsformen zu verzichten und bis an die Grenze des Anstands zu gehen, damit ich Sie in einer allgemein verständlichen Art und mit einfachen Worten wie einen Bruder ansprechen kann.
Es ist ungefähr 15 Jahre her, dass ich während meiner unausgesetzten spirituellen Suche durch die unendliche Gnade Gottes Christus begegnet bin und ihn als den universellen Erlöser erkannt habe. Seither verstehe ich vieles, was ich ohne ihn nur mit Mühe hätte verstehen können, nehme vieles wahr, was ich ohne ihn nur schwer erkennen würde, und kann vieles erleiden, was ich ohne ihn und den Glauben an ihn, ohne meinen ehrlichen Wunsch der seelischen Anverwandlung vielleicht gar nicht oder nur sehr schwer hätte durchstehen können. Trotz der vielen schweren Bedrängnisse, die mich seither heimgesucht haben, trotz Schmerzen und Demütigungen war und bin ich glücklich, da ich durch den Herrn verstehe, was das Ziel dieser Bedrängnisse und der Sinn des irdischen Lebens ist. Dafür bin ich dem Herrn unendlich dankbar.

1 EOL, Iratok a második világháború idejéből, 1. doboz, Raffay 83. Zsidókérdés. Das Dokument wurde aus dem Ungarischen übersetzt.
2 Jenő Sopronyi (1899–1949), Bankangestellter.
3 Sándor Raffay (1866–1947), Theologe; von 1893 an Pfarrer in Tápiószentmárton, 1896–1899 ao. Professor in Bratislava, von 1899 an ordentlicher Professor, von 1908 an Pfarrer in Budapest; 1918–1945 Bischof des Montandistrikts der evang.-luther. Kirche in Ungarn; von 1939 an Mitglied des Oberhauses.
4 Siehe Dok. 27 vom 15.4.1939, Anm. 9.
5 1939 waren im Oberhaus 25 Repräsentanten der christlichen Kirchen vertreten, darunter elf Bischöfe.
6 In ihren Wortbeiträgen vor dem Oberhaus erklärten die Vertreter der christlichen Kirchen, dass es eine „Judenfrage“ gebe, sahen ihre „Lösung“ jedoch in der Assimilation und kritisierten insbe-

Herr Bischof! Sie sind ein gelehrter Mann, und oft schon hatte ich Anlass, Ihr großes Wissen zu erkennen. Es gibt allerdings eine scheinbar ganz unbedeutende, einfache Sache, von der Sie wie die meisten Mitmenschen nichts wissen. Selbst wenn Sie sich bemühen würden, sie kennenzulernen, wären Sie dazu nicht in der Lage, denn Sie sind in diesem irdischen Leben nicht Jude gewesen. Sie wissen also nicht und können auch gar nicht wissen, welche mühevollen seelischen Hindernisse ein Jude überwinden muss, um Christus in einer christlichen Gesellschaft zu begegnen, einer Gesellschaft, die ihn auf Schritt und Tritt mit Antipathie, Missachtung, Ausgrenzung, mit Neid und Hass und einer die elementarsten menschlichen Rechte mit Füßen tretenden Gewaltbereitschaft verfolgt.
Herr Bischof! Sie können nicht wissen, was ich empfand, als man mich vor 19 Jahren aus der Universität verbannte, trotz aller erworbenen Rechte, nur weil ich als Jude geboren bin.[7] Nein, hochwohlgeborener Herr, Sie, die Sie im Oberhaus im Namen der Kirche das Judengesetz gebilligt haben – ob aus Überzeugung oder nicht, zählt jetzt nicht mehr viel –, aber eben doch gebilligt, Sie können sich gar nicht vorstellen, was ich als 21-jähriger Student fühlte, als mir dämmerte, dass meine sich anbahnende irdische Karriere nach mehrjährigem Militärdienst im Krieg von Christen beendet würde.
In meinem sprachlos erduldeten Schmerz habe ich dort geweint, wo mich niemand sehen konnte. Dennoch war ich niemandem böse, denn Hass oder Wut stehen einem tief religiösen Juden fern. Ich machte mir nur Gedanken darüber, was die christlichen Kirchen wohl zu dieser auf purer Gewalt gründenden Ungerechtigkeit sagen würden. Damals war ich mit dem Evangelium noch nicht näher vertraut.
Nach einigen Jahren, während meiner unablässigen Suche, habe ich über die spirituelle Philosophie urplötzlich Christus entdeckt und in endloser Freude über mehrere Jahre hinweg meine ganze Freizeit nur ihm gewidmet. Auch jetzt ist das Evangelium meine Lieblingslektüre, die mich in meiner Bedrängnis tröstet.
Im Laufe der letzten anderthalb Jahrzehnte versuchten dann immer mehr Menschen, mich zu überreden, einer Kirche beizutreten, die Christus anerkennt und ihn als das ewige und vollkommene Vorbild der Menschheit verkündet. Auf derartige Versuche erwiderte ich stets, dass mir die Konfession oder Kirche, der man angehöre, aufgrund meiner Überzeugung vollkommen gleichgültig sei. Man kann unabhängig von der Konfession an Christus glauben und ihm folgen. Diese Überzeugung hat sich bis heute nicht verändert. Wie es passieren konnte, dass ich im vergangenen Jahr dennoch der evangelischen Kirche beitrat – das weiß ich selbst nicht so genau. Oft genug hat man mir versichert, ich gelte aufgrund meiner Überzeugung schon längst als Christ, so dass ich mich gewissen Leuten zuliebe in die relativ frei denkende, fast undogmatische evangelische Kirche aufnehmen ließ. Ich wiederhole, dass ich dabei nicht von meiner Überzeugung geleitet wurde, sondern anderen eine Freude machen wollte, und im Glauben, dass ich meine konfessionelle Überzeugung auf diese Weise offener als früher würde leben und

sondere, dass das Judengesetz auch Konvertierte betraf. Sie traten daher dafür ein, Einzelheiten des Gesetzes zu modifizieren und den Kreis jener Personen, die vom Gesetz ausgenommen werden, auszuweiten.

7 Sopronyi bezieht sich hier auf die Bestimmungen des 1920 verabschiedeten Numerus-clausus-Gesetzes; siehe dazu Einleitung, S. 23.

in ein Milieu gelangen können, das dem Evangelium folgt und in dem Christus von Nazareth als Erlöser der Menschheit anerkannt wird.
Herr Bischof! Ich kann nicht anders, als hier und jetzt zur rechtzeitigen Besinnung möglichst vieler Brüder öffentlich zu erklären, dass ich in meinen Annahmen schwer getäuscht worden bin. Ihre Kirche, so wie alle anderen, die für das Judengesetz votierten, haben in krassester Art und sogar offiziell Christus und das Evangelium verleugnet. Sie haben ein Gesetz verabschiedet, durch das Hunderttausende von Familien zerstört werden, nur weil deren Mitglieder israelitischer Konfession waren oder, wenn man so will, der jüdischen Rasse angehören.
Ja, Herr Bischof! Nehmen Sie es mir nicht übel, dass ich Ihnen all dies so einfach und volkstümlich, in verständlicher Form mitteile. Ich will nicht glauben, dass Sie nicht wenigstens im Unterbewusstsein fühlen, dass alles, was ich hier sage, der Wahrheit entspricht. Ich habe Ihrer Rede im Oberhaus entnommen, dass Sie vorab mit Ihrem Gewissen gekämpft und nur ungern, von Umständen und Einflüssen gelenkt, dem Entwurf zugestimmt haben. Ich gehe davon aus, dass die Situation für Ihre Kollegen, die übrigen Vertreter der Kirche, ähnlich war.
Den Heiden Pilatus hat seinerzeit lange und sichtbar sein Gewissen geplagt, und er hat versucht, sich mit all seiner Kraft dem künstlich aufgepeitschten Mob entgegenzustellen, weil er wusste, dass die Verurteilung eines schuldlosen Menschen von ihm verlangt wurde. Der Heide Pilatus hat alles versucht, um den Unschuldigen nicht zu verurteilen, allerdings eines versäumt: hartnäckig zu bleiben und sich den unmoralischen Forderungen zu widersetzen, ohne Rücksicht darauf, dass dadurch seine Popularität leiden und sein Statthalterstuhl wanken könnte. Am Ende hielt er doch stärker am Posten des Statthalters fest als an der Wahrheit, von der er ohnehin nur eine lückenhafte und blasse Vorstellung besaß. Der arme Pilatus konnte diese Probe nicht bestehen, er fiel durch die Prüfung. In seinem Fall gibt es jedoch einen, wenn schon nicht entschuldbaren, so doch mildernden Umstand: Er hat weder an Gott und an Christus, noch an die von den jüdischen Propheten und Christus verkündeten ewig gültigen Gesetze geglaubt. Was kann ich aber von Ihnen beziehungsweise von ihnen[8] sagen, Herr Bischof? Wenn ich meinen Gedankengang also logisch fortspinne, liegen in Ihrem Fall keinerlei mildernde Umstände vor. Sie kennen die Heilige Schrift und vieles andere auswendig. Sie halten ergreifende Predigten über die in der Heiligen Schrift niedergelegten Gottesbeweise, über selbstlose Liebe, Demut, Moral, Vergebung und so weiter. Ich habe zum Beispiel in einer Ihrer Predigten vor ein paar Jahren unter anderem gehört, dass Gott niemanden im Jenseits fragen werde, in welcher Kirche, in welcher Sprache, ob mit oder ohne Hut er gebetet hat. Er wird nur fragen, ob er ehrlich gebetet, aber vor allem ehrlich gehandelt habe. Das sind in der Tat weise Worte! Gemäß dieser Lehre, glauben Sie mir, Herr Bischof, werden auch Sie im Jenseits nicht zuerst gefragt: Was hast du gesprochen, mein Kind, sondern: Wie hast du gehandelt?
Das Judengesetz verurteilt Hunderttausende von Unschuldigen, beraubt sie grundlos ihrer von Gott geschenkten Rechte und ihrer rechtmäßigen Arbeitsmöglichkeiten. Es sei dahingestellt, wie es das begründet. Sogar der Einbrecher kann begründen, warum er stiehlt.

8 Gemeint sind die anderen Repräsentanten der christlichen Kirchen im Oberhaus.

Sobald ein Mensch ernsthaft und beharrlich nach einer Begründung sucht, um einen unmoralischen Wunsch oder gar eine Tat, die der Liebe Christi widerspricht, zu rechtfertigen, ohne sie sofort energisch von sich zu weisen, wird er unmerklich empfänglich für das seelische Gift. Auch der Dieb kann seinen Diebstahl begründen. Manchmal gibt es auch tatsächlich mildernde Umstände, doch auch diese rechtfertigen die Sünde nicht. Es wäre die elementare Pflicht der christlichen Kirchen gewesen, das angegriffene und verfolgte Judentum in Schutz zu nehmen, und zwar aus einer ehrlichen, auf dem Evangelium beruhenden Überzeugung heraus, offen und mutig, mit all ihrer Kraft und mit allen ihnen zur Verfügung stehenden gesetzlichen Mitteln, auch wenn dies eine Zeitlang unpopulär gewesen wäre. Dies zu tun wurde jedoch nicht nur während der Verhandlungen über den Entwurf des Judengesetzes im Oberhaus versäumt, vielmehr haben Sie über Jahre hinweg tatenlos und gleichgültig, manchmal sogar äußerst verständnisvoll der planmäßigen Verbreitung des Hasses gegen das schutzlose Judentum zugesehen. Die Wohlgesinnten haben noch gehofft, dass sich die christlichen Kirchen wenigstens während der Verhandlungen im Oberhaus ein Herz fassen und zumindest durch eine offizielle Stellungnahme dem unschuldig verurteilten und gejagten Judentum beistehen würden. Leider geschah nichts dergleichen. Manche Vertreter der Kirche haben mit ihren Wortmeldungen sogar noch geholfen, die Ausgepeitschten weiter zu geißeln.
So verwundert es nicht, dass nicht nur ich mich, sondern viele gutgesinnte Menschen sich mit mir tief enttäuscht von den christlichen Kirchen abwenden, die noch im 20. Jahrhundert den von ihnen verkündeten Christus, die ergebene und aufopferungsvolle Verkörperung der Gottesliebe, schmählich verleugnet haben.
Herr Bischof! Sie wussten – und ebenso wussten es die Vertreter der anderen protestantischen und katholischen Kirchen –, dass dieses Gesetz Hunderttausenden ihre Rechte und das alltägliche Brot rauben wird und jeder christlichen Wahrheit Hohn lacht. Dennoch haben Sie ihm im Namen der Kirche zugestimmt!
Seinerzeit versuchte Pilatus das Blut des Unschuldigen von seinen Händen zu waschen, aber es gelang ihm nicht. Niemandem gelingt das seither, und es wird nie gelingen. Nur die ehrliche Reue und Wiedergutmachung kann die Spuren der Sünde verwischen.
Ich schäme mich, einer Kirche anzugehören, die mit ihrer offiziellen Stellungnahme Christus verleugnet. Meinen Irrtum eingestehend und ihn offen bekennend, kehre ich in die Obhut jener Kirche zurück, die Jesus von Nazareth, Christus, zwar namentlich verneint hat, nicht aber dem Wesen nach, da diese Kirche sich nicht mit einem Gesetz identifizieren könnte, das dem Prinzip der universellen Brüderlichkeit und Liebe widerspricht. Den Verfolgten und Gedemütigten, den ungerecht Misshandelten und Verpönten steht Christus immer viel näher als den Peinigern, selbst dann, als der Gepeinigte in Christus noch nicht den verheißenen und erwarteten Messias sieht. Mit tiefer Enttäuschung und Nüchternheit trete ich aus der Evangelischen Kirche aus, ungeachtet aller eventuellen zukünftigen irdischen Nachteile. Ich schließe Christus voller Reue und Demut in meine Seele und kehre als sein schwacher, aber ergebener Diener in die Israelitische Gemeinde zurück, um mit meinen jüdischen Brüdern ehrlich und offen zu leiden. Ja, glauben Sie mir bitte, Herr Bischof, dass es viel besser, unfassbar viel besser ist, den Verfolgten als den Verfolgern anzugehören!
Herr Bischof! Ich richte meine Zeilen an Sie, weil Sie als Vertreter der Evangelischen Kirche dem Gesetz in deren Namen zugestimmt haben. Ich schuldete es meinem Gewissen, dass ich Ihnen all dies mitteile. Ich hätte mir gewünscht, dass Sie und auch viele

andere verstehen und einsehen, dass die ungarisch-christlichen Kirchen, die bereits so weit sind, ein solches gegen Christus gerichtetes Gesetz wie das Judengesetz offiziell zu billigen, anstatt es voller Überzeugung und mit ganzer Kraft zu bekämpfen und unmissverständlich und ohne Wenn und Aber abzulehnen, dem Zerfall nahe sind. Und wenn sie nicht bald zugrunde gehen, so wird doch die Zeit kommen, dass sie untergehen. Gott in seiner unendlichen Weisheit bewirkt, dass alles, was verfault und dem Untergang geweiht ist, verschwindet, damit etwas Neues, Vollkommeneres an seinen Platz tritt. Keine der christlichen Kirchen verdient noch diesen Namen, da sie zwar im Namen Christi [ihre Lehre] verkünden, doch bar seiner Demut und seiner selbstlos helfenden Liebe sind. Diese Kirchen schämen sich sogar vor Heiden ihrer jüdischen Abstammung, ihrer Verwandtschaft mit den Juden. Unser Herr Jesus Christus und seine Apostel waren auf Erden im besten Sinne die frömmsten Juden. Leider fehlt den im Laufe der Jahrhunderte heidnisch gewordenen, abgekühlten, lieblosen christlichen Kirchen ausgerechnet dieser alles umfassende brennende christlich-jüdische Geist.
Die Kirche Christi kennt keine rassische, konfessionelle oder nationale Scheidelinie zwischen den Menschen. Die Kirche Christi weiß und fühlt und lässt spüren, dass alle Menschen Geschwister sind, mit den gleichen Rechten und Pflichten; sie baut keine Mauer zwischen den Menschen, sondern versucht im Gegenteil, sie mit aller Kraft zu überwinden.
Nun lasse ich dies alles beiseite und verbeuge mich gesetzestreu vor dem von Ihnen gebilligten Judengesetz. Ich bin bereit, mit meinen jüdischen Brüdern das „gelbe Zeichen" zu tragen. Ich befürchte jedoch, dass das Judengesetz und das „gelbe Zeichen" letztendlich nicht uns demütigen und beschämen, sondern diejenigen, die in der einen oder anderen Weise dazu beigetragen haben.
Ich hoffe, Herr Bischof, Sie werden meine Zeilen nicht missverstehen und hinter den härtesten Worten noch die besorgte Bruderliebe spüren, die mir diese Worte eingaben. Die Gnade und Liebe des Herrn Jesus Christus sei bei Ihnen und Ihrer Gemeinde!

Postskriptum[9]
Diesen Brief habe ich, wie unschwer aus der Datierung zu erkennen, bereits vor einem Monat geschrieben mit dem Ziel, ihn im öffentlichen Interesse in der Presse zu publizieren. Nach langen Überlegungen und aus bestimmten Gründen habe ich jedoch dieser Tage von dieser Absicht Abstand genommen. So lasse ich den Brief per Post und als einfaches Einschreiben erst jetzt seinem Bestimmungsort zukommen.[10]

9 Das folgende Postskriptum ist im Original handschriftl. ergänzt worden.
10 Bischof Raffay antwortete am 29.6.1939 und wies die Vorwürfe von Sopronyi zurück. Er argumentierte, dass dieser nicht wissen könne, was „einzelne Personen" auf den nicht öffentlichen Sitzungen gesagt hätten, und betonte, dass die „Judenfrage" keine kirchliche Frage sei; wie Anm. 1.

DOK. 31
Der Ungarisch-Israelitische Landesverband für öffentliche Bildung ruft im Oktober 1939 dazu auf, der Künstler-Aktion zur Unterstützung jüdischer Kunstschaffender beizutreten[1]

Aufruf des Ungarisch-Israelitischen Landesverbands für öffentliche Bildung, IX., Budapest, Üllői-Straße 11, gez. der Vorsitzende der Gemeinde und leitende Oberrabbiner Simon Hevesi,[2] die Vorsitzende Frau József Vészi,[3] der Vorsitzende Dr. Leó Buday-Goldberger,[4] der Vorsitzende des Kulturheims Dr. Ernő Deutsch,[5] der geschäftsführende Mitvorsitzende Dr. Ernő Weiller,[6] der Generalsekretär Dr. Gyula Friedmann,[7] vom Oktober 1939

Aufruf an die jüdisch-ungarische Gesellschaft!
Die neue Künstler-Aktion des OMIKE.
Der *Ungarisch-Israelitische Landesverband für öffentliche Bildung* wurde 1909 mit dem Zweck gegründet, die kulturellen Bedürfnisse des ungarischen Judentums *institutionell* zu befriedigen. In seinem drei Jahrzehnte währenden Bestehen hat er sich nebst der Unterstützung der jüdisch-ungarischen Gesellschaft stets und unter allen Bedingungen darum bemüht, diesem Auftrag nachzukommen. Vor und während des Weltkriegs und in den Jahrzehnten danach förderte er die *Literatur und Kunst.*
In den gegenwärtig schweren Zeiten werden *neue und intensivere Aufgaben* an den *OMIKE* gestellt, der, seinen Traditionen getreu, auch heute sich darum bemüht, die kulturellen Bedürfnisse des ungarischen Judentums zu befriedigen.
Im Interesse des edlen Ziels startet der OMIKE eine *Künstler-Aktion.*[8] Wir bitten unsere sehr verehrten Glaubensgenossen, die vorliegende *Mitteilung* aufmerksam zu lesen und dazu beizutragen, dass diese wichtige kulturell-soziale Aktion möglichst erfolgreich umgesetzt werden kann.

I. Die Zielsetzungen der Künstler-Aktion.
Die Künstler-Aktion möchte mit einem *großangelegten Kulturprogramm* in jedem Bereich der darstellenden Kunst den satzungsmäßigen Zielen des OMIKE wirksam folgen

1 MZSML, XI-A, T.77.65. Das Dokument wurde aus dem Ungarischen übersetzt.
2 Dr. Simon Hevesi (1868–1943), Rabbiner; 1894–1897 Rabbiner in Kassa, 1897–1905 in Lugos, von 1905 an Rabbiner, von 1927 an Oberrabbiner in Budapest, von 1905 an Lehrer an der Landesrabbinerschule in Budapest, Gründer des Ungarisch-Israelitischen Landesverbands für öffentliche Bildung (OMIKE).
3 Frau József Vészi, geb. Franciska Keményfi (1866–1945), Vorsitzende des Pester Israelitischen Frauenvereins.
4 Dr. Leó Buday-Goldberger (1878–1945), Großindustrieller, Jurist; von 1905 an geschäftsführender Direktor, von 1920 an Generaldirektor der Goldberger-Textilfabrik; von 1935 an Mitglied des Oberhauses; 1944 Deportation nach Mauthausen, kurz vor der Befreiung gestorben.
5 Dr. Ernő Deutsch (1872–1944), Kinderarzt.
6 Dr. Ernő Weiller (1879–1944), Jurist; Generalsekretär, später geschäftsführender Vorsitzender des OMIKE.
7 Dr. Gyula Friedmann (1876–1964), Oberrabbiner in Szentes, Religionslehrer der Pester Israelitischen Gemeinde; Generalsekretär des OMIKE.
8 Ziel der Aktion war die Unterstützung jener Künstler, die aufgrund der antijüdischen Bestimmungen und Gesetze entlassen worden waren. Die Leitung der Künstler-Aktion, die bis zur deutschen Besetzung Ungarns am 19.3.1944 fortgesetzt wurde, oblag dem Kulturrat des OMIKE.

und erreichen, dass sich das ungarische Judentum in seiner gewohnten kulturellen Sphäre zu halten vermag.
Bei den für die Mitglieder organisierten Kulturabenden und Kulturmatineen sollen die darstellenden jüdischen ungarischen Künstler (Schauspieler, Sänger, Musiker) und die Schriftsteller, die in ihrem Wirken heute eingeschränkt sind und ihren Unterhalt nicht bestreiten können, zu Wort kommen.
Im Rahmen unseres Kulturprogramms kommen *bei prosaischen, musikalischen und gemischten Veranstaltungen* Wissen und Talent der hervorragendsten jüdischen ungarischen Künstler zum Tragen.

II. Zeit und Ort der Vorstellungen der Künstler-Aktion.
In der Reihe der am Samstag, dem 11. November 1939, beginnenden kulturellen Vorstellungen veranstalten wir unsere *Kulturabende jeweils samstags, sonntags und dienstags um acht Uhr abends, unsere Sonntagsmatineen beginnen um 11 Uhr vormittags.*
Abhängig von der Nachfrage veranstalten wir parallel *Prosa*lesungen im *Goldmark*-Saal (VII. Wesselényi-Straße 7), *Musik*veranstaltungen im Kultursaal in der *Hollán-Straße* (V. Hollán-Straße 21/b) und *gemischte* Programme im Veranstaltungsraum am *Bethlen-Platz* (VII. Bethlen-Gábor-Platz 2)
monatlich – eventuell auch mehrmals – mit wechselndem Programm.

III. Das Novemberprogramm der Künstler-Aktion.
1. Nach einführenden Worten von Ernő Szép[9] treten im Rahmen des *Kulturprogramms Prosa* im Goldmark-Saal auf:
Oszkár Ascher, Oszkár Beregi, Lajos Gellért, Dóra Kelen, Lajos Mányai, Aranka Rajna, Béla Rónaszéki, Jenő Szigeti, Anikó Ürmössy, Zseni Várnai, Ferike Vidor, Kálmán Zátony und andere.[10]
2. Im Kultursaal in der Hollán-Straße wechseln sich im Monat November drei Musikprogramme ab.
Beim ersten handelt es sich um ein *Musikkonzert*. Hier wirken mit:
das Orchester des OMIKE, dirigiert von László Somogyi, des Weiteren Andor Lendvai, Opernsänger, und András Starker, Violoncellist.[11]
Im zweiten Programm, einem *Chorkonzert*, wirken mit:
Der Sängerchor des OMIKE unter der Leitung von László Káldi sowie Lili Herz, Pianistin, und Gábor Rothfeld, Violinist.[12]
Im Rahmen der dritten Veranstaltung, einem *Opernabend*, tragen Arien und Kompositionen vor:

9 Ernő Szép (1884–1953), Schriftsteller.
10 Oszkár Ascher (1897–1965), Schauspieler; Oszkár Beregi (1876–1965), Schauspieler, 1940–1944 Direktor des OMIKE-Theaters; Lajos Gellért (1885–1963), Schauspieler; Dóra Kelen (1910–1973), Schauspielerin; Lajos Mányai (1912–1964), Schauspieler; Aranka Rajna, Schauspielerin; Béla Rónaszéki (1891–1951), Regisseur; Jenő Szigeti (1881–1944), Maler, Graphiker; Anikó Ürmössy (1892–1968), Schauspielerin; Zseni Várnai (1890–1981), Schriftstellerin; Ferike Vidor (1889–1970), Schauspielerin; Kálmán Zátony (1886–1957) Schauspieler.
11 László Somogyi (1907–1988) Dirigent; Andor Lendvai (1901–1964), Opernsänger; András Starker, Violoncellist.
12 László Káldi (1905–1944), Dirigent; Lili Herz (*1909), Pianistin.

Dóra Bársony, Kató Kraszner, Ilona Ladányi, Dávid Ney, Erzsi Radnai, Gabi Relle, Olga Sik, Irén Zoltán usw.[13]

3. Im *gemischten Programm* (Prosa und Musik) im Veranstaltungsraum am Bethlen-Platz treten nach einführenden Worten von Imre Harmath[14] folgende Künstler auf: Klári Both, Ibolya Darvas, László Érczkövy, Lili Fehér, Árpád Fenyő, Emil Fenyő, Károly Fraknói, Olga Olgyai, Béla Ormos, Sándor Peti, Alice Rajna, Sándor Rott, Béla Salamon, Aladár Sarkadi, Zsuzsa Simon, József Sziklai und andere.[15]

Weitere Programme werden wir unseren Mitgliedern monatlich bekanntgeben.

IV. Besuch der Vorstellungen der Künstler-Aktion.

Sowohl die Kulturabende als auch die Kulturmatineen, an denen wir unter Mitwirkung erstrangiger Künstler höchsten Kunstgenuss bieten, können von den *Fördermitgliedern* des OMIKE, die ihre Beiträge ohne Rückstände bezahlt haben, *kostenlos* besucht werden. In der Saison 1939/1940 kann jedes Fördermitglied, das sich verpflichtet, einen Mitgliedsbeitrag in Höhe von mindestens 24 Pengő zu bezahlen, *für 24 verschiedene Programme* der Gattungen Prosa, Musik und gemischte Vorstellungen *24 reservierte Plätze* in Anspruch nehmen. Die Eintrittskarten werden gegen Einreichung entsprechender Coupons des Mitgliedsausweises in unserer Filiale in der VII., Wesselényi-Straße 7 täglich ab Mittwoch (außer samstags) zwischen 10 und 13 Uhr für die Vorstellungen am kommenden Samstag, Sonntag und Dienstag ausgegeben. Im Falle der Zusendung der Coupons und eines frankierten Rückumschlags senden wir die erbetenen Eintrittskarten auch per Post zu.

Unsere Künstler-Aktion bietet als Gegenwert für den bescheidenen Mitgliedsbeitrag eine einzigartige Vergünstigung.

V. Unsere dringende Bitte!

Wir bitten alle Mitglieder der jüdischen ungarischen Gesellschaft dringend, die Not der Stunde zu erkennen und *unseren Künstlern mit schnellem Entschluss* zu helfen, indem Sie und ihre Familienmitglieder *unserem Verband beitreten* und sich damit das Recht auf den Besuch aller unserer Vorstellungen sichern und auf diese Weise Ihre kulturellen Bedürfnisse erstklassig und vergnüglich befriedigen. Darüber hinaus bitten wir Sie, auch ihre *Verwandten, Freunde und Bekannten* davon zu überzeugen, dass sie nicht nur sich selbst den regelmäßigen Besuch an unseren Kulturvorstellungen schulden, sondern

13 Dóra Bársony, geb. Báder (1883–1972), Opernsängerin; Kató Kraszner (*1906), Sängerin; Ilona Ladányi (1904–1952), Opernsängerin; Dávid Ney (1905–1945), Opernsänger; Erzsi Radnai (1901–1983), Opernsängerin; Gabriella Relle (1902–1975), Opernsängerin; Olga Sik (1911–2007), Sängerin, Musikpädagogin; Irén Zoltán (*1903), Opernsängerin.

14 Imre Harmath (1890–1942), Bühnenautor.

15 Klári Both (gest. 1948), Schauspielerin; Ibolya Darvas (1905–1990), Sängerin; László Érczkövy (*1900), Schauspieler, Komiker; Lili Fehér (1900–1948), Schauspielerin; Árpád Fenyő (1897–1944), Schauspieler; Emil Fenyő (1889–1980), Schauspieler; Károly Fraknói (1900–1966), Dirigent, Komponist; Olga Olgyai, Sängerin; Béla Ormos (1899–1945), Schauspieler; Sándor Peti (1898–1973), Schauspieler; Alice Rajna (*1886), Schauspielerin; Sándor Rott (1868–1942), Schauspieler, Kabarettist; Béla Salamon (1885–1965), Schauspieler, Komiker, Theaterdirektor; Aladár Sarkadi (1874–1949), Schauspieler, Komiker; Zsuzsa Simon, geb. Margit Weisz (1910–1996), Schauspielerin; József Sziklai (1889–1940), Schauspieler.

damit auch den *jüdischen ungarischen Künstlern und der ganzen ungarischen jüdischen Gesellschaft gegenüber* eine soziale und kulturelle Verpflichtung übernehmen.
Glaubensgenossen! Erfüllt Eure Pflicht:
Tretet ohne Zögern in die Reihe unserer Mitglieder ein,
besucht regelmäßig unsere Kulturprogramme,
werbt immer wieder neue Anhänger!

Mit glaubensbrüderlichem Gruß

DOK. 32
Der Direktor der ungarischen Nachrichtenagentur Miklós Kozma berichtet am 5. Dezember 1939 vom Massenmord im deutsch besetzten Polen[1]

Handschriftl. Tagebuch von Miklós Kozma, Eintrag vom 5.12.1939

[…][2]
Am Abend breche ich Richtung Wien auf. Der Zug mit den vollen Schlafwagen kommt pünktlich auf die Minute an. Unterwegs erstelle ich eine Zusammenfassung dessen, was ich in Berlin erfahren habe. Was den deutsch-polnischen Krieg betrifft: Die zahlenmäßige Überlegenheit lag bei 80 Prozent, aber selbst wenn das Verhältnis ausgeglichen gewesen wäre, wären die Deutschen im Hinblick auf ihre Technik und Führungskraft absolut überlegen gewesen.[3] Man erzählte bei uns [in Ungarn], es hätten so viele ganz junge Jahrgänge und alte Weltkriegsveteranen am Polenfeldzug teilgenommen, weil man mit den wertvollen Jahrgängen dazwischen habe sparen wollen. Das ist aber nicht wahr. Die dazwischen liegenden Jahrgänge sind nämlich nicht ausgebildet. Jetzt werden sie nach und nach gemustert und lösen nach ihrer Ausbildung die Älteren schrittweise ab. Die Nazi-Führer behaupten, das deutsche Heer stehe besser da als 1914. Das glaube ich nicht. Abgesehen vom oben Erwähnten betrieb Deutschland nach den Verträgen von Versailles Erfüllungspolitik[4] und versäumte jahrelang die militärische Ausbildung [der jungen Männer].[5] Man hat inzwischen zwar viel nachgeholt, doch die vorgeschriebene Zahl der ausgebildeten Personen im Offiziers- und Unteroffizierskorps wäre erst 1942 erreicht worden. Verschärft wird die Situation durch jene Spannungen, die nach wie vor zwischen Heer und Partei in einigen Dingen bestehen. Während des Feldzugs war sehr

1 MNL OL, K 429, 29. csomó, 1. tétel. Abdruck in: Miklós Kozma, A visszacsatolt Kárpátalja. Napló, Ungvár 2010, S. 146 f. Das Dokument wurde aus dem Ungarischen übersetzt.

2 Kozma berichtet zunächst über sein Treffen mit Staatssekretär Hans Pfundtner und über eine Einladung zum Tee beim ungar. Botschafter Döme Sztójay in Berlin, bei dem auch der deutsche Innenminister Wilhelm Frick anwesend war. Sie unterhielten sich über außenpolitische Fragen, etwa über die rumän.-ungar. Beziehungen und über die Situation in Italien.

3 Die deutsche Wehrmacht griff am 1.9.1939 Polen an und nahm Ende Sept. die Hauptstadt Warschau ein. Anfang Okt. kapitulierten die letzten poln. Kampfverbände.

4 Wort im Original deutsch.

5 Mit der Unterzeichnung des Friedensvertrags von Versailles verpflichtete sich Deutschland 1919 u. a. zur militärischen Abrüstung, zur Abschaffung der allgemeinen Wehrpflicht und zur Einführung einer Berufsarmee.

auffällig, dass die Namen der siegreichen Generäle in den Berichten kaum erwähnt wurden. Ein Teil des deutschen Offizierskorps war sehr enttäuscht über die Annäherung an Russland[6] und über das, was sie in Polen sahen: Dort überließen die deutschen Truppen den Russen große Gebiete und marschierten später wieder ein.[7] Inzwischen hatten die GPU[8] und das lokale Proletariat alles ausgemerzt, was an Intelligenz vorhanden war. Auch vom Staatsrat, der sich mit dem Westangriff befasste, sah sich die höchste Generalität, die die Dinge aus rein militärischer Perspektive betrachtete, enttäuscht. Generalfeldmarschall Brauchitsch[9] hatte stellvertretend deutlich gemacht, dass man den Angriff, wenn er befohlen wird, zwar ausführen werde, ein solcher aber eine Million Menschen koste. Bei diesem Satz wurde er von Hitler zurechtgewiesen: „Habe ich Sie darum gefragt?“[10] Ein anderer General ergänzte: „Der Angriff, wenn er befohlen wird, wird durchgeführt. Ich gehe mit der ersten Spähtrupp.“[11] Dies war ein unmissverständlicher Hinweis nicht nur auf die ungeheuerliche Verantwortung, [die auf der Generalität lastete,] sondern auch auf den Heldentod von Generaloberst Fritsch.[12] Nach dieser Besprechung bekam Hitler Wutausbrüche. Angeblich sind schon mehrere Offiziere in Arrest, weil sie den Mund nicht gehalten haben, und an der Front ist man tief besorgt, dass die lange Passivität die Angriffslust der deutschen Truppen beeinträchtigen wird. Das Heer wollte einen militärischen Befehlshaber für die eroberten polnischen Gebiete bestellen. Zunächst sah es so aus, als ob Blaskowitz[13] ernannt würde, doch die Partei hat dies schließlich doch verhindert.[14] Nun ist es Frank,[15] unter dem Himmler und Heydrich[16]

6 Gemeint sind der deutsch-sowjet. Nichtangriffspakt vom Aug. 1939 und der deutsch-sowjet. Grenz- und Freundschaftsvertrag vom Sept. 1939, der die Aufteilung der polnischen Gebiete zwischen dem Deutschen Reich und der Sowjetunion regelte.

7 Anfang Sept. 1939 marschierte die Wehrmacht – offensichtlich in Unkenntnis der geheimen deutsch-sowjet. Grenzabsprachen – auch in Teile Ostpolens ein. In der zweiten Septemberhälfte musste sie wieder abziehen.

8 Gosudarstvennoje Političeskoe Upravlenie: Staatliche politische Verwaltung, 1922/23 Bezeichnung der Geheimpolizei in der Sowjetunion.

9 Walther von Brauchitsch (1881–1948), Berufsoffizier; von 1936 an General der Artillerie, von 1937 an Oberbefehlshaber des Gruppenkommandos 4 in Leipzig, 1938–1941 Oberbefehlshaber des Heeres, 1940 Generalfeldmarschall, in Kriegsgefangenschaft gestorben.

10 Satz im Original deutsch.

11 Im Original fehlerhaftes Deutsch. Dieses Gespräch ist nicht belegt.

12 Werner Freiherr von Fritsch (1880–1939), Offizier; von 1934 an Chef der Heeresleitung; 1936 Generaloberst; 1936–1938 Oberbefehlshaber des Heeres, fiel im Sept. 1939 in Polen.

13 Johannes Blaskowitz (1883–1948), Berufsoffizier; Sept. 1939 Generaloberst, Oberbefehlshaber der 8. Armee im Krieg gegen Polen, Okt. 1939 bis Mai 1940 Oberbefehlshaber Ost; 1948 im Prozess gegen das OKW angeklagt, nahm sich in der Untersuchungshaft das Leben.

14 In den deutsch besetzten poln. Gebieten wurde zunächst eine Militärverwaltung eingerichtet. Ende Okt. übernahm eine Zivilverwaltung ihre Aufgaben.

15 Hans Frank (1900–1946), Jurist; 1923 Teilnehmer am Hitler-Putsch; 1923 SA- und NSDAP-Eintritt; 1926 Rechtsbeistand Hitlers; gründete 1928 den NS-Juristenbund, 1933–1942 Leiter des Rechtsamts der NSDAP, 1933/34 bayer. Justizminister, 1934–1945 Reichsminister ohne Geschäftsbereich, im Sept. 1939 zugleich CdZ für das gesamte besetzte polnische Gebiet, dann Generalgouverneur im besetzten Polen; 1946 im Nürnberger Prozess verurteilt und hingerichtet.

16 Reinhard Heydrich (1904–1942), Berufsoffizier; 1931 NSDAP- und SS-Eintritt, von 1932 an Chef des SD, 1933/34 leitete er die Zentralisierung der politischen Polizeien der Länder, von 1934 an Chef der zunächst nur für Preußen zuständigen Gestapo in Berlin, 1936–1942 Chef der Sicherheitspolizei und des SD, 1939–1942 Chef des RSHA, von Sept. 1941 an zugleich stellv. Reichsprotektor von Böhmen und Mähren; infolge eines Attentats in Prag am 4.6.1942 gestorben.

und die Radikalen tun und lassen können, was sie wollen. In Polen ist die Menschenvernichtung in vollem Gange. Man hat erklärt, für einen ermordeten deutschen Bewohner hundert Polen hinrichten zu wollen. Das polnische jüdische Getto bei Lublin[17] löst die Judenfrage zum Teil, weil die Menschen dort massenhaft sterben. In den westlichen Gebieten werden die polnischen Einwohner eingesammelt, in Züge verfrachtet und ins Landesinnere gebracht. Dort bleiben die Züge dann irgendwo stehen, die Menschenmassen werden ausgeladen und können gehen, wohin sie wollen.
[…][18]

DOK. 33
Aus Polen nach Ungarn geflüchtete Juden beschweren sich am 27. Januar 1940 bei der zionistischen Führung über fehlende Unterstützung[1]

Schreiben von polnischen Flüchtlingen in Ungarn, Budapest, an eine ausländische zionistische Organisation vom 27.1.1940 (28. Schewat 5700) (Abschrift)

Aufgrund der hier in den letzten Tagen entstandenen innenpolitischen Situation[2] sehen wir uns gezwungen, zur Feder zu greifen und Ihnen die Tragik der Situation darzulegen, in der wir uns [derzeit] befinden. Unsere Lage hier verschlechtert sich von Tag zu Tag und von Stunde zu Stunde.[3] Die Polizei ist an uns „herangetreten" und legt ein bis dato nicht dagewesenes Interesse für uns an den Tag. Uns droht die Internierung in einem Konzentrationslager oder im „Shup-hoyz",[4] was dem Korridor zur Hölle gleichkommt. Wir haben das Gefühl, als würden wir jeden Augenblick dem Abgrund näher kommen – jenem offenen Abgrund, der uns zu verschlingen droht. So jedenfalls behandeln uns die Behörden. Und nun einiges zur Haltung der ungarischen Juden uns gegenüber. Tatsächlich interessiert sich die hiesige Judenheit überhaupt nicht für uns und verhält sich uns gegenüber indifferent. Die hiesige Gemeinde ist vollkommen assimiliert, von ihr erfahren wir keinerlei Erlösung.[5] Der hiesigen Judenheit fehlt das jüdische Herz, das die polnische Judenheit auszeichnet. Diese Gemeinde ist abgestumpft und nimmt die laufenden Veränderungen gar nicht wahr. Kurzum: Für die Gemeinde ist die Zionistische Organisation an sich ein Problem.[6] Und die Zionistische Organisation? Ein zweifelhafter Segen.

17 Gemeint ist das „Judenreservat" im Distrikt Lublin, wohin zwischen Okt. 1939 und April 1940 Juden aus dem Deutschen Reich und den besetzten Gebieten deportiert wurden.
18 Anschließend berichtet Kozma über weitere außenpolitische Fragen, über die deutsche Propaganda und ihre gesellschaftlichen Auswirkungen sowie über Göring und Hitler.

1 CZA, S 26 1379, Bl. 53. Abdruck in: Dies sind meine letzten Worte … Briefe aus der Shoah, hrsg. von Walter Zwi Bacharach, Göttingen 2006, S. 168–171. Das Dokument wurde aus dem Hebräischen für diese Edition neu übersetzt.
2 Nicht ermittelt.
3 Nach dem deutschen Angriff auf Polen fanden mehrere Zehntausend poln. Soldaten und Zivilisten in Ungarn Zuflucht. Die geflüchteten Personen erhielten staatliche Unterstützung und wurden bis zu ihrer Weiterreise in Lagern untergebracht.
4 Nicht ermittelt.
5 Gemeint ist Rettung.
6 Der Ungarische Zionistische Bund (Magyar Cionista Szövetség) wurde 1927 gegründet. Er richtete eine Hilfskommission für die geflüchteten poln. Juden ein und bat die Jewish Agency in mehreren Schreiben um finanzielle Unterstützung.

Sie ist „ungarisch" geprägt und unterscheidet sich von daher von unseren polnischen Organisationen. Tatsächlich hat sie sich bemüht, uns zu helfen, doch ihr guter Wille hat nichts Positives hervorgebracht. „Die Bedürfnisse des Magens" sind eben doch nicht die Hauptsache. Inzwischen weilt hier auch Genosse Lipski[7] aus Palästina, der als unser väterlicher Freund und Mäzen herkam, sich um uns kümmern und uns „erlösen" wollte. Wir sahen in ihm den „Messias" und setzten all unsere Hoffnungen und unsere Zukunft in ihn. Allerdings wurden wir auch darin vollkommen enttäuscht. Wir wissen nicht, wie viel er für uns getan hat. Sollte er viel für uns getan haben, warum ist sein Tun dann so unbrauchbar? Für uns ist nur von Belang, dass sich die Frage der polnischen Flüchtlinge hier mit aller Schärfe stellt und sich nicht nach vorne bewegt. Wir gaben uns Illusionen hin, bis uns die bittere Realität eingeholt hat und uns eines Besseren belehrte, so dass Verzweiflung in unseren Herzen Einzug hielt. Wir blieben verlassen und einsam zurück, ohne Unterstützer und der von allen Seiten uns entgegenschlagenden Willkür ausgesetzt. Durch die Haltung der Behörden und der [hiesigen] Juden uns gegenüber sind wir in eine ernstere und schwierigere Lage geraten als die polnischen Flüchtlinge in anderen Ländern. Zwar ist uns bewusst, dass wir in einer Zeit der Not leben, die viele Probleme und Unheil mit sich bringt, und dass es auch den polnischen Flüchtlingen in Rumänien und Litauen schlecht geht. Uns geht es jedoch noch viel schlechter als jenen, dennoch hat die verehrte Exekutive nur sie unterstützt!!! Ist das Blut der in Rumänien und Litauen lebenden polnischen Juden etwa dicker als unseres? Werden wir benachteiligt, nur weil ein bitteres Schicksal uns in die Fänge des ungarischen Staates geworfen hat? Warum soll unser Anteil [am jüdischen Schicksal] härter sein als das der anderen Ausgewiesenen aus Polen? Als Herr Grinboim,[8] Gesandter der Agency,[9] in Rumänien unterwegs war, hielt er es nicht für nötig, uns hier aufzusuchen, als würden wir gar nicht existieren oder als lebten wir in Ungarn im Paradies. Das senkt Schmerz und Leid in unsere Brust. Bis heute wissen wir nicht, warum die verehrte Exekutive uns im November bei der Verteilung der Zertifikate[10] an die polnischen Flüchtlinge nicht in Betracht gezogen hat. Auch uns gibt es in beträchtlicher Zahl, rund zweitausend Menschen, die meisten von ihnen befinden sich im Konzentrationslager. Einige von uns befinden sich dank der Zionistischen Organisation noch auf freiem Fuß. Angemerkt sei, dass sich unter uns eine beträchtliche Zahl von Pionieren befindet. Da uns nun die Nachricht von der neuen Zertifizierungsquote der Jewish Agency für die polnischen Juden erreicht, glimmt neue Hoffnung in uns auf, dass diese uns, wenn wir sie über unsere bittere Lage unterrichten, nicht übersehen und uns die maximale Anzahl an Zertifikaten zuteilen wird, so dass zumindest ein kleiner Teil von uns gerettet würde. Wenn für die Behörden deutlich würde, dass die Auswanderung nach Palästina nicht nur eine leere Phrase ist, würde sich deren Haltung gegenüber den Zurückgebliebenen ohnehin verändern. Wir

7 Nicht ermittelt.

8 Richtig: Yitzhak Gruenbaum (1879–1970), Jurist, Journalist; als Student in der zionistischen Bewegung tätig, von 1919 an Abgeordneter des poln. Sejm, 1925–1933 Vizepräsident des Europäischen Nationalitätenkongresses, von 1933 an im Vorstand der Jewish Agency, 1933 Emigration nach Palästina, von 1942 an Vorsitzender des Jewish Agency's Rescue Committee; 1946 in Palästina verhaftet und interniert; 1948/49 erster israel. Innenminister.

9 Gemeint ist die Jewish Agency.

10 Gemeint sind die Auswanderungszertifikate nach Palästina, für deren Verteilung die Jewish Agency zuständig war.

hoffen, die Beschreibung unserer Situation führt dazu, die [bislang] indifferente Haltung der verehrten Exekutive in warme und wache Aufmerksamkeit unserem Schicksal gegenüber zu verwandeln, die reale Hilfe nach sich zieht. Unserer Auffassung nach ist die Haltung der verehrten Exekutive bisher ohnehin nur auf die völlige Unkenntnis unserer Lage zurückzuführen. Obwohl wir nun seit mehr als vier Monaten hier sind, haben wir bisher keine einzige Beschwerde verfasst. Keine einzige Klage ging über unsere Lippen. Die Tatsache, dass wir Ihnen nun dieses Schreiben zukommen lassen, unterstreicht den Grad unserer Verzweiflung. Dies mögen Sie uns nicht verübeln. In ungeduldiger Erwartung Ihrer Antwort und Unterstützung grüßen wir Sie in der Hoffnung auf den Aufbau Zions.
Mit freundlichen Grüßen

DOK. 34

Staatssekretär Ernst von Weizsäcker informiert am 3. Mai 1940 das Auswärtige Amt, dass die ungarische Regierung in Ungarn lebende deutsche Juden an das Deutsche Reich übergeben will[1]

Schreiben von Ernst von Weizsäcker[2] (St.-S. Nr. 330) an die Abteilung R,[3] Berlin, vom 3.5.1940

Der *ungarische* Gesandte[4] übergab mir heute anliegende Aufzeichnung, in welcher der Verbleib von etwa 300 Juden deutscher Staatsangehörigkeit erörtert wird.[5] Ungarn möchte diese Juden gerne loswerden. Der Gesandte erkundigte sich danach, ob wir vielleicht ein Judenreservat hätten, wohin die Betreffenden abgeschoben werden könnten. Meine Frage, ob diese Juden denn wünschten, nach Deutschland zurückzukehren, vermochte Herr Sztójay nicht zu beantworten. Ich habe die Aufzeichnung zwar entgegengenommen, aber für die weitere Behandlung keine Zusage gemacht. Anknüpfend an das Gespräch über die Juden erwähnte der Gesandte, daß Ungarn unter der Menge während des Krieges dorthin übergetretener Polen leide.[6] Gesprächsweise regte Herr Sztójay an, doch wenigstens diejenigen Polen aus Ungarn herauszuziehen, die bei uns als landwirtschaftliche Arbeiter verwendet werden könnten. Hiermit der Abteilung R mit der Bitte um weitere Behandlung.[7]

1 PAAA, R 29785, Bl. 114.

2 Ernst Freiherr von Weizsäcker (1882–1951), Diplomat; von 1920 an im AA tätig, 1931 Gesandter in Oslo, 1933 in Bern, 1936 Leiter der Politischen Abt. des AA, 1937 Ministerialdirektor, 1938 StS; 1938 NSDAP-Eintritt; 1943–1945 Botschafter beim Vatikan; 1947 inhaftiert, 1949 in Nürnberg zu sieben Jahren Haft verurteilt, 1950 entlassen.

3 Abteilung R war die Rechtsabteilung des AA.

4 Döme Sztójay (1883–1946), Diplomat; 1925–1933 Oberst im Generalstab und Militärattaché in Berlin, 1933–1935 Sektionschef im Verteidigungsministerium, 1935–1944 Botschafter in Berlin, 1944 Ministerpräsident und Außenminister; 1946 vom ungar. Volksgericht zum Tode verurteilt und hingerichtet.

5 Liegt nicht in der Akte.

6 Bereits während des Ersten Weltkriegs und in den unmittelbaren Jahren danach setzte eine Fluchtbewegung von Juden aus Galizien nach Ungarn ein. Nach dem Angriff Deutschlands auf Polen fanden mehrere Zehntausend poln. Militärangehörige und Zivilisten, darunter zahlreiche Juden, in Ungarn Zuflucht.

7 Über die Folgen des Schreibens konnte nichts in Erfahrung gebracht werden.

DOK. 35
Ida schreibt am 11. Mai 1940 ihrer Nichte in Palästina über die Emigrationspläne der Familie aus Ungarn[1]

Handschriftl. Brief von Ida,[2] Budapest, an Erzsébet Luftig[3] vom 11.5.1940

Meine liebe Erzsike!
Ich hoffe, ich muss nicht eigens erwähnen, wie sehr ich mich über Deinen ausführlichen Brief gefreut habe, es tut mir sehr leid zu lesen, dass es den Kindern nicht gut geht, insbesondere wenn es sich nun wirklich um Masern handelt, was, auch mit Hinblick auf die Ängste vor den Folgen, länger dauern kann. Ich weiß nicht, ob ich zwischen den Zeilen richtig gelesen habe, aber mir kommt es so vor, als hättest Du Dich verhältnismäßig leicht in diese schrecklich neuen Lebensumstände eingewöhnt! Darauf würde ich persönlich sehr stolz sein, denn ich muss Dir gestehen, als hier von Auswanderung die Rede war, bin ich immer diejenige gewesen, die gesagt hat: Erzsi kann überall hingehen, sie steht überall ihren Mann, denn sie ist die *tüchtigste*[4] Frau in der Familie.
Das soll kein Kompliment sein, ich bin davon überzeugt, dass es tatsächlich so ist.
Schreibe mir doch noch Näheres über die Menschen dort, insbesondere darüber, wie das Verhältnis zu den Arabern ist und ob sich die alten Feindseligkeiten endlich gelegt haben. Macht die Stadt einen europäischen Eindruck? Wie sind die Schulen? Warum möchtest du Iduska[5] Hebräisch und nicht Englisch lernen lassen?
Von zu Hause höre ich, dass der arme Papa[6] noch immer untröstlich ist und sich nicht damit abfinden kann, dass Ihr fortgegangen seid. Wenn es ihm endlich gelänge, ein Visum zu erhalten, würde das seinen Nerven und seiner Seele sehr gut tun. Médy ist in dieser Sache bereits hinterher – wir hoffen, diesmal mit Erfolg. Ich fasse Eure Sache übrigens so auf, dass es sich um keine tatsächliche „Auswanderung" Eurerseits handelt, sondern nur um einen [befristeten] Aufenthalt im Osten, von dem Ihr früher, als Ihr Euch jetzt vorstellen könnt, zurückkehren werdet. Dennoch, solltet Ihr länger als ein Jahr bleiben, und wenn es die gesundheitlichen, weltpolitischen und finanziellen Umstände zulassen, habe ich vor hinzufahren, um Dich zu besuchen! Ich hoffe, Du wunderst Dich nicht über diesen ernsthaften Beschluss. Wenn man so jung ist wie ich, ist eine derartige Reise nur ein „Katzensprung"!!![7]
Was weiß und schreibt man bei Euch über den Krieg? Heute früh überraschte mich der Rundfunk mit der Mitteilung, dass die Deutschen in Holland und Belgien einmarschiert sind! Der liebe Gott soll uns nur vor einem Krieg beschützen und hier Ruhe und Ordnung bewahren. Man müsste sagen: „Nur nimmer Ärger[!]"[8]

1 USHMM, RG-10478. Das Dokument wurde aus dem Ungarischen übersetzt.
2 Nicht ermittelt.
3 Erzsébet Luftig, 1940 Emigration nach Palästina; nach dem Krieg Emigration in die USA.
4 Im Original deutsch.
5 Ida Luftig (*1932), Tochter von Erzsébet Luftig, 1940 Emigration nach Palästina, 1956 in die USA.
6 Hugo Kohn (*1866).
7 Im Original deutsch.
8 Im Original deutsch.

Gestern war […][9] mit ihrem Sohn hier – sie will ihm die Mandeln herausnehmen lassen – und erzählte mir, dass Ihr eventuell nach Kanada weiterwandern wollt. Von diesem Versuch würde ich Euch abraten, ich habe sehr, sehr viel Schlechtes über die dortigen Verhältnisse gehört. Ganz abgesehen davon, dass ich dort keine Visite abstatten würde. Gott sei bei Euch, meine liebe Erzsike, schreibe bald wieder, ich küsse Euch alle in Liebe.

DOK. 36
Der Kleinhändler Dániel Varga zeigt am 22. August 1940 seinen jüdischen Konkurrenten István Wortmann an[1]

Handschriftl. Schreiben von Dániel Varga, Kleinhändler, Garé,[2] an den Stuhlrichter,[3] Pécs, vom 22.8.1940

Gnädiger Herr!
Ich wende mich mit einer geringfügigen Klage an Euer Gnaden und ersuche Euch, sich ihrer anzunehmen.
Es ist drei Jahre her, dass ich in die Gemeinde Garé kam, um einen kleinen Gemischtwarenhandel zu eröffnen, mit dem ich den Lebensunterhalt für mich und meine Familie verdienen wollte. Es war mir bekannt, dass ich mit einem finanzstarken jüdischen Händler in Wettbewerb treten würde. Ich ging davon aus, dass ich als Ungar in einer ungarischen Gemeinde Unterstützung finden würde, wurde jedoch enttäuscht. Im Februar 1938 verstarben dann der vormalige [jüdische] Inhaber Márk Schiffer und seine Frau. Damit erlosch das unter seinem Namen laufende Gewerbe. Nachfolger wurde Schiffers Enkel István Wortmann, der seit Jahren bei den Großeltern gelebt und im Geschäft mitgearbeitet hatte.[4] In der Zwischenzeit war das Judengesetz mit dem Paragraphen erlassen worden, nach dem Juden keine Gewerbescheine mehr ausgestellt werden.[5] Dennoch erhielt István Wortmann etwa im April dieses Jahres, natürlich mit Hilfe des örtlichen Magistrats, einen solchen. Er begann, mir auf schmutzigste Art und Weise (wozu nur ein *schmutziger Jude* in der Lage ist) Konkurrenz zu machen mit dem Ziel, mich zu ruinieren oder zu vertreiben.
Gnädiger Herr! Meiner Klage und gleichzeitigen Anzeige liegt Folgendes zugrunde. István Wortmann fängt meine Kunden auf der Straße und in seinem Laden ab und traktiert mich mit schmutzigen Judenpraktiken. Er fragt sie, warum sie zu mir kämen, wo ich doch jeden betrüge, es mit dem Gewicht nicht genau nähme und alles teurer verkaufe

9 Wort unleserlich. Möglicherweise „Kaninchen".

1 MNL BaML, Pécsi járás főszolgabírája i.-5399/1940. Das Dokument wurde aus dem Ungarischen übersetzt.
2 Gemeinde im Komitat Baranya im südlichen Transdanubien.
3 Dr. Endre Jilly.
4 István Wortmann musste zwei Jahre lang dafür kämpfen, den Gewerbeschein zu erhalten, um das Geschäft seiner Großeltern übernehmen zu können.
5 In §14 des sog. Zweiten Judengesetzes heißt es, dass maximal 6% der Gewerbescheine in einer Gemeinde an Juden verteilt werden dürfen; siehe Dok. 29 vom 5.5.1939.

als er. Viele andere schmutzige Verunglimpfungen kommen hinzu, wofür ich erst jetzt die passenden zwei Zeugen zu finden in der Lage war.
In der gegenwärtigen schwierigen Situation ist jeder froh, überhaupt an Waren zu kommen, und er betreibt einen schmutzigen Wettbewerb gegen mich. Meines Wissens wird der Preis des Petroleums durch den Preis-Regierungskommissar festgelegt. In Pécs liegt der Preis bei 54 Fillér, auf dem Land zwischen 56 und 58 Fillér. Er [Wortmann] aber verkauft es zu 50 Fillér. Ähnlich ist es mit dem Essig. Der zehnprozentige Essig wird für 68 Fillér gehandelt, er gibt ihn für 60 Fillér ab. Wie viel Prozent mag er wohl haben? Sicher nicht 10 %, denn der Einkaufspreis liegt bei 58,3 Fillér. Genauso verfährt er mit zahlreichen anderen Artikeln. Gnädiger Herr, ich ersuche [Euch] noch einmal, sich meiner Klage anzunehmen und in dieser Angelegenheit einzuschreiten. Ich verbleibe mit aufrichtiger Hochachtung[6]

DOK. 37

Der US-amerikanische Diplomat John F. Montgomery notiert am 27. August 1940, was ihm der Politiker Tibor Eckhardt über die Behandlung von Juden im Arbeitsdienst berichtet hat[1]

Notiz von John F. Montgomery über das Gespräch mit Dr. Tibor Eckhardt[2] vom 27.8.1940

Heute Morgen berichtete mir Dr. Eckhardt, er sei unterwegs gewesen, um einige der Arbeitslager, in denen die Juden gefangen gehalten werden, zu besichtigen. Er sagte, die Armee, das heißt jedes einzelne Regiment, lasse nur einen Anteil von maximal 10 Prozent Juden zu. Da aber jeder dritte Bewohner Budapests jüdisch ist, hat dies in diesem und anderen Bezirken zu einem Überschuss von Juden geführt. Die Jüngeren hat man bis zu einem Anteil von 10 Prozent in die Armee aufgenommen. Unter den Überschüssigen waren vor allem Ältere, die zur Zwangsarbeit herangezogen wurden. Man hätte vermuten können, dass dies der Erledigung von unerlässlichen Arbeiten wie dem Bau von Wehranlagen, der Aushebung von Schützengräben und Ähnlichem diente, aber sie wurden überhaupt nicht zu diesem Zweck eingesetzt. Die meisten Juden, die er gesehen hat, klopften am Straßenrand Steine. Da kaum einer von ihnen an körperliche Arbeit gewöhnt war, gingen ihre Anstrengungen ins Leere. Da es für die Steine auch keinerlei Verwendung gibt, handelte es sich wohl eher um eine Art Bestrafung, worüber er

6 Am 21.9.1941 wies der Stuhlrichter den Notar an, Dániel Varga mitzuteilen, dass István Wortmann den Gewerbeschein erhalten konnte, da der Prozentsatz der Juden in der Gemeinde unter 6 % liege.

1 Országos Széchényi Könyvtár Kézirattára, John F. Montgomery-iratai, Bd. 2. Abdruck in: Frank (Hrsg.), Roosevelt követe Budapesten (wie Dok. 8 vom 7.4.1938, Anm. 1), S. 295. Abdruck in deutscher Sprache in: Frank (Hrsg.), Zwischen Roosevelt und Hitler (wie Dok. 8 vom 7.4.1938, Anm. 1), S. 334. Das Dokument wurde aus dem Englischen für diese Edition neu übersetzt.

2 Dr. Tibor Eckhardt (1888–1972), Jurist; Gründungsmitglied der Vereinigung Erwachendes Ungarn, Führer der Partei der Ungarischen Nationalen Unabhängigkeit, Vizepräsident der Ungarischen Revisionistischen Liga, 1932–1940 Vorsitzender der Partei der Unabhängigen Kleinen Landwirte, Bauern und Bürger; von 1931 an Parlamentsabgeordneter, 1934/35 Vertreter Ungarns im Völkerbund; 1941 Emigration in die USA.

[Dr. Eckhardt] sichtlich entrüstet war. Er hielt das Ganze für völlig inhuman und sah es als Ergebnis des Drucks der Deutschen an beziehungsweise des Versuchs, es Deutschland möglichst recht zu machen.
Ich sprach mit ihm auch über die Beschlagnahmung des Guts von Hatvany.[3] Er sagte, diese sei auf Grundlage des Judengesetzes und des Gesetzes über die Enteignung landwirtschaftlicher Güter erfolgt,[4] mit dem Juden der Besitz von Agrarland verboten wurde. Im Gesetz über die Enteignung landwirtschaftlicher Güter sei seiner Meinung nach eine Entschädigung von einem Drittel des Wertes vorgesehen, der Rest erfolge in Anleihen. Die Höhe [der Entschädigung] sei festgelegt, aber sie [die Eigentümer] könnten eine gerichtliche Überprüfung einfordern. Aus anderen Quellen habe ich erfahren, dass im Fall von Hatvany diesem nur 200 Pengő pro Hektar angeboten worden seien, während er [der Eigentümer] noch vor weniger als sieben Jahren 700 Pengő pro Hektar bezahlt habe. Die Anleihen, mit denen man ihn abgespeist habe, würden außerdem erst in 50 Jahren fällig und seien von unbestimmtem Wert.

DOK. 38

Fanni Gyarmati fragt sich am 30. August 1940 besorgt, welchen Preis die jüdische Bevölkerung für die Angliederung von Nordsiebenbürgen an Ungarn zahlen wird[1]

Stenograph. Tagebuch von Fanni Gyarmati, Eintrag vom 30.8.1940 (Abschrift)

Heute Mittag hat Miklós[2] eine Nachricht gebracht, die er von Boldizsár[3] hat und die noch gar nicht in den Zeitungen erschienen ist, nämlich dass wir einen Großteil von Siebenbürgen zurückbekommen haben: 50 000 [Quadrat-]Kilometer, darunter Kolozsvár.[4] Am frühen Nachmittag liegt etwas in der Luft, in den Straßen wird es lauter, die Extraausgaben werden hastig gekauft, und dann kommen die Zöglinge,[5] ein Zögling aus Kolozsvár weint fast vor Freude und erzählt in all dem Durcheinander, was wohl jetzt zu Hause los sei, wie man diese freudige Nachricht aufnehme. Ich versuche, diese Begeisterung zu teilen, zumindest dem Anschein nach, aber tief im Inneren fühle ich verzweifelt, dass ich mich nicht so richtig freuen kann. Das haben die erreicht, so

3 Gemeint ist der Besitz der jüdischen Industriellenfamilie Hatvany-Deutsch.
4 Siehe das sog. Zweite Judengesetz (Dok. 29 vom 5.5.1939) sowie das Gesetz IV:1940 über die Gestaltung der Kleinpachten, Unterstützung beim Erwerb von Baugrundstücken und Kleingrundstücken und andere bodenpolitische Bestimmungen, Abdruck in: Magyar Törvénytár-Corpus Juris Hungaricini. 1940. évi törvénycikkek, Budapest 1941, S. 7–42.

1 MTA Könyvtára Kézirattára, Ms 2673/1. Abdruck in: Gyarmati, Napló (wie Dok. 6 vom 12. bis 16.3.1938, Anm. 1), Bd. I, S. 553. Das Dokument wurde aus dem Ungarischen übersetzt.
2 Miklós Radnóti.
3 Iván Boldizsár (1912–1988), Schriftsteller, Journalist; von 1938 an Redakteur der Zeitung Pester Lloyd; im Nov. 1944 verhaftet; von 1947 an StS für Äußeres, 1951–1955 Redakteur bei Magyar Nemzet (Ungarische Nation), 1960–1979 Redakteur bei The New Hungarian Quarterly, von 1970 an Präsident des Ungarischen, von 1984 an des Internationalen P.E.N.-Clubs.
4 Zum Zweiten Wiener Schiedsspruch siehe Einleitung, S. 29.
5 Fanni Gyarmati unterrichtete im Aug. 1940 in der Fachschule für Stenographie und Maschinenschreiben, die von ihrem Vater gegründet worden war.

eine bin ich geworden, so sind wir alle geworden, obwohl Siebenbürgen für mich seit meiner Schulzeit nicht nur mit der wunderbaren Welt der Märchen, der Farben und dem ewig fruchtbaren Boden für besondere, großartige Seelen verbunden ist, sondern auch mit meiner immerwährenden Sehnsucht, die Heimat der Webarbeiten kennenzulernen, und mit den verblassten Erinnerungen an den ersten bewusst glücklichen Sommer, den ich am Fuße des Avas-Gebirges verbracht habe. Jetzt lausche ich den begeisterten Äußerungen mit Bitterkeit und muss daran denken, was dies alles für uns bedeuten wird, welche zusätzlichen Qualen für unseresgleichen. Worin besteht der Preis dieses „Geschenks"? Noch schrecklichere Maßnahmen, Zwangsarbeit, Sklaverei und Unterdrückung werden [hier] vorbereitet.[6] Wie werden sich die wieder eingemeindeten Linken verhalten, zumal damit auch die *Korunk*[7] [nach Ungarn] zurückkehrt? Legen sie dann auch ein solches Verhalten an den Tag wie die Vorhut in Oberungarn?[8] Wie Figuren in der Art eines László Vas[9] oder Szvatkó,[10] diese infamen, dreckigen Überläufer, die sich in Kriecherei und den Gemeinheiten der Macht besser auskennen als die mächtigsten Herren ihrer Gegend. Es ist schrecklich, wenn man Freude nicht teilen kann. Wenn ich mich wenigstens daran festhalten könnte, dass die Schulen leergefegt sind, dass Miklós Lehrer werden könnte. Egal wo, irgendwo, aber Lehrer.[11] Wenn ich nur daran glauben könnte, dass ich irgendwo als Lehrerin arbeiten könnte, vielleicht am selben Ort. Überall herrscht Fachkräftemangel, aber was bedeutet das für uns? Man wird keine arbeitslosen jüdischen Fachkräfte oder Juden mit Hochschulabschluss in den Wiederaufbau einbeziehen. Beziehungsweise vielleicht werden sie als Hilfsarbeiter in Bergwerken und beim Straßenbau, im Steinbruch eingesetzt, wie jetzt schon üblich. Ob die Geschichte immer schon so janusköpfig verlief? Ich glaube, ja.

6 Nach dem Ersten Wiener Schiedsspruch 1938 verschärfte die ungar. Regierung ihre antijüdischen Maßnahmen. Das sog. Zweite Judengesetz von 1939 argumentierte teilweise mit der wachsenden Zahl an Personen jüdischer Herkunft durch die Gebietszugewinne.

7 Korunk (Unsere Zeit) war eine ungarischsprachige Monatszeitschrift in Cluj, die 1926 gegründet wurde. Sie wurde dem linken Spektrum zugeordnet. Im Sept. 1940 wurde das Blatt eingestellt.

8 Gemeint ist der Erste Wiener Schiedsspruch, siehe Dok. 16 vom 26.10.1938, Anm. 7.

9 Richtig: László Vass (1905–1950), Journalist; Mitarbeiter der Magyar Nap (Ungarischer Tag) in Bratislava und der Prágai Magyar Hírlap (Prager Ungarische Zeitung), 1938 Umzug nach Budapest; von 1945 an Pressechef der Partei der Unabhängigen Kleinen Landwirte.

10 Pál Szvatkó von Hangafalv (1901–1959), Journalist; 1924–1938 Mitarbeiter der Prágai Magyar Hírlap, 1938 Umzug nach Budapest, Chefredakteur der regierungsnahen Zeitung Magyarország (Ungarn); 1944 Deportation nach Mauthausen; nach dem Krieg Mitarbeiter des Ungarischen Radios, 1957 Emigration nach Deutschland, Mitarbeiter von Radio Free Europe.

11 Miklós Radnóti suchte nach Abschluss seiner Ausbildung vergeblich eine Stelle als Lehrer für Literatur.

DOK. 39
Imre Pollák skizziert am 14. September 1940 den Alltag im Arbeitsdienst[1]

Handschriftl. Brief von Imre Pollák,[2] 201/1 Lagerpost 58, an Arnold Pollák,[3] VII., Budapest, Király-Straße 89, vom 14.9.1940

Meine teuren Eltern!
Heute Nachmittag hat man in der Kompanie ein Kabarett aufgeführt, da wir am Samstagnachmittag nicht arbeiten müssen. Es tat gut, ein wenig zu lachen und abzuschalten. Sonst gibt es keine besonderen Neuigkeiten von hier. Wir alle zählen die Tage, die noch bis zur Demobilisierung bleiben. Es wäre schön, wieder zu Hause zu sein und in der Fabrik Ordnung schaffen zu können. Mit Sicherheit wäre das dort schon nötig. Feri hat noch nicht geschrieben, wann sie nach Hause entlassen werden. Ich hoffe, Zoli ist noch zu Hause. Das auf der Geldüberweisung angekündigte zweite Päckchen ist hier noch nicht angekommen. Auch habe ich seit einigen Tagen schon keinen Brief mehr von Euch erhalten. Hoffentlich bekommt Ihr meine Briefe rechtzeitig. Falls Ihr den Regenmantel noch nicht abgeschickt habt, könntet Ihr es vorerst lassen, da er vielleicht gar nicht mehr benötigt wird. Hoffentlich ist mein [letzter] Brief in der Zwischenzeit angekommen, wie auch die Schnürstiefel, die ich an Euch zurückgeschickt habe. Schreibt mir doch so schnell wie möglich einen langen Brief. Es küsst Eure Hand, Euer liebender Sohn

DOK. 40
Endre Szűsz schickt am 19. September 1940 seiner Frau eine Postkarte und erklärt ihr, was sie beachten soll, wenn sie ihn im Arbeitsdienst besucht[1]

Handschriftl. Postkarte von Endre Szűsz[2] an seine Ehefrau,[3] IX., Budapest, Ráday-Straße, o. D. [Poststempel vom 19.9.1940]

Meine Liesi! Es geht mir gut. Lajos soll beim Kriegsministerium nachfragen, wann wir Soldaten demobilisiert werden.[4] Wenn Du schreibst, achte auf die Zensur. Wenn Ihr mit Frau Schwarc kommt, geht am Abend und passt auf, dass Euch weder Offiziere noch Gendarmen sehen. Bringe mir auch ein sauberes Hemd mit. Diesen Brief gibt ein bereits Demobilisierter in Pest auf. Meine neue Adresse: Szűsz Endre, Arbeiterkompanie in Bag. Gestern habe ich ein Päckchen mit Unterhosen, Pyjama, Schal und Konserven bekom-

1 HDKE, 2011.840.74. Das Dokument wurde aus dem Ungarischen übersetzt.
2 Imre Pollák (*1912), Vergolder; lebte nach dem Krieg in Budapest.
3 Arnold Pollák (*1875), Bildhändler, Vater von Imre Pollák.

1 HDKE, Ad/1079. Abdruck als Faksimile in: Heléna Huhák/András Szécsényi (Hrsg.), A Holokauszt Emlékközpont Gyűjteményi Katalógusa, Budapest 2015, S. 57. Das Dokument wurde aus dem Ungarischen übersetzt.
2 Endre Szűsz (1910–1945), Tischler; im Febr. 1945 ermordet.
3 Erzsébet Duschinszky, verh. Frau Endre Szűsz (*1909), überlebte den Krieg in Budapest.
4 Arbeitsdienstler rückten für mehrere Monate ein und wurden in regelmäßigen Abständen demobilisiert.

men. Vielleicht bekomme ich von der [jüdischen] Gemeinde Schnürstiefel. Alles andere besprechen wir mündlich.
Es küsst Dich in Liebe Dein Ehemann[5]

DOK. 41
Reichsverweser Horthy informiert am 14. Oktober 1940 Ministerpräsident Teleki, dass er die antijüdischen Maßnahmen befürwortet, solange sie nicht auf Kosten der Wirtschaft gehen[1]

Handschriftl. Brief von Miklós Horthy an Pál Teleki vom 14.10.1940

Lieber Bóli![2]
Obwohl ich all das, was ich Dir jetzt schreibe, auch genauso gut hätte sagen können, will ich angesichts unserer vielen Verpflichtungen und weil Du mir Deine Überlegungen schon mehrfach in schriftlicher Form dargelegt hast, ebenfalls zu dieser Methode greifen, da die Themen auf diese Weise auch übersichtlicher sind. Die erste Frage betrifft die Magyarisierung der Namen von Ruthenen, Slowaken usw. bei ihrer Aufnahme in den Orden der Vitéz. Ich selbst bin und war immer schon ein Feind *jeglicher* Magyarisierung. Die Magyarisierung von jüdischen Namen habe ich mir von jeher vorbehalten und nur in den seltensten Fällen zugelassen, etwa wenn die Person mutig gekämpft hat und kinderlos war. Den Vogel erkennt man an den Federn.[3] Mir wäre es zum Beispiel lieber gewesen, wenn *Maróthy*-Meisler[4] und Báthory-Hüttner[5] geblieben wäre. Ein Titel oder ein Ritterkreuz darf nie ein Recht, sondern muss eine Auszeichnung sein. Noch weniger ist die Aufnahme in den Orden der Vitéz ein Recht. Als ich ihn gegründet habe, war ich vor allem vom Gedanken an der Veredelung der Rasse geleitet. Außerdem war es mein Wunsch, all jene zu belohnen, zu binden und in ihrer Treue zu unserer Landesführung zu bestärken, die sich während des vergangenen Weltkriegs und während der Revolutionen[6] durch persönliche Tapferkeit und *Nationalgefühl* hervorgetan haben. Mit dieser neueren Form der uralten Insurrektion des Adels wollte ich eine lebenslang zuverlässig bleibende ungarische Truppe aufstellen, die dem Polizeipräsidenten für alle Zeiten, sowohl im Falle eines Angriffs von außen als auch im Falle eines erneuten Versuches der revolutionären Umwälzung der zerstörerischen Kräfte im Innern zur Verfügung stünde. Damit dieses Heer immer zuverlässig bleibt, muss man zuvörderst die Makellosigkeit der Herkunft und der Familienverhältnisse, die ethischen Grundhaltungen und

5 Im Original handschriftl. Ergänzung: „Wenn Ihr kommt, seid vorsichtig, da es wahrscheinlich bereits an der Station Kontrollen gibt."

1 MNL OL, K 589 I. D-7. Abdruck in: Szinai/Szűcs (Hrsg.), Horthy Miklós titkos iratai (wie Dok. 9 vom 18.4.1938, Anm. 4), S. 261–264. Das Dokument wurde aus dem Ungarischen übersetzt.
2 Spitzname von Pál Teleki.
3 Satz im Original deutsch, in Sütterlinschrift.
4 Károly Maróthy-Meisler (1897–1964), Abgeordneter der Pfeilkreuzlerpartei, Gründer und Chefredakteur der Zeitung Pesti Újság (Pester Zeitung).
5 János Báthory-Hüttner (1896–1954), Generaldirektor der Pallas Literatur- und Druck-AG.
6 Gemeint ist v. a. die Bekämpfung der ungar. Räterepublik.

das gesunde Blut prüfen. Ein Vitéz kann nur mit Erlaubnis heiraten, wir nehmen einen Abkömmling einer fremden Rasse *nur* dann auf, wenn dieser hundertprozentig ungarisch empfindet, zuverlässig ist und *selbst* die Magyarisierung des Namens beantragt. Der tapferste und bestens dekorierte Jude bleibt ausgeschlossen. Wer gegen die Ethik verstößt oder sich als unzuverlässig erweist, wird aus dem Orden der Vitéz ausgestoßen. Was die Judenfrage angeht: Ich war mein Leben lang Antisemit und hatte nie Kontakt mit Juden. Ich hielt es für untragbar, dass sich in Ungarn alles – sämtliche Fabriken, Banken, Vermögen, Geschäfte, Theater, Zeitungen, Handel – in jüdischen Händen befand und dass das Spiegelbild eines Ungarn – vor allem im Ausland – der Jude war. Doch da ich die Hebung des Lebensstandards für eine der wichtigsten Aufgaben der Regierung betrachte, was bedeutet, dass wir reicher werden müssen, ist es unmöglich, die Juden, die doch alles im Griff haben, innerhalb von ein, zwei Jahren gänzlich auszuschalten und sie durch unqualifizierte, nichtsnutzige und großmäulige Elemente zu ersetzen. Daran würden wir zugrunde gehen. Dies [dieser Austausch] benötigt mindestens eine Generation. Ich war vielleicht der Allererste, der sich laut zum Antisemitismus bekannte, aber ich kann unmenschlichen Taten, unbegründeten sadistischen Erniedrigungen nicht entspannt zusehen, wo wir sie [die Juden] noch brauchen. Außerdem halte ich beispielsweise die Pfeilkreuzler für mein Vaterland für weit gefährlicher und von weniger Wert als die Juden. Letzterer ist schon interessemäßig dem Land verpflichtet und seinem Adoptivvaterland treuer als die Pfeilkreuzler, die – wie die Eiserne Garde – ihr Land wirrköpfig den Deutschen zuspielen wollen.
Hier muss man alles langsam aus unzuverlässigen in zuverlässige Hände geben. Einen Feind kann man nicht einmal mit einem guten Posten gewinnen. Man krault umsonst ein Schwein, es wird nie eine Gazelle draus.[7] Jetzt ist fast alles in die Hände der Sympathisanten der Pfeilkreuzler gelangt, und das muss man ändern.

1.) *Dammang*,[8] der Generaldirektor unserer einzigen Waffenfabrik, kandidiert (seinem Sohn zufolge) für die Position eines Pfeilkreuzler-Gauleiters;[9] er kennt sich in diesem Geschäft [in der Waffenproduktion] nicht aus, zuvor hat er Bidets und pots de chambre[10] hergestellt. Übrigens hat der Abgeordnete Wirth[11] Leute aus seinem [Dammangs] Bekanntenkreis für meine Verhaftung rekrutiert.[12]

2.) Man sagt, Wünscher,[13] der Generaldirektor von Hangya,[14] sei ein Pfeilkreuzler. Ich habe gehört, dass die Hangya das überschuldete Haus des Grafen Viktor Károlyi[15] in Telkibánya aufkaufen wollte.

3.) Der Fremdenverkehr[16] hat Nándor Zichy,[17] István Csáky, István Apor und Gosztonyi gekündigt und stattdessen Anker,[18] Piffl, Gundel[19] und Rohringer[20] eingestellt.

7 Satz im Original deutsch, in Sütterlinschrift.
8 Dr. András Dammang (*1899), Generaldirektor der Metallwaren-, Waffen- und Maschinenfabrik.
9 Wort im Original deutsch.
10 Franz.: Nachttöpfe.
11 Károly Wirth (1909–1944); 1939/40 Abgeordneter der Pfeilkreuzlerpartei im ungar. Parlament.
12 Laut Anklageschrift plante Wirth im Sommer 1940 die Entführung von Horthy, um die Entlassung von Szálasi aus dem Gefängnis und dessen Ernennung zum Ministerpräsidenten zu erzwingen.
13 Frigyes Wünscher (1892–1946).
14 Ungar.: Ameise – Name einer staatlichen Genossenschaft für Konsum und Verkauf.
15 Viktor Károlyi (1902–1973), Großgrundbesitzer.

4.) Veress,[21] der Vorsitzende der Ibusz – Pfeilkreuzler.

5.) Gábor Zsilinszky,[22] der Generaldirektor der Bauxit,[23] der früher bei Péti[24] war – Pfeilkreuzler.

6.) Ferenc Kiss,[25] der Führer der Kammer für Bühnenkunst – Pfeilkreuzler.

7.) Journalistenkammer: Kolosváry-Borcsa,[26] die rechte Hand von Imrédy.

8.) Donáth,[27] der geschäftsführende Parteivorstand in Budapest, ist die rechte Hand von Imrédy.

9.) Jurcsek,[28] mit seinen ungeschickten, kopflosen Verfügungen, ein Mann von Imrédy.

10.) Áron János[29] vom Heer in Siebenbürgen, rechte Hand von Imrédy.

Das sind die, von denen ich weiß!

Aber wie viele sitzen noch in [anderen] führenden Positionen! Die Presse ist unglaublich schlecht, zum Kotzen![30] Die Sympathien der Völker von England und Amerika – die wir auf unserer Seite hatten – unnötig vollkommen zu verspielen ist eine Sünde. Ich bin davon überzeugt, dass Amerika und England gleichermaßen die schwierige Situation, in der uns der gegenwärtige Krieg getroffen hat, verstanden haben, aber sie werden den groben Ton, in dem die regierungsnahe Presse England und die Vereinigten Staaten angreift, verspottet und herabwürdigt, nicht verzeihen. Dieser Ton übersteigt alles, was in der Presse während des Großen Krieges,[31] an dem wir teilgenommen haben, angeschlagen wurde, und entspricht in keiner Weise dem einst bekannten ritterlichen und

16 Gemeint ist das Ungarische Landesamt für Fremdenverkehr.

17 Nándor Zichy (1907–1994), Direktor des Ungarischen Landesamtes für Fremdenverkehr, von 1939 an ORR im Handels- und Verkehrsministerium.

18 György Anker, von 1927 an Pressereferent der Budapester Internationalen Messe.

19 Vermutlich: Károly Gundel (1883–1956), Gastwirt, Mitglied des Rats für Fremdenverkehr.

20 Endre Rohringer, Ministersekretär, stellv. Leiter des Ungarischen Landesamtes für Fremdenverkehr.

21 Gábor Veress (1885–1949), Vizepräsident und Generaldirektor der IBUSZ (AG für Akquisition, Reise und Transport im Fremdenverkehr).

22 Gábor Zsilinszky (1888–1953), Vizepräsident der AG für Nitrochemische Industriegebiete und der Péti Nitrogenwerke.

23 Magyar Bauxitbánya Rt.: Ungarische Bauxitminen AG.

24 Nitrokémia Ipartelepek és a Péti Nitrogénművek Rt.: AG für Nitrochemische Industriegebiete und der Péti Nitrogenwerke.

25 Ferenc Kiss (1893–1978), Direktor der Akademie für Schauspielkunst, Präsident der Kammer für Schauspiel- und Filmkunst.

26 Mihály Kolosváry-Borcsa (1896–1946), Journalist, Politiker; von 1920 an bei der Zeitung Szózat (Appell) tätig, von 1935 an Mitarbeiter der Presseabt. in der Kanzlei des Ministerpräsidenten, von 1937 an Chefredakteur der Zeitung Függetlenség (Unabhängigkeit); von 1939 an Parlamentsabgeordneter, von 1939 an Präsident der Ungarischen Pressekammer, 1944/45 StS; 1945 Flucht nach Deutschland, vom ungar. Volksgericht zum Tode verurteilt und hingerichtet.

27 György Donáth (1904–1947), führendes Mitglied der Bewegung Ungarisches Leben, Parlamentsabgeordneter; nach 1945 vom ungar. Volksgericht zum Tode verurteilt und hingerichtet.

28 Béla Jurcsek (1893–1945), Politiker; 1940/41 Regierungskommissar für landwirtschaftliche Produktion und Vertrieb, 1942–1944 StS für Versorgung; 1944/45 Minister für Ackerbau und Versorgung; nahm sich das Leben.

29 Áron János (*1895), Jurist; von 1939 an Abgeordneter der Partei des Ungarischen Lebens, Präsident der Ungarischen Nationalpolitischen Gesellschaft, 1941 Regierungskommissar im Szeklerland.

30 Die beiden letzten Worte im Original deutsch.

31 Gemeint ist der Erste Weltkrieg.

aufrichtigen Verhalten des ungarischen Volks. Wir wissen nicht, was die Zukunft bringt, und es wäre ein großes Unglück, wenn wir einmal wegen solcher Angriffe zur Rechenschaft gezogen werden würden. Ich war froh zu erfahren, dass Du derartig unwürdigen, die Zukunft der Nation beschädigenden und sogar angesichts der Freundschaft mit den Achsenmächten vollkommen überflüssigen, groben Angriffen Einhalt gebieten willst. Aber das ist nur durch radikale Maßnahmen möglich. Auch die Anstiftung zum Streik gehört zweifellos zu den Methoden der Pfeilkreuzler.[32] Es tut mir sehr leid, dass es das Militär war, das die Henkersarbeit übernehmen musste, weil man auf eine aus Tausenden von Streikenden bestehende, aufgeheizte Menge, die tatsächlich unter schwierigen Bedingungen lebt, sich sonst aber ruhig verhält, nicht schießen lassen kann. Das Militär sollte nur Revolutionen niederschlagen, der Rest ist Aufgabe der Oberstuhlrichter unter der Leitung des Innenministers. Die aufrührerischen Pfeilkreuzler müssen hier zur Räson gebracht werden, sonst blicken wir großen Problemen entgegen.[33] In Kassa hetzen sie die Leute wegen des Mangels an Fett und Speck auf, der dadurch verursacht würde, dass die Regierung alles den Deutschen überlasse.

Wie ich höre, ist die Person im Innenministerium, die jede durchgreifende und richtige Maßnahme blockiert, ein Mann namens Boér,[34] wohl ein Pfeilkreuzler. Laut Zeugenaussagen war es Wirths Absicht, mich kaltzustellen. Ich wäre durchaus froh gewesen, wenn er den Mut zu diesem Versuch gehabt hätte, aber dass er anschließend nicht einmal verhaftet wird, geht doch zu weit. Ich sehe keinen anderen Ausweg, als den Pfeilkreuzlern zu drohen: Verhalten sie sich aufrührerisch, werden wir die Partei verbieten und ihre Führer an die Wand stellen.[35] Wenn wir heute trotz Hochbetriebs [in der Förderung] nicht genug Kohle haben, dürfen wir nicht lange fackeln. Unser Durchgreifen muss mit dem Standrecht und der energischen Inanspruchnahme der Presse eingeläutet werden. Sollte Szálasi der Motor sein, muss er nach Csillagbörtön[36] zurück.[37] Jetzt, wo die von Dir geführte Regierung alles, was unter den gegenwärtig gegebenen Bedingungen möglich war, erreicht hat, ist der richtige Moment gekommen, Ordnung zu schaffen. Am Donnerstag und am Freitag bin ich nicht in Budapest – bis dahin solltest Du diese Fragen mit Csáky und Keresztes-Fischer[38] ausführlich besprechen.

Ich weiß nicht, ob ich mich deutlich ausgedrückt habe: Es sollte kein einziges Wort des Vorwurfs fallen, diese Situation haben andere zu verantworten.

32 Die Pfeilkreuzler hatten den Minenstreik in Salgótarján im Okt. 1940 unterstützt.

33 Seit dem Frühjahr 1940 wurde die regierungsfeindliche Propaganda der Pfeilkreuzlerpartei immer lauter. Im Juli demonstrierte sie gewaltbereit gegen die Anklage von zwei Pfeilkreuzler-Abgeordneten wegen Hochverrats. Im Zuge der Zusammenstöße mit der Polizei wurden mehrere Hundert Pfeilkreuzler-Sympathisanten verhaftet.

34 Zoltán Boér, Generalsekretär des Verbands der sozialen Vereine.

35 Im Nov. 1940 wurde Károly Wirth verhaftet und zunächst zu vier Jahren, in zweiter Instanz zu 15 Jahren Haft verurteilt.

36 Gefängnis in Szeged.

37 Zur Haftstrafe von Szálasi 1938–1940 siehe Dok. 3 vom 19.1.1938, Anm. 9.

38 Außenminister István Csáky und Vitéz Dr. Ferenc Keresztes-Fischer (1881–1948), Jurist; von 1901 an Rechtsanwalt; 1921–1931 Obergespan des Komitats Baranya, 1925–1931 des Komitats Somogy; 1931–1935 Innenminister; von 1936 an Mitglied im Oberhaus; 1936–1938 Präsident der Zentralbank; 1938–1944 Innenminister; 1944 Verhaftung durch die Gestapo, 1944/45 in den KZ Mauthausen und Flossenbürg inhaftiert.

Ich habe zu *niemandem* mehr Vertrauen als zu Dir, und das Land braucht dringend Deine bis zur Selbstaufgabe uneigennützige Arbeit und Deine beispiellosen außerordentlichen Fähigkeiten sowie Deine internationalen Kontakte; aber wir dürfen nicht unterliegen!
Mit herzlichen Grüßen,
Miklós Horthy e. h.

Nach der Besprechung solltest Du diesen Brief verbrennen.
Zu den wichtigsten Maßnahmen zähle ich außerdem den sofortigen Rausschmiss aller Militärkommandanten und -prüfer in den Betrieben.

DOK. 42
Der Bürgermeister von Kiskunfélegyháza verbietet am 29. Oktober 1940 jüdischen Blumen- und Kerzenverkäufern, ihre Ware auf Friedhöfen zu verkaufen[1]

Beschluss (24038 / ki. 1940) des Bürgermeisters von Kiskunfélegyháza,[2] Unterschrift unleserlich, vom 29.10.1940

Betreff: Verbot jüdischer Blumen- und Devotionalienhändler auf christlichen Friedhöfen und deren Umgebung
Der Vizegespan unseres Komitats[3] hat mich aufgrund der Verordnung 62.831/1940. kig. angewiesen,[4] angesichts des nahenden Allerseelentags dafür zu sorgen, dass jüdische Blumen- und Kerzenverkäufer nicht in pietätloser Weise christliche Friedhöfe und deren Umgebung überfluten und christliche Händler dadurch einem unlauteren Wettbewerb aussetzen.
Aufgrund der obigen Verordnung des Vizegespans weise ich den Wochen- und Jahrmarktverantwortlichen István Döncző sowie dessen Vertreter Mihály Mák an, der Verordnung umfassend Geltung zu verschaffen und von den Friedhöfen sowie in deren Umgebung jüdische Händler und deren Angestellte, die eventuell den Versuch unternehmen, etwas zu verkaufen, sofort zu entfernen.
Gleichzeitig fordere ich das kgl. ungar. Polizeipräsidium auf, die genannten Beamten bei der Ausübung ihrer offiziellen Tätigkeit zu unterstützen und ihnen, falls notwendig, Einsatzkräfte der Exekutive zur Verfügung zu stellen.
Davon setzte ich den stellvertretenden Notar der Stadt Dr. Géza Fazekas, den Wochen- und Jahrmarktverantwortlichen István Döncző und dessen Vertreter Mihály Mák sowie das Präsidium der kgl. ungar. Polizei vor Ort in Kenntnis.

1 MNL BKML, V. 175. b Kiskunfélegyháza Város Polgármesteri Hivatalának iratai. Közigazgatási iratok. 24 038/1940. Das Dokument wurde aus dem Ungarischen übersetzt.
2 Dr. Béla Rozsnyay, Obernotar; 1939–1944 Bürgermeister von Kiskunfélegyháza.
3 László Endre.
4 Diese VO gab Endre am 22.10.1940 heraus und verbot damit Juden, auf Jahrmärkten und Märkten ihre Waren anzubieten.

DOK. 43
Das Soziale Arbeitskomitee der ungarischen Juden ruft am 4. November 1940 Juden aller religiösen Strömungen zum Zusammenhalt auf[1]

Aufruf des Sozialen Arbeitskomitees der ungarischen Juden,[2] gez. Dr. P/D,[3] Budapest, vom 4.11.1940

Das Judentum Ungarns erlebt derzeit die krisenreichsten Schicksalsstunden seiner Geschichte. Das Soziale Arbeitskomitee der ungarischen Juden ist in diesem Moment von seiner Pflicht und Verantwortung beseelt, die Aufmerksamkeit der zuständigen Personen auf die besorgniserregenden Erscheinungen zu lenken. Wir bitten sie sehr nachdrücklich, das jüdische Leben innerhalb der gegebenen Umstände durch systematisches und zielgerichtetes Handeln zu retten – unabhängig von privaten und konfessionellen Differenzen. Selbstverständlich ist jedes Mitglied des Arbeitskomitees unbedingt entschlossen, überall dort mitzuarbeiten, wo immer es von den zuständigen Leitern eingesetzt wird.

Es ist eine Tatsache, dass die Judenverfolgungen der vergangenen Jahre, die gesetzlichen Maßnahmen, Verordnungen sowie die beiden Judengesetze in Ungarn[4] auch jene Schichten des Judentums in die [öffentliche] Wahrnehmung gerückt haben, die bislang außerhalb des konfessionellen Lebens und insbesondere unserer Gemeindepolitik standen. Die sozialen und gesellschaftlichen Fragen haben die mit dem konfessionellen Leben zusammenhängenden Angelegenheiten bis zu einem gewissen Grad in den Hintergrund geschoben, und es hat sich zweifelsfrei erwiesen, dass diese Schichten nicht separat behandelt werden können. Ihr Leben, ihre Zukunft sind eng mit dem Judentum bzw. dem Schicksal des ungarischen Judentums verbunden.

Man muss zur Kenntnis nehmen, dass das ungarische Judentum von zwei Seiten bedroht wird. In Bezug auf die eine lässt unser Wirken auf wenig Erfolg hoffen, da diese von viel stärkeren in- und ausländischen politischen Kräften gelenkt wird, obwohl man gegenüber dieser Bedrohung keineswegs die Hände in den Schoß legen und die Schicksalsschläge erdulden darf. Die Gefahr [von der anderen Seite] ist viel schmerzhafter und auch verheerender: der Mangel an innerer Einheit, Organisation, zielbewusster Leitung und einem Gefühl des Zusammenhalts – allesamt Defizite, die schreckliche Folgen nach sich ziehen können. Heute, da man hier und in der ganzen Welt auf Zentralisierung setzt, müssen wir den Gefahren ins Auge sehen, die der Partikularismus und die infolge einer missbrauchten Gemeindeautonomie unsichere Rechtslage zeitigt.

Heute, da ausnahmslos jedes Land den Gemeinsinn zu verwirklichen sucht, ist es unmöglich, dass der Einzelne nicht an der öffentlichen Last mitträgt und die Aufgaben der Gemeinschaft nicht als die seinen betrachtet.

Heute, wo man überall die kleinen und mittleren Existenzen zu retten versucht, können die schweren Fragen vielleicht nur auf Grundlage des Fortschritts gelöst werden. Wird die Verpflichtung für die gemeinsamen Lasten verweigert und auf lokale Besonderheiten verwiesen, beschleunigt das den Zusammenbruch und die Katastrophe.

1 MZSML, L 4/2 Pásztor József hagyatéka. Das Dokument wurde aus dem Ungarischen übersetzt.

2 Ziel des Sozialen Arbeitskomitees der ungarischen Juden war die Unterstützung offizieller und inoffizieller jüdischer Organe bei der Hilfestellung für jüdische Staatsbürger. Leiter des Aktionsausschusses war Kornél Kőrösi, das Büro des Komitees wurde von Béla Kelemen geleitet.

3 Vermutlich: József Pásztor.

4 Siehe Dok. 14 vom 29.5.1938 und Dok. 29 vom 5.5.1939 sowie Einleitung, S. 31 f.

Wir dürfen nicht außer Acht lassen, dass die viele Zehntausend Menschen umfassenden jüdischen Schichten heute an der Schwelle zum Winter stehen und mit größter Unsicherheit konfrontiert sind. Infolge der Mobilisierung, der Einberufungen zum Arbeitsdienst, sind bereits viele Tausend Familien ohne einen Verdiener zurückgeblieben.
Aus demselben Grund wurden viele Tausend Arbeitsstellen unter Hinweis auf die entsprechenden Verordnungen mit Christen besetzt, weshalb die irgendwo im Ausland dienstverpflichteten Glaubensgenossen keine Aussicht darauf haben, ihre Arbeit nach ihrer Rückkehr wieder aufnehmen und ihr kümmerliches Auskommen bestreiten zu können. Infolge der schweren Wirtschaftskrise wurden fast alle Arbeiten auf dem Bau eingestellt, gleichzeitig macht sich Tag für Tag der Mangel oder die ständige Teuerung von Kohle und Lebensmitteln bemerkbar. Wir müssen uns auch bewusst sein, dass die derzeit mobilisierten Massen wieder nach Hause kommen werden[5] und dies zu einer weiteren Verschärfung der Arbeitslosigkeit beitragen wird. Der Antisemitismus wird sich dadurch weiter zuspitzen, immer neue Judengesetze werden notwendig sein.
Wir müssen daher innerhalb von Monaten oder vielleicht sogar Wochen damit rechnen, dass mehr als hunderttausend Menschen arbeitslos und somit brotlos werden. Wenn wir dieses schreckliche Elend den zuständigen Personen gegenüber sichtbar machen, müssten wir zunehmende Solidarität wecken. Es gefährdet die moralische Existenz des Judentums und richtet es infolge von Hungersnot und Krankheiten physisch zugrunde. Wir müssten erkennen, dass das Denken in Klassenunterschieden vorbei ist. Zweifelsohne musste die harte Lektion des Arbeitsdienstes, der Körper und Seele absterben ließ, unsere Leute bis zu einem gewissen Grad aufrütteln. Obwohl in den Arbeitslagern das Zusammengehörigkeitsgefühl enorm gewachsen ist, gibt es noch viel zu tun, um die im Judentum kursierenden Vorurteile abzubauen. Da die andere Seite aber auch keinen Unterschied macht zwischen den Juden aus Pest und Buda, den reichen und armen, den alten und jungen, den orthodoxen und neologen Juden,[6] zwischen Mann und Frau, müssen auch wir ein inneres Zusammengehörigkeitsgefühl entwickeln.
Ein neuer demokratischerer Geist ist gefragt, und er sollte sich nicht nur darin offenbaren, den Bedürftigen, die auf unser Erbarmen angewiesen sind, ein paar Pengő hinzuwerfen. Das Judentum konnte nicht Schritt halten mit der Zeit, wir sind zurückgeblieben. Jetzt ist es wichtiger denn je, dass unsere Führung von der Notwendigkeit der sozialen Erneuerung durchdrungen wird und sie den jüdischen Massen, die tief und aufrichtig auf soziale Akzeptanz hoffen und bauen, in diesem Sinne begegnet. Wenn wir gegenüber unseren Unterdrückern, Feinden und Gegnern das Prinzip der natürlichen menschlichen Gleichberechtigung und Rechtsgleichheit in Anschlag bringen, müssten wir dies in unseren eigenen Reihen umso mehr voneinander erwarten.
Wir dürfen nicht verzweifeln, wir dürfen nicht resignieren und uns mit der heutigen Realität versöhnen und auch nicht mit dem, was aus ihr folgt. Wir können nur feststellen, dass die Lage des Judentums schwierig ist, dass es gerettet werden muss. Auf Grundlage dieser Feststellung müssen wir nach entsprechenden Möglichkeiten suchen.

5 Seit 1938 investierte die ungar. Regierung massiv in den Ausbau der Streitkräfte und setzte 1939 die Altersgrenze der Wehrpflichtigen von 21 auf 18 herunter.

6 Die ungar. jüdische Gemeinschaft verteilte sich seit 1867 auf drei religiöse Strömungen: neolog, konservativ orthodox und mäßig traditionstreu („Status quo ante"); siehe Einleitung, S. 18.

In erster Linie müssen wir zur Kenntnis nehmen, dass wir allein sind, aus dem Ausland keine Hilfe bekommen werden oder zumindest nur in geringem Maße. Vorkehrungen können wir ausschließlich mit inländischer Hilfe treffen. Wer soll helfen? Alle ohne Ausnahme! Die Alten und die Jungen, denn wir können in diesen schweren Zeiten weder auf die Erfahrung unserer alten erfahrenen Führer verzichten noch auf die Jugendlichen, die den Geist der heutigen Zeit leichter erfassen können, da sie in diese traurige Realität hineingeboren und in ihr erzogen wurden. Einheitliche Organisation, einheitliche Führung, einheitlicher Geist, einheitliche Lenkung, einheitlicher Vorsitz – das brauchen wir jetzt. Zweifelsohne benötigen wir heute ein Organ, das sowohl die Einzelnen als auch die Gemeinden zusammenzuhalten vermag, das aus einer Zentrale sowohl die Arbeit in der Hauptstadt als auch in der Provinz anleiten kann, das alle Maßnahmen umsetzt bzw. für deren Durchführung und Kontrolle sorgt. Wir brauchen eine Institution, die organisiert und Informationen weitergibt, orientiert, erzieht und umsorgt und alles daran setzt, dass die Harmonie zumindest innerhalb unserer Mauern entwickelt und erhalten wird. In der heutigen Zeit müssen alle Eitelkeiten verschwinden, die eigenen Befindlichkeiten verschwiegen, jede Kränkung auf die Seite geschoben werden. Jeder muss den Platz einnehmen, der ihm aufgetragen wurde, selbst wenn dort die Gefahr am größten ist, aber ebenso muss der Einzelne abtreten, wenn es das Interesse der Gemeinschaft erfordert. Der Vorstand sollte aus möglichst wenigen Leuten bestehen, möglichst wenige Kommissionen in Anspruch nehmen, möglichst wenige Beratungen abhalten und damit möglichst schnell agieren. Das Handeln ist nicht bloß die Aufgabe des Budapester Judentums, es müssen Vertreter des Judentums im ganzen Land miteinbezogen werden.

Die erste Aufgabe ist es also, die Einheit herzustellen, nach Merkmalen zu suchen, die uns verbinden, und Merkmale zu beseitigen, die uns sozial oder konfessionell voneinander trennen.

Es ist dringend notwendig, entsprechend gewichtige Persönlichkeiten in Kontakt mit den innenpolitischen Kräften des Landes treten zu lassen. Es ist notwendig, Verbindungen zu politischen Organisationen, kirchlich-christlichen Institutionen und gesellschaftlichen Vereinen, die auch heute noch den Glauben an die Menschenliebe verkünden, herzustellen. Denn tatsächlich gibt es auch heute noch solche. Es ist notwendig, mit den internationalen jüdischen Verbänden im Ausland Kontakte zu knüpfen, ebenso mit den bereits ausgewanderten ungarischen Juden und einflussreichen jüdischen Persönlichkeiten sowie mit den prominenten christlichen Männern des öffentlichen Lebens im Ausland. Man muss im Ausland die heutige Lage des Judentums in den großenteils deutsch besetzten Ländern zum Gegenstand einer Studie machen. Man muss die in diesen Ländern verabschiedeten Gesetze und Verordnungen sammeln und studieren. Die daraus abzuleitenden Lehren werden von großem Nutzen sein. Es ist notwendig, dass wir trotz der schwierigen wirtschaftlichen Umstände nach alten und neuen Arbeitsmöglichkeiten suchen und diese sicherstellen, und in dieser Hinsicht ist es äußerst wichtig, auch die bislang gewährleisteten Hilfestellungen zu regulieren.

Obwohl aufgrund der außenpolitischen Verhältnisse die Auswanderung inzwischen vollständig zum Erliegen gekommen ist, dürfen die Vorbereitungen dafür nicht pausieren – weder in Bezug auf die potenziellen Emigranten noch in Bezug auf die Länder, die Juden aufnehmen könnten, sobald sich die außenpolitische Lage verbessert.

Auch die humanitäre Hilfe für Flüchtlinge darf keinen Moment ruhen. In die gemeinsamen Aktivitäten sollten auch unsere jüdischen Glaubensgenossen aus dem Karpatenvorland sowie aus Oberungarn oder anderen angegliederten Landesteilen einbezogen werden. Wir hoffen und erwarten sehr viel von den gesünderen, frischeren und erfahreneren jüdischen Mitgliedern aus dem Karpatenvorland, Oberungarn und den siebenbürgischen Gebieten. Bei der Durchführung der landesweiten Aufgaben gebührt auch ihnen der entsprechende Platz.
Das schwierigste Problem bei der Durchführung der oben nur grob umrissenen Aufgaben ist die Beschaffung der notwendigen finanziellen Mittel. Dies kann mit entsprechender Organisation, Energie, Um- und Einsicht und durch die Steigerung des Solidaritätsgefühls unbedingt erreicht werden. Den Weg zur Lösung sollten wir mit Verständnis, gegenseitigem Respekt und insbesondere mit Nächstenliebe suchen. Mit Sicherheit wird es dabei Meinungsverschiedenheiten geben, die wir entschärfen müssen, weil wir uns den Luxus der Zwietracht heutzutage nicht mehr leisten können.
Das Arbeitskomitee ist bereit, seine Tätigkeit zu beginnen. Es ist gewillt, weitere Vertreter aufzunehmen, insbesondere Vertreter des Judentums des Landes und solche, die sich durch besondere Leistungen im Bereich des konfessionellen Lebens, der Wissenschaft, der Literatur, des Handels, des Rechts, der Industrie, der Medizin, der Ökonomie und des Schulwesens verdient gemacht haben.
Der Stimme unseres Gewissens folgend, suchen wir in diesen Krisenstunden die Hand jener, die an der Rettung des jüdischen Lebens teilnehmen können. Wir appellieren an das Gewissen jener, die heute Entscheidungen treffen und Maßnahmen durchführen müssen, die sich auf alle kommenden Generationen auswirken könnten.
Wir weisen auf die überaus große Verantwortung hin, die heute unfassbar schwer auf jedem jüdischen Anführer lastet. Die Weisen mögen sehen, was zu tun ist, und ihrer Arbeit nachgehen, damit kein einziger Jude zu Schaden komme, darum bitten wir im Namen der vom Elend geplagten großen jüdischen Massen, die dem Hungertod entgegensehen und ihrer Vernichtung!

DOK. 44

Jolán Szücs schreibt am 18. November 1940 an Imre Csillag, wie schwierig es ist, dessen Bruder Tibor im Arbeitsdienst zu besuchen[1]

Handschriftl. Postkarte von Jolán Szücs, Budapest, an Imre Csillag,[2] Nagycsécs, Arbeitsbataillon 209/9, vom 18.11.1940

Lieber Herr Csillag!
Über Ihre lieben Zeilen habe ich mich sehr gefreut. Es ist nun schon der 18., und Sie kommen leider immer noch nicht nach Hause. Mein Herz ist mir so schwer, dass ich nachts aufwache und nicht wieder einschlafen kann, ich denke immerzu daran, wie die Ärmsten wohl frieren und sicher gar nicht schlafen können. Sie verdienen diese

1 HDKE, 2011.31.22. Das Dokument wurde aus dem Ungarischen übersetzt.
2 Imre Csillag (*1902); von Sept. 1940 an Arbeitsdienst in Gödöllő und Nagycsécs, von Okt. 1941 an in Budapest in einem Lebensmitteldepot tätig, 1943 Arbeitsdienst in Sümeg und Tapolca.

Gottesstrafe wahrlich nicht, aber ich bete ständig für Sie, dass Sie so schnell wie möglich nach Hause kommen. Ich hoffe, wir sehen uns binnen einer Woche wieder. Ich war jetzt jeden Sonntag draußen bei Tibor.[3] Diesen Sonntag gab es eine Regimentsinspektion bei ihm, und diejenigen, die bereits um halb neun rausgefahren sind, hielten sich bis drei Uhr in den kleinen Gassen versteckt, damit der Oberst sie nicht bemerke. Wir dachten schon, wir, immerhin 150 Personen, seien umsonst hinausgefahren. Doch endlich verschwand der Oberst, und jeder warf sich glücklich in die Arme seiner Angehörigen. Tibor geht es gut, nur seine Geduld schwindet. Am Sonntag kursierte die Nachricht, dass sie nach Siebenbürgen gebracht werden. Ich hoffe, das ist nicht wahr. Zu Hause ist alles in Ordnung. Ich denke darüber nach, noch fünf Kilogramm Gänseschmalz zu kaufen, da die Leute vor den Geschäften für Fett schon Schlange stehen. Fleischman war zuletzt in Ákos,[4] wo er jetzt ist, wissen wir nicht. Die Szenes' sind in Budafok. Alle hier grüßen Sie. Ein liederliches Mädel grüßt Sie sogar tausendmal. Schreiben Sie, wie Sie über das Schmalz denken.
Achten Sie sehr auf Ihre Gesundheit und schreiben Sie oft.

DOK. 45
Rechtsanwalt Imre Latkóczy informiert am 19. Dezember 1940 die Sozialdemokratische Partei über die Schwierigkeiten, seine nichtjüdische Herkunft nachzuweisen[1]

Schreiben von Rechtsanwalt Dr. Imre Latkóczy,[2] II., Budapest, Zsigmond-Király-Straße 1, III. 35, an das Sekretariat der Sozialdemokratischen Partei vom 19.12.1940[3]

Sehr geehrter Genosse Büchler![4]
Ich habe die am 7. d. M. verfasste und in der Nacht des 17. per Eilbote überbrachte Aufforderung erhalten, mich um den Nachweis meiner Mitgliedschaft in der Bezirksvertretung zu kümmern. Am darauffolgenden Tag, am 18., bin ich dem nachgekommen und habe eine beglaubigte Erklärung eingereicht, der zufolge ich nicht als Jude einzustufen bin.[5]

3 Tibor Csillag; Bruder von Imre; von 1940 an Arbeitsdienst in Domony, Felsőgalla, Szentendre und Szigetmonostor; von April 1942 an erneut Arbeitsdienst in Domony, 1943 Versetzung an die Front.
4 Gemeinde in Siebenbürgen.

1 PIL, 658.f. 4/7., 3–4. Das Dokument wurde aus dem Ungarischen übersetzt.
2 Dr. Imre Latkóczy (*1899), Rechtsanwalt; 1946 staatlich bestellter Pflichtverteidiger von Ferenc Szálasi.
3 Im Original handschriftl. Anmerkung: „Wir haben das Schreiben telefonisch beantwortet. 23.12.1940".
4 József Büchler (1886–1958), Buchdrucker; von 1900 an Mitglied der Sozialdemokratischen Partei, lebte nach Ende der Räterepublik in Wien, 1922 Rückkehr nach Ungarn, 1931–1935 Parlamentsabgeordneter, 1936–1939 Generalsekretär der sozialdemokratischen Partei; 1944 Deportation; von 1945 an Mitglied der Provisorischen Nationalversammlung und Vizepräsident der Ungarischen Nationalbank, 1948 aus der Partei ausgeschlossen, 1950 verhaftet, 1956 aus dem Gefängnis entlassen.
5 Das Gesetz 1940:XXXI bzw. dessen Durchführungsverordnung vom 14.12.1940 forderten die Mitglieder und Ersatzmitglieder der Budapester Bezirksvertretungen auf, einen Nachweis ihrer Herkunft zu erbringen; dafür notwendig waren die Geburtsurkunden der Eltern und der Großeltern, Heiratsurkunden und Meldezettel.

Doch jetzt musste ich am eigenen Leibe erfahren, dass man es auch als Christ nicht so leicht hat, wie man mir in der letzten Zeit öfters vorgehalten hat, [indem man sagte:] „Du hast es leicht, weil du Arier bist!" Um Sie ins Bild zu setzen: Ich habe eben erst auch erfahren, dass lediglich der Taufschein meines Großvaters väterlicherseits vorliegt, d. h., es fehlen die Taufscheine von drei Großeltern, die ich jedoch nur aus den besetzten Gebieten[6] beschaffen kann: aus Nyitra, Antalfalva und Nagybecskerek! Da ich selbst ein armer Mann bin, darf ich Sie ergebenst um Hilfe bitten, damit ich die erforderlichen Dokumente möglichst schnell auf meine Kosten beschaffen kann.
Ich bitte um Antwort und verbleibe mit solidarischen Grüßen
Ihr
Imre Latkóczy
P.S.: Da die Sache zu einer wichtigen, „Parteiinteressen tangierenden" Angelegenheit erklärt wurde, bitte ich um [finanzielle] Unterstützung bei den drei Urkunden, die etwa 30 Pengő ausmachen.

DOK. 46
Der Kaufmann János Hoffmann schildert am 25. März 1941 in seinem Tagebuch, wie er versucht, geflüchtete Juden finanziell zu unterstützen[1]

Handschriftl. Tagebuch von János Hoffmann,[2] Eintrag vom 25.3.1941

Tag für Tag massenhaft Judentragödien in den Zeitungen, im Radio und in Privatbriefen … Vorgestern hat mich meine Mutter[3] benachrichtigt, dass meine Cousine Vally[4] wahrscheinlich in die Nähe von Lublin verschleppt worden ist; die Ärmste, seit eineinhalb Jahren kann sie kaum gehen, ist so gut wie nie aus ihrer Wohnung herausgekommen, und jetzt, nur mit einem kleinen Koffer als Gepäck, lebt sie (wenn überhaupt??) irgendwo in Polen – mit all den anderen 30 000 –, vertrieben aus ihrer ärmlichen Wiener Wohnung.[5]

6 Gemeint sind die Gebiete des ehemaligen Königreichs Ungarn, die infolge des Friedensvertrags von Trianon abgetreten worden waren und auch nach den beiden Wiener Schiedssprüchen bei den Nachbarstaaten verblieben.

1 Original in Privatbesitz von Judit Varga Hoffmann. Abdruck in: János Hoffmann, Ködkárpit. Egy zsidó polgár feljegyzései 1940–1944, Szombathely 2001, S. 59–61. Das Dokument wurde aus dem Ungarischen übersetzt.

2 János Hoffmann (1895–1944 oder 1945), Jurist; nach seinem Studium in der Essigfirma seines Vaters in Szombathely, anschließend im Warenhaus des Schwiegervaters in Nagykanizsa tätig; wurde nach der deutschen Besetzung nach Auschwitz deportiert, Arbeitseinsatz im Nebenlager Monowitz, dort ermordet.

3 Regina Hoffmann, geb. Rosenthal (1870–1944), Mutter von János Hoffmann; in Auschwitz ermordet.

4 Frau Zsigmond Geiringer, geb. Vally Rechnitz (1886–1971), Cousine von János Hoffmann; flüchtete 1941 zusammen mit ihrem Mann aus Wien zu Verwandten in Győr.

5 Im Febr. bzw. März 1941 wurden mehrere Tausend Wiener Juden nach Opole Lubelskie im Distrikt Lublin im Generalgouvernement deportiert, wo sie zunächst in Gettos untergebracht wurden; siehe dazu VEJ 3/151.

Gestern, bei der Versammlung des Baross-Verbands,[6] teilte der Abgeordnete Ilovsky[7] stolz mit, dass am selben Tag 30 000 Juden aus Wien abtransportiert worden seien und dass dieses Schicksal auch den Juden in Ungarn zuteilwürde, wenn sie sich der neuen Ordnung nicht fügten. Bestialische Taten, bestialische Worte, die Masse tritt auf eine verschwindende Minderheit ein, drischt sie, und die Klagen der Unglücklichen werden vom wiehernden Lachen der Anführer begleitet und die Resultate dieser hervorragenden „Elite" stolz präsentiert. 30 000 gequälte, ausgebeutete, verwahrloste und ausgehungerte Juden in einem Trauermarsch auf dem Weg zur Erfüllung ihres Schicksals. Mehrheitlich Alte, weil die Jungen schon vom Samum[8] des Weltbrands in alle Himmelsrichtungen verweht wurden.

Heute begegneten mir drei solche umhergetriebene Jungen, als sie mich um Almosen baten. Im ersten Fall war es einfach – vielleicht, weil dieser Junge keine Details erzählt hat. Ein geflüchteter slowakischer Jude, der um Almosen bat.

Der Zweite – ein dünner Bocher[9] mit nussbraunen Augen und verängstigtem Blick, der eine Jeschiwa in Huszt besucht hat,[10] doch die sich drehende Welt wollte mit einem Wurf auch sein Schicksal wenden:[11] Er brach auf, um im Gewerbe sein Auskommen zu finden. Er wanderte durch das halbe Land, bettelte beim halben Judentum, und hie und da hätte er auch Arbeit finden können, doch in den Gemeinden, wo der Sabbat nicht eingehalten wurde, konnte er nicht bleiben. Und jetzt nahen die Feiertage, aber wo und wie sollte er das Pessach-Fest[12] begehen? Am liebsten würde er sofort nach Huszt zurückkehren, denn dort, im Schatten der Jeschiwa, könnte er zumindest am heiligen Fest und seinen Ritualen teilhaben.

Ein Hergelaufener, ein Drückeberger, könnte ein Skeptiker sagen, doch ich habe in diesen braunen Augen nur den zitternden Blick des getriebenen Wilds gesehen, ich habe die löchrigen Schuhe und den abgenutzten, dünnen Mantel gesehen und einen armen, verfolgten Menschen, der verwundert in die Welt blickt und nicht versteht, warum er nicht weiterstudieren, warum er nicht arbeiten darf. Er will bloß den Sabbat heiligen, das Fest in uralter Weise begehen.

Kaum hatte der Jeschiwa-Bocher mich verlassen, tauchten zwei Jungs auf: der ältere 17 Jahre, dessen Bruder um die 10 Jahre alt. Die Eltern waren Pelzhändler in Leipzig, derzeit warten sie in Zagreb ab, wohin das Schicksal sie verschlägt. Die beiden Jungs wurden über die ungarische Grenze gebracht und jetzt wollen sie durch L.[13] zu den Eltern gelangen. Die Reisekosten nach L. betragen 10 Pengő, die Gemeinde hat 4 beigesteuert, sie brauchen also noch 6, um mit dem Zug um 1 Uhr 45 abreisen zu können.

6 Der Baross-Verband wurde 1919 als Interessenverband der Händler und Gewerbetreibenden christlichen Glaubens gegründet.

7 Richtig: János Ilovszky (1888–1953), Händler; Eigentümer einer Porzellan- und Glashandelsfirma, Präsident des Baross-Verbands, von 1920 an Mitglied des Munizipalausschusses der Stadt Budapest.

8 Arab.: Giftwind, Sandsturm.

9 Rabbinischer Schüler.

10 Die karpato-ukrainische Stadt Huszt (Chust) wurde 1939 von ungar. Truppen besetzt und war bis 1944 Teil des ungar. Territoriums.

11 Bildsprache wie im Original.

12 Hebr.: Überschreitung; jüdisches mehrtägiges Fest in Erinnerung an den Auszug aus Ägypten.

13 Vermutlich: die ungar. Stadt Lenti in der Nähe der slowen. Grenze.

Der Ältere ist ein ausgehungerter, müder, schmächtiger Junge – „man hilft sich schwer in einer fremden Stadt",[14] sagt er erschöpft –, in der Hand des kleinen Bruders ein winziger Koffer aus Papier, darin ihr ganzes Hab und Gut. Ich habe ihnen 3 Pengő und ein paar Adressen gegeben [und sie aufgefordert] zurückzukommen und vom Ergebnis zu berichten. Nach wenigen Minuten heißt es, sie hätten jeweils 50 Fillér bekommen, es fehlten also noch 150. Ich schicke sie ins Büro meines Freundes Pali Varsányi.[15] Bald darauf kehren sie zurück – der Ältere strahlt [und erklärt] mit glücklichem Gesicht: „Die Reisespesen sind da"[16] –, sie haben [bei Pali] 2 Pengő und 50 Fillér bekommen. Ich habe sie in die Kantine von Kremsier mitgenommen und ihnen ein gutes, reichhaltiges Mittagessen bezahlt, währenddessen sich ihr Betriebskapital durch das Zutun mildherziger Leute noch vermehrt hat – die beiden Leipziger Pelzhändler-Kinder sind [schließlich] um eins mit dem Zug ins Unbekannte aufgebrochen.

Das Mittagessen hätte mir nicht geschmeckt, wenn ich diese beiden Waisen nicht versorgt hätte – auch jetzt noch habe ich ihr glückliches Gesicht vor Augen.

Tausende, Zehntausende solcher verwahrlosten Kinder irren auf den Landstraßen Europas in der Ungewissheit von Heimatlosen umher, schleppen das Schicksal und den Fluch ihrer Geburt mit sich. Wie lange noch?

Und heute am Abend wird in den Räumen des Mädchenvereins László Weiner[17] aus Szombathely (der Sohn meines Freundes Feri)[18] am Klavier Vera Rózsa[19] begleiten, die jiddische Lieder singen wird. Vor einigen Tagen habe ich in einer Gesellschaft, auf der anlässlich des Vortrags der Frau des Oberrabbiners auch jiddische Lieder gesungen wurden, eine Äußerung gehört: Eine jüdische Frau sagte „widerlich", und es gab niemanden, der diesem obszönen Urteil widersprochen hätte. Hier spürt man nur die erdrückende Last des Jüdischseins, seine Schönheiten treten nicht in Erscheinung, es gibt keine Traditionen und keine Spur vom Gefühl einer Gemeinschaft. Wie ein verfluchtes Nessushemd[20] klebt das Jüdische an ihnen: Es ist schmerzhaft, es zu tragen, und es ist schmerzhaft, es abzulegen.

Das großartige Erlebnis des Konzerts ist verblasst. Im kleinen Saal gibt es 135 Sitzplätze, die aber kaum besetzt waren. Man hat die Stehenden aufgefordert, sich zu setzen, damit die Leere nicht so auffällt. Vera Rózsa ist eine Sängerin ersten Ranges, ihr Gesang ist ausdrucksstark, das Publikum mitgerissen. Und Laci Weiner bleibt sogar am Klavier der große Dirigent. Die Zuhörer haben die jiddischen Lieder liebevoll begrüßt, auch einige Zugaben gefordert, doch dass die Stimmung brausend und feurig gewesen wäre, kann ich nicht behaupten. Die Menschen hier sind kühl, während in Sopron dasselbe

14 Im Original deutsch.

15 Pál Varsányi (1913–1944), Holzhändler; im Zwangsarbeitslager Lukov ermordet.

16 Im Original deutsch.

17 László Weiner (1916–1944), Komponist, Pianist, Dirigent; Mitglied der Künstler-Aktion OMIKE; im Zwangsarbeitslager Lukov ermordet.

18 Ferdinánd Weiner.

19 Vera Rózsa (1914–2010), Sängerin, 1942 heiratete sie László Weiner, Mitglied der Künstler-Aktion OMIKE; nach der deutschen Besetzung im Untergrund, später in der schwed. Botschaft tätig; 1945/46 Mitglied der Ungarischen Staatsoper, 1946–1951 der Wiener Staatsoper, 1954 Emigration nach Großbritannien, dort als Gesangslehrerin tätig.

20 Anspielung auf das in der griech. Mythologie erwähnte, mit dem Blut des Zentauren Nessus getränkte Gewand, das seinem Träger entsetzliche Schmerzen verursacht.

Künstlerpaar 25 Zugaben hatte geben müssen und das Publikum in Szombathely es gar nicht von der Bühne lassen wollte.
Nach dem Konzert gingen wir zu Béla Kertész.[21] Béla saß am Klavier – ungarische Lieder. Wie bittersüß sehnte ich die Zeit zurück, als diese Musik noch vermochte, mich zu faszinieren, mitzureißen, weich zu stimmen. „Der Allmächtige weiß, / was das Trübselige sei …"[22]
Und gestern Abend sind mir Tränen in die Augen gestiegen, als ich [das Lied über] den einfältigen Wunsch einer jüdischen Braut gehört habe; die süßlich-trüb-klagende Melodie der Jargon-Lieder. Als hätte ich diese Musik schon einmal gehört – irgendwann, vor sehr langer, vor sehr, sehr langer Zeit.

DOK. 47
Die ungarische Armee in Südungarn fordert am 7. Mai 1941 die Einführung von gelben Armbinden für Juden im Arbeitsdienst[1]

Eingabe des Generalstabschefs der kgl. ungar. Armee[2] (5104/eln.1.vkf.-1941), ungez., vom 7.5.1941 (mit Anlage vom 6.5.1941)

Betreff: Versorgung gemischter Kompanien von Arbeitsdienstlern mit gelben Armbinden

Auf Grundlage des Berichts des Hauptmanns im Generalstab Burány[3] wird Folgendes geplant
Schriftlich
An Herrn V[erteidigungs]m[inister][4] (durch die III. Hauptverwaltung)[5]

Zum 1.
Ein militärisches Organ der wieder eingegliederten ungarischen südlichen Gebiete[6] hat aufgrund des unten stehenden Berichts folgenden Antrag gestellt.

21 Béla Kertész (1895?–1944), Architekt; im Arbeitsdienst ermordet.
22 Zitat aus dem vertonten Gedicht „A Grand Caféban" (Im Grand Café) von Mihály Szabolcska.

1 HM HIM, 1941. 1. tétel eln. II. Vkf. 30 934. 1941. május 7. HL, I. 89. 19. tekercs. Abdruck in: Elek Karsai (Hrsg.), „Fegyvertelen álltak az aknamezőkön …". Dokumentumok a munkaszolgálat történetéhez, Budapest 1962, Bd. 1, Dok. 45, S. 333 f. Das Dokument wurde aus dem Ungarischen übersetzt.
2 Henrik Werth (1881–1952), Offizier; Leiter der Abt. für militärische Operationen im Verteidigungsministerium, 1936–1938 pensioniert, 1938–1941 Generalstabschef der kgl. ungar. Armee; 1948 vom ungar. Volksgericht zum Tode verurteilt, 1952 in der Haft verstorben.
3 Pál Burány (*1909), Offizier; zuletzt Major im Generalstab.
4 Károly Bartha (1884–1964), Offizier; 1920 Oberstleutnant, von 1936 an Sektionschef im Verteidigungsministerium; 1938–1942 Verteidigungsminister, 1941 Generaloberst; nach dem Krieg wurde er degradiert, 1950 Emigration.
5 Die III. Hauptverwaltung kümmerte sich um finanzielle Angelegenheiten und war für Ausrüstungs-, Versorgungs- und Unterbringungsfragen zuständig.
6 Gemeint ist die Region Batschka, die Ungarn im April 1941 von Jugoslawien annektiert hatte.

Aus der Anlage:
Hiermit bitte ich Ihre Exzellenz freundlichst darum, dringend anzuordnen, Juden in gemischten Arbeitsdienstkompanien innerhalb und außerhalb Ungarns sowie in Bataillonen des Aushilfsarbeitsdienstes mit gelben Armbinden zu versehen, unabhängig davon, ob sie Uniform tragen oder nicht.
Gleichzeitig verweise ich darauf, dass ich Ihrer Exzellenz bereits im vorigen Jahr einen ähnlichen Vorschlag unter dem Geschäftszeichen 4589/eln.1.vkf.-1940[7] unterbreitet habe.
Durchschlag: an Herrn V[erteidigungs]m[inister] über das III. Gruppenkommando.

K.sz.v. 6.5.941. 17 Uhr 390./6.hdm.:
Ich bitte darum, an Mitglieder in gemischten Kompanien des Arbeitsdienstes keine nationalfarbigen Armbinden mehr auszugeben[8] und sie stattdessen mit einem gesonderten Abzeichen, möglichst einer *gelben Armbinde*, zu versehen. Ich weise darauf hin, dass die ungarischen Christen in den befreiten Gebieten[9] durchweg mit Unbehagen darauf reagiert haben – das sie auch zum Ausdruck brachten –, die das Ungartum, die ungarische Nation repräsentierenden und lange herbeigesehnten Nationalfarben beim jüdischen Arbeitsdienst sehen zu müssen. Nicht gleichgültig dürfte auch sein, dass die häufig hier verkehrenden Angehörigen der deutschen Armee, die selbst in den nur vorübergehend besetzten Gebieten an die Kennzeichnung der Juden gewöhnt sind, ausgerechnet in den jüdischen Einheiten auf unsere Nationalfarben stoßen. Daraus könnten sie völlig falsche Schlüsse hinsichtlich unserer Haltung zum Judentum und der Wertschätzung unserer Nationalfarben ziehen. Zum Schluss möchte ich darauf hinweisen, dass sich unser Eisenbahnpersonal aus den oben erwähnten Gründen in der Vergangenheit geweigert hat, die vorgeschriebene Armbinde in Nationalfarben zu tragen, weil es zu Recht befürchtete, mit den Angehörigen der jüdischen Arbeitsdienstkompanien verwechselt zu werden.[10]

7 Nicht ermittelt.
8 Jüdische Arbeitsdienstler mussten seit 1940 Stoffstreifen in den ungar. Nationalfarben am linken Arm tragen.
9 Siehe Anm. 6.
10 Bis zum Frühjahr 1942 wurde die Kennzeichnung jüdischer Arbeitsdienstleistender nicht einheitlich geregelt und hing von der Entscheidung der jeweiligen Kommandanten ab.

DOK. 48

Der Wirtschaftsberater Otto Gröndahl macht am 13. Juni 1941 das Auswärtige Amt darauf aufmerksam, wie Volksdeutsche von den „Arisierungen" profitieren könnten[1]

Schreiben von Otto Gröndahl, Budapest, an Dr. Reichelt,[2] Auswärtiges Amt (Eing. D IX 67, 18.6.1941), Berlin, vom 13.6.1941 (mit Anlage)[3]

Betrifft: Arisierungen

Sehr geehrter Herr Dr. Reichelt!
Ich nehme Bezug auf meinen Hinweis von heute Vormittag, daß in einer Abmachung mit der ungarischen Regierung unbedingt auch die Arisierungsfrage enthalten sein muß. Als weiteren Beleg für die Wichtigkeit und Eiligkeit der Angelegenheit übermittle ich Ihnen in der Anlage den Durchschlag einer Aktennotiz, die mir soeben zugegangen ist. Der Gewährsmann ist absolut zuverlässig.
Auch wenn die Angelegenheit im Rahmen eines Abkommens zu behandeln unmöglich ist, bitte ich ihr besondere Aufmerksamkeit zu schenken und gegebenenfalls Überlegungen anzustellen, wie weit hinsichtlich der Arisierungen sowohl der volksdeutsche als auch der reichsdeutsche Einfluß gesichert werden kann. Es ist sicher zweckmäßig, wenn diese Frage auch Gesandten Klodius[4] vorgetragen wird, ehe er nach hier kommt.
Heil Hitler
Gröndahl

Anlage

Aktenvermerk: Streng vertraulich
Wie ich aus sicherer Quelle erfahren habe, hat sich das ungarische Innenministerium unter dem Druck des Reiches entschlossen, die weiteren Judengesetze beschleunigt in Kraft zu setzen. Über das III. Judengesetz[5] hinaus ist beabsichtigt, auf dem Verordnungsweg ähnliche Bestimmungen, wie sie in den Nürnberger Gesetzen enthalten sind, zu erlassen. Bei dem Einmarsch der ungarischen Truppen in Siebenbürgen[6] wurden bekanntlich in einer Reihe von jüdischen Unternehmen die jüdischen Inhaber und das jüdische Personal ungeachtet der Ersatzmöglichkeit durch arische Kräfte ganz kurzfristig entlassen. Ähnliche Vorgänge scheinen sich nun für das gesamte Ungarn vorzubereiten.
Keresztes-Fischer *soll* angeblich bereits mit einer Reihe anderer führender Persönlichkeiten zusammen kaltgestellt sein.[7]

1 PAAA, R 100604, Bl. 164 f.
2 Vermutlich: Dr. Eberhard Reichel (*1909), Jurist; von 1934 an im Justiz- und Verwaltungsdienst, 1937/38 Referent, dann Abteilungsleiter beim SD OA Süd-West, 1939 Reg.Rat, 1940 SS-Sturmbannführer, von 1941 an im AA, Kulturpolitische Abt., Ref. B/Wirtschaftliche Volkstumsfragen tätig, 1941 Legationssekretär, 1942 Legationsrat, Leitung des Ref. IX (seit 1943 Gruppe Inland II, Ref. C); von 1945 an Gesellschafter der Süddeutschen Fischimport GmbH.
3 Im Original handschriftl. Bearbeitungsvermerke.
4 Richtig: Carl August Clodius (1897–1952), Diplomat; stellv. Leiter der Handelspolitischen Abt. des AA.
5 Siehe Dok. 51 vom 2.8.1941.
6 Zum Zweiten Wiener Schiedsspruch siehe Einleitung, S. 29.

Die Abdankung Goldbergers[8] und die Übernahme eines Teiles seiner Aktien durch den Staat soll von langer Hand vorbereitet gewesen sein.[9]
Es ist zu erwarten, daß im Zusammenhang mit den neuen Judengesetzen eine ganze Reihe jüdischer Betriebe zwangsweise arisiert werden. M. E. muß die gewerbliche Wirtschaft des VDU[10] hier über das Reich mit eingespannt werden. Es kann sich m. E. für den VDU nicht so sehr darum handeln, einzelne Großbetriebe zu übernehmen, deren zwangsweise Arisierung an sich längere Verhandlungen erfordern wird, als vor allem in der Provinz lebensfähige kleinere und kleinste Gewerbebetriebe vorläufig zu übernehmen und sie dann im Laufe der Zeit an geeignete volksdeutsche Kräfte zu tragbaren Bedingungen zu übergeben. Was die Großbetriebe anbelangt, müßte festgestellt werden, welche Posten hier eventuell von volksdeutschen Kräften übernommen werden können. Ich würde vorschlagen, mit Hilfe der Vertrauensleute in den Kreisen festzustellen, um welche jüdischen Betriebe es sich handeln kann und welche Kapitalien sofort für die Übernahme benötigt werden. Vielleicht ist es auch möglich, durch einen großzügigen Landesausgleich zumindest für eine zwischenzeitliche Übernahme, bis ortsansässige Kräfte frei sind, für die Wahrung der Betriebsinteressen zu sorgen.
Die ganze Frage ist sehr dringend und müßte sofort in Angriff genommen werden.

DOK. 49

Der Leiter des Protektionsbüros der ungarischen Israeliten fasst in der ersten Hälfte des Jahres 1941 die schwierige Situation der Juden in der Karpato-Ukraine zusammen[1]

Bericht[2] ungez., o. D. [vermutlich erste Hälfte 1941][3]

Die jüdischen Probleme des Karpatenvorlandes

Das Karpatenvorland erstreckt sich an der nordöstlichen Grenze Ungarns und umfasst die Komitate Ung, Bereg, Ugocsa sowie den größeren Teil des Komitats Máramaros. Das Territorium beträgt 12 656 km^2, auf dem ca. 800 000 Menschen leben, davon

7 Innenminister Keresztes-Fischer geriet aufgrund seiner deutschfeindlichen Haltung immer wieder unter Druck. Dennoch war er bis März 1944 im Amt.

8 Dr. Leó Buday-Goldberger.

9 Um dem Druck entgegenzuwirken, der seit den Judengesetzen auf der Goldberger-Textilfabrik lastete, ließ Leó Buday-Goldberger die beiden Direktoren und zahlreiche weitere Mitarbeiter der Fabrik pensionieren und verzichtete auch selbst auf eine Gehaltszahlung.

10 Der Volksbund der Deutschen in Ungarn (VDU) wurde 1938 gegründet. Die Leitung übernahm Franz Anton Basch. Die zunehmend nationalsozialistisch orientierte Organisation spielte u. a. bei der Rekrutierung für die Waffen-SS in Ungarn eine wichtige Rolle.

1 MZSML, L 4/2 Pásztor József hagyatéka. Das Dokument wurde aus dem Ungarischen übersetzt.

2 Der Bericht wurde von Dr. József Pásztor, Lehrer, Leiter des Protektionsbüros der ungarischen Israeliten, verfasst.

3 Die Erwähnung des Jahres 1941 und der jüdischen Einwohnerzahl deuten darauf hin, dass der Text aus der ersten Jahreshälfte des Jahres 1941 stammt. Eine andere Version des Berichts trägt einen Stempel vom 28.7.1941 sowie die Vermerke „Nicht freigegeben. Nicht zu vervielfältigen" und „Erscheinung und Verbreitung berühren die Interessen der Kriegsführung"; siehe MZSML, A Magyar Izraeliták Pártfogó Irodájának iratai 1938–1941.

120 000 Juden, also 15% der Gesamtbevölkerung.[4] Der größte Teil des Gebiets besteht aus Bergen und Wäldern, nur 30% des Bodens, der größtenteils mühsam zu bewirtschaften ist, eignet sich für die Landwirtschaft, das hiesige Ackerland bringt wenig Ertrag. Den größten Teil des Territoriums durchfließen kleinere und größere Flüsse, die Täler sind nach Norden und Süden ausgerichtet, das Eisenbahnnetz ist wenig ausgebaut, weshalb sich das Land wirtschaftlich und kulturell kaum entwickeln konnte. In den überwiegend mit Föhren bewaldeten Bergen hätte sich Holzindustrie ansiedeln können, außerdem Gastgewerbe, wenn das Gebiet verkehrstechnisch besser erreichbar gewesen wäre. Es hätten Sanatorien entstehen können, und auch der Tourismus hätte sich entwickeln können. Während der Besatzung[5] reisten die Leute jedoch lieber in die Hohe Tatra, und das Gebiet wurde in dieser Hinsicht vernachlässigt. Die Bergweiden wären auch für Tierzucht – Kuh- und Schafzucht – gut geeignet, doch seit 1918 passierte in dieser Hinsicht wenig, das gilt auch für die verhängnisvolle zwanzigjährige Besatzungszeit. Nach der Wiedereingliederung war unsere Regierung vermutlich mit wichtigeren Fragen beschäftigt, so dass dem Gebiet und der dort lebenden Bevölkerung (Ungarn, Ruthenen, Juden) höchstens Nothilfemaßnahmen zuteilwurden, ohne dass die Menschen aktiv eingebunden worden wären. Dieses Versäumnis führte dazu, dass die Bevölkerung ausnahmslos in eine schwierige wirtschaftliche Lage geriet, sie lebte in einer täglich wachsenden Armut. Ein großer Teil der einheimischen Bevölkerung fiel Epidemien zum Opfer und ist am Aussterben. Das bezieht sich insbesondere auf die im Karpatenvorland lebenden Juden. Sie sind Bewahrer und Garanten alter Traditionen und halten bis heute streng an den von ihren Vorfahren übernommenen Gewohnheiten fest. Während die Quote der Analphabeten unter der nichtjüdischen Bevölkerung im Allgemeinen noch sehr hoch ist, sorgten die Juden dafür, dass jedes Kind Lesen und Schreiben lernt, in erster Linie selbstverständlich Hebräisch. Sie schickten insbesondere die Knaben in das sog. Cheder[6] und ab dem 13. Lebensalter in eine Jeschiwa, um die Heilige Schrift zu studieren. Andererseits hat das Judentum die Herausforderungen der neuen Zeit nicht erkannt und seine Jugend nicht auf eine tragfähige Laufbahn vorbereitet. Der größte Teil der jüdischen Bevölkerung begann als einfache Arbeiter in der Landwirtschaft, viele verdingten sich als Tagelöhner in Baumschulen, beim Straßenbau, in der Holzverarbeitung, in Steinbrüchen und Salzbergwerken. Sie wurden außerdem in den am wenigsten qualifizierten Bereichen der Industrie beschäftigt. Eine relativ kleine Schicht kam in verschiedenen Bereichen des Handels unter, vor allem im Kleingewerbe, als Vertreter oder Besitzer von Konzessionen für Tabak und Alkohol. Einige wenige wurden Angestellte in Handelsunternehmen. Leider müssen wir feststellen, dass diese Beschäftigungszweige

4 Gemäß der Volkszählung von 1941 betrug die Gesamtbevölkerung in der Karpato-Ukraine über 850 000 Personen, davon wies die Statistik 78 272 als Juden aus (9,2%). 1938/39 betrug ihre Zahl zwischen 100 000 und 110 000; siehe György Dupka/László Zubánics, A zsidóság múltja és jelene Kárpátalján (Emlékezés a Holokauszt áldozataira), in: Együtt 3 (2012), S. 52–64, hier S. 53.

5 Gemeint ist die Zeit der tschechoslowak. Herrschaft nach dem Ersten Weltkrieg in der zuvor unter ungar. Dominanz stehenden Karpato-Ukraine. Mit dem Ersten Wiener Schiedsspruch wurde ein Teil der Karpato-Ukraine wieder Ungarn zugesprochen. Die restlichen Gebiete wurden 1939 durch ungar. Truppen besetzt.

6 Traditionelle, religiös geprägte Schule für Knaben ab drei Jahren. Die Ausbildung wird mit 13 bzw. 14 Jahren mit der Bar Mitzwa abgeschlossen.

durch die Judengesetze und weitere Maßnahmen fast ausnahmslos ausgelöscht wurden. Wir zitieren aus einer uns zur Verfügung stehenden Studie[7] folgende Daten:
Von der Arbeit als Tagelöhner lebten ca. 2000 Familien, d. h. im Durchschnitt 10 000 Köpfe, 6000 Familienoberhäupter waren Gewerbetreibende, 5000 davon wurde der Gewerbeschein entzogen,[8] was 5000 Menschen arbeitslos und damit brotlos machte.
Etwa 1000 Juden vertraten tschechische Betriebe. Diese Art von Vertretertätigkeit endete jedoch nach der Befreiung. Dies machte wiederum etwa 5000 Menschen brotlos.
Sofort nach der Befreiung, aber spätestens zum 20. Juni 1940 wurden sämtliche staatliche Konzessionen eingezogen, das heißt auch die Genehmigungen, Tabakläden und Kneipen zu betreiben, sowie das Recht zur Herstellung und zum Vertrieb von Rum, Likör und weiteren Spirituosen, was 2000 Familien, d. h. 10 000 Menschen um ihr tägliches Brot brachte.
Beamte, insbesondere Lehrerinnen, verloren ihre Stellen. Angestellte im Handel fielen unter das sog. Intelligenzgesetz und wurden ebenfalls entlassen.[9] 3600 Familienvorstände wurden arbeitslos, das stürzte 15 000 Personen in die Mittellosigkeit.
Allein anhand dieser kleinen Aufstellung ist festzustellen, dass mehr als 15 000 Familien, d. h. 75 000–80 000 Seelen, also zwei Drittel des im Karpatenvorland lebenden Judentums, dem Untergang geweiht wurden. Darin ist noch gar nicht die große Masse berücksichtigt, die schon vor 1918 und während der Besatzung ein Bettlerdasein fristete. Doch nicht einmal die Bettelei sichert heute ihr Brot, weil ihnen selbst das Recht zum Lumpensammeln und Betteln entzogen wurde.
Wir werden also Zeugen einer dramatischen Absenkung des Lebensstandards, die in Europa vielleicht beispiellos ist. Wir sind uns völlig bewusst, dass bedauerlicherweise nicht nur die Situation der Juden so elend ist. Jene, die ihre dünne Brotscheibe unter Tränen verzehrt haben oder verzehren, machen ohnehin keinen Unterschied, in welcher Kirche sie welchen Gott anbeten. Uns schmerzt das traurige Schicksal aller verlassenen und darbenden Menschen, das Schicksal des siechenden ruthenischen Volkes[10] ebenso wie das der Menschen aus den Komitaten Szabolcs oder Szilágy. Während sich die Regierung jedoch durchaus richtig und klug um sie kümmert, ist das Judentum zum Hungertod verurteilt und der Vernichtung preisgegeben. Angesichts dieser Situation ist es offensichtlich, dass man sich um jene kümmern muss, die mit noch viel essentielleren Problemen kämpfen als dem Hunger, so zum Beispiel mit Obdachlosigkeit und existentieller Unsicherheit. Seit Monaten wird im Karpatenvorland die Staatsangehörigkeit überprüft.[11] Es hat sich eine Rechtspraxis etabliert, nach der alle als Fremde betrachtet

7 Nicht ermittelt.
8 Siehe §14 des sog. Zweiten Judengesetzes, Dok. 29 vom 5.5.1939. Siehe zudem VO 3.380/1940. ME über die Überprüfung der Handels- und Gewerbescheine auf dem Gebiet der Karpato-Ukraine vom 14.5.1940. Diese verfügte, dass Gewerbe- und Handeltreibende in der Karpato-Ukraine zur Überprüfung ihrer Gewerbe- und Handelsscheine bis zum 30.6.1940 einen entsprechenden Antrag beim Regierungskommissar stellen mussten; Magyar Kir. Belügyminisztérium (Hrsg.), Magyarországi Rendeletek Tára (wie Dok. 51 vom 2.8.1941, Anm. 13), S. 942–944.
9 Gemeint ist das sog. Zweite Judengesetz; siehe Dok. 29 vom 5.5.1939.
10 Gemeint sind die Ruthenen (Russinen oder Karpato-Ukrainer), eine ukrain. Sprachgruppe.
11 Diese Maßnahmen standen im Zusammenhang mit der geplanten Ausweisung von Juden, die die ungar. Staatsbürgerschaft nicht nachweisen konnten; siehe u. a. die entsprechende Weisung des Innenministeriums an die polizeilichen Organe vom 12.7.1941, ÁBTL, 3.1.9. V-122405.

werden, die nicht zweifelsfrei belegen können, dass sie oder ihre Vorfahren spätestens 1851 in Ungarn geboren sind, zwischen 1875 und 1880 Steuern gezahlt, zwischen 1917 und 1921 in einer ungarischen Gemeinde gelebt und zur Gemeindeabgabe beigetragen haben. Das sind schwierig zu erfüllende Voraussetzungen, und ihr Nachweis wird durch zahlreiche Hindernisse erschwert.

1. Der größte Teil der jüdischen Bevölkerung war immer eine darbende, arme Schicht und infolgedessen zwischen 1917 und 1921 nicht in der Lage, Steuern zu bezahlen.

2. Die meisten Juden sind nur kirchlich, nicht standesamtlich getraut. Das bedeutet, dass in jeder Familie beide Elternteile gesondert alle erforderlichen Unterlagen besorgen müssen. Aber selbst wenn sie solche besitzen, lässt sich die geradlinige Abstammung oft nur sehr schwer nachweisen.

3. Die jüdischen Geburtsregister wurden schlecht und nur lückenhaft geführt, so dass bestimmte Urkunden nur unter größten Schwierigkeiten zu besorgen sind.

4. Die Steuerleistungen zwischen 1875 und 1880 kann man ebenfalls nur sehr schwer nachweisen, weil die Steuerakten vernichtet wurden.

5. Sollten sich die Unterlagen dennoch besorgen lassen, beträgt der Preis bestimmter Urkundenbündel durchschnittlich 80 Pengő, weil die männlichen jüdischen Familienoberhäupter zwischen 1851 und 1941 oft auch in fünf Gemeinden gelebt haben und [die Papiere] jeweils dort angefordert werden müssen. Da im Karpatenvorland mindestens 10 000 jüdische Familien leben, die ihre Unterlagen möglichst schnell zusammenbekommen müssen, weil ihnen sonst binnen kürzester Zeit Schutzhaft und anschließend Internierungslager drohen, werden, nur um die Staatsangehörigkeit zu belegen, 80 000 Pengő benötigt. Das hat zur Folge, dass über jeder dieser Familien das Damoklesschwert schwebt, von einem Tag auf den anderen aus dem Haus, in dem in zahlreichen Fällen auch schon Vater und Großvater ihr trauriges Leben verbracht haben, vertrieben zu werden. Die Besorgung der Familienpapiere stößt teilweise auch deshalb auf Schwierigkeiten, weil zahlreiche unserer Glaubensbrüder derzeit ihren Militärdienst ableisten und in sog. Arbeitskompanien eingesetzt sind[12] und gar keine Gelegenheit haben, die notwendigen Unterlagen zu besorgen, nicht davon zu reden, dass sie dadurch auch nicht imstande sind, mit ihrer Tagelohnarbeit das tägliche Brot für ihre Familien zu sichern. Wir müssen schmerzlich konstatieren, dass sogar die Familienmitglieder eingezogener Männer in vielen Fällen keine staatlichen Beihilfen erhalten.

Wo kein Brot ist und nicht einmal die wenigen Heller vorhanden sind, um Seife zu kaufen, wo es unmöglich ist, Schuhe zu besohlen, wo Menschen in immer kleineren Wohnungen zusammengepfercht leben und nicht einmal die wenigen Pengős da sind, um nach einem Arzt zu rufen, dort kommt es als natürliche Konsequenz zum körperlichen Zusammenbruch, die Widerstandsfähigkeit nimmt ab, der Kindstod zu und die allgemeine Sterblichkeitsrate erhöht sich. Nervenkrankheiten, Kleinmut, Verunsicherung und seelischer Zusammenbruch sind ebenfalls die Folgen. In den strohbedeckten Hütten wütet die Tuberkulose in all ihren Formen. Tausende Kinder erkranken infolge der schlechten Ernährung an Rachitis, bleiben in ihrer Entwicklung zurück. Vielleicht findet man nirgendwo so viele Nervenkranke und Menschen mit verunstalteten Kör-

12 Zum Arbeitsdienst in Ungarn siehe Einleitung, S. 35–38.

pern wie in diesem Gebiet. Wer jemals oder zumindest innerhalb der letzten beiden Jahre in dieser Gegend war und die vielen ausgestreckten Arme sah, die um ein oder zwei Heller, um ein Stück Brot baten, die spärlich bekleideten Menschen, die auch im Winter mit nackten Füßen liefen; oder wer unsere Mitmenschen, Geschwister sah, deren vom Hunger gezeichnete Augen ans Grab gemahnten; oder die verwunderten Augen der Kinder, die uns staunend anstarrten, als wir mit ihnen in die Ferien fuhren und ihnen erklärten, sie könnten das ihnen servierte Essen vollständig verzehren, weil sie am selben Tag noch zwei- oder dreimal zu essen bekämen; wer diese traurigen Märtyrer sah, die sich in langen Schlangen nicht etwa für Tee, Suppe oder Milch, sondern für warmes Wasser anstellen; wer die nicht nur für sich selbst, sondern für ihre Kinder leidenden Mütter, sah; wer ihre sog. Unterkünfte sah, die weder über einen Bodenbelag, noch über Möbel verfügen und in denen die Bettstatt aus einer dünnen Schicht Stroh besteht; wer die neun in gnadenloser, Tränen treibender Kälte in einer Scheune lebenden Familienmitglieder sah, die insgesamt nur über ein einziges Paar Schuhe verfügen und bei denen, weil die Scheune keine Tür hat, der Wind den Schnee hereinfegt und sein verhängnisvolles Lied anstimmt – wer all dies sah, der findet wochenlang keinen Schlaf mehr. Es wird sein Gewissen auch nicht beruhigen, dass er selbst und seine Familie noch irgendwie versorgt sind. Er wird schwer an jedem Stück Brot kauen angesichts der ihn verfolgenden Schatten. Er wird alles daran setzen, diesen verlassenen Menschen, die entgegen anderslautenden Nachrichten mit ihren ruthenischen Nachbarn in Frieden und Eintracht leben, im Rahmen seiner Möglichkeiten zur Hilfe zu eilen. Es sieht so aus, als sei das Elend ein stärkeres Bindemittel als der Wohlstand. In den strohbedeckten Scheunen leben Ruthenen und Juden in Frieden und völligem Einklang bei gegenseitiger Unterstützung nebeneinander. Wir sprechen hier von jenen Juden, die hier und da auch Chasaren[13] genannt werden, die unlängst vielleicht noch in den Wäldern Holz schlugen, die Landstraßen mit Steinen pflasterten, Korn zu produzieren versuchten, Salz aus den Schächten förderten oder, wenn es hochkam, oben auf dem Bock saßen und als Kutscher arbeiteten. Unter ihnen gab es auch Gewerbetreibende. Wer es mit Gottes Hilfe weit gebracht hatte, schenkte in der Kneipe Getränke aus oder stand von früh bis in die Nacht im Krämerladen und verkaufte für ein Paar Heller Salz, an manchen Tagen etwas Mehl oder andere Lebensmittel. In den Städten waren sie im Handel tätig, denn Beamte konnten sie nicht werden. Wer keinen Laden hatte, war Handelsreisender, vermittelte Waren, und das war eine durchaus sinnvolle Tätigkeit, die die Wirtschaft in Schwung brachte. Einige Kriegsinvaliden konnten einen kleinen Tabakladen übernehmen. Wir sahen auch Talmudgelehrte mit nur einem Bein, das andere haben sie im Krieg, irgendwo in Wolhynien oder auf der ukrainischen Ebene, verloren.

Heute liegt Schweigen über dem Landstrich, es herrscht Stille und die Arbeitslosen haben nichts zu tun, nur die Sorge quält ihre Seelen; Seelen, die in sehr schwachen Körpern ruhen, Seelen, die wesentlich stärker sind als die Körper. Das Leben pulsiert eher auf den Friedhöfen, auf denen sich immer schneller neben den frischen die noch frischeren Gräber aufreihen.

Das sind die Tatsachen; doch was ist zu tun?

13 Die Chasaren waren ein Volk in Zentralasien, dessen Oberhäupter im 8. oder 9. Jahrhundert die jüdische Religion annahmen. Die Meinung, sie seien die Vorfahren der osteuropäischen Juden, ist nicht belegt.

Eine wichtige Aufgabe wäre es zum einen, Übergangshilfen zu leisten, zum anderen einen längerfristig ausgerichteten Wirtschaftsplan auszuarbeiten und umzusetzen. Die Nothilfe sollte in drei Richtungen gehen und politisch, wirtschaftlich und kulturell wirken. In politischer Hinsicht sollte zunächst das Obdach, das Zuhause gesichert werden. Durch die politischen Zeitläufte wurde in diesen Gegenden viel Hass verbreitet, obwohl die hier lebenden Kaftan, Peies[14] und lange Bärte tragenden Juden gutgesinnt sind; aufopferungsvolle, ehrliche und arbeitsame einfache Menschen, die ihre Heimat lieben und die Gesetze des Landes und die Behörden respektieren. Zweifelsohne haben sie auch Fehler. Aber wo gibt es die nicht? Und wo es sie gibt, muss man nach den Ursachen suchen. Für uns wurde deutlich, dass diese hilflosen Menschen am wenigsten Schuld tragen. Verantwortlich zu machen sind vielmehr jene Umstände, die verhinderten, dass diese Schicht ihre Existenz sichern konnte. Verantwortung trifft vor allem auch jene wohlhabenden Glaubensgenossen, die achtlos an diesen Armen vorbeigehen oder nicht einmal wahrnehmen wollen, dass es sie gibt.
Die erste Aufgabe wäre also, ein politisches Programm zu erarbeiten.
Die zweite, diese Menschen in die wirtschaftliche Tätigkeit zu integrieren. Es wird behauptet, es handle sich um ein armes Gebiet mit schlechtem Ackerland, das wenig Arbeitsmöglichkeiten biete, obwohl sich an den Ufern der Theiß und ihrer Nebenflüsse und Bäche die Weiden biegen. Sie bieten Arbeit, sie rufen nach arbeitenden Händen. Daraus könnte man den weltweiten Bedarf an Korbwaren decken. 10 000 Juden könnten diese herstellen und vertreiben. In den endlosen Wäldern rauschen Bäume, die sich geradezu anbieten. Wie viele Arbeitsgelegenheiten könnten sie sommers wie winters schaffen. Die Wiesen, Weiden und die Ackerböden sind hier keineswegs schlechter als in den Alpen oder in der Schweiz. Und welch eine prosperierende Industrie, was für eine Hausindustrie hat sich in diesen Ländern entwickelt. Wie viele landwirtschaftliche Beschäftigungen bieten sich hier allerorts an, wie viele holz- und papierverarbeitende Betriebe könnten hier entstehen. Aus den vielen Bächen und Flüssen ließe sich Strom und damit Licht und Leben gewinnen, und es böten sich für die vielen dort lebenden Ungarn, Juden und Ruthenen Tausende und Abertausende von Möglichkeiten an, die Brotfrage zu lösen. Wie leicht könnte man durch Ausgabe von Schuldscheinen das Leben vieler Tausend Menschen retten und ihnen ein menschliches Dasein ermöglichen. Die erste Aufgabe ist die karitative Wohltätigkeitsarbeit. Insbesondere die Säuglinge und Kinder, die sich noch keine Sünde aufgeladen haben, müssten gerettet werden. Auch die Greise dürften nicht sich selbst überlassen werden. Man muss Säuglingsheime, Volksküchen, Altersheime und Krankenhäuser errichten, mit einer Milch- und Bekleidungsaktion starten, für die kalte Jahreszeit Heizmaterial und ein warmes Mittagessen sichern. Den Menschen muss beigebracht werden, wie sie auch unter den heutigen traurigen Verhältnissen ihre Wohnungen gesund halten (mit entsprechender Lüftung und der wunderbaren Kraft der Sonne). Sie müssen lernen, sich mit wenigen Hellern gesund zu ernähren. Man muss den Kampf mit den Volkskrankheiten (Tuberkulose, Malaria, Trachom, Geschlechtskrankheiten) aufnehmen und Hygienemaßnahmen durchführen. Die Menschen müssen Zugang zu medizinischer Versorgung erhalten, man muss die ärztliche Hilfe sichern.

14 Schläfenlocken.

Der nächste Schritt wäre, sie zur produktiven Arbeit umzuerziehen, die Arbeitsfähigen auszubilden und sie zu landwirtschaftlichen Tätigkeiten umzuschulen. Auch der haus-, industrie- und teilweise der kunstgewerbliche Bereich kämen in Betracht.
Die diesbezüglichen Pläne existieren bereits, es fehlt lediglich – abgesehen von der selbstverständlich notwendigen Zusage der Regierung – das Geld. Diese Mittel können wir heutzutage von niemand anderem erwarten als vom inländischen Judentum. In der Vergangenheit hat sich vor allem das amerikanische Judentum in diesem Bereich engagiert. Doch in dieser Hinsicht gibt es kaum mehr Hoffnung auf Hilfe, weil der Joint inzwischen nicht nur die ungarischen Juden, sondern auch die aller anderen Länder unterstützen muss und die Möglichkeiten der Geldüberweisung außerdem äußerst eingeschränkt sind. Es ist überdies auch gar nicht angebracht, sich immer nur auf die Hilfe der anderen zu verlassen. Gott hilft nur denen, die sich selbst zu helfen wissen und jedes Opfer dafür bringen. Wehe deshalb dem einheimischen Judentum, das seine Ohren verstopft, seine Augen verschließt oder das die Klage nicht hört und sich gegenüber dem Untergang seiner Glaubensbrüder gleichgültig zeigt. Es würde auch seine eigene Vernichtung bedeuten, wenn es weiterhin um das goldene Kalb tanzt im Glauben, sein Beutel würde es retten, wenn es das Flehen der verzweifelten Menschen nicht erhört und seine Tasche so lange wie möglich zuhält …
Wir vertrauen darauf, dass das gesamte ungarische Judentum endlich erwacht, den Befehl der Zeit vernimmt und sich ohne Ausnahme in die Reihe der Helfer stellt, auf dass die bittenden Arme weniger werden. Die Juden müssen sich nun nicht nur einmal im Jahr, sondern jeden Abend in eine Stimmung wie zum Jom Kippur[15] versetzen. Sie müssen jederzeit bereit sein, die Seelen aufrüttelnden und herzzerreißenden Worte von Kol Nidre[16] zu hören. Es ist unsere Pflicht, uns auf unser Menschsein und unsere unendliche Traurigkeit zu besinnen.
Wir müssen uns an den Nachmittag des Jom Kippur erinnern, an die Laute des Neilahgebets,[17] wenn die Kerze zur Neige geht und unsere Seele zittert in dem Bewusstsein, dass sich in diesen heiligen Minuten vielleicht das Schicksal von Individuen und Familien entscheidet.
Gott wird das Schicksal unseres Lebens, auch das Deine, lieber Mitmensch, der Du diese Zeilen liest, bestimmen in der Weise, wie Du das traurige Schicksal aller übrigen beeinflusst und hilfst, das Leben der sich in größter Not befindlichen Brüder und Schwestern im Karpatenvorland zu erleichtern.

15 Versöhnungstag, einer der Hohen Feiertage des Judentums.
16 Erklärung vor dem Abendgebet am Jom Kippur, in der alle Eide, Gelübde und Versprechungen, die unüberlegt oder unwissentlich abgelegt wurden, aufgehoben werden.
17 Das Schlussgebet am Jom Kippur.

DOK. 50
János Hoffmann schildert unter dem Datum 29. Juli 1941 in seinem Tagebuch seinen Urlaub am Balaton und wie das alltägliche Leben trotz antijüdischer Bestimmungen weitergeht[1]

Handschriftl. Tagebuch von János Hoffmann, Eintrag vom 29.7.1941[2]

Vergangenes Jahr habe ich Sanyi[3] eine gemeinsame Segelpartie am Plattensee versprochen. Morgen brechen wir auf. Eigentlich wollte ich Sanyi eine Freude bereiten, doch jetzt bin ich es, der den Augenblick der Abfahrt kaum erwarten kann.
Ich möchte einige Tage von allem weg sein, ich liebe den Plattensee, und mit diesem Segelausflug wird eigentlich ein Kindheitstraum wahr.
Wir haben alles sorgfältig vorbereitet, gepackt; starten werden wir morgen um 2 Uhr nachmittags nach Keszthely, am Dienstagmorgen nehmen wir das Schiff.[4]
Unser zweiwöchiger Ausflug zum Plattensee war großartig. Wir haben acht Tage unter beinahe gänzlich nomadischen Bedingungen auf dem Schiff verbracht: Wir haben meist selbst gekocht, kein Radio gehört, keine Zeitungen gelesen – die leuchtenden Sonnenstrahlen wickelten den wunderschönen See in glücklichem Frieden ein, die friedlichen Sonnenstrahlen tauchten alle und alles in Freude. Hier gab es weder [das Gesetz] 1939:IV[5] noch Geschützdonner, wir haben keine Menschen mit Gedenkblättern,[6] die Richtung Arbeitslager trotten, gesehen, in der Umgebung des Sporthotels von Tihany konnten die Gäste eine feierliche Stille erleben, das pietätvolle Andenken an Karl IV.[7] hat die Atmosphäre der alten Welt heraufbeschworen.[8] In Siófok Fröhlichkeit, viel Lärm. Hier versuchen die Leute, die öde Wirklichkeit des Alltags zu vergessen, und oft gelingt es ihnen auch.
Wir haben während des Ausflugs viele Fotos gemacht, Nichte Ágota Faludi[9] hat ein Heldenepos über die Heroen des Segelschiffs verfasst; ich habe die Fotografien und das Epos in ein hübsches Album binden lassen; damit möchte ich die schönen Erinnerungen dieses lieblichen Sommers festhalten und hoffe, dass Zeiten kommen werden, in denen wir unter friedlicheren Bedingungen und in ruhigerer Stimmung die Erlebnisse dieses schönen und glücklichen Urlaubs beim Blättern durch das Erinnerungsbuch wachrufen können.

1 Original in Privatbesitz von Judit Varga Hoffmann. Abdruck in: Hoffmann, Ködkárpit (wie Dok. 46 vom 25.3.1941, Anm. 1), S. 71–73. Das Dokument wurde aus dem Ungarischen übersetzt.
2 Der Eintrag unter diesem Datum enthält weitere Einträge aus den kommenden Monaten.
3 Sándor Hoffmann (1925–1945), Sohn von János Hoffmann; nach der deutschen Besetzung Deportation nach Auschwitz, Arbeitseinsatz im Nebenlager Monowitz, seit der Evakuierung des Lagers verschollen.
4 Nummerierung im handschriftl. Tagebuch: IX. Gemeint ist vermutl. die Weiterführung des Tagebucheintrags im Sept.
5 Gemeint ist das sog. Zweite Judengesetz, siehe Dok. 29 vom 5.5.1939.
6 Zeitgenössischer Ausdruck für Reserveoffiziere, die am Ersten Weltkrieg teilgenommen haben.
7 Karl I., als Karl IV. König von Ungarn und Kroatien (1887–1922), letzter Kaiser von Österreich, unternahm 1921 zwei Restaurationsversuche in Ungarn, die jedoch beide scheiterten.
8 In Tihany befindet sich eine Gedenktafel an den Hausarrest von Karl IV. nach seinem gescheiterten zweiten Restaurationsversuch in Ungarn im Okt. 1921.
9 Ágota Faludi (1925–1963).

Inzwischen ist der Herbst da, nach einigen unangenehmen Tagen ist zum Neujahr doch noch einmal der Altweibersommer zurückgekehrt.[10] Sanyi ist wieder in Pest, Juci[11] geht zur Schule, aber wir sprechen gern von unseren Urlaubsabenteuern. Wir fliehen vor dem Alltag, der beißende, blutige Wunden verursacht, in die vielen Freuden, die wir innerlich angesammelt haben. Es ist ein großes Wunder, dass wir noch ein Gespür für das Schöne, für Fröhlichkeit und das Glück haben bewahren können.
Es gibt keine jüdischen Kaufleute für Brennholz und Kohle mehr; hin und wieder präsentiert man noch einen, als wäre er ein vom Aussterben bedrohter Büffel aus dem Wald von Visegrád (Ersterer wird jedoch weniger verschont als dieses „adelige" Tier).
Juden ist es untersagt, Schuhe mit Ledersohlen zu verkaufen, Juden dürfen nicht mehr en gros handeln, der alte Gastwirt kann sein Gewerbe nur weiterführen, wenn nicht nur sein Taufschein, sondern auch der seiner Ehefrau, seines Vaters und seiner Mutter in Ordnung ist. Jüdische Lehrer dürfen nicht mehr unterrichten, ein Jude kann nur Richter sein, wenn er pensioniert ist, und im September dieses Jahres wurde hier in Kanizsa[12] nicht ein [jüdisches] Kind in die Mittelschule aufgenommen. Es war ein Zufall, dass Juci noch in einen Handelslehrgang schlüpfen konnte, nachdem ihre Aufnahme ins Lyzeum der Nonnen von Notre Dame abgelehnt worden war, obwohl ihr Antrag vom Bürgermeister[13] nachdrücklich unterstützt worden war. Auch dies notiere ich bloß als Zeichen der Zeit. Im Rathaus wurden die Geschäftsräume des jüdischen Glasers Stern gekündigt, und in der Stadtversammlung wurde der Vorschlag eingebracht, jüdische Mieter aus städtischen Gebäuden zu entfernen, um den neuen, aufstrebenden christlichen Kaufleuten Platz zu machen. In der Textilbranche wird den Juden nur noch eine im Voraus bestimmte Menge an Fabrikwaren ausgehändigt, der Prozentsatz geht praktisch gegen null.
Und dennoch: Wir leben, atmen, essen, trinken, haben unsere täglichen Freuden und unsere unbedeutenden täglichen Ärgernisse neben unseren großen Schmerzen.
Ich notiere: Ein Lehrer hat die Schüler in der ersten Klasse der Knabenschule aufgefordert, sich als Pfadfinder zu melden (die Israeliten sollten sich nicht melden, weil sie nicht an der Pfadfinderbewegung teilnehmen dürfen). Der reizende Sohn eines unserer Bekannten hockte traurig in der Schulbank. „Willst du denn kein Pfadfinder werden?", fragte der Lehrer. „Doch, sehr gern, aber ich darf nicht, weil ich Jude bin." Daraufhin hat der Lehrer den Kopf des kleinen Kindes gestreichelt und es mit freundlichen Worten getröstet.
Juci hat eine Freundin. Ein Mädchen, das aus Polen geflüchtet ist. Sie lebt seit dem Zusammenbruch Polens hier. Der Vater, ein Förster, darf keine Arbeit annehmen, weil er Jude ist; die Tochter wurde dieses Jahr in der städtischen Musikschule von der Entrichtung des Schulgelds befreit.
In den Angelegenheiten von Zs. G.[14] war ich viel unterwegs, habe viel geschrieben, hatte große Mühen – ergebnislos. Sie erhalten Familienbeihilfe; letzte Woche habe ich ihnen

10 Das jüdische Neujahr fiel im Jahr 1941 auf den 22./23. Okt.
11 Judit Varga Hoffmann (*1927), Journalistin; Tochter von János Hoffmann; im April 1944 im Getto Nagykanizsa untergebracht, anschließend Deportation nach Auschwitz, später nach Gleiwitz, Ravensbrück und Retzow; nach der Befreiung studierte sie Jura, war als Journalistin tätig.
12 Gemeint ist die Stadt Nagykanizsa.
13 Dr. István Krátky (1887–1956), 1930–1944 Bürgermeister von Nagykanizsa.
14 Dr. Zsigmond Geiringer (1885–1956), Ehemann der Cousine von János Hoffmann, Vally Rechnitz; flüchtete 1941 zusammen mit seiner Frau aus Wien zu Verwandten nach Győr.

erneut ein Männergewand, einen Damenpullover und ein Unterhemd geschickt, auch die anderen Verwandten tun ihr Bestes, aber was hilft ihnen das. Ich lege einen Brief bei, den ich heute in dieser Angelegenheit bekommen habe.[15] Ansonsten hebe ich die diesbezügliche Korrespondenz in einem separaten Briefkuvert für eine glücklichere Nachwelt auf – als Erinnerung.

Dass das Leben nichts anderes sei
Als Verzicht,
Kann ich nicht glauben.
Dass Zweige im Sturm vom Baum gerissen werden
Und die Welt daran zugrunde gehen soll,
Kann ich nicht glauben.
Dass einer in einem Haus glücklich sein soll,
Aus dem ein Bewohner im Fieber floh,
Kann ich nicht glauben.
Es gibt so viele Umbrüche, Stürme
Und dass dadurch Welten zerfallen sollen,
Kann ich nicht eine Minute glauben.
Es gibt Menschen, die sich im Dunkeln fürchten,
Obwohl ich es nicht verstehe
Und es auch nicht glaube.
Dass das Licht für immer erlöschen
Und nie mehr über den Erdkreis leuchten soll,
Kann ich nicht glauben.
Heute hoch oben. Morgen im Staub.
Alles kann sich jederzeit ändern,
So viel weiß ich und es ist kein bloßer Glaube,
Dass das Leben nichts anderes sei
Als Verzicht,
Nein, das kann ich nicht glauben …[16]

Die Gedichte von Magda Bethlen (Viola),[17] meiner Spielkameradin aus der Kindheit, sprechen mir aus dem Herzen, weil sie meine Gefühle, meine Gedanken zum Ausdruck bringen. Ihr Vater war mein väterlicher Freund, mein wohlwollender Mentor, von dem ich sehr viel gelernt habe, und ich denke oft und liebevoll an sein schönes, silbernes Haupt, an seine schwärmerischen Augen, und ich entsinne mich oft seiner liebevollen, spöttischen, eleganten Lebensphilosophie, seiner weisen Lehren von der Bejahung der Schönheiten des Lebens.

Magda zeigte schon als Kind ihre Krallen: Kaum hatte sie das Alphabet erlernt, teilte sie mit, dass sie Schriftstellerin werden wolle. Und – sie wurde Dichterin. Der Widerhall der gemeinsamen Traditionen, einer ähnlichen Erziehung, der gemeinsamen Eindrücke aus der Kindheit macht mir ihre Gedichte so lieb und ansprechend.

15 Der Brief befindet sich nicht im Tagebuch.
16 Das Gedicht von Magda Bethlen mit dem Titel „Ich kann es nicht glauben …" stammt aus der Zeitung Újság (Die Zeitung), Nr. 233 vom 12.10.1941, S. 5: Bethlen Magda, Nem hiszem …
17 Magda Viola, alias Magda Bethlen (*1896), Dichterin, Schriftstellerin.

Die Ereignisse lösen viele Empfindungen in mir aus, und es ist schon mehrmals vorgekommen, dass ich meine Stimmungen und Gefühle in den Gedichten von Magda Bethlen wiedergefunden habe. Ich würde es ihr gerne bei Gelegenheit mal sagen.

DOK. 51
Das „Dritte Judengesetz" vom 2. August 1941 verbietet Eheschließungen zwischen Juden und Nichtjuden[1]

Gesetz XV. betr. Ergänzung und Modifikation des Gesetzes XXXI/1894[2] sowie die damit in Verbindung stehenden notwendigen Anordnungen zum Schutze der Rasse vom 2. 8. 1941 (in der übersetzten Ausgabe des AA vom 8.8.1941)[3]

[...][4]

IV. Verbot der Eheschließung zwischen Nichtjuden und Juden.
§9.
Die Eheschließung zwischen Nichtjuden und Juden ist verboten.
Die Eheschließung zwischen einer jüdischen Frau und einem nichtjüdischen ausländischen Staatsangehörigen fällt nicht unter das in diesem Paragraphen bezeichnete Verbot.
Im Sinne der Anwendung dieses Paragraphen gilt als Jude derjenige, von dem wenigstens zwei Großeltern als Mitglieder der jüdischen Glaubensgemeinschaft geboren sind, sowie – ohne Rücksicht auf seine Abstammung – derjenige, der Mitglied der israelitischen Glaubensgemeinschaft ist. Wer zwei als Mitglieder der israelitischen Glaubensgemeinschaft geborene Großeltern hat, gilt nicht als Jude, wenn er selbst als Mitglied der christlichen Glaubensgemeinschaft geboren ist und ein solches geblieben ist, wofern seine beiden Eltern z. Zt. der Eheschließung Mitglieder der christlichen Glaubensgemeinschaft waren. Solchen Personen ist indessen nicht nur die Ehe mit einem Juden, sondern auch mit einem solchen Nichtjuden verboten, von dem ein oder zwei Großeltern als Mitglieder der israelitischen Glaubensgemeinschaft geboren sind.
Die Bestimmungen des vorangehenden Absatzes sind auch auf die außerhalb der Ehe geborenen Kinder anzuwenden, wenn ihr natürlicher Vater vor dem Standesbeamten oder durch öffentliche Urkunde sie anerkannt oder das Gericht das Anerkenntnis des Vaters festgestellt hat.
In Ermangelung eines väterlichen Anerkenntnisses ist dasjenige außerhalb der Ehe geborene Kind Jude, das wenigstens einen als Mitglied der israelitischen Glaubensgemeinschaft geborenen Großeltern[teil] hat. Wer nur einen als Mitglied der israelitischen Glaubensgemeinschaft geborenen Großelternteil hat, ist nicht als Jude zu behandeln,

1 PAAA, R 99179, Bl. 6–19. Abdruck des ungar. Originals in: Miklós Degré/Alajos Várady-Brenner (Hrsg.), Magyar Törvénytár – Corpus Juris Hungarici. 1941 évi törvénycikkek, Budapest 1942, S. 56–66.
2 Das Gesetz 1894:XXXI vom 18.12.1894 regelte das Recht auf Eheschließung.
3 Grammatik und Rechtschreibung wie im Original.
4 §§1 bis 4 regelten die erforderliche amtsärztliche Untersuchung vor der Eheschließung, §5 informierte über die Möglichkeiten, ein Ehestandsdarlehen zu erhalten, und §§6 bis 8 fassten die Bestimmungen betreffend Anfechtung und Auflösung der Ehe zusammen.

wenn er selbst als Mitglied der christlichen Glaubensgemeinschaft geboren und ein solches geblieben ist, während zugleich seine Mutter z. Zt. der Geburt des Kindes Mitglied der christlichen Glaubensgemeinschaft war.
Aus der Ehe mit einem Juden nach Inkrafttreten dieses Gesetzes stammende Nachkommen sind ebenfalls Juden, ohne Rücksicht darauf, als Mitglied welcher Glaubensgemeinschaft ihre Großeltern geboren sind.
Infolge einer unter Verletzung des in diesem Paragraphen enthaltenen Verbotes geschlossenen Ehe sind auch solche Personen als Juden zu behandeln, die als Mitglied der christlichen Glaubensgemeinschaft geboren und ein solches geblieben sind, deren beide Eltern bei Abschluß der Ehe Mitglieder der christlichen Glaubensgemeinschaft gewesen sind und von deren Großeltern nur zwei als Mitglieder der israelitischen Glaubensgemeinschaft geboren sind. Aus einer gegen das in diesem Paragraphen enthaltenen Verbot geschlossenen Ehe geborene Kinder werden ebenfalls als Juden behandelt.
Personen, die nach Inkrafttreten dieses Gesetzes der jüdischen Glaubensgemeinschaft beigetreten sind und denen die Eheschließung mit einem Juden vor dem Übertritt im Sinne dieses Paragraphen verboten gewesen wäre, werden, falls sie als Mitglieder der israelitischen Glaubensgemeinschaft die Ehe mit einem Juden schließen, auch dann als Juden behandelt, wenn sie später wiederum Mitglieder der christlichen Glaubensgemeinschaft werden.
Die Bestimmungen dieses Paragraphen berühren nicht diejenigen Bestimmungen des Gesetzesartikels XXXI/1894, die für die Eheschließung von Ausländern in Ungarn maßgebend sind.[5]
Der Justizminister kann aus besondere Berücksichtigung verdienenden Gründen ausnahmsweise für eine Eheschließung zwischen einem Nichtjuden und einem solchen Juden Befreiung von dem in diesem Paragraphen enthaltenen Verbot gewähren, der nur zwei als Mitglieder der israelitischen Glaubensgemeinschaft geborene Großeltern aufweist und selbst als Mitglied der christlichen Glaubensgemeinschaft geboren ist, oder der vor Vollendung seines 7. Lebensjahres Mitglied der christlichen Glaubensgemeinschaft wurde und es in beiden Fällen geblieben ist. Diese Bestimmung ist auch auf die außerhalb der Ehe geborenen Kinder entsprechend anzuwenden.
§10.
Eine gegen das in §9 enthaltene Verbot geschlossene Ehe ist wegen Irreführung anfechtbar, wenn die Irreführung sich auf einen Tatbestand bezieht, der vom Standpunkt der Beurteilung der persönlichen Verhältnisse des anderen Teiles im Sinne des §9 wesentlich ist, und wenn der andere Teil diese Irreführung selbst wissentlich vorgebracht oder von einem Irrtum gewußt hat, der auf einen dritten zurückging. Die auf Anfechtung der Ehe bezüglichen Bestimmungen des Gesetzesartikels XXXI/1894 sind auch in diesem Fall entsprechend anzuwenden.

V. Strafbestimmungen.
§11.
Der Matrikelführer, der die Bekanntgabe der Eheschließung vornimmt, sowie der Standesbeamte, der die Befreiung von der Bekanntgabe gewährt oder bei der Eheschlie-

5 Das Gesetz 1894:XXXI besagte, dass bei Eheschließungen von Ausländern in Ungarn die Richtlinien des Heimatlandes ausschlaggebend sind.

ßung – abgesehen von dem in Absatz II §3 genannten Fall[6] – seine Mithilfe gewährt, ohne daß die eheschließenden Teile das in §1 bezeichnete amtsärztliche Zeugnis vorgewiesen haben,[7] macht sich eines Vergehens schuldig und ist mit Gefängnis bis zu einem Jahr sowie mit Verlust des bekleideten Amtes zu bestrafen.

§12.

Der eheschließende Teil, der zwecks Beschaffung des in §1 bezeichneten Zeugnisses bei Feststellung seines Gesundheitszustandes in einem wesentlichen Punkte bewußt falsche Angaben macht oder eine wesentliche Angabe verschweigt, ist wegen Vergehens mit Gefängnis bis zu einem Jahre zu bestrafen.

Ist die Ehe zustande gekommen, so ist wegen der in Absatz 1 bezeichneten strafbaren Handlungen ein Strafklageverfahren nur auf Antrag des geschädigten Teiles einzuleiten.

§13.

Wer außer dem Fall des §329 des Gesetzesartikels V/1878[8] einem dazu nicht Berechtigten eine für irgend jemand nachteilige Angabe mitteilt, von der er aus dem für die Ausstellung des in §1 bezeichneten ärztlichen Zeugnisses erforderlichen Aufklärungen erhalten hat, ist auf Antrag des geschädigten Teiles wegen Vergehens mit Gefängnis bis zu 6 Monaten zu bestrafen.

Das Verfahren gehört in den Wirkungsbereich des königlichen Amtsgerichtes.

§14.

Derjenige in Ungarn beheimatete Nichtjude, der mit einem Juden, der Jude, der mit einem in Ungarn beheimateten Nichtjuden, sowie derjenige in Ungarn beheimatete jüdische Mann, der mit einer im Auslande beheimateten nichtjüdischen Frau unter Verletzung des in §9 enthaltenen Verbotes die Ehe schließt, begeht ein Verbrechen und ist mit Kerker bis zu 5 Jahren, Amtsverlust und Verlust der politischen Rechte zu bestrafen. Ebenso ist derjenige Standesbeamte zu bestrafen, der wissentlich das in §9 enthaltene Ehehindernis versteckt und beim Abschluß der Ehe mitwirkt. Wenn dagegen der Standesbeamte aus Nachlässigkeit beim Abschluß einer solchen Ehe mitwirkt, so macht er sich eines Vergehens schuldig und ist mit Gefängnis bis zu 3 Monaten zu bestrafen.

Auf die in diesem Paragraphen bezeichneten strafbaren Handlungen sind die Bestimmungen des §7 Gesetzesartikel V/1878[9] anzuwenden.

§15.

Eines Vergehens, das mit Gefängnis bis zu 3 Jahren, Amtsverlust und Verlust der politischen Rechte zu bestrafen ist macht sich derjenige Jude schuldig, der

mit einer in Ungarn beheimateten anständigen nichtjüdischen Frau außerhalb der Ehe geschlechtlich verkehrt oder

6 §3 regelte jene Ausnahmebestimmungen, die dem Standesbeamten (Matrikelführer) ermöglichten, die Vorlegung einer amtsärztlichen Bescheinigung zu erlassen.

7 Gemäß §1 mussten Personen, die eine Ehe eingehen wollten, eine amtsärztliche Bescheinigung über ihren Gesundheitszustand vorweisen.

8 §329 des Gesetzes 1878:V besagte, dass Beamte, Anwälte, Ärzte, Apotheker und Hebammen nicht zur Rechenschaft gezogen werden dürfen, wenn sie die Behörden über ein ihnen bekanntes oder mit ihnen geteiltes Geheimnis pflichtgemäß informieren oder in einem amtlichen Verhör oder als Zeugen vor den Behörden dieses offenlegen.

9 §7 des ersten modernen ungar. Strafgesetzbuches regelte die Anwendung der Strafbestimmungen auf jene in Ungarn beheimateten Personen, die eine Straftat im Ausland verübt hatten.

der eine in Ungarn beheimatete, anständige, nichtjüdische Frau zum Zwecke des außerehelichen Geschlechtsverkehrs sich oder einem anderen Juden gefügig macht oder zu machen versucht.
Die Handlung ist ein Verbrechen und wird mit Kerker bis zu 5 Jahren, mit Amtsverlust und Verlust der politischen Rechte bestraft, wenn der Täter

1. die Handlung durch Betrug, Gewalt oder Drohung ausgeübt hat,
2. die Handlung gegenüber einer Angehörigen oder gegenüber einer ihm zur Erziehung, zum Unterricht oder zur Aufsicht anvertrauten oder ihm unterstellten Persönlichkeit ausgeübt hat,
3. die Handlung zu einem Zeitraum ausgeübt hat, als die Frau noch nicht das 24. Lebensjahr vollendet hat,
4. die Handlung verübt hat, trotzdem er wegen eines solchen Verbrechens bestraft worden ist und seit Verhängung der Strafe noch nicht 10 Jahre verflossen sind.

Hinsichtlich der Frage, wer vom Standpunkt der Anwendung dieses Paragraphen als Jude bezw. Nichtjude anzusehen ist, sind die Bestimmungen des §9 maßgebend.
Auf die in diesem Paragraphen bezeichneten strafbaren Handlungen sind die Bestimmungen des §7 Gesetzesartikel VII/1878[10] anzuwenden.

VI. Gemischte und Schlußbestimmungen.
Ein sogenannter Siebenbürger Sabbatarier[11] oder Nachkomme eines solchen, der seiner Abstammung nach Nichtjude (§9, §1 Gesetzesartikel IV/1939)[12] und nicht Mitglied der israelitischen Glaubensgemeinschaft ist, ist sowohl hinsichtlich der Anwendung der §§9, 10, 14 und 15 dieses Gesetzes wie der anderen auf die Juden bezüglichen Gesetzesparagraphen als Nichtjude zu behandeln.
Die erforderlichen Einzelbestimmungen einschließlich der Art und Weise der Rechtfertigung setzt der Justizminister durch Verordnung fest.[13]
§17.
Den Tag des Inkrafttretens dieses Gesetzes – mit Ausnahme des §5 – setzt der Justizminister im Einvernehmen mit dem Innenminister, den Tag des Inkrafttretens des §5 der Innenminister durch Verordnung fest. Die einzelnen Paragraphen dieses Gesetzes können auch zu verschiedenen Zeitpunkten in Kraft gesetzt werden.
Dieses Gesetz wird von den daran interessierten Ministern durchgeführt.
Auf dem Gebiet des Eheschließungsverfahrens erläßt der Justizminister die erforderliche Weisung und kann hierbei mit Rücksicht auf die im Auslande wohnenden eheschließenden Teile im Bedarfsfalle auch von den Bestimmungen dieses Gesetzes abweichende Maßnahmen treffen.

10 Im ungar. Original: „§ 7 Gesetzesartikel 1878:V".
11 Christliche Religionsgemeinschaft, die den Sabbat und die jüdischen Feste einhielt und sich an die jüdischen Speisegebote hielt. Obwohl die siebenbürg. Sabbatarier formal von den antijüdischen Bestimmungen ausgenommen waren und viele von ihnen zum Unitarismus konvertierten, wurden die Sabbatarier aus Bözödújfalu (Bezidu Nou) während der deutschen Besatzung in Marosvásárhely (Tîrgu Mureş) zusammengefasst. Ein Teil von ihnen wurde nach Auschwitz deportiert.
12 Siehe Dok. 29 vom 5.5.1939.
13 VO 71.000/1941 des Justizministers vom 3.10.1941 regelte, wie die siebenbürg. Sabbatarier und ihre Nachkommen ihre Abstammung nachzuweisen hatten; Abdruck in: Magyar kir. Belügyminisztérium (Hrsg.), Magyarországi rendeletek tára. 1941, Budapest 1942, S. 3494 f.

Hiermit ordne ich die Bekanntgabe dieses Gesetzesartikels an und betrachte diesen Gesetzesartikel als Ausdruck sowohl des Volkswillens als auch meines persönlichen Willens und fordere, daß er auch von anderen in diesem Sinne aufgefasst wird.
Budapest, den 2. August 1941
gez. Nikolaus Horthy, Ungarischer Staatsverweser[14]
Ladislaus Bardossy,[15] kgl. ungarischer Ministerpräsident[16]

DOK. 52
Das Protektionsbüro der ungarischen Israeliten schildert am 7. August 1941 die Lage der in der Rumbach-Synagoge internierten Juden[1]

Bericht des Protektionsbüros der ungarischen Israeliten, ungez.,[2] Budapest, vom 7.8.1941[3]

Bericht
über meine im Asylheim in der Rumbach-Straße gewonnenen Eindrücke.

1. Es fiel mir auf, dass dort viele Menschen herumlaufen, als ob sie Vertreter des Protektionsbüros wären. Dies wirft auch in den Augen der Polizei ein schlechtes Licht auf uns. Außerdem ist es sehr wichtig, dass die vor Ort tätigen Vertreter des Büros sofort zu erkennen sind. Deshalb habe ich Armbinden anfertigen lassen, für deren Tragen – auf Grundlage des Vorschlags der zuständigen Abteilungen – unser Geschäftsführer eine Genehmigung erteilen muss.

2. Es wäre außerordentlich wünschenswert, für mehr Sauberkeit und Ordnung zu sorgen.

3. In den Zimmern befinden sich viel zu viele Menschen, hier finden die eventuell nach Galizien Auszuweisenden bei schlechtem Wetter kaum Platz. Es wäre hilfreich, draußen eine große Plane anzubringen, damit sich die Menschen auch bei schlechtem Wetter oder Regen im Freien aufhalten können. Es wäre weiterhin wünschenswert, einige Tische und Bänke zu organisieren, weil sehr viele Menschen keinen geeigneten Sitzplatz haben und entweder auf dem Boden oder auf ihren Gepäckstücken sitzen.

4. Der von der KEOKH entsandte Aufseher wird heftig kritisiert. Auch unsere Bevollmächtigten haben zahlreiche unangenehme Erfahrungen mit ihm gemacht. Leider

14 Richtig: Miklós Horthy, Ungarischer Reichsverweser.
15 Richtig: Dr. László Bárdossy (1890–1946), Jurist; von 1922 an im Außenministerium tätig, von 1924 an Chef des Pressebüros, 1926 Min.Rat, seit 1930 an der ungar. Botschaft in London, von 1934 an Botschafter in Rumänien, Febr. bis April 1941 Außenminister, April 1941 bis März 1942 Ministerpräsident; 1945 vom ungar. Volksgericht zum Tode verurteilt und hingerichtet.
16 Das Gesetz trat am 8.8.1941 in Kraft. Die Durchführungsverordnung des Justizministeriums zum §9 des Gesetzes (70.000/1941) erschien am 3.10.1941; Abdruck wie Anm. 13, S. 3486–3494.

1 MZSML, L 4/2 Pásztor József hagyatéka. Das Dokument wurde aus dem Ungarischen übersetzt.
2 Der Bericht wurde vermutlich von József Pásztor verfasst.
3 In der Synagoge in der Rumbach-Sebestyén-Straße wurden vor ihrem Abtransport jene „staatenlosen" Juden festgehalten, die in Budapest aufgegriffen wurden. Ähnliche Internierungsorte befanden sich in der Magdolna-, Páva- und Szabolcs-Straße. Die Mehrzahl der hier internierten Juden wurde in Kamenez Podolski (Kamjanez-Podilskyj) ermordet.

kann man in dieser Angelegenheit kaum etwas unternehmen, da es sich um einen Vertreter der KEOKH handelt.

5. Für mich besteht ein großer Mangel an Möglichkeiten, den Menschen Trost und Beruhigung zukommen zu lassen. Zwar hielt sich Rabbi Dr. Berkovics[4] dort [im Sammellager] auf und tauschte mit den Unglücklichen ein paar Worte aus, ich denke jedoch, dass das Rabbinat dort ständig Dienst verrichten sollte. Der Rabbi sollte entsprechend gekleidet sein, damit er sofort als Seelsorger erkannt wird. Man müsste dafür sorgen, dass die Menschen an einem entsprechenden Ort beten können. Es wäre wünschenswert, dass sich der Rabbi auch um jene kümmert, die bislang vielleicht nicht religiös waren. Es müssten alle mit einem Gebetsbuch versorgt werden, soweit sie keines besitzen. Das kleine Lebensmittelpaket, das sie mitnehmen durften, geht in ein bis zwei Tagen zur Neige. Die tröstenden und stärkenden Worte eines verständnisvollen Menschen würden diesen völlig verlassenen, aus ihren Heimen vertriebenen, einer vollkommen unsicheren Zukunft entgegensehenden Seelen Mut geben und an bessere Zeiten glauben lassen.

DOK. 53

Prominente Bürger kritisieren am 20. August 1941 das amtliche Vorgehen bei der Deportation von Juden in das deutsch besetzte Ostgalizien[1]

Bericht, ungez.,[2] Budapest, an Bischof László Ravasz[3] vom 20. 8. 1941[4]

Der kgl. ungar. Innenminister[5] hat in seiner mit dem Vermerk „streng vertraulich" versehenen Verordnung unter dem Zeichen 192/res/1941/VII.b die Polizeibehörden des Landes angewiesen,[6] eine Aufstellung aller auf ungarischem Gebiet lebenden jüdischen Personen, die ursprünglich in Galizien oder Russland sesshaft waren und über keine

4 Richtig: Dr. József Berkovits (1907–1950); 1928–1950 Rabbiner in der „Status quo ante"-Synagoge in der Csáky-Straße.

1 Ráday Levéltár, A-1-c Elnöki iratok, 2571/1941. Abdruck in: Tamás Majsai (Hrsg.), Iratok a Kőrösmezei zsidódeportálás történetéhez 1941, in: Ráday Gyűjtemény Évkönyve IV-V, Budapest 1984–1985, S. 219–226. Das Dokument wurde aus dem Ungarischen übersetzt.

2 Der Bericht wurde von György Apponyi, Margit Slachta, Imre Szabó und Erzsébet Szapáry verfasst. Graf György Alexander II. Apponyi (1898–1970), Jurist, Politiker, Journalist; von 1931 an Parlamentsabgeordneter, 1935 Eintritt in die Nationale Liberale Partei; Präsident des Budaer Liberalen Kreises, Direktionsmitglied der Staatlichen Ungarischen Wirtschaftlichen Vereinigung; im März 1944 verhaftet und ins KZ Mauthausen deportiert; nach seiner Befreiung emigrierte er nach Belgien. Margit Slachta (1884–1974), Sozialarbeiterin, Ordensfrau, Politikerin; 1920–1922 Parlamentsabgeordnete; 1923 Gründung des Ordens Gesellschaft der Sozialen Schwesternschaft, 1923 bis 1963 Oberin; von 1945 an Parlamentsabgeordnete, 1949 Emigration in die USA; 1985 von der Gedenkstätte Yad Vashem als Gerechte unter den Völkern geehrt. Dr. Imre Szabó (1901–1976), kath. Theologe; von 1924 an Priester, von 1938 an päpstlicher Geheimkämmerer; 1951 Weihbischof von Esztergom. Gräfin Erzsébet Szapáry (1902–1980); eine der führenden Mitglieder des Büros der ungar.-poln. Flüchtlingshilfe, das zwischen 1939 und 1944 poln. (in vielen Fällen jüdische) Flüchtlinge mit Geld, Kleidung, medizinischer Hilfe und gefälschten Dokumenten versorgte; nach der deutschen Besetzung verhaftet; nach dem Krieg Emigration in die Schweiz, 1998 von der Gedenkstätte Yad Vashem als Gerechte unter den Völkern geehrt.

Aufenthaltsgenehmigung verfügen, zu erstellen. Diese Maßnahme betrifft auch diejenigen Juden, die bereits rechtskräftig ausgewiesen wurden, deren Ausweisung jedoch nicht vollzogen werden konnte, weil Galizien noch unter russischer Kontrolle stand.[7] Nach der Besetzung Ostgaliziens durch die Honvéd-Armee[8] schien die Zeit reif, die betreffenden Personen, die aus den genannten Gebieten stammen oder in *letzter* Zeit von dort eingesickert sind, nach Galizien zurückzubringen bzw. die bereits angeordnete Ausweisung zu vollziehen. Offensichtliches Ziel der Verfügung des Innenministeriums war es, diese Aktion möglichst schnell und reibungslos umzusetzen.
Wir fühlen uns nicht dazu berufen, diese Verordnung des Innenministers zu kritisieren. Wir können die Argumente nachvollziehen, die unter den gegebenen Umständen für die Ausweisung der in letzter Zeit nach Ungarn eingesickerten, nicht ungarischen, in ihrer Mehrheit unerwünschten Elemente sprechen. Es ist jedoch die moralische Pflicht der Regierung und der Exekutive, die von der Verordnung betroffenen Menschen bei der Abwicklung der Aktion vor überflüssigen Demütigungen, Gefährdungen und vor der Brutalität des nicht immer taktvoll handelnden subalternen Vollzugspersonals zu bewahren. Im Folgenden werden wir belegen, dass dies in 99 Prozent der Fälle leider nicht der Fall ist.
Kurz nach der Veröffentlichung der Verordnung erreichten uns Hunderte von Beschwerden, in denen beklagt wurde, dass unter Berufung auf die Verordnung (mitunter auch ohne) in verschiedenen Teilen des Landes, so auch in Budapest, vor allem aber im Karpatenvorland, Juden wahllos verhaftet und in geschlossenen Viehwaggons nach Kőrösmező in das unter Militärverwaltung stehende Sammellager transportiert worden seien. Dort verlädt das Militär sie auf Lastwagen und lässt sie „irgendwo" hinter der Grenze in Galizien an einem unbekannten Ort zurück. Die Verschleppten werden überwiegend in ihren Wohnungen, meistens nachts, überfallartig von der Polizei oder der Gendarmerie verhaftet, wobei ihnen meist nicht einmal eine Stunde bleibt, um die notwendigsten Habseligkeiten zusammenzupacken oder die pro Person genehmigte Summe von 30 Pengő zu besorgen. Meist nur spärlich bekleidet werden die Betroffenen zur Sammelstelle gebracht und in die dort wartenden Viehwaggons gestoßen. Während der über 24-stündigen Fahrt bleiben die Türen meistens geschlossen, nicht einmal zur Verrichtung ihrer Notdurft dürfen die Menschen die Waggons verlassen. Man kann sich vorstellen, in welchem Zustand sie in Kőrösmező, der ersten Station ihres Leidenswegs, ankommen. Wir überzeugten uns später *mit eigenen Augen* davon, dass dies den Tatsachen entspricht. Von einem

3 Dr. László Ravasz (1882–1975), reformierter Bischof; von 1918 an Hauptnotar des Kirchendistrikts der Reformierten Kirche in Siebenbürgen, von 1921 an Bischof des reformierten Donau-Distrikts und Pfarrer in Budapest; 1927–1944 Mitglied des Oberhauses; 1948 Rücktritt von allen öffentlichen Ämtern, 1953 als Pfarrer pensioniert.

4 Im Original Zusatz: „Am Tag des Heiligen Königs Stephan".

5 Ferenc Keresztes-Fischer.

6 Die VO erschien am 14.7.1941; siehe ÁBTL, 3.1.9. V-122405; Abdruck in: Zoltán Szirtes, Temetetlen halottaink – 1941 – Körösmező – Kamenyec Podolszk, Budapest 1966, S. 12.

7 Infolge des deutsch-sowjet. Nichtangriffspakts 1939 wurde Ostgalizien von der Sowjetunion besetzt. Nach dem deutschen Angriff auf die Sowjetunion wurden die ostgaliz. Gebiete im Aug. 1941 in das Generalgouvernement eingegliedert.

8 Als Bündnispartner des Deutschen Reiches beteiligte sich Ungarn im Juni 1941 am Überfall auf die Sowjetunion. Bis Aug. 1941 hielten ungar. Truppen den Süden von Ostgalizien besetzt, ehe sie dieses Gebiet an die deutsche Zivilverwaltung übergaben.

glaubwürdigen Zeugen (einem hochrangigen Beamten der Staatspolizei) erfuhren wir, dass sich eine Mutter während des Transports gezwungen sah, ihr Kind ohne ärztliche Hilfe zur Welt zu bringen. Ebenfalls kam uns zu Ohren – und wir konnten uns später mit eigenen Augen davon überzeugen –, dass jener Teil der Verordnung, der Personen von über 70 Jahren, Kranke und vor der Entbindung stehende oder stillende Mütter von der Maßnahme ausnimmt, einfach ignoriert wird.

Als die Beschwerden sich mehrten, baten die Parlamentsabgeordneten Károly Rassay[9] und Graf György Apponyi um eine Anhörung beim Innenminister. Dabei teilte der Innenminister mit, dass er alle übergeordneten Polizeibehörden telegrafisch nachdrücklich angewiesen habe, bei den Abschiebungen die Ausführungsbestimmungen der Verordnung genau einzuhalten und den Kreis der darin genannten Personen nicht auszudehnen. Die untergeordneten Behörden haben diesen Anweisungen, wie sich später herausstellte, jedoch nicht oder nur teilweise Folge geleistet. Der massenhafte Abtransport nicht von der Verordnung betroffener Menschen wurde also fortgesetzt. Im Karpatenvorland hat man Juden, die keine Dokumente über ihre Staatsangehörigkeit bei sich trugen, sogar scharenweise zusammengetrieben und nach Kőrösmező verschleppt.

Die Unterzeichnenden Margit Slachta, Vorsitzende der Sozialen Schwesternschaft, Gräfin Erzsébet Szapáry, Dr. Imre Szabó, päpstlicher Kämmerer, und Graf György Apponyi, Parlamentsabgeordneter, beschlossen, mit dem Auto nach Kőrösmező zu reisen, um sich selbst ein Bild über die dortigen Verhältnisse und Abläufe – die Abfertigung der ankommenden Transporte, ihre Begleitung ins Lager und ihren Weitertransport an den Ort ihrer Verbannung – zu machen. Wir haben uns zu diesem Schritt entschlossen, um herauszufinden, inwieweit die Beschwerden der Wahrheit entsprechen. Wir empfanden diese Inspektionsreise als unsere Gewissenspflicht, auch um uns nicht dem Vorwurf auszusetzen, wir beriefen uns nur auf Übertreibungen. Niemand sollte uns mit falschen Behauptungen hinters Licht führen können. Wir fuhren am 9. August in der Frühe in Budapest los. In Szatmárnémeti schloss sich uns Károly Pakocs,[10] Kanoniker und Parlamentsabgeordneter, an. Er reiste mit nach Kőrösmező und trennte sich auf dem Rückweg in Nagyszöllös wieder von uns. Er ist also ebenfalls Augenzeuge aller unserer Beobachtungen.

Wir erreichten Kőrösmező am späten Nachmittag des 9. August, wo unser Weg uns sogleich in das Sammellager von Havasalja führte. Da das Lager unter Militärverwaltung steht, durften Zivilpersonen, also auch wir, es nicht betreten. Über den Zaun hinweg konnten wir jedoch sehen, dass es sich bei der als Lager bezeichneten Koppelweide, die durch einen Lattenzaun abgetrennt ist, um ein ca. 1 Katastermorgen großes matschiges Lehmgelände handelt, in dessen Mitte sich eine Scheune für fünf- bis sechshundert Menschen befindet. Es gab Zeiten, in denen dreitausend Personen hinter diesem Zaun untergebracht waren, auch als wir dort waren, betrug die Anzahl über tausend Personen. Ein Großteil

9 Károly Rassay (1886–1958), Jurist, Politiker; 1919/20 StS im Justizministerium; 1920–1944 Parlamentsabgeordneter; 1921 Gründung der Partei der Unabhängigen Kleinen Landwirte, Bauern und Bürger, 1926 Gründung der Unabhängigen Nationalen Demokratischen Partei, 1928 Gründung der Nationalen Liberalen Partei, 1923–1944 Hrsg. der liberalen Tageszeitung Esti Kurir (Abendzeitung); 1944 verhaftet und ins KZ Mauthausen deportiert.

10 Károly Pakocs (1892–1966), Priester, Dichter; 1915 Priesterweihe, von 1921 an bischöflicher Notar, von 1937 an Kanoniker, von 1942 an bischöflicher Vikar; Publikation von Novellen und Gedichten; 1940 erhielt er in Anerkennung seiner literarischen Verdienste den Corvin-Kranz; von 1951 an Theologielehrer in Gyulafehérvár und Jászvásár.

war daher gezwungen, bei pausenlosem Regen auf dem offenen matschigen Gelände zu hausen, und machte sich dann auf den offenen Lastwagen, durchnässt und durchgefroren, auf den Weg in den wahrscheinlichen Hungertod. Über den Zaun hinweg konnten wir mit einigen der Unglückseligen sprechen. Von ihnen stammte *nicht ein Einziger aus Galizien oder Russland.* Das militärische Wachpersonal bereitete allen Gesprächen jedoch bald ein jähes Ende und wies in ziemlich rüdem Ton diejenigen ins Lager zurück, die es gewagt hatten, mit uns zu sprechen. Hier beobachteten wir auch, dass die Wachen mit einer für das Militär ungewöhnlichen Waffe – einer Latte, die wohl eine Rute ersetzen sollte – ausgestattet waren, die offensichtlich nicht als Spazierstock fungierte.

Vom Lager aus gingen wir zur Bahnstation von Havasalja, wo ein gerade eingetroffener Transport Unglückseliger auf die Übernahme wartete. Sie kamen größtenteils aus verschiedenen Gebieten des Karpatenvorlands, es befanden sich aber auch Menschen aus Kassa, Putnok und Budapest unter ihnen. Unter Letzteren war auch ein Ehepaar mit einem Kleinkind, das Windpocken hatte. Sie kamen in demselben Zug aus Budapest, in dem auch Schwester Margit Slachta bis Szatmárnémeti gereist war. Erst durch ihr äußerst energisches Auftreten gegenüber den Polizisten erreichte sie, dass das kranke Kind mit ein wenig Milch versorgt wurde. Da wir am nächsten Morgen, am 10., erneut bei der Bahnstation waren, diesmal bei der Übernahme eines größeren Transports bei strömendem Regen, können wir unsere dortigen Erfahrungen gemeinsam vortragen. Vorausschicken möchten wir, dass die ganze Nacht Menschen auf Lastwagen aus dem Lager über die Grenze nach Galizien deportiert wurden.

Die Situation bei der Abfertigung derartiger Transporte auf der Station ist *nach unseren eigenen Beobachtungen* wie folgt: Der Zug, bestehend aus 20 oder mehr überfüllten Viehwaggons, fährt ein. Die „Passagiere" werden aus den mit Fäkalien, jedwedem Müll, Papier- und Essensresten berstend vollen Waggons herausgeholt und nach ihrem Herkunftsort in Gruppen neben dem Zug aufgestellt. Dort warten die Unglücklichen, vor Kälte zitternd und in Regen und Schlamm, bis sie an die Reihe kommen. Wer einmal in die verzweifelten Gesichter dieser Menschen gesehen hat, die brutal aus ihrem Zuhause gerissen und wie Vieh ins Ungewisse, wahrscheinlich in den Tod geschickt worden sind, wer Zeuge dieser sprechenden, hoffnungslosen Stille war, in der diese Menschen ihren Weg in ein unausweichliches Schicksal antreten, dem bleibt dieses an Dantes Inferno erinnernde Bild ein Leben lang im Gedächtnis haften. Wir wundern uns lediglich darüber, dass es sich als Menschen betrachtende Wesen gibt, die sich beinahe genüsslich, im Bewusstsein gut verrichteter Arbeit, zur Ausführung dieser Grausamkeiten bereitstellen und stolz auf sie sind. Während unserer Fahrt haben wir uns aber davon überzeugen können, dass es auch solche Menschen gibt.

Nun warten am Bahnhof die Aufgereihten auf das „Durchkämmen" des Transports. Dies ist ziemlich wichtig, weil die Oberstuhlrichter,[11] die Polizeipräsidenten der Provinzen, usw. die Menschen völlig willkürlich nach Kőrösmező verschicken. Das „Durchkämmen" besorgte Polizeireferendar Batizfalvy[12] so gründlich und gewissenhaft er konnte.

11 Vorsteher eines Verwaltungsbezirks, der justizielle und verwaltungstechnische Aufgaben hatte.

12 Nándor Batizfalvy (1904–1990), Polizeikommandant, Beamter des KEOKH; 1944 Leiter der Passabt. im KEOKH; nach der Machtübernahme der Pfeilkreuzler koordinierte er die Umsiedlung der Juden mit Schutzpässen in die geschützten Häuser in Budapest; 1945 Flucht ins Ausland, Emigration nach Argentinien, dann in die USA.

Es ist die letzte Gelegenheit, zumindest einen Teil der ohne Rechtsgrundlage Abtransportierten zu ermitteln. Danach wird der Transport ins Lager überstellt, wo ihn das Militär übernimmt und polizeiliche Amtspersonen keine Handhabe mehr haben. Die dorthin Verbrachten werden vom Lagerkommandeur[13] nicht mehr überprüft, sondern gnadenlos über die Grenze gebracht, selbst dann, wenn sie eine vom Innenminister ausgestellte Bescheinigung über die ungarische Staatsangehörigkeit in der Tasche haben, krank, über 70 Jahre alt sind oder es sich um eine vor der Entbindung stehende Frau handelt. Zwei schicksalsträchtige Umstände bestimmen das Durchkämmen: Zum einen steht dafür nicht genügend Zeit zur Verfügung, zum anderen gibt es keine geeigneten überdachten Räumlichkeiten zur genauen Überprüfung des Transports. Da jeder Ankommende über irgendein Dokument verfügt, mit dem er hofft, dem grausamen Schicksal zu entgehen, würde man selbst in einem geeigneten Büro Stunden benötigen, damit sich der alleine damit befasste Referendar Batizfalvy ein genaues Bild machen könnte. So kann nur ein Teil der ungerechtesten Fälle dieser Situation entrissen werden. Alle Übrigen werden ins Lager gebracht bzw. wie eine Herde dorthin getrieben. Über dem Tor könnte getrost stehen: „Lasciate ogni speranza".[14] Im Übrigen kann man auch nur die über 70-Jährigen herausfiltern, die Kranken oder diejenigen, die vermutlich über die ungarische Staatsangehörigkeit verfügen. Doch selbst wenn es gelänge, alle offensichtlich von der Verordnung nicht Betroffenen herauszulesen, wäre der Abtransport der Übrigen keineswegs gerechtfertigt und würde dem Sinn der Innenminister-Verordnung widersprechen. Obwohl wir mit vielen Menschen ins Gespräch kamen, fanden wir nicht einen, der in die Kategorie der *in Galizien oder Russland ansässigen Einwohner* fiele. Wir können also mit Recht die Frage stellen, ob die Deportationen vor allem in der ersten Periode mehrheitlich überhaupt auf einer rechtlichen Grundlage basierten. Dagegen spricht auch die große Zahl der bislang über die Grenze geschafften Menschen. Laut offizieller Feststellung wurden bis zum 10. August beinahe 14 000 Menschen deportiert. Wir hören, dass diese Zahl seitdem auf bald 20 000 angestiegen ist.[15] Niemand, der in der Materie bewandert ist, konnte glaubhaft machen, dass mehr als ein winziger Teil davon aus Galizien oder Russland stammt.

Aus unmittelbarer persönlicher Anschauung am 9. August abends und am 10. morgens können wir die unten aufgeführten, zum Himmel schreienden Fälle während des Durchkämmens an der Station von Havasalja dokumentieren (wobei es gelang, die betreffenden Personen aus dem Transport zu retten): Einen einarmigen Invaliden mit einer Behinderung von 50 Prozent mit seiner Ehefrau und fünf Kindern, dessen Eltern in Munkács geboren sind; eine Frau von über 70 Jahren, die auch dermaßen krank war, dass sie nur mit Hilfe beidseitiger Stützung gehen konnte; einen fast 70-jährigen Rabbi, dessen Vater bereits im selben Ort Rabbi war; mehrere 70–90 Jahre alte Personen; einen Mann, der in der Zeit der russischen Nachbarschaft ab und zu hinüberfuhr,[16] Spionagedienste leistete und dabei für Ungarn sein Leben riskierte, wofür sich der Staatssekretär des Ministerpräsidenten, Pataky,[17] bei ihm offiziell bedankte (er konnte das diesbezügliche Schreiben vorlegen); mehrere Schwerkranke; und viele, deren ungarische Staatsan-

13 Rudolf Orbán (*1888), Offizier.

14 „Lasst alle Hoffnung fahren" (Dante).

15 Insgesamt wurden zwischen 18 000 und 21 000 Juden nach Ostgalizien deportiert.

16 Gemeint ist die Zeit, als Ostgalizien sowjet. besetzt war.

gehörigkeit aufgrund der von ihnen mitgeführten Unterlagen *zweifelsfrei* zu ermitteln war. Es gelang, wie gesagt, sie herauszuholen und sie, mit polizeilichen Bescheinigungen ausgestattet, die ihnen vorläufig ihr Daseinsrecht zu Hause sicherten, nach Hause zu schicken. Wie viele ähnliche Fälle hätten sich wohl in den übrigen Teilen des Transports gefunden, für deren Durchkämmen keine Zeit mehr blieb und die gnadenlos weitertransportiert wurden? Wer das einmal miterlebt hat, muss gegen unsere vorgesetzten Behörden die schwerste Anklage erheben. Entweder handeln sie einfach nur leichtfertig und wenig gewissenhaft oder mit Absicht und von reinem Hass getrieben in der Erwartung, das von ihnen herbeigesehnte „neue System" würde sie auszeichnen. Jedenfalls werden Tausende von Menschen unendlich gequält und ungeachtet aller geschriebenen Rechtsvorschriften und ungeschriebenen moralischen Gesetze der wahrscheinlichen Vernichtung ausgeliefert. Man staunt nur, dass diese sich als Ungarn oder Christen bezeichnenden Menschen, sich für gewissenhaft haltende Beamte allesamt, keine Angst vor Vergeltung der reihenweise rechtswidrigen Maßnahmen haben. Man fragt sich beinahe, ob es jenseits der offiziellen Verordnung eine geheime Instruktion gibt, die das Gegenteil des Wortlauts beinhaltet. In Kenntnis des Charakters des Innenministers halten wir dies im ungarischen Mutterland für unmöglich. Über die Situation im Karpatenvorland sprechen wir später.
Einen besonders empörenden Fall dokumentieren wir folgend: Mit dem Transport vom 10. August kamen viele Menschen aus dem Kreis Putnok, und aus ihren Dokumenten ging hervor, dass es sich um ungarische Staatsangehörige handelte. Eine andere Gruppe, ebenfalls aus Putnok, trug vor, *dass sie alle Dokumente besessen hätten, doch diese seien vom Oberstuhlrichter*[18] *eingesammelt worden. Ihrer Urkunden beraubt, schickte er sie auf den nächsten Transport.* Diese Gruppe hat Referendar Batizfalvy ausgesondert, vorübergehend in Kőrösmező interniert und telegrafisch dafür gesorgt, dass ihre Dokumente aus Putnok nachgeschickt werden. Wir wissen jedoch nicht, wie diese Angelegenheit ausgegangen ist.
In der Frühe des 10. beobachteten wir auch die traurige Karawane meist offener Kraftwagen, die aus dem Lager im Regen in Richtung Galizien fuhr, schwerbeladen mit Unglückseligen, die sicherlich keine Hoffnung mehr hatten. Bei dieser Gelegenheit möchten wir aber anmerken, dass das jüdische Hilfsbüro[19] im Lager eine Küche unterhalten hatte. Der Lagerkommandant stellte deren Betrieb ausgerechnet am Morgen des 10. ein. Eine weitere christliche Handlung!
Unser Weg führte aus Kőrösmező nach Huszt. Unterwegs sahen wir in mehreren Orten eine große Zahl zugesperrter und vernagelter Häuser. In diesen Ortschaften hatten zahlreiche Juden gelebt. Wir schlossen daraus, dass die verlassenen Häuser den abtransportierten Juden gehört haben mussten. Unsere Annahme bestätigte sich aufgrund von Informationen in der Stadt Técső, nach denen etwa 90 Prozent der im Kreis lebenden Juden in den letzten beiden Wochen abtransportiert worden waren. Ganz offensichtlich waren diese Menschen nicht erst in den letzten Wochen aus Galizien oder Russland in

17 Tibor Pataky (1889–1953), StS; Sektionschef in der Kanzlei des Ministerpräsidenten, zuständig für Minderheiten und Nationalitäten.
18 Imre Mogyoróssy von Léva (*1899); Oberstuhlrichter im Kreis Putnok, 1944 Regierungskommissar; 1947 vom ungar. Volksgericht in Abwesenheit zu lebenslanger Haft verurteilt.
19 Gemeint ist das Protektionsburo der ungarischen Israeliten.

den Kreis Técső gekommen, da hier schon immer die weitaus größte Zahl der Juden des Karpatenvorlandes gelebt hatte. In einer Siedlung in der Nähe von Huszt wurden wir Augenzeugen einer solchen erbaulichen Szene, als vor dem Gemeindehaus die für die Deportation vorgesehenen Juden von den Gendarmen und Soldaten auf Lastwagen geladen wurden. Wir gingen ins Gemeindehaus und erhielten vom Notar die Information, dass die Leute am selben Morgen auf Erlass des Oberstuhlrichters[20] und auf Grundlage einer von der Kreisverwaltung übermittelten Liste zusammengetrieben worden waren und nun weiterbefördert werden sollten. Wir können daher davon ausgehen, dass auch hier die Opfer offenbar nicht allzu viel Zeit für das Einpacken der notwendigsten Habseligkeiten oder Gelegenheit gehabt hatten, jemandem ihre zurückbleibenden Immobilien und ihr Vermögen anzuvertrauen, obwohl auch dies in der Verordnung des Innenministers vorgeschrieben ist. Hätten uns die Erfahrungen in Kőrösmező nicht schon abgehärtet gegenüber derlei Unmenschlichkeiten, hätte uns das sich uns bietende Bild, das Gräfin Erzsébet Szapáry auch fotografisch festgehalten hat, wahrscheinlich noch mehr getroffen und verbittert. Wir beobachteten auch, wie die Gendarmen in unglaublich rüdem Ton Anweisungen gaben, weinende Kinder grob anfuhren und die heulenden Frauen mit obszönen Worten zum Schweigen zu bringen versuchten. Dies war insofern neu, als wir in Kőrösmező weder seitens der Gendarmerie noch seitens der Polizei derlei Brutalitäten gewohnt waren. Dort hatte die Polizeimannschaft sogar dabei geholfen, dass Menschen, die im Besitz von eventuell rettenden Unterlagen waren, bevorzugt zu Referendar Batizfalvy gelangen. Wir halten es für angebracht, diese Verhaltensunterschiede hervorzuheben.

In Huszt suchten wir zunächst den Oberstuhlrichter des Kreises auf. Wir baten ihn, uns darüber aufzuklären, in welchem Rahmen und aufgrund welcher Erlasse in seinem Kreis die Aktion durchgeführt wird. Er erklärte uns, dass er es für sehr begrüßenswert hielte, seinen Kreis möglichst ganz judenfrei zu machen. Er würde diesbezüglich entsprechend der Weisungen des Regierungskommissariats des Karpatenvorlands[21] vorgehen. Auf unsere Frage, was dies in der Praxis bedeute, erwiderte er, dass er alle Juden, die ihre Staatsangehörigkeit nicht belegen oder durch die in ihrem Besitz befindlichen Unterlagen zumindest glaubhaft machen können, abtransportieren lassen würde. Auf die Frage, ob er wisse, dass im Sinne der Verordnung des Innenministers nur die bereits rechtskräftig ausgewiesenen russischen und galizischen Juden zu deportieren seien, erwiderte er, das sei ihm bekannt, auf dem Gebiet des Karpatenvorlandes seien jedoch andere Rechtsvorschriften maßgebend. Er benannte namentlich sogar die vom Polizeirat in dieser Angelegenheit bevollmächtigte Person, Arisztid Meskó.[22]

Nachdem wir das Büro des Oberstuhlrichters verlassen hatten, suchten wir einen der Führer des lokalen Judentums auf, der uns als seriös und glaubwürdig empfohlen worden war. Von ihm erfuhren wir Folgendes: In Huszt und im Kreis werden wahllos diejenigen Juden zusammengezogen und deportiert, die ihre Staatsangehörigkeit nicht belegen kön-

20 Dr. László Ondrejovits.

21 Der Leiter des Regierungskommissariats der Karpato-Ukraine war Miklós Kozma.

22 Dr. Arisztid Kálmán Meskó (*1888), Jurist; Polizeirat, Beamter des KEOKH, 1937/38 Leiter der Außenstelle des KEOKH in Nyíregyháza, 1940–1944 Chef der Grenzpolizei in Ungvár (Užhorod); arbeitete u. a. die Details der technischen Abwicklung der Deportationen der „staatenlosen" Juden aus; 1955 Rückkehr aus der sowjet. Kriegsgefangenschaft nach Ungarn.

nen. Kürzlich hatte der Oberstuhlrichter die Juden aufgefordert, ihre Unterlagen einzureichen, anhand derer sie ihre Staatsangehörigkeit belegen können. Viele haben alle verfügbaren Dokumente in dem Glauben eingereicht, dass ihnen von Amts wegen ein Staatsangehörigkeitszeugnis ausgestellt werden würde. Als die Deportationen begannen, stürmten die Juden das Büro des Oberstuhlrichters, um ihre Unterlagen zurückzufordern. In den meisten Fällen hatte der Oberstuhlrichter jedoch „keine Zeit", um sich mit ihren Angelegenheiten zu befassen. So wurden die, die über keine Dokumente mehr verfügten, welche ihre Staatsangehörigkeit belegt hätten, bald darauf zusammengetrieben, nach Kőrösmező gebracht und nach Galizien abgeschoben. Unser Informant hat uns weiterhin mitgeteilt, dass die Menschen meistens nachts geholt würden und den Unglückseligen kaum eine Stunde eingeräumt werde, sich vorzubereiten. Es kam auch vor, dass bei den Familien Kinder aus dem Mutterland zu Gast waren, die dann ebenfalls mitgenommen wurden, obwohl die Betroffenen den Gendarmen die Umstände vorgetragen hatten. Jetzt befinden sich diese aus anderen Teilen Ungarns stammenden Kinder irgendwo in Galizien, wenn sie überhaupt noch am Leben sind, während sich ihre Eltern verzweifelt die Haare raufen, da sie wissen, dass sie sie nie wiederfinden werden. Wir haben ebenfalls gehört, dass Familien verschleppt wurden, obwohl das Familienoberhaupt in einem anderen Teil des Landes gerade seinen Militärdienst ableistet. Zu Ohren kamen uns auch kleinere Brutalitäten, beispielsweise brachte ein Gendarm einen Juden zum Barbier, damit er seinen Bart abrasiere. Dem Juden befahl er streng, sich nach der Rasur bei der Polizei zu melden. Hier hat man den zu Tode erschrockenen Mann, der davon überzeugt war, er würde jetzt deportiert, mitgeteilt, dass alles in Ordnung sei, er könne nach Hause gehen. Dies wird in Huszt offensichtlich als gelungener Scherz betrachtet.

Es erschien uns sinnlos, weitere Orte zu besuchen, da uns überall bestätigt wurde, was wir in Budapest gehört hatten. (Dennoch erschien aus der Nähe alles noch um ein Grad schlimmer.) So entschlossen wir uns, direkt nach Ungvár[23] zu reisen, um uns vor Ort zu erkundigen, welche Mächte im Karpatenvorland das Schicksal der Menschen offenbar ganz unabhängig vom Innenminister bestimmen und auf die Gesetze des Landes und die Weisungen des Ministers pfeifen. Aufgrund dessen, was wir in Huszt zu hören bekommen hatten, gingen wir davon aus, dass man bei der Deportationsaktion den Weisungen des Regierungskommissariats folgt. Ursprünglich wollten wir den Regierungskommissar, Miklós Kozma, aufsuchen, der allerdings im Urlaub war. Sein Stellvertreter, Ministerialrat Halász, mit dem wir uns stattdessen unterhalten wollten, befand sich auf der Jagd. Nach diesem zweiten Misserfolg haben wir gar nicht mehr lange herumgefragt, sondern Polizeirat Arisztid Meskó in seiner Wohnung aufgesucht. Wir trafen ihn an und müssen zugeben, dass er uns bei der Aufklärung unserer Fragen mit der größten Zuvorkommenheit zur Verfügung stand. Wir interessierten uns vor allem für zwei Fragen. Es ging uns in erster Linie darum, ob die Deportation der Juden im Karpatenvorland auf Grundlage der bekannten Innenminister-Verordnung oder laut einer anderen Richtlinie umgesetzt würde. Im letzteren Fall wollten wir wissen, um welche Vorschrift es sich handelte und wer dafür verantwortlich sei. Die Antwort, die wir darauf bekamen, überzeugte uns allerdings nicht. Meskó behauptete nämlich, die Verordnung der Regierung würde sich nur auf das Mutterland beziehen, im Karpatenvorland wäre allein der Regierungskommissar

23 Ungvár war der Verwaltungssitz des Komitats Ung.

für derartige Angelegenheiten zuständig und die Aktion würde aufgrund von dessen Weisungen abgewickelt werden. Wohlgemerkt formulierte er (Meskó) die diesbezüglichen Weisungen des Regierungskommissars selbst, wies die hochrangigen Polizeibehörden in dieser Richtung an und sorgte dafür, dass die „Säuberungen" äußerst streng, ohne Rücksicht auf Einzelschicksale, durchgeführt werden. Er erklärte auch, wen er deportieren lasse. In die erste Gruppe stufte er diejenigen ein, auf die sich die Verordnung des Innenministers erstreckt. Die zweite Gruppe bestehe seiner Meinung nach aus Juden mit einer anderen ausländischen (deutschen, slowakischen, rumänischen) Staatsangehörigkeit. Auf unsere Frage, warum er diese nicht in ihre Heimat zurückschicke, erwiderte er, dass diese drei Staaten Juden ohnehin nicht einreisen ließen und es außerdem schade wäre, das gutnachbarschaftliche Verhältnis damit zu belasten. Es bliebe also nichts anderes übrig, als die Betroffenen nach Galizien abzuschieben. Wir machten ihn darauf aufmerksam, dass wenigstens ein Teil von ihnen als politische Flüchtlinge zu betrachten sei, die nicht aus eigenem Willen hierher gekommen wären, sondern die in ihrer Heimat Gefängnis, Internierungslager oder noch viel Schlimmeres erwartet hätte, weshalb diesen Menschen im Sinne des Völkerrechts Asyl zustünde. Dieses Argument beeindruckte ihn überhaupt nicht. Zuletzt stufte er in die dritte Gruppe jene in Ungarn ansässigen Juden ein, die ihre Staatsangehörigkeit nicht belegen können.
Polizeirat Meskó führte in Bezug auf die letzte Gruppe aus, dass er vor ungefähr sechs Monaten die im Karpatenvorland lebenden Juden angewiesen hatte, wenn möglich ein Zeugnis über ihre Staatsangehörigkeit beim Innenministerium zu beantragen.[24] Er meint, die Juden hätten seine Anweisung „bewusst sabotiert", da sich Galizien damals noch unter russischer Kontrolle befand und sie wussten, dass man sie nicht ausweisen kann, weil kein angrenzendes Land sie aufnehmen würde. Uns dies weismachen zu wollen, war in der Tat naiv, dafür braucht es, denken wir, keinen Beweis. Jeder, der die Vorsicht der Juden kennt, besonders heute, nach zwei Judengesetzen und einem dritten in Vorbereitung,[25] wird kaum annehmen, dass sie sich mit „bewusster Sabotage" in eine noch ungünstigere Lage bringen werden. Wahrscheinlicher ist, dass sie auf die Erledigung ihrer Angelegenheit warten, wissen wir doch, dass sich im Innenministerium eine Masse an Staatsbürgerschaftsangelegenheiten stapelt, die eine schnelle Abarbeitung unmöglich macht. Diese werden in der Reihenfolge ihres Eingangs bearbeitet, und ein heute gestellter Antrag wird vielleicht erst in einem Jahr bearbeitet. Wir glauben nicht, dass Herr Meskó dies nicht weiß, und er wird auch Kenntnis davon haben, wie im Kreis Huszt Angelegenheiten der Staatsbürgerschaft behandelt werden. Ihm geht es allerdings offensichtlich nur darum, möglichst viele Juden aus dem Lande zu schaffen. Er hat übrigens selbst gesagt, er hielte es für wünschenswert, die Juden so stark wie möglich auszusondern, weil diese im Karpatenvorland ganz anders seien als im Mutterland, nämlich ungarnfeindlich und kommunistisch. Zur Bekräftigung des Letzteren führte er lediglich an, dass sie Radio London und Moskau empfingen!
Unsere zweite Frage bezog sich auf die Durchführung der Deportationen. Wir fragten ihn, ob er den Methoden ihrer Umsetzung zustimme – angenommen, die Deportationen wären in jedem Fall gerechtfertigt. Wir beschrieben ihm das von uns beobachtete

24 Siehe dazu auch Dok. 65 vom 18.2.1942.

25 Siehe Dok. 14 vom 29.5.1938, Dok. 29 vom 5.5.1939 sowie Dok. 51 vom 2.8.1941. Das sog. Dritte Judengesetz war bereits am 8.8.1941 in Kraft getreten.

unmenschliche Verfahren. Er erwiderte, er halte das Vorgehen der ausführenden Behörden unbedingt für richtig und notwendig, weil nur so gesichert werden könne, dass sich niemand vor der Abschiebung drücke. Er führte aus, er habe den Leidtragenden ursprünglich sechs Stunden zum Einpacken, zur Übergabe ihres zurückbleibenden Vermögens etc. zugestehen wollen, sei jedoch gezwungen gewesen, diese Zeit auf eine Stunde zu verkürzen, da seiner Ansicht nach zu viele geflohen seien. Er hielte es deshalb auch für richtig, wenn die Juden möglichst nachts überraschend und überfallartig aus dem Schlaf aufgeschreckt und zusammengetrieben würden. So würde man zumindest sicher alle erwischen. Wir schilderten ihm die beobachteten Grausamkeiten, die Verzweiflung der Unglückseligen und konfrontierten ihn mit dem Schicksal der Unglückseligen in Galizien: Im besten Fall würden sie von den ukrainischen Bauern totgeschlagen, im schlimmsten Fall aber nach langsamem, peinvollem Leiden verhungern.[26] Daraufhin erklärte er, er interessiere sich nicht für einzelne Schicksale. Für ihn sei nur das gesetzte Ziel relevant. Das würde er mit ganzer Kraft verwirklichen. Er teilte uns auch mit und meinte damit seine Vorgehensweise zu bestätigen, es sei gut gewesen, sich zu beeilen, weil die Deutschen am selben Tag (also am 10.) verboten hatten, dass noch mehr Juden nach Galizien abgeschoben werden. Deshalb habe man „leider" alles abblasen müssen. Seitdem wissen wir, dass das Bedauern von Herrn Meskó verfrüht war.[27]

Wir haben nun in Kürze alles festgehalten, was wir beobachtet haben. Zusammenfassend stellen wir fest:

1. Bei der Festlegung der zu deportierenden Juden halten die meisten Behörden die Bestimmungen der Verordnung des Innenministers nicht ein, sondern überschreiten sie willkürlich.

2. Das Regierungskommissariat im Karpatenvorland respektiert die Verordnung des kgl. ungar. Innenministers nicht, obwohl er sich ganz offensichtlich auch auf dieses Gebiet bezieht, das unseres Wissens zu Ungarn gehört. Offensichtlich gibt er in dieser Angelegenheit seinen Behörden eigene, von der Verordnung des Innenministers abweichende Weisungen aus.

3. Die durchführenden Behörden, von wenigen Ausnahmen abgesehen, legen bei der Umsetzung möglichst große Schonungslosigkeit und Brutalität an den Tag, als würden sie willentlich die Qual der Opfer steigern wollen. In einem zivilisierten, sich christlich bezeichnenden Staat verhöhnt die Art, wie mit meist völlig unschuldigen Menschen umgegangen wird, die selbstgefällig verkündeten Prinzipien. Hätte ein Gefängniswärter einen ihm anvertrauten rechtskräftig verurteilten Raubmörder so behandelt, würde er mit Sicherheit bestraft.

Zwar akzeptieren wir, dass die Abschiebung gewisser in das Territorium unserer Heimat eingedrungener und mit Ungarn in keinerlei Gemeinschaft verbundener Elemente – ob

26 Die meisten Deportierten wurden von Ostgalizien nach Kamenez-Podolski (Kamjanez-Podilskyj) vertrieben, wo viele von ihnen Ende Aug. 1941 von deutschen Einheiten erschossen wurden. Zur Situation der Deportierten in Ostgalizien siehe Dok. 56 vom 30.8.1941 sowie Einleitung, S. 41 f. Siehe auch VEJ 7/67 und 70.

27 Am 9.8.1941 untersagte der Innenminister die Deportation von einheimischen Juden. Dennoch wurden in den nächsten Tagen mehrere Tausend weitere Personen über die Grenze abgeschoben. Das KEOKH verbot schließlich am 15.8. in einem Telegramm und zwei Tage später in einer VO alle weiteren Deportationen; siehe Einleitung, S. 40.

es sich nun um Juden handelt oder nicht – von wichtigem nationalem Interesse ist. Dennoch verurteilen wir alle aufgezählten Vergehen sowie die gesamte Art und Weise, wie die Aktion durchgeführt wird, aufs Schärfste.
Wir legen Protest dagegen ein, dass in unserer Heimat derartige massenhafte behördliche Übergriffe möglich sind und tun dies als Menschen, Christen und Ungarn. Als Menschen lehnen sich alle unsere humanen Empfindungen und gesunden, natürlichen Instinkte gegen diese Aktionen auf. Als Christen sehen wir darin die schwerste Verletzung der Gebote Gottes und unserer Religion. Als Ungarn können wir die Besudelung der ungarischen Ehre durch diese Grausamkeiten nicht wortlos hinnehmen. Wir können nicht wissen, was die Zukunft bringt, aber eines ist sicher: Es wird noch die Zeit kommen, in der statt Gewalt wieder Freiheit, Recht und Wahrheit walten werden. Es ist im Hinblick auf die Zukunft Ungarns und die Ehre unserer Nation nicht gleichgültig, was die gebildete Menschheit über unser Handeln denken wird.
Wir wissen, dass wir derzeit keine populäre Angelegenheit vertreten. Wir halten es jedoch für unsere Pflicht, dort unsere Stimme zu erheben, wo das Schweigen unserem Gewissen nach eine Sünde wäre.

DOK. 54
Ein Journalist bittet Regierungskommissar Miklós Kozma am 25. August 1941, sich für eine widerrechtlich nach Kamenez-Podolski (Kamjanez-Podilskyj) deportierte Familie einzusetzen[1]

Schreiben von Pál Bernát, Journalist und Mitarbeiter der Kárpáti Magyar Hírlap,[2] Ungvár, an Miklós Kozma vom 25.8.1941[3]

An Eure Exzellenz, Miklós Kozma, Herrn Regierungskommissar, Ungvár.
Gnädiger Herr!
Ich habe mich bereits am 21. des laufenden Monats mit einer Eingabe in der Sache der unrechtmäßigen und gesetzwidrigen Ausweisung Izidor Ackersmanns an Sie gewandt.[4] Er ist Einwohner von Hajasd, gilt aufgrund seiner Verdienste für Ungarn während der tschechischen Besatzung als *bevorzugt* zu behandelnde Person[5] und ist laut seiner Dokumente zweifellos ungarischer Staatsbürger.[6]

1 MNL OL, K 774–1941, Bl. 77 f. Das Dokument wurde aus dem Ungarischen übersetzt.
2 Die politische Tageszeitung Kárpáti Magyar Hírlap (Karpater Ungarische Zeitung) erschien seit 1920.
3 Im Original fälschlicherweise 1951.
4 Izidor Ackersmann war Besitzer einer Pension in Uzsok (Uschok).
5 Siehe dazu die Ausnahmebestimmungen, die im sog. Zweiten Judengesetz festgehalten wurden, Dok. 29 vom 5.5.1939.
6 Seine ungar. Staatsbürgerschaft konnte Ackersmann laut Bernát den Gendarmen gegenüber mit Dokumenten belegen. Dennoch wurde er, zusammen mit seiner Ehefrau und seinen zwei Söhnen, um zwei Uhr morgens aus seinem Haus abgeholt. Bernát mutmaßte in seinem Brief vom 21.8.1941, dass ein Rachemotiv vorgelegen haben könnte. Das Versprechen der ungar. Behörden, seinen Fall an der ungar. Grenze vor der Abschiebung erneut zu prüfen, wurde schließlich nicht erfüllt und Ackersmann nach Horodenka abgeschoben; siehe Brief von Pál Bernát an Miklós Kozma vom 21.8.1941, wie Anm. 1, Bl. 79 f.

Ich wähle, um Aufsehen zu vermeiden, bewusst diesen Weg (denn infolge eventueller Aktionen von Unruhestiftern hätte sich auch irgendein Presseorgan in Budapest oder irgendein Parlamentsabgeordneter der Sache annehmen können). *Im Interesse der Aufrechterhaltung und der Konsolidierung der allgemeinen Verhältnisse* habe ich mich – eine Bestimmung erfüllend – als ungarischer Journalist deshalb unmittelbar an den Herrn Regierungskommissar gewandt mit der Bitte, die Angelegenheit zu klären und Maßnahmen zu ergreifen, um die unglückliche Familie vor dem Hungertod zu retten und ihre Rückkehr aus Galizien zu ermöglichen.
Auf meine Eingabe hin antwortete mir der Sekretär Ihrer Exzellenz, der ausgezeichnete Kollege Dr. Zoltán Szarvas persönlich und schlug mir vor, *den Aufenthaltsort der Ackersmanns ausfindig zu machen, sie in Galizien abzuholen und nach Hause zu bringen.*
Seiner Antwort entnahm ich erfreut, dass der Herr Regierungskommissar – seinem Edelmut und Gerechtigkeitssinn treu – auch in diesem Fall eine Möglichkeit fand, das vorliegende Unrecht zu beheben.
Ich möchte hervorheben, dass ich die Ackersmanns nicht kenne und ihnen niemals begegnet bin. Als ich die geschätzte Aufmerksamkeit Eurer Exzellenz mittels meiner umsichtig gewonnenen Informationen auf die ungewöhnliche Ausweisung gelenkt habe, ging es mir darum, dass in unserer geliebten Heimat, dem Karpatenvorland, wo Vitéz Miklós Kozma von Leveld Regierungskommissar ist, *kein Gendarm, kein Notar und auch kein Stuhlrichter ungestraft Recht und Gesetz verletzen darf. Und sollte dies dennoch passieren, darf das der Regierung nicht zur Last gelegt werden.*
Ich kann in dieser Angelegenheit also nur diese selbstlose journalistische Mission übernehmen. Deshalb bin ich ratlos, wie ich der edlen und gerechten Geste des Herrn Regierungskommissars den abgeschobenen Ackersmanns gegenüber durch meine möglichen bescheidenen Dienste zur Realisierung verhelfen könnte.
Mir ist nämlich nur bekannt, dass die Ackersmanns aus Hodolenka[7] nach Kameneszk-Podolszk abtransportiert worden sind. Wenn Eure Exzellenz feststellen lassen könnten, dass meine Angaben der Wahrheit entsprechen und die dortigen deutschen Behörden entsprechend informieren würden, könnte der verfolgten einheimischen Familie die Möglichkeit gegeben werden, ihre letzten Jahre dort zu verbringen, wo schon ihre Urgroßväter geboren sind. Ich stehe, obwohl ein vielbeschäftigter Mann, in dieser Angelegenheit dem Herrn Regierungskommissar jederzeit bereitwillig zur Verfügung.
Noch einmal um Ihre hoheitliche Intervention bittend, verbleibe ich stets zu Diensten Eurer Exzellenz.
Mit patriotischer Hochachtung[8]

7 Richtig: Horodenka.
8 Über das weitere Schicksal der Familie Ackersmann ist nichts bekannt. Zum Massaker von Kamenez-Podolski siehe Einleitung, S. 40–42.

DOK. 55
Das italienische Außenministerium fasst am 26. August 1941 einen Bericht der Gesandtschaft in Budapest über die Deportation von Juden nach Ostgalizien zusammen[1]

Fernschreiben (Nr. 34/R, A.G. IV[2]) des Außenministeriums, S.E. 27-869–5 Ungarn, gez. unleserlich, an das Innenministerium – Generaldirektion Demographie und Rasse, sowie an das Innenministerium – Generaldirektion für öffentliche Sicherheit, A.G.R.,[3] A.E.M.,[4] Sitz,[5] vom 26.8.1941[6]

Maßnahmen gegen die Juden in Ungarn

Wir haben die Ehre, zu Ihrer Kenntnis zu bringen, was die kgl. Gesandtschaft in Budapest mit Datum vom 6. August d. J. bekannt gegeben hat:[7]

„Das militärische Vorgehen gegen Russland[8] und die Besetzung eines großen Teils Galiziens durch ungarische Truppen[9] hat den Behörden die Gelegenheit gegeben, ein Problem zu lösen, das während und nach den deutschen [Militär-]Operationen in Polen entstanden ist. Eine ganz erhebliche Zahl von Juden ist aus Polen und in Einzelfällen auch aus russischem Gebiet nach Ungarn eingesickert und konnte sich mit Unterstützung hiesiger Glaubensgenossen bisher nahezu ungestört aufhalten. In den vergangenen Wochen hat die ungarische Polizei diese semitischen Elemente aufgegriffen, und sie werden, nach Absprache mit den ungarischen und deutschen Militärbehörden, in Galizien, insbesondere in größeren Städten wie Kolomea und Stanislau, zusammengezogen. Dort werden sie in Konzentrationslagern interniert und für Aushub- und Abrissarbeiten, bei der Minensuche usw. eingesetzt.[10] Die Zahl dieser Juden beläuft sich amtlichen Angaben zufolge bisher auf etwa 12 000,[11] sie wird jedoch noch erheblich steigen infolge eines kürzlich ergangenen Beschlusses, diese Maßnahmen auch auf jene Juden polnischer oder sowjetischer Staatsangehörigkeit auszudehnen, die zwar mit einer ordnungsgemä-

1 ACS, MI, DGPS, AGR, A16, busta 5, fascicolo 19 Ungheria. Das Dokument wurde aus dem Italienischen übersetzt.

2 In den Aufgabenbereich der Abt. fielen seit 1938 Angelegenheiten, die ausländische Juden in Italien, italien. Juden im Ausland sowie „Judenangelegenheiten" im Ausland insgesamt betrafen.

3 Affari generali e riservati: Allgemeine und vertrauliche Angelegenheiten.

4 Generaldirektion im italien. Außenministerium, die für Europa und das Mittelmeer zuständig war.

5 Gemeint ist der Sitz des Ministeriums in Rom.

6 Im Original handschriftl. Bearbeitungsvermerke und verschiedene Stempel.

7 Bericht (Nr. 2836/1306) des italien. Gesandten in Budapest, Guiseppe Talamo Atenolfi Brancaccio, an das italien. Außenministerium vom 6.8.1941, ASMAE, AG Uff IV., Posizione S.E. 27 869, busta T-U, fasc. Ungheria.

8 Als Bündnispartner des Deutschen Reichs beteiligte sich Ungarn im Juni 1941 am Überfall auf die Sowjetunion.

9 Bis Aug. 1941 hielten ungar. Truppen Gebiete von Ostgalizien besetzt, ehe sie diese an die deutsche Zivilverwaltung übergaben.

10 Etwa 1000 abgeschobene Juden wurden im Getto in Stanislau zusammengefasst. Sie wurden am 12.10.1941 am sog. Stanislauer Blutsonntag zusammen mit einheimischen Juden erschossen. Die meisten der nach Kolomea abgeschobenen Juden wurden in Kamenez-Podolski (Kamjanez-Podilskyj) erschossen.

11 Zur Zahl der nach Ostgalizien abgeschobenen Juden siehe Einleitung, S. 40.

ßen Aufenthaltsgenehmigung in Ungarn ansässig sind, in den vergangenen 10 Jahren aber keine ungarische Staatsangehörigkeit beantragt bzw. erhalten haben.[12] Der einzige Unterschied zwischen Letzteren und den illegal auf ungarisches Gebiet Eingewanderten besteht nur darin, dass sie die in ihrem Besitz befindlichen beweglichen Güter mitnehmen dürfen, während die bisher nach Galizien verbrachten Juden lediglich einen Betrag von höchstens 30 Pengő transferieren durften, was 120 italienischen Lire entspricht."
Im Auftrag des Ministers[13]

DOK. 56
Bericht vom 30. August 1941 über die Lage der nach Ostgalizien deportierten Juden und über das Massaker in Kamenez-Podolski (Kamjanez-Podilskyj)[1]

Bericht, ungez., vom 30. 8. 1941[2]

Ich habe schon seit längerem vor, über die uns betreffenden Probleme zu berichten, bislang jedoch nicht wirklich den passenden Anlass gefunden, um ein umfassendes Bild zu zeichnen. Die Neuartigkeit der wahrgenommenen Schrecken und die über jede menschliche Vorstellung hinausgehende – auf die Schnelle fällt mir kein besserer Begriff dafür ein – Grausamkeit hatte eine derartige Wirkung auf mich, dass ich mich oft an der Grenze zum Delirium befand. Jede Schreckensnachricht, die wir über die hiesigen Grausamkeiten zu hören bekamen, wurde vor mir doppelt und dreifach lebendig, ich weiß nicht, warum mir Gott die Strafe zuteilwerden ließ, sie mit eigenen Augen zu sehen. Mag sein, dass der Grund dafür darin lag, in meinem Glauben gestärkt mit größerem Elan für unsere Arbeit zu kämpfen. Ich versuche nun, unsere Erlebnisse zu beschreiben. Vermutlich weißt Du über die unzähligen von uns ausgelieferten Juden Bescheid.[3] Ich werde später darüber schreiben, welches Schicksal sie erwartet. Am 8. des laufenden Monats, einem Freitag, wurden die Juden aus zwei Siedlungen im Umkreis von ungefähr 20 Kilometern durch ein Spalier von Ukrainern auf die Straße getrieben. Man schlug sie den ganzen Weg entlang mit Stöcken derart, dass 15 von ihnen starben und die übrigen Verletzungen erlitten (Arm- und Rippenbrüche usw.). Die Behandlung übernahmen jüdische Ärzte, sie verordneten die notwendigen Medikamente, die Apotheke gibt für Juden jedoch nichts heraus. Um nur das Elementarste zu erwähnen: Juden können

12 Nicht ermittelt.

13 Gian Galeazzo Ciano, Graf von Cortellazzo und Buccari (1903–1944), Jurist; Studium in Deutschland; 1925 Eintritt in den diplomatischen Dienst; 1930 Heirat mit Benito Mussolinis Tochter Edda; 1933 Pressesprecher von Mussolini, 1934 StS für Presse und Propaganda, 1935/36 Minister für Presse und Propaganda, 1936–1943 Außenminister, anschließend Botschafter beim Vatikan; im Jan. 1944 in Verona wegen Hochverrats zum Tode verurteilt und hingerichtet.

1 Ráday Levéltár, A-1-c Elnöki iratok, 2571/1941. Abdruck in: Majsai (Hrsg.), Iratok a Kőrösmezei zsidódeportálás történetéhez 1941 (wie Dok. 53 vom 20. 8. 1941, Anm. 1), S. 228 f. Das Dokument wurde aus dem Ungarischen übersetzt.

2 Sowohl Autor als auch Adressat des Berichts sind unbekannt. Der Autor war vermutlich Mitglied einer ungar. Arbeitsdienstkompanie, die die Region durchquerte oder im Gebiet stationiert war. Das Schreiben befindet sich im Bestand des reformierten Bischofs László Ravasz.

3 Zur Zahl der nach Ostgalizien abgeschobenen Juden siehe Einleitung, S. 40.

überhaupt nichts mehr kaufen, Brot ist für sie nur noch ein Begriff – denn für sie gibt es keines, weil die Ukrainer ihnen, was soll ich sagen, nichts verkaufen. Sobald wir irgendwo Halt machen, werden wir von Hunderten [von Menschen] umringt, alle wollen Brot, und was wir sammeln konnten, verteilen wir. Aber wie soll das ihre grundlegendsten Bedürfnisse befriedigen? Um Dir [die Situation] zu veranschaulichen, folgende Szene: Wir tauschten Zigaretten gegen Himbeeren, die verdorbenen schmissen wir weg. Die Erwachsenen begannen, sie aufzusammeln und stopften sie in sich hinein. Sie stehen am Rande des Hungertods. Sie werden Tag für Tag von den Ukrainern beraubt und zu Tode geprügelt. In einer Gemeinde wurde eines ihrer Häuser in Brand gesteckt, die ungarischen Soldaten retteten sie und ihre trostlosen Habseligkeiten vor der sicheren Vernichtung. Ein anderer Fall: In einer Gemeinde, in der wir ebenfalls stationiert waren, kommt ein Wagen mit vier Deutschen an. Sie treiben 15 Juden zusammen, unter ihnen auch den etwa 70-jährigen Rabbi, die den Wagen saubermachen sollen. Zunächst verprügeln sie [die Deutschen] einen oder zwei von ihnen, dann kommt die Reinigung des Wagens. Wie das vor sich ging, ist nicht zu beschreiben. Wenn sie [die Juden] an einer anderen Stelle weitermachen sollten, zerrten sie sie mit einer Kneifzange an ihren Bärten, schnitten schließlich die Hälfte ab und trieben sie so durch die Stadt. Zum Abschneiden nur so viel, dass das Gesicht [der Männer] voller Blut war, denn die ukrainischen Jungs haben ihnen auch ins Gesicht geschnitten. Aus dem Dnjestr wurden täglich jüdische Leichen gefischt, alte, junge, sogar drei- bis vierjährige Kinder, vor allem aber junge, geschändete und verstümmelte Mädchen. Man konnte sie gar nicht anschauen. Unsere Soldaten bestatteten sie anonym. Es gab Tage, da Hunderte [von Leichen im Fluss] schwammen, am Ende wurden sie gar nicht mehr aus dem Wasser geholt. Wenn sich dann eine an der Brücke verhakte, wurden sie geschubst, damit sie weiter schwimmen konnten. Eine Großstadt sollte einen Tribut von einer bestimmten Summe leisten. 5000 besser gestellte Juden wurden als Geiseln genommen. Nachdem die Summe bezahlt wurde, wurden mit Hilfe polnischer Intellektueller[4] weitere 1500 Juden abtransportiert. Was aus ihnen wurde, erfuhr ich erst drei Tage später, als die Deutschen an einem völlig anderen Ort zwei Tage und zwei Nächte lang mit einer automatischen Pistole ca. 15 000 Juden erledigten.[5] Die Ukrainer schaufelten große Gruben aus, sie [die Juden] wurden mit Gewehrkolben und Peitschen hineingetrieben, wo sie der Schuss aus einem deutschen automatischen Gewehr vor weiterem Leiden bewahrte. Sie [die Deutschen] achteten allerdings nicht darauf, ob sie tatsächlich tot waren, sie fielen in die Grube, im nächsten Augenblick fiel schon ein anderer auf sie und so weiter, bis die Grube voll war. Nachdem sie voll war, wurde sie zugeschüttet, auch wenn sich noch Lebende unter ihnen befanden, und das Spiel setzte sich bei der nächsten Grube fort. Das Maschinengewehr hallt auch nach drei oder vier Tagen weiter in mir nach, und ich werde es vielleicht nie vergessen, solange ich lebe. Der 27./28.8.1941 wird zu einer großen „Yahrtzeit"[6] der Juden. In nur dieser einen Stadt sind 15 000 unschuldige Menschen umgekommen, nur weil sie Juden waren, unter ihnen leider viele aus Ungarn. An nichts anderes kann ich heute denken. Gott, erbarme Dich unser.

4 Nicht ermittelt.
5 Zum Massaker in Kamenez-Podolski siehe Einleitung, S. 41 f.
6 Jidd.: Jahrestag, an dem ein Mensch verstarb, Todestag/Totengedenktag.

DOK. 57
Miklós Kozma schlägt am 13. September 1941 Verhandlungen mit den deutschen Behörden vor, um die Rückkehr nach Ostgalizien deportierter Juden zu unterbinden[1]

Schreiben von Miklós Kozma, Ungvár, Ad 646/1941. eln. sz., an den Ministerpräsidenten, Dr. László Bárdossy, Budapest, vom 13.9.1941

Mein lieber Freund!
Wie zu erwarten war, unternehmen die ausgewiesenen und in die Dnjestr-Region verbrachten russischen und polnischen Staatsbürger – vor allem Juden – alles, um auf unser Staatsgebiet zurückzukehren. Deshalb müssen wir unbedingt nach Mitteln und Wegen suchen, dies zu verhindern. Über ihre allmähliche Infiltration liegen mir glaubwürdige Informationen vor von der Fahndungsabteilung 8/1 des Gendarmeriebezirks Kassa, im Rahmen der am 2. und am 5. des laufenden Monats erstellten Berichte mit der Nummer 1078/B-1941,[2] weiterhin aufgrund des Berichts Nr. 264/41.T.sz. der Grenzaußenstelle der Polizei von Kőrösmező[3] sowie des Berichts Nr. 616/kt.1941.sz. der Abteilung Máramarossziget des Gendarmeriebezirks Kassa,[4] die ich nebst Anlagen als Kopie beilege.
Den Berichten zufolge nähern sich die ausgewiesenen Juden, teilweise ohne jede Genehmigung, der ungarischen Grenze, oder sie haben Genehmigungen, die von den deutschen militärischen (Feldkommandant)[5] oder den zivilen Behörden (Landkommissar)[6] ausgestellt wurden. An der Grenze treffen sie dann auf die Grenzkommandos der Honvéd-Armee.
Dem zitierten, unter der Nummer 1078/41. am 2. September verfassten Bericht der Gendarmerie zufolge hatten die Wachen der Grenzjäger zwar von ihren Armeekorpskommandos den Befehl erhalten, Exempel zu statuieren, um den Rückstrom der Juden einzudämmen, sie hatten es jedoch nicht gewagt, von den Waffen Gebrauch zu machen. Doch ohne Waffengewalt bleiben alle Bemühungen der im Hinterland tätigen Gendarmen wirkungslos, denn selbst wenn es ihnen gelingt, die Juden aufzustöbern und wieder über die Grenze zu schaffen, dringen diese bei nächster Gelegenheit wieder ins Land ein. Seitdem unsere Honvéd im benachbarten Galizien die Hoheit verloren hat,[7] gibt es keine Möglichkeit mehr, diese Individuen tiefer in russisches Gebiet abzuschieben.
Dem beigelegten Bericht 264/41.T.sz. des Polizeigrenzkommandos von Körösmező ist zu entnehmen, dass sich laut eines am 6. dieses Monats verfassten Berichts des in Kolomea

1 MNL OL, K 774–1941, Bl. 4+RS. Das Dokument wurde aus dem Ungarischen übersetzt.
2 In dem Bericht 1078/B-1941 ist die Erschießung von drei vertriebenen Juden 5 km von der ungar. Grenze entfernt vermerkt. Ferner wird festgehalten, dass die „Erschießung der Juden in den [deutsch] besetzten Gebieten allgemein bekannt“ sei und dass einzelne Personen versuchten, nach Ungarn zurückzukehren; siehe Anm. 1, Bl. 63–64 sowie 97 f.
3 Die Grenzaußenstelle informierte darin, dass sich Personen ungar. Herkunft über ihre widerrechtliche Abschiebung nach Galizien beschwert und einen Antrag auf Überprüfung ihres Status gestellt hatten; siehe Anm. 1, Bl. 95 f.
4 Darin berichtete die Abt. Máramarossziget, dass deutsche und ukrain. Behörden aus Ungarn vertriebene Juden mit Papieren ausstatteten, die ihnen die Reise bis zur ungar. Grenze ermöglichten. Mehrere Tausend abgeschobene Juden seien Richtung Kőrösmező unterwegs.
5 Im Original deutsch.
6 Im Original deutsch.
7 Siehe dazu Dok. 53 vom 20.8.1941, Anm. 7.

stationierten Kommandos viele aus Ungarn abgeschobene Menschen an sie wenden und einen Antrag auf Rückkehr stellen. Nachdem der Bericht auch der Abteilung für öffentliche Sicherheit im Innenministerium vorgelegt wurde, teilte mir dessen Leiter, Ámon Pásztóy,[8] auf meine Anfrage hin telefonisch mit, dass von einer baldigen Rückkehr der ausgewiesenen und auf russisches Gebiet verbrachten ausländischen Staatsbürger und der ihnen freiwillig folgenden christlichen Angehörigen allerdings nicht die Rede sein könne. Dahingehende Bitten könnten einzig auf diplomatischem Weg mit den Deutschen geregelt werden.

All dies wurde dem Innenminister[9] zur Kenntnis gebracht. In dessen Auftrag verhandelte Staatssekretär Bonczos[10] mit den Bezirkskommandanturen der Honvéd und der Gendarmerie in Kassa. Ich habe allerdings keine Kenntnis von den daraufhin erfolgten Maßnahmen. Meiner Ansicht nach sollte unbedingt Kontakt mit den zuständigen deutschen Behörden aufgenommen werden, um diese Angelegenheit zu klären. Ohne eine Einigung mit diesen werden weder unsere grenzsichernden Einheiten noch die untergeordneten Kommandanturen der Gendarmerie und die Grenzjäger der Honvéd den Rückstrom [der Juden] verhindern können und sind vor eine unmögliche und unlösbare Aufgabe gestellt.

Mit aufrichtiger Hochachtung grüßt Dich[11]

DOK. 58
Eine nach Ostgalizien abgeschobene Familie verabschiedet sich im Spätsommer 1941 von ihren Angehörigen[1]

Handschriftl. Briefe einer deportierten Familie nach Hause, o. D. (August/September 1941) (Kopie)

Meine teuren Liebsten!

Wir haben schon so viel durchgemacht, dass ich nicht mehr darüber klagen kann. Kein kluger Gedanke fällt mir ein, ich kann nichts gegen das Schicksal tun. Es macht uns zu

8 Dr. Ámon Pásztóy (1892–1949); von 1931 an stellv. Leiter, 1938–1941 Leiter der KEOKH, 1941–1944 Leiter der Abt. VII. für öffentliche Sicherheit im Innenministerium; im Nov. 1944 von den Pfeilkreuzlern verhaftet und in Sopronkőhida interniert, im Febr. 1945 entlassen; 1948 vom ungar. Volksgericht zum Tode verurteilt und hingerichtet.

9 Ferenc Keresztes-Fischer.

10 Miklós Bonczos (1897–1971), Offizier, Jurist; von 1925 an als Anwalt tätig, 1937 Obergespan im Komitat Csongrád, 1938–1942 Regierungskommissar für Hochwasserschutz und für Flüchtlingsangelegenheiten, StS im Innenministerium, 1939–1944 Parlamentsabgeordneter, 1942–1944 StS im Justizministerium, 1944 Innenminister in der Lakatos-Regierung, 1944 Emigration.

11 Der ungar. Botschafter in Berlin, Döme Sztójay, bat in einem Schreiben vom 3.10.1941 die deutschen Behörden darum, die Rückkehr abgeschobener Juden nach Ungarn zu unterbinden. Gespräche zwischen deutschen und ungar. Stellen über die Frage der Abschiebungen fanden am 11. und am 26.10.1941 statt. Bis zu diesem Zeitpunkt wurden mehrere Tausend abgeschobene Juden zusammen mit der örtlichen jüdischen Bevölkerung in Nadworna bzw. Stanislau von deutschen Einheiten ermordet.

1 Ráday Levéltár, A-1-c Elnöki iratok, 2571/1941. Abdruck in: Majsai (Hrsg.), Iratok a Kőrösmezei zsidódeportálás történetéhez 1941 (wie Dok. 53 vom 20.8.1941, Anm. 1), S. 231–233. Das Dokument wurde aus dem Ungarischen übersetzt.

seinem Spielball, wie ich es mir nicht einmal in meinen schlimmsten Alpträumen hätte vorstellen können, obwohl ich oft von meinen Träumen erzählt habe.
Bitte seid sehr glücklich und versucht, uns zu vergessen. Wir waren oft schlecht zu Euch, doch damals wussten wir noch nichts von Gottes harten Strafen. Jetzt wären wir gut zu allen.
Es bekümmert mich nicht, dass Limi nicht bei uns ist, warum sollte er das hier durchmachen? Nur um meine teuren Kinder schmerzt es mein krankes Herz sehr. Die arme Lili hat sich bereits mit allem abgefunden, nur Artur möchte noch auf keinen Fall sterben, obwohl auch ihm nicht viel anderes übrigbleiben wird. Wir sind so viele Kilometer gegangen, dass wir gar nicht mehr weiter können – nur zurück nach Hause, wenn es noch möglich wäre, würden wir gerne gehen. Es würde mich interessieren, ob es Sinn hätte, sich im Verborgenen auf den Weg nach Hause zu machen und ob ihr die Urkunde habt.[2]
Ich wusste bevor wir losgingen schon, was uns erwarten könnte, aber so etwas hätte ich mir nie vorstellen können. Man darf nirgendwo stehenbleiben, sie jagen uns immer weiter.[3] Unsere Bekannten werden Euch alles erzählen, wenn sie zurückkehren,[4] es hat keinen Sinn, dass ich davon erzähle.
Ich schreibe jetzt nichts mehr darüber. Ich liebe Euch jetzt sehr, jeden Einzelnen von Euch. Und ich bereue nichts, denn ich weiß, dass Limi der beste Ehemann und Vater der Welt ist, niemand könnte sich einen besseren Mann wünschen. Wir haben sehr gut gelebt, aber leider viel zu kurz. Wir hätten noch viele Pläne gehabt. Es ist ein Trost, dass es gute Menschen auf der Welt gibt. Meine Teuren, ich küsse Euch vielmals. Juci und die Kinder.

Teurer Großvater, teure Großmutter und Kinder!
Sie können sich gar nicht vorstellen, in welch schrecklicher Lage wir uns befinden. Derzeit sind wir in irgendeiner kleineren Stadt, aber wir müssen auch von hier bald wieder weggehen. Ich weiß nicht, was mit uns geschehen wird. Man bringt uns über den Dnjestr, und wir werden dort freigelassen. Wir möchten jetzt zurück. Aber wie – das wissen wir nicht. Wir haben uns entschieden, nicht ins Landesinnere zu gehen, wir könnten es auch gar nicht. Vielleicht sterben wir, es macht uns nichts mehr aus. Wenn es Euch nicht gelungen ist, die Angelegenheit zu erledigen, soll uns wenigstens Papa nachkommen. Dann könnten wir zumindest zusammen sterben. Ich weiß gar nicht, was ich noch schreiben sollte, nur dass ich dem Großvater und den Seinigen, Rózsi und den Ihrigen sowie Tante Szeréna und ihren Lieben sehr viel Glück wünsche.
Ich küsse Euch alle vielmals, zum letzten Mal
Lili.

Meine Teuren!
Wir befinden uns am Ufer des Dnjestr. Mutter und Lili möchten auf jeden Fall sterben. Ich weiß gar nicht, was ich machen soll, soll ich ebenfalls sterben oder nicht? Mutti möchte auf keinen Fall weiterlaufen. Wenn Vati nicht kommt, werde ich auch sterben.

2 Gemeint ist vermutlich ein Staatsbürgerschaftsnachweis oder ein ähnliches Dokument, das den Status der Staatenlosigkeit aufheben würde.
3 Siehe dazu Dok. 56 vom 30.8.1941 sowie VEJ 7/68.
4 Zur Rückkehr vertriebener Juden siehe Dok. 57 vom 13.9.1941.

Vergesst uns! Wir gehen irgendwohin, sehr weit weg, wo wir uns nie wiedersehen werden. Ich habe nun nichts mehr zu schreiben. Ich küsse Euch, werdet bitte glücklich. Gott sei mit Euch. Es küsst Euch
Artur
Dies ist mein letzter Brief.

DOK. 59
Ilona Kovács bittet die Behörden im Oktober 1941 um einen Gewerbeschein, da ihr Mann aufgrund der antijüdischen Bestimmungen seine Arbeit verlor[1]

Schreiben von Ilona Kovács, verh. Frau Vilmos Grünbaum, an den Bürgermeister von Pécs,[2] o. D. [Oktober 1941][3]

Ehrwürdiger Herr Bürgermeister!
Gegen die Entscheidung 5827/1941 K.sz. der erstinstanzlichen Verwaltungsbehörde lege ich *Berufung* ein und bitte Sie hochachtungsvoll, dass Sie jene aufheben und den von mir beantragten Gewerbeschein ausstellen.[4]
Begründung:
Mein Antrag wurde abgelehnt, weil unterstellt wurde, ich würde mein Gewerbe für eine Person wollen, die selbst keinen Gewerbeschein erhalten könne.
Es sei mir erlaubt, auf die dieser Feststellung zugrunde liegende irrtümliche Annahme hinzuweisen und auch im Detail zu begründen, weshalb ich [um einen Gewerbeschein] nachgesucht habe und weshalb für mich die unentbehrliche Notwendigkeit besteht, einen Gewerbeschein zu erhalten und ein Geschäft zu eröffnen.
Als ich meinen Mann[5] geheiratet habe, war noch keine Rede von einem Judengesetz und weder das Gesetz noch die Gesellschaft hatte irgendetwas [an dieser Heirat] auszusetzen. Aus meiner Ehe sind zwei Kinder hervorgegangen, die ebenfalls Christen sind. Beide bedürfen der elterlichen Fürsorge. Unsere Kinder konnten mein Mann und ich bis jetzt versorgen, da wir beide berufstätig waren. Mein Mann hat seine Stelle verloren und verfügt über kein Einkommen. Damit ist der für den Erhalt meiner Familie unabdingbar notwendige Betrag um 180,– P gesunken. Mein Gesamteinkommen beträgt monatlich 142,– P. Davon kann ich meine Kinder im Alter von sechs Monaten und von fünf Jahren und von sechs Monaten sowie meine 60-jährige Mutter nicht erhalten. Ich bin gezwungen, alles Menschenmögliche zu unternehmen, um mich um sie, deren Unterhalt ich auch von Gesetzes wegen zu bestreiten verpflichtet bin, zu kümmern, was mir aber

1 MNL BML, Pécsi I. fokú közigazgatási hatóság i. – 568/1942. Das Dokument wurde aus dem Ungarischen übersetzt.
2 Lajos Esztergár (1894–1978), Jurist; von 1919 an Mitarbeiter des Hilfsbüros für siebenbürgische Flüchtlinge, 1922 Polizeireferendar, 1929 Stadtrat, 1936–1940 stellv. Bürgermeister, 1940–1944 Bürgermeister von Pécs; nach der Machtübernahme der Pfeilkreuzler interniert; 1945–1949 an der Universität Pécs tätig; zahlreiche Publikationen zur Sozialpolitik.
3 Im Original Eingangsstempel vom 7.10.1941.
4 Der Antrag auf einen Gewerbeschein wurde am 19.9.1941 erstmals abgelehnt.
5 Vilmos Grünbaum, Gewerbetreibender.

auch mein mütterliches Empfinden und meine Gefühle für meine Kinder gebieten. Da ich nicht in der Lage bin, mehr zu verdienen, möchte ich mich selbständig machen.
Es kann nicht die Intention des Gesetzes gewesen sein, dass ich und meine Kinder, die wir Christen sind und gerade deswegen vom Gesetz her im Besitz aller Rechte sind, von unserer Lebensunterhalt sichernden Erwerbsmöglichkeit ausgeschlossen werden. Ich möchte das Gewerbe nicht für jemand anderen ausüben, sondern dafür arbeiten, dass ich meine Mutter und meine beiden kleinen Kinder erhalten kann. Diesen [den Kindern] kann ich nämlich noch nicht erklären, dass es ein Judengesetz gibt, aufgrund dessen sie, die nichts dafür können und obwohl sie vollberechtigte Christen sind bzw. auch zukünftig sein werden, verpflichtet sind, auf die notwendigsten Mittel zur Lebenserhaltung zu verzichten. Und dies nur deshalb, weil ich einmal, als die gesellschaftliche Auffassung und das Gesetz noch völlig anders waren, einen Mann, ihren Vater, geheiratet habe, der Jude ist.
Die Begründung der erstinstanzlichen Entscheidung mag in jenen Fällen zutreffen, in denen es wirklich darum geht, als Strohmann einem außenstehenden Fremden die mit der Gewerbeberechtigung einer christlichen Person einhergehenden materiellen Vorteile zu sichern. Sie trifft jedoch, zumindest meiner Meinung nach, nicht zu, wenn eine christliche Mutter ihre christlichen Kinder und Eltern durch die Ausübung eines Gewerbes, für das der Gewerbeschein die Voraussetzung ist, erhalten möchte. Falls notwendig, könnte ich von meinem derzeitigen Unternehmen, bei dem ich beschäftigt bin, bestätigen lassen, dass wir eine Vereinbarung getroffen haben, nach der ich im Fall des Erhalts der Gewerbeberechtigung meine Anstellung aufgeben werde. Auch dadurch kann ich beweisen, dass ich den Gewerbeschein selbst gebrauchen und daraus Nutzen ziehen möchte.
Mit vorzüglicher Hochachtung[6]

DOK. 60

Die ungarische Grenzpolizei berichtet im Herbst 1941, dass die Deportation staatenloser bzw. ausländischer Juden auf Geheiß der deutschen Militärbehörden eingestellt werden musste[1]

Bericht der kgl. ungar. Grenzpolizeidirektion Ungvár (201/7–1941.biz.) an den Innenminister,[2] o. D. [vermutlich Oktober 1941]

Betrifft: Tätigkeit der Grenzpolizeidirektion und deren untergeordneten Organen im 3. Quartal 1941
[...][3]
Fremdenpolizeiwesen

6 Am 20.1.1942 lehnte der stellv. Bürgermeister von Pécs auch das erneute Gesuch ab.

1 MNL OL, K 149 1942-6-6891. Das Dokument wurde aus dem Ungarischen übersetzt.
2 Ferenc Keresztes-Fischer.
3 Der erste Teil des zusammenfassenden Berichts informiert über die politische Lage in der Karpato-Ukraine, über die Tätigkeit der ruthen. und der ukrain. Nationalbewegungen und über Aktivitäten der Zeugen Jehovas sowie der kommunistischen und der Pfeilkreuzler-Bewegung.

Im Zuge der Eroberung und Besetzung Galiziens und der Ukraine durch deutsche und ungarische Truppen[4] ergab sich mit Zustimmung der reichsdeutschen Militärbehörden die Möglichkeit, die sich in Ungarn aufhaltenden Juden mit russischer und polnischer Staatsbürgerschaft auszusiedeln.
Auf dem Kerngebiet des Staates begann man deshalb aufgrund einer Verordnung des Herrn Innenministers[5] und in der Karpato-Ukraine aufgrund jener des Regierungskommissars[6] am 15. Juli 1941 mit der Ausweisung und Aussiedlung der Juden mit russischer und polnischer Staatsbürgerschaft.[7]
Die Aussiedlungen erfolgten unter der Leitung des Kommissariats der Grenzpolizei, zunächst mit Hilfe der Polizeidienststelle von Kőrösmező, später durch die Zusammenarbeit mit dem vom Abgesandten des Innenministers in Kőrösmező für Juden errichteten militärischen Sammellagers und wandernden Zwangsarbeitslagers 108, das mit der Entfernung [unerwünschter Personen] beauftragt war.
Die Aussiedlung der Juden dauerte vom 15. Juli bis zum 12. August 1941. Während dieser Zeit wurden landesweit 19 426 Personen deportiert.
In Galizien und in der Ukraine wurden die Juden ins Umland der Städte Stanislau[8] und Kamenez Podolski[9] sowie in die Gegend um den Dnjestr[10] deportiert.
Auf Betreiben der deutschen Militärbehörden mussten die Aussiedlungsaktionen am 12. August 1941 eingestellt werden, was dazu führte, dass ein äußerst beträchtlicher Teil des ausgewiesenen und für die Aussiedlung vorgesehenen Judentums mit russischer und polnischer Staatsbürgerschaft im Land verblieb.[11]

4 Bis Aug. 1941 hielten auch ungar. Truppen Gebiete von Ostgalizien besetzt, ehe sie diese an die deutsche Zivilverwaltung übergaben.
5 Siehe VO vom 14.7.1941, ÁBTL 3.1.9 V-122405.
6 Miklós Kozma.
7 Tatsächlich wurden auch Personen mit ungar. Staatsbürgerschaft deportiert; siehe Dok. 53 vom 20.8.1941 sowie Dok. 54 vom 25.8.1941.
8 Zur Situation der in Stanislau zusammengefassten Juden aus Ungarn siehe Dok. 55 vom 26.8.1941, Anm. 7.
9 In Kamenez-Podolski (Kamjanez-Podilskyj) wurden zwischen dem 27. und dem 30.8.1941 insgesamt 23 600 Juden ermordet, darunter 15 000 Frauen, Männer und Kinder, die zuvor aus Ungarn abgeschoben worden waren; siehe Einleitung, S. 42, sowie Dok. 56 vom 30.8.1941.
10 Siehe Dok. 56 vom 30.8.1941 sowie Dok. 58 vom Spätsommer 1941.
11 Das Dokument bricht an dieser Stelle ab.

DOK. 61
Der Parlamentsabgeordnete Antal Incze kritisiert am 19. November 1941, dass sich ein jüdischer Student gegen seine Kennzeichnung gewehrt hat[1]

Interpellation von Antal Incze[2] bei der 221. Sitzung des Abgeordnetenhauses am 19.11.1941

[...][3]
Vorsitzender: [...][4]
Es folgt die zweite Interpellation des Herrn Abgeordneten Antal Incze an den Herrn Minister für Religion und Bildung.[5] Ich bitte den Herrn Notar, seinen Text vorzulesen.
Notar Vitéz Hugó Miskolczy[6] (liest): „1. Hat der Herr Minister darüber Kenntnis, dass die jüdischen Studenten an der Fakultät für Landwirtschaft der Palatin-Josef-Universität für Technik und Wirtschaftswissenschaft mit Schlagstöcken, Messern und Pistolen bewaffnet herumlaufen? 2. Sind Sie, Herr Minister, gewillt, die notwendigen Maßnahmen dagegen zu ergreifen? Antal Incze e. h."
Vorsitzender: Das Wort gehört dem interpellierenden Herrn Abgeordneten.
Antal Incze: Wertes Haus! Bevor ich zum Inhalt meiner zweiten Interpellation übergehe, bedanke ich mich ergebenst beim Vorsitz dieses Hauses. Aus den wenigen Worten, die ich vernehmen konnte, schließe ich, dass das Präsidium unsere Sicht in dieser Frage prinzipiell teilt. (von links Hochrufe.)
Wertes Haus! Meine zweite Interpellation richte ich ebenfalls an den Herrn Kultusminister. Die Sachlage ist folgendermaßen: Das gültige Judengesetz lässt für die Fakultät für Landwirtschaft 12% jüdische Studenten zu. (Stimme von links außen: Schlimm genug! *Bálint Hóman, Minister für Religion und Bildung*: An der Landwirtschaftlichen [Fakultät] werden nur 6% zugelassen. Die Herren kennen das Gesetz nicht.) Wertes Abgeordnetenhaus! Ich nehme die Erklärung des Herrn Ministers zur Kenntnis, in diesem Fall ist meine Information über die 12% offenbar falsch. (*Bálint Hóman, Minister für Religion und Bildung*: An der Wirtschaftswissenschaftlichen Fakultät sieht es anders aus.) Ich

1 Az 1939. évi június hó 10-ére hirdetett Országgyűlés Képviselőházának Naplója, Budapest 1941, Bd. 11, S. 433–435. Das Dokument wurde aus dem Ungarischen übersetzt.

2 Dr. Antal Incze (*1898), Augenarzt; 1929–1936 Privatordination in Brasilien, von 1936 an Chefarzt in Budapest, von 1938 an einer der Organisatoren der Bewegung Ungarisches Leben, von 1939 an Parlamentsabgeordneter der Regierungspartei, von 1940 an der Partei der Ungarischen Erneuerung, führender Mitarbeiter der parteiinternen Presse- und Propagandaabt., Redakteur der Zeitung Nemzetőr (Wächter der Nation).

3 Die erste Interpellation von Antal Incze bei der Parlamentssitzung am 19.11.1941 hatte eine feierliche Ode zum Gegenstand, die bei der Enthüllung einer Gedenktafel in Erinnerung an die Revolution von 1848/49 im Parlament vorgetragen wurde. Incze kritisierte den Wortlaut der Ode und bat darum, ihren Text nicht in die Protokolle des Abgeordnetenhauses aufzunehmen.

4 Jenő Szinyei Merse (1888–1957), Jurist; von 1918 an im Ministerium für Religion und Bildung tätig, von 1925 an persönlicher Sekretär des Ministers für Religion und Bildung, Kuno Klebelsberg; von 1936 an geschäftsführender Vizepräsident der Einheitspartei; 1938–1942 einer der Vizepräsidenten des Abgeordnetenhauses, 1942–1944 Minister für Religion und Bildung.

5 Bálint Hóman.

6 Vitéz Dr. Hugó Miskolczy (*1886), Jurist; von 1909 an Beamter im Komitat Bihar, 1922–1935 Oberstuhlrichter im Bezirk Székelyhíd, 1935–1944 Parlamentsabgeordneter; 1948 vom ungar. Volksgericht zur Vermögenskonfiszierung verurteilt.

möchte nicht sagen, dass es gesetzwidrig viele Juden gibt.[7] Ich muss feststellen, dass es dem Gesetz nach zu viele Juden gibt. (*Vitéz Márton Lipcsey*:[8] Wie geistreich!)
Die ungarische Studentenjugend kann man wahrlich nicht als aufrührerisch bezeichnen, ich fürchte sogar, in der öffentlichen Meinung Ungarns fehlt es zunehmend an jener mutigen und unkonventionellen Stimme, die seit der Reformzeit in den zwanziger Jahren des letzten Jahrhunderts seitens der universitären Jugend, manchmal auch etwas zu laut, erhoben wurde.
Wertes Abgeordnetenhaus! Ich wiederhole, die ungarische Studentenschaft kann man nicht als aufrührerisches Element bezeichnen.[9] Die jüdischen Studenten besuchen friedlich ihre Seminare und nicht einmal die „vom verfluchten Zeitgeist" Infizierten stören sie beim Studium. Es war nur so, dass die ungarische universitäre Jugend beschloss, aus Gründen der Zweckmäßigkeit die unter ihnen studierenden jüdischen Hörer aufzufordern, sich offen zu ihrem Judentum zu bekennen. (Zustimmung auf der äußeren linken Seite.)
Daran ist ebenfalls nichts Gesetzwidriges, und es passierte auch nichts weiter, als dass die ungarischen Hörer auf eigene Kosten äußerst geschmackvolle, hübsche jüdische Abzeichen anfertigten. (Beifall auf der äußeren linken Seite.) Sie forderten die jüdischen Hörer auf, die dank des Gesetzes mit ihnen zusammen studieren, diese schicken Abzeichen aus rein zweckmäßigen Gründen – um der besseren Abgrenzung willen – anzuheften. Ich erlaube mir, eines dieser Abzeichen hier auf den Tisch des Abgeordnetenhauses zu legen. Darin liegt keinerlei Gesetzesverstoß. Im Sinne der geltenden ungarischen Gesetze fanden es die ungarischen Studenten legitim, dass ihre jüdischen Kommilitonen Farbe bekennen in dem Sinne, ob sie jüdischer oder nichtjüdischer Herkunft sind. Sie wollten das Abzeichen also nur jenen verpassen, von denen gesetzlich bereits festgestellt wurde, dass sie Juden sind. Die Mehrheit der jüdischen Studenten machte auch keine große Sache daraus, sie tragen das Abzeichen innerhalb der Universität gerne und nehmen es wahrscheinlich ab, wenn sie die Alma Mater verlassen, da, wie allgemein bekannt, sich das Judentum aus einem besonderen Minderwertigkeitsgefühl heraus nur ungern zu seiner rassischen Zugehörigkeit bekennt. (Stimme von rechts: Es kann sie nicht leugnen!)
Warum ich mich überhaupt dazu äußere, geht auf folgenden Fall zurück: Am Mantel eines jüdischen Studenten wurde von ungarischen Hörern besagtes Anzeichen angebracht. Als derjenige, der das Zeichen platziert hatte, dem Juden den Rücken zudrehte, schlug dieser dem ungarischen Jungen mit einem Schlagstock so auf den Kopf – auch

7 Zum Numerus-clausus-Gesetz siehe Einleitung, S. 23 f.

8 Vitéz Márton Lipcsey (1881–1972), Offizier; von 1918 an Lehrer an der Ludovika-Akademie, von 1939 an Parlamentsabgeordneter der Regierungspartei; 1948 vom ungar. Volksgericht zu acht Jahren Gefängnis verurteilt.

9 Nach dem Ersten Weltkrieg kam es an den ungar. Universitäten mehrmals zu antisemitisch motivierten Übergriffen auf jüdische Studierende. Die Ausschreitungen, die von Mitgliedern der nach dem Ersten Weltkrieg gegründeten Kameradschaftsverbände getragen wurden, standen in erster Linie mit den Forderungen nach einem Numerus clausus bzw. Numerus nullus in Zusammenhang und führten wiederholt zur Schließung der Universitäten. Mehrfach hatten angebliche oder tatsächliche Gegenattacken jüdischer Studenten auf nichtjüdische Studierende großangelegte Demonstrationen und Gewalttätigkeiten zur Folge. In den frühen 1930er-Jahren wurden auch Forderungen nach „judenfreien Wochen" und nach „Judenbänken" in den letzten Reihen der Hörsäle an den Universitäten laut.

den Kolben lege ich hier auf den Tisch –, dass er ins Krankenhaus eingeliefert werden musste. Daraufhin forschte die ungarische Studentenschaft ihre jüdischen Kommilitonen aus, und es stellte sich heraus, dass der eine einen eben solchen Kolben, der andere ein Messer und der dritte eine Gaspistole bei sich trug. Das ist eine unumstößliche Tatsache, und hier sehen sie den besagten Kolben, der zweifelsohne geeignet ist, ein Menschenleben auszulöschen.

Der Fall ist nicht so gravierend, der Schädel des ungarischen Jungen hat, Gott sei Dank, den Schlag ausgehalten. Er hat nur bewirkt, das ungarische Bewusstsein dieses Tibor Iklódi Szabó[10] zu steigern.

Wertes Haus! Als ich das letzte Mal in der Sache Eckhardt interpellierte,[11] bemühte ich mich, am Schluss darauf hinzuweisen, dass es in Ungarn einen geistigen Nährboden gibt, der Fälle wie den Eckhardt hervorbringt. Ich bat die Regierung deshalb, diesen Boden auszutrocknen, weil es sonst weiter aus ihm sprießen und die gesamte ungarische Gesellschaft infizieren würde. Auch in diesem nichtigen Fall sehe ich eine Äußerung dieser inneren Front (Ja, so ist das! So ist das! Beifall von links außen) und bitte daher um entsprechende Maßnahmen. Während ganz Europa und auch Ungarn gesetzliche Maßnahmen gegen das Judentum ergreift und ganz Europa dabei ist, nach dem Krieg (Stimme von rechts: Es wurde erledigt! – Stimme von rechts außen: Es wurde nicht erledigt, das ist das Problem! – Lärm) gewaltlos und im Interesse des Judentums irgendwo einen jüdischen Staat zu schaffen, in dem es ungestört nach seiner Fasson leben kann, schlägt bei uns ein jüdischer Hörer einen ungarischen Studenten mit einem Schlagstock nieder, der geeignet ist, ein Menschenleben auszulöschen. (*György Paczolay*:[12] Man muss sie aus der Universität ausschließen! – Lärm)

Vorsitzender: Ich bitte um Ruhe!

Antal Incze: Nehmen Sie mir es bitte nicht übel, aber ich bin davon überzeugt, dass innerhalb ganz Europas sich nur hierzulande ein Jude trauen konnte, einen solchen Anschlag zu verüben. (Ja, stimmt! von links außen – Stimme von rechts: Nur hier!)

Wertes Haus! Ich bitte die Regierung nicht um weitere antijüdische Maßnahmen. Denn ich sehe schon vor mir, wie gleich ein neues Judengesetz angekündigt und irgendwann verhandelt wird, es aber, nehmen Sie mir meinen Optimismus bitte nicht übel, sobald es Gesetz würde, zu einer Detailfrage geschrumpft wäre im Rahmen der gesamten europäischen Lösung.

Ich fordere also keine neue Maßnahme. (Stimme von rechts: Dann ist es schade um die Interpellation!) Ich halte es für viel zweckmäßiger, wenn der Herr Minister, wenn er die jüdischen Studenten schon nicht aus unseren Universitäten ausschließen kann, doch die äußerst humane Kennzeichnung, wie sie seitens der ungarischen Studentenschaft initiiert wurde, für obligatorisch erklärte. (Rufe von links außen: Und [von den Studenten] verlangt wurde!)

10 Richtig: Tibor Iklódy-Szabó (*1922); 1940–1942 eingeschriebener Hörer an der Fakultät für Landwirtschaft der Palatin-Josef-Universität für Technik und Wirtschaftswissenschaft.

11 Am 12.11.1941 richtete Incze in Zusammenhang mit einer kritischen Äußerung des ehemaligen Parlamentsabgeordneten Tibor Eckhardt über die Politik des Deutschen Reichs in der ausländischen Presse eine Anfrage an den Ministerpräsidenten; wie Anm. 1, S. 152 f.

12 György Paczolay (*1906), reformierter Pfarrer; von 1932 an Pfarrer in Tápiószele und von 1936 an in Nagykőrös; Mitglied der Pfeilkreuzler-Front, später Übertritt in die Regierungspartei; nach dem Krieg vom ungar. Volksgericht zu zwei Jahren Zuchthaus verurteilt.

Wertes Haus! In einem meiner Beiträge sprach ich im Rahmen der Gesetzesvorlage zu den Universitäten im vergangenen Jahr davon, dass wir der jüdischen Jugend schon aus humanitären Gründen nicht erlauben sollten zu studieren, weil ihnen die dort erlangten Diplome im künftigen Europa überhaupt nichts nutzen würden. (Stimme von links außen: Sie sollen das Hacken lernen!) Ich wurde von der jüdischen Presse daraufhin heftig angegriffen. (Zurufe von links außen: Na klar!) Sie verbat sich derlei Humanität, aber ich gebe zu, dass ich nicht damit gerechnet hatte, dass meine Bemühungen um einen menschlichen Umgang binnen weniger Monate dazu führen würden, dass ein menschlich behandelter jüdischer Student mit einem Schlagstock auf einen ungarischen Studenten einschlagen würde. Das wird nicht gut enden! (Graf *Viktor Károlyi*:[13] Sicherlich nicht!) Wir folgen entschlossen den Prinzipien einer radikalen und endgültigen, aber humanen Lösung der Judenfrage. Wenn die Regierung jedoch erlaubt, dass der geistige Nährboden, von dem sich jedes einzelne Mitglied des ungarischen Judentums rund um die Uhr ermutigt fühlt, weiter gedeiht (Ja, stimmt! Stimmt genau! von links außen), dann ist zu befürchten, dass das Judentum alles Maß verliert und sich zu Handlungen hinreißen lässt wie dieser jüdische Student. (Rufe von links außen: Das muss verhindert werden.) Dann wird niemand in der Lage sein, die gesunde öffentliche Meinung in Ungarn davon abzuhalten, schnell und radikal auf einen solchen Angriff zu reagieren. (Genauso ist es! So ist es! Reger Beifall von links außen)

Vorsitzender: Der Minister für Religion und Bildung möchte antworten.

Bálint Hóman, Minister für Kultus- und Bildungswesen: Wertes Haus! (Hört! Hört!) Ich hatte die Gelegenheit, in der Sache der jüdischen Studenten mehrmals in den vergangenen neun Jahren vor dem Abgeordnetenhaus zu sprechen. Ich kann dem werten Herrn Abgeordneten nicht übelnehmen, dass er meine Reden nicht kennt, da er damals noch kein Mitglied des Hauses war und deshalb nicht weiß, dass der Anteil der jüdischen Studenten an den Universitäten auch ohne jedes Judengesetz schon im Jahre 1937 auf den landesweiten Anteil der Juden, auf 6%, gesunken ist. Nach dem Erlass der beiden Judengesetze beträgt deren Anteil derzeit etwa 2 bis 3%. (Rufe von links außen: Das ist nur der Anteil der konfessionell gebundenen Juden!) An der Technischen Universität in Budapest beispielsweise, von der der Herr Abgeordnete sprach, liegt der Anteil der jüdischen Studenten gegenwärtig bei 3,2%. (Rufe von links außen: Zu viel! Auch einer wäre zu viel!) Er ist deshalb so hoch, weil das Gesetz zwar nicht für die Fakultät für Landwirtschaft, wo dieser Fall geschah, sondern an der Wirtschaftswissenschaftlichen Fakultät 12% Juden vorsieht. Die Aufnahmekommission der Fakultät erlaubte in diesem Studiengang in den vergangenen Jahren jedoch keine 12%, sondern 6,1% Juden. Heuer sank ihr Anteil selbstverständlich bereits weiter. Deshalb beträgt – wie gesagt – der Anteil der Juden an der Gesamtzahl der Studenten 3,2% und im ersten Studienjahr sogar nur 2,1%. An der Fakultät für Landwirtschaft, von der hier die Rede war, liegt ihr Anteil im ersten Semester bei 1%, 97 ungarische Studenten stehen einem einzigen jüdischen Studenten gegenüber. (Lärm von links außen) In den höheren Semestern gibt es noch

13 Graf Viktor Károlyi (1902–1973), Volkswirt, Großgrundbesitzer; Leiter der Molkerei-Aktiengesellschaft Imre Károlyi; von 1935 an Parlamentsabgeordneter der Regierungspartei; 1944 Flucht aus Ungarn; 1946 vom ungar. Volksgericht wegen seiner Parlamentsreden zu vier Jahren Haft verurteilt, 1950 Emigration nach Brasilien und anschließend nach Großbritannien.

18 Juden, unter ihnen auch Gyula Pajzs,[14] der diesen Gummiknüppel benutzt hat (Aufschreie von links außen: den Schlagstock), mit dem er auf den Kopf von Tibor Szabó Iklódi einschlug. Gyula Pajzs kann man allerdings bereits aus dieser Zahl herausrechnen, da der Rat der Technischen Universität ihm gestern die Fortsetzung seiner Studien und die Ablegung seiner Prüfungen verweigert hat. (Zustimmung und Beifall)

Der Rektorenrat befasste sich anlässlich dieser Angelegenheit jedoch auch mit der anderen Seite dieses Falles, mit dem Fall jener Jugendlicher, die diese Turbulenzen erst hervorgerufen haben, indem sie sich ohne Erlaubnis des Universitätsrats eigenmächtig versammelten, unerlaubt betätigten und gegen die Universitätsdisziplin verstießen. Der Rat leitete eine einem Disziplinarverfahren vorausgehende Untersuchung gegen diejenigen Studenten ein, die sich an der Prügelei beteiligt haben.[15] (Zustimmung von rechts)

Sowohl der Rektor der Technischen Universität als auch ich wurden davon in Kenntnis gesetzt, dass die Jugendlichen – anders als es der Herr Abgeordnete beschrieben hat – nicht aus eigener Initiative handelten, sondern einen entsprechenden Auftrag hatten. Angeblich steht dabei eine Körperschaft, Vereinigung oder ein Bund dahinter, die den Jugendlichen ein Gelöbnis abverlangt hat, sich ohne Rücksicht auf die Folgen mit einer Aktion über die universitäre Disziplin hinwegzusetzen, die ohne Erlaubnis des Rektors oder der Universitätsbehörde unrechtmäßig und gesetzeswidrig ist.[16] Falls sie tatsächlich ein solches Gelöbnis ablegten, hat die Führung der betreffenden Verbindung oder Vereinigung die Jugendlichen bewusst animiert, die Disziplin zu verletzen, und wir können es ohne Ermittlung oder entsprechende Maßnahmen nicht dabei belassen. (Rufe von rechts: Klar!)

Die Haltung der Regierung in der Judenfrage ist bekannt, meine ist es auch, und ebenso bekannt ist der Standpunkt der Universitätsleitung. Aus der Zahl der jüdischen Studenten im ersten Semester ist auch die Auffassung der Herren Professoren sowohl an der Wissenschaftsuniversität als auch an der Technischen Universität abzuleiten. Deshalb halte ich gesetzliche Maßnahmen in dieser Frage heute für nicht notwendig.[17] Ich bitte um Kenntnisnahme meines Standpunkts. (Zustimmung und Beifall von rechts)[18]

14 Gyula Pajzs (*1924); 1941/42 Studium an der Fakultät für Landwirtschaft der Palatin-Josef-Universität für Technik und Wirtschaftswissenschaft; nach dem Krieg Wiederaufnahme des Studiums, 1956 Flucht nach Österreich.

15 Am 11.12.1941 beschloss die Rektorenkonferenz, das Disziplinarverfahren einzustellen.

16 Entsprechende Informationen lagen den Dekanen mehrerer Fakultäten der Universität vor. Demnach soll der radikale Kameradschaftsverband Turul zur Kennzeichnung jüdischer Hörer aufgerufen haben.

17 Am selben Tag interpellierte auch Gábor Vajna in dieser Sache an Ministerpräsident László Bárdossy und forderte einen Numerus nullus für jüdische Studierende.

18 Eine Erinnerung an den Vorfall aus der Sicht von Gyula Pajzs befindet sich in der Sammlung des HDKE unter der Signatur GYN 2008/361; siehe auch András Szécsényi, „Hogy ki a magyar, azt mindig csak maguk a magyarok dönthetik el“. A Turul Szövetség a közgazdasági egyetemen 1941-ben, in: Kommentár 3 (2009), S. 69–78. Pajzs führt in seinen Erinnerungen aus, dass er laut den Bestimmungen des sog. Zweiten Judengesetzes mit einer reformierten Mutter und einem in seiner Kindheit konvertierten Vater nicht als Jude gegolten habe. Gegen den Versuch, ihm einen Judenstern anzuheften, wehrte er sich mit Gewalt, wurde jedoch anschließend selbst misshandelt. Nach dem Vorfall erstattete er Anzeige bei der Polizei.

DOK. 62

Die Partei der Pester Israelitischen Gemeinde fasst in einer Broschüre 1941 die antijüdischen Maßnahmen der letzten Jahre zusammen und berichtet, was sie dagegen unternommen hat[1]

[…][2]

Rechts- und Existenzschutz vor der Verabschiedung des Judengesetzes

Als beteiligte und leidtragende Zeugen können die Leitung der Gemeindepartei und alle prominenten Mitglieder der Gemeinde der ungarischen Israeliten bezeugen und erklären, dass der Vorstand der Pester Israelitischen Gemeinde, zusammen mit den landesweiten Funktionären des ungarischen Judentums, jederzeit alles daran gesetzt hat, die immer häufiger werdenden Demütigungen und Verletzungen abzuwehren, zu mildern und auszugleichen. Das betrifft insbesondere jenen katastrophalen Schlag, den die Judengesetze und ihre Durchführungsbestimmungen für das ungarische Judentum bedeuten.

Solange wie möglich haben die Gemeinde und der Vorstand des ungarischen Judentums den demonstrativen öffentlichen Auftritt vermieden, weil sie nicht dazu beitragen wollten, die Atmosphäre noch weiter zu vergiften. In stummer würdiger Trauer nahmen sie jeden unverantwortlichen, individuellen Übergriff zur Kenntnis: das Revolverattentat von 1931 gegen die Synagoge in der Dohány-Straße, das zwei Todesopfer forderte,[3] sowie das Bombenattentat, das sich ebenfalls gegen die Synagoge in der Dohány-Straße richtete, mit einem Todesopfer und mehreren Verwundeten.[4] Dort aber, wo es nötig war, bei jedem auftauchenden Unrecht, protestierte der Vorstand immer bei allen zuständigen Stellen. Wiederholt intervenierte er im Interesse der Studenten, die auch jenseits des Numerus clausus unwürdigen Angriffen ausgesetzt waren.[5] Er trat gegen die verletzenden Maßnahmen auf, die unsere jüdischen Mitbürger noch vor Inkrafttreten der Judengesetze in ihren Arbeitsmöglichkeiten und bei ihrer Vergütung, insbesondere im Bereich des Handels und der Industrie, immer weiter einschränkten. Der Vorstand nahm noch vor dem Inkrafttreten der Judengesetze Stellung gegen die Verdrängung unserer Glaubensgenossen aus den Ämtern des Staatsdienstes und der öffentlichen Verwaltung

1 MZSML, B 10/6. Abdruck in: Hitközségi Párt (Hrsg.), Tizenegy Év Munkája, Küzdelme. Beszámoló a Pesti Izraelita Hitközség Működéséről, 1929–1941, Budapest 1941, S. 28–38. Das Dokument wurde aus dem Ungarischen übersetzt.

2 Der erste Teil der Broschüre, die im Vorfeld der Gemeindewahlen erschien, informiert über verschiedene Aktivitäten der Gemeinde, wie die Renovierung bzw. Eröffnung neuer Schulen, Synagogen, Kulturräume und Krankenhäuser, über die Einstellung neuer Hilfsrabbiner oder die Modernisierung des Religionsunterrichts. Des Weiteren schildert sie kulturelle und fürsorgerische Maßnahmen und diskutiert jene Bemühungen, die sie unternahm, um die Bestrebungen Ungarns nach Revision der Grenzen zu unterstützen.

3 1931 gab Emil Zatloka nach dem Freitagsgottesdienst mehrere Schüsse in der Synagoge ab und verletzte fünf Personen, von denen zwei ihren Verletzungen erlagen. Zatloka wurde vom Gericht wegen Unzurechnungsfähigkeit lebenslang in eine Nervenklinik eingewiesen.

4 Siehe Dok. 24 vom März 1939.

5 Die studentischen Kameradschaftsverbände forderten wiederholt schärfere Maßnahmen gegen ihre jüdischen Kommilitonen und griffen teilweise zur Gewalt; siehe Dok. 61 vom 19.11.1941.

und tat alles, um die Herzlosigkeit auszugleichen, mit der unsere Glaubensgenossen aus den Privatunternehmen verdrängt wurden und unsere Jugend von Ausbildungsmöglichkeiten ferngehalten wurde.
Der Vorstand wandte sich mit seinen Beschwerden und Bitten stets persönlich, als Delegation und mittels einer Reihe gründlich ausgearbeiteter Memoranden an die zuständigen Stellen und verteidigte mit aller Energie unsere Rechte. Der Vorstand erfüllte seine Verpflichtung auch dann, als einzelne Schichten der jüdischen Bevölkerung in der Hauptstadt durch Razzien, bei denen nach eingesickerten Elementen gesucht wurde, in Unruhe versetzt wurden. Es muss festgestellt werden, dass die offiziellen Verlautbarungen der zuständigen Stellen meist zu einer gewissen Beruhigung des Vorstands beitrugen. Dennoch musste immer unerbittlicher die Einsicht Oberhand gewinnen, dass 70 Jahre nach dem Inkrafttreten des Emanzipationsgesetzes und 40 Jahre nach der Rezeption[6] auch wir in den weltweiten Strom des wirtschaftlichen und politischen Antisemitismus geraten sind.
Der Aufklärungsfeldzug begann schriftlich und mündlich, in der Presse und in Flugblättern. Der Vorstand nahm auch mit Hilfe von Fakten und Daten in feierlichen Erklärungen gegen den uns unterstellten Bolschewismus Stellung[7] und stellte in der Synagoge und in der Generalversammlung klar, dass wir mit jenen, die Gott und Heimat verleugnen, keine Gemeinschaft bilden werden, sie für uns weder Juden noch Ungarn sind und wir dagegen protestieren, sie mit uns zu vergleichen.

Kampf gegen die beiden Judengesetze

Am 5. März 1938 ertönte die Rede des damaligen Ministerpräsidenten Kálmán Darányi in Győr,[8] am 8. April 1938 ging dem Abgeordnetenhaus die Vorlage zum ersten Judengesetz zu, die damals noch unter dem Vorwand der Wiederherstellung des Gleichgewichts die Einstellungsquote für Juden auf 20 Prozent beschränkte.[9] Sobald aber das erste Judengesetz durchgesetzt war, folgte ihm sofort das zweite, das Gesetz 1939:IV, das die 20 Prozent auf 6 Prozent herabsetzte und sogar einen Numerus nullus einführte.[10] Seitdem sind unter dem Vorwand seiner Durchführung pausenlos einschränkende Verordnungen erlassen worden, die Zehntausende werktätige Hände beinahe zum Nichtstun verdammen, Herz und Geist, die in der glühenden, schöpferischen Arbeit für die Heimat leben und arbeiten möchten, in Unfruchtbarkeit verharren lassen.
Mit der Einreichung des ersten Judengesetzes legten der Vorstand der Glaubensgemeinde und die Gemeinde von Pest erstmals Protest ein:
[„]Wir protestieren gegen die Vorstellung, dass die Zugehörigkeit zur jüdischen Religion mit der Befolgung der historischen Traditionen der Nation nicht vereinbar sein soll, und diese Tradition nicht den gleichen Wert für die Ungarn jüdischer Konfession hat wie für

6 Gemeint ist das Gesetz über die Gleichstellung des jüdischen Glaubens von 1895.
7 In Ungarn gewann der antisemitische Diskurs, demzufolge der Bolschewismus ein typisches jüdisches Phänomen sei, v. a. nach dem Zusammenbruch der kommunistischen Räterepublik 1919 an Zugkraft.
8 Darin kündigte Darányi ein Wiederbewaffnungsprogramm an und stellte umfangreiche antijüdische Maßnahmen in Aussicht.
9 Siehe Dok. 14 vom 29.5.1938.
10 Siehe Dok. 29 vom 5.5.1939.

alle anderen Ungarn. Wir protestieren weiterhin dagegen, dass die Zugehörigkeit zur jüdischen Religionsgemeinschaft die Anpassungsfähigkeit an das Ungartum in irgendeiner Weise beeinflussen soll. Insbesondere protestieren wir dagegen, dass die Konversion als Anpassungsleistung an das Ungartum betrachtet und damit Glaubenstreue der Treue zur Nation entgegengesetzt wird. Wir protestieren dagegen, dass jemand wegen seiner Treue zum Glauben seiner bürgerlichen Rechte beraubt oder in diesen beschränkt wird. Wir wenden uns gegen eine solche Brandmarkung unserer Konfessionstreue und bekennen uns, unter dem Fluch von Trianon ebenso leidend wie alle unsere Mitbürger, zu den hehren Zielen unserer Nation. Wie in der Vergangenheit so auch heute möchten wir mit äußerster Anstrengung und Aufopferung an dem vor kurzem in Angriff genommenen Werk zur Rettung der Nation teilhaben und jeglichem Versuch – gleich von welcher Seite – entgegenwirken, der uns daran zu hindern versucht.[“]

Unsere Gemeinde hat im Namen des gesamten ungarischen Judentums eine Abschrift für beide Häuser des Parlaments[11] ausgefertigt und diese an alle Mitglieder sowohl des Abgeordnetenhauses als auch des Oberhauses sowie an die Führungselite der ungarischen Gesellschaft verschickt. Unsere Gemeinde war diejenige, die innerhalb nur weniger Tage alle Daten und Argumente zusammengetragen und systematisiert hat, die gegen die entrechtende Gesetzesvorlage aufgelistet werden konnten.

Die Studie unseres Vorsitzenden zur Geschichte des ungarischen Judentums mit dem Titel „Die Judenfrage in Ungarn“[12] eröffnete eine Reihe von Aufklärungsschriften. Die Gemeinde hat in diesen schweren Zeiten auch die das religiöse Leben bislang meidende ungarisch-jüdische Intelligenz in ihre Reihen zurückgerufen und den ungarisch-jüdischen Kriegsteilnehmern ihre Pforten geöffnet, um gemeinsam die geistigen und moralischen Werte, die Existenz und die Ehre des ungarischen Judentums zu verteidigen. Mit den am höchsten ausgezeichneten Helden des Weltkriegs an der Spitze formierte sich das Komitee der Kriegsteilnehmer in der Israelitischen Gemeinde von Pest und gleichzeitig das Soziale Arbeitskomitee, das kurz darauf die Organisation des Rechtsschutzes und der Propaganda in seine Hände nahm.[13] In der Flugschrift „Urteilt!“[14] veröffentlichte es anschauliche Bilder und sprechende Dokumente, um die Einheit des ungarischen Judentums und der Nation zu demonstrieren. Eine Broschüre fasste die bedeutenden Äußerungen der ungarischen Kirchenoberhäupter, Wissenschaftler, Staatsmänner, Publizisten und Institutionen gegen das Judengesetz und die Rassentheorie zusammen.[15] Ein anderes Flugblatt sprach im Namen der jüdischen Intelligenz die ungarische Öffentlichkeit an.[16] Eine weitere Broschüre mit dem Titel „Gerechtigkeit für die Juden in der Felvidék“[17] reihte Fakten aneinander, um das aufrichtige Verhalten des Judentums

11 Gemeint sind das Abgeordnetenhaus und das Oberhaus.

12 Samu Stern, A zsidókérdés Magyarországon, Budapest 1938.

13 Das Soziale Arbeitskomitee der ungarischen Juden gab eine Vielzahl an patriotischen Broschüren, Plakaten und Flugblättern heraus; zur Arbeit des Komitees siehe Dok. 43 vom 4.11.1940.

14 Márton Vida, Ítéljetek! Néhány kiragadott lap a magyar-zsidó életközösség könyvéből, Budapest 1939.

15 Endre Sós (Hrsg.), Egyház és társadalom a fajelméletről és a II. zsidótörvény javaslatáról. Egyházfők, tudósok, államférfiak, közírók és testületek megnyilatkozásai, Budapest 1939.

16 A második zsidótörvény célja, indoklása, következményei. Néhány szó a magyar zsidó értelmiség nevében a magyar közvéleményhez, Budapest 1939.

17 Igazságot a felvidéki zsidóságnak!, Budapest 1939.

in Oberungarn in den Zeiten schwerster Prüfung zu belegen.[18] All diese Anstrengungen vermochten – und das schmerzt – das Inkrafttreten des ersten Judengesetzes nicht zu verhindern. Sie konnten zusammen mit einer Reihe neuerlicher Proteste und Petitionen auch nicht abwenden, dass das zweite Judengesetz auf die Tagesordnung gesetzt und angenommen wurde.

In der von der Gemeinde anlässlich der Debatte des zweiten Judengesetzes im Parlament einberufenen außerordentlichen Vollversammlung am 19. Dezember 1938 erging folgender einstimmiger Beschluss:

[„]Die Israelitische Gemeinde von Pest findet sich weder mit den Einschränkungen des ersten Judengesetzes ab, noch unterlässt sie es, ihr Wort gegen jede weitere Rechtsschmälerung und Arbeitseinschränkung feierlich zu erheben. Im Bewusstsein ihrer Treue zur Nation will sie dem unerschütterlichen Vertrauen Ausdruck verleihen, dass im ewigen Geist des Rechts, des Gesetzes und der Gerechtigkeit, aber auch der Menschlichkeit den Mitgliedern der Israelitischen Gemeinde in Ungarn die Möglichkeit zu arbeiten und zu leben erhalten bleibt in ihrer Heimat, an die sie mit jedem Tropfen ihres Blutes gebunden sind.[“]

Unser hochwürdiger Oberrabbiner[19] sprach von der Kanzel der Synagoge in der Dohány-Straße bei einem aus diesem Grund abgehaltenen Gottesdienst ein flehendes Gebet vor der niedergeschlagenen Glaubensgemeinschaft:

[„]Ich, als Botschafter der Welt des Gewissens und des Geistes der Bibel, erhebe das Wort unseres Protests vor dem Antlitz Gottes gegen jede ungerechte Anklage und Verleumdung, mit der man oft aus egoistischen Gründen das Judentum zu erniedrigen und den Hass der Massen gegen es aufzupeitschen versucht. Wir sind tief getroffen von der Herabwürdigung, die uns unser konfessionelles Wesen und Sein, das uns die ungarische Verfassungsordnung garantiert, die Würde unserer Zugehörigkeit zur ungarischen Nation und unsere Rechtsgleichheit zu entsagen und uns in den Status einer fremden Volksgruppe zu versetzen sucht. Ich erhebe meinen Protest gegen jeden in der Öffentlichkeit kursierenden pauschalen und falschen Vorwurf, der in der Öffentlichkeit zu verankern sucht, wir hätten das alles verdient. Ich übermittle auch den landsmännischen Protest unserer Glaubensgenossen gegen diese ungerechte Stigmatisierung. Wir sind nicht minderwertiger als andere, wir sind, waren und bleiben Träger der Ethik und Kultur. Wir haben dem Wohl des Landes und unserer Mitmenschen gedient und nicht nur für uns selbst, sondern auch für andere gearbeitet und den Segen und die Lebensmöglichkeiten dieser Erde gemehrt.[“]

Auf der von unserer Gemeinde organisierten großen Protestversammlung am 3. Januar 1939 im Goldmark-Saal erhob sich die Klage, der Protest und die Bitte der Gesamtheit des ungarischen Judentums an das Gewissen der ungarischen Nation: Wenn wir unser Wort aus der Tiefe an sie richten, einzig und allein um Gerechtigkeit bittend, soll sie uns in unserem Elend beistehen und uns ihre helfende Hand reichen.

18 Gemeint ist die ungarnfreundliche Haltung der Juden in der Felvidék nach der Abtrennung der Gebiete von Ungarn und ihre Angliederung an die Tschechoslowakei.

19 Gyula Fischer (1861–1944), Rabbiner; von 1887 an Oberrabbiner in Győr, von 1898 an Rabbiner in Prag, 1905–1920 Rabbiner und 1920–1943 Oberrabbiner in Budapest in der Synagoge in der Dohány-Straße.

Es war wieder unsere Gemeinde, die die Protestschrift des gesamten ungarischen Judentums gegen das zweite Judengesetz an die beiden Häuser des Parlaments entworfen hat, schmerzlich unser aller Bitterkeit hervorhebend:
[„]Hat das ungarische Judentum dies verdient? Die Einschränkung unserer bürgerlichen und privaten Rechte? Den Entzug unserer Existenzmöglichkeiten? Die Verbannung unserer Jugend? Hat dies die ungarisch-jüdische Gemeinde verdient, die in ihrer tausendjährigen Geschichte nur den Wunsch hatte, unter Ausübung ihrer Religion ungarisch und ausschließlich ungarisch zu sein!?[“][20]
Die Führer des Judentums des gesamten Landes taten sich zusammen mit dem Vorstand der Gemeinde von Pest: Die Landesorganisation der Kongressjuden, der orthodoxen Juden, der Statis-quo-[ante-]Juden und der ungarisch-zionistischen Juden haben sich im gemeinsamen Lager der Verteidigung zusammengetan. Alle Mitglieder jüdischer Konfessionen des ungarischen Abgeordnetenhauses und des Oberhauses sowie des Obersten Gerichts, die hervorragendsten Kräfte der ungarisch-jüdischen Intelligenz, Universitätsdozenten, Wissenschaftler, Koryphäen des Wirtschaftslebens – allesamt stellten sie sich hinter die Gemeinde von Pest. Die zuständigen Organe unserer Gemeinde, mit unserem Präsidenten an der Spitze, sprachen wiederholt auch persönlich bei den betreffenden Stellen vor, um die schmerzhaften Verfügungen des zweiten Judengesetzes abzuwehren. Der Vorstand beauftragte eine ganze Reihe unserer Juristen, fundierte und begründete Vorschläge zur Milderung einzelner Gesetzespassagen auszuarbeiten und jene Mitglieder des Parlaments zu unterstützen, die, egal aus welcher Partei kommend, bereit waren, für unser Ziel ihre Stimme zu erheben.
Man kann und muss sagen, dass dieser Vorstand keinen einzigen Anlass versäumt hat, während der Prüfung des zweiten Judengesetzes einzugreifen. Als nach dem Gesetz 1938:XV im Jahr darauf das Gesetz 1939:IV als zweites Judengesetz verabschiedet wurde, ertönte das richtungsweisende Wort und die feierliche Erklärung erneut aus der Gemeinde von Pest:
[„]Wenn wir im Bewusstsein unserer staatsbürgerlichen Pflicht auch gezwungen sind, uns vor dem Gesetz zu beugen, kann uns unsere moralische Verpflichtung dennoch niemand streitig machen, nach Inkrafttreten des Gesetzes mit allen gesetzlichen Möglichkeiten und Mitteln für seine Revision und für die neue Emanzipation zu kämpfen. Wir werden solange nicht ruhen, bis wir durch unsere Opferbereitschaft und unsere Werte die Anerkennung unserer tausendjährigen Kultur und unseres Ungartums wieder erlangt haben.[“]
Die Verabschiedung des zweiten Judengesetzes bedeutete also kein Ende des Kampfes, es folgte darauf nur ein neuer und schwierigerer Kampf.

Kampf um das Wahlrecht

Es war die Gemeinde von Pest, die in dieser schweren Zeit nach Inkrafttreten der beiden Judengesetze ihren in ihren allgemeinen Rechten bedrohten jüdischen Landsleuten unter die Arme griff und Büros für Rechtsschutz eröffnete, die für die Beschaffung von Staatsangehörigkeitspapieren und Wahlrechtsunterlagen zuständig waren. Unter Füh-

20 Das gemeinsame Memorandum der neologen, orthodoxen und „Status quo ante“-Gemeinden wurde am 12.1.1939 herausgegeben.

rung der Pester Gemeinde wurden landesweit Standesämter eingerichtet. Allein in Budapest wurden mit Hilfe von 18 für diesen Zweck eingerichteten Standesämtern fast 70 000 Glaubensgenossen mobilisiert.
Viele unserer Glaubensgenossen scheuten unter dem Eindruck der Propaganda keine Mühe und nahmen es auf sich, stundenlang zuerst vor den Bezirkspräfekturen, dann vor den zentralen Wahlkomitees zu warten. Sie harrten tagelang bei Wind, Regen oder Hitze in der Schlange aus, um ihre ungarische Abstammung bestätigen zu lassen und damit ihr Wahlrecht zu sichern. Innerhalb der zur Verfügung stehenden kurzen drei bis vier Wochen[21] gelang es ca. 45 000 Glaubensgenossen mit Unterstützung der Gemeinde von Pest, diese Bescheinigungen zu besorgen und damit nicht nur ihren Wahlrechtsanspruch zu attestieren, sondern auch zu bekräftigen, dass die ungarischen Juden nicht als eingesickerte Neuankömmlinge zu betrachten sind, weil die Mehrheit von ihnen über Generationen hinweg hier wurzelt und auf dieser Heimat bestehen wird.
Um das Wahlrecht zu erlangen, reichte die Bescheinigung der einheimischen Abstammung leider nicht aus, da nach dem zweiten Judengesetz ab sofort nur denjenigen das Wahlrecht zusteht, die urkundlich belegen können, dass sie bis ins Jahr 1867 zurück ununterbrochen in Ungarn wohnen. Damit erhoben sich physisch unüberwindbare Hürden, so dass im Gegensatz zu den letzten Wahlen in Budapest, an denen ca. 45 000 jüdische Glaubensbrüder hatten teilnehmen dürfen, es kaum 3000 gelang, ihr Wahlrecht für die Zukunft zu sichern. Dies, obwohl die Gemeinde den Glaubensgenossen auch diesmal mit einem riesigen Apparat zur Verfügung stand und ihre Rechtschutzbüros monatelang alles versuchten, um die Barrieren zu überwinden.
Wiederum war es die Gemeinde von Pest, die in einer Vollversammlung gegen die Vorstellung feierlich protestierte, das ungarische Judentum sei nicht fest in seiner Heimat verankert, nur weil es sich außerstande sah, aus der nebeligen Tiefe von 80 Jahren behördliche Nachweise über den ständigen Wohnsitz zu erbringen.

Kampf um neue Existenzmöglichkeiten für die ungarischen Juden

Die Gemeinde von Pest war es auch, die nach dem Inkrafttreten des zweiten Judengesetzes und der damit verbundenen, immer einschränkender werdenden Verfügungen die zuständigen Behörden darauf aufmerksam machte, dass dies nicht nur das Judentum belaste, sondern auch das ganze Land gefährde. Der Vorstand der Gemeinde setzte sich gemeinsam mit den Landesbüros jedes Mal dafür ein, die Verfügungen abzuwenden oder zumindest zu mildern, weil sie beinahe auf jedem Gebiet der Industrie, des Handels, der freien Berufe bis hin zu den einfachsten Tätigkeiten einschränkend und ausgrenzend wirkten. Der Gemeindevorstand bemühte sich auch, anstelle der beschnittenen Existenzmöglichkeiten für das ungarische Judentum neue zu schaffen. Er sprach bei den Ministerien und Interessenvertretungen vor, um Umschulungen und Ausbildungsplätze im Bereich der Industrie und der Landwirtschaft zu ermöglichen. Es wurde eine großangelegte Umschulungs- und Ausbildungsoffensive gestartet und mit einer ganzen Reihe von Kursen, darunter auch Sprachkursen, begonnen. Die oberen parallelen Klassen unseres Gymnasiums wurden in technische Mittelschulen umgewidmet. Es wurden

21 Einen Tag vor der Bekanntmachung des sog. Zweiten Judengesetzes am 5.5.1939 wurde das Parlament aufgelöst und es wurden für den 28. und 29.5.1939 Neuwahlen angesetzt.

auch bedeutende Schritte unternommen, um die Auswanderung zu ermöglichen. Mit dem neuen Krieg[22] und dem [damit einhergehenden] Wegfall der Auswanderungsmöglichkeiten haben diese Aktivitäten jedoch zwangsweise ein Ende gefunden. Und in Sachen Ausbildung und Umschulung im Bereich von Industrie und Landwirtschaft wurden uns seitens der Behörden immer neue Hindernisse in den Weg gelegt. Auch jene großangelegte Hilfsaktion, die die Gemeinde von Pest derzeit für ihre schwer heimgesuchten Glaubensbrüder initiiert, stößt ständig auf innere und äußere Hindernisse.

Unterstützende Mobilisierung des In- und Auslands

Es war wieder die Gemeinde von Pest, die sich vom ersten Augenblick an darüber bewusst war, dass sich das gesamte ungarische Judentum an die Seite seiner Glaubensbrüder stellen muss, die von den Judengesetzen betroffen sind und die infolge der Judengesetze ihr Brot verloren haben. Die hierher geflüchteten und staatenlos gewordenen Glaubensgenossen benötigen Hilfe. Dafür müssen wir die Unterstützung der großen ausländischen jüdischen Institutionen erlangen. Wir müssen aber auch an die Opferbereitschaft des ungarischen Judentums appellieren und es daran erinnern, seine Pflicht zu erfüllen.

Die Gemeinde von Pest hat die Umsetzung des gewaltigen sozialen Arbeitsprogramms in Angriff genommen. Das von ihrem Generalsekretär[23] ausgearbeitete Programm war Gegenstand einer großen Versammlung, die die Pester Gemeinde im Januar 1938 einberief mit dem Ziel, alle Institutionen der Hauptstadt und des Landes zusammenzuschließen.

Eingedenk der absehbaren tragischen Zukunft entsandte die Pester Gemeinde im Sommer 1938 ihre Beauftragten auch auf die Konferenz von Évian, auf der verhandelt wurde, welche Möglichkeiten den europäischen Juden zur Auswanderung offenstehen. Im Ergebnis bestätigten sich mit der Konferenz unser Interesse und der Wunsch der großen jüdischen Institutionen, dass auch das ungarische Judentum, unabhängig von Herkunft und konfessioneller Strömung, in einer gemeinsamen Organisation aufgehen sollte. Nur dann könnte es sich die Unterstützung ausländischer Hilfsorganisationen sichern, aber auch nur dann, wenn die einheimischen Juden selbst bereit sind, Opfer zu bringen.

Diese Einheit war nicht einfach herzustellen. 1938 konnte sich unsere Gemeinde lediglich mit der Chevra von Pest zusammenschließen, um ein Protektionsbüro zu gründen. Bis zum Ende des Jahres wurde jedoch auf Drängen der Pester Gemeinde hin das landesweite Protektionsbüro der ungarischen Israeliten gegründet. Dessen Exekutivkomitee sind Vertreter der Kongressjuden, der orthodoxen Juden, der Statis-quo-[ante-]Juden und der ungarischen Zionisten beigetreten. Das zentrale Protektionsbüro in Budapest organisiert zusammen mit 35 regionalen Büros jene große soziale Arbeit, die notwendig ist, um den traurigen Auswirkungen der Judengesetze zu begegnen.

Der Vorstand der Gemeinde von Pest hat beschlossen, ausländische Hilfsorganisationen, in erster Linie den Joint, Hicem und Ort,[24] zur Unterstützung der ungarischen Juden

22 Dem Zweiten Weltkrieg.

23 Sándor Eppler.

24 Die im Jahr 1880 im russ. Zarenreich gegründete Organisation ORT stellte Juden Ausbildungs- und Weiterbildungsangebote zur Verfügung.

zu gewinnen. Der Vorsitzende hat zusammen mit dem Generalsekretär der Gemeinde Besuche abgestattet und wiederholt in Paris und London verhandelt.[25] Die Leiter der ausländischen Hilfsaktionen kamen umgekehrt immer wieder nach Budapest und lassen sich hier nunmehr ständig vertreten, um die Hilfe in geeigneter Weise zu unterstützen. Die Summe, die seitens der ausländischen Organisationen für die ungarische Hilfsaktion zur Verfügung gestellt wurde, beläuft sich auf fast 300 000 Dollar, allerdings an die Bedingung geknüpft, dass das ungarische Judentum einen mindestens gleich hohen Obolus entrichtet.

Um die dafür notwendige Opferbereitschaft des ungarischen Judentums zu mobilisieren und zu organisieren, initiierte die Gemeinde von Pest die Gründung der Aktion OMZSA, die im Rahmen der vom Innenministerium genehmigten landesweiten Kollekte dazu aufrief, die Kosten der vom Protektionsbüro geleisteten Arbeit zu decken. Wiederum hat die Gemeinde von Pest den Löwenanteil auf sich genommen. Am Gesamtvolumen der Spenden in Höhe von 2 150 000 Pengő hatte die Gemeinde von Pest einen Anteil von 1 381 000 Pengő und zeigte damit, dass sie auch in diesen schwierigen und kampfbetonten Zeiten über ihre lokalen Interessen hinaus alles in ihrer Kraft Stehende für das Land zu tun bereit war.

Sie bewies dies auch kürzlich, als sie feststellen musste, dass sie aufgrund ausbleibender Spenden und insbesondere infolge der schwindenden ausländischen Unterstützung angesichts der internationalen Beziehungen nicht mehr in der Lage sein wird, die Kosten für die große Hilfsaktion zu decken. Um diese am Laufen zu halten, entschied sie sich dafür, eine soziale Zusatzsteuer zu erheben. Damit ist die Gemeinde in der Lage, die überregionalen Aufgaben des Protektionsbüros auch über die örtlichen Ziele hinaus zu unterstützen.

Um welche Aufgaben handelt es sich dabei konkret, was ist die Aufgabe des Protektionsbüros? In erster Linie hilft das Büro denjenigen, die aufgrund des Judengesetzes ihrer Existenz beraubt und in ihren Arbeits- und Verdienstmöglichkeiten behindert werden. Es gilt, jene in Arbeit zu bringen, die arbeitslos geworden sind, oder der jungen Generation im Rahmen von Ausbildungs- und Umschulungskursen Hilfe bei der Arbeitssuche anzubieten. Sie unterstützt auch jene Glaubensbrüder, die hierzulande keine Zukunft mehr sehen und ihre Auswanderung nach Übersee anstreben. Schließlich unterstützt das Büro, wenn es keine andere Möglichkeit gibt, auch Leidtragende materiell und versucht, die Kinder mit allen möglichen sozialen Hilfsmaßnahmen vor körperlichem Verfall zu bewahren. In die Zuständigkeit des Protektionsbüros fällt auch das spezielle große Elend des Judentums in Oberungarn und im Karpatenvorland,[26] es muss sich aber auch um die Linderung der immer schwieriger werdenden Lage der Flüchtlinge in Budapest und im ganzen Land kümmern.

Um sich all diesen Aufgaben intensiv widmen zu können, wurde in Kooperation mit der Gemeinde von Pest und der Budapester Orthodoxen Gemeinde kürzlich ein gesondertes Protektionsbüro in Pest gegründet, das sich lokalen sozialen Aufgaben widmet. Parallel

25 1939 reisten Samu Stern und Sándor Eppler nach Paris und London und verhandelten mit Vertretern internationaler jüdischer Organisationen über Auswanderungsmöglichkeiten und internationale Hilfsmaßnahmen.

26 Siehe dazu Dok. 49 aus der ersten Hälfte 1941.

dazu existiert das staatliche Protektionsbüro, das landesweit tätig ist und in erster Linie die Flüchtlingshilfe und den Rechtsschutz übernimmt.

Es ist nicht die Aufgabe dieses Berichts, die Tätigkeiten des Protektionsbüros im Einzelnen zu protokollieren, es soll jedoch darauf hingewiesen werden, dass es der Vorstand der Gemeinde von Pest ist, der den Löwenanteil seiner finanziellen und moralischen Unterstützung übernimmt. Die Einrichtung von Flüchtlingslagern[27] in der Hauptstadt wurde ausschließlich durch die Opferbereitschaft der Gemeinde von Pest ermöglicht. Sie hat allein fünf Flüchtlingslager ins Leben gerufen: in der Szabolcs-Straße, in der Páva-Straße, in der Columbus-Straße, in der Rumbach-Sebestyén-Straße und vorübergehend auch in der Ó-Straße. Die Gemeinde übernimmt die Versorgung des Flüchtlingslagers von Garany und allgemein die Betreuung der Angelegenheiten der Flüchtlinge, unterstützt sie bei der Auswanderung. Das Protektionsbüro kann seinerseits aber auch generell bei allem auf die moralische und finanzielle Unterstützung der Gemeinde zurückgreifen.

Um die Ausmaße der Hilfstätigkeit zu beschreiben, muss eigens die große soziale Hilfsaktion hervorgehoben werden, die die Pester Israelitische Gemeinde im Sommer und Herbst 1940 durchgeführt hat, als mehrere Tausend unserer Glaubensbrüder der patriotischen Pflicht folgend in die Arbeitslager eingezogen wurden.[28] Sie stellte den Arbeitsdienstlern aus ärmeren Schichten Schnürstiefel, Bekleidung und Decken zur Verfügung, was diesen ermöglichte, ihrem Arbeitsdienst so pflichtbewusst wie möglich nachkommen zu können. Rund 7000 Decken, 8000 Paare Schnürstiefel und 8000 weitere Bekleidungsstücke – an die 200 000 Pengő wurden dafür ausgegeben. Diese patriotische Aktion wurde vom Komitee der Kriegsteilnehmer mit einer solchen Präzision und Umsicht durchgeführt, dass sie wahrlich hohe Anerkennung verdient.

Kampf gegen die Konversion

Im letzten Kapitel dieses Berichts, der sich über die letzten elf Jahre erstreckt und eine Reihe schmerzlich ergebnisloser Kämpfe Revue passieren lässt, müssen wir auch das schmerzhafteste Phänomen erwähnen, ein beinahe epidemisch auftretendes Symptom, das von Jahr zu Jahr erschreckendere Ausmaße annimmt. Haben wir zwischen 1896 und 1917, also innerhalb von 22 Jahren, nur 8286 Seelen durch Konversion verloren, sind es, dem Standesregister folgend, in den letzten 20 Jahren 30 000. Und so hervorragend sich die Gemeinde Pest ansonsten verhält, steht sie leider auch hier an der Spitze. Die Jahresberichte der Gemeinde legen von Jahr zu Jahr traurigere Rechenschaft ab über den Anstieg der Flut der Konvertierten. Ein wesentlicher Grund liegt wohl auch hier in den Judengesetzen.

Die Mehrheit der Konversionen erfolgte zweifelsohne in Panik und ist den konjunkturellen Umständen geschuldet. Mit Verbitterung registrieren wir darunter auch Personen, die vor noch nicht allzu langer Zeit sogar unsere Gemeinde repräsentiert haben. Der Vorstand hat auch hier alles versucht, der grundlosen Flucht dieser verirrten Seelen zu

27 Seit den 1930er-Jahren galt Ungarn für zahlreiche Juden aus den deutschsprachigen bzw. deutsch besetzten Gebieten als ein möglicher Fluchtort.

28 Der ungar. Arbeitsdienst für Juden wurde 1939 eingeführt; siehe Einleitung, S. 35–38.

begegnen und sie mit aufklärerischen Worten und bittender Ermahnung von ihrem schändlichen Schritt abzuhalten.[29]
Erlauben Sie uns, an dieser Stelle eine Auswahl [einiger Passagen] aus den Schriften zu zitieren, mit denen die Rabbiner der Gemeinde die Gottesflüchtigen aufzuhalten versucht haben:
[„]Wie kannst du von deinem Kind Treue und Einsicht erwarten, wenn du ihm selbst zu Untreue und Verrat Beispiel gibst? Mit welcher Hoffnung kannst du in die eigene Zukunft schauen, wenn du ihm beibringst, wie es seinen Gott, seinen Glauben, seine Vorfahren und seine Geschwister verleugnen soll? Heute verleugnet es seinen Gott, aber morgen bereits dich. Pass auf! Du stehst am Rande des Abgrunds. Zerstöre nicht dich selbst und das Leben deines Kindes![“]
Eine andere Schrift versucht, auf die Seelen der Verirrten wie folgt Einfluss zu nehmen:
[„]Wir sollen unsere Tempel, in denen wir für unsere Verstorbenen schon so viele Tränen vergossen haben, nicht verlassen. Wir sollen unsere Friedhöfe nicht verlassen, wo jene ruhen, die uns die Liebsten waren. Die Religion, der Glaube darf nicht zum profanen Gegenstand des Handels mit materiellen Interessen werden. Wer den jüdischen Glauben hinter sich lässt, der hört nur für uns auf Jude zu sein, bleibt im Sinne des Judengesetzes aber nach wie vor Jude![“]
Sicher wirkt diese Art des Kampfes gegen die Konversion nicht heilend, sondern betäubt nur die Wunde. Das wahre Ziel des Kampfes müsste vielmehr darauf gerichtet werden, die Seelen schon in jungen Jahren vor der Seuche der Abkehr zu schützen. An dieser Stelle weisen wir auf den Teil unseres Berichts hin, in dem es um die soziale und kulturelle Aktivität und um die Tätigkeit der Gemeinde geht, den Glauben zu vertiefen, ihn zu stärken und die Jugend zu erziehen. Wir sind davon überzeugt, dass dieser Bericht beruhigend wirkt, denn die [nächste] Generation wächst in einer Andacht und Gläubigkeit auf, die sie festigt. Deshalb wird ihr jüdisches Selbstbewusstsein und ihre Glaubenstreue von keinen niederen konjunkturellen Umständen mehr beeinflusst werden.
[...][30]

29 Siehe Dok. 18 vom Nov. 1938.
30 Im abschließenden Kapitel äußert die Gemeinde die Hoffnung, ihre historische Pflicht erfüllt zu haben, und kritisiert jene, die die Gemeinde für alle Schwierigkeiten der vergangenen Jahre verantwortlich machen.

DOK. 63
Der Dichter Simon Kemény berichtet am 17. Januar 1942 über einen Massenmord an Juden in der Ukraine[1]

Handschriftl. Tagebuch von Simon Kemény,[2] Eintrag vom 17.1.1942

17. Januar
In der Früh ging ich auf den József-Platz hinüber. Auf einmal ergriff mich eine sonderbare ängstliche Unruhe. Zunächst wusste ich nicht, was los ist, dann fiel mir ein, dass mein Freund, ein Arzt, mir erzählte, dass einer seiner Patienten, ein Oberleutnant der Reserve, von der Front zurückgekehrt sei. Psychisch sei er in einem äußerst schlechten Zustand gewesen. Das ging vor allem darauf zurück, was er in einer ukrainischen Stadt beobachtet hatte: „Man hob eine Grube aus, so groß wie der József-Platz. Die Grube füllte man mit den Leichen hingerichteter Juden. Nackte Männer, Frauen, Kinder lagen aufeinander, so wie sie in die Grube geschleudert worden waren. Die Kleider und die Unterwäsche der Opfer wurden an die Bevölkerung verteilt. Irgendwann sagte ich einem deutschen Offizier, dass das vielleicht doch etwas zu viel sei. ‚Ach was', entgegnete dieser, ‚sie hatten einen leichten Tod.' Als die riesige Grube gefüllt war, wurde sie mit einer dünnen Kalkschicht bedeckt und zugeschüttet. Seitlich der Grube lag ein großer weißer Papierstapel. Dokumente, Papiere der Toten, die man sorgfältig aus den Taschen der Kleider entfernt hatte. Nachdem man die Grube zugeschüttet hatte, wurde dieser Papierberg angezündet. Man war darauf bedacht, dass jeder einzelne Zettel vernichtet wurde. Der satanische Massenmord endete in Feuer, Rauch und Asche."[3]
Nachdem Dénes Szekula,[4] seine schrecklichen Qualen vergessend, gebeichtet, die Kommunion empfangen und fromm das Sterbesakrament in Empfang genommen hatte, verfügte er Folgendes: Er sagte, welches Gewand er als Leiche tragen, welches Hemd ihm angezogen werden sollte, er bestimmte, welcher Kragen an das Hemd, welche Krawatte umgelegt werden sollten und welche Socken und Schuhe er tragen wolle. Er gab Anweisungen, seine Frisur sorgfältig herzurichten und sein Haar einzuölen, damit die Arbeit des Friseurs nachhaltig bliebe und gelinge. Er wählte den Priester aus, der das Ritual abwickeln sollte. Er bestimmte den genauen Ablauf, diktierte die Todesanzeige, schrieb ihre genaue Größe für die jeweiligen Blätter vor. Nachdem er all dies mit minutiösen Anweisungen mitgeteilt hatte, als hätte er in dieser Welt nichts mehr zu tun, sagte er: „So, nun habe ich das Leben hinter mich gebracht." Der 42-jährige Mann war vollkom-

1 PIM Kézirattár, Tagebuch von Simon Kemény, V-3992/18/1–5. Teilweise abgedruckt in: Simon Kemény, Napló 1942–1944, Budapest 1987, S. 19 f. Das Dokument wurde aus dem Ungarischen übersetzt.

2 Simon Kemény, geb. als Kohn (1882–1945), Dichter; Journalist bei verschiedenen Zeitungen, Hilfsredakteur bei Az Est (Der Abend); nach der Einführung der Judengesetze wurde er, obwohl zum Christentum übergetreten, von seinem Posten entlassen; im Jan. 1945 von Pfeilkreuzlern im Garten seines Hauses erschossen.

3 Seit Sommer 1941 fanden systematische Massenmorde an der jüdischen Bevölkerung in den besetzten Ostgebieten statt, so wurden z. B. in der Senke Babij Jar in Kiew Ende Sept. 1941 über 33 000 Menschen erschossen; siehe VEJ 7, S. 32–40, und VEJ 9, S. 19–22.

4 Dénes Szekula (1899–1942), geschäftsführender Direktor der Budapester Zweigstelle des Filmstudios MGM, verstarb zwei Tage vor dem Tagebucheintrag von Kemény.

men ruhig, ihm war weder Angst noch Traurigkeit anzusehen. All das hatte seine Zeit völlig in Anspruch genommen und sie ausgefüllt, dass ihm keine einzige Minute blieb, Angst vor dem Tod zu haben.

DOK. 64
Obergespan Péter Fernbach kritisiert am 25. Januar 1942, dass das Militär bei einer Razzia in Újvidék (Novi Sad) ein Blutbad anrichtete[1]

Bericht (27/1942 – streng vertraulich) des Obergespans von Újvidék,[2] Unterschrift unleserlich, an den kgl. ungar. Innenminister,[3] Budapest, vom 25.1.1942[4]

Betreff: Die in Újvidék abgehaltene Militärrazzia

Hochwohlgeborener Herr kgl. ungar. Innenminister!
Hiermit erlaube ich mir, Ihnen Folgendes über die am 21., 22. und 23. [Januar] abgehaltene sogenannte Razzia[5] und meine diesbezüglichen Wahrnehmungen zu berichten:
Ich traf am 21. um Mitternacht aus Budapest kommend [in Újvidék] ein. Ich ließ mich sogleich in die im Leventeheim befindliche Militärkommandantur der Honvéd-Armee fahren, wo ich den diensthabenden Offizier vorfand, der mich – auf meine Bitte hin – mit einem Ausweis versorgte.
Im Laufe der Nacht hörte ich von meiner Wohnung aus Schüsse. Am nächsten Morgen um neun Uhr stellte ich in meinem Büro zu meiner großen Überraschung fest, dass der Telefonanschluss gekappt worden war und ich, obwohl ich Regierungsvertreter bin, von der Außenwelt abgeschnitten war. Später erfuhr ich, dass dies eine technische Ursache hatte, da es sich um einen mit einer Wählscheibe ausgestatteten Telefonapparat handelte und die Abschaltung anderer Apparate zwangsläufig auch meinen außer Betrieb setzte. Die Stadt lag absolut ausgestorben da, auf den Straßen durfte man nur in der Mitte gehen. All dies hielt ich für selbstverständlich. Den eingereichten Berichten entnahm ich jedoch sofort, dass Organisation und Durchführung der Razzia Mängel aufwiesen. In der ganzen Stadt gab es kaum Brot zu kaufen, auch die Gesundheitsversorgung war katastrophal. Deshalb wandte ich mich mit einer Note an die Militärkommandantur, damit die Bäcker und ihr Personal ungehindert ihre Backstuben erreichen, backen und die Lebensmittelläden öffnen konnten. Außerdem kümmerte ich mich darum, dass sich Ärzte und Hebammen frei bewegen und Apotheken ihrem Dienst nachgehen konnten. Auf offiziellem Weg habe ich überhaupt keine Zuschriften oder Informationen seitens des Militärs erhalten. Lediglich über private Kanäle konnte ich in Erfahrung bringen,

1 ÁBTL, 3.1.9 V-87992/1/a. Das Dokument wurde aus dem Ungarischen übersetzt.
2 Dr. Péter Fernbach von Apatin (1895–1945), Obergespan von Újvidék, 1944/45 Obergespan des Komitats Bács-Bodrog; 1945 ermordet oder hingerichtet.
3 Ferenc Keresztes-Fischer.
4 Im Original handschriftl. Unterstreichungen und Stempel des Obergespans der freien königlichen Munizipalstadt Újvidék.
5 Im Jan. 1942 verübten ungar. Einheiten in dem von Ungarn annektierten Teil Jugoslawiens, in Újvidék und anderen Ortschaften der Umgebung, mehrere Massaker an der örtlichen Bevölkerung. Als Vorwand dienten serb. Partisanenaktivitäten in der Region; siehe Einleitung, S. 42–44, sowie Dok. 67 vom 15.3.1942 und VEJ 14/170.

dass der Hauptorganisator dieser sog. Razzia Vitéz Ferenc Feketehalmy-Czeydner,[6] kgl. ungar. Generalleutnant, Pilot, Korpskommandant und kommandierender General gewesen ist. Als Organisator vor Ort fungierte Vitéz József Grassy,[7] Oberst im Generalstab und Brigadekommandeur, der seit dem 21. des laufenden Monats gleichzeitig auch der hiesige Militärkommandeur ist.

Deshalb schickte ich einen Boten, um zu erfahren, wann der hochwohlgeborene Herr mich zu empfangen bereit wäre, worauf ich die Antwort erhielt, dass er sich zwischen 16 und 18 Uhr wieder in Újvidék befinden würde. Um die Situation nicht noch zuzuspitzen, habe ich darauf verzichtet, in Erfahrung zu bringen, ob die Militärbehörde mich als Vertrauten der Regierung mündlich oder schriftlich über die Aktion hätte in Kenntnis setzen müssen. Ich habe diesbezüglich auch deshalb nichts unternommen, weil ich wollte, dass die Razzia möglichst unkompliziert und human durchgeführt würde. Dennoch halte ich es für einen beispiellosen Vorgang, dass weder der Obergespan noch der Bürgermeister[8] der Stadt angemessen informiert wurden. Ich wurde seitens des Militärs bis zum jetzigen Zeitpunkt nicht informiert, obwohl es schon 36 Stunden her ist, dass die Razzia auf Plakaten für beendet erklärt wurde.

In meiner Eingabe vom 13. des laufenden Monats an den hochwohlgeborenen Herrn Ministerpräsidenten[9] habe ich selbst deutlich gemacht, dass ich eine Razzia für unbedingt notwendig halte. Ich hatte mir vorgestellt, dass Militär- und Zivilbehörden diese Säuberungsaktion zusammen abwickeln würden. Ich kann es aber weder menschlich noch politisch gutheißen, dass die Razzia in ein derartiges Blutbad mündete. Meiner Ansicht nach war das Ziel nicht gewesen, dass wir Massen von Leichen produzieren, sondern Újvidék von den sich hier verbergenden schädlichen Elementen säubern.

Am 22. besuchte ich zwischen 16 und 18 Uhr dann das Leventeheim, wo Dr. Leó Deák,[10] Obergespan des Komitats Bács-Bodrog, und Vitéz Dr. Ernő Bajsay,[11] Vizegespan, bereits warteten. Der Generalstabschef hat uns in Anwesenheit seines Korpskommandanten und Generalstabsoberst Vitéz Grassy empfangen.

6 Vitéz Ferenc Feketehalmy-Czeydner, geb. als Franz Zeidner (1890–1946), Offizier; von 1940 an Chef des Generalstabs der 1. Armee, von 1941 an Kommandierender General des V. Armeekorps; 1942 beurlaubt; 1943 wegen des Massakers in Újvidék vor Gericht gestellt, zu 15 Jahren Haft verurteilt, 1944 Flucht nach Wien; 1944 Eintritt in die Waffen-SS; stellv. Kriegsminister im Kabinett Szálasi; 1946 von einem ungar., anschließend von einem jugoslaw. Gericht zum Tode verurteilt und hingerichtet.

7 Vitéz József Grassy (1894–1946), Offizier; 1939–1941 Kommandeur des 7. Infanterieregiments, Brigadeführer und Divisionskommandeur im Bezirk Újvidék, 1943 wegen des Massakers in Újvidék verurteilt, 1944 Flucht nach Wien; 1944 Eintritt in die Waffen-SS, 1944/45 Kommandeur der 25., später der 26. Waffen-Grenadier-Division der SS; 1946 von einem ungar., anschließend von einem jugoslaw. Gericht zum Tode verurteilt und hingerichtet.

8 Dr. Miklós Nagy (1887–1946); 1941–1944 Bürgermeister der Stadt Újvidék; an Jugoslawien ausgeliefert, 1946 verurteilt und hingerichtet.

9 László Bárdossy.

10 Dr. Leó Deák (1888–1945), Jurist; 1924–1929 stellv. Leiter der Ungarischen Partei im Königreich Jugoslawien; gründete 1925 mehrere kulturelle Einrichtungen für die ungar. Minderheit im Königreich Jugoslawien; 1941–1944 Mitglied des Oberhauses; 1941–1944 Obergespan des Komitats Bács-Bodrog und von Zombor (Sombor), 1943/44 von Újvidék; 1944 von der Gestapo verhaftet und interniert; 1945 von einem jugoslaw. Gericht zum Tode verurteilt und hingerichtet.

11 Vitéz Dr. Ernő Bajsay-Bauer (1893–1946); Vizegespan des Komitats Bács-Bodrog; 1946 von einem jugoslaw. Gericht zum Tode verurteilt und hingerichtet.

Im Laufe der Lagebesprechung hielt ich fest, dass ich, obwohl ich die Razzia grundsätzlich befürwortete, nun sehr peinlich berührt davon sei, dass weder ich noch der Bürgermeister von der Aktion unterrichtet worden waren. Der hochwohlgeborene Herr äußerte daraufhin, das sei völlig in Ordnung, denn es befreie uns [wenigstens] von jeglichem Verdacht, da gewisse Kreise trotz größter Geheimhaltung von der bevorstehenden Aktion vorzeitig Kenntnis erhalten hätten.
Ich wollte mich mit dem hochwohlgeborenen Herrn nicht auf eine weitere Diskussion einlassen. Ich möchte an dieser Stelle jedoch darauf hinweisen, dass dieses Misstrauen gerade mir, einem Regierungsvertreter, gegenüber, der bis zum heutigen Tag Hunderte vertraulicher Angelegenheiten unter größter Geheimhaltung abgewickelt hat, doch höchst ungewöhnlich ist.
Ich will Ihre Aufmerksamkeit jedoch auch darauf lenken, dass die mit der Razzia befassten Vollzugsorgane sowohl gegenüber den Einwohnern der Stadt als auch gegenüber den aus dem Mutterland angereisten Zivilbeamten nicht das Mindeste an Höflichkeit, Mitgefühl oder Vertrauen an den Tag legten. Sie agierten allen gegenüber schonungslos rau und grob, als ob sie sich auf Feindgebiet befänden. Auch bei der Ausstellung von Ausweisen zur Regelung der Bewegungsfreiheit handelten sie völlig kopflos. Ständig wurden Maßnahmen ergriffen, die den Ankündigungen auf den Plakaten zuwiderliefen, und alle fühlten sich wie Häftlinge. Nicht einmal mir wurde ein Ausweis ausgestellt, der mir unbeschränkte Bewegungsfreiheit garantierte. Der erste Ausweis erlaubte mir, mich bis 20 Uhr auf der Straße zu bewegen, der zweite bis 24 Uhr. Mit diesem Ausweis wollten sie mich am 23. allerdings nicht einmal mehr den Kordon überqueren lassen, da in der Zwischenzeit eine neue Regelung erlassen worden war, die Form und Inhalt der Ausweise änderte. Nur aufgrund meines empörten und energischen Auftretens konnte ich den Kordon schließlich doch noch passieren.
Auch bei der Ausweiskontrolle der Reisenden mangelte es an Organisation und Wohlwollen. Passagiere auf dem Bahnhof behandelte man grob. Sie mussten ihre Namen buchstabieren und Dokumente vorzeigen. Dann wurden sie, zu Fuß und eskortiert von Militär, in das weitab gelegene Leventeheim gebracht, wo sie erneut überprüft wurden. Am empörendsten ist, dass die bereits doppelt kontrollierten Passagiere anschließend, oft in den Nachtstunden, ohne jeglichen Ausweis auf die Straße entlassen wurden, wo sie Gefahr liefen, auf eine Patrouille zu treffen, die sie erneut hätte abführen und eventuell sogar erschießen können.
Im Folgenden gehe ich auf die Geschehnisse am 23. ein. In der Nacht vom 22. auf den 23. nahm ich lautes Waffengetöse wahr. Bereits in den Vormittagsstunden [des 23.] kam mir zu Ohren, dass es im Laufe der Nacht ein Blutbad gegeben habe. Ob mit oder ohne Grund, kann ich nicht sagen. An manchen Orten war es angeblich wirklich zum bewaffneten Widerstand gekommen. Im Laufe des Vormittags hörte ich wiederholt Schießereien. Auf inoffiziellem Wege habe ich erfahren, dass Markgraf Sándor Pallavicini, der akkreditierte italienische k. u. k. Konsul, ebenfalls von der Patrouille kontrolliert worden war. Da diese sich weigerte, die vom kgl. ungar. Außenministerium ausgestellte Akkreditierung zu akzeptieren, retteten ihn nur die Einsicht und das Wohlwollen des Patrouille-Leiters davor, dass [...].[12] Er [...][13] hat möglicherweise versäumt, die Kontrolleure

12 Mehrere Wörter unleserlich.
13 Mehrere Wörter unleserlich.

darauf aufmerksam zu machen, dass in Újvidék ein italienisches Konsulat existiert. Als ich von diesem Fall Kenntnis bekam, suchte ich sofort den Konsul auf, drückte ihm mein Bedauern über das Geschehene aus und entschuldigte mich. Ich hoffe, diese Sache wird keine Folgen haben.

Am 23. gegen 13 Uhr ereilte mich dann die Schreckensbotschaft, dass nicht nur Erwachsene, sondern auch drei-, vier- und fünfjährige Kinder der Razzia zum Opfer gefallen waren. Einem privaten Hinweis zufolge sollen auch einige hiesige, für ihre Gutgläubigkeit und Ehrenhaftigkeit bekannte adelige Frauen – unter ihnen Hilda Adamovics[14] –, die ich selber gut kenne, abgeführt worden sein. Der Leiter des Hafenamts hat mich zudem darüber informiert, dass am Donauufer die Leichen mehrerer Kleinkinder aufgefunden worden seien.

Empört suchte ich den Brigadekommandeur, Herrn Vitéz Grassy, auf und hielt ihm in Anwesenheit des Bürgermeisters vor, dass die Razzia zu einem Gemetzel eskaliert sei. Außerdem protestierte ich gegen die Abführung der Frauen und gab ihm meine Informationen hinsichtlich der Hinrichtungen von Kindern weiter. Er führte aus, dass er darüber nichts wisse, und fragte, ob ich das beweisen könne. Daraufhin nahm ich den Bürgermeister, Vitéz Dr. Miklós Nagy, in die Kossuth-Lajos-Straße mit, wo sich die Bluttat ereignet haben soll und wo angeblich massenhaft Leichen auf der Straße lagen. Als wir ankamen, war der größte Teil der Leichen bereits abtransportiert, wir sahen jedoch noch mit unseren eigenen Augen ein kaum zehn Jahre altes totes Mädchen. Anschließend richtete ich einen Brief an den Brigadekommandeur. Aus der Kopie dieses Briefs gestattete ich mir, Ihnen aus Szabadka am Telefon vorzulesen.

Insgesamt bleibt der Eindruck, dass während der letzten Tage mehr Juden als Serben hingerichtet worden sind.[15] Die Menschen – so wird erzählt – wurden in Gruppen an das Ufer [der Donau] geführt und gezwungen, bis zu den Knien ins Wasser zu steigen, wo sie mit einer Kugel in den Kopf erschossen wurden. Laut meiner privaten Auskünfte wurden auf diesem Wege, von der Großmutter bis zum Enkel, ganze Familien ausgerottet. Unter ihnen befanden sich mehrere, die für ihre Ungarnfreundlichkeit bekannt gewesen sind. So wurde auch ein Holzhändler namens György Pandurovits[16] hingerichtet, der sich trotz seines orthodoxen Glaubens in der jugoslawischen Ära immer offen zu Ungarn bekannt hatte. Dessen Vater und Mutter sind in Budapest geboren, und er verkehrte nur in ungarischen Kreisen. Zwischen den in die Pirosi-Straße geflohenen Tschetnik und Gendarmen kam es zu einer Schießerei. Im Zuge dieser Auseinandersetzung wurden sämtliche Einwohner in dieser und den benachbarten Straßen auf die Straße getrieben und mit Ausnahme der Ungarn und Deutschen alle hingerichtet.

Am 24. aus Szabadka heimgekehrt, erfuhr ich über das Rote Kreuz, dass auch bekannte und als zuverlässig geltende Russen hingerichtet worden waren. So wurden Vladimir Vozneszenszki,[17] Führer des ungarländischen Russentums, Ivan Gubanov und seine Ehefrau[18] sowie Vazul Epple und seine Ehefrau[19] getötet. Da insbesondere Vladimir

14 Hilda Adamovics, geb. Rajnic (1898–1983).

15 Dem Massaker in Újvidék fielen über 870 Personen zum Opfer, die meisten von ihnen serb. Zivilisten und Juden.

16 Richtig: Đorđe Pandurović (1906–1942).

17 Möglicherweise Konstantin Voznesenskij (1895–1942), Angestellter bei der Eisenbahn.

18 Ivan Gubanov (1893–1942), Händler, und Polina Gubanov (1895–1942).

Vozneszenszki über sehr gute Kontakte verfügte, halte ich es für nicht ausgeschlossen, dass dieser Fall diplomatische Folgen nach sich ziehen wird.
Die Geschehnisse zusammenfassend muss ich konstatieren, dass die Razzia am 21. und 22. noch relativ geordnet und diszipliniert vonstattenging. Ob der die Razzia leitende Generalstabsoberst Grassy die dann folgenden Geschehnisse nun stillschweigend duldete oder ob ihm während der Durchführung die Kontrolle entglitt, weiß ich nicht, Tatsache ist, dass am 23. bereits ein wahrer Terror in der Stadt wütete.
Ich muss darauf hinweisen, dass die Razzia nicht nach meinen Vorstellungen abgewickelt wurde:
1. Die höchsten zivilen Behörden, deren Kenntnisse notwendig gewesen wären, um ein überflüssiges Blutbad zu verhindern, wurden völlig ausgeschaltet und blieben über die gesamte Dauer der Razzia ohne Informationen.
2. Die als Razzia begonnene Säuberung artete in ein blindwütiges Blutvergießen aus, das geeignet ist, den Namen Ungarns und der Honvéd-Armee im In- und Ausland zu beschmutzen.
3. Unser allgemeiner Eindruck – insbesondere am 23. – war, dass diese Aktion nicht der Herstellung der allgemeinen Ordnung diente, sondern im Gegenteil geeignet war, das friedliche Zusammenleben von Ungarn und Serben über Jahrzehnte hinweg unmöglich zu machen. Das Militär kam und wird gehen, doch wir, die zuständigen zivilen Institutionen, werden bleiben, auf unseren Schultern lastet die Bürde und das kaum zu lösende Problem der Befriedung. Gerade deswegen sehe ich mich gezwungen, alle diesbezügliche Verantwortung von mir zu weisen.
4. Meinem Gefühl nach hat meine am 23. des laufenden Monats um 13.30 Uhr unternommene Intervention bei Oberst Grassy unbedingt dazu beigetragen, dass dem Blutbad Einhalt geboten wurde. Dafür spricht, dass – wie ich privat erfahren habe – die zu diesem Zeitpunkt bereits zum Strand kommandierte Gruppe im letzten Augenblick begnadigt wurde und zurückkehren konnte.
Während ich diese Zeilen schreibe, klingelt pausenlos das Telefon. Bekannte, gute Freunde und Familienangehörige von Verschollenen geben einander die Klinke in die Hand und erkundigen sich. Da ich selbst nicht Bescheid weiß, kann ich selbstverständlich auch keine Auskünfte geben. In der Zwischenzeit hat Polizeirat Mihalovits mündlich vorgetragen, dass Oberstleutnant Géza Gunde[20] fordert, die Polizei solle dem Militär morgen eine Namensliste von achthundert serbischen Geiseln vorlegen. Ich habe ihm das verboten, und nach meiner Rückkehr werde ich gemäß den Anweisungen des hochwohlgeborenen Herrn Innenministers handeln.
Ich sehe mich gezwungen, darauf hinzuweisen, dass sowohl die ungarischen Einwohner als auch die aus dem Gebiet des Trianonlandes[21] hierher beorderten Beamten völlig unter dem Eindruck des erlebten Terrors stehen. Bezeichnend für die Stimmung ist, dass Mütter und Familienangehörige die Kinder nicht zur Schule gehen lassen, weil sie befürchten, dass Rache an ihnen genommen werden könnte für die ermordeten serbischen Kinder. Viele tragen sich mit dem Gedanken wegzuziehen.

19 Vermutlich: Vasilije Eple (1878–1942), Händler, und Marija Eple (1882–1942).
20 Géza Gunde (*1892).
21 Gemeint ist das Gebiet von Ungarn in den Grenzen des Friedensvertrags von Trianon 1920.

Die Stimmung, über die ich Ihnen am 20. des laufenden Monats persönlich berichtete, hat sich naturgemäß verschlechtert. Alle meine Bemühungen als Obergespan aus den Tagen vor der Razzia, die Haltung der sich hartnäckig verweigernden und sich passiv verhaltenden Serben zu lockern und alle diesbezüglichen Früchte sind zunichtegemacht. Wenn ich Ihnen, hochwohlgeborener Herr, auch schriftlich voller Hochachtung Bericht erstatte, dann deshalb, um noch einmal hervorzuheben, dass ich mich gezwungen sehe, jede Verantwortung von mir zu weisen.
Hochachtungsvoll

DOK. 65
Das ungarische Innenministerium verfügt am 18. Februar 1942, dass bei irrtümlich nach Ostgalizien ausgewiesenen Personen die ungarische Staatsbürgerschaft nicht bekannt gegeben wird[1]

Schreiben des Innenministeriums, 102/942 res., Unterschrift unleserlich, Budapest, an die Registerabteilung vom 18.2.1942[2]

An alle Sachbearbeiter!
Wie ich bereits auf der Sitzung der Offiziere vom 13. des laufenden Monats erwähnt habe, hat der hochwohlgeborene Herr Minister[3] davon Kenntnis genommen, dass sich unter den zwischen Juli und August des vergangenen Jahres nach Galizien ausgesiedelten Juden[4] einige befinden, deren ungarische Staatsangehörigkeit nachträglich von der Abteilung für Staatsangehörigkeit (XIX) festgestellt und denen ein entsprechender Nachweis ausgestellt wurde.
Diesem Missstand muss unbedingt Einhalt geboten werden, da es nicht angeht, dass eine Abteilung des Innenministeriums eine Entscheidung trifft, die den Maßnahmen der anderen Abteilungen ganz und gar entgegengesetzt sind.
Angeblich hat die Abteilung für Staatsangehörigkeit im Rahmen der erwähnten Aussiedlungsaktion den ausgewiesenen Juden nur in jenen Fällen ein Staatsangehörigkeitszeugnis ausgestellt, die auch vom KEOKH begutachtet wurden. Deshalb ordne ich an, zukünftig den von der Abteilung für Staatsangehörigkeit uns zur Begutachtung vorgelegten Schriftstücken in jedem Fall Priorität einzuräumen. Sollte der Registratur entnommen werden, dass der Betreffende des Landes verwiesen und bereits ausgewiesen worden ist, sollte dies der Abteilung für Staatsangehörigkeit samt dem Hinweis mitgeteilt werden, dass wir die Feststellung der ungarischen Staatsangehörigkeit schon deshalb nicht für wünschenswert halten, weil der Betreffende zwischenzeitlich aus dem Land entfernt wurde.

1 ÁBTL, 3.1.9. V-138271/230. Das Dokument wurde aus dem Ungarischen übersetzt.
2 Im Original Vermerk: „Kopien z. Hd. des Leiters, der stellvertretenden Leiter und allen Sachbearbeitern! Den Letzteren ist jeweils eine Kopie des ‚Nachweises über alle Personen polnischer und russischer Abstammung, die in der Zeit vom 17. Juli bis zum 10. August 1941 aus dem Lande entfernt wurden' auszuhändigen."
3 Ferenc Keresztes-Fischer.
4 Siehe Dok. 53 vom 20.8.1941, Dok. 58 vom Spätsommer 1941, Dok. 54 vom 25.8.1941, Dok. 55 vom 26.8.1941, Dok. 56 vom 30.8.1941 sowie Dok. 57 vom 13.9.1941.

Ich ordne an, jedem Sachbearbeiter eine Kopie der Registratur, in der die Ausgewiesenen geführt werden, zusammen mit dieser Verordnung auszuhändigen.
Gleichzeitig mache ich die Sachbearbeiter darauf aufmerksam, dass die in der Registratur auffindbaren Namen nicht unbedingt in alphabetischer Reihenfolge zu finden sind, sondern nur zum großen Teil, weshalb alle Namen des jeweiligen Anfangsbuchstabens durchsucht werden müssen. Es ist auch darauf zu achten, dass in einigen Fällen die Familien- mit den Vornamen vertauscht worden sind, weshalb jeweils die Anfangsbuchstaben beider Namen in der Registratur überprüft werden müssen.
Falls das Dokument nicht genügend personenbezogene Daten beinhaltet und sich die Identität der im Aktenstück angeführten Person mit den in der Registratur verzeichneten Namen nicht zufriedenstellend feststellen lässt, sollten auch andere einschlägige Dokumente überprüft werden.
In diesem Zusammenhang setze ich die Sachbearbeiter außerdem davon in Kenntnis, dass, sobald die Registerabteilung das Register der im Rahmen der bereits erwähnten Aussiedlungsaktion Ausgewiesenen und Entfernten fertiggestellt hat – der Arbeitsgruppe fließen diese Angaben gegenwärtig aus allen Teilen des Landes zu –, die Überprüfung [der Personalien] von der Registerabteilung durchgeführt wird. Über diesen Umstand werde ich die Sachbearbeiter zu gegebener Zeit in Kenntnis setzen.
Schließlich mache ich die Sachbearbeiter darauf aufmerksam, dass sie die Registratur über die Ausgewiesenen so zu handhaben haben, dass diese nicht in die Hände von Unbefugten gelangt.

DOK. 66
Andor Wiener bittet im Februar 1942 Miklós Horthy darum, seinen militärischen Rang behalten zu dürfen und an die Front versetzt zu werden[1]

Antrag des Leutnants der Reserve Andor Wiener,[2] Jászberény, an Reichsverweser Miklós Horthy (Eing. 18.2.1942), o. D.[3]

An Eure Durchlaucht, den Herrn Reichsverweser!

Mit Ehrfurcht gestatte ich mir, Andor Wiener, wohnhaft in Jászberény, Ihnen hiermit meinen demütig gestellten Antrag vorzutragen. Gestatten Sie mir gnädigst, mir den Dienstgrad des Leutnants der Reserve zu belassen. Gleichzeitig biete ich Ihnen mit tiefer Huldigung meine Dienste an und bitte, mich zum Militärdienst einzuberufen und an die russische Front abzukommandieren.
Gestatten Sie mir, den Hintergrund dieses Antrags vorzutragen. Ich bin am 15. Mai 1916, im Alter von 17 Jahren, zum Militärdienst einberufen und am 19. Dezember 1919 endgültig demobilisiert worden. Im Dezember 1916, sofort nachdem ich die Offiziersschule beendet hatte, meldete ich mich zum Militärdienst an die Front. Ich kam noch im selben

1 ÁBTL, 3. 1.6. P-1164. Das Dokument wurde aus dem Ungarischen übersetzt.
2 Andor Wiener (*1898), Kaufmann; wanderte nach dem Krieg in die USA aus.
3 Im Original handschriftl. Unterstreichungen und Stempel des Militärischen Büros des ungar. Reichsverwesers.

Monat in rumänisches Kampfgebiet, wo ich bis Februar 1918 an der Frontlinie, teils als Zugführer, teils als Kommandeur in einem Stoßtrupp Dienst leistete. Ich wurde am 1. Februar 1918 Leutnant und an die italienische Front versetzt, wo ich als Kommandeur eines Stoßtrupps mehrere Monate verbrachte. Von der italienischen Front wurde ich in das Kampfgebiet in Rumänien zurückversetzt, von wo ich am 16. November 1918 zum Ersatzbataillon, dem 29. kgl. ungar. Infanterieregiment, nach Kelenföld zurückkehrte.
In Kelenföld beorderte man mich schließlich zu einem Abschnitt der Einsatzgruppe zur Aufrechterhaltung der Ordnung nach Jászberény, wo ich bis zur Übernahme der Kommunisten[4] als Kommandeur einer Einsatzgruppe Dienst leistete.
Während der Kommune wurde ich den Rotarmisten zugeteilt, man behielt mich jedoch als unzuverlässige Person unter ständiger Kontrolle.
Am 28. April kommandierte man mich trotz meiner Unzuverlässigkeit als Chef in das zur Unterbindung der Konterrevolution[5] eingerichtete Halbbataillon nach Szolnok ab. Dies verdankte ich dem Umstand, dass mich die Mannschaft, mit der ich damals von der Front zurückgekehrt war, als ihren Chef gewünscht hatte.
Am 1. Mai begann die konterrevolutionäre Bewegung, und die weiße Nationalgarde wurde gegründet. Die Mannschaft des aus Jászberény abkommandierten Halbbataillons schloss sich auf mein Zureden hin und von mir organisiert ideell und auch mittels Taten unter meinem Kommando der Konterrevolution an. Die Roten haben am 3. Mai Szolnok aber leider zurückerobert, und ich musste fliehen. In Lajosmizse wurde ich schließlich festgenommen und vor das Standgericht gestellt.
Das Standgericht verurteilte mich zunächst zum Tode, dann änderte es das Urteil auf lebenslängliche Haftstrafe ab. Aus dem Gefängnis wurde ich am 6. August desselben Jahres als Schwerkranker freigelassen.
Nach mehrmonatiger Behandlung im Krankenhaus bin ich als geheilt entlassen worden. Ich meldete mich sofort in Szolnok bei der unter dem Kommando von Oberst Kreibig[6] und Major Poppel entstandenen Gendarmerie-Reserve-Einsatzgruppe zum Dienst, wo ich trotz meiner jüdischen Religion als Anerkennung für meine Dienste im Interesse der Konterrevolution den Posten des zweiten Adjutanten im Regiment erhielt. Mit diesem Posten war ich dort bis zu meiner Demobilisierung am 19. Dezember 1919 dienstverpflichtet.
Auch seitdem wurde ich für mehrere Monate zum Militärdienst einberufen.
Meine Tätigkeit im Interesse der Konterrevolution hat mir der Staatliche Stuhl des Vitéz-Ordens mit dem Beschluss 2379/824 von 1939 bescheinigt, und ich werde im zivilen Leben deshalb in Bezug auf die die Juden betreffenden Maßnahmen begünstigt.[7]
Meine Auszeichnungen, die dies aus militärischer Hinsicht belegen würden, kann ich leider nicht vorlegen. Ich besitze zwar die bronzene Tapferkeitsmedaille, das Karl-Trup-

4 Gemeint ist die Räterepublik.

5 Gemeint ist die gegenrevolutionäre Bewegung unter Horthys Kommando, die sich gegen die Regierung Kun richtete.

6 Vermutlich: Rudolf Kreybig, Oberst; von 1920 an Kommandant der in Szolnok und Jászberény stationierten Bataillone.

7 § 2 des sog. Zweiten Judengesetzes nahm jene Personen von den antijüdischen Bestimmungen aus, die während der Ersten Weltkriegs mindestens mit der silbernen Tapferkeitsmedaille I. Klasse oder dem Orden der Eisernen Krone 3. Klasse ausgezeichnet wurden bzw. die aufgrund ihrer Teilnahme in nationalen Bewegungen verfolgt oder eingesperrt wurden. Die gegenrevolutionäre Tätigkeit musste vom leitenden Gremium des Vitéz-Ordens bestätigt werden; siehe Dok. 29 vom 5.5.1939.

penkreuz, die Kriegserinnerungs- und die Erinnerungsmedaille von Siebenbürgen, doch die Bestätigung für den Signus Laudis und den kleinen silbernen Tapferkeitsorden konnte ich vom Militärarchiv nicht beschaffen, obwohl ich für diese vorgeschlagen wurde. Das Archiv hat anhand der von mir eingereichten Angaben eine neuerliche Recherche angeordnet. Wenn ich trotz meines kontinuierlichen Frontdienstes von 24 Monaten über keine Bestätigung über diese Auszeichnungen verfüge, so liegt dies darin begründet, dass ich als Mitglied des Stoßtrupps immer wieder in einem anderen Verband dienstverpflichtet war. Ich gehörte der deutschen Truppe von Lipostyák an, und obwohl ich für die obigen Auszeichnungen vorgeschlagen war, habe ich sie nicht ausgehändigt bekommen.

Ich kam als unreifer Jugendlicher – fast noch als Kind – zum Militär und wurde in den blutigen Stürmen des Weltkriegs zum Mann gestählt. Ich habe mit vollem Einsatz für meine Heimat gekämpft, erst außerhalb der Grenzen Ungarns, dann an der inneren Front gegen den roten Schrecken. Ich bemühte mich, mit all meiner Kraft und meinen bescheidenen Fähigkeiten immer dort zu sein, wo man mich brauchte und ich von Nutzen sein konnte. Ich wurde niemals von [rationalen] Überlegungen oder Spekulationen geleitet, sondern stets vom Gefühl. Dieses diktierte mir auch, unter Aufopferung meines eigenen Lebens für die Interessen meiner Heimat und des Ungartums zu kämpfen, selbst dann, wenn dies eine hoffnungslose Utopie zu sein schien und den sicheren Tod bedeutete. Ich dachte nicht, sondern marschierte. Ich erwog nichts, sondern kämpfte. Ich sehnte mich nicht nach Anerkennung oder Auszeichnungen, ich wollte nur ein Ergebnis. Sollte ich irgendein Ergebnis erzielt haben, rechne ich es nur meinem blinden Glauben und unverbrüchlichen Willen an, mit welchen ich, Hindernisse und Angst ignorierend, den Weg zum festgelegten Ziel zurückgelegt habe.

Ich weiß, ich habe nur meine Pflicht erfüllt, und dafür steht mir keine Anerkennung zu. Weil mich der Staatliche Stuhl des Vitéz-Ordens wegen meiner Leistungen jedoch für würdig befand, mich der Schar jener wenigen zuzurechnen, die aufgrund ihrer konterrevolutionären Verdienste eine Ausnahmebehandlung verdienen, habe ich allen Mut zusammengenommen, mich an Eure Durchlaucht, den Herrn Reichsverweser, zu wenden, mit der demutsvollen Bitte, meinen Dienstgrad als Leutnant der Reserve zu erhalten und mich mit der geringen Kraft, die ich noch besitze, zur Verteidigung meiner Heimat erneut an der russischen Front gegen meine alten Feinde und Peiniger, die Bolschewisten, kämpfen zu lassen.

Zum Beleg meiner Angaben lege ich mit allem Respekt die folgenden Unterlagen bei:
a.) das Urteil des Standgerichts im Original,
b.) die beeidigte Kopie der Entscheidung des Staatlichen Stuhls des Vitéz-Ordens,
c.) mein Führungszeugnis der Polizeibehörde,
d.) die Bestätigung meines letzten Frontdienstes. Meine Teilnahme an den Gefechten wurde von der Hauptgruppe Jászberény des Landesverbands für Frontkämpfer unter der Nummer 116 772–85886 bestätigt.[8]

Ich bitte noch einmal um die gnädige Erledigung meines mit aller Demut gestellten Antrags.

Ich verbleibe voller Huldigung[9]

8 Die Anlagen liegen nicht in der Akte.
9 Der Antrag wurde am 19.5.1942 abgelehnt.

DOK. 67

Der Leiter der Polizeikommandantur von Újvidék (Novi Sad), Gyula Zombory, berichtet am 15. März 1942 über Blutspuren, die er nach dem Massaker in der Stadt fand[1]

Schreiben (streng vertraulich, zur eigenhändigen Öffnung durch den Leiter) des kgl. ungar. Polizeipräsidiums von Újvidék (Nr. 74/10 biz – 1942), gez. Zombory,[2] an einen Polizeipräsidenten[3] vom 15.3.1942 (Abschrift)[4]

Betrifft: Militärische Razzia der Exekutive in Újvidék.

Hochwohlgeborener Herr Polizeipräsident!
Bezugnehmend auf Ihre telefonisch erteilte Verordnung in der obigen Angelegenheit und gestützt auf die Hinweise in meinem zuvor schon eingereichten Bericht melde ich hiermit respektvoll, dass mir inzwischen die Berichte von György Földesi,[5] Ermittler, beigelegt unter I), des Ermittlungsleiters, Ede Bánsági,[6] beigelegt unter II) bis V), und des Hilfsermittlers Tibor Kárpáthegyi,[7] beigelegt unter VI), des Ermittlers István Saári, beigelegt unter VIII), des Ermittlungsleiters, Ede Bánsági, beigelegt unter IX) und des Ermittlers Péter Pál Tóvölgyi,[8] beigelegt unter X), zugegangen sind.
Da die in den Berichten gemachten Angaben in Zusammenhang mit militärischen Aktionen der Exekutive standen und die tatverdächtigen Personen zur Zeit, als sie die Tat begangen haben, offensichtlich tatsächlich im Militärdienst waren, habe ich ohne eine besondere Vollmacht die Fahndung nicht verfügt. Ich lege nämlich Wert darauf, dass die Zusammenarbeit zwischen kgl. ungar. Polizei, kgl. ungar. Armee und kgl. ungar. Gendarmerie nicht einmal ausnahmsweise durch Vorkommnisse gestört wird, die ohne Anordnung von oben nicht in die Obliegenheiten der Polizei gehören.
Die in Bezug auf die verschwundenen Personen eingereichten und meinen früheren Berichten beigelegten Aufzeichnungen bieten kein vollständiges Bild, weder über deren Zahl noch über den Grund ihres Verschwindens. Über vertrauliche Informationen weiß ich, dass das Militär die mit der Eisenbahn exakt am Tag der Razzia aus der Provinz eingereisten Personen überprüfen ließ, so könnte es möglich sein, dass auch Fremde verschwanden.
608 Jüdischrassige, 257 Serben, 11 Deutsche und 18 Ungarn gelten nach bisherigen Meldungen als verschollen.[9] Ich werde gemäß Ihrer aktuellen Verordnung ergänzend eine Kopie mit den Namen einreichen.

1 ÁBTL, P-417. Das Dokument wurde aus dem Ungarischen übersetzt.
2 Gyula Zombory (gest. 1945), Leiter der Polizeikommandantur von Újvidék; 1945 von einem jugoslaw. Gericht zum Tode verurteilt und hingerichtet.
3 Gemeint ist vermutlich der Polizeipräsident von Budapest.
4 Im Original handschriftl. Unterstreichungen, Stempel sowie Vermerk: „Als beeidigte Ausfertigung: Budapest, 24. März 1942“.
5 György Földesi (*1904).
6 Ede Bánsági (*1899), politischer Ermittler, Hilfsgeologe.
7 Tibor Kárpáthegyi (*1912).
8 Péter Pál Tóvölgyi (*1899).

Unter XI) lege ich den Bericht von János Molnár, dem stellvertretenden kgl. ungar. Polizeibeamten bei, in dem über die Schrecken im Bezirk Szajkás berichtet wird.[10]
Weiterhin melde ich, dass ich am 1. Februar 1942 in den Mittagsstunden auf Veranlassung von Dr. Péter Fernbach von Apatin, Obergespan der freien kgl. ungar. Stadt Újvidék und unter dessen Leitung persönlich eine polizeiliche Untersuchung durchgeführt habe. In Begleitung von Polizeirat Dr. József Mihalovits, Polizeireferendar Dr. István Kadocsa[11] und dem kgl. ungar. Hauptkommissar József Tallián[12] fuhr ich mit dem Wagen zu den Schauplätzen der vom 21. bis 23. Januar 1942 durchgeführten militärischen Razzia, die sich auf dem Gebiet meiner Behörde befanden.
Gemeinsam mit den oben genannten Personen habe ich folgende Plätze aufgesucht:
I. Das Ende der Bárdossy-Straße, an der Endhaltestelle der Straßenbahn am Donauufer, wo ich auf der schneebedeckten Fahrbahn vereinzelte, kleinere oder größere Blutspuren fand. Im zertretenen Schnee am Ufer fanden sich auf gleicher Höhe weitere Blutspuren. Angeblich waren die Leichen der Hingerichteten an dieser Stelle in die Donau geworfen worden.
II. Als wir später im Laufe der Inspektion mit dem Wagen die Kossuth-Straße entlangfuhren, sah ich in der Mitte der Fahrbahn ebenfalls hie und da gefrorene Blutspuren. Hier hatten am 23. Januar ebenfalls Hinrichtungen stattgefunden.
III. Ähnliches hatte sich laut vertraulichen Mitteilungen während der Razzien auf dem Szent-János-Platz zugetragen. Blutspuren waren bei der Inspektion dieser Stelle aufgrund von Schneeräumungsmaßnahmen jedoch nicht mehr zu finden.
IV. Auf dem griechisch-orthodoxen Friedhof am Ende der Alkotmány-Straße vor dem Wächterhaus des Friedhofs fanden sich auf dem schneebedeckten Teil der Fahrbahn kleinere und größere gefrorene Blutpfützen. Vor dem Eingang der Kapelle sowie unmittelbar bei der nordöstlichen Mauer der Kapelle sowie an der nordöstlichen Mauer selbst war an der Wand auch gefrorene menschliche Hirnmasse zu erkennen. Vor Ort befand sich eine unbekannte weibliche Person, die vom Obergespan befragt wurde. Sie trug vor, sie sei eine Familienangehörige des hingerichteten ehemaligen Friedhofswächters. Die Befragung ergab weiter, dass im Verlauf der Razzia ihr Angehöriger, der ehemalige Friedhofswächter, zusammen mit seiner Ehefrau, seiner ca. neunjährigen Tochter sowie einem 14-jährigen Mädchen, das gerade bei ihnen zu Gast war, von ihr unbekannten Soldaten neben der Kapelle hingerichtet worden waren. Die Frau hat nach der Hinrichtung vor Ort die Identität ihrer Angehörigen festgestellt. Sie trug weiterhin vor, dass sie die Leichen am nordöstlichen Teil der Kapelle vorgefunden habe. Die Leichen wurden von den Soldaten an einen unbekannten Ort geschafft.
In der Nähe der südöstlichen Mauer der Kapelle fanden wir im Laufe der Inspektion mehrere offene, schwarz angestrichene Särge aus Leichtholz. Sie waren geöffnet, der untere Teil sowie die Bohlen der Seitenwände eines Sarges waren blutbefleckt.

9 Zu den Massakern in Újvidék und anderen Ortschaften der Umgebung siehe Dok. 64 vom 25.1.1942. Zu den Opferzahlen siehe Einleitung, S. 43.

10 Zwischen dem 6. und 15.1.1942 ermordeten ungar. Einheiten in der Umgebung von Sajkás (Šajkaš), Csurog (Čurug) und Zsablya (Žabalj) nach Partisanenaktivitäten eine große Anzahl an Zivilisten; siehe Einleitung, S. 43.

11 Dr. István Kadocsa (*1910), Jurist.

12 József Tallián (1896–1946); nach dem Krieg zum Tode verurteilt und hingerichtet.

V. Wir fuhren zum Strandbad. Hier fanden wir vor dem sogenannten Barbiergeschäft die Spuren eines großflächigen Brandes. Aufgrund der verbrannten Papierfetzen, der eingetretenen Metallschlüssel sowie der aufgefundenen Metallreste von Hosenträgern und Strumpfhaltern schlossen wir, dass hier in Zusammenhang mit den Exekutivmaßnahmen Verbrennungen stattgefunden haben. Außerdem dürften die Einheiten, die an der Durchführung teilnahmen, sich am Feuer aufgewärmt haben. Hier führte neben dem Strandgebäude in Höhe des Eingangstors ein schneebedeckter, ausgetretener Weg über Eisblöcke zum Donauufer. Auf dem Weg selbst sowie am Sandstrand [der Donau], in der Nähe der Gebäude, waren im gefrorenen Schnee Spuren von Lastwagen – eventuell auch von Autobussen erkennbar. Vor dem Gebäude des Strandrestaurants, in einer Entfernung von ca. 35 Schritten, doch in einer Höhe mit dem Gebäude und links von dem erwähnten ausgetretenen Weg, gab es weitere Spuren einer großflächigen Brandstelle. Dort fanden wir mehr oder weniger verbrannte Kleiderfetzen und von der Kleidung abgerissene Metallstücke sowie nicht vollständig verbrannte Knochenknöpfe und Papierfetzen vor.
Auf dem Weg zur Donauniederung waren hier und da Blutspuren sowie geronnenes eingefrorenes Blut zu sehen. Vereinzelt lagen Personaldokumente herum, Visitenkarten, halb vernichtete Ausweise und Urkunden, die von uns, auf die mündliche Anweisung des Obergespans vor Ort hin, zusammengetragen wurden. Am Ufer, neben den Eisblöcken, entdeckten wir ein Stück eines menschlichen Schädelknochens, teils eingefroren, teils oberflächlich festsitzend. Am Ufer und vereinzelt auch auf dem zertretenen Weg lagen massenweise Kleidungsstücke von Männern und Frauen herum. Außerdem sahen wir hier zwei bis drei Meter lange und 25 bis 30 Zentimeter breite, im Wasser und in den Eisblöcken festgefrorene Bretter.
VI. Anschließend fuhren wir zum Luther-Platz auf das Spielfeld des U. A. C. Sportklubs.[13] Hier bat der Obergespan den Verwalter des Klubs, György Wechter, zu sich und befragte ihn zu den militärischen Exekutivmaßnahmen während der Razzien. Wechter berichtete, dass am 22. und 23. Januar auf dem Sportplatz, direkt am Eingang zum Luther-Platz, bei der Zuschauertribüne Hinrichtungen seitens des Militärs stattgefunden hätten. Seiner Erinnerung nach wurden am 22. 19 Personen, am Vormittag des 23. gegen 11 Uhr 36 Personen durch Schüsse hingerichtet. Der Genannte zeigte uns außerdem die Stelle, an der ein ungefähr zehnjähriger Junge erschossen wurde, und auf welche Weise seine Leiche in den Schnee gefallen war. Die Spur war vor Ort noch gut zu erkennen. Daneben, in Richtung des Tors, waren auf dem schneebedeckten ausgetretenen Weg noch gefrorene Blutspuren zu sehen. Er [Wechter] trug vor, dass an dieser Stelle zwei ältere Frauen von den Soldaten erschossen worden seien. In der Nähe des Tors, auf dem ausgetretenen, eisbedeckten Weg, vor dem Tor und vereinzelt auch auf dem Gehweg fanden sich mehrere gefrorene Blutspuren.
Wie ich bereits erwähnt habe, wurde die militärische Razzia auf dem Gebiet meiner Behörde von unbekannten Personen durchgeführt. Gemäß den Rechtsvorschriften darf die zuständige Militäranwaltschaft oder die Kommandantur ohne Rücksprache mit mir gegen diese Personen keine Fahndung veranlassen. Ich meinerseits habe in den in dieser Angelegenheit bereits zuvor eingebrachten beziehungsweise an diesem Bericht ange-

13 Újvidéki Athletikai Club (Újvidéker Athletenklub).

hängten Fällen keine Ermittlungen eingeleitet, um eventuelle Maßnahmen der obersten Behörden oder Maßnahmen der Militärs nicht vorwegzunehmen.
Ich bitte den wohlgeborenen Herrn mit allem Respekt, beim Militär oder einer höheren Stelle diesbezügliche Maßnahmen auszuhandeln und mich gegebenenfalls anzuweisen, in welcher Richtung ich in dieser Angelegenheit tätig werden soll.[14]

DOK. 68
Der pensionierte Offizier Kálmán Shvoy notiert am 18. April 1942, was er über das Massaker in Újvidék (Novi Sad) erfahren hat[1]

Handschriftl. Tagebuch von Kálmán Shvoy,[2] Eintrag vom 18.4.1942

18. April, Samstag
Nach dem Radio[hören] war ich bei Bauer,[3] um den Abtransport der Reifen zu bezahlen. Sie [Bauer und seine Frau] haben mir schreckliche Dinge über die Judenmassaker in der Batschka erzählt. Das Internierungslager in Bajsa bei Topolya sei voll von J[uden].[4] Frau Bauer war mit zwei christlichen Frauen im Zug unterwegs, die ihr erzählten, dass sie Újvidék aus Angst verlassen hätten, dass, wenn es [dort] keine Juden mehr gebe, die wild gewordenen Soldaten beginnen würden, die Christen zu vernichten. Sie fragten nach einigen [Bekannten] – alle waren bei der Razzia verschwunden.[5] Neben ihrem Abteil gab es ein weiteres Abteil für Offiziere, aus dem ein junger Leutnant mit schmutzigen Stiefeln herauskam. Als ihn ein Hptm. fragte, warum er seine Stiefel nicht putze, antwortete er: „Ich will das j[üdische] Blut nicht entfernen." Auch in Orşova gab es ein Blutbad. Dort wurde der Onkel von Rechtsanwalt Koch, ein Zahnarzt, hingerichtet.[6] Der Rechtsanwalt fuhr hin. Die Wohnung zugesperrt, der Schlüssel beim Ober[stuhl]richter. Man wollte ihn [den Onkel] für tot erklären, [doch] der Ober[stuhl]richter sagte, dazu bräuchte man zwei Zeugen. Aber wo könne er dieser Tage zwei solche Zeugen auftreiben? Man müsse ein Jahr warten, vielleicht dann. Er ist wegen des Goldes in der Zahnarztpraxis besorgt. Schreckliche Dinge sind das, wer wird das alles [einmal] verantworten? Angeblich hat man die Soldaten vor dem Blutbad mit Rum versorgt.

14 Zu den juristischen Konsequenzen des Massakers siehe Dok. 110 vom Jan. 1944.

1 MNL CSML, XIV.12. Teilweise abgedruckt in: Mihály Perneki (Hrsg.), Shvoy Kálmán titkos naplója és emlékirata 1918–1945, Budapest 1983, S. 240 f. Das Dokument wurde aus dem Ungarischen übersetzt.
2 Kálmán Shvoy (1881–1971), Offizier; 1919 wichtige Rolle bei der Organisation der Nationalarmee; von 1924 an Präsident des Ungarischen Fußballverbands; 1931 Generalleutnant, 1934 pensioniert; 1935–1939 Abgeordneter der Partei der Nationalen Einheit, Unterbrechung seiner politischen Karriere wegen parteiinterner Konflikte; nach der Machtübernahme der Pfeilkreuzler interniert; 1945 Aberkennung seiner militärischen Ränge.
3 Dezső Bauer.
4 In Bajsa bestand zwischen Mai 1941 und Okt. 1944 ein Internierungslager, wo etwa 6000 Personen – Serben, Juden, Roma und Oppositionelle – festgehalten wurden.
5 Zum Massaker in Újvidék siehe Dok. 64 vom 25.1.1942 sowie Dok. 67 vom 15.3.1942.
6 Orşova wurde nach dem Ersten Weltkrieg Rumänien angegliedert. Die Juden der Stadt mussten von 1941 an Zwangsarbeit leisten, eine kleinere Gruppe von Juden wurde 1942 nach Transnistrien deportiert, wo sie im Sept. erschossen wurde. Ein Massaker in Orşova konnte nicht ermittelt werden.

Die J[uden] erwarten, dass Hitler im August stirbt. Sollen sie nur warten.
Ich habe ein Heft gekauft, weil ich heute beginne, meine Erinnerungen seit dem Kriegsausbruch aufzuschreiben.
Am Ufer der Theiß einen Spaziergang gemacht, die Theiß hat Hochwasser, man sieht nur noch 13,5 Treppen [Stufen am Kai]. Ich habe mir den Bau der neuen Häuser angeschaut, es geht sehr langsam voran!
Péter Polgár und Pista Singer getroffen,[7] wir haben uns unterhalten und die Kriegslage besprochen. Ich erwarte die Entscheidung binnen 140 Tagen. Wie sie ausfällt, weiß ich nicht. Wenn es den Deutschen gelingt, die Russen vollständig zu schlagen, gewinnen sie den Krieg. Wenn aber nicht – das wird sich bis Herbst erweisen – und es den Engländern gelingt, bis Herbst in Europa zu landen, dann verlieren sie [die Deutschen] ihn.
Was die Kräfteverhältnisse angeht: Die Schlagkraft der Deutschen wird schwächer, die aus den Fabriken und Büros kommenden Soldaten sind nicht gut [ausgebildet], auch ihre Effektivität und Stimmung sind nicht gut. Der Russe spannt erst jetzt, im Zuge der Mobilisierung, seine Kräfte an, und bei ihm gibt es auch keine Schicht, die sich zugunsten der Bourgeoisie gegen den Bolschewismus stellen würde. Der Russe hat Aufwind, sobald er die Deutschen [in ihrer Entwicklung] eingeholt hat, kann es [für die Deutschen] nur abwärts gehen. Die Deutschen haben mit ihren Luftstreitkräften im Osten die Oberhand verloren, im Westen sowieso, im Mittelmeer dominieren sie noch. So stellt sich das Bild heute dar! Wir werden sehen, was kommt!
[…][8]

DOK. 69

Der Arbeitsdienstler László Kohut schildert am 17. Mai 1942 die Strapazen seiner Reise nach Turjaremete (Turji Remety)[1]

Handschriftl. Brief von László Kohut,[2] Staatlicher Pferdehof Nr. IX/3, Turjaremete, an Éva Ács[3] vom 17.5.1942

6 Uhr nachm.
Mein liebes Herzchen!
Nach einer langen und mühsamen Fahrt haben wir endlich diesen neuen Schauplatz unserer Tätigkeit, Turjaremete,[4] erreicht. Die Reise verlief verhältnismäßig schnell, denn

7 Dr. Péter Polgár, Jurist; István Singer (*1889), Offizier.
8 Des Weiteren berichtet Shvoy über die militärischen Operationen der USA und Großbritanniens gegen Deutschland und Japan sowie über innenpolitische Streitigkeiten um Ministerposten.

1 BFL, XIV.73. Das Dokument wurde aus dem Ungarischen übersetzt.
2 László Kohut (1919–1943); lebte von 1941 an in einer Beziehung mit Éva Ács, bald darauf zum Arbeitsdienst einberufen, den er in Esztergom, Vác, Cegléd und Turjaremete leistete, 1942 an die deutsch-sowjet. Front versetzt, 1943 bei der Schlacht am Don gestorben.
3 Éva Magdolna Ács (*1923), Beamtin; als Jüdin gelang es ihr, für sich und ihre Familie einen rückdatierten protestantischen Taufschein von einem Priester zu erhalten, von 1941 an in einer Eisenwarenfabrik tätig, 1944 Heirat; von 1951 an bei der Landessparkasse als Kassiererin tätig.
4 Die Stadt Turji Remety liegt in der Karpato-Ukraine. 1939 bis 1944 stand sie unter ungar. Herrschaft.

es sind kaum zwei Tage seit unserer Abfahrt (am Freitag 9 Uhr abends) vergangen. Wir haben zwei äußerst unangenehme Nächte im Waggon verbracht, die uns sogar auf Sardinen hätten neidisch machen können, weil sie so viel Platz in ihrer Dose haben. Auf wundersame Weise konnte ich trotzdem schlafen (ich glaube, das ist dem Umstand zu verdanken, dass ich einfach todmüde war). Die Reise führte durch eine herrliche Landschaft. Der Ort, an dem wir uns jetzt aufhalten, befindet sich in einer so wunderbaren, schönen Berglandschaft, dass sich dagegen sogar Somoskő geschlagen geben muss (auch wenn man zugeben muss, dass auch dieses Gebiet wirklich schön war). Neben uns fließt die Turja. Fast unmittelbar neben unserer Unterkunft (einem Stall) ragt ein steiler Berghang in die Höhe. Wohin man schaut, Berge, herrliche Wälder, Eichen, Buchen, Föhren. Das Dorf ist ein nettes, sauberes kleines Örtchen, die Bewohner sind vorwiegend Ruthenen. Der einzige Nachteil sind die sehr schlechten Verkehrsverbindungen. Auch wir mussten von Perecsény aus, wo wir den Zug verlassen haben, zu Fuß nach Turjaremete laufen. Die Entfernung beträgt etwa acht bis zehn Kilometer. Der Fußmarsch, das will ich nicht leugnen, war wegen der Hitze und der Last, die wir zu tragen hatten, kein Vergnügen. Doch der Weg führte durch eine so schöne Landschaft, dass uns ihr Liebreiz jede Müdigkeit vergessen ließ. Wie schön wäre es, hier mit Dir zusammen zu sein, mein süßer Engel! Ich denke so viel an Dich, mein Herzchen. An all die schönen Stunden, die ich zuletzt mit Dir, meiner Einzigen, verbracht habe. Ich war so glücklich mit Dir, meine Süße. Du bist so lieb, dass man mit Dir nur glücklich sein kann.

Nun ist die Entfernung zwischen uns wieder größer geworden. Aber ich fühle, mein Herzchen, dass es sich nur um eine physische Entfernung handelt. Unsere Seelen sind näher zusammengerückt. Entfernungen sind uns fremd. Unsere Liebe überwindet jegliche Entfernungen, denn die Kraft Deines Kusses wirkt bis hierher und macht mich in dem Augenblick glücklich, in dem ich an Dich denke.

Du denkst doch auch an mich, nicht wahr, mein Engel? Ich spüre, wenn Deine Gedanken bei mir sind. Dann treffen wir uns in Gedanken, denn meine Seele ist fast immer bei Dir, meine Süße.

Was gibt es Neues von zu Hause? Ich hoffe, dass alles in bester Ordnung ist. Grüße Deine Eltern und Vali von mir. Gyuri Tatár sendet Grüße an Euch. Leider sind wir in der neuen Unterkunft nicht mehr zusammen untergebracht. Es tut uns beiden sehr leid, aber ich hoffe, auch so werden sich Gelegenheiten finden, uns zu unterhalten, denn ich hatte nur wenige Freunde, mit denen ich mich so gut verstanden habe wie mit ihm.

Mein Herzchen, Du wirst mir wohl verzeihen, dass ich diesmal einen so kurzen Brief schreibe, aber gerade werden die Briefe eingesammelt, und ich will, dass Du meinen bald bekommst.

Ich hoffe, ich erhalte eine Antwort von Dir, meine Süße, sehr bald.

Millionen Mal küsst Dich Dein ewig liebender

DOK. 70

Der Unterstaatssekretär im Auswärtigen Amt, Martin Luther, hält am 3. Juni 1942 fest, dass der neue Ministerpräsident Miklós Kállay die „Judenfrage“ durch Aussiedlung „lösen“ will[1]

Vermerk von UStS Luther,[2] Berlin, vom 3.6.1942 (Durchdruck)[3]

Der Stand der Judenfrage in Ungarn

Ministerpräsident von *Kallay*[4] hat in seiner Antrittsrede am 21. April d. Js. die Politik seiner Regierung in der Judenfrage wie folgt festgelegt:[5]

A. Als Sofortmaßnahme wird der jüdische Land- und Forstbesitz enteignet und den Juden die Ansiedlung auf dem Lande verboten.

B. Wer Jude ist, bestimmt sich nach rassischen Grundsätzen.

C. Es gibt keine andere Lösung der Judenfrage in Ungarn als die Aussiedlung, bis zu deren Durchführung die Ausschaltung der Juden aus dem Erwerbsleben zu betreiben ist.

Zu A wird ein entsprechendes Gesetz bereits vom Parlament beraten.[6]

Vom deutschen Standpunkt ist anzustreben:

1. die baldige Zustimmung der ungarischen Regierung, die in Deutschland wohnhaften Juden ungarischer Staatsangehörigkeit in die laufenden deutschen Abschiebungsmaßnahmen einzubeziehen,
2. die Einführung des Judensterns in Ungarn,
3. die Bereitwilligkeit der ungarischen Regierung, die in Ungarn wohnenden Juden zur Abschiebung nach dem Osten zu einem zu vereinbarenden Termin zur Verfügung zu stellen.

1 PAAA, R 29790, Kopie: CDJC Archives, RG-CLXXXIX, Fonds Ministére des Affaires Etrangérés. Abdruck in: ADAP, Serie E: 1941–1945, Bd. 2: 1. März bis 15. Juni 1942, Göttingen 1972, Dok. 264, Anlage 8, S. 457 f.

2 Martin Luther (1895–1945), Möbelspediteur; 1919–1936 Exportkaufmann; 1932 NSDAP-, 1938 SA-Eintritt; 1936–1938 Mitarbeiter der Dienststelle Ribbentrop, 1938–1943 Mitarbeiter des AA, 1940–1943 Leiter der Abt. D (Deutschland), Teilnehmer an der Wannsee-Konferenz; 1943–1945 Inhaftierung im KZ Sachsenhausen wegen des Versuchs, RAM Ribbentrop zu stürzen; bei Kriegsende in sowjet. Haft, starb im Mai 1945 in einem Berliner Krankenhaus.

3 Im Original Vermerk: „Von Herrn U.St. S. Luther telefonisch genehmigt, gez. Rademacher.“ Das Schreiben war eines von acht Anlagen, die dem Schreiben von StS Ernst von Weizsäcker an den RAM vom 3.6.1942 betreffend des Besuchs von Miklós Kállay beigelegt wurden; wie Anm. 1, S. 452 f.

4 Dr. Miklós Kállay von Nagykálló (1887–1967), Jurist; 1922–1929 Obergespan der Komitate Szabolcs und Ung, 1929–1931 Mitarbeiter des Wirtschaftsministeriums, 1932–1935 Landwirtschaftsminister, 1942–1944 Ministerpräsident, 1942/43 Außenminister; nach der deutschen Besetzung Flucht in die türk. Gesandtschaft, im Nov. 1944 verhaftet und nach Mauthausen und anschließend nach Dachau deportiert; 1951 Emigration in die USA.

5 Gemeint ist vermutlich die Rede von Kállay vor der Jahresversammlung der Partei des Ungarischen Lebens am 20.4.1942; siehe dazu z. B. Délmagyarország, Nr. 89 vom 21.4.1942, S. 3: A jelen kötelességeiről és a jövő feladatairól beszélt Kállay miniszterelnök a MÉP országos nagytanácsa gyűlésén.

6 Das Gesetz 1942:XV über den jüdischen Land- und Forstbesitz trat am 6.9.1942 in Kraft; Abdruck in: Magyar Törvénytár – Corpus Juris Hungaricini. 1942. évi törvénycikkek, 1942, Budapest o. J. [1943], S. 89–109.

Technisch wäre diese Frage wie im Falle der Slowakei, Kroatiens und Rumäniens zu regeln.[7]
4. Eine Absprache über das Vermögen von Juden mit der Staatsangehörigkeit in eines der beiden Länder, die sich in dem anderen Lande aufhalten, in der Weise, daß der Einfachheit halber jeder Staat das auf seinem Hoheitsgebiet befindliche Vermögen von Juden für sich einzieht (Territorialitätsprinzip).[8]

DOK. 71

Der Königliche Gerichtshof von Kolozsvár (Cluj) verurteilt Ábrahám Rósen am 18. Juni 1942 zu einer sechsmonatigen Haftstrafe wegen seiner Beziehung zu einer Nichtjüdin[1]

Urteil des Kgl. Gerichtshofs von Kolozsvár (B. 1664/1942/Nr. 3.) gegen Ábrahám Rósen, gez. Dr. András Szabó (e. h. Ratsvorsitzender des Gerichtshofs, Vorsitzender des Rats), Dr. Géza Donáth (e. h. Richter am Gerichtshof, Sachbearbeiter), Dr. Tokay (e. h., kgl. Kreisrichter), vom 18.6.1942[2]

Im Namen der heiligen ungarischen Krone!
Der Kgl. Gerichtshof von Kolozsvár hat, in seiner Funktion als Strafgericht, aufgrund der öffentlichen Hauptverhandlung in der Strafsache Ábrahám Rósen wegen Rassenschande das folgende *Urteil* gefällt:
Der Angeklagte Ábrahám Rósen, 46 Jahre alt, israelitischer Religion, geboren in Magura (Rumänien), wohnhaft in Bánffyhunyad, ungarischer Staatsangehöriger, Tagelöhner als Lastenträger, Analphabet, Militärdienst abgeleistet, mittellos, wurde gemäß § 15, Abs. 1 des Gesetzes 1941:XV.t.c.[3] der mehrfach begangenen Rassenschande für *schuldig* befunden.
Der Kgl. Gerichtshof verurteilt den Angeklagten Ábrahám Rósen auf Grundlage von § 15 des Gesetzes 1941:XV.t.c. als Hauptstrafe zu einer Zuchthausstrafe von 6 (sechs) Monaten sowie als Nebenstrafe zum Verlust aller Ämter für 3 (drei) Jahre und zur Aberkennung seiner bürgerlichen Ehrenrechte für die gleiche Dauer. Die Aberkennung der bürgerlichen Ehrenrechte sowie der Amtsverlust beginnen am ersten Tag nach Verbüßung der Freiheitsstrafe.
Der Angeklagte wird aufgrund § 480 des Gesetzes 1896:XXXIII.t.c./Bp.[4] verpflichtet, die entstandenen und zukünftig entstehenden Verfahrenskosten an die Staatskasse zu

7 Siehe VEJ 13, S. 31–34 und 59–67, sowie VEJ 14, S. 47–50.
8 Einen großen Teil der hier skizzierten Pläne setzte die Regierung Kállay bis zu ihrer Absetzung im März 1944 nicht in die Tat um. So lieferte sie die Juden in Ungarn weder dem Deutschen Reich aus, noch führte sie den gelben Stern ein.

1 Arhivele Nationale ale României, Parchetul general maghiar Cluj, Nr. 138, Nr. inventar 36, Kopie: USHMM, RG-27017. Das Dokument wurde aus dem Ungarischen übersetzt.
2 Im Original Stempel des Kgl. Gerichtshofs Kolozsvár.
3 Siehe Dok. 51 vom 2.8.1941.
4 Das Gesetz 1896:XXXIII regelte die Strafrechtsordnung. § 480 des Gesetzes besagte, dass der Angeklagte im Falle eines Schuldspruchs selbst die Kosten des Verfahrens zu tragen hat.

entrichten. Der kgl. Gerichtshof erklärt diese Kosten aufgrund § […][5] des Gesetzes 1890:XLIII[6] allerdings bis auf weiteres als nicht eintreibbar.
Der Kgl. Gerichtshof ordnet an, das Urteil nach seinem Inkrafttreten gemäß §494 Bp. zusammen mit einem Führungszeugnis und einem Vermögensauszug sowie der Kostennote an die kgl. Staatsanwaltschaft von Kolozsvár und zwecks Registrierung der Nebenstrafe gemäß §330 Bp. an den Vizegespan des Komitats Kolozs weiterzuleiten.[7]
Begründung
Der Angeklagte Ábrahám Rósen, jüdischer Abstammung, hatte in Bánffyhunyad in der Zeit vom 10. Oktober 1941 bis 28. Januar 1942 mehrfach und aus freiem Willen mit der Nichtjüdin Mária Klain unehelichen Geschlechtsverkehr. Er lebte mit ihr jahrelang in wilder Ehe zusammen und zeugte mit ihr zwei Kinder.
Der Angeklagte bekannte sich zur obigen Tat, die auch durch weitere Aussagen in der Hauptverhandlung bestätigt wurde.
Zu seiner Verteidigung führte der Angeklagte aus, er habe nicht gewusst, dass es einem Juden verboten sei, mit einer nichtjüdischen Frau geschlechtlich zu verkehren.
Der Kgl. Gerichtshof erkannte diesen Einwand des Angeklagten nach § 81 des Strafgesetzbuches[8] nicht an. Aus diesem Grund stellte er dessen [des Angeklagten] Schuld hinsichtlich des Gegenstands der Anklage fest und verurteilte ihn mangels strafmildernder Unzurechnungsfähigkeit im Sinne der Anklage.
Bei der Festsetzung des Strafmaßes erwog der Kgl. Gerichtshof strafmildernde und verschärfende Umstände. Erschwerend befand er, dass der Angeklagte seit Jahren mit einer nichtjüdischen Frau in wilder Ehe zusammengelebt und mit ihr Kinder gezeugt hat, dass er also ihr Zusammenleben in wilder Ehe noch vor dem Inkrafttreten des Gesetzes 1941:XV.t.c. nicht legalisierte.
Als strafmildernden Umstand erwog der Kgl. Gerichtshof das Vorleben des Angeklagten, sein reuiges Geständnis, seinen niedrigen Bildungsgrad sowie den Umstand, dass er seine außereheliche Lebensgefährtin sowie deren vier außerehelich geborene Kinder unterhält, weshalb der Gerichtshof das Strafmaß als der begangenen Tat angemessen erachtete. Dabei entging dem Gerichtshofs weder der Zweck des Gesetzes 1941:XV.t.c. noch die zu erwartende Wirkung des Urteils – insbesondere an der Ortschaft, an der die Tat verübt wurde.
Alle weiteren Verfügungen des Urteils beziehen sich auf die entsprechenden Gesetzesabschnitte.

5 Zahl unleserlich.
6 Vermutlich: §4 des Gesetzes 1890:XLIII über die Eintreibung der Kosten für ein Strafverfahren. Dieser besagte, dass das Gericht das Recht hat, die Kosten vorläufig als nicht eintreibbar zu klassifizieren, wenn der Angeklagte oder dessen Angehörige durch die Zahlung finanziell über Gebühr belastet werden könnten.
7 §494 des Gesetzes 1896:XXXIII besagte, dass das Urteil erst nach dessen Rechtswirksamkeit vollstreckt werden kann, also bei Berufung aufgeschoben werden muss. Nach §330 des Gesetzes 1896:XXXIII musste der Angeklagte nach Verkündung des Urteils gefragt werden, ob er Berufung einlegen will.
8 §81 des Gesetzes 1878:V besagte, dass Unkenntnis oder falsches Verständnis des Strafgesetzes die Zurechnungsfähigkeit nicht ausschließt.

DOK. 72
Der Dichter Miklós Radnóti notiert Anfang Juli 1942 in sein Tagebuch, dass er fortan im Arbeitsdienst eine gelbe Armbinde tragen muss[1]

Handschriftl. Tagebuch von Miklós Radnóti, Einträge vom 4. bis 7.7.1942

4. Juli
In Szentendre. Im ref[ormierten] Mädcheninternat.[2]

5. Juli
Wir bekommen gelbe Armbinden und Soldatenmützen.[3] Morgen Impfung gegen Typhus. Ich lebe in tiefer Gleichgültigkeit. Ich trage die gelbe Binde, ich bin nicht einmal „stolz" auf sie wie viele hier. Aber ich schäme mich ihretwegen auch nicht. Es wäre besser, stolz zu sein …

6. Juli
Impfung. Werden wir in die Ukraine gebracht?[4] Die Impfung wird [an einer Stelle] über dem Herzen verabreicht, die Haut davor mit Jod abgetupft. Ein Farbsymbol. Ein gelber Fleck auch auf der Haut. Danach blute ich stark, die Nadel muss eine Ader getroffen haben. Wie Christus trete ich ab, mit geöffnetem Hemd und blutender Brust.
Austeilung von Stiefeln und Verbandszeug. Ich erhalte Größe 44 und muss beim Rapport darum bitten, meine eigenen tragen zu dürfen. Am Nachmittag Inspektion. Der Oberstleutnant spricht: „In Ihrer Rasse wirkt der Geist der Bestechung so gewaltig, dass er jede menschliche Phantasie übersteigt. Ich warne Sie vor jedwedem Versuch, Sie kommen auf den Margit-Ring[5] usw. …" Die Unteroffiziere der Truppe stehen schweigend um uns herum. Mit einem neuen „rassischen Charakterzug" ausgezeichnet, entferne ich mich im Paradeschritt.

7. Juli
Die Unteroffiziere stürzen in die Baracke: „Achtung! Keiner rührt sich vom Fleck, keiner greift in die Tasche, rührt seine Sachen an! Verstanden?" Wir stehen zehn Minuten lang, dann: „Sie können sich setzen, aber keiner bewegt sich!" Nach einer halben Stunde lassen sie unsere Ausrüstung in den Hof tragen. „Jeder stellt sich hinter sein Gepäck!" Wir stellen uns auf. „Kehrt – um!", dröhnt der Befehl. Wir drehen uns um. Die Unteroffiziere stürmen die Reihen, schnüren Rucksäcke und Decken auf und – durchsuchen sie. Den Inhalt der Rucksäcke werfen sie auf den Boden. Mein Gepäck wird von Korporal H. durchsucht, ich höre ihn leise schimpfen: „Wie kann jemand nur so viel Kram haben!"

1 MTA Könyvtára Kézirattára, Ms 2634/6. Teilweise abgedruckt in deutscher Übersetzung in: Miklós Radnóti, Offenen Haars fliegt der Frühling. Tagebücher, Gedichte, Fotos, Dokumente, Berlin 1993, S. 55–57. Das Dokument wurde aus dem Ungarischen übersetzt.
2 Anfang Juli 1942 musste Miklós Radnóti zum zweiten Mal zum Arbeitsdienst einrücken.
3 Vom Frühjahr 1942 an wurden die jüdischen Arbeitsdienstler zum Tragen einer gelben Armbinde verpflichtet. Sie mussten in ihrer Zivilkleidung Dienst leisten.
4 1942 wurden zahlreiche Arbeitsdiensteinheiten zusammen mit der 2. Ungarischen Armee in die Ukraine an die Front versetzt. Die Einheit von Radnóti blieb in Ungarn stationiert.
5 Gemeint ist das Gefängnis in Szentendre.

„Kehrt um!" Ich drehe mich um. „Was ist das?" „Gedichte von János Arany, das zum Beispiel ist Toldi!"[6] „Wozu?" „Um es zu lesen." Ich sehe, dass er beim Durchsuchen den Einband von „Toldis Liebe" bereits eingerissen hat. Er denkt nach, dann nimmt er das Buch mit, um es vorzuzeigen. Ich knirsche mit den Zähnen. Er bringt es zurück. Das Ergebnis der ganzen „Durchsuchung" ist eine auffallend große, in mehreren Farben leuchtende Taschenlampe. Sie wird requiriert. Eine serbische Grammatik. Sie wird requiriert. Und bei einem Kameraden, der Versicherungsmathematiker ist, ein Riesenstoß von Berechnungen. Sie werden requiriert. In dieser Angelegenheit wird auch ermittelt, es dauert Tage, bis er sie wiederbekommt.

DOK. 73

Ignátz Tauber bittet am 12. Juli 1942 die Staatliche Ungarische Jüdische Hilfsaktion, ihm und seinen Kameraden einen Ort zu nennen, wohin er aus dem Grenzgebiet ziehen kann[1]

Handschriftl. Brief, gez. Ignátz Tauber und andere, Gyergyószentmiklós, an die Staatliche Ungarische Jüdische Hilfsaktion (OMZSA) vom 12.7.1942[2]

An die gnädige Zentralleitung der Staatlichen Ungarischen Jüdischen Hilfsaktion!
Wir hatten schon vergangene Woche einen Brief an die gnäd. Leitung geschrieben, in dem wir darum baten, uns einen Platz zuzuweisen, wo wir künftig leben können.[3] Gleichzeitig baten wir auch um die Anweisung der Reisekosten.
Gestern hat man uns nun den schriftlichen Entscheid ausgehändigt, in dem wir verpflichtet werden, bis zum 1. August den Landkreis zu verlassen und innerhalb von fünfzehn Tagen schriftlich oder mündlich bekanntzugeben, an welchen Ort wir uns zu begeben gedenken. Gleichzeitig wurde uns mitgeteilt, dass wir uns ab sofort unter polizeilicher Aufsicht befänden, egal wohin wir gehen würden. Diese Maßnahme habe sicherheitspolitische Gründe und stünde auch damit im Zusammenhang, dass der Landkreis Gyergyó in die Grenzzone falle.
Gegen den Entscheid kann man innerhalb einer Frist von fünfzehn Tagen nach Aushändigung über das Büro des Oberstuhlrichters beim Büro des Vizegespans Einspruch einlegen.
Heute haben wir in Gyergyószentmiklós Rechtsanwalt Dr. Szántó[4] aufgesucht und ihn gebeten, Einspruch einzulegen. Dieser hat in Bezug auf die Abschiebung und die polizeiliche Aufsicht jedoch keine aufschiebende Wirkung, das heißt, wir müssen fort und bekanntgeben, wohin wir gehen.

6 Die Toldi-Trilogie gehört zu den zentralen Werken des ungar. Nationaldichters János Arany (1817–1882).

1 MZSML, L 3/1 Pásztor József iratai. Das Dokument wurde aus dem Ungarischen übersetzt.
2 Im Original handschriftl. Bearbeitungsvermerke.
3 Nicht ermittelt.
4 Vermutlich: Dr. Szántó Gyula, 1944 in das Getto Szászrégen eingewiesen, nach Auschwitz deportiert, 1944 oder 1945 ermordet.

Wir flehen Sie also noch einmal an, so gut zu sein und uns im Mutterland einen Ort zu nennen und die Reisekosten anzuweisen. Die Zeit ist bereits sehr knapp, und wir müssen bald melden, wohin wir fahren werden. Bitte versuchen Sie, sich unsere Situation zu vergegenwärtigen. Wir werden unverzüglich fortgejagt, wissen nicht, wohin wir sollen, und haben keine Mittel. Wir sind vollkommen verzweifelt. Es gibt nicht einmal jemanden, der uns einen guten Rat geben könnte. Sie schreiben, dass der Herr Minister in ähnlich gelagerten Fällen nicht an der Ausweisung festhält, doch die hiesigen Behörden wollen das nicht zur Kenntnis nehmen.
Wir bitten verzweifelt und dringend um entsprechende Maßnahmen Ihrerseits und verbleiben in demutsvoller Hochachtung
Ignátz Tauber und Kameraden.

Die Einheimischen können es kaum erwarten, dass wir weggehen. Ständig fragen sie, warum wir noch immer da sind, unsere Lage hier ist unhaltbar.

DOK. 74
Simon Kemény kritisiert am 19. Juli 1942, dass das Berufsverbot für jüdische Ärzte den Ärztemangel in Ungarn verschärft[1]

Handschriftl. Tagebuch von Simon Kemény, Eintrag vom 19.7.1942

19. Juli
Heute war Gyula Mészáros bei uns zum Mittagessen. Er erzählte von einigen seiner Abenteuer im Kaukasus und in der Türkei. Ich habe ihn beneidet. Er ist gewesen, was ich hatte werden wollen: ein Abenteurer.
Es ist kein Geheimnis, man hat schon unzählige Male darüber geschrieben und beklagt, dass es in Ungarn an Ärzten fehle. Auf dem Lande gibt es weite Regionen und viele Menschen, die auf einen Arzt verzichten müssen. Dadurch wird viel wertvolles ungarisches Leben vergeudet, ohne ärztliche Versorgung und Medikamente leiden viele arme ungarische Menschen. Viele Krankheiten, die mit ärztlicher Hilfe endgültig hätten besiegt werden können, greifen um sich und werden chronisch. Volkskrankheiten verbreiten sich ungehindert und fordern ihre Opfer. Kinder schmachten und darben, werden hinweggerafft, entstellt, in ihrer körperlichen und geistigen Entwicklung gehemmt, da sie freie Beute von Kinderkrankheiten sind. Tausende und Abertausende armer Menschen in den Dörfern und Gehöften sind Scharlatanen, Kurpfuscherinnen, Quacksalberinnen und ihren wenn vielleicht nicht schädlichen, so jedenfalls nutzlosen Hausmixturen ausgeliefert. Was also soll angesichts solcher Umstände ein seriöser, gewissenhafter Mensch dazu sagen, dass jüdische Ärzte in Arbeitslager verschleppt werden, wo sie Schanzarbeiten verrichten müssen, die Kraft und Wissen eines Erdarbeiters erfordern? Ihre Arbeit ist [dort] wertlos. Würde man sie in Gegenden mit mangelnder medizinischer Versorgung schicken, selbst im Rahmen einer militärischen Verpflichtung, wäre

1 PIM Kézirattár, Tagebuch von Simon Kemény, V-3992/18/1–5.II. Abdruck in: Kemény, Napló (wie Dok. 63 vom 17.1.1942, Anm. 1), S. 158 f. Das Dokument wurde aus dem Ungarischen übersetzt.

das weise und ethisch gehandelt. Aber den Laryngologen,[2] den Augenarzt, den Geburtshelfer, den Chirurgen, für den es so wichtig ist, leichte und sensible Hände zu haben, oder den Internisten, von dessen Tastsinn Leben abhängt, mit Spitzhacke, Hacke und Steinhammer arbeiten zu lassen, also das gottgegebene Werkzeug, mit dem er um das Leben seiner leidenden Mitmenschen kämpft und die erkrankten Ungarn von Qualen und Übeln befreit, kaputtzumachen, was das alles soll, davon ist besser zu schweigen. Sicher ist jedoch, dass es sich dabei nicht um Rassenschutz handelt. Diphterie, Scharlach, Typhus und Tuberkulose reiben sich zufrieden die Hände, Bazillen und Viren lachen und sagen: „Das ist ein Land, wo Arbeitsfreiheit herrscht und wir nicht verfolgt werden."

DOK. 75
Simon Kemény beschreibt am 4. und 5. September 1942 die ersten Bombardements in Budapest[1]

Handschriftl. Tagebuch von Simon Kemény, Einträge vom 4. und 5.9.1942

4. September
Ich habe den ersten ernsthaften Fliegerangriff erlebt. Russische Maschinen flogen in einem hinterlistigen Überfall über Budapest. Sie bombardierten Wohnhäuser und friedliche Viertel,[2] töteten Zivilisten. In unserer Nachbarschaft wurde die Kirche von Városmajor getroffen. Frauen, Kinder und Männer jeglichen Alters starben. Großer militärischer Sieg! Ich sage nur, sie können stolz darauf sein! Pfui, sagt Shakespeare.

5. September
Ohne jegliche nervliche und seelische Erschütterungen habe ich die gestrigen Gräuel erlebt. Ich war nicht feige und kleinmütig. Doch ich kann nicht vor mir leugnen, dass mein Sicherheitsgefühl gelitten hat. Ich frage mich besorgt, ob sich solche Angriffe auf eine friedliche Stadt wiederholen werden. Ob nicht noch mehr Kinder sterben müssen außer den beiden, die zusammen mit dem Haus von Lajos Zilahy[3] einer Bombe zum Opfer fielen.[4] Ob nicht weitere Kirchen, vielleicht auch Krankenhäuser und Wohnhäuser einstürzen werden. Seither wirken Geräusche anders auf mich. Der Lärm von Motoren, Auspuffgeräusche, das Rattern der Straßenbahnen auf den Schienen, der stählerne Lärm der Züge, der bis zu uns dringt, das Tuten der Schiffe auf der Donau, das Hupen der Autos. Wenn ein Mensch durch die Straßen eilt, frage ich mich, ob er vielleicht auf der Flucht ist und ich ihm folgen sollte. Die Unruhe schafft allgegenwärtige Bereitschaft

2 Arzt, der sich mit Erkrankungen des Kehlkopfs beschäfigt.

1 PIM Kézirattár, Tagebuch von Simon Kemény, V-3992/18/1–5.II. Teilweise abgedruckt in: Kemény, Napló (wie Dok. 63 vom 17.1.1942, Anm. 1), S. 194 f. Das Dokument wurde aus dem Ungarischen übersetzt.
2 In der Nacht vom 4. auf den 5.9.1942 traf die sowjet. Luftwaffe die Kunstuniversität, die Umgebung von Városmajor und Rózsadomb sowie Kispest. Elf Menschen starben.
3 Lajos Zilahy (1891–1974), Schriftsteller, Filmregisseur.
4 Beim Luftangriff am 4.9.1942 wurde auch die Villa Zilahy getroffen. Die fünf und sieben Jahre alten Kinder des Mieters der Villa, Pál Jankó, starben zusammen mit ihrer Erzieherin.

in mir. Ich empfinde ständige Beklemmung, und immer wieder kommt mir der Gedanke, ob heute Abend oder morgen in der Nacht ein neues Ereignis eintritt, das mein individuelles Glück ein weiteres Mal auf die Probe stellt. Ich bin Fatalist und denke: Es kommt, wie es kommt, aber das beschränkt sich auf meinen Kopf. In meinen Nerven, in den Adern, in den Muskeln, in der Haut, in der chemischen Zusammensetzung meines Bluts ist es anders, etwas, das ich bisher nicht gekannt habe, das Gift der Verunsicherung. Ich weiß nicht, welche Drüse dafür verantwortlich ist, aber sie sucht um keine Lizenz bei der Vernunft nach. Sie handelt autonom. Ich sage, es ist ein Gift, das den gesamten materiellen Bestand des Körpers, all seine festen und flüssigen Bestandteile verändert hat. Es versetzt all meine Sinne in ständige Alarmbereitschaft. Die anhaltende Spannung lässt einen ermüden, macht schlaff und untergräbt die Lebensfreude auf besorgniserregende Weise.
Die Deutsche Presseagentur teilt offiziell mit: Das Standgericht von Prag hat am 3. September in einem öffentlichen Prozess Jan Sonnevend,[5] den Ältesten der tschechoslowakisch-orthodoxen Kirche, Gotand, den Bischof derselben (bürg. Name Matej Pavlik),[6] Dr. Vladimir Petrek,[7] den Kaplan der Karl-Borromäus-Kirche, und Vaclav Cikl,[8] einen Priester dieser Kirche, zur Hinrichtung durch Erschießen verurteilt und die Konfiszierung des Besitzes der vier Angeklagten verfügt. Das Urteil wurde am Freitag vollzogen. Die Angeklagten versteckten, versorgten und unterstützten die Mörder von SS-Obergruppenführer Heydrich sowie fünf als Agenten tätige Fallschirmspringer in der K.[arl]-Borr.[omäus]-Kirche.[9]

5 Jan Sonnevend (1880–1942), Vorsteher der orthodoxen Glaubensgemeinschaft in Prag und des Ältestenrats der Metropolitankirche St. Cyrill und Method (bis 1935 Karl-Borromäus-Kirche); im Juni 1942 festgenommen, zum Tode verurteilt und hingerichtet.

6 Richtig: Matěj Pavlík, auch Gorazd Pavlík (1879–1942), kath. Priester; Mitbegründer der tschechoslowak. Kirche, von 1924 an Bischof der orthodoxen Gemeinde in den böhm. Ländern, im Juni 1942 festgenommen, zum Tode verurteilt und hingerichtet; 1988 heiliggesprochen.

7 Richtig: Dr. Vladimir Petřek (1908–1942), orthodoxer Priester; Kaplan in der Metropolitankirche St. Cyrill und Method, Angehöriger des tschech. Widerstands; im Juni 1942 festgenommen, zum Tode verurteilt und hingerichtet.

8 Richtig: Václav Cikl (1900–1942), orthodoxer Priester; von 1938 an Pfarrer in der Metropolitankirche St. Cyrill und Method, Angehöriger des tschech. Widerstands; im Juni 1942 festgenommen, zum Tode verurteilt und hingerichtet.

9 Reinhard Heydrich (1900–1942), der Leiter des RSHA und stellv. Reichsprotektor in Böhmen und Mähren, wurde am 27.5.1942 von Jozef Gabčík und Jan Kubiš, die einige Monate zuvor mit Fallschirmen im Protektorat gelandet waren, tödlich verwundet. Heydrich starb am 4.6.1942. Die beiden Angreifer versteckten sich in der Krypta der Metropolitankirche St. Cyrill und Method. Ihr Versteck wurde im Juni 1942 entdeckt. Beim Versuch, sie festzunehmen, wurde Kubiš so schwer verletzt, dass er später starb, Gabčík nahm sich vor Ort das Leben.

DOK. 76

Adolf Eichmann rät am 25. September 1942 davon ab, lediglich die nach Ungarn geflüchteten, ausländischen Juden zu deportieren[1]

Schnellbrief (geheim) des Chefs der Sicherheitspolizei und des SD – IV B 4 a 3433/42g (1446) –, gez. i. A. Eichmann,[2] an das Auswärtige Amt, z. Hdn. von Herrn Gesandtschaftsrat Dr. Klingenfuß,[3] o. V. i. A., Berlin, vom 25.9.1942[4]

Betrifft: Ansiedlung nach Ungarn geflüchteter Juden in das Gebiet östlich des Dnjstr
Bezug: Dort. Schnellbrief vom 17.9.42 – D III 5556 –[5]
Auf den dortigen Schnellbrief vom 17.9.1942 teile ich mit, daß es aus technischen Gründen z. Zt. nicht möglich ist, eine Teilaktion für Ungarn in die Wege zu leiten.[6] Als eine solche Teilaktion wäre die Übernahme lediglich der seinerzeit nach Ungarn geflüchteten Juden anzusprechen.

Erfahrungsgemäß ist für die Vorbereitung und Durchführung solcher Teilaktionen derselbe Kräfteaufwand erforderlich wie bei generellen Vorhaben, die möglichst alle Juden eines Landes umschließen.

Ich halte es daher nicht für angebracht, daß zur Aussiedlung nur jener Juden, die seinerzeit nach Ungarn geflüchtet sind, der ganze Evakuierungsapparat in Bewegung gesetzt und dann, ohne daß man der Lösung der Judenfrage in Ungarn nähergekommen wäre, wieder abgestoppt wird.

Aus diesen Gründen wäre es nach h. E. besser, mit dieser Aktion so lange zu warten, bis Ungarn bereit ist, auch die ungarischen Juden in die Maßnahmen einzubeziehen.[7]

1 PAAA, R 100890, Bl. 206–208. Abdruck als Faksimile in: Randolph L. Braham (Hrsg.), The Destruction of Hungarian Jewry. A documentary account, New York 1963, Dok. 47, S. 87 f.

2 Adolf Eichmann (1906–1962), Vertreter; 1932 NSDAP- und SS-Eintritt; 1934–1938 im SD-Hauptamt tätig, führte von Sommer 1938 an die Geschäfte der Zentralstelle für jüdische Auswanderung, erst in Wien, ab März 1939 auch in Prag; von Dez. 1939 an Sonderreferent des RSHA für die Räumung der annektierten Ostprovinzen, dann Leiter des Ref. IV D4 (Räumungsangelegenheiten und Reichszentrale für jüdische Auswanderung), spätestens von März 1941 an IV B 4 (Juden-, Räumungsangelegenheiten), von März 1944 an Leiter des Sondereinsatzkommandos in Ungarn; 1945 Inhaftierung, 1946 Flucht, 1950–1960 in Argentinien untergetaucht, 1960 nach Israel entführt, dort 1961 zum Tode verurteilt, hingerichtet.

3 Dr. Karl Otto Klingenfuß (1901–1990), Diplomat; 1929–1937 im Deutschen Auslands-Institut tätig; 1933 NSDAP-Beitritt; von 1938 an im AA tätig, von 1939 an in verschiedenen Funktionen im diplomatischen Dienst u. a. in Buenos Aires und in Montevideo, von Juni 1942 bis Jahresende in der Abt. D III, danach in Bern und Paris; 1945 interniert, 1949 Flucht nach Argentinien, 1951–1967 Geschäftsführer der Deutsch-Argentinischen Handelskammer.

4 Im Original Eingangsstempel (Datum unleserlich).

5 Nicht ermittelt.

6 Anfang 1942 nahm Generalmajor József Heszlényi, Verwaltungsführer im Kriegsministerium, mit dem Deutschen Reich Verhandlungen über die Abschiebung von „100 000 staatenlosen Juden" in Gebiete jenseits des Dnjestr auf. Inwieweit Horthy bzw. die ungar. Regierung über die Verhandlungen informiert waren, ist ungeklärt.

7 Das Vorhaben wurde auf deutscher Seite schließlich aufgeschoben. Die Deportation der Juden in Ungarn begann nach der Besetzung des Landes im Frühjahr 1944.

DOK. 77
Der konvertierte László Handler berichtet am 27. September 1942 über sein Unbehagen, die katholische Kirche zu besuchen[1]

Handschriftl. Tagebuch von László Handler,[2] Eintrag vom 27.9.1942

27. September
6 Uhr morgens, Weckruf: Wir werden mit Harmonika und dem Lied von Dárdai[3] geweckt. Uns geht es gut, nicht wahr? Wo wird mir denn zu Hause ein solcher musikalischer Weckruf beschert? „Ich will just nicht demobilisiert werden.“[4]
Ich bin [eben] aus der Kirche zurückgekommen. Hier, neben dem Lager, steht die katholische Erziehungsanstalt für Jungen, und diese verfügt über eine kleine Kirche. Ich bin hinübergegangen, um sie mir anzusehen und auch kurz zu beten. Das Bekreuzigen kommt mir nach wie vor seltsam vor, ich glaube, ich werde mich nicht daran gewöhnen können; die Beziehung zu meiner alten Religion ist stärker, obwohl es egal sein sollte, denn Gott ist eins, und das Alte Testament ist die Grundlage aller Religionen. Und wenn ich an all die Wunder des Alten Testaments glaube, wieso sollte ich an das Neue nicht glauben?!
Ich habe ein großes Problem: Vor anderen Menschen schäme ich mich fast dafür, dass ich konvertiert bin, und ich traue mich nicht, mich dazu zu bekennen; ich bin also kein Gläubiger, sondern habe nur Angst vor Gott.
Ich habe mich gerade mit einem Jungen über unsere Aussichten für die Zukunft unterhalten. Es war ein schrecklich pessimistisches Gespräch. Wir blickten ohne jede sichere Basis in unsere Zukunft, ohne jedes Geländer, es gibt nur lauter Unbekannte und ein Nichts, an das man sich festhalten muss. Eine tiefe Kluft, ein Vakuum, Unsicherheit! Mein Gott, so soll es nicht werden, weil ein derartiges Leben, diese Apathie dem Leben gegenüber, gar kein Leben ist. Ich vertraue darauf, dass wir irgendwann doch noch die Freiheit genießen können, dass der Mensch wieder Mensch wird, und ich vertraue darauf, dass auch aus mir ein freier Mensch wird, zumal ich gerade jetzt erst ein neues Leben begonnen habe. Man darf nicht verzagen; ein solches Gespräch verursacht nur Kopfschmerzen und gibt keine Zuversicht, dass mir eine bessere Zukunft zuteilwird.

1 HDKE, 2014.8.1. Abdruck in: András Szécsényi, Handler László második világháborús munkaszolgálatos aszódi naplója. „Így élünk itt, viszonylag jól a többi munkásszázadok között“, in: ArchivNet 13 (2013) 5. Das Dokument wurde aus dem Ungarischen übersetzt.

2 László Handler, später Honti (1906–1972), Bildschnitzer; in den 1930er-Jahren Geschäftsführer der Gewerbe- und Handels-GmbH für Schreibbedarf; von 1940 an mehrmals Einberufung zum Arbeitsdienst, zuletzt im Juni 1944, im Nov. 1944 Flucht aus dem Arbeitsdienstlager in Dorog, im Großen Getto in Budapest befreit.

3 Nicht ermittelt.

4 Handler konvertierte am 27.7.1942 zum Christentum. Am Nachmittag desselben Tages musste er zum Arbeitsdienst in Aszód einrücken.

DOK. 78

Éva Ács sorgt sich am 29. September 1942 um ihren zum Arbeitsdienst verpflichteten Lebensgefährten[1]

Handschriftl. Brieftagebuch von Éva Ács, Eintrag vom 29.9.1942

Mein Schatz![2]
Ich habe Deine Karte erhalten, mein Engel, in der Du darüber berichtest, dass Du die Landesgrenze passiert hast. Du kannst Dir gar nicht vorstellen, wie schmerzhaft es mich traf, dass Du Dich nun doch für ungewisse Zeit in der Ferne, in Russland aufhalten wirst. Bis zuletzt habe ich auf ein Wunder gewartet und gehofft, Du könntest doch hier bleiben. Ich lese Deine Briefe durch, die Du noch in Esztergom geschrieben hast, und in einem dieser Briefe merkst Du an, wie schmerzlich es sei, nun schon seit 16 Monaten weit weg von Deinen Lieben zu sein. Siehst Du, wie gut es ist, dass wir im Voraus nichts von unserem Schicksal wissen! Sonst wären Dir die darauffolgenden zehn Monate unerträglich erschienen. Jetzt, mein Liebster, wären wir schon damit zufrieden, nicht wahr? Ich weiß, mein Schatz, dass jeder Tag, jede Stunde ohne Dich schrecklich sein wird, aber ich bin [mittlerweile] so weit, dass mich nicht die Dauer betrübt, sondern das Wissen darum, dass Du nicht in Sicherheit bist.
Verzeih mir, mein Herz, aber manchmal erwacht in mir die Angst, dass Du diese Zeilen vielleicht gar nicht mehr lesen wirst, dass ich Dich nicht mehr küssen, Dich nicht mehr heiß umarmen werde. Dann überwältigen mich immer die Tränen, und Ruhe könnte ich nur an Deiner Schulter finden.
Pass auf Dich auf, mein Süßer; obwohl ich damit rechne, dass ich lange Zeit keine Zeile von Dir bekommen werde, warte ich sehnsüchtig auf eine Karte von Dir, die mir zumindest für kurze Zeit Kraft gibt.
Ich küsse Dich, mein Süßer, und auf Wiedersehen!

1 BFL, 1718/616. Das Dokument wurde aus dem Ungarischen übersetzt.
2 László Kohut.

DOK. 79
Zwei jüdische Organisationen in Budapest rufen im September 1942 ihre Mitglieder auf, Kleider für Arbeitsdienstler zu spenden[1]

Aufruf des Staatlichen Büros der Ungarischen Israeliten und des Zentralen Büros der Ungarischen Autonomen Orthodoxen Israelitischen Glaubensgemeinde, gez. Samu Kahan-Frankl,[2] Samu Stern und Dr. Béla Fábián,[3] vom September 1942

Auf Grundlage der Genehmigungen 98.610/1942 des Innenministeriums[4] und 145.179/1942 des Bürgermeisters[5]

Jüdischer Bruder!
In den unwirtlichen Tagen des russischen Winters mit seinen Frostnächten gehen unsere Brüder draußen heldenhaft ihrer Pflicht nach.[6] Die meisten kämpfen schon jetzt mit ihrer ungenügenden Ausstattung, ohne warmes Gewand oder Decken, gegen die zunehmende Kälte der herbstlichen Nächte an. Wir können nicht glauben, dass es unter uns eine gleichgültige Seele gibt, die die Hilferufe unserer der Heimat und ihren Familien fernen jüdischen Brüder nicht hörte.
Wir wenden uns in ihrem Namen an Euch, unsere jüdischen Brüder und Schwestern!
Wir sammeln Bekleidung für die im Arbeitsdienst körperlich und seelisch auf die Probe gestellten Juden.
Wir hoffen, dass jeder ungarische Jude nicht benötigte Winterbekleidung für diesen edlen Zweck mit Freuden zur Verfügung stellen wird.
Wir können nur folgend aufgelistete wetterfeste Wintersachen annehmen:
Decken, Wintermäntel, Pelzmäntel, Pelzwesten, kurze Mäntel, Westen, Hosen, warme Mützen, warme Handschuhe, Pullover, Unterhosen, Hemden, Pulswärmer, Kniewärmer, Schals, Strümpfe, Socken, lange Unterhosen, Fußlappen, Taschentücher, Ohrenschützer, Seife.
Sollten die hier aufgelisteten Sachen nicht in einwandfreiem Zustand sein, so bitten wir, diese dringend in Ordnung zu bringen. Zerschlissene oder unbrauchbare Kleidung muss

1 MZSML, B 6/1. Das Dokument wurde aus dem Ungarischen übersetzt.

2 Richtig: Samu (auch Samuel) Kahán-Frankl (1890–1970), Rabbiner; Präsident des Zentralen Büros der Ungarischen Autonomen Orthodoxen Israelitischen Glaubensgemeinde; von 1944 an Mitglied des Zentralrats der ungarischen Juden, vom Sommer 1944 an im Untergrund; 1950 Emigration nach Israel, anschließend in die USA.

3 Dr. Béla Fábián (1889–1966), Jurist, Publizist; von 1915 an in russ. Kriegsgefangenschaft, 1918 Flucht; in der Räterepublik wegen antikommunistischen Verhaltens verhaftet, 1922–1939 Mitglied des Parlaments, Leiter der Kommission der Veteranen der Pester Israelitischen Gemeinde; nach der deutschen Besetzung nach Auschwitz deportiert; 1945 Emigration in die USA.

4 Mit der VO 98.610/1942 B.M. erlaubte das Innenministerium, dass das Staatliche Büro der Ungarischen Israeliten und das Zentrale Büro der Ungarischen Autonomen Orthodoxen Israelitischen Glaubensgemeinde zwischen dem 10.6. und 15.11.1942 für Juden auf dem gesamten Staatsgebiet in jüdischen Kreisen Spenden sammeln können.

5 Die VO 145.179/1942-IX des Bürgermeisters von Budapest ermächtigte zur Spendensammlung für Juden im Arbeitsdienst zwischen dem 10.6. und 15.11.1942 auf postalischem Wege.

6 Ungarn erklärte am 27.6.1941 den Kriegszustand mit der Sowjetunion. Ab Mitte 1942 mussten mit der 2. Ungarischen Armee mehrere Zehntausend Arbeitsdienstler in die Ukraine und nach Südrussland.

bald ausgebessert werden, da wir nur gut erhaltene Bekleidung an den Zielort weiterleiten können.
Es ist in unser aller Interesse, die Abwicklung der Sammlung zu vereinfachen, deswegen bitten wir unsere Brüder und Schwestern, *die Kleidungsstücke nach Möglichkeit persönlich an eine der unten stehenden Sammelstellen zu bringen*:
Unsere Sammelstellen:
V., Hollán-Straße 21/B.
VII., Síp-Straße 12, II/33.
VII., Bethlen-Gábor-Platz 2.
VIII., Nagyfuvaros-Straße 4.
IX., Páva-Straße 39.
XIII., Aréna-Straße 55.
XIV., Bosnyák-Platz 12.
Die zur Verfügung gestellten Kleidungsstücke nehmen wir täglich (mit Ausnahme von Samstag) von morgens 8 Uhr bis abends 18 Uhr an unseren Sammelstellen an.
Für den Fall, dass unsere Glaubensbrüder die Kleidung nicht persönlich an unsere Sammelstellen überbringen können, ersuchen wir sie, uns mittels der beigelegten Postkarte mitzuteilen, wann und wo unsere Vertrauensleute die Sachen übernehmen könnten.
Unsere Brüder in der Ferne rechnen fest mit der Hilfe der Daheimgebliebenen. Sorgen wir dafür, dass ihre einzige Hoffnung, ihr Glaube an die Menschen in der Heimat, nicht enttäuscht wird.
Budapest, im Monat September (Tisri) 1942 (5703).
Mit brüderlichem Gruß

DOK. 80
László Handler schildert zwischen dem 28. September und 5. Oktober 1942 den Alltag beim Arbeitsdienst in Aszód[1]

Handschriftl. Tagebuch von László Handler, Einträge vom 28.9. bis 5.10.1942

28. September
Heute bin ich seit zwei Monaten und einem Tag verheiratet.[2] Es tut mir leid, dass ich meiner Magda[3] dieses Mal nicht wie im Vormonat einen kleinen Blumenstrauß schicken konnte, er hätte ihr sicherlich Freude bereitet, doch – Gott sieht in mein Herz, besser gesagt, in mein Portemonnaie – ich hatte kein Geld. Diese Ehe ist bunt; die Farben setzen sich aus den einzelnen Phasen der mühseligen Tage seit unserer Hochzeit zusammen. Immer werde ich mich an diese Tage erinnern – sie werden nie in Vergessenheit geraten, und von hier, aus der Ferne, erscheinen sie wie ein wunderschöner Traum. Ich hoffe und glaube daran, dass alles in Ordnung kommt, dass wir einander verstehen werden, und

1 HDKE, 2014.8.1. Abdruck in: Szécsényi, Handler László (wie Dok. 77 vom 27.9.1942, Anm. 1). Das Dokument wurde aus dem Ungarischen übersetzt.
2 László Handler und Magdolna Weisz heirateten wenige Tage nachdem er den Einberufungsbefehl zum Arbeitsdienst erhalten hatte.
3 Magdolna Weisz, verh. Handler (1914–1979), lebte vom Juni 1944 an in einem „Judenhaus" in Budapest und wurde im Großen Getto in Budapest befreit.

ich weiß, dass unser Leben finanziell nicht gerade leicht werden wird, dennoch werden wir zufrieden sein und alles haben[, was wir brauchen].
Ich kann sehr gute Ergebnisse für mich verbuchen: Ich arbeite hart, aber ohne Anstrengung; wenn ich mir den Durchschnitt der letzten Tage ansehe, kann ich festhalten, dass ich jetzt nicht mehr 2,5, sondern 5 Kubikmeter [Erdarbeiten] leiste. Ich notiere dies, [um zu beweisen,] wie interessant die [menschliche] Natur ist, in welchem Maß jegliche Arbeit zur Gewohnheit wird; das hängt natürlich auch von der Kraft ab. Es ist wahr, ich war in guter Kondition; ich werde jetzt schauen, ob ich diese Leistung auch an anderen Tagen halten kann.

Dienstag, der 29. September
Man sagt, wir würden wieder einen freien Tag bekommen, demnach kann ich am Samstag in einer Woche nach Hause fahren. Es ist höchste Zeit, dass ich meine Lieben endlich mal wiedersehe und ich fein warm baden kann. Doch heute ist erst Dienstag, und bis Samstag kann noch viel Wasser die Donau hinabfließen. Jetzt kommen die kalten Morgenstunden, man sollte nicht ohne Pullover hinaus. Ich habe eine Postkarte von Magda bekommen: Ich hatte lange keine solche Freude mehr, ich habe sie mindestens zehn Mal gelesen. Ich weiß, dass sie meinen Brief genauso oft gelesen hat.

29. September
Diese große Liebe habe ich von Dir bekommen
Doch hast Du mich mit Leichtigkeit verlassen eines Tags
Du wirfst mich weg wie ein Stück Streichholz, das
Nicht mehr brennt. Es tut so weh, es tut so weh.
Nur Deinetwegen habe ich Tränen in den Augen
Und bin doch dankbar für diese große Liebe
Weil Du gut warst zu mir, zart, auch
Schlecht. Es tut so weh, es tut so weh.
Auch wenn ich gegen abends das Licht ausschalte
Wird es in meinem Zimmer nie dunkel
Das Licht Deiner Augen strahlt für mich
Das werde ich nie vergessen, nie vergessen
Weil alle großen Lieben nicht zu heilen sind
Komm und lüge mir etwas Glaubhaftes vor
Sag, dass Du oben bei den Sternen warst
Auch dies werde ich Dir glauben
Nur komm, nur komm, mein Herz[4]

Dieses Lied singen wir, wohin wir auch gehen.

2. Oktober
Wieder mal eine Latrinennachricht, die höchstwahrscheinlich wahr ist, weil sie vom Hauptfeldwebel persönlich stammt. Sie lautet: Unsere höchsten Vorgesetzten, die fast

4 György G. Dénes/Dezső Orlay: Ezt a nagy szerelmet (1942).

jeden Tag zu Besuch gekommen sind, seien befördert worden und man habe zu Protokoll gegeben, dass unsere Kompanie nun nicht in die Ukraine versetzt werde, weil man mit unserer Arbeit so zufrieden sei.[5] Wir müssen uns vorerst mit der bisherigen Belohnung zufriedengeben, dass man uns einmal in zwei oder drei Wochen nach Hause fahren lässt, man Pakete empfangen und Briefe schreiben darf, wenn man will. Ich halte es für eine enorme Ehre, dass wir gleichsam wie Menschen behandelt werden, nur unsere Fußfesseln sind noch gewaltig, die könnte man nur mit mehr Humanität abschütteln. Man müsste auf der anderen Seite [auf der Seite der Kommandeure] Beispiel sein, weil es nur an ihnen liegt, dass sie ihre Fehler eingestehen und keinen Unterschied zwischen zwei Menschen machen. Heute ist schon der 2. Oktober. Ich bin seit zwei Monaten und fünf Tagen hier. Das ist eine schrecklich lange Zeit, um so zu leben, aber ich sollte mich nicht aufregen. Was soll mein lieber Bruder Gyuri[6] sagen, der schon seit fünf Monaten in der Ukraine ist und seitdem kein einziges Paket bekommen darf; noch heute werde ich ihm schreiben. Ich habe etwas Lustiges gehört: Einer der Jungs hat gesagt, dass wenn wir am 1. demobilisiert werden, er uns zu einem Abendessen mit Fisch und Tischtuch einladen wird. Ein Abendessen mit Fisch auf Tischtuch, hat ein anderer geantwortet, hieße, dass wir am Hungertuch nagen werden.[7] Gerade eben, einige Minuten nach halb 9, hat es einen kaum zweiminütigen Fliegeralarm gegeben, ich hatte kein bisschen Angst; es scheint, ich habe mich schon daran gewöhnt. Seltsamerweise habe ich heute nur sehr wenig zu essen bekommen, ich konnte mir nicht einmal eine zweite Portion holen.

3. Oktober
Ich wollte dieses „Tagebuch" ein wenig umfassender führen, aber leider habe ich keine Zeit und muss „knappe" Sätze schreiben, gleichsam Stichwörter.[8] Seit einigen Tagen bereits muss ich bei den Förderwagen als Anschläger arbeiten; ich habe festgestellt, dass es unter den vielen Jungs, denen ich begegnet bin, viele kräftigere gibt als mich, aber ehrlich gesagt sind sie leider in großen Maßen im Nachteil mir gegenüber. Entweder fehlt ihnen die Motivation oder sie wollen einfach nicht arbeiten. Ich glaube, sie haben recht, denn man bekommt für unterschiedliche Leistungen das gleiche Lob, obwohl die Jungs diesen Unterschied zwischen unseren Leistungen als solchen anerkennen. Nein, ich brauche keine Anerkennung, nur ihrerseits etwas mehr Arbeitswillen. Ich muss allerdings eingestehen, dass man hier viel mehr als in dem Arbeitslager von 1940 arbeiten muss; ich mache es dennoch lieber, weil der Umgang mit uns hier unvergleichlich besser ist. Im Arbeitsdienst drücken sich die heutigen widersprüchlichen Zustände deutlich aus. Er hat einen militärischen Charakter, wir haben richtige Einberufungsbefehle erhalten, das Militär hat die Leitung inne und übt die Macht über uns aus, wir dürfen allerdings die üblichen militärischen Vergünstigungen und Rechte nicht genießen. Ein kleines Beispiel: Wenn wir mit dem Zug unterwegs sind, dürfen wir beim Kartenkauf nicht die für das Militär vorgesehene Ermäßigung in Anspruch nehmen, sondern müssen

5 1942 wurde ein großer Teil der Arbeitsdienstkompanien mit der 2. Ungarischen Armee in die Ukraine verlegt.
6 György Handler (1908–1942), im Arbeitsdienst in der Ukraine gestorben.
7 Im Original handelt es sich hier um ein Wortspiel: „Fisch" heißt im Ungar. „hal", „den Hungertod sterben" heißt „éhenhal".
8 Im Original deutsch.

Fahrscheine zum Vollpreis kaufen. Dieses unbedeutende Beispiel verdeutlicht ziemlich gut unsere Situation und die daraus resultierenden Gegensätze.

4. Oktober
Heute ist wieder Sonntag. Man hat mich herausgefischt, um das Revier zu putzen, es hat nicht einmal zehn Minuten gedauert. Danach bin ich hinausgegangen, um Schilf zu schneiden, das ich für mein Bett benötige, weil das Stroh so durchgelegen ist, dass ich schon auf dem Boden schlafe und das defekte Dielenbrett spüre. Na, schauen wir mal, wie es sich darauf schläft. Ich höre mit halbem Ohr, dass die anderen über Kameradschaft sprechen. Ein interessanter Begriff. Ich weiß nicht, ob die Jungs spüren, dass die heutige Welt den Menschen individuelle Abschottung, umfassende Selbstsucht, besser gesagt: Egoismus aufnötigt. Ich habe diesen Eindruck, weil die Beschaffung der lebensnotwendigen Mittel heutzutage so kompliziert geworden ist, dass sie nur noch mit Ellenbogen erkämpft werden können und wir uns um des Selbsterhalts willen wappnen müssen. Dies wirkt sich natürlich auf alle unsere Tätigkeiten aus. Somit kann von Kameradschaft und gegenseitigen Gefälligkeiten keine Rede sein. Wir hatten ein großartiges Sonntagsmenü: Fleischbrühe mit viel Gemüse und Nudeln, Jägerschnitzel mit Kartoffeln, Nudeln mit Pflaumenmarmelade und schwarzen Kaffee. Von den Nudeln habe ich drei Portionen gegessen. Zu Hause könnte ich so eine reichliche Kost gar nicht essen. Es könnte den Anschein haben, ich sei unersättlich, denn ich könnte in einer Stunde schon wieder essen. Das Problem mit den Speisen hier ist, dass sie nicht nahrhaft sind und kaum Fett haben. Es gibt auch keine Milchprodukte, und das mag der Grund sein, dass ich so viel essen kann. Die halbe Kompanie ist heute zu Hause im Urlaub, [doch] ich beneide sie nicht, weil ich nächste Woche auch zu Hause sein werde und meine Lieben glücklich umarmen kann. Abendessen: Bohnensuppe und Trauben (zwei Portionen).

5. Oktober
Ich habe ein schreckliches Bild vor mir gesehen. Arbeitsdienst leistende Jungs sind zu uns ins Lager gekommen, und ich hatte den Eindruck, dass sie Kriegsgefangene sind. So stelle ich mir Gefangene vor: Die Kleider zerfetzt und löchrig, im Gesicht Vollbärte, die Haare ungepflegt, lang und dick bis in den Nacken und über die Ohren, abgerissene Stiefelsohlen. Sie haben sich gerade gewaschen, als der Feldwebel (aus der Ferne habe ich ihn als solchen eingeschätzt) sie zum Appell beordert hat; die Jungs setzten sich in Bewegung, doch langsamer als erwünscht, woraufhin der Feldwebel mit einem Stock auf sie eingeschlagen hat. Die wahre Christenliebe, die das Kulturniveau des 20. Jahrhunderts bestimmt, drückt sich darin aus, dass ein Mensch ganz anders wertgeschätzt wird als ein anderer. Ich kann meine Erbitterung über das Gesehene gar nicht beschreiben und in Worte fassen. Einer der Jungs hat mich gefragt: Werdet ihr als Menschen behandelt? Weil wir wegen unseres animalischen Schicksals schon ganz apathisch geworden sind. Sie sind völlig verlaust. Ich habe gehört, dass sie aus Siebenbürgen in einem verplombten Zug angereist sind. Sie sind aus Úz[9] gekommen; mit ihnen auch mein Schwager, den ich noch gar nicht kennenlernen konnte. Ich habe ihn gesucht, und wir

9 Der Úz (Uz) ist ein Fluss in Rumänien. Möglicherweise ist das siebenbürgische Dorf Úzvölgye (Valea Uzului) gemeint.

haben uns gefunden. Ich habe ihn gewaschen, ihm zu essen, Zigaretten und Kleider gegeben. Er hat nicht anders als die anderen ausgesehen.
Ich habe auch keinen anderen Eindruck von ihm als von den anderen, denen ich schon das eine oder andermal begegnet bin; ich hatte keine Zeit, um sie genauer zu analysieren, so sehr stand ich unter dem Eindruck ihres traurigen Schicksals. Ein Kamerad von mir namens Hajnal ist bei ihrem Anblick in einen Weinkrampf ausgebrochen; seit einer halben Stunde kann er sich nicht beruhigen. Traurig … traurig.
In der Nacht hatte ich Wachdienst, so dass ich am Morgen nicht ausrücken musste und zu Hause bleiben konnte. Am Nachmittag sind wir gar nicht mehr zur Arbeit gegangen, weil wir die Feier zum 5. Oktober begangen haben:[10] mit Musik, Rezitationen, Liedern. Als Abschluss hat die Kapelle „Schön bist du, herrlich bist du, Ungarn" gespielt.[11] Wir haben stehend und selbstvergessen wie im Gebet mitgesungen. Und es ist wahr: Aus diesem wunderschönen Lied ist ein Gebet geworden, für uns, die wir als Juden gezeichnet sind, und für die Unterdrückten ist es zu unserer Hymne und zum Glauben daran geworden, dass wir noch einmal Menschen werden.

DOK. 81
Der Unterstaatssekretär Martin Luther berichtet am 6. Oktober 1942 dem Reichsaußenminister über seine Bemühungen, auf die ungarische antijüdische Politik einzuwirken[1]

Vortragsnotiz des Unterstaatssekretärs Martin Luther (U.St.S.-D.-Nr. 6932), Berlin, an den Reichsaußenminister[2] (Eing. Pol. IV, 9.10.1942) vom 6.10.1942[3]

Vortragsnotiz

Gelegentlich seines Besuches am 2. Oktober hatte ich dem ungarischen Gesandten[4] mitgeteilt, daß ich ihn gern noch einmal über die Fragen der Behandlung der ungarischen Juden in den besetzten Gebieten, Deutschland und Ungarn selbst sprechen würde, worauf mich Herr Sztojay gestern besuchte. Ich knüpfte an meine Unterhaltung mit ihm am 11. August an,[5] über welche ich die Niederschrift in der Anlage nochmals beifüge,[6] und führte ihm folgendes aus:

10 Möglicherweise meint Handler den Gedenktag am 6. Okt. für die Märtyrer von Arad, in Erinnerung an die Hinrichtung der Revolutionsführer am 6.10.1849.
11 Das Lied war Teil der 1920 komponierten Operette „Braut aus Hamburg".

1 PAAA, R 100890, Bl. 160–167. Abdruck in: ADAP, Serie E: 1941–1945, Bd. 4: 1. Oktober bis 31. Dezember 1942, Göttingen 1975, Dok. 12, S. 24–27.
2 Joachim von Ribbentrop (1893–1946), Kaufmann; 1932 NSDAP- und 1933 SS-Eintritt; von 1934 an außenpolitischer Berater Hitlers (Dienststelle Ribbentrop), 1936–1938 Botschafter in London, von 1938 an RAM; 1945 verhaftet, im Nürnberger Prozess zum Tode verurteilt und hingerichtet.
3 Im Original Verteilerliste.
4 Döme Sztójay.
5 Sztójay protestierte auf Anweisung der ungar. Regierung am 11.8.1942 bei Luther wegen der Kennzeichnung ungar. Juden in Frankreich; Aufzeichnung von Martin Luther (U.St.S.-D. Nr. 6623), Berlin, vom 11.8.1942; Abdruck als Faksimile in: Braham (Hrsg.), The Destruction of Hungarian Jewry (wie Dok. 76 vom 25.9.1942, Anm. 1), Dok. 28, S. 57–59.

1) *Ungarische Juden in den besetzten Gebieten*
Die Sorge um die Sicherheit der deutschen Truppen in den besetzten Gebieten ließe es nicht zu, dass wir Juden irgendeiner Nationalität von den von den Militärbefehlshabern bzw. den Reichskommissaren angeordneten Maßnahmen (Einführung des Judensterns, Internierung und spätere Evakuierung) ausnehmen. Wir seien daher vor kurzer Zeit an alle in Frage kommenden Regierungen und damit auch an die ungarische Regierung mit der Bitte herangetreten, bis zum 31. Dezember 1942 den angeordneten Judenmaßnahmen zuzustimmen oder die Juden ihrer Staatsangehörigkeit bis zu diesem Termin zurückzunehmen.[7] Nach dem 31. Dezember 1942 würde andernfalls mit der Evakuierung aller Juden[8] begonnen werden.
Wegen der Behandlung des Vermögens der ungarischen Juden in den besetzten Gebieten seien wir zu Verhandlungen bereit und würden einer treuhänderischen Beteiligung der ungarischen Regierung an den vermögensrechtlichen Maßnahmen zustimmen, wenn ein entsprechender Antrag von seiten der ungarischen Regierung gestellt würde.
Der Gesandte Sztojay erkundigte sich, ob die gleichen Maßnahmen auch hinsichtlich der italienischen Juden in den besetzten Gebieten ergriffen worden seien, was ich mit dem Hinzufügen bejahte, daß aus den obenerwähnten Gründen keinerlei Ausnahmen mehr zugelassen werden könnten. Herr Sztojay nahm hiervon Kenntnis und meinte, dass seine Regierung unter diesen Umständen keinen Widerspruch einlegen würde, dass sie wohl auch nur um die Rückführung einiger weniger Juden nach Ungarn einkommen, im übrigen aber unbedingt darum ersuchen würde, treuhänderisch an den vorgangsrechtlichen Maßnahmen beteiligt zu werden. Zur Evakuierung des größten Teiles der ungarischen Juden aus den besetzten Gebieten würde das Einverständnis erteilt werden, „da Ungarn natürlich nicht hinter den anderen Staaten zurückzustehen beabsichtige".
2) *Ungarische Juden in Deutschland*
Ich habe Herrn Sztojay eröffnet, daß es nunmehr an der Zeit sei, die ungarischen Juden in Deutschland in die allgemeinen Judenmaßnahmen (Kennzeichnung und spätere Evakuierung) einzubeziehen, da es wirklich nicht mehr angängig sei, daß wir alle deutschen Juden und auch die ausländischen Juden aus den bekannten Gründen aus Deutschland evakuieren und die ungarischen Juden allein zurückblieben und von Tag zu Tag unter Berufung auf ihre ungarische Staatsangehörigkeit provozierender aufträten. Wir hätten die Absicht, dieserhalb an seine Regierung mit der Bitte heranzutreten, dieser Maßnahme zuzustimmen oder andernfalls bis zum 31. Dezember 1942 die Juden nach Ungarn zurückzunehmen. Hinsichtlich der Vermögensregelung schlagen wir das Territorialprinzip vor, d. h., wir behalten das Vermögen der ungarischen Juden in Deutschland und Ungarn dasjenige der ehemals reichsdeutschen Juden in Ungarn. Über diese Angelegenheit solle jedoch genau wie mit den anderen Staaten auch mit der ungarischen Regierung noch gesondert verhandelt werden.
Herr Sztojay stellte sofort wieder die Frage nach der Behandlung der italienischen Juden, worauf ich ihm erwiderte, daß mit Italien dieserhalb in gleichem Sinne verhandelt werden

6 Wie Anm. 1. Darin überbrachte Sztójay Luther den Protest der ungar. Regierung gegen die Kennzeichnung der ungar. Juden im besetzten franz. Gebiet mit dem gelben Stern und gegen die Beschlagnahmung von jüdischem Vermögen in Brüssel.

7 Siehe Einleitung, S. 48 f.

8 Gemeint ist die Deportation in Vernichtungslager.

würde. Herr Sztojay meinte, daß seine Regierung auch in diesem Punkt keine Schwierigkeiten bereiten würde, wenn die italienische Regierung hinsichtlich der italienischen Juden die gleiche Zustimmung erteile. Sie lege nur Wert darauf, daß Ungarn in der Judenfrage jeweils nach dem Grundsatz der Meistbegünstigung behandelt würde.[9]

3) *Behandlung der Judenfrage in Ungarn*

Ich habe Herrn Sztojay eingehendst die Gründe auseinandergesetzt, die uns dazu bewegen, die ungarische Regierung darum zu bitten, ihrerseits die Regelung der Judenfrage in Ungarn selbst voranzutreiben und baldmöglichst zu einem Abschluss zu bringen. Folgende Maßnahmen erschienen uns wünschenswert:

fortschreitende Gesetzgebung mit dem Ziel der Ausschaltung *aller* Juden aus dem Kulturellen und dem Wirtschaftsleben,

Kennzeichnung der Juden,

Aussiedlung nach dem Osten im Benehmen mit uns mit dem Endziel einer restlosen Erledigung der Judenfrage in Ungarn,

Absprache mit uns hinsichtlich der Vermögensregelung der ehemals reichsdeutschen und ungarischen Juden mit dem Ziel, daß dieses Vermögen jeweils vom Staat vereinnahmt wird, in dessen Hoheitsgebiet es sich befindet (Territorialprinzip).

Herr Sztojay stellte wiederum die Frage, ob wir die Absicht hätten, bei der italienischen Regierung gleiche Schritte zu unternehmen, was ich bejahte. Er fragte mich weiter, ob meine Ausführungen an ihn bereits als ein offizieller Schritt der deutschen Regierung an die ungarische Regierung zu betrachten seien, was ich zu Punkt 2 und 3 verneinte. Ich erwiderte, daß wir diesen Schritt durch den Gesandten v. Jagow[10] unternehmen würden, worauf Herr Sztojay mich darum bat, daß wir unsere Anregungen bezw. unsere Wünsche möglichst vor dem 18. Oktober anhängig machen sollten, da er zu diesem Termin in Budapest weile und die Absicht habe, die ganze Angelegenheit eingehendst mit dem Ministerpräsidenten[11] und gegebenenfalls auch mit dem Reichsverweser[12] zu besprechen.[13] Er habe diese Gespräche insbesondere mit dem Reichsverweser schon des öfteren geführt, und wir könnten uns fest darauf verlassen, daß gerade der Reichsverweser auf Grund seiner Erfahrung mit Bela Kun im Jahre 1919[14] größtes Verständnis für unsere Wünsche aufbringe. Ungarn habe unter den Juden wohl besonders schwer zu leiden gehabt, nur stehe inzwischen die Tatsache fest, daß sich die Juden infolge der Nachbar-

9 In den folgenden Jahren protestierte die ungar. Regierung mehrmals gegen die Kennzeichnung und Deportation der ungar. Juden in den besetzten Gebieten bzw. im Deutschen Reich und stellte in Aussicht, den Großteil der ungar. Juden wieder nach Ungarn zurückzuholen. Entsprechende Maßnahmen ließen jedoch lange auf sich warten und führten zu wiederholten Beschwerden seitens des Deutschen Reichs; siehe Einleitung, S. 48 f.

10 Dietrich von Jagow (1892–1945), Diplomat; 1921 NSDAP-Mitglied; 1930 Gaugeschäftsführer der NSDAP in Württemberg; 1931 SA-Gruppenführer „Südwest“; 1931–1944 Gesandter in Budapest; nahm sich das Leben.

11 Miklós Kállay.

12 Miklós Horthy.

13 Die Antwort der ungar. Regierung notierte Sztójay am 2.12.1942; Abdruck als Faksimile in: Braham (Hrsg.), The Destruction of Hungarian Jewry (wie Dok. 76 vom 25.9.1942, Anm. 1), Dok. 86, S. 175 bis 182. Hinsichtlich Punkt 1 und 2 bestand die Regierung auf dem Grundsatz der Meistbegünstigung und war nur solchen Regelungen bereit zuzustimmen, „die auf alle Juden fremder Staatsangehörigkeit gleichmäßig Anwendung finden“. Bezüglich Punkt 3 äußerte sie sich zurückhaltend.

14 Anspielung auf die Räterepublik unter Béla Kun und auf dessen jüdische Herkunft.

schaft Galiziens in Ungarn in besonderem Umfang angesiedelt und in besonders starkem Maße einflußreiche Positionen in allen wichtigen Zweigen der Wirtschaft eingenommen hätten. Deswegen sei es nicht leicht, an eine endgültige Bereinigung dieser Frage zu gehen und diese in sehr schnellem Tempo durchzuführen. Es handele sich darum, ca. 8–900 000 Juden aus allen Wirtschaftszweigen auszuschalten, und das brauche natürlich gewisse Zeit. Aus seinen bisherigen Gesprächen weiß er, daß der Ministerpräsident besonders an der Frage interessiert ist, ob den Juden nach ihrer Evakuierung im Osten eine weitere Existenz ermöglicht würde. Es gingen manche Gerüchte in dieser Beziehung um,[15] die er natürlich persönlich nicht glaube, dagegen sei Ministerpräsident Kallay hierüber etwas beunruhigt. Er wolle sich nicht den Vorwurf machen lassen, die ungarischen Juden nach ihrer Evakuierung dem Elend oder noch Schlimmerem überantwortet zu haben. Meine Antwort, daß alle evakuierten Juden und damit natürlich auch die ungarischen Juden im Osten zunächst zum Straßenbau Verwendung fänden und später in einem Judenreservat untergebracht werden würden, beruhigte ihn sichtlich, und er meinte, daß diese Mitteilung besonders beruhigend und ermutigend auf den Ministerpräsidenten wirken würde. Ich erinnerte Herrn Sztojay im übrigen an die Ausführungen des Ministerpräsidenten Kallay über die Judenfrage gelegentlich seiner Antrittsrede im Parlament.[16] Diese Ausführungen hatten ja gezeigt, daß Ministerpräsident Kallay der Regelung der Judenfrage in unserem Sinne besonderes Verständnis entgegenbrächte und augenscheinlich auch gewillt sei, diese Frage für Ungarn baldigst zu lösen. Bei der Verabschiedung erklärte mir Herr Sztojay persönlich noch mit besonderem Nachdruck, daß er unsere Anregungen außerordentlich begrüße, denn er habe es nicht nur in Ungarn, sondern vor allem auch in Deutschland erlebt, welch' verheerenden zersetzenden Einfluß die Juden überall hervorriefen.

Ich bitte den Herrn Reichsaußenminister um die Ermächtigung, die unter 2) und 3) vorgesehenen Anweisungen dem Gesandten v. Jagow zugehen lassen zu dürfen.

Es scheint mir von besonderer Bedeutung zu sein, daß wir die italienische Regierung dazu veranlassen, auch ihrerseits endlich die Judenfrage zu einer endgültigen Lösung zu bringen. Diese Angelegenheit wird wohl zweckmäßigerweise von dem Herrn Reichsaußenminister persönlich mit dem Grafen Ciano besprochen.

Ich werde in den nächsten Tagen eine Notiz über den Stand der Judenfrage in Italien und die von uns der italienischen Regierung zweckmäßigerweise zu unterbreitenden Anregungen bzw. Wünsche vorlegen.

15 Siehe Dok. 83 vom 10.10.1942.

16 Gehalten am 19.3.1942. Zur Haltung Kállays in der antijüdischen Politik siehe Dok. 70 vom 3.6.1942.

DOK. 82

Dieter Wisliceny berichtet am 8. Oktober 1942, ein Vertreter der ungarischen Regierung habe sich informell bei ihm nach Möglichkeiten erkundigt, 100 000 Juden zu deportieren[1]

Aktenvermerk von SS-Hauptsturmführer D. Wisliceny,[2] Preßburg, für Hanns Elard Ludin[3] vom 8.10.1942 (Abschrift)[4]

Betr.: Unterredung mit dem Sekretär[5] des Ministerpräsidenten v. Kallay in Budapest am 6.10.1942

Anläßlich eines privaten Aufenthaltes in Budapest am 6.10.42 lernte ich durch Dr. v. Szarka,[6] Sekretär der ungarischen Außenhandelskammer in Preßburg, den persönlichen Sekretär des Ministerpräsidenten v. Kallay, Herrn v. Fáy, kennen. Nach einem Essen im Golfklub, zu dem Szarka mich eingeladen hatte, entwickelte sich mit Fáy ein Gespräch, in dem dieser sich besonders für die Lösung der Judenfrage in der Slowakei interessierte.[7] Ich habe ihm ganz kurz, ohne auf Einzelheiten einzugehen, über die Lösung der Judenfrage in der Slowakei erzählt. Er fragte mich daraufhin, was ich vom Judenproblem in Ungarn halte. Ich erwiderte darauf, daß ich die Judenfrage in Ungarn nur literarisch kenne und mir daher kein klares Bild machen könne. Fáy erwähnte, daß die bestehenden Gesetze unzulänglich wären und daß auch der Judenbegriff nicht in genügend klarer Form präzisiert sei. Auch die wirtschaftliche Entjudung hätte nicht zu dem gewünschten Ergebnis geführt. Das Problem sei sehr schwierig, da die Juden einen ungeheuren Wirtschaftsfaktor darstellten und auch ihre große Anzahl ins Gewicht fiele. Eine Aussiedlung der Juden aus Ungarn, wie sie jetzt in ganz Europa durchgeführt würde, ließe sich nur

1 PAAA, R 99437, Bl. 147 f. Abdruck als Faksimile in: Braham (Hrsg.), The Destruction of Hungarian Jewry (wie Dok. 76 vom 25.9.1942, Anm. 1), Dok. 74, S. 152 f.

2 Dieter Wisliceny (1911–1948); 1931 NSDAP- und SA-, 1934 SS-Eintritt, im SD-Hauptamt Referent für „Freimaurerfragen", von April bis Nov. 1937 Leiter des „Judenreferats" (II 112), 1937–1940 beim SD in Danzig tätig, 1940–1943 „Berater in jüdischen Angelegenheiten" in der Slowakei, 1943 Leitung des Sonderkommandos Judenangelegenheiten in Saloniki, 1944 Mitorganisator der Deportation der Juden aus Ungarn; 1945 verhaftet, 1948 in Bratislava zum Tode verurteilt und hingerichtet.

3 Hanns Elard Ludin (1905–1947), Offizier; 1924 Eintritt in die Reichswehr, 1930 im Ulmer Reichswehrprozess zu 18 Monaten Festungshaft verurteilt; 1930 NSDAP-, 1931 SA-Eintritt; von 1933 an kommissar. Polizeipräsident in Karlsruhe, 1940–1945 deutscher Gesandter in der Slowakei; 1945 verhaftet, 1947 in Bratislava zum Tode verurteilt, hingerichtet.

4 Im Original handschriftl. Unterstreichungen.

5 Gedeon Fáy-Halász (1915–2006), Jurist, Diplomat; von 1939 an Mitarbeiter des Außenministeriums; persönlicher Sekretär von László Bárdossy, Miklós Kállay und Jenő Ghyczy; im Okt. 1944 tauchte er unter und lief zu den sowjet. Truppen über, bis 1946 in Haft; von 1946 an Mitarbeiter der ungar. Botschaft in Bukarest, 1948 Emigration, von 1956 an Redakteur von Radio Free Europe, anschließend arbeitete er als Übersetzer.

6 Richtig: Dr. Gábor Szarka (*1917), Hauptreferent der Kgl. Ungar. Außenhandelskammer in Bratislava, 1944 Versetzung nach Kopenhagen; nach der deutschen Besetzung Flucht nach Schweden; 1948 vom ungar. Volksgericht zu zwei Jahren Haft verurteilt, 1950–1953 interniert, nach dem ungar. Aufstand 1956 in die Bundesrepublik emigriert.

7 Zu diesem Zeitpunkt waren bereits etwa 58 000 slowak. Juden nach Polen deportiert worden; siehe VEJ 13, S. 16.

etappenweise verwirklichen. Fáy fragte mich, ob es zutreffe, daß auch aus Rumänien die Juden ausgesiedelt würden. Ich sagte ihm daraufhin, m. W. würden entsprechende Vorbereitungen getroffen.[8] Plötzlich fragte Fáy, ob auch Ungarn bei einem Aussiedlungsprogramm berücksichtigt würde. Es handele sich dabei um etwa 100 000 Juden in der Karpatenukraine und den von Rumänien dazugekommenen Gebieten, die Ungarn gern aussiedeln möchte. Als zweite Etappe müsste dann das flache Land und zuletzt die Hauptstadt Budapest herankommen. Ich sagte daraufhin, daß ich lediglich privat in Budapest wäre und ihm auf diese Frage keine Antwort geben könne. Ich hätte kein Bild darüber, ob Aufnahmemöglichkeiten für ungarische Juden in den Ostgebieten bestehen. Ich hatte den Eindruck, daß Fáy über Szarka meine Bekanntschaft gesucht hat und diese Fragen im höheren Auftrag stellte.[9]

DOK. 83
Der Chefredakteur des Pester Lloyd, György Ottlik, notiert am 10. Oktober 1942, die Deportation der Juden in die besetzten sowjetischen Gebiete bedeute deren Ermordung[1]

Bericht von György Ottlik,[2] Budapest, vom 10.10.1942[3]

Bericht über meine Auslandsreise zwischen dem 18. August und dem 28. September 1942, in deren Rahmen ich Italien, die Schweiz, Frankreich und Deutschland aufgesucht habe, [...][4]
V. Deutschland.
Im Reich, insbesondere in Berlin, hat man mich außergewöhnlich herzlich empfangen, sowohl seitens unseres Botschafters[5] als auch seitens der deutschen Amtspersonen und der Presse. Gleich am ersten Tag habe ich drei Stunden bei Herrn Botschafter Sztójay verbracht. Die zentralen Themen unseres Gesprächs waren die folgenden: Ich berichtete ihm von meinen Eindrücken, und wir besprachen, was und wie ich mich gegenüber den deutschen Herren, die ich treffen würde, äußere. Daraufhin setzte er mich über seine Auffassung zur militärischen und politischen Situation in Kenntnis, die er natürlich

8 Im Sept. 1942 wurde die Deportation der rumän. Juden ins Vernichtungslager Belzec vorbereitet, die dann jedoch nicht zustande kam; siehe VEJ 13, S. 16.
9 Ob Kállay über das Gespräch seines Sekretärs mit Wisliceny informiert war, ist nicht geklärt.

1 MNL OL, K 64, 1942-41-437. Abdruck in: Elek Karsai, A budai vártól a gyepűig 1941–1945, Budapest 1965, S. 204 f. Teilweise abgedruckt in engl. Übersetzung in: Vági/Csősz/Kádár, The Holocaust in Hungary (wie Dok. 29 vom 5.5.1939, Anm. 1), S. 63–65. Das Dokument wurde aus dem Ungarischen übersetzt.
2 György Ottlik (1889–1966), Jurist; 1912–1929 im diplomatischen Dienst in Sofia und Bern tätig, 1927–1934 Mitglied der ungar. Delegation im Völkerbund, 1937–1944 Chefredakteur der deutschsprachigen Zeitung Pester Lloyd.
3 Im Original handschriftl. Unterstreichungen.
4 Im ersten Teil des Berichts beschreibt Ottlik die Eindrücke seiner Reise durch Italien, die Schweiz und Frankreich. Darin berichtet er über die allgemeine Stimmung in der Bevölkerung und über Treffen mit hochrangigen Politikern, darunter Marschall Philippe Pétain, mit dem er auch die Lage der ausländischen Juden in Frankreich besprach.
5 Döme Sztójay.

optimistisch beurteilt. Besonders lange beschäftigte er sich mit der Judenfrage. Er wies darauf hin, dass die Deutschen von ihrem ursprünglichen Standpunkt, dieses Problem nach dem Krieg lösen zu wollen, abgerückt seien. Seiner Meinung nach sei der Grund hierfür, dass sie die Frage der Aussiedlung der Juden nicht als Last in die Friedensverhandlungen schleppen wollten. Deshalb wollen sie das Judentum aus Europa verschwinden lassen. Sie haben aber noch zwei weitere Gründe für diese radikale „Lösung“: Zum einen ist der Jude ein Feind, mit dem man keinen Frieden schließen kann. Mit Engländern bzw. Amerikanern, das hat mir auch ein deutscher Diplomat bestätigt, seien ein Friedensschluss und die Koexistenz vorstellbar. Doch der Todfeind bleibt der Jude, „entweder sie oder wir“. Ein weiterer Grund besteht [laut Sztójay] darin, dass sie sich intellektuell und mittels ihrer Netzwerke überall mit dem Feind verbünden. Deshalb müssen sie noch während des Kriegs aus allen besetzten Gebieten und aus dem Terrain der Bündnisstaaten entfernt werden. Bündnispartner oder Freunde, die den Juden Asyl gewähren oder sie beschützen, sind nicht mehr als Freunde, sondern als Feinde zu betrachten. Diese Vorgehensweise hat in Frankreich schon ihren Anfang genommen,[6] und bald wird sich die Frage auch für uns stellen. Das ungarisch-deutsche Verhältnis ist eigentlich nur von zwei Problemen belastet, die allerdings gravierend sind. Das eine betrifft unseren Umgang mit der deutschen Volksgruppe.[7] Das Verhältnis scheint sich vorerst gebessert zu haben, die tiefgreifenden Differenzen sind in den Hintergrund gerückt. Das andere [Problem] wiegt ungleich schwerer und betrifft den enormen Einfluss der Juden in Ungarn und die Rolle, die sie dort spielen. Solange dies virulent ist, ist den Ungarn nicht zu trauen. Sztójay hielte es deshalb für richtig, dass man in Ungarn nicht wartet, bis sich diese Frage in aller Schärfe stellt, sondern bei der Wachablösung[8] das Tempo anzieht und einen beträchtlichen Teil unserer jüdischen Bevölkerung ins besetzte Russland aussiedelt. Unser Botschafter sprach zunächst von 300 000 [Juden], feilschte sich selbst dann jedoch auf 100 000 herunter.[9] Als ich ihn unterbrach und nachfragte, machte er kein Geheimnis daraus, dass es sich dabei nicht um Aussiedlungen handeln würde, sondern um Liquidationen.

Ich wies darauf hin, dass wir noch nicht in der Lage seien, die Rolle der Juden [in der ungarischen Wirtschaft] zu übernehmen. Der Einblick in kleinere und größere Unternehmen erlaube es mir zu beurteilen, wie sich die Arisierung real auswirkt, und ich müsse mit Bedauern feststellen, dass sowohl im Hinblick auf die geistige Leistungsfähigkeit als auch auf den Fleiß es die ungarischen Christen, insbesondere diejenigen ungarischer Abstammung, mit den Juden nicht aufnehmen können oder vielleicht auch gar nicht aufnehmen wollen. Sie schätzen das Einkommen, ohne dafür arbeiten zu müssen, d. h. die bequeme Position des Strohmanns. Sztójay erwiderte, dass die Deutschen, wenn wir nicht selbst tätig würden, nach dem Krieg die Sache selbst in die Hand nähmen. Sie

6 Ein erster Zug mit Juden verließ bereits im März 1942 das Lager Royallieu bei Compiègne Richtung Auschwitz. Die Massendeportationen aus Frankreich begannen im Juni 1942.

7 Wort im Original deutsch. Seit Ende der 1930er-Jahre mischte sich die deutsche Regierung wiederholt in die Belange der deutschsprachigen Minderheit ein. Im Jan. 1942 willigte die ungar. Regierung schließlich in die Rekrutierung von 20 000 Personen unter der deutschsprachigen Minderheit in Ungarn durch die Waffen-SS ein.

8 Gemeint ist der Elitenaustausch bzw. Generationswechsel in der Politik und der Armee.

9 So im Original. Zu den entsprechenden Verhandlungen mit deutschen Stellen seit Jan. 1942 siehe Dok. 76 vom 25.9.1942 und Dok. 81 vom 6.10.1942.

würden die Juden dennoch [aus ihren Positionen] vertreiben und an deren Stelle Deutsche setzen. Sie würden das auch durchziehen, fügte er hinzu, wenn sie „eventuell nur einen 75- oder 50-prozentigen Sieg erringen".
Ich hob meinerseits hervor, dass es, nüchtern betrachtet, eine ganze Generation, also 30 Jahre dauern würde, um die Positionen der Juden zu übernehmen und das jüdische Kapital abzulösen – 30 Jahre, in denen die heutigen drückenden politischen und moralischen Bedingungen weiterbestehen würden. Die gewaltsame Übernahme des mobilen Kapitals sei ohnehin unmöglich. Es zu verschrecken oder ihm nachzujagen bedeute wiederum, es in die Flucht zu schlagen. Eine solche Lösung aggressiv zu verfolgen zöge eine schwere Wirtschaftskrise nach sich, und dies in einer Zeit, in den letzten zwei bis drei Kriegsjahren, in denen alles getan werden müsse, um unsere wirtschaftliche, physische und moralische Widerstandskraft auf das höchste Niveau zu heben. Siegten die Deutschen, und zwar nicht nur 50-prozentig, wobei ich nicht wisse, was das heißen soll, sondern total, würden sie ohnehin machen, was sie wollen. Es sei deshalb völlig egal, ob wir ihnen im Vorfeld alles recht machen. Was die massenhafte Ausweisung der Juden anbelange: Wenn wir 100 000 oder 300 000 Juden auswiesen bzw. dem Henker auslieferten, wäre das zwar eine schöne Geste gegenüber Deutschland, doch die Frage wäre dadurch nicht gelöst. Das Ungartum wäre mit der beispiellosen Brutalität gegenüber *seinen eigenen Staatsbürgern* belastet, und im Innern würde ein Riss entstehen, der auch nicht mehr als eine 10- oder 30-prozentige Verbesserung der Situation bedeuten würde. *Auf diese Weise* sei die Nation jedenfalls nicht zu retten. Der Botschafter nahm meine Argumentation höchst kopfschüttelnd zur Kenntnis. Ich untermauerte meine Haltung mit dem Hinweis, dass auch ich alles in meinem Kompetenzbereich Mögliche und vernünftig Erscheinende unternehmen würde, um die Juden durch wahre Ungarn zu ersetzen, ich sei aber nicht bereit, das Niveau bzw. die Existenz des Pester Lloyd zu gefährden, was dem Verlust einer der wichtigsten ungarischen Werte und ungarischen Waffen gleichkäme. Werte könnten nur durch Werte ersetzt werden. Nur die zunächst blindlings agierende Revolution gehe weiter, um später wieder etwas aufbauen zu können.
Noch am selben Nachmittag um fünf Uhr war ich bei Herrn Baron [von] Weizsäcker, Staatssekretär für auswärtige Angelegenheiten, dem der Gesandte Jagow, wie es schien, mein Kommen bereits angekündigt hatte. Jagow kenne ich seit etwa zehn Jahren noch aus seiner Zeit als Gesandter in Bern. Er [von Weizsäcker] empfing mich ausgesprochen freundlich. Ich verbrachte ungefähr fünf Viertelstunden bei ihm, ohne dass ich seinerseits nachlassendes Interesse oder Anzeichen von Müdigkeit feststellen konnte. Ich berichtete ihm völlig aufrichtig von meinen Erfahrungen – die ungarischen Bezüge meiner im Ausland geführten Gespräche ausgenommen –, sogar davon, dass ich mit zwei Amerikanern gesprochen hätte. Mit dem Gesandten Bakách-Bessenyey[10] im ehemaligen Vichy[-Frankreich] hatte ich besprochen, an geeigneter Stelle auf die schwierige Lage Lavals[11] hinzuweisen und darauf, dass es nicht sehr wahrscheinlich sei, dass es nach Laval

10 György Bakách-Bessenyey (1892–1959), Jurist; von 1926 an stellv. Leiter, von 1934 an Leiter der Politischen Abt. des Außenministeriums, von 1941 an Botschafter in Vichy-Frankreich, 1943/44 in Bern.

11 Pierre Laval (1883–1945), Jurist; im Etat Français (Vichy-Frankreich) Juli bis Dez. 1940 stellv. Ministerpräsident, April 1942 bis Aug. 1944 Regierungschef.

zu einer für die deutsche Politik vorteilhafteren Lösung käme.[12] Mit Botschafter Sztójay wiederum hatte ich abgesprochen, dass, sofern von Weizsäcker mir irgendeine Gelegenheit bieten sollte, ich meine Ansicht deutlich machen würde, wonach gewisse Zugeständnisse gegenüber Frankreich im Interesse der deutschen und der europäischen Politik seien. Tatsächlich fragte mich von Weizsäcker, nachdem wir über die Lage in Frankreich und Laval gesprochen hatten: „Was würden Sie uns raten, was sollten wir tun?"[13] Diese vertrauliche und mich ehrende Frage übertraf meine Erwartungen und erleichterte mir gleichzeitig aber natürlich die Antwort. Sofern er mir tatsächlich erlaube, meine Meinung zu äußern, [erwiderte ich,] hielte ich es aus Sicht der deutschen und europäischen Politik für sinnvoll, rücksichtsvoller zu agieren und der französischen Regierung Zugeständnisse zu machen, damit sie einen Erfolg vorzuweisen hätte. Weizsäcker interessierte sich außerdem sehr für meine Gespräche, die ich in Bezug auf die siegreiche Beendigung des Kriegs sowie [die Ausgestaltung] des Friedens geführt hatte. Er fragte wiederholt danach, wie sich die Engländer bzw. die Amerikaner dieses und jenes vorstellten, worauf ich nicht mehr angemessen antworten konnte. Ich hatte beinahe den Eindruck, er würde mich gerne darum bitten zurückzureisen und ihm die fehlenden Informationen zu beschaffen. Hinter seiner kühlen und distanzierten Art verbarg sich Resignation, die sich insbesondere durch zwei Bemerkungen äußerte. Als ich die Lage Frankreichs und die Gefühle der französischen Staatsmänner schilderte, die die heutige Situation als tragisch empfänden und die sich unaufhaltsam verschlimmere, antwortete er verbittert: „Das gilt ja für uns alle, es kann uns allen nur schlechter gehen."[14] Und als ich erwähnte, dass ich auch den Schweizern, Franzosen und Amerikanern gegenüber betont habe, dass ein „guerre à outrance"[15] ohne militärischen Sieg, den sie [die Alliierten] – zumindest in absehbarer Zeit – nicht garantieren könnten, zwar unsere Niederlage und den Zerfall Europas nach sich ziehen könnte, ihnen aber keinen Sieg einbrächte, rief er wiederum etwas verbittert aus: „Jawohl, ein Krieg à outrance kann uns vernichten, bringt ihnen aber keinen Sieg."[16]

Im Hinblick auf das deutsch-rumänische Verhältnis sagte er, dass der Gemeinsame Ausschuss gerade an seinem Bericht arbeite. Er habe die Hoffnung, dass sich die Spannungen damit doch verringern ließen. Als ich hervorhob, dass es dem ungarischen Volk und den ungarischen Soldaten nur schwer zu vermitteln sei, dass sie [die Soldaten] 1500 Kilometer von der Grenze entfernt für den Schutz des Landes kämpfen sollen, während der Feind an der Grenze steht und uns bedroht, antwortete er, er sei sich sicher, dass die Rumänen uns nicht angreifen würden. Das hatte er bereits im Frühjahr auch zu Botschafter Sztójay gesagt, mit dem er darauf gewettet hatte, dass sie [die Rumänen] uns bis Ende September nicht angreifen würden. Auch jetzt behauptet er das noch.[17]

12 Ottlik hatte im ersten Teil seines Berichts auf den fehlenden gesellschaftlichen Rückhalt von Laval verwiesen, den er als listig, trickreich, taktierend und zynisch charakterisierte.

13 Satz im Original deutsch.

14 Satz im Original deutsch.

15 Franz.: Krieg bis zum Äußersten.

16 Satz im Original deutsch.

17 Die ungar.-rumän. Beziehungen waren v. a. durch die Siebenbürgen-Frage belastet. Nachdem Nordsiebenbürgen durch den Zweiten Wiener Schiedsspruch im Aug. 1940 Ungarn zugesprochen worden war, stellte Rumänien die Gebietsabtrennung wiederholt in Frage, so beispielsweise in einer Note an die deutsche und italien. Regierung im Sept. 1941. Gleichzeitig plädierten Politiker in Ungarn für die Angliederung Südsiebenbürgens. Sowohl aus Nord- als auch aus Südsiebenbürgen

Im Zuge der Gespräche, die ich mit anderen offiziell oder inoffiziell tätigen Deutschen geführt habe, traf ich nur zwei Propagandisten, die behaupteten, die Sowjets würden bereits noch dieses Jahr erledigt werden und den Deutschen stünden fast so viele Rohstoffreserven zur Verfügung wie den Amerikanern, zumal die Vereinigten Staaten an sieben Kriegsschauplätzen gleichzeitig agierten und die Mittel für den Transport über das Meer bereitstellen müssten. Einer davon war Herr Dr. Silex,[18] der Chefredakteur der Deutschen Allgemeinen Zeitung, der bereits im September des vergangenen Jahres erklärt hatte, dass der russische Feldzug im Dezember 1941 beendet sein würde.
Die anderen Nicht-Propagandisten, Nüchterneren oder Aufrichtigeren gehen aber davon aus, dass man mit Russland im besten Fall gegen Ende 1943 fertig sein wird. Danach könnten die englischen und amerikanischen Angriffe kommen. Beunruhigt zeigen sie sich im Allgemeinen vom bevorstehenden Winter, und sie machen sich Sorgen wegen der intensiveren Luftangriffe. Insbesondere fürchten sie die fliegenden Festungen, gegen die es, da sie ihre Bombenfracht aus großer Höhe abwerfen, keine wirkungsvolle Verteidigung gibt. Ich habe den Eindruck, die Moral des Heeres ist ungebrochen und gut. Auf den Winterfeldzug sind sie – wie sie sagen – voll und ganz vorbereitet.
Mein Gesamteindruck wurde durch die Rede Hitlers in Gänze bestätigt.[19] An einen Sieg denken sie nicht mehr. Sie hoffen nur, dass sie aufgrund der Verbesserung der allgemeinen Versorgungslage – von der Ukraine erwarten sie sich im kommenden Jahr ziemlich viel – den Widerstand so lange aufrechterhalten können, bis die Amerikaner „kriegsmüde" werden. Darüber hinaus habe ich den Eindruck, dass das Reich sowohl physisch als auch moralisch noch über genügend Energie verfügt, um den Krieg 18 Monate ohne größere Unterbrechung fortzusetzen. Es kann also noch mindestens zwei Winter durchhalten, vorausgesetzt, dass 1.) die zu erwartenden Bombardierungen aus der Luft die Leistungsfähigkeit der Industrie bzw. Rüstungsindustrie des Reichs nicht in ihren Grundfesten erschüttern, 2.) die Verteidigung bzw. der Gegenangriff gegen England so stark sein wird, um den Terror aus der Luft zu mindern bzw. gar zu neutralisieren, 3.) der psychische und moralische Widerstand des deutschen Volks durch die Zerstörung seiner Städte bzw. Wohngebiete und der [Widerstand] der deutschen Soldaten, die sich um ihre gefährdeten Familien sorgen, nicht vorzeitig gebrochen wird, 4.) sie [die Deutschen] trotz allem zwischen Mai und September des kommenden Jahres abermals eine Reihe von Siegen erringen werden, die die Moral erneut so sehr stärken, dass sie über den Winter kommen.
Unter Berücksichtigung all dessen sehe ich auf die ungarische Politik die schwierigsten Zeiten zukommen. Denn es wäre ein katastrophaler Fehler, die Deutschen in Erwartung ihrer Schwächung oder Niederlage zu provozieren, sich von ihnen zu distanzieren und ihren Argwohn zu erregen. Genauso wenig aber sollten wir unsere Würde verlieren,

wurden massenhaft Rumänen bzw. Ungarn ausgewiesen. Der Konflikt zwischen Ungarn und Rumänien drohte Mitte 1942 in eine kriegerische Auseinandersetzung zu münden, bis es Ende des Jahres zu einer vorübergehenden politischen Entspannung kam.

18 Dr. Karl Heinrich Silex (1896–1982), Ökonom; von 1922 an Journalist bei der Deutschen Allgemeinen Zeitung, 1933–1943 deren Chefredakteur, von 1939 an Sachbearbeiter beim Oberkommando der Marine; 1955–1963 Chefredakteur des Tagesspiegel.

19 Siehe die Rede von Hitler am 30.9.1942; Abdruck in: Marburger Zeitung, Nr. 275 vom 2.10.1942, S. 2–4.

Vorleistungen[20] erbringen und die Deutschen blindlings bedienen. Der ökonomische Wert Ungarns ist, wie auch die Deutschen einräumen, im Steigen begriffen. Unser Kriegspotential wird schon im kommenden Jahr ein sehr bedeutender Faktor werden, d. h., Ungarn kann mit [einer gewissen] Rücksichtnahme rechnen. Sollte sich die Lage weiter so entwickeln, wie ich es oben zu skizzieren versucht habe, werden wir uns die kommenden ein bis zwei oder wer weiß wie viele Jahre auf Messers Schneide bewegen und viel Würde und beinahe übermenschliche Klugheit benötigen, um als Nation und Staat diesen Krieg zu überleben.

DOK. 84
László Handler beklagt am 16. November 1942 in seinem Tagebuch den Tod seines Bruders[1]

Handschriftl. Tagebuch von László Handler, Eintrag vom 16.11.1942

Seit einer Woche wissen die Jungs schon, dass mein lieber Bruder,[2] mein einziger Freund, gestorben sein soll. Sie wollten es mir nur nicht sagen, sie wollten mich nicht traurig machen, weil es keine offizielle Bestätigung dieser Nachricht gab. Ich kam am Freitagabend nach Hause, Vati war schon im Bett, und als ich ihn ansah, verriet sein Gesicht große Trauer. Er erzählte mir, was ein Mitglied der Kompanie, ein Korporal, von unserem Gyuri berichtet hat. Unser Pista war bei diesem Korporal, und als dieser ihn sah, erkannte er ihn sofort wegen der Ähnlichkeit mit Gyuri. Er begann damit, dass ihr Oberleutnant bei einem russischen Angriff verschwunden war und am Abend nach ihm gesucht werden musste. Er [Gyuri] meldete sich freiwillig, und während er suchte, trat er auf eine der eigenen Minen. Später fand man meinen einzigen kleinen Gyuri, mehrere Jungs erkannten eindeutig seine Leiche. Sie begruben ihn an der Landstraße der Siedlung Sirotinks[3] und kennzeichneten sein Grab mit einer Kupfertafel. Als ich all dies von meinem Vati erfuhr, hatte ich das Gefühl, als erzähle er von einem völlig fremden Menschen, es ist mir bis heute irgendwie unbegreiflich, unglaublich, dass ich ihn [Gyuri] verlieren könnte, ihn, der mir alles ist, Freund, Bruder im wahrsten Sinne des Wortes, der Lieblingssohn meiner gütigen Mutti und der gelungenste Sohn der Familie, der alles kann und die reinste Rechtschaffenheit ist.

Von Mutti erzählt Márta, dass sie sich nach dem Gebet zum Ofen gebeugt und laut schluchzend gesagt habe: „Mein kleiner Gyuri nennt mich nie mehr ‚meine kleine Muci‘." Wegen Mutti und Vati bricht es mir das Herz. Mutti und Vati wissen um unser aller Trauer, aber sie sagen einander nicht, wie weh es tut, ein Kind zu verlieren. Ich fühle und weiß nicht, warum uns der gute Gott einen solchen Schlag versetzen musste. Meine einzige Hoffnung ist, dass es vielleicht nicht wahr ist, denn offiziell sind wir nicht benachrichtigt worden. Sollte es dennoch so sein, tut mir auch Lili unendlich leid. Diese

20 Wort im Original deutsch.

1 HDKE, 2014.8.1. Abdruck in: Szécsényi, Handler László (wie Dok. 77 vom 27.9.1942, Anm. 1). Das Dokument wurde aus dem Ungarischen übersetzt.

2 György Handler.

3 Richtig: Sirotinsk. Siedlung am rechten Ufer des Dons in der Nähe von Rostow.

blendend schöne Frau sieht kreidebleich aus, die Arme ist abgemagert und ihre Augen sind immer voller Tränen. Ich hoffe und ich hoffe immer weiter, dass von Gottes Hand kein solcher Schlag kommen kann.

DOK. 85
Heinrich Himmler informiert am 30. November 1942 den Reichsaußenminister über den Wunsch der ungarischen Regierung, nach Ungarn geflüchtete Juden östlich des Dnjestr auszusiedeln[1]

Schreiben (geheim) vom Reichsführer-SS und Chef der Deutschen Polizei im Reichsministerium des Innern, IV B4 – 1833/42g (1446), gez. H. Himmler, z. Zt. Feld-Kommandostelle, an den Reichsaußenminister Joachim von Ribbentrop, Berlin (Eing. 11.12.1942), vom 30.11.1942[2]

Lieber *Ribbentrop*!
Am 21. Juli 1942 richtete das Oberkommando der Wehrmacht an Dein Amt in Berlin ein Schreiben,[3] in dem mitgeteilt wurde, daß der ungarische Generalmajor *Heszlényi*[4] den Wunsch der ungarischen Regierung auf Absiedlung der ohne Bewilligung nach Ungarn geflüchteten Juden in das Gebiet östlich des Dnjestr vorgetragen und gebeten habe, diese Bestrebungen der ungarischen Regierung zu unterstützen.[5]
Nun ist es ja bekannt, daß besonders in der letzten Zeit seitens maßgeblicher ungarischer Politiker bzw. Staatsmänner in Reden und Aufsätzen die Lösung der Judenfrage in Ungarn gefordert und angekündigt wird.[6] Man soll sich, wie ich höre, in Budapest auch mit dem Gedanken tragen, dem Problem in Etappen zu Leibe zu gehen, und erwägt daher, zunächst einmal, gewissermaßen als erste Rate, die Evakuierung von 100 000 Juden aus den ungarischen Ostgebieten durchzuführen.[7]
Ich habe seinerzeit entschieden, daß die von Ungarn beantragte Abschiebung der nach Ungarn geflüchteten Juden nichtungarischer Staatsangehörigkeit so lange hinausgezögert werden soll, bis sich Ungarn bereit erklärt, auch Juden ungarischer Staatsangehörigkeit in die beabsichtigten Maßnahmen einzubeziehen.

1 PAAA, R 100890. Abdruck als Faksimile in: ADAP, Serie E, Bd. 4 (wie Dok. 81 vom 6.10.1942, Anm. 1), Dok. 240, S. 428 f.
2 Im Original handschriftl. Unterstreichungen.
3 Siehe PAAA, R 100890.
4 József Heszlényi (1890–1945), Offizier; von 1919 an im Kriegsministerium tätig, 1931 Oberstleutnant, 1936–1939 Adjutant des Oberbefehlshabers des kgl. ungar. Honvéd, 1940 Generalmajor, 1942 Generalleutnant, 1942–1944 kommandierender General des IV. Korps, vom Sept. 1944 an Oberbefehlshaber der 3. Armee, 1944 Generaloberst; nahm sich in sowjet. Kriegsgefangenschaft das Leben.
5 Hochrangige ungar. Offiziere hatten bereits im Jan. 1942 diesbezügliche Verhandlungen mit deutschen Stellen aufgenommen. Die Initiative wurde durch den ungar. Regierungswechsel im Frühjahr gebremst und von den fehlenden Transportmöglichkeiten verhindert, im Juli wurde die Idee aber erneut aufgegriffen. Adolf Eichmann äußerte im Sept. 1942 Bedenken gegenüber einer „Teilaktion"; siehe Dok. 76 vom 25.9.1942.
6 Siehe Dok. 70 vom 3.6.1942.
7 Siehe Dok. 82 vom 8.10.1942.

Es erscheint mir daher in Anbetracht der ungarischen Bestrebungen zweckmäßig, schon jetzt einen meiner Sachbearbeiter – etwa den SS-Hauptsturmführer *Wisliceny*, der die technische Durchführung zur Freimachung der Slowakei von Juden im besten Einvernehmen mit Deinen Herren in Preßburg bearbeitet[8] – zur Deutschen Gesandtschaft nach Budapest zu entsenden, der dort in Form eines wissenschaftlichen Sachbearbeiters oder Referenten für Judenfragen bei der Deutschen Gesandtschaft tätig sein könnte.[9]
In der offiziellen ungarischen Statistik wird die Anzahl der Juden mosaischer Konfession mit 742 827 angegeben;[10] die wirkliche Anzahl der Juden dürfte aber bei rd. einer Million liegen.
Es wäre daher tatsächlich außerordentlich erfreulich, wenn es uns gelänge, die Frage dieses brennenden Problems auch in Ungarn aus der Welt zu schaffen, zumal meines Erachtens hierdurch zweifellos auch die rumänische Regierung zur Aufgabe ihrer zaudernden Haltung, die sie im Hinblick auf den endlichen Beginn der Judenevakuierung an den Tag legt, gezwungen wird. Die Frage in Bulgarien dürfte damit ebenfalls automatisch geklärt sein, da, wie mir bekannt ist, die bulgarische Regierung ihrerseits ihre Judenmaßnahmen gern mit denen der rumänischen Regierung gekoppelt wissen möchte.[11]
Ich darf Dich bitten, lieber Ribbentrop, mir Deine Meinung zu meinem Vorschlag mitteilen zu wollen.
Heil Hitler![12]

DOK. 86
Der Händler János Hoffmann klagt am 12. Dezember 1942, man lebe in Ungarn wie in einem Getto[1]

Handschriftl. Tagebuch von János Hoffmann, Eintrag vom 12.12.1942

Selbst wenn es in Ungarn noch keine ausgewiesene Judenstraße gibt, leben wir schon seit Jahren in einem Getto.[2] Uns ist die freie Luft genommen, da wir es kaum noch wagen, auf die Straße zu gehen; sich laut zu äußern wagen wir nun ganz wortwörtlich nicht mehr. Wir teilen unsere Gedanken dem besten Freund nur hinter geschlossenen

8 Dieter Wisliceny war 1940 bis 1943 „Judenberater" in der Slowakei.
9 Wisliceny wurde erst nach der deutschen Besetzung im März 1944 als Mitglied des Sondereinsatzkommandos Eichmann nach Budapest versetzt.
10 Die Volkszählung von 1941 wies 725 007 Personen aus, die sich zur jüdischen Konfession bekannten; siehe Körponti Statisztikai Hivatal (Hrsg.), Az 1941. évi népszámlálás. Demográfiai adatok községek szerint, Budapest 1947, S. 20*.
11 Weder die rumän. noch die bulgar. Regierung stimmten 1942 der Deportation der einheimischen Juden zu.
12 Ribbentrop wies in der Folge Martin Luther an, bei der ungar. Regierung zu eruieren, ob sie zu den erwähnten Deportationsmaßnahmen tatsächlich bereit sei. Die Antwort der ungar. Regierung ist nicht überliefert.
1 Original in Privatbesitz von Judit Varga Hoffmann. Abdruck in: Hoffmann, Ködkárpit (wie Dok. 46 vom 25.3.1941, Anm. 1), S. 95–100. Das Dokument wurde aus dem Ungarischen übersetzt.
2 Das erste Getto in Ungarn entstand im April 1944.

Türen mit, und vom Morgen bis zum Abend steht uns der nächste unsichere Tag vor Augen, von morgens bis abends tragen wir den Gedanken mit uns herum, wie unsere Jungs in ihren zerlumpten Sommerklamotten im kalten Russland frieren.[3] Hin und wieder hört man von einzelnen Winterpaketen, die angekommen sind, aber wir wissen nicht, ob die Masse der Winterbekleidung den Weg in die klirrende Kälte gefunden hat.[4] Uns friert es im geheizten Zimmer, wir erschauern, wenn wir in das glühende Feuer blicken, erstarren, wenn wir die Nachrichten aus Polen vernehmen, Tausende und Zehntausende, sogar Hunderttausende Juden – manche sagen, mehr als eine Million – haben dort ihr Leben gelassen, weil sie Juden waren. Und hier zu Hause, wenn ich die Gemeindeblätter lese oder verfolge, was unsere jüdischen Schriftsteller machen, sind die Besten erstarrt, das Lied ist verstummt, der Stift ruht; dieses quälende, schreckliche jüdische Dasein hat keinen spirituellen Kern mehr, besteht nur noch aus öder Aussichtslosigkeit, dem täglichen Kampf ums Brot, dem Bewusstsein, dass man, wenn man noch etwas hat, von Tag zu Tag ärmer wird und dass die Not zunimmt. Diejenigen, die ins Arbeitslager müssen, statten sich selbst mit Arbeitskleidung aus – oft mit ihren letzten Groschen –, und wie wenige gibt es, die überhaupt die Möglichkeit haben, sich eine entsprechende Ausstattung anzuschaffen, unter anderem wegen Materialmangels. Im ganzen Land kann man kaum noch Decken kaufen, in Nagykanizsa gibt es ein oder zwei davon.
Man könnte diese Klage unendlich weiterführen.
Täglich bekommen wir Nachrichten vom Tod junger Juden in den Arbeitslagern. *Einer* der Berichte besagte, jemand sei den Heldentod gestorben, in den anderen Berichten, sechs oder sieben an der Zahl, stand, dass der 25- bis 28-jährige XY an Herzschwäche gestorben sei …
Die Seele erfriert und lässt die Frage aufsteigen: Wozu das Ganze?! Wir können uns nicht helfen, wir sind in diesem Getto eingesperrt, gibt es keine Rettung, keinen Weg nach draußen? Es gibt keine Hilfe für uns, höchstens ein Wunder. Wir warten auf ein Wunder – wir müssen darauf warten, und wir müssen ausharren, weil es keine Idee gibt, die uns trösten könnte, nur die *Hoffnung*. Wir haben keinen Glauben, keine Überzeugungen, wir haben kein – oder nur ganz selten – Rassen- oder Volksbewusstsein, so kann nur sie [die Hoffnung] uns erhalten … *vielleicht* …
[…][5]
Heute: Abgesehen von den psychologischen Folgen ist die Situation nach [Einführung] der J[uden]gesetze dadurch gekennzeichnet, dass sich die J[uden] durch die Konversion aus ihrer bisherigen Gemeinde selbst ausschließen und die neue Gemeinde sie nicht aufnehmen kann, selbst wenn sie dies beabsichtigen würde. Rechtlich bleiben Juden auch nach ihrer Konvertierung Juden, auch ihre Kinder bleiben Juden, sie dürfen keine Mischehen mehr eingehen. Sie werden zu Juden christlichen Glaubens, denen die Kirche zwar seelischen Beistand gewähren kann, aber nicht mehr. Von einem Schutz kann

3 Nach dem Angriff auf die Sowjetunion im Juni 1941 wurden mehrere Arbeitsdienstkompanien an die Ostfront verlegt. 1942 folgten zahlreiche Einheiten der 2. Ungarischen Armee in die Ukraine.
4 Siehe Dok. 79 vom Sept. 1942.
5 In seinen weiteren Überlegungen kommt Hoffmann zu dem Schluss, die jüdische Geschichte sei eine Abfolge von Katastrophen und die Assimilation habe versagt. Er stellt sich die Frage, was das Judentum (v. a. die neologe Glaubensrichtung) zusammenhält und es am Übertritt zu einer anderen Glaubensgemeinschaft hindert.

kaum die Rede sein. Die neu konvertierten Juden unterliegen dem gleichen Verwaltungsverfahren wie alle anderen J[uden] …
Allerdings nicht ganz.
Die Konvertiten aus den Nachbarländern (Italiener, Slowaken) befinden sich in einer wesentlich günstigeren Situation. Die slowakischen Juden haben zum größten Teil ihren Wohnort verlassen – sie wurden dazu gezwungen –, [aber] diejenigen, die zu Christen geworden sind, konnten angeblich bleiben.[6] Man sagt, in Kroatien gebe es außer ein paar Konvertiten keine Juden mehr. Die Konvertiten hätten allerdings nach Italien fliehen können, wo ihre Lage verhältnismäßig erträglich sei.[7]
Teilweise sind die Konvertiten aus den Arbeitslagern entlassen worden, die Verordnung über die Mobilisierung der Juden vom November,[8] derzufolge jeder J[ude] zwischen 18 und 48 Jahren meldepflichtig ist und die gleich zehn Jahrgänge unter ihnen mobilisiert hat, macht keine Ausnahmen mehr – es sei denn aufgrund der Genealogie. Halbjuden (wenn ein Elternteil als Chr[ist] geboren ist), die rechtzeitig konvertiert sind, müssen nicht ins Arbeitslager.

DOK. 87
Der Verteidigungsminister Vilmos Nagy ordnet am 19. Dezember 1942 an, Übergriffe gegen Arbeitsdienstler zu unterlassen und sie besser zu versorgen[1]

Schreiben (vertraulich) des kgl. ungar. Verteidigungsministers (Nr. 121 480 eln.KMOF-1942), gez. Generaloberst Vitéz Nagy,[2] Budapest, vom 19.12.1942[3]

Zur eigenhändigen Öffnung durch den Kommandeur!
Erfahrungen bei der Inspektion der Arbeitskompanien im Feld

Ende November des laufenden Jahres inspizierte ich die beim siebenbürgischen Eisenbahnbau dienstverpflichteten jüdischen Arbeitskompanien und ließ gleichzeitig durch entsendete Kommissionen mehrere im Hinterland tätige jüdische Arbeitskompanien in Augenschein nehmen.

6 Die Deportation der slowak. Juden begann im März 1942 und wurde im Okt. desselben Jahres vorerst wieder eingestellt. Personen, die vor dem 14.3.1939 zum christlichen Glauben übergetreten waren, blieben von den Maßnahmen laut einem Gesetzesbeschluss des Landtags vom Mai 1942 verschont; siehe VEJ 13, S. 31–34.

7 Bis Ende 1941 wurden im Unabhängigen Staat Kroatien die meisten Juden in Lager eingesperrt. Ein Teil von ihnen wurde in zwei Wellen 1942/43 nach Auschwitz deportiert. Zahlreiche kroat. Juden wurden in den Ustascha-Lagern ermordet. Zum Christentum Konvertierte waren vor Verfolgung und Massenmord weitgehend geschützt; siehe VEJ 14, S. 47–50.

8 Gemeint ist die VO vom 14.11.1942, die die Registrierung aller Juden zwischen 18 und 48 Jahren verfügte.

1 HM HIM, 121 480/1942. eln. sz. KMOF rendelet, 1942. december 19. HdtL HM Vkf. eln 1. 6024/1942. Abdruck in: Karsai (Hrsg.), „Fegyvertelen álltak az aknamezőkön …“ (wie Dok. 47 vom 7.5.1941, Anm. 1), Bd, 2, Dok. 115, S. 178–184. Teilweise abgedruckt in engl. Übersetzung in: Vági/Csősz/Kádár, The Holocaust in Hungary (wie Dok. 29 vom 5.5.1939, Anm. 1), S. 53–55. Das Dokument wurde aus dem Ungarischen übersetzt.

Hiermit protokolliere ich die dabei gewonnen Erfahrungen:
a. Ich bestehe auf der Einhaltung meiner Verordnung 120.813/1942. eln.KMOF–1942 die Behandlung der Juden betreffend,[4] zuletzt geändert durch die Verordnung 121.389/eln.KMOF–1942.[5]
b. Jeder für den Arbeitsdienst zuständige Kommandeur hat in Zukunft darauf zu achten, die Arbeitsfähigkeit und Leistung der Juden durch einen humanen Umgang mit ihnen zu steigern und arbeitsunfähige bzw. kranke Juden medizinisch versorgen bzw. sie ins Krankenhaus bringen zu lassen.

1. *Offizierskorps*
a. *Verhalten und Erscheinung*
werden abgesehen von einigen Ausnahmen, insbesondere in den Kompanien, die in Lagern und in kleineren Gemeinden eingesetzt sind, ganz allgemein vernachlässigt.
Die Nachlässigkeit des Offizierskorps hinterlässt auch innerhalb der Mannschaft auffällige Spuren.
b. *Innere Ordnung und Dienstdurchführung*
Zwar wird vom Offizierskorps Disziplin verlangt, dennoch haben nur wenige ein Gefühl für die Herstellung innerer Ordnung und Sauberkeit.
Einige, wie etwa der Chef der in der Zentralen Kleiderkammer tätigen Arbeiterkompanie 109./22., halten lobenswerte Ordnung.
c. *Ausübung der Disziplinar- und Strafgewalt*
Die Kompaniechefs überschreiten oft ihre Zuständigkeit, setzen Strafmaßnahmen nicht richtig um oder verhängen nicht erlaubte Strafen.
Die Kommandanturen der (Wehrkreise der) Armeekorps werden aufgefordert, ihre Leitungstätigkeit besser wahrzunehmen. Wenn Teil I des Reglements nicht in ausreichender Menge angeschafft werden kann, muss Abschnitt XIII [des Reglements] über die Disziplinarordnung an jene Arbeitskompanien verteilt werden, die auf ihrem Gebiet arbeiten und mit Teil I des Reglements nicht vertraut sind.[6] Sie [die Kommandanturen] müssen die Einhaltung der Letzteren einfordern und überwachen.
d. *Umgang mit der Mannschaft*
Das Offizierskorps ist mit wenigen Ausnahmen wohlgesonnen.
Durch die in Verordnung 120.813/eln.KMOF–1942 verfügte Ausweitung von bislang genehmigten Vergünstigungen habe ich den Vorgesetzten ermöglicht, durch ein entsprechendes Belohnungssystem die Arbeitsleistung aufrechtzuerhalten bzw. zu steigern.

2 Vitéz Vilmos Nagy von Nagybaczon (1884–1976), Offizier; 1919 Mitglied der ungar. Roten Armee, 1934 Generalmajor, 1940 Generaloberst, von 1940 an Oberbefehlshaber der 1. Ungarischen Armee, 1942/43 Verteidigungsminister; im Nov. 1944 verhaftet, in Sopronkőhida interniert, später nach Bayern verschleppt; 1946 Rückkehr nach Ungarn, 1965 von der Gedenkstätte Yad Vashem als Gerechter unter den Völkern geehrt.

3 Im Original Stempel des Chefs des Generalstabs, Abt. I vom 29.12.1942, handschriftl. Vermerke sowie Vermerk: „Entspricht dem genehmigten Schreiben: Budapest, am 19. Dezember 1942.“

4 Nicht ermittelt.

5 Diese VO erschien am 2.12.1942; HM HIM HL, VKF 5928/1.oszt.eln.-1942; Abdruck in: Karsai (Hrsg.), „Fegyvertelen álltak az aknamezőkön …“ (wie Dok. 47 vom 7.5.1941, Anm. 1), Bd. 2, Dok. 112, S. 174 f.

6 Szolgálati szabályzat a m.kir. honvédség számára, 1. rész, Budapest 1931.

Im Umgang mit den Mannschaften verbietet es sich aber ebenso, zustehende Vergünstigungen zu verweigern oder umgekehrt ihre Zuerkennung eigenmächtig zu überschreiten. Daher erwarte ich von jedem Vorgesetzten, dass er innerhalb des in der Verordnung verfügten Rahmens bleibt und Vergünstigungen gerecht verteilt.

Es gibt jedoch auch Offiziere, die sich beim Umgang mit den Juden von persönlichen Gefühlen leiten lassen, denen die für einen Vorgesetzten erforderliche Objektivität abgeht und die daher zur Aufrechterhaltung der Disziplin bzw. zur Leistungssteigerung unerlaubte Mittel einsetzen. Sie sind deshalb als Vorgesetzte nicht tauglich.

Einige dieser Offiziere habe ich sofort ablösen lassen und die (Wehrkreis-)Kommandanturen angehalten, die in ihren Zuständigkeitsbereich fallenden Offiziere, die eine ähnliche Einstellung beziehungsweise ein ähnliches Verhalten an den Tag legen, abzulösen.

Wenn gegen bestimmte Vorgesetzte aufgrund ihres unangemessenen Verhaltens viele Anzeigen eingehen, ist es wahrscheinlich, dass sie ihren Kompetenzbereich überschreiten. Die Untersuchung dieser Fälle darf nicht einseitig, nur durch die Vernehmung des angezeigten Kommandeurs, erfolgen, vielmehr müssen die (Wehrkreis-)Kommandeure die Ermittlungen der Anwaltschaft übertragen.

Ich möchte anmerken, dass die Arbeitsleistung bei Arbeitskompanien, in denen meine Verordnungen bezüglich der Behandlungsweise in irgendeiner Form missachtet werden, am niedrigsten ist.

Nachdem ich erfahren habe, dass einige Vorgesetzte die entsprechenden Verordnungen überhaupt nicht kennen oder diese nicht richtig umsetzen und insbesondere ihnen die notwendigen Kenntnisse, insbesondere auf dem Gebiet der Militär- und Wirtschaftsverwaltung, fehlen, habe ich mich entschlossen, die bei den Arbeitskompanien einzusetzenden Offiziere im Vorfeld einen kurzen Lehrgang absolvieren zu lassen. Den ersten werde ich Anfang 1943 bei den Hilfsarbeitsdienstbataillonen abhalten lassen.

2. *Mannschafts-Rahmenpersonal*

a. *Alter*

Die Mannschaften sind mehrheitlich zu alt, und ein großer Teil hat bislang keinen Militärdienst verrichtet.

Ich beabsichtige deren Ablösung durch jüngere Mannschaften, die bereits in der Armee gedient haben, insbesondere Personen aus den ausgefallenen Jahrgängen (1901–1904),[7] die bereits eine Ausbildung zum Ersatzreservisten absolviert haben.

b. *Verhalten, Erscheinung*

wirken allgemein schlampig und vernachlässigt.

c. *Einsetzbarkeit*

Die Mannschaften sind bei der Aufrechterhaltung von Disziplin, innerer Ordnung und Dienstdurchführung dem Offizierskorps meist wenig behilflich. Ihre Tätigkeit beschränkt sich insbesondere darauf, in Anwesenheit eines Vorgesetzten herumzuschreien.

Im Bereich des technischen Dienstes sind sie nicht kompetent, somit beschränkt sich ihre Tätigkeit bei der Arbeitskoordination auf die allgemeine Befehlserteilung. Viele kennen nicht einmal die üblichen Kommandoworte.

7 Gemeint sind diejenigen Jahrgänge, die wegen der Beschränkungen im Friedensvertrag nicht zum Militärdienst herangezogen worden waren.

Ich beabsichtige, die unter Punkt 2a. [aufgeführten und] einzusetzenden Personen vor ihrer endgültigen Zuteilung in Arbeiterkompanien zwei bis drei Monate bei den Bataillonen des Hilfsarbeitsdienstes militärisch und technisch ausbilden zu lassen.
d. *Umgang mit den Arbeitsdienstlern*
Die Mannschaften des Wachpersonals verhalten sich den Aushilfsarbeitern gegenüber entweder zu nachsichtig oder sie neigen zu Brutalität. Ihr Verhalten spiegelt im Allgemeinen die Einstellung der Kompaniechefs und des Offizierskorps wider.

3. *Aushilfsarbeiter*
a. *Alter*
Ich habe viele Einheiten gefunden, in denen die Zahl der über 42-jährigen Aushilfsarbeiter die in der Verordnung 3.888/M.1.b.-1942[8] verfügten zehn Prozent überstieg.
Im Übrigen habe ich die Entlassung aller Aushilfsarbeiter über 42 in meiner Verordnung 5584/M.1.b.-1942[9] bereits angeordnet. Dies wurde an mehreren Orten noch immer nicht umgesetzt. Es sind sofort diesbezügliche Maßnahmen zu ergreifen.
b. *Einsetzbarkeit*
Aufgrund ihrer Intelligenz und ihrer allgemeinen Fertigkeiten sind sie in der Lage, auch ungewöhnlichste Tätigkeiten mit Leichtigkeit zu erlernen. Die ehemaligen jüdischen Offiziere, Unteroffiziere oder Ingenieure, Personen, die auch im bürgerlichen Leben als Leiter oder Vorarbeiter beschäftigt waren, sind allesamt recht gut zu gebrauchen.
Eine ausreichende und abwechslungsreiche Ernährung, eine Unterbringung, die einen ruhigen Schlaf befördert, sowie entsprechende Sanitäreinrichtungen wirken sich besonders positiv auf die Arbeitsleistungen aus.
c. *Gesundheitszustand*
Die Kommissionen haben vielerorts Aushilfsarbeiter vorgefunden, die infolge ihrer Behinderung oder ihrer körperlichen Entkräftung arbeitsunfähig sind (bspw. schwere Lungen-, Herz-, Zucker-, Bluterkrankungen, Bandscheibenvorfälle, schwere Magenerkrankungen, das Fehlen eines Körperteils usw.). Etwa 5 % der zuletzt einberufenen Juden sind für den Arbeitsdienst untauglich.
Diese arbeitsunfähigen Individuen belasten nur die Arbeitseinheit und blamieren die Armee. Sie im Dienst zu belassen ist unnötige Geldverschwendung, da ihre Arbeitsleistung gegen null geht. Darüber hinaus belasten sie die Militärärzte und die Gesundheitseinrichtungen der Armee, die im Krieg ohnehin stark beansprucht sind.
Es grassieren viele Erkältungskrankheiten, insbesondere in den Lagern. Der Zustand der Kranken verschlechtert sich durch den Umstand, dass sie häufig in kalten Quartieren liegen. In diesen Fällen ist die richtige Vorgehensweise, den Kranken eine beheizbare Unterkunft zur Verfügung zu stellen.
Ich werde separate Maßnahmen ergreifen, um Kranke, deren Arbeitsunfähigkeit ärztlich attestiert wurde, beziehungsweise Personen, die aufgrund ihrer körperlichen Schwäche oder sonstiger Gebrechlichkeit die Arbeit im Hilfsdienst augenscheinlich verzögern, abzulösen, einer beschleunigten Überprüfung zuzuführen und auszumustern.

8 Nicht ermittelt.
9 Siehe VO über die Aufstellung von technischen Nationalitäten-Bataillonen vom 19.9.1942, HM HIM HL, VKF 5584/1.oszt.eln.-1942.

Den ärztlichen Befunden der Krankenhäuser ist in jedem Fall unbedingt Geltung zu verschaffen.

4. *Arbeitsleistung*

Die meisten Arbeitgeber sind mit der Leistung der Aushilfsarbeiter zufrieden. Die jüdischen Facharbeiter sind besonders gut einsetzbar.

Die unter Punkt 11 meiner Verordnung Nr. 120.813/eln.KMOF.-1942 festgeschriebene Akkordarbeit soll mit den unter Punkt 4 derselben Verordnung vereinbarten Sommer- und Winterarbeitszeiten in Einklang gebracht werden.

Bei der Feststellung der Akkordleistung müssen im Allgemeinen die technischen Weisungen sowie die von den zivilen Arbeitgebern festgelegten Rahmenbedingungen zugrunde gelegt werden. Für die ersten vier Wochen wird dies auf Grundlage der Arbeitsleistung von täglich sieben Stunden eines anzulernenden Arbeiters festgesetzt, nach vier Wochen auf Grundlage eines gelernten Arbeiters.

5. *Unterbringung*

Die beheizbaren Räumlichkeiten wurden in einer der lagerähnlichen Unterkünfte erst Mitte Dezember fertig. Das ist unmenschlich und beweist, dass sich der Kommandeur um seine Untergebenen nicht kümmert, und so können diese die geforderte Arbeitsleistung nicht erbringen.

Die Unterbringung muss immer der Wetterlage angepasst werden.

Um die Disziplin aufrechtzuerhalten, sollte jedes Arbeitsbataillon möglichst zusammen untergebracht werden.

Im Interesse der Arbeitsleistung müssen die im letzten Absatz unter Punkt 6 aufgeführten Hinweise meiner Verordnung Nr. 120.680/eln.KMOF.-1942[10] durchweg eingehalten werden.

6. *Lebensmittelversorgung*

Ich weise erneut darauf hin, dass eine abwechslungsreiche und nahrhafte Verköstigung einer der wichtigsten Faktoren zur Steigerung der Arbeitsleistung ist.

7. *Bekleidung*

In manchen Kompanien verfügt ein Teil der Aushilfsarbeiter über keine Winterkleidung. Die Vorgesetzten sollen diesen Personen Gelegenheit geben, Wintersachen durch Besucher bzw. im Rahmen eines Kurzurlaubs zu besorgen.

Gesonderte Maßnahmen in Sachen Winterkleidung werde ich für die bedürftigen Aushilfsarbeiter treffen, die über solche auch zu Hause nicht verfügen und die finanziellen Mittel für ihre Beschaffung nicht aufbringen können, soweit sie ein entsprechendes Armutszeugnis vorlegen können.

Ebenfalls werde ich dafür sorgen, dass Aushilfsarbeiter bei winterlicher Witterung mit zwei Decken ausgestattet werden.

10 Nicht ermittelt.

8. *Zuteilung von überzähligen Ärzten und Ingenieuren*
In manchen Kompanien fand ich immer noch mehrere Ärzte und Ingenieure vor. Ich werde separate Maßnahmen treffen, dass sie an anderen Orten eingesetzt werden.[11]

9. *Abhaltung von Gottesdiensten*
a. *Christen*
Es kommt immer noch vor, dass Vorgesetzte getaufte [jüdische] Hilfsarbeiter vom Besuch des Gottesdienstes abhalten.
Derlei Fälle darf es in der Zukunft nicht mehr geben.
b. *Israeliten*
In Zukunft werde ich jeder jüdischen Arbeitskompanie einen Aushilfsarbeiter mit Rabbiner-Abschluss zuteilen, der neben seinem gewöhnlichen Dienst in den Quartieren Gottesdienste für die Aushilfsarbeiter mit israelitischem Bekenntnis abhalten wird.

10. Diese Verordnung ist über die (Wehrkreis-)Kommandanturen allen auf ihrem Gebiet tätigen Hilfsarbeitsdienstbataillonen, Feld-, Heimat- und insbesondere Arbeitsdienstkompanien sowie allen Organen zuzustellen, die mit den aufgeführten Arbeitseinheiten auf dem Gebiet der Kontrolle, Ausbildung, Verwendung, Aufstellung usw. zu tun haben. Diese Verordnung soll neben meiner Verordnung Nr. 120.813/eln.KMOF-1942 aufbewahrt werden. Sie soll bei der Übergabe des Kommandos einer Arbeitskompanie Teil der Übergabe bzw. Übernahme sein.
Bei noch nicht aufgestellten jüdischen Arbeitskompanien ist sie neben Verordnung Nr. 120.813/eln.KMOF-1942 zu deponieren, die bei den Vorarbeiten aufbewahrt wird.

11. *Verteilung an*: Laut dem Verteiler der Verordnung Nr. 120.813/eln.KMOF. -1942.

11 In Ungarn herrschte ein allgemeiner Ärztemangel, verursacht durch die antijüdischen Gesetze. Jüdische Ärzte wurden zudem massenhaft zur körperlichen Arbeit in den jüdischen Arbeitsdienstkompanien herangezogen. Verteidigungsminister Nagy ließ in Absprache mit Innenminister Keresztes-Fischer die meisten jüdischen Ärzte im Winter 1942 von der Front abziehen und in Ungarn im zivilen Bereich einsetzen; siehe László Csősz, A magyarországi háborús munkaszolgálat eredete és nemzetközi összefüggései, in: Randolph L. Braham/András Kovács (Hrsg.), A holokauszt Magyarországon hetven év múltán: történelem és emlékezet, Budapest 2015, S. 113–147, hier S. 136.

DOK. 88
Der Schweizer Gesandte Jaeger informiert am 22. Dezember 1942 den Bundesrat Pilet-Golaz, dass die ungarische Regierung die Juden bisher nicht an das Deutsche Reich ausgeliefert hat[1]

Schreiben (vertraulich) der schweizerischen Gesandtschaft, Budapest (Aktenzeichen P. Bf.52.r), gez. Jaeger,[2] an Bundesrat M. Pilet-Golaz,[3] Bern, vom 22.12.1942

Herr Bundesrat,
die Kampagne der deutschen Presse gegen die in der Schweiz sich aufhaltenden Juden, Emigranten und Flüchtlinge, insbesondere der aufsehenerregende Artikel des „Völkischen Beobachters", der die Schweiz als Brutstätte der jüdischen Opposition und Intrigen gegen das Deutsche Reich hinstellte,[4] wird Ihrer Aufmerksamkeit natürlich nicht entgangen sein. Diese Kampagne nimmt ein besonderes Gewicht an im Lichte der Nachrichten, die mir vertraulich zugegangen sind, über deutsche Bestrebungen gegen die Juden und Emigranten in Ungarn und anderswo.
In Budapest soll ein ständiger Druck, begleitet von offiziellen Demarchen, von seiten des Reiches ausgeübt werden, der die restlose Entfernung der Juden aus dem ganzen Reichsgebiete Ungarns bezweckt,[5] und zwar soll die Forderung anfänglich dahin gelautet haben, dass sämtliche Juden gesammelt und den Deutschen ausgeliefert werden sollten. Die Deutschen hätten den Abtransport per Eisenbahn der ungarischen Juden übernommen; sie wollten sich pro Person dazu vom ungarischen Staat noch Pengö 500,– Transportkosten bezahlen lassen, was bei der beträchtlichen Zahl der hiesigen Juden die nette Summe von über einer halben Milliarde Pengö betragen hätte. Die Deutschen hätten die arbeitsfähigen Juden in die Ostgebiete verbracht, um sie dort zu Strassenbauten, Ameliorationen etc. etc. zu verwenden. Die nicht Arbeitsfähigen würden auf irgendwelche nicht näher bezeichnete Art zum Verschwinden gebracht werden. Wie mir von slowakischer Seite vertraulich bekanntgegeben worden ist, sind diese Forderungen von Deutschland in der Slowakei effektiv durchgeführt worden.[6] Sie entsprechen der von Hitler festgesetzten These, dass die Juden aus Europa ausgerottet werden müssen.
In Ungarn ist diesem Ansinnen bisher Widerstand entgegengesetzt worden. Auch der deutschen Forderung, dass die Juden in Ungarn den gelben Davidstern zu tragen hätten, ist bisher keine Folge gegeben worden. Dagegen hat die ungarische Regierung neuerlich

1 BAR, E2300#1000/716#175*. Abdruck in: Diplomatische Dokumente der Schweiz, Bd. 15 (1943–1945), bearbeitet von Louis-Edouard Roulet und Philippe Marguerat, Bern 1992, Dok. 283, S. 944.

2 Maximilian Jaeger (1884–1958), Jurist; von 1909 an im Eidgenössischen Politischen Departement tätig, 1909–1911 Attaché in Rom, 1911–1913 in Berlin, 1913–1916 in Paris, 1918 Leg.Rat, 1922–1925 Generalkonsul in Athen, 1925–1938 Gesandter in Wien und Budapest, 1938–1945 in Budapest; 1946–1948 Gesandter in Portugal.

3 Marcel Pilet-Golaz (1889–1958), Jurist, Diplomat; 1925–1928 schweizer. Nationalrat, von 1928 an Bundesrat, 1929 Leiter des Departements des Innern, 1930–1939 Leiter des Post- und Eisenbahndepartements, 1940–1944 Leiter des Politischen Departements, 1934 und 1940 Bundespräsident, Dez. 1944 Rücktritt.

4 Siehe den Leitartikel im Völkischen Beobachter (Wiener Ausgabe), Nr. 330 vom 26.11.1942, S. 1: Der Nährboden der Reichsfeindlichkeit. Über 14 000 jüdische Emigranten in der Schweiz. Die Presse als Sprachrohr Moskaus.

5 Siehe Dok. 81 vom 6.10.1942 sowie Einleitung, S. 47.

eine Zählung der Juden vornehmen lassen[7] und angeordnet, dass die arbeitsfähigen Juden prinzipiell zu konskribieren und in Arbeitslager einzuberufen seien, von wo aus sie von den ungarischen Behörden selber zu Arbeiten hinter der Front und zu Strassen- und Feldarbeiten verwendet werden.[8]
Wie weit in der Zukunft die deutschen Forderungen durchgesetzt werden können, hängt, wie letzten Endes alles, vom Ausgang des Krieges ab. Es ist unverkennbar, dass auch in Ungarn auf der ganzen Linie der Widerstand gegen den deutschen Druck sich verstärkt hat, seit die Situation an den Fronten in Russland und in Afrika sich entsprechend verändert hat.
In diesem Zeichen des vorsichtigen Zuwartens ist die gesamte Politik Ungarns auf sämtlichen Gebieten derzeit zu werten.
Ganz vertraulich vernehme ich von finnischer Seite, dass die Deutschen an Finnland herangetreten seien mit der Forderung, ihnen die deutschen Emigranten in Finnland auszuliefern. Diese Forderung sei abgewiesen worden.
Auch dieses Vorkommnis scheint mir die volle Aufmerksamkeit der Schweiz zu verdienen.
Genehmigen Sie, Herr Bundesrat, den Ausdruck meiner ausgezeichneten Hochachtung.

DOK. 89

Völkischer Beobachter: Artikel vom 24. Dezember 1942 über die praktischen Auswirkungen der ersten antijüdischen Maßnahmen in Ungarn[1]

Ungarn und die Juden
Von unserem Budapester Berichterstatter Gustav Herbert
Budapest, 23. Dezember

Mit den beiden Judengesetzen der Jahre 1938 und 1939[2] wurde die Entjudung des geistigen und wirtschaftlichen ungarischen Lebens eingeleitet. Wie tiefgehend die Verjudung in Ungarn und in welchem Ausmaß sie schon vorgedrungen war, davon macht sich keiner eine Vorstellung, der nicht in Ungarn aufgewachsen ist und nicht in der Zeit bis zum Ende des Weltkrieges und dann zwischen den beiden Kriegen sozusagen am eigenen Leibe diese Erscheinung ausgekostet hat.

6 Die Deportation der jüdischen Bevölkerung in der Slowakei begann im März 1942. Bis Ende des Jahres wurden über 57 000 Personen in erster Linie nach Auschwitz bzw. Majdanek deportiert. Die slowak. Regierung verpflichtete sich, für jeden deportierten Juden 500 RM an das Deutsche Reich zu zahlen; siehe VEJ 13, S. 31–34.

7 Vermutlich ist die allgemeine Volkszählung im Jahr 1941 gemeint, in deren Rahmen auch die Religionszugehörigkeit erhoben wurde.

8 Zum ungar. Arbeitsdienst siehe Einleitung, S. 35–38.

1 Völkischer Beobachter (Wiener Ausgabe), Nr. 358 vom 24.12.1942, S. 3. Die Parteizeitung der NSDAP erschien zwischen 1920 und 1945 in einer Münchner Ausgabe, 1933 kamen eine Berliner und eine Norddeutsche Ausgabe hinzu, 1938 eine Wiener Ausgabe. Bis 1944 erreichte die Zeitung eine Auflage von 1,7 Millionen Exemplaren.

2 Siehe Dok. 14 vom 29.5.1938 und Dok. 29 vom 5.5.1939.

Es haben daher auch keine anderen Gesetze seit Jahrhunderten die Gemüter im Lande so von Grund auf aufgerührt wie das im Frühjahr 1938 erschienene erste Judengesetz und in noch erhöhtem Maße das knapp neun Monate darauf erlassene zweite Judengesetz, das mit seinem auf die völlige Entjudung abgestellten rassischen Kriterium, tief in die wirtschaftliche Struktur des Landes einschneidend, an die Wurzeln der Judenfrage führte. Denn wenn auch im Grunde genommen heute schon jeder von der Zeitgemäßheit und Notwendigkeit der in Angriff genommenen Lösung des Problems innerlich überzeugt ist, so lassen äußerliche Hemmungen, Bindungen und Verflechtungen verantwortlicher Politiker und Wirtschaftsführer stets von neuem Schwierigkeiten erstehen, die es den Hebräern möglich machen, durch die Lücken des Gesetzes zu schlüpfen oder es skrupellos zu umgehen. Aber auch abgesehen davon, ist das Problem der Judenablösung besonders aus dem Wirtschaftsleben nicht leicht, denn es fehlt an arischen Ablösern, und zwar nicht bloß aus Mangel an Fachkundigen, sondern auch an Anwärtern aus Neigung, da allen Anstrengungen verantwortlicher Faktoren zum Trotz die Jugend auch heute noch wenig von dem kaufmännischen Beruf und von der industriellen Betätigung wissen will.

Mit der Jahreswende läuft nun die in den beiden Gesetzen zu ihrer Durchführung gesteckte Frist ab, und so wurde in der Öffentlichkeit die Frage laut, was nun eigentlich erreicht worden ist, namentlich nach einem im Herbst herausgekommenen und über alle Lichtspieltheater gegangenen Film unter dem Titel „Wachablösung", der die Befürchtung wach werden ließ, daß es den Juden mit Hilfe ihrer hohen Gönner und Strohmänner gelungen war, das Gesetz auszuspielen. Die Antwort darauf gibt ein von Stephan Hegedüs,[3] einem Schriftsteller eines Regierungsblattes, unter diesem Titel erschienenes dickbändiges Werk auf vielen Seiten und mit einer Fülle vergleichbarer Zahlen und Statistiken sowie ein von dem Autor im Nationalklub gehaltener Vortrag, worin gesagt wird, daß die erzielten Ergebnisse im ganzen genommen entgegen allen lautgewordenen Zweifeln und Anklagen doch recht beachtlich seien und auf manchen Teilgebieten sogar 100 Prozent erreichten.[4]

Seit Jahrzehnten, ja seit Jahrhunderten jüdischer Ausbeutung ausgelieferte Wirtschaftszweige seien ausgekämmt und in arische Hände überführt, Tausende von arischen Existenzen seien gegründet worden, und in einer ganzen Anzahl noch vor kurzem für uneinnehmbar gehaltener Hochburgen jüdischer Alleinherrschaft finden entscheidende Wandlungen statt. Presse, Sport, Theater, Musik, Film, sämtliche Interessenvertretungen, also auch Ärzte, Ingenieur- und Advokatenkammern, sind die Domänen des öffentlichen Lebens, die dem in ihnen bisher dominierenden jüdischen Ungeist und dem jüdischen Diktat entrissen sind, und wenn vereinzelt noch in einem oder anderen Wirtschaftszweig, bei diesem oder jenem Blatt noch ein Restbestand besteht, dann fällt er nicht mehr so sehr ins Gewicht.

Als am 1. Jänner 1939 die erste große Reinigungsaktion in der *Presse* zum Abschluß gekommen war, da hatten nicht weniger als 511 Presseerzeugnisse ihr Dasein beendet, unter ihnen 230 Judenblätter. Wie stark die Verjudung der Schriftleitungen gerade führender Blätter gewesen ist, ersieht man aus der Tatsache, daß bei der Arisierung des zum Regierungsblatt „Magyarorszag" gewordenen früheren „Pesti Naplo" von 101 Schriftlei-

3 Richtig: István Hegedűs.
4 István Hegedűs, Őrségváltás, Budapest 1942.

tern nicht weniger als 82 als nichtarisch weichen mußten und beim „Pester Lloyd" 21 von 33.
Daß auch der ungarische *Sport* stark verjudet war, ist weniger bekannt. Am schlimmsten stand es natürlich beim Fußballsport, bei dem Geld zu verdienen ist, und besonders auf dem internationalen Sektor. Auf der im Juli 1939 abgehaltenen Jahresversammlung des ungarischen Fußballverbandes zählte man noch unter den Elektoren 12 Juden und 5 Sozialisten (also noch ein paar weitere Juden) neben 13 Ariern und unter den Budapester Schiedsrichtern neben 216 Christen 364 Juden. Inzwischen wurde nun radikal aufgeräumt, und erst dieser Tage sind die letzten Judennester ausgehoben worden, so daß heute doch schon von judenfreiem ungarischem Sport gesprochen werden kann.
Wie es auf dem ungarischen *Theater* und im *Film* ausgesehen hat, braucht nicht mehr erläutert zu werden, kam doch in der Systemzeit die Mehrzahl der ehemaligen jüdischen „Größen" der deutschen Bühnen aus Budapest. Von der Theaterkasse bis zum Kulissenschieber, vom Drehbuchautor bis zum letzten Statisten war alles verjudet. Berühmt waren in dieser Hinsicht das Lustspieltheater und Budapests einstige führende Operettenbühne, das Kiraly-Theater mit der Tochter des Ujpester Oberrabbiners als weiblichem Star sowie das Ungarische Theater mit seiner Serie jüdischer Direktoren in seiner „christlichen" Ära. In der Königlichen Oper hat dagegen niemals ein jüdischer Direktor oder Intendant das Zepter geführt; um so jüdischer sah es daher unter den Musikern und Sängern aus. Am jüdischsten aber waren die Stückschreiber, die Komponisten und Dichter der leichten Muse, die Drehbuchautoren beim Theater und am allerschlimmsten beim Film. Juden, nichts als Juden. Juden die Drehbuchautoren, Juden die Regisseure, Juden die Darsteller, vor allem aber die Geldgeber und Geldmacher. Mit alledem ist nun aufgeräumt, wenn auch noch nicht überall der letzte Jude oder Halbjude, namentlich bei der Operette und im Varieté, verschwunden ist. Und wiederum hat es sich gezeigt, daß Theater und Film durch die Reinigung wirtschaftlich gesundet und künstlerisch aufgeblüht sind.
Beim *Handel* mußte es natürlich das Bestreben des Gesetzgebers und seiner Durchführungsorgane sein, den Juden, der im Großhandel wie im Kramladen bisher den Ton angab, vor allem aus allen Geschäftszweigen mit lebenswichtigen Produkten zu verdrängen, also aus dem Handel mit Getreide, Kartoffeln, mit Heu und Stroh, mit dem Vieh und seinen Nebenprodukten, mit Holz und Petroleum, mit Wein und Branntwein, Domänen, die von jeher in jüdischer Hand waren. So manche der dargebotenen Vergleichsziffern lassen erkennen, wie groß der bereits zurückgelegte Weg ist, aber auch welche Schwierigkeiten noch zu überwinden sind. So waren beispielsweise von den 22 Großfirmen, die in dem Jahr vor dem ersten Judengesetz das Hauptgeschäft in Heu und Stroh im In- und Ausland besorgten, nur zwei arisch, während heute im Export nur noch arische Firmen tätig sind. Weiters ist den Juden der Handel mit Talg entwunden worden; der Handel mit Textilabfällen und auch der Zwiebelhandel sind schon judenrein. Die Ausübung des Eierhandels ist seit dem 1. Juli an eine behördliche Konzession geknüpft, die wiederum von der Erbringung des Ariernachweises abhängig ist. Im Handel mit dem kernungarischen Paprika, der nicht weniger verjudet war, befinden sich heute unter den Inlandsgeschäften und im Export tätigen Großfirmen nur mehr fünf Juden. Aus dem Kartoffelgeschäft sind die Juden zwar noch nicht ganz ausgemerzt, aber dafür bereits von der Übernahme der Kartoffeln von den Erzeugern und aus dem Export ausgeschaltet. Im Samenhandel zeigt ein Vergleich der beiden Listen vor und nach der

Entjudung, daß bereits ansehnliche Ergebnisse erzielt worden sind. Im Textilhandel sowie im Kohlenhandel ist dagegen kaum schon ein Wandel eingetreten und ebenso wenig im Pelzgroßhandel sowie beim Sohlenlederhandel. Im Brennholzgeschäft dominiert neben den über wenig Geld und noch weniger Erfahrung verfügenden Ariern weiter der Jude und vergrößert in offenkundiger passiver Resistenz aus achsenfeindlichen Motiven die infolge der langen Trockenperiode und aus Waggonmangel entstandenen Versorgungsschwierigkeiten. Radikal ging die Regierung im Weinhandel vor, indem sie den übriggebliebenen Judenfirmen mit 1. Juli 1942 die Konzessionen entzog und den arischen Unternehmern mit Leihgeldern unter die Arme griff. Offiziell ist der ungarische Weinhandel seit diesem Tage judenfrei, in Wirklichkeit dürfte freilich noch so mancher Jude mehr oder weniger getarnt und mit seinem Gelde darin tätig sein.

Den Banken und Versicherungsgeschäften ist die Durchführung eines vom Gesetz vorgeschriebenen personellen Arisierungsschlüssels bis zum 1. Jänner 1943 zur Pflicht gemacht worden, doch gibt es dafür in den leitenden Stellen viele „Aladare" oder Strohmänner, wie der Volksmund die Platzhalter der ausgelöschten Juden nennt. Ähnlich, nur noch weit durchsichtiger und schwieriger, sind die Verhältnisse auch in der *Großindustrie*. So konnte beispielsweise die Arisierung der Stärkefabriken, die mit einer Regierungsverordnung vom 1. September 1939 verfügt worden ist, erst nur zur Hälfte durchgeführt werden, weil es trotz eingerichteter Kurse an ausreichender Anzahl arischer Fachmänner immer noch fehlt.

Von den 736 032 Katastraljoch, das sind über 350 000 Hektar, *landwirtschaftlichen Bodens* in Judenhänden sind auf Grund der im Februar dieses Jahres erschienenen Regierungsverordnung[5] bisher 434 447, das sind über 60 Prozent, zur Abgabe verpflichtet worden. 180 000 Joch davon sind bereits in arische Hände übergeführt; die Übertragung von 25 000 weiteren Joch aus jüdischem Kleinbesitz bis zu 5 Joch findet in diesen Tagen statt, und bis zum Ende des Jahres kann, nach den Ankündigungen des Ministerpräsidenten, wohl mit der vollen Befreiung des ungarischen Bodens von Juden gerechnet werden.

Alles in allem beweisen die angeführten Daten, daß mit dem vor fünf Jahren eingeleiteten Entjudungsprozeß in Ungarn bereits Beachtliches erzielt worden ist. Sie bezeugen andererseits zugleich aber auch, daß viel mehr noch zu tun übrigbleibt und daß ein *drittes* Judengesetz[6] unerläßlich ist. Denn unberührt ist noch das Judenkapital, unberührt der reiche jüdische Hausbesitz, und mit seinem Geld und Einfluß nistet der Jude immer noch in den Schlüsselstellungen von Hochfinanz und Großindustrie.

5 Das Gesetz 1942:XV. über die Enteignung des jüdischen Besitzes in der ungar. Land- und Forstwirtschaft trat am 6.9.1942 in Kraft und wird in der Geschichtsschreibung vielfach als „Viertes Judengesetz" bezeichnet; Abdruck in: Magyar Törvénytár 1942 (wie Dok. 70 vom 3.6.1942, Anm. 6), S. 89–109.

6 Das „Dritte Judengesetz" wurde am 2.8.1941 erlassen; siehe Dok. 51 vom 2.8.1941.

DOK. 90

Dietrich von Jagow berichtet am 30. Dezember 1942 dem Auswärtigen Amt über die Abstammungsüberprüfung von Béla Imrédy[1]

Schreiben (streng geheim) der deutschen Gesandtschaft Budapest (G.Nr. 237), gez. v. Jagow, an das Auswärtige Amt (Eing. 13.1.1943) vom 30.12.1942[2]

I. Wie der Abgeordnete der Imrédy-Partei, Dr. med. Incze, GR Werkmeister[3] mitgeteilt hat, befindet sich der Abgeordnete Franz Rajniss,[4] bekanntlich einer der besten ungarischen Publizisten und einer der achsentreuesten Politiker, zur Zeit zu Informationszwecken in Finnland. Auf seiner Rückkehr von dort wolle er im Auswärtigen Amt vorsprechen (vermutlich bei UStS Woermann[5] und Gesandten v. Erdmannsdorff), um nachstehende Angelegenheit einer endgültigen Klärung zuzuführen.

Seit einer Reihe von Jahren ist es hier eine offene Frage, ob ein Groß- oder ein Urgroßelternteil des Ministerpräsidenten a. D. v. Imrédy jüdischer Abstammung ist.[6] Imrédy selbst hat zur einwandfreien Klärung dieser Frage weitgehende Nachforschungen anstellen lassen. Diese erstreckten sich insbesondere auf Nachforschungen in den einschlägigen Kirchenbüchern und sonstigen Akten im Sudetenland, wo der fragliche Vorelternteil anscheinend gelebt hatte. Als er glaubte, den Nachweis seiner einwandfrei arischen Abstammung auf Grund der getroffenen Feststellungen erbringen zu können, hatte er den Wunsch, das Ergebnis in irgendeiner Form von einer deutschen Stelle beglaubigt oder anerkannt zu wissen. Er wandte sich daher an den ihm empfohlenen Dr. Felix Zimmermann,[7] Kulturreferent der Stadt Prag (nicht an das Rasse- und Siedlungsforschungsamt in Prag), der sich auch bereit erklärte, als Privatmann eine Nachprüfung der von Imrédy gelieferten Unterlagen vorzunehmen. Dies geschah im Benehmen mit dem Abgeordneten der Imrédy-Partei Dr. med. Incze.

Das Zimmermannsche Votum lautete zunächst positiv. Einige Zeit später erhielt jedoch Dr. Incze, wie dieser streng vertraulich seinerzeit GR Werkmeister mitgeteilt hat, einen

1 PAAA, R 101165.

2 Im Original nur die ersten beiden Ziffern des Datums leserlich: „30.“, und handschriftl. Bearbeitungsvermerke.

3 Dr. Karl Werkmeister (1898–1976), Jurist; von 1921 an im auswärtigen Dienst, 1937/38 in Budapest tätig; 1940 NSDAP-Eintritt, 1940–1944 Gesandtschaftsrat I. Klasse in Budapest, 1944 Referatsleiter für die Slowakei, Ungarn und den Balkan in Berlin, von Sept. 1944 an erneut in Budapest tätig; 1945 Leiter des brit. German Economic Advisory Board, von 1950 an stellv. Leiter der Organisation für wirtschaftliche Zusammenarbeit und Entwicklung in Paris, 1961 Botschafter in Stockholm.

4 Ferenc Rajniss (1893–1946), Betriebswirt, Journalist; 1915–1922 in russ. Kriegsgefangenschaft; 1928 Sekretär, anschließend Vizepräsident der Staatlichen Versicherungsgesellschaft, 1935–1945 Parlamentsabgeordneter, Redakteur von Új Magyarság (Neues Ungartum) und Magyar Futár (Ungarischer Kurier); von Okt. 1944 an Religions- und Bildungsminister; nach 1945 vom ungar. Volksgericht zum Tode verurteilt und hingerichtet.

5 Ernst Woermann (1888–1979), Jurist; 1938 Ministerialdirektor und Leiter der Politischen Abt. im AA.

6 Aufgrund entsprechender Gerüchte reichte Béla Imrédy bereits im Febr. 1939 seinen Rücktritt als Ministerpräsident ein. Später trat er aus der Regierungspartei aus und gründete die Partei der Ungarischen Erneuerung.

7 Dr. Hans Felix Zimmermann (gest. 1945), Familienforscher; Geschäftsführer des deutschen Vereins für Familienkunde für die Tschechoslowak. Republik.

Brief von Dr. Zimmermann, woraus sich ergab, daß er sich auf Grund zusätzlicher neuerer Unterlagen nicht mehr in der Lage sähe, sein bisheriges Votum aufrechtzuerhalten. Dieser Vorgang spielte sich in der ersten Hälfte dieses Jahres ab.

II. Während die Ermittlungen von Dr. Zimmermann noch liefen, entschloß sich Frau v. Imrédy[8] gelegentlich einer Privatreise zu Verwandten nach Berlin den ihr persönlich gut bekannten Reichsminister Dr. Frick aufzusuchen, um auch ihn für die Angelegenheit zu interessieren. Wie sie nach ihrer Rückkehr mitteilte, hatte sie Dr. Frick alle notwendigen Unterlagen übergeben und ihn gebeten, auf Grund des ermittelten und ihm (Reichsminister Frick) übergebenen Ahnennachweises möglichst durch eine amtliche oder parteioffizielle Stelle bestätigen zu lassen, daß ihr Mann als arisch zu betrachten sei. Reichsminister Dr. Frick hat ihr damals, wie sie mitteilte, bereitwilligst seine Hilfe zugesagt. Eine abschließende schriftliche Mitteilung hat Frau v. Imrédy von Reichsminister Dr. Frick bisher jedoch nicht erhalten. Dagegen hat sie in der Zwischenzeit mit dessen Generalreferenten Dr. Draeger[9] korrespondiert, dessen letzte Mitteilung, die aber einige Monate zurückliegt, dahin ging, daß die Ermittlungen langwierig seien und daher noch nicht hätten abgeschlossen werden können.

III. In Kenntnis dieser Mitteilung von Dr. Draeger hat seinerzeit Dr. med. Incze davon abgesehen, wie er GR Werkmeister mitgeteilt hat, seinen Parteichef Imrédy von der negativen Stellungnahme des Dr. Zimmermann zu unterrichten. Er ging dabei davon aus, daß Dr. Zimmermann, obwohl er in Prag ein anerkannter Genealoge sei, doch nur ein privates Gutachten abgeben könnte, während Frau v. Imrédy Reichsminister Dr. Frick um eine amtliche Stellungnahme gebeten hatte, die ja auch zweifellos eintreffen würde. Diese Stellungnahme ist aber bis heute nicht eingetroffen. Hierüber ist Ministerpräsident a. D. v. Imrédy begreiflicherweise beunruhigt. Dr. Incze hat mich wissen lassen, daß es sich jetzt für Herrn v. Imrédy darum handele, überhaupt ein Votum zu erhalten, ganz gleich, ob es für ihn positiv oder negativ sein würde.

IV. Der Abgeordnete Rajniss dürfte somit in erster Linie dort den Wunsch vorbringen, das Auswärtige Amt möge sich dafür verwenden, daß in kürzester Frist die Stellungnahme des Reichsinnenministers Dr. Frick erfolge. Außerdem soll er die Absicht haben, wie ich vertraulich erfahre, darauf hinzuweisen, daß das Verbleiben Imrédys an der Spitze der von ihm geführten Partei wie sein weiteres politisches Wirken überhaupt von einer günstigen Stellungnahme abhängig sein würde. Mir ist bekannt, daß der Abgeordnete Rajniss die Auffassung vertritt, Deutschland könne sich in Ungarn 100%ig nur auf die Imrédy-Partei und ihren Führer verlassen, deren Achsentreue über jeden Zweifel erhaben wäre. Es sei daher auch für Deutschland von politischer Bedeutung, ob diese Stellungnahme positiv oder negativ ausfallen würde.[10]

8 Irén Nelky (1892–1980).

9 Dr. Hans Draeger (*1896), Staatswissenschaftler; 1932 NSDAP-Eintritt, 1933 Abteilungsleiter beim Wehrpolitischen Amt der NSDAP-Reichsleitung, vor Aug. 1943 Büroleiter des Ministerbüros von Reichsinnenminister Wilhelm Frick, Ministerialdirigent, 1944/45 Leiter der Auslandsabt. des Reichsministeriums für Volksaufklärung und Propaganda.

10 Die Nachforschungen ergaben bereits im Nov. 1942, dass Imrédy „großmütterlicherseits mit jüdischem Blut behaftet sei"; siehe Schreiben, Unterschrift unleserlich, an Woermann vom 30.11.1942, wie Anm. 1.

Ich glaube daher davon ausgehen zu können, daß Rajniss sich in der Hoffnung wiegt, daß es gegebenenfalls aus politischen Erwägungen nicht unmöglich sein sollte, das Votum etwas zu „frisieren".

V. Die überragende Bedeutung Imrédys als politischer Faktor, um nicht zu sagen als politisches Achsengewissen Ungarns, muß ich anerkennen. Bei seinem Ausscheiden aus dem politischen Leben würde die bisher von ihm geführte Partei in Bedeutung und Stoßkraft erheblich verlieren. Ich erkenne daher auch meinerseits durchaus die Berechtigung des Imrédyschen Wunsches an, nach so langer Zeit über das Ergebnis unserer Nachforschungen nicht im unklaren gelassen zu werden.[11]

DOK. 91

Der deutsche Gesandte in Ungarn informiert am 29. Januar 1943 das Auswärtige Amt, dass das Judenkommissariat in Budapest nicht aufgelöst wurde[1]

Telegramm (Nr. 162; auf Geheimerlass 21. d. Mts. – D III. 67 g – nur als Verschlusssache zu behandeln), gez. v. Jagow, Budapest, an das Auswärtige Amt (Eing. 29.1.1943, 22.00 Uhr) vom 29.1.1943, 21.15 Uhr[2]

Die in der Anlage des angeführten Erlasses enthaltene Feststellung, daß das Juden-Kommissariat in Budapest zum 1. d. Mts. aufgelöst worden sei,[3] trifft nicht zu. Das sogenannte Juden-Kommissariat – seine amtliche Bezeichnung lautet: Regierungs-Kommissariat zur Beseitigung der intellektuellen Arbeitslosigkeit – umfaßt etwa 600 Beamte und Angestellte und ist nach wie vor in voller Tätigkeit.[4] Dagegen hat der dem Ministerpräsidenten unmittelbar unterstehende Leiter des Kommissariats, Sektionschef von Kulcsar,[5] bereits vor einer Reihe von Monaten dem Ministerpräsidenten seine Demission eingereicht.

11 Im Original handschriftl. Notiz: „Laut tel. Unterhaltung mit Herrn Draeger beabsichtigt das Innenministerium keinerlei Bescheinigung über die Abstammung auszustellen. Der Vertrauensmann Imrédys – ein gewisser Frank – hat" – die Notiz bricht an dieser Stelle ab.

1 PAAA, R 100980. Abdruck als Faksimile in: Braham (Hrsg.), The Destruction of Hungarian Jewry (wie Dok. 76 vom 25.9.1942, Anm. 1), Dok. 93, S. 201.

2 Im Original Verteilerliste, handschriftl. Vermerke und Eingangsstempel des AA (D III. 122 g) vom 30.1.1943.

3 Wie Anm. 1.

4 Das Regierungskommissariat zur Beseitigung der intellektuellen Arbeitslosigkeit überwachte die Umsetzung der Judengesetze. Das Kommissariat bestand aus drei Hauptabt., bot Umschulungen, Kredite sowie Arbeitsvermittlung für nichtjüdische Arbeitnehmer an und kontrollierte halbjährlich die Einhaltung der Quotenregelungen, die in den Judengesetzen festgeschrieben worden waren. Es war berechtigt, Gehälter zu senken und Entlassungen zu bewirken oder Betriebsleiter vorzuschlagen; siehe Krisztián Ungváry, A Horthy-rendszer és antiszemitizmusának mérlege. Diszkrimináció, társadalompolitika és antiszemitizmus Magyarországon 1919–1944, Budapest 2016, S. 452–457.

5 Richtig: Dr. István Kultsár (*1899), Offizier; Sekretär im Bildungsministerium, 1937 Ministerialkommissar, zuständig für die Beseitigung der intellektuellen Arbeitslosigkeit, 1938–1942 Regierungskommissar für die Überwachung der Umsetzung der Judengesetze auf dem Gebiet der intellektuellen Berufe; nach 1945 Emigration nach Südamerika.

Diese ist auch zum 1. d. Mts. angenommen worden. Herr von Kallay hat aber Herrn von Kulcsar gebeten, bis auf weiteres die Geschäfte weiterzuführen, anscheinend weil man einen geeigneten Nachfolger bisher nicht gefunden hat. Die Demission Kulcsars ist auf grundsätzliche Meinungsverschiedenheiten mit dem Ministerpräsidenten, die dieser allerdings nicht wahrhaben will, zurückzuführen.[6]
Vorstehende Information, die von Sektionschef Kulcsar selbst stammt, bitte ich streng vertraulich zu behandeln.

DOK. 92
Das ungarische Innenministerium weist im Januar 1943 die Polizeidirektion von Oroszvár an, nach Ungarn zurückkehrende Juden über ihr Vermögen im Ausland zu verhören[1]

Schreiben (streng geheim) des kgl. ungar. Innenministers[2] (Nr. 2355, 1943/VII.res.) an den Leiter der kgl. ungar. Polizeiaußenstelle in Oroszvár[3] (Eing. 31.1.1943) von Januar 1943

Betreff: Heimkehr der auf besetztem westeuropäischem Gebiet lebenden ungarischen Juden
Anlage: 1 Stück[4]

Hiermit teile ich Ihnen mit, dass auf Grundlage des Übereinkommens zwischen der ungarischen und der deutschen Regierung Juden mit ungarischer Staatsbürgerschaft von den deutsch besetzen westlichen Gebieten (Belgien, Holland, Frankreich) nach Ungarn transportiert werden sollen.[5]
Sie sind angehalten, die Judentransporte, die über ein Reisedokument für Gruppen mit deutschem oder eventuell italienischem Transitvisum verfügen, einreisen zu lassen und zu übernehmen. Bei dem Reisedokument kann es sich unter Umständen lediglich um ein einfaches Namensregister handeln. Dieses Register ist einzuziehen und die einreisenden Personen auf ihr Vorleben gewissenhaft zu überprüfen und kurz dahingehend zu verhören, wohin sie zum dauerhaften Aufenthalt auf ungarischem Gebiet reisen, des Weiteren wo sie im Ausland (unter Angabe der genauen Adresse) und in welchem Wert

6 Miklós Kállay unternahm bereits am 1.1.1943 einen Versuch, Kultsár abzulösen. Dies scheiterte an der deutschen Intervention. Am 10.3.1943 wurde er schließich wegen Verdachts auf Korruption entlassen. Da das sog. Zweite Judengesetz als Stichtag für die Erreichung der gesetzlich festgeschriebenen Quote für jüdische Arbeitnehmer den 31.12.1942 festsetzte, wurde die Arbeit des Kommissariats anschließend formal eingestellt. Dessen Aufgabenbereich übernahm der Leiter der Aufsichtsbehörde für Allgemeine Belange, János Sztamoray.

1 ÁBTL, 3.1.9. V-138271/268. Das Dokument wurde aus dem Ungarischen übersetzt.
2 Ferenc Keresztes-Fischer.
3 Miklós Gaál (*1906), Polizeireferendar.
4 Liegt nicht in der Akte.
5 Die deutsche Regierung hatte Ungarn 1942 aufgefordert, die in den deutsch besetzten Gebieten lebenden ungar. Juden bis zum 1.1.1943 nach Ungarn zurückzuholen, andernfalls würden sie wie die einheimischen Juden behandelt werden. Diese Frist wurde in den nächsten Monaten bis zum 31.1. und schließlich bis zum 1.4.1943 verlängert; siehe auch Dok. 81 vom 6.10.1942 sowie Einleitung, S. 48 f.

bewegliches oder unbewegliches Vermögen zurückgelassen haben, eventuell mit namentlicher Nennung des Verwalters.
Auf Grundlage der Antworten ist ein Namensregister zu erstellen und mitsamt dem eingezogenen Register als Reisedokument und mit Hinweis auf die vorliegende Verordnung mir vorzulegen.

DOK. 93
Éva Ács befürchtet am 27. Februar 1943, dass sich ihr Lebensgefährte durch seinen Arbeitsdienst von ihr entfremdet haben könnte[1]

Handschriftl. Brieftagebuch von Éva Ács, Eintrag vom 27.2.1943

Mein liebster Laci![2]
Die Zeit vergeht, und bald sind der März und der Frühling da, und ich bin viel bitterer gestimmt als zuvor. Genau vor einem Jahr hast Du fröhlich geschrieben, dass Du Dich auf die nahende, für Juni 1942 angesetzte Demobilisierung freust,[3] aber jetzt, ein Jahr später, stehen wir viel schlimmer da als je zuvor.
Es ist das erste Mal in meinem Leben, dass ich ernsthaft darüber nachdenke und zweifle, ob wir wirklich so glücklich sein werden, wie wir es mit süßem Optimismus gemeinsam geplant haben.
Ich will jetzt sehr aufrichtig sein. Ich habe das Gefühl, dass es mir eine Erleichterung sein wird, wenn es mir gelingt, dies alles niederzuschreiben. Wenn ich erkenne, was mich bedrückt, werde ich mich davon befreien.
Es ist, als ob mein Optimismus mich verlassen hätte. Ich glaube nicht an unser zukünftiges Glück. Es ist möglich, dass ich Dich nie wieder sehen werde, dass ich Dich nie wieder küssen, streicheln kann, dass ich Deine Stimme nie mehr hören werde …
Dieser Gedanke macht mich verrückt!
Wenn Du aber doch zurückkehren würdest, wären wir einander dann nicht völlig fremd?!
Schon die vergangenen fünf Monate waren eine sehr lange Zeit. Wir konnten einander nicht einmal Briefe schreiben, um unsere Gedanken auszutauschen.
Und was mir die größte Sorge bereitet, bist Du, mein Engelchen. Bereits in diesen Monaten musstest Du große Entbehrungen ertragen, Du musstest Dinge durchmachen, die, so glaube ich, für ein ganzes Leben ausreichen.
Und diese Kälte, der Hunger, fern von der Heimat, die mühsamen Fluchten, schrecklich. Du, der Du so gerne lernst und liest, musst auf Kultur, auf menschlichen Umgang verzichten. Und das geht nun schon seit drei Jahren so. Aber ich glaube, die ersten beiden Jahre, so schwer sie schienen, waren im Vergleich zu jetzt ein Kinderspiel.
Es wäre also kein Wunder, wenn Dich das alles nervlich belastet und Du Dich womöglich verändert hast.

1 BFL, 1718/616. Das Dokument wurde aus dem Ungarischen übersetzt.
2 László Kohut.
3 Wie der allgemeine Militärdienst war auch der Arbeitsdienst zeitlich befristet.

Ich bitte Dich: Missversteh mich nicht. Ich liebe Dich, viel mehr als je zuvor. Ich würde Dich [auch] nicht verlassen, wenn Du nicht gesund, [sondern] versehrt zurückkehren würdest. Ich kann mich deutlich an Dein Versprechen erinnern, als Du geschworen hast, nichts Dummes zu unternehmen, auch wenn dies der Fall wäre. Es würde in mir auch kein Zweifel aufkommen, wenn Du seelisch krank und nervlich zerrüttet nach Hause kommen würdest.

Ich fühle mich stark, um Dich zu pflegen, zu heilen, und ich weiß, dass Du in meinen Armen lachen und Dich über das Leben freuen und in kürzester Zeit alles vergessen würdest.

Ich fürchte aber, dass Du Dich von mir entfremdet hast. In den Monaten der Entbehrung konnte ein sanftes Wort, ein verständnisvolles Streicheln beruhigend wirken, doch ich würde mich nicht wundern, wenn Du mich vergessen und Dein Herz einer anderen zuwenden würdest.

Und selbst wenn Du mich nicht ganz vergessen würdest, wäre ich für Dich eine schöne Erinnerung, und unsere Liebe würde sich in jugendlichen Träumereien und in einem nie zu verwirklichenden Trugbild erschöpfen.

Die Jungen vergessen viel schneller als die Mädchen. Ich trage Dein Bild bis zum Ende meines Lebens in meinem Herzen, ich werde Dir ewig treu bleiben …

Ich vergesse [auch] die süßen Stunden und all das nicht, was ich Dir schulde.

Wenn Du Dir das Bild in Erinnerung rufst, als Du mich kennengelernt hast, in einer Matrosenuniform bei meinem Schulabschlussfest, und wenn Du dieses Bild mit meinem heutigen Ich vergleichst, wirst Du Dir eingestehen, dass ich eine Wandlung durchgemacht habe.

Ich weiß nicht, ob zu meinem Vor- oder Nachteil, aber Tatsache ist, dass ich viel ernster geworden bin.

Ich habe den Eindruck, dass ich größere Herausforderungen gemeistert habe, als es die Reifeprüfung war. Wenn Du wüsstest, wie kindisch mir die damaligen großen Probleme, die Aufregung um die Reifeprüfung, [heute] vorkommen! Ich habe den Eindruck, dass ich nicht damals, sondern seither mehrere Reifeprüfungen abgelegt habe.

Ich sehe erst jetzt, wie unerfahren ich war. Ich habe das Gefühl, dass ich das Leben kenne, und dass ich in der Zwischenzeit auch viel pragmatischer geworden bin. Die heutige Welt des Kriegs, Deine Abwesenheit, die grenzenlose Sorge um Dich, [viele] kleinere Probleme und nicht zuletzt die eineinhalb Jahre im Amt haben mich ernster werden lassen.

Ich möchte Dir noch so viel sagen, mein Süßer, aber es ist schon tiefe Nacht, dass ich diese Zeilen niederschreibe. Vati und Mutti kommen bald nach Hause, ich schließe meine Gedanken ab und werde sie morgen fortsetzen.

Ich sende Dir Millionen von Küssen, Deine ewig treue

DOK. 94
Fanni Gyarmati schildert am 16. März 1943 die Misshandlung ihres Mannes Miklós Radnóti durch ungarische Soldaten[1]

Stenograph. Tagebuch von Fanni Gyarmati, Eintrag vom 16.3.1943 (Abschrift)

Der Religionsunterricht fällt aus.[2] Tante Frieda[3] ist krank, sie hat Influenza. Ich fahre nicht zu ihr, will nach den Stunden[4] nach Hause gehen, doch ein Anruf von Mik[5] kommt mir zuvor. Mit einer recht erschreckenden Unruhe drängt er mich, nach Hause zu kommen, er werde mir [dort] sagen, warum. Ich renne aufgeregt, zitternd [nach Hause]; was könnte ihm denn wieder widerfahren sein? Mit Herzklopfen steige ich die Treppen hoch, öffne mit den eigenen Schlüsseln die Tür und dort, unter der Lampe, sitzt Mik, in sich zusammengesunken, noch angezogen in Lederjacke und Mütze, und sieht mich nicht einmal an, als ich ihn, schon fast außer mir, frage, was geschehen sei. Er blickt zu mir hoch, zieht die Mütze ab, und ich sehe, dass sein Schädel völlig kahlgeschoren wurde. Dann sagt er mit einem schrecklich zermarterten Gesichtsausdruck: [„]Ich wurde gefoltert.[“] [„]Aber wer und wie?[“], rufe ich laut aus, und, fast schon nach Luft schnappend, knie vor ihm nieder, und langsam entlocke ich ihm die Worte, die Geschehnisse. Er ist an der Ecke Aréna-Straße umgestiegen und hat an der Haltestelle in einem Buch gelesen, als ihm ein Soldat in den Rücken geschlagen und ihn gefragt hat, warum er nicht salutiere. [„]Ich habe Sie nicht gesehen[“], antwortet er und will den Dienstschein mit der Erlaubnis zeigen,[6] zum Zahnarzt zu gehen. [„]Kommen Sie doch mal mit[“], sagt der andere und zerrt ihn zur gegenüberliegenden Albrechtskaserne hinüber, wo schon ein Fähnrich, ein Leutnant, ein Feldwebel und andere Soldaten ihn erwarten; er wird angebrüllt: [„]Na, dreckiger Jude, wir werden es dir zeigen. Ab mit ihm![“] Daraufhin wird er in eine dunkle Zelle geworfen, in der er nur wenige Minuten bleibt, doch vorher wird ihm noch alles weggenommen, Tasche, Schuhbänder, Hosenträger usw. Drinnen trifft er auf zwei Arbeiter, die ihm rasch erzählen, sie seien hier, weil sie in der Rüstungsfabrik eine Lohnerhöhung gefordert hätten, wobei sie eigentlich am Margit-Ring[7] sein sollten, wo es aber keinen Platz mehr gebe, deshalb seien sie hierher gebracht worden. Dann wird er [Mik] in ein anderes Zimmer geführt, einem Barbier wird aufgetragen, ihn kahlzuscheren, mit dem Kommentar: [„]Lausiger Jude, das hast du verdient.[“] Er muss das Ganze hockend über sich ergehen lassen, dann muss er seine eigenen Haare aufkehren und wegputzen und dem Barbier sogar 60 Fillér zahlen. Danach wird er auf den Hof abkommandiert, von hinten auf den Kopf geschlagen, und eine gute

1 MTA Könyvtára Kézirattára, Ms 2673/1. Abdruck in: Gyarmati, Napló (wie Dok. 6 vom 12.–16.3.1938, Anm. 1), Bd. I, S. 239–241. Das Dokument wurde aus dem Ungarischen übersetzt.

2 Miklós Radnóti und Fanni Gyarmati konvertierten am 2.5.1943 zum katholischen Glauben. Die katholische Kirche schrieb im Vorfeld den Besuch des Religionsunterrichts vor.

3 Frieda Stadler (1906–1969), Lehrerin; Gründerin der ungar. katholischen Mädchenbewegung, Religionslehrerin von Fanni Gyarmati.

4 Gemeint sind vermutlich die Unterrichtsstunden in der Fachschule für Stenographie und Maschinenschreiben, wo Fanni Gyarmati als Lehrerin tätig war.

5 Miklós Radnóti.

6 Zu dieser Zeit war Radnóti zum zweiten Mal zum Arbeitsdienst eingezogen worden.

7 Gefängnis in Budapest.

Stunde lang oder länger muss er auf schrecklichste Weise exerzieren, in erster Linie auf dem schmutzigen, staubigen Boden Purzelbäume schlagen, dann auf dem Bauch vorwärts robben, liegen bleiben, und als er nicht mehr kann, tritt man auf ihn ein. Währenddessen werden zwei andere [Verhaftete] mit dem Ausruf „Wir haben noch zwei geschnappt!“ hereingeführt. Es sind zwei weitere Arbeitsdienstler mit gelben Armstreifen,[8] und so wird der Kasernengeist offensichtlich: vorsätzliche Jagd auf zu folternde Subjekte. Die Herren Offiziere begleiten das Foltern mit Kommentaren: Hab keine Angst, dreckiger Jude, nicht die Russen, sondern die Deutschen werden siegen, und ich werde (das heißt: sie werden) auch noch in 20 Jahren hier sein. Eines der beiden eben hereingeführten Opfer sagt, er leide an einer Herzkrankheit, und beginnt zu weinen, woraufhin er ordentlich zusammengeschlagen wird. Er blutet im Gesicht und wird nicht mit Miklós entlassen, sondern zum Abwaschen abgeführt, damit er keine sichtbaren Wunden trägt, auch Miklós wird im Lampenlicht inspiziert. Dann wird ihm drohend mitgeteilt, das sei eine „Übung in Salutieren“ gewesen. Ob er es verstanden habe? Selbst wenn er also Anzeige erstatte, werde dies nichts nutzen, weil er nichts beweisen könne. Mik geht, gebrochen, pechschwarz, dreckig, abgrundtief gedemütigt. Als ich all das höre, schaffe ich es nicht mehr, ich schluchze, mich zerfleischt der Schmerz, und ich glaube nun alles, all die schrecklichen Demütigungen im Ausland, über die berichtet wird, zumal so etwas auch hier vorkommen kann, ein derartiges Ausgeliefertsein, derartige niederträchtige und sadistische Gemeinheiten. Ich wasche drei Mal Miks armen kahlen Kopf mit warmem Wasser ab, er ist voller kleiner Beulen, seine Kleider reinige ich zwei Stunden lang, bringe sie irgendwie in Ordnung, dann bringe ich ihn ins Bett. Er geht nicht zurück [zu seiner Arbeitsdienstkompanie], er schafft es nicht, erst morgen in der Frühe, in der Morgendämmerung. Mein armer Schatz schläft, nachdem er ein Schlafmittel genommen hat, ich aber wache die ganze Nacht und quäle mich. Merkwürdigerweise verspüre ich keine Rachegelüste, nur eine unendliche Traurigkeit und Angst vor dem, was noch kommen kann, was denen da draußen[9] wohl passiert ist und wie Mik es schaffen wird, sich von dieser Geschichte zu erholen. Am nächsten Tag meldet Mik den Fall natürlich. Riesige Entrüstung seitens des stellvertretenden Kommandanten Endre Vojtkó,[10] der eigentlich gar kein Militär ist, sondern ein richtig humanistisch gesinnter Zivilist, der Miklós sehr gern hat. Er will den Fall sofort bei der Stadtkommandantur melden, doch der Feldwebel rät ihm ab, indem er ihn davon überzeugt, dass dies Mik nur große Probleme verursachen würde, weil er wegen Diffamierung der Armee fertiggemacht werden könnte. Das alles sei so veranstaltet worden, dass man es nicht beweisen könne, das habe auch die Zahlung an den Barbier bezweckt. Der Leutnant schäumt vor Wut, aber der Feldwebel erklärt ihm, dass [die Täter], selbst wenn sie „ungarische Offiziere“ seien, das Ganze auf jeden Fall leugnen würden. Auch der Kommandant erklärt, man müsse warten, bis sich ähnliche Fälle ereigneten, und sollte eine Sammelklage erhoben werden, würde sie von ihnen [den anwesenden Militärs] auch unterstützt werden.

8 Zur Kennzeichnung von Personen jüdischer Herkunft im Arbeitsdienst siehe Dok. 47 vom 7.5.1941.

9 Gemeint sind die Juden, die zur Zwangsarbeit bei der ungar. Armee in der Sowjetunion eingesetzt wurden.

10 Richtig: Pál Vojtkó, Leutnant; Angestellter in der Firma Hofer und Schrantz; stellv. Kompaniechef in der Einheit von Miklós Radnóti während seines zweiten Arbeitsdienstes.

Miklós hat sich durch dieses ungeteilte Mitgefühl und die Entrüstung ein wenig beruhigt; inzwischen stellt sich heraus, dass schon mehrere aus der Kompanie über ähnliche Fälle von den Kameraden aus anderen Kompanien gehört haben. Ein Kamerad kommt vorbei, er traf denjenigen, der nach Mik [in der Kaserne] eingeliefert wurde, im Jüdischen Krankenhaus: Da dem Mann die Mittelhand gebrochen worden war, hatte ihn sein Kommandant zu einer Röntgenuntersuchung geschickt. Er ließ eine Diagnose stellen. Vielleicht werden diese niederträchtigen, feigen Hunde eines Besseren belehrt, wenn sich die Beschwerden mehren und verbreiten und von mehreren Seiten gemeldet werden. Aber auch das ist nicht sicher. Ich habe in dieser schlaflosen Nacht gehofft, dass als Entschädigung jetzt der Befehl zur Demobilisierung eintreffen müsse, [denn] Gott kann ja nicht so sein. Aber es ist nichts gekommen, nur ein Brief, in dem er [Mik] aufgefordert wurde, sich beim Ersatz[kommando] in der Vilma-királynő-Straße zu melden. Diesen [Brief] haben alle aus dem gleichen Jahrgang, die nicht im Januar eingerückt sind, erhalten. Es ist nur eine Kontrollmeldung, um festzustellen, ob sie wirklich eingerückt sind. Und ich hatte schon geglaubt, die Sache könnte etwas mit der Demobilisierung zu tun haben.

DOK. 95
Der Gerichtshof von Kolozsvár (Cluj) verurteilt am 24. März 1943 György Illyés, da er für Imre Fuchs als Strohmann bei der Führung seines Unternehmens fungierte[1]

Urteils des Kgl. Gerichtshofs von Kolozsvár (B.I.895/1943, Nr. 3) gegen György Illyés und Imre Fuchs, Unterschrift unleserlich, vom 24.3.1943 (Abschrift)[2]

Im Namen der Heiligen Ungarischen Krone!
Der als Strafgerichtshof handelnde Kgl. Gerichtshof von Kolozsvár hat aufgrund eines Vergehens gemäß §26 Abs. 3 und 6 des Gesetzes 1939:IV[3] in der Sache György Illyés und seines Mittäters in der öffentlichen Hauptverhandlung das folgende *Urteil* gefällt:
Der Hauptangeklagte György Illyés, 34 Jahre alt, römisch-katholisch, geboren in Szászfenes, wohnhaft in Kolozsvár, ungarischer Staatsangehöriger, ledig, Inhaber eines Abschreib- und Übersetzungsbüros, Schulausbildung: drei Klassen Mittelschule, abgeschlossener Militärdienst, mittellos, und Imre Fuchs, Mitangeklagter, 51 Jahre alt, israelitischer Konfession, geboren und wohnhaft in Kolozsvár, Schulausbildung: vier Klassen Mittelschule, verheiratet, abgeschlossener Militärdienst, mittellos, Drucker und Stenotypist, werden wegen einer gemeinschaftlich verübten Tat gemäß §70 StGB[4] und §26 Abs. 3 und 6 des Gesetzes 1939:IV schuldig gesprochen.
Der Kgl. Gerichtshof verurteilt den Hauptangeklagten György Illyés aufgrund (des oben erwähnten Gesetzes) §26 Abs. des Gesetzes 1939:IV unter Berücksichtigung von §92

1 Arhivele Naționale ale României, Parchetul General Maghiar Cluj, Fond 138, Inventar 36, 55/1943, Kopie: USHMM, RG-25017. Das Dokument wurde aus dem Ungarischen übersetzt.
2 Im Original Stempel des Kgl. Gerichtshofs.
3 Siehe Dok. 29 vom 5.5.1939.
4 §70 des Gesetzes 1878:V besagte, dass all jene als Täter zu betrachten seien, die eine Straftat oder ein Vergehen gemeinsam begangen haben.

StGB[5] zu einer Geldstrafe in Höhe von 200 (zweihundert) Pengő; den Mitangeklagten, Imre Fuchs, aufgrund des gleichen Gesetzes unter Heranziehung von §92 StGB zu einer Geldstrafe in Höhe von 300 (dreihundert) Pengő.
Im Falle der Nichteintreibung der Geldstrafe wird der Hauptangeklagte György Illyés aufgrund des in §§8, 9 und 10 Strafnovelle II[6] bemessenen Tagessatzes von 10 Pengő pro Tag zu einer Haftstrafe von 20 (zwanzig) Tagen, der Mitangeklagte Imre Fuchs zu einer Haftstrafe von 30 (dreißig) Tagen verurteilt.
Die Geldstrafe ist gemäß §3 des Gesetzes 1892:XXVII[7] innerhalb von 15 Tagen nach dem Inkrafttreten des Urteils unter Androhung der Zwangsvollstreckung auf das Postscheckkonto 108 807 (Konto für Strafgelder des Ministeriums für Justiz, Budapest) unter Angabe des Verwendungszwecks einzuzahlen.
Die Angeklagten sind verpflichtet, im Sinne des §480 des Gesetzes 1896:XXXIII[8] der Staatskasse die aufgelaufenen und künftigen Prozesskosten zu erstatten, der Kgl. Gerichtshof betrachtet diese jedoch aufgrund §4 des Gesetzes 1890:XLIII[9] zunächst als nicht eintreibbar.
Der Kgl. Gerichtshof ordnet an, das Urteil nach seinem Inkrafttreten aufgrund §394 StPO[10] mitsamt der Führungs- und Vermögenszeugnisse der Angeklagten der Kgl. Staatsanwaltschaft Kolozsvár zu überstellen.
Begründung:
Der Kgl. Gerichtshof hat aufgrund der teilweise abgelegten Geständnisse der Angeklagten, der Aussagen der bei der Hauptverhandlung verhörten Zeugen János Istok und Margit Horváth sowie der bei der Hauptverhandlung zu Protokoll gegebenen Angaben aus den Ermittlungen den folgenden Tatbestand festgestellt:
György Illyés, Hauptangeklagter, hat als Nichtjude unter seinem Namen im Januar 1941 in Kolozsvár bei der dortigen Gewerbebehörde unter dem Geschäftszeichen 17 781/1941 einen Gewerbeschein zur Ausübung von Abschreib- und Übersetzungstätigkeiten für den mitangeklagten Juden Imre Fuchs beantragt. Der Mitangeklagte Imre Fuchs führte das Abschreibe- und Übersetzungsbüro von Januar 1941 bis Januar 1943. In dieser Zeit übte György Illyés dieses Gewerbe nicht aus, sondern hielt sich nur gelegentlich im Geschäft auf, das morgens von Imre Fuchs geöffnet und abends von dem Genannten geschlossen wurde. Der Hauptangeklagte György Illyés und der Mitangeklagte Imre Fuchs

5 §92 des Gesetzes 1878:V wies an, die Strafhöhe auf ihr Minimum abzumildern, wenn die mildernden Umstände besonders bedeutsam sind oder in besonders großer Anzahl vorkommen.

6 Strafnovelle II zum Gesetz 1878:V wurde als Gesetz X im Jahr 1928 verabschiedet. Die §§8, 9 und 10 ordneten die Festsetzung, die Art und Dauer einer Freiheitsstrafe an, wenn eine Geldstrafe nicht eingetrieben werden konnte.

7 Das Gesetz 1892:XXVII regelte die Verwendung von Geldbeträgen, die durch Geldstrafen oder aus Gefängnisstrafen eingenommen wurden. §3 des Gesetzes besagte, dass Geldstrafen vom Justizminister zu verwalten seien und bei Bedarf für Bauarbeiten in Gefängnissen oder in Besserungsanstalten oder zur Unterstützung von Gefangenen verwendet werden sollten.

8 §480 besagte, dass der Angeklagte bei einem Schuldspruch selbst für die Verfahrenskosten aufkommen müsse.

9 §4 besagte, dass der Gerichtshof selbst darüber zu entscheiden habe, wer in welcher Höhe für die anfallenden Verfahrenskosten aufkommen müsse. Sollte durch die Eintreibung der Kosten die zur Zahlung verpflichtete Person oder ihre Familie finanziell in Bedrängnis geraten, könnten die Verfahrenskosten einstweilen als nicht eintreibbar deklariert werden.

10 §394 regelte Fragen der Berufung.

führten, indem sie auf den Namen des Nichtjuden György Illyés einen Gewerbeschein ausstellen ließen, die Behörden arglistig in die Irre.
Beide Angeklagten leugneten die ihnen zur Last gelegte Straftat.
Ihren Angaben widersprechend, betrachtete der Kgl. Gerichtshof den oben genannten Tatbestand durch die Zeugenaussage von János Istok als erwiesen, der in der Bolyai-Straße 2 ebenfalls ein Abschreibbüro betrieben hat. Dessen Gewerberaum hatte der Hausbesitzer, der Jude Dr. Ákos Mátyás, nach zweijähriger Vermietung gekündigt. Seither unterhält Imre Fuchs unter dem Namen György Illyés dort ein Abschreib- und Übersetzungsbüro.
Der Kgl. Gerichtshof stellt fest, dass der Gewerberaum vom Hauptangeklagten, dem Nichtjuden György Illyés, unter dessen Namen für den Juden Imre Fuchs gemietet wurde.
Der Kgl. Gerichtshof stellt weiterhin fest, dass das Abschreib- und Übersetzungsbüro unter dem Namen von György Illyés von Januar 1941 bis zum 1. Januar 1943 von Imre Fuchs geführt wurde, er galt als tatsächlicher Leiter und Fachmann. Er öffnete und schloss das Büro und führte auch die Schreib- und Übersetzungsarbeiten durch.
Als Tatsache stellt der Kgl. Gerichtshof fest, dass der Hauptangeklagte György Illyés sein Zeugnis über die Absolvierung der Klassen I–III der Mittelschule erst nach Eröffnung des Büros erworben hat.
In ähnlicher Weise wurde festgestellt, dass György Illyés, der von Beruf Maschinenschlosser ist, bei der Eröffnung des Büros weder über Praxis in Maschinenschreiben noch im Übersetzen verfügte.
Haupt- und Mitangeklagter baten aufgrund §221 Abs. 5 StPO,[11] auf die Vereidigung von János Istok zu verzichten.
Der Kgl. Gerichtshof stellte aufgrund der Zeugenaussage von János Istok fest, dass der Hauptangeklagte György Illyés als dessen Konkurrent zu betrachten und dieser Umstand bei dessen Strafanzeige zu berücksichtigen sei; dennoch wurde von der Vereidigung abgesehen, da die Aussage von János Istok den bei der Hauptverhandlung erhobenen Beweisen nicht widersprach. Weiterhin ist der Kgl. Gerichtshof der Ansicht, dass das bestehende Konkurrenzverhältnis zwischen dem Zeugen und dem Hauptangeklagten nicht zu einer derartigen Feindschaft geführt haben kann, dass die Wahrhaftigkeit von Istoks Aussage in Zweifel zu ziehen wäre.
Die Handlung des Hauptangeklagten György Illyés und des Mitangeklagten Imre Fuchs erfüllt den Tatbestand eines Vergehens nach §36 Abs. 3 und 6 des Gesetzes 1939:IV. Der Kgl. Gerichtshof hat die Angeklagten in Ermangelung verminderter Schuldfähigkeit und anderer Strafminderungsgründe schuldig gesprochen und eine Strafe gemäß der oben erwähnten Verordnung verhängt.
Hinsichtlich der Strafhöhe fand der Kgl. Gerichtshof keine erschwerenden Umstände. Das bislang unbescholtene Vorleben und die schwierigen finanziellen Verhältnisse der beiden Angeklagten sowie die familiären Umstände des Mitangeklagten Imre Fuchs wurden als strafmildernd gewertet.
Im Falle des Hauptangeklagten György Illyés sah es der Kgl. Gerichtshof ausdrücklich als strafmildernd an, dass er einer armen ungarischen Familie entstammt und erst im

11 Nach §221 Abs. 5 StPO konnte von der Vereidigung einer Person abgesehen werden, wenn sie mit dem Angeklagten verfeindet war.

Alter von 34 Jahren, nachdem das Land in ungarische Verwaltung übergegangen ist,[12] mit seiner Mittelschulausbildung begann und die im Tatbestand umschriebene Lösung wählte, um auf diese Weise zu einem Brotverdienst und der für seine Ausbildung notwendigen Freizeit zu gelangen.
Als mildernder Umstand wurde weiterhin anerkannt, dass er nach der Eröffnung des Büros mehrmals zum Militärdienst eingezogen wurde und, um das Büro nicht schließen zu müssen, er gezwungen war, es dem Mitangeklagten Imre Fuchs anzuvertrauen.
Als mildernder Umstand ist weiterhin anzuerkennen, dass er seine Freizeit vor und nach seiner Demobilisierung für seine Ausbildung nutzte und nach der Eröffnung des Abschreib- und Übersetzungsbüros die Mittelschulprüfung der Klassen I–III erfolgreich ablegte – eine Tatsache, die er während der Hauptverhandlung durch das Vorzeigen des Prüfungsbuches unter Beweis stellte.
Der Kgl. Gerichtshof befand es unter Anwendung von § 92 StGB angesichts der subjektiven Schuld der Angeklagten und des objektiven Gewichts ihrer Straftat deshalb als angemessen, die im § 26 des Gesetzes 1939:IV vorgeschriebene Einschließung in eine Geldstrafe umzuwandeln.
Alle übrigen Verfügungen basieren auf dem erwähnten Gesetzesabschnitt.
Kolozsvár, 24. März 1943.
József Stenczer e. h., Kgl. Gerichtspräsident, Vorsitzender der Hauptverhandlung; Dr. Géza Donáth, Kgl. Richter am Gerichtshof, Verkünder des Urteils; Dr. Zoltán Szabó, e. h. Mitglied des Richterrats am Kgl. Gerichtshof.[13]

DOK. 96

Dietrich von Jagow beklagt am 15. April 1943 gegenüber dem Auswärtigen Amt, dass mehrere Juden in die Ausschüsse des ungarischen Oberhauses gewählt wurden[1]

Telegramm (Nr. 704 – mit G-Schreiber), gez. Jagow, Budapest, an das Auswärtige Amt (Eing. 15.4.1943, 15.00 Uhr) vom 15.4.1943, 14.35 Uhr[2]

Am 13. dieses Monats erfolgten im ungarischen Oberhaus die Neuwahlen der Mitglieder für den auswärtigen Ausschuß und für den Finanzausschuß. Neuwahlen erfolgen traditionsgemäß stets im Einvernehmen mit Regierung, die jedenfalls, wenn sie Wert darauf legt, die Wahl ihr unbequemer Mitglieder durch entsprechende Fühlungnahme mit Präsidenten Oberhauses verhindern kann. Bei Wahl [der] Mitglieder des auswärtigen Ausschusses wurden zwei Volljuden, der mächtige ungarische Industrielle Chorin[3] und der

12 Kolozsvár wurde 1940 mit dem Zweiten Wiener Schiedsspruch Ungarn zugeschlagen.
13 Der Staatsanwalt ersuchte noch am Tag der Urteilsverkündung um Strafverschärfung.

1 PAAA, R 29792.
2 Im Original Verteilerliste.
3 Dr. Ferenc Chorin (1879–1964), Jurist, Geschäftsmann; von 1918 an Generaldirektor der Salgótarjáner Kohlenbergwerke AG, von 1925 an deren Präsident, 1928–1941 Präsident des Staatlichen Industrieverbands, von 1927 an Mitglied des Oberhauses; von März 1944 für mehrere Wochen im Lager Oberlanzendorf inhaftiert, nach wenigen Wochen entlassen, im Austausch für das Familienvermögen durfte er im Mai nach Portugal ausreisen; 1947 Emigration in die USA.

Rechtsanwalt Aurel von Egry[4] gewählt. In den Finanzausschuß wurden vier Volljuden, und zwar außer den beiden in den auswärtigen Ausschuß gewählten noch Baron Moritz Kornfeld[5] und der Industrielle Eugen Vida[6] gewählt.
Diese Wahlen zeigen hinreichend deutlich, daß ungarische Regierung nicht daran denkt, in Judenfrage einen unserer Judenpolitik entsprechenden Kurs einzuschlagen.

DOK. 97
Der Sondergesandte des Auswärtigen Amts Edmund Veesenmayer gibt am 30. April 1943 eine Einschätzung der Lage in Ungarn[1]

Bericht (geheime Reichssache) über Ungarn (als Anlage zum Schreiben VI – B.Nr. 30/43 g. Rs. vom 11.5.1943) von Edmund Veesenmayer,[2] Berlin, vom 30.4.1943[3]

Das Versagen der ungarischen Truppen im Osten während dieses Winters[4] ist die notwendige Folge der Verfassung, in der sich der ungarische Staat und das ungarische Volk befinden. Unter allen Balkanvölkern bietet Ungarn in seinem derzeitigen Zustand das unerfreulichste Bild, gekennzeichnet durch maßlose Überheblichkeit, die im krassen Gegensatz steht zu dem Wert seiner völkischen Substanz und zu der Leistung, die es als verbündete Nation im Rahmen des Dreimächtepaktes bisher aufgebracht hat.

4 Dr. Aurél Egry (*1874), Jurist; von 1897 an als Rechtsanwalt in Budapest tätig, war an der Vorbereitung zahlreicher Wirtschaftsgesetze beteiligt, vertrat nach dem Ersten Weltkrieg in mehreren internationalen Wirtschaftsverhandlungen ungar. Interessen; Präsident der Pester-Lloyd-Gesellschaft, von 1927 an Mitglied des Oberhauses.

5 Richtig: Baron Móric Kornfeld (1882–1967), Ökonom; von 1905 an Direktor, später Generaldirektor der Ganz-Danubius-Fabrik, von den 1920er-Jahren an Direktor der Manfréd-Weiss-Werke, 1927–1944 Mitglied des Oberhauses; nach der deutschen Besetzung im KZ Mauthausen inhaftiert, nach wenigen Wochen entlassen, Ausreise nach Portugal; später Emigration in die USA.

6 Jenő Vida, geb. als Weil (1872–1945), Großindustrieller; von 1897 an Prokurist, 1914–1941 Generaldirektor der Ungarischen Allgemeinen Kohlenbergbau AG; von 1927 an Mitglied des Oberhauses; nach der deutschen Besetzung verhaftet, in seine Villa in Budapest quartierte sich Otto Winkelmann ein, Inhaftierung in Kistarcsa, im Okt. 1944 Deportation nach Auschwitz; er starb nach der Befreiung.

1 PAAA, R 100891B, Bl. 15–18. Abdruck als Faksimile in: Braham (Hrsg.), The Destruction of Hungarian Jewry (wie Dok. 76 vom 25.9.1942, Anm. 1), Dok. 104, S. 229–242.

2 Edmund Veesenmayer (1904–1977), Staatswissenschaftler; 1932 NSDAP-, 1934 SS-Eintritt; 1938–1945 im Dienst des AA, von 1938 an als Informant bzw. Verbindungsmann des AA tätig, vom 19.3.1944 an Gesandter I. Klasse, „Bevollmächtigter des Großdeutschen Reichs" in Ungarn und SS-Brigadeführer; März 1945 Flucht nach Österreich, 1949 im Nürnberger Wilhelmstraßen-Prozess zu 20 Jahren Haft verurteilt, 1951 begnadigt.

3 Der Bericht basiert auf Beobachtungen Veesenmayers bei seiner ersten Reise nach Ungarn, die er im Auftrag von RAM Ribbentrop unternahm. Veesenmayer legte seinen Bericht Heinrich Himmler vor. Am 10.12.1943 fertigte er einen zweiten Bericht an. Darin skizzierte er Möglichkeiten, in die ungar. Innenpolitik einzugreifen, und schlussfolgerte u. a.: „Ein gründliches Anpacken der Judenfrage erscheint aus vielerlei Gründen ein Gebot der Stunde. Ihre Bereinigung ist die Voraussetzung für die Einschaltung Ungarns in den Abwehr- und Existenzkampf des Reiches"; siehe PAAA, R 29793.

4 Die 2. Ungarische Armee erlitt bei der sowjet. Winteroffensive im Jan. 1943 am Don eine vernichtende Niederlage

Das Judenproblem

Der Schlüsselpunkt für die defaitistische Einstellung der maßgeblichen Kreise in Ungarn und die weitgehende Sabotage des gemeinsamen Kriegszieles ist vorwiegend im Judentum Ungarns zu suchen. Zahlenmäßig beträgt der Anteil der Juden an der ungarischen Bevölkerung nahezu 10 %, für Budapest jedoch 35 %.[5] Dem Einfluß und der Bedeutung nach ist das Judentum jedoch weit höher zu veranschlagen, da es nicht nur das gesamte Wirtschaftsleben maßgeblich beeinflusst, sondern auch in allen übrigen Sparten mehr oder minder dominierend ist.

Die Gründe, warum sich Ungarn zum Asyl der Juden in Europa gemacht hat, sind folgende:

1) Der Grundzug der ungarischen Bevölkerung ist gekennzeichnet durch einen weitgehenden Defätismus, um nicht von Feigheit zu sprechen. Die Angst vor Bombardierungen ist so stark, daß sie auch bis weit in national-oppositionelle Kreise hineinreicht. Man sieht daher in dem starken Anteil und der Bedeutung des Judentums den besten Garanten, um vor jedem ernsten Luftangriff geschützt zu sein.[6]

2) Die derzeitige ungarische Regierung, das Judentum und breite Schichten des Bürgertums glauben nicht an den Sieg der Achsenmächte und wünschen ihn auch nicht. Sie hoffen, daß sich sowohl die deutschen als auch die russischen Kräfte gegenseitig so weit erschöpfen, daß praktisch der Engländer bzw. der Amerikaner als Sieger ohne das Risiko eines größeren Einsatzes übrigbleibt. Von ihnen erwarten sie auf Grund ihrer gastfreundlichen Einstellung zum Judentum Schonung und wohlwollende Behandlung. Sie sehen im Judentum einen Garantieschein für den Schutz der „ungarischen Belange" und glauben, durch die Juden den Nachweis führen zu können, daß sie diesen Krieg nur gezwungenermaßen an der Seite der Achsenmächte geführt haben, in Praxis aber durch latente Sabotage indirekt einen Beitrag für die Gegner der Achsenmächte lieferten.

So ist es zu erklären, daß sich die Stellung der Juden besonders seit der Regierungszeit des jetzigen Ministerpräsidenten Kallay[7] wesentlich verstärkt hat, was durch eine Reihe praktischer Vorgänge in den letzten Monaten klar unter Beweis gestellt wird. Kallay selbst hat sich nachweislich neuerdings dahingehend geäußert, daß er das Unrecht seines Vorgängers in der Judenfrage wieder gutzumachen bestrebt sei, da alle Maßnahmen gegen das Judentum, außenpolitisch gesehen, als Verbrechen gegen Ungarn von ihm angesehen würden.[8]

Das, was Ungarn heute als Beitrag im großen Kampf gegen den Bolschewismus leistet, ist ein Bruchteil dessen, was es leisten könnte. Es ist nur so viel, als unbedingt notwendig ist, um den Anschein und die Form gegenüber dem Reich zu wahren. Dies gilt praktisch auf allen Gebieten, insbesondere denen der Wirtschaft, vor allen Dingen Nahrungsmittel, Öl, Bauxit, Textilien, Rüstungsproduktion. Auf jedem der vorgenannten Gebiete ist

5 Laut Volkszählung von 1941 betrug der Anteil der jüdischen Bevölkerung in Großungarn nach den zwei Wiener Schiedssprüchen 4,9 % und in Budapest 15,8 %. Hinzu kamen etwa 100 000 zu einem anderen Glauben konvertierte Personen, die nach den antijüdischen Gesetzen als Juden galten.

6 Anspielung auf die antisemitische Vorstellung, alliierte Flugzeuge würden von Juden bewohnte Gebiete nicht bombardieren.

7 Miklós Kállay wurde am 10.3.1942 zum Ministerpräsidenten ernannt.

8 Kállay erklärte wiederholt die „Judenfrage" zu einer innerungar. Angelegenheit; siehe Dok. 99 vom 1.6.1943 sowie Einleitung, S. 47 f.

es ohne Schwierigkeiten möglich, den einwandfreien Nachweis einer latenten Sabotage zu führen. Die meisten Mangelerscheinungen, speziell auf dem Ernährungssektor, sind rein künstlicher Natur. Nicht nur, daß sie sich ausschließlich auf die Hauptstadt Budapest beschränken, darüber hinaus wurde mir auch von vielen Seiten bestätigt, daß die Vorratsbildung sowohl in den jüdischen als auch in den bürgerlichen Haushaltungen einen bisher nie gekannten Grad erreicht hat. Sie ist verursacht durch die künstlich vom Judentum provozierte Inflation und durch die ungeheure Gerüchtebildung aller Art, die täglich das Leben Budapests beherrscht. Inflation aber bedeutet Unruhe, und gerade das ist es, was der Jude will, denn das ist sein geschäftlicher Nährboden und dient am besten seinem ausgeklügelten System, dem Reich direkt und indirekt wo immer nur möglich zu schaden. Da nun Löhne und Gehälter in einem immer größeren Mißverhältnis zur Preisentwicklung stehen, ist als natürliche Folgeerscheinung eine Demoralisierung und Korruption entstanden, die alle vorstellbaren Maße weit übertrifft und keine Bevölkerungsschicht ausnimmt. Dies wiederum hat zur Folge, daß das gesamte staatliche und administrative Gefüge genau in den Zustand gebracht wurde, wie ihn der Jude haben will, und am Ende wird für alle diese Mißstände durch eine fein ausgeklügelte Propaganda das Reich verantwortlich gemacht.

Der Reichsverweser[9]
Er lebt ein isoliertes Dasein, umgeben von einer einseitigen Clique von Juden, jüdisch versippten Aristokraten und klerikalen Politikern. Sein Nimbus als Befreier Ungarns vom Bolschewismus sowie als erster Soldat Ungarns wird systematisch mißbraucht und verfälscht, und selbst wenn er wollte, könnte er im Hinblick auf sein Alter und seine Art nicht mehr aus dieser Umgebung heraus. Der einzige Punkt, in dem er klar auf der Seite des Reiches steht, ist sein Haß gegen den Bolschewismus. Allein auch in diesem Punkt sorgt seine Umgebung dafür, diese Gefahr zu bagatellisieren. Trotz alldem ist seine Autorität in der breiten Masse in Ungarn stark verankert. Er gilt als Repräsentant der Tradition Ungarns, als Wahrer juristischen (nicht rechtlichen) Denkens, gilt als Spitze der Gesellschaft und damit als erster Vertreter jenes Herrentums, das den Ungarn auch heute noch als Ideal und Ziel vorschwebt. Der Nimbus seiner Persönlichkeit ist so stark, daß jede national- und sozial-revolutionäre Tendenz, gleich woher sie kommt, vor ihm haltmacht.
Deutschland hat in Ungarn folgende Feinde:
1) Das Judentum.
2) Die mit dem Judentum stark versippte Aristokratie.
3) Die klerikalen Kreise.
4) Das deutsche Renegatentum.
Mögen sich diese Gruppen im einzelnen auch untereinander uneinig sein. Im Haß gegen den Nationalsozialismus stimmen sie völlig überein und haben in jahrelangem Wirken ein raffiniertes System aufgebaut, das jede gesunde Regung im eigenen Volk erstickt und andererseits durch Pflege vielfältigster Beziehungen zum feindlichen Ausland nur auf den Zeitpunkt wartet, um aus der gemeinsamen Achsenfront auszubrechen.

9 Miklós Horthy.

Die nationale Opposition
Auch sie bietet im ganzen ein unerfreuliches Bild. Die Szalasi-Bewegung – einstmals zu manchen Hoffnungen berechtigend – ist heute zur völligen Bedeutungslosigkeit herabgesunken. Solange Szalasi im Gefängnis saß,[10] war er Mythos, und es verband sich mit ihm der Nimbus eines politischen Märtyrers. Von der Systemregierung[11] klugerweise begnadigt und freigelassen, traten Führungsstreitigkeiten, Korruption und politische Unfähigkeit sehr rasch in Erscheinung und führten dazu, daß heute von dieser Bewegung nur wenig übriggeblieben ist. Die guten Elemente haben sich zurückgezogen. Die breite Masse der Gefolgschaft – führungslos geworden und angeekelt von dem widerlichen Schauspiel der Führung – hat sich verlaufen oder ist im Begriff, in extrem-sozialistisches oder kommunistisches Fahrwasser hinüberzugleiten.
Daneben besteht eine Schicht ehemaliger verdienter hoher Offiziere wie Ruskay,[12] Raatz,[13] Barabas,[14] Temessy[15] und andere mehr. Sie wurden schon frühzeitig wegen ihrer politischen Einstellung aus der Armee entfernt, jedoch sorgte das System in kluger Weise dafür, daß sie in zahlreichen Aufsichtsrats- und Direktorenposten ein möglichst erträgliches und im übrigen untätiges Leben führen. Dieser Umstand hat diese Männer nicht wertvoller gemacht, so daß auch bei ihnen heute Zersetzungserscheinungen aller Art, zum mindesten aber eine weitgehende Resignation festzustellen sind. Sie verfügen darüber hinaus nur über recht geringen Anhang und kommen als Ansatzpunkte für eine Regeneration der ungarischen Führung im Sinne der Achsenmächte nur sehr bedingt in Frage.
Auch die Persönlichkeit des Erzherzogs Albrecht[16] kann, abgesehen von politisch-historischen Erwägungen, im Hinblick auf eine derzeitige Stellung im Rahmen der nationalen Opposition nur in dem Sinne gewertet werden, daß man ihn gebraucht, vielleicht auch verbraucht oder mißbraucht. Er sieht in seiner achsenfreundlichen Einstellung in erster Linie die einzige Chance, mit Hilfe des Reiches womöglich das Zepter Ungarns in die Hand zu bekommen. Allein schon bei einem Vergleich mit der Autorität des Reichsver-

10 1937 wurde Ferenc Szálasi zu einer Haftstrafe von drei Monaten verurteilt, nach zehn Tagen aus dem Gefängnis jedoch wieder entlassen. 1938–1940 verbüßte er eine weitere Haftstrafe im Szegeder Csillagbörtön; siehe auch Dok. 3 vom 19.1.1938.

11 Abwertende Bezeichnung für demokratische oder halbdemokratische Regierungen, eigentlich meist NS-Jargon für die Weimarer Republik.

12 Vermutlich: Jenő Ruszkay, geb. als Ranzenberger (1887–1946), Offizier; arbeitete 1920–1922 am Aufbau der ungar. Botschaft in Ankara, von 1924 an Botschaftssekretär in Ankara, 1940 pensioniert, 1940–1942 Mitglied der Pfeilkreuzlerpartei; Febr. 1945 SS-Obergruppenführer, Inspekteur der ungar. SS-Verbände; 1945 vom ungar. Volksgericht zum Tode verurteilt und hingerichtet.

13 Vermutlich: Vitéz Jenő Rátz von Nagylak (1882–1952), Offizier; 1928–1930 beim Generalstab tätig, 1936 Generalleutnant, 1935/36 stellv. Generalstabschef, 1936 Generalstabschef, 1938 Verteidigungsminister; 1938–1944 Nationalratsabgeordneter, März bis Juli 1944 stellv. Ministerpräsident; nach dem Krieg vom ungar. Volksgericht zu lebenslanger Haft verurteilt, er starb in der Haft.

14 Emil Barabás, geb. als Freyberger (1886–1948), Offizier; 1919 Abteilungsleiter im Verteidigungsministerium, 1936–1941 Leiter der militärischen Verwaltungsgruppe, 1941 pensioniert; März bis Aug. 1944 Leiter der Zensurkommission; verließ Ende 1944 Ungarn.

15 Möglicherweise Milán Temessy (1885–1944), Offizier; 1938 Kommandant des II. Armeekorps.

16 Erzherzog Albrecht II. von Österreich (1897–1955), Großgrundbesitzer; sympathisierte seit Hitlers Machtergreifung mit dem Nationalsozialismus, 1943 Kandidat der Partei der Ungarischen Erneuerung für die Position des Reichsverwesers; bis 1944 Mitglied des ungar. Oberhauses; 1945 floh er nach Österreich, emigrierte später nach Südamerika.

wesers fällt er stark ab, abgesehen davon, daß er weder in der breiten Masse noch in der nationalen Opposition über irgendwelchen größeren Anhang verfügt.
In der übrigen politischen Opposition befinden sich manche sehr gescheite und intelligente Leute, die jedoch zu intellektuell sind, als daß sie als Führer einer ernsthaften Opposition in Betracht kämen. Sie haben keinen Kontakt zur Jugend, so daß diese nach wie vor führungslos ist und sich von politischer Einsatzfreudigkeit von Tag zu Tag mehr entfernt.
Die Armee ist die einzige Massenorganisation, die politisch eventuell eine Rolle spielen könnte. Allein auch sie ist in Führung und Truppe stark angekränkelt und besonders in ihrer heutigen Zusammensetzung nicht genügend einheitlich, um als Träger einer kommenden Regierungsgewalt in Frage zu kommen. Die wirklich guten nationalen Offiziere sind aus ihr größtenteils entfernt und die derzeitige Systemregierung ist sorgfältig darauf bedacht, jeden neuen Ansatz einer gesunden Regung durch Diskriminierung und Eliminierung der betreffenden Persönlichkeiten im Keime zu ersticken. So wurden erst kürzlich auf Denunziation des Innenministers Keresztes-Fischer vier Generäle und zehn hohe Offiziere vom Reichsverweser wegen angeblicher Politisierung der Armee verwarnt, wovon Männer betroffen wurden wie General Vörös,[17] deren ausschließliches Bestreben es ist, die Armee kampfkräftig zu machen und sie von defätistischen Einflüssen freizuhalten.
Die einzigen beiden Männer, die für eine nationale Regierung ernsthaft in Frage kämen, sind nach meinen Feststellungen der ehemalige Ministerpräsident Imredy und der frühere Außenminister Bardossy. Beide sind als ernsthafte, kluge und weitsichtige Politiker anzusprechen, die einerseits die ungarischen Belange in maßvoller Weise zu vertreten bemüht sind und andererseits durch ihre Erfahrungen ausreichend erkannt haben, wo die wirkliche Quelle der innerungarischen Krisis liegt. Insbesondere Imredy, mit dem ich wiederholt sehr lange und eingehende Aussprachen hatte, zeichnete sich durch ein ehrliches und klares Bekenntnis zum Führer und zur Achse aus. Aber auch Bardossy sieht klar und deutlich, daß der Bestand Ungarns eine Funktion des Sieges der Achse ist. Ob allerdings der eine wie der andere die notwendige Stoßkraft und erforderliche Gefolgschaft haben würde, um einen wirklichen Systemwechsel in Ungarn durchzuführen, muß bezweifelt werden. Nach meinem Eindruck würden selbst beide zusammen nur dann diese Aufgabe erfüllen können, wenn das Reich ihnen direkt und indirekt die notwendige Rückendeckung und Hilfestellung leisten würde.
Insgesamt gesehen muß betont werden, daß die nationale Opposition zusammengenommen in den letzten Jahren nicht fähig war, auch nur eine der bestehenden oder geschaffenen Möglichkeiten zu nützen und sich bleibende und wirksame Positionen zu schaffen. Es ist ihr auch nicht gelungen, im Nachwuchs Ungarns irgendwelche dauerhafte Resonanz sich zu schaffen, die es ermöglicht hätte, einen wirksamen Kampf gegen das Judentum und das von ihm geschaffene System zu führen. Die Resignation geht heute auch in der Jugend soweit, daß seit Jahren nicht ein einziger Fall zu verzeichnen ist, aus

17 János Vörös (1891–1968), Offizier; 1939/40 Leiter der Abt. 7/ö (Nachrichtenwesen) im Generalstab, von 1941 an Leiter der 2. motorisierten Brigade, von 1942 an Leiter der Operationsabt. des Generalstabs; 1944 Generaloberst, von 1944 an Chef des Generalstabs, flüchtete nach der Machtübernahme der Pfeilkreuzler; 1944/45 Verteidigungsminister der provisorischen Regierung; 1950 vom ungar. Volksgericht wegen Spionage zu lebenslanger Haft verurteilt, 1956 entlassen.

dem das Vorhandensein eines gesunden Widerstandes gegen die Kräfte der Zersetzung abgeleitet werden könnte, obwohl gerade der Gegner in vielfältigster Weise Anlaß dazu bot und bietet. Was Rathenau, Erzberger[18] und Genossen in Deutschland waren, das sind heute die Juden Chorin, Goldberger[19] und andere in Ungarn. Allein nicht ein Mann hat sich bisher gefunden, der bereit gewesen wäre, daraus die Konsequenzen zu ziehen. In Kroatien gab es die Ustasa,[20] in Serbien die Četniks, in Rumänien die Eiserne Garde und so hatte mehr oder minder jeder Balkan-Staat irgendeinen sichtbaren Ansatzpunkt national-revolutionären Strebens. In Ungarn gibt es nichts, sosehr man auch bemüht sein mag, etwas zu finden. Es ist dies wohl bedingt durch die geschichtliche Entwicklung und den stark orientalischen Einschlag, den dieses Volk durch Jahrhunderte aufgenommen hat und der heute in Kombination mit den Juden ein wirkliches völkisches Bewußtsein verhindert, die sogenannte ungarische Mission im Karpatenbecken verfälscht und sie in eine achsenfeindliche Orientierung verlagert.
Aus dieser Gesamtlage resultiert das Ergebnis, daß die derzeitige Lage in Ungarn und die in ihr voraussichtlich sich entwickelnden dynamischen, negativen Kräfte für die Achse, je länger der Krieg dauert, eine desto größere Gefahr bedeuten. Während wir es in Kroatien mit einem primitiven, kämpferischen Partisanentum zu tun haben, ist es in Ungarn ein jüdisch-plutokratisches raffiniertes System eines Partisanentums, das durch latente Sabotage, Spionage und defätistische Stimmungsmache zu einer ernsthaften Gefahr für die Achsenpolitik werden kann.

Die ungarische Polizei und Gendarmerie
Sie ist ein beachtliches Ordnungsinstrument, dem allein Ungarn es verdankt, daß es bisher und voraussichtlich auch bis auf weiteres zu keinen ernsthaften inneren Auseinandersetzungen kam und kommt. Allein die Zielsetzung dieser Einrichtung ist, vom System dirigiert, eine ebenso negative wie die des Systems selbst. Sie stellt ein reines Willkürinstrument der Regierung dar, einseitig orientiert gegen jede nationale Regung und ausschließlich dafür geschaffen, als Steigbügelhalter dieser plutokratisch-kapitalistischen Insel im europäischen Raum zu fungieren. Eine nationalpolitische Zersetzung der Polizei ist so gut wie aussichtslos, so daß dieses Instrument aus jeder politischen Überlegung ausgeschaltet werden muß. Daneben besteht ein raffiniertes Spitzelsystem, das mit Hilfe von Bestechung und Ausnützung wirtschaftlicher Notlage so gut vom System gehandhabt wird, daß dieses praktisch über alles, was vorgeht, genauestens informiert ist. Man muß schon anerkennen, daß man es in Ungarn mit einem Gegner zu tun hat, der in allen Wassern gewaschen ist und seine Herrschaft in seiner Art meisterlich handzuhaben weiß.

Zur Person Kallay
Seine Einstellung zur Judenfrage ist bereits gekennzeichnet worden. Aus zuverlässigen Quellen wurde mir darüber hinaus berichtet, daß er jedoch auch in anderen Fragen

18 Matthias Erzberger (1875–1921), Publizist, Politiker, und Walther Rathenau (1867–1922), Industrieller, Politiker; beide wurden Opfer politisch motivierter Morde durch die paramilitärische Organisation Consul.
19 Die Familien Chorin und Goldberger waren einflussreiche Industriellenfamilien in Ungarn.
20 Die 1929 gegründete Ustascha war eine paramilitärische faschistische Organisation in Kroatien.

eine gleich negative Stellung zum Reich einnimmt. So hat er sich kürzlich im Kreis von Großgrundbesitzern, die ihm ihre Sorgen wegen der Landarbeiterfrage vorgetragen haben, dahingehend geäußert, daß er an sich schon fürchte, daß die Ernte im Jahre 1943 im Hinblick auf die Lage eher zu gut würde und ein befürchteter Produktionsausfall wegen nicht genügender Feldbestellung keinen Anlaß zu Sorgen böte. Im Zusammenhang mit der erneuten Einziehung von Volksdeutschen zur SS[21] erwähnte er, daß Ungarn hierin nicht mehr weiter nachgeben dürfte, da das volksdeutsche Element dadurch dem Reich wieder nahegebracht und der laufende Prozeß der Assimilierung eine unerwünschte Störung erfahren würde. Daß ferner das Wort „totale Kriegführung" in der ungarischen Presse verboten ist, daß die ganze Presse- und Rundfunkberichterstattung völlig unbefriedigend gehandhabt wird, geht ursächlich ebenfalls auf die Weisungen Kallays zurück. Allein von Kennern der Situation wurde ich immer wieder darauf hingewiesen, daß der eigentliche Drahtzieher all dieser Sabotagemaßnahmen nicht so sehr Kallay als vielmehr der Pressechef Ulein-Reviczky[22] ist. Die Behandlung des Comuniqués anläßlich des Besuches des Reichsverwesers im Führerhauptquartier[23] liefert hierzu einen deutlichen Beweis. Er zusammen mit Bethlen und Kallay sowie den Juden Chorin und Goldberger repräsentieren das negative Führungselement der heutigen ungarischen Regierung. Jede Änderung der Regierung hat nur dann Aussicht auf Erfolg im Sinne der Achse, wenn diese Männer nicht nur aus ihren Machtpositionen, sondern endgültig verschwinden. Sie sind im Gegensatz zu manch anderen nicht einmal als Liquidatoren ihrer eigenen Vergangenheit verwendbar.

Zum Besuch des Reichsverwesers im Führerhauptquartier
Der Umstand, daß Kallay zur Teilnahme nicht aufgefordert wurde, hat in der Öffentlichkeit von Budapest großes Aufsehen erregt. Man erblickte darin eine deutliche Frontstellung des Reiches gegen ihn. Nach Rückkehr des Reichsverwesers ist nach meinen Beobachtungen folgendes in die ungarische Öffentlichkeit durchgesickert:

1) Der Führer hat den Reichsverweser über manche Dinge aufgeklärt, die diesem bisher nicht bekannt waren und ihm von seiner Umgebung vorenthalten wurden.

2) Das Judenproblem ist mit Nachdruck zur Sprache gekommen, ohne jedoch den Reichsverweser dazu bewegt zu haben, entsprechende Maßnahmen in Aussicht zu stellen.

3) Es müsse als Ergebnis der Besprechungen damit gerechnet werden, daß Kallay auf die Dauer nicht mehr haltbar sei.

4) Es seien manche Nachrichtenquellen des Reiches nunmehr aufgedeckt worden, die man jetzt endlich wirksam eliminieren könne.

Die Reaktion der ungarischen Herrschaftsclique war bisher folgende:

21 Bis Mai 1942 wurden 18 000 Ungarndeutsche für die Waffen-SS rekrutiert.

22 Richtig: Dr. Antal Ullein-Reviczky (1894–1955), Jurist, Diplomat; von 1941 an ao. Professor; von 1919 an Mitarbeiter der ungar. Botschaften in Wien, Paris und Istanbul, 1935–1938 Konsul in Zagreb, von 1938 an Leiter der Presse- und Kulturabt. im Außenministerium, später auch in der Kanzlei des Ministerpräsidenten, 1943/44 Botschafter in Stockholm; 1944 Aberkennung der Staatsbürgerschaft, Emigration nach Großbritannien.

23 Horthy traf sich mit Hitler in Schloss Kleßheim am 17.4.1943; siehe VEJ 11/10 sowie Einleitung, S. 47 f.

Nachdem der erste Schock überwunden war, trat rasch eine erstaunliche Zuversicht in Erscheinung. Man ist überzeugt, daß auf Grund aller bisherigen Erfahrungen der Einfluß der ungarischen Systemclique auf den Reichsverweser stark genug ist, um in Kürze wieder seiner sicher zu sein. Dementsprechend wurde das amtliche ungarische Communiqué über den Besuch mit zwei formlosen Sätzen abgetan und die Wiedergabe des deutschen Communiqués durch Weglassung zweier wichtiger Sätze entwertet. Vorsorglich wird bereits ein geeigneter Ersatz für Kallay gesucht, der für das System unter geänderten Vorzeichen die Beibehaltung der alten Praxis gewährleistet. Gleichzeitig beginnt nun in Ausnutzung der bekannten Schwäche des Reichverwesers und in kluger Erkenntnis, daß die ungarische Armee das einzige Instrument ist, das das System nicht völlig in der Hand hat, unter dem Stichwort „Entpolitisierung der Truppe" ein verstärkter Zug der Eliminierung all jener Persönlichkeiten, die man als gefährlich ansieht. Es finden Versetzungen am laufenden Band statt, was in Ungarn gleichbedeutend mit Kaltstellung ist. Man wird auch hierbei nicht so weit gehen, um es zu einem allzu sichtbaren Affront gegen das Reich kommen zu lassen, da man vermeiden will, diesem Anlaß zu aktivem Einschreiten zu geben. Die große Befürchtung des Systems ist die, daß deutsche Truppenverbände als vorsorgliche Reserve gegen einen möglichen Landungsversuch der Alliierten auf der Balkanfront in Ungarn stationiert werden. Man spricht sogar davon, daß Generalfeldmarschall Rommel[24] sein Quartier in Budapest auf der Margaretheninsel[25] aufschlagen wird. Man fürchtet damit im Zusammenhang die Forderung des deutschen Militärs nach ernsten Maßnahmen gegen die Juden und ist offensichtlich gewillt, solchen Möglichkeiten mit allen Mitteln entgegenzutreten. Eine deutsche SS-Division in Budapest und Umgebung sowie die Durchführung erstmaliger aktiver Maßnahmen gegen die Juden wären der Anfang vom Ende der Machtstellung der heutigen ungarischen Systemherrschaft.

Sollte auf Ungarn im Sinne der Achse wirksamer Einfluß ausgeübt werden, so sind m. E. folgende Gesichtspunkte zu berücksichtigen:

1) Eine nachhaltige Regierungsänderung kann nur *mit*, nicht aber *ohne* oder *gar* gegen die Persönlichkeit des Reichsverwesers mit Aussicht auf Erfolg und unter Ausschaltung der Gefahr allzu großer Erschütterungen durchgeführt werden.

2) Voraussetzung ist die Eliminierung der Spitzenclique um den Reichsverweser und Einschaltung von Persönlichkeiten, die im Sinne der Achse einen dauernden, wohltätigen Einfluß auf den Reichsverweser ausüben.

3) Der Wert bzw. der Unwert der nationalen Opposition läßt es ratsam erscheinen, das Schwergewicht auf die einzige vorhandene größere Organisation zu legen – nämlich die Armee.

4) Falls Imredy, Bardossy oder beiden führende Funktionen zugedacht werden, so ist zu berücksichtigen, daß beide Persönlichkeiten für den Reichsverweser ein rotes Tuch darstellen und es deshalb entweder entsprechender Vorarbeiten bedürfte oder aber eines erheblichen Drucks seitens des Reiches.

24 Erwin Rommel (1891–1944); Offizier, 1943 Oberbefehlshaber der Heeresgruppe Afrika, Kommandeur der Heeresgruppe B, 1944 beschuldigt, am Attentat vom 20. Juli gegen Hitler beteiligt gewesen zu sein, er nahm sich im Beisein zweier Abgesandter Hitlers das Leben.

25 Richtig: Margareteninsel.

5) Die innere Verfassung Ungarns macht es erforderlich, daß Anstoß, Durchführung und Sicherung durch eine nachhaltige Einflußnahme von außen, also praktisch vom Reich aus erfolgen.

DOK. 98

Bella Goetz schildert in einem Brief an ihre Kinder am 27. Mai 1943 ihre Flucht aus Österreich und ihre Internierung in Ungarn[1]

Handschriftl. Brief von Bella Goetz,[2] Budapest, an Ilse,[3] Susi,[4] Johnny, Heini und Lilly vom 27.5.1943 (Abschrift)[5]

Meine geliebten, teuren Kinder!
Mein Herz will die Hoffnung nicht aufgeben, daß wir uns glücklich wiedersehen werden und wir Euch, meine geliebten Kinder, dies alles noch selbst in Freuden werden erzählen können. Sollte aber ein unerbittliches Geschick uns nicht vergönnen, zu Euch zu kommen, schreibe ich Euch alles nieder, soweit ich mich erinnern kann, damit Ihr wenigstens alles wisst, von der Zeit an, da wir uns nicht mehr schreiben konnten. Euern letzten Brief vom Oktober 41 erhielten wir noch nach der Kriegserklärung,[6] und wir schr[ie]ben Euch auch im Dezember.
Rein äußerlich hatte sich ja damals noch nichts bei uns geändert. Wir hatten so noch unser sicheres Einkommen im Gegensatz zu den Unglücklichen, die nur von der Ausspeisung und von Unterstützung leben mußten. Wir hatten noch in unserer eigenen Wohnung das Kinderzimmer, das Badezimmer und das Kabinett für uns allein, wogegen die meisten andern sehr oft zu viert und fünft in einem oft schrecklichen Raum untergebracht waren. Wir hatten immer genug zum Essen, wirklich gute, reizende Freunde, darunter auch die im Hause unten, versorgten uns treu mit allem, was wir brauchten. So gut, daß wir noch immer oft, fast jeden Tag, einen Gast zu Mittag hatten. Da kam die Lotti, die Helen, die Cilly, Frau Schmetterling und jede Woche einmal auch ein armer Freund von Papa zum Abendessen. Als der Papa Schnee schaufeln mußte, brachte er auch einige Frierende, Erschöpfte, die zu weit wohnten, um in der Mittagspause nach Haus zu gehen, mit hinauf zum Essen. Wir waren auch mit Heizmaterial so gut versorgt, daß wir immer heizen konnten – sogar, hört den Luxus – zweimal wöchentlich noch baden und immer auch noch Freunde mit Kohle und Koks helfen konnten; wogegen die andern Armen erst Ende März ein bissel Heizmaterial bekamen. Wir hatten fast immer Gäste, die froh waren, sich ein bissel wärmen zu können. In dieser schweren Zeit schlossen sich alle mehr

1 LBI, AR 6999. MF 801. Das handschriftl. Original befindet sich in: YVA, O.75/473.

2 Bella Goetz, geb. Acht (1886–1944), floh 1942 aus Wien zusammen mit ihrem Ehemann Dr. Julius Goetz (1879–1944) illegal über die Grenze nach Ungarn, dort von der ungar. Polizei inhaftiert; 1944 wurden beide nach Auschwitz deportiert, wo sie ermordet wurden.

3 Ilse Adler (1931–2005), Tochter von Bella und Julius Goetz, emigrierte 1939 in die USA.

4 Susanne Goetz (1921–1994), Tochter von Bella und Julius Goetz, emigrierte in die USA.

5 Den Brief an ihre Kinder schrieb Bella Goetz in der Haft auf Toilettenpapier und gab ihn nach ihrer Entlassung aus dem Gefängnis ihrer in Budapest wohnhaften Nichte. Ihre Kinder erhielten den Brief 1948.

6 Gemeint ist vermutlich die Kriegserklärung Deutschlands an die USA am 11.12.1941.

zusammen, das große gemeinsame Leid hat alle nähergebracht. Mit unsern Mietern waren wir sehr gut. Wir vertrugen uns glänzend, wogegen die meisten andern, die so gedrängt zusammenleben mußten, meistens zerstritten waren und sich gegenseitig dies verzweifelte Leben noch unerträglicher machten. Jeden Dienstag hatten wir Gäste, die zu uns kamen, zur englischen Konversationsstunde. Sie fühlten sich wenigstens diese paar Stunden wohl bei uns, soweit man sich damals wohlfühlen konnte. Dann kam immer unsre liebe neue Freundin, Anny Weiss, die wir beide sehr, sehr liebgewannen und die sich auch in dieser schweren Zeit wirklich treu bewährt hat. Da kamen die Knolls – die Frau und Onkel Heinrich –, denn der arme Siegmund Knoll hatte schon im Sommer Selbstmord verübt. Dann die Lotte, Frau Schmetterling, Liesel Stein und Erwin auch manchmal, Frau Kolban, Frau Schapira, so daß wir manchmal zehn, zwölf Personen beisammen waren. Wir hatten auch genug Beschäftigung. Wir lernten Englisch, wir räumten immer sehr schön auf und wuschen gemeinsam die ganze Wäsche, wir kochten zusammen. Papa ging Vormittag immer mit Csibib-Liebling hinunter und einkaufen, und wir gingen täglich [am] Nachmittag spazieren. Wir hatten auch noch genug Kleider und Wäsche und Schuhe und hatten uns sogar manches für die so erhoffte und ersehnte Reise zu Euch, geliebte Kinder, besorgen können.

Also, wie gesagt, so äußerlich war alles noch zu ertragen, aber seelisch waren wir genau so fertig wie alle andern. Solange noch die kleinste Hoffnung war, doch noch herauszukommen, hielt man sich ja noch so halbwegs, aber als die Kriegserklärung kam und damit jede Hoffnung, zu Euch zu kommen, geschwunden war, waren wir ganz gebrochen. Ringsherum die Verzweiflung, die vielen Selbstmorde, in dieser Zeit hatten auch die unglücklichen Onkel Jakob, Gisa und Alice gemeinsam Selbstmord verübt. Der arme Onkel Arnold mußte damals gerade fort, Louise und Schani waren schon fort, und wir bekamen gar keine Lebenszeichen mehr von ihnen, konnten ihnen also nichts mehr schicken und nicht schreiben. Fortwährend gingen die Transporte nach Polen, und oft wurden ganze Häuser, Straßen und Bezirke auf einmal ausgehoben.[7] Wir lebten in ununterbrochener Angst und Zittern und kein Entkommen mehr legalerweise. Der arme Papa ist in dieser Zeit so abgemagert und zusammengegangen, daß ich schon ganz verzweifelt war, und das war auch für mich hauptsächlich bestimmend, daß ich fest entschlossen war, seinetwegen alle Strapazen auf mich zu nehmen, ihm auf keinen Fall hinderlich zu sein, wie es auch immer kommen mag. Nun war die einzige Rettung mehr, illegal hinauszukommen, entweder nach Italien oder Ungarn. Selbstverständlich dachten wir zuerst an Meran und begannen uns dafür zu interessieren. Ihr könnt Euch denken, daß damals alle und überall danach strebten und überhaupt von nichts anderem gesprochen wurde. Für viel Geld konnte man damals noch in die Schweiz, und doch hatten viele, die das Geld hätten, damals nicht den Mut dazu. Man hörte so viel Schlechtes, daß die Leute, die führten, oft die Armen, Unglücklichen auf dem Wege ausplünderten und hilflos zurückließen. Auch daß manchen die Füße und die Hände abfroren. Es war ja ein strenger Winter damals. Also sehr viel Entmutigendes. Es war ein schweres aktuelles Problem. Für uns war die Angelegenheit doch so viel schwerer noch. Wir hat-

7 Die systematische Deportation der Wiener Juden begann am 15.10.1941. Zuvor wurden sie aus ihren Wohnungen vertrieben und in Sammelunterkünften untergebracht. Die Zielorte der Deportationen waren u. a. Theresienstadt, Minsk, Litzmannstadt, Riga, Kielce, Malyi Trostinec, Kaunas, Sobibor und Auschwitz; siehe VEJ 6, S. 32–35.

ten zwar den Mut und die Entschlußkraft, aber wir kannten niemand, und wir hatten kein Geld. Trotzdem ruhten wir nicht. Wir waren so ein paar Leute zusammen, darunter auch das Ehepaar Stein, die wir vor allem nach Italien wollten. Wir interessierten uns für Italien, aber es war doch im Winter und die Wege über die Berge vollkommen ungangbar und die andere Möglichkeit mit viel Geld natürlich für uns unbrauchbar.
Da hatte einmal der liebe Papa beim Einkaufen eine Ungarin kennengelernt und, da sie auch Englisch lernte, sie zu unsern Dienstag-Konversationsstunden eingeladen. Die hat dann zufällig erwähnt, daß sie eigentlich schon längst in Ungarn sein könnte usw., sie kenne einen Führer, der schon so viele Bekannte von ihnen – und darunter auch einige Verwandte und Freunde – gut und anständig über die Grenze gebracht hatte. Also nachdem Italien so unerreichbar war, schien es uns wie eine Fügung, daß wir da plötzlich von einem anständigen Führer erfuhren. Also wir entschlossen uns, nach Ungarn zu gehen. Wir hatten ja keine Zeit mehr zum Warten. Die Deportierungen hatten wieder verstärkt eingesetzt, und es wurde Tag und Nacht ausgehoben, und jede Minute konnte man uns holen kommen.
Wie wir dann alles zu Geld machen konnten, die wenigen Sachen, die wir noch hatten, das ewige Packen und Umpacken, ist schwer zu beschreiben. Wir mußten ständig vor allem für Polen gepackt haben, dann wieder für die Flucht, denn es war abgemacht worden, wenn unser Führer kommt, wir unbedingt schon bereit sein müssen, um mit ihm gleich zu gehen. Diese Spannung, diese ewige Aufregung, noch jetzt, während ich Euch das niederschreibe, zittert jeder Nerv in mir. Und in dieser Zeit hatten wir wirklich die große Freude, daß uns ein paar gute Freunde so selbstlos halfen. Es mußte doch alles so heimlich geschehen, nicht einmal unsere Mieter durften auch nur ahnen, daß wir fortwollten. Wir wollten auch die Lotte mitnehmen, aber sie traute sich nicht, konnte sich nicht entschließen. Schließlich kam also der Tag, da „Jozsi bacsi"[8] – so hieß der Mann – uns abholen kam. Also um 6 Uhr abends von der Wohnung fort, nur von unserer Freundin Anny begleitet, die nur bis hinunter zum Tor mit uns ging, wo sie dann mit Csibib-Liebling zurückblieb. Ich sehe sie noch, wie sie uns in die Elektrische[9] winkt. Sie hatte die Aufgabe, dann in die Wohnung zurückzugehen und unsere Mieter aufmerksam zu machen, daß wir vielleicht diese Nacht nicht zu Hause schlafen werden. Wir mußten doch alles so einrichten, daß wir evtl. im Falle eines Misslingens nicht verraten sein sollten. Also, mit der Elektrischen, noch mit dem gelben Stern, bis zum Gürtel. Dort in die Stadtbahnstation, im W.C. den Stern hinunter und nun schon mit Angst und Zittern weiter. Wenn uns da jemand so ohne Stern erkannt hätte, hätte man uns so von der Straße weg nach Polen evtl. verschickt. Bei einer verabredeten Station erwartete uns der Grete ihr Mann mit dem Rucksack. Dann weiter mit dem 18er zum Neidlinger Bahnhof,[10] wo uns Jozsi bacsi draußen erwartete. Am Bahnhof das Warten auf den Zug – ich hatte ein Kopftuch und Brillen und der Papa auch die Brillen auf – und dann die Fahrt mit der Bahn, immer mit dem Zittern, von einem Bekannten erkannt zu werden, denn es war uns auch das Fahren mit der Bahn schon verboten damals, aber es ging alles ganz gut. Gegen 9 Uhr kamen wir in die Station, von wo wir dann zu Fuß weiter mußten, und von da an begann es schon sehr schwer zu werden.

8 Onkel Józsi.
9 Straßenbahn.
10 Richtig: Meidlinger Bahnhof.

Es war regnerisch, trüb und etwas windig. Vor allem mußten wir jetzt so schnell wie möglich von der Station wegkommen. Der Weg über nassen Ackerboden, von Schnee noch ganz durchweicht. Unser Führer, sehr nervös, trieb uns immerfort an, und der liebe Papa mit dem schweren Rucksack – unser ganzes Hab und Gut. Ich hatte eine Aktentasche mit meiner Wäsche und meine Handtasche zu tragen. Die Aufregung, die Finsternis, der nervöse Jozsi bacsi und der schreckliche Weg, es war furchtbar. Plötzlich blieb ich mit einem Fuß im Morast stecken und konnte nicht weiter. Jozsi bacsi fluchte und drohte mich zurückzulassen, endlich gelang es mit Hilfe aller, den Fuß herauszubringen, aber der Schuh blieb im Morast. Bis ich dann endlich wieder soweit war weiterzukönnen, Ihr könnt Euch denken, wie es war, mit dem nassen morastigen Schuh weiterzulaufen. Dann kam ein langes, langes Stück Weg auf dem schiefen Bahndamm, immer nur gejagt und im nassen Schnee immerfort einsinkend, und so ging das immer fort über zwei Stunden lang, bis wir uns endlich an einem Heuschober ganz vorsichtig anschleichen konnten und Jozsi bacsi eine kurze Rast erlaubte. Wir drückten uns ganz an das Heu und stärkten uns. Die erste Etappe war erreicht. Aber nach einer halben Stunde trieb er uns wieder vorwärts, immer noch so schnell als möglich. Quer durch die Felder und Weingärten und immer abseits vom Weg, damit uns keine Patrouille erwischte. Wir durften nur ganz leise sprechen und mußten oft geduckt gehen. Dann kamen wir in die Nähe eines Dorfes. Wir hörten schon die Hunde bellen. Jetzt mußten wir um das Dorf herumgehen, oft mußten wir einzeln manche Stellen passieren und immer nur lauschen und aufpassen, ob wir nicht Schritte hörten. Papa mit dem schweren Rucksack, und ich glaubte schon jeden Moment, ich komme nicht mehr mit. Und doch, wieviel mußten wir dann noch aushalten. Aber immer hat uns beide der eine Gedanke aufrechterhalten, für unsere teuren geliebten Kinder! Es muß gehen, und wir gingen weiter. Es war schon gegen Mitternacht, da kamen wir endlich in den Wald, wo der Weg noch gedeckt war. Aber da waren wieder Stellen, wo wir kaum durch das Dikkicht durchkonnten, und dann knackte das Laub, und wir mußten noch vorsichtiger auftreten. Natürlich mußten wir auch hier den richtigen Weg vermeiden, denn hier war es immer gefährlich. Wir waren noch immer nicht an der Grenze und mußten uns beeilen, aber endlich, endlich kamen wir aus dem Wald heraus. Nun war ein breiter Streifen Weg und drüben – endlich – Ungarn! Wir schauten hinüber wie in das gelobte Land. Jetzt mußten wir aber erst recht vorsichtig sein. Das war nun die gefährlichste Stelle. Es schien gerade der Mond und deshalb die Gefahr umso größer, daß man uns entdeckt, und zwar von beiden Seiten evtl. schießt. Wir mußten also jeder einzeln ganz zusammengeduckt und so schnell wie möglich über diese Lichtung hinüberlaufen. Zuerst lief der Jozsi bacsi, dann ich und zuletzt der Papa, und endlich also waren wir drüben. Wir hätten uns am liebsten zur Erde geworfen und die Erde geküsst. Wir glaubten uns schon gerettet, aber sehr bald kam die Enttäuschung. Vor allem mußten wir noch immer schnell weiter aus dieser gefährlichen Zone an der Grenze und liefen so noch ein Stückchen weiter in den Wald. Aber das war nicht so ein dichter Wald und viel freundlicher, und endlich durften wir uns an einem ganz schönen Plätzchen wieder niederlassen und ausruhen. Wir waren zwar todmüde, aber doch schon viel froher und ruhiger. Als wir so ruhten, entdeckten wir, daß wir in der Tasche noch die gelben Sterne hatten, und da haben wir sie dort eingegraben. Ich glaube, ich würde die Stelle gleich wiederfinden, so sehe ich sie noch vor mir. Als wir dann wieder aufbrachen, war es schon nach 1 Uhr. Nun mußten wir nicht mehr so eilen. Wir sollten nicht vor 4 h [Uhr] nach Sopron kommen, wo wir erwartet werden sollten. Es war nun ein langer, langer Einschnitt durch den Wald und der Weg nicht mehr so furchtbar schwer. Ich war natürlich sehr, sehr müde, aber die Freude, schon über die Grenze zu sein, belebte uns. Nie im Leben werde ich diesen Weg vergessen. Man konnte weit, weit den Weg sehen, und der Mond schien jetzt. Der liebe Papa und ich gingen nun Hand in Hand und wenn ich oft schon umsinken wollte, dann schauten wir uns nur an und … Ilse, Susi, Johnny, Heini und Lilly u. s. w., und dann ging es wieder! Nur der Gedanke an Euch, meine teuren geliebten Kinder, nur das hat uns damals beide aufrechterhalten, und damals haben wir uns auch fest gelobt, auszuhalten, immer, solange nur unsere Kraft reicht, nicht zu verzagen und auszuhalten. Und doch hätten wir beinahe sehr bald beide versagt. Also so gingen wir dann, und dann kamen wir aus dem Wald heraus und in die Weingärten wieder und machten wieder eine Rast bei einer kleinen Feldhütte. Selbstverständlich mußten wir immer noch sehr, sehr vorsichtig sein, mußten uns an freien Stellen ducken und durften nur ganz leise sprechen. Oft hörten wir einen Pfiff, dann mußten wir ganz still bleiben, uns nicht rühren, da war vielleicht eine Patrouille in der Nähe. Der Jozsi bacsi gab uns da immer Verhaltensmaßregeln, wie wir uns zu verhalten haben, wenn wir in die Stadt kommen, denn wenn die einen als Flüchtlinge erkannten, wurde man einfach wieder zurückgeschickt. Und das war das Furchtbarste, was wir fürchteten. Deshalb hatte er einen Verwandten bestellt, damit er unseren Rucksack und Gepäck trägt, und wir sollten uns reinigen, damit man an unseren Kleidern und Schuhen die Spuren des Weges nicht so sieht, und deshalb sollten wir erst bei Tagesanbruch in der Stadt [sein], wenn schon andere auch schon dort aufstehen und gehen. Und so ist es 3 h früh geworden, als wir schon die Stadt Sopron erblickten. Es war für uns schon ein ungewohnter Anblick, eine beleuchtete Stadt zu sehen.[11] Gegen halb 7 früh waren [wir] endlich an der Stelle angelangt, wo der Mann auf uns warten sollte.

Wir sollten eventuell erst weiterfahren, bis wir uns erholt hatten, aber je schneller man dort von der Grenze wegkonnte, desto besser. Also nachdem sie uns noch eingeschärft [haben], [auf] uns ja in der Stadt jetzt achtzugeben, besonders wenn wir einem Polizisten oder einem Gendarm begegnen, soll ich nur ungarisch sprechen, aber besser immer ausweichen und nur schnell trachten, in ein Haus zu verschwinden. Also brachen wir auf, der Führer ging voran, es war stockfinster (es war gerade mein Geburtstag). Ich konnte, als wir aufstanden, fast nicht mehr auf den Füßen stehen und nur mit großer Mühe und Schmerzen anfangen, wieder zu gehen. Der Papa mußte mich führen, und nur ganz langsam kamen wir vorwärts. Als wir so eine kurze Weile gegangen waren, bemerkten wir plötzlich, daß wir unsere Leute nicht mehr vor uns sahen, und beeilten uns nun, aber vergebens, wir waren gerade an einer Wegkreuzung, und nun wußten wir nicht, wohin wir gehen sollten. Wir warteten eine Weile und dachten, die werden schon zurückkommen und uns suchen. Wir trauten uns doch nicht zu ruhen und waren ganz erschrocken, denn im Stockfinstern in der absolut fremden Gegend hilflos – also es war schrecklich. Nachdem aber niemand gekommen war, entschlossen wir uns, zu der Stadt zu gehen, und dachten uns, wenn die uns verfehlten, werden sie schon auf der Straße zur Stadt auf uns warten. Also aufgeregt, verzweifelt gingen wir zur Stadt, aber nirgends eine Spur von unseren Leuten. Mittlerweile ist es schon eine Spur heller geworden, und

11 Anspielung auf die Verdunkelung in Wien.

in der Stadt sehen wir schon hie und da Leute gehen, und sonst war ja auch schon beleuchtet. Könnt [Ihr] Euch denken, wenn wir Schritte gehört [haben], sind wir schon gelaufen und glaubten, unsere Leute kamen, aber keine Spur. So gingen wir verzweifelt herum, und wenn wir in einer Straße von weitem einen Wachmann sahen, drehten wir uns sofort wieder um. Wir konnten schon kaum denken und sprechen, aber darüber waren wir uns vollkommen einig, bevor wir uns wieder zurückschicken lassen, sterben wir lieber! Trotzdem wir noch ein paar Stunden vorher uns fest vorgenommen hatten auszuhalten, solange unsere Kräfte halten, aber das wußten wir, daß dann alles Aushalten vergebens gewesen wäre.
Wir vergaßen, daß wir müde waren. Die Verzweiflung, und endlich dachten wir die jüdische Gemeinde aufzusuchen, aber wir trauten uns doch niemand anzusprechen. Endlich fiel uns ein, daß Jozsi bacsi am Weg einen Namen genannt [hatte], wo er hingehen wird, aber wir konnten uns nicht genau erinnern. Wir wollten telephonieren, hatten aber kein ungarisches Geld. Also endlich suchten wir in einem Telephonhauserl einen ähnlichen Namen heraus und die Adresse. Es ist mittlerweile schon gegen 6 h geworden und waren schon mehr Leute auf der Straße, und ich faßte mir ein Herz und fragte eine Frau, wo die gesuchte Straße ist. Also faßten wir uns ein Herz und gingen hin, wollten aber noch warten bis 6 Uhr, da wir doch kein Geld für den Hausbesorger hatten. Aber wir mußten schon von der Straße weg, denn wir waren doch ganz voll Kot bespritzt und meine Strümpfe noch vom Wald zerfetzt. Also wir gingen hinauf und läuteten halb überzeugt, daß unsere Leute schon auf uns warten werden. Zu unserer größten Überraschung öffnete uns ein ganz verschlafener Mann im Schlafanzug, der uns ganz entgeistert anstarrte. Wir baten ihn, uns nur hereinzulassen, wir sind ja [die], die der Jozsi bacsi geführt hat, u. s. w. Also ließ er uns herein, und es stellt sich heraus, daß er ein ganz fremder Mann war, der keinen Jozsi bacsi je gekannt u. s. w. Gott hat uns aber da geholfen, und Gott sollte es diesen Menschen zahlen, was er an uns getan. Er ließ uns dort und richtete sofort ein Bett für uns her, machte Kaffee, und bis wir in Ruhe uns gelabt waren,[12] fragte er uns über alles aus und telephonierte um einen Bekannten, der dann auch gleich kam, und dann gingen sie den Jozsi bacsi suchen. Wie wir da erschöpft gelegen, könnt Ihr Euch vorstellen. Also nach 2 Stunden kamen die Herren zurück und hatten sie den Jozsi bacsi gefunden, der seinerseits ganz verzweifelt herumgelaufen ist, uns zu suchen. Gegen Mittag fuhren wir dann nach Budapest weiter, nachdem sie uns noch bewirteten, uns ungarisches Geld für die Reise gegeben, uns die kotigen Schuhe und Kleider geputzt haben und nur ein paar Sachen von unserem Gepäck gebracht haben. Es mußte ja alles sehr unauffallend gemacht werden, denn es war dort streng verboten, den Flüchtlingen zu helfen. Jeder, der einem Flüchtling geholfen, wurde selbst interniert und streng bestraft. Das hatten wir natürlich nicht vorher gewußt, sonst hätten wir uns wahrscheinlich niemals entschlossen, nach Ungarn zu kommen. Wie es uns da weiter gegangen, darüber können Euch schon eventuell die anderen auch berichten, denn davon wissen schon viele hier. Wir fanden endlich ein möbliertes Zimmer, aber wir konnten uns nicht allein anmelden, und so sind wir halt in unrichtige Hände geraten. Uns hat man nämlich noch in Wien dahin unterrichtet, daß man hier eventuell eine legale Aufenthaltsbewilligung für kurze Zeit bekommt, die dann eventuell immer ver-

12 So im Original.

längert wird, und das war unser Ziel auch. Aber wie gesagt, wir sind in unrichtige Hände geraten, man hat uns für unser letztes Geld eine Art Legitimation verschafft, die eigentlich nur ein richtiger Staatsbürger bekommen darf u. s. w. 2 Monate hatten wir da so ganz zurückgezogen gelebt. Zuletzt hatten wir ein sehr nettes Zimmer mit Küche und Badezimmerbenutzung und Balkon zur Verfügung, aber leider hat uns das Schicksal erreicht. Der gute Mann, der uns die Legitimation gebracht, ist verhaftet worden und hat uns auch angegeben, und so sind wir am Pfingstsonntag 1942[13] verhaftet geworden. Nun sind wir schon über ein Jahr im Gefängnis, wo ich hier dies schreibe. Gott hat uns so weit beschützt, daß wir gesund geblieben sind, bis jetzt unberufen. Wir sind nur in Untersuchung vorläufig, und erst im Herbst soll unsere Verhandlung sein. Wenn wir von hier frei werden, hoffen wir in ein Lager zu kommen und, so Gott will, dort das Ende des Krieges abwarten zu können. Was wir durchgemacht, wie wir das alles ertragen, ist nicht so leicht zu beschreiben. Nach 2 Monaten bekam ich schon die Kost von draußen geschickt, der l[iebe] Papa leider erst nach 8 Monaten. Körperlich ist es Gott sei Dank bis jetzt auszuhalten. Natürlich waren wir beide anfangs ganz gebrochen und glaubten nicht mehr aushalten zu können. Besonders als man den l. Papa anderswo fortbrachte, habe ich jeden Halt verloren, glaubte, mein Herz muß brechen. Wenn ich nie jemanden geflucht habe, aber als ich mich damals so allein, getrennt von allen, die ich liebe, im Gefängnis befand, habe ich alle verflucht, besonders diejenigen, die uns so leicht hätten helfen können, daß wir bei Euch hätten leben können und es nicht getan haben! Gott soll es ihnen zahlen, und er wird es auch. Alle bitteren Tränen, die wir mit wehen Herzen so weit von Euch, unsere Geliebten, weinen, sollen ihnen am Herzen brennen! Und auch ihr dürft es ihnen nie, nie verzeihen! Seit ein paar Wochen ist der l. Papa wieder hier im selben Gebäude, und ich kann ihn wenigstens jeden Freitagabend beim Gottesdienst von weitem sehen. Wir sind beide schon ganz glücklich, daß uns das wenigstens gegönnt ist. Der l. Papa sieht Gottlob jetzt gut aus, und ich glaube auch, ich sehe verhältnismäßig gut aus. Aber alt, sehr alt sind wir halt geworden! Mein Haar ist schon sehr grau, und leider haben meine Augen sehr gelitten. Nun soll uns Gott schon weiterhelfen. Unser einziges heißes Gebet ist, nur noch einmal Euch, meine geliebten Kinder, wiedersehen zu dürfen und mit Euch leben zu können und wenn es auch nur bei trockenem Brot und Wasser wäre! Nur dies eine soll uns das Schicksal noch gewähren, dann wollen wir alles noch so schwer bis dahin geduldig ertragen. Im Geiste bin ich immer und immer bei Euch und mit Euch und stelle mir immer die geliebten Süßlinge vor, und so kann ich das Leben ohne Euch ertragen. Wenn wir nur einmal von Euch eine Nachricht erhalten hätten. Gott gebe, daß Ihr mir alle gesund seid und bleibt und ein glückliches freies Leben führen sollt. Was mein Mutterherz für Euch vom Schicksal erflehen kann, soll Euch beschieden sein. Meine geliebten teuren Kinder! Ich werde immer für Euch beten, wo immer ich auch bin. Für Euer Glück und Euer Leben! Ich küsse Euch heiß und innig. Eure Mutti

13 24.5.1942.

DOK. 99
Donauzeitung: Bericht über die Rede des Ministerpräsidenten Miklós Kállay vom 1. Juni 1943, in der er erklärt, die „Judenfrage" durch Aussiedlung lösen zu wollen[1]

Die große Rede von Kallays[2]
Ungarn bekennt sich zu dem Grundsatz der Achse – Politik der europäischen Solidarität – Innerpolitische Aufgaben – Judenfrage
Drahtbericht unseres Vertreters
frr Budapest, 31. Mai

In der Nationalen Sporthalle in Budapest hielt der ungarische Ministerpräsident von Kallay vor dem Ausschuß der Regierungspartei „Ungarisches Leben" die erwartete umfassende Rede zur politischen Lage. Ursprünglich war eine große Rede des Ministerpräsidenten für den 4. Mai vorgesehen, doch konnte sie infolge der Vertagung des Reichstages nicht mehr stattfinden.[3]
Ministerpräsident von Kallay berührte in seiner Ansprache alle wesentlichen Fragen der ungarischen Außen- und Innenpolitik. Er sagte: „Heute, wo sich die zweite Armee in der Heimat befindet[4] und ihre Abrüstung im Gange ist, bin ich einen Rechenschaftsbericht schuldig." Ungarn hat an der Front gegen die asiatische Gefahr[5] gestanden, an einem Platz, wo eine angegriffene und bedrohte Nation, deren Unabhängigkeit es zu verteidigen gelte, kämpfen müsse. „Das Glück war gegen uns, aber wie oft schon mußten wir uns im Kampf mit dem widerlichen Schicksal behaupten", stellte von Kallay fest. Was die Vertagung des Parlaments anlange, so sei diese Maßnahme ein verfassungsmäßig verbrieftes Recht der verantwortungsbewußten Staatsführung gewesen.[6] Der Parlamentarismus bleibe aber nach wie vor die Grundlage der politischen Willensgestaltung in Ungarn. Nichtsdestoweniger habe der Ministerpräsident in diesem Augenblick keine Absicht zur Durchführung von Neuwahlen und sehe auch keine Notwendigkeit dazu, denn die Regierungspartei verfüge im Abgeordnetenhaus wie im Oberhaus über eine große Mehrheit, wie sie bisher in der Geschichte des ungarischen Reichstages noch nie zu verzeichnen gewesen sei.
[…][7]

1 Donauzeitung (Belgrad) vom 1.6.1943, S. 3. Die Donauzeitung erschien seit 1941 in Belgrad in deutscher Sprache.
2 Richtig: Kállay von Nagykálló.
3 Das ungar. Parlament wurde am 4.5.1943 für mehrere Monate vertagt. Es trat erst am 21.10.1943 wieder zusammen.
4 Nachdem die 2. Ungarische Armee am Don vernichtend geschlagen worden war, traten die überlebenden Soldaten im Jan. 1943 den Rückzug an.
5 Gemeint ist der Kampf gegen die Rote Armee.
6 Ministerpräsident Kállay ließ in Zusammenarbeit mit Reichsverweser Horthy das Parlament von Dez. 1942 an wiederholt für längere Zeit vertagen. Durch die Unterbrechung vermied er die Zusammenarbeit mit den radikalen rechten Kräften im Parlament, die seit Beginn der Regierungsperiode 1939 zunehmend an Einfluss gewannen.
7 Der Zeitungsbericht fasste in den beiden folgenden Abschnitten die innen- und außenpolitischen Bezüge der Rede von Kállay zusammen, in der er sich u. a. zur Achse bekannte.

Das Judenproblem
Eine schwere Frage des sozialen und wirtschaftlichen Lebens Ungarns und seines nationalen Bestandes sei das Judenproblem. „Es leben in Ungarn mehr Juden als in ganz Westeuropa zusammen", erklärte der Ministerpräsident. „Es ist selbstverständlich, daß wir diese Frage zu lösen trachten müssen. Es ergeben sich die Notwendigkeiten vorübergehender Maßnahmen und einer entsprechenden Regelung. Die endgültige Lösung kann aber keine andere sein als die restlose Aussiedlung des Judentums. Ich kann mich aber nicht dazu hergeben, dieses Problem auf der Tagesordnung zu halten, solange die Grundbedingung der Lösung, nämlich die klare Beantwortung der Frage, wohin die Juden auszusiedeln sind, nicht gegeben ist. Ungarn wird nie vom Weg jener Humanität abweichen, die es im Laufe seiner Geschichte auf rassischem und konfessionellem Gebiete stets geübt hat." Auch jene Bevölkerungsschichten, welche die jüdische Mentalität angenommen haben, müßten gereinigt werden. Aus den Reihen dieser Personen entstünden die Verderber der Moral und die Hyänen der Wirtschaft. „Ich wende mich an die ungarische Gesellschaft und jeden einzelnen und bitte sie, sich mit Abscheu von jenen zu wenden, die mit Flüsterpropaganda und Anschuldigungen gegen Ungarn vorgehen. Budapest wurde zu einer nicht mehr im Schatten von Wien lebenden Hauptstadt, sondern zu einer großen Hauptstadt eines unabhängigen Landes, zum Mittelpunkt von ganz Osteuropa. Die Kraft unseres Volkes ist unerschöpflich, wenn wir aushalten und den Weg, den wir bisher gegangen sind, weitergehen." Abschließend huldigte Kallay dem Reichsverweser.

DOK. 100

Der Fähnrich László Berkesi erläutert Mitte 1943 in einem Gnadengesuch, warum er sich an antisemitischen Ausschreitungen beteiligt hat[1]

Gnadengesuch des Fähnrichs László Berkesi[2] an Reichsverweser Miklós Horthy (Eing. 16.6.1943), Budapest, o. D. [vermutlich Juni 1943][3]

Seine Durchlaucht, Herr Reichsverweser!
Der kgl. ungar. Honvéd-Gerichtshof von Kassa verurteilte mich nach der am 6. Juli 1942 abgeschlossenen Gerichtsverhandlung zu drei Jahren Zuchthaus und Degradierung.[4]
Gegen dieses Urteil habe ich Einspruch und eine Nichtigkeitsbeschwerde eingereicht, wodurch das Urteil vorerst nicht rechtskräftig ist.
Ergebenst wende ich mich an Sie und appelliere an Ihren väterlichen Edelmut:
Ich bitte Sie in Ihrer Funktion als höchster Kriegsherr, das Urteil aufzuheben oder, falls dies derzeit nicht möglich ist, mir durch Begnadigung zu erlauben, unter Beibehaltung

1 HL HIM, 5166/a. csomó, 43 979/eln.13. szám. Das Dokument wurde aus dem Ungarischen übersetzt.
2 László Berkesi (*1911), Offizier; von 1939 an als Lehrer tätig, von Nov. 1939 an Freiwilliger der finnischen Legion, Mitglied der Pfeilkreuzlerpartei, 1943/44 Wehrdienst; nach 1945 vom ungar. Volksgericht zu sechs Jahren Haft verurteilt.
3 Im Original handschriftl. Unterstreichungen sowie weiterer Eingangsstempel des Verteidigungsministeriums vom 26.6.1943.
4 Wie Anm. 1, Bl. 28.

meines Dienstgrads mit dem nächsten Marsch an die Front zu gehen, wie in diesem Strafprozess mit den degradierten Unteroffizieren verfahren wurde.
Meine Bitte möchte ich im Folgenden ergebenst begründen:
Ich bereue meine Tat[5] aufrichtig, weil ich meinem Bataillon und meinen Vorgesetzten damit Unannehmlichkeiten verursacht habe.
[Das Gnadengesuch wird gestellt,] obwohl ich die in der Anklageschrift aufgeführten Taten alle nicht verübt habe, sondern nur die von mir eingestandenen. Den Aussagen der Belastungszeugen aus der Mannschaft ist nur geringer juristischer Wert beizumessen, weil sich ihre Ausführungen wie ein Ei dem anderen wortwörtlich gleichen. Daraus wird ersichtlich, dass sie sich nach ihrer Verhaftung und gemeinsamen Unterbringung in einer Zelle absprechen konnten mit dem Ziel, mich als Offizier in diese Sache hineinzureißen. Dabei haben sie im Vorfeld vorsätzlich die Art und Weise der Verteidigung festgelegt und gingen davon aus, dass dies die geeignetste Art wäre, sich vor einer schweren Strafe zu drücken. Auch die Tatsache, dass der Herr Generalstabschef[6] uns Offiziere vor der gesamten Mannschaft entwaffnen und verhaften ließ und scharf rügte,[7] hat zu dieser Verteidigungsstrategie beigetragen.
Ich betone noch einmal, dass der von der Mannschaft übereinstimmend vorgebrachte Tatbestand nicht den Tatsachen entspricht, sondern es sich so verhält, wie ich in der Hauptverhandlung geschildert und eingestanden habe. Dennoch muss ich die Umstände darlegen, die meinen Judenhass so stark haben auflodern lassen und die die Beweggründe dafür waren, dass ich angesichts der Misshandlungen von Juden durch die Mannschaft mich selbst habe dazu hinreißen lassen, statt den Soldaten den Befehl zu erteilen, dies zu unterlassen. Stattdessen habe ich mich selbst daran beteiligt.
Seine Durchlaucht, Herr Reichsverweser!
Dieses ganze Vorkommnis ist auf meine Mentalität, die traurigen Lebensumstände und eine ganze Reihe erlittener Nöte, meine tiefe Liebe zu meinem ungarischen Heimatland, meinen patriotischen Eifer und frühere Lebenserfahrungen zurückzuführen, die allesamt den Eindruck in mir verdichtet haben, der derzeitige bolschewistische Krieg sei von den Juden verursacht worden. Auch die Liebe zu meinen gefallenen ungarischen Blutsbrüdern hat mit dazu beigetragen und mich zur festen Überzeugung kommen lassen, dass meine Probleme allein durch die Prasserei der Juden verursacht worden sind. Diese Vorstellung und meine daraus resultierende Bitterkeit haben in mir eine Rachsucht befördert, die vollständig Besitz von mir ergriffen und meine Besonnenheit und Willenskraft so gelähmt hat, dass ich unwillentlich Mitakteur der Judenverfolgung wurde.

5 Am Abend des 24. 6. 1942 führten militärische Einheiten der Honvéd eine Übung zur Partisanenbekämpfung im jüdischen Viertel der Stadt Munkács (Mukačevo) durch. Im Zuge des Manövers kam es zu Verwüstungen und zu brutalen Übergriffen auf die jüdischen Einwohner der Stadt. Ausführlich dazu siehe Ádám Gellért/János Gellért, „Partizánvadászat" a zsidónegyedben. Munkács, 1942. június 24., in: Betekintő 2 (2016), S. 1–20.

6 Vitéz Ferenc Szombathelyi, geb. als Franz Knaus (1887–1946), Offizier; 1931–1933 Chef des Stabs der 3. gemischten Brigade, 1938/39 stellv. Generalstabschef, 1939–1941 Kommandant des VIII. Korps, anschließend Kommandierender General der „Karpatengruppe", 1941 bis April 1944 Chef des Generalstabs; nach der deutschen Besetzung unter Hausarrest gestellt, nach Okt. 1944 verhaftet und interniert; nach dem Krieg von einem jugoslaw. Gericht zum Tode verurteilt und hingerichtet.

7 Generalstabschef Szombathelyi reiste bereits am Tag nach dem Vorfall nach Munkács und ordnete eine Untersuchung an. Insgesamt wurden 75 Personen im Zusammenhang mit der Tat verurteilt.

Ich kann nichts dafür, aber als ich gesehen habe, wie die Mannschaft auf die Juden einschlug, und als ich in der besagten Nacht der Truppenübung diese vielen typischen Judengesichter sah, wurde auch ich mitgerissen – und ich habe mich bei den Juden für die vielen Nöte meines gesamten Lebens gerächt.
Der Hass gegen das Judentum hat sich bereits im Kindesalter, in dem man für alles empfänglich ist, in meine Seele eingebrannt.
Das traurige Ende des unglücklichen Weltkriegs und das folgende trauervolle Trianon [-Abkommen] des Kommunismus,[8] der mein Heimatland zerstört hat, all das war das Werk des Judentums.
Mein Vater war stellvertretender Bürgermeister von Érsekújvár, die nationale Tragödie nach dem traurigen Ende des Weltkriegs traf auch meine Familie schwer, wir mussten ins Landesinnere fliehen,[9] die hoffnungsvolle Karriere meines Vaters wurde unterbrochen.
Dort konnte die gewaltige Masse der Flüchtenden nicht untergebracht, ihnen keine Arbeit angeboten werden – die zweite Station meines Leidenswegs bestand darin, dass ich sieben Jahre lang ohne Arbeit war, ich durfte meiner Familie aber nicht zur Last fallen, weil mein Vater gezwungen war, die erste kleine Beamtenstelle anzunehmen, um sich um den Unterhalt der Familie zu sorgen; ich selbst begann, in einer Budapester Fabrik als Tagelöhner zu arbeiten, wo ich für 30 Fill[ér] in der Stunde Steine wusch und den Hof kehrte, während die jüdische Intelligenz die besten Positionen besetzte.
Im Jahr 1937 erhielt ich schließlich eine Stelle, aber bereits 1938 meldete ich mich freiwillig bei einem Freikorps, um meine Heimat zu verteidigen.[10] Ich war der erste unter den 23 Bewerbern eines Bataillons, der sich einer SS-Formation anschloss, und als der finnisch-russische Krieg ausbrach,[11] meldete ich mich freiwillig zur finnischen Legion. Aus meinem Landkreis warb ich weitere 17 Soldaten für diese an. Ich tat dies aus Liebe zu dem uns verwandten finnischen Volk, und mein Hass gegen das kommunistische Judentum heizte den tiefen Hass gegen das Judentum allgemein an, Tag für Tag griffen wir jüdische Spione auf, deren destruktive Tätigkeit der Grund dafür war, dass meine Kameraden zu Hunderten verhaftet und in die Gefängnisse von Munkács und Illava gebracht und schwer gefoltert wurden.
Das Judentum in Ungarn unterstützte auch finanziell die jüdischen Freikorps,[12] die mit meinen verhafteten Kameraden auf die grausamste Weise umgingen.
Auch gegenwärtig versehe ich meinen Militärdienst als Freiwilliger, und ich habe einen Antrag eingereicht, um zum Frontdienst eingeteilt zu werden.
Seitdem ich hier bin, werden wir von unseren Kommandanturen mittels Tageszeitungen und durch die vom V[erteidigungs]m[inisterium] bzw. vom Armeekorps herausgegebenen Broschüren täglich über die Umtriebe des Judentums in Russland und daheim [in Ungarn] informiert.

8 Gemeint ist die Räterepublik in Ungarn.
9 Die Stadt Érsekújvár (Nové Zámky) fiel nach dem Ersten Weltkrieg an die Tschechoslowakei. 1938 wurde sie im Ersten Wiener Schiedsspruch Ungarn zugesprochen.
10 Die ungar. Regierung stellte im Jahr 1938 sog. Freikorps auf, um die Slowakei zu destabilisieren. Diese Einheiten kamen schließlich nur zum Teil zum Einsatz.
11 Der Winterkrieg zwischen Finnland und der Sowjetunion begann im Nov. 1939 mit einem Angriff der Roten Armee.
12 Die Existenz von jüdischen Freikorps ist nicht belegt.

All dies hat meinen Hass gegen das Judentum bis zur Explosion gesteigert, und dann kam die nächtliche Truppenübung.

Seine Durchlaucht, Herr Reichsverweser!

Als ich diese Tat beging, wurde ich nicht von gemeinen Absichten geleitet, sie war vielmehr motiviert von meiner Jugend, meinen überhitzten patriotischen Gefühlen und Leidenschaften.

Ich bitte Sie ergebenst, mir zu verzeihen und meinem Gesuch zu entsprechen und Gnade walten zu lassen.

Erlauben Sie mir, unter Beibehaltung meines Dienstgrads an die Front zu gehen und dort der Verteidigung meines Heimatlands zu dienen.

Geben Sie mir bitte Gelegenheit, dabei den in der Nachtübung begangenen Fehler durch heldenhafte Taten für meine heißgeliebte ungarische Heimat zu korrigieren.

Ihr ergebenster Diener[13]

DOK. 101

Das ungarische Verteidigungsministerium und die Organisation Todt vereinbaren am 1. Juli 1943, 3000 jüdische Zwangsarbeiter in den Kupferminen in Bor einsetzen zu wollen[1]

Schreiben (Nr. 2916) der deutschen Gesandtschaft in Budapest (im Anschluss an Drahtbericht Nr. 1163 vom 23. Juni 1943), gez. D. v. Jagow, an das Auswärtige Amt vom 6.7.1943[2]

Inhalt: Ungarische Judenkompanien für Kupferbergwerk Bor (Serbien)

1 Anlage

In der Anlage überreiche ich Abschrift einer Vorvereinbarung vom 1. d. M. zwischen dem Königlich Ungarischen Honvédministerium und dem hiesigen Beauftragten der O. T., Hauptfrontführer Neyer, über die Zurverfügungstellung von 3000 Mann in Arbeitskompanien (Judenkompanien) für das Kupferbergwerk in Bor (Serbien).[3]

Nach Mitteilung von Hauptfrontführer Neyer hatte er zur Angabe der Kupferkonzentrations-Lieferungserklärung über seine vorgesetzte Berliner Dienststelle die Genehmigung des Reichswirtschaftsministeriums erhalten.

Abschrift[4]

Budapest, den 1. Juli 1943

13 In zweiter Instanz änderte das Gericht am 24.8.1943 das Urteil gegen Berkesi in fünf Monate Haft um und hob die Degradierung auf; siehe Anm. 1.

1 PAAA, R 100891, Bl. 103 f. Abdruck als Faksimile in: Braham (Hrsg.), The Destruction of Hungarian Jewry (wie Dok. 76 vom 25.9.1942, Anm. 1), Dok. 62, S. 111 f.

2 Im Original handschriftl. Vermerke.

3 In den Minen von Bor wurden von 1942 an 30 000 bis 80 000 Zwangsarbeiter zum Gleisausbau und Erzabbau eingesetzt, darunter vom Sommer 1943 an 6000 ungar. Zwangsarbeiter.

4 Die Abschrift ist überliefert als weitergeleitetes Schreiben von Wilhelm Neyer an den deutschen Handelsattaché Dr. Englert.

Vorvereinbarung
zwischen der königlich ungarischen Regierung und der Organisation Todt, vertreten durch ihren Beauftragten OT-Hauptfrontführer Wilhelm Neyer. Es wird folgendes vereinbart:

1. Das königlich ungarische Honvédministerium stellt 3000 jüdische Arbeitskräfte, in Kompanien militärisch zusammengefasst, für das Kupferbergwerk Bor in Serbien der Organisation Todt zur Verfügung. Die Disziplingewalt über diese Judenkompanien obliegt der ungarischen mitgestellten militärischen Führung. Diese jüdischen Arbeitskräfte werden in der Donau-Station Prahovo der Organisation Todt übergeben. Die Transportkosten bis Prahovo trägt der ungarische Staat, von Prahovo bis Bor die Organisation Todt. Dasselbe gilt für den Rücktransport. Für die Unterbringung, Verpflegung, Soldzahlung, Zahlung der Heimatgehälter ab Prahovo kommt die Organisation Todt auf. Die Übergabe der ersten 1000 Mann in Prahovo erfolgt bis spätestens 15. Juli 1943.

2. Ungarischerseits wird darauf bestanden, daß die zur Verfügung gestellten Judenkompanien sowohl in Bezug auf ihre Verwendung als auch disziplinär und verwaltungsmäßig eine selbständige Einheit unter ungarischer militärischer Leitung bilden. Sämtliche Aufträge seitens der Organisation Todt an diese Judenkompanien müssen über diese ungarische militärische Führung erteilt werden. Im Falle von Schwierigkeiten verfasst der Kommandant dieser Judenkompanien einen schriftlichen Bericht in doppelter Ausfertigung und sendet eine davon an das königlich ungarische Honvédministerium in Budapest und übergibt die andere Ausfertigung der Organisation Todt.

3. Das Reichswirtschaftsministerium liefert der ungarischen Regierung als Gegenleistung je Monat 100 to (Einhundert Tonnen) Kupferkonzentrat von mindestens 30 % Kupfergehalt, und zwar von solcher Zusammensetzung, daß es in den ungarischen Hütten entsprechend verarbeitet werden kann. Dieses Kupferkonzentrat wird in der Donaustation Prahovo frei verladen Schlepper übergeben. Die Transportkosten trägt die deutsche Seite, die Transportkosten von Prahovo nach den ungarischen Hütten die ungarische Seite. Das Kupferkonzentrat wird von ungarischer Seite bezahlt.

4. Die Feststellung des für die ungarischen Hütten geeigneten Kupferkonzentrates sowie des hierfür zu zahlenden Preises erfolgt durch eine Besichtigung an Ort und Stelle und einen im Anschluss daran in Budapest aufzustellenden endgültigen Vertrag. Die Einzelheiten bezüglich des Einsatzes, der Verpflegung, der Unterbringung dieser jüdischen Arbeiterkompanien wurden bereits durch die im Auftrage des Honvédministers vom 26. Mai bis 1. Juni 1943 durchgeführte Besichtigungsreise einer gemischten Kommission festgelegt.

5. Beiderseits wird vereinbart, daß das königlich ungarische Honvédministerium in Budapest gegebenenfalls weitere jüdische Arbeitskräfte der Organisation Todt zur Verfügung stellt, wenn das Reichswirtschaftsministerium weitere Kupferkonzentratlieferungen zusagt.[5]

5. Für diese Vereinbarung wird eine gegenseitige Kündigungsfrist von zwei Monaten vorgesehen.

5 Im Frühjahr 1944 sagte das ungar. Verteidigungsministerium zu, weitere 3000 Arbeitskräfte zur Verfügung zu stellen.

Deutscherseits:
Neyer
OT-Hauptfrontführer
Ungarischerseits:
Für den Honvédminister:
2/VII. 1943.
gez. Ruszkiczay-Rüdiger[6]
Feldmarschalleutnant

DOK. 102
Der Präsident des Ungarischen Zionistischen Bundes, Ottó Komoly, mutmaßt am 25. August 1943, dass die Gefahr für die ungarischen Juden gebannt ist[1]

Brief von Ottó Komoly,[2] Budapest, an Herrn Barlas[3] vom 25.8.1943[4]

Sehr geehrter Herr Barlas,
durch eine Krankheit, welche mich auf ca. vier Wochen „außer Gefecht" setzte, verhindert, komme ich erst heute dazu, auf Ihre liebenswürdige Bestätigung vom 12.7. meines Schreibens[5] an H. Elieser Kaplan[6] und auf den seither ebenfalls angelangten Brief vom 31. Juli[7] zu antworten. Inzwischen erhielt ich auch das Rundschreiben des H. Mosche Shertok[8] sowie zwei kurze Briefe[9] der Herren Wenia,[10] Menachem[11] und Zeew.[12]

6 Imre Ruszkiczay-Rüdiger (1889–1957), Offizier; von 1938 an Mitarbeiter des Verteidigungsministeriums; 1938 Generalmajor; 1942–1944 ständiger Stellv. des Verteidigungsministers; 1943 Generaloberst; im Okt. 1944 von der Gestapo verhaftet, im Gefängnis Sopronkőhida interniert; 1945–1948 in sowjet. Kriegsgefangenschaft, 1949 vom ungar. Volksgericht verurteilt, nach seiner Entlassung im Lager Kistarcsa interniert.

1 YVA, P 31/38.

2 Ottó Komoly (1892–1945), Bauingenieur; von 1940 an stellv. Präsident, von 1941 an Präsident des Ungarischen Zionistischen Bundes, von 1943 an Leiter des Budapester Hilfs- und Rettungskomitees Vadaa; von Sept. 1944 an Leiter der Sektion A des Internationalen Roten Kreuzes; am 1.1.1945 von Pfeilkreuzlern verschleppt und ermordet; Autor von „A zsidó nép jövője" (1919) und „Cionista életszemlélet" (1942).

3 Haim (Chaim, Charles) Barlas(z) (1898–1982), Geschäftsmann; 1940–1944 Leiter des Committee for the Rescue of the Jews in Nazi-occupied Europe (Vaad Hahatzalah) der Jewish Agency for Eretz Israel in Istanbul, von 1943 an Kooperation mit Angelo Roncalli, dem Apostolischen Nuntius in der Türkei; 1949 Direktor der Sicherheitsabt. im Innenministerium Israels; Autor von „Hatzala Bi'yemey Ha-sho'ah" (1975).

4 Rechtschreibung und Grammatik des deutschsprachigen Originals behutsam korrigiert, sprachliche Eigenheiten beibehalten.

5 Nicht ermittelt.

6 Elieser (Eliezer) Kaplan (1891–1952), Buchhalter, Bauingenieur; 1925–1933 Stadtrat von Tel Aviv, 1929–1933 Sekretär des Exekutivkomitees des Gewerkschaftsdachverbands Histadrut, 1933–1948 Direktionsmitglied der Jewish Agency; 1948–1952 Finanzminister Israels, 1949/50 Minister für Handel und Industrie.

7 Nicht ermittelt.

8 Richtig: Moshe Shertok, später Sharett (1894–1965), Ökonom; 1906 Emigration nach Palästina, 1931 Sekretär, 1933–1948 Leiter der Politischen Abt. der Jewish Agency, 1933–1948 Leiter der Verhandlungen mit der brit. Mandatsverwaltung; 1948–1953 Außenminister Israels, 1953–1955 Ministerpräsident, 1955/56 Außenminister, 1956–1960 Vorsitzender der Jewish Agency.

Indem ich all diese Zuschriften dankend bestätige, stelle ich an Sie, sehr geehrter Herr Barlas, die Bitte, nachdem alles, was ich heute schreibe, alle Chawerim[13] interessieren wird und ich mich nicht wiederholen möchte, diesen Brief als Antwort auf alle oben erwähnten Briefe zu empfangen und derenentsprechend je eine Abschrift dieser Zeilen den betreffenden Herren gütigst zukommen zu lassen. Ich glaube weiter nicht allzu unbescheiden zu sein, wenn ich außerdem auch die Bitte ausspreche, je eine Abschrift dieses im übrigen streng vertraulichen Schreibens, welches dem Sinne nach auch als mein bei Ihnen wahrscheinlich inzwischen eingetroffenes, in ungarischer Sprache gehaltenes „Memorandum" samt meiner im vorigen Jahre hier erschienenen Broschüre „Cionista Elétszemlelet"[14] ergänzender Bericht über die Lage des Judentums und des Zionismus in Ungarn betrachtet werden kann, an die Mitglieder unserer Hanhalah[15] und der Sochnuth,[16] in erster Linie natürlich an den Präsidenten H. Ch. Weizmann[17] weiterleiten zu wollen.
Aus Gründen, die jetzt nicht mehr ausschlaggebend sind, war es mir bisher unmöglich, die – meiner Erinnerung nach – indirekt an mich gerichtete Aufforderung der Chawerim Wenia, Menachem und Zeew, ich möge ihren Briefwechsel mit Joel,[18] Siegfried,[19] Josko[20] etc. officiell zur Kenntnis nehmen, zu bestätigen. Nun aber kann ich erklären, daß mir von Anfang an über alles berichtet, meine Interventionen im Falle von Meinungsverschiedenheiten zwischen den hiesigen Herren fortlaufend in Anspruch

9 Rundschreiben und Briefe liegen nicht in der Akte.

10 Ze'ev Hadari, geb. Wenia (Wenja, Venya) Pomeran(t)z (1916–2001), Nukleartechniker; von 1941 an Mitglied der paramilitärischen Jugendorganisation Palmach, 1942–1948 Mitarbeiter der Jewish Agency; 1955–1965 Gründer von und Professor am Negev Nuclear Research Center.

11 Menachem Bader (1895–1985), Ökonom; 1939–1945 Mitarbeiter der Jewish Agency; 1948 Generaldirektor im Ministerium für Arbeit und Konstruktion, 1955–1962 Generaldirektor im Ministerium für Entwicklung.

12 Ze'ev Sherf (1906–1984); von 1925 an Aktivist der marxistisch-zionistischen Bewegung Poalei Zion, 1940–1944 für das Kommando der paramilitärischen Untergrundorganisation Hagana tätig; 1945–1947 Sekretär der Politischen Abt. der Jewish Agency, 1948–1957 Regierungssekretär, 1966–1969 Minister für Handel und Industrie, 1968/69 Finanzminister, 1969–1974 Wohnungsbauminister.

13 Plural von Chaver (hebr.): Gelehrter, Freund, Genosse.

14 Richtig: Cionista Életszemlélet (ungar.): Zionistische Lebensanschauung; siehe Ottó Komoly, Cionista életszemlélet. Kísérlet a pozitív hivatástudat természetrajzához, Budapest 1942.

15 Hanhala (hebr.): Leitung (einer Organisation).

16 Sochnut (hebr.): Agentur, gemeint ist die Jewish Agency.

17 Haim (Chaim) Weizmann (1874–1952), Chemiker; 1921–1930 und 1937–1946 Präsident der Zionistischen Weltorganisation; 1948 Präsident des Provisorischen Staatsrats von Israel, 1949–1952 Staatspräsident von Israel.

18 Joel (Jenő) Brand (1906–1964), Kaufmann, Telefontechniker; Mitglied der Kommunistischen Partei, 1933 wegen Verrat militärischer Geheimnisse verhaftet, 1934 Emigration aus Deutschland nach Rumänien, anschließend nach Ungarn, Eigentümer einer Handschuhfabrik; 1943/44 Mitarbeiter des Budapester Hilfs- und Rettungskomitees Vaada; Mai 1944 Verhandlungen in Istanbul über den Austausch ungar. Juden gegen kriegswichtige Waren, nach deren Scheitern Emigration nach Palästina; 1956 in die Bundesrepublik.

19 Siegfried Stephen Roth (Szigfrid Stefan Róth) (1915–1995), Jurist; 1943/44 Mitarbeiter des Vadaa; 1945–1947 Leiter des Budapester Büros des Jüdischen Weltkongresses (WJC), 1947–1965 Generalsekretär der brit. Sektion und Europadirektor des WJC in London, von 1966 an Leiter des Institute of Jewish Affairs des WJC in London.

20 József (Joskó, Jóska) Baumer (1914–2001); 1939–1941 Aktivist in zionistischen Organisationen in Bratislava, 1943/44 Mitarbeiter des Vadaa, 1944 Emigration nach Palästina.

genommen und mir auch über die unternommenen Schritte von Zeit zu Zeit Bericht erstattet wurde.

Die Tätigkeit letztgenannter Chawerim geht nunmehr in Ordnung weiter, wenn auch die Meinungsverschiedenheiten – hauptsächlich zwischen Joskos und Joels Freunden – häufig schärfer sind, als sie sein dürften. Es sind meistens persönliche Gegensätze, welche ich nur von Fall zu Fall mildern kann, aber aus der Welt zu schaffen nicht fähig bin. Es fehlt mehr oder weniger auf beiden Seiten der aufrichtige Wille zur Selbstmäßigung im Interesse des gemeinsamen Zweckes. Der Brief des Chawer Menachem an Zwi[21] hatte leider nicht den erwünschten Erfolg. (Zwi ist ein ausgezeichneter und aufrichtiger Zionist, talentiert und sozusagen unentbehrlich, aber ein wenig zu verrannt und läßt sich eher von Gefühlen leiten als von Rücksichten auf die gestellte Aufgabe. Er wittert in allem „Rancune"[22] auf der Gegenseite, wo man es ihm verständlicherweise verübelt, daß er die Größe der Initiative[23] Schmels[24] nicht entsprechend bewerten will und in allem Gefahrenmomente befürchtet. Hier fehlt, bei allem Pflichtbewußtsein und Eifer, ein wenig Geschicklichkeit im Umgang mit diesem wertvollen, aber schwer zu behandelnden Menschen, den ich sehr gerne habe, aber auch nur schwer irgendwie beeinflußen kann. Es wäre vielleicht von Nutzen, wenn Chawer Menachem aufgrund dieser Information seinen Versuch wiederholte und wenn auch Chawer Joel bezw. Dr. K.[25] einen Wink vom Chawer Wenia bekäme. Aber abgesehen hiervon wurde in den vergangenen Monaten manches geleistet, worüber Sie wahrscheinlich genau informiert sind und es sich dadurch erübrigt, daß ich auf diesbezügliche Einzelheiten eingehe.

Bevor ich aber fortfahre, gestatten Sie mir, daß ich auch diese Gelegenheit eines trockenen und unpathetisch sein wollenden Berichtes dazu benütze, um für die Anstrengungen und aufopfernden Bemühungen des Jischuws[26] zwecks Rettung und Unterstützung der Überlebenden der am meisten betroffenen Teile unseres Volkes tieferschüttert – gleichzeitig aber auch tiefbeschämt –, innigen Dank und stark empfundene Anerkennung auszusprechen. Das Wort „beschämt" muß ich sagen, weil ich gleichzeitig eingestehen muß, daß die Gesamtheit des ungarischen Judentums – obzwar sie im Verhältnis zur Vergangenheit ungeheuer viel auf dem Gebiete der Flüchtlingsfürsorge, Rechtshilfe, Unterstützung der von antijüdischen Maßnahmen am meisten betroffenen Brüder usw. leistet und dabei auch die beiden Nationalfonds K. K. L. und K. H.[27] in ständig wachsen-

21 Tsvi (Tzvi, Zvi, Cvi) (Ernő) Szilágyi Zionist; im Palästina-Büro vertrat er 1939 die marxistisch-zionistische Organisation Hashomer Hazair, Mitglied des Vadaa; gelangte mit dem „Kasztner-Transport" in die Schweiz; nach dem Krieg Rückkehr nach Ungarn, administrativer Leiter einer Klinik; Autor von „Ismeretlen memoár a magyar vészkorszakról" (2005).

22 Franz.: Feindschaft, Groll.

23 Möglicherweise ist die Arbeit des Budapester Rettungskomitees gemeint.

24 Richtig: Shmuels. Shmuel (Sámuel, Samuel, Samu) Springman(n) (1905–1967), Juwelier, Uhrmacher; 1943 Mitbegründer des Vadaa; nach dem Krieg Emigration nach Deutschland.

25 Gemeint ist vermutlich Rezső Kasztner (1906–1957), Jurist; in den 1930er-Jahren Sekretär der Jüdischen Reichspartei in Rumänien, von 1940 an zionistischer Aktivist in Ungarn, 1943/44 stellv. Vorsitzender des Vadaa; nach 1945 Zeuge im Nürnberger Hauptkriegsverbrecherprozess, Emigration nach Israel, 1957 von militanten Zionisten ermordet; Autor u. a. von „Der Bericht des jüdischen Rettungskomitees aus Budapest 1942–1945" (1945).

26 Yishuv (hebr.): die jüdische Bevölkerung in Palästina vor der Staatsgründung Israels.

27 Keren Kajemeth LeIsrael (Jüdischer Nationalfonds), 1901 auf dem 5. Zionistischen Kongress in Basel gegründet mit dem Ziel, Geldmittel für den Landerwerb in Palästina zu akquirieren, und

dem Maße alimentiert – noch immer weniger leistet, als sie könnte, trotzdem sie die traurige Möglichkeit hatte, aus nächster Nähe das Entsetzliche zu beobachten, welches in der unmittelbaren Nachbarschaft geschah, und trotzdem sie von Stunde zu Stunde zu befürchten hatte, daß das Grauen an den Grenzen Ungarns nicht haltmachen wird.
Wie Sie jedoch aus den Nachrichten, die Sie bisher teilweise direkt von hier erhielten, wahrscheinlich aber auch aus anderen Quellen erfahren konnten, ist die Lage der ungarischen Judenheit bis jetzt unvergleichlich besser als die derjenigen sämtlicher Nachbarländer. Unser „Memorandum" an die ungarische Regierung erwähnt unsere Beschwerden,[28] loyalerweise konnte ich jedoch nicht umhin, auch auf alle diejenigen Momente hinzuweisen, welche uns dem ungarischen Volke und der Regierung gegenüber zu Dank verpflichten. Im Memorandum konnte ich aus begreiflichen Gründen nicht betonen, daß die Hinüberrettung für die Zukunft von beiläufig 94–95% des in Ungarn wohnhaften Judentums – auf 5–6% kann der bisherige Verlust an Menschenleben infolge der Deportation im Jahre 1941 der vermeintlichen polnischen Staatsbürger (ca. 13 000 Seelen),[29] des militärischen Arbeitsdienstes an und hinter den Kampffronten (ca. 25–30000 Mann) und der Geschehnisse in und um Ujvidek herum[30] (ca. 1500 Opfer) veranschlagt werden – unter einem ständigen Druck des mächtigsten Nachbars[31] geschah, welcher sich die Ausrottung des gesamten europäischen Judentums zum Ziel setzte. Natürlich fordert dieser auch von der ungarischen Regierung stets radikale Maßnahmen in dieser Richtung, um so mehr, als das nationalsozialistische Regime es – und mit vollem Recht – als Verurteilung und Ablehnung seiner Juden gegenüber angewendeten Methoden betrachtete, daß dieses – seiner Willkür beinahe rettungslos ausgelieferte – kleine Land die ihm aufgenötigten antijüdischen Maßregeln (welche selbstverständlich auch von einem Teil der ungarischen Bevölkerung begrüßt wurden) im Verhältnis zu den schonungslosen Nürnberger Gesetzen[32] und zu ihrer Handhabung in so gemäßigter Weise, auch das nur zum Teil, Schritt für Schritt und nur widerstrebend durchgeführt hat.
Zur Unterstützung der judenfeindlichen Intentionen wurden von der erwähnten Seite nebst diplomatischem Druck und ununterbrochener persönlicher Beeinflussung selbst-

Keren Hajessod (Gründungsfonds), nach der Belfour-Deklaration (1917) im Jahr 1920 auf der Zionistischen Konferenz in London gegründet mit der Zielsetzung, Geldmittel für die Immigration und Besiedlung in Palästina zu sammeln.

28 Ottó Komoly reichte mehrere Memoranden bei der ungar. Regierung ein, so z. B. am 4.6.1943 und am 3.7.1943.

29 Im Sommer 1941 deportierten ungar. Behörden nicht nur Personen mit poln. Staatsbürgerschaft, sondern auch sowjet. und ungar. Juden sowie Staatenlose nach Osgalizien. Die Gesamtzahl der Deportierten wird auf 18 000 bis 21 000 geschätzt; siehe Einleitung, S. 40, sowie Dok. 53 vom 20.8.1941, Dok. 55 vom 26.8.1941 und Dok. 56. vom 30.8.1941.

30 Zum Massaker von Újvidék (Novi Sad) siehe Einleitung, S. 42–44, sowie Dok. 64 vom 25.1.1942 und Dok. 67 vom 15.3.1942. Zu den Opferzahlen siehe Einleitung, S. 43.

31 Gemeint ist das Deutsche Reich.

32 Die Nürnberger Gesetze, die am 15.9.1935 einstimmig vom Reichstag verabschiedet wurden, umfassten das „Gesetz zum Schutze des deutschen Blutes und der deutschen Ehre" sowie das „Reichsbürgergesetz". Ersteres untersagte die Eheschließung sowie den außerehelichen Geschlechtsverkehr zwischen Juden und Nichtjuden, Letzteres unterschied zwischen „Reichsbürgern" mit vollen politischen Rechten und „Staatsbürgern" mit einem minderen Rechtsstatus. Nur Personen mit „deutschem oder artverwandtem Blut" konnten Reichsbürger sein; siehe VEJ 1/198 und 199.

verständlich auch alle anderen bekannten Mittel in Anspruch genommen, welche dem Versuche zur Ausrottung unseres Volkes in anderen Ländern vorangegangen sind. So wurde, und wird noch heute, ein Teil der Presse ganz einfach von drüben dirigiert, gewisse politische Kreise ließen sich für die nationalsozialistischen und antisemitischen Zielsetzungen gerne anwerben, und auch gesellschaftlich wurde alles getan, um von unten aus zu erzwingen, was zu tun die Regierung nicht gewillt war.
Zum Glück des Judentums Ungarns jedoch ist die Mehrheit des ungarischen Volkes politisch weitgehend gereift und hat außerdem eine nüchterne und menschliche Lebensauffassung. Demzufolge hat sich die extrem-antisemitische Tendenz nur unter gewissen einseitig eingestellten Schichten der Honoratioren, dann in etwas stärkerem Maße unter der Halb-Intelligenz und unter jenen Mengen des Lumpenproletariats verbreiten können, welche sich in Erhoffung persönlicher Vorteile oder infolge sadistischer Veranlagung jeder umstürzlerischen Bewegung gern anschließen, dementsprechend – ohne jede Überzeugung – heute Kommunisten, morgen Anarchisten und übermorgen Faschisten sind. Aber die überwältigende Masse der Agrarbevölkerung, fast die ganze Aristokratie des Landes und der hohe katholische Klerus (nicht zu sprechen vom Oberhaus des Parlamentes) blieben zwar von der antisemitischen Propaganda nicht ganz unberührt, forderten jedoch auch keine weiteren antijüdischen Maßnahmen.
Dieses Verhalten der großen Mehrheit des Landes ermöglichte es der Regierung, dem Drucke von draußen in gewissem Maße Widerstand zu leisten, wobei nebst humanitären Beweggründen auch im Interesse des Landes ausschlaggebende kulturelle und wirtschaftliche Gesichtspunkte keine wichtige Rolle spielten.[33] Die Argumentation mit der Wichtigkeit der „Interessen der Kontinuität der wirtschaftlichen Produktion“ war in den Händen der Ministerpräsidenten Gr. Teleki und Kallay die bestbewährte Abwehrwaffe im Kampfe gegen die stets wiederholte Forderung zur sofortigen radikalen Lösung der ungarischen Judenfrage.
Selbstverständlich müsste Ungarn – im Bewußtsein der tatsächlichen Kräfteverhältnisse – wie in anderen Fragen (z. B. Lebensmittel und Kriegsmateriallieferungen, weitere Überlassung der Transportwege und dem rollenden Material für Truppen und Materiallieferungen süd- und ostwärts) zeitweise auch auf diesem Gebiete Zugeständnisse machen, dem Parlament neue antijüdische Gesetzentwürfe vorlegen, den jüdischen Arbeits[…][34] brieten,[35] Betätigungsfelder für Juden einschränken usw., worunter viele unserer Brüder zu leiden hatten und noch zu leiden haben, aber etwas geschichtlich Entscheidendes zur Vernichtung unseres Bestandes in diesem Lande ist bis zum heutigen Tage nicht eingeleitet worden. Sogar die im Jahre 1941 begonnene Deportation von Juden vermeintlich polnischer Staatsangehörigkeit nach Polen konnte bald zum Stehen gebracht werden;[36] bei der Bewilligung des Aufenthaltes unserer aus Kroatien, Serbien, Österreich, der Slowakei über die ungarische Grenze geflüchteten Brüder ist von den ungarischen Behörden ebenfalls

33 So im Original. Eigentlich müsste es heißen: „keine unwichtige Rolle spielten“.
34 Im Original Auslassung an dieser Stelle.
35 So im Original.
36 Die Mitte Juli 1941 gestartete Aktion wurde nach Protesten der ungar. Opposition sowie deutscher Stellen im Aug. eingestellt; siehe Dok. 60 vom Herbst 1941.

ein sukzessive annehmendes Entgegenkommen festzustellen[37] (Schwierigkeiten wurden stets durch untergeordnete, dem Nationalsozialismus nahestehende Organe gemacht), wenn auch aus verständlichen Gründen stets eine je frühere Alijah[38] dieser Leute nach Palästina von uns gefordert wird, und der traurige entsetzliche Fall Ujvidek, anläßlich dessen höhere Kommandostellen leider zu spät angriffen, um die Missetaten im Keime ersticken zu können,[39] blieb – bis heute – vereinzelt.

Bis heute. Wie es weitergehen wird, wissen wir nicht. Wir sind der Überzeugung, daß unser weiteres Schicksal nunmehr nicht so sehr von den ungarischen Behörden abhängt wie von anderen Eventualitäten.

Die Erfüllung z. B. der Forderung von Radio London[40] an Ungarn, von Deutschland abzurücken und im Falle[, daß] das jetzige Regime hinzu nicht geneigt oder fähig ist, eine neue Regierung zu bilden, welche mit Deutschland sofort bricht, würde unter den obwaltenden Verhältnissen, da dies die sofortige militärische Besetzung Ungarns durch Deutschland bewirken würde, das Todesurteil für das Judentum Ungarns und für die vielen Tausenden von Juden bedeuten, welche aus den Nachbarländern hierher geflüchtet, ihr Leben hier für gerettet wähnen. (Nebenbei bemerkt wäre dies auch für die Baalei-Brith[41] ein Nachteil, nachdem hierdurch die gesamte Industrie Ungarns, welche verschwindend klein im Vergleich zur deutschen ist und jetzt nur bis zu einem Teil ihrer Kapazität deutsche Bestellungen erledigt, vorwiegend aber Ungarns eigene Bedürfnisse befriedigt, dann restlos in deutsche Hände geriete und das deutsche Kriegspotential stärken würde.)

Desgleichen könnte für uns ein Luftangriff gegen Budapest oder andere Gebiete Ungarns verhängnisvolle Folgen haben. Ich denke dabei nicht daran, daß bei den vorjährigen russischen Angriffen von geringem Ausmaße allerlei aus extrem antisemitischen Quellen stammende, phantastisch klingende falsche Gerüchte mit antisemitischer Tendenz verbreitet wurden – diese wurden von der öffentlichen Meinung bald verworfen.[42] Aber ein größerer Angriff mit stärkerem Effekt, demzufolge eine Stockung in

37 Die Bemühungen von zionistischen Hilfsorganisationen, den illegal ins Land kommenden Flüchtlingen die Emigration nach Palästina zu ermöglichen, wurden vom KEOKH administrativ unterstützt. Die Zahl der zwischen 1938 und 1940 nach Ungarn geflüchteten Juden, denen die Auswanderung gelang, wird auf 4500 geschätzt.

38 Alija (hebr.): Rückkehr nach Palästina.

39 Generaloberst Ferenc Szombathelyi unterband das Massaker in der Umgebung von Újvidék erst am 30.1.1942.

40 Im Sommer 1943 warnte Radio London mehrfach, die brit. Luftwaffe werde ungar. Industrieanlagen angreifen, da diese die Ausfälle in der deutschen Industrieproduktion kompensierten, und forderte die Arbeiterschaft dazu auf, Druck auf die ungar. Regierung mit dem Ziel des Kriegsaustritts auszuüben. Darüber hinaus wurden mehrfach Aufrufe zum Widerstand gegen die Politik der Kállay-Regierung ausgestrahlt.

41 Baalei Brit (hebr.): Bundesmänner, Mitglieder des Bundes. Damit sind vermutlich die Alliierten gemeint.

42 Nach den ersten sowjet. Luftangriffen gegen Ziele in Budapest in der Nacht vom 4. auf den 5.9.1942 verbreiteten sich Gerüchte, wonach z. B. der jüdischstämmige Fechter und Journalist Attila Petschauer ein Geschwader von sowjet. Kampfflugzeugen angeführt hätte. Sein Flugzeug soll getroffen worden sein, er selbst sei aufgegriffen und hingerichtet worden; siehe dazu Tagebuch von Simon Kemény, Eintrag vom 14.9.1942. Abdruck in: Kemény, Napló (wie Dok. 63 vom 17.1.1942, Anm. 1), S. 200.

der Lebensmittelversorgung, Obdachlosigkeit, Wassermangel und dergleichen eintreten können, würde sich – wie ein Chaos zu jeder Zeit überall – in erster Linie in antijüdischen Kundgebungen und Ausschreitungen auswirken, deren Ergebnisse selbstverständlich unberechenbar sind. Dann denken wir auch durch, daß – obzwar hier in Budapest Juden und Nichtjuden in allen Stadtteilen ziemlich vermengt wohnen – es doch geschehen konnte, verschont bleiben, Gebiete, z. B. Arbeiterviertel mit fast rein nichtjüdischer Einwohnerschaft, stark mitgenommen werden, was ebenfalls verhängnisvoll für uns werden könnte.[43] Denn wie schon erwähnt hat die nationalsozialistische Seuche auf einen keinesfalls zu vernachlässigenden Sektor der Massen gewirkt, zu welchem Sektor leider auch manche untergeordneteren behördlichen Organe gehören, die schon in der Vergangenheit [manche] Verfügung der Regierung – wenn sie ihnen als judenfreundlich erschienen – auch zu sabotieren bereit waren. (Und wieder nur nebenbei: Die Erfolge eines solchen Luftangriffes wären schwerlich den Nachteilen gleichwertig, welche daraus für die künftigen Interessen der Alliierten erwüchsen, da hierdurch die allgemeine Ansicht der ungarischen Massen, welche anläßlich der Luftangriffe auf Warschau, Rotterdam, Coventry und Belgrad vorherrschend war, wonach Angelsachsen menschlicher veranlagt wären, als Ungarns deutsche Verbündete und eine über die strategischen Ziele hinausgehende Zerstörungswut hätten, in ihr Gegenteil umschlagen würde. Bringt doch der Satz: „der Gewalt nichts, für ein schöneres Wort alles", eine wohlbekannte Eigenschaft des ungarischen Charakters zum Ausdruck, welche Eigenschaft jeder beachten sollte, der mit diesem Volke zu tun hat …)
Natürlich können auch andere unvorhergesehene Ereignisse entscheidend ungünstig für das Schicksal der Juden in Ungarn werden, die zwei Hauptgefahrenmomente bleiben jedoch: die Möglichkeit einer Besetzung durch Deutschland und ein Umsturz mit dem darauffolgenden Chaos, der den niederen Instinkten der Masse freien Lauf ließe. Leider scheint die Intention der Veröffentlichungen des Radio London in ungarischer Sprache – im Widerspruch zu den hervorgehobenen edlen und hohen Prinzipien der Baalei-Brith – eine Aufwirbelung dieser niederen Instinkte zu sein und wirkt eher auf uns als auf die breite Öffentlichkeit des Landes beunruhigend.

Trotz dieser und anderer Möglichkeiten wollen wir jedoch hoffen, daß wir Juden Ungarns, die wir heute – leider – den größeren Teil jenes Überrestes unseres Volkes in Europa bilden, welchen H. Mosche Schertok in seinem oben bestätigten Rundschreiben des öfteren unter den „angesichts des zukünftigen zionistischen Kampfes zu mobilisierenden drei Lagern" des Judentums[44] an erster Stelle angeführt hat, die nunmehr folgenden kritischen Zeiten glücklich überstehen und wir ungarländische Zionisten unsere Arbeit im Interesse unseres Volkes und des Binjan-Haaretz[45] fortsetzen können werden. Wir gehen mit den Ausführungen des H. Schertok vollkommen einig, wonach unser in der Zukunft große Aufgaben harren und daß wir schwere Pflichten zu erfüllen haben werden. Demgemäß tun wir schon jetzt alles, was unter den kriegerischen Verhältnissen möglich ist, um das ungarische Judentum auf diese Aufgaben vorzubereiten.

Der zionistische Gedanke gewinnt – teils infolge der äußeren Geschehnisse, teils aber auch durch unsere [un]unterbrochene erzieherische und aufklärende Tätigkeit – ständig

43 So im Original.
44 Siehe Einleitung, S. 18.
45 Hebr.: Aufbau des Landes Erez Israel.

an Ausdehnung, und wenn auch gewisse jüdische Kreise der zionistischen Ideologie noch unzugänglich sind und voraussichtlich auch weiter unzugänglich bleiben dürften, eine ausgesprochene zionistenfeindliche Tendenz ist nur bei solchen Personen festzustellen, welche von einer – psychisch und auch logischerweise vollkommen unwahrscheinlichen – „restitution in intergrum“[46] die ungestörte Fortsetzung ihrer durch die Judengesetze unterbrochenen Karriere und materielle Vorteile erwarten, durch den Zionismus dagegen die Zerstörung ihrer schönen Träume befürchten und dabei gar keinen Sinn für jüdische Gemeinschaft haben.[47]

Wie Sie wissen, arbeiten bei uns – abweichend von den Organisationen anderer Länder – die beiden Fonds im Rahmen des „Pro-Palästina-Verbandes Ungarischer Juden“,[48] welcher Verband sich zwar – vom Präsidenten: H. Prof. Dr. Kornel Korosy[49] abgesehen – unter rein zionistischer Leitung betätigt, aber trotzdem keine ausgesprochen zionistische Vereinigung ist. Diese Lösung war teilweise dadurch bedingt, daß laut ungarischen Gesetzen öffentliche Sammlungen nur von Zeit zu Zeit gestattet werden und um ihre Genehmigung in jedem Fall ein besonderes Gesuch eingereicht werden muß. Hingegen dürften Vereine, in deren Statuten hierfür vorgesehen worden ist, von ihren Mitgliedern – aber nur von diesen – freiwillig angebotene Beiträge annehmen. Nachdem wir keine nichtzionistischen Mitglieder haben können, Spenden für die beiden Fonds jedoch auch von Nichtzionisten angenommen werden, ergab sich diese Lösung. Dieser Zustand hat jedoch für uns den großen Nachteil, daß alle unsere Mitglieder auch Mitglieder des Pro-Palästina Verbandes [sind], d. h. die Lasten einer doppelten Administration tragen müssen und für die rein administrativen Auslagen des Zionistenverbandes zum größten Teil nicht über den Mitgliedsbeitrag hinaus belastet werden dürfen. Hierdurch haben wir ständig materielle Sorgen, welche in den letzten Jahren – trotz Zunahme der Anzahl unserer Mitglieder – infolge der Einbeziehung einer großen Zahl derselben zum Arbeitsdienst und der Verschlechterung im Einkommen anderer als Auswirkung der Judengesetze noch zunahmen. Eine Entlastung unseres Budgets, aber auch eine Verminderung der Wirksamkeit unserer Arbeit bewirkte die Tatsache, daß wir im November vorigen Jahres unsere Lokalitäten unter Andrassy ut[50] 87 mit großem Herzl-Saal, mit zwei anderen für Club und Vortragszwecke verwendbaren Saalen und mit mehreren Bureauzimmern für Schul- und Museumszwecke dem Staate überlassen mußten und seitdem infolge des Mangels an Wohn- und Bureauräumen in Budapest keine entsprechenden Räumlichkeiten finden konnten. Demzufolge mußten wir unser Bureau ins Palästina-Amt[51] verlegen, und

46 Richtig: restitutio in integrum (lat.): Wiedereinsetzung in den vorigen Stand.

47 Während die Verbände der sog. Neologen zu beschwichtigen und ihre Staatstreue unter Beweis zu stellen suchten, versuchten Orthodoxe und Zionisten, aktive Maßnahmen gegen die antijüdische Politik zu setzen. Die abweichenden Lageeinschätzungen artikulierten sich in z. T. heftig ausgetragenen Konflikten.

48 Der Verband, der neben dem Ungarischen Zionistischen Bund die Interessen des zionistischen Judentums vertrat, wurde im Dez. 1926 zwecks Förderung des Neuaufbaus in Palästina gegründet.

49 Richtig: Kornél Kőrösy (1879–1948), Physiologe, Genetiker; von 1911 an am Institut für Physiologie in Budapest tätig, 1940–1944 Vorsitzender des Pro-Palästina-Verbands der Ungarischen Juden.

50 Richtig: Andrássy út (ung.): Andrássy-Straße.

51 Die Palästina-Ämter wurden als Landesfilialen der Zionistischen Weltorganisation und später der Jewish Agency mit dem Ziel eingerichtet, die legale Auswanderung nach Palästina administrativ und organisatorisch zu unterstützen. Das Büro der Budapester Zweigstelle befand sich 1943 am Erzsébet-Ring.

zwecks Anhaltung von Besprechungen und öffentlichen Vorträgen sind wir genötigt, Räumlichkeiten anderer Vereine, hie und da die Prunksaale der Pester und Budaer Kultusgemeinde und der Pester Chewrah Kadischah,[52] in Anspruch zu nehmen.

Einen großen Nachteil bedeutet für die Kontinuität unserer Arbeit die Tatsache, daß unser Generalsekretär H. Dr. Buk[53] schon seit einem Jahre zum Arbeitsdienst einbezogen ist und durch keine geeignete Kraft ersetzt werden konnte. In der letzten Zeit hatten wir Schritte unternommen, um seine Befreiung vom weiteren Arbeitsdienst zu erwirken. Desgleichen fehlen uns andere bis dahin tatkräftig mitarbeitende Chawerim, welche ebenfalls einrücken mußten, infolgedessen die laufende Arbeit auf allen Gebieten unsrer Tätigkeit in erster Reihe von älteren Herren und von Damen geleistet werden muß.

Die Jugendarbeit mußten wir infolge des Mangels an geeigneten Räumlichkeiten sehr reduzieren, doch gelang es uns – nachdem die Hachscharamöglichkeiten[54] uns im Jahre 1940 anläßlich der behördlichen Einschränkung unserer Tätigkeit auf Budapest genommen wurden –, für mehrere Gruppen unserer Chaluzim[55] in Lehrlingsheimen, welche für das Landesfürsorgeamt Ungarischer Israeliten[56] errichtet wurden, Platz zu verschaffen. (In der Exekutive und im großen A. C.[57] dieses Amtes sind wir offiziell vertreten, u. zw. in der Executive durch H. Dr. Kahau Nison[58] und mich, im A. C. durch weitere sechs Gg.[59] aus Budapest und aus der Provinz. Außerdem gibt es unter den Leitern der einzelnen Sektionen viele Zionisten.) Unser Einfluß in den einzelnen Kultusgemeinden nimmt langsam zu. In der größten Gemeinde des Landes, in der Repräsentanz der Pester (neologen) Kultusgemeinde, z. B. sind wir (infolge eines Wahlkompromisses, nachdem das hiesige Wahlsystem keine Minderheitenvertretung sonst ermöglicht) durch 15 Herren vertreten, im Ausschuß durch 4 Gg. und in den Vorstand gelang es uns, H. Dr. Hahan[60] hineinzubringen.

Das innere Leben der Z. O. (Magyar Cionista Szövetség, Ungarischer Zionisten-Verband) geht normal. Wir haben die Möglichkeit, in gewissen Zeiträumen größere Vortragsabende zu veranstalten, die einzelnen Arbeits-Kommissionen arbeiten permanent,

52 Trotz der Zusammenlegung von Pest, Buda und Óbuda im Jahr 1873 blieben die drei israelitischen Gemeinden bis 1950 separiert. Die Räumlichkeiten der Pester Gemeinde befanden sich in der Síp-Straße, jene der Budaer in der Fő-Straße und die der Óbudaer in der Lajos-Straße. Der Pester orthodoxe Chevra Kadisha war Teil der Pester Gemeinde und hatte seinen Sitz in der Dob-Straße.

53 Miklós Buk (1907–1962); 1935–1944 Generalsekretär des Ungarischen Zionistischen Bundes; von 1942 an im Arbeitsdienst.

54 Hachshara (hebr.): Vorbereitung der Juden auf die Alija.

55 Chaluz (hebr.): Pionier (bei der Neubesiedlung von Palästina bzw. bei den diesbezüglichen Vorbereitungen im Heimatland).

56 Es handelt sich um das MIPI, das im Dez. 1938 als Dachverband für diverse Hilfsaktionen, Fürsorgemaßnahmen und Veranstaltungen von Weiterbildungskursen gegründet wurde.

57 Actions-Comitee.

58 Richtig: Dr. Nison (auch Nisan) Kahan (Kahán) (später Niszan Cohen) (1883–1949), Jurist; 1903 Mitbegründer des Studentenvereins Makkabea, von 1927 an Vorsitzender des Ungarischen Zionistischen Bundes, Mitglied des Budapester Judenrats; gelangte mit dem „Kasztner-Transport" in die Schweiz; 1944 Emigration nach Palästina.

59 Gesinnungsgenosse(n).

60 Richtig: István Hahn (1913–1984), Rabbiner, Historiker, Altphilologe; 1943–1949 Lehrender am Budapester Rabbinerseminar, 1944 im Arbeitsdienst; 1948–1952 Mittelschullehrer, 1952–1964 Hochschullehrer, 1964–1983 Universitätslehrer.

die gewählte Leitung, deren Liste ich im Briefe an H. Kaplan mitteilte, hat allmonatlich eine General-Besprechung, der Ausschuß von 100 Mitgliedern tagt durchschnittlich alle drei Monate, die Generalversammlung jährlich einmal. Öffentliche Vorträge, Sitzungen des Ausschusses und die Generalversammlung müssen der Behörde gemeldet werden und werden fast ausnahmslos ohne weiteres genehmigt. Die Behörden kontrollieren regelmäßig unsere Administration und fanden bis jetzt stets alles in bester Ordnung.
Nun unternehmen wir die nötigen Schritte, um unsere Tätigkeit im ganzen Lande wieder aufnehmen zu können, wieder Hachschararoth[61] einreichen zu dürfen und die Fortsetzung der Arbeit der existierenden Ortsgruppen und Unterabteilungen zu ermöglichen. Es besteht Aussicht, daß dies uns sukzessive genehmigt wird.[62] Diese Tatsache wird unserer Arbeit außerordentlich förderlich sein, nachdem die Mehrheit unserer Brüder hier stets auf Winke von oben warten, bevor sie den Beschluß fassten, sich einer Idee offen und ohne Vorbehalt anzuschließen.
Einen heiklen Punkt in unserem zionistischen Leben bildet die Frage des Palästina-Amtes.[63] Wie Sie wahrscheinlich informiert sind, wurde die Leitung dieses Amtes noch im Jahre 1937 dem H. Advokaten Dr. Oschtern[64] anvertraut. (Infolge seiner angegriffenen Gesundheit glitten aber allmählich die wichtigsten Agenden in die Hände des Sekretärs des Amtes, H. Krausz.)[65] Im Jahre 1941 kam es zu einem offenen Konflikt, als H. Dr. Osztern nach Eintritt des Kriegszustandes (Abreise der britischen Gesandtschaft)[66] es vorsichtshalber für richtig hielt, dem Bureaupersonal, H. Krausz mit inbegriffen, zu kündigen. H. Krausz und das Präsidium des Palästina-Amtes bestritten die Gültigkeit dieser Kündigung, und Dr. Osztern zog sich damals zurück, betraute aber im Mai 1942 formell H. Ing. Moses Bissliches[67] mit seiner Vertretung. Das Präsidium des Palästina-Amtes (die Palästina-Kommission konnte damals aus weiter unter folgenden Ursachen nicht einberufen werden) konnte sich darüber nicht einig werden, ob Dr. Osztern, der seit längerer Zeit den Geschäften fernstand, das Recht hatte, einen Vertreter zu ernennen. (Herr Bissel-

61 Hachshararot (hebr.): Vorbereitungsgruppen zur Auswanderung nach Palästina.

62 Am 11.7.1940 wurden sämtliche ländliche Ortsgruppen und Fachabt. des Ungarischen Zionistischen Bundes aufgelöst und lediglich das Weiterbestehen der Budapester Zentrale genehmigt. Erst am 14.12.1943 konnten die Ortsgruppen ihre Arbeit wieder aufnehmen, allerdings nur bis zum Gesamtverbot der Organisation am 6.4.1944.

63 Da das Palästina-Amt darauf bestand, Auswanderung nur im rechtskonformen Rahmen abzuwickeln, kam es mehrfach zu Zerwürfnissen v. a. mit den zionistischen Jugendbewegungen, die im Untergrund tätig waren.

64 Richtig: Dr. Lipót Osztern (1872–1944), Jurist; von 1916 an Gerichtsdolmetscher, 1920–1930 Präsident des Ungarischen Zionistischen Bundes, 1937–1944 Präsident des Palästina-Amtes.

65 Miklós Krausz, später Moshe Kraus (1908–1986), zionistischer Aktivist; von 1932 an Generalsekretär der zionistischen Organisationen Mizrahi und Hapoel Hamizrahi, 1934–1938 Sekretär und 1938–1946 Geschäftsführer des Palästina-Amtes; seit der deutschen Besatzung Mitarbeiter der schweiz. Botschaft, war an der Übermittlung der Auschwitz-Protokolle an die Schweiz maßgeblich beteiligt; Mitarbeiter des sog. Glashauses, der Auswanderungssektion der schweizer. Botschaft; 1946 Emigration nach Palästina, Anstellung am Ministerium für Soziales.

66 Nachdem Großbritannien die diplomatischen Beziehungen mit Ungarn wegen der Teilnahme Ungarns am Balkanfeldzug im April 1941 abgebrochen hatte und ein Ultimatum Ende Nov. wirkungslos geblieben war, erklärte Großbritannien am 6.12.1941 Ungarn den Krieg.

67 Richtig: Mózes (Moshe) Bisseliches (1878–1970), Maschinenbauingenieur; 1903 Mitbegründer des Studentenvereins Makkabea; 1948 Vorsitzender des Ungarischen Zionistischen Bundes, 1949 Emigration nach Israel.

ches begnügte sich mit einer Kontrolle der Verrechnungen) unter Einbeziehung meiner Person zu diesem Akt und zog sich dann ebenfalls von der Sache zurück. Einen vom Sochnut ernannten *tätigen* Leiter hat also das Palästina-Amt gegenwärtig nicht.

Ebenso umstritten ist die Frage der Palästina-Kommission. Diese wurde aufgrund des Kompromisses, welcher unter den Parteien vor dem letzten Kongress anlässlich der Bestimmung der Delegierten zustande kam, im Jahre 1939 in der Weise konstituiert, daß darin Misrachi[68] durch 3, E. I. H.[69] durch 3, Klal A. durch 2, Klal B.[70] durch ein Mitglied vertreten wurde, über den zehnten Platz hatte als Parteiloser mein Vorgänger s. A. H.[71] Dr. Miklos[72] zu verfügen, und ein Platz gehörte Hechalutz.[73] Inzwischen ist Herr Dr. Miklos leider gestorben, der von Hechalutz entsandte Herr wurde von seiner Gruppe ausgeschlossen und seine Betrauung rückgängig gemacht, und die E. I. H. hat sich in H. H.[74] und M. P. E. I.[75] gespalten. Seitdem konnte die richtige Zusammensetzung infolge ständiger Meinungsverschiedenheiten nicht rekonstruiert werden, und trotzdem es mir gelang, in der Organisation alle Schattierungen zu gemeinsamer Arbeit in der Leitung zu gewinnen, eine Einigung in puncto Palästina-Kommission konnte nicht erreicht werden.

Die Erklärung der Klagen, die Ihnen im Laufe der letzten Zeit bekannt geworden sind, können Sie nun – außer in der etwas abweisenden Haltung von Herrn Krausz den Parteien gegenüber, was seine Natur ist – in dieser Ungeregeltheit der Beziehungen finden. Natürlich hat dadurch Herr Krausz, der übrigens ein tüchtiger und sehr geschickter Herr ist und gute Beziehungen zu den in Frage kommenden Behörden hat, einen größeren Wirkungskreis, als [ihm] den Statuten gemäß zukäme. Er unternimmt zwar nichts Prinzipielles ohne Beschluß des Präsidiums, erledigt aber viele Kleinigkeiten, wo den meisten die Möglichkeit einer Einsichtnahme fehlt und für welche dann kein Forum die Verantwortung übernimmt. Hierzu kommt, daß infolge der Meinungsverschiedenheiten auch die Frage der Person des leitenden Präsidenten ungeregelt ist und hierdurch das Zustandekommen einer einfachen Präsidialsitzung sozusagen der Gegenstand einer Kompromissverhandlung sein muß.

Diesen Zustand mußte ich oft als für mich persönlich geradezu erniedrigend betrachten, wenn ich der Sache keine größere Wichtigkeit beimessen würde als der persönlichen

68 Mizrahi wurde 1903 als länderübergreifende zionistische Organisation gegründet und setzte sich hinsichtlich der Aufbaupläne Israels für eine traditionsbewusste, religiöse Programmatik ein. Die Organisation in Ungarn bestand seit 1904.

69 Erez Israel Haovedet wurde 1931 als linke und säkulare zionistische Wahlkoalition, bestehend aus Hashomer Hazair, Poale Zion und Hechaluz, gegründet, um auf den zionistischen Kongressen die Stimmen der Linksparteien zu bündeln.

70 Die Organisation der bürgerlichen („allgemeinen") Zionisten vertrat einen säkularen Standpunkt hinsichtlich der Aufbaupläne Israels. Die ungar. Klal-Zionisten waren allerdings gespalten: Die eine Richtung (Klal A) sympathisierte mit dem Histadrut, dem Dachverband der zionistischen Gewerkschaften, während die andere (Klal B) für eine Kooperation mit den rechtsgerichteten Organisationen plädierte.

71 Möglicherweise: seligen Angedenkens.

72 Dr. Gyula Miklós jun. (1887–1940), Jurist; 1933–1940 Präsident des Ungarischen Zionistischen Bundes.

73 Der linksgerichtete, seit Mitte der 1930er-Jahre bestehende ungar. Ableger der länderübergreifenden zionistischen Jugendbewegung Hechaluz agierte vorwiegend als Untergrundorganisation.

74 Die Hashomer Hazair war eine marxistisch orientierte linke Jugendbewegung, deren ungar. Ableger 1927 gegründet wurde.

75 Richtig: MAPAI (Mifleget Poalei Erez Israel). Die 1930 in Palästina gegründete sozialdemokratische Partei war in Ungarn seit 1933 unter der Bezeichnung Ihud Mapai tätig.

Empfindlichkeit des Präsidenten der Landesorganisation. Bisher gelang es mir zu verhindern, daß die Meinungsverschiedenheiten und persönlichen Gegensätze zu einer Passivität welcher Seite immer führen, doch werden Sie verstehen, wenn ich bei einem solchen Stand der Dinge die Verantwortung für diesen Sektor unseres zionistischen Lebens zu tragen nicht in der Lage bin. Dieselbe könnte ich nur übernehmen, wenn ich aufgrund strikter Richtlinien der Sochnut die Möglichkeit hätte, das Palästina-Amt neu zu organisieren.

Aber abgesehen von dieser heiklen Frage kann gesagt werden, daß alles in allem unsere Arbeit im Interesse des Binjan Haarez ohne Unterlass weitergeht. Wir gewinnen stets neue Kämpfer für unsere Idee, und wir hoffen, daß es uns gelingen wird, sobald der Krieg beendet ist, eine einheitlich organisierte, entsprechend starke, für unser Ideal begeistert wirkende, lebende Organisation in Ungarn für die schwere Arbeit der Zukunft bereitzustellen. Selbstverständlich dürfen wir uns keinen eitlen Hoffnungen hingeben. Das ungarische Judentum in seiner großen Masse hat sich in den 5 ½ Jahren, welche seit dem ersten Judengesetz vergangen sind, trotz aller grauenhaften Geschehnisse in der unmittelbaren Nachbarschaft und trotz der starken – scheinbar aber noch immer nicht genug starken – Rückschläge, hierselbst nicht radikal geändert, und es muß damit gerechnet werden, daß seine Teilnahme an unserem Aufbauwerk den Erwartungen nicht voll entsprechen wird.[76] Es wird Sie sicherlich interessieren, falls Sie bisher keine diesbezüglichen Nachrichten erhielten, daß diejenigen jüdischen Flüchtlinge aus Kroatien, welche bis vor kurzem auf den [von] Italienern besetzten kroatischen Gebieten (Kraljevic, Moster[77] etc.) konzentriert waren (etwa 3–4000 Seelen), von den Italienern – zwecks ihrer Schützung von den Deutschen und der Ustasche – auf die von den Italienern okkupierte Insel Arbo (früher Rab, Provinz Fiume) übersiedelt wurden und unseren Informationen nach ordentlich untergebracht sind. Beunruhigend ist nur, daß diese Insel zu Kriegsgebiet werden und dann von den Deutschen besetzt werden könnte.[78]

Wir setzen unsere Bemühungen fort, den wenigen sich noch in Kroatien befindlichen Juden die Einreisebewilligung hierher zu verschaffen. Dies ginge entschieden leichter, wenn wir bei unseren Behörden auf weitere Alijoth[79] hinweisen könnten. Dasselbe können wir in Bezug auf Flüchtlinge aus der Slowakei und aus Polen sagen.

Ich danke für den uns gesandten Auszug von Nachrichten aus dem Leben des Jischuw und bitte auch in der Zukunft uns solche zukommen zu lassen. Was wir da lesen, erfüllt uns mit Freude und Stolz und mit Hoffnung auf eine schönere, glücklichere und harmonischere Zukunft unseres schwer geplagten, aber trotz aller Schläge nicht gebeugten Volkes im Lande unserer Väter: in Erez Jisrael.[80]

Mit vorzüglicher Hochachtung
Und warmen Zionsgrüßen
Ihr ergebener

76 Komoly spielt hier auf den vergleichsweise geringen Rückhalt des Zionismus unter den Juden in Ungarn an.

77 Richtig: Kraljevo, Mostar.

78 Die italien. Lagerleitung entließ die jüdischen Häftlinge am 16.8.1943; die meisten flüchteten. Etwa 200 verblieben im Lager und wurden nach Auschwitz deportiert.

79 Mehrzahl von Alija.

80 Erez Israel (hebr.): Land Israel.

DOK. 103
Die Polizei berichtet am 1. September 1943, dass der Notar des Bezirks Bethlen den jüdischen Arzt der Gemeinde bedroht hat[1]

Schreiben Nr. 15 179/1943. VII. Innenministerium (streng vertraulich), gez. stellv. Polizeipräsident, Budapest, vom 1. 9. 1943 (Abschrift)[2]

Betrifft: Beschwerde des Kreisarztes im Arbeitsdienst, Dr. Schiff
Auf vertraulichem Wege sind wir über Folgendes in Kenntnis gesetzt worden: Wir haben ungefähr Mitte Juli im Rückgriff auf vertrauliche Informationen berichtet, wie der Notar von Alsóilosva (Landkreis Bethlen) in völliger Ermangelung an Verständnis mit den in seinen Einflussbereich befindlichen Minderheiten und den Juden umgeht. In unserem Bericht erwähnten wir unter anderem, wie er den aus Budapest bestellten jüdischen Arzt in seiner Tätigkeit zu behindern sucht, ihn mit der Auszahlung seines Honorars hinhält, ihn grundlos anzeigt usw. Unser Informant teilte uns heute in dieser Sache Folgendes mit: Der Oberstuhlrichter aus Bethlen[3] hat am 8. des laufenden Monats Dr. Sándor Schiff, den als Arbeitsdienstler kommandierten jüdischen Kreisarzt, zu sich bestellt und ihm mitgeteilt, ihm sei aus dem Innenministerium eine Zuschrift zugegangen [mit der Aufforderung], die Beschwerden über den Notar zu untersuchen. Er hat den Arzt zunächst befragt, ob er gegen diesen Anzeige erstattet habe. Als dieser dies verneinte, forderte der Richter ihn auf, ihm zu sagen, wen er informiert habe, da er nicht gewillt sei, Intrigen und politische Hetze zu dulden. Der Betreffende würde sich an dieser Angelegenheit noch sehr die Finger verbrennen. Dr. Schiff führte aus, dass er in der Tat Unrecht erlitten hätte, jedoch nicht wisse, wer die Anzeige erstattet habe. (Wir merken an dieser Stelle an, dass wir unsere Informationen tatsächlich nicht über Herrn Dr. Schiff erhalten haben.) Unser Informant hat uns weiter mitgeteilt, Dr. Schiff lebe inzwischen in Todesangst, weil ihn nun auch der Notar bedrohe und er keine Hoffnung auf eine objektive Untersuchung habe. Außerdem teilte man uns mit, dass einige Tage nach der Untersuchung ein Offizier mit Gefolge in der Praxis von Dr. Schiff aufgetaucht sei und behauptet habe, er wolle diesen vor das Militärgericht stellen, weil das Wasser in der Siedlung infiziert sei. Viele Bewohner seien daran erkrankt und Schiff habe sich als Kreisarzt nicht um die Schließung der Brunnen gekümmert. Tatsächlich wurde gar niemand von dem Wasser krank, obwohl die Gewässer infolge der großen Dürre verschlammt sind. Laut Aussagen der Einheimischen gehe der Auftritt des Militärs auf das Konto des Notars, der sich habe rächen wollen. Angesichts des oben Ausgeführten kontaktierten wir die Angehörigen von Dr. Schiff in Budapest, die während einer langen Befragung erzählten, dass dieser verzweifelt sei, weil er sich in dem abgele-

1 Arhivele Nationale ale României, Prefectura Someş, Fond 174, Inventar 89, 16/1941, Kopie: USHMM, RG-25017. Das Dokument wurde aus dem Ungarischen übersetzt.

2 Im Original Vermerk: „An den Obergespan des Komitats Szolnok-Doboka, in Dés. Ich teile dem hochwohlgeborenen Herrn den obigen vertraulichen Bericht mit der Bitte mit, dessen Inhalt zum Gegenstand der Untersuchung zu machen und mich über das Ergebnis zu benachrichtigen. Budapest, 18. September 1943. Nach Verordnung des Ministers: Dr. Benczúr-Ürmössy e. h. Ministerrat. Die Echtheit des Schreibens wird bescheinigt, gez. Büroleiter."

3 Miklós Szappanyos.

genen Ort den lokalen „Machthabern“ völlig ausgeliefert fühle und die Untersuchung der Ereignisse einer Person, nämlich dem Oberstuhlrichter, übertragen worden sei, die sich offensichtlich nicht neutral verhalte.

DOK. 104
Ernst Jung vermisst am 22. September 1943 in einem Brief an den Stürmer das harte Durchgreifen gegen Juden in Ungarn[1]

Brief von Ernst Jung,[2] z. Zt. Torschau,[3] an die Redaktion des Stürmer[4] vom 22.9.1943[5]

Lieber „Stürmer“!
Beim Lesen der heutigen Folge des „Deutschen Volksblattes“ viel mir dieser Bericht (den ich dem Umschlag beilege) aus Budapest auf.[6] Daß die Juden unserer Landeshauptstadt – die Stadt der „hunderttausend Juden“ – in letzter Zeit wieder ihr Haupt erheben, ist uns keine Überraschung, daß aber ihr freches Benehmen nun schon solche Formen annimmt, spricht schon eine deutige Sprache. Was nützen Gesetze der Regierung? Sie werden doch nie dürchgeführt, oder besitzen soviele „Hintertürchen“ daß jeder Jude durchschlüpft. Uns Deutschen wäre es am liebsten, daß man endlich einmal „reinen Tisch“ mit den Juden machen würde, denn es liegt im Interesse unserer volksdeutschen Heimat.
In der Hoffnung, daß ich dem Kampfe gegen das Judentum einen kleinen Beitrag geleistet habe, verbleibe ich mit
Heil Hitler![7]

1 Stadtarchiv Nürnberg, E 39/I, 2226/6–8.
2 Ernst Jung, Mitglied des deutschen Jungvolks.
3 Torzsa (dt. Torschau, serb. Savino Selo) liegt in Serbien, in der Südbatschka. Die überwiegende Mehrheit der Bewohner der Stadt war vor 1945 deutschsprachig.
4 Die antisemitische Wochenzeitung, herausgegeben von Julius Streicher, erschien 1923–1945 in Nürnberg. 1938 betrug die Auflage 500 000 Exemplare.
5 Rechtschreibung und Grammatik wie im Original.
6 Deutsches Volksblatt vom 22.9.1943, S. 6: „Haben Sie etwas dagegen, daß ich der Jud Grünbaum bin?“ Darin wird die vor antisemitischen Stereotypen nur so strotzende Geschichte eines jüdischen Mannes namens Grünbaum aus der Zeitung Új Magyarság wiedergegeben: Herr Grünbaum soll demnach aus dem Londoner Radio erfahren haben, dass Italien kapituliert habe, und dies verleitete ihn dazu, Passanten auf der Straße zu provozieren, bis ein „junger“, „blonder“ Mann ihn ohrfeigte.
7 Der Brief enthält auch die Todesanzeige des 22-jährigen Franz Jung, Mitglied der Waffen-SS.

DOK. 105

Ein Beamter des Auswärtigen Amts bemerkt am 23. November 1943, dass ungarische Offiziere Massengräber von Juden in Ostgalizien fotografiert haben[1]

Aufzeichnung (Abschrift zu Inl. II 5 g. Rs. 1944, zu Bericht Nr. 11/43 g), gez. Kloetzel,[2] Krakau, vom 23.11.1943[3]

Auftragsgemäß begab ich mich am 14. d. Mts. nach Ostgalizien, um an Ort und Stelle Gerüchte über eine politische Betätigung ungarischer Militärstellen nachzuprüfen. Nach einer kurzen Verständigung mit dem Gouverneur Dr. Wächter[4] und dem Polizeiführer für den Distrikt Galizien, Brigadeführer Thiers,[5] begab ich mich nach Stanislau und konnte dort folgende Wahrnehmungen machen:

Mit Sorge betrachtet der dortige Kreishauptmann Dr. Albrecht[6] die Anwesenheit der unverhältnismäßig großen Zahl ungarischer Soldaten, die in der Hauptsache verschiedenen Stäben angehören und deren Zahl sich von Tag zu Tag vergrößert. Offiziell sollen diese Stäbe die Aufgabe haben, die im Ostraum eingesetzten neun ungarischen Sicherungsdivisionen, die nach dem Zurückweichen der deutschen Front auch näher an Galizien heranrückten, zu betreuen. Sie bezeichnen sich selbst als „Besatzungstruppen". Neben ihren militärischen Aufgaben haben diese Stäbe offensichtlich den Auftrag, auch politisch in dem Raum von Stanislau tätig zu sein.

Ein höherer Offizier erklärte der Mutter des Kommandanten der ukrainischen Polizei in Stanislau, daß die gesamten deutschen Zivilbehörden in der nächsten Zeit aus Stanislau abrücken werden und daß dann die Verwaltung von den ungarischen Truppen übernommen würde. Nur die deutsche Bahn und die deutsche Post sollten bleiben. Ein ukrainischer Wachtmeister wurde abends in die Wohnung eines ungarischen Majors bestellt. Dabei wurde an ihn das Ansinnen gestellt, daß er aus Karteien und sonstigen amtlichen Unterlagen Auskünfte geben solle. Es wurde ihm ferner das Angebot gemacht, in die ungarische Armee überzutreten, wo er sofort als Offizier Verwendung finden könne. Dabei wurde die Bemerkung gemacht, daß das später sicher nicht zu seinem Schaden

1 PAAA, R 101162.

2 Erich Kloetzel.

3 Im Original Stempel und handschriftl. Vermerke. Die Aufzeichnung ist überliefert mit einem Anschreiben an das AA, gez. von Thadden, Berlin, an den Chef der Sicherheitspolizei und des SD, Amt IV, z. Hd. SS-Gruppenführer Müller, Berlin SW 11, Prinz-Albrecht-Str. 8, vom 6.1.1944. Darin heißt es, dass die Aufzeichnung von einem Mitarbeiter des Beauftragten des AA beim Generalgouverneur in Krakau verfasst wurde.

4 Dr. Otto Gustav Wächter (1901–1949), Jurist; 1923 SA-, 1930 NSDAP- und 1935 SS-Eintritt; von Nov. 1939 an Gouverneur des Distrikts Krakau, von Jan. 1942 an Gouverneur des Distrikts Galizien, von Sept. 1944 an Militärverwaltungschef in Italien; 1945 tauchte er in Rom unter.

5 Richtig: Theobald Thier (1897–1949), Landwirt; 1923–1926 und von 1933 an Mitglied der NSDAP, 1935 SS-Eintritt; Juli 1943 bis Febr. 1944 SSPF Lemberg, Febr. 1944 bis Jan. 1945 SSPF Krakau; im Juli 1945 verhaftet und an Polen ausgeliefert, 1948 zum Tode verurteilt, hingerichtet.

6 Dr. Heinz Gustav Albrecht (1902–1980), Jurist; 1933 SA- und 1937 NSDAP-Eintritt; 1935–1937 Reg.Rat in Stade, dann in Hildesheim; Sept. 1939 bis Aug. 1941 Kreishauptmann in Końskie, dann bis Sept. 1944 in Stanislau; 1945/46 interniert, von 1949 an ORR und Verwaltungsdezernent im Regierungspräsidium in Hildesheim, später Leiter der Außenstelle des Niedersächsischen Lastenausgleichsamts in Hildesheim.

sein werde. Die Beeinflussung der galizischen Bevölkerung dahin, daß die Ungarn den galizischen Raum in ihre Verwaltung nehmen werden, ist auch sonst wiederholt zutage getreten. Es ist interessant, daß sich die Werbung für diesen Gedanken nicht nur an den polnischen Teil der galizischen Bevölkerung, sondern jetzt auch an ukrainische Kreise, die ja sonst zu den Todesfeinden Ungarns zählten, wendet. In den kleineren Ortschaften von Ostgalizien pflegen ungarische Soldaten sonntags polnische Kirchen zu besuchen und veranstalten nach Schluß des Gottesdienstes Aufmärsche und Vorbeimärsche, bei denen dann die polnische Bevölkerung ihre Sympathien für Ungarn zu erkennen gibt. In Lemberg befindet sich eine ungarische Werbestelle, die Polen anwirbt, sie nach Stanislau verbringt, wo sie in ungarische Uniformen gesteckt und sodann über die Grenze nach Ungarn befördert werden. Es wird vermutet, daß es sich hierbei um die Anwerbung von Agenten handelt, die in Ungarn ausgebildet und sodann in dem galizischen Raum als Propagandisten für die ungarische Sache wieder eingesetzt werden sollen. Ermittlungen in dieser Hinsicht sind von der zuständigen Stelle noch im Gange.

Auffallend ist, daß die Ungarn in dem Raum von Stanislau große Materiallager anlegen. So trafen vor etwa 14 Tagen 60 Waggons ein, die als Sanitätsmaterial deklariert wurden, jedoch zu einem erheblichen Teil Textilien, wie Damenstrümpfe, Stoffe und Schals, enthalten sollten. In diesem Zusammenhang wird bemerkt, daß ungarische Offiziere bei jeder sich bietenden Gelegenheit der einheimischen Bevölkerung gegenüber betonen, wie günstig in wirtschaftlicher Hinsicht die Verhältnisse in Ungarn liegen. – Man könne dort noch Strümpfe ohne Punkte sowie Speck und sonstige Nahrungsmittel ohne Karten kaufen. – Daran knüpfen sie dann die Bemerkung, daß nun die Verhältnisse in Galizien ähnlich werden, da ja schließlich jetzt die Ungarn da sind. Daß auch seitens ungarischer Soldaten in grober Disziplinlosigkeit Waffen an die einheimische Bevölkerung verkauft werden, sei nur am Rande bemerkt und kann als politisches Moment nicht gewertet werden. Ein Liter Wodka ist der Preis für zwei Pistolen.

Als die Koltschaktruppe[7] vor einigen Wochen marodierend durch das Land zog, machten die an der Grenze postierten ungarischen Truppen der deutschen Polizei an der Grenze das Angebot, sofort nach Galizien einzurücken und an der Bekämpfung der Bande teilzunehmen. Die deutsche Polizei lehnte jedoch dieses Angebot ab, da die Absicht der Ungarn, in den galizischen Raum einzudringen, schon damals nur allzu offen zutage trat. Neben den ungarischen Truppen befindet sich in Stanislau auch ein jüdisches Baubataillon, welches zunächst in Zivil auftrat, nunmehr aber in ungarischen Uniformen steckt. Als der ungarische Kommandant deutscherseits auf diese Wandlung angesprochen wurde, erklärte er, daß die Zivilkleider der Juden langsam verbraucht seien und daß sie deshalb alte ungarische Uniformen bekommen hätten. Aus Mitteilungen der Stanislauer Bevölkerung geht hervor, daß sich in diesem jüdischen Baubataillon auch ehemalige galizische Juden befinden, die im Jahr 1941 nach Ungarn geflüchtet sind. Ein kleiner Vorfall charakterisiert das Auftreten dieser Juden. Ein Jude trat an einen deutschen Polizeiwachtmeister heran und erklärte ihm im jüdischen Jargon: „Herr Wachtmeister, ich bin Jude, mir können Sie nichts tun, ich bin ungarischer Soldat." Es wäre nicht verwunderlich, wenn dieses jüdische Baubataillon langsam kleiner, die Partisanengruppen in Galizien aber größer würden. Ständig begegnet man bei ungarischen Offizieren einem großen

7 Sowjetukrain. Partisaneneinheit unter Sydir Kowpak, die aus der Ostukraine nach Galizien einmarschiert ist.

Interesse gegenüber der Judenfrage bezw. deren Lösung im galizischen Raum. Es konnte dabei festgestellt werden, daß ungarische Offiziere jüdische Massengräber, die sich in der Nähe von Stanislau befinden, fotografierten. Alle diese Dinge lassen sich nicht unterbinden, da das freie Passieren der ungarischen Offiziere bis in die kleinsten Ecken des galizischen Raumes nicht verhindert werden kann.
Bei meiner kurzen Anwesenheit in Galizien war es mir selbstverständlich nicht möglich, Einzelfälle in größerer Zahl beizubringen. Wichtig erschien mir die allgemeine einwandfreie Feststellung, daß die im galizischen Raum postierten ungarischen Truppen neben ihren militärischen Aufgaben in unzulässiger Weise mit der einheimischen Bevölkerung Kontakt aufnahmen, um sie im ungarischen Interesse zu beeinflussen. Umfangreiches Material besitzt die Sicherheitspolizei und die Abwehrstelle der Wehrmacht. Meine persönlichen Feststellungen beziehen sich nur auf die Kreishauptmannschaft Stanislau. Genauso liegen die Verhältnisse in den Kreishauptmannschaften Stryj und Drohobycz, während sie in Kolomea vorläufig noch nicht so in Erscheinung treten. Doch sind auch dort Ansätze schon zu finden. Ich habe mich eingehend mit dem Sachbearbeiter der Sicherheitspolizei und des SD und mit dem Abwehroffizier in Lemberg über diese Frage unterhalten. Von beiden Herren wurde mir versichert, daß die von mir zitierten Vorgänge nur ein kleines Bruchstück des bereits vorhandenen Materials darstellen. Es wurde mir nahegelegt, dem Auswärtigen Amt in Berlin anheimzustellen, das Material beim Reichssicherheitshauptamt und der Abwehrstelle der Wehrmacht in Berlin anzufordern.[8]

DOK. 106

Tibor Kertész schildert vom 22. bis 24. November 1943 in seinem Brieftagebuch die Strapazen des Transports in ein neues Arbeitslager[1]

Handschriftl. Brieftagebuch von Tibor Kertész,[2] Einträge vom 22. bis 24.11.1943

22. November
Sieben Uhr morgens. Bald werden wir zur Arbeit antreten. Gestern hatte ich eine große Freude. Ich habe Dich[3] gesehen, ich habe Dich geküsst. Diese Erinnerung wird mich die ganze Woche aufrechthalten.
Nachdem wir uns verabschiedet hatten, haben wir [hier] ein großes Abendessen veranstaltet. Wir aßen, solange wir konnten (mit „wir" ist Imre gemeint). Es war schon Viertel nach acht Uhr, als wir es endlich ins Bett schafften. Damit fing eine neue Woche an. Ob sie etwas Gutes bringt? Ich habe mir vorgenommen, montags und donnerstags bis mittags zu fasten. Die Glaubensregeln einzuhalten ist unmöglich hier. Auf diese Weise will

8 Im Begleitschreiben bat Kloetzel um Mitteilung, welches Material beim AA vorliege, und vermerkte, dass er eine ebensolche Anfrage auch dem OKW gestellt habe.

1 YVA O.75/1409. Das Dokument wurde aus dem Ungarischen übersetzt.
2 Tibor Kertész (1919–1945), Sattler; 1943 Einberufung zum Arbeitsdienst, im Jan. 1945 ins Ausland verschleppt, seitdem vermisst.
3 Katalin Borbála Weisz (*1922); im April 1944 heiratete sie Tibor Kertész.

ich Gnade und Hilfe von Gott erwirken. Vielleicht hilft er uns, und wir werden sehr glücklich.
Es hat mir wohlgetan, wie Du erzählt hast, wie ich Deine Hand streicheln und Dich immer wieder küssen konnte. Ich weiß noch nicht, wann wir uns wieder treffen können, aber die ewige Liebe in uns verbindet uns für ein ganzes Leben.

23. November
Interessanterweise hat mein Schicksal bereits am ersten Tag, an dem ich meinen Vorsatz umgesetzt habe, einen neuen Lauf genommen. Wie ich schon schrieb, habe ich gestern bis Mittag gefastet, und um die Mittagszeit ist der Befehl zur neuen [Arbeits-]Einteilung eingetroffen. Wir sind auch schon unterwegs nach Esztergom. Wir haben gestern um 12 Uhr unsere Sachen zusammengepackt und wie gewohnt bis 8 Uhr auf die Abfahrt gewartet. Es war bereits 10 Uhr, als wir in die Waggons kamen. Jetzt stehen wir in Újpest, ich würde dich so gern anrufen, zur Großmutter gehen, aber das ist nicht möglich. Auf der vorigen Bahnstation habe ich Dir eine Karte geschrieben, aber erst jetzt ist es mir gelungen, sie weiterzugeben. Ich bin dem Zuhause so nah, so nah bei Dir, aber es gibt keine Möglichkeit, uns zu treffen. Wir haben einen neuen Kompaniechef, einen neuen Wachtmeister; ob sie so sein werden wie die bisherigen, besser oder schlechter? Gott helfe uns. Ich sehne mich so sehr nach unserem gemeinsamen Glück. Ich kann nur seufzen und klagen. Du musst um Hilfe beten. Bete, meine Kleine, ich werde es auch versuchen.
Vier Uhr nachmittags. Gegen eins sind wir von Újpest auf den Rangierbahnhof Rákos gekommen. Seitdem sind wir hier. Diese Station gehört schon zu B[uda]p[est]. Bis zur Straßenbahn 69 sind es fünf Minuten. Ein Sprung, und ich könnte bei Dir sein. Spürst Du, dass ich Dir so nah bin? Denkst Du an mich? Ich denke stets nur an Dich.
Die Rationen, die wir für den ganzen Tag bekommen haben, umfassen zweimal jeweils ca. fünf Dekagramm Marmelade. Alles, was ich von zu Hause hatte, ist schon verbraucht. Ein bisschen Schmalz und ein kleines Stück Speck habe ich noch. Kein Problem, so naht das Ziel schneller.
Ich beschreibe [Dir einmal], wie der Waggon innen aussieht. In der Mitte steht ein Ofen, in dem ein Feuer brennt. Das Heizmaterial klauen wir aus den Kohle- und Holzwaggons. Dem [Ofen] gegenüber steht die Tür immer offen, ebenso die vier kleinen Fenster, so dass das Heizen eher von symbolischer Bedeutung ist. Wir sind 36 [Personen], unsere Ausstattung aufeinandergetürmt, wir selbst auch dicht aneinander gedrängt. Ich glaube, Du kannst Dir jetzt vorstellen, wie gut es hier ist.

24. November
¾ 10. Wir sind immer noch im Waggon, es ist der Morgen nach der zweiten Nacht. Der Zug steht bei Dorog. Noch eine Station und wir erreichen das Lager von Esztergom. Die Zeit vergeht sehr langsam, aber umso schneller wächst meine Verbitterung. Seit zwei Tagen haben wir uns nicht gewaschen. Ich fühle mich sehr schmutzig. Hier und da spüre ich auch schon [Läuse-]Bisse. Vor meinen inneren Augen sehe ich stets ein süßes, kleines, warmes Zuhause, in dem Du die Hausfrau bist. Deshalb habe ich noch mehr Heimweh. Gott, wann nehmen unsere Qualen endlich ein Ende?!

DOK. 107
Europäischer Wissenschafts-Dienst: In der Ausgabe von November 1943 skizziert Zoltán Bosnyák die Arbeit und die Ziele des Ungarischen Instituts zur Erforschung der Judenfrage[1]

Budapest:
Das „Ungarische Institut zur Erforschung der Judenfrage"
Wissenschaftliche Forschungsarbeit auf dem Gebiete der Judenfrage in Ungarn

Von Professor Dr. Zoltán Bosnyák[2]

Eine der bemerkenswertesten Begleiterscheinungen der tiefgreifenden politischen, gesellschaftlichen, geistigen, kulturellen und wirtschaftlichen Wandlung, die die Welt zur Zeit durchlebt, ist die grundlegende Änderung der Auffassung und Stellungnahme aller europäischen Völker in der Judenfrage. Die in der französischen Revolution fußenden liberalen und demokratischen Illusionen über die Gleichberechtigung der Juden sind mit den damit verbundenen Hoffnungen inzwischen zunichte geworden. Nahezu anderthalb Jahrhunderte hindurch ist es dem Liberalismus gelungen, den von gefälligen, aber falschen und leeren Schlagworten irregeführten europäischen Völkern den Glauben einzuträufeln, daß das Judentum lediglich eine Menschengruppe mit eigenartigen religiösen Ritualen, Gesetzen und Lehren darstelle, das von einem jeden nichtjüdischen Volke ohne Bedenken und Angst in den eigenen Kreis aufgenommen und mit gleichen Rechten ausgestattet werden könne. Infolge dieser schicksalsschweren unglücklichen Auffassung öffneten sich die Tore des Ghettos, und das habgierige, geldhungrige, nach Macht strebende und von einem intoleranten rassischen Imperialismus geschürte Judentum überflutete Stadt und Land. Es genügten einige Jahrzehnte, und das Judentum erhob sich im Leben der Wirtsvölker zu einer herrschenden und führenden Schicht, um als solche ihren Willen den Wirtsvölkern aufzudrängen, die sie ohne Bedenken aufnahmen. Das Judentum begnügte sich jedoch nicht damit, daß es im Finanz- und Wirtschaftsleben der ganzen Welt zu entscheidendem Einfluß gelangte, und auch nicht damit, daß es das geistige und kulturelle Leben der Völker kontrollierte, sondern es strebte darüber hinaus nach der politischen Macht und nach politischem Einfluß, um seine Weltherrschaftspläne zu verwirklichen.
Die Völker Europas konnten sich jedoch inzwischen bereits der Einwirkung der liberaldemokratischen Schlagworte entziehen. Nach vielen bitteren Lehren und Erfahrungen erkannten sie, daß das Judentum nicht nur eine eigenartige Sonderreligion oder Konfession, sondern vielmehr eine von allen europäischen Völkern stark abweichende rassische und blutmäßige Einheit und eine ganz eigenartige Geistigkeit darstellt. Es hat sich herausge-

1 Europäischer Wissenschafts-Dienst 3 (1943) 11, S. 10–14. Die Zeitschrift Europäischer Wissenschafts-Dienst erschien monatlich 1941–1944 im Kohlhammer-Verlag.

2 Dr. Zoltán Bosnyák (1905–1952), Lehrer, Journalist; Redakteur verschiedener Zeitungen; von 1943 an Mitbegründer und Direktor des Ungarischen Instituts zur Erforschung der Judenfrage in Budapest; Ende 1944 Flucht nach Böhmen, später nach Rumänien, 1946 vom ungar. Volksgericht in Abwesenheit zum Tode verurteilt, 1950 in Rumänien verhaftet, zu zehn Jahren Haft verurteilt und an Ungarn ausgeliefert, 1952 hingerichtet.

stellt, daß die Juden Träger eines ganz anderen, gegensätzlichen moralischen Wertesystems und einer ganz anderen Lebensauffassung sind. Man erkannte, daß das Judentum nicht nur eine vollkommen fremde und eigenartige, sondern gleichzeitig eine durchaus „feindliche" Welt in Europa und im organischen Zusammenleben der europäischen Völker bedenkt und daß das Judentum im Körper der europäischen Völker die vergiftenden und zersetzenden Elemente in sich einschließt. Und wahrlich: Wenn wir die politischen, gesellschaftlichen und geistigen Krisen und Unebenheiten der letzten hundert Jahre näher unter Augenschein nehmen, so finden wir im Hintergrund immer wieder den Juden. Die Juden waren es, die im Wirtschaftsleben das plutokratisch-kapitalistische Ausbeutungssystem ausbauten. Sie organisierten die auf der Grundlage des internationalen Klassenkampfes stehenden revolutionären Bewegungen und brachten jene krankhaften Kulturbestrebungen in Bewegung, die im Endergebnis zum Verfall und zur Unterhöhlung der ganzen europäischen Geistigkeit geführt hätten, wenn diesen Bestrebungen nicht rechtzeitig Schranken der Verbreitung und der freien Geltung entgegengesetzt worden wären. Diese klaren Erkenntnisse zeigen uns sodann in der europäischen öffentlichen Meinung jene felsenfeste Überzeugung, daß das Judentum aus der Völkergemeinschaft Europas ausgeschaltet werden müsse, sobald sich hierfür eine Gelegenheit bietet.
Wenn wir nach jenen *Gründen* suchen, die im Endergebnis zu dieser Erkenntnis führten, so müßten wir vor allem auf die ungeduldige, keinerlei vernünftige Grenzen kennende Haltung der Juden hinweisen. Das Judentum gab sich vollkommen seinen unbezähmbaren Machtgelüsten hin. Es beschlagnahmte vor allem alle Schlüsselstellungen des Wirtschaftslebens der mittel- und westeuropäischen Völker, riß alle modernen Mittel und Institutionen der Lenkung der öffentlichen Meinung an sich, überflutete die freien geistigen Berufe, d. h. also jene Gesellschaftsschichten, die im nationalen Leben der Völker eine führende Rolle spielen, und es war schließlich darauf bedacht, sich auf dem Gebiete der politischen und staatlichen Führung einen immer größeren Einfluß zu sichern. Wo es möglich war, trat das Judentum, sich auf seine die ganze Welt umspannende Organisation stützend, offen und unverhohlen auf. Wo dies nicht möglich war, strebte das Judentum mit Hilfe der auf Jahrtausende zurückzuführenden rassischen Solidarität und mit einer vollkommen entwickelten Scheinheiligkeit nach der vollkommenen und ausschließlichen Macht. In dieser Art standen die charakteristischen Bestrebungen des 19. und 20. Jahrhunderts im Zeichen des Panjudaismus.
Die Rückschläge ließen jedoch nicht lange auf sich warten. Bereits in der zweiten Hälfte des vergangenen Jahrhunderts zeigte sich der wiedererwachte Lebensinstinkt der verschiedenen Völker Europas in den „antisemitischen" Bewegungen. So vor allem in Deutschland, in Ungarn, Österreich und Frankreich, nicht zu sprechen von der antisemitisch eingestellten amtlichen Politik des zaristischen Rußland. Die Rückwirkungen des jüdischen Vorstoßes beginnen sich aber erst so richtig nach 1918 zu zeigen. Die niederträchtige Rolle der ost- und mitteleuropäischen Juden in der Vorbereitung, Organisation und Lenkung der bolschewistischen Revolution in Rußland, Deutschland, Österreich und Ungarn belehrten auch diejenigen eines besseren, die bis dahin die wahre Größe der Judengefahr bagatellisierten. Die Führer der ungarischen Gegenrevolution des Jahres 1919[3] waren auf Grund der Lehren der beiden jüdischen Aufstände (des

3 Gemeint sind Reichsverweser Horthy und seine Truppen, die 1919 die Räterepublik bekämpften.

demokratisch-radikalen Oktoberaufstandes im Jahre 1918[4] und des sozialdemokratisch-kommunistischen Aufstandes vom März 1919)[5] felsenfest entschlossen, dem unermeßlichen Übergewicht des Judentums auf politischem, wirtschaftlichem und gesellschaftlichem Gebiete ein Ende zu bereiten. Diese Absicht stieß jedoch auf unüberwindbare Schwierigkeiten. Die ungarischen Gegenrevolutionäre fanden sich zum erstenmal drinnen im Lande der unerhörten wirtschaftlichen Kraft der jüdischen Plutokratie gegenüber, deren Einfluß auf allen Gebieten des nationalen Lebens zur Geltung kam. Des weiteren standen ihnen die liberalen politischen Kräftegruppen gegenüber, die mit dem Judentum in enger Beziehung waren. Darüber hinaus stemmte sich das Judentum diesen nationalen Bestrebungen vermittels der unter jüdischem Einfluß stehenden internationalen politischen Institutionen und Organisationen, namentlich durch die zweite Internationale, durch die Freimaurerei, durch die Genfer Liga[6] und das jüdische Finanzkapital, entgegen. Dem Druck der größeren Kräfte nachgebend, mußte man sich mit kleineren Teilergebnissen zufriedengeben, die aber lange nicht ausreichten, um die jüdische Macht niederzubrechen. Ein entscheidender Wandel in ganz Europa trat mit der Machtergreifung der deutschen nationalsozialistischen Bewegung ein. Nicht nur in Deutschland wurde die Macht des Judentums gebrochen, sondern auf unserem ganzen Kontinent die Position der Juden erschüttert. Äußere Kräfte und Einflüsse konnten nunmehr die europäischen Völker gar nicht oder kaum daran hindern, daß sie im Interesse der wirksamen Zurückdrängung des Judentums entsprechende Maßnahmen ins Leben rufen.

Im Zusammenhange mit der Vorbereitung des geistigen und seelischen Aufbruchs auf dem Gebiete der Judenfrage nahm die *wissenschaftliche Forschung* eine nicht hoch genug zu schätzende Rolle ein. Der allgemeine Aufschwung in den verschiedenen wissenschaftlichen Zweigen des vergangenen Jahrhunderts hatte zur Folge, daß die bisher gültigen Ansichten über die ewigen Fragen der Menschheit eine gründliche Änderung erfuhren. Dasselbe geschah in der Judenfrage. Die interessierten Fachwissenschaften, vor allem aber die Bahnbrecher der Geschichte, der Kultur- und Religionsgeschichte, der Gesellschaftswissenschaften, der verschiedenen Zweige der Rassenkunde (Menschenkunde, Rassenbiologie, Rassenseelenkunde usw.) und der Kulturphilosophie widmeten immer mehr ihre Aufmerksamkeit der Judenfrage.

Es genügt, aus der Reihe hervorragender Wissenschaftler die Namen Lagarde, Chamberlain, Passarge und Wahrmund zu erwähnen.[7] Im Zuge ihrer Untersuchungen wurde der ganze jüdische Problemkreis von einer neuen Seite beleuchtet. Die Judenfrage bekam neuen Sinn, neue Erklärungen und neuen Inhalt. Der geheimnisvolle Schleier, der Jahrtausende lang das Judentum und die Judenprobleme verhüllte, wurde im wahrsten Sinne des Wortes gelüftet. An Stelle des bisherigen, vornehmlich aus einem gesunden Lebens-

4 Im Okt. 1918 übernahm der von den Antikriegsparteien – Sozialdemokraten, Bürgerlich-Radikale und Unabhängigkeitspartei – gegründete Ungarische Nationalrat unter der Führung des Grafen Mihály Károlyi die Macht in Ungarn. Am 16.11.1918 proklamierte der Nationalrat die unabhängige und selbständige Ungarische Volksrepublik.

5 Anspielung auf die Räterepublik.

6 Gemeint ist der Völkerbund.

7 Paul Anton de Lagarde (1827–1891), Kulturphilosoph, Orientalist; Houston Stewart Chamberlain (1855–1927), Schriftsteller; Siegfried Passarge (1866–1958), Geograph; Adolf Wahrmund (1827–1913), Orientalist, Schriftsteller.

instinkt sprießenden völkischen Antisemitismus tritt als Ergebnis der neuen Forschungen der bewußte rassische Antijudaismus. Dieser kommt in seinem Wesen zur Schlußfolgerung, daß das Judentum eine in alle Teile der Welt verstreute Menschengruppe darstellt und auf Grund seines Ursprungs, seiner Abstammung und rassischen Zusammensetzung unüberbrückbar fern von den europäischen Kulturvölkern steht. Der scharfe Gegensatz zeigt sich nicht nur im Äußeren, sondern auch im geistig-moralischen Gehalt der inneren Welt. Das Judentum ist jedoch nicht nur rassisch fremd, sondern gleichzeitig ein schädliches und gefährliches Element im Organismus der Wirtsvölker. Seine Anwesenheit führt eher oder später zu rassischen Zersetzungen und zum geistig-moralischen Untergang.

Was nun die endgültigen Folgerungen bezüglich der *Lösung der Judenfrage* anbelangt, so können diese dahingehend zusammengefaßt werden, daß das Judentum in seiner Gesamtheit aus dem Gemeinschaftsleben der europäischen Völker ausgeschlossen und entfernt werden müsse, weil der zersetzenden und Unruhe stiftenden Tätigkeit des Judentums nur auf diese Art und Weise ein für allemal ein Ende bereitet werden kann. Die bisherigen Methoden zur Lösung der Judenfrage, die Abschließung in Ghettos, der übergangsweise geltende Ausschluß und die Einschmelzung, müssen in Zukunft als unzweckmäßige Methoden endgültig verworfen werden.

Was nun Ungarn anbelangt, so erhielt die Judenfrage seit dem Beginn des 19. Jahrhunderts eine immer mehr ansteigende Bedeutung. Um diese Zeit begann vom Osten und Nordosten die große Massen in Bewegung setzende jüdische Einwanderung. In der ersten Hälfte des vergangenen Jahrhunderts wurde Ungarn von den Juden geradezu überschwemmt. Einige Zahlen mögen das Ausmaß der jüdischen Invasion beleuchten:

Jahr	Zahl der Juden	Verhältnis der Juden zur Gesamtbevölkerung
1805:	130 000	1,5%
1850:	360 000	3,2%
1910:	909 000	5,0%

In der zweiten Hälfte des 19. Jahrhundert nahm wohl die Einwanderung der Juden ab, die ungeheuer große Vermehrung jedoch förderte die Volkskraft des Judentums in ungeahntem Maße. Es ist demnach nur verständlich, wenn um die Wende des 20. Jahrhunderts die Zahl der Juden sich bereits der Millionengrenze näherte. Vorerst wurden die Städte von den Juden besetzt, und zwar, gemäß der Richtung der jüdischen Einwanderung, von Nordosten gegen Westen zu in abnehmendem Maße: Während in den Städten der nordöstlichen Landesgebiete die Verhältniszahl der Juden 20 bis 40% beträgt, sinkt sie in den Städten der Mitte des Landes auf 10 bis 20%, in den südwestlichen Gebieten aber auf 10%. In der Hauptstadt Budapest entsteht eines der größten Ghettos Europas. Hier wohnen bereits seit Jahrzehnten etwa ¼ Million Juden, was mit anderen Worten soviel bedeutet, daß ein jeder vierte Budapester Einwohner Jude ist.[8] – Nach der Emanzipation des Jahres 1867 werden diese mächtigen jüdischen Massen von allen rechtlichen, politischen, gesellschaftlichen und sonstigen Einschränkungen befreit und können sich sozusagen ungehindert auf die verschiedenen Gebiete des nationalen Lebens, auf die wirtschaftlichen, geistigen und freien Lebensberufe werfen. Es bedarf nicht einmal eines Vierteljahrhunderts, und das Judentum erobert in diesen Lebensberufen bereits die führende Rolle. Vorerst

8 Siehe dazu Dok. 97 vom 30.4.1943, Anm. 5.

kommen das Bankwesen und das Finanzleben vollkommen unter jüdische Lenkung. Nahezu alle Banken und Geldinstitute gehören jüdischen Interessenkreisen. Der Handel, vor allem der Großhandel, der Export und Import, wird zu einem jüdischen Monopol. Die Industrie wird von den den jüdischen Interessenkreisen gehörenden Großbanken kontrolliert. Die geschäftliche und geistige Lenkung eines Großteils der hauptstädtischen Presse gleitet in jüdische Hände. In den freien Berufen (Ärzte, Rechtsanwälte) steigt die Verhältniszahl der Juden auf 30 bis 40 %. Durch den Raumgewinn im wirtschaftlichen und gesellschaftlichen Leben ergattert sich das Judentum gleichzeitig einen beträchtlichen Anteil des nationalen Einkommens und Vermögens.[9]
Parallel mit dem Anwachsen seiner Macht und seines Einflusses steigt auch das Selbstbewußtsein und die Selbstsicherheit des Judentums. Gewisse jüdische Kreise scheuten sich nicht, offen ihren Wunsch kundzutun, wonach das Judentum im Lande Führungsanspruch erhebt. Dieses Verhalten blieb natürlich nicht ohne Rückwirkung. Bereits in den achtziger Jahren des vergangenen Jahrhunderts bemächtigte sich der ungarischen Öffentlichkeit für eine Zeit ein starker Antisemitismus. Der Führer der damaligen antisemitischen Partei, *Győző Istóczy,*[10] war ein weitsichtiger, vorzüglich gebildeter Politiker, der die ganze antisemitische Literatur seiner Zeit gründlich kannte, die Judenfrage bereits damals als eine rassische Frage bezeichnete und auf eine Zusammenfassung der europäischen Völker und auf die Aussiedlung der Juden drängte. Noch tiefer, weil allgemeiner, war die judenfeindliche Richtung und Einstellung in Ungarn zur Zeit der Gegenrevolution 1919 zu verspüren, hatte doch das Judentum seine ganze politische und wirtschaftliche Macht in die Waagschale geworfen. Es wurde bereits oben darauf hingewiesen, welche äußeren und inneren Schwierigkeiten die Einschränkung des erdrückenden Übergewichtes der Juden verhinderten. Hier wollen wir die Aufmerksamkeit nur noch auf einen massenpsychologischen Umstand hinlenken:
Um das Jahr 1920 zeigte sich innerhalb des größten Teils der ungarischen Gesellschaft die judenfeindliche Stimmung lediglich in einem sich in Schlagworten auslebenden sogenannten instinktiven Antisemitismus; es fehlte die tiefere geistige Untermauerung. Die wissenschaftlichen Ergebnisse der Judenfrage waren nur in ganz engen Kreisen bekannt; die jüdische Presse und die jüdische Verlagstätigkeit konnte mit einer Leichtigkeit die Verbreitung dieser Erkenntnisse verhindern. Die Erklärung dafür, daß in den Zeiten nach der Gegenrevolution die gegen das Judentum entfachte allgemeine Stimmung später abflaute und ihre innere Spannkraft nach und nach verlor, ist im Endergebnis demnach in nichts anderem zu suchen als im Fehlen der geistigen Kräfte und des nationalen Selbstbewußtseins.
Die ungarische wissenschaftliche Literatur über die Judenfrage ist auch heute noch ziemlich arm. Mit der Anführung der hervorragenden Wissenschaftler und ihrer Arbeiten sind wir bald am Ende. Erwähnt sei vor allem Professor Ludwig Mehely,[11] der in unzähligen Studien seine auf Grund moderner Rassenuntersuchungen erzielten Ergebnisse der ungarischen Gesellschaft vermittelte, gleichzeitig aber das ungarische Volk vor der blutmäßigen

9 Siehe dazu Einleitung, S. 20 und 31.
10 Dr. Győző Istóczy (1842–1915), Jurist, Politiker, Schriftsteller; 1868 Richter, 1872 Stuhlrichter; von 1872 an Parlamentsabgeordneter, 1880 Gründung der Vereinigung der Nichtjuden, 1883 der Antisemitischen Partei.
11 Siehe Dok. 10 vom April 1938.

Vermischung mit den Juden warnte. Alois Kovacs[12] arbeitete in zwei vorzüglichen statistischen Studien die auf die Juden bezüglichen Ergebnisse der ungarländischen Volkszählung der Jahre 1910 und 1930 auf. Die in diesen Studien angeführten Zahlen brachten die ungarische Öffentlichkeit erstmalig so richtig zur Besinnung, in welch erschreckendem Ausmaß das Judentum Raum gewinnt. Selbst der in letzter Zeit zur marxistischen Volksfront übergegangene Universitätsprofessor Julius Szekfü[13] behandelte in zwei Geschichtswerken mit einer eingehenden Ausführlichkeit jene politischen, gesellschaftlichen, wirtschaftlichen und geistigen Begleiterscheinungen, Gründe und Folgen, die mit dem alle Vorstellungen übertreffenden Raumgewinn des Judentums zusammenhängen. Schließlich hat der Verfasser dieser Zeilen selbst einige Studien herausgegeben, die sich mit der ungarländischen Judenfrage beschäftigen. Alle diese Arbeiten genügen aber noch lange nicht, um in den breiten Schichten der ungarischen Öffentlichkeit die Idee der Notwendigkeit des gegen das Judentum zu führenden Selbstverteidigungskampfes bewußt zu machen und zu verankern. Die Lage hat sich bis in unsere Tage im Wesen nicht geändert. Immer mehr war das Fehlen eines Instituts zu verspüren, das sich mit wissenschaftlichen Mitteln und Methoden der Judenfrage zuwendet, die Entwicklung dieses Problems in ungarischer Relation eingehend untersucht und ein Licht auf die durch den Raumgewinn der Juden auf den verschiedenen Gebieten des nationalen Lebens, in erster Linie des politischen, gesellschaftlichen, wirtschaftlichen und geistigen Lebens entstandene Lage wirft.

Die Erkenntnis der Notwendigkeit, eine solche Institution zu errichten, veranlaßte uns zur Begründung des „*Ungarischen Instituts zur Erforschung der Judenfrage*".[14] Es handelt sich hier eigentlich um eine geistige Arbeitsgemeinschaft. Es kommen all diejenigen zu Wort, die sich bisher mit der Judenfrage beschäftigten oder sich mit dieser Frage in der Zukunft beschäftigen wollen. Die erste Gruppe ist verhältnismäßig nicht groß. Um so zahlreicher sind diejenigen vertreten, die sich in der Zukunft der Problematik der Judenfrage zu widmen gedenken. Hierin zeigte sich auch die erste praktische Aufgabe des Instituts, namentlich in der Ausbildung neuer Fachmänner und ihrer Einschaltung in die Arbeit selbst.

Die nächste Aufgabe des Instituts war die bis ins einzelne gehende Ausarbeitung eines gediegenen Arbeitsplanes und einer entsprechenden Arbeitsmethode. Es würde zu weit führen, wenn wir alle Einzelheiten anführen wollten. So viel sei jedoch gesagt, daß die Arbeitsgemeinschaft sich in kleinere Gruppen gliedert und der Aufgabenkreis der einzelnen Gruppen streng voneinander geschieden, aber fest umrissen ist:

Die Gruppe der *Geschichtswissenschaftler* hat die Aufgabe, die pragmatische Geschichte des ungarländischen Judentums auszuarbeiten, die verwendbaren Quellen zusammenzusammeln und die Rolle des Judentums im politischen Leben des Landes, vor allem

12 Richtig: Alajos Kovács (seit 1943 Dolányi) (1877–1963), Demograph; von 1898 an Mitarbeiter des Zentralen Statistischen Amts, 1924–1936 dessen Direktor, bereitete die statistischen Grundlagen des sog. Ersten Judengesetzes vor; nach 1945 vom ungar. Volksgericht zu einer mehrjährigen Haftstrafe verurteilt, 1950 entlassen; Autor von „A csonkamagyarországi zsidóság a statisztika tükrében" (1938).

13 Richtig: Gyula Szekfű (1883–1955), Historiker; 1905/06 Mitarbeiter des Ungarischen Nationalmuseums, 1908–1910 des Ungarischen Nationalarchivs, von 1925 an Professor, 1927–1939 Redakteur der Zeitung Magyar Szemle (Ungarische Revolution), von 1941 an Mitglied der Ungarischen Akademie der Wissenschaften; von 1945 an Mitglied der Provisorischen Nationalversammlung, 1945–1948 Botschafter in Moskau.

14 Das Institut wurde im Febr. 1943 als privates Projekt gegründet.

aber in der Vorbereitung der jüdisch-marxistischen Revolution der Jahre 1918/19 aufzudecken.
Der *sozialwissenschaftlichen Abteilung* fällt die Aufgabe zu, die gesellschaftliche Schichtung des Judentums zu untersuchen. Des weiteren die einzelnen jüdischen Gesellschaftsgruppen, namentlich der Plutokratie, der Intellektuellen und der Kleinbürger zu beleuchten. Diese Abteilung beobachtet die Lebenserscheinungen des im Ghetto lebenden Judentums und der assimilierten Juden. Schließlich obliegt es ihr, die Natur des jüdischen Parasiten auf seine Elemente zu zerlegen.
Im Rahmen dieses Instituts besteht eine *rassenbiologische Abteilung*, die sich dem Studium der Zusammensetzung der rassischen Elemente des ungarländischen Judentums, der Blutvermischung mit dem Judentum und der Bereinigung der Frage der Bastarde und Mischlinge zu widmen hat.
Die *statistische und volkswirtschaftliche Abteilung* übernahm die Auswertung der bisherigen amtlichen Datensammlungen. Des weiteren hat sich diese Abteilung mit der wichtigen Aufgabe zu beschäftigen, inwiefern das Judentum in den verschiedenen Zweigen der Industrie, des Gewerbes, des Handels, des Bank- und Finanzwesens zu Einfluß und zur Beteiligung kam. Eine sehr wichtige Aufgabe im Rahmen dieser Abteilung dürfte darin erblickt werden, in welchem Maße das Judentum am nationalen Vermögen und Einkommen beteiligt ist.
Die *Kulturabteilung* des Instituts untersucht die Verjudung auf den verschiedenen Gebieten des geistigen Lebens (Presse, schöngeistige Literatur, Film, Theater, bildende Kunst).
Zum Schluss sei noch die *Abteilung für Rassenschutz* erwähnt. In ihren Arbeitskreis gehört das Studium der Geschichte und Kämpfe der ungarländischen antisemitischen Bewegung. Sie ist im weiteren dazu berufen, die antisemitischen Äußerungen in der Presse, in der Literatur, in der Politik und auf sonstigen Gebieten systematisch zu sammeln.
Nachdem der Aufgabenkreis der verschiedenen Abteilungen fest umrissen war, mußte an die Ausarbeitung der Methode des Materialsammelns herangeschritten werden. Augenblicklich besteht die wichtigste Aufgabe der Mitarbeiter des Instituts in der systematischen Sammlung von Daten. Bevor jedoch diese Arbeit in Angriff genommen werden konnte, mußten vorher jene Quellen, Institutionen und Organe festgestellt werden, in denen Material zu beschaffen ist. Es handelt sich hier vornehmlich um die verschiedenen Büchereien, Archive, Schriftensammlungen, Zeitungen und Zeitschriften.
Bereits im ersten Augenblick der Gründung des Instituts waren wir uns klar darüber, daß eine der wichtigsten Voraussetzungen für eine systematische Arbeit die Schaffung einer Handbücherei ist. Wir haben uns demnach entschlossen, alle ungarisch geschriebenen Werke, die sich mit der Judenfrage beschäftigen, zu sammeln. Allerdings sind wir hier auf große Schwierigkeiten gestoßen. Wenngleich die ungarländische Literatur über die Judenfrage nicht allzu groß ist, konnten wir aus dem unlängst erschienenen Buch bzw. aus dem Katalog des Präsidenten der ungarischen Pressekammer und Hauptschriftleiters des rasseschützlerischen Tageblattes „Függetlenseg", *Michael Kolozsvary-Borcsa,*[15] entnehmen, daß etwa 2500 ungarisch geschriebene Bücher und Studien vorhanden sind, die sich mit der Judenfrage beschäftigen. Ein Großteil dieser Arbeiten ist jedoch auf dem Büchermarkt nicht mehr zu beschaffen, auch ist es schwer, sie auf einem anderen Wege auffindig zu machen. Diese Schwierigkeiten versuchten wir dadurch zu

15 Richtig: Mihály Kolosváry-Borcsa.

überbrücken, daß wir Aufrufe an die Öffentlichkeit richteten, man möge die sich im Besitz von einzelnen befindlichen und Judenfragen behandelnden Arbeiten dem Institut zur Verfügung stellen. Dieser Aufruf hatte einen unerwartet schönen Erfolg. In kurzer Zeit liefen bei uns mehrere hundert wertvolle Bücher und Flugschriften ein. Neben der Handbücherei richteten wir sodann ein Archiv ein. In diesem Archiv wollen wir die in Zeitungen und Zeitschriften erschienenen Aufsätze und sonstigen Publikationen über die Judenfrage sammeln.

Die besonderen ungarischen Verhältnisse erfordern es, daß wir unsere Tätigkeit nicht nur auf die wissenschaftliche Forschungsarbeit beschränken, sondern parallel damit eine systematische Aufklärungsarbeit vornehmen. Mehrere Mitarbeiter des Instituts sind ständige Korrespondenten von rassenschützlerischen und antisemitischen Tages- und Wochenblättern. Diese Mitarbeiter sind bestrebt, in ihren Aufsätzen die Aufmerksamkeit der Öffentlichkeit systematisch auf die Judenfrage und die damit verbundenen Probleme zu lenken. Die in der Presse veröffentlichen Aufsätze geben zeitweise einen Überblick über die innere Arbeit des Instituts. Im weiteren ist die Herausgabe einer *Bücherreihe* geplant. Im Rahmen dieser Bücherreihe wollen wir in ungarischer Übersetzung verschiedene vorzügliche fremdsprachige Arbeiten über die Judenfrage herausgeben, darüber hinaus aber in Studien von ungarischen Autoren die verschiedenen Teilfragen des Judenproblems eingehend behandeln. Selbstverständlich wollen wir auch die andern Mittel der Propaganda nicht unberücksichtigt lassen.

Das Ungarische Institut zur Erforschung der Judenfrage schließt sich den Zielsetzungen und Aufgaben entsprechend von der Außenwelt nicht ab. Im Gegenteil. Es ist bestrebt, mit der Gesellschaft die engsten Verbindungen aufrechtzuerhalten. Das Institut hat in allen Gebieten des Landes in schöner Anzahl auswärtige, sogenannte korrespondierende Mitglieder, deren Aufgabe es ist, daß sie gemäß den Anweisungen des Instituts Daten sammeln und die Aufklärungsarbeit auf dem flachen Lande lenken. Die korrespondierenden Mitglieder haben auch bisher sehr wertvolles Material dem Institut zur Verfügung gestellt, und auf Grund ihrer Mitarbeit können wir uns über die Gestaltung der Judenfragen in allen Teilen des Landes ein übersichtliches Bild schaffen.

Jahrzehnte hindurch überfluteten die jüdischen Literaten mit ihren Schundwerken in unerhörten Ausmaßen den ungarischen Büchermarkt. Dies war die Folge der engen Zusammenarbeit zwischen jüdischen Verlegern, jüdischen Presseorganen und jüdischen Buchhändlern, die ihr Bestes zur Verbreitung der jüdischen literarischen Werke beitrugen. Das Ergebnis dieser Tätigkeit blieb auch nicht aus. Jahrzehnte hindurch waren jüdische Literaten die gesuchtesten und gelesensten: Franz Molnar-Neumann, Alexander Brody, Eugen Helti-Herzl, Meinhard Lengyel[16] –, um nur einige Namen von den vielen zu nennen, die von der gut organisierten jüdischen Propaganda mit der Gloriole des Weltruhmes umwoben sind. Unermeßlich und unabschätzbar sind die Vernichtungen, die diese nur in ihrer „Sprache" ungarische, aber in ihrem Geist und ihrer Lebensanschauung vollauf jüdische Schriftstellergarde im moralischen Leben der ungarischen Gesellschaft erzielte. Ihre armselige Phantasie kam über Ehebruchs- und Themen der sexuellen Verirrungen kaum hinaus. Sie begeiferte und verspottete die edelsten Ideale und die heiligsten Überlieferungen.

16 Richtig: Ferenc Molnár (1878–1952), Schriftsteller. Richtig: Sándor Bródy (1863–1924), Schriftsteller. Richtig: Jenő Heltai (1871–1957), Schriftsteller. Richtig: Menyhért Lengyel (1880–1974), Schriftsteller, Drehbuchautor

Diese Literatur hat heute in privaten und öffentlichen Bibliotheken nichts mehr zu suchen. Auf unseren Aufruf hin wurden bereits am ersten Tag Hunderte von jüdischen sogenannten „literarischen Werken“ dem Institut eingeschickt.[17]
Wir wissen es sehr wohl, daß die Aufdeckung der Vergangenheit mehr eine theoretische Bedeutung hat und unsere Arbeit nur als Lehre dient. Darum wenden wir unsere Aufmerksamkeit der Zukunft zu. Es ist unsere felsenfeste Überzeugung, daß die Zeit nicht mehr allzu ferne ist, da die Judenfrage in *ganz* Europa eine gründliche und allgemeine Lösung erfährt. Alle interessierten Nationen, darunter auch das Ungartum, muß sich für diese Zeit entsprechend vorbereiten. Darum unterziehen wir alle nur möglichen Fragen in Verbindung mit der Aussiedlung der Juden einer eigehenden Untersuchung.
Die Judenfrage, die Judengefahr, ist nicht nur eine ungarische Frage und ein ungarisches Problem, sondern eine gemeinsame europäische Frage. Aus dieser Erkenntnis heraus hat das ungarische Institut zur Erforschung der Judenfrage von allem Anfang an Verbindungen mit ähnlichen Instituten anderer Länder gesucht.[18] Diese Verbindungen erwiesen sich auch bisher als sehr nützlich. Im Kampf gegen den gemeinsamen Feind müssen wir einander finden und zusammenhalten, zumal das Judentum neben dem Bolschewismus und der angelsächsischen Plutokratie der dritte Feind Europas ist. Während aber die ersten zwei Feinde auf außereuropäischem Boden oder in Randgebieten stehen, placiert sich ein Teil des Judentums auf dem europäischen Festland und versucht, von innen heraus die Kampfkraft der europäischen Völker zu lockern und zu schwächen. Alle Machinationen des Judentums werden aber an der Wachsamkeit und der Entschlossenheit der europäischen Völker Schiffbruch erleiden. Wir sind überzeugt, daß es mit gemeinsamem Willen und vereinter Kraft alsbald gelingen wird, aus dem Leben unseres Erdteils das Judentum und mit ihm alle dunklen Kräfte der Zersetzung, des Niedergangs und der Zwietracht endgültig auszumerzen.

DOK. 108

Rezső Kasztner und Samuel Springmann berichten im November 1943, wie sie von einem österreichischen Industriellen über die Vernichtungsaktionen in Polen informiert wurden[1]

Bericht von Schmuel[2] und Israel,[3] Budapest, vom November 1943 (Abschrift)

Die Bekenntnisse des Herrn X.[4]

Im breiten Zimmer des Hotels, Treffpunkt des ungarischen Adels und der Regierungspartei, empfängt uns ein hochgewachsener, breitschultriger, blonder Herr. Er ist zwischen 40 und 50. Kommt von „drüben“. Wir wollen von ihm die Wahrheit erfahren. Wir

17 Das Institut hatte die ungar. Öffentlichkeit aufgefordert, Bücher jüdischer Schriftsteller auszumustern, und hatte daraufhin über 3000 Antwortschreiben und mehrere Tausend Bücher erhalten.

18 Ähnliche Institute bestanden u. a. in Deutschland, im Generalgouvernement, in Frankreich und Italien.

1 YVA, M 2/596, Bl. 115–120. Abdruck in: Erika Rosenberg, Oskar Schindler. Seine unbekannten Helfer und Gegner, Berlin 2012, S. 54–63.

wollen ihn bitten, breiter das Fenster zu öffnen, worüber Mosche Sch.[5] in der Assefat Hanichvarim[6] gesprochen hat. Wie schaut diese furchtbare Welt hinter den Mauern aus, gesehen von einem, der im besten Falle nur ein „objectiver" Beobachter sein könnte? Wir beide, Schmuel und ich, sind aufgeregt und befangen, als man uns sehr höflich und jovial Platz anbietet. Der Scheliach,[7] der das Rendez-vous nach 3-tägigen Anstrengungen zusammengebracht hat, gibt Herrn X. ein großes Paket über. Kleidungsstücke, Zigarettenspezialitäten, Toilettenartikel. Das Paket fährt morgen zu Ziwia und *wird dem S.S.-Führer Y.*[8] *übergeben werden*, von dessen Wohlwollen heute das Leben von 20 000 Juden abhängt.

Es wird von Schwierigkeiten der Versorgung gesprochen, dann aber nach kurzem Zögern kommen wir zum Thema. Herr X. spricht. Er gibt sich Rechenschaft von der Größe der Tragödie und spricht über sie offen, unbefangen. Für ihn ist die Vernichtung der Juden von Civia[9] ein Kapitel der politischen Fehler, die die Deutschen in Europa begangen haben. „Schädel von Säuglingen mit dem Stiefel zertreten ist keine militärische Art", sagt er. Die Ursache der Schwierigkeiten, denen die Deutschen heute begegnen, liegt meistens in diesen und ähnlichen politischen Fehlern, denn die Deutsche Wehrmacht hat Großartiges geleistet und hätte militärisch den Krieg gewinnen können. Die Politik aber, die den besiegten Völkern gegenüber befolgt wurde, war eine falsche. Er betrachtet sich als Österreicher nicht verantwortlich für diese „Fehler". Die sind den Preußen zuzuschreiben.

Wir unterbrechen ihn:

Wenn man von irgendeinem Sinn überhaupt sprechen kann, sagen Sie uns, was war, was könnte eigentlich der Sinn der Vernichtung von Millionen von Juden sein?

Schauen Sie – antwortet er –, die Preußen züchten seit fast 200 Jahren den Militarismus. Sie hatten keine Zeit, die Intelligenz zu entwickeln. Den Vorsprung, den die anderen Völker auf diesem Gebiet erreicht haben, wollten sie damit einbringen. Sie haben auch die Intelligenz der anderen besiegten Völker teilweise vernichtet. Das werden Sie aber zugeben, daß die Juden auf dem Gebiete der Intelligenz die gefährlichsten Konkurrenten sind …

2 Samuel Springmann.

3 Rezső Kasztner.

4 Vermutlich: Oskar Schindler (1908–1974), Unternehmer; 1935–1939 Agent für das Amt Ausland/Abwehr, für den Verrat tschechoslowak. Eisenbahngeheimnisse zum Tode verurteilt, die Besetzung der Tschechoslowakei verhinderte die Vollstreckung des Urteils; 1939 NSDAP-Beitritt; 1939 Gründung der Deutschen Emailwarenfabrik (DEF) in Krakau; nach dem Krieg lebte er in Deutschland und Argentinien, 1967 für die Rettung von etwa 1200 jüdischen Zwangsarbeitern von der Gedenkstätte Yad Vashem als Gerechter unter den Völkern geehrt.

5 Möglicherweise: Moshe Shertok, später Scharett.

6 Richtig: Assefat Haniwcharim, die gewählte Versammlung der jüdischen Bevölkerung Palästinas (Jischuw).

7 Hebr.: der Abgesandte.

8 Vermutlich: Amon Göth (1908–1946), Lehre als Verlagsbuchhändler; SS-Hauptsturmführer; 1931 NSDAP- und SS-Beitritt, von 1940 an im Dienst der Waffen-SS in Polen, von März 1943 an Kommandant des Arbeitslagers Plaszow, 1944 wegen Unterschlagung von Reichseigentum von der Gestapo verhaftet, nach kurzer Untersuchungshaft wieder entlassen; 1945 verhaftet, 1946 in Krakau vor Gericht gestellt, zum Tode verurteilt und hingerichtet.

9 Gemeint sind möglicherweise im übertragenen Sinne die Juden von Polen.

Man könnte darauf einiges antworten. Wir sind aber nicht da, um Polemik zu führen. Wir versuchen, die psychischen und politischen Gründe zu beleuchten, die zur Katastrophe geführt haben. Der Sprecher scheint dazu geeignet zu sein. Er weiß vieles und wenn er auch vorsichtig ist, sucht er sich der Wahrheit zu nähern. So stellen wir ihm eine andere Frage:
Wieviel Juden existieren noch in Polen? Er denkt nach und rechnet.
– Es gibt noch ungefähr 17 Lager. In diesen können 220–250 000 Juden leben. Diese sind legal. Außer diesen leben beinahe ebenso viele illegal: versteckt in Bunkern bei Ariern, auf arischen Papieren, als Halbjuden oder als Partisanen.
– Wollen Sie uns erklären, gab es eine allgemeine Verordnung für [die] Ausrottung der Juden von Polen? Wenn ja, warum ist noch ¼ Million am Leben gelassen? Wenn nicht: warum haben sie Millionen vernichtet?
– Ich glaube nicht, lautet die Antwort, daß es eine allgemeine Verordnung gab. Ich nehme eher an, daß ein jeder SS-Führer den anderen mit Vernichtungsziffern übertreffen wollte. Keiner von diesen wollte seine Karriere aufs Spiel setzen. Die Initiative ist aber nicht von ihnen gekommen. Eine höhere Stelle hat sie beauftragt, wahrscheinlich gefährliche oder nutzlose Juden zu vernichten. Sie haben diesen Auftrag mit der Brutalität vollstreckt, an die sie schon zu Hause gewöhnt waren. Diese SS-Führer sind ja mit einigen wenigen Ausnahmen primitive Leute mit tierischen Instinkten. Viele von ihnen haben vorher in Internierungslagern gedient, in Dachau usw. Sie sind abgestumpft, bestialisiert. – Wir unterbrechen ihn:
– War es also eine allgemeine Verordnung oder nicht? Es ist schwer anzunehmen, daß unterstellte Führer die Verantwortung für solche Gewalttaten übernehmen sollen, ohne von oben gedeckt zu sein …
– Vielleicht gab es jemanden von oben, der die Vernichtung verordnet hat. Aber ich glaube nicht, daß sie eine totale Vernichtung verfolgten.
– Und was glauben Sie: Die am Leben Gebliebenen haben eine Chance, [bis zum] Ende des Krieges am Leben zu bleiben? Werden sie überleben können die trüben Zeiten des Umschwunges, der sicherlich kommen wird?
Herr X. antwortet mit einer überraschenden Promptheit:
– Ja, ich bin davon überzeugt, daß diese überleben werden. Vor einigen Wochen ist eine Verordnung von Himmler[10] in diesem Sinne ausgegeben worden. Die Tendenz ist sichtbar. Man will die jüdischen Arbeitskräfte schonen. Während der zwei letzten Monate wurden die kleineren Lager liquidiert, und die arbeitsfähigen Juden aus der Provinz hat man um die industriellen Zentren konzentriert.
– Welchem Umstand ist dieser Wechsel zuzuschreiben?
– Ich glaube, das ist der Intervention der Wirtschaftsstellen zuzuschreiben. Ich habe z. B. auch den Wirtschaftsstellen berichtet, daß die jüdischen Arbeitskräfte durchschnittlich 40 % mehr produzieren als die Polen. Das Reich wurde in der letzten Zeit militärisch mehr und mehr belastet. Man mußte Hunderttausende, Millionen von der Arbeit entziehen. Die Wirtschaft darf aber darunter nicht leiden. So ist es zur Verordnung Himmlers gekommen.[11]
– Und wird diese Verordnung respektiert?

10 Nicht ermittelt.

– Also: ungefähr, lautet die aufrichtige Antwort.
Schauen Sie: Diese SS-Führer können sich schwer abgewöhnen, täglich einige 10 oder 100 Juden zu erschießen. Die Lage der in Kriegsbetrieben beschäftigten Juden ist aber anders als diejenige der in Ghetti konzentrierten. Sie stehen gewissermaßen unter dem Schutz der militärischen Inspekteure dieser Betriebe, und die Wehrmacht hat sich nicht identifiziert mit den Methoden der S.S. Ich weiß von vielen Stellen, wo deutsche Soldaten jüdisches Leben gerettet haben. Die Wehrmacht wollte sich nicht dem Befehl unterwerfen, die jüdischen Gefangenen der Roten Armee zu erschießen. Sie sagten: Kriegsgefangene sind Kriegsgefangene. Nach schwerer Mühe hat die S.S. es durchgesetzt, daß man die jüdischen Gefangenen ihnen ausliefern soll. Dann hat man sie erschossen. Man hat sie geprüft: Wenn sie beschnitten waren, so waren sie erledigt. Auch die jüdische Zivilbevölkerung der besetzten Gebiete im Osten.
– Wie hoch schätzen Sie die Zahl der seit dem Ausbruch des Krieges ermordeten Juden?
– Das ist schwer festzustellen – sagt er. Ich kann nur von der Zahl sprechen, die mir die S.S.-Führer angegeben haben. Die sprechen von 4–4 1/2 Millionen, aber ich halte diese Zahl für übertrieben. Sie rühmen sich nämlich mit diesen Zahlen. Der eine behauptet, in einem Nachmittag sollte er 18 000 Juden erledigt haben. Der andere übertrumpft mit einer anderen ähnlichen Geschichte. Eine reelle Ziffer kann also schwerlich angegeben werden.
Herr X. bestellt inzwischen Schnaps und bietet uns an. Wir beide, Schmuel und ich, trinken die Gläser zitternd aus. Unsere innere Aufregung und Spannung sucht sich Luft zu machen:
Herr X., verzeihen Sie uns, wir sitzen da und hören Sie an mit scheinbarer Ruhe. Wollen Sie aber wissen, daß wir innerlich gar nicht so ruhig sind … .
Herr X. hat die Bemerkung mißverstanden. Er bestrebt sich, uns zu versichern, daß wir ihm gegenüber volles Vertrauen haben können. Nimmt seine Papiere heraus und will sich legitimieren. Nur schwer kann er davon überzeugt werden, daß unsere Unruhe andere Ursachen hat als die Furcht vor ihm. Nun legt er aber Gewicht darauf, daß wir seine Legitimationen überprüfen sollen. Es ist ein Paß, dann eine Legitimation mit Photographie von der obersten militärischen Stelle in Polen, nach der er „Kriegsbetriebsleiter" ist und als solcher volle Verkehrsfreiheit hat über das ganze besetzte Gebiet. Dann zeigt er uns einen Brief. Oben gedruckt ungefähr folgender Text: „Jüdisches Zwangsarbeitslager bei Z. – S.S.- und Polizeiführer". – Der Brief ist von diesem Jahre datiert, ist an Herrn X. gerichtet und schreibt folgendes: Die jüdischen Arbeiter müssen laut den bestehenden Verordnungen von ihren Arbeitsplätzen – in diesem Falle von der Fabrik – zu ihrem Lager von Wachen mit schußbereiten Waffen begleitet werden. Der unterzeichnete S.S.-Führer hat persönlich bei einer Inspektion festgestellt, daß die Arbeiter ohne Wache von der Fabrik zu ihrem Lager gegangen sind. Er teilte also Herrn X. mit, daß keine weiteren jüdischen Arbeitskräfte ihm zur Verfügung gestellt werden. Unterschrieben: [„]Y. S.S.-Untersturmführer."

11 Der Arbeitskräftemangel im Deutschen Reich und die Entscheidung, KZ-Häftlinge in der Kriegsindustrie einzusetzen, hatten von 1942 an einen Funktionswandel der Konzentrationslager zur Folge, und die Ausbeutung der wirtschaftlichen Arbeitskraft der Häftlinge erlangte eine entscheidende Bedeutung.

– An dem Tage, sagte Herr X., an dem ich diesen Brief bekommen habe, hat meine Freundschaft mit diesem S.S.-Führer begonnen. Es ist eine schwer zu führende und kostspielige Freundschaft. Er hat schrecklich gern französischen Kognak. Wenn ich ihn besuche, muß ich mindestens 5–6 Flaschen mitnehmen, und eine Flasche kostet 2–3000 Zloti. Dieser Führer hat mindestens 300 000 Juden auf seinem Gewissen. Ich bin mit ihm auf Jagd gegangen, ich habe mit ihm getrunken. Ich habe versucht, ihm zwischen zwei Schnaps klarzulegen, daß die Ermordung der Juden eigentlich sinnlos und überflüssig ist. Ich glaube, auf ihn gewirkt zu haben. Ich bin davon überzeugt, daß, seitdem ich diesen Kontakt mit ihm angeknüpft habe, werden in den ihm unterstellten Lagern nicht einmal 10 % davon erschossen als vorher. Ich habe bei ihm erreicht, daß er mir erlaubt hat, Juden zur Arbeit in meine Fabrik zu bestellen. Ich kann selbst bestimmen, wen ich haben will. Das ist eine große Errungenschaft. Der SS-Führer Y. ist doch dadurch berühmt, daß er keinen Juden lebendig aus seinen Händen herausgegeben hat.
Das Gespräch dreht sich nun wieder um die S.S.-Führer. Herr X. erzählt, daß es ein großer Fehler der deutschen Führung war, die Psychologie der besiegten Völker zu mißachten. Aus Berlin sind die gleichen Verordnungen ausgegeben worden, für Norwegen,[12] Polen oder Bulgaren, und dieses war auf die primitivste Weise von den SS.-Führern durchgeführt. Österreich hat in 1909 Bosnien annektiert[13] und in 1914 haben die Bosniaken in den österreichischen Armeen gekämpft. Deutschland hat Polen in 1939 besiegt, und in dem gleichen Jahre hatten wir schon Partisanen gegen uns. Nirgends haben wir es verstanden, die Freundschaft der Völker zu gewinnen. Die S.S.-Führer haben nur die brutalen Methoden gekannt. Andere könnten sie sich gar nicht vorstellen. Es sind Leute primitiver Abstammung, beherrscht von Machtsucht und von einer unlöschbaren Gier, reich zu werden. Der eine hat ein Jagdschloß, der andere besitzt aber schon zwei Autos. Der eine hat sich ein Gut gekauft, der andere einen Palast. Und Gold und Brillanten und Frauen …
– Wir bringen das Gespräch zurück auf unsere Brüder und stellen ihm die Frage, ob man ihnen helfen könnte und in welcher Weise.
– Meiner Ansicht nach, antwortet er, gibt es nur drei Möglichkeiten der Hilfe: Geld zur Verfügung stellen, Pakete senden mit Lebensmitteln und Medikamenten, man müßte versuchen, auf die S.S.-Führer zu wirken, die in Polen tätig sind, damit sie das jetzt bestehende System etwas lockern. Zu der ersten Möglichkeit könnte ich den Fall in meiner Fabrik angeben. Der Scheliach ist in meine Stadt gekommen, ist dort zwei [Stunden?][14] herumgelaufen und [hat] zufälligerweise erfahren, daß ich dort bin. Sonst hätte er gar nicht die Möglichkeit gehabt, die Matanah[15] zu übergeben. Durch meine Hilfe war nur die Sache zu erledigen. Ich habe in der Fabrik einen Juden, der heißt B., er hatte vorher in meinem Fach gearbeitet und eine große Unternehmung geführt. Er ist bei mir als Arbeiter angestellt, denn Juden dürfen ja nicht in Büros tätig sein, er hat aber einen klaren Überblick über den ganzen Betrieb, und ich kann ruhig auch für vier Wochen wegfahren, ich weiß, daß er mich treu vertritt. Er hat die Matanah übernommen und

12 Richtig: Norweger.
13 Richtig: 1908.
14 Auslassung an dieser Stelle.
15 Hebr.: Geschenk.

der Hilfsstelle des Lagers weitergeleitet, als Geschenk eines Juden, der den S'chum[16] bis jetzt verborgen hielt und ihn jetzt der Gemeinschaft zur Verfügung stellt. Sie müssen verstehen, wie äußerst kompliziert und gefährlich [es] ist, eine solche Operation durchzuführen. Die Gefahr beginnt schon bei der Quittierung. Wer wagt es, einen solchen S'chum zu quittieren? Und wenn man den Zettel bei dem Scheliach erwischt? Wir haben die von Kuschta[17] genannte Chawerah[18] ins Büro rufen lassen, damit sie auch den Empfang des S'chums bestätigt. Sie wollte nicht unterschreiben. Sie hatte Angst, sie wußte nicht, ob es sich nicht um eine Falle handelt. Die zweite gefährliche Operation, das Herüberbringen des S'chums in das Lager. Was geschieht, wenn es einem Wächter einfällt, Leibesuntersuchung vorzunehmen, und findet den S'chum? Wer hat ihn gebracht, von wem hat er es bekommen, für welchen Zweck, wem war das geschickt, wer hat es geschickt? Diese Leute spielen ja alle mit ihrem Leben.
Es kann nicht angegeben werden, die Quelle, woher der S'chums stammt. Mein Jude weiß es, ein, zwei absolut verlässliche Personen können eingeweiht werden, aber nur mit der größten Vorsicht. Denn unter 5 Juden sind mindestens zwei Konfidenten.[19] Hauptsächlich diejenigen bei den Hilfsstellen. Dort gibt es einen gewissen D., der spezielle Erlaubnis hat, jüdische Lager aus hygienischen Gesichtspunkten zu besichtigen. Er hat sich einmal bei mir gemeldet und wollte das Lager der in meiner Fabrik beschäftigten Juden inspizieren. Ich habe die Gestapo telefonisch angerufen und gefragt, ob ich ihn einlassen dürfte. Was?! Antwortete mir der SS-Führer, der Doktor ist ja ein besserer Gestapomann als ich selbst! – Wenn ein solcher etwas von dem Ursprung des S'chums [erfährt,] sind wir alle fertig. Ja, ich kann die Herren von Kuschta verstehen. Bis der S'chum zu uns ankommt, bleibt sowieso nur ein Bruchteil davon. Sie möchten also, daß wenigstens dieser Bruchteil entsprechend ausgegeben werden soll, von kompetenten Personen. Die Schwierigkeiten sind aber sehr groß. Hingegen kann ich Ihnen sagen, daß die Matanah ein großer Segen für die Leute war. Wir haben dafür Mehl gekauft und einige Male 3–4000 Brote extra machen lassen. Das Ergebnis war, daß sie nicht nur ihre Kost ergänzen konnten, sondern auf dem schwarzen Markt innerhalb des Lagers ist der Preis eines Brotes von 130 Zloty auf 40–50 Zloty gesunken. Es ist das ewige Gesetz des Angebotes. Außerdem haben wir Schuhe, Kleider besorgt, wenn ich mich gut erinnere, haben sie auf einmal 80 Paar Schuhe für die Barfüßigen gekauft und während des Winters müssen sie Kohle auf dem schwarzen Markt besorgen. Sie wohnen ja in Baracken. Unten im großen Lager sind heute ungefähr 000 Juden, das Lager ist aber auf 000[20] berechnet. Täglich wird eine neue Baracke aufgehoben. Sie arbeiten ja unter dem Hochdruck des Erschießens. Oben im Lager meiner Arbeiter werden auch Baracken gebaut, denn ich erweitere meinen Betrieb und brauche mehr Arbeitskräfte. Aber bei mir dauert der Bau einer Baracke 7–8 Tage. Bei mir im Lager ist der Mortalitätsprozent[satz] der Juden gleich null. Unten im großen Lager sterben auch heute täglich 4–500 Personen.
– Gibt es noch Kinder auch?

16 Hebr.: Summe.
17 Hebr.: Istanbul. Vermutlich ist hier das Büro der Jewish Agency gemeint, das unter der Bezeichnung Va'ad ha-Hatsala be-Kushta von 1942 an in Istanbul tätig war.
18 Hebr.: weibliches Mitglied, Kameradin.
19 Gemeint sind Spitzel.
20 Auslassungen an diesen Stellen.

– Kinder, nur sehr wenige. Diese werden tatsächlich ausgerottet. Ich glaube, ungefähr 90 % der Kinder von 0–14 Jahren sind erschossen oder vergast worden. Es sind Kinder am Leben geblieben per Zufall. Vor 6 Wochen bestanden noch zwei Kinderlager. – Dann einige, deren Leben durch besondere Protektion erkauft werden konnte, und die Kinder der Polizeileute vom jüdischen Ordnungsdienst. So weiß ich z. B. von einem Juden, Protegé eines Inspektors der Wirtschaftsstelle, der seine zwei Kinder aus einem dieser Lager unter dem Titel retten konnte, daß sie einem Ordnungsdienstler angehören. In den jüdischen Lagern sind also nur Kinder, die den jüdischen Polizisten angehören. Das Schicksal der Kinder hat auch die Alten erreicht. Über 50 Jahren hat man kaum eine am Leben gelassen und was die unglücklichen Leute nicht alles unternommen haben, um jünger auszuschauen. Männer haben ihr Haar gefärbt und haben sich geschminkt… aber die überwiegende Mehrheit der am Leben Gebliebenen ist zwischen 14 und 50 Jahren.
– Wo sind diese am meisten? – Ich glaube in Auschwitz. Ich schätze die Zahl der sich dort befindlichen auf ungefähr 80 000, man kann aber nicht genau wissen, wieviel dort am Leben geblieben sind, von den Hunderttausenden, die man dorthin deportiert hat. Sie arbeiten dort zusammen mit französischen, polnischen, russischen Kriegsgefangenen.
– Wir hören, Auschwitz wäre ein Vernichtungslager …
– Das kann sein für Alte und Kinder, ich habe auch gehört, daß dort Juden vergast und verbrannt werden. Man hat sich ein wissenschaftliches System ausgebaut, um Katyns zu vermeiden.[21]
Herr X. spricht sehr fließend und unaufhörlich. Viele Fragen drängen sich uns inzwischen auf, aber er kann nicht fortwährend unterbrochen werden. So nimmt das Gespräch einen rapsodischen Charakter an. Wir versuchen nun wieder, über die Möglichkeiten der Hilfe zu sprechen. Vor allem über die dritte Möglichkeit, da weicht er aber aus! Höchstens gibt er zu verstehen, daß er das nicht für unmöglich hält, denn im Rahmen der letzten Verordnungen Himmlers haben sie ja die Möglichkeit dazu.
– Und was halten Sie über Flucht?
– Das ist sehr schwer. Einen Tijul[22] in Gruppen aus den Lagern halte ich für ganz ausgeschlossen. Erstens sind sie sehr streng überwacht. Die Leute vom jüdischen Ordnungsdienst wollen ihre eigene Position nicht gefährden und machen täglich auch zwei-, dreimal Appell, um die Anwesenheit aller festzustellen. Dann sind die Konfidenten da. Das ist am meisten gefährlich. Denn man könnte sich vorstellen, daß sie die Wache bestechen. Das ist ungenügend. Sie haben mit 5 Instanzen zu tun: Gestapo, deutsche Polizei, polnische Polizei, ukrainische Miliz und der jüdische Ordnungsdienst. Sie können sich nicht alle kaufen. Stellen wir uns vor, daß es einem gelungen ist durchzubrennen. Er sucht Wege, nach der Slowakei zu kommen oder Ungarn. Auf der Straße wird er von einem polnischen Polizisten für verdächtig angehalten und entdeckt. Der polnische Polizist hat ein Monatsgehalt von 150 Zloty, hat aber 30 % vom Gelde, das er bei einem Juden auffindet. Sie jagen also auf die Juden, die entfliehen wollen oder die sich als Arier auf-

21 In einem Wald bei Katyn erschossen 1940 Angehörige des sowjet. NKWD mehrere Tausend poln. Gefangene, größtenteils Offiziere. Die Entdeckung der Massengräber gab das Deutsche Reich im Frühjahr 1943 bekannt. Gemeint ist hier das Verbrennen der Leichen in Krematorien, um das nachträgliche Auffinden der sterblichen Überreste von Ermordeten zu verhindern.

22 Hebr.: Ausflug.

halten. Nach Ungarn oder der Slowakei können also vorwiegend nur solche kommen, die heute außerhalb der Lager leben. Ich kenne einen typischen Fall. 18 steinreiche Juden haben sich den Chauffeur eines Lastwagens der NSDAP gekauft, der sie an die slowakische Grenze gebracht hat. Sie waren versteckt in dem doppelten Boden des Wagens. An der Grenze war das Auto durchsucht und die Insassen entdeckt. 16 wurden sofort erledigt, 2 zurückgeschickt. Die waren Konfidenten. Ähnliche Fälle sind mit Hunderten vorgekommen. Wissen Sie, ich habe im alten Österreich gelebt und hatte mehr Respekt für die Juden gehabt als jetzt. Z. B. die Leute des jüdischen Ordnungsdienstes, sie gehen herum, elegant angezogen, fast wie Leute der S.S., sie prügeln ihre Brüder mit solcher Hingabe, daß ich es mir nie vorstellen konnte. Man hat mir von einem Frauenlager bei Lemberg[23] erzählt, wo wöchentlich 50–60 eingeschlagene Schädel gemeldet wurden. Die jüdische Führerin des Lagers soll das selbst mit einem Stück Holz vollzogen haben. Ich weiß nicht, ob ich als Deutscher imstande gewesen wäre, mich in einem Lager Deutschen gegenüber so zu verhalten.

– Ist also Tijul für die Internierten unmöglich?

– Nein, unmöglich ist es nicht. Kommt aber nur für Einzelpersonen oder Gruppen von 2–3 in Frage, und diese auch nur nach langer, gründlicher Vorbereitung.

– Was halten Sie von der Unterstützung der Internierten überhaupt? Haben sie kein verstecktes Geld? Können sie sich nicht anders helfen?

– Sie hatten viel verstecktes Geld. Bei uns war unlängst eine Leibesuntersuchung durchgeführt unter tödlicher Drohung. Vor einigen Monaten hat man schon dieselben unter tödlichen Drohungen untersucht, und dabei haben sie jetzt doch 6 große Waschkörbe mit Gold, Dollar, Brillanten, goldenen Uhren, Zloty usw. ausgefüllt. Dieses Geld wird freilich ohne Quittung übernommen und in die Wohnung des S.S.-Führers gebracht. Ein Teil davon wird sicherlich „verstaubt", sagen wir ein Drittel. Der Rest kommt in die Kasse der S.S. Es sind ja Ausgaben mit Lagern, die gedeckt werden müssen.

– Heute haben schon nur einzelne versteckte Werte, und diese auch an solchen Plätzen, die ihnen nicht zugänglich sind oder nur ausnahmsweise zugänglich sind. Eine finanzielle Unterstützung der Lager wäre also notwendig. Die Frage ist, ob man auch in den anderen Lagern eine ähnliche Lösung finden kann wie bei uns.

Wir versuchen nochmals, über die dritte Möglichkeit der Hilfe zu sprechen und stellen dabei fest, daß er das prinzipiell für möglich hält. Dann erzählt er uns seine persönliche Laufbahn. Wir verstehen, daß er in seinem Mutterlande von der Machtergreifung der Nazis enttäuscht nach Polen gegangen und dort allein eine Existenz aufgebaut hat, daß er heute über 100 000 Zl. verdient und daß er hofft, sein Geschäft auch in Frieden weiterführen zu können. Eine letzte Frage wollen wir noch stellen: Was weiß er über die Kämpfe im Ghetto von Warschau?

– Ich habe darüber einiges gehört. Es hat sich dort eine jüdische Selbstwehrorganisation gebildet. Sie haben Waggons mit Zement entgleisen lassen, sich Bunker gebaut, von italienischen und deutschen Soldaten Gewehre gekauft und verdächtige Juden, die sie verraten konnten, erledigt. Es könnten noch im Warschauer Ghetto 120–150 000 Juden

23 Das Zwangsarbeitslager Lemberg-Janowska bestand zwischen 1941 und 1944 und diente u. a. als Durchgangslager für mehrere Zwangsarbeitslager bzw. für das Vernichtungslager Belzec. 1943 wurde es selbst als Hinrichtungsstätte genutzt. Im Herbst 1943 lebten im Frauenlager etwa 550 Jüdinnen.

gelebt haben, als der Kampf ausgebrochen ist. Es dauerte 2–3 Wochen.[24] Es ist ein heroisches Kapitel der polnischen Juden gewesen. In ihrer Verzweiflung haben sie die Ehre der polnischen Juden retten wollen, als alles andere schon aussichtslos schien. Während der Kämpfe haben sie ungefähr 50 000 durch die Kanäle der Weichsel aus dem Ghetto gerettet. Was später mit ihnen geschehen ist, weiß ich nicht. Die Gebliebenen haben gekämpft. Jüdische Mädchen haben mit Revolvern von 0,8 Kalibern auf Tanks[25] geschossen, Zehntausende sind gefallen. Das Ghetto wurde in Brand gesteckt und ungeheure Werte vernichtet. Als die Internationale Kommission[26] durch Warschau nach Katyn gefahren ist, hatte sie das brennende und schießende Ghetto sehen können.

Inzwischen ist es spät abends geworden. Wir verabschieden uns und gehen. Wir suchten, die Wahrheit zu erfahren. Das Gespräch ist so verlaufen, wie wir es hier wiedergegeben haben. Wir haben kein Wort zugefügt, und wir bestrebten uns, auch den Ton der Ausführung wiederzugeben. Wir wollen nicht kommentieren. Es ist ein Kapitel der Tragödie, das von einem Aschkenasi[27] geschrieben wurde.

DOK. 109

Erzsébet Krausz rät am 15. Dezember 1943 ihrem Bruder, sich im Arbeitsdienst mit seinen Kameraden gutzustellen[1]

Handschriftl. Brief von Erzsébet Krausz,[2] Pestszenterzsébet, an Miklós Krausz[3] vom 15.12.1943

Mein teurer, guter Bruder, ich wollte Dir heute Morgen noch einiges sagen, denke aber, es ist doch besser, wenn ich es aufschreibe.

Wenn Du an zu Hause denkst, so denke nie mit Sorge daran. Es wird uns hier gut gehen, wir passen auf Mutter[4] auf und kümmern uns auch um Márta.[5]

Kümmere Dich immer nur um Dich selbst und nimm die Dinge leicht, nimm Dir nicht alles so zu Herzen, das schadet Deinen Nerven. Sei egoistisch und kümmere Dich um

24 Am 19.4.1943 begann ein bewaffneter Aufstand im Getto Warschau; siehe VEJ 9, S. 44–47. Damals lebten etwa 60 000 Juden im Getto. Der SS- und Polizeiführer in Warschau, Jürgen Stroop, erklärte die Niederschlagung des Aufstands am 16.5.1943 für beendet.

25 Panzer.

26 Vermutlich ist die Internationale Ärztekommission gemeint, die auf Einladung des Deutschen Reiches im April 1943 die Massengräber im Wald von Katyn untersuchte.

27 Hebr.: Jude aus Mittel- und Osteuropa.

1 HDKE, 2011.91.2. Abdruck als Faksimile in: Huhák/Szécsényi (Hrsg.), A Holokauszt Emékközpont Gyűjteményi Katalógusa (wie Dok. 40 vom 19.9.1940, Anm. 1), S. 45. Das Dokument wurde aus dem Ungarischen übersetzt.

2 Erzsébet Krausz, verh. Frau Miklós Kun (1905–1944); wurde im Juli 1944 aus Pestszenterzsébet nach Auschwitz deportiert und dort ermordet.

3 Miklós Krausz, Bruder von Erzsébet Krausz, wurde 1943 zum Arbeitsdienst eingezogen, er hat den Krieg überlebt.

4 Janka Haas, verh. Frau József Krausz (1882–1944), Mutter von Erzsébet und Miklós Krausz; im Sommer 1944 aus Pestszenterzsébet nach Auschwitz deportiert, wo sie ermordet wurde.

5 Márta Besnyő (1918–1944), Ehefrau von Miklós Krausz; sie lebte nach der Machtübernahme der Pfeilkreuzler in einem geschützten Haus in Budapest; sie wurde von Pfeilkreuzlern an der Donau erschossen.

niemanden, ich meine um niemanden von uns hier. Auf diejenigen, die um Dich herum sind, bist Du aber auch angewiesen, deshalb sei nicht misstrauisch und baue wenigstens zu einem einzigen Menschen eine enge Beziehung auf. Ich weiß, wie sehr es Miklós[6] geholfen hat, dass er mit Oppenheim gut befreundet war, sie haben sich in allem unterstützt.
Schreibe uns, wenn Du Dich mit jemandem anfreundest, wir werden dann seine Angehörigen aufsuchen.
Mein Lieber, pass auf Dich auf, und wie Du sagtest: „Kopf hoch!"
Gott soll Dich segnen und schützen.
Erzsi

DOK. 110

Laut einer Radiosendung aus New York vom Januar 1944 wollte die ungarische Regierung mit der Aufklärung des Massakers in Újvidék (Novi Sad) das Wohlwollen der Alliierten gewinnen[1]

Meldung (vertraulich) des Ungarischen Staatlichen Korrespondenten über eine ungarischsprachige Radiosendung aus New York von 18.45 Uhr, übermittelt aus London, 20.1.1944

20 Uhr 00 Minuten

Ungarische Soldaten an der russischen Front
Laut Bericht des europäischen Nachrichtendienstes des russischen Rundfunks wurden die in Nowograd Wolynsk[2] zerschlagenen deutschen Divisionen gen Westen zurückgezogen. Und wer hat wohl die Frontlinie dort übernommen? Die ungarischen Truppen besetzten die Stelle der zerschlagenen deutschen Divisionen an dieser Frontlinie.
In diesem Zusammenhang ist es interessant, sich die Erklärung der Roten Armee von vergangener Woche ins Gedächtnis zu rufen. Danach betrachtet diese es als eine Sache der Ehre, keinen einzigen feindlichen Soldaten mit heiler Haut von russischem Boden entkommen zu lassen. Also auch keinen ungarischen Soldaten. Die Deutschen bemühen sich also, die russische Ehre nicht zu besudeln.

Kommentar zur Flucht hochrangiger ungarischer Offiziere
Unsere zweite Nachricht betrifft eine interessante Meldung des Ungarischen Nachrichtenbüros in Zusammenhang mit den Ereignissen von Batschka. Der offizielle Bericht lautet wie folgt:
In der militärischen Geschichte Ungarns muss ein bisher nie dagewesenes erschütterndes Ereignis verzeichnet werden. Hochrangige Offiziere flüchteten vor der Urteilsverkündung des Militärgerichts, vor das sie in Zusammenhang mit den Ereignissen vom

6 Miklós Kun (1902–1944 oder 1945), Ehemann von Erzsébet Krausz; im Arbeitsdienst ermordet.

1 Magyar Országos Tudósító vom 20.1.1941, S. 16–19: Kommentár a magasrangu magyar katonatisztek szökéséhez. Das Dokument wurde aus dem Ungarischen übersetzt.

2 Richtig: Novohrad-Volynskyj.

Januar 1942 in der Vojvodina gestellt worden waren,[3] und entzogen sich damit ihrer Verantwortung.[4] Obwohl ihnen alle Mittel der Verteidigung zur Verfügung standen und sie sich nicht unter offiziellem Arrest befanden, ließen sie ihre mitangeklagten Untergebenen im Stich. Damit haben sie selbst das Urteil über sich gefällt. Sie sind als gewöhnliche Deserteure zu betrachten und werden nach ihrer Festnahme eine Behandlung erfahren, wie sie gewöhnlichen Deserteuren zusteht. Gegen alle drei Offiziere wurde ein Haftbefehl erlassen, ebenso gegen den ebenfalls flüchtigen Hauptmann der Gendarmerie, Márton Zöldi.[5] Das Ungarische Nachrichtenbüro nennt die Identität der drei Flüchtigen. Es handele sich um Generalleutnant Vitéz Feketehalmi Czeidner,[6] Generalmajor József Grassy und Oberst László Deák.[7] So weit der offizielle Bericht des Ungarischen Nachrichtenbüros.[8]

20. Januar 1944
20 Uhr 05 Minuten
17. Ausgabe
Fortsetzung der ungarischen Sendung aus New York von 18.45 Uhr, übermittelt aus London

Die in der Batschka verübten Straftaten der ungarischen Besatzungstruppen sind sehr schwerwiegend. Die Ausschreitungen beeinflussen nicht nur die Beziehung zwischen Ungarn und Jugoslawien, sondern auch das Verhältnis Ungarns zu anderen verbündeten Nationen. Es lohnt sich deshalb, diese Geschichte eingehender zu untersuchen.
Die im Exil arbeitende jugoslawische Regierung hat 1942 ein Flugblatt mit dem Titel „Zwei Jahre neue Ordnung in Jugoslawien“ herausgebracht. Das Flugblatt beschuldigte die ungarischen Truppen, im Januar 1942 in der Batschka 16 000 Jugoslawen massakriert zu haben.[9] Das Flugblatt wurde selbstverständlich breit gestreut, und kurz darauf nahm auch Budapest den Massenmord in der Batschka zur Kenntnis. Das ungarische Parla-

3 Zum Massaker in Újvidék und Umgebung siehe Dok. 64 vom 25.1.1942, Dok. 67 vom 15.3.1942 sowie Einleitung, S. 42–44.

4 Am 14.12.1943 wurde der Prozess gegen Ferenc Feketehalmy-Czeydner und 14 weitere Mitangeklagte eröffnet. Am 15.1.1944 flüchteten Feketehalmy-Czeydner, József Grassy, Márton Zöldi und László Deák nach Wien. Ihre Mitangeklagten erhielten Haftstrafen zwischen zehn und 15 Jahren.

5 Márton Zöldi, auch Zöldy (1912–1946), Polizist; 1942 Kommandeur einer Gendarmerieeinheit in Újvidék, 1943 wegen des Massakers in Újvidék verurteilt, 1944 Flucht nach Wien; 1944 SS-Hauptsturmführer; 1944 Chef des Feldgendarmerie-Trupps der 25. Waffen-Grenadier-Division der SS „Hunyadi“; 1946 von einem ungar., anschließend von einem jugoslaw. Gericht zum Tode verurteilt und hingerichtet.

6 Richtig: Feketehalmy-Czeydner.

7 László Deák (1891–1946), Oberst; 1943 verurteilt, 1944 Flucht nach Wien; 1944 Eintritt in die Waffen-SS, SS-Oberführer, Kommandeur der Kampfgruppe Deák in der Vojvodina, des 61. Waffen-Grenadier-Regiments der SS, der 33. Waffen-Kavallerie-Division der SS und der 26. Waffen-Grenadier-Division der SS; 1946 vom ungar., anschließend vom jugoslaw. Volksgericht zum Tode verurteilt und hingerichtet.

8 Magyar Távirati Iroda vom 17.1.1944, S. 14: Magasrangu katonák megszöktek a felelősségrevonás elől.

9 Die Zahl der Opfer des Massakers in Újvidék und Umgebung wird heute auf 3300 bis 3500 geschätzt; siehe Einleitung, S. 43.

ment hat die Batschka-Frage dann auf die Tagesordnung gesetzt. Den Interpellationen[10] gingen offensichtlich Besprechungen mit Ministerpräsident Kállay voraus, und sie wurden anschließend auf die Tagesordnung gesetzt. Auf die Anfragen der Abgeordneten hin führte Ministerpräsident Kállay aus, die ungarischen Truppen hätten 2530 Jugoslawen ermordet. Er murmelte etwas von offener Meuterei und dass sich die ungarischen Truppen lediglich darum bemüht hätten, ihre Pflicht zu erfüllen.[11]
Als schließlich auch den Ungarn dämmerte, dass Deutschland den Krieg verloren hat und sie den Verbündeten ein Zeichen geben wollten, stellten sie General Ferenc Bajor,[12] Kommandeur der ungarischen Besatzungskräfte, vor das Militärgericht.
Es stellte sich heraus, dass Bajor der Bevölkerung von Bácska 50 Millionen Dinar abgepresst und vergessen hatte, die ungarischen Behörden darüber zu informieren. Deshalb wurde er in Szeged vor Gericht gestellt. Dieses sprach ihn allerdings von der Anklage frei. Später hob ein übergeordnetes Gericht dieses Urteil wieder auf und verurteilte Bajor zu einer Haftstrafe von zwei Jahren sowie einer Dienstsperre von fünf Jahren.[13]
Im Oktober 1943 hatte ein bekannter schwedischer Journalist die Erlaubnis erhalten, zusammen mit schwedischen Schriftstellern nach Ungarn zu reisen. Er schrieb später, dass er nach Ungarn gefahren sei, um die tatsächlichen Ereignisse in der Batschka aufzudecken. Nach seiner Rückkehr nach Schweden schrieb er einen Artikel über seine Erfahrungen. In dem Artikel, den Niels Raul in der Stockholmer Zeitung „Socialdemokraten" veröffentlichte, heißt es wie folgt:

20. Januar 1944
20 Uhr 45 Minuten
18. Ausgabe
Fortsetzung der ungarischen Sendung aus New York von 18.45 Uhr, übermittelt aus London

[„]Während meines Aufenthalts in Ungarn bemühte ich mich, den Wahrheitsgehalt der Vorwürfe seitens der jugoslawischen Regierung zu untersuchen. Ich kam zum Schluss, dass deren Anschuldigungen begründet sind. Als Budapest den Massenmord endlich zur

10 Bereits im Jan. 1942 brachten Endre Bajcsy-Zsilinszky im Abgeordnetenhaus sowie Graf János Zichy im Oberhaus eine Interpellation im Zusammenhang mit dem Massaker ein. Am 4.2.1942 legte Bajcsy-Zsilinszky der Regierung ein Memorandum vor, in dem er die Ereignisse skizzierte und dazu aufforderte, die Verantwortlichen vor Gericht zu stellen und die Angehörigen der Opfer zu entschädigen.

11 Am 15.7.1942 gab Miklós Kállay zu, dass es in der Vojvodina zu Gewalttätigkeiten gekommen war, und versprach eine Untersuchung der Vorfälle; Rede von Kállay auf der 283. Sitzung des Abgeordnetenhauses des Parlaments. Abdruck in: Az 1939. évi június hó 10.-ére hirdetett Országgyűlés Kéviselőházának Naplója, Bd. 14, Budapest 1942, S. 536–528.

12 Ferenc Bajor (1899–1946), General; Chef der ungar. Militärverwaltung in der Vojvodina; 1946 von einem jugoslaw. Gericht zum Tode verurteilt und hingerichtet.

13 Unmittelbar nach dem Einmarsch der ungar. Truppen in der Batschka verlangte Ferenc Bajor von den in Szabadka ansässigen Serben und Juden fünf Millionen Pengő Lösegeld. Die jüdische Gemeinde konnte 3,4 Millionen Pengő aufbringen. Den Großteil des Geldes teilte Bajor unter seinen Offizieren auf. Die ungar. Kurie verurteilte Bajor 1943 wegen Unterschlagung, Dokumentenfälschung, Erpressung und Spekulation zu zwei Jahren Haft. Das Gerichtsverfahren stand nicht im Zusammenhang mit der Untersuchung gegen Feketehalmy-Czeydner.

Kenntnis nahm, haben Károly Peyer,[14] der Vorsitzende der Ungarischen Sozialdemokratischen Partei, sowie ein Führer der Partei der [Unabhängigen] Kleinen Landwirte[15] die Angelegenheit beim Ausschuss für auswärtige Angelegenheiten zur Sprache gebracht. Sie betonten, es könne für Ungarn verhängnisvoll werden, dem Beispiel der Deutschen zu folgen. Als am 7. Juli 1942 der jugoslawische Abgeordnete Milán Popovics[16] von der Regierung wissen wollte, welche Schritte sie in dieser Angelegenheit unternommen hätte,[17] versuchte sich Ministerpräsident Kállay zunächst herauszuwinden, um dann doch einzuräumen, dass 2530 Jugoslawen von ungarischen Soldaten ermordet worden waren.[18]
Ich habe mit Augenzeugen gesprochen, die um ein Haar Opfer dieses Massenmords geworden sind. Sie schätzen die Zahl der Opfer in der Batschka auf mehr als zehntausend. Jugoslawischen Kreisen zufolge wurden allein in der Vojvodina 1892 Menschen getötet. Ich konnte ermitteln, dass diese Unglückseligen weder Kommunisten noch Aufständische waren, ihre Sünde bestand lediglich darin, als Juden und Jugoslawen geboren worden zu sein.
Die ungarischen Truppen haben weder Frauen noch Kinder geschont. Sie haben sie zum Donauufer getrieben, in das Eis Risse geschlagen und sie mit Maschinengewehrsalven hinweggefegt. Das Massaker begann am 21. Januar und dauerte bis zum 31. Januar. Der Kommandeur des ungarischen Armeekorps, General Bajor, wurde – in Anerkennung seiner Verdienste – ausgezeichnet.[“]
Dies schrieb der schwedische Journalist, doch betrachten wir die Sache einmal genauer. Kállay hat die jugoslawischen Anschuldigungen in seiner Antwort im Parlament im Wesentlichen bestätigt und räumte ein, die ungarischen Truppen hätten eine beträchtliche Zahl von Jugoslawen getötet. Dabei fälschte er allerdings die Zahl der Opfer und behauptete, die ungarischen Soldaten hätten den Mord in Pflichterfüllung verübt, weil die Jugoslawen in offener Meuterei Widerstand geleistet hätten. Daraufhin wurde General Bajor, der für die hervorragende Erfüllung seiner Pflicht zuvor ausgezeichnet worden war, vor Gericht gestellt. Allerdings nicht wegen seines Befehls zum Massenmord, sondern weil er von den in der Batschka lebenden Jugoslawen 50 Millionen Dinar erpresst und die ungarischen Behörden davon nicht unterrichtet hatte. Er wurde also wegen Hinterziehung und Urkundenfälschung verurteilt.

14 Károly Peyer (1881–1956), Politiker; 1919/20 Minister, 1922–1944 Parlamentsabgeordneter, von 1931 an Führer der sozialdemokratischen Parlamentsfraktion; 1944 Deportation nach Mauthausen; 1947 Emigration in die USA, 1948 vom ungar. Volksgericht wegen Spionage zu acht Jahren Haft verurteilt.

15 Vitéz Dr. Endre Kálmán Bajcsy-Zsilinszky (1886–1944), Jurist, Publizist, Politiker; Chefredakteur und Hrsg. mehrerer Zeitungen; 1924 Mitbegründer der rechtsradikalen Ungarischen Nationalen Unabhängigkeitspartei, 1930 der Nationalen Radikalen Partei, 1930–1938 deren Abgeordneter, 1939–1944 Abgeordneter der Partei der Unabhängigen Kleinen Landwirte; im März 1944 verhaftet, im Okt. freigelassen; 1944 Präsident des Ungarischen Nationalen Befreiungskomitees, im Nov. 1944 verhaftet und hingerichtet.

16 Milán L. Popovics, auch Milan Popović (1883–1945), Jurist; 1912 Kriegsberichterstatter, 1932 Senator im Königreich Jugoslawien, serb. Abgeordneter im ungar. Parlament; 1945 von einem jugoslaw. Militärgericht zum Tode verurteilt und hingerichtet.

17 Siehe die Interpellation von Milán L. Popovics bei der 283. Sitzung des Abgeordnetenhauses des Parlaments, wie Anm. 11, S. 524–526.

18 Popovics wurde von Kállay selbst damit beauftragt, eine entsprechende Anfrage an die Regierung im Parlament zu stellen.

20. Januar 1944
20 Uhr 50 Minuten
19. Ausgabe
Fortsetzung der ungarischen Sendung aus New York von 18.45 Uhr, übermittelt aus London

Die Erpressung spielte bei dem Urteil keine Rolle, kein Wort fiel auch über die gegen die Jugoslawen verübten Grausamkeiten. Daran lässt sich ablesen, dass Kállay sich für die Ausschreitungen gar nicht interessierte und auch die Erpressung der jugoslawischen Bevölkerung nicht zur Kenntnis nahm. Gegen den Strich ging ihm jedoch, dass der General die erpresste Summe nicht hatte teilen wollen. Nun fingen Kállay und die unter seiner Führung stehende Regierung auf einmal an, sich mit dem Massenmord in der Batschka auseinanderzusetzen. Nun, wo der Krieg sich der ungarischen Grenze nähert, wo die Russen bedrohlich nahe an ungarischen Boden heranrücken und die jugoslawischen Patrioten[19] ihren Kampf aufnehmen, intoniert Kállay plötzlich ein neues Lied.
Er spricht nicht mehr über die sogenannte offene Meuterei der jugoslawischen Bevölkerung und behauptet auch nicht mehr, die ungarischen Soldaten hätten bloß ihre Pflicht erfüllt. Was zeigt, dass sich Kállay in der Batschka-Frage gegenüber dem ungarischen Parlament seinerzeit unehrlich verhielt. Auch in Bezug auf Bajor agierte die Regierung nicht ehrlich. Selbst jetzt, trotz aller Zweifel angesichts der von den geflohenen Offizieren aufgetischten Märchen, die das Ungarische Nachrichtenbüro verbreitet hat, tritt sie nicht ehrlich auf. Tatsache ist nur, dass die Übeltäter geflohen sind. Wie aber konnten sie ohne Wissen, ohne Hilfe der Regierung die ungarische Grenze überhaupt überschreiten? Wenn die Regierung die Vergehen als schwerwiegend eingeschätzt hätte, wenn sie ernsthaft bestrebt gewesen wäre, diese Angelegenheit zu verfolgen, dann hätte sie die Flüchtigen verhaftet. Es scheint jedoch, dass die Regierung Kállay überhaupt keine Verhandlung wünschte und den Angeklagten daher die Möglichkeit gab zu fliehen. Wir können der Regierung Kállay daher zu Recht unterstellen, dass sie dieses Theater absichtlich veranstaltete. Die Alliierten wird sie jedoch schwerlich hinters Licht führen können.
In Washingtoner Kreisen heißt es, dass die drei der Flucht beschuldigten Offiziere der Regierung lediglich als Sündenböcke dienten. Laut Washington steht außer Zweifel, dass sie eine führende Rolle im Massaker in der Batschka gespielt haben, gleichzeitig aber auch kaum ein Zweifel darüber bestehen kann, dass der Massenmord mit Zustimmung der ungarischen Regierung, mehr noch, auf deren ausdrücklichen Befehl erfolgt ist.
Und diese Regierung wagt es noch, über den Schutz der christlichen Zivilisation und das Recht kleiner Staaten zu sprechen?!

19 Gemeint ist die kommunistisch dominierte jugoslaw. Partisanenbewegung.

DOK. 111
Die ungarische Botschaft in Paris berichtet am 26. Januar 1944, dass ungarischstämmige Gendarmen ihre jüdischen Landsleute erpressen[1]

Brief des Kgl. Ungar. Generalkonsulats, Paris, gez. Károly Binder-Kotrba, an den Kgl. Ungar. Außenminister Jenő Ghyczy,[2] Paris, vom 26.1.1944[3]

Betreff: Agitation von Personen ungarischer Herkunft in deutscher Gendarmeriekleidung.

Ich habe die Ehre, Ihnen, hochwohlgeborener Herr, in Bezug auf oben stehende Angelegenheit Folgendes mitzuteilen:

Vor ungefähr zehn Tagen erschienen in der Nähe von Haus Ungarn[4] in Paris einige ungarische Burschen, die Uniformen der deutschen Gendarmerie trugen.

Zunächst freundeten sie sich mit dem Pförtner von Haus Ungarn an, später nahmen sie auch Kontakt mit den Beamten des Ungarischen Vereins zur Gegenseitigen Hilfe Paris[5] auf.

Während des Gesprächs erzählten sie, dass ihrer Meinung nach beinahe 34 000 aus Ungarn stammende Personen im deutschen Militärdienst tätig seien, teilweise in Ungarn lebende deutsche Staatsangehörige, die dazu gezwungen worden wären, viele seien aber auch mit Versprechungen angeworben worden.[6] Derzeit seien sie im Lager bei Laon, wo sie eine Ausbildung als Lagergendarmen und Polizisten absolvierten.[7]

Die Aufgabe der hiesigen Gendarmen beschränke sich angeblich auf das Aufspüren ungarischer Juden. Diesen Auftrag nützten sie naturgemäß zu ihren eigenen Vorteilen aus, indem sie bei der einen oder anderen Person auftauchen, dieser mit Anzeigen drohen und größere Summen erpressen würden.

Ausgerechnet heute suchte eine Frau das Generalkonsulat auf, um sich darüber zu beschweren, dass die Gendarmen 20 000 Franken von ihr verlangten und sie verstehen ließen, dass, sollte sie nicht zahlen, sie ihren Sohn anzeigen würden, weil er den (gelben) Stern nicht trage.[8]

Allein der Umstand, dass sich vor und in der Umgebung von Haus Ungarn Personen in deutschen Uniformen lauthals Ungarisch sprechend herumdrücken, hat unangenehme Auswirkungen zur Folge.

1 MNL OL, K 63 11-1944-1-a-5. Das Dokument wurde aus dem Ungarischen übersetzt.

2 Jenő Ghyczy von Ghicz, Assakürt und Ablánczkürt (1893–1982), Diplomat; 1929–1935 Mitarbeiter der ungar. Botschaft in Prag, 1936/37 in Belgrad, 1937–1939 in Berlin, von 1939 an Leiter der politischen Abt. des Außenministeriums, 1941–1943 stellv. Außenminister, 1943 bis März 1944 Außenminister.

3 Im Original handschriftl. Bearbeitungsvermerke.

4 Das ungar. Kulturinstitut „Haus Ungarn" wurde in Paris im Jahr 1927 eröffnet.

5 Der Verein wurde 1846 von in Paris lebenden ungar. Handwerkern und Gesellen gegründet und diente dem sozialen und kulturellen Austausch und der gegenseitigen Unterstützung.

6 Zunächst führte die Waffen-SS illegale Rekrutierungsmaßnahmen unter der deutschen Minderheit in Ungarn durch. Nach entsprechenden Verhandlungen zwischen ungar. und deutschen Stellen war schließlich ab 1942 auch die legale Werbung für die Waffen-SS möglich. Neben den freiwilligen Rekruten wurden auch zahlreiche Männer zwangsrekrutiert.

7 In Laon existierte eine Polizeiwaffenschule.

8 Im Jahr 1942 wurde in Frankreich die Kennzeichnungspflicht für alle Juden ab dem 6. Lebensjahr angeordnet; siehe VEJ 5/323.

Gleichzeitig schrecken sie auch nicht davor zurück, unter dem Vorwand ihrer Treue zur ungarischen Heimat ihre Bekanntschaften mit den Mitgliedern der Ungarischen Kolonie[9] von Paris für (etwaige) Erpressungen zu nutzen. So tauchten sie zum Beispiel in den vergangenen Tagen in der Wohnung von Teichner, einem Inspektor des Ungarischen Vereins zur Gegenseitigen Hilfe Paris, auf und erklärten, es liege gegen ihn als Angehörigem der israelitischen Religion ein Haftbefehl vor. Sie täuschten Überraschung vor, dass es sich bei ihm um denselben Teichner handelte, den sie bereits aus den Geschäftsräumen des Vereins zur Gegenseitigen Hilfe aus Paris kannten und dem sie bereits versprochen hatten, den gegen ihn vorliegenden Haftbefehl zu vernichten. Von der erschrockenen Familie nahmen sie danach 650 Francs, dennoch wurde Teichner in der darauffolgenden Nacht verhaftet. Teichners Frau ist im übrigen Altchristin, ihre Kinder sind ebenfalls getauft, er selbst hat für die Deutschen gearbeitet und ist deshalb bislang unbehelligt geblieben.

Der Vorgenannte steht infolge der Machenschaften dieser in deutscher Uniform agierenden Personen ungarischer Herkunft vor der Deportation.

In den vergangenen Tagen ließen sie in einem ungarischen Restaurant in Paris ihr Mittagessen von Károly Balogh, dem Sekretär des Kassierers des Vereins zur Gegenseitigen Hilfe, bezahlen, lungerten danach vier Stunden dort herum und gingen erst (dann) weiter, als es ihnen gelungen war, vom Inhaber des Restaurants, der übrigens kein Jude ist, 500 Francs zu erpressen.

Aus der Hilfskasse des Ungarischen Vereins zur Gegenseitigen Hilfe pressten sie 1200 Francs als „Anleihe" heraus, welche die Summe in der Hoffnung zahlte, sie auf diese Weise von den das Haus Ungarn besuchenden Kolonieangehörigen fernzuhalten.

Die Gendarmen halten ihre Identität mit auffälliger Vorsicht geheim, verbreiten sich jedoch umso freigebiger über ihre dunklen Machenschaften, beispielsweise darüber, wie sie die Kasse eines Kinos, in das man sie nicht hineinlassen wollte, zerstört haben. Zuletzt rühmten sie sich damit, dass sie die Angelegenheit eines Pariser Juden ungarischer Abstammung zu dessen Gunsten erledigt hätten und dafür 60 000 Franken einkassieren würden.

Sie verhehlen auch nicht, dass ihnen neben ihrer Ausbildung bei der Infanterie – die sie ohne die Kenntnis der deutschen Sprache wohl nur unter vielen Mühen hatten absolvieren können – auch verschiedene Arten des Folterns und Hinrichtens beigebracht worden sind. Ihre diesbezüglichen Erzählungen möchte ich – angesichts ihrer Unmenschlichkeit – lieber nicht detailliert wiederholen.

Im Hinblick auf das Obenstehende möchte ich den hochwohlgeborenen Herrn mit allem Respekt darauf hinweisen, dass ich es für wenig zweckmäßig gehalten habe, wegen der Entfernung der erwähnten Personen bei der hiesigen deutschen Hauptkommandantur vorzusprechen, weil sich unter diesen Gendarmen angeblich auch mehrere deutsche Staatsangehörige befinden, die in Ungarn aufgewachsen sind und die deutschen Militärbehörden eine entsprechende Intervention als Einmischung in die innerdeutschen Angelegenheiten deuten könnten.

Ich bitte Eure Exzellenz mit allem Respekt, im Interesse der Ruhe (und Ordnung) in der ungarischen Kolonie von Paris bei der deutschen Regierung auf die Beendigung dieser

9 Gemeint sind die in Frankreich lebenden ungar. Staatsbürger.

Erpressungsversuche, die sowohl Christen als auch Juden gleichermaßen betreffen, hinzuwirken und die in großer Zahl in Frankreich und meines Wissens nach auch in Belgien weilenden Lagergendarmen, die ungarischer Herkunft bzw. in Ungarn aufgewachsen sind, schnellstmöglich abzukommandieren und an die Front zu versetzen.

DOK. 112

Die ungarische Gesandtschaft in Berlin ersucht am 7. Februar 1944 das Auswärtige Amt, die in den besetzten westlichen Gebieten lebenden ungarischen Juden nicht zu deportieren[1]

Verbalnote (1135/1944) der ungarischen Gesandtschaft, Berlin, ungez., an das Deutsche Auswärtige Amt, Berlin, vom 7.2.1944[2]

Die Königlich Ungarische Gesandtschaft beehrt sich unter Bezugnahme auf die dortamtliche Verbalnote Nr. Inl. II.A.9189 vom 12.-ten Januar 1944[3] dem Auswärtigen Amt auftragsgemäß ergebenst mitzuteilen, daß die Kgl. Ungarische Regierung mit dem Inhalt der obigen Verbalnote prinzipiell einverstanden ist.
Um aber die unbehinderte Durchführung der Heimbeförderung zu ermöglichen, erlaubt sich die Königlich Ungarische Gesandtschaft das Auswärtige Amt höflichst zu ersuchen dahin wirken zu wollen, daß die betreffenden deutschen Stellen in Paris und Vichy ermächtigt werden den von den zuständigen ungarischen diplomatischen Vertretungen/Kgl. Ungarische Gesandtschaft Vichy bzw. Generalkonsulat Paris, namhaft gemachten Juden ungarischer Staatsbürgerschaft bald möglichst eine Ausreisebewilligung bzw. Durchreisesichtvermerk zu erteilen; es wird ferner ersucht – dem der obigen Verbalnote entsprechend – die ehebaldigste Freilassung solcher Juden gütigst erwirken zu wollen.
Da aber bei der Durchführung der obenerwähnten Heimbeförderungsaktion durch einen eventuellen vorzeitigen Abtransport der zur Heimkehr berechtigten Juden Schwierigkeiten sich ergeben könnten, erlaubt sich die Königlich Ungarische Gesandtschaft im Auftrage ihrer Regierung das Auswärtige Amt ergebenst zu ersuchen bei der kompetenten Stelle dahin wirken zu wollen, daß die Juden ungarischer Staatsbürgerschaft bis zum Abschluß der Heimkehraktion nicht aus den französischen Konzentrationslagern abtransportiert werden.
Außerdem erlaubt sich die Königlich Ungarische Gesandtschaft dem Auswärtigen Amt noch höflichst mitzuteilen, daß aus der Heimkehraktion vorigen Jahres noch einige Ju-

1 PAAA, R 99455. Abdruck als Faksimile in: Braham (Hrsg.), The Destruction of Hungarian Jewry (wie Dok. 76 vom 25.9.1942, Anm. 1), Dok. 37, S. 73 f.

2 Im Original handschriftl. Vermerke und Stempel. Rechtschreibung und Grammatik wie im Original.

3 Eine Vereinbarung zwischen deutschen und ungar. Stellen sah die Rückholung der in den besetzten westlichen Gebieten lebenden ungar. Juden bis zum 26.8.1943 nach Ungarn vor. In einer Verbalnote vom 20.12.1943 intervenierte die ungar. Gesandtschaft auch im Interesse der in Vichy-Frankreich lebenden ungar. Juden und bat um eine Fristverlängerung. Am 12.1.1944 lehnte das AA diese „aus sicherheitspolizeilichen Gründen" ab. Gleichzeitig erklärte es sich bereit, ungar. Staatsangehörige gegebenenfalls zu entlassen, wenn sie sich verpflichteten, den deutschen Machtbereich innerhalb von 14 Tagen zu verlassen; siehe Verbalnote vom 12.1.1944, wie Anm. 1, S. 72.

den ungarischer Staatsbürgerschaft aus technischen Gründen ausgeblieben sind, in deren Interesse die Königlich Ungarische Regierung zu intervenieren geneigt ist.
Es handelt sich um etwa 20–30 Familien die teils in Holland, teils in verschiedenen Konzentrationslagern interniert sind, und deren Heimkehr noch vor dem 26.-ten August v. J. im Gange gesetzt, bis zum Stichtag aber nicht erledigt wurde. Nach der Zusammenstellung der Liste dieser Juden wird die Königlich Ungarische Gesandtschaft nicht verfehlen, sie sofort an das Auswärtige Amt weiterzuleiten.[4]

DOK. 113
Der Jüdische Weltkongress skizziert am 14. März 1944, wie sich die Situation der ungarischen Juden in den letzten Jahrzehnten verschlechtert hat[1]

Memorandum des Jüdischen Weltkongresses, Advisory Council on European Jewish Affairs, verfasst von Dr. Julius Fischer und Dr. Carol Klein, vom 14.3.1944

Zur Lage der ungarischen Juden
Ungefähre Zahlenangaben zur jüdischen Bevölkerung Ungarns

In Ungarn lebten im Jahr 1941 insgesamt 13 500 000 Menschen, davon waren etwa 730 000 Juden. Vor dem laufenden Krieg hatte Ungarn (mit 400 000 Personen) noch die fünftgrößte jüdische Bevölkerung in Europa. Seit Beginn des Kriegs haben die ungarischen Juden an Zahl und Bedeutung jedoch hinzugewonnen und liegen im europäischen Vergleich inzwischen auf dem zweiten Platz. Das lässt sich auf die folgenden Faktoren zurückführen:
1. die Vertreibung und Ausrottung der Juden in den meisten anderen Ländern Europas;
2. die Annexion von Oberungarn und des Karpatenvorlands der Tschechoslowakei, womit zusätzlich 150 000 Juden in den Zuständigkeitsbereich Ungarns gerieten; die Annexion des nördlichen Teils Siebenbürgens in Rumänien, wodurch weitere 180 000 Juden hinzukamen; schließlich die Wiederbesetzung der Gebiete, die Ungarn nach dem vergangenen Krieg an Jugoslawien verloren hatte, was die jüdische Bevölkerung noch einmal um 20 000 Personen vergrößerte.

Historische Ereignisse, die das ungarische Judentum betreffen
Juden lebten bereits zur Römerzeit in Ungarn. Das zumindest lässt sich aus Ausgrabungen, der Freilegung von Grabsteinen sowie einer Gedenktafel in Dunaújváros schließen, die von einem gewissen Cosmos, einem Palästinenser, errichtet wurde und den Begriff „Synagoge“ aufweist. In den Archiven der Stadt Sopron ist ein Dokument aus dem Jahr 1526 erhalten geblieben, wonach die Juden bereits im 9. Jahrhundert, noch bevor die

4 Nach der Besetzung Ungarns im März 1944 informierte der Reichsbevollmächtigte Edmund Veesenmayer im Mai 1944 das AA darüber, dass die Regierung Sztójay kein Interesse mehr an der Heimholung der in Vichy-Frankreich lebenden ungar. Juden habe.

1 AJA, File MS-361, Box C-161, Fol. 6, Dr. Julius Fischer/Dr. Carol Klein, Reports on the Jewish Situation. A Memorandum on the Situation of Hungarian Jewry, New York, 14.3.1944. Das Dokument wurde aus dem Englischen übersetzt.

Ungarn 895 das Land eroberten, dort über einen Friedhof verfügten. Andere historische Dokumente und Ereignisse verweisen ab dem 11. Jahrhundert auf die Ansiedlung einer großen Anzahl von Juden in Ungarn.
Wie in allen anderen Ländern auch litten die Juden hier während des Mittelalters unter gezielter Verfolgung, insbesondere durch die herrschenden Klassen. Diese waren bestrebt, sie durch die Einrichtung von Gettos, gelbe Abzeichen und spezielle Toleranzsteuern von anderen Nationalitäten und Bevölkerungsgruppen zu unterscheiden und zu separieren. Trotz dieser Restriktionen war es Juden dennoch möglich, sich sozial, wirtschaftlich etc. zu entwickeln. Im Laufe der Jahrhunderte nahmen sie immer stärker am wirtschaftlichen und kulturellen Leben teil. Sie erlitten dabei zwar auch schwere Rückschläge, etwa durch Zwangskonversion und drohende Ausweisung (etwa unter der Herrschaft Franz I. 1806), aber es gelang ihnen letztlich, zu einem unverzichtbaren, aktiven Teil der wachsenden Wirtschaft des Landes zu werden.
1848 erkannte Ferdinand V.[2] den Juden die Niederlassungsfreiheit außerhalb der Bergwerksstädte zu, das Recht auf Grundbesitz sowie das Recht auf freie Berufswahl und Teilhabe am Handel. 1867 galten die Juden als emanzipiert. Das Emanzipationsedikt bestand aus den beiden folgenden Sätzen:
1) Den israelitischen Bewohnern des Landes werden die gleichen Privilegien bei der Ausübung aller zivilen und politischen Rechte zugestanden wie den christlichen.
2) Alle Gesetze, Praktiken und Verordnungen, die dem entgegenstehen, werden damit außer Kraft gesetzt.
1895 kam es zur Verabschiedung eines Gesetzes, das den jüdischen Glauben den christlichen Konfessionen rechtlich gleichstellte. Dadurch traten die ungarischen Juden als Staatsbürger in das 20. Jahrhundert ein, ausgestattet mit den gleichen Rechten wie alle übrigen Ungarn. Sie waren, was Herz und Seele und die Sprache anging, vollständig assimiliert.
Im Ersten Weltkrieg (1914–1918) opferten viele Juden ihr Leben und ihr Vermögen für das Land. Mehr als 10 000 Juden fielen auf den Schlachtfeldern. Die gemeinsam in den Schützengräben und in den Gefangenenlagern erlittenen Qualen schienen für immer das Bündnis zwischen dem ungarischen Bauern und dem jüdischen Ladenbesitzer oder Geschäftsmann besiegelt zu haben.
Für Ungarn endete der Krieg mit einer totalen Niederlage. Das Land verlor drei Viertel seines Territoriums, im Oktober 1918 kam es unter Führung von Graf Mihály Károlyi[3] zur Revolution. Innerhalb von nur sechs Monaten folgte ein bolschewistischer Aufstand.[4] Nach dem Sturz dieses Regimes begann der Antisemitismus das Land zu erfassen. Der „weiße Terror“ forderte von der jüdischen Gemeinschaft einen schrecklichen Tribut. In den Straßen von Budapest und an den Universitäten griffen Hetze und Angriffe auf Juden um sich. Das ungarische Judentum wurde kollektiv für die Revolutionen

2 Ferdinand I. (1793–1875), 1830–1848 als Ferdinand V. König von Ungarn und Kroatien, 1835–1848 Kaiser von Österreich und König von Böhmen.

3 Graf Mihály Károlyi (1875–1955), Politiker; 1909 Präsident des Agrikulturvereins, von 1913 an Vorsitzender der Vereinigten Unabhängigkeitspartei, 1916 Austritt aus der Partei und Gründung der Neuen Unabhängigkeitspartei; 1918/19 Ministerpräsident; 1919 Emigration; 1947–1949 Botschafter in Paris.

4 Zur Räterepublik siehe Einleitung, S. 20 f.

verantwortlich gemacht. Es kam zur Degradierung von jüdischen Lehrern, Richtern und Professoren. Man versuchte, die Juden aus ihren Unternehmen zu drängen, was jedoch größtenteils misslang.

1920 wurde ein Gesetz erlassen, bekannt als Numerus clausus, das den Anteil der jüdischen Studenten an den Universitäten begrenzen sollte. Ihr Anteil an der Studentenschaft sollte nicht größer sein als ihr Anteil an der Gesamtbevölkerung, also 5 Prozent nicht überschreiten.

1921 trat Graf István Bethlen seine Amtszeit als Premierminister an. Während seiner Regierung flauten die schlimmsten antisemitischen Übergriffe ab. Obwohl die Juden weiterhin zumindest teilweise vom öffentlichen Dienst ausgeschlossen blieben, nicht im staatlichen Bildungswesen arbeiten durften und ihre Unternehmertätigkeit durch den Entzug bestimmter Lizenzen Einschränkungen unterlag, leitete die Machtübernahme Bethlens, der zehn Jahre das Land regierte, eine friedvollere Phase für die ungarischen Juden ein. 1926/27 wurden elf Juden ins ungarische Parlament gewählt. Ein 1928 verabschiedetes Gesetz gestand den orthodoxen und den Reform-Juden jeweils eine eigenständige Vertretung durch einen Rabbiner im Oberhaus des Parlaments zu. Als Julius Gombos,[5] einst Vertreter eines aggressiven Antisemitismus, 1932 den Posten des Premierministers übernahm, erklärte er, er habe seine Haltung gegenüber den Juden überdacht, und rief sie zur aktiven Teilnahme am Leben der Nation auf. Die Außenpolitik der beiden genannten Premierminister war auf das Einvernehmen mit Italien ausgerichtet. Der Faschismus Mussolinis, der dem Hitlerismus vorausging und der jüdischen Bevölkerung noch gleiche Rechte einräumte, hatte lange Zeit einen positiven Einfluss auf die ungarische Politik.

Doch unmittelbar nach der Machtübernahme Hitlers kam es an den Universitäten erneut zu judenfeindlichen Schmähungen und Angriffen. Die Stadt Debrecen entwickelte sich zum Zentrum der antisemitischen Propaganda. Bei den Parlamentswahlen 1935 machte sich bereits der wachsende Einfluss Hitlers auf die Politik in Europa bemerkbar. Premierminister Gombos hielt zwar an seinem politischen Programm und den traditionell engen Beziehungen zu Italien fest, es gab sogar einen jüdischen Abgeordneten in seiner Partei. Andererseits stieß Hitler mit seiner Ankündigung, die existierenden internationalen Friedensverträge nicht länger anzuerkennen, in Ungarn auf große Zustimmung. Nach dem Tod von Gombos 1935 gab es kaum noch Hindernisse für die direkte Einflussnahme Berlins. Insofern erfüllte die ineffektive und zögerliche Politik des neuen Premiers Kálmán Darányi einen einzigen Zweck: Sie diente der Verbreitung der Nazi-Propaganda. Die Agitation erreichte ein neues Niveau. Überall im Land entstanden neue Nazi-Organisationen und -Zeitungen, die ganz offensichtlich gute Verbindungen nach Berlin hatten.

Die von Darányi geführte Regierung entschied sich für eine antisemitische Politik. Im Mai 1938 folgten Taten. Sie erließ das erste explizit antijüdische Gesetz, durch das die Beteiligung der Juden am wirtschaftlichen und kulturellen Leben auf maximal 20 Prozent beschränkt werden sollte.[6] Darányis Amtsnachfolger Béla Imrédy bekannte sich schließlich sogar öffentlich zu Hitler und zum Nationalsozialismus. Nach dem Rücktritt

5 Richtig: Gyula Gömbös.

6 Siehe Dok. 14 vom 29.5.1938.

Imrédys siegte Graf Paul Teleki[7] bei den Neuwahlen, in deren Folge sehr viele Nazi-Anhänger in die gesetzgebende Versammlung gelangten. Das Kabinett Graf Telekis, das sich zunächst äußerst entschlossen gezeigt hatte, der Nazifizierung des Landes Einhalt zu gebieten, brachte im Juni 1939 ein zweites judenfeindliches Gesetz im Unterhaus ein, das noch von der Imrédy-Regierung unter dem wachsenden Druck Deutschlands entworfen worden war.[8]

Dieses Gesetz beschnitt die Bürgerrechte der Juden. Es schloss alle Juden vom Erwerb der ungarischen Staatsbürgerschaft aus und widerrief alle Einbürgerungen, die nach dem 1. Juli 1914 erfolgt waren. Das Wahlrecht wurde auf diejenigen Juden beschränkt, deren Vorfahren sich bereits vor 1867 in Ungarn niedergelassen hatten. Diese Gruppe durfte allerdings nur für einen der jüdischen Kandidaten stimmen, der Anteil der jüdischen Parlamentsabgeordneten wurde auf 6 Prozent begrenzt. Das Gesetz entzog den Juden auch das Recht, sich an der Regierung und am kulturellen Leben zu beteiligen, indem man sie aus dem öffentlichen Dienst und dem Bildungssystem entfernte, sowohl auf nationaler als auch auf lokaler Ebene, und ihnen leitende Stellungen in der Presse sowie an Theatern und in Lichtspielhäusern verwehrte. Man beschränkte ihre Möglichkeiten, ihren Lebensunterhalt zu verdienen, indem man ihren Anteil in den freien Berufen und in gewerblichen Unternehmen auf maximal 6 Prozent begrenzte. Juden durften nur noch bedingt Grund und Boden erwerben, landwirtschaftlich genutztes Land in ihrem Besitz sollte gegen Entschädigung enteignet werden. Zudem sah das Gesetz innerhalb eines Zeitraums von fünf Jahren die schrittweise Entlassung aller in Wirtschaftsunternehmen tätigen Juden vor, bis ihr Anteil maximal 12 Prozent an der Gesamtbelegschaft eines Betriebs erreichte.

Selbst an den Oberschulen legte man den Anteil jüdischer Schüler auf maximal 6 Prozent fest. Jede Stadt und jedes Dorf war angehalten, keine weiteren Zulassungen und Lizenzen an Juden zu vergeben, solange deren Anteil 6 Prozent nicht unterschritten hatte. Diese Verordnung galt auch in Städten wie Munkács im Karpatenvorland, wo 60 Prozent der Bevölkerung jüdisch war. Im Karpatenvorland und in Oberungarn gingen die kommunalen Regierungen und Behörden sogar noch weit über das hinaus, was in diesem zweiten antijüdischen Gesetz vorgeschrieben war. Innerhalb von nur drei Monaten widerrief man dort alle Genehmigungen für jüdische Geschäfte, was Tausende von Laden- und Gaststättenbesitzern die Existenz kostete. Diejenigen, die ihre Lizenz behalten durften, wurden kurz darauf Opfer einer Verordnung, die es Juden verbot, ihre Läden freitagabends und an Samstagen zu schließen. Zum Ruin jüdischer Gewerbetreibender trug ein weiteres Dekret bei, das die Kennzeichnung von Läden, die sich im Besitz von Christen befanden, anordnete. Hinzu kam, dass die Kommunalverwaltungen dazu übergingen, Personen zu bestimmen, die in den verschiedenen Geschäftsbereichen tätig werden und sie übernehmen sollten.

Graf Teleki wurde von Bárdossy an der Spitze der Regierung abgelöst, auf ihn folgte Kállay, der zur Geschichte des Leidens der Juden dadurch beitrug, dass er eine weitere Reihe antijüdischer Bestimmungen mit enormem Tempo auf den Weg brachte und mit großem Eifer umsetzte. Er steht für die Forcierung der Judenverfolgung mittels neuer Verordnungen und Restriktionen. Er ist derzeit noch immer Regierungschef.

7 Richtig: Pál Teleki.
8 Siehe Dok. 29 vom 5.5.1939.

Im August 1940, als die ungarischen Truppen in Siebenbürgen einmarschierten, um die Teile der Region zurückzuerobern, die das Land im Zuge des Friedensvertrags von Trianon 1921[9] verloren hatte, wurden jüdische Soldaten und Offiziere zu den Fahnen gerufen. Mit dem Wiener Schiedsspruch fiel der Norden von Siebenbürgen zurück an Ungarn. Im Gegenzug verpflichtete man[10] Ungarn dazu, den Juden gegenüber eine schärfere Gangart anzuschlagen und sich den Nazis [im eigenen Land] gegenüber nachsichtiger zu verhalten.[11] Die jüdischen Soldaten und Offiziere durften nicht am Triumphzug in den zurückgewonnenen Gebieten teilnehmen. Männer bis zum Alter von 60 Jahren wurden Arbeitsbataillonen zugeteilt.[12] Ihre Arbeitskraft wurde genutzt, um Straßen zu bauen und andere schwierige Aufgaben zu erledigen, die schwere körperliche Arbeit erforderten. Arbeitgebern war es untersagt, Juden nach Ableistung dieser Arbeitsdienste wieder einzustellen. Damit vergrößerte sich die Zahl derjenigen, die ohne Erwerbsquelle dastanden.

Im Oktober 1940 erfolgte der Beschluss, die Vertretung der beiden organisierten jüdischen Gemeinden im Oberhaus des Parlaments abzuschaffen.

Im Juni 1941 verabschiedete das Unterhaus ein Gesetz, das die Nürnberger Gesetze auf Ungarn übertrug.[13]

Im August 1941 veranlasste man die Ausweisung einer großen Anzahl von ausländischen Juden nach Galizien, unter ihnen nicht nur 6000 aus Deutschland und Polen Geflüchtete, sondern auch solche Juden, die in den zurückeroberten Gebieten wohnten und keine ungarische Staatsbürgerschaft nachweisen konnten.[14]

Hilfsbemühungen von Seiten der ungarischen Juden

Die jüdische Gemeinde von Budapest reagierte nach Erlass des ersten antijüdischen Gesetzes auf die neue Situation mit der Gründung eines Schutzkomitees zur Unterstützung der jüdischen Bevölkerung in Ungarn. Das Komitee wurde 1938 ins Leben gerufen. 1939 vereinbarte man mit dem American Jewish Joint Distribution Committee, dass es dem Schutzkomitee Mittel in Höhe der Aufwendungen zur Verfügung stellen sollte, die der entsprach, die die Staatliche Ungarische Jüdische Hilfsaktion (OMZSA) aufbringen sollte. In den ersten fünf Monaten des Jahres 1939 (noch vor Inkrafttreten des zweiten antijüdischen Gesetzes) betrug die Zahl der Juden, die beim Schutzkomitee eine Umschulung beantragten, 3086, während sich 4382 um eine Arbeitsstelle beworben hatten. 1938 hatten sich 8360 Personen mit Bitte um Unterstützung bei der Auswanderung an das Schutzkomitee gewandt, in den ersten fünf Monaten des Jahres 1939 waren es bereits 56 066. In diesem Zeitraum konnten mit Hilfe des Schutzkomitees aber nur 620 Juden das Land tatsächlich verlassen. Nicht eingerechnet in diese Angaben sind diejenigen, die im Rahmen von Privatinitiativen berufliche Unterstützung oder Hilfe bei der Ausreise erhielten.

9 Richtig: 1920.
10 Gemeint ist hier das Deutsche Reich.
11 Die faschistischen Parteien waren in Ungarn wiederholt verboten worden; siehe Einleitung, S. 27, sowie Dok. 3 vom 19.1.1938.
12 Zum ungar. Arbeitsdienst siehe Einleitung, S. 35–38.
13 Siehe Dok. 51 vom 2.8.1941.
14 Siehe Einleitung, S. 38–42, sowie Dok. 52 vom 7.8.1941, Dok. 53 vom 20.8.1941, Dok. 55 vom 26.8.1941 und Dok. 56 vom 30.8.1941.

Bereits 1940 lag der Anteil der Juden an den verschiedenen Gewerken und Gewerben bei nur noch 6 Prozent, ein Wert, der dem entsprechenden Gesetz zufolge erst 1944 hätte erreicht werden müssen. In manchen Bereichen machten Juden nicht mehr als 3 Prozent aus. 1940 bot das Schutzkomitee der jüdischen Bevölkerung folgende Dienste an: berufliche Umschulungen, Fremdsprachenunterricht, Unterstützung bei der Auswanderung, Reisebeihilfen, juristische Beratung, allgemeine finanzielle Unterstützung, Kleiderspenden, Hilfe bei der Kinderbetreuung, Unterbringung von Lehrlingen, spezielle Hilfen für die Regionen Oberungarn und Karpatenvorland sowie für Flüchtlinge aus Deutschland und Polen. Allein im Karpatenvorland unterstützte das Komitee 30 000 Juden. 1941 musste das Komitee Suppenküchen einrichten, um die Hungernden zu versorgen.

Das 1940 gegründete Komitee für Sozialarbeit wiederum machte es sich zur Aufgabe, jüdische Schriftsteller und Künstler zu ermutigen, ihre Ideen mit Mitteln umzusetzen, die der jüdischen Tradition entlehnt waren, jüdische Bücher zu veröffentlichen und einen erneuten Kampf für die jüdische Emanzipation zu führen.

Die jüdischen Gemeinden, die früher einmal der ganze Stolz des organisierten ungarischen Judentums gewesen waren und von der Regierung Subventionen erhalten hatten, änderten das Curriculum an den Oberschulen und unterrichteten die Schüler von nun an in handwerklichen und berufsbezogenen Fächern. Sie erhielten zudem die Erlaubnis, spezielle Berufsschulen zu betreiben, jedoch durften im ersten Jahr nicht mehr als 40 Jungen und Mädchen an diesen Schulen zugelassen werden. Im ganzen Land öffneten nach und nach 200 solcher Schulen und Zentren, die 1200 Jugendlichen eine Berufsausbildung ermöglichten. Auf mehreren großen Landgütern wurden jüdische Jugendliche in landwirtschaftlichen Tätigkeiten ausgebildet, um sie auf die Auswanderung nach Palästina vorzubereiten.

Grundsätzlich versuchten die Juden der völligen Demoralisierung entgegenzuwirken, die eine Folge der antijüdischen Gesetzgebung war. Das war jedoch eine gewaltige Aufgabe, und die Möglichkeiten sowie Kapazitäten erwiesen sich als derart beschränkt, dass Abertausenden von Familien und Alleinstehenden nicht geholfen werden konnte. Das ehemals kraftvolle Judentum in Ungarn und seine Gemeinden sind [heute] gebrochen und mittellos.

Antisemitismus in Ungarn

Ungarn zählt zu den wenigen Ländern Europas, in denen Antisemitismus vor wenigen Jahrzehnten kaum verbreitet war. Das kann unter anderem mit der besonderen historischen Entwicklung des Landes erklärt werden. Im Wesentlichen gibt es drei Faktoren (psychologische, ökonomische und politische), die hierfür verantwortlich sind.

a) *Psychologische Gründe*: Die ungarische Bevölkerung ist tolerant. Die Tatsache, dass in Ungarn Menschen verschiedener Nationalität leben, wurde niemals in Frage gestellt. Ihr ausgeprägter Nationalstolz würde nie in ein kollektives Überlegenheitsgefühl umschlagen. Der ungarische Teil der Bevölkerung hat in der Vergangenheit mit Menschen anderer Herkunft normalerweise friedlich zusammengelebt. Gewaltsame Zusammenstöße zwischen Angehörigen verschiedener ethnischer oder nationaler Gruppen sind in der Geschichte des Landes unbekannt.

b) *Ökonomische Gründe*: Ungarn ist ein Agrarland. Die eingeborenen Ungarn haben anders als die westeuropäischen Nationen keine eigene Bourgeoisie (z. B. Händler oder Bankiers) hervorgebracht. Wirtschaftlich war Ungarn auf die Juden angewiesen, darauf,

dass diese Tätigkeiten und Bereiche übernahmen, in denen die Ungarn nicht präsent waren. Von daher kollidierten die beruflichen Bestrebungen und Aktivitäten der jüdischen und nichtjüdischen Bevölkerung nicht, sondern ergänzten sich eher. Die Juden gingen ihren wirtschaftlichen Tätigkeiten zum größtmöglichen Nutzen des Landes nach. Sie sorgten dafür, dass sich der Handel, die Industrie und das Finanzwesen außergewöhnlich gut entwickelten. Der wirtschaftliche Aufstieg Ungarns vom Niveau eines Balkanlandes auf das Niveau Westeuropas ist zum großen Teil den ansässigen Juden zu verdanken, was der ungarischen Bevölkerung durchaus bewusst war. Sie schätzte die Leistungen der Juden sehr.
Diese stabilen ökonomischen Verhältnisse wurden durch einen weiteren Faktor gefestigt, dessen Bedeutung nicht unterschätzt werden darf. Obwohl die Juden mehrheitlich Händler waren oder zur Intelligenz gehörten, waren sie in ihren wirtschaftlichen Bestrebungen nicht einseitig. Im Gegenteil: Die Bilanz ihrer ökonomischen Tätigkeiten war ausgeglichener als die der nichtjüdischen Bevölkerung. Dr. Alajos Kovacs,[15] ein führender Wissenschaftler in Ungarn und Mitglied der ungarischen Christlich-Sozialistischen Partei, veröffentlichte 1937[16] auf Grundlage eigener Forschung ein Buch mit dem Titel „Die Stellung der Juden im wirtschaftlich gelähmten Ungarn auf Grundlage statistischer Erhebungen". Darin räumte er ein, dass die jüdische Bevölkerung in wirtschaftlicher Hinsicht wesentlich gesünder aufgestellt war als der nichtjüdische Teil. Die folgende „Aufteilung der Juden in soziale Gruppen" ist seinem Buch entnommen.

	1920	1930			
Bourgeoisie	45,9%	43,1%	der jüdischen Bevölkerung		
Intelligenzija	22,9%	25,1%	»	»	»
Arbeiter	31,2%	31,8%	»	»	»

Ihre Verteilung auf die verschiedenen Klassen ist volkswirtschaftlich geradezu vorbildlich (etwa ein Drittel der jüdischen Bevölkerung ist in den jeweiligen Klassen vertreten). Sie weisen in ökonomischer Hinsicht eine ungleich bessere Bilanz auf als die Christen. Fast die Hälfte der nichtjüdischen Bevölkerung stammt aus den ärmsten und ungebildeten Schichten. Hier die entsprechenden statistischen Angaben der christlichen Bevölkerung Ungarns:

	1920	1930			
Bourgeoisie	41,8%	44,1%	der nichtjüdischen Bevölkerung		
Intelligenzija	4,9%	5,3%	»	»	»
Arbeiter	53,3%	50,6%	»	»	»

Faktisch hat das Bodenreformgesetz dazu geführt, dass die Zahl derjenigen unter der nichtjüdischen Bevölkerung, die sich selbst versorgen können, angestiegen ist. Viele Christen haben Land zugeteilt bekommen, aber diese kleinen Hofbesitzer sind nicht

15 Richtig: Alajos Kovács.
16 Richtig: 1938.

charakteristisch für die Gesamtbevölkerung. Dagegen hat die Zahl der Arbeiter stark zugenommen.[17]

c) *Politische Gründe:* Unter den zuvor erwähnten Bedingungen (Liberalität der Bevölkerung gekoppelt mit ökonomischer Freiheit) entwickelten die Juden einen ausgesprochenen Patriotismus. Sie übernahmen die ungarische Sprache als Muttersprache, und in den Landesgebieten mit einem besonders hohen Anteil an nationalen Minderheiten wurden sie [sogar] zu Pionieren der ungarischen Kultur und Politik. Dessen waren sich die verschiedenen Regierungen bewusst, weshalb sie bestrebt waren, die Rechte und Position der Juden zu stärken und abzusichern.

Es ist davon auszugehen, dass sich diese gesunde und harmonische Symbiose auch im Bereich der Kultur zeigte. Mit ihrem Talent und ihrer Genialität trugen die Juden außerordentlich zur Weiterentwicklung der Wissenschaften, der Künste und der Literatur des Landes bei, was von den Ungarn sehr geschätzt wurde. Von daher war die sprunghafte Zunahme des Antisemitismus nach 1918 für das ungarische Judentum eine schockierende Erfahrung.

Religiöse Organisationen

Bis zur Mitte des vergangenen Jahrhunderts trat das ungarische Judentum völlig geeint auf. Im Jahr 1868 kam es zu einer Spaltung in drei Gruppen: die Orthodoxen, diejenigen, die den Status quo erhalten wollten, und die Reform-Juden. Die orthodoxen Gemeinden schlossen sich zur Orthodoxen Israelitischen Landeskanzlei zusammen, deren erster Vorsitzender Ignac Reich[18] war. Die liberalen Gemeinden organisierten sich im Landesbüro der Israeliten, mit Marton Schweiger[19] an der Spitze. Alle anderen, die sich weder den Orthodoxen noch den Liberalen zugehörig fühlten – die sogenannten Status-quo-[ante-]Gemeinden –, verabschiedeten erst im Jahr 1929 für ihren eigenen Verband ein Statut. Doch trotz dieser Aufspaltung verfügten die ungarischen Juden über verlässliche Strukturen. Die drei Gruppen bauten landesweite Organisationen auf, die jeweils ein zentrales Büro in Budapest unterhielten. Alle drei verfügten über einen Vorsitzenden und eine Geschäftsführung. Ihre Beschlüsse waren bindend und von Rechts wegen anerkannt. Die einzelnen jüdischen Gemeinden zeichneten sich durch eine ebensolche Stabilität und Verlässlichkeit aus. Die Gemeinde in Budapest, die 50 000 Mitglieder zählte, erklärte sich zur größten jüdischen Gemeinde weltweit. Große Gemeinden gab es auch in Städten mit einem hohen jüdischen Bevölkerungsanteil, darunter Miskoloz,[20] Debrecen, Kolozsvar, Nagyvarad, Szatmarnemeti, Munkacs, Marmaros Sziget, Ungvar, Szeged und Kassa, die zwischen 10 000 und 30 000 Mitglieder hatten. Aber ob klein oder groß: Jede Stadt, jedes Dorf hatte eine Synagoge mit einem Rabbi, der diese Position nach dem Gesetz ein Leben lang bekleidete, von der Regierung finanziell unterstützt wurde und in religiösen Angelegenheiten die entscheidende Autorität darstellte. Die meisten Gemeinden unterhielten zudem eine jüdische Grundschule, einige sogar eine staatlich an-

17 Zu den Zahlen siehe Alajos Kovács, A csonkamagyarországi zsidóság a statisztika tükrében, Budapest 1938, S. 16. Die anderen zitierten Passagen sind im Text nicht gefunden worden.

18 Richtig: Ignác Reich, Händler; Präsident der Durchführungskommission der Orthodoxie (orthodox közvetítő bizottság).

19 Richtig: Márton Schweiger (1834–1905), von 1871 an Präsident der Pester Gemeinde und Präsident des Landesbüros der Israeliten.

20 Richtig: Miskolc.

erkannte jüdische Oberschule. Fast jede jüdische Schule wurde auch von nichtjüdischen Kindern besucht. Lehrer, die in diesen Schulen in der Sekundarstufe unterrichteten, wurden aus öffentlichen Mitteln bezahlt.
Vieles davon wurde begünstigt durch das „ungarische Kulturgesetz“, das vorschrieb, dass in jedem Ort, sogar in den größten Städten jeweils nur eine einzige Gemeinde existieren durfte. Nur in einigen wenigen Ausnahmefällen erlaubte es die Gründung einer weiteren Gemeinde derselben Konfession. Die zunehmende Größe der Gemeinden geht nicht zuletzt auf ein weiteres Gesetz zurück, das jedem Juden auferlegte, einer der drei Gemeinden beizutreten. Folgte er dem nicht, musste er sich für konfessionslos erklären (also ohne religiösen Glauben), was nur wenige Juden wollten.

Chronologie der zunehmend antijüdischen Gesetzgebung
Vor diesem Hintergrund wurden die bereits erwähnten antijüdischen Gesetze erlassen. Obwohl diese noch weit entfernt sind von der Nazi-Barbarei, zeichnen sie sich durch eine undemokratische und mittelalterlich anmutende Schonungslosigkeit aus. Sie schränken die wirtschaftlichen, politischen, kulturellen und religiösen Rechte der Juden in Ungarn ein, unter Umständen entziehen sie ihnen sogar alle Rechte.
Die antisemitische Gesetzgebung in Ungarn besteht aus Gesetzen und Verordnungen mit abgestufter Reichweite und Wirkung:
1920, # XXV. Numerus clausus, der die Zulassung von jüdischen Studenten an den Universitäten auf einen bestimmten Anteil beschränkte
1928, # XIV. Numerus clausus, weitere Restriktionen
1938, # XV. Erstes antijüdisches Gesetz
1939, # IV. Zweites antijüdisches Gesetz mit folgenden Bestimmungen:
Juden sollen vollständig ausgeschlossen werden
1. aus allen Behörden der Regierung (§§1–5), ohne Ausnahme wirksam ab dem 1.1.40 bzw. 1.1.43
2. aus allen Behörden der Bezirke und Kommunen (§§1–5), ohne Ausnahme, wirksam ab dem 1.1.40 bzw. 1.1.43
3. aus allen Schulen, betrifft alle Schulformen und Klassen (Par. V-2) mit Ausnahme von Schulen, die von Juden betrieben werden (V-4), wirksam ab dem 1.1.43, endgültige Regelung für jüdische Lehrkräfte: Sie erhalten noch ein Jahresgehalt.
4. aus allen Sozialversicherungseinrichtungen (§ V-1), ohne Ausnahme, soll innerhalb eines Jahres umgesetzt werden
5. aus dem Handel mit Waren, auf die es ein Monopol gibt (Tabak etc.) (§ XII-1), ohne Ausnahme, wirksam ab dem 5.4.42.

In folgenden Bereichen sollte der Anteil der Juden auf 6 Prozent beschränkt werden: College- und Universitätsstudenten (§7), mit Ausnahme von Absolventen technischer Studiengänge, deren Anteil auf 12 Prozent festgelegt wurde, sofort wirksam.
Auf 12 Prozent wurde der Anteil der Juden auch für folgende [Berufs-]Gruppen beschränkt, das galt auch für die Lohnsumme, die 12 Prozent der gesamten Lohnsumme nicht übersteigen durfte:
Sachbearbeiter, Verkäufer, Fachkräfte im Handel, im Gewerbe und im Finanzwesen, mit Ausnahme solcher Juden, die sich im Weltkrieg positiv hervorgetan haben. Diese dürfen weiter beschäftigt werden, solange ihr Anteil 15 Prozent nicht übersteigt, wirksam ab dem 1.1.43, schrittweise in halbjährigen Intervallen umzusetzen.

Aus folgenden Bereichen wurde zwar niemand ausgeschlossen, aber es war vorgeschrieben, keine weiteren Lizenzen oder Arbeitsgenehmigungen an Juden auszugeben, solange deren gegenwärtiger Anteil nicht unter 6 Prozent gesunken ist: Juristen, Ingenieure, Zahnärzte, Schauspieler, Journalisten, Handwerker und Künstler.
Wenn wir von einer Zahl von 213 235 Juden ausgehen, die zu diesem Zeitpunkt erwerbstätig waren, wird deutlich, dass diese Gesetzgebung schon theoretisch 34 bis 35 Prozent aller Juden zum Verhungern verurteilte. Wenn wir außerdem die 300 000 Juden berücksichtigen, die mit der Rückeroberung der verlorengegangenen Gebiete unter ungarische Staatshoheit gelangt waren und gegen die diese Verordnungen mit noch größerer Strenge angewandt wurden, kommen wir zu der eher konservativen Schätzung, dass 150 000 erwerbstätige Juden und deren Angehörige durch die antijüdischen Gesetze Lohn und Brot verloren haben.
1939, # XVIII. Beschränkung des Wahlrechts für Juden
1939, # XIX. weitere Einschränkungen des Wahlrechts
1940, Oktober. Abschaffung der Vertretung der beiden jüdischen Gemeinden im Oberhaus des Parlaments

1941, # XV. Einführung der Nürnberger Gesetze

1942, # IV. Rücknahme der rechtlichen Gleichstellung des jüdischen Glaubens mit anderen Konfessionen (§ 1.). Die jüdischen Gemeinden sowie deren Schulen waren damit fortan von staatlicher Unterstützung ausgeschlossen (§ 2.). Diese Bestimmung führte zur Schließung vieler jüdischer Schulen. Der Entzug der staatlichen Mittel für die Rabbiner setzte das gesamte religiöse Leben und Bildungswesen der Juden existenzieller Unsicherheit aus. Darüber hinaus verlieh das Gesetz dem für Religion zuständigen Ministerium das Recht, die Art der Beitragserhebung und -einziehung unter den Mitgliedern der jüdischen Gemeinden vorzuschreiben. Das Schicksal der jüdischen Gemeinden hing damit von der Willkür des jeweiligen Ministers ab.

1942, # IX. Ausgabe von Kriegsanleihen,[21] wobei das Recht der Juden auf deren Rückzahlung eingeschränkt wurde

1942, # XII. Ausschluss aller Juden aus dem Staatsdienst

1942, # XIV. Ausschluss aller Juden aus der Armee

1942, # IV. Einführung eines Landwirtschaftsgesetzes mit folgenden Regelungen:

a) Enteignung von Landgütern im Besitz von Juden
b) Entschädigungszahlung abhängig vom Wert
c) die Kompensationsleistung erfolgt nicht in bar, sondern in Form von Staatsanleihen (Laufzeit 30 Jahre) mit einem Zinssatz von 3,5 Prozent.

Es folgten zahlreiche weitere Verordnungen, mit denen der Umgang mit konfisziertem Land, Vieh und persönlichem Vermögen sowie deren Wertfestsetzung geregelt wurde.
In einem Anfang Oktober in Budapest von J. Lenz verfassten Aufsatz mit dem Titel „Die Arisierung von Eigentum in Ungarn"[22] finden sich einige wichtige Informationen, die Ausmaß und Reichweite der judenfeindlichen Gesetzgebung illustrieren.
„Schätzungen zufolge besaßen die ungarischen Juden nach der Eingliederung von Oberungarn, dem Karpatenvorland, Siebenbürgen und der Batschka in das Staatsgebiet

21 Gemeint sind die Kriegsanleihen aus dem Ersten Weltkrieg.
22 Vermutlich: J. Lenz, Die Arisierung des ungarischen Grundbesitzes, in: Die Deutsche Volkswirtschaft 30 (1943), S. 938 f.

Grund und Boden im Umfang von 1,57 Millionen Katastraljoch, wobei 970 000 Joch landwirtschaftlich genutzte Fläche und fast 600 000 Joch Waldgebiet waren. Nach dem Gesetz, das im Juli 1942 in Kraft trat und von beiden Parlamentskammern ratifiziert worden war, konnte die Regierung diese 1,57 Millionen Katastraljoch Land nun enteignen und in die Hände nichtjüdischer Ungarn überführen. Im Gesetz war genau festgelegt, wer als jüdisch galt und in welchen Fällen der Besitz an Nachkommen, die rechtlich als Nichtjuden anerkannt waren, übertragen werden konnte. Man verabschiedete ein weiteres Gesetz, mit dem der Verkauf von Grundstücken an Privatleute untersagt wurde. Die Regierung beauftragte zur Entlastung der eigenen Strukturen daraufhin das 1936 gegründete Landwirtschaftliche Kreditinstitut mit der treuhänderischen Verwaltung und Nutzung des jüdischen Vermögens, das der Staat zu konfiszieren beabsichtigte.
Bis heute sind etwa 500 000 von 970 000 Joch Ackerland und 160 000 von 600 000 Joch Wald enteignet worden ..."
Die hier ausgeführte Gesetzgebung hat zusammen mit weiteren administrativen Maßnahmen, die noch weiter reichten, zu einer dramatischen Verarmung und Demoralisierung der Juden in Ungarn geführt.

DOK. 114
Miklós Horthy berichtet am 19. März 1944 dem ungarischen Kronrat von seiner Besprechung mit Adolf Hitler in Schloss Kleßheim[1]

Protokoll des Kronrats im Burgpalast, Budapest, gez. Horthy, vom 19.3.1944 (12.45 Uhr)[2]

Unter dem Vorsitz des Hohen Würdenträgers, Herrn Vitéz Miliós Horthy von Nagybánya,
Reichsverweser von Ungarn, waren anwesend:
Dr. Miklós Kállay von Nagykálla
kgl. ungar. Geheimrat, kgl. ungar. Ministerpräsident
Jenő Ghyczy von Gicz, Assakürth und Ablonczkürth[3]
kgl. ungar. Geheimrat, kgl. ungar. Außenminister
Dr. Vitéz Ferenc Keresztes-Fischer
kgl. ungar. Geheimrat, kgl. ungar. Innenminister
Dr. Lajos Reményi-Schneller
kgl. ungar. Geheimrat, kgl. ungar. Finanzminister
Baron Dániel Bánffy von Losoncz
kgl. ungar. Geheimrat, kgl. ungar. Minister für Landwirtschaft
Géza Bornemissza
kgl. ungar. Geheimrat, kgl. ungar. Minister für Industrie

1 MNL OL, K 27 (1944.03.19.). Abdruck der von Horthy nicht korrigierten Version des Protokolls in deutscher Übersetzung in: Magda Ádám/Gyula Juhász/Lajos Kerekes (Hrsg.), Allianz Hitler–Horthy–Mussolini. Dokumente zur ungarischen Außenpolitik (1933–1944), Budapest 1966, Dok. 81, S. 368–375. Das Dokument wurde aus dem Ungarischen neu übersetzt.
2 Im Original handschriftl. Ergänzungen und Streichungen von Horthy. Diese wurden bei der Übersetzung mitberücksichtigt.
3 Richtig: Ghyczy von Ghicz, Assakürt und Ablánczkürt.

Dr. Ferenc Zsindely von Borosjenő
kgl. ungar. Geheimrat, kgl. ungar. Minister für Handel und Verkehr
Dr. Jenő Szinyei Merse
kgl. ungar. Geheimrat, kgl. ungar. Minister für Religion und Bildung
Dr. László Radocsay
kgl. ungar. Geheimrat, kgl. ungar. Minister für Justiz
Lajos Csatay von Csataj
kgl. ungar. Geheimrat, Generaloberst, kgl. ungar. Verteidigungsminister
Dr. Lajos Szász
kgl. ungar. Geheimrat, kgl. ungar. Minister ohne Portefeuille für Öffentliche Versorgung
Dr. István Antal
kgl. ungar. Geheimrat, kgl. ungar. Minister ohne Portefeuille für Propaganda des Nationalen Schutzes
Vitéz Ferenc Szombathelyi
kgl. ungar. Geheimrat, Generaloberst, Leiter des Honvéd-Generalstabs
Döme Sztójay
kgl. ungar. Geheimrat, kgl. ungar. Botschafter in Berlin

Schriftführer:
István Bárczy von Bárcziháza
kgl. ung. Geheimrat, Staatssekretär des Ministerpräsidiums

Der hochwürdige Herr Reichsverweser eröffnet die Sitzung des Kronrats und weist darauf hin, dass alle im Kronrat anwesenden Herren – anhand der ausführlichen Mitteilungen sowohl des Herrn Ministerpräsidenten als auch des Außenministers und des Ministers für Verteidigung, die ihn während des Besuchs bei Hitler begleiteten – Kenntnis davon hätten, was sich eigentlich in den letzten zwei Tagen ereignet habe. Er [der Reichsverweser] habe gestern den vielleicht schwersten Tag seines Lebens durchgemacht. Am Abend des 15. März, nach der Festvorstellung im Opernhaus, habe Jagow, Botschafter des Deutschen Reichs in Budapest, ihn um eine Audienz gebeten mit der Begründung, er habe ihm seitens des Führers Hitler eine dringende Mitteilung zu machen. Als er [Horthy] den Botschafter empfing, habe dieser vorgetragen, dass der Führer den Reichverweser einlade, ihn in Schloss Kleßheim aufzusuchen, weil er mit ihm die Weltlage sowie den möglichen Rückruf der in Russland kämpfenden ungarischen Truppen besprechen wolle. Er habe sich dafür entschuldigt, dass er meinen Brief aus Krankheitsgründen nicht habe beantworten können.[4] Er habe um meine Ankunft entweder am Freitagabend oder Sonnabend in der Frühe gebeten, da er dringend ins Hauptquartier reisen müsse.[5] Nachdem der Herr Reichsverweser die Einladung entgegengenommen habe, habe er sich entschieden, ihr nicht Folge zu leisten, d. h. nicht zu der erbetenen Besprechung anzureisen. Am nächsten Tag, am 16. März, vormittags um 11 Uhr, habe er dann doch den Minister-

4 Siehe Brief von Horthy an Hitler vom 12.2.1944 den Rückruf der an der Front eingesetzten ungar. Divisionen betreffend; Abdruck in: Szinai/Szűcs (Hrsg.), Horthy Miklós titkos iratai (wie Dok. 9 vom 18.4.1938, Anm. 4), Dok. 78, S. 408–410.

5 Der letzte Halbsatz zur Weltlage und die nächsten zwei Sätze wurden von Horthy handschriftlich in der Ich-Form eingefügt.

präsidenten, den Außenminister, den Verteidigungsminister sowie den Leiter des Generalstabs der Honvéd-Armee zu sich gebeten, um mit ihnen den Stellenwert dieser Einladung und deren mögliche Folgen zu besprechen sowie die Frage, welche Argumente dafür sprächen, die Einladung von Adolf Hitler anzunehmen oder nicht, also Pro- und Kontra-Argumente [abzuwägen].
Schließlich habe er [Horthy] sich doch dafür entschieden, dass es wohl besser sei hinzureisen, weil unsere Truppen sonst nicht zurückkehren könnten.
Auch jetzt noch sei er der Meinung, dass es – wenn auch aus anderen Gründen – besser gewesen sei, diese Entscheidung getroffen zu haben.
Am Abend des 17. [März] sei er in Begleitung des Außenministers, des Verteidigungsministers und des Generalstabschefs der Honvéd-Armee abgereist. Während seines Aufenthalts [in Schloss Kleßheim] sei auch Döme Sztójay, unser Botschafter in Berlin, anwesend gewesen.
Am Sonnabend, den 18. in der Frühe sei er beim Führer Hitler eingetroffen, der ihn im Kraftwagen ins Schloss von Kleßheim begleitet habe. Er habe [sofort] gespürt, dass die Atmosphäre anders als bei den bisherigen Besuchen gewesen sei.
Als ihn Hitler in den Verhandlungssaal begleitete, sei dem Führer Hitler auch Botschafter Schmidt gefolgt.[6] Daraufhin habe er [Horthy] sich an Hitler gewandt und ebenfalls um die Anwesenheit der in Begleitung befindlichen Herren Minister gebeten. Daraufhin habe Botschafter Schmidt den Saal verlassen, so dass das Gespräch zwischen dem Reichsverweser und Hitler unter vier Augen stattfand.
Zu Beginn der Besprechung habe Hitler vorgetragen, in welch katastrophale Lage Deutschland nach dem Verrat der Italiener geraten sei.[7] Er habe gewusst, dass die Italiener einen Verrat vorbereiteten, und es läge ihm noch heute schwer auf dem Gewissen, dass er die Lage mit ihnen nicht früher habe klären können. Er könne aber nicht dulden, dass hinter seinem Rücken ein neuer Verrat geplant werde, und er müsse sich für alle Fälle absichern. Er hätte den Eindruck gewonnen, dass Ungarn [ebenfalls] zum Feind überlaufen werde. Dies habe der Herr Reichsverweser entschieden verneint: Wir Ungarn hätten uns in tausend Jahren nichts zu Schulden kommen lassen und seien keine Verräter gewesen, woraufhin Hitler geantwortet habe, er hätte Informationen, nach denen man in Ungarn mit dem Gedanken spiele überzulaufen. Daraufhin habe der Herr Reichsverweser erwidert, er kenne die Lage des Landes und könne sie am besten einschätzen. Er habe jedoch vergeblich versucht, Führer Hitler zu überzeugen.[8] Die Auseinandersetzung zwischen den beiden sei immer schärfer und schärfer geworden. Auf seinen [Horthys] Protest hin und den Hinweis, auf welche Weise Ungarn gegen eine solche

6 Paul Schmidt (1899–1970), Dolmetscher; 1924–1945 Chefdolmetscher im AA, von 1935 an Dolmetscher Adolf Hitlers; 1945 interniert, von 1952 an Leiter eines Dolmetscher- und Spracheninstituts in München.

7 Im Juli 1943 wurde Benito Mussolini gestürzt und inhaftiert. Die Macht übergab König Viktor Emanuel III. an den italien. General Pietro Badoglio (1871–1956), dessen Regierung im Sept. 1943 einen Waffenstillstand mit den Alliierten vereinbarte und im Okt. 1943 Deutschland den Krieg erklärte.

8 Tatsächlich hatte Ungarn an mehreren Fronten Waffenstillstandsverhandlungen mit den Alliierten aufgenommen und einen Tag nach der Waffenstillstandserklärung durch Italien eine Vereinbarung mit den Westmächten getroffen, die u. a. vorsah, die „militärische Zusammenarbeit mit Deutschland" zu verringern und seine Truppen aus der Sowjetunion zurückzuziehen.

vom Deutschen Reich geplante militärische Besetzung Widerstand leisten könne, habe Hitler geantwortet, dass er über genügend Reserven verfüge, um mit entsprechender Wirkung aufzutreten, darüber hinaus stünden Rumänen, Slowaken und auch Kroaten gegen die Ungarn, die dann gleichzeitig einmarschieren würden. Der Herr Reichsverweser habe entgegnet, dass es besser wäre, wenn Hitler seine Reservedivisionen für den Kampf gegen die Russen einsetzen würde. Der Herr Reichsverweser habe sich daraufhin erhoben und seine Suite aufgesucht. Hitler habe bald darauf ausrichten lassen, dass ein Mittagessen für 24 Personen serviert sei [und fragen lassen,] ob der Herr Reichsverweser daran teilnehmen möchte oder es vorziehe, in einem kleineren Kreis zu speisen. Der Herr Reichsverweser ließ ihm mitteilen, dass für den Fall, dass Hitler die Verhandlung am Nachmittag fortsetzen möchte, er die Einladung annehme, sonst [jedoch] nicht.

Am Nachmittag sei die Besprechung mit Führer Hitler fortgesetzt worden. Er [Horthy] habe Hitler gesagt, dass er sich alles habe vorstellen können, nicht aber einen derartigen Schritt von Hitler. Er habe ihn [Hitler] gebeten, seinen Standpunkt und sein Vorhaben zu revidieren. Er habe darauf hingewiesen, dass einzig die ungarische Nation ihm und dem Deutschen Reich freundschaftlich verbunden sei. Daraufhin habe Hitler entgegnet, dass er sich lediglich absichern wolle. Der Herr Reichsverweser habe neue Argumente vorgebracht und Hitler wiederholt gefragt, welche Gründe er habe, die ungarische Nation zu beschuldigen. Er habe darum gebeten, die deutsche Regierung möge dem zuständigen ungarischen Ministerpräsidenten oder dem Außenminister das den Deutschen zur Verfügung stehende belastende Material schriftlich vorlegen. Wie gegenstandslos die Beschuldigungen seien, beweise folgendes Beispiel: Es wurde behauptet, Albert Szentgyörgyi,[9] ein mit dem Nobelpreis ausgezeichneter Universitätsprofessor, sei von Ministerpräsident Kállay empfangen und beauftragt worden, anlässlich seiner Auslandsreise nach Ankara mit britischen und amerikanischen Vertretern in Ankara die Möglichkeiten eines eventuellen Separatfriedens auszuloten. Die Wahrheit sei, dass Professor Albert Szentgyörgyi beim Ministerpräsident um Audienz gebeten habe, um ihm mitzuteilen, dass er zu einem wissenschaftlichen Vortrag nach Ankara eingeladen worden sei und die Entscheidung, ob er die Einladung annehme, von der Haltung des Ministerpräsidenten abhängig mache. Ministerpräsident Kállay habe Professor Szentgyörgyi damals zum ersten Mal gesehen und seither nie wieder mit ihm gesprochen.[10]

Als nächstes habe er [Hitler] die Haltung der ungarischen Presse kritisiert. Den Verrat der Badoglio-Regierung habe die ungarische Presse mit keinem Wort verurteilt, sondern verschwiegen.[11] Man habe auch nicht über Mussolinis Verdienste berichtet, und [dagegen] sei ein von Pál Szvatkó verfasster Artikel in der Abendausgabe der Zeitung Magyarország erschienen.[12] Ein weiterer Vorwurf habe darin bestanden, dass Ungarn in der Judenfrage nichts unternehme und nicht gewillt sei, mit dem ungarischen Judentum

9 Richtig: Albert Szent-Györgyi von Nagyrápolt (1893–1986), Mediziner, Biochemiker; von 1930 an Professor in Szeged, 1937 Nobelpreis für Medizin und Physiologie, von 1942 an Mitglied des antifaschistischen Widerstands; nach der deutschen Besetzung untergetaucht; 1945–1947 Parlamentsabgeordneter, 1947 Emigration in die USA.

10 Tatsächlich reiste Szent-Györgyi im Febr. 1943 mit Wissen des Ministerpräsidenten Kállay und auf Betreiben ungar. Oppositionsparteien nach Istanbul, um dort mit den westlichen Alliierten über den Austritt Ungarns aus dem Krieg zu verhandeln.

11 Die ungar. Regierung hatte 1943 die Zensur gelockert und die Badoglio-Regierung anerkannt.

abzurechnen. In diesem Zusammenhang bemerkte Hitler, dass in Finnland lediglich 5000 Juden lebten und auch diese gegen die Bündnistreue Finnlands wühlten.
Der Herr Reichsverweser habe darauf verwiesen, dass, wenn man in der Presse erschienene Beiträge kritisieren wolle, es ein Leichtes sei, in den Zeitungen Bemerkungen und Auszüge zu finden, die man aus den verschiedensten Gründen beanstanden könnte. Über ein Theaterstück oder einen Film könne man auch günstig schreiben oder sie verreißen. Danach habe der Herr Reichsverweser Hitler noch einmal davon zu überzeugen versucht, den Einmarsch deutscher Truppen in Ungarn nicht zu erlauben und darüber nachzudenken, wie ungerechtfertigt dieser wäre, wenn in Ungarn, das ihrer [der Deutschen] Meinung nach beabsichtige, zu den Alliierten überzuwechseln, weder ein Anschlag noch ein Streik oder Ähnliches stattgefunden habe.[13] Wenn die Deutschen nun Ungarn militärisch besetzten, könnte dies eine großangelegte Bombardierung des Landes durch die angelsächsischen Länder nach sich ziehen. Daraus entstünden auch für Deutschland nur Nachteile, weil der Eisenbahnverkehr unterbrochen würde und die Betriebe zerstört würden und auch eine Partisanenbewegung ihr Haupt erheben könnte. Alle diese Argumente seien wie in den Wind gesprochen gewesen und hätten bei Hitler nichts ausgerichtet. Anschließend habe er [der Reichsverweser] Hitler gebeten, um 6 Uhr nachmittags abreisen zu dürfen. Die Deutschen hätten ihn dagegen darum gebeten, eine Proklamation zu unterschreiben, nach der die deutschen Besatzungstruppen im Einvernehmen zwischen ihm [dem Reichsverweser] und den Deutschen nach Ungarn einmarschiert wären. Dies habe er [Horthy] entschieden abgelehnt. Er habe erklärt, dass er in seinem Leben niemals gelogen habe und es auch jetzt nicht tun werde. Er habe außerdem darauf hingewiesen, dass in Ungarn die Unterschrift des verfassungsrechtlich gewählten Reichsverwesers nur dann gültig sei, wenn sie vom kgl. ungar. Ministerpräsidenten gegengezeichnet würde.
Als nach einiger Zeit noch immer keine Mitteilung erfolgt war, habe er jemanden nach unten geschickt, um zu fragen, ob er abreisen dürfe oder sich als Gefangener betrachten solle. Schließlich habe ihm Botschafter Dörnberg[14] mitgeteilt, dass um 8 Uhr, sobald sich die Gefahr aus der Luft gelegt haben würde, der Zug abfahren dürfe.
Im Laufe des Nachmittags hätten Verteidigungsminister Csatay und Generalstabschef Szombathelyi mit Keitel[15] eine Besprechung abgehalten, während sich der ungarische Außenminister mit Ribbentrop unterhalten habe. Zum Schluss sei Ribbentrop zu ihm [Horthy] hinaufgegangen und habe gesagt, Führer Hitler wolle ihn sprechen. Daraufhin habe der Herr Reichsverweser Hitler aufgesucht und ihn gefragt, ob er tatsächlich mit ihm reden wolle. Er habe darin [den Hinweis] gesehen, dass Hitler die Lage entspannen wollte. Hitler habe den Herrn Reichsverweser aufgefordert, auf seinem Posten zu bleiben und diesen auf keinen Fall zu verlassen. Er, Adolf Hitler, hätte Ungarn immer sehr

12 Gemeint ist vermutlich der Artikel von Szvatkó vom 1.1.1944, in dem er in der regierungsnahen Zeitung den Gedanken äußerte, mit den Deutschen zu brechen; Randolph L. Braham, A Népírtás politikája. A Holocaust Magyarországon, Budapest 1997, Bd. 1, S. 379.

13 Hitler hatte den Befehl zur Besetzung Ungarns bereits am 12.3. unterzeichnet.

14 Alexander Freiherr von Dörnberg zu Hausen (1901–1983), Jurist; von 1927 an im auswärtigen Dienst tätig, 1930–1933 Attaché bei der deutschen Gesandtschaft in Bukarest, 1936/37 Legationssekretär an der deutschen Botschaft in London; 1934 NSDAP-, 1938 SS-Eintritt; 1938–1945 Leiter der Protokollabt. des AA; Zeuge in den Nürnberger Prozessen.

15 Wilhelm Keitel (1882–1946), Chef des OKW.

geliebt, und die Idee, dass die Deutschen aus Ungarn eine Provinz machen, sei lächerlich. Der Fall der Tschechei liege anders, weil es immer dem Deutschen Römischen Reich und später dem Österreichischen Kaiserreich angehört habe. Danach brachte er zum Ausdruck, dass er den rumänischen Ministerpräsidenten Antonescu[16] zu sich habe kommen lassen. Die an diesen gerichtete Aufforderung, bei den derzeit laufenden großen Anstrengungen gegen die Russen neue rumänische Divisionen zur Verfügung zu stellen, habe Antonescu mit dem Hinweis abgelehnt, dass Rumänien dazu nicht imstande sei, weil ihm die Ungarn in den Rücken fallen wollten. Noch heute wolle er [Hitler] an Antonescu telegrafieren, mit seinen Truppen sofort gegen die Russen aufzumarschieren. Danach habe Hitler ihn [Horthy] zum Sonderzug begleitet und mit einem freundlichen Lächeln verabschiedet. Unterwegs habe Botschafter Jagow von dem Herrn Reichsverweser im Zug um eine Audienz gebeten und ihm mitgeteilt, dass er seines Postens als Botschafter in Budapest enthoben worden sei und sich im Sonderzug bereits sein Nachfolger, Veehsenmeyer,[17] befinde. Jagow habe hervorgehoben, dass er alles getan habe, um die deutsch-ungarische Freundschaft zu vertiefen, ihm jedoch vor allem das Verhalten der ungarischen Presse zum Vorwurf gemacht worden sei. Daraufhin sei Jagow hinausgegangen und habe ihm den neuen deutschen Botschafter vorgestellt und sich entfernt. Der neue Botschafter sei der Erste gewesen, der die deutschen Pläne zu konkretisieren begonnen habe. Er habe ausgeführt, dass das Deutsche Reich kein Vertrauen mehr zur Regierung Kállay habe und dass es sich eine Regierung wünsche, der es vertrauen könne. Die Deutschen hätten auf alle Fälle geplant, ihn [Horthy] am Tag des Einmarsches aus dem Land zu locken, um ihm keine Gelegenheit zu geben, den Widerstand zu organisieren.[18] Vielleicht sei es so auch besser gewesen, denn dieser [der Widerstand] hätte uns sehr viel Blut und vielleicht sogar den Verlust unserer Heimat gekostet.

Der Herr Ministerpräsident, dem er [Horthy] zu großem Dank verpflichtet sei und dessen hundertprozentiges Vertrauen er immer genossen habe, habe nun die Abdankung der Regierung eingereicht. Er glaube, in der heutigen Situation würden wir alle ähnlich denken. Er sei gezwungen gewesen, die Abdankung anzunehmen, und bat die Mitglieder der Regierung, die Geschäfte vorläufig weiterzuführen.

Es sei voraussehbar, dass sich die Deutschen nun mit Forderungen jeglicher Art melden und sich in alles einmischen würden. Sie würden genau registrieren, über wie viel Braunkohle wir verfügen. Sie würden alles verlangen, aber nicht mit Gold bezahlen wie bei den Rumänen, sondern mit Mark. Der Krieg werde nicht mehr ewig dauern. Mit Gottes Hilfe würden wir die schwere Situation meistern, denn wenn der Russe ins Land strömen würde, käme es noch viel schlimmer. Er sei stets ein Optimist geblieben und habe Vertrauen in die Zukunft des Landes. Er bittet den Herrn Verteidigungsminister und den Herrn Außenminister, die sich mit ihm beim Führer befanden, um ihre Meinung.

16 Ion Antonescu (1882–1946), Berufsoffizier; 1916–1918 im Generalstab, seit 1933 Chef des Generalstabs; Dez. 1937 bis März 1938 Minister für Verteidigung, von Sept. 1940 an Ministerpräsident; am 23.8.1944 verhaftet, 1945 in der Sowjetunion inhaftiert, im Mai 1946 vom Volkstribunal in Bukarest zum Tode verurteilt, hingerichtet.

17 Richtig: Edmund Veesenmayer.

18 Der Einmarsch deutscher Truppen in Ungarn begann während der Rückreise der ungar. Delegation aus Kleßheim am 19.3.1944.

Der *Herr Verteidigungsminister* trägt vor, dass die Deutschen über die Besatzung wie über eine vollendete Tatsache gesprochen hätten, so dass jedes Gegenargument vergeblich war. Die Deutschen hätten darauf beharrt, dass der Herr Reichsverweser unter keinen Umständen seinen Posten verlasse und an der Spitze des Landes bleibe, da die Deutschen sonst keine Gewähr für die schlimmsten Folgen übernehmen könnten. Sie wiesen darauf hin, dass, sollte es in Ungarn zu inneren Unruhen kommen, auch Rumänen, Slowaken und Kroaten das Land angreifen würden.
Der *Herr Außenminister* äußert sich in gleichem Sinne.
Döme Sztójay, kgl. ungar. Botschafter in Berlin, trägt vor, dass er, während der Herr Reichsverweser bei Führer Hitler weilte, von Außenminister Ribbentrop empfangen wurde und dieser ihn wiederholt gefragt habe, ob er seiner Regierung über die von ihm, Ribbentrop, unterbreiteten vorjährigen Beschwerden Bericht erstattet habe. Laut Ribbentrop sei [nämlich] nichts geschehen. Insbesondere sei nichts in Hinblick auf die Judenfrage geschehen. Daraufhin erwiderte er, Sztójay, dass Deutschland, würde es über eine gleich große jüdische Bevölkerung verfügen wie Ungarn, wahrscheinlich auch weniger in der Judenfrage unternommen hätte. Ribbentrop monierte, dass die Deutschen auf unterschiedliche und durchaus begründete Beschwerden hin keine konkreten Antworten bekommen hätten. Und weder in der Angelegenheit Badoglios noch in der Mussolinis habe sich die Presse loyal verhalten. Das habe dazu geführt, dass sogar der ausländische Rundfunk verkündet habe, Ungarn werde zu den Alliierten überlaufen. Auf solche ausländischen Meldungen sei seitens der Ungarn nie ein Dementi erfolgt. Bei den Deutschen habe sowohl die Haltung Ungarns als auch der ungarischen Regierung und der Presse die Überzeugung gefestigt, dass sich die ungarische Politik immer mehr in Richtung der Alliierten orientiere – und um dies zu verhindern, habe man Maßnahmen ergreifen müssen. Er bedaure, dass wir die Warnungen offizieller deutscher Kreise nicht rechtzeitig beherzigt hätten. Daraufhin habe er, Sztójay, Ribbentrop darauf aufmerksam gemacht, dass der Reichsverweser (ein großer) Freund der Deutschen sei. Er habe Ribbentrop um konkrete Angaben gebeten, worauf Ribbentrop aber nicht eingegangen sei. Sollte sich der Reichsverweser nicht einverstanden erklären, führte Ribbentrop weiter aus, und sollten sie [die Ungarn] den Deutschen mit Widerstand begegnen, würde das für das Land schwere Folgen nach sich ziehen. Nach dieser vormittäglichen Besprechung habe ihn Ribbentrop auch am Nachmittag noch einmal zu sich bitten lassen mit der Aufforderung, den Herrn Reichsverweser davon zu überzeugen, dass er sich mit der Besatzung, die beschlossene Sache sei, abfinden müsse. Andererseits wünsche man, dass er seinen Posten nicht aufgebe, da dies für Ungarn eine Katastrophe bedeuten würde. Die ungarische Regierung sei aufgefordert, ihre Politik künftig in freundschaftlichem Einvernehmen mit den Deutschen fortzusetzen. Nachdem Ribbentrop die Sicherung der deutschen Garantien zur Sprache gebracht hatte, habe Sztójay darum gebeten, ihm dies auch schriftlich mitzuteilen. Den Aussagen des Führers Hitler sei hinzuzufügen, dass die derzeitige militärische Besatzung die Souveränität Ungarns nicht tangiere. Er bat darum, den Einmarsch der deutschen Truppen so lange aufzuschieben, bis der Herr Reichsverweser sich über diese sehr schwierige Situation habe Gedanken machen können. Ribbentrop erwiderte, die deutschen Truppen hätten bereits Befehl erhalten, in Ungarn einzumarschieren, was jedoch die theoretische Frage der Garantien betreffe, werde er Führer Hitler dies unterbreiten.

Der *Generalstabschef der Honvéd-Armee* wiederholt, was der Verteidigungsminister bereits vorgetragen hat.

Der *Herr Reichsverweser* schließt den Austausch damit ab, dass das Land eine schwere Zeit durchmache, er jedoch zuversichtlich sei, dass wir auch diese überstehen werden.

Der *Herr Ministerpräsident* spricht dem Herrn Reichsverweser im Namen der Regierung und der ganzen Nation seinen Dank dafür aus, dass er in diesen schweren Stunden und angesichts der schwerwiegenden Folgen die beste Entscheidung getroffen und sich niemandem verpflichtet habe. Es komme derzeit nicht auf die Regierung, sondern auf die Armee an und darauf, sie davor zu bewahren, in der deutschen aufzugehen. Der Garant der ungarischen Zukunft sei die Armee, deren Einheit nicht zerstört werden dürfe. Die Honvéd-Armee dürfe sich nicht in innere Angelegenheiten verwickeln lassen. Dies halte er für die wichtigste Aufgabe. Mit allem Respekt bitte er den Herrn Reichsverweser darum, auf seinem Posten zu bleiben. Er bitte im Namen des Landes, der gesamten ungarischen Nation und auch im Interesse der Armee. Wenn möglich, solle der Herr Reichsverweser von der Erledigung bestimmter Angelegenheiten Abstand nehmen.[19] Seine Stellung als Reichsverweser dürfe er aber weder aus eigenem Willen noch aufgrund äußerer Gewalt verlassen.[20] Die Abdankung der Regierung möge der Herr Reichsverweser sofort annehmen. Die jetzige Regierung dürfe nicht länger als einen Tag die Regierungsgeschäfte wahrnehmen, ansonsten würde auch sie zu Maßnahmen getrieben, die nicht den Interessen des Landes entsprächen. Die geeignetste Lösung sei, die administrativen Staatssekretäre jedes Ressorts vorübergehend mit der provisorischen Geschäftsführung zu beauftragen, bis sich eine neue Regierung gebildet hat.

Der *Herr Innenminister* fühlt sich gezwungen zu erklären, dass er seinerseits keinen Moment länger die Geschäfte weiterführen könne. Die Deutschen hätten ihm bereits alle polizeilichen Zuständigkeiten entzogen. Sie hätten das Gebäude des Polizeipräsidiums von Budapest besetzt, sich dort in drei Räumen niedergelassen und die Telefonleitungen gekappt. Die Männer der deutschen Gestapo hätten heute Vormittag in der Kanzlei des Ministerpräsidenten versucht, Graf István Bethlen zu verhaften.[21] Sie hätten mehrere Mitglieder des Oberhauses und des Abgeordnetenhauses, unter ihnen 45 namhafte Persönlichkeiten, verhaftet. Sie hätten den Abgeordneten Andor Zsilinszky,[22] der sich zu verteidigen versucht habe, mit zwei Kugeln verletzt. Sie hätten eine große Zahl von Maschinenpistolen ins Land gebracht und damit auch ihre Vertrauten ausgerüstet, die gesamte Umgebung von Budapest abgeriegelt, und sie erlaubten keinem Juden, die Stadt zu verlassen – unter diesen Umständen möchte und wolle er seine Arbeit auf keinen Fall fortsetzen. Auch in den Provinzstädten nähmen sie [die Deutschen] Geiseln unter den reichen Juden, sie hätten die Betriebe der Hauptstadt besetzt, würden die Margareten-Insel räumen und beabsichtigen, auch alle Schulen zu räumen. Während Generalleutnant Greiffenberg,[23] Militärattaché der deutschen Botschaft in Budapest, gegen diese

19 Siehe z. B. Dok. 119 vom 29.3.1944.

20 Horthy wurde erst am 16.10.1944 zur Abdankung gezwungen, als die Macht nach dem gescheiterten Kriegsaustritt Ungarns von den Pfeilkreuzlern übernommen wurde.

21 Bethlen tauchte im März 1944 unter.

22 Richtig: Endre Bajcsy-Zsilinszky.

23 Hans von Greiffenberg (1893–1951), Offizier; 1932/33 Besuch der Command and General Staff School in Fort Leavenworth; von 1941 an Generalstabschef der 12. Armee, anschließend der Heeresgruppe B, von 1942 an Generalstabschef der Heeresgruppe A, von 1943 an Militärattaché der

Übergriffe Maßnahmen zu ergreifen verspreche, führe die Gestapo selbständig Aktionen durch, die die Souveränität des Landes mit Füßen treten.
Der *hochwürdige Herr Reichverweser* bittet um eine Stellungnahme der Regierung, um diesen willkürlichen Aktionen der deutschen Gestapo, die auch den Vereinbarungen mit dem Führer widersprächen, so schnell wie möglich ein Ende zu setzen. Er sei bereit, den deutschen Militärattaché zu sich zu bestellen und um dessen Intervention zu bitten.
Der *Herr Ministerpräsident* hält es angesichts der Tatsache, dass das Kabinett bereits abgedankt habe, für das Sinnvollste, wenn der Generalstabschef der Honvéd-Armee den deutschen Militärattaché zu sich bitten würde.
Es wäre laut des *Herrn Reichsverwesers* auch notwendig zu klären, wer bei den Deutschen das Kommando innehat. Gleichzeitig plädiert er für eine Erklärung an die Nation. Man müsse unserer unglücklichen Heimat etwas sagen.[24]
Anschließend beendet der Herr Reichsverweser die unter seinem Vorsitz abgehaltene Sitzung des Kronrats.
Datiert wie oben.
Den Inhalt der Sitzung des Kronrats nehme ich hiermit zur Kenntnis.

DOK. 115

Der US-Geheimdienst führt am 22. März 1944 die Anwesenheit von einer Million Juden in Ungarn als einen Grund für die deutsche Besetzung an[1]

Kodiertes und verschlüsseltes Telegramm des Office of Strategic Services Bern an das Office of Strategic Services Washington (Eing. 24.3.1944) vom 22.3.1944

#2548-9
Zur Bearbeitung: Washington
Zur Kenntnisnahme: Algier und London
Das folgende Telegramm des Außenministeriums in Budapest hat 684 nun erreicht. Es scheint dabei zu einer Verzögerung bei der Übertragung gekommen zu sein. Wahrscheinlich handelt es sich um das Kabel vom Sonntag, das in meiner #2537–38 erwähnt wird.[2]
Am 19. März (offenbar vom 18. auf den 19. März) führten die Nazis einen strategisch motivierten Putsch in Ungarn durch. Dieser vollzog sich in Abwesenheit des Regenten,[3]

deutschen Botschaft in Budapest; vom April 1944 an Bevollmächtigter General der deutschen Wehrmacht in Ungarn; nach dem Krieg in US-amerikan. Kriegsgefangenschaft, 1947–1951 Mitarbeiter der Historical Division der US Army.

24 Eine entsprechende Erklärung erfolgte nicht.

1 NARA, RG-226 Office of Strategic Services, Entry A1 134, Fol. 1214. Das Dokument wurde aus dem Englischen übersetzt.

2 Darin wurde nachgefragt, ob das OSS Bern das Telegramm über den „Angriff auf Ungarn" erhalten habe; siehe Anm. 1.

3 Miklós Horthy.

Gheczys,[4] Csatays[5] und Szombathelys,[6] die in Hitlers Hauptquartier gefahren waren, um den Abzug der ungarischen Truppen von der sowjetischen Front zu fordern.[7] Drei Gründe sollen die Deutschen zu diesem Schachzug veranlasst haben: (1) Sie wussten von den laufenden Verhandlungen zwischen den Engländern und der ungarischen Regierung. (2) Man wollte eine Wiederholung der Badoglio-Affäre[8] in Ungarn verhindern. (3) Aus deutscher Sicht erschien die Anwesenheit von knapp einer Million Juden im Rücken ihrer Truppen unerträglich.
Die Regierung ist zurückgetreten. Unter den von den Deutschen Verhafteten sind die Abgeordneten Rassay, Peyer und Bajcsyzsilinszky[9] sowie der Direktor der Nationalbank, Leopold Baranyaiex.[10]

DOK. 116
The New York Times: Erklärung des US-Präsidenten vom 24. März 1944, jeden zur Rechenschaft zu ziehen, der sich an der Ermordung der Juden Ungarns beteiligt[1]

Es folgt der Wortlaut der heutigen Erklärung von Präsident Roosevelt, in der er Unterstützung zur Rettung der Opfer der von den Nazis und Japanern verübten „Gräueltaten" in Aussicht stellt.

Die Vereinten Nationen[2] kämpfen für eine Welt, in der für Tyrannei und Aggressionshandlungen kein Platz mehr ist; für eine Welt, in der Freiheit, Gleichheit und Gerechtigkeit herrschen; für eine Welt, in der alle Menschen, ungeachtet von Rasse, Hautfarbe oder Glauben, in Frieden und Würde leben können.

4 Richtig: Jenő Ghyczy von Ghicz, Assakürt und Ablánczkürt.
5 Vitéz Lajos Csatay von Csataj (1886–1944), Offizier; 1919–1921 Lehrer in der ungar. Militärakademie, 1941/42 Kommandant des IV. Armeekorps, 1943 Kommandant der 3. Ungarischen Armee, 1943 bis Okt. 1944 Verteidigungsminister, nach der Machtübernahme der Pfeilkreuzler verhaftet, nahm sich im Nov. 1944 zusammen mit seiner Ehefrau das Leben.
6 Vitéz Ferenc Szombathelyi.
7 Siehe Dok. 114 vom 19.3.1944.
8 Siehe ebd., Anm. 7.
9 Karoly Rassay; Károly Peyer; richtig: Endre Bajcsy-Zsilinszky.
10 Richtig: Dr. Lipót Baranyai (1894–1970), Jurist, Finanzexperte; von 1920 an Mitarbeiter des Justizministeriums, 1936 Generaldirektor, 1938–1943 Präsident der Nationalbank; im März 1944 verhaftet, im Okt. 1944 freigelassen; 1948 Emigration nach Großbritannien, anschließend in die USA, 1951–1959 Repräsentant der Weltbank, 1959–1970 Berater der Deutschen Bundesbank.

1 The New York Times, Nr. 30 740 vom 25.3.1944, S. 4: Text of the Statement by Roosevelt. Abdruck der Erklärung in deutscher Sprache in: Präsident Roosevelt. Amerika und Deutschland 1936–1945. Auszüge aus Reden und Dokumenten, hrsg. im Auftrag der Regierung der Vereinigten Staaten, o. O. 1948, S. 94–96. Die Tageszeitung The New York Times erscheint seit 1851. Das Dokument wurde aus dem Englischen für die Edition neu übersetzt.
2 26 Staaten der Anti-Hitler-Koalition unterzeichneten am 1.1.1942 die Deklaration der Vereinten Nationen. Sie bekräftigte die Atlantik-Charta vom Aug. 1941, mit der Roosevelt und Churchill gemeinsame Grundsätze ihrer Außenpolitik formuliert hatten.

Inzwischen geht fast überall in Europa und in Teilen Asiens das systematische Foltern und Morden der Zivilbevölkerung – von Männern, Frauen und Kindern – durch die Nazis und Japaner unvermindert weiter. In einem Akt schlimmster Barbarei werden unschuldige Polen, Tschechen, Norweger, Holländer, Dänen, Franzosen, Griechen, Russen, Chinesen, Filipinos und viele andere in den von den Angreifern unterworfenen Gebieten kaltblütig umgebracht, viele verhungern oder erfrieren.

Zitiert Aussagen über Massaker an Gefangenen

Die Blutbäder von Warschau,[3] Lidice,[4] Charkiw[5] sowie Nanking,[6] wo die Japaner nicht nur die Zivilbevölkerung, sondern auch unsere eigenen edelmütigen amerikanischen Soldaten aufs Brutalste quälen und ermorden, sind erschreckende Beispiele dafür, was überall dort, wo Nazis und Japsen die militärische Kontrolle übernommen haben und ungestört ihr Unwesen treiben können, tagein, tagaus, jahrein, jahraus geschieht.
Eines der schlimmsten, stündlich fortgesetzten ungehinderten Verbrechen in der Geschichte der Menschheit ist die planmäßige Tötung aller Juden in Europa. Damit haben die Nazis bereits zu Friedenszeiten begonnen, und sie treiben dies seit Beginn des Kriegs mit enormer Kraft voran. Nach den Ereignissen der vergangenen Tage[7] müssen nun Hunderttausende Juden, die in Ungarn und in den Balkanländern zwar unter Verfolgung gelitten haben, dort aber nicht vom Tode bedroht waren, fürchten ausgelöscht zu werden, weil die Truppen Hitlers noch mehr als zuvor über diese Länder herfallen werden. Sollten diese unschuldigen Menschen, denen es ein Jahrzehnt lang gelungen ist, Hitlers Wüten zu entkommen, just am Vorabend des Siegs über die Unmenschlichkeit – symbolisiert durch ihre Verfolgung –, sterben, wäre das eine große Tragödie.
Deshalb ist es angemessen, dass wir zu diesem Zeitpunkt noch einmal unsere Entschlossenheit zum Ausdruck bringen, dass niemand, der sich an diesen Grausamkeiten beteiligt, ungestraft davonkommen wird. Die Vereinten Nationen haben deutlich gemacht, dass sie die Schuldigen um der Gerechtigkeit willen zur Verantwortung ziehen und ausliefern werden. Diese Warnung richtet sich nicht nur an die [politischen] Führer, sondern auch an alle Funktionäre und Untergebenen in Deutschland und in dessen Satellitenstaaten. Alle, die sich wissentlich an der zum Tod führenden Deportation von Juden nach Polen oder von Norwegern und Franzosen nach Deutschland beteiligen, sind ebenso schuldig wie die Henker. Alle, die einen Teil der Schuld tragen, sollen an der Strafe teilhaben.

3 Bis Juni 1943 wurden über 450 000 Juden aus dem Warschauer Getto ermordet, seit Mitte 1943 häuften sich die Exekutionen von Polen in der poln. Hauptstadt; zum Aufstand im Warschauer Getto vom 19.4. bis 16.5.1943 siehe VEJ 9, S. 45 f., sowie VEJ 9/227, 228, 229, 230, 233 und 243.

4 Im Juni 1942 verübten deutsche Polizeikräfte in Lidice, einer Ortschaft 20 km von Prag entfernt, eine Vergeltungsaktion für das Attentat auf Reinhard Heydrich; siehe VEJ 6, S. 61, sowie VEJ 6/295.

5 In Charkow fand im Dez. 1943 der erste öffentliche Prozess in der Sowjetunion gegen deutsche Kriegsverbrecher statt, bei dem der Mord an weit über 10 000 Menschen verhandelt wurde; siehe VEJ 7, S. 37, und VEJ 7/130, Anm. 7, sowie VEJ 7/134.

6 Nach der Besetzung der chines. Hauptstadt Nanking im Dez. 1937 massakrierten japan. Truppen einen erheblichen Teil der dortigen Bevölkerung. US-amerikan. Kriegsgefangene wurden seit Anfang 1942 ermordet; siehe VEJ 3/22, Anm. 3.

7 Gemeint ist die Besetzung Ungarns durch deutsche Truppen am 19.3.1944.

Hitler begeht diese Verbrechen gegen die Menschlichkeit im Namen des deutschen Volkes. Ich fordere jeden Deutschen und jeden, der unter der Nazi-Herrschaft lebt, dazu auf, der Welt mit seinen Taten zu beweisen, dass er in seinem Herzen diese wahnsinnigen, kriminellen Gelüste nicht teilt. Ich fordere alle dazu auf, die Opfer der Verfolgung zu verstecken, ihnen dabei zu helfen, die Grenzen ihrer Länder zu überqueren, und alles in ihrer Macht Stehende zu tun, sie aus den Händen der Nazi-Schergen zu befreien. Ich fordere sie zugleich dazu auf, wachsam zu sein und Beweismittel zu sichern, mit denen man die Schuldigen eines Tages überführen kann.
Bis dahin und bis zur Stunde unseres Sieges, über den inzwischen keinerlei Zweifel mehr bestehen kann, werden die Vereinigten Staaten beharrlich ihre Anstrengungen verfolgen, die Opfer vor den Gräueltaten der Nazis und Japsen zu retten. Insofern die militärischen Operationen es zulassen, wird die Regierung der USA alle ihr zur Verfügung stehenden Mittel nutzen, um die Flucht aller potentiellen Opfer der japanischen und Nazi-Henker zu ermöglichen – ohne Rücksicht auf Rasse, Religion oder Hautfarbe. Wir rufen die freien Völker Europas und Asiens dazu auf, ihre Grenzen vorübergehend für alle Opfer dieser Unterdrückung zu öffnen. Lasst uns Zufluchtsorte für sie schaffen und die für ihren Unterhalt und ihre Unterstützung erforderlichen Mittel aufbringen, bis der Tyrann aus ihren Heimatländern vertrieben ist und sie in diese zurückkehren können.[8]
Wir rufen alle friedliebenden Menschen im Namen der Menschlichkeit und Gerechtigkeit dazu auf, sich hinter diese gerechte Sache zu stellen.

DOK. 117

Der deutsche Diplomat Gerhart Feine teilt am 28. März 1944 dem Auswärtigen Amt mit, dass seit dem deutschen Einmarsch 3120 Juden festgenommen wurden[1]

Telegramm (Nr. 591) von Feine[2] an das Auswärtige Amt (Eing. 29.3.1944, 00.25 Uhr) vom 28.3.1944[3]

Chef der Sicherheitspolizei und des SD[4] teilt im Tagesbericht für den 28. d. Monats u. a. folgendes mit:
Festnahmeaktion gegen die führenden Mitglieder der jüdisch-liberalen bürgerlichen Kossuth-Partei[5] werde fortgesetzt. Es wurden 5 weitere namhafte Parteimitglieder in Haft genommen.

8 Siehe dazu Dok. 260 vom 8.8.1944.

1 PAAA, R 29793.
2 Gerhart Feine (1894–1959), Jurist; von 1923 an im auswärtigen Dienst, 1938–1941 in Belgrad, 1941 bis 1943 in Serbien tätig, 1943 Generalkonsul, von 1943 an Leiter des Ref. IVb/Südosteuropa; 1944 bis Jan. 1945 Charge d'Affaires in Ungarn; 1945/46 interniert, 1949–1953 Präsident der Landesjustizverwaltung in Bremen, 1956/58 Gesandter im Europarat, 1958/59 Botschafter in Dänemark.
3 Im Original Verteilerliste.
4 Hans-Ulrich Geschke (*1907), Jurist; 1935–1938 Leiter der Stapostelle in Kiel und Saarbrücken, bis 1942 Leiter der Gestapo Prag, 1942 Inspekteur der Sicherheitspolizei und des SD in Posen, von 1944 an BdS in Budapest; nach 1945 untergetaucht, 1959 für tot erklärt.
5 Die konservative Unabhängige 1848er- und Kossuth-Partei wurde 1922 gegründet. Bis 1939 war sie mit einem Abgeordneten im Parlament vertreten.

Der Reichstagsabgeordnete und ehemalige Vorsitzende der sozialdemokratischen Partei Peyer[6] wurde festgenommen. Festnahme ist auch deshalb von besonderer Bedeutung, weil Peyer Verbindungsmann zur Gewerkschaftsinternationale war. Gesamtzahl der festgenommenen Juden 3120. Von den neu festgenommenen Juden ist der jüdische Rechtsanwalt Reizmann zu erwähnen, der in engen Beziehungen zu dem Leiter der Abteilung für Staatssicherheit im Innenministerium General Ujszaszy gestanden und für diesen als Agent gearbeitet haben soll.[7] Im Zuge von Ermittlungen gegen eine Gruppe von Juden, die im Begriffe waren, ihr Vermögen zu verschieben, wurde bei einem Angestellten der Rüstungsfirma Manfréd Weiss, dem Ungarn Dr. Karl Wiczian, eine Durchsuchung vorgenommen, bei der ein leichter Minenwerfer und 3 Gewehre vorgefunden wurden.
Am 27.3. wurden auf unbestimmte Zeit die unter staatlicher Kontrolle stehenden Leihhäuser geschlossen. Auf diese Weise wird den Juden ein Verschieben von Wertgegenständen außerordentlich erschwert.
Der als flüchtig gemeldete polnische Emigrant und Großgrundbesitzer von Jankowsky konnte inzwischen festgenommen werden.
Schluss des Polizeiberichtes.

DOK. 118
Die 13-jährige Erzsébet Fóti berichtet am 29. März 1944 in ihrem Tagebuch über den Einmarsch der Deutschen[1]

Tagebuch von Erzsébet Fóti,[2] Eintrag vom 29.3.1944 (Abschrift)[3]

Mittwoch, 29. März 1944
Ich habe schon sehr lange Zeit nicht mehr geschrieben. Seither ist viel passiert. Die Deutschen sind gekommen. Heute wurde auch aus dem Geschäft das Telefon geholt, die Radios müssen auch abgeliefert werden, aber Vati hat sie überlistet, weil er einen Empfänger nur für Budapest gekauft und diesen abgeliefert hat, während wir den anderen versteckt haben, Vati hört insgeheim den englischen Sender. In der Schule fehlen sehr viele. Die Familie von Zsuzsi Rónai hat sich auf ihren Landsitz zurückgezogen, sie sagen, dort sei es sicherer. Wir hatten gerade eine Luftschutzübung, ich spielte die

6 Der sozialdemokratische Politiker Károly Peyer wurde bereits am 19.3.1944 verhaftet und nach Mauthausen deportiert.
7 Richtig: István Ujszászy (1894–1948?), Offizier; 1942–1944 Leiter der Staatssicherheitszentrale; im April 1944 verhaftet; 1945–1948 in der Sowjetunion bzw. in Ungarn interniert. Ujszászy war an den Waffenstillstandsverhandlungen mit den alliierten Mächten vor der deutschen Besetzung Ungarns beteiligt und unterhielt Verbindungen zum US-Geheimdienst.

1 HDKE, 2011.50.1. Das handschriftl. Original befindet sich in Privatbesitz. Das Dokument wurde aus dem Ungarischen übersetzt.
2 Erzsébet Fóti (*1930), mit Beginn der Gettoisierung in Budapest lebte sie in einem „Judenhaus", später wurde sie im Kloster Sacré Coeur untergebracht, Ende Dez. 1944 Umzug in ein geschütztes Haus, überlebte den Krieg im Großen Getto in Budapest.
3 Die Übersetzung basiert auf der Abschrift des Tagebuchs.

Verletzte und habe auch bei der Eimerkette geholfen. Der Luftschutzbeauftragte hat mich gelobt, obwohl ich nur eine Jüdin bin und er dies auch weiß. Man mag uns hier im Haus, obwohl die Juden jetzt überall vertrieben und gehasst werden. Warum? Gerade fällt mir ein, dass man mich nach der vierten Klasse mit ausgezeichnetem Zeugnis nicht ins Mária-Terézia-Gymnasium aufgenommen hat, weil ich Jüdin bin. Ich habe das damals nicht verstanden. Deshalb bin ich auf das Jüdische Gymnasium gegangen. Mutti hat sich darüber gefreut und einen Brief an den Opa geschrieben. Opa und Oma sind tief religiös, auch Mutti, sie geht in die Synagoge in der Rumbach-Straße, weil dort am Sabbath keine Orgel spielt. Vati geht in die Synagoge in der Dohány-Straße, sein Name steht sogar auf seiner Sitzbank.[4] Mir gefällt es in der Dohány-Straße besser. Mit der Schule gehen wir samstags in die Hollán-Straße[5] zum Gottesdienst. In der letzten Zeit bin ich oft traurig, Vati sagt immer, dass wir keine Pläne [mehr] für die Zukunft schmieden sollten. Es wäre vielleicht besser, noch ein Kleinkind zu sein; vielleicht habe ich deshalb [auch] insgeheim, damit man mich nicht auslacht, zwei meiner Lieblingspuppen in mein Luftschutzgepäck gegeben.

DOK. 119
Ministerpräsident Döme Sztójay informiert am 29. März 1944 den Ministerrat, dass Miklós Horthy der Regierung freie Hand bei der Verabschiedung antijüdischer Gesetze lässt[1]

Auszug aus dem Ministerratsprotokoll (Punkt 66) vom 29.3.1944

Der Herr Minister der Justiz[2] weist darauf hin, dass unter den vorangegangenen Regierungen bislang alle Regierungsverordnungen des Ministerpräsidenten, die im Vorfeld oder nachträglich dem Ausschuss 42[3] bzw. 46[4] überstellt wurden, zur vorangehenden Zustimmung dem hochwohlgeborenen Herrn Reichsverweser vorzulegen waren. Welche Stellung bezieht die Regierung hierzu?

4 In der Rumbach-Straße hatte die „Status quo ante"-Gemeinde ihre Synagoge. Die Synagoge in der Dohány-Straße gehört zur neologen Gemeinde; siehe auch Einleitung, S. 18 f.

5 Dort befand sich ein jüdisches Kulturinstitut.

1 MNL OL, K 27 (1944.03.29), 127R f. Abdruck in: Ilona Benoschofsky/Elek Karsai (Hrsg.), Vádirat a Nácizmus ellen: Dokumentumok a Magyarországi Zsidóüldözés Történetéhez, Bd. 1: 1944 március 19–1944 május 15, Budapest 1958, S. 50 f. Das Dokument wurde aus dem Ungarischen übersetzt.

2 Dr. István Antal (1896–1975), Jurist; 1932–1935 Leiter der Presseabt. des Ministerpräsidenten, 1935–1944 Parlamentsabgeordneter, 1935/36 und 1938–1942 StS im Justizministerium, 1942 bis 1944 Minister ohne Portefeuille; nach der deutschen Besetzung Justizminister; 1946 vom ungar. Volksgericht zum Tode verurteilt, zu lebenslanger Haft begnadigt, 1960 aus dem Gefängnis entlassen.

3 Der Ausschuss 42 bestand aus Mitgliedern des Abgeordnetenhauses und des Oberhauses und kontrollierte und beriet das Parlament und die Regierung.

4 Gemeint ist der Ausschuss 36, der aus Mitgliedern des Abgeordnetenhauses und des Oberhauses bestand und jene Verordnungen begutachtete, die auf Grundlage der außerordentlichen Vollmacht verabschiedet wurden.

Dem *Herrn Ministerpräsidenten* zufolge lasse der hochwohlgeborene Herr Reichsverweser der unter seiner Führung stehenden Regierung hinsichtlich aller Judenverordnungen freie Hand und wolle in dieser Hinsicht keinen Einfluss nehmen.
Dies wird zur Kenntnis genommen.

DOK. 120
Die ungarische Regierung ordnet am 29. März 1944 die Kennzeichnung aller Juden ab sechs Jahren mit einem gelben Stern an[1]

Verordnung 1.240/1944 M. E. über ein Unterscheidungszeichen der Juden aus dem Budapesti Közlöny[2] vom 31.3.1944 (in der übersetzten Ausgabe des AA)

Auf Grund der Ermächtigung in §141, Abs. (2) und in §212 des Gesetzartikels II von 1939 über die Landesverteidigung[3] verordnet die Königl. Ungar. Regierung wie folgt:
§1
(1) Beginnend mit dem Inkrafttreten dieser Verordnung ist jede jüdische Person, die das 6. Lebensjahr vollendet hat, ohne Rücksicht auf das Geschlecht, verpflichtet, außerhalb des Hauses auf dem linken Brustteil des äußeren Bekleidungsstückes gut sichtbar einen sechszackigen Stern im Durchmesser von 10 x 10 cm aus Tuch-, Seiden- oder Samtstoff zu tragen.
(2) Das im vorangehenden Absatz erwähnte Unterscheidungszeichen ist auf eine nicht leicht entfernbare Art durch Aufnähen zu befestigen.
§2
Zur Feststellung, wer vom Standpunkt der Durchführung dieser Verordnung als Nichtjude und wer als Jude gilt, sind die Bestimmungen der §§ 9 und 16 des Gesetzesartikels XV von 1941[4] richtunggebend mit der Maßgabe, daß als Nichtjude auch eine Person gilt, die nach Abstammung und Konfession der Bestimmung des letzten Absatzes des genannten Paragraphen entspricht, vorausgesetzt, daß und solang sie nicht die Ehe mit einem Juden oder einem Nichtjuden schließt, dessen ein oder zwei Großelternteile als Angehörige der israelischen Konfession geboren sind.
§3
Die Bestimmung des § 1 dieser Verordnung gilt nicht für einen Juden, der für tapferes Verhalten vor dem Feinde im Kriege von 1914–1918 die goldene oder wenigstens zweimal die silberne Tapferkeitsmedaille I. Klasse oder als Offizier den Orden der Eisernen Krone III. Klasse mit den Schwertern oder eine höhere Auszeichnung gleichfalls mit Schwertern oder als Stabsoffizier eine höhere Auszeichnung als die Eiserne Krone III.

1 PAAA, R 99449. Abdruck des ungar. Originals in: Budapesti Közlöny, Nr. 73 vom 31.3.1944, S. 3. Teilweise abgedruckt in engl. Übersetzung in: Vági/Csősz/Kádár, The Holocaust in Hungary (wie Dok. 29 vom 5.5.1939, Anm. 1). S. 73 f.

2 Der Budapesti Közlöny (Budapester Amtsblatt) war 1867–1944 das offizielle Blatt der ungar. Regierung, in dem u. a. die Regierungsverordnungen erschienen.

3 §141 Abs. 2 des Gesetzes 1939:II besagte, dass das Ministerium bei Kriegsgefahr berechtigt sei, Maßnahmen zu ergreifen, die im Widerspruch zu geltenden Gesetzen stehen. §212 regelte das Strafmaß bei gesetzlichen Übertretungen.

4 Siehe Dok. 51 vom 2.8.1941.

Kl. mit den Schwertern erhalten hat oder der zu wenigstens 75 v. H. Kriegsinvalide ist, schließlich auf denjenigen nicht, der unter die Ausnahme des Gesetzesartikels IV von 1939, §2, 1. Abs., Ziff. 6,[5] der Verordnung Nr. 7.720/1939 M. E. §66,[6] der Verordnung Nr. 2.220/1941 M. E., §3[7] oder der Verordnung Nr. 8.550/1941 M. E. §2[8] fällt.

§4

(1) Soweit die Handlung nicht unter eine schwere Strafbestimmung fällt, begeht ein Vergehen und wird mit Haft bis zu zwei, in Kriegszeiten bis zu sechs Monaten bestraft, wer der Bestimmung des §1 dieser Verordnung nicht Folge leistet.

(2) Hinsichtlich der Geldstrafe gelten die Bestimmungen des Gesetzesartikels X von 1928 mit der Abweichung, daß sich der Höchstbetrag der Geldstrafe bis zu dem §212, Abs (1)/ des Gesetzartikels II von 1939[9] festgesetzten Ausmaß erstreckt; hinsichtlich der Umwandlung der Geldstrafe ist die Bestimmung des Abs. (4) des erwähnten Paragraphen[10] anzuwenden.

(3) Das Verfahren wegen des im Absatz (1) umschriebenen Vergehens fällt in den Wirkungskreis der Verwaltungsbehörde, im Amtsbezirk der Polizei in den Wirkungskreis der K. Ungarischen Polizei als Polizeistrafgerichtsbehörde. In dritter Instanz entscheidet der Innenminister.

§5

Diese Verordnung tritt am 5. April 1944 in Kraft. Mit ihrer Durchführung ist der Innenminister betraut.

Budapest, den 29. März 1944.

(gez.): Döme Sztójay

Kgl. Ung. Ministerpräsident

5 Siehe Dok. 29 vom 5.5.1939.

6 VO 7.720/1939 M. E. regelte die Durchführung des sog. Zweiten Judengesetzes. Nach §66 sollten u. a. Personen vom Gesetz ausgenommen werden, die in den annektierten Gebieten vor der Eingliederung in Ungarn ihre Freiheit oder Gesundheit durch ungarntreues Verhalten gefährdet hatten, sowie deren Ehepartner und Kinder.

7 VO 2.220/1941 M. E. regelte die Anwendung des sog. Zweiten Judengesetzes in den annektierten östlichen und siebenbürg. Gebieten. §3 bestimmte den Kreis der vom Gesetz ausgenommenen Personen.

8 VO 8.550/1941 M. E. betraf die annektierten jugoslaw. Gebiete und entsprach inhaltlich der VO 2.220/1941 M. E.

9 8000 Pengő.

10 §212 Abs. 1 des Gesetzes 1939:II besagte, dass die Geldstrafe in eine Haftstrafe von max. sechs Monaten umgewandelt werden könne. Bei wiederholten Verstößen gegen die Bestimmungen war eine Haftstrafe von einem Jahr vorgesehen.

DOK. 121

Der Oberstuhlrichter des Komitats Hajdú verbietet am 31. März 1944 die ungeregelte Aneignung jüdischen Eigentums[1]

Schreiben (streng vertraulich) des Oberstuhlrichters des Zentralbezirks des Komitats Hajdú, Debrecen, gez. Dr. Ethey,[2] an den leitenden Notar, Egyek, vom 31.3.1944[3]

Betr.: Inanspruchnahme jüdischer Geschäfte und die Verwahrung der Warenbestände

An den leitenden Notar! Auf Grundlage der Verordnung 38.781/1944[4] des kgl. ungar. Handels- und Verkehrsministers[5] ordne ich die Einhaltung folgender Bestimmungen an:
In Zusammenhang mit der Inanspruchnahme jüdischer Geschäfte haben einige Behörden mancherorts unterschiedliche Maßnahmen ergriffen.[6] Bevor keine einheitlichen Verordnungen verabschiedet worden sind, können derartige Maßnahmen zukünftig selbst in dringenden Fällen nur dann getroffen werden, wenn sie zuvor fernmündlich angezeigt worden sind und das kgl. ungar. Handels- und Verkehrsministerium seine Zustimmung erteilt hat.
Falls die Verwahrung des Warenbestands jüdischer Geschäfte aus irgendwelchen Gründen nicht möglich ist, müssen Bestände durch die Sperrung und Versiegelung der Geschäfte gesichert werden. Weitere Maßnahmen wie die Inventarisierung oder die Verwendung der Waren dürfen nicht getroffen werden.
Sollte die Gefahr bestehen, dass die entsprechenden Waren verschwinden, möchte ich nach Empfang dieser Anweisung unmittelbar davon in Kenntnis gesetzt werden, um die Absperrung der Geschäftslokale und deren Versiegelung vornehmen zu lassen und dem Minister für Handel und Verkehr Bericht erstatten zu können.

1 MNL HBML, V.623/c Egyek község közigazgatási iratok 1944., 1. csomó, 1888/1944. Das Dokument wurde aus dem Ungarischen übersetzt.
2 Dr. László Ethey (*1883), Jurist; von 1913 an Stuhlrichter in Hajdúszoboszló, von 1915 an stellv. Oberstuhlrichter in Hajdúböszörmény, von 1923 an Obernotar, von 1924 an Oberstuhlrichter des Zentralbezirks im Komitat Hajdú; kehrte 1946 aus dem Westen nach Ungarn zurück.
3 Im Original Eingangsstempel der Gemeinde Egyek vom 3.4.1944 und handschriftl. Vermerk: „Der Inhalt wurde zur Kenntnis genommen; Archiv. Egyek, 6. April 1944".
4 Diese VO erschien am 29.3.1944 und besagte, dass jüdische Geschäfte abzuschließen und zu versiegeln seien, wenn die Erhaltung von deren Vorräten nicht garantiert werden könne; siehe MNL CSML, 4510/1944.
5 Antal Kunder (1900–1968), März bis Aug. 1944 Minister für Handel und Verkehr.
6 Die Enteignung von Personen jüdischer Abstammung wurde erst zwei Wochen später mit einer VO geregelt; siehe Dok. 135 vom 14.4.1944.

DOK. 122
Esti Újság: Interview mit dem künftigen Staatssekretär László Endre vom 31. März 1944 über die „Lösung der Judenfrage" in Ungarn[1]

Vitéz László Endre:
Der ungarische Rassenschutz fordert die vollständige Entfernung des Judentums aus dem ungarischen Leben
Erklärung zur Durchführung der Judenverordnungen

Unmittelbar nach Erscheinen der Verordnungen, die von größter Bedeutung und Tragweite sind,[2] haben wir Vitéz László Endre, Vizegespan des Komitats Pest, auf seinem neuen Posten im Innenministerium aufgesucht,[3] um ihm in den Tagen, da die beinahe 25 Jahre alte Idee des Rassenschutzes Wirklichkeit wird, die Möglichkeit zu geben, den Lesern der Esti Újsag eine Botschaft zu übermitteln.
Vitéz László Endre hat an der Seite des neuen Innenministers[4] das Amt des Staatssekretärs für administrative Aufgaben inne. Seiner Kontrolle unterliegen alle Angelegenheiten auf der Ebene der Komitate, Städte und Gemeinden sowie die Durchführung aller Maßnahmen hinsichtlich der Judenfrage.
Wir notieren im Amt des administrativen Staatssekretariats die schnellen, entschiedenen Sätze von Vitéz László Endre. Bis vor kurzem spukten in diesen Räumen unheimliche Schatten und begannen, sich heimisch zu fühlen.[5] Dies wurde von der ungarischen nationalen Gesellschaft mit berechtigter Besorgnis verfolgt. Der junge und energische Vizegespan des Komitats Pest – dem Geist des Ministeriums von Jaross treu – hat hier endlich erneut den reinen ungarischen Geist und die Atmosphäre eingeführt, die einer der ersten und wichtigsten Institutionen des Landes würdig sind.

Die Umsetzung der Maßnahmen wird nicht von Hass und Unbarmherzigkeit bestimmt

Eingangs fragen wir ihn, ob mit den erlassenen Verordnungen die Maßregelungen ein Ende nähmen oder weitere Maßnahmen zu erwarten seien.
Die bisherigen Verordnungen der Regierung – so Vitéz László Endre – seien lediglich der Anfang einer Reihe von Maßnahmen, die bald zur endgültigen Regelung der Judenfrage in Ungarn führen sollen. Es sei das erklärte Ziel der Regierung, dass diese Frage, entgegen der bisherigen Günstlingswirtschaft mit ihren Ausflüchten und Zugeständnissen, endlich auf Grundlage eines einheitlichen Plans abschließend geregelt wird. Die Erfahrungen hätten gezeigt, dass die Zeit der Experimente und Scheinlösungen vorbei

1 Esti Újság, Nr. 73 vom 31.3.1944, S. 1: A magyar fajvédelem parancsolja a zsidóság teljes kikapcsolását a magyar életből. Das Dokument wurde aus dem Ungarischen übersetzt.
2 Bereits wenige Tage nach dem deutschen Einmarsch wurden radikale antijüdische Maßnahmen verabschiedet, so etwa eine VO, die die Kennzeichnung der Juden mit einem gelben Stern vom sechsten Lebensjahr an regelte; siehe Dok. 120 vom 29.3.1944.
3 László Endre wurde offiziell erst im April 1944 zum Staatssekretär ernannt.
4 Andor Jaross.
5 Vermutlich spielt der Autor hier auf die gemäßigtere Politik der Regierung Kállay gegenüber liberalen Kräften an.

sei und dass man im Interesse der Nation heute in jeder Hinsicht schnelle und schlüssige Entscheidungen benötige.

Viele nehmen an – bemerken wir –, dass die Regelung der Judenfrage in Zusammenhang mit der militärischen Lage und der immer näher rückenden roten Gefahr[6] *stehe.*

Es sei eine vollkommen falsche und durchsichtige Behauptung – erwidert Vitéz László Endre entschieden –, dass die Judenfrage hierzulande bloß als Ergebnis der weltpolitischen Situation neu aufgeworfen worden sei. Die Regelung der Judenfrage werde seit beinahe 25 Jahren, in erster Linie von den ungarischen Rasseschützern und von der Gesamtheit der rassenschützerischen ungarischen Gesellschaft, vorangetrieben. Der ungarische Antisemitismus sei keineswegs nur eine politische Mode, Kopie oder Nachahmung heute aktueller politischer Richtlinien und Prinzipien. Das Ungartum spüre nicht erst seit ein oder zwei Jahren, sondern seit Jahrzehnten – sozusagen als Erstes [Land] in Europa – am eigenen Leib, welche verhängnisvolle Gefahr der immer größer werdende, überhandnehmende jüdische Einfluss darstelle. Während unseres seit Jahrzehnten andauernden Kampfes, in dem die um ihr Ungartum bangende nationale Gemeinschaft mit allen Formen des Antisemitismus experimentiert und zunächst sogar mildere Lösungen erwogen hat, habe sich allmählich das Bewusstsein herauskristallisiert, dass für beide Parteien nur eine radikale Lösung eine befriedigende und endgültige Lösung bringen könne.

Wir erinnern ihn an die Tage der berühmten Universitätsdemonstrationen in den zwanziger Jahren[7] *und Vitéz László Endre hakt ein:*

Einzelne Aktionen und die Schaffung von „Märtyrern" richteten nur Schaden an

Ausgerechnet in dieser Zeit haben wir lernen müssen – entgegnet er –, dass uns der sogenannte „romantische" Antisemitismus, die Einzelaktionen und die Schaffung von „Märtyrern" nur Schaden zugefügt haben und eine geschickte jüdische Propaganda dies in erster Linie gegen uns, die „barbarischen und unmenschlichen" Ungarn, habe richten können.

Wir verlautbaren heute nicht, dass jemand nur wegen seiner jüdischen Rasse verprügelt werden soll oder man ihn als Person verfolgen müsse. Unsere unnachgiebige Überzeugung könne man so zusammenfassen, dass das Judentum ein in den Augen der ungarischen Rasse sowohl moralisch als auch geistig und physisch unerwünschtes Element sei. Dieser Erkenntnis folgend müsse man nach einer Lösung suchen, die das Judentum aus dem Leben der Ungarn vollständig ausschalte und verdränge.

Die Umsetzung der neuen Verordnungen werde nicht von Hass und Unbarmherzigkeit geleitet und unser Ziel besteht auch nicht darin, das einzelne Individuum zu demütigen. Die Kennzeichnung werde nicht in der Absicht eingeführt, jemanden zu beleidigen oder zu schmähen, und sei nicht als Demütigung oder Stigmatisierung aufzufassen. Die Markierung sei in erster Linie ein Mittel zu unserem Selbstschutz – denn gerade die Ereignisse der vergangenen Monate hätten unsere Behauptungen am besten belegt, dass der

6 Gemeint ist der Vormarsch sowjet. Truppen.

7 Zu den Attacken der Kameradschaftsverbände gegen jüdische Studierende siehe Einleitung, S. 24.

unkontrollierte jüdische Geist des Aufruhrs und sein Einfluss auf leichtgläubige ungarische Kreise enorme Verheerungen anrichten können.
Wir stellen ihm auch die Frage, worin er die Ursache für die Wirkungslosigkeit der bereits verabschiedeten Judengesetze[8] *sehe und warum es neue Gesetze brauche.*

Der jüdische Geist kam in den vergangenen Jahren immer hemmungsloser zum Vorschein

Es gebe kaum einen Ungarn, erwidert Vitéz László Endre, der sich nicht daran erinnern würde, wie verängstigt die ungarischen Juden seinerzeit die ersten Maßnahmen aufgenommen und zu wie vielen Hilfsmitteln sie gegriffen hätten, um bei den als zu streng empfundenen Verordnungen Milderungen zu erwirken. Das gutgläubige Ungartum hätte aufgrund seiner Menschlichkeit zu Zugeständnissen geneigt und Ausnahmen akzeptiert. Nach ihrem Schock, der einige Monate anhielt, war alles wieder wie vorher, und das nur scheinbar in den Hintergrund getretene Judentum konnte seine Wühlarbeit im Schatten der nur dem Schein nach rechts eingestellten, aber doch schwachen und korrumpierbaren Ungarn ungestört fortsetzen.
Wir sollten uns nur in Erinnerung rufen, welche gnadenlose Hetze aus der Feder christlicher Söldlinge gegen jene betrieben worden sei, die jemals den Gedanken des Rassenschutzes verteidigt hätten! Trotz der Bestimmungen der Judengesetze wisse man, dass heute noch immer dieselben Personen schreiben, redigieren, Geschäfte abschließen und [Firmen] leiten wie zuvor. Der jüdische Geist sei im vergangenen Jahr immer hemmungsloser und unverhohlener zutage getreten. Es sei schon so weit gekommen, dass, als die Polizei Razzien durchgeführt habe, um die in erschreckend hoher Zahl ins Land eingesickerten Juden ohne Staatsangehörigkeit aufzuspüren, das Judentum sogar über mehrere Tage die christlichen Vergnügungsstätten boykottiert habe. Auch bei denjenigen, die sich der Verbrechen des Schwarzhandels, der Preistreiberei und Schieberei schuldig gemacht hätten, habe es sich fast ausnahmslos um Juden gehandelt. Als die deutschen Truppen im Osten ihren geordneten Rückzug eingeleitet hätten, habe diese Aufwiegelung ihren Höhepunkt erreicht. Mit seinem seiner Rasse nach so typischen blinden Selbstbewusstsein und seinem Hass habe das Judentum das Gefühl, dass der Augenblick gekommen sei, seine Maske abzuwerfen.
In einer Zeit, in der sich das Land auf seine schwerste Epoche vorbereitet habe, hätten sich die Juden Ungarns endgültig und gänzlich von der Nation abgekapselt. Ihr Protzen und Prassen, ihr offenes, kaum verleugnetes Mitgefühl mit unseren Feinden und ihre Beziehungen zu ihnen haben solche Ausmaße angenommen, dass die von der Front aus schweren Kämpfen zurückkehrenden ungarischen Soldaten, wie schon einmal 1918, angeekelt und enttäuscht [waren und] das Gefühl hatten, einer fremden Welt zu begegnen.

Jedes Handlungsmotiv muss sich an den Interessen des Ungartums orientieren

Die hiesige Öffentlichkeit habe erstarrt und gebannt immer mehr auf die lauthals und mit viel Geld angekündigte, listige jüdische Zersetzung geblickt. Als die ungarländische

8 Siehe u. a. Dok. 14 vom 29.5.1938, Dok. 29 vom 5.5.1939 sowie Dok. 51 vom 2.8.1941.

Volksfront sich auf Bestreben der Juden hin zusammenfand und zuletzt nicht einmal vor einer offenen Stellungnahme zurückschreckte, empfand das seiner Rasse verpflichtete Ungartum, dass die Stunde der endgültigen verdienten Abrechnung gekommen sei! In ihrer zügellosen Gier, ihrer Geschmacklosigkeit und Verblendung forderten die Juden das Schicksal gegen sich selbst heraus …

Wir erwähnen, dass die Antisemiten von den Juden der Unmenschlichkeit und Grausamkeit bezichtigt werden.

Für einen Ungarn – Vitéz László Endre hebt die Stimme – sei immer maßgebend, was den Interessen des Ungartums diene. Im Interesse des Ungartums liege in erster Linie und zweifelsfrei die geistige und physische Entjudung des Landes, und diese werde auch auf alle Fälle durchgeführt werden. Den Ungarn, die über ein menschliches Verständnis hinaus das Judentum in Schutz nehmen, möchte ich nur eine einzige Frage stellen: Zeigte das Judentum irgendeine Regung, als unsere akademisch gebildeten Ungarn in den ersten erbärmlichen Jahren nach Trianon[9] nächtelang mit löchrigen Schuhen für ein paar Groschen Schnee schaufelten? Hat man jemals davon gehört, dass wohlhabende Juden Bauern in ihrem verhängnisvollen Elend an der Auswanderung gehindert hätten? Jedes Volk ist nur so viel wert, wie es sich selbst, seine Rasse schätzt und bewertet. Wir wollen, dass das gesamte Ungartum diesen gesunden und wünschenswerten Selbstschutz endlich lernt …

tz.

DOK. 123

Ein Frontkämpfer beschwert sich am 1. April 1944 beim Innenminister, dass seine konvertierte Frau aufgrund der antijüdischen Bestimmungen die Familie nicht mehr versorgen kann[1]

Schreiben eines anonymen Frontkämpfers, Budapest, an Innenminister Andor Jaross[2] vom 1. 4. 1944

Herr Innenminister!

Durch die von Ihnen veranlasste Kennzeichnung mit dem gelben Stern geriet ein auf eine 350-jährige Tradition vertrauender, zutiefst christlicher Frontsoldat, der sich derzeit verletzt in Budapest befindet, in folgende Situation.

Vor 18 Jahren ehelichte ich die Tochter einer getauften Kriegswitwe, deren Ehemann auf der Anhöhe von Doberdò gefallen ist.[3] Die Tochter der Kriegswitwe trat 1917 zum christlichen Glauben über. Aus dieser [unserer] Ehe entstammen vier Kinder – das älteste ist derzeit 15 Jahre alt, das jüngste sieben. Da ich seit 1939 nahezu ständig im Militäreinsatz bin, arbeiten sowohl meine Frau als auch meine Schwiegermutter, eine

9 Anspielung auf die akademische Arbeitslosigkeit nach dem Friedensvertrag von Trianon.

1 MZSML, D 5/6, 1. dosszié. Das Dokument wurde aus dem Ungarischen übersetzt.

2 Vitéz Andor Jaross (1896–1946), Politiker; von 1935 an Mitglied des tschechoslowak. Parlaments, 1938–1940 Minister ohne Geschäftsbereich, 1940 Mitbegründer der Partei der ungarischen Erneuerung; März bis Aug. 1944 Innenminister; vom ungar. Volksgericht zum Tode verurteilt und hingerichtet.

3 Anhöhe in Nordostitalien. Grenze, zwischen 1915 und 1917 Schauplatz blutiger Schlachten.

Kriegswitwe, um das tägliche Brot für meine kleine Familie zu sichern. Ich möchte anmerken, dass meine Kinder die bestmögliche christlich-katholische Erziehung genießen. Nun, da Sie wirksam zum 5. April die Verordnung hinsichtlich des Tragens des Sterns erlassen haben,[4] müssen meine Schwiegermutter und meine seit ihrer frühen Kindheit christlich lebende Frau ebenfalls den Judenstern tragen, was es ihnen unmöglich macht, für den Lebensunterhalt meiner Kinder zu sorgen. Da ich in drei Tagen zu meiner Einheit an der russischen Front zurückkehre, kann ich nicht selbst für meine Familie sorgen. Herr Minister! Denken Sie bitte nach! Ist das recht? Das hatten Sie doch sicher nicht bedacht! Ich ersuche Sie im Namen mehrerer Tausend Leidensgenossen, diese Verordnung dahingehend zu verändern, dass Frauen, deren Männer an der Front kämpfen, nicht gezwungen werden, den gelben Stern zu tragen. Es wäre ebenso angebracht, Kriegswitwen aus der Verordnung auszunehmen.
In Erwartung Ihres raschen Handelns verbleibe ich im Namen vieler Tausend Leidensgenossen
Ihr zwei Mal an der Front verwundeter Honvéd

DOK. 124
Der Reichsbevollmächtigte in Ungarn, Edmund Veesenmayer, schlägt am 3. April 1944 vor, für jeden bei Luftangriffen getöteten christlichen Ungarn zehn Juden hinrichten zu lassen[1]

Telegramm (Nr. 65 – citissime!)[2] von Veesenmayer, Budapest, an den Reichsaußenminister[3] vom 3.4.1944

Für Herrn Reichsaußenminister über Botschafter Ritter[4]
Die Reaktion der Budapester Bevölkerung auf die beiden Luftangriffe[5] führte in breiten Kreisen zu einer Verstärkung der antijüdischen Einstellung. Es wurden gestern auch Flugzettel verbreitet, in denen für jeden getöteten Ungarn das Leben von 100 Juden gefordert wird. Wenn dies auch praktisch nicht durchführbar ist, da wir dann mindestens 30 000 bis 40 000 Juden erschießen müßten, so liegt in dem Grundsatz der Vergeltung eine wirksame Propagandamöglichkeit, je nachdem auch eine abschreckende Wirkung. Ich hätte keine Bedenken, bei nächstem Angriff für jeden getöteten Ungarn zehn passende Juden erschießen zu lassen. Ich habe auch auf Grund einer Rücksprache gestern abend mit den Ministern Ratz und Kunder[6] den Eindruck, daß die Regierung eine solche Maßnahme von sich aus durchzuführen bereit sein dürfte. Andererseits muß eine

4 Siehe Dok. 120 vom 29.3.1944.

1 PAAA, R 29793. Abdruck als Faksimile in: Braham (Hrsg.), The Destruction of Hungarian Jewry (wie Dok. 76 vom 25.9.1942, Anm. 1), Dok. 131, S. 334.
2 Lat.: Sehr eilig!
3 Joachim von Ribbentrop.
4 Karl Ritter (1883–1968), Jurist; von 1911 an im Reichskolonialamt tätig; von 1922 an im AA, 1924 Ministerialdirigent, 1937/38 Botschafter in Brasilien, 1939 Botschafter z.b.V., in dieser Funktion Verbindungsmann zum OKW; im Wilhelmstraßen-Prozess zu vier Jahren Haft verurteilt.
5 Die US-amerikan. Luftwaffe bombardierte Budapest erstmals am 3.4.1944.
6 Antal Kunder.

einmal eingeleitete derartige Aktion dann auch konsequent durchgeführt werden. In Berücksichtigung der von Herrn Reichsaußenminister dem Führer nahegebrachten Vorschläge bezüglich eines Angebots aller Juden als Geschenk an Roosevelt und Churchill[7] bitte ich um Unterrichtung, ob diese Idee weiter verfolgt wird oder ob ich mit derartigen Vergeltungsmaßnahmen nach dem nächsten Angriff beginnen kann.[8]

DOK. 125
Gizella Schillinger erkundigt sich beim reformierten Bischof László Ravasz am 4. April 1944, ob sie die Ostermesse trotz Kennzeichnung mit dem gelben Stern besuchen darf[1]

Handschriftl. Brief von Frau János Csuka,[2] III., Budapest, Csatárka-Straße 3, an den reformierten Bischof László Ravasz vom 4.4.1944

Hochwohlgeborener Herr Bischof!
Wir erwarten die Karwoche und Ostern, die Zeit also, da Jesus die Welt erlöst hat … Der Mensch sehnt sich nach Einkehr und danach, in die Tempel zu gehen, um das Abendmahl zu empfangen.
Bitte sagen Sie mir, ob ich mit dem gelben Stern, dem jüdischen Zeichen, in die reformierte Kirche zum Beten kommen darf. Werden sie mich dort nicht ausweisen oder bespucken? Vor 25 Jahren konvertierte ich zum reformierten Glauben. Seither besuche ich den Gottesdienst, zahle regelmäßig meine Steuer und hatte weder mit dem Gesetz noch mit den Menschen Probleme. Bislang konnte ich, wenn ich unter etwas litt, zumindest in die Kirche gehen, und kam erleichtert nach Hause. Meine ganze Familie konvertierte vor langer Zeit. Bis zum zuletzt [eingeführten] [Juden]Gesetz[3] ging ich davon aus, dass ich nicht als Jüdin gelten würde. Schließlich ist mein Ehemann[4] seit seiner Geburt ein Christ, samt seiner ganzen Familie. Wir haben unsere Ehe 1926 geschlossen. Ich bin im Büro zur Erhebung von Telefongebühren dienstverpflichtet (ich weiß nicht, wie lange noch) und arbeite seit nun 24 Jahren als Verwalterin bei der Post. Alle, die mit mir bei der Post angefangen haben, sind inzwischen Hilfskontrolleure oder gar Kontrolleure geworden. Können Sie sich vorstellen, was das bei unserem Gehalt ausmacht?
Ab 27. Dezember war ich in stationärer Behandlung, am 31. wurde ich aus dem Krankenhaus des Roten Kreuzes entlassen. Man verordnete mir drei Wochen Ruhe, um wieder auf die Beine zu kommen …

7 Siehe Einleitung, S. 69 f.
8 Zu entsprechenden Vergeltungsmaßnahmen kam es in Ungarn nicht. Kurze Zeit später begannen die ungar. Behörden in Zusammenarbeit mit dem Sondereinsatzkommando mit der Konzentration der jüdischen Bevölkerung außerhalb der Hauptstadt und mit ihrer Deportation.

1 Ráday Levéltár, A-1-c, Elnöki iratok, 514–1944. Das Dokument wurde aus dem Ungarischen übersetzt.
2 Gizella Schillinger, verh. Frau János Csuka.
3 Vermutlich meint Schillinger die VO über die Einführung des gelben Sterns; siehe Dok. 120 vom 29.3.1944.
4 János Csuka.

Ich habe mich nun sehr auf die Karwoche, auf Ostern gefreut, um in die Kirche zu gehen, meinem Gott Dankbarkeit zu schenken, das Abendmahl zu empfangen – und nun sagt man mir, es sei mir nicht erlaubt, in die reformierte Kirche zu gehen.
Ich bitte den hochwohlgeborenen Herrn Bischof deshalb sehr darum, mir mitzuteilen, ob ich in die Kirche gehen darf oder nicht.
Für meine Aufdringlichkeit entschuldige ich mich und verbleibe als Ihre gehorsame Anhängerin.[5]

DOK. 126
Bandi Schima teilt am 5. April 1944 der Zeitschrift Stürmer seine Freude über die Einführung des gelben Sterns und über die neue prodeutsche Regierung mit[1]

Handschriftl. Brief von A. Bandi Schima,[2] Győr, Zombor-Straße 46, an die Redaktion des Stürmer vom 5.4.1944[3]

Győr. den 5-ten April 1944. Im 5-ten Jahre des von den jüdischen Verbrechern angezettelten 2-ten Weltkriege und am 1-ten Tage des Judensterntragens in Ungarn.[4]
Lieber Stürmer!
Die evolutionären Geschehnisse bei uns zwingen mich dir mit einigen Zeilen Nachricht darüber zu geben. Vom heutigen Tage an muss jeder Jude u. Jüdin auch bei uns in der gewesenen stärksten liberalen Festburg Europas den gelben Judenstern aufnähen.
Ich gebe mir seit 2 Wochen noch immer Nasenstüber: ob ich träume oder ob es Wirklichkeit ist …
Juda auch bei uns erkannt. Jude an der Gurgel gefasst. Juda verstummt.
Ausgetrocknet ist die stinkende Quelle der faulen Hitlerwitze, der Schwarzmarkt stutzt, es giebt kaum mehr Gräuelmärchen, wir sehen keine grinsende Judenfratzen mehr. Die Judenraubhöhlen (Geschäfte) gesperrt.
Ist das alles möglich? In Ungarn?! Im gelobten Lande der europäischen Juden.
Das ist etwas schon zu viel vom Guten. So viel können wir vielleicht gar nicht mehr vertragen …
Wir gutgesinnte Ungarn hatten einen harten Kampf zu bestehen gegen diese antideutsche, krummnasige internationale Verbrecher, weil unsere gewesene Judenknecht-Regierungen neben ihnen standen. Soweit gieng es schon, dass jeder gute Patriot hier, der den Sieg der Achsenmächte wünschte, – als Landesverräther angeschrien wurde und auch mit einer Verfolgung seitens Juda rechnen musste.

5 Ravasz gab Schillinger die Auskunft, dass sie die Kirche jederzeit aufsuchen und die Kommunion empfangen dürfe; siehe Abschrift des Antwortschreibens vom 5.4.1944, wie Anm. 1.

1 Stadtarchiv Nürnberg, E 39/I Nr. 1000/2–3.
2 A. Bandi Schima (1882–1959), Kunstgewerbler, Illustrator, Eisen- und Bronzeschmied; Studium in Berlin, von 1919 an in der Fachhochschule für Holz- und Metallgewerbe in Győr tätig, von 1928 an Studienreisen nach Österreich, Deutschland, Frankreich und Italien, Träger zahlreicher Auszeichnungen.
3 Rechtschreibung und Grammatik wie im Original.
4 Siehe Dok. 120 vom 29.3.1944. Die VO trat am 5.4.1944 in Kraft.

Die meisten gutgesinnten Ungarn fürchteten sich vor der Rache Judas im Falle eines unglücklichen Ausganges des Krieges. Ich mit dem Redakteur des hiesigen Blattes[5] arbeiteten aber offen gegen die gestützten Weltgauner.
Gewiss stehen wir auf der schwarzen Liste Judas.
Jetzt, da eine Wendung kam u. Juda den gewissen Schwanz einziehen musste, jetzt wie die Schwämme nach einen warmen Frühlingsregen, so schlüpfen die unzähligen Judengegner hervor.
Unsere jetzige nationalsoz. gesinnte Regierung[6] die aus tathkräftigen Männern besteht, ist die erste, zu der das Volk in allen Schichten Zutrauen hat, die wir auch mit allen Kräften unterstützen! Diese Regierung hat keine leichte Sache, denn bei uns ist das Volk nicht einig wie bei Euch. Schrecklich wie viele brave Ungarn von den Saujuden gegen Deutschland und gegen ihre eigenen Interessen beeinflusst wurden. Die Moral wurde bei unserem Volke durch dieselben gänzlich untergraben. Die neue Regierung muss sich zwischen Innen- u. Außenfeinde fest schlagen. Jetzt haben wir noch obendrein den grässlichen Luftterror, der unser schönes Budapest, die herrlichst gelegene Hauptstadt der Welt feste hergenommen hat.[7]
Es ist ein Unglücksschicksal des braven Ungarvolkes, dass es immer wenn es sich von seinen Innenunterdrücker losreißen konnte, von Außenfeinden wieder in das Joch gesteckt wurde. Hoffen wir, dass es diesmal durch Hilfe Deutschlands nicht gelingen wird. Das Ungarvolk, das ja ein ganz gutes u. für die Evolution empfängliches Volk wäre, wurde von der eigenen Plutokratie u. deren Helfer, dem Judentum u. dem Pfaffentum geknebelt. – Diese Kaste wollten von Nationalsozializmus nichts hören u. unterdrückten alle diesbezüglichen Bestrebungen mit Brachialgewalt.
Die Nationalsozialistischen Vereinigungen wurden gehemmt, die Führer grundlos eingekerkert oder unter Polizeiaufsicht gestellt. Ihre Blätter stark zensiert oder eingestellt. Auch das Radio, sowie die anderen Blätter durften keine Nachrichten über die wahren Judengaunereien bringen. Auch nicht über das schädliche Wirken des Klerus, sogar keine Berichte über die Schandtaten der Angelsachsen u. der Bolschewiken. Im Gegenteil! Geschmeichelt wurde ihnen in der Presse in unzweideutiger Form. Ja so weit giengen unsere Judenknechte am Ruder, dass sie nicht einmahl das jetzt wieder aktuelle Gedicht „Der heilige Krieg“[8] von Alexander Petőfi[9] (dem größten ung. Dichter) den Blättern abdrucken liessten. Petőfi selbst fiel bei Segesvár 1848[10] für die ung. Freiheit durch die Russen. Nämlich das erwähnte Gedicht fordert auf zum Kampfe gegen die Russen.[11]
Im Radio aber ließen die Judenknechte englische u. amerikanische Musik drehen und scheuten auch nicht in ihrer Presse vermummte Lobartikel über unsere Feinde zu verlautbaren. Keine Drucksachen liessen sie anfertigen, die einen Sieg über unsere Feinde propagandistisch verstärken sollten. (Ich stehe allein mit meinem selbstentworfenen

5 Nicht ermittelt.
6 Das Kabinett von Döme Sztójay, eine Koalition der früheren Regierungspartei und der Partei der Ungarischen Erneuerung, ohne Beteiligung der Pfeilkreuzlerpartei.
7 Die US-amerikan. Luftwaffe bombardierte Budapest erstmals am 3.4.1944.
8 Gemeint ist vermutlich das Gedicht „Föl a szent háborúra“ (Auf zum heiligen Krieg) vom Juni 1849.
9 Richtig: Sándor Petőfi (1823–1849), Dichter.
10 Richtig: 1849.
11 Die kaiserliche Armee schlug die ungar. Revolution 1848/49 mit russ. Unterstützung nieder.

Siegeszeichen da. Bloß noch das ung. Nationalsoz. Blatt „Magyarság" hat eines auf der Titelseite, das ich auf die Adresse aufklebe.) Jedoch alles deutsche u. deutsche Heldentaten wurden möglichst verschwiegen. – Am Londoner u. am Moskauischen Giftpropagandasender hiengen stets Juden, Pfaffen, Arbeiter, Intellektuelle u. Dumme, ohne sich hindern zu lassen. Die Deutschen wurden schändlich beschimpft. Die Juden grinsten, die Pfaffen rieben sich die Hände.
Es war grässlich all dies mitzusehen, mitzuhören. Ung. Magnaten, Pfaffen, Bauernführer, Sozialdemokraten, Juden praktizierten ungestört mit engl. Sekretserviceagenten und mit Bolschewistenvertreter. Die Juden die dies leiteten wurden von Tag zu Tag frecher. Uns wurde es bange. Wir sahen schon in den tiefen Abgrund hinein in welchem Süditalien liegt,[12] und in den auch das ung. Volk stürzen wird. Wir sahen schon die teuflischen Grimassen der obigen Verräther, die sich in Plutokratenschoße und auf Bolschewistenbusen wohl fühlten für den Verrath.
Aber Gottlob der böse Spuk ist zu Ende. Ende machten ihm mit Hilfe des Führer muthige magyarische Patriotenmänner, die nach einer überstandener Tartarenflut[13] und einer Türkenunterjochung[14] als neuzeitliche Retter der ung. Nation verehrt werden müssen.
Hoch die evolutionäre ung. neue Regierung!
Hoch die tapfere ung. Honvédarmee!
Hoch das heldenhafte deutsche Volk!
Heil Hitler! Unser Retter.
Heil dem Führer Europas!
Mit aufrichtigsten Ungargruß

DOK. 127

A Magyar Zsidók Lapja: Aufruf des Zentralrats der ungarischen Juden vom 6. April 1944 an alle Juden, Ruhe zu bewahren und diszipliniert ihrer Arbeit nachzugehen[1]

Ruhe und Disziplin und aufopferungsvolle Pflichterfüllung

Heutzutage ist es sowohl für den Einzelnen als auch für die Gemeinschaft mehr denn je zu einer überlebenswichtigen Frage geworden, Ruhe und Disziplin zu bewahren. Unser aller Schicksal – gleichgültig, auf welcher Stufe der sozialen Hierarchie wir stehen und ob wir zu den Ärmsten oder Reichsten gehören – hängt davon ab, wie wir uns verhalten, wie wir unsere Nerven schonen und unseren Seelenfrieden und unser Vertrauen in unsere Vorsteher bewahren. Dazu ist es vor allem erforderlich, dass jeder, wer immer er

12 Gemeint ist vermutlich die Kapitulation Italiens im Sept. 1943.
13 Anspielung auf die mongol. Besatzung Ungarns im Jahr 1241/42.
14 Ein Teil des ungar. Territoriums befand sich zwischen 1526 und 1699 unter osman. Herrschaft.

1 Magyar Zsidók Lapja, Nr. 14 vom 6.4.1944, S. 2: Nyugalom és fegyelem, önfeláldozó kötelességteljesítés. Abdruck in: Benoschofsky/Karsai (Hrsg.), Vádirat, Bd. 1 (wie Dok. 119 vom 29.3.1944, Anm. 1), S. 115–117. Das Dokument wurde aus dem Ungarischen übersetzt. Die Zeitung des Staatlichen Büros der Ungarischen Israeliten erschien 1939–1944 und informierte die Juden in Ungarn vor allem über die einzelnen antijüdischen Maßnahmen.

auch sei, an dem ihm zugewiesenen Platz unter Einsatz seines gesamten Könnens seine Arbeit präzise und gewissenhaft ausführt. Insbesondere sollte sich jeder Jude heutzutage vor Augen halten, dass er mit jedem seiner Worte, mit jeder seiner Taten, mit seinem gesamten Verhalten und seinem Lebensstil nicht nur sein eigenes Leben und das seiner nächsten Verwandten, sondern auch das Schicksal des gesamten ungarischen Judentums positiv oder negativ beeinflusst. Wir alle tragen eine einzige schwere Verantwortung, und unser aller Zukunft hängt davon ab, wer sich wie verhält.

Die Führer der höchsten Organe der ungarischen Juden wurden mit der Regelung der Angelegenheiten des ungarischen Judentums und mit dem Vollzug der uns betreffenden behördlichen Vorschriften betraut.[2] Die von diesem Zentralrat erlassenen Weisungen und Bestimmungen sind also unbedingt und gehorsam von allen Juden zu befolgen. Die Zeit der Bittgänge ist vorbei. Es ist die Zeit gekommen, in der jede und jeder sämtlichen Anweisungen bedingungslos Folge zu leisten hat. Der Zentralrat und jedes einzelne seiner Mitglieder wird alles in seiner Macht Stehende unternehmen, damit niemand, der seinen Verpflichtungen vorbehaltlos und mit aller Kraft nachkommt und gewissenhaft dem Wohl der Gemeinschaft dient, Leid erfährt. Das haben die zuständigen Behörden ausdrücklich zugesagt.[3]

In der heutigen schwierigen Lage von Ungarn hat jeder Angehörige der jüdischen Gemeinschaft die Pflicht, mit seiner eigenen Arbeit und unabhängig von seinem Tätigkeitsbereich einen Beitrag zur Produktion zu leisten.

Jeder ist verpflichtet, behördlichen Anweisungen und Befehlen ohne zu zögern und ohne Ausflüchte unverzüglich und mit voller Hingabe und Einsatzbereitschaft nachzukommen. Es ist die Pflicht eines jeden, sich, wenn notwendig, sofort und freiwillig zur Arbeit zu melden und seine Arbeitskraft, seine Sachkenntnisse und seine besonderen Fähigkeiten in den Dienst der Gemeinschaft und der Produktion zu stellen. Von der zuständigen Stelle wurde ausdrücklich darauf hingewiesen, dass vom Judentum nichts anderes erwartet werde, als dass es sich an Ordnung und Disziplin hält und sich freiwillig zur Arbeit verpflichtet. Wenn das Judentum die Anforderungen erfüllt, die ihm gegenüber gestellt werden, werde jedem werktätigen Juden die gleiche Behandlung, Versorgung und Bezahlung zuteil wie allen übrigen Arbeitern. Es wurde sogar ausdrücklich versichert, dass den ordentlich und pflichtbewusst arbeitenden Juden Schutz zuteilwerde.

Ebenso wichtig ist, dass das Judentum von der Verbreitung jeglicher Nachrichten und jeglicher Kommentare Abstand nimmt. Insbesondere sollte sich jeder Jude davor hüten, durch seine Rede oder sein Verhalten für Unmut zu sorgen oder auch nur den Anschein zu erwecken, weil die Folgen nicht nur von ihm selbst, sondern von der gesamten Gemeinschaft getragen werden müssten. Zurückhaltend, bescheiden, ruhig und arbeitsam zu leben – das ist das Gebot der Stunde. Schließlich ist es auch die Pflicht eines jeden Juden, diese Richtlinien in seinen Kreisen zu verbreiten und immer wieder aufs Neue

2 Der Zentralrat der ungarischen Juden wurde Ende März 1944 gegründet. Ihm waren alle regionalen jüdischen Gemeinden unterstellt. Die Leitung lag bei Samu Stern. Der Führung gehörten zudem Dr. Ernő Boda (1887–1967), Dr. Ernő Pető (*1882–196?), Dr. Károly Wilhelm (1886–1951), Dr. Samu Csobádi (*1879), Samu Kahán-Frankl (1890–1970), Fülöp Freudiger (1900–1976) und Dr. Nison (auch Nisan) Kahan (Kahán) (später Niszan Cohen) (1883–1949) an.

3 Siehe dazu das Treffen von Adolf Eichmann mit Vertretern der Juden in Ungarn am 31.3.1944, Vermerk über die Sitzung am 31.3.1944; Abdruck in: Ernő Munkácsi, How it happened. Documenting the Tragedy of Hungarian Jewry, Toronto 2018, S. 36–42.

zu betonen, dass einer für alle und alle für einen verantwortlich ist bzw. sind. Jeder ist aufgerufen, die beauftragten Führer des Judentums bei ihrer schweren und wichtigen Aufgabe zu unterstützen.[4]

DOK. 128
Hitler fordert am 6. und 7. April 1944, 100 000 Juden aus Ungarn für die deutsche Rüstungsverlagerung und den Bau von Großbunkern zur Verfügung zu stellen[1]

Aufzeichnung (1. Ausfertigung), gez. Saur,[2] Berlin, vom 9.4.1944

Punkte aus den Besprechungen beim Führer am 6. und 7. April 1944
[…][3]
16) Dem Führer anhand von Tabellen und Zeichnungen durch Generalfeldmarschall Milch[4] und mich über die Arbeiten des Jägerstabes berichtet unter Hinweis auf die außerordentlich erfreuliche und erfolgreiche Zusammenarbeit der neugeschaffenen Organe mit allen Dienststellen und Werken. Im einzelnen berichtet, daß der größte Teil der Verlagerungen[5] planungsmäßig festgelegt ist und als erste Stufe die Dezentralisierung über der Erde bis etwa August abgeschlossen werden kann und die zweite Stufe in einer totalen Sicherung unter der Erde mit den empfindlichsten Werken bis Ende des Jahres zum Abschluß kommt.
17) Generalfeldmarschall Milch berichtete über das Ergebnis der Bausitzung der Zentralen Planung, wonach vom geforderten Bauvolumen wegen der außerordentlichen Angespanntheit der Gesamtlage nur die wichtigsten Bauten verwirklicht werden können. Der Führer verlangt trotzdem, daß mit aller Energie die beiden von ihm geforderten Großwerke von je mindestens 600 000 qm errichtet werden. Er ist damit einverstanden, daß eines dieser Werke nicht als Betonwerk, sondern nach unserem Vorschlag in Erweiterung und unmittelbarer Nachbarschaft des jetzigen Mittelwerkes als sog. Mittelbau errichtet wird und daß dieses Werk unter Führung der Junkers-Werke kommt.

4 Abschließend folgt ein Spendenaufruf für OMZSA.

1 BArch, R3/1509, Bl. 132 f. Abdruck in: Willi A. Boelcke (Hrsg.), Deutschlands Rüstung im Zweiten Weltkrieg. Hitlers Konferenzen mit Albert Speer 1942–1945, Frankfurt a. M. 1969, S. 342–349.
2 Karl-Otto Saur (1902–1966), Ingenieur; 1931 NSDAP-Eintritt; seit 1932 bei Thyssen in Duisburg beschäftigt, von 1936 an stellv. Generalinspektor für das deutsche Straßenwesen, 1940 Wechsel in das Rüstungsministerium, dort leitete er das Technische Amt, von 1944 an den Jägerstab; 1945 wurde er inhaftiert, von 1948 an als Verleger tätig.
3 Die ersten Punkte der Besprechung betrafen verschiedene Fragen der Rüstungsproduktion.
4 Erhard Milch (1892–1972), Offizier; 1933 NSDAP-Eintritt; 1933–1945 StS im Reichsluftfahrtministerium, 1939–1945 Generalinspekteur der Luftwaffe, 1940 Generalfeldmarschall, 1941–1944 Generalluftzeugmeister; 1947 in Nürnberg zu lebenslanger Haft verurteilt, 1954 entlassen.
5 Im Laufe des Jahres 1944 begann des Deutsche Reich, wichtige Produktionsstätten, v. a. die Flugzeugproduktion, zum Schutz vor Bombenangriffen in unterirdische Stollen und Höhlen zu verlegen. Beim Ausbau der Anlagen und in der anschließenden Produktion kamen v. a. KZ-Häftlinge zum Einsatz.

Als Sofortaufgabe ist neben der Zug um Zug durchzuführenden Sicherstellung der Engpaßerzeugnisse der Junkers-Werke die Produktion der Me 262[6] mit 1000 Stück im Monat und eines weiteren Jägers mit 2000 Stück im Monat zu verplanen und sicherzustellen.
Dem Führer vorgeschlagen, daß aus Mangel an Baukräften und Einrichtungen das zweite Großbauvorhaben nicht auf deutschem Gebiet, sondern in unmittelbarer Nähe der Grenze auf geeignetem Gelände (vor allem Kiesgrundlage und Transportmöglichkeiten) auf französischem, belgischem oder holländischem Gebiet errichtet werden soll. Der Führer ist dann mit diesem Vorschlag einverstanden, wenn das Werk hinter eine befestigte Zone zur Erstellung kommen kann. Für den Vorschlag auf französischem Boden spricht insbesondere die Tatsache, daß es dann wesentlich leichter möglich sein wird, die notwendigen Arbeiter zur Verfügung zu stellen. Trotzdem bittet der Führer zu versuchen, in einem wesentlich sichereren Gebiet, nämlich im Protektorat, dieses zweite Werk zu errichten. Sollten dort die Arbeitskräfte ebenfalls nicht zu stellen sein, so will der Führer persönlich sich mit dem Reichsführer SS in Verbindung setzen und diesen veranlassen, aus Ungarn die erforderlichen etwa 100 000 Mann durch Bereitstellung entsprechender Judenkontingente aufzubringen.[7] Der Führer verlangt ausdrücklich unter scharfer Betonung des Versagens der Bauorganisation bei der Industriegemeinschaft Schlesien, daß dieses Werk ausschließlich durch die OT gebaut werden muß und die Menschengestellung durch den Reichsführer SS erfolgen muß. Er verlangt, daß kurzfristig eine Sitzung bei ihm stattfindet zur Besprechung der Einzelheiten unter Anwesenheit der beteiligten Männer.
[...][8]
24) Als wesentliche Punkte zur Ausnützung der ungarischen Kapazitätsreserven für die deutsche Rüstung habe ich als Grundlage für die Arbeit unserer Diko[9] folgendes herausgestellt:
a) Auskunftspflicht der ungarischen Industrie unmittelbar gegenüber der Diko.
b) Auskunftspflicht des Industrie-, Handels- und Honvéd-Ministeriums gegenüber der Diko.
c) Bereitstellung von zunächst 1 bis 1 ½ Milliarden Pengö auf Sonderkonto zur Abwicklung deutscher Aufträge.
d) Bereinigung des ungarischen Ausrüstungsprogramms und Waffenerzeugung und Umstellung auf deutsche Bewaffnung der ungarischen Armee.

6 Das Strahlflugzeug Messerschmitt Me 262 wurde seit 1943 produziert und im Sommer 1944 erstmals im Krieg eingesetzt. Die Produktion erfolgte u. a. von Häftlingen des KZ Gusen II im unterirdischen Flugzeugwerk in St. Georgen an der Gusen.

7 Nachdem auch Karl-Otto Saur 100 000 ungar. jüdische Zwangsarbeiter für die Untertageverlagerung der Flugzeugindustrie verlangt hatte, wurde der Einsatz von 200 000 Juden aus Ungarn im deutschen Reichsgebiet angeordnet. Die Selektionen in Auschwitz überlebten jedoch schließlich nur 100 000 Juden. Sie wurden im Reich und in den besetzten Gebieten zur Zwangsarbeit eingesetzt. 15 000 ungar. Juden wurden zudem aus Ungarn über das Lager Strasshof/Nordbahn direkt in den Raum Wien deportiert.

8 Die folgenden Punkte des Protokolls betrafen u. a. die Gasmaskenproduktion, die Aufrechterhaltung der Sperrbetriebe in Frankreich, die Ernennung eines Wirtschaftsbeauftragten in Ungarn und Wirtschaftsverhandlungen mit der Slowakei.

9 Deutsche Industriekommission (für Ungarn).

e) Garantie gegenüber Ungarn auf volle Lieferung in deutschen Einheiten entsprechend der bisherigen ungarischen Produktion. Dafür totale Zurverfügungstellung der entsprechenden ungarischen Kapazität für deutsche Aufträge.
f) Unmittelbare Zusammenarbeit durch Einschaltung der Diko zwischen deutschen Industrie-Unternehmen und ungarischen Industrieunternehmen in Form von Beratung bezw. Patentverhältnissen.
g) Bestätigung der gegebenenfalls auch unmittelbar von Industrie zu Industrie gegebenen Aufträge grundsätzlich durch die Diko, die sämtliche Bezahlungen durchzuführen hat.
h) Errichtung von Sperrbetrieben, und zwar
aa) für die in den bezeichneten Betrieben arbeitenden Belegschaften,
bb) für die zur Durchführung der den Betrieben gegebenen Aufträge erforderlichen und sich bei den Firmen dafür meldenden Kräfte.
i) Eingriffe in Firmen, gleich welcher Art, und zwar einschl. Beschlagnahme von Material und Vorräten durch Truppenteile dürfen nur über die Diko laufen bezw. sind sonst untersagt.
k) Zusätzliche Zuführung von Arbeitskräften für die ungarischen Rüstungsbetriebe durch die dortigen ungarischen Dienststellen.
Der Führer ist damit einverstanden, daß diese Programmpunkte als Unterlage für die durchzuführenden Verhandlungen dienen.

DOK. 129

Staatssekretär László Baky ordnet am 7. April 1944 die Konzentration der Juden und die Enteignung ihres Vermögens an[1]

Verordnung des Innenministeriums, 6.163/1944, vom 7.4.1944 (Entwurf)[2]

Betr.: Zuweisung der Wohnstätten für Juden

Die kgl. ungar. Regierung wird das Land innerhalb kürzester Zeit von den Juden befreit haben. Ich ordne an, diese Bereinigung für jeden Landesteil separat durchzuführen. Im Ergebnis sollen alle Juden, unabhängig von Geschlecht und Alter, in die ihnen zugewiesenen Sammellager eingeliefert werden. Ein Teil des in den Städten und in größeren Siedlungen lebenden Judentums wird später in den von den Polizeibehörden zugewiesenen Judenhäusern bzw. Gettos untergebracht.
Ausnahmen bilden Juden mit Fachausbildung, die in kriegswichtigen Betrieben, Tagebauen und größeren Unternehmen sowie Gutshöfen arbeiten und deren sofortige Ablösung für die Produktion hinderlich wäre. In nicht kriegswichtigen Betrieben, Tage-

1 MNL OL, K 774-1944, Bl. 19–22. Abdruck in Benoschofsky/Karsai (Hrsg.), Vádirat, Bd. 1 (wie Dok. 119 vom 29.3.1944, Anm. 1), S. 124–127. Teilweise abgedruckt in engl. Übersetzung in: Vági/Csősz/Kádár, The Holocaust in Hungary (wie Dok. 29 vom 5.5.1939, Anm. 1), S. 76–79. Das Dokument wurde aus dem Ungarischen übersetzt.
2 Im Original handschriftl. Unterstreichungen.

bauen und Unternehmen müssen die jüdischen Arbeiter jedoch sofort ersetzt werden, und an die Spitze wird aus dem Personal des entsprechenden Unternehmens, Betriebs usw. der dafür geeignetste Mann mit voller Befugnis gesetzt. Diese Personen werden von Kommissionen benannt, die von den Bezirken entsendet werden. Für den Ersatz [der Arbeiter jüdischer Abstammung] haben die Behörden bereits jetzt Sorge zu tragen. Sobald sich eine Möglichkeit zur Ablösung ergibt – damit diese möglichst schnell vollzogen wird, müssen die für das Gebiet zuständigen Verwaltungsbehörden sich darum kümmern –, soll sofort ein möglichst fachlich ausgebildeter Verwalter ernannt und mit der Leitung des Betriebs oder des Unternehmens mit voller Befugnis beauftragt werden.
Als Juden gelten die in meiner Verordnung ..., Nummer ..., vom ... beschriebenen Personen.[3]
Die für das Gebiet zuständige Polizei und die kgl. ungar. Gendarmerie führen das Sammeln der Juden durch.
Im Bedarfsfall unterstützt in den Städten die Gendarmerie notfalls die kgl. ungar. Polizei.
Die deutsche Sicherheitspolizei wird als beratendes Organ vor Ort sein. Der reibungslosen Zusammenarbeit mit dieser ist besondere Aufmerksamkeit beizumessen.[4]
Die Verwaltungsorgane der Komitate werden angewiesen, unter Berücksichtigung der Anzahl der Juden an geeigneten Orten sofort Sammellager einzurichten. Deren Anschriften müssen dem Staatssekretär für öffentliche Sicherheit gemeldet werden.
Die für die Einrichtung der Sammellager entstehenden Kosten sind vorläufig durch ... zu decken.
In jeder Stadt oder größeren Siedlung, in der der Anteil der Juden die Einrichtung separater Judenhäuser rechtfertigt, sollen die Polizeibehörden in ihrem Geltungsbereich bereits jetzt Sorge tragen, dass diese bestimmt werden. In den Sammellagern werden nur die aus sicherheitspolitischen Gesichtspunkten als gefährlich eingestuften Juden zurückbleiben, während alle übrigen in Judenhäusern untergebracht werden sollen. Als Judenhäuser sind solche Gebäude auszuweisen, in denen mehrheitlich Juden leben. Die bisher darin lebenden Bewohner nichtjüdischer Abstammung sollen die Polizeibehörden innerhalb von 30 Tagen nach Abschluss der Säuberungsaktion in von den Juden beschlagnahmten Wohnungen in vergleichbarer Ausstattung und zu vergleichbarem Mietpreis aussiedeln. Auf diese Weise können zu einem gegebenen Zeitpunkt Juden aus den Sammellagern in Judenhäuser umgesiedelt werden. Die durch die Aussiedlungen entstehenden und durch die Kommission festzusetzenden Ausgaben sind vorläufig durch ... zu tragen.
Zeitgleich mit der Konzentration und dem Transport der Juden sind entsprechende Kommissionen auf lokaler Ebene zu beauftragen, gemeinsam mit Einheiten der Polizei und der Gendarmerie die Wohnungen und Läden der Juden zu beschlagnahmen und zu versiegeln. Die Schlüssel sind mit dem Namen und der genauen Anschrift der Juden zu versehen und in gestempelten Umschlägen den zuständigen Gemeindevorstehern sowie der Kommandantur der Sammellager auszuhändigen.

3 Die mit Punkten gekennzeichneten Stellen sollten vermutlich nach der Verabschiedung der jeweiligen antijüdischen Verordnungen gefüllt werden.
4 Siehe Dok. 142 vom 19.4.1944.

Alle verderblichen Gegenstände und lebenden Tiere, die keinem Produktionszweck dienen, werden von den städtischen Behörden und den Gemeindepräfekturen entgegengenommen. Diese werden in erster Linie der Versorgung der Honvéd-Armee und der Organe der öffentlichen Sicherheit und darüber hinaus der lokalen Versorgung zugeführt.

Geld und Wertgegenstände (Gold-, Silbergegenstände, Aktien usw.) werden von den oben erwähnten Organen in Gewahrsam genommen und gegen eine Quittung und Gegenquittung, in der die Gegenstände kurz aufgeführt werden, den städtischen Behörden und den Gemeindepräfekturen ausgehändigt. Innerhalb von drei Tagen haben die Gemeindepräfekturen diese an die Zweigstellen der Nationalbank in den jeweiligen Zentren der Säuberungsaktionen auszuliefern. Die jeweiligen Zentren werden von Fall zu Fall von den für die Säuberungsaktionen zuständigen Polizeibehörden bestimmt.

Der Abtransport der Häftlinge soll entweder per Eisenbahn oder im Bedarfsfall in von der Stadt- oder der Gemeindepräfektur bereitgestellten Gespannen erfolgen. Die zum Transport vorgesehenen Juden dürfen pro Kopf außer der Kleidung, die sie am Körper tragen, höchstens Unterwäsche für zwei Tage und Essen für mindestens 14 Tage, außerdem ein Gepäck von höchstens 50 kg mitnehmen, wobei Bettwäsche, Decken und Matratzen inbegriffen sind. Geld, Juwelen, Gold oder andere Wertgegenstände sind nicht erlaubt. Die Konzentration der Juden soll in folgender Reihenordnung vonstattengehen: die Gendarmeriebezirke von Kassa, Marosvásárhely, Kolozsvár, Miskolc, Debrecen, Szeged, Pécs, Szombathely, Székesfehérvár und Budapest bzw. das sich in diesen Gebieten befindliche Kontrollgebiet der Polizeibehörden und zuletzt die Hauptstadt Budapest selbst.

Alle Kompanien der Exekutive und die ihnen untergeordneten Lehreinheiten stehen den zuständigen Gendarmeriebezirkskommandanturen und der Polizei zur Verfügung. Bei der Anforderung der Exekutive sollte darauf geachtet werden, dass die Absperrung der Bezirke so lange gesichert wird, bis auch in den benachbarten Bezirken alle Juden zusammengetrieben worden sind. Die Gendarmeriebezirkskommandanturen und Polizeibehörden haben in Zusammenhang mit den Konzentrationsmaßnahmen eng zusammenzuarbeiten, damit die Säuberungsaktion gemeinsam und überall gleichzeitig stattfindet.

Die Fahndung nach den in ihren Wohnungen nicht auffindbaren Juden soll auf die übliche Weise, mit Bezug auf meine gegenwärtige Verordnung, eingeleitet werden. Mit den Wohnungen dieser Personen ist im Übrigen genauso zu verfahren wie mit denen der festgenommenen Juden.

Ich forderte den in Budapest ansässigen Jüdischen Zentralrat auf, in Nyíregyháza, Ungvár, Munkács und Máramarossziget ab sofort vorläufige Hilfskrankenhäuser mit eigenen Ärzten und eigener Ausstattung einzurichten. Die Ärzte werden gleichzeitig den Gesundheitsdienst in den Sammellagern übernehmen.

Ich mache die Behörden auch darauf aufmerksam, dass ausnahmslos allen aus dem Ausland hierher geflüchteten Juden jene Behandlung zuteilwird, die genauso die Kommunisten erfahren; sie sind ohne Ausnahme in einem Sammellager unterzubringen.

Dubiose Juden[5] sind ebenfalls in Sammellager einzuliefern. Die Klärung erfolgt dort.

5 Gemeint sind Personen, deren Status unklar ist.

Diese Verordnung ist streng vertraulich zu behandeln. Die Leiter der Behörden bzw. der Kommandanturen tragen dafür Verantwortung, dass niemand vor Beginn der Säuberungsaktion davon erfährt.[6]
Budapest, den 7. April 1944
gez. László Baky[7]

DOK. 130
Die Verwaltungs- und Polizeiführung bespricht am 7. April 1944 den Ablauf der Gettoisierung in den annektierten Gebieten[1]

Vermerk über die Sitzung des Ministerialrats vom 7.4.1944, gez. Géza Halász,[2] Ungvár, vom 27.5.1944

Aufzeichnung über die Beratung über die Judenfrage im kleinen Beratungssaal des Innenministeriums am 7. April 1944

Anwesend waren: László Baky, Staatssekretär im Innenministerium, László Endre, Vizegespan, zwei deutsche SS-Offiziere, Gendarmerie- und Polizeioffiziere, unter ihnen Tölgyessy,[3] Kommandant der Bezirksgendarmerie von Kassa, Hauptmann Záhonyi,[4] die Polizeiräte Thurzó[5] und Meskó[6] und der Ministerialrat Géza Halász.
Staatssekretär Baky teilt mit, dass die Juden demnächst aus dem Gebiet des Gendarmeriebezirks von Kassa ausgesiedelt werden. Um dies zu gewährleisten, wird in Munkács ein deutscher Stab unter Beteiligung von Gendarmerieoberstleutnant Ferenczy[7] und

6 Am Ende des Dokuments findet sich noch der Vermerk: „Kopien: An alle Vizegespane und Bürgermeister, den Regierungskommissar des Karpatenvorlands, alle Gendarmeriebezirkskommandanturen, alle Kommandanten der Fahndungsabteilungen der Gendarmerie, die Zentrale Ermittlungskommandantur der kgl. ungar. Gendarmerie, das Polizeipräsidium von Budapest und der Provinz, den Leiter der kgl. ungar. Staatssicherheitspolizei, den Kommandeur des Gendarmenbataillons von Galánta und des Gendarmenlehrbataillons von Nagyvárad." Diese VO wurde auch dem kgl. ungar. Gendarmerieinspektor ausgehändigt.

7 László Baky (1898–1946), Offizier; 1925–1938 in der Gendarmerie tätig; u. a. Mitglied der Ungarischen Nationalsozialistischen Partei – Hungaristische Bewegung und später der Partei der Ungarischen Erneuerung, von 1939 an Parlamentsabgeordneter; von März 1944 an StS im Innenministerium, hauptverantwortlich für die Deportationen nach Auschwitz, nach der Machtübernahme der Pfeilkreuzler Leiter des Büros für Nationale Sicherheit; 1946 vom ungar. Volksgericht zum Tode verurteilt und hingerichtet.

1 MNL OL, K 774-1944, Bl. 40. Abdruck in: Benoschofsky/Karsai (Hrsg.), Vádirat, Bd. 1 (wie Dok. 119 vom 29.3.1944, Anm. 1), S. 123 f. Das Dokument wurde aus dem Ungarischen übersetzt.

2 Géza Halász (*1894), Jurist; 1920–1939 Obernotar in Székesfehérvár, 1939 Min.rat, 1939–1944 Leiter der Verwaltungsabt. im Regierungskommissariat der Karpato-Ukraine, stellv. Regierungskommissar der Karpato-Ukraine.

3 Győző Tölgyessy (1890–1954), Oberst, Kommandant des Gendarmeriebezirks VIII.

4 Arzén Záhonyi (1910 oder 1911–1997), Gendarmeriehauptmann, Kommandant der Kriminalabt. in Ungvár (Užhorod).

5 Dr. Vitéz György Thurzó (*1899), Polizeikommandant von Ungvár, im Mai 1944 nach Nagyvárad (Oradea) versetzt.

6 Arasztid Meskó.

7 László Ferenczy (1898–1946), Gendarmerieoffizier; von 1921 an bei der Gendarmerie tätig, 1940–1942 Offizier in Kassa (Košice), von März 1944 an Verbindungsmann zu den deutschen Sicherheitskräften, nach der Machtübernahme der Pfeilkreuzler Experte für Judenfragen im Innenministerium; 1946 vom ungar. Volksgericht zum Tode verurteilt und hingerichtet.

dem kgl. ungar. Staatsanwalt Meggyesy[8] eingerichtet. Exekutivkommissionen wird es in Ungvár, Nagyszöllős, Huszt und in außerhalb von Transkarpatien gelegenen Städten geben. Er [Baky] erwartet, dass die Kooperation mit den Deutschen[9] reibungslos verläuft. Man solle sie mit Unterkunft, Verpflegung usw. unterstützen, schließlich wollen sie uns bei der Lösung der Judenfrage auch nur helfen.
Auf meine praktischen Fragen, wie über die schriftliche Verordnung[10] hinaus der Transport, die Sicherung der Waggons, der Spanndienst, die Verpflegung und die Sicherung der verlassenen Judenhäuser vonstattengehen soll, erhielt ich weder Antwort noch Anweisungen.
Auf Anweisung des Vizegespans Endre dürfen Juden kein Fett mehr bekommen. Sie verfügen noch über Zuckerreserven, also auch keinen Zucker mehr. Aus den Bibliotheken müssen die Bücher jüdischer Schriftsteller entfernt, Telefonanschlüsse von Juden abgeschaltet, Rundfunkgeräte konfisziert werden. Letztere sollen der Honvéd-Armee, Polizei, Gendarmerie, dem Luftschutz, MOVE, den Levente-Verbänden und Krankenhäusern zugeteilt werden.

DOK. 131
Edmund Veesenmayer meldet am 7. April 1944 dem Auswärtigen Amt, dass die neue ungarische Regierung die antijüdische Politik besonders entschieden angegangen ist[1]

Telegramm (Nr. 1291) der deutschen Gesandtschaft, Budapest, gez. Veesenmayer, an das Auswärtige Amt vom 7.4.1944

Inhalt: Neue Judengesetzgebung in Ungarn
/7 Schriftanlagen, 1 Druckanlage[2]
(3-fach)

Mit einer für hiesige Verhältnisse ungewöhnlichen Schnelligkeit hat die neue ungarische Regierung die Lösung der Judenfrage in Angriff genommen. Hieraus darf wohl geschlossen werden, daß es ihr ernster Wille ist, dieses wohl schwierige innerungarische Problem anzupacken.
Begonnen wurde mit den im Amtsblatt vom 31. v. M. veröffentlichten Regierungsverordnungen Nr. 1.210/1944 M. E. und Nr. 1.220/1944 M. E. über die Entfernung der restlichen Juden aus dem öffentlichen Dienst sowie aus der Presse, dem Film und dem Theater. Im öffentlichen Dienst sind Juden, wenn sie Berufsbeamte sind, in den Ruhestand zu versetzen, Vertragsangestellte nach Maßgabe ihres Dienstvertrages zu entlassen und sonstige Angestellte zu kündigen. Was das Presse- sowie das Film- und Theaterwesen

8 Dr. Lajos Meggyesy, auch Medgyesy (*1899), Jurist; Generalstaatsanwalt des Zentrums für Staatssicherheit.
9 Siehe Dok. 142 vom 19.4.1944.
10 Siehe Dok. 129 vom 7.4.1944.

1 PAAA, R 99449.
2 Wie Anm 1.

betrifft, sind die Juden aus dem Mitgliederverzeichnis der betreffenden Kammern zu streichen, wodurch ihr Recht zur Berufsausübung erlischt.
Durch die Verordnung Nr. 1.200/1944 M. E. wird eine seit Jahren vom gesunden Teil der Bevölkerung erhobene Forderung verwirklicht, indem die Beschäftigung bezw. Anstellung von Nichtjuden in jüdischen Haushalten verboten worden ist.
Durch die Verordnung Nr. 1.240/1944 M. E. werden die Juden verpflichtet, vom 5. d. M. ab außer Hause ein Kennzeichen (gelben Stern) zu tragen.[3] Sie wird ergänzt durch die im Amtsblatt vom 5. d. M. veröffentlichte Verordnung Nr. 1.450/1944 M. E.[4] Den Juden, die nach diesen Bestimmungen zum Tragen des Judensterns verpflichtet sind, hat der Landesverteidigungsminister[5] mit Verordnung Nr. 26.666/eln./1944 das Recht zum Tragen militärischer Uniform entzogen.
Ferner sind die Juden verpflichtet worden, ihre Fernsprechanschlüsse und ihre Kraftwagen anzumelden, woraus auf die Absicht zu schließen ist, diese stillzulegen oder zu beschlagnahmen.
Wer als Jude zu behandeln ist, richtet sich nach den Bestimmungen der §§ 9 und 16 des Gesetzartikels XV von 1941 (Eherechtsnovelle und Rassenschutzgesetz).[6]
Die vorbezeichneten Verordnungen sowie die vorerwähnten §§ 9 und 16 des Gesetzartikels XV von 1941 werden anbei in deutscher Übersetzung vorgelegt. Drei Exemplare des Amtsblattes vom 31. v. M. sind gleichfalls beigefügt.

DOK. 132

Jenő Zagróczky bittet am 10. April 1944 darum, sich von seiner jüdischen Ehefrau scheiden lassen zu dürfen, um seine Arbeit als Beamter zu behalten[1]

Handschriftl. Brief von Jenő Zagróczky,[2] I., Budapest, Krisztina-Ring 137, an Staatssekretär László Endre vom 10.4.1944[3]

Eure Durchlaucht, Herr Staatssekretär!
In der heutigen Ausgabe der *Magyarság* erschien die Erklärung Eurer Durchlaucht über die Entfernung der Beamten mit einer jüdischen Ehefrau.[4]
Bitte verzeihen Sie, dass meine Wenigkeit, gewissermaßen als interessierte Partei, um eine verständnisvolle Maßnahme in dieser Frage bittet. Wir wissen wohl, dass Eure Durchlaucht, wenn auch unerbittlich, so immer auch gerecht sind. Mein Fall stellt sich kurz gefasst wie folgt dar:

3 Siehe Dok. 120 vom 29.3.1944.
4 Die VO nahm u. a. christliche Seelsorger und Mönche sowie Witwen und Kinder von gefallenen Soldaten von den Bestimmungen der VO 1.240/1944 M. E. aus.
5 Lajos Csatay.
6 Siehe Dok. 51 vom 2.8.1941.

1 MZSML, D 5/6, 1. dosszié. Das Dokument wurde aus dem Ungarischen übersetzt.
2 Dr. Jenő Zagróczky (1886–1953), Rechtsanwalt; Oberrat und Abteilungsleiter bei den Ungarischen Staatsbahnen (MÁV).
3 Im Original handschriftl. Bemerkungen.
4 Nicht ermittelt.

Ich habe eine Frau jüdischer Abstammung geheiratet, aber wir leben seit dem 20. Dezember 1938 getrennt und haben, Gott sei's gedankt, keine Kinder. Während der vergangenen fünf Jahre habe ich ständig die Scheidung forciert, ohne Ergebnis. Ich habe mich immer nach einer Herrschaft gesehnt, die dies ermöglichen würde. Ich habe körperlich und seelisch ungeheuer viel gelitten. Gerade deshalb bin ich erwartungsgemäß ein überaus überzeugter Antisemit geworden, der mit Hosianna jede antijüdische Maßnahme begrüßt. Sobald es eine entsprechende Regelung gibt, werde ich umgehend den Scheidungsantrag einreichen.
Meine Bitte wäre also, uns *kinderlose, urchristliche Beamte, die seit Jahren von ihren jüdischen Ehefrauen getrennt leben und fortwährend die Scheidung betreiben, gefälligerweise als Ausnahme zu betrachten.* Auf der Grundlage des neuen Gesetzes sollten sie innerhalb einer begrenzten Frist ihren Scheidungsantrag einreichen dürfen.
Wir haben sicher Fehler gemacht, sind aber längst erwacht und haben in der Tat jede Verbindung zum Judentum abgebrochen, auch wenn wir in Ermangelung einer gesetzlichen Grundlage die formelle Trennung nicht vollziehen konnten.
Hochachtungsvoll[5]

DOK. 133
Das Auswärtige Amt vermerkt am 11. April 1944, dass aufgrund zahlreicher Ausnahmebestimmungen weniger Personen von den ungarischen Judengesetzen betroffen sind als im Reich[1]

Telegramm (Nr. 55), gez. Altenburg,[2] Fuschl, an den Reichsbevollmächtigten[3] (Eing. 19.4.1944, 17.00 Uhr) vom 11.4.1944[4]

Auf Nr. 42 vom 31.3.44[5]
Die neuen ungarischen Verordnungen zur Judenfrage sind auf Weisung des Herrn Reichsaußenministers[6] auf Grund der deutschen Judengesetzgebung überprüft worden. Als Ergebnis der Gegenüberstellung zeigt sich, daß die ungarische Begriffsdefinition zwar in zwei Punkten etwas strenger als die deutsche zu sein scheint, daß dagegen die gesamte Gesetzgebung durch die zahlreichen Möglichkeiten der Erreichung einer Be-

5 Eine Antwort auf den Brief ist nicht überliefert.

1 PAAA, R 29793. Abdruck in ungarischer Übersetzung in: György Ránki/Ervin Pamlényi/Loránt Tilkovszky/Gyula Juhász (Hrsg.), A Wilhelmstrasse és Magyarország. Német diplomáciai iratok Magyarországról 1933–1944, Budapest 1968, S. 817 f.
2 Günther Altenburg (1894–1984), Jurist; von 1920 an im preuß. Justizdienst und im AA, von 1934 an in der Abt. II (West- und Südosteuropa) tätig; 1935 NSDAP-Eintritt; von 1940 an im Persönlichen Stab Ribbentrop, 1941–1943 Bevollmächtigter des Reichs in Griechenland; 1946 Entlassung aus der US-amerikan. Internierung, 1957–1964 Generalsekretär der Deutschen Gruppe der Internationalen Handelskammer in Köln.
3 Edmund Veesenmayer.
4 Im Original Verteilerliste und Vermerk: „Telegramm wurde von Fuschl unmittelbar an Gesandtschaft Budapest durchgegeben. Tel.Ktr. 19.4.1944".
5 Nicht ermittelt.
6 Joachim von Ribbentrop.

freiung von der Judenbehandlung eine weitgehende Durchbrechung erfährt.[7] Der Herr Reichsaußenminister ist daher der Meinung, daß die Handhabung der ungarischen Judengesetzgebung von uns sorgfältig beobachtet und kontrolliert werden müsse, weil sonst nur noch Ausnahmen vorkommen würden. Der Herr Reichsaußenminister hält es für zweckmäßig, wenn das Judenreferat im ungarischen Innenministerium von einem dem Reichsbevollmächtigten genehmen Mann, vielleicht einem Mann vom SD, geleitet oder kontrolliert würde.[8]

DOK. 134

Magdolna Gergely hält in der ersten Hälfte des April 1944 die Reaktionen auf die Einführung des Judensterns in Budapest fest[1]

Maschinenschriftl. Tagebuch von Magdolna Gergely,[2] Einträge vom 4. bis 14.4.1944

4. April

Um ¼3 komme ich bei Hedry[3] wegen des Mobiliars vorbei. An einem Pfosten an der Straßenbahnhaltestelle Nagysalló-Straße ein karierter Zettel, [beschrieben] in ungelenker Handschrift: „Für das Leben jedes unschuldig vernichteten Ungarn fordern wir das Leben von jeweils 100 Juden." Am Abend ist das Wort „Juden" durchgestrichen und darüber steht: „Deutschen", in einer ähnlichen lumpenproletarischen Handschrift. Juwelier, Espresso [Café], Ilona Sándor[4] (die jungen Schneiderinnen sind alle nach Hause aufs Land gefahren, keiner ihrer Lehrlinge ist gekommen, sie ist alleine!), Sándor,[5] dann mit der 66er nach Hause. Auf der Horthy-Brücke starren alle lautlos in Richtung Süden, es steigt noch Rauch hoch, aber man sieht nichts.[6] Ich lege mich mit Mari[7] unter das Schlafzimmerfenster von Napó[8] eine Stunde hin, sie ist sehr unruhig, obwohl dieser Abend etwas ganz Ruhiges hat, zumindest für mich, es hat schon 7 Grad, es ist bewölkt; die Amseln singen wunderschön. Um 10 Uhr abends ruft Lali Rácz[9] an, ich lag schon

7 Tatsächlich konnten nur der Reichsverweser, die Minister und die Staatssekretäre individuelle Befreiungen aussprechen.
8 Das Ref. übernahm StS László Endre.

1 Original in Privatbesitz von Mária Reichardt. Abdruck in: Anka naplója: 1944. március 14.-1945. március 5. Feljegyzések a háborús Budapestről (Redaktion: Márta Takács), in: Budapesti Negyed 37 (2002) 3, S. 31–36. Das Dokument wurde aus dem Ungarischen übersetzt.
2 Magdolna Gergely, verh. Frau Dr. György Bodor (1902–1976); Chemikerin; Sekretärin in der Direktion der Englisch-Ungarischen Zwirnfabrik, als katholisch getaufte „Halbjüdin" von den antijüdischen Bestimmungen ausgenommen.
3 Rechtsanwalt von Magdolna Gergelys Vater.
4 Ilona Sándor, Schneiderin von Magdolna Gergely.
5 Der Name „Sándor" wurde irrtümlich zum zweiten Mal genannt.
6 Das waren die Folgen der Bombardierung des 9. Bezirks sowie von Csepel und Pesterzsébet, von der Magdolna Gergely am Tag zuvor in ihrem Tagebuch geschrieben hatte.
7 Mária Tóth, verh. Reichardt (*1934), Tochter von Magdolna Gergely aus der ersten Ehe mit Dr. Aladár Tóth.
8 Tódor Gergely (1869–1949), pensionierter Generaldirektor der Ersten Ungarischen Allgemeinen Versicherungsgesellschaft, Vater von Magdolna Gergely; bereits als Kleinkind katholisch getauft.
9 Lajos Rácz, Jurist und Freund von Magdolna Gergely.

im Bett, er berichtet mir von den Modifizierungen,[10] Napó muss nun doch keinen Judenstern tragen und auch Onkel Jenő[11] nicht! Die Telefonapparate der Juden wurden längst abgeschaltet.[12]

5. April

Márta,[13] Tante Paula.[14] Ich erkläre ihr, dass auch das Dienstbotengesetz modifiziert wird.[15] Heute ist die Premiere des Judensterns. Auf der 59er gibt es keinen einzigen Stern, den ersten sehe ich beim Südbahnhof. Die Frauen versuchen ihn mit der Handtasche zu verbergen. Die meisten wenden sich ab, um nicht zu gaffen. Auf der 6er rastet ein Passagier aus, weil eine Frau danach fragt, welche Fleischkarten zu Ostern eingelöst werden können. „Fleisch?", fragt der Arbeiter ziemlich laut, „zu Ostern bekommen wir Judensterne und Bombardements." Daraufhin empören sich alle in der Art, was für eine Schweinerei das Ganze in der Tat sei, auch die Schaffnerin mischt sich ein, wozu denn der ganze Hass, als könne uns dieser Stern aus dem Schlamassel holen. So etwas gibt es eben auch! Keine einzige Pfeilkreuzlerstimme ist zu vernehmen. Mit der Zahnradbahn fahre ich um ½7 von Tante Paula nach Hause, der erste richtige Frühlingstag, mit großen, weichen Barockwolken am dämmernden blauen Abendhimmel.

[…][16]

14. April

Márta, dann Mami[17] und die ihren. Sie sind genauso ruhig wie wir, nur Kati[18] ist vielleicht ein wenig nervös. Um 7 Abendessen. Mit Margit[19] gehe ich auf den Schwabenberg, um einen Brief aufzugeben. Ich trage natürlich nur einen Trainingsanzug, Boli[20] kommt nicht mit, er spielt wieder verrückt. Die Deutschen respektieren die Verdunkelung über-

10 Gemeint ist die Ergänzung des §3 der VO 1.240/1944 M. E. zur Einführung des gelben Sterns. In der Modifizierung wurde der Kreis der Personen, die von den Bestimmungen der VO ausgenommen wurden, erweitert.

11 Jenő Gergely (1872–1957), Bruder von Tódor Gergely, Sohn jüdischer Eltern, der bereits als Kleinkind katholisch getauft wurde.

12 Bereits am 27.3.1944 verbot die Sztójay-Regierung mit einer VO den Besitz und die Nutzung von Telefonapparaten in jüdischen Haushalten.

13 Márta Lakatos, verh. Frau Gábor Szécsi, Hautärztin und Kosmetikerin; Freundin von Magdolna Gergely.

14 Paula Brózsa, verh. Frau Jenő Gergely, (1882–1969), Schwägerin von Tódor Gergely.

15 Die VO 1.200/1944 M. E. untersagte die Beschäftigung von Nichtjuden in einem Haushalt mit mindestens einem jüdischen Bewohner; siehe Budapest Közlöny vom 31.3.1944, No. 73, S. 1.

16 Magdolna Gergely beschreibt in ihren folgenden Tagebucheinträgen u. a. mehrere Bombenangriffe auf Budapest, ihren Kirchenbesuch am Karfreitag und am Ostersamstag sowie deutsche Soldaten auf der Fischerbastei und Besuche bei jüdischen Freunden.

17 Frau Baross, Mutter von Dr. György Baross, dem Freund und späteren dritten Ehemann von Magdolna Gergely.

18 Katalin Baross, Schwester von Dr. György Baross.

19 Margit Vince, verh. Frau Lajos Simon (1915–2005), von 1942 an Haushälterin bei der Familie Tódor Gergely; nach dem Krieg als Laborantin tätig.

20 Aladár Tóth Jr. (1927–1989), Jurist; Sohn von Magdolna Gergely aus erster Ehe mit Dr. Aladár Tóth und Bruder von Mária Tóth; 1950–1955 Richter, 1955/56 Referent im Justizministerium, 1957 entlassen, 1957–1963 Schneidergehilfe in einem privaten Kleinbetrieb, von 1963 an Rechtsanwalt in einem Anwaltskollegium.

haupt nicht; in den Getto-Mehrfamilienhäusern, wo sie [die Deutschen] jetzt wohnen,[21] haben wir genau 9 beleuchtete Fenster gezählt. Ein Honved, der bei uns wohnt, beteuert zornig, dass er in die Fenster schießen wird. Margit erzählt, dass ein kleines Kind dazugekommen sei, als sie in einem Lebensmittelgeschäft angestanden habe. Gefragt, warum es 6 Karten dabei habe, erwiderte das Kind: „Ich habe auch die von den Hausherren, diesen grässlichen Juden!" Schweigen. Margit sagte darauf: „Wenn du mein Kind wärst, würde ich dich ordentlich ohrfeigen, du kleiner Rotzbengel, willst dich in die Politik einmischen und weißt gar nicht, wovon du sprichst." Daraufhin empören sich die Frauen wegen des Judensterns, und es gibt nur noch Geschrei gegen die Pfeilkreuzler! Auf einmal sieht man, dass eine alte Frau einen gelben Stern trägt. Man schenkt ihr sogar eine Marke für Hühnchen! Die alte Frau drückt Margits Hände.
Die öffentliche Meinung ist überall durch und durch chaotisch. Es kommt lediglich darauf an, wer sich meldet und was er oder sie sagt. Genauso gut hätte sich daraus eine Demonstration für die Pfeilkreuzler entwickeln können, gemeinsam ist [allen] nur die Erbitterung. Man hört die Frauen überall über Bombengeschädigte lamentieren, einen besonders großen Eindruck hat die Zerstörung des László-Krankenhauses hinterlassen, gleich schon am ersten Tag.[22] Nachts [Flieger]*Alarm* von ¼11 bis ¾1.

DOK. 135

Der Zentralrat der ungarischen Juden fordert am 14. April 1944 Sándor Weisz auf, seine Wohnung für ausgebombte Personen sofort frei zu machen[1]

Anweisung des Zentralrats der ungarischen Juden, Unterschrift unleserlich, Budapest, an Sándor Weisz, Budapest, vom 14.4.1944[2]

Auf den Befehl der zuständigen Behörden!
Sehr geehrter Herr Sándor Weisz, Budapest.
Hiermit erheben wir Anspruch auf Ihre Wohnung im 5. Bezirk in der Csáky-Straße 13, 3. Stock, Tür 11, zugunsten von Personen, die aufgrund von Bombardierungen ihren Wohnraum verloren haben. Wir bitten Sie, unserem Vertreter, der Ihnen unseren gegenwärtigen Beschluss aushändigen wird, umgehend mindestens einen Schlüssel für jeden Wohnungseingang zu überlassen.
Sie sind verpflichtet, diese Wohnung noch am heutigen Tag bis 16 Uhr nachmittags unter Zurücklassung Ihres Mobiliars zugunsten der Ausgebombten zu verlassen. Sie sind verpflichtet, in der Wohnung so viele Einrichtungs- und Gebrauchsgegenstände zu hinterlassen (Betten mit Bettbezügen, Schränke, Tische, Stühle, Lampen, Oberbekleidung, Unterwäsche, Küchenausstattung, Teller, Essbesteck, Kochtöpfe usw.), wie die zum Einzug bestimmte Familie *unabdingbar* benötigen wird. Alle Ihre übrigen Sachen sowie

21 Gemeint sind vermutlich jene Häuser, die zuvor jüdischen Besitzern gehört hatten und dann von deutscher Seite requiriert worden waren.
22 Beim Bombenangriff am 3.4.1944 auf den 9. Bezirk wurde auch das Szent-László-Krankenhaus getroffen und ein Großteil des Gebäudes zerstört.

1 MZSML, D 10/1. Das Dokument wurde aus dem Ungarischen übersetzt.
2 Im Original Stempel des Zentralrats der ungarischen Juden.

Lebensmittel können Sie mitnehmen. Sie sind verpflichtet, über das hinterlassene Mobiliar eine Inventarliste in zweifacher Ausfertigung zu erstellen. Ein Exemplar ist bis 20 Uhr des heutigen Tages in der Wesselényi-Straße 7, 2. Stock, 7. Bezirk im Goldmark-Saal abzugeben. Beim Verlassen der Wohnung sind Sie verpflichtet, die Türen selbst zu versiegeln. In Ihrem eigenen Interesse sollten auf der Inventarliste deutlich, mit höchster Genauigkeit Ihr Name, die genaue Adresse der verlassenen Wohnung und Ihre neue Anschrift vermerkt sein.
Da die Wohnungen in Verbindung mit schwerwiegenden Konsequenzen in der oben genannten Weise und zum genannten Zeitpunkt überlassen werden müssen:
Tragen Sie selbst Sorge für Ihre vorübergehende Bleibe, da wir Ihre endgültige Unterbringung erst innerhalb von 2–3 Tagen gewährleisten können.
Alle mobilen Gegenstände, die Sie nicht hinterlassen, sollten Sie entweder in Ihre neue Wohnung mitnehmen oder vorübergehend anderswo deponieren.
Wir wiederholen: Allen, die diesem Befehl nicht oder verspätet Folge leisten, droht – gemäß der behördlichen Erklärung – sofortige Verhaftung.

DOK. 136
Der Schriftsteller und Übersetzer Artúr Elek schreibt am 15. April 1944 seinem Freund Lajos Fülep, wie er unter den neuen antijüdischen Bestimmungen leidet[1]

Handschriftl. Brief von Artúr Elek (Arturo),[2] Budapest, an Lajos Fülep vom 15.4.1944

Carissimo,[3]
Ihr Brief vom 12. ist heute angekommen, also nur mit kleiner Verzögerung, und ich möchte ihn sofort beantworten.[4] Er hat eine unsagbare Last von mir genommen, weil ich mich ernsthaft um Sie gesorgt hatte. Nachdem ich meinen ersten Brief aufgegeben hatte,[5] fiel mir ein, dass Sie in Pécsvárad oder wo auch immer Feinde hatten, und was wäre leichter und einfacher in diesen Zeiten, in denen kein Gesetz mehr gilt, als jemanden durch eine bloße Anzeige ins Elend zu stürzen? Ich hatte ein schlechtes Gefühl, als ich auf ein Lebenszeichen gewartet habe, und als nichts dergleichen kam, habe ich den zweiten Brief aufgegeben.[6] Da ich darauf auch keine Antwort erhielt, habe ich vorgestern Ihrem Herrn Schwiegervater[7] in Debrecen geschrieben, um ihn um eine Nachricht zu bitten. Jetzt bereue ich das natürlich, weil ich fürchte, ihn er-

1 MTA Könyvtára Kézirattára, Ms 4586/115. Abdruck in: Gyöngyi Erdei/Katalin Irás, Utolsó levelek. Töredékek a magyar holocaust ismeretlen irodalmi dokumentumaiból, in: Múlt és Jövő 4 (1994), S. 24–36, hier S. 30–32. Das Dokument wurde aus dem Ungarischen übersetzt.
2 Artúr Elek, geb. als Fischer (1876–1944), Schriftsteller, Übersetzer; von 1908 an Mitarbeiter der Zeitung Az Újság (Die Zeitung), Mitarbeiter der Literaturzeitung Nyugat (Westen), verfasste zahlreiche kunstkritische Essays; er nahm sich nach der deutschen Besetzung das Leben.
3 Italien.: Liebster.
4 Der Brief ist nicht überliefert.
5 Artúr Elek an Lajos Fülep, 27.3.1944; Abdruck in: Dóra F. Csanak (Hrsg.), Fülep Lajos levelezése, Bd. 4: 1939–1944, Budapest 1998, S. 524–526.
6 Artúr Elek an Lajos Fülep, 6.4.1944; Abdruck in: ebd., S. 528.
7 Dr. Béla Gábor.

schreckt zu haben, vor allem auch, weil die Señora[8] auch dort ist. Leider kann ich daran nichts mehr ändern.
Natürlich ist es schwierig, auf einen Brief wie den meinen zu antworten. Denn es handelte sich ja um etwas wie eine Art Flaschenpost, die von einem Schiffbrüchigen ins Meer geworfen wurde. Als es zur [politischen] Wende kam[9] und ich mich mit den neuen Umständen auseinandergesetzt habe, wurde mir sofort klar, dass mein Leben dem Ende zugeht, aber nicht in der Weise, wie ich das bisher wahrgenommen habe, also nicht im moralischen Sinne oder in Bezug auf meine Tätigkeit, sondern auch in physischem Sinne. Ich sehe ein, dass man in einem Zustand, in dem ich mich damals befunden habe, keinen Brief schreiben sollte. Den Autor erleichtert es nicht, und wer [einen solchen Brief] liest, dem wird es schwer ums Herz. Es gibt keinerlei Hilfe, sie wäre auch nicht möglich (und daran habe ich auch nicht gedacht). Auch das ist eine späte Lehre, die mir nur [noch] im Jenseits nützen wird. Obwohl ich, wie in meinem ersten Brief angedeutet, [durchaus] zuversichtlich war. Mein Verlag, Dante, hat mir angeboten, auch ein zweites Werk Burckhardts (Kultur in Griechenland)[10] zu übersetzen, aber ich habe das Angebot ausgeschlagen; ich hätte auch eine große illustrierte Publikation redigieren können (über italienische Malerei), aber auch das habe ich abgelehnt, weil ich beim Verlag Béta schon so lange mit einer Kunstgeschichte anhand einer Reihe von Künstlerbiographien in der Schuld stehe und diese vorher beenden wollte. Dante war jedoch auch sehr gern bereit, meine bildanalytische Reihe herauszugeben, deren Textteil auf Heiligengeschichten basierte, die mit vorzüglichen Fresken illustriert wurden. Die Textteile sind größtenteils schon fertig, ich wollte sie nur noch um einige Heiligenlegenden ergänzen. Dante hatte vor, eine Prachtausgabe – natürlich eine reich bebilderte – zu publizieren. Das ist dann aber auch ins Wasser gefallen. Ob meine Burckhardt-Übersetzung erscheint, ist, da haben Sie recht, die große Frage.[11] Unter den anstehenden Maßnahmen der Regierung ist wohl auch die „Bereinigung" des Verlagswesens zu erwarten. Immerhin habe ich, mit einer kleineren Einbuße, mein Honorar erhalten. Ein wahres Glück, weil dadurch die wenigen Monate, die vielleicht noch auf mich warten, gesichert sind. Ich sage, vielleicht, denn es ist nicht sicher und auch nicht wahrscheinlich, dass ich auf das warten will, was kommt. Unter den bisherigen Maßnahmen haben mich zwei besonders hart getroffen. Die eine betrifft das gelbe Abzeichen.[12] Ich trage es nicht. Ich vermeide es, indem ich das Haus nicht mehr verlasse. Meine Schwägerin kümmert sich um meine Versorgung, und hier zu Hause lebe ich viel einfacher und billiger als in den Gasthäusern. Was die andere Maßnahme angeht: Es besteht die Gefahr, dass [ein Teil] meiner Wohnung in Anspruch genommen wird. Am Ostersonntag besuchte eine kleinere Truppe aus der jüdischen Gemeinde unser Haus und bat meine Schwägerin als Luftschutzbeauftragte um Auskunft. Sie kamen, um Mieter jüdischer Abstammung (also nicht jüdischen Religionsbekenntnisses) zusammen unterzubringen, um dadurch Wohnungen

8 Vermutlich: Zsuzsanna Gábor (1896–1958), Lehrerin; 1919–1946 Ehefrau von Lajos Fülep.
9 Gemeint sind die deutsche Besetzung Ungarns am 19.3.1944 und die Einsetzung der neuen Regierung unter Ministerpräsident Döme Sztójay.
10 Titel im Original deutsch.
11 Eleks Übersetzung von Jacob Burckhardts Buch „Die Kultur der Renaissance in Italien" erschien 1945 in erster Auflage beim Verlag Dante.
12 Siehe Dok. 120 vom 29.3.1944.

frei zu bekommen. Es gilt die Regel, dass jede Familie jeweils nur ein Zimmer beanspruchen darf. Die Familie meines Bruders besteht aus drei Personen, ich zähle als eigene Partei, wir haben [aber] drei Zimmer. Meine Schwägerin, die eine sehr tatkräftige Person ist und gerade in diesen schwierigen Zeiten mit ihrer Geistesgegenwart, Resolutheit und Energie sogar Männer in den Schatten stellt, hat bald eine Freundin meiner Schwester als dritte Partei angemeldet. Deren Wohnung in Csepel wurde während der Bombardements zerstört, und es ist ihr nicht gelungen, dort eine andere zu bekommen, weil sie auch unter dem Stern von Sem geboren wurde,[13] obwohl ihr seliger Vater, der Winterhalter[14] hieß, Arier war und mit dem berühmten Hofmaler der Kaiserin Eugenie[15] verwandt war. So hoffe ich, dass der Wagen nun completo[16] ist, zumindest so lange, bis eine neue Generalverordnung alles wieder durcheinanderbringt. Was meine Bücher betrifft, so habe ich mein Testament verfasst und es von vier Zeugen, wie vorgeschrieben, unterzeichnen lassen und den Inhalt Enyvvári[17] bekanntgegeben. Er hat mir versprochen, die Bücher dem Testament gemäß sofort nach meinem Tod in die Hauptstadt-Bibliothek liefern zu lassen und dort für ihre Verteilung zu sorgen, wie ich in meinem Testament verfügt habe.

Glauben Sie mir, der Abschied tut mir nicht weh. Ich habe – [vielleicht] schlecht und unvollkommen – meine Aufgaben auf dieser Erde erledigt. Ich wünsche nicht mehr zu erleben, als was mir, zumeist unbeabsichtigt, zuteilgeworden ist. Dass ich in meinem Alter gezwungen bin, mich zu verstecken und nicht auf die Straße gehen darf, tut mir – das leugne ich nicht – weh, und es tut mir mehr als alles andere weh, obwohl dies unter all den Verletzungen doch vielleicht die unbedeutendste, weil rein äußerliche ist. Aber sie tut weh, weil dahinter doch so offensichtlich Böswilligkeit und die Absicht, Menschen zu erniedrigen, steckt. Ein größeres Problem ist, dass dieser Zustand, der schon so lange währt, meine Nerven beeinträchtigt. Die Erregung durch das tagtägliche Warten macht sich in Herzkrämpfen und darin bemerkbar, dass ich mich nicht mehr konzentrieren kann, dass meine Gedanken stets um die eine Sache kreisen, dass mich Tag und Nacht Zwangsvorstellungen quälen. Früher konnte ich mich nie an meine Träume erinnern. Jetzt gewinnen die Ereignisse des Tages in den Träumen förmlich an Farbe, sie verdichten sich zu einer [enormen] Plastizität und arten in Phantasiegebilde aus. Ich wache müde auf. Es mag sonderbar erscheinen, aber die verhältnismäßig größte Ruhe verspüre ich unten im Keller, während der Luftangriffe. Dort sind wir Menschen, alle gleich; weder Abstammung noch irgendein Aberglaube macht zwischen uns einen Unterschied. Der Keller wäre ein friedlicher Ort, wenn das Publikum nicht schwatzen und seine Ansichten über die Judenfrage von sich geben würde. Es ist unglaublich, wie sich die Gewalt der Propaganda auch noch in derartigen Situationen durchsetzen kann.

Es war nicht leicht, Ihren Brief und vor allem jene Passagen darin zu entziffern, die Sie mit Bleistift geschrieben haben. Aber abgesehen von einigen drastischen Wörtern ist es mir doch gelungen. Es freut mich sehr, dass die vielen lechzenden Verlage auf Sie

13 Sem war einer der Söhne Noahs, die nach der biblischen Überlieferung die Urväter aller nachsintflutlichen Menschen waren. Gemeint ist hier, dass sie als Jüdin geboren wurde.

14 Franz Xaver Winterhalter (1805–1873), Maler.

15 Eugénie de Montijo (1826–1920), Ehefrau von Napoleon III., 1853–1870 franz. Kaiserin.

16 Italien.: voll, fertig.

17 Jenő Enyvvári (1884–1959), Philosoph, Bibliothekar; 1905–1945 Mitarbeiter der Städtischen Bibliothek; verfasste mehrere philosophische Werke.

aufmerksam geworden sind. Ich hoffe, das findet seine Fortsetzung. Der Athenäum [-Verlag] wird auf alle Fälle weiter bestehen.[18] Sie hätten aber besser getan, wenn Sie im Vertrag einen Vorschuss vereinbart hätten. Vielleicht ist es [dafür] noch nicht zu spät. In liebevoller Umarmung Ihr[19]

DOK. 137
Die ungarische Regierung regelt am 16. April 1944 die Enteignung von jüdischen Personen[1]

Verordnung der kgl. ungar. Regierung Nr. 1.600/1944 M. E. über die Anmeldung und Sperrung des Vermögens der Juden aus dem Budapesti Közlöny vom 16.4.1944 (in der übersetzten Ausgabe des AA vom 16.4.1944)

Auf Grund der Ermächtigung in §§112 und 113, §141, Abs. (2) und §212, ferner in §28 des Gesetzartikels XIV von 1942,[2] sowie in §§2 und 3 des zuletzt mit Gesetzartikel IV von 1944 verlängerten Gesetzartikels XXVI von 1931 zur Sicherung der Ordnung des Wirtschafts- und Kreditlebens und des Gleichgewichts im Staatshaushalt[3] verordnet die Kgl. Ungarische Regierung wie folgt:

§1

(1) Jeder auf dem Landesgebiet wohnhafte Jude ist verpflichtet, sein bei Inkrafttreten dieser Verordnung vorhandenes Vermögen bis zum 30. April 1944 bei der für seinen Wohnort zuständigen Finanzdirektion, im Fall mehrerer Wohnorte bei der Finanzdirektion, die die Einkommen- oder Vermögenssteuer vorschreibt oder vorzuschreiben hätte, anzumelden. Die Anmeldung eines Handels- oder Industrieunternehmens (Geschäfts, Betriebes) gemäß §9 ist bei der Finanzdirektion einzureichen, in deren Amtsbezirk die allgemeine Erwerbssteuer bzw. die Gesellschaftsvermögenssteuer vorgeschrieben wird oder vorgeschrieben werden sollte. In der Anmeldung ist auch der übliche Verkehrswert der Vermögensgegenstände im Zeitpunkt des Inkrafttretens dieser Verordnung anzugeben. Die Anmeldung ist auf einem bei der Gemein-

18 Der 1841 gegründete Athenäum-Verlag existierte bis 1948.

19 Artúr Elek nahm sich zehn Tage später, am 25.4.1944, das Leben.

1 PAAA, R 99319. Abdruck in: Vértes (Hrsg.), Magyarországi zsidótörvények és rendeletek (wie Dok. 14 vom 29.5.1938, Anm. 1), S. 284–293. Teilweise abgedruckt in engl. Übersetzung in: Vági/Csősz/Kádár, The Holocaust in Hungary (wie Dok. 29 vom 5.5.1939, Anm. 1), S. 180 f.

2 Im ungar. Original: „Aufgrund der Ermächtigung in §§112 und 113, §141, Abs. (2) und §212 des Gesetzes 1939:II über die Landesverteidigung, sowie in §28 des Gesetzes 1942:XIV […]". Die genannten Abschnitte des Gesetzes von 1939 regelten die Sonderermächtigungen der zuständigen Ministerien, um in die Herstellung und den Vertrieb von Produkten unmittelbar eingreifen zu können, und setzten die juristische Verfolgung von Übertretungen fest. Die Bedarfsartikel wurden unter behördliche Kontrolle gestellt: Für die Entgeltregelung für militärische Dienstleistungen wurde auf Sondererlasse verwiesen. Nach §28 des Gesetzes 1942:XIV hatten die örtlichen Justizbehörden über Verstöße gegen das Landesverteidigungsgesetz zu urteilen.

3 Die Regelungen betrafen die Befugnisse des Finanzministeriums, legislative Maßnahmen zur Erhaltung des wirtschaftlichen Gleichgewichts in die Wege zu leiten.

devorstehung (in Städten beim Bürgermeister, in Budapest bei der Gemeindebezirksvorstehung) erhältlichen amtlichen Vordruck vorzunehmen.

(2) Für minderjährige und unter Vormundschaft stehende Personen hat deren gesetzlicher Vertreter bezw. Kurator die Anmeldung vorzunehmen. Für Personen, die im Sinne des §1 der Verordnung 1.990/1942 M. E.[4] (Sammlung der Ungarischen Verordnungen, S. 714) an der Wahrnehmung ihrer Angelegenheiten verhindert sind oder die durch Abwesenheit oder aus anderem Grund an der Vornahme ihrer Anmeldung verhindert sind, hat derjenige die Anmeldung vorzunehmen, der die Vermögensverwaltung versieht.

(3) Der Anmeldung unterliegt das gesamte Vermögen, ausgenommen die dem persönlichen Gebrauch dienenden Wohnungseinrichtungs-, Bekleidungs- und Haushaltsgegenstände. Diese Vermögensgegenstände unterliegen jedoch der Anmeldung, wenn ihr Wert insgesamt 10 000 Pengö übersteigt; wenn diese Vermögensgegenstände auch der Bedarfsdeckung der mit dem Anmeldepflichtigen in gemeinsamem Haushalt lebenden Angehörigen dienen, erhöht sich die Freigrenze für jeden Angehörigen um je 5000 Pengö. Die Anmeldepflicht erstreckt sich jedoch in jedem Fall auf Kunstgegenstände, Teppiche, Silber- und andere Luxusgegenstände.

(4)

Die Anmeldepflicht obliegt auch allen Personen, gleichgültig ob Juden oder Nichtjuden, die im Eigentum von Juden stehende Vermögensgegenstände, gleichgültig unter welchem Titel, verwahren.

(5) Die Anmeldepflicht und im allgemeinen die Bestimmungen dieser Verordnung erstrecken sich nicht auf Liegenschaften und andere Vermögensgegenstände, die der durch Gesetzartikel XV von 1942 über die land- und forstwirtschaftliche Liegenschaften der Juden verfügten Übergabepflicht[5] sowie der Anbietungspflicht im Sinne der Verordnung Nr. 4.070/1943 M. E. (Budapesti Közlöny, Nr. 177) betr. die Beschränkungen des Verkehrs mit dem zu diesen Liegenschaften gehörenden Viehstapel und toten Inventar unterliegen.[6]

(6) Die der Anmeldung unterliegenden Vermögensgegenstände können, sofern diese Verordnung oder eine andere Rechtsbestimmung keine Ausnahme vorsieht, vom Inkrafttreten dieser Verordnung ab durch Rechtsgeschäft weder veräußert noch verpfändet werden.

§2

(1) Ein nach dem 22. März 1944 geschlossenes Rechtsgeschäft, durch das ein Jude einen nach dieser Verordnung der Anmeldung unterliegenden Vermögensgegen-

4 Die VO regelte kriegsbedingte zivilrechtliche und außergerichtliche Sondermaßnahmen. §1 definierte den Kreis der Personen, die kriegsbedingt bei der Erledigung ihrer Aufgaben im zivilen Leben behindert sein können.

5 Das Gesetz verbot Juden den Erwerb von neuem Eigentum und regelte die sog. Übergabe von landwirtschaftlichen Liegenschaften über fünf Katasterjoch (etwa 2,2 Hektar) und die damit verbundenen Entschädigungszahlungen. Personen, die für ihre Verdienste im Ersten Weltkrieg und in den national gesinnten konterrevolutionären Bewegungen ausgezeichnet wurden, blieben ausgenommen.

6 Die VO erstreckte sich auf Viehbestände und totes Inventar landwirtschaftlicher Liegenschaften auch unter fünf Katasterjoch und überließ die Aushandlung der Entschädigungen den zur Übergabe verpflichteten Personen und den Übernehmenden.

stand auf einen anderen übertragen hat, ist unwirksam, ausgenommen, wenn die Übertragung im Rahmen des Geschäftes des Juden und in einem den normalen geschäftlichen Verkehr nicht übersteigenden Umfang geschehen ist.

(2) Ein im Sinne des Absatzes (1) unwirksames Rechtsgeschäft und dessen Gegenstand ist von der das Recht erwerbenden Partei binnen der im §1 vorgeschriebenen Frist der Finanzdirektion anzumelden.

(3) Wer auf Grund der im vorhergehenden Absatz erwähnten Verständigung oder auf andere Weise Kenntnis erlangt, daß die in seinem Besitz befindlichen Wertpapiere Eigentum eines Juden sind, ist verpflichtet, die Wertpapiere einem der Geldinstitutszentrale angeschlossenen Geldinstitut unter Hinweis auf diese Verordnung unverzüglich in Verwahrung zu geben, den Eigentümer der Wertpapiere zu benennen und anzugeben, unter welchem Rechtstitel er die Wertpapiere in Besitz hatte. Diese Bestimmung bezieht sich nicht auf öffentliche Kassen, auf die Kgl. Ungarische Postsparkasse sowie auf die der Geldinstitutszentrale angeschlossenen Geldinstitute.

(4) Die im §1 bestimmte Anmeldepflicht und die in diesem Paragraphen bestimmte Deponierungspflicht obliegt dem Juden auch hinsichtlich der nach Ablauf der im §1 vorgesehenen Frist in sein Eigentum bezw. in seinen Besitz gelangten Wertpapiere.

(5) Der Jude ist ferner verpflichtet, Stückzahl und Nennwert der in seinem Eigentum befindlichen, von inländischen Aktiengesellschaften ausgegebenen Aktien der Geschäftsführung der Aktiengesellschaft gleichzeitig mit der im § 1 vorgeschriebenen Anmeldung anzumelden. Die Geschäftsführung führt ein Verzeichnis dieser Anmeldungen.

§3

(1) Liegenschaften sind unter Angabe des Ortes ihrer Lage, der Grundbucheinlage- und Katastralnummer, des Umfangs (bei städtischen Liegenschaften Straße und Hausnummer) anzumelden.

(2) Bei Liegenschaften ist der Umstand, daß der Eigentümer Jude ist, der Grundbuchbehörde gesondert anzumelden. Ein Doppel der Anmeldung bei der Grundbuchbehörde ist der Anmeldung bei der Finanzdirektion beizufügen.

(3) Die Grundbuchbehörde vermerkt hinsichtlich der in der Anmeldung aufgeführten Liegenschaft im Blatt B des Grundbuchs unter Hinweis auf diese Verordnung, daß der Eigentümer Jude ist. Dieser Vermerk hat zur Wirkung, daß die Liegenschaft durch Rechtsgeschäft weder veräußert noch belastet werden darf.

§4

(1) Der Jude ist verpflichtet, die sein Eigentum bildenden festverzinslichen Wertpapiere, Aktien (vorläufige Aktien, Aktienanweisungen), Dokumente über Genossenschaftsanteile, Bergrechtsanteile und die dazu gehörenden Kupons (im weiteren Text: Wertpapiere) in der nach §1 bestimmten Anmeldung nach Nennwert und Stückzahl aufzuführen und, sofern das Wertpapier sich nicht in seinem Besitz befindet, ferner verpflichtet anzumelden, in wessen Besitz sich die Wertpapiere befinden.

(2) Der Jude ist verpflichtet, noch vor Einreichung der Anmeldung die sein Eigentum bildenden Wertpapiere bei einem dem Verband der Geldinstitutszentralen angeschlossenen Geldinstitut in Verwahrung zu geben und, sofern er nicht Eigentümer der Wertpapiere ist, den Eigentümer der Wertpapiere zu benennen und den Rechtstitel anzugeben, auf Grund dessen er die Wertpapiere in seinem Besitz gehalten hat. Wenn sich die Wertpapiere schon bei Abgabe der Anmeldung im Depot bei einem der Geld-

institutszentrale angeschlossenen Geldinstitut, einer öffentlichen Kasse oder bei der Kgl. Ungarischen Postsparkasse befinden, hat der Jude zugleich mit der Anmeldung den Verwahrer zu unterrichten, daß das Depot dieser Verordnung unterliegt. In gleicher Weise ist der Jude verpflichtet, gleichzeitig mit der Anmeldung den Verwahrer oder den, der die Wertpapiere unter anderem Titel verwahrt, in dem Fall zu unterrichten, wenn er die Hinterlegung der Wertpapiere bei einem der Geldinstitutszentrale angeschlossenen Geldinstitut nicht verfügen kann.

(3) Wer auf Grund der im vorhergehenden Absatz erwähnten Verständigung oder auf andere Weise Kenntnis erlangt, daß die in seinem Besitz befindlichen Wertpapiere Eigentum eines Juden sind, ist verpflichtet, die Wertpapiere einem der Geldinstitutszentrale angeschlossenen Geldinstitut unter Hinweis auf diese Verordnung unverzüglich in Verwahrung zu geben, den Eigentümer der Wertpapiere zu benennen und anzugeben, unter welchem Rechtstitel er die Wertpapiere in Besitz hatte. Diese Bestimmung bezieht sich nicht auf öffentliche Kassen, auf die Kgl. Ungarische Postsparkasse sowie auf die der Geldinstitutszentrale angeschlossenen Geldinstitute.

(4) Die im §1 bestimmte Anmeldepflicht und die in diesem Paragraphen bestimmte Deponierungspflicht obliegt dem Juden auch hinsichtlich der nach Ablauf der im §1 vorgesehenen Frist in sein Eigentum bezw. in seinen Besitz gelangten Wertpapiere.

(5) Der Jude ist ferner verpflichtet, Stückzahl und Nennwert der in seinem Eigentum befindlichen, von inländischen Aktiengesellschaften ausgegebenen Aktien der Geschäftsführung der Aktiengesellschaft gleichzeitig mit der im §1 vorgeschriebenen Anmeldung anzumelden. Die Geschäftsführung führt ein Verzeichnis dieser Anmeldungen.

§5

(1) Für die Anmeldung und Deponierung betreffend das in jüdischem Eigentum befindlichen Platin, rein und legiert, ferner Gold, rein und legiert, einschließlich Goldmünzen jeder Art, Bruchgold und Goldabfälle jeder Art, Goldmischungen, Bergwerks- und Schwemmgold, ferner aus Platin, Gold und unter Verwendung dieser Edelmetalle hergestellte Gegenstände, Schmuckstücke und echte Perlen, sind die Bestimmungen des §4 entsprechend anzuwenden.

(2) Die Bestimmungen, dieses Paragraphen beziehen sich nicht auf die Ehe- und Verlobungsringe jüdischer Eheleute (Verlobter), vorausgesetzt, daß in ihnen nicht Edelsteine oder echte Perlen gefaßt sind.

§6

(1) Bei der Anmeldung von Forderungen auf Einlagebücher, laufende Rechnung[7] oder Postscheckkonto bei der Finanzdirektion gemäß §1 ist der Anmeldepflichtige verpflichtet, dem Geldinstitut anzumelden, daß der Berechtigte Jude ist. Infolge der Anmeldung wird die Forderung unter Sperre gestellt.

(2) Auf eine im Sinne des vorhergehenden Absatzes gesperrte Forderung dürfen monatlich 1000 Pengö ausgezahlt werden. Über diesen Betrag hinaus darf eine Auszahlung nur stattfinden, wenn der Jude glaubhaft nachweist, daß er den auszuzahlenden Betrag zur Bezahlung

der Gehälter von Angestellten und Löhne von Arbeitern,

7 Im ungar. Original: „Kontokorrentkonto", auch im Weiteren.

der Miete von Wohn- und Geschäftsräumen, von Gebühren
für die Benutzung öffentlicher Betriebe, des Pachtschillings,
von Schulden aus Werk- oder anderen auf persönlichen Arbeits-Leistungen beruhenden Verträgen in Höhe bis zu 3000 Pengö,
der Obligationen zur Deckung von Forderungen aus Zins- und Tilgungsannuitäten aus Pfandbriefen, Mündelgeldern oder sonstigen für mündelsicher erklärten Obligationen,
von gerichtlich zugeurteilten Forderungen, fälligen Wechselforderungen oder des Kaufpreises für übernommene Waren,
von Pensionen, Unterhaltszahlungen oder Lebensrenten,
von Forderungen der Arbeiter- und Sozialversicherungskassen, der Rentenforderungen von Bergwerksbruderladen, von Unterstützungs- und Rentenverpflichtungen,
von Steuern und anderen öffentlichen Schulden,
von Speditions- und Zollgebühren, schließlich zur Beschaffung der zur Aufrechterhaltung des Betriebs unentbehrlichen Materialien benötigt.

(3) Wenn ein Streit entsteht, ob die Bezahlung der Forderungen aus Einlagebüchern, laufender Rechnung oder Postscheckkonten zur Erfüllung der im vorhergehenden Absatz erwähnten Verpflichtungen nötig ist, entscheiden in der Streitfrage Kommissionen, deren Mitglieder vom Handels- und Verkehrsminister, Industrie-, Finanz- und Landwirtschaftsminister benannt und von der Ungarischen Nationalbank entsandt werden.

§7 Wenn beim Inkrafttreten dieser Verordnung ein Jude bei mehreren Geldinstituten Forderungen aus Einlagebüchern, laufender Rechnung oder Postscheckkonto hat, kann er von dem ihm gemäß §6 zustehenden Verfügungsrecht nur bei einem Geldinstitut Gebrauch machen; er ist daher verpflichtet, in seiner Anmeldung dieses Geldinstitut zu benennen, für den Fall hingegen, daß die Forderung bei diesem Geldinstitut schon erloschen sein sollte, die Reihenfolge der übrigen Geldinstitute zu benennen, in der er sein Verfügungsrecht auszuüben beabsichtigt. Er ist verpflichtet, dies gleichzeitig mit der in §6, Abs. (1) erwähnten Anmeldung des beteiligten Geldinstitutes mitzuteilen.

§8

(1) Ein Jude ist verpflichtet, Bargeld im Betrag von über 3000 Pengö, wenn er jedoch ein Handels- oder Industrieunternehmen (Geschäft, Betrieb) betreibt, das 5. v. H. des im vorangehenden Geschäftsjahr erzielten Umsatzes übersteigende Bargeld[8] auf ein Einlagebuch oder laufende Rechnung bei einem der Geldinstitutszentrale angeschlossenen Geldinstitut oder auf ein Einlage- oder Scheckrechnung[9] bei der Kgl. Ungarischen Postsparkasse einzuzahlen.

(2) Die Bestimmungen der §§8 und 7 sind auf die gemäß diesen Paragraphen entstehenden Forderungen aus Einlagebüchern, laufender oder Scheckrechnung entsprechend anzuwenden.

§9

(1) Das Geldinstitut ist verpflichtet, ein von einem Juden gemietetes oder ihm anderweitig überlassenes Panzerschließfach (safe deposit) verschlossen zu halten. Der Jude ist verpflichtet, in seiner Anmeldung anzugeben, ob und bei welchem Geldinsti-

8 Im ungar. Original: „das Bargeld, das 5% des im vorangehenden Geschäftsjahr erzielten Umsatzes übersteigt".

9 Im ungar. Original: „Scheckkonto".

tut er ein Panzerschließfach hat sowie welche Gegenstände sich in dem Panzerschließfach befinden.

(2) Der Finanzminister kann fallweise die Genehmigung zur Ausfertigung von Urkunden und fälligen Wechseln aus Panzerschließfächern erteilen.

(3) Der Finanzminister ist ermächtigt, ein Inventar des Inhalts der von Juden gemieteten oder ihnen zur Verfügung stehenden Panzerschließfächer aufnehmen zu lassen und die darin befindlichen, Eigentum des Juden bildenden Wertpapiere, Einlagebücher, Wertgegenstände und Bargeld entsprechend den Bestimmungen dieser Verordnung in Verwahrung geben zu lassen.

§10

(1) Der Jude ist verpflichtet, in der Anmeldung über die Rohstoff- und Warenvorräte, Geschäfts- und Betriebseinrichtung seines Handels- oder Industrieunternehmens (Geschäfts, Betriebes) anzugeben:

1. ob er eine Gewerbeberechtigung oder einen Gewerbeschein hat, zur Ausübung welchen Gewerbes, Handelsgeschäftes dieser berechtigt und welches Gewerbe (Handelsgewerbe) er tatsächlich ausübt,

2. den Sitz des Betriebes unter genauer Bezeichnung der Lage jedes Geschäftslokals, gleichgültig, ob es sich in der gleichen Gemeinde wie das Hauptgeschäft oder in einer anderen Gemeinde befindet,

3. den Lagerplatz der Rohstoff[-] und Fertigwarenbestände sowie der Geschäfts- und Betriebseinrichtung.

(2) Der Anmeldung ist ein Inventar der Rohstoff- und Warenbestände und der Geschäfts- und Betriebseinrichtung beizufügen. Im Inventar sind die zum kommissionsweisen Verkauf übernommenen Waren unter Bezeichnung des Namens (der Firma) und der Wohnungs- (Betriebs-)Anschrift des in Kommission Gebenden aufzuführen.

(3) Die Anmeldung und die Vorlage des Inventars behindern nicht die Weiterführung des Unternehmens (Geschäfts, Betriebs), jedoch darf der Anmeldende keine den geschäftsüblichen Verkehr übersteigenden Veräußerungen vornehmen.

(4) Der Handels- und Verkehrsminister bezw. der Industrieminister oder die von ihm betraute Behörde, Amt oder Körperschaft kann im öffentlichen Interesse die Sperre des Rohstoffs- und Fertigwarenvorrats sowie der Geschäfts- [und] (Betriebs-)Einrichtung des Handels- oder Industrieunternehmens (Geschäfts, Betriebes) eines Juden anordnen, sofern jedoch die Fortsetzung des Geschäfts (Betriebes) im öffentlichen Interesse nötig ist, zur Fortsetzung des Geschäfts (Betriebes) auf Kosten des Eigentümers des Unternehmens (Geschäfts, Betriebes) einen Geschäftsführer bestellen.

(5) Die Bestellung des Geschäftsführers ist im Budapesti Közlöny kundzumachen. Vom Zeitpunkt der Kundmachung an ist der rechtmäßige Vertreter des Unternehmens Führer des Unternehmens und von diesem Zeitpunkt an erlischt das Vertretungsrecht des ordentlichen Geschäftsführungsorgans des Unternehmens.

(6) Von der Bestellung des Geschäftsführers des Unternehmens hat der die Bestellung vornehmende Minister oder die von ihm betraute Behörde, Amt oder Körperschaft das Firmengericht zum Zweck der Eintragung ins Firmenregister und Kundmachung zu benachrichtigen. Diese Eintragung und Kundmachung haben nur informatorischen Charakter und ihre etwaige Unterlassung berührt nicht die Wirksamkeit der Bestellung des Geschäftsführers.

(7) Der Geschäftsführer ist verpflichtet, die notwendigen Vorkehrungen zur Aufrechterhaltung und Weiterführung des Unternehmens zu treffen; er kann namens des Unternehmens jede in dessen Geschäftsbereich fallende Handlung rechtsgültig vornehmen, darf jedoch das Unternehmen oder dessen Bestandteile sowie die Liegenschaften des Unternehmens nicht veräußern.

(8) Zu den nachstehenden Handlungen muss der Geschäftsführer die vorherige schriftliche Genehmigung des zuständigen Ministers einholen:

a) zur Übernahme von Verbindlichkeiten im Umfang von mehr als einem Monatsanteil des jährlichen Geschäftsumsatzes,

b) zur Begründung und Aufhebung (Streichung) eines die Liegenschaften des Unternehmens belastenden Pfandrechts oder eines anderen im Grundbuch einzutragenden Rechtes,

c) zur Vermietung des Unternehmens, einzelner seiner Teile oder der Liegenschaften des Unternehmens,

d) zur Veräußerung oder sich über mehr als sechs Monate erstreckenden Vermietung der Einrichtungsgegenstände (Maschinen, Werkzeuge oder anderer Ausrüstung) des Unternehmens,

e) zur Erteilung oder Zurückziehung der Prokura,

f) zum Abschluß eines Dienstvertrages von über einjähriger Dauer.

(9) Die Aufsicht über den Geschäftsführer führt der ihn bestellende Minister oder die von ihm betraute Behörde, Amt oder Körperschaft, sie versieht den Geschäftsführer mit Weisungen, setzt seine Entlohnung fest und kann ihn seiner Funktion jederzeit entheben.

(10) Die Gültigkeit der rechtlichen Handlungen des Geschäftsführers kann weder auf der Grundlage, daß die Voraussetzungen zu seiner Bestellung nicht gegeben waren, noch auf der Grundlage, daß die Handlung im Rahmen seiner Obliegenheiten nicht nötig war, bestritten werden. Das Fehlen der im Absatz 8 erwähnten Genehmigung des Ministers berührt nicht die Gültigkeit des vom Geschäftsführer abgeschlossenen Rechtsgeschäftes.

(11) Die Enthebung des Geschäftsführers des Unternehmens ist im Budapesti Közlöny kundzumachen und dem zuständigen Firmengericht zur Eintragung und Kundmachung mitzuteilen. Das Vertretungsrecht des Geschäftsführers des Unternehmens erlischt am Tage nach der Kundmachung seiner Enthebung im Budapesti Közlöny.

(12) Der Handels- und Verkehrs- bezw. der Industrieminister oder die von ihm betraute Behörde, Amt oder Körperschaft kann von dem Handels- oder Industrieunternehmen (Geschäft, Betrieb) die Vorlage über die Anmeldung hinausgehender Angaben verlangen, im Bedarfsfall die Rohstoff- und Fertigungsvorräte, die Geschäfts- oder Betriebseinrichtung, die Bücher und anderen geschäftlichen Aufzeichnungen prüfen.

§11

(1) Ein Jude, der als Pächter, Nutznießer[10] oder unter anderem Titel die Liegenschaft eines Nichtjuden bewirtschaftet oder auf ihr ein Forstnutzungsrecht ausübt,

10 Im ungar. Original: „Nießbraucher“, auch im Weiteren.

ist verpflichtet, dies unter grundbuchmäßiger Beschreibung der Liegenschaft anzumelden und zugleich die Zubehöre der land- und forstwirtschaftlichen Liegenschaften, die Betriebseinrichtung, das tote Inventar, den Viehbestand und die Vorräte des Betriebs im Geleit eines besonderen Inventars anzumelden.

(2) Der zur Anmeldung Verpflichtete (der jüdische Nutznießer oder jüdische Pächter der Liegenschaft) ist verpflichtet, die angemeldeten Vermögenschaften mit der Sorgfalt eines ordentlichen Wirtschafters wenigstens in dem am Tag des Inkrafttretens dieser Verordnung befindlichen Zustand zu erhalten und die üblichen Wirtschaftsarbeiten (Bodenbearbeitung, Aussaat, Anpflanzung, Pflanzenpflege usw.) mit der Sorgfalt eines ordentlichen Wirtschafters in der bisherigen Reihenfolge der Bewirtschaftung zu versehen. Diese Bestimmung behindert nicht den im Rahmen der ordentlichen Bewirtschaftung erforderlichen oder üblichen Verkauf oder Verbrauch.

§12

(1) Wenn es sich im Sinne dieser Verordnung zur Erhaltung der im Besitz des Anmelders verbleibenden Vermögenschaften als nötig erweist, kann die Finanzdirektion verfügen, daß die beweglichen Gegenstände unter strenge Sperre genommen werden. Bei Durchführung der strengen Sperre sind die Bestimmungen in §75 des Gesetzartikels IX von 1881 (F.N.: Gesetz über die Zwangsvollstreckungsverfahren)[11] entsprechend anzuwenden. Die in diesem Absatz erwähnte strenge Sperre ist nicht anzuwenden auf die im §10 bezeichneten Handels- oder Industrieunternehmen (Geschäfte, Betriebe), deren Rohstoff- und Fertigungsvorräte der Geschäftseinrichtung.

(2) Sofern sich die im vorhergehenden Absatz erwähnte Maßnahme hinsichtlich von land- oder forstwirtschaftlichen Vermögenschaften als nötig erweist, ersucht die Finanzdirektion den Kgl. Ungarischen Wirtschaftsinspektor bezw. die Kgl. Ungarische Forstdirektion, durch Bestellung eines Aufsehers für entsprechende Bewirtschaftung und Beaufsichtigung der Vermögenschaften zu sorgen. Die Kosten der Aufsicht werden zu Lasten des Eigentümers (Nutznießers, Pächters) auf Grund einer Meldung des Kgl. Ungarischen Wirtschaftsinspektors bezw. der Kgl. Ungarischen Forstdirektion von der Finanzdirektion festgesetzt. Wenn die vorerwähnte Aufsicht zur Erhaltung des Vermögensstandes oder zur Sicherstellung der Produktionskontinuität nicht ausreichend erscheint, verfügt die Finanzdirektion unter Bestellung eines Zwangskurators eine Zwangsverwaltung, bei forstwirtschaftlichen Liegenschaften und forstwirtschaftlichen Gewerbebetrieben ersucht sie die Forstdirektion um Bestellung einer forstwirtschaftlichen Verwaltung. Die Entlohnung des Zwangsverwalters wird von der Finanzdirektion festgestellt.

(3) Für die Tätigkeit des im Sinne des vorangehenden Absatzes bestellten Zwangsverwalters ist die durch Verordnung Nr. 210.000/1942 F.M.[12] über die zur Zwangsverwaltung der jüdischen land- und forstwirtschaftlichen Liegenschaften bestellten Zwangsverwalter erlassene Dienstanweisung maßgebend, mit der Abweichung, daß die Aufsicht durch die Finanzdirektion ausgeübt wird.

11 Der erwähnte Paragraph ermöglichte dem Vollstrecker, den Verkauf von Waren usw. nach eigenem Ermessen zu sperren.

12 Im Sinne der VO waren die Zwangsverwalter entweder den regionalen Aufsichtsbehörden für wirtschaftliche Angelegenheiten oder dem Landwirtschaftsminister unterstellt.

(4) Die Bestimmungen des Absatzes (2) sind entsprechend auch richtunggebend, wenn das Mieterträgnis eines durch Vermietung genutzten Amtes sicherzustellen ist.

§13

Die in dieser Verordnung für die Juden vorgesehenen Bestimmungen sind auf alle offenen Handelsgesellschaften, Kommanditgesellschaften und Gesellschaften mit beschränkter Haftung anzuwenden, in denen wenigstens ein Mitglied (bei Kommanditgesellschaften auch Außenmitglieder) Jude ist. In der Anmeldung ist anzugeben, welcher Anteil an Vermögen (Einkommen) der Gesellschaft dem Juden zusteht.

§14

(1) Für die Feststellung, wer unter dem Gesichtspunkt der Anwendung dieser Verordnung Nichtjude und wer Jude ist, sind die Bestimmungen der §§9 und 16 des Gesetzartikels XV von 1941[13] richtunggebend mit der Maßgabe,[14] daß als Nichtjude auch eine Person anzusehen ist, die nach Abstammung und Konfession den Bestimmungen des letzten Absatzes des erwähnten §9 entspricht,[15] vorausgesetzt, daß und solang sie nicht die Ehe mit einem Juden oder einem Nichtjuden schließt, dessen ein oder zwei Großelternteile als Mitglieder der israelitischen Konfession geboren sind.

(2) Die Bestimmungen dieser Verordnung beziehen sich nicht auf diejenigen Juden, die

1. für tapferes Verhalten vor dem Feind im Kriege von 1914–1918 die goldene oder wenigstens zweimal die silberne Tapferkeitsmedaille I. Klasse oder als Offiziere den Orden des Eisernen Kreuz III. Klasse mit den Schwertern oder eine höhere Auszeichnung gleichfalls mit den Schwertern oder die Stabsoffiziere eine höhere Auszeichnung als die Eiserne Krone III. Kl. gleichfalls mit den Schwertern erhalten haben oder die zu wenigstens 75 v. H. Kriegsinvaliden sind oder schließlich unter die Ausnahmen nach §2, Abs. (1), Ziff. 6 des Gesetzartikels IV von 1939,[16] nach §66 der Verordnung Nr. 7.720/1939 M. E., nach §3 der Verordnung Nr. 2.220/1941 M. E. oder nach §2 der Verordnung Nr. 8.550/1941 M. E. fallen,[17]

2. die in gemeinsamem Haushalt lebenden Ehefrauen und Kinder der in Ziff. 1 aufgeführten Personen sind,

3. Kriegswitwen und Kriegswaisen des gegenwärtigen Krieges sind,

4. sich als ausländische Staatsangehörige in Ungarn aufhalten, die ihre ausländische Staatsangehörigkeit durch eine auf Ersuchen der zuständigen ausländischen Vertretungsbehörde von der Landeszentralbehörde für Ausländerüberwachung zu

13 Siehe Dok. 51 vom 2.8.1941.

14 Im ungar. Original: „Bezüglich der Umsetzung der Verordung sind hinsichtlich der Feststellung, wer Nichtjude und wer Jude ist, die Bestimmungen der §§9 und 16 des Gesetzes 1941:XV richtungsweisend."

15 Laut diesem Absatz war der Justizminister befugt, die Eheschließung zwischen Juden und Nichtjuden zuzulassen, wenn Erstere höchstens zwei jüdische Großelternteile hatten, sie aber entweder von Geburt an oder spätestens ab dem 7. Lebensjahr der christlichen Glaubensgemeinschaft angehörten.

16 Siehe Dok. 29 vom 5.5.1939.

17 Die drei letztgenannten Paragraphen besagten, dass ungarntreue, national gesinnte Bürger, ihre Ehepartner und Kinder von den Bestimmungen auszunehmen waren, wenn sie in Landesteilen lebten, die nach den zwei Wiener Schiedssprüchen an Ungarn angeschlossen bzw. 1941 nach dem Krieg gegen Jugoslawien von Ungarn annektiert worden waren.

diesem Zweck ausgestellte Bescheinigung nachweisen, vorausgesetzt, daß in dieser Hinsicht mit dem Staat, dessen Angehöriger der Jude ist, Gegenseitigkeit besteht.

§ 15

Ein Anspruch, der einem mit einer anmeldepflichtigen Person in gemeinsamem Haushalt lebenden Nichtjuden unter dem Titel des gemeinsamen Erwerbs zusteht, ist in der Anmeldung anzugeben.

§ 16

Die Anmeldung, die mit der Anmeldung zusammenhängende Grundbucheingabe bezw. Grundbucheintragung, die Anmeldung beim Firmengericht und die Firmenkundmachung sind gebühren- bezw. abgabefrei.

§ 17

(nur Inhaltsangabe) Strafbestimmungen: Haft bis zu zwei, in Kriegszeiten bis zu sechs Monaten, Geldstrafen, die Vermögenschaften, mit denen das Delikt begangen wurde, sind einzuziehen.

§ 18

Diese Verordnung tritt am Tag ihrer Veröffentlichung in Kraft.[18] Für ihre Durchführung sorgt der Finanzminister einvernehmlich mit den beteiligten Ministern. Im Interesse des ungestörten Verlaufs des Wirtschaftslebens kann die Regierung von den Verkehr beschränkenden Bestimmungen abweichende Verfügungen treffen.

Budapest, den 14. April 1944

Döme Sztójay

DOK. 138

Magyarság: Aufruf des Staatssekretärs László Baky vom 16. April 1944 an die Bevölkerung, Juden zu denunzieren, die gegen die antijüdischen Verordnungen verstoßen[1]

Es ist die Pflicht aller Ungarn, Juden, die die Judengesetze unterlaufen, anzuzeigen

Schon mehrfach ist die Polizeiführung darüber informiert worden, dass einzelne Juden versuchen, sich den Verordnungen zu entziehen, die zur Regelung der Judenfrage eingeführt wurden. Es ist in nationalem Interesse, die Judenverordnungen ausnahmslos durchzusetzen.

Aus diesem Grund wendet sich der Staatssekretär des Innern László Baky an dieser Stelle an die ungarische Öffentlichkeit und ersucht jeden ehrbaren Ungarn, die Umsetzung der Verordnungen zu unterstützen. Jeder, der Kenntnis darüber erlangt, dass die Verordnungen umgangen oder ignoriert werden, soll es als seine patriotische Pflicht erachten, dies bei der nächstgelegenen Sicherheitsbehörde (Gendarmerie, Polizei) sofort zu melden.

18 Das Gesetz trat am 16.4.1944 in Kraft.

1 Magyarság, Nr. 85 vom 16.4.1944, S. 7: Minden magyar kötelessége a rendeleteket kijátszó zsidók feljelentése. Das Dokument wurde aus dem Ungarischen übersetzt. Die Tageszeitung Magyarság (Ungartum) erschien 1920–1944 und verstand sich als Organ der ungar. christlichen Intelligenz sowie des radikalen ungar. Nationalismus.

DOK. 139

Die Juden von Ungvár (Užhorod) und der Karpato-Ukraine flehen am 17. April 1944 darum, von der Gettoisierung in der Region abzusehen[1]

Schreiben des Judentums in Ungvár und im Karpatenvorland, Ungvár, an Oberregierungsrat Vitéz Thurzó[2] vom 17.4.1944 (Abschrift)[3]

Dem ehrwürdigen, edlen Herrn Oberregierungsrat Vitéz Thurzó.
In diesem Brief steckt unser ganzes Herzblut. Tag und Nacht weinen wir und flehen darum, der Allmächtige möge unseren Herren die Macht und den Willen geben, unser Leben zu retten. Ungarn ist ein tausendjähriger Staat und nicht die Slowakei eines Šaňo Mach.[4] Dem ungarischen Volk ist Gefühl und eine ritterliche Gesinnung eigen. Das ungarische Volk weint mit uns. Die überwiegende Mehrheit des jüdischen Volkes wiederum ist der Todfeind des Bolschewismus, der die Religion mit Füßen getreten hat, ohne die es gar kein Leben gibt bzw. geben kann. Das Judentum ist diszipliniert, es befolgt die Befehle der Regierung in treuer Ergebenheit. Während der Besetzung[5] dachten wir pausenlos an unsere tausendjährige Heimat, sprachen ungarisch und handelten auf ungarische Art und Weise. Bei der Befreiung weinten und tanzten wir vor Freude.[6] Immer wollten wir treue Soldaten unserer lieben Heimat sein. Die überwiegende Mehrheit des Judentums hat nie auch nur irgendetwas gegen diese unsere Heimat verbrochen. Nehmen Sie unser Vermögen, lassen Sie uns für Sie arbeiten, aber erlauben Sie uns, in unseren Wohnungen zu bleiben, und retten Sie unser Leben![7] Behandeln Sie uns wenigstens wie Tiere! Geben Sie uns etwas zu essen und verschonen Sie unser Leben! Der Schöpfer und die Welt werden einmal Rechenschaft für unser Leiden und unser Leben [von Ihnen] fordern. Die Führer des ungarischen Volkes, das ungarische Volk selbst und das ungarische heilige Land tragen Verantwortung für uns. Die Ungarn und die Juden sind gleichermaßen die Kinder des Schöpfers. Das ungarische Volk ist nicht heidnisch. Geruhen Sie an Ihre eigene Familie, an Ihre lieben Eltern und Kinder zu denken! Geruhen Sie sich die Zeit zu nehmen und mitanzusehen, wie aus den Dörfern sterbende Alte und kleine weinende hungrige Säuglinge hierhergebracht, in Lumpen gehüllt und in kalten

1 MNL OL, K 774-1944. Abdruck in: György Haraszti, Kárpátaljai dokumentum, in: Múlt és Jövő 3 (1991), S. 66 f. Das Dokument wurde aus dem Ungarischen übersetzt.
2 Dr. Vitéz György Thurzó.
3 Das Dokument ist überliefert als amtliche Abschrift (Nr. 169/9–1944) der vertraulichen Meldung des kgl. ungar. Polizeikommissariats in Ungvár vom 20.4.1944.
4 Alexander Mach (1902–1980), Oberbefehlshaber der Hlinka-Garde, slowak. Innenminister und stellv. Ministerpräsident; maßgeblich verantwortlich für die Deportationen der Juden aus der Slowakei 1942, 1946 zu 30 Jahren Haft verurteilt, 1968 entlassen.
5 Gemeint ist die Zugehörigkeit der Karpato-Ukraine zur Tschechoslowakei zwischen 1920 und 1938/39.
6 Ungvár fiel mit dem Ersten Wiener Schiedsspruch 1938 zusammen mit weiteren südlichen Gebieten der Karpato-Ukraine an Ungarn. Die restlichen Teile der Karpato-Ukraine besetzten ungar. Truppen im Frühjahr 1939.
7 Die örtlichen Behörden begannen am 16.4.1944 mit der Umsiedlung der jüdischen Bevölkerung aus der Umgebung in das Sammellager in der Moskovits-Ziegelfabrik in Ungvár. Die jüdische Bevölkerung wurde zwischen dem 20. und 26.4.1944 ins Getto eingewiesen.

Nächten unter freiem Himmel gehalten werden![8] Geruhen Sie mitanzusehen, wie einheimische Christen, Ungarn und Ruthenen gleichermaßen die Hände ringen, den Himmel anflehen, wenn sie am Bürgersteig [stehend] sehen, auf welch barbarische Weise unschuldige Juden, ungarische Staatsbürger abtransportiert werden. Warum erschießt man sie nicht einfach in ihren Häusern, was viel humaner wäre? Wir wissen, dass die Lage schwierig ist. Dafür sind aber nicht die Juden verantwortlich. Sie haben keine Verbrechen gegen den Staat verübt. Falls in der Vergangenheit so etwas geschehen sein sollte, dann soll der Staat die Täter bestrafen. Es sollten aber nicht die Unschuldigen ausgerottet werden. Geruhen Sie an die Mahnungen und Gebete des Hl. Vaters in Rom,[9] des Nuntius,[10] des Fürstprimas[11] und der gesamten hohen Priesterschaft zu denken, die pausenlos auch für uns Juden beten.[12] Geruhen Sie an Fluch und Segen zu denken! Geruhen Sie an die unzähligen Tränen zu denken, die in jedem Moment im Lager in der Minaji-Straße[13] um Gnade und Hilfe vergossen werden. Geruhen Sie Opfer zu bringen und an die tausendjährige Vergangenheit Ungarns zu denken! Ungarn hat sich nie dazu hergegeben, uns auf diese schreckliche Art und Weise in lebende Tote zu verwandeln. Unsere christlichen Brüder und Schwestern sehen mit eigenen Augen, wie Säuglinge und Alte und Kranke halbtot auf Krücken hierhergezerrt werden. Sie weinen mit ihnen gemeinsam. Siedeln Sie uns nach dem Krieg auf humane Weise aus, falls Sie es wünschen. [Dann] verlassen wir unsere geliebte Heimat, in der auch wir schon seit tausend Jahren leben. Aber lassen Sie uns bis dahin Menschen sein, die ihren Schöpfer und ihre ungarische Heimat lieben, für die auch wir viel gehungert haben. Erbarmen Sie sich unser und begnadigen Sie uns, damit wir unsere Verwandten, Eltern und Kinder, die aus den Dörfern hierher transportiert worden sind und denen die furchtbarsten ansteckenden Krankheiten drohen, zu uns nehmen und mit ihnen gemeinsam hier leben dürfen. Haben Sie Erbarmen und lassen Sie noch heute Gnade walten! Jeder Augenblick zählt. Wir werden für Ungarn, für das Volk, für den Reichsverweser und die Führer der Nation beten, für deren Glück und Gesundheit. SOS. S.O.S. S.O.S.
In ewiger Treue und demütigster Ehrfurcht[14]

8 Zur Situation im Sammellager in Ungvár siehe Dok. 140 vom 18.4.1944 sowie Dok. 146 vom 22.4.1944.
9 Pius XII. (1876–1958).
10 Angelo Rotta (1872–1965), Apostolischer Nuntius.
11 Jusztinián Serédi (1884–1945), Erzbischof von Esztergom und Primas von Ungarn.
12 Zur Kritik der Kirchen an den antijüdischen Maßnahmen seit der deutschen Besetzung siehe Dok. 170 vom 15.5.1944, Dok. 196 von Anfang Juni 1944 sowie Dok. 204 vom 9.6.1944.
13 Gemeint ist das Lager in der Moskovits-Ziegelfabrik. Hier befanden sich rund 14 500 Personen.
14 Zur Lage der Juden in den annektierten Gebieten im Frühjahr 1944 siehe Einleitung, S. 58 f.

DOK. 140
Amtsarzt Károly Biringer weist am 18. April 1944 auf die unzureichende Wasserversorgung und die Typhusgefahr im Sammellager in Ungvár (Užhorod) hin[1]

Meldung (217/1ü1944.sz.fo.) von Dr. Károly Biringer,[2] kgl. ungar. Amtsarzt, Ungvár, an den Bürgermeister von Ungvár[3] vom 18.4.1944 (Abschrift)[4]

Betreff: Gesundheitsinspektion des jüdischen Sammellagers in der Ziegelfabrik in der Felszabadulás-Straße

An den Herrn Bürgermeister in *Ungvár*
Hiermit teile ich mit, dass nach der mündlichen Aufforderung des Herrn Bürgermeisters am heutigen Tag die gesundheitlichen Verhältnisse im jüdischen Sammellager in der Felszabadulás-Straße im Interesse des städtischen Gesundheitsschutzes untersucht wurden.[5] An der Begehung nahmen meine eigene Behörde, namentlich der kgl. ungar. Amtsarzt Dr. János Bálint, die städtischen Ärzte Dr. Jenő Hanzséros, Dr. Pál Radó, Dr. Vilmos Závodnyik sowie der kgl. ungar. Hauptamtsarzt des benachbarten Komitats Ung, Dr. Gábor Russa, sowie der vom Bürgermeister als Experte bestellte technische Stadtrat György Alföldy und der Feuerwehrhauptkommandant János Ortutay teil.
Die Untersuchung erfolgte zusammen mit den Polizeikommandanten des Lagers.
Nach Inaugenscheinnahme des Lagers, das für 20 000 Personen ausgelegt ist,[6] empfehle ich mit Rücksicht auf den städtischen Gesundheitsschutz folgende Sanitärmaßnahmen:
1. Die Sicherung der Wasserversorgung der im Lager konzentrierten Juden.
Pro Kopf sollten täglich 1,5 Liter Trink- und Kochwasser sowie 5 Liter Wasser für die Körperpflege zur Verfügung stehen.
Für 20 000 Menschen wären täglich also 30 000 Liter Trinkwasser und 100 000 Liter Waschwasser erforderlich.
Auf dem Gelände der Ziegelfabrik befindet sich zurzeit nur ein Saugpumpen-Brunnen, der im günstigsten Fall täglich 20 m³ Wasser liefert. Der Brunnen ist mangelhaft

1 MZSML, D 8/2. Das Dokument wurde aus dem Ungarischen übersetzt.
2 Dr. Károly Biringer (*1895), Mediziner, Amtsarzt in Ungvár und im Komitat Ung; von Nov. 1945 an Generalinspekteur für Volksgesundheit.
3 Dr. László Megay, auch Pesovnik (*1901), Jurist, Fußballprofi; Sportberichterstatter für die Zeitung Nemzeti Sport (Nationalsport); 1925–1928 Mitglied der ungar. Fußballnationalmannschaft; 1938 Rückkehr nach Ungvár, Stadtrat und Hauptnotar, von 1939 an stellv. Bürgermeister, 1941 bis Aug. 1944 Bürgermeister von Ungvár, anschließend von Komárom; nach dem Krieg in einem Kriegsgefangenenlager in Deutschland interniert, später nach Australien emigriert.
4 Im Original: „Für die beglaubigte Ausfertigung Frau Bérczes e. h.".
5 In Ungvár befanden sich zwei Sammellager. Auf der Glück-Holzdeponie in der Munkácsy-Mihály-Straße war ein zweites Sammellager eingerichtet worden, da das Lager in der Moskovits-Ziegelfabrik in der Felszabadulás-Straße überfüllt war.
6 In den beiden Sammellagern wurden etwa 17 000 Juden untergebracht. In der Moskovits-Ziegelfabrik befanden sich um die 14 500 Personen.

errichtet und nur mit löchrigen Brettern bedeckt. Aus Sicht des Seuchendezernats eignet sich dieses Wasser deshalb nur zum Waschen (Kochen).[7]
2. Die Aufstellung einer angemessenen Anzahl von Latrinen. Bei der Aufstellung der Latrinen ist zu beachten, dass die tägliche Stuhlmenge pro Kopf bei geschätzt 130 Gramm und die durchschnittliche Urinmenge bei 1200 cm^3 liegt.
Die beiden derzeit verfügbaren Latrinen sind nicht einmal für die Erledigung der Notdurft der momentan dort lebenden Insassen (ungefähr 4000) ausreichend.
Zwecks Vermeidung von Infektionen bzw. der Ausbreitung von Fliegen und des sich in Richtung Stadt verbreitenden Gestanks sollten die Latrinen mit Honigmilch oder Chlorkalk desinfiziert werden. Außerdem muss der Inhalt der Latrinen mindestens fünf Mal täglich mit mürbem Sand bestreut werden. Um dies zu gewährleisten, muss von Seiten der Juden bei jeder Latrine ein ständiger Wachdienst eingerichtet werden. Schließlich ist anzuordnen, dass die Notdurft nur in der Latrine verrichtet werden darf.
Ich bitte, die unter den Punkten 1 und 2 aufgeführten Maßnahmen mit aller Strenge durchzuführen, da bei Zuwiderhandlung eine Typhus-Epidemie zu befürchten ist, zumal davon ausgegangen werden kann, dass sich unter den im Lager lebenden Juden mehrere Bazillenträger befinden.
3. Aufgrund dieser Feststellungen wäre es wünschenswert, die neu ins Lager eingelieferten Juden gegen Typhus zu impfen. Zur Schutzimpfung bräuchte man ca. 15 000 cm^3 Serum, 30 Spritzen mit einem Volumen von 10 ml und 30 Dutzend Impfnadeln. Die Impfungen sollten jüdische Ärzte unter der Aufsicht von Amtsärzten durchführen.
4. Bekanntlich ist ein großer Teil der Juden aus dem Karpatenvorland von Kopf- und Kleiderläusen befallen. Zwecks Vermeidung weiterer Verlausung bzw. der Ausbreitung von Typhus ist es notwendig, die Schutzmaßnahmen gegen Typhus-Pusteln streng einzuhalten. Zu diesem Zweck empfehle ich:
a. Die rasche Einrichtung einer Entlausungskammer. Sie könnte von den im Lager befindlichen Ingenieuren aufgebaut werden.
b. Jeweils für 200 Juden müsste eine Person ausgebildet werden, die die Insassen nach Läusen absucht.
Ihre Ausbildung könnte der Unteroffizier der städtischen Desinfizierungsstelle durchführen.
5. Die Tongruben der Ziegelfabrik sind seit Jahren Quelle von Malaria-Infektionen in Ungvár. Das endgültige Zuschütten der Tongruben hat der Bürgermeister bereits angeordnet. Aufgrund eines Einspruchs ist der Beschluss jedoch nicht zur Ausführung gekommen.
6. Zur Isolierung der möglicherweise ansteckenden Patienten müssten im jüdischen Krankenhaus mindestens zwei Räume reserviert werden. Ebenso müsste ein Kreißsaal eingerichtet werden.
Die sofortige Isolierung der infizierten Patienten ist erforderlich, um einer größeren Epidemie vorzubeugen.

7 Auf Vorschlag von Biringer wurde die Wasserversorgung in den nächsten Tagen provisorisch ausgebaut; Gesuch des Bürgermeisters von Ungvár an den Innenminister vom 24.4.1944 (112.eln/1944), MNL OL, KKBH. i. K 774–1944, Bl. 97.

7. Schließlich empfehle ich, die im Lager eingeteilten jüdischen Ärzte täglich zu bestimmten Zeiten Sprechstunde halten zu lassen. Eine Überweisung ins jüdische Krankenhaus sollte erst nach der Kontrolluntersuchung des städtischen Arztes vorgenommen werden. Für die Dienstschichten der zuständigen Ärzte habe ich bereits Vorkehrungen getroffen.
8. Derzeit verfüge ich über keine detaillierten Angaben über die Größe des Ziegeleigeländes und kann daher derzeit nichts darüber sagen, wie viele Menschen dort untergebracht werden könnten.
Ich bitte den Herrn Bürgermeister mit aller Hochachtung, die notwendigen Maßnahmen zu treffen.[8]

DOK. 141
Die Schwestern Ilona und Olga Iczkovics schreiben im April 1944 ihrem Bruder, dass sie mit ihrer Mutter in das Getto Beregszász (Berehowe) ziehen müssen[1]

Handschriftl. Brief von Olga, Ilona und Etel Iczkovics[2] Barabás, an Elemér Iczkovics[3] vom 18. und 19.4.1944

18. April in der Früh
Mein teurer, guter Bruder,
auf eine behördliche Weisung hin müssen wir, gemeinsam mit anderen Juden, unser Zuhause verlassen, vielleicht morgen oder auch übermorgen, wir wissen es noch nicht. Es scheint so, als sei Beregszász der Bestimmungsort.[4] Bis 50 kg dürfen wir an Gepäck mitnehmen. Wir alle drei werden uns starken Mutes, fest in unserem Glauben und gesund auf den Weg machen. Sollten wir uns auf unergründlichen Ratschluss des Schicksals hin nicht mehr wiedersehen, wünschen wir Dir, dass Du glücklich wirst. Solltest Du irgendetwas brauchen, wende Dich an die Nachbarsfamilie Orosz oder auch an die Familien von Géza Kozák, Elemér Erdélyi oder Eszter Sólymos und [...],[5] die ebenfalls ihre Hilfe zugesagt haben, und ich hoffe sehr, sie halten ihr Wort. Solltest Du früher heimkehren, kannst Du sie aufsuchen, und sie werden sich für das revanchieren, was

8 Bürgermeister Megay wandte sich bereits vor dem Abschluss der Gettoisierung an Andor Jaross mit der Bitte, die Deportationsmaßnahmen beschleunigt einzuleiten, da die im Sammellager untergebrachten Juden eine Gesundheitsgefahr für die örtliche nichtjüdische Bevölkerung darstellen würden; Gesuch des Bürgermeisters von Ungvár an den Innenminister vom 24.4.1944 (112.eln/1944), wie Anm. 8. Die Insassen der Sammellager wurden zwischen dem 17. und dem 31.5.1944 nach Auschwitz deportiert.

1 HDKE, 2011.917.2. Das Dokument wurde aus dem Ungarischen übersetzt.
2 Olga Iczkovics (1916–1944?) und Ilona Iczkovics (1918–1944?) wurden zusammen mit ihrer Mutter Etel Iczkovics, geb. Grosz (1885–1944?), aus dem Getto Beregszász nach Auschwitz deportiert und dort vermutlich nach der Ankunft ermordet.
3 Elemér Iczkovics (1911–1944?), Bruder von Olga und Ilona Iczkovics; im Arbeitsdienst bei Biela, seit Juli 1944 vermisst.
4 Vermutlich wurden die Bewohner des Gettos Barabás vorerst im Getto Vásárosnamény und dann in Beregszász zusammengefasst. Von dort wurden sie im Mai 1944 nach Auschwitz deportiert.
5 Name unleserlich.

wir für sie getan haben. Ich schreibe jetzt nichts weiter, es könnte nämlich sein, dass der Brief in falsche Hände gerät. Servus, mein Elemér! Ich hoffe, wir werden noch Augenzeugen unseres beiderseitigen Glücks. Glaube, Liebe, Hoffnung halten uns jetzt am Leben. Mut und Ausdauer ist unsere Losung. Bis zum Wiedersehen.
Wir küssen Dich in heißer Liebe und denken an Dich.
Mutti, Olga und Ili

Zurzeit sind die Paulinchens[6] zu Hause und noch gesund. Wenn nichts dazwischenkommt, werde ich Erdélyi um ein Fahrrad bitten, und ich gehe rüber, um sie zu besuchen.[7]
Ich war in Geléncs, den Paulinchens hatte der Notar (Csapó) bereits gesagt, sie sollen sich für den Weg vorbereiten, mit einem Gepäck von 50 kg pro Person, und dass jede Familie ein Gespann bekomme. Ich habe noch gehört, in Beregszász würden von allen die Papiere verlangt und diejenigen, deren Papiere in Ordnung seien, würden nach Hause gelassen werden. Wir wurden offiziell noch nicht dazu aufgefordert. Jetzt ist es 11 Uhr herum, wenn es möglich ist, werde ich weiterschreiben.
19. April. Die Paulinchens wurden gestern abtransportiert. Jetzt sind wir an der Reihe. Wir glauben, vertrauen und hoffen bis zuletzt. In der Hoffnung auf ein Wiedersehen. Ich küsse Dich in Liebe.
Der Himmel soll Euch alle bewahren. Deine Dich liebende Schwester Ilona

19. April 1944
Lieber Unbekannter!
Ich bitte Dich darum, diesen Brief an meinen Bruder, Elemér Iczkovics, nicht zu zerreißen (er ist jetzt an der Ostfront. Seine Lagernummer: K 673), sondern ihn mit den beiden Zetteln ihm nach seiner Heimkehr zu übermitteln oder ihn in dieses Versteck zurückzulegen. Die Ohrringe und den Ring kannst Du behalten. Wenn Du diese Bitte erfüllst, soll der Herr Dich dafür segnen, und wenn Du es nicht tust, so soll er Dich strafen. Gott soll uns alle schützen.
Es grüßt Olga Iczkovics

6 Paula Iczkovics (1906–1944?), Tochter von Etel Iczkovics, wohnhaft in Geléncs; im Mai 1944 nach Auschwitz deportiert, dort vermutlich nach der Ankunft ermordet.
7 Fortsetzung mit Bleistift.

DOK. 142

Das ungarische Innenministerium verlangt am 19. April 1944 von der Bevölkerung, den deutschen Sicherheitsdienst im Kampf gegen den Bolschewismus und das Judentum zu unterstützen[1]

Verordnung des kgl. ungar. Innenministers,[2] Nr. 7.000/1944 VII. res., vom 19.4.1944 (Abschrift)[3]

Betreff: Unterstützung der Organe des deutschen Sicherheitsdienstes[4]

Aufgrund des Vordringens der russisch-bolschewistischen Armee hat es sich als dringend notwendig erwiesen, der kommunistischen Gefahr zu begegnen. Die Abwehr der in erster Linie Ungarn bedrohenden bolschewistischen Überflutung kann nur um den Preis eines mit den verbündeten deutschen Truppen gemeinsam geführten Kampfes gelingen. Der gemeinsame Kampf ist aber auch notwendig gegen das internationale Judentum, das die Bolschewisten unterstützt und die Weltherrschaft der Kommunisten vorbereitet. Deren Macht und überwältigender wirtschaftlicher und politischer Einfluss kann nur durch den engen Zusammenschluss und die gemeinsame Anstrengung aller antibolschewistischen Kräfte gebrochen werden. Und wenn dieser letzte Kampf auch an der inneren Front stattfindet und sich in seinen Mitteln wesentlich vom gigantischen Kampf gegen die bolschewistische Armee unterscheidet, ähnelt er in seiner Bedeutung doch diesem, da er die ungeminderte Funktionstüchtigkeit der Armee und die innere Widerstandsfähigkeit des Landes unter Beweis zu stellen hat.

Dies verleiht unserem Kampf die gegenwärtige außerordentliche Wichtigkeit und erklärt, warum die Organe des deutschen Sicherheitsdienstes, die die Kampfhandlungen der deutschen Truppen im Hinterland sichern, daran ebenfalls teilnehmen. Die Tätigkeit dieser Organe dient ausschließlich diesem Ziel und bezweckt lediglich die Unterstützung der ungarischen Behörden und der Ordnungsorgane, da sie [die Organe des deutschen Sicherheitsdienstes] im Kampf gegen das Judentum und den Bolschewismus über besondere Erfahrungen verfügen. Sie beabsichtigen jedoch keinesfalls, sich in deren Aufgabenbereich einzumischen und die Selbstverwaltung oder gar die ungarische Souveränität zu verletzen.

Der Ertrag dieser im Interesse identischer Ziele stehenden Tätigkeit kann jedoch nur durch eine enge und ungestörte Zusammenarbeit gesichert werden, weshalb sie dort, wo sie noch nicht existiert, unverzüglich auf den Weg gebracht werden muss. Deshalb ist mit den Organen des deutschen Sicherheitsdienstes in Kontakt zu treten, eine dauerhafte Zusammenarbeit aufzunehmen und auszubauen.

Die Unterstützung, die die deutschen Organe in dieser Angelegenheit erbeten haben, müssen wir unsererseits durch die dem Staat unterstehenden Polizei- und Gendarmerieabteilungen gewährleisten und ihre Notwendigkeit anerkennen. Deshalb versteht es sich

1 MNL NML, V. 83. 25 biz/1944. Abdruck in: Benoschofsky/Karsai (Hrsg.), Vádirat, Bd. 1 (wie Dok. 119 vom 29.3.1944, Anm. 1), S. 185 f. Das Dokument wurde aus dem Ungarischen übersetzt.
2 Andor Jaross.
3 Die Abschrift sandte der Vizegespan des Komitats Nógrád am 25.4.1944 an die Bürgermeister und Oberstuhlrichter. Im Original Stempel des Vizegespans des Komitats Nógrád.
4 Gemeint sind die Kräfte des BdS Ungarn und das Sondereinsatzkommando Eichmann.

von selbst, dass wir den diesbezüglichen Forderungen der deutschen Polizeibehörden entsprechen werden.
Alle Umstände, die diese Zusammenarbeit behindern, oder Anforderungen, die die untergeordneten Behörden nicht erfüllen können, müssen mir – durch meine Abteilung für öffentliche Sicherheit – unverzüglich gemeldet werden.
Ich betone jedoch, dass alle kleinlichen Bedenken zurückzustellen sind und die effiziente und reibungslose Zusammenarbeit in jeder Hinsicht gesichert werden muss, damit das erwünschte Ziel so effektiv und schnell wie möglich erreicht werden kann.
Von allen Behörden der Gendarmerie und der Polizei erwarte ich gegenüber den Organen der deutschen Polizei offenes und aufrichtiges Verhalten, um auf der Basis gegenseitigen Vertrauens die Grundlagen einer kameradschaftlichen und fruchtbaren Zusammenarbeit zu schaffen.
i. V. des Ministers eh. gez. der Staatssekretär[5]

DOK. 143

Edmund Veesenmayer teilt am 19. April 1944 dem Auswärtigen Amt mit, dass es Schwierigkeiten gebe, Waggons für die Deportation von 10 000 Juden zur Verfügung zu stellen[1]

Telegramm (Nr. 117 – als Verschlusssache zu behandeln) von Veesenmayer, Budapest, an das Auswärtige Amt (Eing. 21.4.1944, 22.00 Uhr) vom 19.4.1944[2]

Auf Drahterlass Fuschl Nr. 72 vom 19.4.44[3]
Honvedministerium mitteilt, daß bereits 10 000 Juden zum Abtransport bereitstünden, und bittet, möglichst rasch mit den Transporten zu beginnen.
Sachbearbeiter des Obergruppenführers Winkelmann[4] erklärt, daß alle Vorbereitungen getroffen und Abtransport beginnen könne, sobald die benötigten Waggons zur Verfügung stünden.
Dies stoße aber vorläufig auf größte Schwierigkeiten.
Erbitte auch von dort alle Unterstützung in Frage Waggonstellung.[5]

5 László Baky.

1 PAAA, R 29793.
2 Im Original Verteilerliste und Vermerk: „Telegramm wurde von Ges. Budapest unmittelbar nach Fuschl durchgegeben. Telko, 22.4.44."
3 Nicht ermittelt.
4 Otto Winkelmann (1894–1977), Offizier; von 1919 an im Polizeidienst; 1932 NSDAP-, 1938 SS-Eintritt; von 1939 an im Hauptamt der Ordnungspolizei, 1940 dort Chef des Amtsgruppenkommandos I, 1942 SS-Gruppenführer, Chef des Kommandoamtes; von 1944 an HSSPF in Ungarn, Dez. 1944 Stadtkommandant von Budapest; 1955–1958 Mitglied der Ratsversammlung von Kiel, Zeuge im Eichmann-Prozess.
5 Thadden informierte Eichmann am 20.4.1944 über Veesenmayers Telegramm und erklärte, dass „die Frage der Waggonstellung" vom RHSA aus gelöst wird, „sobald eine endgültige Weisung des Chefs des Reichssicherheitshauptamtes in der Gesamtfrage der Übernahme dieser Arbeitsjuden dort vorliegt"; Telegramm von Thadden an Eichmann vom 20.4.1944; Abdruck als Faksimile in: Braham (Hrsg.), The Destruction of Hungarian Jewry (wie Dok. 76 vom 25.9.1942, Anm. 1), Dok. 139, S. 347 f.

DOK. 144
Die Haushaltsangestellte Jolán Szabó bittet am 20. April 1944 Staatssekretär László Endre, bei ihrem jüdischen Arbeitgeber bleiben zu dürfen[1]

Schreiben von Jolán Szabó, Haushaltsangestellte, XI., Budapest, Lenke-Platz 7, 3. Stock, 6, an Staatssekretär Vitéz Dr. László Endre, Budapest, vom 20.4.1944

Dem hochwohlgeborenen Herrn Staatssekretär Vitéz Dr. László Endre

Als 51-jährige kranke und invalide Haushaltsangestellte gestatte ich mir, mich an Euer hochwohlgeborenen Herrn als unseren Wohltäter, der dem Schicksal armer Christen immer mit Wohlwollen begegnet ist, zu wenden. Mein Fall liegt in Zusammenhang mit den letzten Verordnungen bezüglich der Bediensteten in jüdischen Haushalten ganz besonders.[2] Mein Brotherr, bei dem ich seit 15 Jahren diene, wird nur deshalb nicht als Christ anerkannt, weil er nicht bis zum siebten Lebensjahr, sondern erst im Alter von zehn Jahren getauft worden ist. Zwei seiner Großeltern sind nämlich Christen, und seine Ehefrau stammt ebenfalls von Christen ab. Sie ist erwerbstätig, verdient ihr Brot selbst, und deshalb benötigt er eine Hausangestellte. Die Kinder sind ebenfalls Christen. Mein Brotherr muss auch nicht den gelben Stern tragen. Laut der gegenwärtig geltenden Verordnung müsste ich meine Stelle dennoch bis zum 30. April verlassen, was mich aufgrund meines Zustands in den Selbstmord treiben würde. Weder meine Eltern noch meine Geschwister oder andere Verwandte sind am Leben, und so kann ich nirgends unterkommen. Ich habe kein Zuhause. Außerdem hat mich Gott mit einer schrecklichen Krankheit gestraft, mein Gesicht und meine Nase sind vom Lupus entstellt. Er bedarf nicht nur ständiger Behandlung, sondern macht es mir unmöglich, anderswo eine Anstellung zu bekommen. Die Menschen setzen sich in der Straßenbahn sogar von mir weg, weil sie sich vor mir ekeln. Nur mein derzeitiger Arbeitgeber beschäftigt mich, da er sich an mich gewöhnt hat und immer guten Herzens mir gegenüber war.
Meine inständigste Bitte ist also, erbarmen Sie sich, hochwohlgeborener Herr, und erlauben Sie mir, angesichts der außerordentlichen Umstände weiterhin bei meinem jetzigen Arbeitgeber zu bleiben.
Für Ihr wohlwollendes Verständnis, hochwohlgeborener Herr, bedanke ich mich im Voraus.
Hochachtungsvoll[3]

1 MZSML, D 5/6. Das Dokument wurde aus dem Ungarischen übersetzt.
2 Siehe Dok. 134 vom 4. bis 14.4.1944, Anm. 15.
3 Eine Antwort auf den Brief ist nicht überliefert.

DOK. 145
Eberhard von Thadden informiert am 20. April 1944 Adolf Eichmann, dass Ministerpräsident Sztójay eingewilligt hat, 50 000 jüdische Arbeitskräfte an das Deutsche Reich zu übergeben[1]

Schreiben (geheime Reichssache) des Auswärtigen Amts, Nr. Inl. II 212 ghs, i. A. gez. v. Thadden, an das Reichssicherheitshauptamt, z. Hd. v. SS.-Obersturmbannführer Eichmann, vom 20.4.1944 (Durchdruck)

Der Reichsbevollmächtigte und Gesandte des Großdeutschen Reiches in Budapest[2] teilte telegrafisch mit, daß Ministerpräsident *Sztojay* ihm in einer Besprechung am 13.4. die verbindliche Zusage für die Bereitstellung von 50 000 arbeitsfähigen Juden durch Ungarn an das Reich gegeben habe.[3] Die praktischen Maßnahmen zur Durchführung der Aktion seien von dem SD und der ungarischen Polizei bereits in die Wege geleitet. Auch der Reichsverweser habe sich einverstanden erklärt. Honved und Innenministerium würden bei der Aktion mitarbeiten. Die bisher nicht arbeitspflichtigen Juden zwischen 36 und 48 Jahren würden binnen Kürze zum Arbeitsdienst herangezogen werden. Im Zuge dieser Aktion würde es möglich sein, im Laufe des Mai weitere 50 000 Arbeitsjuden für das Reich freizustellen und gleichzeitig die Zahl der in Ungarn in Arbeitsbataillonen zusammengefassten Juden auf 100 bis 150 000 zu steigern.[4]

DOK. 146
Der Leiter des Polizeipräsidiums von Ungvár (Užhorod) berichtet am 22. April 1944 über Selbstmorde, Fluchtversuche und die allgemeine Stimmung im Sammellager der Stadt[1]

Schreiben des Leiters des kgl. ungar. Polizeipräsidiums von Ungvár, Nr. 169/23–1944, gez. György Thurzó, an Dr. Pál Vilmos Tomcsányi,[2] Regierungsbeauftragter für das Gebiet und Operationsgebiet Karpatenvorland, Ungvár, vom 22.4.1944

Betreff: Zuweisung der Wohnstätten für Juden.
Geschäftszeichen: Verordnung 6.163/1944 B.M.VII.res.sz.[3]

Mit allem Respekt möchte ich davon berichten, dass ich am 22. April des laufenden Jahres um sechs Uhr [morgens] im vierten und fünften Verwaltungsbezirk der Munizipalstadt Ungvár mit der Einlieferung der Juden in Sammellager und dem Entzug ihrer

1 PAAA, R 101162. Abdruck als Faksimile in: Braham (Hrsg.), The Destruction of Hungarian Jewry (wie Dok. 76 vom 25.9.1942, Anm. 1), Dok. 140, S. 349 f.
2 Edmund Veesenmayer.
3 Telegramm von Veesenmayer, Nr. 89, an Reichsaußenminister Ribbentrop vom 14.4.1944; Abdruck als Faksimile in: Braham (Hrsg.), The Destruction of Hungarian Jewry (wie Dok. 76 vom 25.9.1942, Anm. 1), Dok. 134, S. 342.
4 Siehe dazu auch Dok. 162 vom 8.5.1944 sowie Einleitung, S. 57 f. und 61 f.

1 MNL OL, K 774–1944, Bl. 205–207. Das Dokument wurde aus dem Ungarischen übersetzt.

Vermögen begonnen habe. Diese Arbeit wird in dem vierten Verwaltungsbezirk von der kgl. ungar. Gendarmerie, im fünften Verwaltungsbezirk von der kgl. ungar. Polizei von einer Gruppe bestehend aus 21 Personen, denen jeweils 2 Polizisten sowie 2 städtische Beamte angehören, durchgeführt.

Am 20. April des laufenden Jahres verübten 9 Juden, namentlich Dezső Rosenberg[4] (Szt.-István-Straße 14), Frau Dezső Rosenberg, geb. Ilona Weisz (Szt.-István-Straße-14), die verwitwete Frau Emánuel Lendvai, Elza Lendvai[5] (Széchényi-Platz 26), Ilona Davidovics[6] (Kapos-Straße 7), Teodóra Klein (Kálvária-Straße 6), Mór Friedländer (Szobránc-Straße 17), Sándor Blau[7] (Margitsziget-Straße 28), Márkusz Lebovics[8] (Csatorna-Straße 17) einen Selbstmordversuch, der jedoch in keinem Fall tödlich endete.

Am 21. April des laufenden Jahres begingen aus Angst, ins Lager eingeliefert zu werden, Lajos Fried und Frau Lajos Fried (Kossuth-Platz 11) sowie Frau Ármin Herskovics (Lucskai-Straße 11) einen Selbstmordversuch. Frau Lajos Fried, die aus dem dritten Stock gesprungen war, starb im Krankenhaus an den Folgen ihrer Verletzungen. Am 22. April 1944 wurden bis 8 Uhr morgens 8712 Juden aus der Provinz und 2287 Juden aus dem Gebiet der Munizipalstadt Ungvár in das jüdische Sammellager eingeliefert. Die Gesamtzahl der in das Sammellager Eingelieferten betrug 10 999 Personen.[9]

Am 21. April des laufenden Jahres um 15 Uhr 55 versuchte eine in Gewahrsam genommene jüdische Frau, deren Identität bislang nicht festgestellt werden konnte, das Lager zu verlassen. József Fekete, kgl. ungar. Polizeianwärter, schrie der Frau dreimal hinterher und forderte sie auf, ins Lager zurückzukehren. Die Frau kam der Aufforderung jedoch nicht nach, begann vielmehr zu rennen, woraufhin der Polizist von seiner Waffe Gebrauch machte. Der Schuss verwundete sie tödlich, und die unbekannte jüdische Frau starb an Ort und Stelle. Ich ließ eine polizeiärztliche Autopsie durchführen und die Leiche in das Leichenhaus des jüdischen Friedhofs befördern. Außerdem ordnete ich eine Überprüfung der Rechtmäßigkeit des Waffengebrauchs an.

Das nach Ungvár abkommandierte Wachpersonal, das für die Lagersicherheit zuständig ist, wurde von mir dahingehend instruiert, dass im Fall eines sich in Gewahrsam befindlichen sehr alten Juden mit beschränktem Hör- und Sehvermögen oder eines Kindes, das das Lager sichtlich nicht in Fluchtabsicht verlässt, vom Waffengebrauch abzusehen ist. Vielmehr soll die Wache – wenn es ihr nicht gelingt, den Ausreißer durch Warnungen und laute Worte zur Rückkehr zu bewegen – den Häftling, der aus Versehen oder gutmütig das Lager verließ, mit Einsatz körperlicher Gewalt zurückführen. Ich habe im Zusammenhang mit dem Waffengebrauch erneut und sehr eindringlich den Kommandeur der jüdischen Lagerpolizei[10] sowie die Mitglieder des Judenrats darauf aufmerksam

2 Dr. Pál Vilmos Tomcsányi (1880–1959), Jurist; von 1920 an Parlamentsabgeordneter, 1920–1922 Justizminister, 1921 Innenminister, 1942–1944 Regierungskommissar der Karpato-Ukraine.

3 Siehe Dok. 129 vom 7.4.1944.

4 Dezső Rosenberg (1909–1945), Buchhalter; Deportation nach Auschwitz, anschließend nach Dachau, nach der Befreiung gestorben.

5 Elza Lendvai (1895–1944) wurde nach der Deportation in Auschwitz ermordet.

6 Vermutlich: Ilona Davidovics (1903–1944); wurde nach der Deportation in Auschwitz ermordet.

7 Sándor Blau wurde nach der Deportation ermordet.

8 Vermutlich: Márkusz Lebovics (*1929); überlebte den Krieg.

9 Siehe auch Dok. 139 vom 17.4.1944 und Dok. 140 vom 18.4.1944.

10 Siehe Einleitung, S. 58.

gemacht, dass diese durch ihre Einheiten oder wenn nötig mit Hilfe von Dolmetschern die Insassen des Judenlagers auf die schwerwiegenden Folgen hinzuweisen haben, die das Verlassen des Lagers nach sich ziehen kann.
Die Häftlinge des Judenlagers, die einen Einberufungsbefehl hatten, wurden nach der Identitätskontrolle und einer Bestätigung für die Verzögerung des Einrückens am 21. des laufenden Monats mit ihren Truppeneinheiten in Marsch gesetzt.[11]
Der Lagerkommandeur ließ die gemeinsam mit den Juden in das Lager eingelieferten Christen ins Polizeipräsidium bzw. ins Polizeipräsidium des Grenzgebiets abführen.
Die Stimmung der ins Lager eingelieferten Häftlinge ist ruhig, ordnungswidrige Handlungen sind nicht bekannt, eine Meldung, ob es zu akuten Infektionen gekommen ist, erhielt ich nicht.
Das Polizeipersonal sowie die kgl. ungar. Gendarmerie übt ihren Dienst einwandfrei und diszipliniert aus.
Das Polizeipräsidium nimmt alle Christen in Gewahrsam, von denen bekannt wird, dass sie jüdisches Vermögen verstecken. Bislang habe ich diesbezüglich sechs Personen in polizeilichen Gewahrsam genommen, und in vielen Fällen ist ein entsprechendes Verfahren anhängig.
Die [jüdische] Gemeinde von Ungvár hat ihre silbernen Devotionalien auf dem jüdischen Friedhof vergraben – es gelang uns aber, diese aufzuspüren. Während der Leibesvisitation tauchten bei Frauen und Männern an völlig unvorstellbaren Stellen Geld und Vermögensgegenstände auf.
István Langer, kgl. ungar. Kriminalassistent, und János Halmosi, Polizeiwachmann Nr. 6173, wurden beim Abtransport der Juden in der Szt.-István-Straße 4 bei ihrer Suche auf dem Dachboden darauf aufmerksam, dass dort die Brandmauer herausgenommen und die Lücke mit einem Schrank und einem Eisenofen verdeckt worden ist. Da von dort Geräusche zu hören waren, forderten der Polizist János Halmosi und der Kriminalassistent István Langer die Versteckten im Namen des Gesetzes auf herauszukommen. Da ihr Aufruf kein Gehör fand, schoss János Halmosi mit seiner Dienstwaffe in Richtung der den Hohlraum versperrenden Gegenstände, woraufhin ein Jude und zwei Jüdinnen herauskamen. Eine Frau, Frau Béla Grünstein, geb. Magda Glück, eine der Bewohnerinnen des Hauses in der Szt.-István-Straße 4, wurde durch die von der Wand zurückgeprallte Kugel leicht am Hals verletzt.
Wegen des Waffengebrauchs habe ich eine Untersuchung eingeleitet. Die leicht verwundete Frau wurde auf meine Veranlassung hin in das jüdische Krankenhaus eingeliefert.[12]

11 Die Einberufung zum Arbeitsdienst wurde auch nach Beginn der Gettoisierung fortgesetzt.
12 Die Deportationen aus Ungvár begannen am 17.5.1944. Bis zum 31.5.1944 wurde die hier zusammengefasste jüdische Bevölkerung in fünf Transporten nach Auschwitz deportiert.

DOK. 147

Edmund Veesenmayer informiert am 23. April 1944 das Auswärtige Amt, dass am 15. Mai mit der Deportation der Juden nach Auschwitz begonnen werden kann[1]

Telegramm (Nr. 1022 – geheim), gez. Veesenmayer, Budapest, an das Auswärtige Amt[2] (Eing. 23.4.1944, 8.00 Uhr) vom 23.4.1944, 1.30 Uhr

Auch für Botschafter Ritter
Im Anschluss an Drahtbericht Nr. 117 vom 19. April[3]
Im Anschluss an Drahtbericht Nr. 117 teile ich nach Rücksprachen mit zuständigen Sachbearbeitern folgendes mit:
Am 16. April begannen im Karpatenraum die Ghettoisierungsarbeiten. 150 000 Juden bereits erfasst. Bis Ende nächster Woche voraussichtlich Aktion abgeschlossen. Schätzungsweise 300 000 Juden. Daran anschließend gleiche Arbeit in Siebenbürgen und weiteren Grenzkomitaten gegen Rumänien geplant und bereits in Vorbereitung. Zu erfassen sind weitere 250 000 bis 300 000 Juden. Danach Erfassung der an Serbien und Kroatien anschließenden Komitate, zuletzt Ghettoisierungsarbeiten im Landesinnern mit Abschluß in Budapest.
Transportverhandlungen sind eingeleitet und sehen vor, ab 15. Mai täglich 3000 Juden abzutransportieren, vorwiegend aus Karpatenraum. Falls transporttechnisch möglich, später auch gleichzeitig noch Abtransport aus anderen Ghettos. Aufnahmeort Auschwitz. Es ist dafür Sorge getragen, daß Durchführung dieser Aktion auf kriegswirtschaftliche Belange weitgehend Rücksicht nimmt. [Um die] Durchführung der Aktion nicht zu gefährden, erscheint es zweckmäßig, Abtransport der von mir geforderten und bereits von Regierung zugesagten 50 000 Arbeitsjuden[4] aus dem Raum um Budapest etwas hinauszuschieben, was im Hinblick auf bestehende Transportschwierigkeiten ohnedies notwendig sein wird. Transport im Fußtreck nicht durchführbar, da Frage der Verpflegung, Fußbekleidung und Bewachung große Schwierigkeiten mit sich bringt. Da Judenaktion ein totales Ganzes, halte ich den vorstehenden skizzierten Plan für richtig und bitte um Drahtweisung, falls dort Bedenken oder Sonderwünsche.

1 PAAA, R 29793. Abdruck als Faksimile in: Braham (Hrsg.), The Destruction of Hungarian Jewry (wie Dok. 76 vom 25.9.1942, Anm. 1), Dok. 145, S. 356.
2 Im Original Verteilerliste.
3 Siehe Dok. 143 vom 19.4.1944.
4 Siehe Dok. 145 vom 20.4.1944.

DOK. 148
Die ungarische Polizei trifft am 24. April 1944 Anordnungen, um das Leben im Lager in Kassa (Košice) zu organisieren[1]

Entwurf einer Anordnung (4.249/1944.) des Leiters des Polizeipräsidiums, Dr. Horváth,[2] Kassa, vom 24.4.1944 (Abschrift)

Betreff: Die Organisation des inneren Lebens im jüdischen Lager

Lagerordnung.

Es besteht die Notwendigkeit, das innere Leben des auf dem Gelände der Ziegelfabrik an der Szepsi-Straße untergebrachten jüdischen Lagers möglichst schnell zu organisieren.[3] Dies ist sowohl im Interesse des Ordnungsdienstes als auch der im Lager untergebrachten Juden. Nach den anfänglichen Unsicherheiten sollten so schnell wie möglich geregelte Verhältnisse geschaffen werden.
Um dies zu erreichen, ist zunächst eine ständige *Lagerkommandantur* einzurichten, wofür ich von heute an gesorgt habe. Zum Lagerkommandanten bestimme ich einen meiner Polizeioffiziere, den kgl. ungar. Polizeiinspektor László Videházi.[4] Ihm ist zunächst ein Polizeischreiber zuzuteilen, später ein Lagerschreiber sowie zwei weitere stellvertretende Polizeioffiziere, ein Wachkommandant und Wachpersonal in angemessenem Umfang. Die Lagerkommandantur ist für die genaue Einhaltung der Lagerordnung zuständig, erledigt die allgemeinen Angelegenheiten im Lager, soweit sie in ihre Befugnisse fallen, und berichtet über alle Angelegenheiten, sofern sie ihre Zuständigkeit überschreiten. Über die Regelung des Letzteren werde ich gesondert detaillierte Anweisungen geben.
Neben einer funktionierenden Lagerkommandantur ist es zur Sicherung eines derart großen Lagers notwendig, aus dem Kreis der Juden geeignetes Personal für die zu schaffenden Abteilungen zu bestimmen, die für die Erledigung der dort anfallenden Aufgaben zur Verfügung stehen.

Sachabteilungen

1. Abteilung für Organisation, Administration und Aufrechterhaltung der Ordnung

Leitung: Ferenc Silberg, Leiter der Abteilung und gleichzeitig Verbindungsmann zwischen den deutschen Ordnungsdiensten, der Polizei-, Gendarmerie- sowie der Lagerkommandantur und zum Judenrat.[5]

1 MNL NML, XV. 24. 9. Das Dokument wurde aus dem Ungarischen übersetzt.
2 Dr. György Horváth (*1887), Polizist; von 1908 an im Polizeidienst, 1943 stellv. Leiter des Polizeipräsidiums in Nagyvárad (Oradea), von Sept. 1943 an Leiter des Polizeipräsidiums in Kassa; 1946 vom ungar. Volksgericht zum Tode verurteilt, das Urteil wurde im Okt. 1946 in lebenslängliche Zwangsarbeit umgewandelt.
3 Bereits in der ersten Aprilhälfte 1944 begann die Gettoisierung der jüdischen Bevölkerung der Stadt Kassa in einem abgetrennten Stadtteil, während die Juden der Umgebung in zwei Ziegelfabriken untergebracht wurden.
4 Vidaházy wurde kurze Zeit nach seiner Ernennung zum Lagerkommandanten von Tibor Szoó abgelöst.

Ihm obliegt es, neben der Aufrechterhaltung der genannten Verbindungen auf die allgemeine Ordnung im Lager zu achten, die Einhaltung der Verordnungen und Befehle zu kontrollieren und die Anzahl der Lagerinsassen gemäß einer ihm noch mündlich zu erteilenden Anleitung zu registrieren. Zur Durchführung dieser Aufgaben ist unbedingt eine Ordnungstruppe aufzustellen, die mit jeweils zehn Einheiten im Schichtdienst eingesetzt wird. Ihre Aufgabe besteht außerdem darin, die öffentliche Sicherheit zu gewährleisten. Die Sachabteilung hat über alles, was die Organisation des Lagers betrifft, Bericht zu erstatten.

2. *Finanzabteilung*

Leiter …[6] ist für die Bereitstellung der Mittel für die Ausstattung und Verpflegung des Lagers, den finanziellen Bedarf einzelner Abteilungen sowie deren Abrechnung zuständig. Einzuteilen sind zwei Männer, die noch zu benennen sind.

3. *Gesundheitsabteilung*

Der Leiter ist der Arzt Dr. … unter der Leitung des Amtsarztes Dr. István Rőtler.[7] Zu seiner Unterstützung stehen ihm die Ärzte … zur Verfügung. In der Gesundheitsabteilung sind weitere zehn Männer für allgemeine Gesundheitsdienste und zehn Frauen für die Pflege von leicht Erkrankten einzustellen. In die Zuständigkeit der Abteilung gehören auch die Organisation des Lagerkrankenhauses und des Lagerhospitals für Infektionskrankheiten samt der Bereitstellung des Krankenhausbedarfs und darüber hinaus der allgemeine Gesundheitsschutz. Verantwortlich ist die Abteilung auch für die Einhaltung der Hygienevorschriften, die Aufstellung der Lagerlatrinen und die Kontrolle ihrer Reinhaltung sowie die Überwachung der allgemeinen Körperhygiene und der Sauberkeit der Kleidung; an vier geeigneten Stellen sind außerdem Senkgruben für Essensreste zu schaffen. Hierfür sind selbstverständlich abseits gelegene Stellen auszuwählen.
In die Zuständigkeit der Abteilung gehört auch die Einrichtung eines sog. Kinderhorts mitsamt eines Spielplatzes. Für seinen Betrieb hat der Leiter der Abteilung drei männliche und vier weibliche Pädagogen auszuwählen. Ein Verzeichnis mit den Namen aller bei der Gesundheitsabteilung beschäftigten Personen ist der Lagerkommandantur einzureichen.

4. *Abteilung für Lebensmittelversorgung*
Leiter: …
Ihm sind sechs männliche Köche und 40 Frauen mit Kochkenntnissen zuzuteilen. Seine Aufgabe besteht in der sofortigen Einrichtung und Inbetriebnahme der Lagerküche und der Sicherung der Verpflegung der Lagerinsassen. Ein Verzeichnis mit deren Namen ist der Lagerkommandantur vorzulegen.

5 Den Judenrat in Kassa leitete Ákos Kolos. Weitere Mitglieder waren Dezső Berger, Sándor Garai, Artúr Görög, Ignác Spira, Ignác Roth und Jenő Ungár.
6 Punkte im Original, diese Stellen sollten später vervollständigt werden.
7 Richtig: Dr. István Rőthler; Amtsarzt im Komitat Békés, von 1938 an Amtsarzt in Kassa; 1947 Ernennung zum Generalinspekteur für Volksgesundheit.

5. Versorgungsabteilung
Leiter: …
Ihm sind zehn Männer zuzuteilen, deren Namen an die Lagerkommandantur weiterzuleiten sind. Ihre Aufgabe besteht in der Beschaffung und Bereithaltung aller für die öffentliche Versorgung benötigten Materialien durch den Einsatz der Lebensmittelkarten sowie ihre Lagerung und Herausgabe an die Abteilung für Lebensmittelversorgung in geeigneten Mengen sowie die Führung diesbezüglicher Konten. Die Sachabteilung hat einen geeigneten Lagerraum herzurichten.

6. Abteilung für Bauwesen
Leiter: …
Ihm sind zehn Männer zuzuteilen, die die Arbeitsbrigaden leiten. Aufgabe ist die Durchführung der auf dem Lagergelände notwendigen und zugewiesenen Baumaßnahmen, die Zusammenstellung von Bautruppen und deren ständige Kontrolle. Die Namen sind der Lagerkommandantur zu melden.

7. Abteilung für Technik
Leiter …
Ihm sind drei Männer zuzuteilen, deren Namen der Lagerkommandantur zu melden sind. Die Aufgabe der Abteilung besteht in der Bereitstellung technischer Ausrüstungen und deren Kontrolle mit Unterstützung einer geeigneten Zahl von Fachleuten.

8. Abteilung für Beschwerden und juristische Angelegenheiten
Leiter: …
Der Abteilung sind zwei männliche Schreiber zuzuteilen. Ihre Aufgabe beinhaltet die Aufnahme *schwerwiegender* Beschwerden und juristischer Angelegenheiten. Nach einem Sichtvermerk durch den Leiter der Abteilung für Organisation und Administration ist die Angelegenheit der Lagerkommandantur vorzulegen. Die Namen sind der Lagerkommandantur anzumelden.

9. Abteilung für Beförderung und Transport
Leiter: …
Diese sorgt für die Sicherung von Transporten und die zweckmäßige Nutzung der verfügbaren Transportmittel sowohl auf dem Lagergelände als auch außerhalb.

10. Abteilung für Religion und Kultur
Leiter: …
Sie ist im Rahmen der gegebenen Möglichkeiten für die Betreuung des spirituellen Lebens der Lagerinsassen und die Begleitung von psychisch Kranken und Sterbenden zuständig sowie für den Abtransport und die Beerdigung der Leichen. Sie sorgt für die sofortige Einrichtung einer Leichenkammer.
Die Leiter der einzelnen Abteilungen haben aus den ihnen zugeteilten Personen einen ständigen Stellvertreter auszuwählen, dessen Name ebenfalls der Lagerkommandantur mitzuteilen ist.
Für die Unterbringung der Abteilungen wird Sorge getragen.

Der Leiter der Abteilung für Organisation und Administration soll für jedes Revier einen Revierkommandanten und einen Stellvertreter benennen, die in ihrem Zuständigkeitsbereich für alle Vorkommnisse verantwortlich sind.
Alle Beauftragten müssen, wenn sie mit Vertretern von deutschen oder ungarischen Militär-, Gendarmerie- oder Polizeiorganen oder christlichen Fachreferenten zu tun haben, ihren Hut abnehmen und in soldatischer Haltung und mit dem Gruß „Schönere Zukunft" antreten. Sie haben dabei alle für ihr Revier relevanten Ereignisse zu melden. Für schwierigere Fälle werde ich weiterreichende Sanktionsmaßnahmen anordnen.
Schließlich soll der Leiter der Abteilung Organisation dafür sorgen, dass diese Bestimmungen noch bis heute Mittag verkündet werden.
Er soll die Bewohner des Lagers gleichzeitig darüber informieren, dass die Befehlsausgabe jeden Tag um 15 Uhr in vier Gruppen erfolgt, zu welchem Zweck der Leiter der Abteilung Organisation einen in vier Exemplaren ausgestellten Befehl erhalten wird. Der Leiter der Abteilung Organisation und Administration hat die nummerierten Befehle nach ihrer Verkündung sorgfältig abzulegen.

DOK. 149
Rezső Kasztner informiert am 25. April 1944 Saly Mayer über die Verhandlungen mit den Deutschen zur Rettung der ungarischen Juden[1]

Brief von Rezső Kasztner, Budapest, an Saly Mayer,[2] St. Gallen, vom 25.4.1944

Sehr geehrter Herr Präsident!
Knapp eine Stunde vor Abfahrt des Schliachs[3] habe ich erfahren, dass wir Ihnen schreiben können. Ich muss mich also kurz fassen.
1.) Vom ersten Augenblick an haben wir die Möglichkeit gesucht, uns mit den zuständigen aschkenasischen Stellen[4] in Verbindung zu setzen und den Versuch zu unternehmen, diesen Überrest[5] zu retten. Die Aufgabe wurde dadurch erleichtert, dass unter den Leitern, die als zuständig für jüdische Fragen vom ersten Tage an in den Vordergrund getreten sind, auch Willy[6] figurierte. Durch unsere bisherigen Verbindungsleute haben wir ihm den Vorschlag unterbreitet, der Ihnen in großen Zügen aus den Verhandlungen Ellas[7]

1 LI, Sektion III-37A-5-16.
2 Saly (auch Sally) Mayer (1882–1950), Unternehmer und Politiker; von 1907 an Inhaber eines Textilunternehmens; von 1929 an im Schweizerisch Israelitischen Gemeindebund tätig; 1933 Mitglied der Freisinnig-Demokratischen Partei und des Stadtparlaments in St. Gallen; 1936–1943 als dessen Präsident, 1940–1950 Vertreter des Joint in der Schweiz. 1944 verhandelte Mayer mit Vertretern der SS über die Freilassung ungar. Juden.
3 Jidd.: Bote, Abgesandter.
4 Tarnwort für deutsche Stellen.
5 Gemeint sind die Juden in Ungarn.
6 Dieter Wisliceny.
7 Vermutlich: Gizela (Gisi, Gizi) Fleischmannová, geb. Fischer (1892–1944); in den 1920er-Jahren in der WIZO aktiv, slowak. WIZO-Präsidentin, Repräsentantin des Jüdischen Weltkongresses für die Slowakei, von Sept. 1940 an in der Judenzentrale, Auswanderungsabt.; im Widerstand aktiv, am 15.10.1944 verhaftet und in das Arbeitslager Sered deportiert, dann nach Auschwitz, dort erschossen.

bekannt sein dürfte,[8] d. h.: 1.) Erhaltung des Lebens, 2.) Vermeidung von Gerusch,[9] 3.) Vermeidung von totaler Konzentration, 4.) Allijah.[10] Demgegenüber haben wir angeboten: dieselbe erste Zahlung, die von Ella gefordert wurde: Matajim Alafim Stefanim,[11] und für Durchführung des großen Planes, in dem auch eine weitere Unterstützung unserer Brüder bei Ziwija und Daks[12] inbegriffen ist, die von Ella geforderte Summe von Schne Millionim Stefanim.[13] Der Vorschlag wurde weitergeleitet, und zwei Wochen nach dem Umsturz[14] haben wir ein erstes Gespräch abgehalten, an dem Willy und ein anderer auf der einen,[15] Joel[16] und ich auf der anderen Seite teilgenommen haben. Unser Vorschlag wurde laut Erklärung von Willy prinzipiell angenommen, die vier Punkte akzeptiert und der Termin zur Aufbringung der ersten Rate festgestellt. Gleichzeitig wurde uns mitgeteilt, dass der Vorschlag an höhere Stellen zur Genehmigung weitergeleitet wird.

Diesem ersten Gespräch folgten drei andere Konferenzen, an denen an Stelle von Willy ein Vorgesetzter Willys mit einem zweiten Verhandlungspartner erschien,[17] der gleichen Ranges ist mit Willy. Dieser letztere verhandelte in Rascha Ir Birah[18] mit den dortigen Vertretern der jüdischen Organisationen, vor allem mit Epstein,[19] und gilt heute als Berater bei Hagar[20] für Pnimiim-Angelegenheiten.[21] Wir haben uns also überzeugen können, dass es sich nicht um eine gewisse Person, sondern um eine Institution selbst handelt, die wir als Verhandlungspartner vor uns haben.

Wir haben die Matajim Alafim Stefanim aus hagarischen Mitteln[22] aufgebracht und übergeben. Man hat uns in Aussicht gestellt die Ermöglichung unserer Teilnahme an der nächsten Allijah, die per Schiff gehen sollte mit 600 Teilnehmern von uns.[23]

8 Das Budapester Rettungskomitee hatte Kenntnis davon, dass es der Preßburger Gruppe unter der Leitung von Michael (Ber) Dov Weissmandl und Gizela Fleischmannová gelungen war, Wisliceny, der mit den Deportationen in der Slowakei betraut war, zu bestechen. Die Einstellung der Deportationen in der Slowakei im Juni 1942 deutete es als Ergebnis der Lösegeldzahlung und hoffte, in Ungarn ähnlich vorgehen zu können; siehe Einleitung, S. 69, sowie VEJ 13, S. 35 f.

9 Hebr.: Vertreibung, Deportation.

10 Richtig: Alija (hebr.), Rückkehr aus der Diaspora nach Palästina.

11 Hebr.: 200 000 Stefan-Münzen. Gemeint sind vermutlich jene 200 000 Dollar (6,5 Millionen Pengő), die Wisliceny als erste Anzahlung – sowohl in der Slowakei als auch in Ungarn – verlangte.

12 Nicht ermittelt.

13 Hebr.: zwei Millionen Stefan-Münzen. Wisliceny forderte bei der Sitzung am 5.4.1944 insgesamt zwei Millionen Dollar.

14 Gemeint ist vermutlich die deutsche Besetzung Ungarns am 19.3.1944.

15 An der Besprechung am 5.4.1944 nahmen neben Kasztner, Brand und Wisliceny Anton Schmidt, Josef Winninger und SS-Hauptsturmführer Erich Klausnitzer teil.

16 Joel Brand.

17 Dies waren Hermann Krumey (1905–1981), leitender Mitarbeiter des Sondereinsatzkommandos und Stellvertreter Eichmanns, sowie Otto Hunsche (1911–1994), Mitglied des Sondereinsatzkommandos, Rechtsberater für „Judenfragen“ im ungar. Innenministerium.

18 Hebr.: die Hauptstadt des Bösen. Gemeint ist vermutlich Berlin.

19 Richtig: Dr. Paul Eppstein (1902–1944), Soziologe; von 1926 an Dozent an der Handelshochschule Mannheim; von 1935 an Sozialreferent in der Reichsvertretung der Juden; wurde am 26.1.1943 nach Theresienstadt deportiert, wo er bis Sept. 1944 Judenältester war und dann ermordet wurde.

20 Hebr.: Ungarn.

21 Hebr.: innere Angelegenheiten.

22 Die erste Anzahlung von 200 000 Dollar brachte das Budapester Rettungskomitee in Pengő auf.

23 Am 21.4.1944 teilte Krumey Kasztner mit, dass von deutscher Seite die Bereitschaft bestehe, der Auswanderung einer begrenzten Zahl von Juden in die USA oder in ein neutrales Land zuzustim-

Wollen Sie uns glauben, Herr Präsident, dass während dieser schrecklichen Tage und Nächte wir uns einige Male die Frage gestellt haben, ob durch irgendeine Aktion das Rad des Schicksals aufgehalten werden kann, und wir sind zu dem Schluss gelangt, dass, wenn auch nur eine minimale Chance dafür vorhanden ist, die oben erwähnten Punkte verwirklichen zu können, dann kein Opfer gescheut werden dürfte. Denn eines ist uns ganz klar zu verstehen gegeben worden: dass sie bei dieser Gelegenheit eine ähnliche Verzögerung und Verschleppung der Angelegenheit, wie dies bei Ella der Fall war, keinesfalls zugeben werden.

Wir bitten Sie also, Herr Präsident, uns telegrafisch mitteilen zu wollen, dass Ihre Stelle mit dem von uns vorbereiteten Vorschlag einverstanden ist und dass sie alles unternehmen wird, um die Verwirklichung des Planes durchzuführen. Es wird eine gemeinsame Sorge und Aufgabe sein, die Schwierigkeiten zu überbrücken, mit denen die Herschaffung der Emzaim[24] verbunden sind.

Ich hoffe bei der nächsten Gelegenheit, ausführlich schreiben zu können. Die ersten zwei Punkte unseres Vorschlages wurden bis jetzt eingehalten. In den zehn nördlichen Komitaten des Landes hingegen hat man über Matajim Alafim[25] unserer Brüder in Bezirksstädte konzentriert – es handelt sich um die ärmsten Schichten von PKR[26] und Maramarosch[27] –, und sie leben unter schrecklichen Bedingungen. Internierungen wurden im ganzen Lande in beträchtlicher Zahl vorgenommen.[28] Die Entwicklung geht sehr rasch vor sich, und Sie, Herr Präsident, sind sicherlich orientiert über die verschiedenen Maßnahmen, die von der ungarischen Regierung getroffen wurden. Es wirkt ungemein störend, dass der Macav[29] zwischen Hagar und Aschkenas[30] noch immer ungeklärt ist, und man weiß oft nicht, wem man eigentlich gegenübersteht.

Wir glauben, dass wir Sie auf den Ernst der Situation nicht aufmerksam machen müssen. Wir glauben ebenfalls, dass das Schicksal dieses letzten Überrestes Ihnen und Ihrer Stelle nicht gleichgültig ist. Wir wollen auf Ihre tatkräftige Unterstützung rechnen, um so mehr, als wir bei dieser Arbeit auch nicht die Plitim[31] vergessen haben.

Dieser Schliach ist vollständig verlässlich, und Sie können ihm alles anvertrauen.

Mit vorzüglicher Hochachtung
und Gruß[32]

men. Kasztners Vorschlag, ein Schiff zu nehmen, das in Constanța für 600 Personen bereitstünde, die über Palästina-Zertifikate verfügten, nahm Berlin an, schloss jedoch Palästina als mögliches Einwanderungsziel aus.

24 Hebr.: Mittel.

25 Hebr.: 200 000.

26 Gemeint ist vermutlich die Karpato-Ukraine.

27 Gemeint ist das Komitat Máramaros.

28 Die Gettoisierung begann am 16. 4. 1944. Das erste Getto wurde in der annektierten Karpato-Ukraine errichtet.

29 Hebr.: Situation, Lage.

30 Hebr.: Deutschen.

31 Hebr.: Flüchtlinge.

32 Dem Budapester Rettungskomitee gelang es im Rahmen der „Kasztner-Aktion“, etwa 1680 Personen freizukaufen und damit die ursprünglich genannte Zahl 600 durch Verhandlungen zu erhöhen; siehe Einleitung, S. 70.

DOK. 150

Der Lagebericht der Wehrwirtschaftsdienststellen in Südosteuropa vom 27. April 1944 fasst die antijüdischen Maßnahmen seit der deutschen Besetzung Ungarns zusammen[1]

Lagebericht Nr. 33 (geheim), Berichtsmonat März 1944, Budapest, vom 27.4.1944

Der Einmarsch deutscher Truppen in Ungarn und die daran anschließende Regierungsumbildung brachte eine Reihe weiterer Veränderungen in den einzelnen Ministerien: Zum stellv. Außenminister wurde der bisherige Gesandte Ungarns in Sofia Michael Jungerth Arnóthy[2] ernannt. Der Präsident der ungarischen Landes-Pressekammer, Vitéz Dr. Michael Kolosváry-Borcsa,[3] wurde zum Staatssekretär und Regierungskommissar für das Pressewesen bestellt. Weitere neue Staatssekretäre sind:

Im Ministerpräsidium
Dr. Lajos Huszovszky,[4] Reichstagsabgeordneter

Innenministerium
László Baky, Reichstagsabgeordneter
László Endre, Vizegespan von Pest, führender Politiker der Rechtsbewegung

Industrieministerium
Ludwig Vasvári[5]

Handels- und Verkehrsministerium
Baron Stefan Spleny,[6] bisheriger Vorsitzender des Außenhandelsamtes

Ackerbauministerium
Daniel Mocsáry,[7] bisheriges Oberhausmitglied

Versorgungsministerium
Dr. Andre Kiss von Balásfalva,[8] Obergespan von Kecskemét

1 BArch-MA Freiburg, RW 29/13.

2 Richtig: Mihály Jungerth-Arnóthy (1883–1957), Diplomat; 1933–1935 Botschafter in Ankara, 1935–1939 in Moskau, 1939–1944 in Sofia; von April 1944 an stellv. Außenminister.

3 Richtig: Mihály Kolosváry-Borcsa.

4 Dr. Lajos Huszovszky (*1894), Jurist; von 1930 an als Anwalt tätig, ORR, von 1935 an Parlamentsabgeordneter; 1944 StS in der Kanzlei des Ministerpräsidenten.

5 Richtig: Lajos Vasváry (*1889), Maschinenschlosser; von 1913 an bei den ungar. Staatsbahnen als Abteilungsleiter tätig; Abgeordneter der Partei des Ungarischen Lebens; von 1944 an StS im Industrieministerium.

6 Richtig: István Splény; 1940/41 Präsident des Kgl. Ungar. Außenhandelsamts, StS im Handels- und Verkehrsministerium, stellv. Minister.

7 Dániel Mocsáry (*1898), 1935–1939 Parlamentsabgeordneter, von 1939 an Vorsitzender der Partei des Ungarischen Lebens, 1943–1945 Mitglied des Oberhauses; 1944 StS im Landwirtschaftsministerium, stellv. Minister; nach 1945 vom ungar. Volksgericht zu vier Jahren Haft verurteilt.

Zum Chef des Honvédgeneralstabes wurde anstelle des auf eigenes Ansuchen zurückgetretenen Generaloberst Vitéz Franz Szombathelyi[9] der Kommandant des II. Armeekorps von Székesfehérvár, Vitéz Johann Vörös,[10] ernannt.
Im Zuge des neuen Regierungsprogrammes wurden gegen die Juden verschiedene Maßnahmen getroffen:
Als Nichtjuden gelten Personen, von deren Großeltern nur der Großvater oder die Großmutter der israelitischen Glaubensgemeinschaft angehörten. So müssen alle Juden vom 6. Lebensjahr ab außer dem Haus den Davidsstern tragen.[11] In jüdischen Haushalten dürfen ab 30. April keine arischen Hausangestellten beschäftigt werden.[12] Alle jüdischen Rechtsanwälte werden bis zum 31. Mai aus der Advokatenkammer ausgeschlossen. Ebenso werden alle Juden aus der Mitgliederliste der Presse-, Theater- und Filmkammer bis zum 30. April 1944 gestrichen.
Die in jüdischen Händen befindlichen Apothekerlizenzen verlieren mit dem 30. Juni 1944 ihre Gültigkeit. Die Bereinigung der Ärzteschaft von Juden bringt wegen des großen Ärztemangels gewisse Schwierigkeiten. Zur Entjudung der Wirtschaft müssen 50% aller jüdischen Angestellten bis spätestens 31. Mai, die restlichen 50% bis zum 30. September entlassen werden. In Zukunft dürfen keine Juden als Angestellte, Kaufmannsgehilfen, Direktoren oder Geschäftsführer und als Angestellte sonstiger Intelligenzberufe beschäftigt werden. Hierbei sind gewisse Ausnahmen zur ungestörten Fortführung des Wirtschaftslebens zugelassen, wobei der Begriff Jude – nicht im Sinne der Nürnberger Gesetze – verhältnismäßig großzügig[13] gefasst ist.[14] Besonders politisch oder anderweitig belastete Juden sind bereits durch die SS verhaftet und in Konzentrationslager überführt worden. Das unbewegliche und bewegliche Vermögen der Juden ist mit Ausnahme eines Freibetrages anzumelden; ihre Guthaben bei Kassen und Banken sind gesperrt, wobei lediglich eine Entnahme von 1000,- Pengö monatlich freigestellt ist. Sämtliche jüdischen Firmen und Geschäfte müssen schließen. Die Warenvorräte und Geschäftseinrichtungen werden beschlagnahmt. Die in jüdischen Händen befindlichen Rundfunkapparate sind anzumelden und werden eingezogen. Es ist beabsichtigt, die Juden in der Nähe von Fabriken, Bahnhöfen und überall dort, wo mit Terrorangriffen gerechnet werden muß, anzusiedeln.[15] Die Wohnungen in der Stadt sollten in erster Linie Bombengeschädigten zur Verfügung gestellt werden.[16] Die Lebensmittelrationen für Juden wurden herabgesetzt, wobei der Bezug von Butter, Eiern, Reis, Paprika usw. ausgeschlossen ist.
Ferner wurden alle jüdischen Organisationen aufgelöst und ihr Vermögen beschlagnahmt. Zwecks Zusammenfassung der Juden wurde ein „Verband Ungarländischer

8 Richtig: Dr. Endre Kiss von Balásfalva (*1886), Jurist; 1919–1925 Chefredakteur der Zeitung Kecskeméti Közlöny (Kecskeméter Bulletin); 1934–1938 Bürgermeister, 1938–1944 Obergespan von Kecskemét; von 1944 an StS im Amt für Volksversorgung; nach 1945 vom ungar. Volksgericht zu einer Gefängnisstrafe verurteilt.
9 Richtig: Ferenc Szombathelyi.
10 Richtig: János Vörös.
11 Siehe Dok. 120 vom 29.3.1944.
12 Siehe Dok. 134 vom 4. bis 14.4.1944, Anm. 15.
13 Gemeint ist „eng gefasst".
14 Siehe Dok. 133 vom 11.4.1944.
15 Siehe dazu Einleitung, S. 57.
16 Siehe Dok. 135 vom 14.4.1944.

Juden“ als Selbstverwaltungs- und Interessenvertretungsorgan von der Regierung ins Leben gerufen. Des weiteren wurde eine Reihe von marxistischen Parteien – darunter die Sozialdemokratische Partei – verboten. Ungefähr 35 Zeitungen und Zeitschriften mussten ihr Erscheinen einstellen.
Für den Fall, daß einzelne Landesteile Ungarns zum Operationsgebiet werden sollen, hat die Regierung Regierungskommissare eingesetzt, die mit weitgehenden Vollmachten ausgestattet sind.[17] Aufgrund der letzten Ereignisse[18] wurden das Karpatenland und das siebenbürgische Grenzgebiet zur Kriegszone erklärt.
In Auswirkung der letzten Bombenangriffe hat die Regierung umfassende Maßnahmen zur Evakuierung der Hauptstadt getroffen. Juden dürfen die Stadt jedoch nicht verlassen. Die Haltung der Bevölkerung ist im allgemeinen ängstlich, wozu eine mangelhafte Organisation und unzureichende Maßnahmen – besonders außerhalb der Hauptstadt – beitragen.
Die Regierung hat eine allgemeine Amnestie für Strafhandlungen politischen Charakters mit Ausnahme für Verbrechen des Landesverrats und Hochverrats sowie von Sprengstoffvergehen erlassen.

[…][19]

DOK. 151
Függetlenség: Artikel vom 30. April 1944 über die Vernichtung von Büchern jüdischer Autoren[1]

Bücher jüdischer Autoren werden vernichtet

Verlage, Buchhändler und Bibliotheken sind verpflichtet, Produkte jüdischen Ursprungs auszusortieren – kein Werk von jüdischen Autoren darf mehr publiziert werden. Zahlreiche wichtige Regierungserlässe wurden herausgegeben

Innerhalb weniger Wochen seit dem Antritt der neuen Regierung[2] hat diese eine ganze Reihe von Erlässen herausgegeben, die mit Blick auf den Schutz der Nation und der Rassenhygiene langjährige Versäumnisse korrigieren. In der Reihe der aktuellen und ausdrücklich nationalistisch orientierten Maßnahmen und Erlässe findet sich ein besonders bedeutsamer Erlass, der das ungarische Geistesleben erfreuen wird. Am [kommenden] Sonntag wird offiziell verkündet, auf welche Weise die ungarische Literatur ein für alle Mal von Schriften jüdischer Autoren gereinigt werden soll.[3]

17 Im Operationsgebiet übt das Militär die exekutive Gewalt aus.
18 Gemeint ist die Großoffensive der Roten Armee durch die Ukraine im März 1944.
19 Es folgen eine Beschreibung der Ernährungs- und Rohstofflage in Ungarn, der Situation in der Landwirtschaft, in der Industrie, im Finanzwesen und im Handel sowie ein Bericht über den Arbeitseinsatz in Ungarn und über die Anwerbung von Arbeitskräften für das Deutsche Reich.

1 Függetlenség, Nr. 97 vom 30.4.1944, S. 1: Megsemmisitik a zsidó írók könyveit. Die Tageszeitung Függetlenség (Unabhängigkeit) wurde 1933 gegründet und hatte im Jahr darauf eine Auflage von 100 000 Exemplaren. Das Dokument wurde aus dem Ungarischen übersetzt.

Nach diesem für das nationale Leben richtungsweisenden Erlass dürfen schriftstellerische Werke von jüdischen Autoren [künftig] weder vervielfältigt noch publiziert noch vertrieben werden. Er listet alle jüdischen Autoren auf und verfügt, dass ihre in der Vergangenheit veröffentlichten Bücher endgültig aus den Bibliotheken und Buchhandlungen verbannt werden sollen.[4]
In Zukunft werden Juden also nicht nur daran gehindert, die ungarische Literatur weiterhin zu zersetzen, der Erlass erstreckt sich vielmehr auch auf die Vergangenheit, indem alle Werke jüdischen Ursprungs, die der ungarischen Leserschaft hinsichtlich Thematik und Geist schon immer fremd waren, spurlos verschwinden. Die ungarische Literatur wird von allen erotischen, subversiven Werken gesäubert, die nie auf die Bildung der Nation abzielten, sondern ausschließlich aufs Geschäft.
Die ungarische Leserschaft hat derlei Bücher nur zu gut in Erinnerung und ist verärgert, dass jahrzehntelang zynische jüdische Autoren geduldet wurden, die sich um die Probleme der Nation nie geschert und deren Schicksalsfragen nie aufgegriffen haben und stattdessen die stolze ungarische Literatur kontaminieren durften. Es beschämte uns, dass das Ausland dank der jüdischen Solidarität die ungarische Literatur nur über diese Bücher kennenlernen durfte. Es brachte uns zum Erröten, dass diese Flickschusterei mittels der enormen Werbung jüdischer Verlage und Buchhandlungen den ausländischen Markt überschwemmte, während hierzulande unzählige talentierte christliche Schriftsteller zugrunde gingen. Die Schaufenster quollen über mit wertlosen, aber einträglichen Schriften jüdischer Schriftsteller. Theaterstücke, die die Hauswitze aus der Leopoldstadt[5] kolportierten, geistlose und dämliche Kabarettspitzen verbreiteten, wurden in Buchform publiziert, während ungarische Schriftsteller – egal wie groß ihr Talent war – Not litten und kein Gehör fanden.
Insofern ist der Erlass von großer Bedeutung. Die ungarische Literatur wird von den berüchtigten Figuren des jüdischen Geistes, den Generaldirektoren, die Stenotypistinnen verführen, den langweiligen Figuren des unsittlichen Beziehungsdreiecks und von all jenen „Romanhelden" bereinigt, die für das ungarische Leben nie von Belang waren. Die ungarische Gesellschaft begrüßt den Erlass deshalb mit einem Gefühl des Aufatmens.

Regierungserlass über das Verbot der Vervielfältigung, Veröffentlichung und des Vertriebs von schriftstellerischen Werken jüdischer Autoren

In der Sonntagsnummer veröffentlicht das Amtsblatt einen Regierungserlass, der den Schutz des ungarischen Geisteslebens vor schriftstellerischen Werken jüdischer Autoren betrifft.

2 Nach der deutschen Besetzung wurde die Regierung Kállay von der Sztójay-Regierung abgelöst.
3 VO 10.800/1944. M. E. vom 30.4.1944 (Abdruck in: Budapesti Közlöny, Nr. 97 vom 30.4.1944, S. 5) sowie deren Ergänzung durch die VO 11.300/1944. M. E. am 24.6.1944 (Abdruck in: Budapesti Közlöny, Nr. 142 vom 25.6.1944, S. 14 f.).
4 Unter den Autoren, deren Bücher verboten werden sollten, waren die Schriftsteller Béla Zsolt, Ervin Szabó, Ernő Szép, Ferenc Molnár, György Lukács, Pál Ignotus und Oszkár Jászi.
5 Zentraler Bezirk in der Budapester Innenstadt, in dem ein Teil des bessergestellten jüdischen Bürgertums wohnte, darunter zahlreiche Intellektuelle.

Dem Erlass zufolge *sind Vervielfältigung, Veröffentlichung und Vertrieb von schriftstellerischen Werken jüdischer Autoren untersagt.*
Seitens des Ministers für Religion und Bildung kann im Einvernehmen mit dem Ministerpräsidenten eine *Sondergenehmigung* für die Vervielfältigung, die Veröffentlichung und den Vertrieb von wissenschaftlichen Werken, die dem Gemeinwohl dienen, erteilt werden.
Alle Werke der im Anhang des Erlasses aufgelisteten jüdischen Autoren, die noch in Verlagen, Druckereien, Buchhandlungen und anderen Verkaufsstätten natürlicher oder juristischer Personen vorrätig und für den Vertrieb vorgesehen sind, *dürfen nicht (mehr) vertrieben, ausgeliehen oder anderweitig in Umlauf gebracht werden.*
Die Leiter der genannten Unternehmen sowie Buchverleiher und die Leiter öffentlicher Bibliotheken, von Vereins-, Schul-, Instituts- und anderen Bibliotheken, die der Öffentlichkeit oder einem bestimmten Personenkreis (Mitglieder von Vereinen oder Vereinigungen, Schülern) Bücher ausleihen oder zu anderweitigem Gebrauch ausgeben, sind verpflichtet, alle Exemplare, die zur Verbreitung, Veröffentlichung oder zum Vertrieb vorgesehen sind, *innerhalb von 15 Tagen nach Inkrafttreten dieses Erlasses in einem Nachweis zu erfassen und den Nachweis in fünffacher Ausfertigung innerhalb dieser Frist dem königlich-ungarischen Regierungskommissar für Pressewesen vorzulegen (Úri-Straße 18, Budapest, 1. Bezirk).*
Der Nachweis soll den Namen des Autors, den Titel, die Sprache und das Genre (Belletristik, Wissenschaft, Politik etc.) des schriftstellerischen Werks beinhalten sowie ausweisen, *wie viele Exemplare* der Meldepflichtige davon besitzt.
Der Regierungskommissar für Pressewesen lässt den Nachweis in dreifacher Ausfertigung der Ungarischen Papierindustrie-Rohstoffbeschaffungs-GmbH (Zoltán-Straße 16, Budapest, 5. Bezirk) zukommen, ausgenommen die Nachweise von staatlichen Meldungen, von Kommunen, Gemeinden, Kirchen, Stiftungen und öffentlichen Institutionen.
Anhand der vom Regierungskommissar ausgehändigten Meldungen fordert die GmbH die Meldepflichtigen auf, *die gemeldeten Exemplare innerhalb der im Aufruf bekanntgegebenen Frist an einem dazu bestimmten Ort abzuliefern.*
Die Transportkosten hat der Meldepflichtige zu tragen. Für die abgeführten Exemplare erstattet die GmbH den behördlich festgesetzten Preis von Altpapier und *sorgt unverzüglich für die Vernichtung der abgeführten Exemplare durch Einstampfung.*
Die Nachweise seitens des Staats, der Kommunen, Gemeinden, Kirchen, Stiftungen und öffentlichen Institutionen werden vom Regierungskommissar entsprechend der Träger- oder Aufsichtsorgane dieser Bibliotheken dem zuständigen Minister vorgelegt, der dafür Sorge trägt, dass die gemeldeten Werke gesondert aufbewahrt und *nur zwecks begründeter wissenschaftlicher Forschung zur Benutzung freigegeben werden.*
Die Verfügungen des Erlasses sind auch auf die Werke jener jüdischer Autoren anzuwenden, deren Namen vom Ministerpräsidenten nach Inkrafttreten des Erlasses in einem neueren Register im Budapester Amtsblatt bekanntgegeben werden.
Für die Feststellung, wer nach dem Gültigkeitsbereich dieses Erlasses Jude bzw. Nichtjude ist, sind die Verfügungen in §§ 9 und 16 des Gesetzes 1941:XV[6] richtungsweisend, und zwar in der Weise, dass auch jene Personen als Nichtjuden zu gelten haben, die im Hin-

6 Siehe Dok. 51 vom 2.8.1941.

blick auf Abstammung und Religion der Bestimmung des letzten Absatzes in § 9 entsprechen, vorausgesetzt, die betreffende Person schloss bzw. schließt keine Ehe mit einem Juden oder mit einem solchen Nichtjuden, dessen beide Großeltern oder ein Großelternteil als Mitglied der israelitischen Glaubensgemeinde geboren wurde.

DOK. 152
Emmy Blau schreibt am 30. April 1944 ihrem Schwager, dass sie in Nagykanizsa interniert wurde[1]

Handschriftl. Brief von Frau Jenő Gold,[2] Nagykanizsa, Erzsébet-Platz 9, an Marcell Gáldi,[3] Budapest, Mányoki-Straße 20, vom 30.4.1944

Meine Lieben.
Seit acht Tagen bin ich hier interniert.[4] Ich wurde vom Hotelzimmer hierhergebracht, ohne dass ich irgendwelche Essensreserven hätte mitnehmen können. Man hat mir hinterher zwar noch einige Kleinigkeiten gebracht, aber ich befürchte, dass meine Freunde, so wie ich höre, dies nun nicht mehr tun können. Die Zusendung von Lebensmittelpaketen ist bislang untersagt, so dass ich mich an die Verpflegung hier gewöhnen muss, die meistens aus Suppe besteht. Das Wetter ist sehr kühl und ich habe wenig warme Sachen, aber ein Kleidungsstück, das so lange bei Euch war, ist immerhin bei mir. Ansonsten geht es mir gut, geteiltes Leid ist halbes Leid. Ich hoffe, Ihr seid noch in Eurem Zuhause. Ihr könnt mir jeden Tag schreiben, und ich bitte Euch, schreibt mir so schnell wie möglich, da ich bisher noch von niemandem ein Lebenszeichen erhalten habe. Falls ich an einen näher an Budapest gelegenen Ort verlegt werde, werden sie mir die Post nachschicken.
Wenn möglich, schickt mir ein Paar warme Handschuhe, ein warmes Nachthemd, eine warme Hose, zwei Handtücher, ein Stück Seife.
Ich grüße Euch herzlich
Emmy

1 USHMM, 2007.299. Das Dokument wurde aus dem Ungarischen übersetzt.

2 Frau Jenő Gold, geb. Emmy Blau (1885–1944); verheiratet mit Jenő Gold, zwei Töchter, lebte in Hamburg, 1937 Scheidung von Jenő Gold, der anschließend in die USA emigrierte, ihre zwei Töchter folgten nach Ausbruch des Krieges; nachdem die ungarischstämmige Emmy 1938 nach einem Belgienbesuch kein Einreisevisum für Deutschland mehr erhielt, reiste sie nach Ungarn; 1944 Deportation von Nagykanizsa über Sárvár nach Auschwitz, dort ermordet.

3 Marcell Gáldi (*1879), Direktor der Ziegel- und Dachziegelfabrik in Tata und in Budapest-Szentlőrinc, Generaldirektor der Gránit Porzellan- und Töpferwarenfabrik.

4 Ein Beschluss des ungar. Innenministeriums sah vor, jüdische Staatsbürger besetzter bzw. verbündeter Staaten wie die ungar. Juden zu behandeln, sie in Gefängnissen zu internieren und anschließend zu deportieren. Emmy Blau wurde wahrscheinlich als ausländische Staatsbürgerin behandelt und aus diesem Grund interniert. Vermutlich wurde sie im Gefängnis von Nagykanizsa untergebracht, das sich am Erzsébet-Platz 6 befand.

DOK. 153

Ilona Hangay berichtet am 30. April 1944 in einem Brief an ihre Mutter, dass im Sammellager von Kassa (Košice) apokalyptische Zustände herrschen[1]

Handschriftl. Brief von Ilona Hangay,[2] gez. Inci, Kassa, Bubics-Straße 33.II.5., an Frau Lajos Horváth,[3] wohnhaft bei Frau Gyula Erhardt, Tata, Esterházy-Straße 19, vom 30.4.1944

Meine liebe Mutti,
ich habe Ihren Brief erhalten. Ich antworte ein wenig verspätet, es sieht so aus, als ob dies bereits zur Gewohnheit von mir würde, deshalb machen Sie sich keine Sorgen, wenn dies auch zukünftig vorkommt.
Ich konnte auch noch nicht entscheiden, was wir in Zukunft machen werden. Zunächst müssen wir uns in Geduld üben, man muss abwarten, wie sich die Dinge entwickeln. Das Beste wäre natürlich, wenn wir morgen in unserer alten bequemen Wohnung aufwachen würden und es keine weiteren Sorgen mehr gäbe. Leider sieht die Wirklichkeit ganz anders aus!
Uns geht es relativ gut. Gézu sieht sehr gut aus, ich denke, er ist sogar ein bisschen gewachsen. Nur verbringt er den ganzen Tag mit diesen garstigen Schlingeln. Er hat gelernt, auf einem normalen Fahrrad zu fahren – und ist natürlich sehr glücklich damit – und träumt von einem eigenen Fahrrad. Das kostet aber heutzutage so viel, dass das gar nicht in Frage kommt. Ich mache mir oft Sorgen, weil die verdammten deutschen Autos dermaßen rasen.
Sie [die Kinder] fahren in erster Linie in der Gézafejedelem-Straße Fahrrad – dort ist der Verkehr nicht so stark.
Dieser Tage schauten wir uns mit Géza[4] die Ziegelfabrik an, wo 6000 Juden eingepfercht sind. Ich muss wirklich sagen, es ist ein apokalyptischer Anblick!! Sie besteht aus mehreren riesengroßen Sälen aus Ziegeln, alle Fenster sind herausgebrochen, an einer Seite gibt es gar keine Mauer. Die meisten Insassen liegen auf dem Boden. Auf diese Weise wurden Kassa und Umgebung „judenfrei" gemacht. Man transportiert die Juden noch laufend mit dem Fuhrwerk, sie werden aber innerhalb von einer Woche an einen unbekannten Ort weggebracht.[5]
Ich denke, es wäre doch besser, wenn Sie uns die Sommersachen von Gézu und mein Kostüm schicken würden.
Wenn ja, schicken Sie sie an Gézas Adresse und geben Sie einen höheren Wert dafür an, da die Sachen, wenn sie verloren würden, unersetzlich sind. Vielleicht sollte man

1 HDKE, 2013.100.7.1. Abdruck in: Heléna Huhák, A kassai téglagyár borzalmai ösztönözték a budapesti embermentést, in: ArchivNet 13 (2013) 4. Das Dokument wurde aus dem Ungarischen übersetzt.
2 Ilona (Inci) Hangay, verh. Frau Géza Boross, zog wegen der Bombardierungen am 3.4.1944 von Budapest nach Kassa um; im Herbst 1944 stellte sie, zusammen mit ihrem Ehemann, ihre Wohnung in Budapest für ein untergetauchtes jüdisches Ehepaar zur Verfügung.
3 Frau Lajos Horváth, Mutter von Ilona Hangay.
4 Géza Boross, Oberst; Ehemann von Ilona Hangay; Befehlshaber der Artillerietruppen des VIII. Armeekorps (Kassa).
5 Zum Sammellager Kassa siehe Dok. 148 vom 24.4.1944. Die Deportationen aus Kassa nach Auschwitz begannen am 15.5.1944 und wurden am 2.6.1944 abgeschlossen.

sich erkundigen, auf welche Weise man sie versenden kann, damit sie nicht verloren gehen!?
Ich küsse alle vielmals.
Ich schicke viele, viele Handküsse.

DOK. 154
Ottó Komoly schildert am 2. und 3. Mai 1944 sein moralisches Unbehagen bei der Erstellung der Liste für den „Kasztner-Transport“[1]

Handschriftl. Kalender von Ottó Komoly, Einträge vom 2. und 3.5.1944

Dienstag, 2. Mai
Aufst[ehen] um ½ 7. Postk[arte] an Zsuzsi Fried. Am Nachm[ittag] erklärt Dr. Kasztner, dass die Deutschen die Bewilligung für den 600er Transport erteilt hätten, sie fordern eine Liste „usw.“, er [der Transport] kann womöglich nächstes Wochenende abfahren.[2] Präs[idiums]sitzung der P[ester Israelitischen] K[ultusgemeinde] im I/28. Auftrag für die Zusammenstellung der Liste: an mich und Szilágyi[3] (schrecklicher Ansturm). Um ½ 10 zu Hause. Ins Bett gegen ½ 12. Ständige Müdigkeit, die Aufregungen setzen mir außerordentlich zu, ich ertrage den ständigen Ansturm der Menschen nicht [und] die unausweichliche, mit der Auswahl [der zu rettenden Juden] verbundene Ungerechtigkeit. (Im Abendblatt ist der Artikel […][4] erschienen.)

Mittwoch, 3. Mai
Aufst[ehen] um ½ 7. In der Nacht stetes Grübeln über die Ungerechtigkeiten bei der Auswahl [der zu rettenden Juden] und die Gefahren der Reise. Vorm[ittags:] Zusammenstellen der Liste mit Szilágyi, Besprechung mit Dr. Izsák[5] und Dr. Káhán,[6] man sieht die Unmöglichkeit dieser Zusammenstellung ein. Vor dem Mittagessen kurze Erholung zu Hause. Nach dem Mittagessen die […].[7] Zahlreiche Besucher werden von Lila und Lea[8] abgeschüttelt. Dort Frau Dr. Széchy, Direktor Blum usw. wegen der Zertifikate. Um ¾ 6 neue Besprechungen in der Kultusg[emeinde]. Die Liste ist immer noch nicht abgeschlossen. Immer noch Unzufriedenheit von Dr. Benjamin Fischer.[9] Um ¾ 9 zu Hause. Ins Bett um 10 (trotz Fliegeralarm). Die Frau von Ervin ist heute in der KEOKH zurückgehalten worden, als sie sich gemeldet hat. Angeblich ist sie uns gegenüber, in der Rökk-Szilárd-Straße 26.

1 YVA, P 31/44. Das Dokument wurde aus dem Ungarischen übersetzt.
2 Zum „Kasztner-Transport“ siehe Einleitung, S. 70, sowie Dok. 149 vom 25.4.1944 und Dok. 236 vom 30.6 bis. 6.7.1944.
3 Ernő Szilágyi (1898–1973).
4 Drei Wörter unleserlich.
5 Dr. Ede Izsák, Arzt; führendes Mitglied der zionistischen Bewegung; 1944 gelangte er mit dem „Kasztner-Transport“ in die Schweiz; 1957 Emigration nach Israel.
6 Richtig: Dr. Nison Kahan.
7 Ein Wort unleserlich, vermutlich: Bodors.
8 Lila Komoly (1900–1991), Ehefrau von Ottó Komoly, und deren gemeinsame Tochter Leah (auch Lea) Fürst, geb. Komoly (1921–2006), wanderten 1946 nach Palästina aus.
9 Dr. Benjamin Fischer (1878–1966), Rabbiner; 1927–1958 Oberrabbiner in der „Status quo ante“-Synagoge in der Rumbach-Straße; 1958 Emigration nach Großbritannien.

DOK. 155
Andor Jaross gibt am 3. Mai 1944 eine Weisung heraus, wie ausländische jüdische Staatsbürger zu behandeln sind[1]

Verordnung 7.233/1944 VII. res. des kgl. ungar. Innenministers vom 3.5.1944 (Abschrift)[2]

Betreff: Regelung des Aufenthalts ausländischer und staatenloser (über eine unklare Staatsangehörigkeit verfügender) Juden. *Streng vertraulich!!*
Im Zusammenhang mit dem Aufenthaltsstatus von Personen mit ungarischer Staatsangehörigkeit und jüdischer Herkunft hat es sich als notwendig erwiesen, auch den Status der sich in Ungarn aufhaltenden Personen jüdischer Abstammung zu regeln, die ausländische Staatsangehörige oder staatenlos sind. Im Fall der über eine ausländische Staatsangehörigkeit verfügenden, sich in Ungarn aufhaltenden Juden ordne ich Folgendes an:
Juden mit ausländischer Staatsangehörigkeit teile ich in fünf Gruppen ein:
1. Staatsangehörige feindlicher Staaten,
2. Angehörige neutraler Staaten (Türkei, Spanien, Portugal, Schweden und der Schweiz),
3. Angehörige von Staaten, die in den Einflussbereich der Achsenmächte fallen: der Slowakei, Kroatien, Serbien, Griechenland, Bulgarien, des faschistischen Italien, Frankreich, Belgien, Holland, Dänemark, Norwegen, Polen, Lettland und Litauen, schließlich
4. Rumänien und Finnland, deren jüdischstämmige Bürger nicht gleich beurteilt werden wie die unter Punkt 2 erwähnten Staatsangehörigen neutraler Staaten.[3]
5. Eine gesonderte Gruppe bilden die Juden, deren Staatsangehörigkeit unklar ist, also die Staatenlosen.

I. Die sich in Ungarn aufhaltenden Angehörigen feindlicher Staaten sind landesweit in Budapest zentral an einem Ort zu sammeln und in polizeilichen Gewahrsam zu nehmen (internieren). Bei ihrer Überstellung in polizeilichen Gewahrsam (Internierung) ist es unerheblich, ob die Person jüdischer Abstammung ist oder nicht.
Bei nicht jüdischstämmigen Angehörigen feindlicher Staaten kann gegenüber Personen, bei denen polizeilicher Gewahrsam (Internierung) im Hinblick auf die Aufrechterhaltung der öffentlichen Ordnung und der Staatssicherheit nicht unbedingt geboten scheint, auf diese Maßnahmen ausnahmsweise verzichtet werden. Bei Personen, die aufgrund ihrer [politischen] Einstellung, ihres Alters oder Gesundheitszustands oder eines anderen besonderen Grundes eine solche Maßnahme vollkommen unangemessen erscheint, ist ebenfalls darauf zu verzichten. Jüdischstämmigen Angehörigen feindlicher Staaten wird eine derartig angemessene Behandlung nicht zuteil. Angehörige feindlicher Staaten, die unter die Sonderregel fallen, sind an ihrem ständigen oder ihnen zugewiese-

1 MNL NML, V. 83. 36 biz/1944, Bl. 1–4. Abdruck in: Benoschofsky/Karsai (Hrsg.), Vádirat, Bd. 1 (wie Dok. 119 vom 29.3.1944, Anm. 1), S. 180–182. Das Dokument wurde aus dem Ungarischen übersetzt.

2 Bei dem Dokument handelt es sich um eine Abschrift des Vizegespans des Komitats Nógrád an die Bürgermeister und Stuhlrichter vom 6.5.1944. Im Original Stempel des Vizegespans des Komitats Nógrád, handschriftl. Vermerk über Eingang des Schreibens am 8.5.1944 und über Kenntnisnahme durch den Bürgermeister von Balassagyarmat vom 10.5.1944.

3 Trotz dieser Weisung wurden in vielen Fällen auch jüdische Staatsbürger neutraler und feindlicher Staaten bzw. rumän. und finn. Juden aus Ungarn deportiert.

nen Wohnsitz entsprechend der einschlägigen Bestimmungen unter polizeiliche Aufsicht zu stellen. Angehörige feindlicher Staaten, die in polizeilichen Gewahrsam genommen werden, müssen zentralisiert an einem Ort in Haft gehalten werden und sind unabhängig von ihrer jüdischen oder nichtjüdischen Abstammung gleich zu behandeln. Es spricht nichts dagegen, Gegenstände für den persönlichen Gebrauch, Bettwäsche, Kleidung, Unterwäsche, eventuell auch die notwendigsten Möbel mitzuführen und sich selbst um die Versorgung mit Nahrungsmitteln kümmern.

II. Innerhalb der Gruppe der Angehörigen neutraler Staaten, inklusive Rumänien und Finnland, sind jüdischstämmige Staatsangehörige aus ganz Ungarn in Budapest gesondert in Gewahrsam zu nehmen. Von der Internierung sind auch Juden nicht ausgenommen, die über gültige Reisepässe verfügen.

III. Jüdischstämmige Angehörige von in den Einflussbereich der Achsenmächte fallenden Staaten sind, unabhängig davon, ob sie über einen gültigen Reisepass verfügen, ebenfalls in polizeilichen Gewahrsam zu nehmen (internieren). Sie werden jedoch nicht gesondert interniert, sondern in das Abschiebegefängnis der königlich ungarischen Hilfspolizei überstellt und von den ungarischstämmigen Juden separiert.
Ich fordere den Herrn [Polizei-]Präsidenten auf, mit den oben beschriebenen Gruppen von Juden schnellstmöglich wie beschrieben zu verfahren. Im Vorfeld sind für die Angehörigen der ersten und zweiten Gruppe auf dem Gebiet der Residenzhauptstadt Budapest jedoch unabhängig voneinander in unterschiedlichen Stadtteilen Quartiere zu schaffen, die den allgemeinen gesundheitlichen und humanitären Anforderungen entsprechen und nach dem Vollzug der internationalen Kritik standhalten.
Ich halte fest, dass die Inhaftierung der unter Punkt 2 genannten Personen dem Schutz der betroffenen Juden mit neutraler Staatsangehörigkeit dient und voraussichtlich so lange gilt, bis es zwischen der ungarischen Regierung und den entsprechenden Auslandsvertretungen zu einer Einigung über ihre Aussiedlung und ihren Abtransport gekommen ist.[4]
Gibt es über die jüdische Abstammung eines ausländischen Staatsangehörigen Zweifel, ist eine Bestätigung des Herrn Außenministers[5] einzuholen.
Das maßgebliche Prinzip dabei ist, dass das religiöse Bekenntnis des Familienoberhaupts bzw. dessen Zugehörigkeit zur jüdischen Rasse die Inhaftierung seiner Familienmitglieder nach sich zieht. Von der Inhaftierung befreit werden können jüdische Angehörige neutraler Staaten, die mit einem amtsärztlichen Gutachten nachweisen, dass ihre Unterbringung in einer Art Lager ihre Gesundheit erheblich gefährdet. Die Befreiung wird aufgehoben, sobald hierfür keine Gründe mehr vorliegen.
Mit gleicher Post übersende ich Ihnen auch eine Zusammenstellung über Personen mit ausländischer Staatsangehörigkeit, nach denen sich die betreffenden Auslandsvertretungen erkundigt haben. Ich weise den Herrn [Polizei-]Präsidenten an, zur Vollziehung meiner Anordnung die darin erwähnten Juden ausländischer Staatsangehörigkeit und die in der angefügten Zusammenstellung aufgelisteten fremden Staatsangehörigen aufzufinden

4 Angehörige neutraler Staaten bekamen schließlich einen Schutzbrief ausgehändigt und waren von den Deportationen ausgenommen.
5 Döme Sztójay.

bzw. schnellstmöglich aus dem Abschiebegefängnis und den Internierungslagern zu holen und bezüglich ihrer Unterbringung im Sinne der Verordnung Maßnahmen zu ergreifen. Gleichzeitig unterrichte ich den Herrn Justizminister,[6] dass die aus den Haftanstalten entlassenen Personen fremder Staatsangehörigkeit im Interesse eines ordnungsgemäßen Verfahrens in die nächstgelegenen Dienststellen der königlich ungarischen Polizei zu überführen sind.
Den unter Punkt 2 erwähnten ausländischen Staatsangehörigen muss die Möglichkeit gegeben werden, unter Aufsicht ihre finanziellen Angelegenheiten abzuwickeln.
In Zusammenhang mit den bei der Abwicklung der finanziellen Angelegenheiten auftauchenden Fragen werde ich eventuell gesonderte Maßnahmen treffen.
Die unter Punkt 5 erwähnten, nicht über eine Staatsangehörigkeit verfügenden (staatenlosen) Juden fallen in dieselbe Kategorie wie die ungarischstämmigen Juden, d. h., mit ihnen ist entsprechend der für die ungarischen Juden getroffenen Anordnungen zu verfahren.
Über die unter Punkt 1 und Punkt 2 fallenden in polizeilichen Gewahrsam genommenen (internierten) oder in (Schutz-)Haft genommenen Personen sind vom Kommandeur der für ihre Bewachung zuständigen Einheit eine Namensliste in drei Ausführungen mit folgenden Angaben zu erstellen:
1. laufende Nummer, 2. Name, 3. Geburtsort, Geburtsjahr und Religion, 4. ggf. Mädchenname der leiblichen Mutter, 5. ständiger Wohnsitz, 6. Beruf, 7. Anmerkungen.
Die Aufzeichnungen sind nach Staatsangehörigkeiten zu ordnen.
Über die Durchführung meiner Anordnungen hat der Herr [Polizei-]Präsident unverzüglich Bericht zu erstatten.
Budapest, den 3.5.1944
gez. Jaross[7]

DOK. 156
Die Israelitische Gemeinde von Mohács macht am 3. Mai 1944 einen Vorschlag, wo die jüdische Bevölkerung der Stadt untergebracht werden könnte[1]

Schreiben der Israelitischen Glaubensgemeinde von Mohács, gez. Dr. Ernő Fischer,[2] an den Bürgermeister von Mohács[3] vom 3.5.1944

Sehr geehrter Herr Bürgermeister!
Im Auftrag des Herrn Bürgermeisters hat die Leitung der Israelitischen Glaubensgemeinschaft von Mohács einen Plan zur Durchführung der Verordnung 1.610/1944 M. E.[4] betreffend die Kennzeichnung der jüdischen Wohnungen erstellt.

6 István Antal.
7 Zahlreiche ausländische Juden wurden im Institut für Taubstumme in Budapest interniert. Einige wurden Opfer der allgemeinen Gettoisierungs- und Deportationsmaßnahmen. Am 31.5.1944 wurde die Anordnung des Innenministeriums insofern geändert, als auch jüdische Staatsbürger besetzter Länder von den Deportationsmaßnahmen ausgenommen wurden.

1 MNL BML, 4434/1944. Polg. ir. Das Dokument wurde aus dem Ungarischen übersetzt.
2 Dr. Ernő Fischer (1889–1944), Rechtsanwalt; Vorsitzender der Israelitischen Gemeinde und später des Judenrats in Mohács; 1944 nach Auschwitz deportiert, dort vermutlich ermordet.

Demnach werden die Juden alle Wohnungen in den zentralen Straßen der Stadt, genauer gesagt der Horthy-Miklós-Straße, der Király-Straße, der Szentháromság-Straße, der Felsődunasor, der Felszabadulás-Straße und der Kossuth-Lajos-Straße, verlassen. Sie machen die Wohnungen entlang dieser Hauptstraßen frei und ziehen zu den in den Nebenstraßen wohnenden Juden.
Infolgedessen werden außer den 27 bereits übergebenen Wohnungen weitere 61 frei, die jüdischen Wohnungsinhaber übergeben insgesamt also 88 Wohnungen.
Damit haben die Leitung der Glaubensgemeinschaft und deren Mitglieder alles Machbare unternommen, um die Stadt in dieser gewichtigen Angelegenheit zu unterstützen und die betreffende Verordnung gemäß ihrer Intention in der Stadt umzusetzen.
Unter besonderer Berücksichtigung der Tatsache, dass Mohács eine landwirtschaftlich geprägte Stadt ist, deren Bewohner größtenteils Bauern sind und in der viele Häuser über landwirtschaftliche Nebengebäude verfügen – Ställe, Scheunen, Schweineställe, Schuppen –, ist es nicht möglich, die Juden in zuvor festgelegte Straßen oder Stadtteile umzusiedeln, ohne dass die Interessen der christlichen Bewohner, die ebenfalls dort leben, verletzt werden würden. Deshalb hat die Glaubensgemeinschaft auf eine Neuordnung dieser Art verzichten müssen, aber alles in ihrer Macht Stehende unternommen, um den Wohnansprüchen der christlichen Einwohnerschaft der Stadt entgegenzukommen.
Wir übermitteln eine Aufstellung der in den Hauptstraßen bereits geräumten und noch zu übergebenden Wohnungen zusammen mit einer Skizze der Hauptstraßen.
In der Hoffnung, dass der Herr Bürgermeister den Plan wohlwollend an die zuständige Stelle weiterleitet, verbleiben wir mit tiefer Hochachtung[5]

DOK. 157

Magyar Újság: Artikel vom 5. Mai 1944 über die Gettoisierung der jüdischen Bevölkerung in Kolozsvár (Cluj) und Nagyvárad (Oradea)[1]

Die Entfernung von 17 000 Kolozsvárer Juden aus dem Stadtgebiet hat begonnen

Die Juden aus dem Gebiet zwischen Horthy-Straße und dem Szamos[2] wurden bereits abtransportiert – die mit dem gelben Stern gekennzeichneten und zwangsumgesiedelten Juden dürfen das Lagergelände nicht verlassen.

3 Vitéz Alajos Szőnyi (*1893), Mitglied der Vereinigung Erwachendes Ungarn; Bürgermeister von Mohács; 1950 nach Borzas-Mihályhalma ausgesiedelt.
4 Siehe Dok. 157 vom 5.5.1944, Anm. 4.
5 Im Original Notiz des Bürgermeisters: „Die Juden wurden in das ‚Getto' umgesiedelt. Die Bitte war nicht umsetzbar. Darüber habe ich Dr. Ernő Fischer, Leiter der Gemeinde, informiert. Weitere Maßnahmen in dieser Angelegenheit sind nicht erforderlich. Ins Archiv! Mohács, 10. Mai 1944". Das Getto in Mohács wurde schließlich in der Nähe der jüdischen Synagoge errichtet. Die Zusammenfassung der örtlichen Bevölkerung begann am 8.5.1944.

1 Magyar Újság, Nr. 100 vom 5.5.1944, S. 1: Megkezdték 17 ezer kolozsvári zsidó eltávolítását a város területéről. Das Dokument wurde aus dem Ungarischen übersetzt. Die radikale nationalistische Zeitung Magyar Újság (Ungarische Zeitung) erschien 1933–1944 in Kolozsvár.
2 Gemeint ist der Fluss Someșul Mic.

Die Evakuierung verläuft in größter Ordnung und in höflicher Atmosphäre.
30 000 Juden aus Nagyvárad werden ins Getto gebracht

Kolozsvár, 3. April.[3] Bekanntlich ist jener Erlass des Innenministers, nach dem in einzelnen Städten, Bezirken und Siedlungen – soweit Bedarf besteht – die jüdische Bevölkerung auf ein dafür vorgesehenes Gelände konzentriert werden soll, erst unlängst veröffentlicht worden.[4] Die Zeitungen haben darüber berichtet, dass die Maßnahme in bestimmten Städten des Landes bereits durchgeführt wurde.[5] Die Bekanntmachung der Verordnung und die in den einzelnen Städten durchgeführten Maßnahmen beschäftigen seit Tagen nun auch die Einwohner von Kolozsvár, auf deren Stadtgebiet ungefähr 17 000 Juden leben.

Die Stadtbehörden haben in den vergangenen Tagen ausführlich über den ministeriellen Erlass beraten.[6] Sie wiesen den Juden Zwangsunterkünfte zu und handelten Art und Weise der Evakuierung bzw. Konzentration aus. Nach diesen Vorarbeiten haben die Polizei- und Verwaltungsbehörden auf telegrafische Anweisung des Innenministers hin gestern in den frühen Morgenstunden mit der Evakuierung des vorgesehenen Stadtteils begonnen. Der erste betroffene Stadtteil befindet sich im Gebiet zwischen Horthy-Straße und dem Szamos. Die Angestellten der Verwaltungsdirektion und die Polizei gehen anhand der Meldescheine in die Wohnungen der Juden und fordern sie auf, sich in ihrer Zwangsunterkunft einzufinden. Koffer und Lebensmittel müssen sie auf die dafür bereitgestellten Kraft- und Pferdewagen laden. Die Menschen marschieren zu Fuß in geschlossenen Reihen ins Lager. Ausnahmen werden bei Kranken, Alten und Müttern mit Kindern gemacht.

Die Evakuierung verläuft in größter Ordnung und in höflicher Atmosphäre. Der Judenrat[7] informierte die Glaubensbrüder bereits im Vorfeld über die Umsiedlung und forderte sie auf, im Sinne der Bestimmung Gepäck von 50 kg pro Person und Lebensmittel für 14 Tage mitzunehmen. Sie warteten bereits vorbereitet auf die Mitarbeiter der Behörde und begaben sich dann in die vorgesehene Zwangsunterkunft.

Als neue Unterkunft bestimmten die Behörden das Gebiet der Stadtziegelfabrik auf der Kajántó-Straße. Hier wurden bereits im Vorfeld die notwendigen Maßnahmen ergriffen. Auf dem Terrain steht schon eine Überdachung von 19 000 Quadratmetern zur Verfügung.[8] Nur bei der Wasserversorgung gibt es noch Schwierigkeiten, die ungarischen Behörden haben jedoch – wie in allen anderen Angelegenheiten – sofort gehandelt, damit es nicht zu Engpässen kommt. Als Ergebnis der gestern aufgenommenen Arbeiten konnte heute um neun Uhr die Wasserversorgung gewährleistet werden.

3 Richtig: Mai.
4 VO 1.610/1944.M. E., in: Budapesti Közlöny, Nr. 95 vom 28.4.1944, S. 2 f. Darin wurde die Gettoisierung der Juden im gesamten Staatsgebiet geregelt.
5 Die Gettoisierungsmaßnahmen begannen am 16.4.1944.
6 Über den Ablauf der Gettoisierung berieten die Bürgermeister, der Polizeichef und der Oberst der Gendarmerie Tibor Paksy-Kiss am 2.5.1944. An der Besprechung nahmen etwa 150 städtische Beamte teil.
7 Vorsitzender des Judenrats von Kolozsvár war der Anwalt Dr. József Fischer (1887–1952).
8 Das Getto wurde im Trockenschuppen der örtlichen Ziegelei eingerichtet. Die Gettoisierung in Kolozsvár begann am 3.5.1944 und war nach zehn Tagen abgeschlossen.

Die Behörden haben die Wohnungen der zwangsübersiedelten Juden inzwischen versiegelt und werden sich anhand der anzufertigenden Inventarlisten um ihr Hab und Gut kümmern. In einen Teil der geräumten Wohnungen werden Arbeiterfamilien einziehen. Die Zwangsübersiedlung betrifft all diejenigen Juden, die anhand der bestehenden Bestimmungen verpflichtet sind, den gelben Stern zu tragen. Die in eine Zwangsunterkunft Eingewiesenen dürfen das Gelände des Lagers nicht verlassen. Für Disziplin und Ordnung im Lager sorgt der behördlich eingesetzte Lagerkommandant.[9] Für Hygiene und Gesundheit sind jüdische Ärzte verantwortlich, die allerdings unter der Kontrolle von Amtsärzten stehen. Die Behörden kümmern sich ebenfalls um die Lebensmittelversorgung.

Mit dieser Maßnahme geht das seit Jahren andauernde jüdische Problem seiner endgültigen Lösung entgegen. Jenes fremde Element, das seit so langen Zeiten den gesunden Kreislauf des Landes störte und mit seiner enormen Finanz-, Wirtschafts-, Industrie- und Handelskraft die Wirtschafts- und Sozialentwicklung Ungarns bremste, ist nun endgültig unter staatliche Aufsicht gebracht. Nach Handel, Industrie und Landwirtschaft verliert es nun auch seinen Einfluss auf dem Gebiet der Politik und des öffentlichen Lebens. Damit erledigt sich eines der schwierigsten nationalen Probleme. Die Aufbauarbeit, die wegen der Juden bislang nicht beginnen konnte, kann nun endlich anfangen. Um loslegen zu können, genügt es aber nicht, nur die Juden loszuwerden. Wir müssen uns auch selbst reinigen und stärken, nicht nur materiell, sondern auch moralisch.

Bei Redaktionsschluss war der Abtransport der Juden noch in vollem Gange.

Das Getto von Nagyvárad wurde von zwei Meter hohen Palisaden umzäunt

Nagyvárad, 3. Mai. (MTI).[10] Der Bürgermeister teilte auf einem Plakat mit,[11] dass die Juden der Stadt auf einem geschlossenen Gelände konzentriert werden. Sie wohnen ab sofort in der Umgebung der orthodoxen Synagoge, ungefähr zwischen Feuerwehrkaserne, dem großen Markt und der sog. Kommendás-Wiese. Das Getto wird mit zwei Meter hohen Planken abgezäunt. Die Fenster zur Stadt hin wurden mit Brettern vernagelt. Ausgang ist zwischen neun und zehn Uhr morgens.[12] Vizebürgermeister Gyapay hat ein Komitee aus fünf Mitgliedern gebildet, das sich um die persönlichen Belange der ungefähr 30 000 Juden kümmern wird.[13] Die Übersiedlung wird voraussichtlich innerhalb von vier Tagen abgewickelt.

9 Dr. László Ferenc Urbán, Polizeichef von Kolozsvár.

10 Magyar Távirati Iroda (Ungarisches Nachrichtenbüro).

11 Bürgermeister István Soós (1895–1983) trat aus Protest gegen die geplanten Gettoisierungsmaßnahmen im März 1944 zurück. Die am 3.5. erschienenen Plakate, die die jüdische Bevölkerung über den Ablauf der Gettoisierung informierten, trugen die Unterschrift des Vizebürgermeisters László Gyapay.

12 Zum Getto Nagyvárad siehe Dok. 195 vom Mai 1944.

13 Dem Komitee gehörten an: Sándor Leitner, Vorsitzender der orthodoxen jüdischen Gemeinde; Dr. István Vajda (gest. 1944), Oberrabbiner; Sándor Lőrincz, Anwalt; Dr. René Osvát (gest. 1944), Arzt; Sámuel Metzen, Direktor der Lederfabrik Majestic. Leitner verließ Ungarn im Sommer 1944 mit dem „Kasztner-Transport“; Osvát nahm sich im Getto das Leben.

DOK. 158
Der Notar Albert Kovácsy macht am 5. Mai 1944 Bischof László Ravasz auf die Zustände im Getto in Marosvásárhely (Tîrgu Mureş) aufmerksam[1]

Brief von Dr. Albert Kovácsy,[2] kgl. Notar, Marosvásárhely, an Bischof László Ravasz, Budapest, vom 5.5.1944

Euer Exzellenz!
Schweren Herzens habe ich mich dazu entschlossen, Ihnen zu schreiben, denn ich belaste einen viel beschäftigten Mann nur ungern mit einer Bitte. Ich denke jedoch, es ist meine Pflicht, die Kirchenleitung auf einen unhaltbaren Zustand aufmerksam zu machen, der aufgrund einer unüberlegten Maßnahme hier in Marosvásárhely eingetreten ist und der in den Kreisen gutwilliger Christen große Missstimmung und Unbehagen ausgelöst hat.
Man konnte in mehreren Städten erreichen, dass die zu separierenden Juden auf dem Weg des Wohnungstausches in einzelnen, ihnen zugewiesenen Stadtteilen untergebracht wurden. Mir ist es unverständlich, warum dies nicht auch in Marosvásárhely passiert ist.
Bei uns wurden 6000 bis 7000 Menschen ohne die elementarsten Vorsichtsmaßnahmen am 2. [Mai][3] in der Frühe zusammengetrieben und zum Gelände einer verlassenen Ziegelfabrik transportiert. Dort standen nicht mehr als drei oder vier Räume mit herausgebrochenen Fenstern zur Verfügung und es gab auch nur wenige offene Schuppen, so dass die große Masse [der Juden] gezwungen ist, unter freiem Himmel und Wind und Wetter ausgesetzt zu zelten.[4] Ihnen stehen nicht einmal die notwendigsten Sanitäreinrichtungen zur Verfügung, es fehlen Toiletten, es gibt kein Trinkwasser, und die Lebensmittelversorgung funktioniert auch noch nicht.
Säuglinge, kleine Kinder und betagte Menschen sind in den windigen, kalten Nächten ohne Dach über dem Kopf. Es wurde auch nicht unterschieden zwischen denen, die an kultiviertere Verhältnisse gewöhnt sind, und den weniger Anspruchsvollen. Es ist daher nachvollziehbar, dass sich Erstere wie zum Tode verurteilt fühlen und massenhaft Selbstmord begehen.
Unterschieden wurde auch nicht zwischen denen, die nicht erst vor kurzem und aus Opportunismus, sondern schon vor Jahrzehnten [zum Christentum] konvertiert sind und die sich als Teil der christlichen Gesellschaft fühlten. So haben die Witwe und die Tochter des verstorbenen Dr. Manó Takács,[5] des leitenden Oberarztes des Kinder-

1 Ráday Levéltár, A-1-c Elnöki iratok, 700/1944. Das Dokument wurde aus dem Ungarischen übersetzt.
2 Dr. Albert Kovácsy (*1875), Notar; von 1906 an Parlamentsabgeordneter, von 1908 an Notar in Marosvásárhely.
3 Die Konzentration der örtlichen jüdischen Bevölkerung begann am 3.5.1944 morgens.
4 Die Juden wurden in einer ehemaligen Ziegelfabrik in der Koronkai-Straße in einem großen Gebäude mit eingestürztem Dach zusammengefasst. Dort wurden etwa 5500 Personen aus der Stadt Marosvásárhely und weitere 1880 aus der Umgebung untergebracht. Etwa 5000 Juden mussten unter freiem Himmel übernachten. Laut zeitgenössischen Quellen errichteten sie Zelte aus ihren eigenen Kleidern.

heims, Selbstmord begangen. Auf ihre Bitte hin habe ich, wie das beigelegte Gesuch zeigt,[6] eine Eingabe geschrieben und um eine Ausnahme gebeten, doch es ist nicht mehr zur Einreichung gekommen, weil sich die beiden vor ihrem Abtransport umgebracht haben. Diese Unglücklichen sind vor 23 Jahren zur reformierten Konfession übergetreten, und das beigelegte Gesuch wird Dich davon überzeugen, dass sie etwas Besseres verdient hätten. Es gibt noch viele andere, denen ein ähnliches Schicksal zuteilwurde.
Wissend um Deine tiefe Menschlichkeit bitte ich Dich deshalb, wenn möglich etwas für die vor Jahren zu Christen gewordenen Menschen zu unternehmen und ihnen zu helfen. Es würde auch nicht schaden, wenn Du die Aufmerksamkeit einer zuständigen Person gütigst auf die Geschehnisse in Marosvásárhely lenken würdest.

Mit Dank für Deine Güte verbleibe ich als Dein alter Freund und Dich verehrender Anhänger[7]

DOK. 159
Der Pfarrer der Gemeinde Mohora bittet am 6. Mai 1944, der Kirchengemeinde eine durch die Gettoisierung frei gewordene Wohnung zur Verfügung zu stellen[1]

Schreiben (Nr. 187/1944) des röm.-kath. Pfarramts Mohora, Komitat Nógrád, gez. József Marosi,[2] an den Vizegespan[3] (Eing. 8.5.1944) vom 6.5.1944

Betreff: Anforderung eines jüdischen Gebäudes für einen Kindergarten

Sehr geehrter Herr Vizegespan!
Im Zuge der Aussiedlung der Juden aus der Gemeinde Mohora[4] wird eine Wohnung frei, die aufgrund ihrer zentralen Lage und Einteilung gut als Kindergarten geeignet wäre.
Ich sehe mich zu dieser Meldung durch den Umstand ermutigt, da sich der derzeitige Kindergarten in einem völlig ungeeigneten und schlechten Zustand befindet. Außerdem sieht sich die röm.-kath. Kirchengemeinde nicht in der Lage, ein neues Gebäude zu errichten. Außerdem beanspruche ich diese Wohnung für einen gemeinnützigen Zweck.

5 Dr. Manó Takács (*1873), von 1907 an leitender Oberarzt des kgl. ungar. staatlichen Kinderheims in Marosvásárhely.
6 Liegt nicht in der Akte.
7 Am 17.5.1944 teilte Ravasz Kovácsy mit, dass er die verantwortliche Regierungsstelle über die Lage im Getto Marosvásárhely informiert habe; wie Anm. 1.

1 MNL NML, IV. 454. 9487/1944. Das Dokument wurde aus dem Ungarischen übersetzt.
2 József Marosi, von 1938 an Pfarrer in Mohora.
3 Dr. Sándor Horváth von Neográd (*1886), Jurist; von 1910 an Stuhlrichter, von 1916 an Obernotar, 1927–1939 Bürgermeister von Balassagyarmat, von 1939 an Vizegespan.
4 Die jüdische Bevölkerung von Mohora wurde in Balassagyarmat zusammengefasst und von dort Mitte Juni 1944 nach Auschwitz deportiert.

Ich bitte Sie mit vorzüglicher Hochachtung darum, uns in dieser Angelegenheit zu unterstützen, insbesondere weil es um unsere Zukunft, um kleine ungarische Kinder, geht. Meine Bitte wiederholend, verbleibe ich mit aller Ergebenheit József Marosi[5]
PS: Das fragliche Gebäude ist Eigentum von Mihály Deutsch.[6]

DOK. 160
Der evangelisch-lutherische Bischof Kuthy informiert am 6. Mai 1944, wie sich die Pfarrer verhalten sollen, wenn Juden sie um die Konversion bitten[1]

Auszug aus dem offiziellen Rundschreiben des Bischofs der evangelischen Diözese Cisdanubiens,[2] hrsg. unter der Geschäftsnummer I/1944 vom 6.5.1944, gez. Zoltán Limbacher,[3] vom 21.6.1944[4]

Die Konversion der Juden nach Nr. 392/3-1944[5] *und die Seelsorge von konvertierten Juden.* Im Hinblick auf die Konversionsabsicht von Juden sind für uns nebst den betreffenden Gesetzen des Staats zwei gesetzliche Richtlinien von Relevanz. Die erste betrifft den stets geltenden Befehl Christi: „Lehre alle Völker und taufe sie." Die zweite ist die in der Vollversammlung der Gremien der evangelischen Kirche 1943 verabschiedete Instruktion.[6]
Wenn heute eine Konversionsbewegung seitens der Juden losbricht, ist ihr Beweggrund oder ihre Antriebskraft wohl nicht von einer Überzeugung geleitet, sondern von der derzeitigen Lage bestimmt. Es ist demnach selbstverständlich, dass dem ein Riegel vorgeschoben werden muss. Unsere Kirche ist kein Asylheim, sondern eine Gemeinschaft überzeugter Anhänger Christi.
Wenn sich allerdings Einzelne in nicht auffällig höherer Zahl als zu normalen Zeiten zur Konversion anmelden, insbesondere wenn sie aus Familien stammen, in denen es bereits auf Probe aufgenommene Angehörige der evangelischen Kirche gibt, dürfen wir uns nicht davor sperren, sie zu lehren und zu taufen. Der Unterricht sollte jedoch min-

5 Am 22.5.1944 antwortete der Vizegespan József Marosi, dass die VO 1.600/1944 M. E. keine Auskunft darüber gebe, an welche Behörde Ansuchen zu richten seien, um jüdische Immobilien zu erhalten. Er versicherte dem Pfarrer gleichzeitig, dass er nach der Verabschiedung entsprechender gesetzlicher Regelungen den Anspruch unterstützen werde. Über den weiteren Werdegang der Anfrage ist nichts bekannt.

6 Mihály Deutsch (1897–1982), Gemischtwarenhändler; nach der deutschen Besetzung im Getto Baglyasalja, anschließend in Balassagyarmat untergebracht, in Érd bei landwirtschaftlichen Arbeiten eingesetzt.

1 EOL, Iratok a II.világháború idejéről, 2. doboz. Das Dokument wurde aus dem Ungarischen übersetzt.

2 Dezső Kuthy (1888–1973), evang. Pfarrer; von 1921 an Sekretär von Albert Radvánszky, Leiter des Luther-Heims, 1944–1947 Bischof der evang.-luther. Diözese Cisdanubiens.

3 Zoltán Limbacher, von 1924 an Pfarrer in Kisterenye, von 1943 an Bischofssekretär.

4 Im Original Stempel.

5 Nicht ermittelt.

6 Im Mai 1943 nahm die Kirchenversammlung unter Vorsitz des Bischofs László Ravasz eine neue Regelung an, die die Konversion erschwerte und mit einer mindestens halbjährigen (aber in der Regel ganzjährigen) Vorbereitungsphase verband. Über die Konversion sollte nicht nur der Pfarrer, sondern die gesamte Leitung der Gemeinde entscheiden; Magyarországi Református Egyház Zsinati Levéltára, I. 38. d. A magyarországi református egyház 1939. március 1-én megnyílt zsinatának irományai, 40. sz., Szabályrendelet a más egyházak és vallásfelekezetek kebeléből áttérők felvételéről, Bl. 2–6.

destens ein halbes Jahr dauern, und zwar wöchentlich drei bis vier Stunden. Die Lehrzeit gilt gleichzeitig als Probezeit.
Die zum Tragen eines Sterns verpflichteten, bei uns eingekehrten Gläubigen sind wie die Vollmitglieder unserer Kirche selbstverständlich zum Hören der Predigt und zur Teilnahme an den Sakramenten berechtigt. Wir müssen alle unterstützen, die aus Schamgefühl oder aufgrund der Ressentiments mancher Gläubiger der Kirche fernbleiben, indem wir ihnen die Möglichkeit geben, separat der Predigt beizuwohnen, das Abendmahl zu feiern, oder mittels erbaulicher Schriften.

DOK. 161
Die Stadtverwaltung von Debrecen bespricht am 8. Mai 1944 die Modalitäten für die Errichtung eines Gettos[1]

Handschriftl. Protokoll der Sitzung der Stadtverwaltung von Debrecen, von Dr. Béla Menyhárt, vom 8.5.1944[2]

Bericht von der Gettobesprechung vom 8. Mai 1944 im kleinen Sitzungssaal des Rathauses
Anwesend waren: Obergespan Vitéz Dr. Lajos Bessenyei, Bürgermeister Sándor Kölcsey, stellvertretender, techn[ischer] Rat Lóránt Kalenda, Polizeioberrat Vitéz Gyula Tóth, Polizeirat Gyula Szabó, Gerichtsvorsitzender i. R. und Leiter des Wohnamts Lajos Kókai, Generalanwalt des Militärgerichts Dr. Gusztáv Reke, Rat Dr. Bertalan Balla, Rat Imre Dömsödy, Rat h. c. József Koller, Obergeneralarzt Dr. István Gärtner, Rat h. c. Dr. János Ecsedy, Rat h. c. Dr. Sándor Vadászi, Quartiermeister Géza Böszörményi, Keresztély Hütter vom Meldeamt, der stellvertretende Rechnungsprüfer Kálmán Balogh. Aufgezeichnet von Dr. Béla Menyhárt, Notargehilfe.
Bürgermeister[3] – informiert über die einzelnen Punkte der Verordnung 1.610/1944 M. E. Hauptgegenstand der heutigen Besprechung ist § 9.[4] Die Vorbereitungsarbeiten zur Separierung der Juden wurden von der Technischen Abteilung durchgeführt. Er [der Bürgermeister] bittet Rat Kalenda, seine Überlegungen zur Bestimmung des betreffenden Stadtteils vorzutragen.
Kalenda[5] – Zunächst sei überlegt worden, das Judentum außerhalb der Stadt, in einer eigenständigen, geschlossenen Einheit unterzubringen und es auf diese Weise aus dem

1 MNL HBML, Debrecen, IV.B. 1406.b., 365. doboz, 21 838/1944. Teilweise abgedruckt in engl. Übersetzung in: Vági/Csősz/Kádár, The Holocaust in Hungary (wie Dok. 29 vom 5.5.1939, Anm. 1), S. 85–87. Das Dokument wurde aus dem Ungarischen übersetzt.
2 Im Original handschriftl. Streichungen und Korrekturen.
3 Dr. Sándor Kölcsey, Jurist; Präsident der Anwaltskammer in Debrecen, 1925–1944 Bürgermeister von Debrecen, Obergespan Lajos Bessenyei forderte ihn im Frühjahr 1944 zum Rücktritt auf, anschließend ließ er sich pensionieren.
4 VO 1.610/1944. M. E., in: Budapesti Közlöny, Nr. 95 vom 28.4.1944, S. 2 f. Im § 9 wurde die Gettoisierung der Juden in Städten und Gemeinden geregelt, deren Einwohnerzahl 10 000 überstieg.
5 Lóránt Kalenda (1892–1972), Ingenieur; von 1923 an technischer Oberrat in Pécs, 1926–1940 Leiter des Ingenieurbüros der Stadt Pécs, Chefingenieur des ÉM Baugewerbeunternehmens des Komitats Hajdú.

Stadtkörper zu entfernen. Dies hätte sich durch Barackenbauten realisieren lassen. Diese Lösung musste wegen des Mangels an entsprechenden Baumaterialien verworfen werden. Man habe sich mit dem Gedanken auseinandersetzen müssen, ein Gebiet innerhalb der Stadt für diesen Zweck zu bestimmen. So kam die Idee auf, die westliche Stadthälfte auszuwählen, die durch die Széchenyi- und die Csokonai-Straße begrenzt wird. In diesem Areal würden außerdem jüdische Immobilienbesitzer mit über 50 Prozent überwiegen. Es müsse entschieden werden, ob das für die Juden vorgesehene Gebiet abgesperrt wird. Dadurch könnte es von der Polizei nämlich besser bewacht werden. Die Garai-Straße habe verworfen werden müssen.

Bürgermeister – Hinsichtlich einer zwingenden Absperrung habe ich keine Anweisung erhalten.

Gyula Tóth[6] – Die Polizei erhielt eine vertrauliche Ergänzung zur Grundverordnung, die Grundverordnung selbst aber noch nicht, sie befindet sich noch beim Regierungsbeauftragten Uhlarik.[7]

Obergespan[8] – Es muss eine Absperrung erfolgen, sonst lassen sich die Juden nicht überwachen.

Bürgermeister – Am sinnvollsten erschien ihm bislang die auch anderswo praktizierte Lösung, die Marktzeiten der Juden zeitlich zu beschränken. Was soll im Falle einer Absperrung mit jenen geschehen, die sich ausweisen müssen? Wie würden Tagelöhner [aus dem Getto] kommen? Denn arbeiten müssten sie ja. (Es erfolgte keine Antwort auf diese Frage.)[9]

Oberarzt[10] – Im Auftrag des Regierungsbeauftragten überprüfte er die Gettos in Kisvárda, Nyíregyháza und Mátészalka auf ihren sanitären Zustand hin.[11] Bei den beiden letzteren sei das Getto mit Holzplanken umzäunt.

Bürgermeister – Für uns würde sich hier eine praktischere Lösung anbieten, weil man die Straßeneinmündungen absperren kann. Holzplanken widerstreben ihm, erstens weil sie hässlich seien und es sich bei der Hatvan-Straße um eine Hauptverkehrsstraße der Stadt handele, zweitens benötige man die Holzplanken für militärische Zwecke.

Kalenda – Zu entscheiden ist der Umgang mit den straßenseitigen Fenstern. Sollen die Fenster vernagelt werden?

Bürgermeister – Die Fenster müssen aus hygienischen Gründen in ordnungsgemäßem Zustand belassen werden. Man darf nicht zulassen, dass die Wohnungen nicht gelüftet werden können.

6 Vitéz Dr. Gyula Tóth, Polizeioberrat, stellv. Polizeipräsident der Stadt Debrecen.

7 Dr. Béla Uhlarik-Ricsóy (1895–1985), Jurist; bis 1939 Obergespan des Komitats Békés und Csongrád, von 1939 an Regierungsbeauftragter, Leiter der Produktionsabt. im Landwirtschaftsministerium.

8 Vitéz Dr. Lajos Bessenyei (*1899), Gymnasiallehrer, von Mai 1944 an Obergespan.

9 Zunächst wurde das Verlassen des Gettos genehmigt und den Gettobewohnern gestattet, ihrer Arbeit weiterhin nachzugehen. Das Getto wurde schließlich am 11. 6. abgeriegelt.

10 Dr. István Gärtner, auch Gartner (1903–1966), Arzt; von 1933 an Privatdozent; Obergeneralarzt in Debrecen; 1950–1965 Leiter des Laboratoriums im Krankenhaus in Esztergom, 1953–1957 Direktor des Krankenhauses.

11 Die genannten Gettos befanden sich in den Komitaten Szabolcs und Szatmár. Die Gettoisierung begann im April 1944.

Kalenda – Dies ließe sich lösen, indem nur der obere Teil der Fenster zu öffnen wäre und der untere versperrt wird.
Bürgermeister – Es genügt, wenn man die Fenster unten verklebt. Es gibt hierfür [für das Versperren] keinen die Juden betreffenden Grund.
Oberarzt – In den bestehenden Gettos erklären die Verantwortlichen, dass es aus Sicht der Stadtbewohner nicht wünschenswert sei, die Juden ständig im Blick zu haben.
Obergespan – Es muss auf jeden Fall die Möglichkeit genommen werden, die Fenster unten zu öffnen.
Kalenda (fährt fort) – Durch die Beibehaltung der beiden Hauptverkehrsstraßen wird ein einheitlicher Block gebildet. Die Durchgänge zwischen den einzelnen Häusern sollten die Juden selbst bauen lassen.
Bürgermeister – Hinsichtlich des für die Juden zu bestimmenden Gebiets sei er heute in der Frühe vom Abgeordneten István Balogh[12] aufgesucht worden, der zum Ausdruck gebracht habe, dass er mit Blick auf sein eigenes Haus keine Ausnahmeregelung geltend mache.
Oberrat Tóth – Die Szepességi-Straße muss aus der Umstrukturierung ausgenommen werden, weil die sich in den Nummern 3 und 33 befindlichen Bordelle nicht an anderen Orten untergebracht werden können. Nr. 33 ist im Übrigen den Deutschen überlassen worden.
Bürgermeister – Das jüdische und das staatliche Gymnasium wurden aus dem Getto ebenfalls herausgenommen.
Obergespan – Die [Bewohner der] Häuser 3 und 33 in der Szepességi-Straße müssen umgesiedelt werden.
Oberrat Tóth – Die Bordelle sind speziell ausgestattet, man kann sie nicht umsiedeln. Das ist aus polizeilicher Sicht sehr wichtig.
Bürgermeister – Bei der Umsiedlung der Bordelle könnten die Nachbarn Einspruch erheben usw.
Kalenda – Man müsste einen Durchgang in der Nyugati-Straße bauen.
Bürgermeister – Dafür bedürfte es einer Ortsbegehung. Man müsse von der Nyugati-Straße her den Plan ausarbeiten.
Oberarzt – Auf dem Gebiet des Gettos liegt auch eine Luftschutzstation. Sie muss für die ungarische Zivilbevölkerung verlegt werden. Die Juden lösen diese Frage für sich selbst.
Bürgermeister – Sie muss bestehen bleiben.
Oberarzt – Dann müssten die verwundeten ungarischen Zivilisten ins Getto transportiert werden.
Bürgermeister – Ich würde die Station unter keinen Umständen umsiedeln. Sie muss so bestehen bleiben, und bis zur Umsiedlung haben wir noch Zeit, uns darüber zu beraten.
Kalenda – Trägt Details der von der Technischen Abteilung durchgeführten Zählung vor. Für eine Person werden jeweils 4 m^2 Wohnraum berücksichtigt.

12 Dr. István Balogh (1894–1976), Pfarrer; stammte aus einer konvertierten jüdischen Familie, 1918 Priesterweihe, von 1918 an Kaplan in Csák, von 1920 in Újszentanna und von 1926 an in Szeged, 1933–1946 Pfarrer in Szeged, von 1936 an Parlamentsabgeordneter; Nov. 1944 Gründung der Szegeder Abt. der Partei der Unabhängigen Kleinen Landwirte.

Oberarzt – 4 m^2 sind viel; in Mátészalka wohnt man sogar auf Dachböden.[13]
Kalenda – (Fährt mit der Darlegung der Details zu den Wohnflächen fort.) Informiert über die Zahl der jüdischen und christlichen Einwohner. Listet auch die Geschäfte und die Lagerräume auf: Es stehen 33 000 m^2 zur Verfügung, davon sind 900 m^2 Geschäftsräume. Bei einer Zuteilung von 4 m^2 pro Person könnten 9114 Personen untergebracht werden.
Bürgermeister – Die Geschäftsräume wurden den Wohnräumen zugerechnet?
Kalenda – Ja.
Bürgermeister – Die jüdischen Geschäfte sind unter Verschluss.[14] Der Verordnung zufolge ist das Vermögen als Garantie für den Staat zu betrachten. In Bezug auf den Warenbestand muss mit dem Finanzdirektor Kontakt aufgenommen werden. Oder aber man muss die Geschäftsräume [von den Berechnungen] ausnehmen. Es gibt auch christliche Geschäfte, auch mit diesen muss man rechnen, für diese muss man einen anderen Ort finden. Die Geschäftsräume stehen also augenblicklich nicht zur Verfügung. Was mit den Warenbeständen passieren wird, wissen wir nicht. Das ist ein Hindernis bei der Durchführung. Vorerst müssen bei der Unterbringung also die jüdischen Geschäftsräume außer Acht gelassen werden.
Reke[15] – Die Geschäfte müssen dabei bleiben, weil die Geschäftsräume bei einer Fläche von 4 m^2 [pro Person] für die Unterbringung notwendig sind.
Kalenda – Den Juden zufolge haben durchschnittlich zwei Personen in einer Wohnung gelebt. Daher werden viele Wohnungen in der Stadt frei werden.
Bürgermeister – Es gibt auch konvertierte Juden, die den Stern tragen. Sie werden von den [nicht konvertierten] Juden verfolgt. Kann man diese [beiden Gruppen] bei der Wohnungsfrage im Getto zusammenführen?
Oberarzt – Der Kommandant in Mátészalka hat ihrer Separierung zugestimmt.
Bürgermeister – Ich will die Lösung dieser Frage nicht gänzlich ihnen überlassen. Sie suchen Schutz.[16]
Obergespan – Prinzipiell finde ich daran nichts auszusetzen.
Bürgermeister (zum Obergespan) – Im Hinblick auf den Ausgangspunkt sind wir, denke ich, im Großen und Ganzen also einer Meinung?
Obergespan – Ja.
Kalenda – Zählt die Straßen auf. Soll man ihnen das Mietshaus in der Hatvan-Straße 6 überlassen?
Zöld[17] – Man muss es ihnen geben.
Kalenda – Der dritte Stock muss gänzlich dem Judenrat überlassen werden.
Bürgermeister – Wer umgezogen ist, muss sich innerhalb von 24 Stunden anmelden. Auch die Abmeldepflicht ist wichtig.
Oberrat Tóth – Übernimmt die Durchführung in eigenen Meldestellen.

13 Im Getto Mátészalka wurden über 16 000 Menschen untergebracht, in einem Zimmer lebten teilweise 20–25 Personen. Mit wachsender Überfüllung schliefen zahlreiche Personen auf Dachböden, in Schuppen, Schweineställen oder unter freiem Himmel.
14 Siehe dazu Dok. 137 vom 16.4.1944.
15 Dr. Gusztáv Reke (gest. 1975), Jurist; Generalstaatsanwalt des Militärgerichts.
16 Gemeint sind vermutlich die konvertierten Juden.
17 József Zöld (*1899), Jurist; Stadtrat, stellv. Bürgermeister, nach der Pensionierung von Sándor Kölcsey übernahm er bis Juli 1944 dessen Aufgaben, anschließend trat er zurück.

Bürgermeister (wendet sich zum stellvertretenden Bürgermeister Zöld) – Hält eine eigene Bezirksstelle im Getto für wünschenswert.
Zöld – Stimmt dem zu.
Oberrat Tóth – Die Ab- und Anmeldezettel werden vorübergehend getrennt gehandhabt und später zusammengeführt.
Reke – Es muss auch für die Unterbringung der Möbel gesorgt werden.
Bürgermeister – Die Möbelstücke müssen in der Wohnung in einem Zimmer konzentriert werden. Damit muss man rechnen.
Kalenda – Wichtig ist die Entwurmung.
Obergespan – Jeder Umzug, auch der Umzug der Christen, muss [finanziell] von ihnen [den Juden] getragen werden.
Bürgermeister – Was darf mitgenommen werden? Dazu gibt es keine Verordnung.
Obergespan – In der Besprechung am Donnerstag sei er so informiert worden, dass man 30 Pengő Bargeld, ein Gepäckstück von 50 kg und Lebensmittel für 14 Tage mitnehmen dürfe.
Kalenda – Die Betten sollten unbedingt mitgenommen werden dürfen.
Oberarzt – In den von ihm besichtigten Gettos hat er kein einheitliches Vorgehen wahrnehmen können. Es hing immer vom Kommandanten ab, was erlaubt sei. Es gab Fälle, wo man zum Beispiel nur für zwei Tage Wäsche mitnehmen durfte.
Bürgermeister – Im Interesse des Sanitätswesens sollten alle notwendigen Dinge mitgenommen werden können.
Obergespan – Man muss in dieser Frage Staatssekretär Endre kontaktieren.
Bürgermeister – Man darf mitnehmen, was man will, einen Schrank, zwei Betten, einen kleinen Tisch usw.
Obergespan – Das ist ja schon eine Unterbringung wie in einem Sanatorium. Man muss eine resolute Verordnung erlassen, sonst kommt es zu Verwirrung.
Bürgermeister – Sauberkeit und Hygiene sind besser, wenn eine Waschschüssel, ein Stuhl und ein kleiner Tisch für die Schüssel usw. zur Verfügung stehen. Das ist im öffentlichen Interesse. (zum Oberarzt) Man muss aufpassen. Einer der Gründe für die Auswahl des Areals ist, dass es über eine Wasserleitung und Kanalisation verfügt.
Oberarzt – Meint, man könne [den Juden] erlauben, die nötigsten Dinge mitzunehmen.
Oberrat Tóth – Innerhalb des Gettos muss ihnen die Einrichtung der Räume ermöglicht werden. Er fragt nach der Frist, innerhalb derer die Umsiedlung vollzogen werden muss.
Obergespan – In der Besprechung am Donnerstag wurde der Abend des 15. Mai als Frist für den Vollzug [der Umsiedlung] gesetzt.
Bürgermeister – Die Technische [Abteilung] hat die vorbereitenden Arbeiten durchgeführt. Die restlichen Aufgaben müssen von Herrn Rat Dömsödy[18] übernommen werden, der die größte Abteilung hat.
Bürgermeister – Er will in Anwesenheit des Herrn Obergespan noch heute Mittag um 1 Uhr mit Simon Magyar[19] sprechen.
Oberarzt – Bringt einen Vorschlag im Hinblick auf die sanitären Verhältnisse ein. Diese wären sowohl im Interesse des Gettos als auch der Stadtbevölkerung. Dort, wo er war,

18 Dr. Imre Dömsödy, Notar, Abteilungsleiter in der Debrecener Stadtverwaltung, 1945 stellv. Bürgermeister von Debrecen.
19 Dr. Simon Magyar, Anwalt.

gehörte das Sanitätswesen in den Zuständigkeitsbereich des Gettos. Das Getto sorgte eigenständig für die Verpflegung der Kranken. Bei der Umsiedlung kam es – wegen der raschen [Umsetzung der] Verordnung – zu Verwirrungen. Sie [die Umsiedlung] war nicht wirklich vorbereitet, Frauen standen kurz vor der Entbindung, es gab Kranke usw. Er fragt, ob er die jüdischen Ärzte zu sich bestellen dürfe, um die notwendigen Maßnahmen zu treffen. Die ärztliche Ausstattung dürfe nicht in das Gepäck von 50 kg eingerechnet werden.
Obergespan – Der Oberarzt soll die jüdischen Ärzte morgen um 11 Uhr zu sich bestellen und entsprechende Direktiven geben.
Bürgermeister – In den 2 bis 3 Tagen, die die Umsiedlung dauert, werden die Kliniken die notwendige ärztliche Hilfe gewährleisten.
Oberarzt – Er wünscht, dass er das Sanitätswesen im Getto selbst organisieren darf. Er wird es in Bezirke einteilen. Die Versorgung mit Medikamenten muss aus öffentlichen Apotheken erfolgen.
Bürgermeister – Wie werden die kranken Armen im Getto versorgt?
Oberarzt – Das werden sie dort selbst lösen. Diese Frage fällt in die Autonomie des Gettos.
Bürgermeister – Es gibt keine diesbezügliche Anordnung (Armenpflege).
Oberarzt – Im Getto soll eine Desinfektionsstelle eingerichtet werden. Dazu benötigt man Material, Ziegel, Kalk usw. Er habe sich bereits um Impfstoff gegen Typhus gekümmert. In Debrecen gibt es etwa 50 bis 55 jüdische Ärzte. 20 davon sind im Luftschutzdienst eingeteilt, diese müssen weiterhin in Anspruch genommen werden.
Obergespan – Jeder, der verpflichtet ist, den gelben Stern zu tragen, müsse ins Getto, ohne Ausnahme. Diesbezüglich habe er strenge Weisung.
Oberarzt – Bei Luftalarm sollen sich die (jüdischen) Ärzte bei ihren Dienststellen melden.
Obergespan – Richtig.
Oberarzt – Eine Armbinde oder so etwas wäre nötig.
Obergespan – Ärzte und Apotheker im Arbeitsdienst sind die Einzigen, die vom Getto ausgenommen werden.[20]
Oberrat Tóth – Die verlassenen und abgesperrten jüdischen Wohnungen sind ein Problem. Man wird sie eigenmächtig besetzen.
Bürgermeister (zu Kókai) – Bis morgen soll in den Zeitungen eine Verordnung über ihre Inanspruchnahme erscheinen. Mit Hilfe eines Beschlusses sollen alle jüdischen Wohnungen in Anspruch genommen werden. Die Juden sollen selbst Inventarlisten über ihre zurückgelassenen [beweglichen] Güter erstellen. Die Wohnungen sollen abgesperrt und versiegelt werden. Darüber hinaus braucht es ein amtliches Siegel.
Oberrat Tóth – Befürchtet eigenmächtige Wohnungsbesetzungen.
Bürgermeister – Er bittet den Herrn Obergespan, unter Vermittlung des Herrn Regierungsbeauftragten beide Kommandanturen (die deutsche und die ungarische) aufzufordern, jegliche eigenmächtigen Aktionen zu verhindern.
Obergespan – Er ist beauftragt mitzuteilen, dass der Vollzug nur in die makellosesten Hände zu legen sei. Die Vollzugsorgane würden Versuchungen ausgesetzt sein, worauf die betroffenen Beamten hinzuweisen seien.

20 Gemeint ist, dass diese Personengruppen nicht ins Getto ziehen müssen.

Obergespan – Die Ärzte dürfen ihre medizinischen Instrumente mit ins Getto nehmen.
Bürgermeister – Nun kennt jede Abteilung ihre Aufgabe.
Obergespan und Bürgermeister entfernen sich.
Dömsödy – Bittet die Abteilungsleiter zu bleiben, um die Aufgaben noch einmal genau zu bestimmen.
Alle verlassen den Saal, ohne diesem Wunsch nachzukommen.[21]

DOK. 162
Edmund Veesenmayer informiert am 8. Mai 1944 das Auswärtige Amt, dass die Anzahl der Arbeitsdienstkompanien von 210 auf 575 erhöht werden soll[1]

Telegramm (Nr. 1247), von Veesenmayer, Budapest, an das Auswärtige Amt (Eing. 8.5.1944, 17.30 Uhr) vom 8.5.1944, 11.05 Uhr[2]

In Besprechung am 1. Mai, bei der OT, Generalbevollmächtigter für Arbeitseinsatz, Sicherheitspolizei und Wehrmacht vertreten waren, ist festgelegt worden, daß in Zukunft alle Anforderungen von ungarischen Arbeitskräften (Juden und Nichtjuden) für Einsatz in Ungarn an den Vertreter der OT beim Honvedministerium[3] zu richten sind, dieser wird bezüglich der Nichtjuden enge Fühlung mit dem hiesigen Beauftragten des GBA[4] halten.
Um durch geplanten Abtransport der Juden aus Ungarn Durchführung vordringlicher militärischer Arbeitsvorhaben nicht zu gefährden, ist beabsichtigt, die bisherigen 210 Kompagnien des jüdischen Arbeitsdienstes auf 575 Kompagnien zu erhöhen.[5] Dadurch würden rund 150 000 Arbeitsjuden von den Evakuierungsmaßnahmen[6] ausgenommen werden.

21 Das Getto in Debrecen wurde am 9.5.1944 im westlichen Teil der Stadt eingerichtet. Es hatte zwei Teile (das kleine und das große Getto), die durch die Hatvan-Straße voneinander getrennt waren. Es umfasste die Csapó-, Szécsényi-, Zsák-, Zsugó-, Csók-, Simonffy- und József kir. Herceg-Straße. Für den Umzug hatte die jüdische Bevölkerung der Stadt sechs Tage Zeit. Ende Mai/Anfang Juni wurden die Bewohner des kleinen Gettos ins große Getto umgesiedelt, das schließlich am 20.6. geräumt wurde. Die Insassen wurden in das Sammellager in der Serly-Ziegelfabrik außerhalb der Stadt gebracht, von wo sie Ende Juni nach Auschwitz bzw. nach Strasshof deportiert wurden. Eine kleine Gruppe gelangte mit Hilfe des „Kasztner-Transports" in die Schweiz.

1 PAAA, R 99449. Abdruck als Faksimile in: Braham (Hrsg.), The Destruction of Hungarian Jewry (wie Dok. 76 vom 25.9.1942, Anm. 1), Dok. 158, S. 372.
2 Im Original handschriftl. Vermerke und Verteilerliste.
3 Wilhelm Neyer.
4 Generalbevollmächtigter für den Arbeitseinsatz.
5 Damit sollte die Zahl der jüdischen Arbeitsdienstler von 60 000 bis 65 000 auf 100 000 bis 150 000 erhöht werden. Auf Basis dieser Vereinbarung berief das Verteidigungsministerium 18- bis 48-jährige jüdische Männer zum Arbeitsdienst ein. Wegen der zu dieser Zeit bereits fortschreitenden Gettoisierung konnte diese Maßnahmen jedoch nur teilweise umgesetzt werden, bis weitere Einberufungen am 15. Mai verboten wurden; siehe Einleitung, S. 57 f.
6 Gemeint sind die Deportationen, die Mitte Mai 1944 begannen.

Sicherheitspolizei hat gegen Verbleib dieser Arbeitsjuden in Ungarn keine Bedenken, sofern sie in Konzentrationslagern untergebracht und von Gendarmerie bewacht werden. Verhandlungen hierüber zur Zeit im Gange.[7]
Die von OT für Arbeitseinsatz im Reich benötigten 100 000 ungarischen Arbeitskräfte müßten bei dem SS-Verwaltungs- und Wirtschaftshauptamt[8] (SS-Gruppenführer Glücks)[9] angefordert werden, das über die aus Ungarn zum Abtransport kommenden Juden verfügt.

DOK. 163

Hanna Neufeld schreibt am 9. Mai 1944 ihrem Sohn, dass die 42-jährigen Männer im Getto zum Arbeitsdienst einberufen wurden[1]

Handschriftl. Brief von Hanna Neufeld[2] an Ödön Alexander,[3] Kisvárda (122. Eisenbahnbaukompanie), vom 9.5.1944

Mein süßer Ödi! Heute habe ich [Dir] bereits eine Karte geschrieben, aber irgendwie habe ich das Gefühl, ich müsste noch einmal schreiben, weil immer neue Nachrichten eintreffen. Derzeit werden die 42-Jährigen aus dem Getto[4] einberufen,[5] aber sie wissen nicht, wohin [sie kommen]. Selbstverständlich sind alle nervös, was kein Wunder ist. Eben kam Gyula Kirovits nach Hause, der [im Arbeitsdienst] mit Dir [zusammen] war, und heute Abend muss er schon nach Kassa einrücken. Gott sei Dank muss Dudus erst einmal nicht [gehen], und gebe der liebe Gott, dass er auch später nicht fort muss. Es gibt ständig Probleme mit den Wohnungen. Ganz ähnlich wie bei uns, nach den Ein-

7 Am 7.7.1944 verfügte das Verteidigungsministerium, die Arbeitsdienstkompanien ähnlich wie in Kriegsgefangenenlagern unterzubringen.
8 Richtig: SS-Wirtschafts-Verwaltungshauptamt.
9 Richard Glücks (1889–1945), Kaufmann; von 1939 an Inspekteur der Konzentrationslager, seit März 1942 leitete er die Amtsgruppe D des WVHA; nahm sich das Leben.

1 HDKE, 2011.1984.12. Abdruck in: Huhák/Szécsényi (Hrsg.), A Holokauszt emlékközpont Gyűjteményei katalógusa (wie Dok. 40 vom 19.9.1940, Anm. 1), S. 81. Das Dokument wurde aus dem Ungarischen übersetzt.
2 Hanna Neufeld (1875–1944), Händlerin, verh. mit Manó Alexander; aus dem Getto Sátoraljaújhely nach Auschwitz deportiert, dort im Juni 1944 ermordet.
3 Ödön Alexander (*1903), Deportation ins KZ Mauthausen; nach der Befreiung Rückkehr nach Sátoraljaújhely, 1956 Emigration nach Israel, später in die USA.
4 Das Getto in Sátoraljaújhely wurde in der Roma-Siedlung am Ronyva-Ufer und in dessen Umgebung eingerichtet. Die jüdische Bevölkerung des Kreises wurde dort seit dem 15.4.1944 zusammengefasst. Die Deportationen begannen am 16.5. und wurden am 22. und 25.5. sowie am 3.6. fortgesetzt.
5 Im Mai 1944 konnte das ungar. Verteidigungsministerium die Anzahl der jüdischen Arbeitsdienstkompanien von 210 auf 575 erhöhen; siehe Dok. 162 vom 8.5.1944. Der anschließend von Verteidigungsminister Csatay herausgegebene Aufruf, wonach sich alle 18- bis 48-jährigen jüdischen Männer beim Arbeitsdienst zu melden hätten, konnte jedoch wegen der zu dieser Zeit bereits fortgeschrittenen Gettoisierung nur noch von wenigen zur Kenntnis genommen werden. Daher stellte das Verteidigungsministerium vermehrt Einberufungsbefehle mit dem Kennzeichen SAS aus, die besondere Dringlichkeit besaßen und auch in den Gettos zugestellt wurden. Es gab auch Divisionskommandeure, die direkt in den Gettos Musterungen durchführten.

quartierungen werden aus etwa drei Wohnungen die bisherigen Bewohner nun zum Übersiedeln gezwungen. Mein lieber Sohn, ich habe vergessen, Dir zu schreiben, dass sich der Eingang von Haus Nummer 46 nicht in der Rákóczy-Straße befindet, sondern in der Molnár-István-Straße, am Gartentor vor dem roten Backsteinhaus. Ich mache mir auch Sorgen wegen der Sándors, weil sie nicht schreiben. Ernő schrieb, dass ihn ein Bekannter von Vater in einem Rüstungsbetrieb unterbringen wird, aber das ist noch nicht sicher. Wie er schreibt, würde er am liebsten seine alte Stelle behalten. Das wäre gut. Von den Rózas kommen keine Briefe, wir wissen nicht, wie es ihnen geht. Ich hoffe, der liebe Gott wird uns allen helfen. Heute bekam ich die Karte, die Du am Sonntag geschrieben hast. Gott sei mit Dir, wir alle küssen Dich. Ich umarme Dich voller Liebe. Deine Mutter [...][6]

DOK. 164
Eine Familie aus Eger beschreibt am 10. Mai 1944, wie sie sich auf den Umzug ins Getto vorbereitet[1]

Handschriftl. Postkarte von einer unbekannten Familie an den Rechtsanwalt Dr. Viktor Harmos,[2] V., Budapest, Személynök-Straße 19, vom 10.5.1944

Meine Lieben! Ich schreibe diese Karte mit einer Zeitung auf den Knien, denn es ist schon alles gepackt, wir warten [noch] auf die Übernahme des Inventars, damit das Esszimmer, wo wir all unsere Möbel hingebracht haben, versiegelt werden kann. In der Frühe waren sie schon einmal hier, aber wir waren noch nicht fertig. Niemand ist in der Lage, das alles in einem Tag zu schaffen. Heute schlafen wir noch hier, und ich hoffe, ich kann die Pakete morgen schon in die neue Wohnung schicken zu Regina Blasz, Weißnäherin, Uszoda-Gasse, der Tochter von [...].[3] Es gibt einen Eingang neben dem Tor des alten Bades und einen zweiten im alten Erdbeergarten. Ein Durchgangshaus [also]. Es handelt sich um eine sehr saubere, hübsche Dreizimmerwohnung, aber wir sind etwa achtzehn Personen, darunter fünf Kleinkinder. Sie hat uns eine Nachricht geschickt, dass wir zu ihr kommen sollen. Im Augenblick schaut die Küche, wo die Koffer und Töpfe herumstehen, aus wie nach einem Tatarenfeldzug. Sämtliche Lebensmittel können mitgenommen werden, nach zwei Wochen übernimmt der Judenrat die Reste, denn es soll eine Volksküche eingerichtet werden. Wie das wohl alles werden wird? Wer weiß. Wir werden alle fleißig arbeiten, so viel ist sicher. Heute habe ich sogar vergessen zu kochen. Gyula und Gyuri sind zum Essen zu Imre gegangen. Sonst geht es uns gut. Laci und Gyula werden in der Nachbarschaft wohnen, wohl auch Imre. In drei verschiedenen Häusern. Wenn Imre nur zu Hause bliebe!! Aber ich glaube es nicht. Er ist tagsüber in der Praxis und kommt erst abends nach Hause. Auch so ist es gut!! Er soll bloß in Eger bleiben.

6 Ein Teil unleserlich. Vermutlich: und Dein Bruder.

1 USHMM, 1999.201. Das Dokument wurde aus dem Ungarischen übersetzt.
2 Dr. Viktor Harmos (gest. 1962), Jurist; arbeitete bis in die 1950er-Jahre als Rechtsanwalt.
3 Name unleserlich. Eventuell: Mapcsic.

Gyuri wird unsere Sachen auf kleinen Wagen vorfinden, damit der Transporteur weniger Arbeit hat. Wenn er überhaupt nur kommt, denn er hat sehr zu tun. Ich hoffe, Euch beiden geht es gut. Wir küssen Euch, […][4] und Miklós[5]

DOK. 165

Ibolya Gerecze schildert am 10. Mai 1944 einem Pfarrer, wie die ungarischen Behörden sie schrittweise enteignen und permanent demütigen[1]

Maschinenschriftl. Brief von Ibolya Gerecze,[2] Nagykőrös, an Dr. Sándor Nagy,[3] IX., Budapest, Ráday-Straße 28, vom 10.5.1944

An Seine Hochwürden, den ehrwürdigen Herrn Dr. Sándor Nagy, Pfarrer der reformierten Kirche

Leider bekam ich bis heute keine Nachricht in meiner Angelegenheit, so dass ich nicht weiß, was mit mir geschehen wird. Der ehrwürdige Herr Göde[4] hat mir heute mitgeteilt, dass ich das Urteil des Gerichtshofs über die Bestätigung der Adoption abschicken soll,[5] weshalb ich es hiermit mit allem Respekt beilege.[6] Ich bitte Euer Hochwürden, sich dringend um meine Angelegenheit zu kümmern und das Urteil so schnell wie möglich abzuschicken, da ich mich in einer furchtbaren Lage befinde.[7] Nach dem Radio[8] wurde jetzt mein Fahrrad abgeholt, bzw. ich musste es der Polizei aushändigen. Nun fordern sie auch noch die Schreibmaschine, die wir im Sommer für meinen Ver-

4 Ein Wort unleserlich. Vermutlich: Klári oder Sári.

5 Die Gettoisierung der Juden aus Eger wurde am 15.5.1944 abgeschlossen, das ursprünglich festgelegte Gebiet des Gettos wurde jedoch bereits wenige Tage später verkleinert. Die konvertierten und in sog. Mischehen lebenden Juden waren separat in einem Holzlager untergebracht. Anfang Juni wurden alle Juden in das Sammellager Kerecsend getrieben und von dort einige Tage später nach Auschwitz deportiert.

1 Ráday Levéltár, A-1-b Püspöki iratok, 2664/1944. Das Dokument wurde aus dem Ungarischen übersetzt.

2 Ibolya Gerecze, geb. Bergmann (*1913), konvertierte am 14.7.1919 zum reformierten Glauben.

3 Sándor Nagy (1896–1954), reformierter Pfarrer; von 1922 an bischöflicher Sekretär in Cluj, 1925–1941 Pfarrer in Bukarest, von 1929 an Chefredakteur der Zeitung Egyházi Újság (Kirchenzeitung); von 1941 an Sekretär des Reformierten Konvents in Budapest; 1952 Emigration in die USA.

4 Lajos Göde (*1882), reformierter Pfarrer; 1910–1924 Hilfspfarrer in Szekszárd, 1924–1929 bischöflicher Hilfspfarrer in Budapest, von 1929 an Pfarrer in Nagykőrös; von 1927 an Herausgeber der Zeitung Egyházi Értesítő (Kirchen-Bulletin).

5 Ibolya Gerecze wurde 1938 von ihrem Großvater Ambrus Gerecze adoptiert.

6 Wie Anm. 1.

7 Obwohl Ibolya Gerecze am 14.7.1919 zum reformierten Glauben konvertierte, eine reformierte Schule besuchte und mit zwölf Jahren Konfirmandin wurde, galt sie nach den antijüdischen Gesetzen als Jüdin, da ihre Konversion erst nach der Vollendung ihres 18. Lebensjahres, am 21.12.1931 in das Taufregister eingetragen wurde; siehe Protokoll des Gesprächs mit Ibolya Gerecze vom 26.4.1944, wie Anm. 1.

8 VO 1.300/1944. M. E. über die Abgabe von im jüdischen Besitz befindlichen Radioapparaten vom 7.4.1944; Abdruck in: Belügyi Közlöny, Nr. 16 vom 16.4.1944, S. 402 f. Vom 27.4.1944 an mussten Juden ihre Radios in den zuständigen Postämtern abgeben.

lobten gekauft haben.[9] Sie befindet sich bei ihm in Budapest, und ich borge mir immer seine [andere] Schreibmaschine aus, die sich hier befindet, wenn ich etwas zu schreiben habe. Die neue Schreibmaschine gehört also eigentlich nicht mir, ich hatte sie nur gekauft, damit Laci eine kleine Maschine hat, die in eine Tasche passt. Ich habe sie ihm geschenkt, aber den Preis habe ich bezahlt, in Raten. Nun fordern sie, dass ich sie auch noch abliefere. Tagtäglich kommen Polizisten wegen irgendetwas vorbei und sprechen in einem Ton mit mir, als ob ich der letzte Gauner oder Bandit wäre. Gestern drohte ein Polizist, er würde mich internieren lassen, wenn ich nicht innerhalb von zehn Minuten den Stern annähe. Ich ging zu seinem Vorgesetzten und bat ihn um Nachsicht, bis sich meine Sache geklärt habe, da ich ja keine Jüdin sei. Alles vergeblich, obwohl das auch die ganze Stadt weiß. Aber ich kann es nicht belegen, und so betrachten sie mich unerbittlich als Jüdin und wenden die entsprechenden Verordnungen an. Angeblich gehen täglich drei bis vier Anzeigen bei der Polizei ein, und es heißt, deren Urheber seien Juden – [die fragen,] warum ich den Stern nicht trage und die Judengesetze bei mir nicht angewandt würden. Seit gestern wage ich mich nicht mehr aus der Wohnung meines Verlobten, genauer gesagt, sie erlauben mir nicht mehr auszugehen, da ich mir den Stern hatte annähen wollen. Ich habe ihnen dabei erklärt, es kümmerte mich alles nicht mehr. Ich war nie Jüdin, weshalb sollte ich nun eine werden? Mein Gott, warum sorgen sie nicht dafür, dass man mich erschießt, warum quälen sie mich stückchenweise? Euer Hochwürden, ich bitte Sie, ich kann einfach nicht mehr. Heute wollte ich schon, egal, was passiert, auf die Straße rennen und zur Polizei gehen, nachdem mich ein Polizist in meiner Wohnung aufgesucht und beim Dienstmädchen meines Hauseigentümers eine Nachricht hinterlassen hatte, dass ich nach meiner Rückkehr sofort zur Polizei gehen solle, aber nicht irgendwann, sondern in aller Eile, wie es sich für einen Juden gehört. Heute war er wieder hier, aber weil die Eltern meines Verlobten mich am Abend zuvor nicht nach Hause hatten gehen lassen wollen, weil sie befürchteten, mir könne während der Nacht irgendetwas zustoßen, war ich wieder nicht anwesend. Er [der Polizist] hat dabei gesagt, er würde das Mädchen internieren lassen, sobald er es kriegt. Sie jagen mich wie einen Raubmörder. Ich habe mich jetzt bei der Familie meines Verlobten versteckt. Er ist Soldat in Budapest und weiß gar nicht, was hier schon wieder los ist. Der Ärmste, er ist fast verrückt vor Sorge. Ehrlich gesagt, nie hätte ich mir träumen lassen, dass einmal so etwas passieren würde. Ich kann es noch immer nicht begreifen, aber wenn es nun einmal so ist, warum trifft es mich, obwohl ich mit Juden doch nie etwas zu tun hatte. Verzweiflung, schreckliche Zukunftsvisionen und Verbitterung würgen mich, und ich bin nicht in der Lage, das alles zu verstehen. Ich bin schrecklich erschöpft, und alle meine Gedanken münden in der Gewissheit, dass es keine, gar keine Rettung gibt … Sterben! Es gibt ohnehin keine andere Lösung. Nicht weiter auf irgendetwas warten und auf nichts und niemanden mehr Rücksicht nehmen. Solche Gedanken kreisen ständig in meinem Kopf. In anderen Momenten möchte ich aber auch leben. Ich habe doch überhaupt noch nicht gelebt. Ich bin 30 Jahre alt, und mein gesamtes Leben war ein einziges Dahinvegetieren, ein Kampf und eine Quälerei, Warten und Hoffen. Doch ich hatte Hoffnung, und sie gab mir Kraft. Jetzt aber habe

9 Die VO 26.900/1944 des Innenministeriums verfügte am 22.4.1944 die Verteilung der Fahrräder aus jüdischem Besitz an die Polizei bzw. die Gendarmerie und der Schreibmaschinen an die öffentlichen Ämter.

ich keine Hoffnung mehr, und so kann man nicht leben. Sie lassen mich nicht arbeiten, und was ich mit meiner jämmerlichen Schufterei über zwölf Jahre zusammengetragen habe, muss nun einfach alles so abgegeben werden. Es wäre so schön, in Ruhe und Ehre zu sterben. Mein einziger Wunsch wäre daher, dass ich als Krankenpflegerin in irgendeinem Kinderseuchenkrankenhaus arbeiten könnte, eine Tätigkeit, die meinem Leben noch irgendeinen Sinn gäbe. Bevor ich sterbe, könnte ich hier noch alle Güte und Aufopferung aus mir herauspressen, die in mir stecken und die niemand mehr haben will. Selbst mit meinem Tod möchte ich der Menschheit noch etwas Gutes tun, jener Menschheit, die mich ausgestoßen hat und mich nicht mehr braucht. Ich möchte deshalb unter Kindern sein, die noch nicht so böse sind wie Erwachsene. Sie spüren noch, wenn man ihnen mit aufrichtiger Liebe begegnet, und sind dankbar dafür.

Hochwürden, mein guter, ehrwürdiger Herr, ich bitte, diese meine letzte Bitte zu erfüllen. Ich habe gar keinen anderen Wunsch mehr in meinem Leben. Mich interessiert nichts mehr, mich interessiert nicht, ob sie mich für eine Jüdin halten oder nicht, ob ich den Stern tragen muss oder nicht, wenn ich nur [bei den Kindern] sein und arbeiten könnte. Dort könnte ich mich aufopfern, bis mein restliches Leben zur Neige ginge und verglühen würde. Lassen Sie mich arbeiten, denn so kann ich nicht leben, diese Demütigung ertrage ich nicht.

Ich wende mich nur deshalb an Sie, weil Sie, ehrwürdiger Herr, für alles eine Lösung finden, wie ich weiß. Sie wissen sicher auch, wie mein Fall zu lösen ist. Ich könnte vielleicht noch als Dienstmädchen arbeiten, mein Abiturzeugnis, meine angeborene Schlagfertigkeit, die wichtig für die Arbeit mit Kindern ist, reichen vielleicht aus, um mich dabei zu bewähren.

Ich bitte um Ihre gütige sofortige Antwort, denn ich kann nicht garantieren, dass ich es – wenn auch dies scheitert – noch einen Tag länger aushalte.

Seien Sie mir nicht böse, dass ich es gewagt habe, Sie zu belästigen, aber Verbitterung, Entschlossenheit und der Wunsch, mit allem abzurechnen, machen einen wagemutig und manchmal sogar frech.

Ich werde an Euer Hochwürden immer mit Dankbarkeit denken, da Sie wenigstens den Willen gezeigt haben, mir zu helfen.

Ihre dankbare Anhängerin[10]

10 Am 13.5.1944 wies Bischof Ravasz das reformierte Pfarramt in Nagykőrös an, den Zeitpunkt der Konversion von Ibolya Gerecze auf den 14.7.1919 zu korrigieren; wie Anm. 1.

DOK. 166

The New York Times: Artikel vom 10. Mai 1944 über Vorbereitungen zur Vernichtung der ungarischen Juden[1]

Juden in Ungarn befürchten Vernichtung

Bericht über Gaskammer-„Bäder" nach dem Vorbild der Nazis, vorbereitet vom Marionettenregime, von Joseph M. Levy.[2] Über Funk an die New York Times

Istanbul, Türkei, 7. Mai (zeitversetzt) – Auch wenn es unglaublich klingen mag: Tatsache ist, dass in Ungarn, wo man die Juden bis zum 19. März [1944] noch vergleichsweise gut behandelt hat,[3] nun unter Anwendung perfidester Methoden die Ausrottung aller Juden vorangetrieben wird. Die Nazi-Marionettenregierung von Ministerpräsident Doeme Sztojay,[4] der sich über die Warnungen Präsident Roosevelts[5] lustig macht, hat ihre Planungen abgeschlossen und steht kurz davor, 1 000 000 Menschen,[6] die sich bislang im Glauben an die ungarische Fairness sicher gefühlt hatten, zu vernichten.
Die Regierung in Budapest hat in verschiedenen Regionen Ungarns die Einrichtung von „Spezialbädern" für Juden angeordnet. Diese Bäder sind in Wahrheit riesige Gaskammern, geschaffen für den Massenmord, wie sie 1419[7] bereits in Polen eingerichtet worden sind.[8]
Abertausende von Juden, darunter Frauen mit ihren Babys im Arm, sind in diesen Gaskammern umgebracht worden. Aus ganz Europa wurden sie mit Viehwaggons nach Polen geschafft, um sie dort in speziell für diesen Zweck installierte Gaskammern zu treiben. Ihnen wurde vorgegaukelt, sie hätten dort ein Bad zu nehmen, bevor man sie zur Ansiedlung in die Ukraine bringen würde. Es heißt, dass die Deutschen seit Kriegsbeginn fünfeinhalb Millionen Juden in ganz Europa auf die eine oder andere Weise ermordet haben.[9]
In offiziellen diplomatischen Mitteilungen aus Budapest heißt es, alle Juden in Ungarn lebten in ständiger Furcht vor der bevorstehenden Vernichtung, vor der es kein Entkommen zu geben scheint. In diesen von einem neutralen Diplomaten und großem Ungarnfreund stammenden Berichten wird der Umgang mit den Hunderttausenden

1 The New York Times, Nr. 31 518 vom 10.5.1944, S. 5: Jews in Hungary fear annihilation; Gas-Chamber Baths on Nazi Model Reported Prepared by Puppet Regime. Das Dokument wurde aus dem Englischen übersetzt.

2 Joseph M. Levy (1901–1965), Journalist; als Kind nach Palästina emigriert, privater und politischer Sekretär des Gouverneurs von Jerusalem, Sir Ronald Storrs, 1928–1947 Korrespondent der New York Times im Mittleren Osten.

3 Am 19.3.1944 besetzten deutsche Truppen Ungarn.

4 Richtig: Döme Sztójay.

5 Siehe Dok. 116 vom 24.3.1944.

6 Laut Volkszählung von 1941 lebten in Ungarn und den annektierten Gebieten 725 000 Juden. Hinzu kamen weitere 100 000 Personen, die nach den antijüdischen Gesetzen als Juden galten.

7 Richtig: 1941.

8 Die meisten Juden aus Ungarn wurden nicht auf ungar. Gebiet ermordet, sondern nach Auschwitz deportiert, wo bis Juli 1944 etwa 330 000 Männer, Frauen und Kinder sofort nach der Ankunft in den Gaskammern getötet wurden; siehe Einleitung, S. 64 f. Die Existenz von Gaskammern in Ungarn ist nicht belegt.

9 Solche Zahlen wurden auch in der deutschen Presse verbreitet; siehe VEJ 11/137. Bis Anfang Mai 1944 wurden schätzungsweise 4,6 bis 4,8 Mio. Juden in Europa ermordet.

von unschuldigen loyalen ungarischen Bürgern jüdischen Glaubens durch die derzeitige ungarische Regierung aufs Schärfste verurteilt.

„Hätte ich es nicht mit eigenen Augen gesehen", schreibt der Diplomat, „hätte ich nie geglaubt, Magyaren seien imstande, derart menschenunwürdige Taten gegen ehrenwerte und rechtschaffene Menschen zu begehen, deren einzige Sünde darin besteht, dass sie einem Glauben angehören, dem das Christentum entsprungen ist. Nie zuvor in meiner beruflichen Laufbahn habe ich mich so sehr darauf gefreut, von meinem Posten abberufen zu werden. Die Grausamkeit der Regierung übersteigt meine Vorstellungskraft, und mir ist unbegreiflich, wie Männer, die sich selbst als Gentlemen und Aristokraten verstehen, so herzlos und brutal gegenüber ihren Mitmenschen sein können.

Ich will die Bombardierungen Budapests durch die Alliierten[10] nicht rechtfertigen, aber ich kann mir das Lachen kaum verkneifen, wenn ich Mitglieder der ungarischen Regierung höre, wie sie die Luftangriffe der Alliierten als barbarisch und unmenschlich verurteilen, während dieselbe Regierung jeden Tag die abscheulichsten Verbrechen gegenüber einer Million ihrer eigenen Landsleute begeht."

DOK. 167
Új Magyarság: Artikel vom 12. Mai 1944 über die Inspektionsreise von Staatssekretär László Endre durch die ungarischen Gettos[1]

Vitéz László Endre äußert sich über seine Inspektionsreise durch 34 Städte.
Es wurden auch Maschinengewehre und geheime Rundfunkstationen bei Juden gefunden.
Von Baron Leó Csávossy[2]

Ein Lächeln huscht über sein markantes, interessantes, an einen Kumanen[3] erinnerndes Gesicht, als ich ihn nach seinen Eindrücken während seiner mehrtägigen Rundreise durch das halbe Land befrage.

– *Was die Landschaft betrifft, war die Reise wunderschön*, antwortet Staatssekretär Vitéz Dr. László Endre, den ich in seinem Arbeitszimmer im Innenministerium aufsuche, um „vor Ort" auf den Seiten der *Új Magyarság* über seine Inspektionsreise, die der *Separierung der Juden* galt, zu berichten.

– Wie viele Städte haben Sie besucht?

– *Ich war in genau 34 [Städten]* ... Und das waren die Stationen: Kassa, Sátoraljaújhely, Ungvár, Munkács, Beregszász, Nagyszőllős, Huszt, Técső, Aknaszlatina, Máramarossziget, Nagybánya, Szatmárnémeti, Mátészalka, Kisvárda, Nyíregyháza, Szilágysomlyó, Ma-

10 Budapest wurde am 3.4.1944 zum ersten Mal von US-amerikan. Flugzeugen bombardiert.

1 Új Magyarság, Nr. 107 vom 12.5.1944, S. 5: Vitéz Endre László nyilatkozik 34 városban végzett szemleútjáról. Das Dokument wurde aus dem Ungarischen übersetzt. Die deutschfreundliche, antisemitische, revisionistische Tageszeitung Új Magyarság erschien zwischen 1934 und Ende 1944.

2 Baron Leó Csávossy, geb. als Leó Gudenus (1896–1970), Jurist; arbeitete als Journalist und Schriftsteller; 1950 Emigration in die USA, 1953–1955 Mitherausgeber der Zeitung Nyugati Magyarság (Westliches Ungartum), anschließend Mitarbeiter der Amerikai Magyar Népszava (Amerikanisch-Ungarische Volksstimme), 1966 Rückkehr nach Ungarn.

3 Die Kumanen waren ein Nomadenvolk, das sich im 13. Jahrhundert auf ungar. Territorium ansiedeln durfte. Als Gegenleistung unterstützte es Béla IV. bei seinem Kampf gegen die Mongolen.

rosvásárhely, Sepsiszentgyörgy, Csíkszereda, Csíksomlyó, Gyergyószentmiklós, Gyergyószárhegy, Gyergyóvasláb, Maroshévíz, Beszterce, Dés, Szamosújvár, Nagyvárad, Kolozsvár, Nagyszalonta, Gyula, Makó, Szeged und Szabadka.
Als er fortfährt, blitzt in seinen stählernen Augen Feuer auf:
– *Diese Reise hat mich noch einmal davon überzeugt, was ich schon während meiner Laufbahn in der Verwaltung immer vertreten habe: Am Schreibtisch sitzend kann man nur schwer entscheidende Maßnahmen treffen, die Theorie und Praxis, Akte und Mensch, Papier und Leben so zur Deckung bringen wie, sagen wir, Streichhölzer, die in einer Streichholzschachtel nebeneinander liegen ... Wie immer habe ich mich auch dieses Mal vor Ort überzeugt, wie und unter welchen Bedingungen die Verordnungen in der Realität wirken.*

Mit der Geschwindigkeit eines Schnellzugs ...
Staatssekretär Dr. László Endre ist bekannt für seinen eisernen Willen. Während des Ersten Weltkriegs und später in der Konterrevolution waren es die schönsten Ideale der männlichen Seele, die ihm einen herausragenden Platz im Selbstverteidigungskampf des Ungartums gegen seine inneren und äußeren Feinde zuwiesen, auch als uns die „Friedenskonferenz", gedeckt durch die geballte Macht der Entente, Sopron entreißen wollte. Er war unter den Ersten, die diese die Geschichte unseres Landes verkörpernde Stadt sozusagen mit bloßen Händen im Besitz der heiligen Krone gehalten haben.[4] In „Friedenszeiten" kehrte er eine neue Seite der männlichen Seele heraus, als er den Musterlandkreis Gödöllő[5] organisierte, das Weltpfadfindertreffen in Ungarn[6] vorbereitete und schließlich den Stuhl des Vizegespans des Komitats Pest einnahm und dort ergebnisreiche Jahre zubrachte.
– Es müsse enorm viel Arbeit sein, die Entjudung praktisch umzusetzen, bemerke ich.
– *Die Durchführung der Regierungsmaßnahmen in Bezug auf die Juden stellt für die Verwaltung eine große Herausforderung dar,* erwidert der Staatssekretär, *doch während meiner gesamten Inspektionsreise habe ich zweifelsfrei den Eindruck gewonnen, dass kein einziger Buchstabe in den Verordnungen Lippenbekenntnis bleiben wird. Der überwiegende Teil der Arbeit wurde uns mit einem Schlag aufgebürdet, wir müssen die Versäumnisse von mehreren Jahrzehnten mit der Geschwindigkeit eines Schnellzugs aufholen, aber dafür sind all jene verantwortlich, die wie der Mann bei Chesterton den Kopf in ein Fass gesteckt haben,[7] anstatt nach den schmachvollen roten Monaten vor genau einem Vierteljahrhundert zur Tat zu schreiten und die Judenfrage in Ungarn zu lösen.*
Ich glaube, es wäre nicht nur für das Land, sondern auch für die Juden besser gewesen, wenn jenen Politikern früher ein Licht aufgegangen wäre, die dieses für die ungarische Nation zur Schicksalsfrage gewordene Problem nach dem ersten Eifer in der Zeit nach

4 Im Friedensvertrag von Trianon 1920 wurde Ungarn verpflichtet, die westlichen Gebiete an Österreich abzutreten. Ödenburg (Sopron) war als Landeshauptstadt vorgesehen, doch in einer manipulierten Volksabstimmung sprach sich die Mehrheit der Bevölkerung für den Verbleib bei Ungarn aus. Gegen die Abtrennung der westlichen Gebiete von Ungarn kämpfte die Rongyos Gárda (Lumpengarde). László Endre beteiligte sich an ihren Aktivitäten mit einer selbst aufgestellten bewaffneten Einheit.
5 Zwischen 1923 und 1937 war László Endre Oberstuhlrichter in Gödöllő.
6 Das 4. World Scout Jamboree fand im Jahr 1933 in Gödöllő statt.
7 Nicht ermittelt.

der Commune[8] in der Zeit der „Konsolidierung" hintenangestellt hatten. Es wäre besser gewesen, wenn sich der Augennebel nicht erst durch das Höllenfeuer der angelsächsischen Terrorbomber gehoben hätte,[9] der auch die Kerzenflamme während des Chanukka-Festes[10] als Hirtenfeuer gedeutet hat, als man sich mittels dieser optischen [Selbst-] Täuschung in den Ledersesseln der Direktionen jüdischer Unternehmen niederlassen konnte. Ich erinnere mich an die Fehdehandschuhe, die die Juden mit goldener Schere von den Händen jener Politiker schnitten, in die das grausam betrogene christliche Ungartum einst Glaube und Hoffnung gesetzt hatte. Die Durchführung der beiden Judengesetze[11] versprach der Nation den glänzenden Mantel jenes Webers aus dem Märchen, der sich mit teurem Garn an den Webstuhl setzt, dabei aber nur die Bewegungen des Webers vorgaukelt und den teuren Stoff preisgibt ... Dies war der entscheidende Grund, weshalb die Regierung zu schnellen, durchschlagenden Maßnahmen greifen musste.
Staatssekretär László Endre, dessen charakterstarke Persönlichkeit immer wie ein Fels in der Brandung jüdischer Einflussnahme stand, stellte, als hätte er meine Gedanken gelesen, Folgendes fest:
– Durch die Eliminierung des jüdischen Gifts schützen wir die Vitalität der Nation, wir ergreifen Maßnahmen zur Selbstverteidigung, aber dies – wie ich mich während meiner Inspektionsreise überzeugen konnte – immer nur mit humanen Mitteln und mit Rücksicht auf die moralischen Erwägungen, zu denen eine zivilisierte Nation sogar in diesem Fall gehalten ist.

Aus den ländlichen Gemeinden werden die Juden in städtische Gettos „gekehrt"
– Herr Staatssekretär, welche Erfahrungen haben Sie bei der Einrichtung der Gettos gemacht?
– In allen 34 von mir besuchten Ortschaften hat man alle notwendigen Maßnahmen zur Separierung der Juden getroffen. Naturgemäß kann dies in den meisten Städten nur nach und nach erfolgen. In der Regel verwandeln wir jenen Stadtteil in ein Getto, in dem die meisten Juden leben. Auf diese Weise wollen wir erreichen, dass möglichst wenige Christen ihren Wohnort wechseln müssen. *Auch aus den ländlichen Gemeinden kehren wir die Juden aus und siedeln sie an Knotenpunkte um, an denen ohnehin Gettos errichtet werden müssen.* Die Separierung wird unter den Juden nur vorübergehend Unruhe verursachen, die rational Denkenden unter ihnen haben bereits erkannt, dass sie in Wirklichkeit keinerlei Nachteile zu fürchten haben. Sie können innerhalb der Gettogrenzen in einer Gemeinschaft leben und ihren eigenen Rassegesetzen und Ritualen nachgehen. Diese Maßnahme bedeutet für sie also nichts anderes, als dass wir ihnen die Möglichkeit gegeben haben, statt mit Schweinefett mit Sesamöl zu kochen, um eines ihrer wichtigsten religiösen Gebote nicht zu verletzen.[12]
Staatssekretär László Endre erklärt, er habe die Separierung des Judentums in jedem Einzelfall eingehend analysiert, um die Umsetzung der einschlägigen Regierungsverordnung in jeder Hinsicht den lokalen Verhältnissen anzupassen.

8 Gemeint ist die Räterepublik 1919.
9 Gemeint sind die US-amerikan. Bombardierungen seit Anfang April 1944.
10 Hebr.: Weihung. Das Chanukka-Fest, in dessen Rahmen die Weihung des Zweiten Tempels in Jerusalem gefeiert wird, dauert acht Tage. Dabei wird u. a. jeden Abend eine Kerze angezündet.
11 Siehe Dok. 14 vom 29.5.1938 und Dok. 29 vom 5.5.1939.

– Unter Einbeziehung von Experten habe ich in jeder Stadt die Art und Weise, wie die unausweichliche Separierung durchgeführt werden soll, bis ins kleinste Detail geklärt, sagt er. Besondere Aufmerksamkeit widmeten wir den Fragen des Gesundheitswesens, der Lebensmittelversorgung und der Verwaltung. Ich habe auch veranlasst, dass bei der praktischen Behandlung des gesamten Problems auch menschliche Aspekte nicht außer Acht gelassen werden. Einer der denkwürdigsten Eindrücke meiner langen Rundreise war, dass die Bevölkerung in jeder Stadt, in jeder Gemeinde die Maßnahmen zur Entjudung aufrichtig begrüßte und man von Kassa bis Kolozsvár, von Szeged bis Szabadka die Durchführung der Regierungsmaßnahmen zufrieden zur Kenntnis nahm, vor allem in Gegenden wie Munkács, Ungvár, Beregszász, Máramarossziget, die besonders unter der galizischen Infiltrierung leiden.[13] *Überall unterstützt die Bevölkerung die Arbeit der Behörden. In den meisten Ortschaften hat man sogar unentgeltlich Transportmittel zur Verfügung gestellt, um möglichst schnell alle loszuwerden, die in so unmittelbarer Nähe an der Lebenskraft der Christen nagen und mit Schwarzhandel und zügellosem Wucher den ohnehin schwierigen Alltag der gewissenhaft Arbeitenden erschweren.*

Gab es Widerstand?
– Haben sich die Juden irgendwo der Durchführung der Aussiedlungsverordnung widersetzt?
– Nein, antwortet der Staatssekretär, *sie folgten überall den Anweisungen der Behörden, die, wie von mir angeordnet, streng, aber human und unter Vermeidung grober Auftritte die Aussiedlung organisiert haben. Ich habe auch verfügt, auf die persönliche Sicherheit [der Juden] besonders streng zu achten.* Eine andere und vom Charakter der Juden zeugende Geschichte ist, dass diese selbst unter diesen Umständen versucht haben, die behördlichen Maßnahmen auf unterschiedliche Weise zu behindern. In fast jeder von mir besuchten Stadt gab es viele Fälle, in denen Juden ihr Bargeld zerrissen, verbrannt oder anderweitig vernichtet haben. Selbstverständlich sind gegen diese und alle, die Juwelen oder andere Wertgegenstände vernichtet haben, Verfahren eingeleitet worden. Nach Vollzug der verhängten Strafe werden diese [Juden] interniert. *Es gab auch Ortschaften, in denen bei den Juden versteckte Maschinengewehre und Patronenmagazine gefunden wurden, auch mehrere geheime Rundfunkstationen wurden von den aufmerksamen Behörden entdeckt.* Die dafür verantwortlichen Personen werden selbstverständlich mit eiserner Hand zur Rechenschaft gezogen werden.
– Wir kommen unserer Pflicht nicht nur mit Strenge und Nachdrücklichkeit, sondern auch ohne Hass und christlich gesinnt nach, schließt László Endre seinen Bericht. Auf Letzteres sind wir nun besonders angewiesen, weil unsere Geduld allzu oft von jenen auf den Prüfstand gestellt wird, die nicht verstehen wollen, dass wir lediglich das Ungartum vor ihnen schützen und Maßnahmen zur Selbstverteidigung ergreifen. Jeder Jude verhält sich im eigenen Interesse also richtig, wenn er dies nicht vergisst und die Arbeit der Behörden nicht erschwert.

12 Siehe Dok. 130 vom 7.4.1944.

13 Zu den jüdischen Flüchtlingen aus Galizien siehe Dok. 21 vom 20.1.1939, Anm. 24, Dok. 16 vom 26.10.1938 sowie Einleitung, S. 30.

DOK. 168
Die ungarischen Behörden legen in Munkács (Mukačevo) am 12. Mai 1944 den Ablauf der Deportationen fest[1]

Protokoll (vertraulich – 34/1944) der Besprechung in Munkács, ungez., vom 12.5.1944[2]

An der in der Polizeidirektion von Munkács stattgefundenen Besprechung am … Mai 1944 [nahmen] unter dem Vorsitz des Oberstleutnants der Gendermarie Vitéz István Ferenczy[3] Hauptmann der Gendarmerie Dr. László Uray[4] und seitens der Deutschen der Gestapo-H[auptmann] Dr. Márton Zöldi[5] [teil].

Gegenstand der Besprechung war der am 14. Mai beginnende Abtransport der Juden.[6]

Ausgenommen sind Juden mit ausländischer Staatsbürgerschaft, genauer: englische, amerikanische, polnische, russische, rumänische, bulgarische, slowakische, finnische, schweizerische, spanische, portugiesische und türkische Staatsbürger, die im Vorfeld aus dem Lager zu holen und in Polizeigewahrsam zu nehmen sind, damit sie den Abtransport der übrigen [Juden] nicht mitbekommen.

Die Juden werden in 110 Zügen auf den Bahnhof von Kassa verbracht, wo die Transporte von der deutschen Polizei übernommen werden. Markierung: DA-Umsiedler,[7] deutsche Arbeiter-Umsiedler.

In jedem Zug werden 3000 Personen befördert. Er besteht aus 45 G-Wagen[8] mit jeweils 70 Personen samt Gepäck, sowie aus zwei G-Wagen vorn und hinten für die Wachen.

Der Kommandant der Verladestation, ein deutscher oder ungarischer Gendarmerieoffizier, hat fünf Stunden vor dem Abtransport beim Stationsvorsteher Wagen und einen Verladeplatz zu beantragen, der weitab von der Station [liegen sollte].

Die Juden dürfen nur wenig Gepäck mitnehmen, Matratzen und Betten sind untersagt.

Eine Namensliste ist in zweifacher Ausfertigung zu erstellen. Ein Exemplar bleibt beim Transport, das andere ist an die Polizeidirektion in Munkács an den Kommandanten der Verladestation zu schicken.

Geht der Transport in der Nacht ab, sind die J[uden] am Tag zu verladen.

Vom Lager bis zur Bahn hält die Gendarmerie Wache, an Straßenkreuzungen die Polizei.

1 ÁBTL 4.1.-A-643/3. Abdruck in: Judit Molnár (Hrsg.), Csendőrtiszt a Markóban, Ferenczy László csendőr alezredes a népbírósag előtt, Budapest 2014, S. 277–279. Das Dokument wurde aus dem Ungarischen übersetzt.

2 Das Protokoll ist im Bestand des Bürgermeisters von Nagybánya (Baia Mare) erhalten geblieben.

3 Richtig: László Ferenczy.

4 Vermutlich: Leó László Lulay (*1898), Gendarmerie-Hauptmann; vom 6.4.1944 an Verbindungsoffizier zur Gestapo, vom 30.4.1944 an Mitarbeiter von László Ferenczy; nach 1945 vom ungar. Volksgericht zu lebenslanger Haft verurteilt, 1956 zu 15 Jahren Haft begnadigt. Er bestritt, an der Sitzung in Munkács teilgenommen zu haben.

5 Márton Zöldi gehörte zu jenen Personen, die in Zusammenhang mit dem Massaker in Újvidék (Novi Sad) vor Gericht gestellt, sich einer Verurteilung jedoch durch Flucht ins Deutsche Reich entzogen haben. Zöldi kehrte nach der deutschen Besetzung im Rang eines SS-Hauptsturmführers nach Ungarn zurück; siehe Dok. vom 10.1.1944, Anm. 4 und 5.

6 Die Deportationen begannen am 15.5. Die Besprechung bezog sich auf den Abtransport der Juden aus den annektierten Gebieten; siehe Einleitung, S. 62.

7 Wort im Original deutsch.

8 Internationale Bezeichnung für gedeckte Güterwagen, die v. a. für Tiertransporte benutzt wurden.

Die Stelle[9] ist zunächst von der Gendarmerie zu sperren, die Ränder [überwacht] die Polizei, auf diese Weise ist auch beim Verladen an der Bahn zu verfahren.
Das Lager, das Getto und die Straßenabschnitte sind streng zu überwachen, Straßen zu sperren, solange die Juden dort unterwegs sind. Sie sind in Gruppen zu 500 und in Viererreihen aufzustellen.
Schwerkranke und ihre Angehörigen gehen mit der letzten Gruppe des jeweiligen Zielorts ab. Es wird einen Sanitätswagen mit Arzt und Krankenschwester geben, auch die Mitglieder des Judenrats und Personen mit ungeklärter Staatsbürgerschaft sind dieser Gruppe zuzuordnen.
Auch Ärzte und Apotheker vom Luftschutz- und Arbeitsdienst werden abtransportiert. Hinsichtlich der Arbeitsdienstverpflichteten erlässt das V[erteidigungs]M[inisterium] gesonderte Verordnungen.[10]
Ist ein Wagen vollgeladen, ist die Personenzahl mit Kreide an der Außenwand des Wagens zu vermerken.
Für jeden Wagen ist jeweils eine Person als Ratsmitglied für die Wasserbeschaffung usw. zu bestimmen.

Pflicht des Bürgermeisters:
Die zu transportierenden Personen sind mit einer Brotration für zwei Tage zu versehen, die Ration für zwei Tage beträgt 40 dkg pro Seele. Die Mitnahme von anderen Lebensmitteln ist untersagt.
Am Tag der Verladung ist in der Lagerküche Kaffee für die Reise auszugeben, ist kein Kaffee verfügbar, ist der Transport mit Wasser zu versorgen.
Für Anschaffung und Verteilung des Brots ist der Bürgermeister zuständig.
Der Bürgermeister hat auch dafür Sorge zu tragen, dass in jedem Wagen ein Kübel mit Deckel zur Verfügung steht (als WC). Auch eine Kanne, die für die Mitnahme von Trinkwasser geeignet ist, ist für jeden Wagen vorzusehen.
Der Bürgermeister ist verpflichtet, für jeden Transport je 90 Schlösser mit Schlüssel anzuschaffen, eventuell mit Hilfe des [Juden-]Rats.
Zu beachten ist auch, dass deutsche Wagen, soweit diese Teil der Transporte sind, nicht einfach mit Schlössern zu sperren sind, sondern eine 30 cm lange Kette anzuschaffen und diese mit dem Schloss zu verbinden ist.
Für die Kreide zur Beschriftung der Wagen hat ebenfalls der Bürgermeister zu sorgen. Das gilt auch für die Schnüre zur Befestigung der Schlüssel und Schlüsselanhänger, auf denen die Wagennummern notiert werden. Die Übergabe und Übernahme des Transports finden in Kassa statt, das Vorlesen der Namenslisten ist untersagt.

[Weitere] Obliegenheiten des Bürgermeisters:
Nach dem Abtransport ist der Lagerplatz mit Unterstützung der Verwaltungsbehörden zu desinfizieren. (Amtsarzt!)
Beim Transport sind individuelle Einteilungen und Aktionen zu vermeiden.
H[auptmann] Dr. Uray [merkt an]: Wenn notwendig, könnten auch 100 [Personen] in einem Wagen [transportiert werden]. Sie könnten wie Heringe gelagert werden, die

9 Gemeint ist die Wegstrecke.
10 Siehe Dok. 171 vom 16.5.1944.

Deutschen benötigten stramme Menschen. Wer es nicht aushalte, krepiere. Salondamen würden in Deutschland nicht gebraucht.

Abfahrt aus Nagybánya: am 30. Mai um 20 Uhr 02
[und] am 11. Juni um 14 Uhr 02.

Unter den Wortmeldungen [auch] Pál Szehor,[11] Bürgermeister von Nyíregyháza: Kein Jude dürfe zurückgelassen werden, es sollten alle gehen.
Oberstleutnant Vitéz Ferenczy: Nur absolut unabkömmliche Ärzte sollten mit ihren Familien zurückbleiben. Diese seien vom deutschen Konsulenten auszuwählen, sie [die Deutschen] würden dies mit Sachkenntnis erledigen, sie kennen sich aus, die Selektion sollte ihnen überlassen werden.
Wenn ein Christ die von Juden übernommenen Gegenstände binnen 48 Stunden nach der Aufforderung zurückgebe, bliebe er von den Konsequenzen der Internierung etc. verschont.

DOK. 169
Albus Josefus bittet am 14. Mai 1944 den evangelisch-lutherischen Bischof um Hilfe, nachdem seine Tochter verhaftet wurde, weil sie den gelben Stern verdeckt hat[1]

Handschriftl. Brief von Albus Josefus,[2] Budapest, an den evangelischen Bischof[3] vom 14.5.1944

Euer Hochwohlgeboren!
Mit blutendem Herzen und erschüttert stehe ich vor dem Seelenhirten, um ihn in unserer Verzweiflung zu unserer Unterstützung anzurufen.
Meine 17-jährige Tochter, die wir mit so viel Sorgfalt aufgezogen haben, wurde nachmittags während einer Razzia abgeholt, weil sie bei einer unbewussten Bewegung den gelben Stern mit ihrer Handtasche verdeckt hatte. Als meine Frau von der Tragödie meiner Tochter erfuhr, eilte sie los, um meine einzige Tochter freizubekommen. Am Ende wurde auch sie festgesetzt. Sie mag sich in ihrer Verzweiflung vielleicht unüberlegt geäußert haben. In der Zone, in der meine Tochter unterwegs war, werden Menschen mit gelbem Stern eingesammelt wie Hunde von Hundefängern.
Welcher Sünden sich die Juden jemals schuldig gemacht haben, halten uns unsere Ankläger alle ohne Unterlass vor, doch sie schweigen sich aus über die jüdischen Tugenden. Ich erwähne nur eine: Das Volk Israel verkündete und lehrte über 4000 Jahre stets den Glauben und das Lob eines einzigen Gottes. Das Heer seiner Propheten bezeugte mit Wundertaten seine göttliche Sendung. Hat sich die heutige Generation völlig von den schönen idealen Lehren Christi abgewandt? Ist ihr das Bedürfnis nach persönlicher

11 Richtig: Pál Szohor (*1894); von 1922 an Obernotar von Nyíregyháza, 1935–1944 Bürgermeister von Nyíregyháza.

1 EOL, 1. doboz, 1. csomó: 83. számú iratcsomó: Raffay Sándor püspök irathagyatékából kiemelve. Das Dokument wurde aus dem Ungarischen übersetzt.
2 Möglicherweise handelt es sich bei dem Namen um ein Pseudonym.
3 Sándor Raffay.

Würde völlig abhandengekommen? Wer andere nicht schätzt, kann auch von sich nicht viel halten.
Das Monster aus Frankreich, Petiot,[4] das mehr als 50 unschuldige Menschen beraubt und ermordet hat, wird einen Verteidiger haben, wir aber finden keinen. Dreyfuss[5] war ein unschuldig verurteilter Jude, doch auch für ihn fand sich ein mutiger Verteidiger, der seinen Freispruch erkämpfte. Heute findet sich für hunderttausend Menschen kein Verteidiger.
Ich räume ein, dass es unter den Juden viele Pharisäer gibt und von Berufs wegen auch viele Schwindler. Aber auch unter den Christen finden sich nicht wenige Personen, die sogenannte christliche Sünden begehen. Die alten Römer verehrten Merkur als Gott des Handels und des Diebstahls. Das beweist, dass der Diebstahl schon damals zur Sünde des Händlers zählte. Auf Dorffesten gibt es ziemlich oft Messerstechereien mit tödlichem Ausgang. Das leichtfertige Duell forderte in der Vergangenheit viele Opfer usw. Es wäre also die größte Sünde, das Sittenbild einer Gesellschaft ausschließlich anhand ihrer Sünden zu zeichnen; das Bild wird treffender, wenn man es ihren Tugenden zugrunde legt.
Ein Jude beleidigte einmal Franz Liszt.[6] Liszt muss sich wahrscheinlich einem seiner Freunde gegenüber abschätzig über diesen Juden geäußert haben. Die Geschichtsschreibung verewigte diese Aussage, das Urteil stand fest: Auch Franz Liszt war ein Antisemit. Dem einen Juden wird nachgesagt, er sei Plutokrat, dem anderen, dass er ein Bolschewik sei. Die Chroniken schweigen darüber, dass er auch Apostel sein konnte. Oder Mäzen, Maler, Schriftsteller oder Fabrikgründer zu einer Zeit, als ein Christ an einer solch oft riskanten Laufbahn keinen Gefallen fand. Waren die seit 70 Jahren regierenden Männer etwa schlechte Christen und Schwachköpfe, nur weil sie die Beschäftigung mit Handel und Industrie jenen überließen, die dieser Arbeit mit Können und den Gewohnheiten der westlichen Länder folgend nachgingen? Wekerle, Bánffy, Szapáry, die Tiszas[7] besaßen die gleiche praktische Vernunft und waren ebenso gute Patrioten wie unsere Großen von heute. Sie handelten zeitgemäß.
Einen traurigen Epilog zum vergangenen Weltkrieg stellte der Kommunismus dar. Leider waren jüdische Streber daran mehr als wünschenwert beteiligt.[8] Aber danach mussten sie das auch sühnen. Könnte diese Rache nicht endlich beendet werden? Ich glaube, in der Bergpredigt gibt es einen Hinweis auf die Notwendigkeit des Erbarmens. Als dieser schreckliche Weltkrieg begann, wurde das christliche Polen zunächst aus dem Westen angegriffen, dann von den Bolschewiken aus dem Osten. Wäre es damals nicht sinnvoller gewesen, wenn sich Gesamteuropa nur gegen die Bolschewiken gewandt hätte? Damals hatte man kein Problem mit dem Bolschewismus. Doch ein gebildeter Mensch

4 Marcel Petiot (1897–1946), franz. Arzt; unter Vortäuschung von Fluchthilfe beraubte und ermordete er mehrere Flüchtlinge in der Zeit der deutschen Besatzung Frankreichs; 1944 verhaftet, 1946 in Frankreich zum Tode verurteilt und hingerichtet.
5 Richtig: Alfred Dreyfus (1859–1935), franz. Offizier; 1894 wegen Landesverrats verurteilt; das auf einer zweifelhaften Beweislage basierende Urteil löste die sog. Dreyfus-Affäre aus.
6 Franz Liszt (1811–1886), Komponist.
7 Alle Genannten waren ungar. Ministerpräsidenten: Sándor Wekerle (1892–1895), Baron Dezső Bánffy von Losoncz (1895–1899), Gyula Szapáry (1890–1892), Kálmán Tisza Graf von Borosjenő und Szeged (1875–1890), István Tisza Graf von Borosjenő und Szeged (1913–1917).
8 Gemeint ist die ungar. Räterepublik.

mit bürgerlicher Mentalität kann sich keine Gesellschafts- oder Staatsordnung vorstellen, die schrecklicher wäre.
Heute wird dem Judentum vorgeworfen, dass es das intellektuelle Leben dominiere. Können jüdische Eltern etwas dafür, dass ihre Kinder hervorragende Schüler sind? Béla Imrédy hat ebenfalls zwei Söhne und eine Tochter. Ist es ihm je in den Sinn gekommen, dass seine Söhne ausgezeichnete Pferdehirten sein könnten? Auch die paar Hunderttausend anderen Familien aus der christlichen Elite streben danach, ihre Kinder zu überlegeneren Menschen zu erziehen, als sie selbst sind. Sie schämen sich geradezu, wenn der Sohn nicht studiert und zum Handwerker ausgebildet werden muss.
Mag man uns auch jede Möglichkeit zum Luxus nehmen (das Bad an der Donau könnte man uns doch lassen), dann werden wir uns zu Asketen entwickeln, uns ganz puritanisch kleiden. Wir werden mehr an Gott als an die Versuchungen auf Erden denken. Wir bitten Sie, Euer Hochwohlgeboren, zu erwirken, dass man uns als Menschen ansieht. Man lasse unsere alten Eltern in Frieden sterben und uns unsere Kranken pflegen. Wir werden die körperliche Arbeit lernen und, wenn auch im Schweiße unseres Angesichts, unser tägliches Brot verdienen.

DOK. 170
Der Apostolische Nuntius in Budapest Angelo Rotta interveniert am 15. Mai 1944 beim ungarischen Ministerpräsidenten zugunsten der Juden[1]

Schreiben (Nr. 1059/44) der Apostolischen Nuntiatur in Ungarn, gez. Erzbischof Angelo Rotta,[2] an Döme Sztójay, Budapest, vom 15.5.1944[3]

Sehr geehrter Herr Präsident,
der liebenswürdige Empfang, den ich durch Eure Exzellenz seit dem ersten Tag Eurer Ernennung zum Ministerpräsidenten genießen durfte,[4] sowie die zuversichtlichen Worte, die ich wiederholt von Euch vernommen habe, hatten mir vollstes Vertrauen gegeben, dass die neue königliche Regierung nichts unternehmen würde, was der Kirche Schwierigkeiten bereiten könnte. Noch immer bin ich vom guten Willen Eurer Exzellenz überzeugt.
Nichtsdestotrotz wurden derartige Bestimmungen erlassen und weitere und weitaus schwerwiegendere befinden sich in Vorbereitung, so dass ich mich gezwungen sehe, diesen Protestbrief zu verfassen und zum wiederholten Mal Respekt gegenüber den Rechten der Kirche und ihrer Angehörigen zu fordern.

1 MNL OL, K 64 1944-43-I-234-236. Abdruck in: Benoschofsky/Karsai (Hrsg.), Vádirat, Bd. 1 (wie Dok. 119 vom 29.3.1944, Anm. 1), S. 320–324. Das Dokument wurde aus dem Französischen übersetzt.
2 Angelo Rotta (1872–1965), Priester; 1895 Priesterweihe, 1922 Titularerzbischof von Thebae; 1925–1930 Apostolischer Administrator in Istanbul, 1930–1945 Apostolischer Nuntius in Budapest; war durch die Ausstellung von Schutzbriefen und Taufzertifikaten an der Rettung mehrerer Tausend Juden beteiligt; 1997 von der Gedenkstätte Yad Vashem als Gerechter unter den Völkern geehrt.
3 Das Schreiben an Sztójay wurde im Zusammenhang mit einer offiziellen Protestnote vorgelegt, in der Rotta bei der Regierung gegen die Deportation der Juden Einspruch erhob.
4 Döme Sztójay wurde am 22.3.1944 zum Ministerpräsidenten ernannt.

Die bloße Tatsache, Menschen allein aufgrund ihrer Rassenherkunft zu verfolgen, verletzt die natürliche Ordnung. Wenn der gütige Gott ihnen das Leben gegeben hat, so hat niemand auf der Welt das Recht, es ihnen zu nehmen oder ihnen die Mittel zu verweigern, die sie zum Leben brauchen, zumindest wenn sie keine Verbrechen begangen haben. Die antisemitischen Maßnahmen jedoch, die in keiner Weise berücksichtigen, dass zahlreiche Juden durch die Taufe Christen geworden sind, müssen als ein schwerwiegender Affront gegen die Kirche gedeutet werden und stehen im Widerspruch zum Wesen eines christlichen Staats, zu dem sich Ungarn auch heute noch stolz bekennt. Und wenn selbst die Slowakei, ein weitaus kleineres Land, trotz der dort gegebenen besonderen Umstände zum Christentum konvertierte Juden von den antijüdischen Bestimmungen fast völlig ausnehmen konnte,[5] warum sollte im Reich des Heiligen Stephan, einem viel größeren Land, dessen politische und soziale Strukturen wesentlich stabiler sind, nicht das Gleiche möglich sein?

In der Erfüllung meiner Pflicht habe ich den Heiligen Stuhl über die Ereignisse in Ungarn informiert, und ich müsste Ihn auch in Kenntnis setzen über die geplanten Deportationsmaßnahmen, die angeblich leider schon umgesetzt werden. Der Heilige Vater, der das Schicksal dieser Nation mit solchem Interesse und solch väterlicher Liebe verfolgt – und sich stets an die großartigen Manifestationen des Glaubens und der Verbundenheit mit der Kirche und dem Heiligen Stuhl während Seines Besuchs in Budapest 1938 erinnert[6] – ist stark bekümmert, und ich hoffe, dass Er in Seiner Eigenschaft als Höchster Priester der Kirche, als Hüter der Rechte all seiner Kinder und als Verteidiger der Wahrheit und der Gerechtigkeit nicht dazu gezwungen sein wird, Seine Stimme zum Protest zu erheben.

Denn eine so edle Nation, die zu Recht weltweite Anerkennung genießt und als Vorhut der christlichen Zivilisation gilt, wird ihre ruhmreiche Vergangenheit doch nicht verleugnen und ihren Ruf durch Taten beschmutzen wollen, die ihr Ansehen für die kommenden Jahrhunderte beflecken wird. Gebt den Feinden Ungarns keine Argumente, es zu beschuldigen, es habe dieselben Methoden angewandt, die es bei den Bolschewisten, den Feinden Gottes und der Zivilisation, verurteilt!

Aus diesen Gründen bitte ich Eure Exzellenz und, durch Eure liebenswürdige Vermittlung, die gesamte ungarische Regierung erneut darum, mit den Maßnahmen, die ihr notwendig zur Verteidigung des Landes erscheinen, nicht in Widerspruch zu geraten zur natürlichen Ordnung und den positiven göttlichen Gesetzen und die schon erlassenen Bestimmungen gemäß den drei im beigefügten Schreiben vorgeschlagenen Punkten zu modifizieren.[7]

Möge Eure Exzellenz mir verzeihen, dass ich mich so offen an Euch wende. Es ist die Achtung, die ich für Euch, die Rechtmäßigkeit Eurer Grundsätze und Euren guten Willen empfinde, die mich dazu gedrängt hat, und zugleich auch meine Liebe und meine Verbundenheit mit Ungarn, das ich in den 15 Jahren, die ich in Budapest verweile, lieben

5 Zur Situation der konvertierten Juden in der Slowakei siehe VEJ 13, S. 34 und 43.

6 Der spätere Papst Pius XII. besuchte im Mai 1938 noch in seiner Funktion als päpstlicher Legat den XXXIV. Eucharistischen Weltkongress in Budapest.

7 In der Anlage wurde darum gebeten, Konvertiten von den antijüdischen Bestimmungen auszunehmen, mit den Maßnahmen die grundlegenden menschlichen Rechte nicht zu verletzen sowie Übergriffe gegenüber kirchlichen Einrichtungen und Personen einzustellen.

gelernt habe und als meine Heimat betrachte. Ich bete stets für dieses Land, auf dass es noch größer, noch florierender, noch angesehener werde. Doch zur Zeit plagen mich große Befürchtungen für seine Zukunft: Denn die Ungerechtigkeiten, die hier begangen werden, und – Gott bewahre! – das unschuldige Blut, das ohne Rücksicht vergossen wird, können unmöglich Gottes Segen über das Land bringen, ein Segen, der heute nötiger ist denn je, in dieser Zeit voller Ungewissheiten und Gefahren, die auch die Mächtigsten zu beherrschen nicht fähig sind.
Herr Präsident, ich verbleibe mit der Versicherung meiner Hochachtung.[8]

DOK. 171
Das ungarische Verteidigungsministerium ordnet am 16. Mai 1944 die Einberufung aller 18- bis 50-jährigen jüdischen Männer zum Arbeitsdienst an[1]

Aufzeichnung (streng vertraulich) des kgl. ungar. Verteidigungsministers[2] (435/M. 42.-1944), gez. i. A. Hennyey,[3] Budapest, an Abt. 6/k im Verteidigungsministerium,[4] Budapest, vom 16.5.1944 (Abschrift)[5]

Die dringende Aufstellung von 32 weiteren Kompanien für den Aushilfsarbeitsdienst

Aus dringenden und wichtigen Gründen ordne ich die möglichst schnelle Aufstellung von 32 weiteren Kompanien für den Aushilfsarbeitsdienst an, gemäß Kriegsstärken-Nachweis Nr. 806.
Aufzustellen sind:
1. *Im Bereich des I. Armeekorps: 22 Kompanien für den Aushilfsarbeitsdienst.* Sie sind in erster Linie beim Eisenbahnbau in Kosna[6] einzusetzen bzw. haben die Kompanien zu ersetzen, die zu diesem Zweck bereits dorthin beordert sind oder demnächst dorthin beordert werden.

8 Der ungar. Ministerrat beriet am 17.5.1944 über das Schreiben von Rotta und ersuchte Ministerpräsident Sztójay darum, den Apostolischen Nuntius u. a. mitzuteilen, dass für die konvertierten Juden eine eigene Interessenvertretung innerhalb des Judenrats in Budapest eingerichtet werden solle; wie Anm. 1, S. 324 f. Sztójay antwortete noch am selben Tag und führte aus, dass die Juden aus Ungarn nicht deportiert, sondern zur Arbeit ins Deutsche Reich gebracht würden; siehe MNL OL, K 64-1944-43-I.

1 HM HIM, 435. M.42.-1944. sz rendelet, 1944. május 16. HdtL, HM M. 6. 2.0. 6797. cs. 1307/1944. Das Dokument wurde aus dem Ungarischen übersetzt.
2 Lajos Csatay.
3 Gusztáv Hennyey (1888–1977), Offizier; 1925–1933 Militärattaché in Paris, Belgrad und Athen, 1933–1937 Leiter der 2. Abt. des Generalstabs, 1938 Kommandant der 5. Infanteriebrigade, 1941/42 Kommandant des II. Armeekorps; von 1942 an Abteilungsleiter im Verteidigungsministerium, 1944 Außenminister in der Regierung Lakatos, nach der Machtübernahme der Pfeilkreuzler verhaftet; 1945 Emigration nach Deutschland.
4 Abt. 6/k. war für den Etat des Verteidigungsministeriums zuständig.
5 Im Original Eingangsstempel der Abt. 6/k und Vermerk: „Mit genehmigter Ausfertigung identisch: Budapest, 16. Mai 1944.“, Unterschrift unleserlich.
6 Zwischen 1940 und 1944 war Coşna eine ungar. Bahnstation an der Grenze zu Rumänien.

Die Kompanien sind stufenweise – in Abhängigkeit von der Zahl der Eingezogenen – marschbereit zu machen, so dass Ende dieses Monats alle 22 Kompanien zum Abtransport bereitstehen.
Über die Kompanienummer hat die Kommandantur des I. Armeekorps zu entscheiden und am Tag ihrer Aufstellung zu melden, so dass diese [die jeweiligen Kompanien] sofort abkommandierbar sind.
2. *Im Bereich des II., III. und V. Armeekorps und des 6. Wehrkreises sind jeweils eine, im Bereich des 7. Wehrkreises sechs* (also insgesamt *zehn*) zusätzliche Kompanien aufzustellen, ebenfalls mit Dringlichkeit, um sie beim Flug- und Luftschutzkommando[7] zu verwenden.
Sie sollen bis Monatsende marschbereit sein. Die Kompanienummern werde ich gesondert bekannt geben. Das Kommando obliegt der Flug- und Luftschutzkommandantur.
Rahmenpersonal: Zwei Offiziere pro Kompanie und 17 Personen Mannschaft.
Sowohl Offiziere als auch Mannschaften sind aus der II. und III. Altersgruppe zu rekrutieren. Das Rahmenpersonal ist von den Wehr(bezirks)kommandos, die auch die einzelnen Kompanien aufstellen, zu bestimmen. Ab sofort gelten die Richtlinien der Verordnung Nr. 26.752. eln. 1. nyt.- 1944.
Hilfsdienste: Zum Auffüllen der Kompanien sind jene 18- bis 50-jährigen Juden einzuberufen, die bei den Befehlsstellen der Levente-Jugend, bei Bataillonen der Hilfsdienste und Einsatzzentren registriert sind und gegenwärtig keinen Dienst leisten.
Ihre Einberufung ist mittels Schnelleinberufung oder durch Auswahl in den Gettos zu bewerkstelligen.[8]
Einzuberufen sind nur Arbeitsfähige, die der Kategorie „Ka“ und „Ks“[9] angehören.
Der genaue Ort der Einrückung wird durch die Wehr(bezirks)kommandos *entsprechend der Anzahl und der räumlichen Verhältnisse bestimmt.*
Mit Ausnahme der für den Fachdienst Vorgesehenen müssen auch diejenigen berücksichtigt werden, die bei den bisherigen Einberufungen zurückgestellt worden sind. Freistellungen sind laut Verordnung Nr. 342/M. 42. – 1944. durchzuführen. (Gegenstand: Aufstellung von Luftschutzkompanien.)
Die diensttauglich Gestellten der Jahrgänge 1925 und 1926 müssen bei den territorial zuständigen Aushilfsarbeitsdienstbataillonen registriert und in den Truppenbestand aufgenommen werden.
Materielles siehe Verordnung Nr. 342/M. 42. – 1944.[10]
Verteilt an sämtliche Wehrbezirkskommandos.

7 Dieses Kommando war u. a. für den Bau von Flughäfen zuständig.
8 Siehe Dok. 162 vom 8.5.1944 sowie Dok. 163 vom 9.5.1944.
9 Abkürzung für Katonai und Kisegítő: „Militärisch“ und „Aushilfs-“.
10 Nicht ermittelt.

DOK. 172

Der Apotheker Imre Hörömpő beschwert sich am 17. Mai 1944 bei Staatssekretär Endre über den Raub jüdischen Eigentums durch Pfeilkreuzler und die Behörden[1]

Schreiben von Imre Hörömpő,[2] Apotheke „A Magyar Királyhoz“ und Apotheken-Labor, Bűdszentmihály, an László Endre vom 17.5.1944[3]

Verehrter Herr Staatssekretär!
Mein lieber Freund!
Ich bin mir wohl bewusst, dass Du über keine einzige freie Minute verfügst. Nichtsdestotrotz bin ich gezwungen, Dir zur Last zu fallen; in *öffentlichem Interesse*, wobei ich Dich bitten möchte, meinen Brief bzw. meine vertraulichen Mitteilungen mit aller Diskretion zu behandeln.
Neues schreibe ich Dir mit Sicherheit nicht, da Du als oberste Instanz wahrscheinlich schon genug Kenntnis von den traurigen Tatsachen hast, wie mit dem Mobiliar und dem persönlichen Hab und Gut der ausgesiedelten Juden umgegangen wird. Vielleicht wäre die richtige Bezeichnung, wie es „herabgewürdigt wird“. Klatsch und Tratsch, Gerüchte, Verleumdungskampagnen toben heute wie nie. Diesen Gerüchten jedoch darf ein seriöser Mensch nicht auf den Leim gehen. Ich möchte auch nicht allzu sehr darauf herumreiten, sondern nur darauf hinweisen, dass, wenn diesen, wie ich höre, landesweit verübten Ruchlosigkeiten nicht mit größter Entschlossenheit und eiserner Hand begegnet wird, ein nicht mehr gut zu machender Schaden entsteht. Glaubwürdigen Informationen zufolge wurden hier beispielsweise die Siegel an jüdischen Wohnungen aufgebrochen. Einzelne Wohnungen wurden bereits vor der Inventarisierung komplett ausgeraubt. Man sagt, dass die offiziellen Organe, die die Inventur durchführen, alles klauen, was irgendwie einen Wert hat. Es gibt erstaunliche, beinahe unglaublich erscheinende Fälle, an denen sogar Personen mit einem Universitätsabschluss beteiligt sind. Bekannt ist ja, dass der Bauer keine Moral kennt. Ich werde nie vergessen, wie in meiner Zeit als Apotheker in Hajdúnánás selbst Ehefrauen von Bauern mit 70–80 Joch Land sich an die gestohlenen Sachen unter ihrem Schultertuch klammerten, während sie gemeinsam mit dem Pöbel unterwegs waren, der die Geschäfte plünderte.
Bei den heutigen Zuständen handelt es sich um einen mit behördlicher Unterstützung durchgeführten Raubzug, wobei in diesem Fall besonders schwer wiegt, dass diesmal nicht der Pöbel Beute macht, und das zum heutigen Zeitpunkt noch gar nicht abschätzbare gravierende Konsequenzen zeitigt. Die Situation ist nämlich die, dass sich hier die Pfeilkreuzler ganz offen organisieren, wobei jeder genau weiß, wer die Pfeilkreuzler im Dorf sind, nämlich die erbittertsten Feinde der „Herren“ und der öffentlichen Ordnung, der Abschaum. Die gesetzlichen Verfügungen gegen diejenigen, die jüdisches Vermögen verstecken, sind hinlänglich bekannt, aber wie es scheint, führen sie in diesem Fall zu keinem Ergebnis.

1 MNL OL, K 557 1944-V/17. Abdruck in: László Karsai, Válogatás Endre László Levelesládájából, in: Múlt és Jövö 2 (1989), S. 94–97. Das Dokument wurde aus dem Ungarischen übersetzt.
2 Imre Hörömpő (1886–1944), Apotheker; von 1919 an Eigentümer einer Apotheke in Bűdszentmihály, nahm sich im Nov. 1944 das Leben.
3 Im Original handschriftl. Unterstreichungen und Bearbeitungsvermerke.

Zum einen, weil es geradezu unvorstellbar ist, dass sich ein Täter selbst moralisch an den Pranger stellt und [so] für immer gebrandmarkt wird, zumal wenn er in der Gemeinde ansonsten eine wichtige Rolle spielt. Die Idee des „Zurückstehlens" muss eo ipso[4] verworfen werden, denn ohne Zeugen und Überprüfung würde das Diebesgut lediglich den Besitzer wechseln. Es könnte auch passieren, dass der Täter, um seine Haut und das Diebesgut zu retten, Letzteres vergräbt oder beseitigt und damit nationales Vermögen vernichtet. Es gibt so viele Akteure und falsche, bestochene Zeugen, die falsche Alibis liefern könnten, so dass ich angesichts der hier herrschenden Zustände, selbst bei nachdrücklicher Ermittlung, kein auch nur annähernd [befriedigendes] Ergebnis erwarten würde.
Sicher beschäftigst Du Dich sehr viel damit, diese gravierenden und den ungarischen Namen so sehr in Verruf bringenden Zustände zu beheben, und denkst über eine angemessene Vergeltung nach. Es steht mir nicht einmal im Namen der Freundschaft zu, etwas dazu zu sagen. Ich erlaube mir lediglich zu bemerken, dass unter Verzicht auf alle Rücksichten schonungslos mit starker Hand gegen diese treulosen Ungarn[5] vorgegangen und ein Exempel statuiert werden muss. Ich habe, mein lieber Laci, nämlich große Angst davor, dass der mögliche Verzicht auf eine energische Rechtsprechung unerfreuliche innenpolitische Reaktionen nach sich ziehen wird. Wäre unser kürzlich an seinem Schreibtisch so plötzlich und tragisch verstorbene Obernotar, der „kleine" László Endre (sein Name war Dr. János Veréb) noch am Leben, hätten wir keine Probleme. Obwohl es sich bei seinem Nachfolger um einen integren, strebsamen und wohlwollenden Menschen handelt, ist er als Notar nicht fähig, mit all dem fertigzuwerden, denn es fehlt ihm jede Praxiserfahrung, in der Verwaltung war er nie tätig, persönlich ist er gar nicht sympathisch. Nach langer Überlegung habe ich mich dazu entschlossen, Dir als zuständige und oberste Instanz einen Einblick in die in den Dörfern herrschenden Zustände zu geben, weil ich irgendwie das Gefühl habe, Dir und auch meiner Heimat damit einen guten Dienst zu erweisen.
Ich bedanke mich sehr herzlich für Deine sehr freundlichen, beruhigenden Zeilen in Bezug auf die Ankunft des Pakets und freue mich, dass die betjarenhaften[6] Tropfen sowie das, was meine Frau Dir geschickt hat, Deine höchste Anerkennung errungen haben. Mit Gottes Segen werden wir das wiederholen, wenn sie [die Tropfen] zur Neige gehen. Um eine Apothekenlizenz habe ich mich nicht beworben, obwohl ich mich mit dem Verzicht meines Rechts dafür als würdig erwiesen hätte. Sollten die Lizenzen im Fall der drei noch in jüdischer Hand befindlichen Apotheken in Debrecen auslaufen, werde ich mich eventuell darum bemühen.
Für Deine großartige und wertvolle Arbeit wünsche ich Dir Kraft, Ausdauer und Gottes Hilfe und verbleibe mit der aufrichtigsten Hochachtung und in echter freundschaftlicher Verbundenheit.

4 Lat.: von sich aus.

5 Im ungar. Original „Gyászmagyarok": Bezeichnung für jene ungar. Kämpfer, die bei der Schlacht auf dem Lechfeld gegen die Truppen Otto des Großen im Jahr 955 geflohen waren und daraufhin als „gyászmagyar" geächtet wurden, da sie in der Schlacht nicht heldenhaft gefallen waren. Sie verloren anschließend ihr Vermögen und lebten als Bettler.

6 Betyár (ungar.): Bezeichnung für Räuber und Wegelagerer im 18. und 19. Jahrhundert. Gemeint ist hier ein hochprozentiger Alkohol.

DOK. 173
Der Miteigentümer der Manfréd Weiss Stahl- und Metallwerke informiert Reichsverweser Horthy am 17. Mai 1944 über die Hintergründe der Übernahme des Unternehmens durch die SS[1]

Maschinenschriftl. Brief von Ferenc Chorin an Reichsverweser Horthy, o. D. [17.5.1944]

Seine Durchlaucht, Herr Reichsverweser!
Auf dem Weg ins Ausland[2] erachte ich es als notwendig, Seine Durchlaucht, den Herrn Reichsverweser, dem die Interessen der ungarischen Industrie immer am Herzen lagen, so früh wie möglich über die Transaktion in Bezug auf das Manfréd-Weiss-Vermögen[3] zu informieren. Dies umso mehr, als Ihnen und der ungarischen Öffentlichkeit die besagte Transaktion wohl in den unterschiedlichsten und wahrscheinlich falschen Auslegungen unterbreitet werden wird.
Sie sind wohl darüber unterrichtet, dass ich einige Wochen an verschiedenen Orten und unter unterschiedlichen Bedingungen inhaftiert war.[4] Meine beiden Schwager, der Abgeordnete des Oberhauses Baron Móritz Kornfeld[5] und Baron Jenő Weiss,[6] waren ebenfalls inhaftiert, während es den restlichen Familienmitgliedern, nach denen ebenfalls gesucht wurde, gelungen ist, sich zu verstecken. In dieser Zeit ist unter Ihrer wahrscheinlich zwangsweise erwirkten Ägide eine ganze Reihe von Verordnungen zur Regelung der Judenfrage erlassen worden, die jeglicher gesetzlicher Grundlage entbehren. Danach wurden zum einen die jüdischen Vermögen nicht nur gesperrt, sondern tatsächlich enteignet (man hört ständig darüber, wofür sie verwendet worden sind). Das hat einen Präzedenzfall mit sofort sichtbaren Folgen geschaffen. Andererseits – und das erachte ich derzeit fast als schwerwiegender – ist es den Juden und jenen, die als solche betrachtet werden, moralisch und faktisch unmöglich geworden, sich wirtschaftlich zu betätigen. Dabei sind die Verordnungen zu einem Zeitpunkt erlassen worden, in der man stets betont hat, dass es der größten Anstrengungen auch auf dem Gebiet der Wirtschaft bedarf. Ich gehe leider davon aus, dass diese Maßnahmen das ohnehin bestehende wirtschaftliche Chaos irreparabel verschlimmern werden. Diese Anordnungen hätten, selbst für den Fall, dass ich freigelassen worden wäre (worauf keine Aussicht bestand), mir eine wirtschaftliche Betätigung unmöglich gemacht. Das Gleiche gilt für alle als jüdisch zu betrachtenden Mitglieder der Familie Manfréd Weiss.

1 MNL OL, K 589 I. F-4. Abdruck in: Szinai/Szűcs (Hrsg.), Horthy Miklós titkos iratai (wie Dok. 9 vom 18.4.1938, Anm. 4), S. 441–443. Das Dokument wurde aus dem Ungarischen übersetzt.

2 Im Zuge der „Arisierung“ des Rüstungskonzerns Manfréd Weiss Stahl- und Metallwerke AG willigte die SS ein, einen Teil der miteinander verwandten Eigentümerfamilien Chorin, Weiss, Kornfeld und Mauthner aus Ungarn ausreisen zu lassen. Einige Familienmitglieder wurden in Wien als Geiseln zurückgehalten, während die anderen in die Schweiz bzw. nach Portugal reisen konnten; siehe Dok. 228 vom 30.6.1944.

3 Die Manfréd Weiss Stahl- und Metallwerke AG Csepel beschäftigten etwa 40 000 Arbeitskräfte; zum Konzern gehörten zahlreiche weitere Industrie- und Bankunternehmen, beispielsweise die Steinkohlebergwerke in Salgótarján und Maschinen- und Flugzeugbaubetriebe.

4 Ferenc Chorin wurde in Oberlanzendorf inhaftiert.

5 Richtig: Baron Móric Kornfeld.

6 Baron Jenő Weiss (1887–1983), Maschinenbauingenieur; Sohn von Manfréd Weiss, nach der deutschen Besetzung verhaftet.

Hier muss ich einen Augenblick innehalten, um Seine Durchlaucht über die Tatsache zu informieren, dass der Großteil des Vermögens von Manfréd Weiss von den oben genannten Bestimmungen nicht betroffen ist. Er ist in Besitz der christlichen Familienmitglieder. Auch diese sind jedoch der Auffassung, die Führung des Unternehmens sei ohne die Mitwirkung der jüdischen Familienmitglieder nicht vorstellbar. Unter diesen Umständen mussten wir eine Entscheidung bezüglich unseres künftigen Vorgehens treffen.

In den beiden letzten Wochen meiner Inhaftierung kam ich in sogenannte Ehrenschutzhaft[7] und hatte Gelegenheit, mich mit einigen Leuten auszutauschen. Ich kam mit einer Gruppe aus der Wirtschaft in Kontakt, die Reichsführer Himmler untersteht. Die Einstellungen und wirtschaftlichen Vorstellungen dieser Gruppe waren solcherart, dass ich mit ihr Verhandlungen aufgenommen habe. Dabei sagten sie zu, den gesamten Vermögenskomplex von Manfréd Weiss „treuhänderisch"[8] zu übernehmen.[9] Damit ist es uns gelungen, mehrere Ziele zu erreichen: Zunächst [wollten wir] den Vermögensbestand in unseren, das heißt in ungarischen Händen behalten (hierauf komme ich noch zurück); uns ist es gelungen, die Leitung Personen zu übertragen, die über die notwendigen Kompetenzen und Fachkenntnisse verfügen und die im Sinne unserer Vereinbarung bestrebt sein werden, dessen Bestand zu wahren und die zukünftigen Entwicklungsmöglichkeiten wahrzunehmen und auszubauen. Dies war uns außerordentlich wichtig, weil zu befürchten war, dass die Leitung in die Hände inkompetenter Personen gelangen würde, die den Fabrikbetrieb zum Erliegen bringen und auf unabsehbare Zeit unmöglich machen könnten. Die Vereinbarung bedient die Interessen der Deutschen insofern – und dies war auch deren Leitgedanke –, als dass sie auf diese Weise das größte ungarische Industriepotential gänzlich den Kriegszielen dienstbar machen können.

In den letzten Tagen haben die Verantwortlichen der Fabrik gewisse Entwicklungen wahrgenommen, die, zusammen mit den unabweisbaren und nachvollziehbaren Forderungen seitens der ausgebombten deutschen Fabriken, dazu geführt hätten, die wirtschaftliche Einheit des Unternehmens, die immer Stärke der Fabrik war, zu erschüttern. Damit wäre die Lebensgrundlage von Csepel langfristig zerstört worden.[10] Diese Vereinbarung hat uns auch vor der Zwangsannahme eines Angebots bewahrt, das auf Druck der deutschen Firmen auf eine definitive Lösung abgezielt hätte und wodurch das ungarische Vermögen ins Ausland gewandert wäre. Mit der ungarischen Regierung, die die oben erwähnten Verordnungen erlassen hat, konnten und wollten wir nicht verhandeln.

Die Vereinbarung ist in Form eines Gentlemen's Agreement mit allen entsprechenden Mitteln geschlossen worden, und ich bin davon überzeugt, dass der mit der Abwicklung

7 Wort im Original deutsch.

8 Wort im Original deutsch.

9 Die Vereinbarung zwischen der SS und der Familie Chorin-Weiss-Kornfeld-Mauthner wurde am 17.5.1944 unterzeichnet. Dabei erhielt die SS 51% des Unternehmens, die in den Händen der nichtjüdischen Familienmitglieder war. Die restlichen 49% fielen im Rahmen der antijüdischen Enteignungsmaßnahmen an den ungar. Staat.

10 Gemeint ist das Angebot der Hermann-Göring-Werke an die ungar. Regierung, einen Teil der Fabriken des Manfréd-Weiss-Konzerns zu übernehmen.

beauftragte Oberst Becher[11] sie in diesem Sinne exekutieren wird. Wenn meine Menschenkenntnis nicht täuscht, wird sie in einer Form abgewickelt, die nicht einmal den delikatesten Kasino-Geschmack enttäuscht.

Ich betone noch einmal, dass unsere Entscheidung nicht von Bitterkeit gegenüber den Maßnahmen der Regierung geleitet war, sondern von der Abwägung der Lage. Wir haben die Interessen des Landes nicht verraten, sondern, und darauf will ich nachdrücklich aufmerksam machen, im Gegenteil: Wir haben das Unternehmensvermögen, die Kontinuität des Betriebs und die wohlüberlegte Leitung gegen *sämtliche* zukünftige Eventualitäten abgesichert. Ich bin davon überzeugt, dass, wenn die Leitung [der Firma] in die Hände der Regierung gelangt wäre, bestenfalls eine neue Eisenfabrik unter staatlicher Verwaltung und mit beträchtlichen Auslieferungsschwierigkeiten und einem katastrophalen Defizit entstanden wäre.

Es ist wahr, dass damit *ein Teil* unserer Familie seine Freiheit zurückerlangt hat. Doch angesichts der in den vergangenen Jahrzehnten geleisteten Arbeit hat sie dies womöglich verdient.

Ich habe es als notwendig erachtet, Seine Durchlaucht über diese Sachlage in Kenntnis zu setzen. Es wird sicher widersprechende Darstellungen geben, aber ich bin davon überzeugt, dass die Zukunft die Richtigkeit unseres Vorgehens bestätigen wird. Und ich lege größten Wert auf die Klarstellung meiner Intentionen.

Ich wäre froh, wenn dieser Brief, der ausschließlich zwecks persönlicher Information Seiner Durchlaucht verfasst worden ist, auch in die Hände des hochwohlgeborenen Grafen István Bethlen gelangen könnte.

Ich verabschiede mich von Seiner Durchlaucht und bedanke mich dafür, [dass Sie] meinen Brief gelesen haben, und danke Ihnen insbesondere für die Gutwilligkeit, mit der Sie die Bestrebungen der von mir vertretenen ungarischen Industrie zwanzig Jahre lang begleitet haben und die Sie mir gegenüber stets an den Tag gelegt haben. Dafür war und bleibe ich Ihnen aufrichtig dankbar.[12]

11 Kurt Becher (1909–1995), Geschäftsmann; 1934 SS-, 1937 NSDAP-Beitritt, 1942 Inspekteur des Reit- und Fahrwesens der SS, 1944 Obersturmbannführer; 1944 an Verhandlungen zum Freikauf von Juden aus Ungarn beteiligt; nach dem Krieg Zeuge bei den Nürnberger Prozessen und dem Eichmann-Prozess, wurde selbst aber nie angeklagt, betrieb mehrere Handelsfirmen in Bremen.

12 Im Original handschriftl. Ergänzung des Briefs: „Ich bitte Sie, mir nicht übelzunehmen, dass ich mich nicht in einem handschriftlichen Brief an Sie wende. Ich wollte Sie mit meiner schlechten Handschrift nicht weiter belästigen. Ich verbleibe mit wiederholt aufrichtigem Dank. Ihr Sie aufrichtig ehrender Diener."

DOK. 174

Das Auswärtige Amt übermittelt am 17. Mai 1944 Hitlers Absicht, jüdisches Eigentum zu nutzen, um die ungarische Bevölkerung zur Mithilfe bei der Judenverfolgung zu motivieren[1]

Telegramm (Nr. 109 – geheime Reichssache), gez. Altenburg, an den Reichsbevollmächtigten[2] (Eing. 23.5.1944, 12.30 Uhr) vom 17.5.1944[3]

Für Reichsbevollmächtigten persönlich
Auf Telegramm Nr. 174 vom 13.5.[4]
Der Herr RAM[5] lässt Sie verständigen, dass der Führer sich zu vorbezeichnetem Drahtbericht dahin geäußert hat, daß, wenn in Ungarn Einheimische uns bei den Maßnahmen gegen die Juden behilflich seien, wir vielleicht aus jüdischem Kapital diesen Einheimischen Dotationen geben könnten. Dadurch würde die Mitarbeit der Ortseinwohner aktiviert werden.

DOK. 175

Der Judenrat von Budapest vermerkt am 18. Mai 1944 Forderungen der deutschen Besatzungsbehörden nach Arbeitskräften und Gebrauchsgegenständen[1]

Fünf Forderungen, z. Hd. Herrn Wichs, vom 18.5.1944

Forderung Nr. 238.
Budapest, 18. Mai 1944
schriftlich, das Betriebshaus in der Dob-Straße.
Entgegengenommen: Domonkos[2]
Bittet dringlich um einen Sattler.

Forderung Nr. 239
Budapest, 18. Mai 1944
SS-Wachbataillon, Nagyatádi-Szabó-Straße 30.
Entgegengenommen, schriftlich: Domonkos

1 PAAA, R 100892, Bl. 71. Abdruck in: ADAP, Serie E: 1941–1945, Bd. 8: 1. Mai 1944 bis 8. Mai 1945, Göttingen 1979, Dok. 30, S. 61.
2 Edmund Veesenmayer.
3 Im Original Verteiler und handschriftl. Bearbeitungsvermerke, darunter: „Telegramm wurde von Fuschl unmittelbar an die Gesandtsch. Budapest weitergegeben. Telko. 22.5.44".
4 Liegt nicht in der Akte.
5 Reichsaußenminister Joachim von Ribbentrop.

1 MZSML, D 8/2. Das Dokument wurde aus dem Ungarischen übersetzt.
2 Miksa Domonkos, geb. als Fleischmann (1890–1954), Ingenieur; Mitarbeiter des US-amerik. Baumaschinen-Unternehmens Caterpillar, 1935 Hauptmann, aufgrund seiner hohen Auszeichnungen von den Judengesetzen ausgenommen; 1944 Leiter der technischen Abt. des Budapester Judenrats, in leitender Funktion im Grosen Getto; 1945–1950 Generalsekretar der PIH, 1953 verhaftet, der gegen ihn geplante Schauprozess fand jedoch nicht statt, an den Folgen der Haft verstorben.

Bittet für den 19. Mai um 8 Uhr morgens um 10 starke Arbeiter (seit 15. Mai wurde täglich um jeweils 10 Personen gebeten).

Forderung Nr. 240
Budapest, 18. Mai 1944
Hauptmann Schmidt
Entgegengenommen: Tibor Kovács
12 Pingpongbälle, 4 Pingpongschläger, 1 Fußball, 1 Punchingball

Forderung Nr. 241
Budapest, 18. Mai 1944
Ingenieur Frey
Entgegengenommen: Tibor Kovács
2 Erdarbeiter (zum Bau eines Luftschutzkellers)

Forderung Nr. 242
Budapest, 18. Mai 1944
Kirche in der Arena-Straße, Ingenieur Hegedűs
Entgegengenommen, schriftlich: Domonkos
5 Birkenbesen, 2 Gießkannen, 1 Fuchsschwanzsäge, 2 flache Holzmeißel, 5 Hammerstiele, 3 Stück Rakel mit Stiel
10 Leute für den 19. Mai

DOK. 176

Magyarság: Artikel vom 18. Mai 1944 über die Rede des Innenministers Andor Jaross über die antijüdischen Maßnahmen in Nagyvárad (Oradea)[1]

Was die Juden mit ihrer Habgier im Zeitalter des Liberalismus an Vermögen und Schätzen horten konnten, wird jetzt in das Vermögen der Nation überführt. Von Vitéz Andor Jaross

Jegliche neutrale Stellungnahme, jedweder Skeptizismus und jedwede Art von Bedenken arbeiten heutzutage dem Feind zu. Es kann nicht unser Ziel sein, um jeden Preis das Recht zu schützen, unser Ziel ist vielmehr der Schutz des Lebens!

Nagyvárad, den 17. Mai
Am vergangenen Dienstag nahm Vitéz Andor Jaross, Minister des Inneren, an der Einführung von Generalmajor i. R. Károly Rajnay[2] in das Amt des Obergespans für das

1 Magyarság, Nr. 142 vom 18.5.1944, S. 5: Amit a zsidók kapzsisága vagyonban, kincsben összegyűlythetett a liberális korszakban, mindaz most a nemzet vagyona. Teilweise abgedruckt in engl. Übersetzung in: Vági/Csősz/Kádár, The Holocaust in Hungary (wie Dok. 29 vom 5.5.1939, Anm. 1), S. 202–204. Das Dokument wurde aus dem Ungarischen übersetzt.

2 Vitéz Károly Rajnay (*1883), Offizier; 1937 pensioniert, Aug. bis Nov. 1940 Kommandant der Militärverwaltung in Kolozsvár (Cluj); Mai bis Sept. 1944 Obergespan des Komitats Bihar und der Stadt Nagyvárad; 1945 verhaftet, 1946 von ungar., anschließend von rumän. Gerichten zu mehreren Jahren Haft verurteilt.

Komitat Bihar und Nagyvárad in Nagyvárad teil. Die Ernennung des Obergespans erfolgte im Saal der Generalversammlung des Komitats in gewohnt feierlichem Rahmen. Zur feierlichen Generalversammlung der Kommunalkommission erschienen die Parlamentsabgeordneten des Komitats, die Delegationen der rechten Parteien, die Vertreter des Militärs, der Kirchen und der Zivilverwaltung; anwesend waren auch der deutsche und der rumänische Konsul von Nagyvárad.
Eine Abordnung der Kommunalkommission bat den neuen Obergespan in den Saal, wo er warmherzig empfangen wurde. Nach einigen informellen Begrüßungsworten des Vizegespans Vitéz János Nadányi[3] legte Vitéz Károly Rajnay den Amtseid ab und erläuterte in einer längeren Rede sein Programm. Als sein primäres Ziel hob er dabei den Dienst im Interesse der Gesamtheit des Ungartums hervor. Er gab bekannt, dass sich im Komitat Bihar und Nagyvárad die rechten Parteien inzwischen zusammengeschlossen hätten und dass er hoffe, dass diesem Vorbild auch anderswo gefolgt würde.
Nach der Rede des Obergespans, die mit großem Applaus aufgenommen wurde, ergriff Innenminister Vitéz Andor Jaross das Wort, indem er den neuen Obergespan begrüßte und Folgendes ausführte:

[„] *Wir rechnen mit dem inneren Feind ab!*
Die Regierung und vor allem der Führungsstab für innere Angelegenheiten hat die Aufgabe, alle inneren Feinde völlig zu entmachten und wenn nötig auszumerzen. (Großer Beifall.) Man kann von den mutigen Honvéd-Truppen an der äußeren Front keine Kampfeslust erwarten, wenn ein Teil der Gesellschaft im Hinterland grübelt und sich unbeseelt zeigt. Ich erinnere mich noch gut daran, dass ich, als ich vom Ufer des Don zurückgekehrt bin, viele Menschen traf, die mir vorhielten: Hattest du nichts anderes zu tun, als an die Ostfront zu ziehen? Du bist doch Parlamentsabgeordneter und hättest dich dem Militärdienst entziehen können. Ich hörte von mehreren Frontkameraden, die zu Hause mit den Worten empfangen worden sind: Wie ungeschickt, Frontdienst leisten zu müssen, wo es so viele Möglichkeiten gibt, jenen Teil des Militärdienstes, der einen auf das Schlachtfeld befördert – um einen Sportausdruck zu verwenden – auszudribbeln. Eine solche Denkweise gibt es heute in Ungarn nicht mehr, und wenn wir noch eine Spur davon finden, werden wir sie ausrotten. (Lebhafter Beifall.)
Es ist heute unsere heilige Pflicht, unser Vaterland auf dem Schlachtfeld zu verteidigen, dafür einzustehen und womöglich unser Leben zu opfern. Wir wären keine Männer, Familienväter, heldenhafte Söhne, wenn wir nicht den Mut hätten, unsere Städte und Dörfer, Frauen und Töchter, Eltern und Kinder zu schützen. Diese Aufgabe kann uns unser großer Verbündeter, das Deutsche Reich, nicht abnehmen, das müssen wir leisten. (Lebhafte Zustimmung.)
Der Bolschewismus im Osten gefährdet die Mitte und alle Ecken Europas. Angesichts dieser Gefahr können wir uns nicht den Luxus leisten, unsere Sicherheit allein der Phalanx des Deutschen Reichs anzuvertrauen. Die Sicherheit Ungarns und die ungarische Zukunft sind gefährdet, solange das bolschewistische Reich Stalins an den östlichen Hängen der Karpaten besteht. Und ich behaupte sogar, dass es keine europäische Sicherheit geben wird, solange die angelsächsische Politik darauf abzielt, durch die Spaltung

3 Vitéz Dr. János Károly Nadányi (1891–1971), Vizegespan des Komitats Bihar.

der europäischen Nationen ihre eigene Vorherrschaft über die Völker Europas zu sichern. Dieser Krieg hat für Ungarn also einen eigenen Sinn.
Sollte der innere Feind noch irgendwo sein Haupt erheben, werden wir mit ihm abrechnen. Gegen den inneren Feind, den auch der Obergespan in seiner Rede erwähnte, sind Maßnahmen ergriffen worden. Ich gehe aber noch einen Schritt weiter und mahne jeden ungarischen Bürger und jede ungarische Familie, dass *jedwede neutrale Stellungnahme, jedwede schlaffe Haltung, jegliche Skepsis und alle Arten von Bedenken bzw. Sorgen dem Feind zuarbeiten. Wer heute einen inneren Drang verspürt und sich zum Schutz seiner womöglich in Not geratenen sogenannten Mitmenschen verpflichtet fühlt, dem sage ich, dass er ein für alle Mal die Wahl zu treffen hat: Entweder ist er bereit, im Interesse von 13,5 Millionen Ungarn Politik zu machen und ihr Schicksal zu teilen, oder er folgt den paar Hunderttausend Menschen, die nie der Gemeinschaft der Ungarn angehört haben.* (Erneut großer Beifall.)
Sowohl den Beamten des Komitats als auch der Kommunalkommission steht Arbeit in Bezug auf die inneren Angelegenheiten und in der Administration bevor. In den vergangenen Jahren hat sich der Aufgabenbereich unserer Verwaltung enorm erweitert.
Wenn ich diesen enorm angewachsenen administrativen Aufgabenbereich betrachte und sehe, dass wir – wie schon in den letzten Jahren – immer noch im rigiden Rahmen des Rechts agieren, dann sage ich, dass wir unsere Verwaltungstätigkeit den Anforderungen des modernen Lebens anpassen und einen anderen Blickwinkel einnehmen müssen, der die Effektivität im Auge hat. Der rigide Rechtsrahmen gibt dem Verwaltungsleben natürlich auch gewisse Regeln vor, aber *wir dürfen uns nicht den Schutz des Rechts um jeden Preis zum Ziel setzen, unser Ziel ist es, dem Leben zu dienen* und die Erfolge des Lebens aufzuzeigen. (Große Zustimmung und Beifall.) In der Verwaltungsarbeit interessiert mich also nicht, in welchem Maße eine Rechtsvorschrift befolgt wird, sondern mich interessiert, ob ich durch die Anwendung von Rechtsvorschriften das soziale Niveau anheben, ob ich unserem Gesundheitswesen auf die Beine helfen, die wirtschaftliche Entwicklung und die brüderliche Zusammenarbeit fördern kann und damit das, was die gesamte ungarische Welt auf unterschiedlichsten Ebenen und in unterschiedlichsten Formen benötigt.[“]
Der Minister erbat am Ende seiner Rede den Segen Gottes für die gemeinsame Arbeit des neuen Obergespans, der Kommunalkommission und des Beamtenapparats des Komitats. Dem Minister wurde am Ende seiner Rede ein langanhaltender, begeisterter Applaus zuteil.

Warum konnte der Gedanke von Szeged nicht formierend wirken?

Genauso feierlich wurde anschließend Generalmajor i. R. Vitéz Károly Rajnay in das Amt des Obergespans für die Stadt Nagyvárad mit Komitatsrechten eingeführt. Vitéz Károly Rajnay wurde von einer Deputation zur Kommunalversammlung der Stadt gebeten und von Vizebürgermeister László Gyapay[4] im Namen der Kommune mit warmen Worten begrüßt. Der neue Obergespan legte den Amtseid ab und erklärte in seiner An-

4 László Gyapay (gest. 1964), Vizebürgermeister, später Bürgermeister von Nagyvárad; 1945 in Rumänien in Abwesenheit zum Tode verurteilt.

trittsrede, dass er sich vor allem den kleinen Leuten und den Hilfebedürftigen der Stadt verpflichtet fühle und sie unterstützen wolle.

Nach der mit begeistertem Beifall aufgenommenen Rede des Obergespans ergriff Innenminister Vitéz Andor Jaross unter allgemeiner Aufmerksamkeit das Wort und sagte unter anderem:

„Der Herr Obergespan sprach mir aus dem Herzen, er bekannte sich zu seiner Überzeugung, die mittlerweile Glaubenssatz jedes ungarischen Bürgers ist, der Verantwortung für das Schicksal des Landes tragen will. Diese Rede stand im Geiste des Nationalsozialismus. Dieser Begriff ist in unserem Land keine Importware, sondern er umfasst den nationalen Fanatismus, die nationale Opferbereitschaft und deren Grenzenlosigkeit, wenn es um das soziale Verantwortungsgefühl gegenüber allen arbeitenden ungarischen Menschen geht. Wenn ich aber ein opferbereiter Ungar bin, wenn ich mein ungarisches Vaterland mit ungarischem Herzen liebe, mit ihm fühle, dann bin ich Ungar und Nationalsozialist.

In dieser Stadt, die der Heilige Ladislaus[5] gegründet hat, müssen die heutigen Generationen die historische Bedeutung dieses großen Königs wieder entdecken. Es liegt eine gewisse historische Analogie darin, dass unser König, der Heilige Ladislaus, sein Schwert Richtung Osten richtete. Die Wellen der Völkerwanderung schwappten über die Kämme der Karpaten, doch der Heilige Ladislaus hob sein Schild und schützte die Ordnung des Landes vor der möglichen zerstörerischen Invasion von außen.[6]

Welche großen Veränderungen durchlief diese Stadt seit den Zeiten des Heiligen Ladislaus! Wie oft teilte sie das Schicksal der Nation in den Stürmen der Geschichte! Wie oft wurden ihre Mauern in Schutt und Asche gelegt und wie oft wurden sie neu aufgebaut! In den sogenannten Friedenszeiten, in der Ruhe bürgerlicher Entwicklung legte auch Nagyvárad einen langen Weg zurück.

Das Zentrum glänzte, das Land lernte Nagyvárad als eine Stadt der Kaffeehäuser mit silbernen Spiegeln, als Stadt lockender Schaufenster und voller Lokale kennen. Diese falsche Entwicklung, die damals das ganze Land erfasste, feierte in Nagyvárad Urstände. 1918/19 und in den Jahren davor nahm man die Stadt als Hochburg des jüdisch-liberalen Kapitalismus wahr. Seitdem mussten die Einwohner von Nagyvárad wie die gesamte Nation harte Prüfungen überstehen. Wir erlebten die unterschiedlichen Schicksale je nachdem, wohin einen das Verhängnis warf. Der Geist der Konterrevolution von Szeged[7] erfasste genau, was zu tun war. Die Entwicklung jedoch, die in Szeged ihren Ausgang nahm, war nicht konsequent, und als Nagyvárad und die Regionen Siebenbürgens ihre berauschende Rückkehr zum Mutterland feierten,[8] mussten wir nach der Auflösung der Militärverwaltung erkennen, dass *der Geist der Konterrevolution von Szeged weder in den Trianon-Gebieten noch darüber hinaus formend wirkte. Die heutige Regierung und das heutige politische System sehen ihre Aufgabe darin, im Geiste der Konterrevolution von Szeged und im Sinne des ungarisch-nationalsozialistischen Gedankens ein Land aufzubauen, das von einem zeitgemäßen Nationalismus getragen wird.*

5 Ladislaus I. (1046–1095), König von Ungarn.

6 Gemeint sind die erfolgreichen Schlachten gegen die Kumanen und die Petschenegen, womit Ladislaus I. die östlichen Grenzen des Königreichs für mehrere Jahrzehnte sicherte.

7 Gemeint ist die in Szeged gegründete Gegenregierung, die sich gegen die Räterepublik richtete.

8 Nagyvárad und Teile von Siebenbürgen fielen mit dem Zweiten Wiener Schiedsspruch im Aug. 1940 an Ungarn.

Heute, im Schein der Maisonne, habe ich ein neues Nagyvárad vor mir ausgebreitet gesehen. Ich habe ein neues nationalistisches Nagyvárad wahrgenommen, auf dessen Straßen es keine Juden gibt. Ich habe überprüft, dass die Juden in der Stadt separiert wurden.[9] Die Stadt hat dieses Problem gelöst, und ich habe beruhigt feststellen können, dass die Lösung den Anforderungen der Zeit entspricht. Dieses Problem ist jedoch dadurch noch nicht erledigt. Aus dem Blutkreislauf der Nation müssen alle ansteckenden Stoffe und jede Möglichkeit der Ansteckung entfernt werden. Auf diesem Weg geht die ungarische Regierung Schritt für Schritt weiter. Ich will keine detaillierte Erklärung abgeben, man verfolge einfach die Ereignisse.

Ich betone, dass alles, was die Juden mit ihrer Habgier im Zeitalter des Liberalismus an Vermögen und Schätzen ansammeln konnten, aufgehört hat, ihnen zu gehören, und Teil des Vermögens der ungarischen Nation wurde.

Dieses Vermögen kann aber nicht einfach Gegenstand einer Schenkung werden – um gewisse nationale Leistungen zu honorieren. Es muss vielmehr in den Blutkreislauf der nationalen Wirtschaft eingespeist werden und die gesamte Nation bereichern, so dass jeder ehrliche, arbeitende Ungar etwas davon hat.

In dieser Stadt soll sich nicht nur das Aussehen, das Bild der Straßen, sondern auch das Denken der Menschen ändern, das Denken jener Ungarn, die eine solche Veränderung nötig haben.

Mag sein, dass meine Worte hart erscheinen, aber glauben Sie mir, dass diese Nation nur mit einer harten, opferbereiten Seele auf eine bessere Zukunft hoffen darf. Der totale Krieg kennt kein Erbarmen. Das Herz darf nicht schwach werden, selbst dann nicht, wenn um uns Bomben fallen oder Maschinengewehre rattern. Nicht nur die Honvéd hat heute einen verantwortungsvollen Part beim Standhalten, der totale Krieg fordert von allen, draußen und auch hier zu Hause, Verantwortung zu übernehmen."

Nach der mit großer Zustimmung und langanhaltendem, begeistertem Applaus begrüßten Rede des Ministers hießen Gemeindeobernotar Dr. Rezső Borbély im Namen der städtischen Beamten und der apostolische Vikar des Reichsverwesers, Béla Schriffert,[10] im Namen der Mitglieder der Kommunalkommission den neuen Obergespan willkommen.

Innenminister Vitéz Andor Jaross kehrte am Dienstagabend in die Hauptstadt zurück.

9 Die Gettoisierung in Nagyvárad begann am 3.5.1944; siehe Dok. 195 vom Mai 1944.

10 Béla Schriffert (1889–1968), kath. Vikar.

DOK. 177

Ein Mitarbeiter des US-amerikanischen Nachrichtendiensts informiert am 18. Mai 1944 über die drohende Deportation der ungarischen Juden[1]

Memorandum des Office of Strategic Services, gez. Unterschrift unleserlich, an den Minister[2] (Kopie an Herrn Mayer[3] and Herrn Dulles[4]) vom 18.5.1944[5]

Am gestrigen Abend unterrichtete mich BB von einer absolut zuverlässigen, gerade aus Ungarn zurückgekehrten Quelle über den Abschluss von Verhandlungen erfahren zu haben.[6] Demnach sollen schätzungsweise 300 000 Juden,[7] die seit der deutschen Okkupation in Ungarn in Konzentrationslager eingesperrt sind, nach Polen deportiert werden und damit voraussichtlich in den Tod. Nach Angaben von BB sind die Absprachen zwischen den deutschen und ungarischen Eisenbahndienststellen hinsichtlich des Transports bereits weit fortgeschritten.
BB schlug vor, diese Tatsache über Radio in Amerika und England zu verbreiten und anzukündigen, dass alle, die sich in irgendeiner Form an der Planung oder Ausführung der Deportationen beteiligen, als Kriegsverbrecher behandelt werden.

1 NARA, RG-226 OSS Entry A1 190-C Dulles Files – Container 6. Das Dokument wurde aus dem Englischen übersetzt.

2 Möglicherweise: Cordell Hull (1871–1955), Politiker; 1907–1921 sowie 1923–1931 Abgeordneter des Repräsentantenhauses, 1930–1933 Senator, 1933–1944 US-amerikan. Außenminister, 1945 Friedensnobelpreis.

3 Vermutlich: Gerald M. Mayer Sr. (1905–1970), Journalist; als Sohn US-amerikan. Eltern in Berlin geboren, von 1933 an beim Rundfunk tätig, seit Mai 1942 für das OWI bzw. den OSS in der Schweiz Kontaktmann zum deutschen Widerstand; 1955–1960 Wirtschaftsattaché an der US-Botschaft in Paris.

4 Allen W. Dulles (1893–1969), Diplomat und Anwalt; 1916–1926 in der US-Botschaft in Wien und in Bern beschäftigt, im Zweiten Weltkrieg Leiter des OSS-Büros in der Schweiz; nach 1945 Präsident des Council of Foreign Relations, 1953–1961 erster CIA-Direktor.

5 Im Text handschriftl. Ergänzung: „An Mr. Dulles. Kurzmeldung umgehend an Washington + London weitergeleitet, mit Informationen und Vorschlag. 19.5.1944."

6 Gemeint ist wahrscheinlich die erste Wiener Fahrplankonferenz am 4. und 5.5.1944, bei der die Deportation von etwa 325 000 Juden aus der Karpato-Ukraine, aus der Felvidék und aus Nordsiebenbürgen beschlossen wurde.

7 Siehe Einleitung, S. 61 f.

DOK. 178

Die Gendarmerie des Gendarmeriebezirks von Marosvásárhely (Tîrgu Mureş) befürchtet am 19. Mai 1944, dass die bei Juden beschlagnahmten Nahrungsmittel vergiftet sein könnten[1]

Schreiben des kgl. ungar. X. Gendarmeriebezirks von Marosvásárhely, Abt. Székelyudvarhely, 171/kt.1944, an den Vizegespan des Komitats Udvarhely[2] vom 19.5.1944 (Abschrift)[3]

Betrifft: Umgang mit den bei Juden in Gewahrsam genommenen Lebensmitteln
Mit der gebotenen Hochachtung übersende ich eine Kopie des Befehls Nr. 307/kt.1944 des vorstehenden Bezirkskommandos vom 17. Mai 1944.
Kopie: Unseren Erkenntnissen zufolge wurden von den Juden vergiftete Werberasierklingen in alle Landesteile verschickt. Es kann also davon ausgegangen werden, dass die im Zuge der Säuberungsaktionen bei Juden in Gewahrsam genommenen Lebensmittel, vor allem Fett und Mehl, ebenfalls vergiftet sind. Deshalb wäre es, um eventuellen Unglücksfällen durch Vergiftungen vorzubeugen, ratsam, die bei Juden in Gewahrsam genommenen Lebensmittel ausschließlich zu deren Verpflegung zu verwenden und nicht einmal in Ausnahmefällen etwas davon an Christen zu verteilen, ausgenommen das Fett, das zuvor einer Untersuchung unterzogen werden muss.
Dies zur Mitteilung an den Untergespan des Komitats sowie an die Bürgermeister der Städte. In Vertretung des amtierenden Bezirkskommandanten:
Fejér, eigenhändige Unterschrift, Oberstleutnant
Vitéz Kizsak, eigenhändige Unterschrift

DOK. 179

Die Polizei von Mezőkovácsháza berichtet am 19. Mai 1944 über den Versuch, Lebensmittel in das Getto zu schmuggeln[1]

Schreiben der gemischten Polizeiwache von Mezőkovácsháza des VI. kgl. ungar. Gendarmeriebezirks in Debrecen, 172/1944., gez. Oberwachtmeister Révész, an den Oberstuhlrichter in Mezőkovácsháza[2] (Eing. 27.5.1944) vom 19.5.1944 (Abschrift)

Betrifft: Empfehlung zur Internierung von Ilona Schvartz[3] und Partner
Am 18. des laufenden Monats hat der diensthabende Gendarm auf der Patrouille Lajos Józsa, geb. am 21. April 1909, röm.-kath., ledig, wohnhaft in Mezőkovácsháza (Adresse:

1 Arhivele Nationale ale României, Fond Administratia Militară Maghiară din Nordul Transilvaniei, Primăria Oraşulni Odorhei, document no. 37/1944, fund no. 151, inventory 219, Kopie: USHMM, RG-25017, Reel 16, File 37/194. Das Dokument wurde aus dem Ungarischen übersetzt.

2 Kálmán Szent-Királlyi.

3 Das Dokument ist überliefert als weitergeleitetes Schreiben des Vizegespans des Komitats Udvarhely, 6064/1944, vom 20.5.1944 an den Bürgermeister der Komitatsstadt Székelyudvarhely (Odorheiu Secuiesc) und die Oberstuhlrichter von vier Kreisen mit der Bitte um Kenntnisnahme und um die Ergreifung der notwendigen Maßnahmen. Im Original Eingangsstempel des Bürgermeisters der Komitatsstadt Székelyudvarhely vom 31.5.1944.

1 MNL BéML, IV. B. 436. 3922/1944, A Mezőkovácsházi járás főszolgabírájának iratai. Das Dokument wurde aus dem Ungarischen übersetzt.

Árpád-Straße 24) dabei ertappt, wie er versuchte, am Zaun auf der Seite bei Száraz Ér in das Getto von Mezőkovácsháza[4] einzudringen. Lajos Józsa gab an, dass er in den Nachmittagsstunden des 18. einen Brief von Sándor Gáspár, wohnhaft in Mezőkovácsháza, erhalten habe, den ihm das jüdische Mädchen Ilona Schvartz geschrieben hatte, in der Nacht ins Getto (hinaus) zu gehen und ihr etwas Proviant und ein klein wenig Zucker zu bringen. Da er jedoch weder Proviant noch Zucker habe herbeischaffen können, mit dem genannten Mädchen jedoch bereits seit längerem eine Liebesbeziehung unterhalten habe, sei er [Lajos Józsa] [zum Getto] hinausgegangen, um ihr zu sagen, sie solle warten, bis er [Sándor Gáspár] etwas Proviant beschaffen und es ihr dann bringen könne.

Sándor Gáspár, geb. am 21. September 1900, reformiert, ledig, wohnhaft in Mezőkovácsháza (Adresse: Árpád-Straße 78), Schneidergeselle. Er gab an, dass ihn am 18. des laufenden Monats in den Mittagsstunden József Márton, Jude, wohnhaft in Mezőkovácsháza, in seiner Wohnung aufgesucht und ihm einen Brief mit der Mitteilung übergeben habe, dieser stamme von Ilona Schvartz, die ihn gebeten habe, ihn irgendwie in die Hände von Lajos Józsa gelangen zu lassen. Er habe gewusst, dass zwischen Józsa und Ilona Schvartz ein Liebesverhältnis bestehe, und den Brief daher ohne jedes Bedenken Józsa übergeben. Er räumte ein, es sei ihm bekannt, dass der Kontakt zwischen Christen und Juden in mündlicher und schriftlicher Form untersagt ist.

Ilona Schvartz, geb. am 28. Juni 1912, Israelitin, ledig, wohnhaft in Mezőkovácsháza (Adresse: Árpád-Straße 136), Hausfrau. Sie gab an, dass am 18. des laufenden Monats ihr Schwager József Márton in den Arbeitsdienst eingetreten sei und sie ihm, als er das Getto verlassen habe, einen Brief mitgegeben habe, um ihn Józsa zu übergeben, zu dem sie schon seit längerer Zeit ein sehr gutes nachbarschaftliches Verhältnis pflegte. In dem Brief habe sie Józsa gebeten, ihr wenn möglich ein wenig Proviant und etwas Zucker zu beschaffen, und noch am selben Abend gegen 23 Uhr [zum Getto] zu kommen. Sie werde am großen Tor auf ihn warten. Anmerkung: József [Márton] konnte vom diensthabenden Wachbeamten nicht befragt werden, da dieser am 18. des laufenden Monats in den Arbeitsdienst eingetreten ist. Da Lajos Józsa am 18. des laufenden Monats seinen Dienst beim Luftschutz zu verrichten hatte, habe der Wachbeamte ihn nach der Befragung freigelassen. Ersterer habe sich am 19. des laufenden Monats in den frühen Morgenstunden in seiner Wohnung mit suizidalen Absichten erhängt und ist in Folge gestorben. Der Wachbeamte meldete den Vorfall am 19. des laufenden Monats unter dem Aktenzeichen 172/1944 der königlichen Staatsanwaltschaft. Da Sándor Gáspár und Ilona Schvartz die im Getto geltenden Regeln verletzt haben, empfehle ich deren Internierung.[5]

Im Anhang: Der von Ilona Schvartz an Lajos Józsa geschriebene Brief.[6]

2 Dr. Miklós Árpád Halmos, von 1943 an Oberstuhlrichter in Mezőkovácsháza; von 1945 an dort Obernotar.

3 Ilona Schvartz, auch Schwartz (1912–1992).

4 Das Getto Mezőkovácsháza wurde am 15.4.1944 errichtet. Einige Wochen später wurden die dort untergebrachten Juden nach Békéscsaba transportiert und von dort weiter nach Auschwitz oder Strasshof deportiert.

5 Sándor Gáspár wurde am 12.6.1944 unter polizeiliche Aufsicht gestellt und musste sich fortan jede Woche auf der Gendarmeriedienststelle melden.

6 Liegt nicht in der Akte.

DOK. 180

Elisabeth Weisz schickt am 20. Mai 1944 ihren Angehörigen eine standardisierte Postkarte aus Auschwitz-Birkenau[1]

Handschriftl. Postkarte von Elisabeth Weisz, Waldsee,[2] an Frau Károly Posch,VII., Budapest, Thököly-Straße 4.II.25, vom 20.5.1944

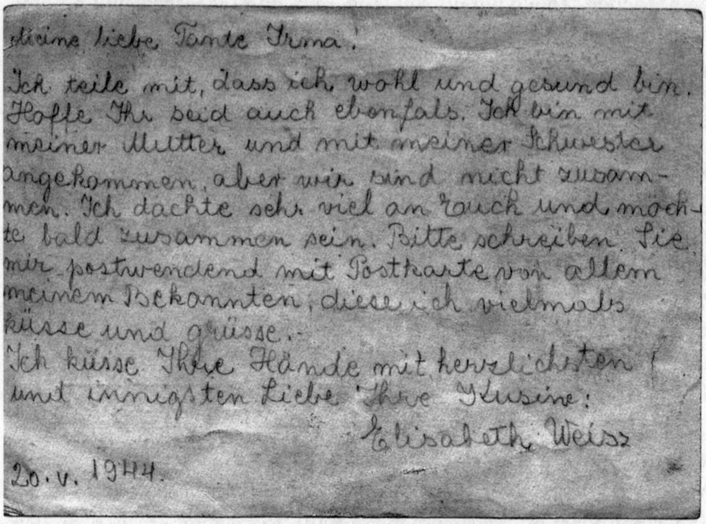

Meine liebe Tante Irma!

Ich teile mit, dass ich wohl und gesund bin. Hoffe Ihr seid auch ebenfals. Ich bin mit meiner Mutter und mit meiner Schwester angekommen, aber wir sind nicht zusammen. Ich dachte sehr viel an Euch und möchte bald zusammen sein. Bitte schreiben Sie mir postwendend mit Postkarte von allem meinem Bekannten, diese ich vielmals küsse und grüsse.

Ich küsse Ihre Hände mit herzlichsten und innigsten Liebe Ihre Kusine:

Elisabeth Weiss

20. V. 1944.

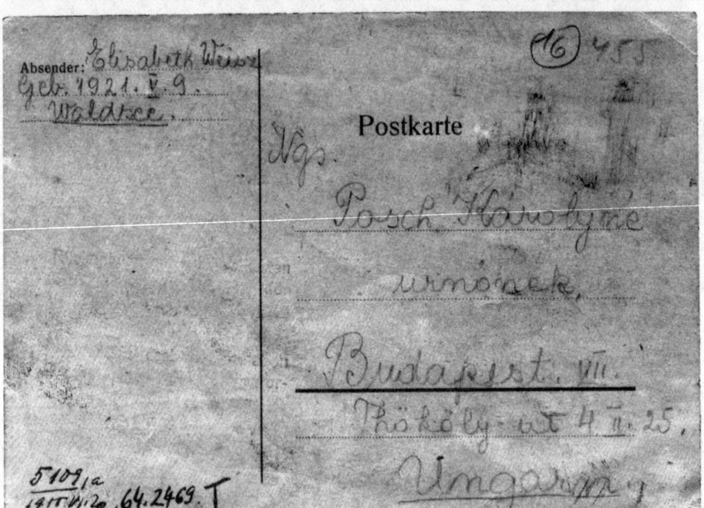

Absender: Elisabeth Weisz
Geb. 1921. V. 9.
Waldsee.

(16) 455

Postkarte

Ngs.
Posch Károlyné
úrnőnek,
Budapest. VII.
Thököly-út 4 II. 25,
Ungarn

5109/a
1411.VI.26, 64.2469 T

1 MZSML, D 10/4.

2 Tarnname für Auschwitz-Birkenau. Zur Beruhigung der zu diesem Zeitpunkt noch nicht deportierten Juden mussten die in Auschwitz-Birkenau angekommenen Juden Postkarten auf Deutsch und mit maximal 30 Wörtern verfassen, in denen sie ihren Verwandten ihr Wohlergehen versicherten. In vielen Fällen schrieben sie die Karten kurz vor ihrer Ermordung. Die Massendeportationen aus Ungarn begannen am 15.5.1944.

DOK. 181
Der Bankier Felix Czernin berichtet am 23. Mai 1944 über die Auswirkungen der schnellen Vertreibung der Juden aus der ungarischen Wirtschaft[1]

Bericht über Ungarn-Reise vom 11. bis 21. Mai 1944 von Felix Czernin,[2] Wien, vom 23.5.1944

Infolge der Kürze der mir zur Verfügung gestandenen Zeit konnte ich lediglich 4 Tage in Budapest verbringen und bereiste die übrigen 6 Tage meiner Reise die ungar. Provinz. In Budapest war ich am 11., 12., 19. u. 20. Mai. Aus zahlreichen daselbst geführten Unterredungen insbesondere mit den Herren Dir. *Biro*,[3] Dir. Dr. v. *Janko*,[4] Abt. Dir. *Somoskeöy* (Ung. Allg. Creditbkk.), Gen. Kons. *Krause*, Gen. Dir. *Schnetzer*[5] (Waggonfabrik Györ), Dir. v. *Kochanowski* (Unitas A.G.-Ringhoffer Affiliation) u. a. ergab sich folgendes Bild, wobei ich bemerke, daß ich infolge der kurzen Zeit meiner Anwesenheit mir in manchen Belangen kein eigenes Urteil bilden konnte, sondern auf die Wiedergabe der mir gemachten Mitteilungen angewiesen bin.

I.) Allgemeines

Die gesamte ungarische Wirtschaft befindet sich derzeit noch in einem beträchtlichen Durcheinander. Die kurzfristig durchgeführte Entjudung verursacht derartig große personelle Schwierigkeiten, daß von einem geordneten Wirtschaftsbetrieb noch nicht gesprochen werden kann. Auf dieses Kapitel komme ich noch ausführlicher zu sprechen anlässlich der Behandlung des Themas „Creditbank". Sämtliche jüdischen Geschäfte (in Budapest 18 000) sind gesperrt und versiegelt und werden derzeit inventarisiert. Der überwiegende Teil dieser Betriebe wird nicht wieder eröffnet werden, da die Überleitung der Betriebe in arische Hände oder die Verwaltung durch arische Verwalter mangels geeigneter Personen nicht möglich ist. Die Vorräte der gesperrten Betriebe werden vielmehr an arische Firmen der gleichen Branche überführt und die Geschäfte liquidiert werden, mit Ausnahme jener, die absolut lebens- oder kriegswichtig sind. Letztere erhalten arische Verwalter. Die Masse der in Budapest lebenden Juden ist noch nicht in Ghettos oder Lagern konzentriert, der Stern beherrscht daher das Straßenbild. In der Provinz dagegen sind die Juden in der Mehrzahl bereits abtransportiert und konzentriert.

Die jüdische Industrie wird in ihrer Mehrzahl durch arische Verwalter weitergeführt. Vielfach ist geeignetes Personal hierfür nicht vorhanden und die Heranbildung leitender arischer Persönlichkeiten und die Heranziehung eines ausreichenden arischen Nachwuchses an Leitern wird geraume Zeit erfordern.

Die Durchführung der Entjudung erfolgt nicht nur wesentlich rascher, als dies in anderen Ländern der Fall war, sondern umfasst auch einen größeren Personenkreis als z. B. im Reich. Praktisch zur Anwendung gelangen die Nürnberger Gesetze *plus* ungarischem Judengesetz.[6] Das ungar. Gesetz fußte zu einem wesentlichen Teile nicht so sehr auf

1 NARA, RG 407, Box 1030, Kopie: Staatsarchiv Nürnberg, NI – 6681.
2 Graf Felix Czernin von und zu Chudenitz (1902–1968), Bankier; Mitglied der NSDAP.
3 Vermutlich: Árpád Bíró, Direktor bei der Ungarischen Allgemeinen Creditbank.
4 Vermutlich: Pál Jankó, stellv. Direktor bei der Ungarischen Allgemeinen Creditbank.
5 Ágoston Schnetzer, Generaldirektor der Waggonfabrik Győr; emigrierte im Dez. 1944 in die Schweiz.
6 Siehe dazu Dok. 133 vom 11.4.1944.

rassischer, sondern auf konfessioneller Grundlage. So gelten z. B. nach ungar. Bestimmungen Mischlinge, die stehend getauft sind,[7] als Juden und werden nunmehr auch als Juden behandelt. Die Zahl dieser Mischlinge ist gerade in Ungarn sehr groß und war vielfach auch unter leitenden Wirtschaftlern zu finden. – Die Durchführung der Entjudung liegt offiziell in den Händen der ungar. Behörden und der ungar. Polizei.

Was die innere ungar. Politik anlangt, geht die allgemeine Meinung dahin, daß die Bemühungen des Min. Präs.[8] um die Schaffung einer Einheitspartei als gescheitert angesehen werden müssen und daß auch in Zukunft solche Bestrebungen schwerlich realisierbar sein würden. Die Träger des politischen Geschehens in Ungarn sind heute überwiegend Imredys Anhänger. Parteipolitisch gesehen ist dies nicht unbedingt gleichbedeutend mit einer Stärkung der Partei, da diese ihre erste Garnitur praktisch zur Gänze zur Besetzung der wichtigeren Posten in Regierung und Staat zur Verfügung gestellt hat, so daß die Parteiführung in Händen der viel schwächeren zweiten Garnitur liegt. Imredy ist zwar 100%ig deutschfreundlich, hält aber nicht den Moment für gekommen, um persönlich eine führende Stellung in der Leitung des Staates einzunehmen. Seine Anhänger rekrutieren sich vorwiegend aus dem kleinen Mittelstand, in geringem Umfange aus der Arbeiterschaft und dem flachen Land, immerhin kann aber gesagt werden, daß er über eine im ganzen Land verteilte Resonanz verfügt. Dies ist keineswegs der Fall bei den ganz extremen Gruppen Szallassys[9] und Pálffys,[10] die offenbar auch von seiten der Deutschen Gesandtschaft kurzgehalten werden. – Nach wie vor dürfte eine Konzentrierung der Kräfte aller ungarischen Patrioten am ehesten unter dem Zeichen der hl. Stefans-Krone, also auf national-christlicher Basis, möglich sein.

Die Reaktion der ungarischen Bevölkerung auf den deutschen Einmarsch war in der Mehrheit positiv mit negativem Vorzeichen, d. h., Ungarn war sich klar, daß eine Hilfestellung gegen den Osten unbedingt nötig war, erwartete aber, daß die deutsche Intervention sich auf das rein militärische Gebiet beschränken würde. Die antisemitische Stimmung der Bevölkerung ist zweifellos gewachsen, seit ihr ad oculos[11] demonstriert wurde, welchen Umfang die Verjudung des ungarischen Lebens hatte.

Das deutsche wirtschaftliche Interesse bzw. die deutsche Einflussnahme auf die wirtschaftlichen Geschehnisse Ungarns liegt, nach Abbiegung einiger stattgefundener Sonderaktionen, in Händen von Gen. Dir. *Boden*[12] (A. E. G.), dem die offiziellen Vertreter der deutschen Ministerien und Behörden untergeordnet sind. Im Büro Boden sind

7 Vermutlich Anspielung auf die Altersgrenze, wonach Personen, die im Alter von mindestens sieben Jahren getauft wurden, als Juden gelten.

8 Döme Sztójay.

9 Richtig: Szálasi.

10 Graf Fidél Pálffy von Erdőd (1895–1946), Politiker; von 1932 an Mitglied der Nationalsozialistischen Bauern- und Arbeiterpartei, 1933 Gründung der Vereinigten Nationalsozialistischen Partei, 1940 Vereinigung mit der Pfeilkreuzlerpartei, 1941 Eintritt in die Partei der Ungarischen Erneuerung; von Okt. 1944 an Landwirtschaftsminister; nach dem Krieg vom ungar. Volksgericht zum Tode verurteilt und hingerichtet.

11 Lat.: vor Augen.

12 Hans Constantin Boden (1893–1970), Jurist, Volkswirt; von 1929 an Aufsichtsratsmitglied beim Elektrokonzern AEG, von Mai 1944 an im AA tätig und Edmund Veesenmayer unterstellt, zuständig für die Verhandlungen über die Eingliederung der ungar. Wirtschaft in den deutschen Wirtschaftsplan; 1956–1962 Erster Vorsitzender des Vorstands der AEG, 1961–1963 Präsident der Internationalen Handelskammer in Paris.

RWM, Min. Speer, Reichsbank etc. vertreten. Die neuen deutsch-ungarischen Wirtschaftsbeziehungen werden durch Boden geregelt und in neue Form gebracht und der bestandene deutsch-ungarische Handelsvertrag muß als gegenstandslos betrachtet werden. Ges. Clodius[13] scheint auf die neue Form der wirtschaftl. Beziehungen zwischen den beiden Staaten keinen direkten Einfluss mehr zu haben. Die ungarischen Behörden sind offiziell nach wie vor in ihren Planungen etc. selbständig (auch z. B. was die Verfügungsmöglichkeiten über die vorhandenen Devisenbestände anlangt), doch ist in zunehmendem Maße mit Gleichschaltung an die durch Gen. Dir. Boden verkörperten deutschen Wünsche zu rechnen. Neben dem Büro Boden spielt bei der Durchsetzung der deutschen Wünsche in wirtschaftlichen Belangen Herr Consul *Rekowski*,[14] der als die starke Hand des Deutschen Gesandten in Wirtschaftsfragen gilt und der Gesandtschaft attachiert ist (und angeblich dem Stabe Keppler[15] entstammt) und ferner der Handelsattaché *Englert*[16] eine bedeutende Rolle. Der Vertreter des RWM im Büro Boden ist Min. Rat *Jahnke*. Sitz dieses Büros ist das Hotel Carlton. Das Einflussgebiet Bodens ist Ungarn westlich der Theiß. Ungarn östlich der Theiß untersteht in allen Belangen der Militärverwaltung.

II.) Ungar. Allg. Creditbank

Die Entjudung der ungarischen Wirtschaft spiegelt sich in konzentrierter Form bei der UAC. Bereits am Tage des Einmarsches wurde das Bankgebäude von SS-Posten besetzt, die nach dem geflüchteten Vorstandmitglied Ullmann[17] fahndeten. Wenige Tage später erhielt die Leitung der Bank den ultimativen Auftrag von seiten des Herrn Rekowski, die sofortige Entjudung der Bank durchzuführen. An die 400 jüdische Angestellte wurden sofort entlassen, darunter circa 50 Funktionäre der Bank, Dir. Perenyi[18] sollte vorläufig noch in der Leitung weiterarbeiten, zumal sich auch Herr Schlotterer hierfür eingesetzt hatte. Wenige Tage später musste jedoch auch Perenyi kurzfristig die Bank verlassen, was auf alte Differenzen zwischen ihm und Imredy aus der Zeit seiner Nat. Bk.-Präsidentschaft zurückzuführen sein dürfte. Perenyi wurde kurz nach Verlassen der Bank verhaftet. – Dir. A. *Biro* wurde Vorstandsmitglied der Bank, deren Vorstand nunmehr die Herren Biro, Kallay[19] u. Mandy[20] angehören. Der Motor des Betriebes scheint

13 Carl August Clodius (1897–1952), Diplomat; 1921 Angestellter in der Außenhandelsstelle im AA, von 1926 an Legationssekretär, 1928 Gesandter; 1933 NSDAP-Eintritt; 1936 Vortragender Legationsrat, 1938 Gesandter 1. Klasse, Ministerialdirigent, stellv. Leiter der Handelspolitischen Abt. des AA, 1943 Ministerialdirektor; 1944 sowjet. Kriegsgefangenschaft, 1952 in der Haft gestorben.

14 Carl Rekowski (*1899), Kaufmann; von 1935 an in Mexiko tätig, von 1940 an beim OKW, Amt Ausland/Abwehr, Abwehr II (Sonderdienste, Sabotage), Verbindungsmann in Mexiko und den USA, von 1942 an im AA Leiter des arab. Nachrichtenbüros, von 1944 an in der Gesandtschaft in Budapest tätig.

15 Der Unternehmer und SS-Obergruppenführer Wilhelm Keppler (1882–1960) organisierte die Beschlagnahme von Unternehmen in den besetzten Gebieten im Auftrag Görings und Himmlers.

16 Johannes Englert (1907–1975), Diplom-Landwirt; 1931 NSDAP-Eintritt; 1929–1934 bei der Bayerischen Warenvermittlung landwirtschaftlicher Genossenschaften AG, von 1938 an Prokurist der Futura Warenverkehr AG der ungar. Genossenschaftszentralen und in der Leitung der Deutsch-Ungarischen Handelskammer, von 1940 an als Bearbeiter der Handels- und Wirtschaftsangelegenheiten in der Gesandtschaft Budapest tätig; 1945/46 Internierung.

17 György Baron Ullmann von Baranyavár (1891–1961).

18 István Perényi, geschäftsführender Direktor der Ungarischen Allgemeinen Creditbank.

19 Rudolf Kállay.

20 Dr. Lajos Mándy.

Dir. Biro zu sein. Dir. *Janko* wurde zum Leiter der Industrieabteilung bestellt, Gen. Kon. *Krause* wurde von der U. A. C. übernommen und ist seit gestern Leiter der Warenabteilung (Generalbank).

Die Entjudung in dieser kompletten Form wurde erst einmal nur bei der U. A. C. durchgeführt, während den anderen Banken etwas mehr Zeit gelassen wurde. Nach außen hin spielt die Creditbank jetzt ungefähr die Rolle des Vorzugsschülers, der seinen Kameraden als Musterbeispiel vorgeführt wird. Diese Rolle ist für die Popularität der Bank nicht zuträglich, so daß ihre Position den Ungarn gegenüber nicht besser geworden ist. Andererseits trägt ihr diese Rolle bei deutschen und ungarischen Behörden nichts ein, und es geschieht nichts, um die äußerst schwierige personelle Situation der Bank zu erleichtern. Im Gegenteil: Führende Arier aus dem Industriekonzern der Bank wurden noch zusätzlich weggenommen und zur Lösung anderer Aufgaben bestimmt. So z. B. der Gen. Dir. der Flugzeugwerke, Herr Markotay-Wels,[21] der die Führung der Weiss-Fabriken übernehmen musste,[22] und der Leiter der ungar. Waffenfabrik, der zu Bauxit transferiert wurde.

Was bei der Bank durchgeführt wurde, geschah ähnlich auch in ihrem Industrie-Konzern, der rund 50% der ungar. Industrie umfasst. Es gibt kaum irgendwo einen Abteilungsleiter, das jurist. Büro ist vollständig verwaist, die mit der Agenda vertrauten Rechtsanwälte der Bank waren jüdisch, es ist kein Steuerjurist mehr vorhanden, die Industrieabteilung ist außer Stande, Bilanzprüfungen durchzuführen etc. etc. Die Personalschwierigkeiten stehen absolut an erster Stelle in der gesamten ungar. Wirtschaft im allgemeinen und bei der Creditbank im besonderen und es müsste mindestens jetzt das eine erreicht werden, daß die wenigen noch bei der Bank arbeitenden jüd. Kräfte noch ein paar Monate in ihren Stellungen verbleiben können und daß nicht noch weiter arischer Nachwuchs oder arische führende Männer der Bank entzogen werden. Eine wirkliche Bereinigung der Situation kann nur dann erfolgen, wenn neues Personal zur Verfügung gestellt wird. Hierfür gibt es wohl nur einen Weg, und der ist die Durchführung von Fusionen sowohl im Banken- als auch im Industriesektor.

Es ist klar, daß die Creditbank ein Instrument ist, welches auf die geschilderten Ereignisse empfindlicher reagiert als alle anderen Banken, da sie den weitaus bedeutendsten Industriekonzern ihr eigen nennt. Wenn auch die Konzernunternehmungen zum überwiegenden Teile dzt. nicht debitorisch sind, so stecken bedeutende Risiken immerhin in den großen, zum guten Teil von der Bank garantierten Vorschüssen von seiten der Besteller, mit welchen Mitteln diese Industrien arbeiten. Allein ein Obligo wie das bei Ganz & Co.[23] erfordert genaueste Kontrolle, und das Lockerlassen der Zügel beinhaltet Gefahren, die nicht übersehen werden dürfen.

21 Richtig: Jenő Markotay-Vels (*1894), Maschinenbauingenieur; von Mitte der 1930er-Jahre Generaldirektor der Maschinenfabrik der Ungarischen Königlichen Staatsbahnen (MÁVAG); von Mai 1944 an Leiter des Manfréd-Weiss-Konzerns.

22 Zur Enteignung der Manfréd-Weiss-Werke siehe Dok. 173 vom 17.5.1944 und Dok. 228 vom 30.6.1944.

23 Das Unternehmen Ganz & Co. wurde 1844 als Ganz & Cie von Ábrahám Ganz in Budapest gegründet. Während des Zweiten Weltkriegs war es in der Produktion von Rüstungsgütern tätig und belieferte neben der ungar. Armee auch die deutsche Wehrmacht.

Präs. *Fabinyi*[24] und die Leitung der Bank stehen demnach Aufgaben gegenüber, die außerordentlich schwierig zu bewältigen sind. Es ist der dringende Wunsch der Herren, mit denen ich gesprochen habe, daß seitens der Dresdner Bank alles mögliche getan wird, um die Leitung der Bank zu unterstützen. Fabinyis Position ist nicht genügend stark (er, der immer Rechtspolitiker gewesen ist, hatte in den letzten Monaten etwas Wasser in seinen Wein gegossen), um sich in allen Belangen durchsetzen zu können, und das, was derzeit fehlt, ist ein entscheidendes Eintreten vorerst einmal bei den maßgebenden deutschen Stellen in Ungarn zugunsten der Bank. Es wäre außerordentlich zu begrüßen, wenn Herr Dr. Rasche[25] sobald als möglich nach Ungarn kommen und mit dem Gewichte seiner Person insbesondere bei Herrn *Boden* für die UAC eintreten würde. Herr Dr. Rasche könnte sich zweckmäßigerweise vorerst außerhalb der Bank durch Besprechungen mit Boden, Englert, Markotay-Wels u. a. sein Urteil bilden und das Bild sodann in der Bank selbst bei Fabinyi und Biro abrunden und sodann jene Schritte unternehmen, die geeignet sind, die personellen Schwierigkeiten zu mildern oder zum mindesten zu verhindern, daß neue Anforderungen an die Bank gestellt werden. Neue personelle Schwierigkeiten können entstehen aus Einberufungen und ferner aus der Erfassung von Mischlingen und jüdisch verheirateten Angestellten der Bank.

Erfreulich bei der Creditbank ist die liquiditätsmäßige Entwicklung der letzten Wochen. An den beiden dem Einmarsche folgenden Tagen wurden rund 100 000 000,– Pengö bei der UAC abgehoben und anstandslos ausgezahlt. Während die meisten anderen Banken an diesen Tagen ihre Kassenschalter vorzeitig schlossen, hat die UAC die normalen Kassenstunden bis 3 Uhr nachm. durchgehalten und alle Ansprüche zum größten Teil aus eigenen flüssigen Mitteln befriedigt. Seiher sind Pengö 106 000 000,– wieder zur Bank zurückgeflossen, so daß der Creditorenstand wieder normal ist. Lediglich bei Sparbüchern fehlen noch ca. 20 000 000,–, und dies deshalb, da die Anonymität der Büchel[26] von Gesetz wegen aufgehoben wurde, sodaß diese Büchel einen Teil ihrer Anziehungskraft verloren haben.

Erfreulich ist ferner das geringe jüdische Obligo der Bank. In Budapest, wo die Bank das kleine Platzgeschäft wenig gepflegt hatte, beträgt es lediglich 6 000 000,– Pengö, in der Provinz bei Filialen und Affiliationen [...][27] 20 000 000,– Pengö.

Erfreulich ist schließlich, daß der Industriekonzern der Bank bisher durch die Bombardierungen sehr wenig gelitten hat. Die Gesamtschäden der Bank bzw. des Konzernes belaufen sich bisher auf Pengö 2 000 000,–, während z. B. allein bei der Waggonfabrik Györ (Raab) die geschätzte Schadensumme 190 000 000,– beträgt. Györ ist zum größten Teil zerstört (die Fabrik) und gehört nicht zum Konzern der UAC.

24 Dr. Tihamér Fabinyi (1890–1953), Jurist; 1917–1920 Beamter im Justizministerium, 1921–1931 Rechtsverwalter der Ganz-Danubius Fabrik; 1931–1938 Parlamentsabgeordneter; 1932–1935 Handelsminister, 1935–1938 Finanzminister; von 1938 an Mitglied des Oberhauses, 1938–1944 Vizepräsident der Ungarischen Allgemeinen Creditbank; Sept. 1944 Emigration in die Schweiz, anschließend in die USA.

25 Dr. Karl Rasche (1892–1951), Jurist; von 1935 an ordentliches Vorstandsmitglied der Dresdner Bank; 1947 im Wilhelmstraßen-Prozess angeklagt, 1949 zu sieben Jahren Haft verurteilt, 1950 vorzeitig aus der Haft entlassen.

26 Gemeint sind die Sparbücher.

27 Wort unleserlich. Eventuell: ca.

III. Transkarpathia
Dieses Unternehmen, welches offenbar schon früher der Reichsgruppe Handel nicht recht gepaßt hat, wird liquidiert. Es laufen derzeit noch zwei große Geschäfte, deren Abwicklung mindestens 1 Jahr in Anspruch nehmen wird. Einmal handelt es sich um eine Kompensation von Holz gegen Textilien im Werte von RM 6 300 000,– und weiteres um ein Geschäft von ungar. Eisen, Chemikalien und Spirituosen gegen Schrott. Beide Geschäfte laufen über die Dresdner Bank. Neue Geschäfte werden nicht mehr entriert, und Gen. Kons. Krause leitet die Abwicklung der alten neben seiner neuen Tätigkeit als Leiter der Generalbank.
Die ungarisch-türkischen Kompensationsgeschäfte scheinen auch weiterhin recht lebhaft zu sein. Die bestehenden Transportschwierigkeiten treten nicht so stark in Erscheinung wie bei Geschäften mit der Slowakei, da seitens der M. A. V.[28] (Bahn) 90 Waggons für diese Geschäfte ständig zur Verfügung gestellt sind und zwischen [der] Türkei und Ungarn pendeln.

DOK. 182
Der Bürgermeister von Miskolc verfügt am 24. Mai 1944, dass die zum Lebensmitteleinkauf berechtigten Personen das Getto wochentags zwischen zehn und halb zwölf verlassen dürfen[1]

Schreiben des Bürgermeisters der Stadt Miskolc,[2] 20 706/1944, gez. unleserlich, an den Judenrat, die Polizei, das Stadtgericht, die Sicherheitspolizei[3] und an die Tageszeitung Magyar Élet vom 24.5.1944[4]

Betreff: Versorgung der im Getto separierten Juden mit Lebensmitteln
Beschluss
Die Versorgung der im Getto im Stadtgebiet von Miskolc untergebrachten Juden[5] wird den Anordnungen entsprechend durch den Judenrat umgesetzt.[6]
Hiermit ordne ich an, dass alles, was dem separierten Judentum gegen Vorlage von [Lebensmittel-]Karten auszuhändigen ist, sowie sonstige allernotwendigste Lebensmittel innerhalb des Gettos und außerhalb im Stadtgebiet nur werktags zwischen 10:00 und 11:30 Uhr besorgt werden kann. Auf Märkten und in Lebensmittelgeschäften innerhalb des Gettos können [Lebensmittel] von jedermann, im Stadtgebiet außerhalb des Gettos höchstens von 25 vom Judenrat bestimmten Personen beschafft werden.
Milch, Milchprodukte und Konserven dürfen von Juden nicht gekauft werden.

28 Magyar Államvasutak: Ungarische Staatsbahnen.

1 MNL BAZML, IV. 1906. Miskolc Város Polgármesteri Hivatalának iratai 20 706/1944. Das Dokument wurde aus dem Ungarischen übersetzt.
2 Dr. Béla Honti (1905–1987), Jurist; Juni 1943 bis Aug. 1945 stellv. Bürgermeister von Miskolc, zwischen Mai und Aug. 1944 übernahm er die Aufgaben des Bürgermeisters.
3 Gemeint ist die deutsche Sicherheitspolizei.
4 Im Original handschriftl. Anmerkung „Sofort" sowie Eingangsstempel vom Amt des Bürgermeisters vom 24.5.1944.
5 Die Einrichtung des Gettos begann am 11.5.1944.
6 An der Spitze des Judenrats in Miskolc standen Mór Feldmann und Elemér Banet.

Falls der Judenrat, seine Organe oder andere jüdische Personen meiner obigen Anordnung zuwiderhandeln, werde ich hinsichtlich der Beschaffung von Lebensmitteln strenge Einschränkungen verfügen.
Ich setze die königlich ungarische Polizeidirektion in Miskolc entsprechend in Kenntnis und ersuche, entsprechende Maßnahmen zur Durchführung der in ihren Kompetenzbereich fallenden Kontrollen zu treffen.

DOK. 183
Margit Molnár befürchtet am 24. Mai 1944, das Getto in Rákoscsaba könnte in ihrem Stadtteil errichtet werden[1]

Handschriftl. Tagebuch von Margit Molnár,[2] Eintrag vom 24.5.1944[3]

Die Tage vergehen schnell. Morgen ist Pfingstsonntag. Ich bin natürlich zu Hause [geblieben] und natürlich nicht in die [Fabrik] Gamma gegangen. Mutti hat mich nicht gelassen, und ehrlich gesagt habe ich selbst auch wenig Lust, jeden Tag bis 6 Uhr in diesem miesen Büro zu sitzen. Es ist ja mein letzter Sommer. Wenn ich die Reifeprüfung bestehe, werde ich im nächsten Sommer suchen und herumrennen müssen – wenn ich noch lebe.
Die Engländer sind in letzter Zeit nicht [mehr] mit ihren Bomben aufgetaucht, obwohl es öfters Einflüge gibt. Letztens sind wir nachts von einem grausamen Geschützfeuer geweckt worden. Es gab keinen Alarm, weil es bloß Störflugzeuge waren. In Pest waren trotzdem fast alle in den Luftschutzkellern.
Es gibt keine Neuigkeiten. Am Sonntag hatten wir Kirchweih. Wir haben viel gekauft. Vati[4] und mein Onkel sind nach Mbesnyő[5] gegangen, und als sie zurückgekehrt sind, sahen sie aus wie zwei nasse Katzen. Zwischen Gödöllő und Besnyő hat sie ein Regenschauer erwischt, und man hat ihre Kleider dann natürlich in die Putzerei geben müssen. Der Hut meines Bruders war völlig durchnässt, und hätte er keine Ohren, wäre er auf seinen Nacken gerutscht. Sie haben viele Souvenirs mitgebracht. Auch bei uns hat es ein furchtbares Gewitter gegeben. Es hat sogar gehagelt.
Der Garten ist wunderschön. Die Spiersträucher blühen gerade. Der ganze Zaun ist so schön, dass er sogar von Fremden fotografiert wurde. Alles ist grün, die Kirsche bekommt Laub, die Marillen sind richtig groß. Wie schön der Frühling doch ist. Gerade beginnt die Akazie zu blühen. Vati hat im Amt eine Gratifikation bekommen, ein paar Hundert Pengő, und er hat auch Mutti[6] ein Paar 100 Pengő gegeben. (Gott sei Dank stehen wir derzeit finanziell gut da.) Gestern sind wir zu dritt nach Pest gefahren und

1 Original in Privatbesitz von Gergely Kunt. Das Dokument wurde aus dem Ungarischen übersetzt.
2 Margit Molnár (1927–2001), Kindergärtnerin; wuchs in einer religiösen römisch-katholischen Familie auf.
3 Margit Molnár führte ihr Tagebuch zwischen 1940 und 1949. Kurz vor ihrem Tod schnitt sie einzelne Blätter und Zeilen aus ihren Aufzeichnungen heraus. Die Namen der im Tagebuch erwähnten Personen wurden auf Wunsch der Familie anonymisiert.
4 Gyula Molnár (*1900); technischer Inspekteur bei den Städtischen Elektrizitätswerken.
5 Gemeint ist der römisch-katholische Wallfahrtsort Máriabesnyő.
6 Frau Gyula Molnár (*1902), Hausfrau.

waren schon um 8 Uhr wieder zu Hause. Ach, Pest war so seltsam. Die Stadt ist so anders als noch vor einigen Jahren. Diese Unmenge von gelben Sternen – fast schon ekelhaft. Man sieht kaum etwas anderes als gelbe Sterne. Es gibt ihrer so viele wie am Himmel. Und auch ungemein viele Geschäfte sind geschlossen, alle gehören Juden. Die Häuser sind vollgeklebt mit Plakaten. Sie sind alle schrecklich. Besonders eines davon. Darauf ist ein Mädchen mit einer weißen Haube abgebildet, das Gesicht vor Schmerz verzerrt, Tränen in den Augen, wie sie mit einer Hand ihr zerfetztes und blutendes Ärmchen hält. Neben ihr liegt eine Stoffpuppe, in der eine mit Ekrasit[7] gefüllte Bombe versteckt wurde. Die Aufschrift lautet: „Bin ich auch ein Kriegsziel?" Mutti hat sogar das Gesicht abgewandt, so schmerzhaft war das Bild. Als wir zu Hause angekommen waren, haben wir sofort gegessen; die Wohnung war sehr seltsam und unfreundlich. Kahl und dunkel. Ach. Ich hätte es nicht gern, wenn ich zu Hause [in Budapest] wohnen müsste. Egal wie beengt es hier [in Rákoscsaba] auch ist, das Zimmer ist zumindest hell, und wir haben den schönen Garten usw.[8] Pest und auch unsere Wohnung sind so widerwärtig, dass man es kaum glauben kann. Ach, wenn irgendwann einmal der Krieg vorbei ist – ? –, werden wir in eine wunderschöne Wohnung ziehen, denn die jetzige ist widerwärtig. Der Platz reicht kaum aus, und immer brennt das Licht. Obwohl wir nun schon sieben Jahre dort wohnen. Wir haben mit Frau Valkó[9] gesprochen. Als wir sie gebeten haben, uns ihre Wohnung zu geben, zu tauschen, weil sie bei ihr in der riesengroßen Dreizimmerwohnung nur zu dritt wohnen (Juden), hat sie empört geantwortet, dass jede Person unbedingt ein Zimmer benötige. (Wir wohnen in zwei engen Zimmern zu viert.) Und nun? Weißt du, was passiert ist? Es gibt nun drei Namensschilder an ihrer Tür. Drei Familien wohnen in ihrer Wohnung.[10] Es ist gut so, sehr gut. Aber man soll den Tag nicht vor dem Abend loben. Und auch die Tanácsos. Wie sich jetzt herausgestellt hat, sind sie Juden. Auch sie haben wir gebeten, die Wohnung zu tauschen, sie brauchen keine so große Wohnung, aber sie wollten natürlich nicht. Jetzt hat man ihnen die Wohnung weggenommen, ein Bombengeschädigter wohnt nun dort, und die sieben [aus der Familie] müssen sich jetzt mit einer engen Einzimmerwohnung in der Király-Straße begnügen. Man soll den Tag nicht vor dem Abend loben.

Schon um 9 haben wir begonnen, Einkäufe zu machen. Insgeheim hatten wir natürlich große Angst vor einem Luftalarm, aber den Tag haben wir, Gott sei Dank, ohne ihn überstanden. Es war nur ein bisschen regnerisch. Für Judit[11] haben wir bei Nagykovácsi zwei Kleider gekauft, eins aus Grenadine[12] (108 Pengő) und ein Stoffkleid (130 Pengő). Judit hat überhaupt keine Kleider mehr, deshalb haben wir ihr welche gekauft. Ihr ist

7 Ekrasit ist eine Art Sprengstoff auf der Basis von Pikrinsäure.

8 1936 zog die Familie aus Rákoscsaba in eine Wohnung im VIII. Budapester Bezirk. Wegen der Bombardierungen kehrten Margit und ihre Schwester Judit zusammen mit ihrer Mutter erneut in das Haus in Rákoscsaba zurück, das sie zuvor als Wochenendhaus genutzt hatten.

9 Die Familie Valkó besaß eine Drogerie und wohnte von 1936 an im gleichen Stock wie die Familie Molnár.

10 Vermutlich handelte es sich dabei um andere Familienangehörige oder um Personen, die ihre Wohnungen verlassen bzw. freimachen mussten und bei jüdischen Familien oder Einzelpersonen einquartiert wurden.

11 Judit Molnár (*1934), Statistikerin; Schwester von Margit Molnár, besuchte die bürgerliche Mädchenschule des Heiligen-Margit-Instituts; nach dem Krieg Besuch des Volkswirtschaftstechnikums, von 1956 an als Statistikerin tätig.

12 Gemeint ist ein Stoff aus Seide.

alles zu klein geworden, sie ist nun fast so groß wie ich und so pummelig, dass man es kaum glauben kann, und sie ist sehr schön, diese Spitzbübin. Hat zarte schöne Haut, helle blaue Augen, blonde Haare, ein Stupsnäschen. Ich beneide sie fast. Eine Spitzbübin. Sie hat auch Schuhe (30 P[engő]) und einen Hut (36 Pengő) bekommen. Nun ist sie glücklich. Mutti hat sich ein dunkelblaues Complet aus Georgette (109 P[engő]) und Handschuhe (50 P[engő]) gekauft. Es gab gerade nur zwei Kleider, die Judit gepasst haben. Man bekommt sonst nichts. Aber sie [die Kleidchen] sind sehr nett. Um 12 Uhr sind wir zu Sipos gegangen und haben dort „Mittag gegessen". Sechs Stück Kuchen pro Person. Zu Hause haben wir ein wenig geputzt und sind zu Tante Maca hinaufgegangen. Sie war sehr froh, uns zu sehen, hat uns Kuchen angeboten und eine Menge Bücher zum Lesen gegeben (Jókai, Gereben Vas, Kosztolányi). Onkel Béla ist ein ungemein gebildeter Mensch, er ist sorgfältig und passt sehr auf seine Bücher auf, es ist eine Ehre, von ihm welche ausgeliehen zu bekommen. Tante Maca hat erzählt, dass Onkel Béla während eines Bombenangriffs nicht in den Keller gegangen sei, weil er sich schlecht gefühlt hat. Die Wände hätten aber so gewackelt und alles habe so gedröhnt, dass er geglaubt habe, das Haus stürze über seinem Kopf gleich ein. Wir sind um 5 Uhr 25 mit dem Zug nach Hause gefahren, genauer: gekommen. In der Nähe des Ostbahnhofs habe ich das Haus gesehen, das neulich von einer Bombe getroffen worden ist. Es sieht wirklich schlimm aus. Als wir zu Hause angekommen sind, war ich sehr froh; ich mag nicht in dieser hässlichen, staubigen, lauten und grauen Stadt sein, wenn die Sonne scheint, die Blumen blühen und die Akazie duftet. Die in Pest wissen gar nicht, dass es Frühling ist. Sie kleiden sich widerlich elegant, stolzieren über den Ring und kaufen sich einen kleinen Maiglöckchenstrauß für 4 P[engő]. Wir haben Tante Maca auch einen gekauft. Ach, wie sich die Blumenverkäuferin beklagt hat, dass es an Blumen mangelt und dass sie deshalb so teuer sind. Ich habe sie beinahe ausgelacht. Sie soll sich doch die Straßen in [Rákos]Csaba ansehen, jeder Kleingarten ist voller Blumen, übervoll.

Ach. Letzte Woche gab es einen großen Schrecken. Die Zeitung hat berichtet, dass das Getto des Kreises Gödöllő in Rákoscsaba eingerichtet werden soll. Wir haben natürlich gerätselt, wo, in welchem Ortsteil. Es kursierte, dass es hier, in der Ilona-Siedlung, eingerichtet werde. Auch unsere Straße ist Teil davon. Nun können wir unsere Zelte hier abbrechen und den Platz räumen. Wir müssen unser schönes Häuschen den Juden schenken, und vielleicht bekommen wir gar kein anderes als Ersatz. Alle waren verbittert, und man hat entschieden, das Haus lieber in Brand zu stecken als es herzugeben. Gott sei Dank wird es [das Getto] nun doch nicht hier, sondern in der neuen Siedlung eingerichtet, und neulich hieß es, dass drei Straßen weiter auch Juden wohnen werden.[13] Sie werden sicher wegen der Engländer so verstreut [untergebracht].[14] Ich bemitleide alle, die ihr Haus verlassen müssen, das sie mit Müh und Not aufgebaut haben und das ihnen ans Herz gewachsen ist. Heute haben wir die Juden ums Eck gesehen, wie sie

13 In Rákoscsaba wurden die Juden der Kreise Gödöllő und Aszód in der sog. Marton-Zigeunersiedlung untergebracht. Die allgemeinen Lebensbedingungen im Getto waren sehr schlecht. In einem Zimmer wohnten zehn bis zwölf Personen. Die Gettobewohner wurden vermutlich Anfang Juni über das Sammellager Hatvan nach Auschwitz deportiert.

14 Margit Molnár spielt hier auf das Vorurteil an, die alliierten Bombardierungen beträfen ausschließlich nichtjüdische Stadtteile. Diese Gerüchte dienten den ungar. Behörden in manchen Städten als Argument dafür, keine geschlossenen Gettos zu errichten.

umgezogen sind. Die Menschen sind in Gruppen vorangegangen, die Wagen hinterhergefahren. Irgendwie war es ein trauriger Anblick. Nicht dass ich die Juden bemitleiden würde, aber irgendwie war es doch seltsam. Wir hoffen, dass uns die Flugbanditen das Pfingstfest nicht verderben, wie es schon an Ostern geschehen ist.

DOK. 184
Die Ärztin Mária Mádi berichtet am 25. und 26. Mai 1944 über Todesfälle in den Deportationszügen[1]

Handschriftl. Tagebuch von Mária Mádi,[2] Einträge vom 25. und 26.5.1944[3]

Donnerstag, 25. Mai
Es gibt mehrere Pressemeldungen, bei denen es sich lohnt, sie für kommende Zeiten festzuhalten.[4] Die erstere handelt von Cassino, in der zweiten wird ausführlich von einem Deportationszug von Juden berichtet, die für einen Transport von Nagykanizsa an die deutsche Grenze vorgesehen waren.[5]
Wie ich erfahren habe, hat die vatikanische Gesandtschaft bei Innenminister Jaross wegen der Deportationen interveniert.[6] Jaross hat diese schlicht geleugnet. Der Zug von Nagykanizsa war kurz nach diesem Vorfall bereits auf dem Weg zur deutschen Grenze, wurde jedoch zurückgeordert, und es scheint, als seien die Güterwagen während der damit verbundenen Wartezeit (einige Tage) versiegelt und die dort eingesperrten Menschen nicht mit Lebensmitteln und Wasser versorgt worden, so dass es vermutlich zu Todesfällen kam.
Heute erhielt ich die Geburtsurkunde von deinem Großvater Heufner. Nach den Sprechstunden war ich bei Erzsike, danach kurz bei Mamuci, danach bei Székely, der früheren

1 USHMM, 2013.264.1. Das Dokument wurde aus dem Englischen übersetzt.
2 Mária Louise Kiss Mádi (1898–1970), Radiologin; Studium in Großbritannien und in Budapest, Angestellte im Krankenhaus der Landesanstalt für Sozialversicherung (OTI); Ende 1946 Emigration in die USA, dort als Psychiaterin tätig; 2015 von der Gedenkstätte Yad Vashem als Gerechte unter den Völkern geehrt.
3 Mária Mádi begann ihr Tagebuch im Dez. 1941 nach dem Eintritt der USA in den Krieg und adressierte es an ihre Tochter Hilda, die seit April 1941 in den USA lebte. Zu den Tagebuchaufzeichnungen fügte sie in den 1960er-Jahren sprachliche Korrekturen sowie erklärende und kommentierende Anmerkungen hinzu. Da für Mária Mádi Englisch keine Muttersprache war, enthält das Tagebuch an manchen Stellen sprachliche Unklarheiten.
4 Die beiden erwähnten Zeitungsartikel sind im Tagebuch eingeklebt. Der aus Berlin stammende Bericht in der Tageszeitung Új Nemzedék (Neue Generation) vom 24.5.1944 gibt die gegenseitigen Schuldzuweisungen zwischen Deutschland und den USA bezüglich der Bombardierung des Benediktinerklosters von Monte Cassino wieder. Der vermutlich aus der gleichen Nummer der Zeitung stammende zweite Bericht erwähnt drei Todesfälle von Frauen zwischen 90 und 104 Jahren, die in einem Deportationszug bei einem langen Aufenthalt in der westungar. Stadt Szombathely ums Leben gekommen sind. In einer am 30.3.1969 in Bleistift eingefügten Anmerkung heißt es: „Laut Houston Post wurde der 64-jährige Hermann Krumey (ehemaliger Oberstleutnant) jetzt [Wort zweimal unterstrichen] für die Ermordung von 300 000 ungarischen Juden zu lebenslanger Haft verurteilt."
5 Ein erster Transport hatte Nagykanizsa bereits Ende April oder Anfang Mai Richtung Auschwitz verlassen. Am 17. oder 18. Mai folgte ein weiterer Transport. Die Waggons hielten in Szombathely, wo die Toten begraben wurden. Der Zug erreichte am 24.5.1944 Auschwitz.
6 Siehe Dok. 170 vom 15.5.1944.

Lebenspartnerin von Onkel Ervin. Von ihm habe ich erfahren, dass die Gestapo ihn [deinen Großvater], [wäre er nicht vorher gestorben], einige Tage später verhaften wollte. Es war ein Segen, dass er diese Gräuel nicht mehr erleben musste.

Freitag, 26. Mai
Lebhafter Luftverkehr der Deutschen über unseren Köpfen. Seit 6 Uhr früh wieder der unaufhörliche Lärm massiver Flugbewegungen. Es ist doch ermutigend, von den deutschen Kommentatoren jeden Tag zu hören, dass sie keine weiteren Truppen nach Italien schicken müssen. Es scheint, als sei nirgendwo mehr viel von ihnen übrig. Die Offensive der Alliierten in Italien ist also wohl doch erfolgreich verlaufen.
Die Situation der Juden wird von Tag zu Tag prekärer. Sie werden mit Ausnahme von Budapest überall im Land in Gettos zusammengetrieben und müssen dort unter unglaublich beengten Verhältnissen leben – 2 m^2 pro Person. Viele Gettos, insbesondere im Nordosten des Landes, sind inzwischen geräumt und ihre Bewohner deportiert worden. Soviel wir wissen, passieren die Deportationszüge die deutsche Grenze, fahren danach aber nicht weiter. Deutschland benötigt keine weiteren „Arbeitskräfte“,[7] da nach den Luftangriffen auf die Industriegebiete ohnehin Abertausende ohne Arbeit sind. Das alles führt dazu, dass selbst die bürgerlichsten Juden beginnen, die Engländer zu hassen (vermutlich auch die Amerikaner, aber aus Taktgefühl würden sie das mir gegenüber nicht äußern), weil sie ihnen vorwerfen, dass keinerlei Hilfe von ihnen komme. Dagegen steigen die Sympathien für die Russen.
Dieselbe Nacht. Ich musste mir heute meine Heiratsurkunde von den Franziskanern (Kapuzinern) abholen. Es ist schwer, in diesen Tagen all diese Dokumente zusammenzubekommen, um zu beweisen, dass man kein Jude ist. Mir macht dieses Vergnügen nichts aus, denn es trägt zumindest dazu bei, über eine illustre Sammlung von Familiendokumenten zu verfügen. Nach meinen Sprechzeiten hatte ich ein Gespräch mit Bö.[8] Ich musste sie aufmuntern und hatte hoffentlich Erfolg damit. Die Menschen hier sind wie die Affen in Kiplings „Dschungelbuch“, wo sie sich zuerst von Kaa[9] hypnotisieren lassen, bevor sie allesamt von ihr verschlungen werden.
22.15 Uhr. Meine Nachbarin klingelt an der Tür und fragt, ob Maria Pató bei mir sei. Der Hausmeister habe ihr gesagt, sie sei wahrscheinlich hier zu finden. Sie ist nicht hier, aber es ist eine Unverschämtheit, Menschen auf diese Weise zu belästigen.
Vor einigen Tagen hörte ich Neuigkeiten von Kertay,[10] den du noch aus der Zeit von Maort[11] kennst. Er ist Jude und aus Kanizsa geflohen, bevor sie ihn ins Getto sperren

7 Ergänzung in Bleistift am Seitenende: „Eine weitere Lüge. Es gab einen großen Mangel an Arbeitskräften (1945).“
8 Erzsébet (Bözsi) Tárnoky; mit Hilfe von Mária Mádis persönlichen Dokumenten konnte „Bö“ Tárnoky in einem geschützten Haus, das Mádi auch regelmäßig aufsuchte, nach der Gettoisierung in Budapest Unterschlupf finden.
9 Die Schlange Kaa im Roman „Das Dschungelbuch“ besitzt die Fähigkeit, ihre Opfer zu hypnotisieren und sie auf diese Weise wehrlos zu machen.
10 György Kertay (1912–1968), Geologe; konnte nach Kriegsende in seine Firma zurückkehren.
11 MAORT: Magyar-Amerikai Olajipari Részvénytársaság (Ungarisch-Amerikanische Ölindustrie-AG). Die Firma mit Sitz in Nagykanizsa betrieb von 1938 bis zu ihrer mit einem Schauprozess eingeleiteten Verstaatlichung 1949 industrielle Erdölgewinnung in Südwestungarn.

konnten.[12] Derzeit arbeitet er in Budapest. Da ihr Amerikaner ihn alle kennt, nehme ich an, dass Dr. Papp[13] ihn nicht zurückschicken wird, aber ich weiß nicht, ob er etwas für ihn tun kann, wenn es mit der Getto-Angelegenheit in Budapest losgeht (mit den neuen Anordnungen wird jeden Tag gerechnet).[14]

Laut BBC-Nachricht von heute Abend wird Rom noch vor dem Weißen Sonntag[15] eingenommen sein, so dass der Papst endlich im Radio sprechen kann, was ihm die Deutschen bisher auf eine eher rüde Art verwehrt haben.[16] Aber wenn die Alliierten ähnlich langsam vorwärtskommen (im September 1943 Beginn der Invasion von Italien – Mai 1944 Einnahme von Rom), können wir noch weitere 20 Jahre warten, und ich sollte besser Barbaras[17] Angoramantel auf deine Größe zuschneiden.

DOK. 185

Repräsentanten der ungarischen Juden bitten am 26. Mai 1944 Innenminister Jaross, die Deportationen aus den annektierten Gebieten einzustellen[1]

Schreiben des Provisorischen Exekutivausschusses des Verbands der Juden in Ungarn, Unterschrift unleserlich, VII., Budapest, Síp-Straße 12, an Innenminister Andor Jaross vom 26.5.1944[2]

Hochwohlgeborener kgl. ungar. Herr Innenminister!

Gnädiger Herr!

Wir, der Provisorische Exekutivausschuss [des Verbands] der Juden in Ungarn als derzeitiges gesetzliches Vertretungsorgan der ungarischen Juden,[3] erlauben uns, uns mit der nachstehenden demütigen Bitte an Euer Hochwohlgeboren zu wenden:

12 Gemeint ist die Stadt Nagykanizsa, in der die Gettoisierung am 26.4.1944 begann.

13 Dr. Simon Papp (1886–1970), Geologe; von 1909 an Hochschullehrer, 1919 Auftrag für die geologische Erforschung von Gebieten in Südwestungarn, 1937 Mitbegründer und leitender Geologe der MAORT, 1944 deren Generaldirektor; 1948 vom ungar. Volksgericht in einem Schauprozess verurteilt, 1955 freigelassen.

14 In der Hauptstadt Budapest wurde zunächst kein geschlossenes Getto errichtet. Stattdessen wurde die jüdische Bevölkerung von Mitte Juni 1944 an in Häusern, die mit einem gelben Stern gekennzeichnet wurden, über das gesamte Stadtgebiet verstreut untergebracht.

15 Der Weiße Sonntag ist der erste Sonntag nach dem Ostersonntag.

16 Die Deutschen verhinderten nach ihrer Machtübernahme in Italien im Sept. 1943, dass sich Papst Pius XII. öffentlich äußerte.

17 Barbara Blankinship, geb. Walton (*1941), Enkeltochter von Mária Mádi.

1 MNL OL, K 557 1944-V/26. Das Dokument wurde aus dem Ungarischen übersetzt.

2 Im Original handschriftl. Unterstreichungen und Stempel des Provisorischen Exekutivausschusses des Verbands der Juden in Ungarn sowie Vermerke in unterschiedlichen Handschriften und Farben „Erledigt! Bp. 2.7.1944“, „T. heute“, „Herr Staatssekretär Endre“, „Ich habe den Judenrat über 21 für 2 Uhr zu mir bestellt. Im Auftrag des Herrn Ministers habe ich ihnen nun vertrauliche Dinge erklärt.“, „Treffe Vorkehrungen, damit sie nachher zu Dir kommen, und teile ihnen mit, dass der Grund für die Entleerungen der östlichen Gebiete die Nähe zur Kampfzone und die Vielzahl der Sabotage sowie Spionage ist. Diese [die dort lebenden] Juden sind nicht assimiliert. Viele von ihnen sind eingesickert, daher ist ihre provisorische Entfernung oder ihre Ausreise nach Amerika auch im Interesse des heimischen braven Judentums. Benehmen sich die Übrigen gut, werden die Abtransporte beendet werden. 1.6.[1944]. Endre“.

Wir möchten Sie zunächst auf unser am 18. dieses Monats an Euer Hochwohlgeboren gerichtetes Telegramm verweisen[4] und mit allem Respekt darüber informieren, dass die Juden, die am 19. März und in den darauffolgenden Tagen des Jahres 1944 an den Bahnhöfen bzw. an den Zollschranken in Gewahrsam genommen worden sind – Ankömmlinge in Budapest oder solche, die zurück aufs Land wollten bzw. diejenigen, die die Zollschranken an der Peripherie von Budapest passieren wollten –, in das Internierungslager nach Kistarcsa gebracht wurden. Diese etwa 2000 Personen sind vor ca. vier Wochen mit unbekanntem Ziel ins Ausland gebracht worden. Während der Deportation erfolgte jedoch eine Selektion, so dass lediglich die über 16-jährigen bzw. unter 50-jährigen Personen abtransportiert wurden. Nicht deportiert wurden die Kranken und Personen, die sich jenseits der genannten Altersgrenzen befanden.
Die Tatsache, dass nur Personen, die sich im arbeitsfähigen Alter und in einem gesunden Allgemeinzustand befanden, deportiert wurden, erfüllt die betroffenen Angehörigen trotz ihrer großen Beunruhigung mit etwas Hoffnung. Sie gehen davon aus, dass ihre Familienmitglieder zur Verrichtung von Arbeit ins Ausland gebracht wurden.[5]
In den vergangenen Tagen wurden jedoch erneut mehrere Zehntausend Juden aus den nordöstlichen Teilen [des Landes], einschließlich des gesamten Territoriums der Komitate Abauj und Szabolcs, abtransportiert. Diese Deportationen erfolgten aus Munkács, Máramarossziget, Beregszász, Szeklence, Nyíregyháza, Kassa, Ungvár usw. und gehen mit unverminderter Geschwindigkeit weiter. Während bei dem oben erwähnten ersten Transport aus Kistarcsa lediglich die arbeitsfähigen Personen weggebracht wurden, kam es bei den mehreren Zehntausend Personen aus den genannten Städten zu keiner derartigen Auswahl mehr. Selbst sehr hochbetagte Personen über 80 Jahren wurden auf die Züge gehievt. In einer der Städte – laut unseren Informationen in Beregszász – wurden sogar zuerst die im Altersheim untergebrachten Juden zum Bahnhof gebracht. Auch Säuglinge wurden mitgenommen. Die Tatsache, dass diese *Deportationen ohne Rücksicht auf Alter, Geschlecht und Gesundheitszustand bzw. Arbeitsfähigkeit der Menschen erfolgten*, löst unter den möglicherweise noch im Land verbliebenen Angehörigen, aber auch im gesamten ungarischen Judentum höchste Besorgnis aus.
Es ist die Pflicht des hier unterzeichnenden Exekutivausschusses als derzeitigem amtierenden Vertretungsorgan des ungarischen Judentums, Euer Hochwohlgeboren diese unsere Sorge, die er [der Exekutivausschuss] in seiner ganzen schmerzlichen Tragweite auch selbst teilt, zu unterbreiten.
Im Namen Hunderttausender ungarischer Juden wenden wir uns mit der flehenden Bitte an Euer Hochwohlgeboren, dafür zu sorgen, diesen in ungewöhnlich rasantem Tempo

3 Der Verband der Juden in Ungarn wurde am 22.4.1944 mit der VO 1.520/1944 ins Leben gerufen. Bis zu dessen endgültiger Konstituierung sollte ein neunköpfiger Provisorischer Exekutivausschuss seine Aufgaben übernehmen. Seine Mitglieder – Samu Stern, Ernő Pető, Károly Wilhelm, Béla Berend, Samu Kahán-Frankl, Fülöp Freudiger, Sándor Török, József Nagy und János Gábor – wurden mit einer VO des Innenministeriums am 8.5.1944 benannt.

4 Nicht ermittelt.

5 Ende April 1944 fuhr der erste Zug aus Ungarn – aus dem Internierungslager Kistarcsa – Richtung Auschwitz ab. Am nächsten Tag folgte ein weiterer Transport aus Topolya. Etwa 2700 der 3800 Deportierten wurden sofort nach ihrer Ankunft in Auschwitz ermordet. Ein Teil der zur Zwangsarbeit selektierten Personen wurde beim Ausbau des Gleisanschlusses in das Vernichtungslager Birkenau eingesetzt.

erfolgenden Deportationen schnellstmöglich Einhalt zu gebieten, da sonst angesichts der heutigen schnellen Transportmöglichkeiten sämtlichen Juden im Nordosten Ungarns die Deportation droht.

Des Weiteren müssen wir darauf hinweisen, dass auch der Abtransport unter Bedingungen stattfindet, die für die Deportierten während des Transports ausgesprochen lebensgefährlich sind. Normalerweise werden siebzig Personen in einem Waggon zusammengepfercht, wir erhielten aber Nachricht darüber, dass die Menschen noch enger zusammengedrängt werden.

Neben dieser Überfüllung [in den Waggons] sind in der derzeitigen wärmer werdenden Wetterlage die Menschen in den versiegelten, luftleeren Waggons nicht nur ernsthaften Gesundheitsgefährdungen ausgesetzt, sondern akut in ihrem Leben bedroht. Wir weisen insbesondere noch einmal darauf hin, dass sich in den versiegelten Zügen nicht etwa nur jüngere gesunde Personen, sondern auch Greise, Kranke und Kinder vom Säuglingsalter an befinden.

Uns erreichten Informationen, dass die offenbar über größere Strecken hinweg Deportierten weder mit genügend Verpflegung noch mit ausreichend Kleidung versorgt worden sind.

Erneut wenden wir uns demütigst an Euer Hochwohlgeboren, um ihn zu bitten, diesen Deportationen schnellstmöglich ein Ende zu bereiten bzw. Sorge dafür zu tragen, dass lebensbedrohliche Überfrachtungen, mangelnde Verpflegung und fehlende medizinische Versorgung abgestellt werden. Angesichts der ohnehin schon tragischen Lage der zu unserem Wirkungsbereich gehörigen Juden sind wir von diesen katastrophalen Deportationen aufs Schmerzlichste berührt. Allein von Euer Hochwohlgeboren erhofft sich das verzweifelte ungarische Judentum, er möge sein tragisches Schicksal lindern und die derzeitigen furchtbaren Zustände beseitigen.

In Erwartung Eures Schutzes und Eures raschen und gnädigen Handelns verbleiben wir als Eure demütigen Diener

DOK. 186

Eberhard von Thadden informiert am 26. Mai 1944 das Auswärtige Amt über seinen Aufenthalt in Budapest und über die geplanten Maßnahmen gegen Juden[1]

Schreiben (Inl. II 286 g. Rs. – geheime Reichssache), gez. Thadden, Berlin, zur Kenntnisnahme an Herrn Staatssekretär,[2] Herrn U.St.S. Pol,[3] Herrn Abteilungsleiter P, Herrn Abteilungsleiter Kult Pol, Inf. XIV[4] vom 26.5.1944[5]

Hergestellt in 7 Exemplaren
Dies ist Exemplar 1

Die Judenfrage in Ungarn wird, wie ich bei meinem kurzen Aufenthalt in Budapest feststellen konnte, mit lebhafter Unterstützung der ungarischen Staatssekretäre Endre Laslo[6] und Baky im Eiltempo einer Lösung entgegengeführt. Im einzelnen ergibt sich folgendes:

1 PAAA, R 100892, Bl. 102 f. Abdruck in: ADAP, Serie E, Bd. 8 (wie Dok. 174 vom 17.5.1944, Anm. 1), Dok. 39, S. 74–77.

Die ungarische Regierung hat der Verbringung aller nach ungarischem Gesetz als Juden anzusehenden ungarischen Staatsbürger in die Ostgebiete zugestimmt. Zurückbehalten werden sollen lediglich 80 000 Juden, die unter Bewachung durch die ungarische Armee zum Arbeitseinsatz in ungarischen Rüstungsbetrieben gelangen sollen.
Die Gesamtzahl der Juden in Ungarn wird unter Zugrundelegung der ungarischen Begriffsdefinition des Juden auf 900 000 bis 1 000 000 geschätzt. Davon befinden sich etwa 350 000 in Budapest.
Man hat zunächst mit einem umfangreichen antijüdischen Gesetzgebungswerk begonnen, um die Entjudung des politischen Lebens, der Wirtschaft usw. sicherzustellen. Diese Gesetzgebungsarbeit wird laufend weiter ausgebaut.
Gleichzeitig wurde im gesamten Lande mit Ausnahme der Stadt Budapest mit der Ghettoisierung der Juden begonnen. Im wesentlichen wurden diese Maßnahmen bereits zum Abschluß gebracht. Budapest selbst wurde durch einen Polizeikordon gesichert, so daß im Rahmen des Möglichen illegale Ausreisen von Juden unterbunden werden.
Sodann wurde an der Süd- und Südostgrenze ein 30 km breiter Streifen von Juden überhaupt geräumt und mit der Konzentrierung von Juden in großen Sammellagern in den Nordostprovinzen begonnen.
Diese Konzentrierungsmaßnahmen führten zur Erfassung von rund 320 000 Juden, von denen seit 15.5. täglich 12–14 000 ins Generalgouvernement[7] zur Verladung gelangen. Bis zum 24.5. mittags waren 116 000 Juden abtransportiert.
Der einsetzende Abtransport hat unter den Juden in den übrigen Gebietsteilen Ungarns, insbesondere in Budapest, erhebliche Erregung ausgelöst. Trotz der unmittelbar bevorstehenden Radikallösung ließ man daher, wie vorstehend erwähnt, die Gesetzgebungsmaschine auf vollen Touren laufen und ließ gleichzeitig durch den Judenrat in Budapest bekanntgeben, daß sich die Maßnahmen nur auf die Juden in den Ostgebieten[8] erstreckten, die ihre jüdische Eigenart behalten hätten und nicht wie die Juden in den übrigen Gebietsteilen magyarisiert seien; das Gesetzgebungswerk zeige deutlich, daß man hinsichtlich der übrigen ungarischen Gebiete anders verfahren werde, denn sonst sei dieses Gesetzgebungswerk ja überflüssig. Ob zufolge dieser Propaganda oder aus anderem Grunde, mag dahingestellt bleiben, jedenfalls ist das Judentum in den übrigen ungarischen Gebieten bisher trotz des beginnenden Abtransports schließlich ruhig geblieben. Man rechnet jedoch allgemein bei den SS-Dienststellen mit gewissen Schwierigkeiten,

2 Gustav Adolf Steengracht von Moyland (1902–1969), Jurist; 1933 NSDAP- und SA-Eintritt; Okt. 1938 Legationssekretär im AA, 1940–1943 im Persönlichen Stab des RAM Joachim von Ribbentrop, von April 1943 an StS im AA; nach Kriegsende interniert, 1949 im Wilhelmstraßen-Prozess zu sieben Jahren Haft verurteilt, 1950 entlassen, danach Rechtsanwalt in Kleve.

3 Andor Hencke (1895–1984), Berufsdiplomat; nach zahlreichen Auslandseinsätzen im AA von April 1943 bis Mai 1945 Leiter der Politischen Abt.

4 Die Nachrichten- und Presseabt., die kulturpolitische Abt. sowie die Informationsabt. des AA.

5 Im Original handschriftl. Unterstreichungen und Notizen: „*Zunächst Inl. II.* Der Herr St.S. bittet, diese Aufzeichnung auch dem Herrn RAM vorzulegen. Weiterleitung über StS [unleserlich] erforderlich. Mirbach, 27.5.“; „anschl. uR H. Botschafter Ritter m. d.B. um Kenntnisnahme“.

6 Richtig: László Endre.

7 Tatsächlich gingen die Deportationen nach Auschwitz im Regierungsbezirk Kattowitz, nicht ins Generalgouvernement.

8 Vor allem in der Karpato-Ukraine und Nordsiebenbürgen.

sobald die Konzentrierungs- und Abtransportmaßnahmen auch in den anderen Provinzen anlaufen.
In diesen Tagen findet unter Vorsitz des ungarischen Innenministers[9] – der hiermit erstmalig sich selbst in der Judenfrage in den Vordergrund stellt nach bisheriger Zurückhaltung – eine Sitzung der Obergespane, Gendarmeriekommandeure usw. der nördlichen und nordwestlichen Provinzen statt, in denen die Verwaltungsstellen die Weisungen für die Konzentrierungsarbeit in ihren Provinzen entgegennehmen sollen.[10] Am 7.6. wird sodann mit der Konzentrierung in diesen Gebieten begonnen. Anschließend werden die gleichen Maßnahmen im Süden und Südwesten durchgeführt werden.
Mitte bis Ende Juli glaubt man dann Budapest selbst in Angriff nehmen zu können. Hierfür ist eine eintägige Großaktion vorgesehen, die unter Heranziehung starker ungarischer Gendarmeriekräfte aus der Provinz, aller Spezialeinheiten und Polizeischulen, sowie unter Benutzung aller Budapester Briefträger und Schornsteinfeger als Lotsen durchgeführt werden soll. Der gesamte Autobus- und Straßenbahnverkehr wird für diesen einen Tag eingestellt werden, um alle Verkehrsmittel für den Abtransport der Juden einsetzen zu können. Die Konzentrierung soll auf einer Donauinsel oberhalb Budapests erfolgen. Man hofft, daß genügend Kräfte zur Verfügung stehen werden, um möglichst alle Juden zu erfassen und ein Abwandern starker Teile in die Illegalität vermeiden zu können. Bis spätestens Anfang September glaubt man den Abtransport aller Juden mit Ausnahme der vorerwähnten 80 000 abgeschlossen zu haben.
Die Aussortierung der ausländischen Juden ist an sich durch Weisungen der Zentralstelle hinreichend sichergestellt.[11] Doch zeigen die örtlichen ungarischen Gendarmerieführer einen so extremen Eifer, daß sie ihre Ehre darein setzen, möglichst keine Ausländer melden zu müssen. Hezinger[12] hat im Rahmen seines von Inland II ihm erteilten Auftrages Stichproben bei den Lagern durchgeführt und eine größere Anzahl ausländischer Juden in den Lagern festgestellt und aussortieren lassen.[13] Man legt auf eine weitere Beteiligung von Dienststellen des Auswärtigen Amts in der bisher von Hezinger ausgeführten Form besonderen Wert, da man seitens der Dienststellen des Reichsführers in Nordungarn und Budapest ein besonders starkes Kontingent ausländischer Juden erwartet und Schwierigkeiten nach Möglichkeit vermeiden möchte. Aus Mangel an Arbeitskräften kann Gruppe Inland II Hezinger jedoch leider nicht in Bu-

9 Andor Jaross.

10 Gemeint ist vermutlich die Sitzung am 25.5.1944 im ungar. Innenministerium unter dem Vorsitz von StS László Baky, bei der beschlossen wurde, mit der Konzentrierung der Juden in der III. Deportationszone (Nordungarn) am 5.6. zu beginnen. Die Deportationen sollten bis zum 16.6. abgeschlossen sein.

11 Siehe Dok. 156 vom 3.5.1944.

12 Adolf Hezinger (1905–2001), Diplomat; von 1930 an Sekretär im deutschen Konsulat in Florenz; 1933 NSDAP-Eintritt, 1937–1940 Gauhauptstellenleiter der NSDAP/AO bei der Landesgruppe Italien, 1940 SS-Eintritt, SS-Hauptsturmführer; von Febr. 1944 an Referent der Gruppe Inland II im AA, von April 1944 an Referent für Judenfragen bei der deutschen Gesandtschaft in Budapest, Aug. 1944 Einziehung zur Waffen-SS; von 1957 an Konsulatssekretär beim Bonner AA.

13 Thadden entsandte Hezinger Ende April 1944 für vier Wochen nach Ungarn mit dem Auftrag, im Zusammenhang mit den antijüdischen Maßnahmen zwischen ungar. und deutschen Stellen zu vermitteln und „zur Vermeidung späterer Komplikationen" den Umgang mit jüdischen Staatsbürgern feindlicher bzw. neutraler Staaten zu überwachen.

dapest belassen. Gesandter Veesenmayer beabsichtigt, Legationsrat Grell,[14] der ihm angekündigt worden ist, mit der Weiterführung der Hezingerschen Aufgabe zu betrauen.

Der Begriff Jude ist in Ungarn etwas anders gefaßt als nach den Nürnberger Gesetzen. Mischlinge gibt es nach der ungarischen Gesetzgebung überhaupt nicht, sondern nur Juden und Nichtjuden. Von einer Schärferfassung des Judenbegriffs im Sinne der Nürnberger Gesetze ist abgesehen worden, da in diesem Falle ein erheblicher Teil des Freundeskreises von Horthy und des ungarischen Landadels in die Judenmaßnahmen einbezogen werden müßte. Dies erscheint allen deutschen Stellen in Budapest jedoch zumindest zur Zeit nicht ratsam. Dagegen ist für die sogenannten Zertifikatsjuden – d. h. solche Juden, die wegen besonderer Verdienste als Arier behandelt werden sollen – eine Überprüfung der Zertifikate angeordnet worden. Durch engste Zusammenarbeit zwischen Staatssekretär Endre Laslo, der den Vorsitz der Überprüfungskommission hat, und den Dienststellen des SD ist gewährleistet, daß ein Mißbrauch mit Zertifikaten nicht mehr vorkommen wird.

Propagandistisch unterstützt wird die Judenaktion durch die neugegründete antijüdische Zeitung „Harc", die am Sonntag, den 21.5., in einer Auflage von 50 000 Exemplaren erstmalig erschien.[15] Die in Budapest zur Verteilung gelangten Exemplare waren innerhalb einer Stunde vergriffen. Dabei wurde beobachtet, daß sterntragende Juden bis zu 30 Exemplare aufkauften. In welchem Ausmaß die Zeitung also auch an den arischen Leserkreis gelangt ist, den sie eigentlich ansprechen soll, läßt sich nicht übersehen.

Nach den bisherigen Feststellungen ist etwa 1/3 der abtransportierten Juden arbeitseinsatzfähig. Sie werden sofort nach Eintreffen im Sammellager Auschwitz auf die Dienststellen von Gauleiter Sauckel,[16] die OT usw. verteilt.[17] Von zahlreichen Organisationen sind zwecks Erfassung von jüdischen Arbeitskräften Vertreter nach Berlin entsandt worden. Die Dienststellen des Reichsführers in Budapest lassen sich jedoch auf irgendwelche Debatten nicht ein, sondern schicken alle diese Vertreter mit dem nüchternen Bescheid zurück, daß zuständig für Anforderungen sei das SS-Wirtschaftshauptamt in Berlin.[18]

14 Dr. Theodor Horst Grell (1909–1987), Jurist, Diplomat; 1928–1932 SA-Mitglied, 1929 NSDAP-, 1933 SS-Eintritt; von 1937 an Attaché des AA, von Mai 1944 an Sachbearbeiter für Judenfragen an der deutschen Gesandtschaft in Budapest; 1945 in US-amerikan. Kriegsgefangenschaft, danach arbeitete er als Rechtsanwalt.

15 Die Zeitschrift Harc (Kampf) wurde vom Ungarischen Institut für die Erforschung der Judenfrage herausgegeben.

16 Fritz Sauckel (1894–1946); von 1942 an Generalbevollmächtigter für den Arbeitseinsatz, in dieser Funktion für die Verschleppung von Millionen Zwangsarbeitern verantwortlich; im Nürnberger Prozess zum Tode verurteilt, hingerichtet.

17 Von den über 430 000 nach Auschwitz deportierten Menschen wurden 320 000 sofort nach ihrer Ankunft in den Gaskammern ermordet; siehe Einleitung, S. 64.

18 Richtig: SS-Wirtschafts-Verwaltungshauptamt. Satzbau wie im Original.

DOK. 187

Das Ungarische Rote Kreuz bittet am 27. Mai 1944 den Bürgermeister von Budapest um die Zuteilung von Schreibtischen und Schreibmaschinen aus jüdischem Besitz[1]

Brief des Zentralen Direktoriums des Ungarischen Roten Kreuzes, gez. Landesgeschäftsführer Dr. Elemér Simon,[2] VIII., Budapest, Baross-Straße 15, an den Bürgermeister von Budapest[3] vom 27.5.1944

Zum Zweck der stationären Unterbringung und Versorgung der beim feindlichen Luftangriff auf die Hauptstadt verwundeten Zivilisten hat das Ungarische Rote Kreuz in den Gemeinden Luftschutzlazarette mit insgesamt 1000 Betten eingerichtet.
Zur Ausstattung der oben genannten Lazarette benötigen wir unter anderem:
zwölf Schreibmaschinen
zwölf Schreibmaschinentische und
zwölf Behandlungs- oder Schreibtische.
Aufgrund des Warenmangels sind diese Gegenstände derzeit nicht zu beschaffen, auch nicht gegen Bezahlung von der Landwehr.
Deshalb ersuche ich Sie, hochwohlgeborener Herr, mit allem Respekt, Maßnahmen zu ergreifen, damit uns die oben genannten Einrichtungsgegenstände aus dem beschlagnahmten Mobiliar der in der Hauptstadt ansässigen Juden gegen Quittung so schnell wie möglich ausgehändigt werden können.
Im Auftrag des Präsidenten

1 BFL, IV. 1409. c. Budapest Székesfőváros Polgármesterének iratai. Polgármesteri Ügyosztályok Központi Irattára, IX–1866/1944, 1859. kisdoboz. Das Dokument wurde aus dem Ungarischen übersetzt.

2 Vitéz Dr. Elemér Simon von Csáford (1875–1954), Jurist; Mitglied des Oberhauses, 1922–1935 Obergespan des Komitats Sopron; 1921–1925 Oberverwalter, 1932–1944 Landespräsident des Ungarischen Roten Kreuzes.

3 Zu diesem Zeitpunkt hatte Budapest zwei Bürgermeister. Tibor Keledy war als Hauptbürgermeister tätig, Ákos Farkas oblag der Verwaltungsapparat. Dr. Tibor Keledy, geb. als Keil (1895–1978), Jurist; 1936–1939 Kabinettschef des Budapester Bürgermeisters Károly Szendy; von 1940 an Bürgermeister in Kolozsvár, von April 1944 an in Budapest, nach der Machtübernahme der Pfeilkreuzler Rücktritt und Emigration nach Frankreich bzw. Venezuela. Ákos Farkas (1894–1955), Jurist; 1919–1933 Sekretär des Bürgermeisters Jenő Sipőcz, von Mai 1944 an Bürgermeister von Budapest, Ende 1944 Flucht ins Ausland; 1946 vor Gericht gestellt und vom ungar. Volksgericht zu zehn Jahren Zwangsarbeit verurteilt.

DOK. 188

Der Leiter der Presseabteilung des Auswärtigen Amts regt am 27. Mai 1944 an, als Vorwand für die Deportation der Budapester Juden Sprengstofffunde zu fingieren[1]

Notiz (geheime Reichssache) des Leiters der Nachrichten- und Presseabt. im AA, gez. Dr. Schmidt,[2] Berlin, für Herrn Staatssekretär[3] (Eing. AA Inl. II, 1.6.1944) vom 27.5.1944[4]

Notiz für Herrn Staatssekretär:
(Durchschlag für Herrn Botschafter v. Rintelen)[5]

Aus einer recht guten Übersicht über die laufenden und geplanten Judenaktionen in Ungarn entnehme ich, daß im Juni eine Großaktion auf die Budapester Juden geplant ist.[6]
Die geplante Aktion wird in ihrem Ausmaß im Auslande große Beachtung finden und sicher Anlaß zu einer heftigen Reaktion bilden. Die Gegner werden schreien und von Menschenjagd usw. sprechen und unter Verwendung von Greuelberichten die eigene Stimmung und auch die Stimmung bei den Neutralen aufzuputschen versuchen. Ich möchte deshalb anregen, ob man diesen Dingen nicht vorbeugen sollte dadurch, daß man äußere Anlässe und Begründungen für die Aktion schafft, z. B. Sprengstofffunde in jüdischen Vereinshäusern und Synagogen, Sabotageorganisationen, Umsturzpläne, Überfälle auf Polizisten, Devisenschiebungen großen Stils mit dem Ziele der Untergrabung des ungarischen Währungsgefüges. Der Schlußstein unter eine solche Aktion müßte ein besonders krasser Fall sein, an den man dann die Großrazzia aufhängt.[7]

1 PAAA, R 100892, Bl. 135. Abdruck in: ADAP, Serie E, Bd. 8 (wie Dok. 174 vom 17.5.1944, Anm. 1), Dok. 42, S. 84.

2 Paul Karl Schmidt, auch Paul Carell (1911–1997), Diplomat, Journalist; 1931 NSDAP- und SA-, 1938 SS-Eintritt, 1940 Obersturmbannführer; von 1938 an LR II. Klasse in der Presse- und Nachrichtenabt. im AA, von 1940 an deren Leiter, 1940 Pressesprecher des RAM, Gesandter I. Klasse, 1941 Ministerialdirektor; 1945 verhaftet und interniert, Zeuge im Wilhelmstraßen-Prozess, freier Mitarbeiter der Zeitungen Die Zeit, Die Welt und Der Spiegel.

3 Gustav Adolf Steengracht von Moyland.

4 Im Original Notiz: „Über Leiter Presse an Inl. II." und „Der Herr St.S. bittet, vorstehende Anregungen des Gesandten Schmidt an Ges. Veesenmayer mitzuteilen und seine Stellungnahme anzufordern. Mirbach, 27.5."

5 Emil von Rintelen (1897–1981), Diplomat; von 1921 an im diplomatischen Dienst u. a. in Paris und Warschau, 1936 vortragender LR im AA, 1940 NSDAP-Eintritt, Gesandter und Ministerialdirigent in der Politischen Abt., 1941–1943 Mitglied des persönlichen Stabs des RAM; nach Kriegsende interniert, von 1948 an bei der Firma Klöckner & Co. Duisburg tätig.

6 Gemeint ist vermutlich Thaddens Aufzeichnung vom 26.5.; siehe Dok. 186 vom 26.5.1944.

7 Veesenmayer wies am 8.6.1944 den Vorschlag von Schmidt mit der Begründung ab, dass „eine propagandistische Vorbereitung der Aktion in Budapest gegenteilige Wirkung haben [würde]"; Telegramm von Veesenmayer, Nr. 1622, an das AA vom 8.6.1944; Abdruck als Faksimile in: Braham (Hrsg.), The Destruction of Hungarian Jewry (wie Dok. 76 vom 25.9.1942, Anm. 1), Dok. 172, S. 397.

DOK. 189

Béla und Eszter Bauer aus Bugyi schreiben am 28. Mai 1944 vor ihrer Deportation ihren Angehörigen in Budapest, sie fühlten sich, als ob ihre Hinrichtung bevorstehe[1]

Handschriftl. Brief von Béla[2] und Eszter Bauer[3] Bugyi, an Bözsi und Ernő Bauer[4] vom 28.5.1944

Mein teurer, einziger, guter Bruder und meine Schwägerin,
ich ergreife die letzte Gelegenheit, um Euch durch diesen braven Soldaten etwas zukommen zu lassen. So beruhigt es wenigstens meine Seele, indem ich alles in meiner Macht Stehende getan habe.
Mein Ernő, wir werden am Mittwoch um fünf Uhr abfahren,[5] [es ist,] als ob man auf den Galgen warten würde. Ernő und Bözsi, ich bitte Euch nur darum, mich, wenn Ihr könnt, nicht zu vergessen. Ich bin jetzt ein Bettler, ich besitze weder Möbel noch Haus. Wir sind heimatlos geworden, uns erwarten furchtbare Tage. Ich denke in jeder Minute an Euch und meine teure, gute Mutter. Ich habe wenig Hoffnung auf ein Wiedersehen. Es kann nur ein Zufall sein, dass der liebe Gott so viel Leid zulässt. Ich umarme die Gézas, Lili, Tomi und Dich. Kuss von Deinem unglückseligen Bruder und Deiner […][6]
Esztike[7]

DOK. 190

Eine Familie aus dem Getto Eger sorgt sich am 28. Mai 1944 um ihren Sohn nach dessen Einberufung zum Arbeitsdienst[1]

Handschriftl. Postkarte, ungez., an Dr. Viktor Harmos, V., Személynök-Straße 19, Budapest, vom 28.5.1944

Meine Süßen,
Viktors Karte vom 15. haben wir erhalten.[2] Es ist wahr, von hier geht die Post noch verzögerter ab, da noch viele Briefe bei der Zensur liegen. Gestern hatte ich einen furchtbaren Tag. […][3] und alle aus dem Jahrgang [19]25–26 wurden einberufen, und gegen

1 HDKE, 2011.9.1. Abdruck in: Heléna Huhák, Az utolsó életjelek 1944, in: Múlt-kor 2014 Tavasz, S. 72–75, hier S. 73. Das Dokument wurde aus dem Ungarischen übersetzt.
2 Béla Bauer (1890–1945); Deportation nach Auschwitz, anschließend im August nach Dachau, im April 1945 umgekommen.
3 Eszter Bauer (*1924), Schneiderin, Tochter von Béla Bauer; im Okt. 1944 als politischer Häftling über Auschwitz nach Altenburg deportiert, überlebte den Krieg.
4 Ernő Bauer (*1887), Schneider; Bruder von Béla Bauer, überlebte den Krieg in Budapest.
5 Die 46 Bewohner von Bugyi wurden am 31.5.1944 im Getto Lajosmizse zusammengefasst und über das Sammellager in Monor im Juli 1944 nach Auschwitz deportiert.
6 Ein Wort unleserlich.
7 Im Original handschriftl. Ergänzung: „Meine Bözsi, der gute Gott sei mit Dir. Ich umarme Dich, Béla."

1 USHMM, 1999.201. Das Dokument wurde aus dem Ungarischen übersetzt.
2 Nicht ermittelt.
3 Name unleserlich. Vermutlich: Gyuri.

Samstagmittag ging es nach Gomboskispuszta in der Nähe von Hatvan. Ich habe gehört, dass sich dort eine Verteilerstelle befindet. Ihr könnt Euch meinen Kummer vorstellen. Ich werde um seinetwegen fast verrückt! Ich habe sehr vorsichtig gepackt, dennoch ist sein Rucksack so schwer geworden, dass ich nicht weiß, wie er es geschafft hat, damit anzukommen. Die Rucksäcke der Übrigen waren allerdings noch schwerer. Nicht dass er dort arbeiten muss, belastet mich, denn hier bei uns waren die Umstände noch schwieriger. Täglich musste er sechs Kilometer bis Szarvaskő [und] nach Almár laufen, um dort Bunker zu bauen. Doch nun sehe ich ihn nicht einmal mehr abends. Was weiß ich schon noch von ihm? Es zerreißt mir fast das Herz. Das Getto wurde bereits eingezäunt.[4] Auch das ist kein Problem, nichts ist ein Problem, wenn wir nur zusammen bleiben könnten. Micu vermisst ihn [Gyuri] auch sehr. Derzeit haben wir noch Lebensmittelreserven, einiges vom Markt und auch Gewürze. Dreimal pro Woche können einige Ausgewählte einkaufen gehen.[5] Fleisch essen wir kaum. Ich habe Gyuri genügend Pralinen und [...][6] Kuchen eingepackt, die ihm eine Zeitlang die Mahlzeiten ersetzen können. Ich habe auch viel Butter- und Walnusspogatschen[7] gebacken, und die Frauen, die bei Herrn Fischer im Erdbeerengarten untergekommen sind, haben ihm ein Honigbrot mitgegeben. Wir wohnen alle dicht beieinander: Sándor Schward, Béla Illés, Tante Manci, Bandi und Zsiga Treszler mitsamt ihren Familien. Éva, die Tochter von Baba, fährt bald nach Pest und wird Euch besuchen. Sie hat in einem Militärbetrieb eine Anstellung bekommen. Hat Médi noch nicht geschrieben? Gibt es Probleme? Wir küssen Euch vielmals.

DOK. 191

Oberstleutnant der Gendarmerie László Ferenczy informiert am 29. Mai 1944 den Innenminister über den Ablauf der Deportation in den ersten zwei Zonen[1]

Bericht (Nr. II/2) von László Ferenczy, Munkács, an den kgl. ungar. Innenminister[2] vom 29.5.1944[3]

In Bezug auf den Abtransport der auf dem Gebiet der Gendarmeriebezirke VIII, IX und X[4] gesammelten Juden erstatte ich wie folgt Bericht:
1) Seit Beginn der Transporte[5] bis einschließlich 28. Mai d. J. (bis 24 Uhr) wurden insgesamt 184 049 Juden in 58 Zügen abtransportiert. Gemäß des mittlerweile konzentrierten

4 Die Gettoisierung in Eger wurde am 15.5.1944 abgeschlossen. Am 8.6.1944 wurden die Juden aus dem Getto ins Sammellager in Kerecsend gebracht und einige Tage später nach Auschwitz deportiert.
5 Siehe Dok. 182 vom 24.5.1944.
6 Wort unleserlich. Eventuell: Rolping.
7 Pogatschen sind ein rundes, salziges Gebäck.

1 ÁBTL, V-79348, Bl. 239–242. Abdruck in: Molnár (Hrsg.), Csendőrtiszt a Markóban (wie Dok. 168 vom 12.5.1944, Anm. 1), S. 296–301. Das Dokument wurde aus dem Ungarischen übersetzt.
2 Andor Jaross.
3 Eingangsstempel des Innenministeriums vom 3.6.1944.
4 Siehe Einleitung, S. 59.
5 Die Deportationen begannen am 15.5.1944.

Transportplans wurden weitere 35 Züge für den Transport der etwa noch 110 000 verbliebenen Juden bereitgestellt. Der letzte Transport wird am 7. Juni d. J. um 10 Uhr 35 von der Verladestation Marosvásárhely abgehen. Die Verladung in die Züge und die Fahrt verliefen bisher störungsfrei. Seit meinem letzten Bericht[6] sind in Zusammenhang mit den Transporten keine Fälle von Waffengebrauch oder andere außerordentliche Vorkommnisse zu verzeichnen.

2) Bei den Transporten, die aus Siebenbürgen bzw. von weiter von Kassa entfernten Verladestationen abgingen, mussten die Juden während ihres Aufenthalts an der Transitstation Kassa mit Suppe versorgt werden. Ich habe dem Bürgermeister von Kassa[7] diesbezügliche Anweisungen gegeben. Auf Empfehlung und ausdrücklichen Wunsch der deutschen Sicherheitspolizei sollten die Juden für die Zeit des Transports Lebensmittel für fünf Tage mitnehmen, insbesondere weil sie nach der Selektion in Auschwitz sofort an die unterschiedlichen Arbeitsstätten weitertransportiert werden.[8]

3) Anhand der bisherigen Erfahrungen vertritt die deutsche Sicherheitspolizei die Auffassung, dass der nun in gesteigertem Takt erfolgende Abtransport der bereits gesammelten Juden nur dann wirksam beschleunigt werden kann, wenn deren Sammlung nicht großräumig abgewickelt wird. Sammlung und Überstellung in Lager sollen ab einem bestimmten Zeitpunkt nur noch in enger eingegrenzten Gebieten, dafür mit entsprechender Kraft, in möglichst kurzer Zeit und mit größtem Nachdruck erfolgen. Sobald die Juden in den Lagern sind, beginnt ihr Abtransport.

[4.] Die Befehlsgewalt innerhalb der Lager und die technische Abwicklung der Verladung werden in Zukunft von der Außenstelle der deutschen Sicherheitspolizei – unter der Leitung eines deutschen Offiziers – übernommen. Die Bewachung und Sicherung der Lager nach außen erfolgt durch die ungarischen Exekutivkräfte unter der Leitung unserer eigenen Kommandanten. Diese Maßnahme ist notwendig geworden angesichts der außergewöhnlichen Befehlsumstände, die ich im Sammellager von Ungvár vorfand.[9] Der Kommandant der dortigen deutschen Außenstelle[10] war, im Interesse einer reibungslosen Kooperation und aufgrund fehlender Personal- und Lokalkenntnisse, gezwungen, die Allmacht des vom Bürgermeister[11] für die Ortskommission delegierten städtischen Vizenotars, Dr. Szendrődi,[12] zu dulden. Er war für die Lebensmittelversorgung und die sanitären Angelegenheiten des Lagers zuständig und machte es prominenten Juden möglich, das Lager zeitweilig zu verlassen. Dabei waren ihm auch einige höhere Polizeibeamte behilflich. Unter diesen Umständen war es dann möglich, dass einige

6 Bericht Nr. II/1 vom 21.5.1944; Abdruck wie Anm. 1, S. 294 f.

7 Sándor Pohl (1897–1976), Staatswissenschaftler; 1939–1944 Bürgermeister in Kassa (Košice); im Okt. 1944 verhaftet; nach 1945 vom ungar. Volksgericht zu drei Jahren Haft verurteilt, Verringerung der Strafe auf ein Jahr.

8 Die meisten der nach Auschwitz deportierten Juden aus Ungarn wurden sofort nach Ankunft in den Gaskammern ermordet.

9 Zum Sammellager in Ungvár (Užhorod) siehe Dok. 140 vom 18.4.1944.

10 Theodor Dannecker (1913–1945), Kaufmann; 1932 NSDAP- und SS-Eintritt; seit 1936 im SD tätig, von 1937 an im SD-Ref. II 112 bzw. im Ref. IV B 4 des RSHA für die „Judenfrage" zuständig; 1940 als Judenberater beim BdS im besetzten Frankreich, 1942 organisierte er die Deportationen franz. Juden, 1943 die Deportationen aus Bulgarien, 1944 aus Italien und Ungarn, Mitglied des Sondereinsatzkommandos; 1945 von US-Truppen gefangen genommen, nahm sich das Leben.

11 Dr. László Megay.

12 Richtig: Dr. Endre Szendrődy.

besonders prominente und vermögende Juden fliehen konnten, andere wiederum Reiseerlaubnis erhielten und dadurch einen regelmäßigen Kurierdienst zwischen Budapest und Ungvár installieren konnten. Das Ergebnis war, dass einer der Juden im Lager von Beregszász ein Telegramm aus Zürich mit folgender Adresse erhielt: „Beregszász, Ziegelfabrik".[13] Die deutsche Sicherheitspolizei konnte im Zuge der Ermittlungen einen der Kuriere, Dr. Ackermann, einen jüdischen Anwalt aus Ungvár, verhaften und die bei ihm aufgefundenen Kuriersendungen und Aufzeichnungen beschlagnahmen. Diesen Unterlagen zufolge stand der städtische Vizenotar Dr. Szendrődi mit den Juden in Verbindung, und man fand auch Hinweise auf Dr. Török,[14] den Polizeirat von Ungvár. Ausgehend von den Ermittlungsdaten der deutschen Sicherheitspolizei unternahm ich sofort eine Lokalinspektion in Ungvár, wo ich im Laufe meiner Erkundungen feststellte, dass sich Dr. Török in Bezug auf die den Juden ausgestellten Reiseerlaubnisse der Unterlassung schuldig gemacht hat und dass die weitere Mitarbeit Dr. Szendrődis im Lager aufgrund seines schwerwiegenden Fehlverhaltens generell nicht mehr wünschenswert ist. Ich verfügte vor Ort, dass Gendarmerie-Oberstleutnant Sándor Pálfy sofort die Befehlsgewalt über die Lager sowie die weitere Abwicklung der Angelegenheiten der Juden übernimmt und der Bürgermeister den städtischen Vizenotar Dr. Szendrődi aus seiner Position im Lager entfernt. Die Ermittlungen bezüglich des Kurierdienstes wurden von der deutschen Sicherheitspolizei übernommen.

5) In Bezug auf die dritte Säuberungsaktion (auf dem Gebiet der Armeekorps II und VII) hatte ich für den 3. Juni eine Besprechung in der Ausbildungsstätte des Zentralkommandos für Ermittlungen der Gendarmerie (Budapest, Gendarmeriekaserne) anberaumt. Einladungen erhielten die Bürgermeister der betroffenen Städte bzw. die Oberstuhlrichter der beiden Kreise und drei Flankenkommandanten, die für den Verkehr zuständig sind. Gegenstand der Besprechung: die technische Abwicklung der Hausdurchsuchungen und Beschlagnahmungen usw., die im Zuge der Sammlung der Juden durchgeführt werden; die Versorgung der Lager mit Lebensmitteln und sanitären Anlagen; die gegenüber den ausländischen Juden zu verfolgenden Maßnahmen; weitere, während der Transporte zu ergreifende Maßnahmen bzw. Anschaffungen seitens der Verwaltungsleiter sowie die Organisation des mit der Zentrale in Hatvan in Verbindung stehenden Kurierdienstes und schließlich die Bekanntgabe des Transportfahrplans.

6) Aus taktischen Gründen wünscht die deutsche Sicherheitspolizei, die anstehende Besprechung im Innenministerium erst einige Tage vor den Säuberungsaktionen in den anstehenden Gebieten anzuberaumen und im engsten Kreis abzuhalten (Obergespane, die zuständigen Kommandanten der Gendarmeriebezirke bzw. der Gendarmeriekommandos und nur der Polizeipräsident, der für die ländlichen Bezirke zuständig ist). Erst zwei Tage vor der unmittelbaren Aktion sollte ich dann eine weitere Besprechung mit der unter Punkt 5 des vorliegenden Berichts aufgeführten Tagesordnung und unter Einbeziehung der Bürgermeister der Städte sowie der Leiter der Polizeikommandos einberufen.

13 Vermutlich handelte es sich dabei um eines der Telegramme von György Mandl, der unter dem Namen George Mandel-Mantello, Generalkonsul für El Salvador, von Genf aus den Standort von Gettos in Ungarn zu ermitteln suchte; siehe Christian Gerlach/Götz Aly, Das letzte Kapitel. Der Mord an den ungarischen Juden 1944–1945, Frankfurt a. M. 2004, S. 328.

14 Dr. László Török.

7) Die Außenstellen der deutschen Sicherheitspolizei haben den Befehl erhalten, im Zuge des Abtransports der Juden aus den Lagern – entgegen der bisher verfolgten Praxis[15] – zuerst Kranke, Alte und deren Angehörige zu verladen. Der Befehl beinhaltet auch Maßnahmen in Bezug auf die jüdischen Arbeitsdienstler, die bis zum 5. Juni aus dem Gebiet der Armeekorps II und VII einberufen werden sollen oder bereits einberufen sind und nach Magyaróvár überstellt wurden [bzw. werden]. Demnach werden die nach Magyaróvár einberufenen jüdischen Facharbeiter aus den Lagern herausgegeben, nicht jedoch ihre Familienangehörigen.
8) Entgegen der in der Besprechung vom 25. Mai erfolgten Mitteilung des Abteilungsleiters für landesweite Mobilisierung im Verteidigungsministerium (Generalleutnant Hennyey) wird die Einberufung der Juden zum Arbeitsdienst, die sich in den noch bestehenden Lagern auf dem Gebiet der Gendarmeriebezirke VIII, IX und X befinden, fortgesetzt. Gemäß der Erklärung wurden die Einberufungsscheine, anders als die um den 15. Mai eingestellte Mobilisierung, [am] 24. und 25. Mai mit dem auffälligen Vermerk ausgestellt, dass sie auch in den Lagern zugestellt werden sollen.[16] Am 27. d. M. stellte das Postamt in Ungvár 31 solcher Bescheide im Lager zu. Erfahrungsgemäß bewegen sich die jüdischen Arbeitsdienstler aber nach wie vor frei und ohne Überwachung, nicht einmal ihre Ausgeherlaubnis wurde zurückgezogen. Die deutsche Sicherheitspolizei hat beschlagnahmte Ausweise von Arbeitsdienstlern, die am 27. Mai in Ungvár von der deutschen Sicherheitspolizei verhaftet wurden, Obersturmbannführer Adolf Eichmann übermittelt. Ein Exemplar des erwähnten „Einberufungsscheins für den Verteidigungsdienst" wird dem Bericht, den ich Herrn Staatssekretär Vitéz László Endre übermittle, beigefügt.
9) Auf dem Gebiet der III. Säuberungsaktion (Gendarmeriebezirk II und VII) werden nur Sammellager errichtet, die zugleich als Verladestationen bestimmt werden. Diese werden an den unten aufgeführten Orten eingerichtet, von denen aus an den angegebenen Tagen zu einem noch bekanntzugebenden fahrplanmäßigen Zeitpunkt die Transporte abgehen. Insgesamt werden aus diesen Gebieten etwa 67 000 Juden abtransportiert. […][17]

Zwischen dem 11. und 16. Juni werden der vorangehenden tabellarischen Aufstellung entsprechend 67 000 Juden in 21 Zügen aus 11 Sammellagern, die gleichzeitig als Verladestationen dienen, abtransportiert.
Jeweils ein Exemplar dieses Berichts wird dem Kommissar der Gendarmerie, den Herren Staatssekretären Vitéz László Endre und László Baky, dem Leiter der Abteilung VII im Innenministerium, dem zum deutschen Heer in Tiszántúl[18] abkommandierten Regierungskommissar in Debrecen und dem zentralen Ermittlungskommando der Gendarmerie zugestellt.

15 Siehe Dok. 168 vom 12.5.1945.
16 Siehe Einleitung, S. 58, und Dok. 171 vom 16.5.1944.
17 In der Publikation von Judith Molnár (wie Anm. 1) wird an dieser Stelle eine Tabelle abgedruckt, die sich in ÁBTL, V-79348, Bl. 239–242, befindet; diese ist unter dem Bericht (Nr. III/1) von Ferenczy vom 7.6.1944, Hatvan, eingeordnet. In dem im Archiv vorliegenden Bericht vom 29.5.1944 fehlt die Tabelle.
18 Landstrich östlich der Theiß.

DOK. 192

Gizella Strausz schreibt Ende Mai 1944 an ihren Mann Ferenc, dass sie Postkarten aus „Waldsee“ erhalten haben[1]

Handschriftl. Postkarte von Gizella Strausz,[2] Sárbogárd, an Ferenc Strausz, KMSZ Bálint-Winkel 18, Lesezirkel der Reformierten, o. D. [Poststempel vom 29.5.1944]

Mein teurer Vater![3]
Ich habe eine gute Nachricht, lieber Vater: Heute hat Sári sowohl von Gyula als auch von Pali eine Postkarte bekommen, sie wurden von der OMZSA weitergeleitet. Sie haben sie am 20. Mai auf Deutsch geschrieben, 30 Wörter, man darf in gleichem Umfang zurückschreiben. Sie schreiben, es gehe ihnen gut und küssen alle. Die Karten kamen aus Waldsee.[4] Gott sei Dank, dass sie leben. Hier gibt es keine besonderen Neuigkeiten. Beunruhige Dich also unseretwegen nicht, lieber Vater, wunderbarerweise bin ich so ruhig wie noch nie. Der Allmächtige soll Dir helfen, zu uns zurückzukehren. Selbst wenn ich nur einmal am Tag gekochte Kartoffeln esse, werde ich glücklich sein. Die Kinder sind süß und sprechen recht viel von Dir. Évi[5] singt mit Erzsike. Gestern Abend hat Edit[6] angefangen, bitterlich zu weinen. Wie kann sie [Erzsike] noch Lust haben, Évi etwas vorzusingen, wenn Vati doch nicht da ist. Ich konnte sie kaum darüber hinwegtrösten, dass Du nicht hier bist. Du weißt, dass ich das Kalb an Károly verkauft habe, den kleinen Wagen verkaufe ich an Pisti Simon, den großen an Ernő Jancsi Kis für so viel wie […].[7] […][8] habe ich für genau so viel verkauft, wie Du es gesagt hast. Da schaust Du, was? Der Wagen geht hier [sowieso nur] kaputt, trocknet völlig aus. Die Schweine kann man kaum verkaufen, die Ferkel der grauen [Sau] sind fast so groß wie die von der schwarzen. Schreib uns, lieber Vater, was Du arbeitest, wie schwer und wie Du es schaffst, wir beten für Dich, damit Gott Dich möglichst bald zu uns nach Hause bringt. Deiner Mutter und den Ihrigen geht es gut, sie senden viele Küsse. Wenn Du irgend kannst, schreibe über Dich, Du weißt, uns interessiert alles, es küssen Dich
Deine Gizi und Deine Kinder

1 Memorial Museum of Hungarian Speaking Jewry, D.8192. Das Dokument wurde aus dem Ungarischen übersetzt.
2 Gizella Strausz, geb. Szilasi (1910–1944); sie wurde vermutlich in Auschwitz ermordet.
3 Gemeint ist der Ehemann.
4 Tarnbezeichnung für Auschwitz; siehe auch Dok. 180 vom 20.5.1944, Anm. 3.
5 Éva Strausz (1935–1944), Tochter von Gizella und Ferenc Strausz, wurde nach der Deportation in Auschwitz ermordet.
6 Richtig: Edith Strausz (1936–1944), Tochter von Gizella und Ferenc Strausz, wurde nach der Deportation in Auschwitz ermordet.
7 Mehrere Worte unleserlich.
8 Ein Wort unleserlich.

DOK. 193

Ein Vertreter des Ungarischen Siebenbürgischen Bildungsvereins kritisiert am 30. Mai 1944, dass durch die Deportation der Juden die ungarische Mehrheit in Siebenbürgen gefährdet werde[1]

Brief von Dr. Loránd Daday,[2] Leiter der Außenstelle, Dés (148–1944), an die Präsidialabt. des Ungarischen Siebenbürgischen Bildungsvereins,[3] Kolozsvár, vom 30.5.1944 (Abschrift)

Betreff: Lage in Nordsiebenbürgen

Ich bitte Sie mit allem Respekt und unter Berücksichtigung der überall deutlich werdenden allgemeinen Stimmung, die Aufmerksamkeit der Regierung auf die Folgen zu lenken, die die Entfernung der Juden in Nordsiebenbürgen nach sich gezogen hat.

In den nur eine Tagesfahrt entfernten und von fremden Nationalitäten dominierten Gebieten ist die ungarische Sprache völlig verschwunden. Auch aus unseren Städten kam jene Mehrheit abhanden, die den Charakter der nordsiebenbürgischen Städte gegenüber dem Rumänentum zu unseren Gunsten entschied. Mit der Entfernung jener Juden, die sich bei der Volkszählung von 1941 zum Ungartum bekannt hatten,[4] haben die nordsiebenbürgischen Ungarn nicht nur ihre zahlenmäßige Mehrheit verloren, auf die sie sich gegenüber der rumänischen Propaganda und den rumänischen Wunschträumen bislang berufen konnten, sondern auch jene Schicht von Industriellen und Händlern, die für die volkswirtschaftliche Prosperität sorgte. Dieser in Siebenbürgen historisch gewachsene und bezogen auf die soziale Stellung keineswegs ungesunde Zustand veränderte sich von einem Tag auf den anderen, ohne dass sich jemand um die dabei entstehenden Lücken gekümmert hätte. Die im Bewusstsein der nordsiebenbürgischen Ungarn immer noch als offen geltende rumänische Frage, die mit dem Näherrücken der Ostfront keineswegs erledigt ist, wird auch unabhängig vom Ausgang des Krieges weiterhin eine wichtige Rolle spielen. Seit dem Wiener Schiedsspruch[5] erwartete das nordsiebenbürgische Ungartum, jenseits militärischer Mittel, von allen Regierungen, eingeschlossen der derzeitigen, dass sie mittels innen- und außenpolitischer Maßnahmen seine Lage stabilisieren. Die Lücke, die mit den neuen [politischen] Verhältnissen durch die Entfernung jener Juden entstanden ist, die sich während der rumänischen Herrschaft mit dem siebenbürgisch-ungarischen Schicksal verbunden gefühlt haben, bitten wir durch Umsiedlung genauso schnell zu stopfen, wie die Juden vertrieben wurden.[6]

1 Ráday Levéltár, A-1-c Elnöki iratok, 148/1944. Das Dokument wurde aus dem Ungarischen übersetzt.

2 Dr. Loránd Daday (1893–1954), Schriftsteller; näherte sich während des Zweiten Weltkriegs der kommunistischen Bewegung an; 1945 Bürgermeister von Dés, 1946–1954 Lehrer; Autor der sozialkritischen Romane „Zátony" (1931) und „Csütörtök" (1935).

3 Der Ungarische Siebenbürgische Bildungsverein (EMKE) wurde 1885 gegründet und sollte die allgemeine Bildung und das Volkswohl der ungar. Bevölkerung in Nordsiebenbürgen fördern.

4 Gemäß der Volkszählung von 1941 betrug der Anteil der ungarischsprachigen Bevölkerung in Nordsiebenbürgen 52,1%.

5 Gemeint ist die Angliederung Nordsiebenbürgens an Ungarn nach dem Zweiten Wiener Schiedsspruch.

6 Die Deportation von etwa 164 000 nordsiebenbürg. Juden wurde am 9.6.1944 abgeschlossen.

Dieser Wunsch ist durch keinerlei Regierungshandeln aus den Herzen und Köpfen der siebenbürgischen Ungarn zu löschen. Er entspringt nicht dem Mitleid mit den „armen Juden", sondern dem Wunsch, der Legitimität des siebenbürgischen Ungartums Nachdruck zu verleihen, und seiner Furcht, es könnte noch weiter an den Rand gedrängt oder gar vernichtet werden.

DOK. 194
Mór Roth bittet seine Tochter am 31. Mai 1944, Informationen über den Aufenthaltsort der Tochter eines Verwandten einzuholen[1]

Handschriftl. Brief von Mór Roth,[2] Hajdúszoboszló, an seine Tochter Olga[3] und ihren Ehemann[4] vom 31.5.1944

Meine geliebten Kinder! Dein klug formulierter Brief[5] an Frau Jászberényi hat mich, anders als die liebe Mutter,[6] kein bisschen überrascht. Um das Ziel zu erreichen, war diese Begründung, dieser Ton notwendig, und ich habe bereits alle nötigen Schritte in diese Richtung unternommen, obwohl uns die Umstände, wie ich es in meiner heute versendeten Postkarte schon mitteilte, mehr oder weniger befriedigen. Man ist nett und zuvorkommend uns gegenüber. Deine Bestrebungen,[7] mein Kind, halte ich angesichts der Situation selbst für zweckmäßig, und alles, was wir nur mitschleppen können, werden wir auch mitnehmen.

Ich bitte Euch, meine lieben Kinder, Euch unseretwegen nicht zu beunruhigen. Seid unbesorgt. Wir werden [immer] bei Euch und um Euch sein. Ihr werdet keinen Grund zur Unruhe haben. Nur unsere Gesundheit möge der Schöpfer uns erhalten.[8]

Ich wende mich nun mit einer Bitte an Dich, mein lieber Sanyi. Ich weiß, Du bist den ganzen Tag beschäftigt, angebunden, aber ich kenne Deine Bereitschaft, Dich liebenswürdig und gutherzig zu erweisen, und weiß, dass Du alles tun wirst, um einer verzweifelten Mutter zu helfen, ihr Kind zu finden.

Ein sehr liebenswürdiges Kind eines unserer hier lebenden lieben Verwandten war bei den Großeltern in Tiszapolgár zu Besuch. Unsere unglücklichen Glaubensbrüder wurden

1 USHMM, RG-10456. Das Dokument wurde aus dem Ungarischen übersetzt.
2 Mór Roth (gest. 1944), Lehrer; im Juni 1944 nach Auschwitz deportiert, dort vermutlich ermordet.
3 Olga Roth, verh. Frau Sándor Halász; von Okt. 1944 an Besitzerin eines schwed. Schutzpasses, überlebte den Krieg in Budapest.
4 Sándor Halász (gest. 1945), Angestellter; von Juni 1944 an im Arbeitsdienst, von Okt. 1944 an Besitzer eines schwed. Schutzpasses, Deportation ins Außenlager Mühldorf, dort vermutlich ermordet.
5 Nicht ermittelt. Die gleichzeitige Verwendung von Singular und Plural der Anrede entspricht dem Original.
6 Eszter Ehrenfeld, verh. Roth (1882–1944), Lehrerin; im Juni 1944 nach Auschwitz deportiert, dort vermutlich ermordet.
7 Vermutlich sind die Bestrebungen der Familie Halász gemeint, den Umzug von Mór Roth und seiner Frau nach Budapest zu erwirken.
8 Das Getto in Hajduszoboszló wurde Mitte Mai 1944 eingerichtet. Am 15.6.1944 wurden die Gettobewohner nach Debrecen transportiert und zunächst auf dem Gelände einer Lederfabrik untergebracht. Wenige Tage später wurden sie in die Serly-Ziegelei verlegt. Ein Teil der dort zusammengefassten Juden wurde am 24.6.1944 ins Durchgangslager Strasshof transportiert. Die übrigen Personen wurden am 27.6.1944 nach Auschwitz deportiert.

dort unerwartet nach Simapuszta (bei Nyíregyháza) gebracht und konzentriert und dann weitertransportiert, aber man weiß nicht, wohin. Ich bitte dich, die Sache in irgendeiner Form, möglichst über den J[üdischen] Nationalrat[9] in der Síp-Straße 12, in Erfahrung zu bringen und uns, aber nur wenn Du sicher bist, wo das Kind ist, die definitive Adresse zu telegrafieren. Dann würde die Mutter mit dem sich in ihrem Besitz befindlichen Reiseausweis das Kind nach Hause holen. Der Name der Großeltern: Saul Braun,[10] Name des Kindes: Éva Braun. Wo wurden die Juden aus dem Komitat Szabolcs im Allgemeinen interniert, vor allem aber jene, die in Simapuszta untergebracht worden sind?[11]
Gerade eben, da ich diesen Brief schreibe, kam der Leiter des hiesigen Judenrats vorbei und teilte mir mit, dass man neuerdings für einen Umzug nach B[uda]pest die Erlaubnis des Innenministers benötigt.[12] Selbst wenn dem so ist, halte ich es für das Sinnvollste, sich an den oben genannten Rat zu wenden, der gegebenenfalls sofort die entsprechenden Schritte einleiten könnte. Gott soll Euch ewig segnen. Tausend Küsse, Euer treuer Vater und Großvater

DOK. 195
Der Verband der Juden in Ungarn stellt im Mai 1944 Informationen über die Lage im Getto Nagyvárad (Oradea) zusammen[1]

Handschriftl. und maschinenschriftl. Aufzeichnungen, zusammengestellt vom Judenrat in Budapest, von Ereignissen zwischen dem 7. und 31.5.1944[2]

7. Mai. Die Aussiedlung in die markierten Straßenzüge hat begonnen.[3] *Briefe und Päckchen* können über den Judenrat versandt werden.
10. Mai. Die Übersiedlung ist abgeschlossen. Die christliche Bevölkerung hat die markierten Straßenzüge noch nicht verlassen. Nach deren Umzug wird sich die Lage entspannen.

9 Gemeint ist der Budapester Judenrat.
10 Saul Braun (1892–1944), Kaufmann; über das Sammellager Simapuszta nach Auschwitz deportiert, dort vermutlich ermordet.
11 Das Sammellager Simapuszta wurde in einer ehemaligen Meierei in der Nähe von Nyíregyháza eingerichtet. Die dort untergebrachten Personen wurden am 20., 22. und 24.5. nach Auschwitz deportiert.
12 Eine Verlegung von Personen aus einem Getto an einen anderen Ort gestatteten die Behörden nach einem schriftlichen Ansuchen nur im Falle einer Familienzusammenführung.

1 MZSML, D 5/1. Abdruck in: Judit Molnár/Kinga Frojimovics (Hrsg.), Gettómagyarország 1944. A Központi Zsidó Tanács iratai, Budapest 2002, S. 109 f. Teilweise abgedruckt in engl. Übersetzung in: Vági/Csősz/Kádár, The Holocaust in Hungary (wie Dok. 29 vom 5.5.1939, Anm. 1), S. 98 f. Das Dokument wurde aus dem Ungarischen übersetzt.
2 Der Bericht basiert auf Informationen, die dem Provisorischen Exekutivausschuss des Verbands der Juden in Ungarn von Angehörigen des Arbeitsdiensts oder nichtjüdischen Zivilisten zugespielt wurden; siehe László Karsai, A Központi Zsidó Tanács és a munkaszolgálatos hírhozók, in: Molnár/Frojimovics (Hrsg.), Gettómagyarország (wie Anm. 1), S. 42–49.
3 Die Gettoisierung in Nagyvárad begann am 3.5.1944 und wurde innerhalb von fünf Tagen abgeschlossen.

Die *Lebensmittelversorgung* ist bislang gesichert.
Die *Gesundheitssituation* ist zufriedenstellend.
Post, Päckchen gehen über den Judenrat.
14. Mai. *Nagyvárad*: Die Menschen aus Nagyvárad sind im sogenannten Großen Getto in den für sie vorgesehenen Straßen untergekommen.[4] Die Juden aus dem Komitat Bihar wurden im sogenannten Kleinen Getto untergebracht, das sich außerhalb der Stadt am Standort der Stadtreinigung befindet.[5] Die Unterbringung erfolgte dort in Wirtschaftsgebäuden, in den Wohnungen der Unteroffiziere, in Ställen und nicht überdachten Räumlichkeiten. Die Lage im Kleinen Getto ist verzweifelt. Ein Teil der Internierten durfte nichts mitnehmen. Die Essensversorgung ist katastrophal. Sie [die Gettobewohner] bekommen täglich 70 Gramm Brot, mittags eine Suppe und abends schwarzen Kaffee. Die christliche Bevölkerung darf sich dem Getto überhaupt nicht nähern. Seit einigen Tagen ist die Bewachung von der Polizei an die Gendarmerie übergegangen. Seither verschlechtern sich die Verhältnisse sehr.
Im Großen Getto ist die Lage etwas erträglicher, weil die Juden hier in Wohnungen untergebracht sind, obwohl die Überfüllung auch hier unglaubliche Ausmaße hat. Die Versorgung hat seit Sonntag angeblich die Stadt übernommen.
Meldung aus Ungvár: [Die Juden] aus Érmihályfalva wurden nach Nagyvárad gebracht.
31. Mai. Es wird bestätigt, dass die in der alten Vorstadt konzentrierten 6–7000 Juden von dort aus mit mehreren Zügen abtransportiert worden sind.[6]

DOK. 196

Reichsverweser Horthy kritisiert Anfang Juni 1944 das brutale Vorgehen bei der Umsetzung antijüdischer Maßnahmen[1]

Brief von Miklós Horthy an Döme Sztójay, o. D. [ca. Anfang Juni 1944] (Entwurf)[2]

Lieber Sztójay!
Als vor zweieinhalb Monaten durch den Einmarsch der deutschen Truppen die bekannten Ereignisse eingetreten sind, die die ungarische Souveränität beeinträchtigen, wollte ich mich von der Aufgabe des Reichsverwesers, die mir die Nation übertragen hat, zurückziehen.[3] Obwohl dies aus meiner Sicht die natürlichste Lösung gewesen wäre, musste ich diesen Plan nach kurzer Überlegung verwerfen, vor allem weil ich eine Regierung beauftragen musste, die das Vertrauen Deutschlands genoss, um – wie uns zugesichert wurde – die Besatzung zu beenden. Außerdem hatte ich den Eindruck,

4 Das Große Getto befand sich in der Umgebung der orthodoxen Synagoge und des großen Markts; hier wurden etwa 27 000 Menschen untergebracht.
5 Das Kleine Getto beherbergte etwa 8000 Personen.
6 Der erste Deportationszug nach Auschwitz verließ Nagyvárad Ende Mai 1944. Der letzte Zug fuhr am 3.6.1944 ab.

1 MNL OL, K 589 I. F-2. Abdruck in: Szinai/Szűcs (Hrsg.), Horthy Miklós titkos iratai (wie Dok. 9 vom 18.4.1938, Anm. 4), S. 450–453. Das Dokument wurde aus dem Ungarischen übersetzt.
2 Im Original zahlreiche handschriftl. Streichungen und Ergänzungen.
3 Siehe dazu die Sitzung des Kronrats, Dok. 114 vom 19.3.1944.

dass ich gegenüber meiner Nation die Pflicht habe, auf meinem Posten auszuharren, weil die Konsequenzen eines Rücktritts angesichts der außerordentlich schwierigen derzeitigen Lage im Land unberechenbar gewesen wären. Ich war mir allerdings auch bewusst, dass die Regierung in dieser Zwangslage zahlreiche solche Maßnahmen würde treffen müssen, die ich als nicht richtig erachten würde und für die ich keine Verantwortung übernehmen kann.
Zu diesen Maßnahmen zählt die Handhabung der Judenfrage, die weder der ungarischen Denkweise noch den Verhältnissen im Land noch unseren Interessen gerecht wird.
Es ist offensichtlich, dass ich keine Möglichkeit gehabt habe zu verhindern, was in dieser Hinsicht als deutsche Verordnung oder als den Wünschen der Deutschen entsprechendes Regierungshandeln zu bewerten war, daher war ich diesbezüglich zu Passivität gezwungen.[4] Obwohl ich weder im Vorfeld über diese Maßnahmen in Kenntnis gesetzt noch nachträglich über viele Angelegenheiten genau informiert worden bin, habe ich in der letzten Zeit Informationen erhalten, denen zufolge bei uns in dieser Hinsicht in zahlreichen Fällen mehr geschehen sei als bei den Deutschen selbst.[5] Teilweise wurden diese Maßnahmen in einer so brutalen und mitunter unmenschlichen Weise durchgeführt, wie dies nicht einmal bei den Deutschen üblich sei. Dies, obwohl das Judentum bei uns aufgrund von Fehlern, die in der Vergangenheit liegen, zahlenmäßig viel stärker vertreten ist als in Deutschland und der Anteil der Juden am Wirtschaftsleben, in der Industrie und im Handel, aber vor allem auch im Ingenieurswesen und im für uns im heutigen Kriegszustand so stark beanspruchten Bereich der medizinischen Versorgung viel größer ist, als er im Deutschen Reich je gewesen war.[6] Dennoch sind bei uns viel weitreichendere Maßnahmen getroffen worden, um sie aus dem Wirtschafts- und Gesellschaftsleben auszuschalten, als im Deutschen Reich im Laufe einer jahrelang andauernden Aktion. Darüber hinaus kam es im Zuge der Durchführung dieser Maßnahmen zu nicht zu rechtfertigenden Grausamkeiten und Unmenschlichkeiten insbesondere gegenüber den wirtschaftlich verwertbaren Juden und den für die Wirtschaft unverzichtbaren jüdischen Facharbeitern, wie sie nicht einmal im Deutschen Reich vorkamen.
Ich halte es [deshalb] für notwendig, in diesen beiden Bereichen unverzüglich die notwendigen Maßnahmen einzuleiten, um die Übergriffe zu beenden. Das Einvernehmen mit den Deutschen wird dadurch wohl nicht gefährdet werden.
Mein ausdrücklicher Wunsch an die Regierung ist daher, dringend die notwendigen Schritte einzuleiten, damit jene Juden, die in Berufszweigen tätig sind, die eine besondere Ausbildung bzw. Praxis voraussetzen und deshalb unentbehrlich oder derzeit unersetzbar sind, deren Ausfall das wirtschaftliche Leben zum Stocken bringen bzw. die industrielle Produktion verringern könnte, nicht aus ihrem Tätigkeitsfeld entfernt werden. Es sollen keine Maßnahmen ergriffen werden, die ihre Arbeit beeinträchtigen, man soll

4 Horthy gab im März 1944 der Regierung freie Hand bei der Verabschiedung der antijüdischen Bestimmungen; siehe Dok. 119 vom 29.3.1944.

5 Siehe dazu beispielsweise Dok. 204 vom 9.6.1944.

6 Gemeint ist, dass die wirtschaftliche Entfernung der Juden in Ungarn schwieriger sei als in Deutschland, da die Juden wichtige Positionen in der ungar. Wirtschaft besetzten. Befürchtet wurde, dass ihr Ausschluss aus der Wirtschaft deren reibungsloses Funktionieren gefährden würde.

sie in ihrer Arbeit nicht behindern. Das gilt insbesondere zum Beispiel für Ingenieure und Ärzte sowie ganz allgemein Gewerbetreibende.
Außerdem wünsche ich, innerhalb des Judentums eine angemessene Unterscheidung zugunsten von Juden christlichen Glaubens zu treffen.
In diesem Zusammenhang wünsche ich gleichzeitig, Maßnahmen zu ergreifen, um meinem allgemeinen Gnadenrecht dringend Geltung zu verschaffen. Nach Gegenzeichnung des königlich ungarischen Innenministers[7] ist dieses [Gnadenrecht] gegenüber Personen anzuwenden, die wirtschaftlich besonders unabkömmlich sind, die vor längerer Zeit zum Christentum konvertiert sind oder die sich durch besondere patriotische Leistungen verdient gemacht haben. Ferner sollte es in Fällen angewendet werden, in denen dies aus christlich-humanitären Gründen gerechtfertigt ist, oder gegenüber Personen, die zwar jüdischer Abstammung sind, aber als Mitglied einer christlichen Gemeinde geboren wurden.[8]
Um den ungerechtfertigten Übergriffen und den besonders grausamen und in zahlreichen Fällen unmenschlichen Maßnahmen ein Ende zu setzen, wünsche ich zudem, dass Staatssekretär Vitéz Dr. László Endre, der im königlich ungarischen Innenministerium mit der Leitung der Judenangelegenheiten betraut ist, von seiner Aufgabe entbunden und vorbehaltlich meiner Zustimmung eine verlässliche und geeignete Person mit dieser Angelegenheiten beauftragt wird. Umgehend ist bei mir auch die Freistellung von Staatssekretär László Baky einzureichen, dem bislang die Herausgabe der entsprechenden Bestimmungen für die Exekutive oblag, umso mehr, als weite Kreise der Öffentlichkeit in erster Linie die genannten Personen für die übertriebenen Maßnahmen verantwortlich machen.
Ich fordere Sie auf, das Ministerium über die im vorliegenden Dokument verfügten Sachverhalte in Kenntnis zu setzen und im Interesse ihrer Geltendmachung umgehend die notwendigen Schritte einzuleiten.[9]

7 Andor Jaross.
8 Das von Horthy geforderte allgemeine Gnadenrecht wurde ihm in einer VO am 21.8.1944 zugesprochen.
9 Ob der Brief an Sztójay abgeschickt wurde, ist nicht überliefert. Die Absetzung von Baky und Endre forderte Horthy auch in der Sitzung des Kronrats am 26.6.1944, über die jedoch keine Aufzeichnungen vorliegen. Die beiden StS wurden am 30.6.1944 von ihren Aufgaben auf dem Gebiet der antijüdischen Maßnahmen entbunden, blieben jedoch bis zum Rücktritt der Regierung Sztójay in ihren Ämtern.

DOK. 197
Der Pfeilkreuzler Ferenc Szálasi findet am 2. Juni 1944 auf einer parteiinternen Informationsveranstaltung die Deportationen übereilt[1]

Protokoll der Informationsveranstaltung der Pfeilkreuzlerpartei in Budapest, ungez., vom 2.6.1944[2]

Fragen an den Parteiführer[3] und dessen Antworten auf der Informationsveranstaltung

Einführende Worte des Parteiführers: Unsere Brüder haben in diesen Wochen die Verpflichtung, mit gleichem Glauben und Disziplin durchzuhalten, die sie bislang an den Tag gelegt haben und um die uns unsere Feinde immer schon beneideten.
Für diesen Glauben und die Disziplin zollen uns auch diejenigen Anerkennung, die uns bisher gar nicht kannten oder unsere Bewegung verkannten.
Unsere Mitglieder dürfen auch in Zukunft niemanden über die innere Verfasstheit, die Stärke und den Aufbau unserer Partei aufklären. Wir dürfen Außenstehenden nur so viel mitteilen, wie es Aufklärung und Propaganda erfordern. Wir unterstützen und helfen niemandem und bieten unsere Stärke auch nicht zum Verkauf an. Die Regierung wird bald gezwungen sein einzugestehen, dass sie aus eigener Kraft die Probleme nicht lösen kann.
Am 18. April 1942 haben wir erklärt,[4] dass dieses Land keinen weiteren Ausgleich wie im Jahre 1867 erleben darf.[5] Aus dem Ausgleich wurde damals der Scheinliberalismus geboren. Der derzeitige Ausgleich versucht mit ganzer Kraft, einen Pseudo-Nationalsozialismus zu legitimieren, der zu einer neuen, noch verhängnisvolleren Enttäuschung der Bevölkerung führen würde.
Und noch etwas sollten alle zur Kenntnis nehmen: Solange die Regierung bei ihrem durchsichtigen Manöver bleibt und sich hinter zivilen Vereinen versteckt, um das Versammlungsrecht auszuhebeln, solange werden wir Hungaristen das Versammlungsverbot nicht zur Kenntnis nehmen.[6] Wir ignorieren die Maßnahmen dieser Herrschaften, die vor keinem noch so niederträchtigen Mittel zurückschrecken, um uns zu vernichten. Wenn der Herr Innenminister[7] also anderen Parteien erlaubt, zivile Vereinigungen zu gründen, dann können wir dieses Recht auch für uns beanspruchen und tun es auch!

1 MNL OK, K 814 I.6. Szálasi Ferenchez intézett kérdések és válaszai a tajékoztató értekezleteken, No. 57.1–11, Kopie: IfZArch, MA 1541/1, B. 418. Das Dokument wurde aus dem Ungarischen übersetzt.
2 Im Original Stempel der Präsidialabt. der Pfeilkreuzlerpartei vom 2.6.1944.
3 Ferenc Szálasi.
4 Siehe die Rede von Szálasi auf der Sitzung der Pfeilkreuzlerpartei am 18.4.1942, BFL-XXV-1-a-293/1946-5492–5499.
5 Mit dem Ausgleich 1867 und der Gründung der Doppelmonarchie Österreich-Ungarn ging das Kaisertum Österreich eine Realunion (gemeinsame Außen-, Heeres- und Finanzpolitik) und eine Personalunion (gemeinsamer Herrscher) mit dem Königreich Ungarn ein.
6 Die Modifikation des Vereinsrechts in den Jahren 1937–1939 erlaubte der Regierung, Vereine strenger zu überwachen und jene Vereine, die als für die Staatsmacht gefährlich erachtet wurden, aufzulösen. Versammlungen durften in der Horthy-Ära nur nach behördlicher Genehmigung abgehalten werden. 1939 verbot die Regierung Volksversammlungen, Aufmärsche und Zusammenkünfte politischer Art.
7 Andor Jaross.

1. Einige Mitglieder unserer Partei sind seitens der Behörden aufgefordert worden, die Verwaltung des konfiszierten jüdischen Vermögens zu übernehmen. Dürfen unsere Parteimitglieder derartige Aufträge übernehmen?
Auch in dieser Hinsicht gilt, dass wir der Regierung in keinerlei Hinsicht zur Verfügung stehen. Das jüdische Vermögen braucht keine Verwalter, sondern es müsste – als Nationalvermögen! – für den Aufschwung im Kreditwesen und im Handel eingesetzt werden. Die unglücklichen Maßnahmen, mit denen die Regierung die Judenfrage zu lösen beabsichtigte, haben bisher einen nationalen Vermögensverlust von mindestens sechs Milliarden Pengő nach sich gezogen. Diese Summe setzt sich wie folgt zusammen:
Laut Statistik betrug das jüdische Vermögen rund zwölf Milliarden Pengő. Mindestens die Hälfte davon, sechs Milliarden, stammte aus dem Handelsvermögen. Die Juden haben mindestens die Hälfte dieser Summe, rund drei Milliarden, in Form von Waren aus ihren Lagerbeständen gerettet und auf den Schwarzmarkt gebracht. Die Art der Bekanntgabe der antijüdischen Maßnahmen ermöglichte es den Juden, ihr Vermögen zu verstecken, außerdem verursachten Inkompetenz und übertriebene Skrupel einen weiteren Verlust von mindestens einer Milliarde Pengő.
Als voreilig erwies sich auch die Maßnahme der Regierung, den Abtransport der Juden ins Ausland zu befördern. Offenbar wusste sie mit den Juden nichts anzufangen. Dabei stehen im Interesse der Förderung unserer Kriegsproduktion, der allgemeinen Produktivität und der Abwehr von feindlichen Luftangriffen große und dringende Aufgaben an. Anderweitige Arbeitskräfte stehen für diese Zwecke nicht zur Verfügung, da jede Hand bereits anderweitig eingesetzt ist.
Wenn wir in Betracht ziehen, dass wir mit dieser einen Regierungsmaßnahme auf rund 400 000 arbeitsfähige Juden mit einer täglichen Arbeitsfähigkeit von minimal zehn Stunden verzichtet haben, dann lässt sich leicht überblicken, wie viele Arbeitsstunden, nützliche Arbeit und Nationalvermögen uns zwischen dem 19. März und dem 1. Juni entgangen sind.
Ganz grob gerechnet beträgt der Verlust bislang mindestens vier Millionen Arbeitsstunden täglich. Mit diesem Potential hätte man wichtige Arbeiten durchführen können, beispielsweise hätte sich unsere gesamte Rüstungsindustrie an einen bombensicheren Ort verlagern lassen.
Wenn die Regierung in ihrer Unfähigkeit nicht einmal die Judenfrage zu lösen vermag, soll sie gehen. Wir würden uns dann darum kümmern, dass der Jude arbeitet, und zwar nützlich und bis zum letzten Atemzug, denn alle, die bei uns nicht arbeiten, sollten sterben!
Das jüdische Vermögen wird heute auf ekelhafteste Weise gestohlen. Angefangen vom Schmuck bis hin zu den wertvollsten Gegenständen geht alles vor die Hunde. Der eigentliche Fehler bestand darin, dass die Regierung nicht sofort in den ersten 24 Stunden das jüdische Vermögen zu *Nationalvermögen* erklärt hat und nicht deutlich machte, dass jeder, der sich unrechtmäßig daran bereichert, die Nation beraubt und mit dem Tod bestraft wird.
Dagegen wollte die Regierung die Judenfrage über den Verwaltungsweg lösen, eine Verwaltung, die noch drei oder vier Monate zuvor den Juden diente. Sie ließ den Juden zahlreiche Hintertürchen offen, alles konnte berücksichtigt werden, nur unsere Nation erlitt großen Schaden.

2. Jenő Rácz[8] charakterisierte den Umbruch seit dem 19. März als Triumph der Idee und der Weltanschauung von Szeged.[9] Andor Jaross sah darin die Übernahme des nationalsozialistischen Gedankenguts. Imrédy seinerseits sprach von der Notwendigkeit eines neuen ungarischen Lebens. Unter den Mitgliedern der Regierung gibt es also keine Stellungnahme mit einheitlicher und fester weltanschaulicher Basis. Eine Katastrophe? Gar keine!

Es ist eine altbekannte Tatsache, dass Katastrophen nur durch starke Faktoren hervorgerufen werden können. In den oben aufgezählten Herrschaften steckt jedoch nicht einmal die Kraft, als Schreckensboten einer Katastrophe zu posieren.

Noch gibt es auch keine Katastrophe, allerdings machen sich immer mehr Torheit und Dummheit breit bei allen Angelegenheiten, mit denen sie [die Regierungsmitglieder] sich befassen. Es gibt Menschen, die schon bislang nichts gelernt haben und die niemals etwas lernen werden, sondern so lange ihrer bequemen Auffassung folgen, bis sie endgültig entfernt werden.

3. Agierte Imrédy, der immer die Einheit beschwor und die Einheit dann zerstörte, jahrelang im Auftrag englischer oder einheimischer reaktionärer Kreise?

Über Imrédy können wir nur sagen, was Luzifer über sich selbst sagt: Ich kann nur anbieten, was mein Wesen ist.

Ansonsten müsste man die obige Frage Imrédy selbst stellen. Es ist auch uninteressant, was Imrédy heute macht und sagt, wichtig ist allein nur, was der Hungarismus tut. Bald kommt die Zeit, in der die Frage nach der Verantwortung gestellt wird. Dann wird die Nation diesen Herrschaften, und also auch Imrédy, die Frage stellen können, was sie getan haben und warum sie das Land in diesen unsäglichen Zustand gebracht haben.

4. Gelingt es, die Hungaristische Legion aufzustellen?

Wir werden alles dafür tun. Die Aufstellung der Legion kann jedoch erst dann erfolgen, wenn wir selbst voll verantwortlich die Angelegenheiten des Landes lenken.[10]

5. Ist Béla Imrédy ein Feind unserer Bewegung und des Nationalsozialismus?

Die Frage ist berechtigt und begründet, aber die Antwort nicht für alle gleichermaßen klar. Denn für alle außerhalb des politischen Lebens Stehenden oder für das Ausland sind die Machenschaften Imrédys zur Vernichtung unserer Bewegung und des Nationalsozialismus nicht so offensichtlich. Viele haben keine Kenntnis von der Situation, und die Leute um Imrédy verstehen es gut, irrezuführen und hinzuhalten, und sie verstehen es auch ausgezeichnet, sich die Gedanken anderer zu eigen zu machen und den Anschein zu erwecken, sie hätten die Wahrheit erkannt und hätten dafür jedwedes Opfer auf sich genommen.

Imrédy muss selbstverständlich als Feind der Nation und des Nationalsozialismus gelten, denn er hat vor Dünkirchen[11] mit Stumpf und Stiel jede Initiative der ungarisch-nationalsozialistischen völkischen Bewegung ausgerottet.[12]

8 Richtig: Jenő Rátz.

9 Siehe Dok. 176 vom 18.5.1944.

10 Die Hungaristische Legion wurde im Nov. 1944 gegründet und hatte etwa 2000 Mitglieder.

6. In Nordsiebenbürgen leben viele alte Mitglieder der Eisernen Garde. Wie sollen wir uns diesen gegenüber verhalten, wenn sie in Massen um ihre Aufnahme in die Partei bitten?
Das Organisationsstatut besagt im letzten Teil des Kapitels „Allgemein Wissenswertes", dass Vertreter aller Volksgruppen, die auf dem Gebiet der ungarischen Nation leben, der Partei beitreten können, sofern sie nicht Juden sind und ihr Vorleben tadellos ist, d. h. wenn sie nicht unter die Gültigkeit jener Regelungen fallen, die eine Parteimitgliedschaft von vornherein ausschließen.

7. Welche Haltung hat die Partei zur Religion?
In dieser Frage kann jeder unsere Stellungnahme nachlesen, wir haben im Programm „Weg und Ziel"[13] unsere diesbezüglichen Prinzipien niedergelegt.

8. Entspricht es der Wahrheit, dass Imrédy Ministerpräsident, gar Reichsverweser oder stellvertretender Reichsverweser werden möchte?
Es entspricht der Wahrheit, dass in naher Vergangenheit derartige Nachrichten verbreitet worden sind. Jedenfalls werden die Nation und die sie vertretende Partei der Pfeilkreuzler das entscheidende Wort einlegen bei der Einsetzung des Reichsverwesers oder dessen Stellvertreters. Unsere Partei ist der Meinung, dass das amtierende Staatsoberhaupt[14] vollkommen gesund und vital ist und diese Position vorerst nicht neu besetzt werden muss.
Was jedoch Imrédy betrifft, ist es durchaus wahrscheinlich, dass er mit seinem jetzigen Ministerportefeuille unzufrieden ist[15] – möglich, dass er mehr erreichen wollte, es ihm aber nicht gelungen ist. Seine jetzige Position hat er nur ungern übernommen, da er weiß, dass diese Verantwortung bedeutet und er sich nicht mehr im Hintergrund halten und unverantwortlich handeln kann.

9. Ist es möglich, dass sich Japan aufgrund der großen Entfernungen nicht in den Krieg einmischen kann bzw. nicht zur Unterstützung der europäischen Front zur Verfügung steht?
Im heutigen Zeitalter der Technik spielen Entfernungen keine derart wichtige Rolle mehr, wie noch im Krieg 1914–1918. Japan befindet sich heute eigentlich nicht 8000 – achttausend – Kilometer von Europa entfernt, sondern nur noch zwölf Luftstunden. Unsere Erdkugel schrumpft fast zu einem Apfel zusammen, es gibt keine Entfernung mehr, da wir innerhalb des Bruchteils einer Sekunde mit Hilfe des Radios in Erfahrung bringen können, was auf einem beliebigen Erdteil vor sich geht.
Die militärischen Pläne Japans sind in vollkommenem Einvernehmen mit den Deutschen entworfen worden und werden aller Wahrscheinlichkeit nach aufgrund gemeinsamer Besprechungen durchgeführt, wenn die Zeit dafür reif ist.

11 Bei der Schlacht von Dünkirchen gelang es der deutschen Wehrmacht zwischen Mai und Juni 1940, die franz. und brit. Truppen einzukesseln. Ein großer Teil der Soldaten konnte über den Ärmelkanal evakuiert werden.
12 Gemeint ist die Verfolgung der Szálasi-Bewegung unter der Ministerpräsidentschaft von Béla Imrédy (1938/39).
13 Die Broschüre „Út és Cél" gab Szálasi im Jahr 1938 heraus.
14 Miklós Horthy.
15 Imrédy war in der Regierung Sztójay Minister für wirtschaftliche Koordination.

10. Warum unterhält die Partei kein ähnliches Presseorgan wie zum Beispiel den „Magyar Futár"?[16]
Unsere Partei hat in letzter Zeit alles darangesetzt, um über ein entsprechendes Organ zu verfügen. Wir haben die Zulassung für verschiedene Zeitungen beantragt. Die Antwort war stets, dass wir „in diesen ernsten Zeiten unsere kleinlichen, persönlichen Interessen beiseite stellen sollten". Selbstverständlich sagen dies Leute, die ihre „kleinlichen" Interessen selbst erreicht und in die Tasche gesteckt haben.

11. Was geschieht im Falle einer Machtübernahme mit denjenigen Abgeordneten, die aus der Partei ausgetreten sind?
Bei den Ausgetretenen werden wir untersuchen, wer nur irregeleitet war und wer bewusst die Einheit zerstört hat. Nach diesem Schema werden wir gegen sie vorgehen. Den Irregeleiteten werden wir die Möglichkeit geben, ihre Irrtümer einzusehen und nach ihren Überzeugungen zu handeln.
Besondere Aufmerksamkeit werden wir jenen schenken, die nach dem 7. November 1942, d. h. nach der Landung der Angelsachsen in Nordafrika, aus der Partei ausgetreten sind, weil ich davon ausgehe, dass es sich bei ihrem Austritt um reinen Opportunismus gehandelt hat. Diese Herrschaften dachten, der Nationalsozialismus ginge zu Ende und man müsse sich auf der anderen Seite eine Zukunft sichern.

12. Welche Haltung hat die Partei im Hinblick auf die Abstammung Imrédys?[17]
Imrédy hat offiziell erklärt, in seinen Adern fließe jüdisches Blut.
Uns interessieren seine Unterlagen und Dokumente über seine katholische Konfession nicht, uns interessiert nur seine Rasse. Diese ist nicht mit Taufscheinen, sondern lediglich und ausschließlich mittels anthropologischer Untersuchungen festzustellen. Wir sind so lange nicht geneigt, seine nichtjüdische Abstammung zu akzeptieren, bis er sich vor die europäischen Anthropologen stellt und diese erklären, dass er frei von jüdischem Blut sei. Bis dahin können beliebig viele Anhänger erklären, sie hätten seine Papiere untersucht und sie in Ordnung gefunden. Wir sind nicht an seinen Papieren, sondern an seiner rassischen Abstammung interessiert.
Die Erklärungen seiner Anhänger interessieren uns ohnehin nicht, sondern lediglich Imrédys persönliche Stellungnahme. Wenn er einst offiziell erklärte, jüdisches Blut in sich zu haben, dann muss er ebenso offiziell das Gegenteil kundtun. Bis dahin ist der Wert jeder anderen Aussage gleich null!

13. Aus dem Kreis um Imrédy bzw. durch seine Schuld hat sich eine neue antideutsche Propaganda entwickelt. Derzufolge wollen die Deutschen Imrédy halten, da er ihren imperialistischen Zielen diene. Wie ist die Lage in dieser Hinsicht zu bewerten?
Wir unterstellen den Deutschen überhaupt keinen Imperialismus, denn Imperialismus und Nationalsozialismus stehen sich diametral gegenüber. Darüber gibt es auch bei den Deutschen keine Zweifel. Wenn es in ihren Reihen imperialistische Auswüchse gibt, be-

16 Die illustrierte Wochenzeitung Magyar Futár (Ungarischer Kurier) erschien seit 1941 in einer Auflage von 70 000 Exemplaren. Ihr Chefredakteur war Ferenc Rajniss, der spätere Bildungsminister der Szálasi-Regierung.
17 Siehe dazu Dok. 90 vom 30.12.1942.

schneiden sie diese selbst. Wir gehen also davon aus, dass nichts an diesen Aussagen ist, und zwar nicht, weil wir Imrédy vertrauen, sondern den Deutschen.

14. Ist es wahr, dass es zwischen den angelsächsischen Alliierten und den Sowjets große Gegensätze gibt?
Es ist wahr, dass zwischen ihnen tiefgreifende weltanschauliche und andere Gegensätze bestehen, die sie aber nicht daran hindern, die Deutschen gemeinsam vernichten zu wollen. Aufgrund dieses Interesses sind sie bereit, alle Interessenkonflikte bezüglich der Beute beiseitezuschieben.

15. Mehrere Führer der Imrédy-Partei suchen Kontakt zu den lokalen Führern und zu den lokalen Organisationen unserer Partei und schlagen eine gemeinsame Arbeit vor, damit die Führungen beider Parteien miteinander in Verhandlungen treten. Entspricht diese Behauptung der Wahrheit?
Das stimmt nicht! Eine ordinäre Lüge! Sie verfolgt keinen anderen Zweck als die Stärkung der schwachen lokalen Organisationen der Imrédy-Partei. Mit der Partei der Ungarischen Erneuerung führen wir keine Verhandlungen, jede derartige Initiative unsererseits haben wir am 25. Februar 1942 eingestellt.[18]

16. Was ist unser Standpunkt in Bezug auf das Versammlungsverbot?
In der Einführung erklärten wir bereits, dass wir dieses nicht zur Kenntnis nehmen. Die Organisationen lösen diese Frage überall entsprechend den praktischen Möglichkeiten. Informieren wir auch die lokalen Verwaltungen darüber, dass wir das Verbot nicht zur Kenntnis nehmen. Unsere Brüder sollten sich darauf berufen, dass dies ein Befehl von mir ist.

17. Können angelsächsische und eventuell auch sowjetische Luftangriffe auf dem Gebiet unserer Heimat den Eisenbahnnachschub für die Ostfront unterbinden?
Eine vollständige Lähmung des Eisenbahnverkehrs ist unmöglich, denn mit den zur Verfügung stehenden Mitteln können die Eisenbahnlinien binnen kürzester Zeit instand gesetzt werden. Andererseits haben die Bombardierungen auch deshalb keinen Erfolg, weil sich die deutsche Heeresführung zur Sicherung des Nachschubs nicht erst jetzt vorbereitet, sondern dies bereits viel früher getan hat. Eine diesbezügliche Tätigkeit des Feindes spielt in ihren strategischen Plänen bereits eine Rolle.

18. Welche Haltung hat die Partei in der Frage des Privateigentums?
Wir betrachten das Materielle nicht als heilig – heilig ist allein das nationale Vermögen, das nur deshalb in Besitz genommen werden darf, um es verantwortlich und nützlich einzusetzen. Wer dem entgegenhandelt, der wird enteignet. Jeder darf also Privatvermögen besitzen, aber nur solange er es im Interesse der Nation nützlich machen kann. Wer nicht erfolgreich damit arbeitet, dem werden wir es wegnehmen und einem anderem überlassen, der es zugunsten seiner selbst, seiner Familie und der Gemeinschaft einsetzt.

18 Am 25.2.1942 wurden die zwei Mitbegründer der Pfeilkreuzlerpartei Kálmán Hubay und Jenő Ruszkay aus der Partei ausgeschlossen. Es kam zu einer Spaltung der Partei, in deren Folge die Fraktion der Pfeilkreuzler im Parlament von 49 auf 18 Abgeordnete schrumpfte.

DOK. 198

Rezső Kemény bittet am 2. Juni 1944 einen Freund, seinen Kindern Geld zukommen zu lassen, falls er von der Deportation nicht heimkehren sollte[1]

Brief von Rezső Kemény,[2] Pestszenterzsébet, Dessewffy-Straße 44, an einen Freund vom 2.6.1944

Mein lieber Freund!
Seit zwei Tagen befinde ich mich in Gewahrsam einer ansehnlichen Zahl von Polizisten im Getto in der Lázár-Straße 11–13.[3] So muss ich mich nun wohl zusammen mit meiner Frau[4] auf jene lange Fahrt vorbereiten, von der es wohl kaum eine Rückkehr geben wird. Wir wurden bereits vor zwei Tagen von unseren Kindern (Klára – neunzehn Jahre alt, Miklós[5] – fünfzehn Jahre alt) getrennt. Sie arbeiten derzeit in der heimischen Wirkwarenfabrik Lehr, wogegen ich selbstverständlich keine Einwände habe.
Ich möchte mich rebus sic stantibus[6] von denjenigen verabschieden, die ich hier in Pestszenterzsébet zu respektieren und lieben gelernt habe.
Erlaube mir bitte, über Dich auch diejenigen zu grüßen, die meine Gönner bzw. Freunde waren. Ich habe keine Zeit mehr, sie einzeln anzuschreiben.
Sei also bitte so gut und übermittle bei Gelegenheit meine tiefe Hochachtung an unsere Kollegen Dr. Dezső Suda, Benedek Sepsey und Lajos Koncz[7] sowie meine Grüße an die Kollegen Sámson und Reiszter.
Auch grüße ich herzlich unseren Freund Vazul Gunda.[8]
Tief bewegt denke ich an Herrn Vitéz Lányi, den Vizepräsidenten Csathó sowie an die Herren Richter Kachkovits und Halmi, mit denen mich, insbesondere mit den beiden ersten, ein Band der Dankbarkeit und der liebevollen Erinnerung verbindet. Sie kannten und beobachteten meine juristischen Stolpereien mit Nachsicht, sie kannten mich aber auch als Mensch. Sie bzw. die Vizepräsidenten Lányi und Csathó waren die letzten Menschen in meinem Leben, deren Hände ich schütteln durfte – aus jener Welt, die ich schätzte und wegen ihrer Gerechtigkeitsliebe immer schätzen werde.
Seit 1. Juni 1944 bin ich kaum noch Gerechtigkeit begegnet, und ich glaube, dass ich auch in naher Zukunft mit einer solchen Begegnung nicht mehr rechnen kann.
Ich war und bin, seitdem ich im Getto lebe, vielen menschenunwürdigen Demütigungen ausgesetzt. Denke nicht, lieber Freund, dass ich aus Feigheit nicht zum Revolver greife.

1 USHMM, 2000.78, Rezső Kemény collection. Abdruck in engl. Übersetzung in: Emil Kerenji (Hrsg,), Jewish Responses to Persecution, Vol. IV: 1942–1943, Lanham 2015, S. 397 f. Das Dokument wurde aus dem Ungarischen übersetzt.
2 Dr. Rezső Kemény (1886–1944 oder 1945), Jurist; Rechtsanwalt in Budapest, von 1929 an in Pestszenterzsébet; er wurde vermutlich nach der Ankunft in Auschwitz ermordet.
3 Das Getto in Pestszenterzsébet wurde nicht in einem separaten Gebiet, sondern in einzelnen Häusern eingerichtet.
4 Frau Rezső Kemény, geb. Erzsébet Holczer (1895–1944 oder 1945), wurde in Auschwitz ermordet.
5 Klára Kemény wurde in Bergen-Belsen ermordet. Miklós Kemény (*1929) wurde in Bergen-Belsen inhaftiert und dort befreit; emigrierte in die USA.
6 Lat.: so wie die Dinge stehen.
7 Dr. Dezső Suda, Rechtsanwalt in Pestszenterzsébet; Dr. Benedek Sepsey, Rechtsanwalt in Soroksár; Dr. Lajos Koncz, Rechtsanwalt in Csepel, später in Budapest.
8 Dr. Vazul Gunda, Rechtsanwalt in Pestszenterzsébet, 1932–1946 Vizepräsident der Pesterzsébeter Abt. der Frontkämpfervereinigung; 1946 von der Rechtfertigungskommission zu sechs Monaten Berufsverbot verurteilt.

Das ist keine Feigheit, sondern eher das Gegenteil. Solange meine Frau am Leben ist, habe ich das Gefühl, so etwas nicht tun zu können. Übrigens hat die Behörde mir meinen Revolver auch beschlagnahmt.
Auch für die Zukunft der Heimat sehe ich schwarz. Um tagespolitischer Vorteile willen sind vor vielen Jahren ein Regierungsvertreter und die sich um ihn gruppierenden Kreise ein Haar breit vom rechten Weg abgekommen, indem die Juden aus innen- und außenpolitischen Überlegungen als Quelle jedes Problems identifiziert wurden. Danach gab es kein Zurück mehr, man hat sich mehr und mehr in eine Sackgasse hineinmanövriert. In bestimmten Kreisen ist jedes Verantwortungsbewusstsein abhandengekommen. Egal wie dieser verdammte Weltkrieg enden wird, selbst im Fall des erhofften deutschen Sieges – bei Friedensschluss kann man nicht jede Unmenschlichkeit oder moralisch anfechtbare Maßnahme den Deutschen oder anderen Mächten zuschreiben. Die finnische Nation konnte ihre staatliche Souveränität bewahren, ihrem nationalen Willen Nachdruck verleihen. Bei uns ist das leider nicht so, und dies wird im Falle eines Friedensabschlusses und einer Friedensverhandlung gewöhnlich eine Rolle spielen.
Aber warum langweilige ich Dich mit langwierigen politischen Meinungsäußerungen? Schließlich sieht jeder Mensch diese Dinge anders. Außerdem muss ich Dich noch mit meinen privaten Angelegenheiten belästigen, bitte sei so gut, Dich auch damit zu befassen, sofern es Deine Zeit erlaubt.
Die Sache ist die: Meine Tochter Klára und mein Sohn Miklós sind als Arbeiter in der Ungarischen Wirkwarenfabrik Lehr beschäftigt. Im Moment sind sie noch mit Geld versorgt (ich hatte ihnen mein ganzes Geld gegeben, da wir laut Befehl keinen Heller mitnehmen durften), ich gehe jedoch davon aus, dass, wenn sie am Leben bleiben, die Zeit kommen wird, da sie ein paar Pengő benötigen werden. Diesem Brief lege ich sechs Sparbücher bei, auf denen aus Restgeldern ungefähr 240 Pengő liegen. Ich bitte Dich sehr, diese aufzubewahren und sie ihnen zu übergeben, wenn sie Geld brauchen. Außerdem lege ich eine von der Ungarischen Allgemeinen Versicherungsgesellschaft ausgestellte Lebensversicherungspolice in Höhe von sechshundert Dollar bei. Wenn Du die Nachricht über meinen Tod erhältst, lass Dir diese Summe für die Kinder ausbezahlen. Im Vertrag ist auch das Kriegsrisiko abgesichert, und im Falle eines Unfalls bezahlt das Unternehmen die doppelte Prämie. Wenn ich mich bis zum 31. Dezember 1944 weder persönlich noch per Brief bei dir gemeldet habe, teile, lieber Freund, der Ersten Ungarischen [Versicherungsgesellschaft] doch mit, dass ich den Beitrag von 102 Pengő aufgrund meiner Deportation ins Ausland nicht einzahlen kann und dass es überhaupt heißt, dass sich der Versicherungsnehmer auf einem anderen Planeten befindet.
Vielleicht werde ich [doch noch einmal] die Möglichkeit haben und Gelegenheit finden, Dir meine Dankbarkeit für Deine mir und meinen Kindern gegenüber an den Tag gelegte Güte zu erweisen.
Jetzt kann ich nichts mehr als freundschaftlich Abschied von Dir nehmen. Bitte übermittle der gnädigen Frau den Ausdruck meiner Hochachtung. Ich wünsche Euch beiden Lieben und Deiner Familie alles Schöne und Gute, gute Gesundheit und Kraft.
In freundschaftlicher Liebe[9]

9 Die Juden aus dem Getto Pestszenterzsébet wurden ins Sammellager Monor gebracht, von wo aus sie Anfang Juli 1944 nach Auschwitz deportiert wurden.

DOK. 199

The New York Times: Artikel vom 4. Juni 1944 über den Appell US-amerikanischer Senatoren an die Bevölkerung Ungarns, sich den antijüdischen Maßnahmen zu widersetzen[1]

Senatoren verfassen Aufruf zur Rettung ungarischer Juden

Der Auswärtige Ausschuss appelliert an die Bevölkerung, den „kaltblütigen Mord" zu stoppen
Der Auswärtige Ausschuss des Senats charakterisiert die Anwendung der antijüdischen Nürnberger Gesetze[2] in Ungarn als „kaltblütigen Mord"

Er rief gestern die ungarische Bevölkerung auf, den Befehlen ihrer Marionettenregierung Widerstand entgegenzusetzen, den Juden Fluchthilfe zu leisten, damit sie über die Grenze entkommen können, und sowohl „diejenigen im Auge und im Gedächtnis zu behalten, die Komplizen des Mordes sind, als auch jene, die Mitgefühl zeigen", bis die Zeit gekommen sein wird, in der Schuld und Unschuld gewogen werden.
Der Aufruf wurde vom Office of War Information[3] auf Ungarisch, Französisch, Deutsch und in den Balkansprachen via New York in Richtung Kontinent ausgestrahlt.
Hintergrund der Erklärung sind die Maßnahmen, denen die jüdische Bevölkerung Ungarns seit der deutschen Besetzung am 19. März ausgesetzt ist. Diese beinhalten die Beschlagnahme jüdischer Geschäfte und Industrieanlagen, den Transport der Juden ins Landesinnere, weg von der Front, und die Errichtung von Gettos, in die laut Laszlo Baky von der ungarischen Nazi-Partei 320 000 Juden verschleppt wurden.
Der Text des Aufrufs
Die Bevölkerung der Vereinigten Staaten und alle freiheitsliebenden Menschen sind entsetzt über die Nachricht, dass Hitler die 800 000 Juden in Ungarn dem Tod geweiht hat. Es ist unvorstellbar, dass die ungarische Bevölkerung die kaltblütige Ermordung unschuldiger Männer, Frauen und Kinder billigt. Ungarn war einmal der Hafen für Zehntausende, die vor dem Nazi-Terror in andere Länder flohen. Ungarn schützte einmal die Hilflosen, die innerhalb seiner Grenzen Zuflucht suchten. Die Ungarn boten ihren jüdischen Mitbürgern einmal Schutz. Doch nun hat sich die ungarische Marionettenregierung dem ruchlosen Entschluss der Nazis, sich der Juden zu entledigen, angeschlossen.
Noch hat das ungarische Volk Zeit, der Welt zu demonstrieren, dass dieses gottlose Vorhaben Verrat am wahren ungarischen Geist ist.
Sie können die Juden so lange verstecken, bis sie über die Grenzen in Sicherheit gebracht werden können. Sie können den Erwerb von Eigentum, das den Juden gestohlen wurde, verweigern. Sie können jedes erdenkliche Mittel anwenden, um die Nazis und die Ungarn, die mit ihnen kooperieren, in ihrem Tun zu behindern. Sie können sowohl diejeni-

1 The New York Times vom 4.6.1944, S. 4: Senators appeal on Hungary's Jews. Foreign Relations Committee Pleads With People to Stop „Cold-Blooded Murder". Das Dokument wurde aus dem Englischen übersetzt.
2 Ungarn führte ähnlich den Nürnberger Gesetzen eigene antijüdische Gesetze ein.
3 Das US-amerikan. Amt für Kriegsinformationen war im Zweiten Weltkrieg für die Verbreitung von Regierungsinformationen und Kriegspropaganda zuständig.

gen im Auge und im Gedächtnis behalten, die Komplizen des Mordes sind, als auch jene, die Mitgefühl zeigen, bis die Zeit gekommen sein wird, in der Schuld und Unschuld unerbittlich auf die Waagschale gelegt werden. Diese Zeit ist nah.
Der Aufruf des Auswärtigen Ausschusses wurde unterzeichnet von den Senatoren Tom Connally, Texas, Vorsitzender; Walter F. George, Georgia; Robert F. Wagner, New York; Joseph F. Guffey, Pennsylvania; Bennett Champ Clark, Missouri; Robert R. Reynolds, North Carolina; G. M. Gillette, Iowa; Theodore Francis Green, Rhode Island; James M. Tunnell, Delaware; Alben W. Barkley, Kentucky; Arthur Capper, Kansas; Robert La Follette Jr., Wisconsin; Arthur H. Vandenberg, Michigan; James J. Davis, Pennsylvania, und James E. Murray, Montana.[4]

DOK. 200
Béla Trebitsch notiert zwischen dem 31. Mai und dem 5. Juni 1944 verschiedene Schikanen seit dem Beginn der deutschen Besetzung Ungarns[1]

Handschriftl. Tagebuch von Béla Trebitsch,[2] Einträge vom 31.5. bis 5.6.1944

31.5.1944: Unter dem Einfluss der neuen politischen Linie[3] wurde meine Wohnung von einem Nachbarn beansprucht. Innerhalb von vierzehn Tagen muss sie übergeben werden. Zudem ist zum 5. der Marschbefehl[4] gekommen.
1.6.1944: Auf eine Anzeige von Hausbewohnern hin wurde bei den jüdischen Bewohnern und dem Hausmeister eine große Hausdurchsuchung durchgeführt. Es wurde nach Kurzwellensendern und Empfängern gesucht – ein völliger Misserfolg.[5]
2.6.1944: Ich wurde zum Verhör in die Zweigstelle auf dem Schwabenberg zitiert.[6] Die konfiszierten [...][7] Pengő erhielt ich zurück. [Reine] Politische Hetze. Ich wurde wieder freigelassen.
5.6.1944: Gerle wurde aus dem Haus heraus abgeführt und kam nicht zurück.[8]
Die Wohnung habe ich getauscht!

4 Demokratische Senatoren waren Tom Connally (1877–1963), Walter F. George (1878–1957), Robert F. Wagner (1877–1953), Joseph F. Guffey (1870–1959), Bennett Champ Clark (1890–1954), Robert R. Reynolds (1884–1963), Guy Mark Gillette (1879–1973), Theodore Francis Green (1867–1966), James M. Tunnell (1879–1957), Alben W. Barkley (1877–1956) und James E. Murray (1876–1961). Den Republikanern gehörten an: Arthur Capper (1865–1951), Robert La Follette Jr. (1895–1953), Arthur H. Vandenberg (1884–1951) und James J. Davis (1873–1947).

1 Original in Privatbesitz von Agnes Harichovszky, Kopie: USHMM, 2011.184. Das Dokument wurde aus dem Ungarischen übersetzt.
2 Béla Trebitsch (1898–1945); Besitzer der Schuhfabrik TABU; konvertierte während des Kriegs zum Christentum, von Juni 1944 an im Arbeitsdienst, im Nov. 1944 erhielt er einen Schutzbrief des Vatikans; Dez. 1944 Deportation nach Bergen-Belsen; er starb in Theresienstadt nach der Befreiung.
3 Gemeint ist der Regierungswechsel nach dem deutschen Einmarsch Mitte März 1944.
4 Gemeint ist der Einberufungsbefehl zum Arbeitsdienst.
5 Personen jüdischer Abstammung mussten Mitte April 1944 ihre Radioapparate abgeben; siehe Dok. 165 vom 10.5.1944, Anm. 8.
6 Am Schwabenberg befanden sich der Sitz der Gestapo und des SD.
7 Zahl unleserlich. Eventuell: 7100.
8 Herr Gerle war ein jüdischer Mieter des Hauses in der Nürnberg-Straße, wo auch Béla Trebitsch mit seiner Familie wohnte.

DOK. 201

Frau Csillag und ihre Schwiegertochter Edith beschreiben in ihrem letzten Brief aus dem Getto Győr am 5. Juni 1944 den dortigen Alltag[1]

Brief der Familie Csillag, Győr, an Kata und Feri, Budapest, vom 5.6.1944

Liebste Kata, liebster Feri!

Deine Postkarte vom 1. Juni, meine Kata, habe ich am Samstag erhalten. Ich würde mich über Neuigkeiten von Euch freuen. Seid Ihr noch in Eurer alten Wohnung? Wenn nicht, wo wohnt Ihr jetzt? Sobald Ihr Genaueres wisst, schickt mir Eure neue Adresse.

Wir haben uns schon daran gewöhnt, dass wir zu acht in einem Zimmer schlafen,[2] der Garten ist hilfreich, da wir uns den ganzen Tag draußen aufhalten können.

Uns geht es gut, wir sind gesund, haben auch zu essen. Wir haben schon Besuch gehabt, von den Keménys, der Familie von Jóska Csillag,[3] den Familien Polgár und von László Steiner.[4] Heda wohnt bei den Csillags.

Edith[5] war schon bei der Familie von Kata Szabó, hat auch mit Tante Böske gesprochen. Ich habe schon geschrieben, dass es Kata wesentlich besser geht.

Gestern kam Oszkár Szabó zu Jolán,[6] er befand ihren Zustand für so gut, dass sie in einer Woche aufstehen darf.

Unsere Mitbewohner, die im zweiten Zimmer wohnen, sind sehr nette, angenehme Menschen. Gáti ist pensionierter Eisenbahner. Szávai ist Rechtsanwalt und wird morgen einrücken.

Wie steht es mit Gyula,[7] wird er freigestellt? Hat Miki schon eine Arbeit?

Dávid war bis jetzt noch nicht da. Vielleicht kommt er nächsten Samstag hierher?

Anna[8] und Márta[9] geht es gut, sie haben Gesellschaft im Garten, Nachbarkinder, es gibt eine Schaukel im Garten.

1 HDKE, 2012.2062. Das Dokument wurde aus dem Ungarischen übersetzt.

2 Die jüdische Bevölkerung der Stadt Győr musste am 15.5.1944 in das örtliche Getto im Stadtteil Győrsziget ziehen. Insgesamt wurden etwa fünfmal so viele Personen in den 430 Gebäuden des Gettos untergebracht, wie zuvor in jenem Gebiet lebten. Vom 7.6. an wurden die Gettobewohner zusammen mit den Juden aus dem Komitat in einem Sammellager in dem Elendsviertel in der Budai-Straße untergebracht. Bereits am 11.6. begannen die Deportationen. Der erste Transport erreichte am 15.6. Auschwitz. Der zweite Transport verließ Győr am 14.6.1944.

3 József Csillag (1902–1944), Buchhalter; 1934 Emigration zusammen mit seiner Familie aus Wien nach Ungarn, im Juni 1944 Deportation aus dem Getto Győr nach Auschwitz, Zwangsarbeit in Bochum, im Dez. 1944 ermordet.

4 László Steiner (1875–1944), Bauingenieur; im Juni 1944 aus dem Getto Győr nach Auschwitz deportiert und dort ermordet.

5 Dr. Edith Halász, verh. Csillag, Psychologin; im Juni 1944 Deportation aus dem Getto Győr nach Auschwitz, dort ermordet.

6 Jolán Neményi, verh. Csillag (1889–1944), Frau von Jenő Csillag, im Juni 1944 aus dem Getto Győr nach Auschwitz deportiert und dort ermordet.

7 Gyula Csillag (1926–1945), Student; Sohn von Ferenc Csillag, im Winter 1944/45 aus Budapest Richtung österreich-ungar. Grenze deportiert, erschossen.

8 Anna Csillag (1935–1944), Tochter von Edith Halász und György Csillag, im Juni 1944 aus dem Getto Győr nach Auschwitz deportiert und dort ermordet.

9 Vermutlich: Márta Krausz (1937–1944); im Juni 1944 aus dem Getto Győr nach Auschwitz deportiert und dort ermordet.

Wir hoffen, dass wir diese unangenehmen Tage ohne größere Not überstehen.
Gott soll Euch und auch uns schützen! Es küsst Euch alle, Kata, Jenő, Miki, Edith, Feri Adél, Gyula, Eure Euch liebende Mutter

Liebe Kata,
gestern hat Tante Szabó gesagt, dass nun auch Jenő[10] einrücken muss.[11] Mama weiß das noch nicht, und wir werden es ihr auch nicht sagen, solange Du es ihr nicht schreibst. Das wird sie bestimmt sehr aufregen. Wir glauben, auch unser Sohn muss einrücken, aber ich finde es auch nicht schlimm. Ich weiß natürlich, dass es sehr weh tut, aber man muss sich damit abfinden. Wie mit vielem anderen auch!
Mama verhält sich sehr ruhig, sie ist still und gibt sich große Mühe, sich anzupassen. Vorgestern führten Polizisten bei uns eine Hausdurchsuchung durch, weil sie jemanden suchten. Sie leuchteten überall hinein, unter die Betten usw. Sie waren freundlich und höflich, aber es war trotzdem aufregend genug. Als sie weggingen, erklärte Mama: „Na ja, so etwas ist mir in Győr auch noch nie passiert." Witzig, nicht wahr? Sie hält sich meistens mit den Kindern im Garten auf, und das ist ein Glück, weil hier ein schreckliches Durcheinander herrscht. In dem $20m^2$-Zimmer schlafen wir zu acht, Annuska[12] und Mártika auf dem Boden. Von allen unseren Möbeln haben wir nur das Bett von Mama und mir mitgenommen und einen Mülleimer. Mehr Platz haben wir nicht. Unsere Sachen liegen herum, im Schuppen auf dem Boden, wir können nichts mehr finden. Wir sind nervös, durcheinander, wir hassen unser Leben und einander. Die arme Jolán liegt bewusstlos im Bett. Nur Ferike[13] ist wie ein Engel, ein wirklich liebes Kerlchen. Was wird mit Euch geschehen? Rózsi hat lange nicht mehr geschrieben, ich verstehe es gar nicht. Ist ihnen auch nichts zugestoßen? Ich habe ihnen schon von hier geschrieben. Das größte Problem ist, dass auch die Kinder irre werden, wir sind zu viele, die sie erziehen, und das nicht gerade so, wie ich es mir als Pädagogin von Herzen wünschen würde. Sie schlafen auch nicht genug. Aber wir hoffen, dass wir durchhalten. Ich möchte doch noch mal Gyuri[14] sehen.
Es küsst dich
Edith

10 Vermutlich: John Chillag (1927–2009), Sohn von József Csillag, im Juni 1944 Deportation aus dem Getto Győr nach Auschwitz, Zwangsarbeit in Bochum, im Lager Buchenwald befreit; nach dem Krieg emigrierte er nach Australien, 1957–1963 für die Australian Atomic Energy Commission tätig, 1962 Emigration nach Großbritannien; Autor von „The Odyssey of John Chillag, a Hungarian Jew Born in Vienna" (2006).

11 Laut Tagesmeldung aus dem Getto in Győr an den Budapester Judenrat wurden am 4.6. alle Männer zwischen 18 und 48 Jahren dazu aufgerufen, sich zum Arbeitsdienst zu melden; siehe Tagesmeldungen aus den ländlichen Gettos, Meldung aus dem Getto Győr am 9.6; Abdruck in: Molnár/ Frojimovics (Hrsg.), Gettómagyarország (wie Dok. 195 von Mai 1944, Anm. 1), S. 75.

12 Anna Csillag.

13 Ferenc Krausz (1943–1944), im Juni 1944 aus dem Getto Győr nach Auschwitz deportiert und dort ermordet.

14 Dr. György Csillag (1900–1942), Arzt; 1941 Einberufung zum Arbeitsdienst, an der sowjet. Front verschollen.

DOK. 202

Ein anonymer Denunziant beschwert sich am 5. Juni 1944, dass der Bürgermeister von Cegléd die Juden begünstigt und die Gettoisierung nur zögerlich umgesetzt habe[1]

Handschriftl. anonyme Anzeige an den Vizegespan des Komitats Pest,[2] Budapest, vom 5.6.1944

Sehr geehrter Herr Vizegespan!

Mit demütigem Respekt und in patriotischer Verpflichtung ergreife ich die Feder, um Sie, sehr geehrter Herr Vizegespan, ein wenig über die Geschehnisse in Cegléd zu informieren.

Die ganze Stadt zeigte sich empört über die Vorgehensweise des hiesigen Bürgermeisters, Gyula Sárkány,[3] der die die Juden betreffenden Regelungen zunächst aufschob, um sie dann in der Weise zu erledigen, dass er die Juden aufforderte, in einen ziemlich zentral gelegenen Stadtteil umzuziehen.[4] Dort wohnt allerdings eine gehobene, gebildete Schicht von reformierten Erziehern und Lehrern, die sich entschieden gegen diese unrechtmäßige Maßnahme gewandt und sich vermutlich schon bei den zuständigen Stellen beschwert haben.

Falls diese Angelegenheit in den Zuständigkeitsbereich des Herrn Vizegespans fällt, möchte ich Sie bitten, sie schnellstens zu untersuchen. Dies umso mehr, als sich hier auch seit längerem Angelegenheiten häufen, die ebenfalls in die Zuständigkeit des genannten Bürgermeisters fallen, bislang aber kaum oder gar keine Erledigung fanden. Er schlug sich zu sehr auf die Seite der Juden, weil er selbstverständlich davon profitierte. Ich bitte also den Herrn Vizegespan um eine strenge, patriotische und keine Kompromisse duldende Untersuchung. Denn eine derartige Führung verdient nicht das Vertrauen der Einwohner in diesen schweren Zeiten, in denen wir auf Zusammenhalt und nicht auf interessegeleitete Zersetzung setzen sollten. In der Hoffnung, mit diesen Zeilen meine patriotische Pflicht erfüllt zu haben, verbleibe ich meines Volkes und des Herrn Vizegespans ehrlicher und treuer Helfer und patriotischer Verehrer, der Ordnungswidrigkeiten nicht zu tolerieren vermag.[5]

1 MNL PML, IV/408.b. Pest vármegye közigazgatási iratai 33 639/1944. sz. i. Das Dokument wurde aus dem Ungarischen übersetzt.

2 Gemeint ist vermutlich Vitéz Dr. József Sági, auch Sághy (*1908), von 1936 an im Dienst der Komitatsverwaltung, Unternotar, von Anfang 1944 an Vizeobernotar; von Juni 1944 an Vizegespan des Komitats Pest-Pilis-Solt-Kiskun, ernannt am 30.5.1944, offiziell aber erst am 12.6.1944 eingesetzt. Zuvor hatte László Endre diese Position bekleidet.

3 Dr. Gyula Sárkány (1890–1980), Jurist; 1920–1944 Bürgermeister von Cegléd, 1944/45 Bürgermeister von Hódmezővásárhely.

4 Das Getto Cegléd wurde nicht in einem abgeschlossenen Stadtteil eingerichtet, sondern die jüdischen Bewohner der Stadt mussten in 28 gekennzeichnete Häuser ziehen, die über das Stadtgebiet verstreut waren. Sie durften zwischen sechs und 21 Uhr die mit einem gelben Stern gekennzeichneten Häuser verlassen.

5 Handschriftl. Anmerkung des Büros des Vizegespans: „Die anonyme Anzeige erfordert keine weiteren Maßnahmen. Budapest, den 7. Juni 1944." Tatsächlich war Sárkány bereits am 2.6.1944 von seinem Posten entfernt und nach Hódmezővásárhely versetzt worden.

DOK. 203
Der Stadtarzt von Nagybánya (Baia Mare) informiert am 7. Juni 1944 den Bürgermeister, dass drei Personen aus einem Deportationszug auf Kosten der Stadt beerdigt wurden[1]

Brief des Stadtarztes von Nagybánya (90/1944), Unterschrift unleserlich, an den Bürgermeister[2] vom 7.6.1944[3]

Am 7. Juni um 19.15 Uhr rief mich Dr. Jenő Nagy,[4] Polizeirat und Leiter des hiesigen Polizeipräsidiums, an und forderte mich auf, zusammen mit dem von ihm beauftragten Polizeireferendar unverzüglich zum Bahnhof zu kommen und aus einem passierenden Zug einen oder mehrere auf dem Transport *verstorbene Juden* zu übernehmen. Zum besagten Zeitpunkt konnte ich dem nicht Folge leisten, weil ich im Bürgermeisteramt niemanden fand, dem ich darüber hätte Bericht erstatten können. Der Polizeirat wies mich allerdings darauf hin, dass für die Übernahme der Leichen [nur] 20 Minuten zur Verfügung stünden. So war ich gezwungen, selbst zu entscheiden, da ich die Leiche, oder besser gesagt, die Leichen, wie sich herausstellen sollte, nicht auf dem Bahnhof belassen konnte, ohne die Gesundheit der Bevölkerung zu gefährden. Deshalb bestellte ich vom Wirtschaftsgelände zwei Gespanne. Mit einem jüdischen Leichen- und Transportwagen samt Sarg begab ich mich zusammen mit dem Polizisten zur Station. Der Transportzug traf um 20.18 Uhr ein. Wir fanden drei Leichen vor: die verwitwete Frau Sándor Bretter, geb. Róza Schönfeld, 90 Jahre alt, wohnhaft in der Sándor-János-Straße 55 in Marosvásárhely, Rachel Lea Moskovics, 85 Jahre alt, wohnhaft in Dédabisztra, und Emil Dénes, 36 Jahre alt, wohnhaft in Dédabisztra. Leider war es nicht möglich, die vollständigen Personalien der Verstorbenen zu ermitteln, da es sich um einen Transport handelte, in dem sich Menschen aus mehreren Orten befanden, die alle erkrankt waren. Die Verstorbenen litten laut Angaben der begleitenden Ärzte nicht an ansteckenden Krankheiten. Es sei dennoch ratsam [so hieß es], die Leichen nicht zu übernehmen, um auf diesem Wege keine Epidemie einzuschleppen. Ich weiß nicht, warum, aber laut dem zur Überwachung des Transports abgestellten Oberwachtmeister der Gendarmerieeinheit hat er bereits bei mehreren Orten, wie in Zilah und Zsibó, beantragt, die Leichen zu übernehmen. Sie haben diese Bitte mit der Begründung verweigert, dort stünden keine Ärzte zur Verfügung. Das hätte man auch hier verweigern können, denn in erster Linie wäre der Betriebsarzt der Ungarischen Eisenbahnen für die Leichen zuständig gewesen. Dieser dient derzeit als Soldat. Sollte man die Leichen dennoch übernehmen müssen – schließlich kann dies noch einige Male vorkommen –, bitte ich Sie um Genehmigung und [für den aktuellen Fall] um eine nachträgliche Zustimmung, so dass der Stadtarzt die notwendigen und dringend erforderlichen Maßnahmen treffen kann, wie ich dies auch in diesem Fall gezwungenerweise tun musste.

1 SJAN Maramureş, Fond no. 1 (Primăria Baia Mare), Acte Administrative, dosar nr. 1168/1944, vol. 1, Bl. 58 f. Das Dokument wurde aus dem Ungarischen übersetzt.
2 Dr. Károly Tamásy.
3 Im Original handschriftl. Bearbeitungsvermerke und Unterstreichungen.
4 Dr. Jenő Nagy (*1895); Kommandant des Gettos in Nagybánya.

Da am heutigen 8. Juni Fronleichnam gefeiert wird, konnte ich über das Bürgermeisteramt nicht in Erfahrung bringen, wie die mir gestern übergebenen und ins jüdische Leichenhaus überstellten drei Leichen zu beerdigen sind. Da sich unter ihnen eine schon vor zwei Tagen verstorbene Leiche befand, war ich gezwungen, die Bestattungsfirma Kovács telefonisch anzuweisen, die Leichen auf Kosten der Stadt im Rahmen eines Sozialbegräbnisses zu bestatten. Möglicherweise hätte man auch vom hiesigen Arbeitsdienstbataillon Leute besorgen können, aber angesichts des Notfalls habe ich mich für eine andere Lösung entschieden. Ich bitte den Herrn Bürgermeister, diese Maßnahme nachträglich zu bestätigen,[5] da ich in den späten Abendstunden und am heutigen Feiertag mit niemandem Kontakt aufnehmen konnte. Ich bitte Sie darüber hinaus um Erlaubnis, dass ich als Stadtarzt auch zukünftig, falls notwendig unter vergleichbaren Umständen, entsprechende Maßnahmen treffen kann. Über die Beerdigung der Toten wurde die Polizei unter deren Telefonnummer 1885/1944 informiert. Die Nummer des Transports lautet 6,332,373. Es handelte sich um einen deutschen Transport.[6]

DOK. 204
Bischof László Ravasz notiert am 9. Juni 1944, welche Bemühungen er seit der deutschen Besetzung unternommen hat, um die Lage der konvertierten Juden zu verbessern[1]

Vermerk von László Ravasz vom 9.6.1944

Am 4. April 1944 habe ich den Chef der Kabinettskanzlei, Gyula Amrózy,[2] aufgesucht, um mich zu informieren, welche Auffassung der Herr Reichsverweser[3] in Bezug auf die aktuell gewordenen Judenverordnungen[4] vertritt und wann ich beim Herrn Reichsverweser wegen der Freilassung einiger reformierter Seelsorger und bedeutender Universitätsprofessoren vorsprechen darf.

1. Gyula Amrózy setzte mich davon in Kenntnis, dass sich der Herr Reichsverweser mit der derzeitigen Situation nur in der notwendigsten Weise beschäftige.[5] Er fühle sich als Gefangener und werde auch keinerlei Maßnahmen ergreifen, deren Vollzug auch nur

5 Im Original handschriftl. Vermerk: „Ja".
6 Vermutlich handelte es sich um den Transport aus dem Getto Marosvásárhely, der am 8.6. den Grenzbahnhof Kassa (Košice) Richtung Auschwitz passierte.

1 Ráday Levéltár, A-1-c Elnöki iratok, 700/1944. Das Dokument wurde aus dem Ungarischen übersetzt.
2 Richtig: Gyula Ambrózy (1884–1954), Jurist; von 1912 an Mitarbeiter des Justizministeriums, von 1921 an Mitarbeiter, von 1943 an Leiter der Kabinettskanzlei des Reichsverwesers; beteiligte sich an Versuchen, einen Separatfrieden für Ungarn abzuschließen; nach der Machtübernahme der Pfeilkreuzler verhaftet und nach Mauthausen verschleppt.
3 Miklós Horthy.
4 Nach der deutschen Besetzung führte die neu eingesetzte Sztójay-Regierung eine Reihe von antijüdischen Verordnungen ein, deren Erlass die vorige Regierung unter Kállay verweigert hatte.
5 Horthy ließ der ungar. Regierung nach der deutschen Besetzung freie Hand bei der Verabschiedung antijüdischer Gesetze; siehe Dok. 119 vom 29.3.1944.

im Geringsten von anderen, insbesondere von fremden Mächten, abhänge. Sein Standpunkt zur Judenfrage sei bekannt, er beabsichtige jedoch nicht, Einzelfälle mit dem Bevollmächtigten des Reichs[6] zu besprechen und sich dem Risiko auszusetzen, dass seine Bitte nicht erfüllt wird. Doch aufgrund des moralischen Gewichts, über das er innerhalb seiner eigenen Regierung verfüge, habe er zumindest erreichen können, dass an den bereits erlassenen Verordnungen Änderungen eingeleitet werden. Darüber könne ich am besten mit Jaross sprechen.

Von dort ging ich zum Herrn Innenminister Jaross hinüber, der mich nicht empfangen konnte. Er stellte mir einen Besprechungstermin um 7 Uhr abends in Aussicht. Ich erschien um 7 Uhr abends in seinem Büro und wartete bis Viertel vor acht und hatte dann Gelegenheit, die Sache mit ihm zu besprechen. Er setzte mich davon in Kenntnis, dass Seelsorger, Diakoninnen und Diakone sowie Nonnen vom Tragen des gelben Sterns ausgenommen seien. Sie würden sich darum bemühen, die Einheit der christlichen Familie zu wahren und im Interesse der zum Christentum Konvertierten auch die älteren als Juden geltenden Familienmitglieder vom Tragen des Sterns zu befreien. Ich bat ihn auch, diese Begünstigung auszuweiten und sie [diesen Personenkreis] auch vom Verbot der Beschäftigung von Hausangestellten[7] auszunehmen sowie schließlich im geplanten Judenrat nicht israelitische Juden mit der Vertretung der christlichen Juden zu betrauen, weil jene die Letzteren mit Hass und Verachtung verfolgten.[8]

Auf all das gab er [Jaross] insgesamt eine sehr günstige Antwort, so dass ich mit der Gewissheit wegging, diese Zugeständnisse würden binnen kurzer Zeit auch in Form von Verordnungen in Kraft treten.

Schon zuvor hatte ich meinen Präsidentenkollegen Jenő Balogh[9] gebeten, das Präsidium des ökumenischen Konvents möge im Hinblick auf das Judengesetz eine Erklärung abgeben und um Vergünstigungen für christliche Juden ersuchen. Da mich mein Präsidentenkollege Balogh vor den negativen Folgen bewahren wollte, wenn ich mich im Interesse der Juden zu Wort melde, kostete es Zeit, bis das Präsidium und dessen Kanzlei begriff, dass ich in dieser Frage auf dem richtigen Weg war und wir dem Ministerpräsidenten sowie den Ministern der entsprechenden Ressorts folgende Vorlage unterbreiten konnten:

„Erlauchter Herr Ministerpräsident![10] Die Führung der Reformierten Kirche in Ungarn hat mit großer Erleichterung die in der 77. Ausgabe des Budapester Amtsblatts publizierte ergänzende Verordnung Nr. 1.450 gelesen,[11] durch die Punkt 3 der ministeriellen

6 Edmund Veesenmayer.

7 Siehe Dok. 134 vom 4. bis 14.4.1944, Anm. 15.

8 Siehe auch Dok. 170 vom 15.5.1944.

9 Jenő Balogh (1864–1953), Jurist; von 1888 an Privatdozent in Budapest; von 1910 an StS für Religion und Bildung, 1913–1917 Justizminister; 1920–1935 Generalsekretär, 1940–1943 Vizepräsident der Ungarischen Akademie der Wissenschaften, 1921–1953 Oberkurator des transdanub. Kirchendistrikts.

10 Döme Sztójay. Siehe EOL, Iratok a II. világháború idejéből, 2. doboz.

11 Die VO 1.450 M. E. vom 4.4.1944 verfügte folgende Ausnahmen von der Kennzeichnungspflicht mit dem gelben Stern: christliche Priester, Mönche sowie Diakone, die eine fürsorgerische Tätigkeit ausüben; Ehefrauen, Witwen und Kinder von hohen militärischen Ordensträgern; Witwen und Waisen von Gefallenen des Zweiten Weltkriegs; konvertierte Ehepartner von Nichtjuden, wenn sie Kinder haben und diese als Nichtjuden gelten; ausländische Staatsbürger.

Verordnung Nr. 1.240[12] hinsichtlich der äußeren Kennzeichnung der Juden abgeschwächt wurde. Sie verbindet damit die Hoffnung, dass die Regierung Eurer Durchlaucht bei der Lösung der Judenfrage die Aspekte christlicher Nächstenliebe nicht vernachlässigen wird. Dies ermutigt uns, Euch voller Respekt die folgenden Bitten vorzutragen.
Den grundsätzlichen Standpunkt der christlichen Kirchen vermittelt uns das Wort Gottes: ‚Denn wieviel euer auf Christum getauft sind – die haben Christum angezogen. Hier ist kein Jude noch Grieche – hier ist kein Knecht noch Freier – hier ist kein Mann noch Weib; denn ihr seid allzumal einer in Christo Jesu.' Galater [Kap.] 3, [Vers] 27–28. Daraus folgt, dass Angehörigen der christlichen Kirchen keine solche Bürde auferlegt werden kann, nur weil sie als Juden geboren sind.
Da die Regierung Eurer Durchlaucht aber bei der Entscheidung der Frage, wer Jude sei, das Gesetz 1941:XV, Abs. 9 anwendet,[13] können wir nichts weiter tun, als im Rahmen des Gesetzes um einen rücksichtsvollen Umgang mit den als Juden geltenden Mitgliedern unserer Kirche zu bitten.
Wir bitten um die Ausweitung der den Seelsorgern eingeräumten Vergünstigungen auf alle Würdenträger der Reformierten Kirche, die ein Gelübde abgelegt haben (Lehrer, Grundschullehrer, Kantoren, Betreuer und Presbyter).
Wir bitten darum, die Befreiung von der Pflicht zum Tragen des Kennzeichens im Sinne der Verordnung Nr. 1.450 auch auf das Verbot der Beschäftigung von Hausangestellten auszuweiten.
Für den Fall schließlich, dass auch die ungarische Regierung einen sog. Judenrat zur Vertretung der Interessen der Juden bilden sollte,[14] möchten wir mit allem Respekt darum bitten, möglichst Sorge dafür zu tragen, dass die als jüdisch geltenden Angehörigen der christlichen Kirche nicht in den Kompetenzbereich des Judenrats fallen mögen, der aus nachvollziehbaren Gründen diesen gegenüber befangen ist, sondern ihnen eine eigene Interessenvertretung zu gewähren.
Wir vertrauen unsere Bitte dem Wohlwollen und der weisen Entscheidung Eurer Durchlaucht an und verbleiben mit aufrichtig empfundener vorzüglicher Hochachtung,
Budapest, 6. April 1944
Jenő Balogh, eigenhändige Unterschrift
Hauptverwalter
László Ravasz, eigenhändige Unterschrift
Bischof"

[2.] „Erlauchter Herr Innenminister![15]
Erlauben Sie mir, Ihnen im Hinblick auf die in der Ausgabe vom 31. März der offiziell verkündeten Regierungsverordnungen,[16] die sich auf die als jüdisch geltenden Personen beziehen, respektvoll das folgende Ersuchen der Reformierten Kirche in Ungarn zu unterbreiten.
Wir bitten darum, dass die zum Zeitpunkt des Erlasses der Verordnung in unserer Kirche zum Abhalten des Gottesdienstes befugten, jedoch gemäß der Verordnung als Juden

12 Siehe Dok. 120 vom 29.3.1944.
13 Siehe Dok. 51 vom 2.8.1941.
14 Der Zentralrat der ungarischen Juden wurde auf deutsche Anordnung hin im März 1944 gegründet.
15 Andor Jaross.

geltenden Seelsorger nicht zum Tragen des gelben Sterns gezwungen werden. Um dieselbe Befreiung bitten wir für alle Mitglieder der Reformierten Kirche, die ein Gelübde abgelegt haben (Grundschullehrer, Lehrer, Kantoren, Diakone, Betreuer, Presbyter) sowie den Regeln entsprechend gekleidete Diakoninnen.
Zweitens bittet unsere Kirche darum, dass als jüdisch geltende Familienmitglieder (Ehemänner und Ehefrauen), deren Kinder im Sinne der Verordnung ebenfalls von den die Juden betreffenden Verordnungen ausgenommen werden, d. h. in allen Fällen, in denen der christliche Charakter der Familie wiederhergestellt werden konnte, die Betreffenden vom Tragen des Abzeichens befreit werden, um die seelische Einheit der Familie nicht zu gefährden. Ebenfalls sollten sie vom Geltungsbereich der Bestimmungen, die sich auch auf die Hausangestellten beziehen, ausgenommen werden.
Drittens bitten wir mit aller Hochachtung darum, neben dem Judenrat auch einen christlichen Judenrat zur Vertretung der Interessen der als Juden geltenden Mitglieder der christlichen Kirche einzurichten.
Alle drei unserer Bitten sind so einleuchtend und selbstverständlich, dass ich angesichts der bewegten Zeiten die geschätzte Aufmerksamkeit Eurer Durchlaucht nicht eigens mit einer Begründung strapazieren möchte. Ich denke, dass die Kirche heutzutage nur bitten kann. Sie bittet demütig, voller Vertrauen und im Namen Gottes.
Ich ersuche Eure Durchlaucht, meine aus ehrlichem Herzen kommende vorzügliche Hochachtung entgegenzunehmen.
Budapest, 3. April 1944
László Ravasz, eigenhändige Unterschrift
dienstältester Bischof der Reformierten Kirche in Ungarn“

3. Am 12. April 1944 war ich zu einer Anhörung beim Herrn Reichsverweser. Ich habe die Geschichte der großen politischen Wende authentisch aus seinem Munde vernommen.[17] Ich habe die Motive für seine Stellungnahme verstanden und konnte ihn dahingehend beruhigen, dass jeder rechtschaffene Ungar diese ultimative politische Entwicklung durch seine Mitwirkung unterstützen wird, vorausgesetzt, die Regierung trifft keine Maßnahmen, die dies verhindern. Ich bat ihn darum, sich im Zusammenhang mit der Judenfrage jeder Stellungnahme zu enthalten, die die Verantwortung für die kommenden Grausamkeiten auf ihn lenken und seinen reinen Namen beschmutzen könnte. Er kann sich sicher sein, es werde Versuche in diese Richtung geben. Die Verzweifelten versuchen ihre eigene Rechnung mithilfe des moralischen Kapitals anderer zu begleichen.
4. Ebenfalls am 12. April führte ich ein längeres Gespräch mit András Tasnádi Nagy.[18] Als die wichtigste Persönlichkeit der rechten Parteien bat ich ihn darum, mit Hilfe einflussreicher Vertreter im Parlament die öffentliche Meinung so zu beeinflussen, dass

16 In der Ausgabe des Budapesti Közlöny, Nr. 73 vom 31.3.1944, erschien eine Reihe von antijüdischen Verordnungen, darunter die VO über das Verbot von nichtjüdischen Hausangestellten in jüdischen Haushalten und die VO über die Einführung des gelben Sterns für Juden ab dem sechsten Lebensjahr.

17 Siehe dazu Dok. 114 vom 19.3.1944.

18 András Tasnádi Nagy (1882–1956), Jurist; von 1908 an als Rechtsanwalt tätig, 1910–1926 Anwalt der Ungarischen Staatsbahnen; 1933–1935 StS im Justizministerium, 1935–1938 StS im Ministerium für Religion und Bildung, 1936–1944 Parlamentsabgeordneter, 1938/39 Justizminister, 1939–1945 Präsident des Parlaments; nach dem Krieg vom ungar. Volksgericht zu lebenslanger Haft verurteilt, in der Haft verstorben.

eine erträgliche Lösung der Judenfrage auf den Weg gebracht wird. Hierbei müsste Folgendes beachtet werden:

a) Kein einziges Mitglied einer vollständig christlich gewordenen Familie darf auf sein Judentum festgelegt werden, wenn der Übertritt zum christlichen Glauben noch vor dem Erscheinen des ersten Judengesetzes (1. Januar 1938) abgeschlossen war.

b) Wer über seinen Ehepartner zu Vergünstigungen gekommen ist, soll diese behalten, auch wenn dieser sich aufgrund eines Fehltritts des Ehegatten scheiden lassen musste.

c) Diejenigen Christen, die das Kennzeichen tragen müssen, sollen im Judenrat und bei der Separierung[19] sowie im gesamten Verwaltungsablauf getrennt behandelt werden und es sollte ihnen erlaubt werden, ein ihren christlichen Glauben hervorhebendes Kennzeichen zu tragen.

d) Ein als Jude geltender Christ soll seine Anstellung nicht verlieren, sofern er von seinem Einkommen eine rein christliche Familie erhält.

e) Es sollte eine Instanz geben, die in bestimmten Sonderfällen, unter Berücksichtigung besonderer Verdienste, die Befreiung [vom Tragen des Kennzeichens] verfügen kann (Wissenschaftler, Künstler, Soldaten etc.).

Ich konnte mich mit András Tasnádi Nagy nicht auf die Ausweitung der Vergünstigungen auf die Presbyter einigen. Er ging nicht darauf ein.

5. Das vom Präsidium des ökumenischen Konvents eingereichte Schreiben wurde vom Ministerpräsidenten am 10. Mai 1944 schriftlich beantwortet (Nummer 38. R. S.).[20] Wir waren schon davon ausgegangen, keine Antwort mehr zu erhalten, deshalb formulierte ich eine weitere Eingabe, in welcher ich dazu aufforderte, angesichts der inzwischen äußerst ernst gewordenen Situation[21] möglichst schnell bestimmte Maßnahmen zu ergreifen. Dieses Schreiben hatten wir zwar unterzeichnet, aber nicht mehr abgeschickt, weil es aufgrund des Briefs von Döme Sztójay neu verfasst werden musste. Bei diesem neuen Schreiben handelt es sich um die Vorlage Nr. /1944 des ökumenischen Konvents, eine Kopie davon liegt bei.[22] Eine Vorlage desselben Wortlauts wurde auch von der Vereinigten Evangelischen Kirche eingereicht.

In der Vorlage mussten alle Begünstigungen festgehalten werden, die die Regierung aufgrund des Drängens der christlichen Kirchen gezwungen war zuzugestehen. Wir wissen, dass es insgesamt sehr wenig ist, aber angesichts des Unmöglichen, das wir damals versuchten, kann man nicht unzufrieden sein.

6. József Cavallier,[23] der Generalsekretär der Vereinigung des Heiligen Kreuzes,[24] suchte mich am 3. Mai 1944 auf und fragte mich, ob ich bereit sei, mit der römisch-katholischen

19 Gemeint ist die Gettoisierung.

20 EOL, Iratok a II. vilagháború idejéből, 2. doboz.

21 Am 16.4.1944 begann die Gettoisierung in den ersten beiden Zonen (Distrikte VIII, IX und X), die in erster Linie die im Zuge der beiden Wiener Schiedssprüche und durch Kriegshandlungen annektierten Gebiete umfassten.

22 Liegt nicht in der Akte.

23 József Péter Cavallier (1891–1970), Journalist; Autor und Kritiker, Redakteur bei verschiedenen Zeitungen, Herausgeber der naturwissenschaftlichen Zeitschrift Búvár (Taucher); von 1939 an Generalsekretär, anschließend Präsident der Vereinigung des Heiligen Kreuzes; von 1946 an Beamter im Außenministerium, 1948 entlassen.

24 Die Vereinigung des Heiligen Kreuzes wurde 1939 zum Schutz und zur Unterstützung von Katholiken gegründet, die durch die antijüdischen Bestimmungen als Juden klassifiziert wurden.

Kirche zusammenzuarbeiten, um die Interessen der als Juden geltenden Christen zu wahren. Natürlich bejahte ich das. Ich fügte sogar hinzu, dass ich, wenn es mir dadurch gelänge, die angespannte Lage aufzulockern, gerne auch die Initiative ergriffe. Ich sagte auch zu, mich, in welcher Zusammensetzung und Form auch immer, privat oder in offiziellem Rahmen, an einer solchen Zusammenarbeit zu beteiligen, und zwar unter Vernachlässigung sämtlicher Prestigefragen. Daraufhin erhielt ich vom stellvertretenden Präsidenten der Organisation Guter Hirte[25] die Mitteilung von József Cavallier, dass sich der Fürstprimas[26] nach der Sitzung des Oberhauses mit mir treffen wolle. Zu diesem Zeitpunkt war ich schon an einer schweren Gelbsucht erkrankt und bettlägerig und bat daher Jenő Balogh, sich mit dem Fürstprimas zu treffen. Jenő Balogh sprach mit Albert Radvánszky,[27] und als er erfuhr, dass der Fürstprimas nichts dagegen einzuwenden hätte, wenn auch die Evangelische Kirche an dieser Besprechung teilnähme, sammelte er eine kleine Gruppe von reformierten und evangelischen Bischöfen und Oberkuratoren um sich, die an der Sitzung des Oberhauses teilgenommen hatten. Diese trafen sich mit dem Fürstprimas in einem Raum der Kommission und unterrichteten sich gegenseitig, was die römisch-katholische Kirche bzw. die reformierte und evangelische Kirche in der Judenfrage unternommen hatten. Über die Unterrichtung des Fürstprimas machte sich mein Freund Jenő Balogh Notizen, auf deren Grundlage er mir Bericht erstattete. Aus der Unterredung wurde offensichtlich, dass die christlichen Kirchen nicht gemeinsam, sondern jede für sich im gleichen Sinne, unter Aufbietung ihrer gesamten Autorität, darum bemüht waren, im Hinblick auf die Judenfrage den Prinzipien der Gerechtigkeit und Menschlichkeit Geltung zu verschaffen und die als jüdisch geltenden Christen in seelischer, moralischer und materieller Hinsicht zu schützen.

7. Am 27. April 1944 erschien Zsigmond Perényi,[28] der Präsident des Oberhauses, bei mir und sagte, er wisse aus eigener Erfahrung, dass die Juden im Karpatenvorland, im Komitat Szabolcs, allgemein im Nordosten Ungarns, zusammengetrieben, in Quarantäne separiert und unter freiem Himmel tagelang den Unbilden der Witterung ausgesetzt worden seien. Man behauptet, sie würden zum Arbeitsdienst nach Deutschland transportiert werden, das sei jedoch nur ein Vorwand, da sie das gleiche Schicksal erwarte wie die Juden in Polen und in der Slowakei. Er bat mich dringend darum, den Herrn Reichsverweser aufzusuchen und dessen Aufmerksamkeit auf diese Angelegenheit zu lenken und ihn darum zu bitten, alles in seiner Macht Stehende zu unternehmen, um diese Grausamkeiten zu beenden. Obwohl ein solch direktes Eingreifen in den Lauf der Dinge meinem zurückhaltenden Wesen eigentlich widerspricht, ließ ich mich auf diese Mission ein und erschien tags darauf am Nachmittag beim Herrn Reichsverweser. Ich wiederholte nunmehr mit noch größerem Nachdruck meine Bitte, sich von jeglicher

25 Der Ausschuss Guter Hirte wurde 1942 gegründet und diente der Unterstützung von Juden, die zum protestantischen Glauben konvertiert waren.

26 Jusztinián Serédi.

27 Albert Radvánszky (1880–1963), Jurist; von 1923 an Schul- und Kircheninspekteur der lutheranischen Kirche, von 1927 an Mitglied, von 1935 an Vizepräsident des Oberhauses, Präsident der Heimischen Allgemeinen Versicherung.

28 Zsigmond Perényi (1870–1946), Politiker; 1903–1913 Obergespan des Komitats Máramaros, 1913–1917 StS für innere Angelegenheiten, 1919 Innenminister, 1927–1933 Parlamentsabgeordneter, 1933–1946 Kronwächter, 1939/40 Regierungskommissar in der Karpato-Ukraine, 1939–1943 zweiter Vizepräsident, 1943/44 Präsident des Oberhauses.

Verantwortung für die [an den Juden verübten] Grausamkeiten freizuhalten und alles Erdenkliche zu unternehmen, um diese zu verhindern. Es seien kranke Menschen an die Macht gekommen, die Handlungen verüben, deren Schande und Verantwortung vor dem Gericht der Weltgeschichte und der zivilisierten Menschheit nicht getilgt werden könne. Der Herr Reichsverweser hörte sich meinen Vortrag mit einem gewissen Unbehagen an und musste den Eindruck gewinnen, dass ich meine Kompetenzen überschreite. Dazu jedoch nötigte mich die Situation, und ich musste dieses Risiko in Kauf nehmen. Danach erklärte der Herr Reichsverweser, er habe, nachdem er von den Dingen in Nyíregyháza erfahren habe, den Innenminister angerufen, der großes Aufhebens gemacht und sofort zwei Staatssekretäre hingeschickt habe. Diese hätten seines Wissens dem skandalösen Umgang [mit den Juden] ein Ende gesetzt.[29] Ich war mir dessen jedoch nicht so sicher, aber da ich über keine anderweitigen Informationen verfügte, wollte ich nicht über diese Frage diskutieren. Anschließend sagte der Herr Reichsverweser, von Ungarn würden viele Menschen für den Arbeitsdienst angefordert und es sei nur sehr schwer zu erreichen gewesen, dass nicht Ungarn, sondern Juden rekrutiert würden. Sofern Juden verschickt würden, teile er die Auffassung der Regierung, auch die Familienangehörigen mitzuschicken, da es nicht angehe, dass der Geld verdienende Teil anderswo produktive Arbeit leiste, während seine Familie zu Hause von der Gemeinschaft erhalten werden müsse. Deshalb würden ein paar Hunderttausend Juden außerhalb des Landes gelangen, wobei ihnen kein Haar gekrümmt werde, genauso wie im Fall jener zigtausend ungarischen Arbeiter, die seit Kriegsbeginn in Deutschland arbeiteten.[30] Diese Aussagen bewogen mich zu der Annahme, dass der Herr Reichsverweser offenbar in die Irre geführt wurde und mein Flehen, sich nicht in den Dunst dieser Gräueltaten zu bringen, umsonst war. Als ich den Herrn Reichsverweser verließ, kam ein junger Gendarm in sein Zimmer, von dem ich erst später erfuhr, dass es sich um den Staatssekretär László Baki[31] handelte. Von dem Gespräch [mit dem Herrn Reichsverweser] weiß außer Zsigmond Perényi und Jenő Balogh niemand etwas.

8. Am 9. Mai 1944 erschien ich gemeinsam mit Miklós Mester,[32] dem Staatssekretär für Bildung, bei Ministerpräsident Döme Sztójay, um zwei Angelegenheiten zu erledigen. Die eine betraf die Freilassung der schottischen Schuldirektorin Miss Haining,[33] die andere die laufend gegen die Juden verübten Gräueltaten.

Miss Haining, die Vorsteherin des Internats der Schottischen Mission in Budapest,[34] wurde am 25. April 1944 von der Gestapo verhaftet. Wie sich herausstellte, befand sie sich im Gefängnis von Pest. Als Vorstand der Seelsorger des Konvents der Reformierten

29 Siehe auch Dok. 217 vom 21.6.1944.

30 Seit den 1930er-Jahren arbeiteten etwa 40 000 ungar. Zivilarbeiter im Deutschen Reich.

31 Richtig: Baky.

32 Dr. Miklós Mester (1906–1989), Historiker; von April 1944 an StS für Religion und Bildung, zuständig für die Verwaltung des reichsverweserischen Gnadenrechts für die verfolgten Juden, von Juli 1944 an auch Regierungskommissar für Filmwesen; nach der Machtübernahme der Pfeilkreuzler in der Illegalität tätig; von 1951 an politisch verfolgt.

33 Jane Haining (1897–1944); von 1932 an Mitarbeiterin der Budapester Mission der schottischen Episkopalkirche, betrieb in dieser Funktion eine Schule für 400 jüdische und nichtjüdische Kinder; im April 1944 unter dem Vorwurf der Spionage von der SS verhaftet, vermutlich im Aug. 1944 in Auschwitz ermordet.

34 Die Schottische Mission in Budapest wurde 1841 gegründet und umfasste die englischsprachigen Gemeinden der ungar. reformierten Kirche.

Kirche in Ungarn suchte ich mit dem offiziellen staatlichen Vertreter, dem Staatssekretär für protestantische Angelegenheiten, den Ministerpräsidenten bzw. den Außenminister[35] auf, damit er im Interesse der Freilassung von Miss Haining interveniere. Ich sprach von der Bedeutung der Schottischen Mission und darüber, wie sehr sich unsere schottischen Freunde und insbesondere Herr Webster[36] nach dem Ersten Weltkrieg dafür eingesetzt hatten, Ungarn Gerechtigkeit widerfahren zu lassen. Ich erklärte, die Garantie dafür zu übernehmen, dass sich Miss Hainings tadellos verhalten werde.

Döme Sztójay telefonierte mit dem stellvertretenden Außenminister, Mihály Jungerth-Arnóthy. Wir gingen zu ihm hinüber, erklärten ihm die Situation, und dieser erklärte sich dazu bereit, sich bei der deutschen Gestapo für unser Anliegen einzusetzen und in unserem Namen vorzuschlagen, Miss Haining in einer Einrichtung der Reformierten Kirche unterzubringen. Auf unseren Vorstoß haben wir bisher keine Antwort erhalten.

Ich beschrieb dem Ministerpräsidenten die schrecklichen Vorkommisse, zu denen es im Zuge der Konzentration der Juden in Marosvásárhely, Kolozsvár, Baranya und Kassa gekommen war. Der Ministerpräsident war offensichtlich informiert. Er brachte zum Ausdruck, dass er diese Art der Behandlung aufs Schärfste verurteile und Maßnahmen ergriffen habe, um die Separierung streng, aber human zu handhaben. Aus seinen Worten ging hervor, dass auch innerhalb der Regierung die Meinungsverschiedenheiten in dieser Frage ziemlich groß sind und selbst der Regierungschef das Vorgehen von Endre und Baki nicht guthieße. Er war es auch, der mich davon in Kenntnis setzte, dass er innerhalb des Judenrats einen Unterausschuss einsetzen werde, der die Angelegenheiten der Juden christlichen Glaubens vertrete. Für den Fall, dass die Vorschläge des Unterausschusses vom Judenrat nicht akzeptiert würden oder dieser Entscheidungen treffe, welche der Unterausschuss aus christlicher Perspektive missbillige, solle dieser das Recht haben, Berufung beim Innenminister einzulegen. Er informierte mich auch darüber, dass er auf Bitten des Fürstprimas seine prinzipielle Zustimmung gegeben habe, dass die Juden christlichen Glaubens neben dem gelben Stern auch ein ihren christlichen Glauben zum Ausdruck bringendes Zeichen tragen können.[37] Den Inhalt seines diesbezüglichen Briefs teilte uns der Ministerpräsident in seinem am 7. Juni eingetroffenen Schreiben in Auszügen mit. Er erklärte auch, dass auf Vorschlag des Innenministers der Ministerrat Juden in besonderen Ausnahmefällen von den die Juden betreffenden Benachteiligungen befreien werde. Allerdings würde er dies nur äußerst selten tun.

9. Am 19. Mai 1944 bat Tamás Benedek darum, den Herrn Rechtsanwalt,[38] den Rechtsberater des Judenrats, zu empfangen. Ich erwiderte ihm, dass ich, sofern dieser wisse, dass ich ziemlich schwer krank [im Bett] läge und er dennoch darauf bestehe, mit mir zu sprechen, zu seinen Diensten stehe. Daraufhin erschien dieser und erklärte, es gehe jetzt nicht mehr nur um die Demütigung der Juden und die Beschlagnahmung ihres Vermögens, sondern um ihr Leben. Die Deportationen der Juden in den gewissen Waggons habe begonnen, und von dort gebe es – ihres Wissens – keine Rückkehr mehr. Er fragte,

35 Döme Sztójay.

36 James Macdonald Webster; 1895–1921 Geistlicher der Schottischen Mission in Budapest, von 1906 an deren Leiter.

37 Als Juden geltende Christen durften neben dem gelben Stern auch ein weißes Kreuz zur Kennzeichnung auf der Kleidung tragen.

38 Name nicht angeführt. Gemeint ist Károly Wilhelm.

was die Reformierte Kirche in dieser Angelegenheit unternehmen könnte. Sie könne, [erwiderte ich], nur wiederholen, was sie bereits getan habe, und sich mit einem neuen Schreiben an die Regierung wenden, sie werde darum bitten, die ungarische Nation vor dieser schrecklichen Verantwortung zu bewahren. Gerade wurde das vom Konvent bereits verfasste Schreiben auf die Antwort des Ministerpräsidenten hin neu formuliert. Darin haben wir dieser unserer Verpflichtung Genüge getan. Ein Schreiben desselben Inhalts wurde auch von der Evangelischen Kirche eingereicht.
Da wir darauf noch immer keine Antwort erhalten haben, wurde es notwendig, ein neues und definitiv letztes Schreiben zu formulieren. Auch dieses wird von der Reformierten und der Evangelischen Kirche in Ungarn eingereicht werden. Der Text lautet wie folgt:[39]

DOK. 205
Die 14-jährige Erzsébet Fóti denkt am 12. Juni 1944 angesichts der neuen Gettoverordnung darüber nach, wie es wäre zu sterben[1]

Tagebuch von Erzsébet Fóti, Eintrag vom 12.6.1944 (Abschrift)[2]

Montag, 12. Juni 1944

Heute ist die Gettoverordnung veröffentlicht worden.[3] Wir leben in größter Unsicherheit. Ich möchte sterben. Vielleicht wird es auch geschehen … Jetzt heule ich. Nicht als ob ich mir selbst leidtun würde. Nur so. Wozu bin ich auf diese scheußliche Welt gekommen. Jetzt fehlt mir die Schule sehr. Dort ist mir der Tod nicht in den Sinn gekommen. Wie schrecklich dieses Wort ist. Heute bin ich mit der Straßenbahn gefahren und habe einen Mann gesehen. Einen ganz gewöhnlichen, alltäglichen Mann. Ich habe mir gedacht, was wäre, wenn dieser Mann heute Nacht Selbstmord beginge. Manchmal habe ich das Gefühl, dass ich überhaupt nicht [mehr] normal bin. Wenn ich [nur] wüsste, wie es mit mir weitergeht, wo ich enden werde. Ob ich überhaupt noch sein werde. Ich grüble darüber schon seit wer weiß wie vielen Nächten nach. Ich bin lebensmüde. Ich bin blöd. Ich bin nicht normal.

39 Das überlieferte Dokument bricht an dieser Stelle ab.

1 HDKE, 2011.50.1. Das handschriftl. Original befindet sich in Privatbesitz. Das Dokument wurde aus dem Ungarischen übersetzt.

2 Die Übersetzung basiert auf der Abschrift des Tagebuchs.

3 Siehe Dok. 207 vom 13.6.1944.

DOK. 206

Unbekannte Beobachter melden dem Judenrat in Budapest am 12. Juni 1944, dass im Getto Salgótarján die wohlhabenden Juden unter Folter verhört wurden[1]

Vermerk (GJ/KE.) des Zentralrats der ungarischen Juden in Budapest über einen Bericht vom Getto Salgótarján vom 12.6.1944[2]

Der Bericht wird am 7. Juni um 4 Uhr nachmittags erstattet. Es wird berichtet, dass man in der Gemeinde Salgótarján[3] in der Nacht des 31. Mai d. J. mehrere wohlhabende Juden in das Gebäude der Hauptschule hineintrieb, wo ihr Verhör unter schrecklichsten Grausamkeiten begann.

50 Gendarmen rückten aus anderen Gemeinden an und verhörten sowohl die Männer als auch die Frauen. Sie brachen ihnen die Knochen, ließen sie ihre Schuhe ausziehen, schlugen ihnen auf die Fußsohlen und stachen sie mit Stecknadeln, um ihnen ein Geständnis abzupressen, ob sie ihr Vermögen bei bestimmten Christen versteckt hielten. Es liegen keine zuverlässigen Informationen darüber vor, wie lange dies dauerte und wie viele Personen betroffen waren.

Ein jüdischer Rechtsanwalt hielt die Schläge nicht aus und gestand deshalb, dass er in einem Garten der einige Kilometer entfernten Gemeinde Bárna Wertgegenstände vergraben hätte, obwohl dies nicht wahr war. Er sagte dies nur, um auf dem Weg dorthin nicht geschlagen zu werden. Die Gendarmen begleiteten ihn dorthin. Man fand dort aber keine Wertgegenstände. Was mit dem Rechtsanwalt auf dem Rückweg geschah, wissen wir nicht.

Ein dort wohnhafter jüdischer Zahnarzt war ähnlichen Grausamkeiten ausgesetzt. Er wurde im 2. Stock beinahe totgeschlagen, und in diesem halbtoten Zustand warfen ihn die Gendarmen in den Hof hinunter. Er lag im Hof und wurde von mehreren christlichen Frauen mit Wasser wieder zur Besinnung gebracht. Es entstand ein großer Tumult und eine allgemeine Empörung aufgrund der Brutalität, die sich abgespielt hatte, so dass die Gendarmerie die Christen mit Gummiknüppeln auseinandertreiben musste. Die Gendarmerie wollte den Anschein erwecken, als hätte der Zahnarzt Selbstmord begehen wollen, obwohl er schon fast tot aus dem Fenster geworfen worden war. Dieser Zahnarzt starb selbstverständlich später.[4]

Die Berichterstatter erbitten wegen dieser Grausamkeiten um Intervention.

1 MZSML, D 8/1. Das Dokument wurde aus dem Ungarischen übersetzt.

2 Zahlreiche Berichte über die Gettos in der Provinz erhielt der Zentralrat in Budapest von Männern, die auf dem Land Arbeitsdienst leisten mussten und für kürzere oder längere Zeit ihre Kompanien verlassen und mit offizieller Genehmigung heimreisen durften.

3 Die Gettoisierung in Salgótarján begann am 5.5. und wurde fünf Tage später abgeschlossen. Die Bewohner des Gettos wurden am 13.6.1944 nach Auschwitz deportiert.

4 Insgesamt starben im Getto Salgótarján 16 Personen infolge von Misshandlungen.

DOK. 207

Esti Újság: Artikel vom 13. Juni 1944 über die Entscheidung, in Budapest einzelne Häuser als „Judenhäuser“ zu kennzeichnen, anstatt ein separates Getto zu errichten[1]

Die Esti Újság berichtet als erste Zeitung über die Frage:
Wie wird die gemeinsame Unterbringung der Juden in Budapest umgesetzt?

Esti Újság meldete gestern Mittag als erste Zeitung, *es werde in allernächster Zeit eine Verordnung über die Unterbringung der Budapester Juden in separaten Häusern erlassen.*[2]
Der stellvertretende Bürgermeister, László Bódy,[3] hat auf der Sitzung der Verwaltungskommission der Hauptstadt am Montagmittag in seiner Antwort auf die Wortmeldungen grob *umrissen, welche Maßnahmen in der Hauptstadt umgesetzt werden sollen. Er führte aus, dass es in Budapest um* die gemeinsame *Unterbringung von über 200 000 Juden ginge.* Die christlichen Mieter werden durch die Konzentrierung nicht behelligt.
Der christliche Teil der Bevölkerung verfolgte diese Ankündigungen mit großem Interesse. Sie beinhalten im Wesentlichen, dass *die Separierung der Juden nunmehr auch in der Hauptstadt umgesetzt* wird. Aufgrund der bisherigen Verfügungen der Regierung wurde diese Frage auf dem Land bereits so gelöst, dass man die Juden aus den Dörfern und den Gemeinden in die Städte abtransportiert und ihnen dort separate Wohngebiete zugewiesen hat.[4]

In Budapest gibt es vorerst keine vollständige Separierung
In Budapest musste eine ganz andere Lösung gefunden werden, weil hier einerseits Juden in größter Masse leben und andererseits *die vollständige Separierung* – zumindest vorerst – *nicht zielführend schien.* Es sollte verhindert werden, dass bestimmte Teile der Hauptstadt das Interesse der Terrorbomber mehr wecken, während rein jüdische Viertel *aufgrund der Weltsolidarität mit den Juden die Aufmerksamkeit und das „Wohlwollen“ der Luftgangster genießen.*[5]
Deshalb entschloss sich die Regierung dazu, *die Juden in Budapest vorerst nicht völlig [von der Mehrheit] abzusondern, sondern sie gemeinsam in Wohnblöcken bzw. Einzelhäusern unterzubringen.*
Es ist geplant, *über das gesamte Budapester Stadtgebiet verstreut rein christliche und gemischte Häuser* einzurichten. Wie wir erfahren haben, laufen bereits seit Wochen Beratungsgespräche zwischen Regierungsvertretern und der Leitung der Stadtverwaltung, um diese Frage entsprechend zu lösen. Esti Újság hat von Anfang an den Standpunkt

1 Esti Újság, Nr. 131 vom 13.6.1944, S. 1 f.: Az Esti Újság elsőként közli: Hogyan költöztetik össze Budapesten a zsidókat? Das Dokument wurde aus dem Ungarischen übersetzt.

2 Die entsprechende VO erschien am 16.6.1944 im Amtsblatt der Budapester Stadtverwaltung, Fővárosi Közlöny. Die Liste der jüdischen und gemischten Häuser wurde einige Tage später, am 24.6.1944, nach einigen Änderungen fertiggestellt.

3 Dr. László Bódy (*1891), 1939–1944 stellv. Bürgermeister von Budapest.

4 Siehe Dok. 130 vom 7.4.1944.

5 Das Gerücht, eventuelle Bombardierungen würden sich auf ausschließlich nichtjüdische Stadtteile beschränken, verbreitete teilweise auch der Zentralrat der ungarischen Juden selbst, um eine Gettoisierung in einem angeschlossenen Stadtteil zu verhindern; siehe Protokoll mit dem ehemaligen Vorsitzenden des Zentralrats, Samu Stern, o. J., DEGOB 3627.

vertreten, *dass die christlichen und die jüdischen Einwohner von Budapest im gleichen Maße die möglichen Folgen des angelsächsischen Luftterrors zu ertragen hätten.*
Den Standpunkt unserer Zeitung teilten auch die zuständigen Organe, als sie die oben erwähnte Lösung für die Absonderung der Juden wählten.

Jede jüdische Familie erhält ein Zimmer
In den vergangenen Wochen wurde bereits festgestellt, wer im Zuge der Umsetzung der einzelnen Verfügungen als Jude zu gelten hat. Gemeinsam untergebracht wird, wer zum Tragen des Unterscheidungsabzeichens, *des gelben Sterns, verpflichtet ist.*[6]
Diese Unterbringung wird riesige Ausmaße annehmen, weil den letzten statistischen Erhebungen zu entnehmen ist, dass in Budapest – in Anbetracht der neuesten Bestimmungen – *an die 250 000 Juden in ungefähr 60 000 Mietwohnungen und in ca. 135 000 Zimmern leben.*
Grundsätzlich gilt, dass die Juden ab jetzt [nur noch] in weniger komfortablen Wohnungen als bisher wohnen dürfen, im Schnitt haben sie bisher in Wohnungen mit mehr als zwei Zimmern gelebt. (60 000 Wohnungen und 135 000 Zimmer entsprechen diesem Verhältnis).
Vor zwei Wochen erschien die Verfügung über die Erhebung der jüdischen Wohnungen in Budapest, und auf deren Basis mussten Datenblätter ausgefüllt werden.[7] Deren Auswertung wird nunmehr abgeschlossen. Auf Basis dieser Erhebungen wurde festgestellt, dass *knapp 2800 Häuser in Budapest als jüdische bzw. gemischte Häuser ausgewiesen werden müssen.*[8]
Für die Unterbringung gilt allgemein der Grundsatz, *dass jede jüdische Familie Anspruch auf lediglich ein Zimmer hat.*
Wer mit wem zusammenzieht, entscheidet verbindlich der Verband der Juden in Ungarn.[9] Das bedeutet, dass z. B. in einer von einer jüdischen Familie gemieteten Vier-Zimmer-Wohnung drei weitere jüdische Familien einquartiert werden.
Ausnahmen werden nur in Bezug auf drei Kategorien gemacht.
Die über eine eigene Praxis verfügenden jüdischen Ärzte können, egal ob sie in ihrer alten Wohnung verbleiben oder gemeinsam mit anderen Familien untergebracht werden, Anspruch auf einen Raum für ihre Ordination erheben.
Die aus der Rechtsanwaltskammer ausgeschlossenen jüdischen Anwälte und die jüdischen Ingenieure können für ihre Archive ebenfalls jeweils ein eigenes Zimmer behalten oder zugewiesen bekommen.
Die Auswahl der Häuser erfolgt nach folgenden Grundsätzen. In erster Linie werden Häuser, *deren Eigentümer Christen* sind bzw. bei denen die überwiegende Mehrzahl der Mieter Christen sind, und wenn es sich um moderne, verhältnismäßig günstige Häuser in guter Lage handelt, als christliche Häuser ausgewiesen.

6 Siehe Dok. 120 vom 29.3.1944.
7 Der Bürgermeister von Budapest ordnete am 30.5.1944 an, die Anzahl der jüdischen Wohnungen zu ermitteln. Die Datenblätter für die Erhebung wurden am 1.6.1944 an die Hauseigentümer bzw. deren Beauftragte verteilt.
8 Die erste VO wies etwa 2600 Häuser als „Judenhäuser" aus, die zweite VO reduzierte die Zahl auf etwa 2000.
9 Richtig: Provisorischer Exekutivausschuss des Verbands der Juden in Ungarn.

Demgegenüber werden jene Häuser *als gemischte bzw. als Judenhäuser deklariert, in welchen auch bisher hauptsächlich Juden gewohnt haben, Häuser, die sich in engen Gassen befinden, alte, heruntergekommene Häuser oder moderne, aber mit hohen Mieten, insbesondere dann, wenn die Eigentümer bzw. die Mehrheit der Bewohner Juden sind.*
Bei der Auswahl der Häuser legen die Behörden besonderes Augenmerk darauf, dass kleine Häuser von einfachen Christen sowie Mehrfamilienhäuser, die zum überwiegenden Teil von Christen bewohnt werden, auf gar keinen Fall als gemischte bzw. Judenhäuser deklariert werden. Gemischte Häuser sind nämlich mit einem auffälligen großen gelben Stern zu kennzeichnen.
Bei der gemeinsamen Unterbringung der den gelben Stern tragenden Juden ist besondere Umsicht geboten. Aus der Statistik der vergangenen Jahre geht hervor, dass Budapest in der im Mai fälligen Quartalsmiete einen Rekord von ungefähr 6000 Umzügen aufweist. Natürlich wurde diese Zahl noch in Friedenszeiten erreicht, als noch fast unbegrenzt Transportmittel und Transportarbeiter zur Verfügung standen.
Das Mobiliar aus ihren bisherigen Wohnungen können die Juden mitnehmen. In Bezug auf die Wohnungseinrichtung wird es keinerlei Einschränkungen geben.
Schätzungen von Experten zufolge werden infolge der Umzüge 40 000 bisher von Juden besetzte Wohnungen frei. Demgegenüber wohnen in den als jüdisch deklarierten Häusern ungefähr 12 000 christliche Mieter.
Die christlichen Mieter sind nicht zum Umzug verpflichtet.
Die christlichen Mieter dürfen auch weiterhin in den als gemischt oder jüdisch deklarierten und mit einem gelben Stern versehenen Mietshäusern wohnen bleiben. Christlichen Mietern wird – das verkündete der stellvertretende Bürgermeister, Herr László Bódy, gestern während der Sitzung der Verwaltungskommission – mehr Zeit für den Umzug eingeräumt, damit sie entsprechende Vorkehrungen in Bezug auf den Transport treffen können.

Für die Dauer einer Quartalsmiete wird der Wohnungsmarkt liberalisiert
Wenn wir von den 40 000 Wohnungen, die von Juden geräumt werden müssen, die 12 000 umziehenden christlichen Mieter abziehen, werden durch die gemeinsame Unterbringung der Juden ungefähr 28 000 bisher von Juden bewohnte Wohnungen frei.
Durch diese 28 000 frei werdenden Wohnungen wird sich auch die in Budapest seit Jahren herrschende Wohnungsnot lösen.
Der Staatssekretär für Inneres, Herr Vitéz László Endre, äußerte sich in den vergangenen Tagen auch zur Wohnungsfrage und verkündete, dass binnen kürzester Zeit die Wohnungsnot in der Hauptstadt behoben sein würde, so wie es bereits in den vergangenen Wochen zu einer wesentlichen Entschärfung der Wohnungssituation in den größeren Provinzstädten gekommen sei.
Die frei werdenden 28 000 Wohnungen bieten Gelegenheit, den Gesuchen der Wohnberechtigten, die bei der Abteilung für Wohnverwaltung eingegangen sind, zu entsprechen. Unseren Informationen nach werden im Interesse einer möglichst reibungslosen Abwicklung der Nachfrage in den zuständigen Behörden Überlegungen angestellt, *den Wohnungsmarkt für die Dauer einer Quartalsmiete zu liberalisieren.*
Heute ist es so, dass im Rahmen der geltenden Regelungen nur die für Wohnungsangelegenheiten zuständige Abteilung der Verwaltung Wohnungen anspruchsberechtigten Personen zuweisen kann. Aufgrund der kriegsbedingten Probleme ist der Wohnungsbau

erheblich ins Stocken geraten. Andererseits haben der Anstieg der Beschäftigungsquote in der Industrie sowie die Schaffung neuer Behörden zu immer mehr Wohnungsanträgen geführt.
Das Judentum hat in der Hauptstadt in einem weit ihre Zahl übersteigenden Maße die großen Wohnungen besetzt gehalten. Durch die gemeinsame Unterbringung des Judentums wird es nunmehr also möglich sein, die berechtigte Wohnungsnachfrage von Christen zu befriedigen.
Die Liberalisierung des Wohnungsmarkts erfolgt natürlich unter Berücksichtigung der bestehenden Kriegsverhältnisse. *Die Mieten bleiben nach wie vor auf konstantem Niveau.*
In Zusammenhang mit der gemeinsamen Unterbringung müssen noch weitere Probleme gelöst werden. Diese werden bis spätestens Mittwoch vollständig geklärt werden. *Voraussichtlich am kommenden Donnerstag wird die Verfügung des Bürgermeisters veröffentlicht werden, die bereits die Nummer jedes als gemischt bzw. jüdisch geltenden Hauses ausweist.*
Die polizeilichen Fragen im Zusammenhang mit der Unterbringung werden ebenfalls geklärt. Die Vorbereitungen laufen. Den zuständigen Behörden ist auch nicht entgangen, dass das Judentum in bestimmten Stadtvierteln den Gebäuden nicht die nötige Aufmerksamkeit für Erhalt und Reinhaltung hat zukommen lassen. *Es werden strenge Verfügungen dahingehend getroffen, dass insbesondere in den überwiegend von Juden bewohnten Vierteln in den Juden zugewiesenen Wohnungen allergrößte Ordnung und Sauberkeit herrscht.*
Nach der erfolgten gemeinsamen Unterbringung werden eigens eingerichtete Kommissionen Razzien in den Wohnungen, in denen Juden untergebracht sind, durchführen. Wo sie keine den Vorschriften entsprechende Zustände vorfinden, wird unverzüglich ein Verfahren gegen die jüdischen Mieter eingeleitet.
Die zur gemeinsamen Unterbringung mit anderen jüdischen Familien verpflichteten Juden werden – wie bereits erwähnt – vom Verband der Juden in Ungarn bestimmt. Die Haushalte sind verpflichtet, sich über die Benutzung der Küche zu einigen. Seitens des Judenrats wird ihnen empfohlen, so lange einen gemeinsamen Haushalt und eine gemeinsame Küche zu führen, bis die Behörden eine Lösung für die Gemeinschaftsspeisung in den Wohnblöcken, Straßen oder Vierteln gefunden haben.

DOK. 208

László Kaufer schreibt am 14. Juni 1944 seiner Mutter, dass seine Arbeitsdienstkompanie am nächsten Tag versetzt werde und die Stimmung gut sei[1]

Handschriftl. Postkarte von László Kaufer an Frau Gyula Kaufer, VII., Budapest, Aréna-Straße 44, III/36, vom 14.6.1944

Liebste Mutter!
Ich schreibe Dir wieder aus Jászberény. Hier stehen, liegen wir, wir bleiben noch den Abend und sogar die Nacht hier. Um 7.30 werden wir geweckt, um 8.30 werden wir den Zug besteigen. Wir kommen wahrscheinlich nach Vác, aber das ist nicht sicher. Dass

1 MZSML, D 6/2. Das Dokument wurde aus dem Ungarischen übersetzt.

wir Pest passieren werden, ist wahrscheinlich, aber auch nicht sicher. Wie geht es dem Vater? Wie lautet seine Adresse? Wie geht es Euch? Bei uns ist die Stimmung gut. Die Jungen sind gut gelaunt, ich auch, nur die Alten sind pessimistisch. Die Truppe ist großartig, alle sind nett. Die Nägel sind aus den Stiefeln nacheinander herausgefallen, aber ich habe schon 60 Stück gekauft. Szopi ist nicht hier. Wisst Ihr was von ihm? Wie geht es Feri? Ich hoffe, seine Qualen finden bald ein Ende und sein Zustand verbessert sich.
Es küsst Euch alle
Laci

DOK. 209
Der deutsche Gesandte in der Slowakei, Hanns Ludin, informiert am 14. Juni 1944 das Auswärtige Amt, deutsche Wachen in einem Deportationszug hätten Juden ihre Wertsachen abgenommen[1]

Telegramm (Nr. 931) von Hanns Ludin, Preßburg, an das Auswärtige Amt (Eing. 14.6.1944, 19.30 Uhr) vom 14.6.1944, 14.25 Uhr[2]

Betr.: Judentransport aus Ungarn über die Slowakei
Slowakische Abwehr[3] hat deutschem Abwehroffizier folgenden Bericht [der] Gendarmeriestation Kysack,[4] Bezirk Presov, zur Kenntnis gebracht:
„Am 24. Mai bei der Durchfahrt der deutschen Transporte Nr. 6 332 316, 6 332 317 und 6 332 318,[5] welche Juden aus Ungarn brachten, wurde festgestellt, daß die deutschen Transportbegleiter während des Aufenthalts am Bahnhof Kysack in die Waggons gingen und die Juden durch Erschießen zwangen, ihnen Schmuck und andere Wertgegenstände wie Uhren, Ringe, Füllfedern und auch Geld zu geben. Es wurde festgestellt, daß die begleitenden deutschen Organe des Transportes Nr. 6 332 317 sich für dieses Geld in der Bahnhofsrestauration bewirten ließen, sich betranken und sangen.
Die Transporte standen in Kysack Nr. 6 332 318 von 11.15 Uhr–14.23 Uhr, Nr. 6 332 316 von 13.35–16.12 Uhr. Nr. 633 231[6] von 18.25 Uhr–21.35 Uhr. Die Juden warfen während der Fahrt über slowakisches Gebiet aus den Waggons verschiedene Wertsachen und auch Geld – zumeist in zerrissenem Zustande –, welches Arbeiter an der Strecke und Kinder sammelten." Vorfall hat in slowakischer Öffentlichkeit Aufsehen erregt, da deutsches Ansehen geschädigt, und politische Rückwirkungen, besonders bei Lösung der Judenfrage durch slowakische Regierung, zu befürchten.
Bitte um entsprechende Aufklärung und Veranlassung, daß Wiederholung derartiger Vorfälle unmöglich.

1 PAAA, R 100891B. Abdruck als Faksimile in: Braham (Hrsg.), The Destruction of Hungarian Jewry (wie Dok. 76 vom 25.9.1942, Anm. 1), Dok. 176, S. 401.
2 Im Original handschriftl. Vermerke, Verteilerliste, Eingangsstempel des AA, Inl. II 1174 g vom 15.6.1944 sowie Stempel „Nur als Verschlußsache zu behandeln".
3 Militärische Abwehr der slowak. Armee.
4 Richtig: Kysak.
5 Am 24. Mai passierten die Deportationszüge aus Beregszász (Berehowe), Kassa (Košice), Huszt (Chust) und Munkács (Mukačevo) den ungar.-slowak. Grenzbahnhof in Kassa. Vermutlich handelt es sich bei den von Ludin genannten Zügen um einen Teil dieser Transporte.
6 So im Original. Gemeint ist wohl der Transport Nr. 6 332 317.

DOK. 210
Edmund Veesenmayer berichtet am 14. Juni 1944, dass sich die ungarische Regierung über die Übernahme der Manfréd-Weiss-Werke durch die SS sehr verärgert gezeigt habe[1]

Telegramm (Nr. 254) von Veesenmayer, Budapest, an das Auswärtige Amt vom 14.6.1944

Imredy aufsuchte mich gestern nach Rücksprache und im Auftrag Sztojays und teilte mir folgendes mit:
Die ungarische Regierung, und insbesondere er, seien durch die Angelegenheit Manfréd Weiss in eine sehr schwierige Lage gebracht worden.[2] Er habe Sztojay bereits seinen Rücktritt angeboten, möchte aber im Hinblick auf den Ernst der allgemeinen Lage von der Verwirklichung dieses Schrittes absehen, sofern ihm in dieser Frage durch Entgegenkommen des Reichsführers-SS[3] die Möglichkeit zum Verbleiben in der Regierung gegeben werde.[4] Er und auch die übrigen Ressort-Minister seien der Ansicht, daß die diesbezüglichen Verträge juristisch nicht in Ordnung sein könnten, da nach dem ungarischen Gesetz jedes Geschäft über Aktien mit einem Ausländer genehmigungspflichtig sei. Auch in manch anderer Hinsicht sei die Angelegenheit für die ungarische Regierung untragbar, da diese ohne ihr Wissen durchgeführt worden sei, die Einsicht in die entsprechenden Verträge bisher nicht ermöglicht wurde und die Autorität der Regierung schwerstens gefährdet würde.[5] Auf meine Einwände ließ Imredy schließlich durchblikken, daß es ihm und der Regierung nicht so sehr auf die Tatsache der treuhänderischen Übernahme durch den Reichsführer-SS ankäme als vielmehr auf die Form, in der diese erfolgt ist. Er bat mich dringend, beim Herrn Reichsaußenminister[6] und beim Reichsführer-SS dafür einzutreten, daß Wege gesucht werden, die die Form der ganzen Transaktion für die Regierung wenigstens nach außen hin erträglich gestalten. Er machte in diesem Zusammenhange den Vorschlag, daß die ungarische Regierung einen Kommissar für den Manfréd-Weiss-Konzern bestellt, um dadurch zum Ausdruck zu bringen, daß dem ungarischen Staat auch weiterhin ein Mitbestimmungsrecht gesichert bleibt. Alle meine Versuche gemeinsam mit Dr. Boden durch Gegenangriffe auf anderen Gebieten, die Angelegenheit zu bagatellisieren, blieben ohne Wirkung. Ich erklärte ihm, daß ich ohne Zustimmung des Reichsführers-SS in dieser Sache nichts machen könne, und vertröstete ihn auf eine gemeinsame Besprechung unter Hinzuziehung des Vertreters des Reichsführers-SS, Obersturmbannführer Becher, der zurzeit verreist ist und erst Ende der Woche zurückerwartet wird.
Ergänzend muß ich feststellen, daß in breiten, uns zum Teil befreundeten ungarischen Kreisen die Angelegenheit Manfréd Weiss wie eine kalte Dusche gewirkt und eine zunehmende Zurückhaltung dieser Kreise bewirkt hat. Ich werde nach wie vor alles tun,

1 PAAA, R 100895. Abdruck als Faksimile in: Braham (Hrsg.), The Destruction of Hungarian Jewry (wie Dok. 76 vom 25.9.1942, Anm. 1), Dok. 415, S. 848 f.
2 Zur Übernahme der Manfréd-Weiss-Werke durch die SS siehe Dok. 173 vom 17.5.1944.
3 Heinrich Himmler.
4 Imrédy dankte erst im Rahmen der Regierungsumbildung am 7.8.1944 ab.
5 Kritisiert wurden von ungar. Seite auch die Dauer der treuhänderischen Verwaltung und die anvisierte Besetzung des Vorstands mit deutschen Personen.
6 Joachim von Ribbentrop.

die Sache zu bagatellisieren, doch wäre es zu begrüßen, wenn der Reichsführer-SS sich entschließen könnte, durch Konzessionen in Formfragen die Sache abzumildern. Weiterer Bericht folgt.[7]

DOK. 211
Gizella Strausz schreibt ihrem Mann Mitte Juni 1944, dass sie zur Arbeit eingezogen wurde[1]

Handschriftl. Postkarte von Gizella Strausz, Sárbogárd, an Ferenc Strausz, KMSZ, Bálint-Winkel 18, Lesezirkel der Reformierten, o. D. [Poststempel vom 16. 6. 1944]

Mein teurer Vater![2]
Ich schreibe eilig ein paar Zeilen, ich bin in Eile, weil ich gleich los muss. Stell Dir vor, ich bin ebenfalls zum Arbeitsdienst eingezogen worden, wir wurden am heutigen Freitagmorgen zum Gemeindehaus bestellt und heben [nun] Luftschutzgräben aus. Damit ist das Schlimmste aber schon gesagt, mein teurer Vater, wir hoffen nur, dass wir bei Gesundheit und zu Hause bleiben können.[3] Leider hat man meine Mutter und ihre Familie abgeholt,[4] wohin, weiß ich nicht, es wird so viel geschwätzt, dass man ganz verrückt wird. Sicher ist wohl nur, dass wir uns nie wieder sehen werden. Mein teurer Schatz, schicke uns die Mehl-, Brot- und Zuckerscheine zurück. Wenn Du sie bereits verwendet hast, fordere […][5] offizielle an. Gestern habe ich Dir, mein Schatz, ein Paket geschickt, ich hoffe, es kommt bei Dir an. Ein paar Kuchen und einen Wecken, Rasierklingen, Zinn […],[6] 3 Paar Socken und Sockenhalter. Pengő werde ich noch per Brief schicken. Schreib uns, mein teurer Schatz, Du beginnst, unzuverlässig zu werden. Wir senden Dir ganz viele Küsse. Irén, Manci, Rózsa und ihre Familien sind alle von hier weggezogen, sie haben uns heute darüber informiert. Mama und Familie geht es gut, viele Küsse,
Gizi und Deine Kinder

7 Schließlich willigte die SS ein, in die obere Leitung des Konzerns auch einige Ungarn mit aufzunehmen.

1 Memorial Museum of Hungarian Speaking Jewry, D.8201. Das Dokument wurde aus dem Ungarischen übersetzt.
2 Gemeint ist der Ehemann.
3 In Sárbogárd wurde kein geschlossenes Getto errichtet. Die jüdischen Bewohner der Stadt mussten in gekennzeichnete Häuser zusammenziehen. Am 1.7.1944 wurden sie nach Kaposvár gebracht und von dort am 4.7. nach Auschwitz deportiert.
4 Über Mano und Lina Szilasi konnten keine Informationen ermittelt werden.
5 Ein Wort unleserlich.
6 Ein Wort unleserlich.

DOK. 212
Christliche Bewohner einer Häuserzeile in Budapest protestieren am 17. Juni 1944 dagegen, dass sie aus ihrem mit einem gelben Stern gekennzeichneten Haus ausziehen müssen[1]

Schreiben des Kommandanten der Luftschutzwache des Wohnhauses, gez. Kálmán Schmidt, an den Bürgermeister,[2] Budapest, vom 17.6.1944

Euer Hochwohlgeboren!
Als Kommandant der Luftschutzwache des Wohnblocks Szegedi-Straße 9/a, Szegedi-Straße 9/b, Üteg-Straße 16–18 und Gömb-Straße wende ich mich im Auftrag von 152 christlichen Bewohnern an den hochwohlgeborenen Herrn Bürgermeister mit der ehrenvollen Bitte, im Sinne der Erlasse 1.610/1941.M. E.[3] bzw. 523.926–1944.-XXI.[4] des Innenministers die durch Euer Hochwohlgeboren verordnete Kennzeichnung unserer Wohnhäuser als jüdische Häuser aufzuheben.
Als Begründung erlaube ich mir Folgendes anzuführen:
In diesem Häuserblock befinden sich *152* Mietwohnungen. In *133* dieser Wohnungen leben 430 Christen, 19 Wohnungen werden von Juden bewohnt. Ihre Zahl beträgt etwa 60 Personen.
Die Wohnungen sind mit Elektrizität versehen, die Monatsmieten variieren zwischen 12 und 49 Pengő. Es gibt Gemeinschaftsbäder mit Gas und Elektrizität. *Die Kinder der Familien gehen in die nahegelegene Schule; außerdem handelt es sich um einen Wohnblock in bester Lage, nicht nur in der Gegend, sondern auch innerhalb des Bezirks.*
In die Wohnungen der Juden einzuziehen würde für uns in der heutigen schwierigen Situation eine außerordentlich große Belastung bedeuten, weil keiner von uns über das nötige Geld verfügt, um die anfallenden Kosten zu tragen. Der Großteil der Bewohner, von denen einige Handwerker, Industriearbeiter (Kriegsindustrie), öffentliche Angestellte und Beamte mit niedrigem Einkommen sind, würde dadurch in eine außerordentlich benachteiligte Lage geraten. Das Ziel der gegenwärtigen christlichen Zeit kann ja nicht darin bestehen, uns in schmutzigen, stickigen Wohnungen unterzubringen, nur weil eine Verordnung es so will.
Wir sind nicht imstande, die Monatsmieten der betreffenden Judenwohnungen in Höhe von 70, 90 und 100 Pengő zu bezahlen, weil uns dies die gegenwärtigen Löhne nicht erlauben.
Euer Wohlgeboren!
Ich muss Ihnen die Bitte einer zusammengeschweißten urchristlichen Gemeinschaft vorlegen und bitte Sie nochmals darum, die Zuweisung abzuändern, weil es auch um die ansehnliche Zahl von etwa 150 sich in Entwicklung befindlichen Kindern geht. In

1 BFL I V. 1409 C. Das Dokument wurde aus dem Ungarischen übersetzt.
2 Siehe Dok. 187 vom 27.5.1944, Anm. 3.
3 VO 1.610/1941. M. E., gez. Ministerpräsident Döme Sztójay, vom 28.4.1944; Abdruck in: Vértes, Magyarországi zsidótörvények és rendeltek (wie Dok. 14 vom 29.5.1938, Anm. 1), S. 328. Darin wurde die Konzentration der Juden im gesamten Stadtgebiet in ausgewählten Häusern geregelt.
4 Die VO 523.926–1944.-XXI. des Bürgermeisters von Budapest erschien am 15.6.1944; Abdruck in: ebd. Darin wurde festgehalten, dass in Budapest 2681 Häuser mit dem gelben Stern gekennzeichnet werden sollten, doch 600–700 wurden aus den unterschiedlichsten Gründen von der Kennzeichnung ausgenommen. 12.000 nichtjüdische Personen sollten in den Häusern weiterhin wohnen bleiben.

dem gegenwärtigen Fall würden die getroffenen strengen Verordnungen gegenüber den Juden gerade das Gegenteil bewirken, weil sie [die Juden] von ihnen nur profitieren würden, denn die Wohnungen sind gut, zweckmäßig und sauber. Wir verfügen auch über einen geeigneten Luftschutzraum, der uns in den heutigen gefährlichen Tagen Beruhigung brachte. Ich erlaube mir zu erwähnen und dadurch gleichzeitig die Rechtmäßigkeit unserer Bitte zu unterstreichen, dass es am gestrigen Tag, als die Anordnung angeschlagen wurde,[5] zu einem Massenauflauf in unserem Wohnhaus kam, weil alle Juden des Bezirks in Scharen hierherkamen, um sich eine schöne, gute Wohnung und dadurch ein bequemes und angenehmes Getto sicherzustellen.[6]
Euer Wohlgeboren!
Wir erlauben uns, unsere Bitte in Erwartung einer wahren christlichen Billigung zu wiederholen, und hoffen, dass sie zu unseren Gunsten bearbeitet wird, mit dem wahren ungarischen Gruß an Euer Wohlgeboren „Schönere Zukunft! Gott möge sie uns geben."[7]

DOK. 213
Das ungarische Außenministerium notiert am 19. Juni 1944, dass der Ministerrat die Auswanderung von Juden nach Palästina untersagt hat[1]

Notiz des ungar. Außenministeriums, Abt. 10, an den Gesandten Jungerth-Arnóthy und Botschaftsrat Csopey[2] vom 19.6.1944

Die aus Ungarn ausgewanderten, in Palästina lebenden Juden, die bereits ihre Staatsbürgerschaft dort erworben haben, ersuchten die palästinensisch-britischen Behörden um die Erteilung der Einreisegenehmigung (Certificate of Immigration to Palestine) für ihre hier lebenden jüdischen Angehörigen. Diese Genehmigungen wurden ursprünglich von der palästinensisch-britischen Behörde direkt an das Budapester Palästina-Büro im 7. Bezirk, Erzsébet-Ring 26, geschickt. Seitdem aber die Vertretung britischer Interessen von der Schweizer Gesandtschaft in Budapest übernommen wurde,[3] werden diese Einreisegenehmigungen von der palästinensisch-britischen Behörde über das Londoner Colonial Office nach Bern geschickt. Von dort wiederum wurde über die Vermittlung der Schweizer Gesandtschaft in Budapest die Namensliste der über eine Einreisegenehmigung verfügenden Personen an das kgl. ungar. Außenministerium weitergeleitet. Dieses sandte die Namensliste an die Zentrale Behörde zur Kontrolle

5 Die genaue Auflistung der Häuser, in denen Juden in Budapest leben durften, erschien am 16.6.1944 in Fővárosi Közlöny.
6 Die Häuserzeile existierte als „gemischtes Haus" weiter, in dem Juden und Nichtjuden weiterhin zusammenleben durften. An den Türen der Nichtjuden wurde das Schild „Hier wohnen keine Juden" angebracht.
7 Dabei handelt es sich um einen Gruß der vormilitärischen Jugendorganisation Levente.

1 MNL OL, K 64 1944-43-I-234-377. Das Dokument wurde aus dem Ungarischen übersetzt.
2 Dénes Csopey (*1907), Diplomat; 1939/40 Mitarbeiter der Botschaft in Berlin, 1941–1944 Leiter des Sekretariats des Außenministers; von März 1944 an Leiter der Politischen Abt. im Außenministerium, nach der Machtübernahme der Pfeilkreuzler Botschaftsrat II. Klasse und Leiter der Politischen Abt. b.
3 Das Vereinigte Königreich brach, nachdem sich Ungarn am Überfall auf Jugoslawien beteiligt hatte, am 8.4.1941 seine Beziehungen zu Ungarn ab. Von diesem Zeitpunkt an vertrat die schweizer. Botschaft die brit. Interessen in Budapest.

fremder Staatsbürger,[4] eine Behörde, welche die Ausreise der Juden abwickelte, wenn diese über die notwendigen Visa verfügten. Auf diese Weise sind seit dem September 1939 bis jetzt insgesamt ungefähr 3500 Juden nach Palästina ausgereist.
Anlässlich der Sitzung des Ministerrats am 20. April 1944 wurde der Ausreiseantrag der Juden – entsprechend einer Mitteilung des Leiters der Abteilung für öffentliche Sicherheit im Innenministerium, Herrn Gendarmerieoberst Vitéz Gyula Királyi[5] – *abgelehnt.* (Die Abteilung für öffentliche Sicherheit im Innenministerium ist übrigens am 3. April 1944 unmittelbar mit dem hiesigen Referenten für jüdische Angelegenheiten der Gestapo, Dr. Eichmann, in Kontakt getreten. Von dort hatte sie die Mitteilung erhalten, dass „keine Rede davon sein kann, dass auch nur ein Jude Ungarn verlässt, da sie Kenntnis davon haben, dass diese [Leute] sofort in den britischen Dienst eintreten.")
Am 26. Mai 1944 bat die Schweizer Gesandtschaft in Budapest in einer Note das kgl. ungar. Außenministerium, die Ausreise von
1. 1000 Kindern unter 16 Jahren, inklusive 10 Prozent Erwachsene als Begleiter,
2. 9 Familien (30–40 Personen) im Wochenrhythmus,
3. 600 Personen per Schiff von Constanța,
4. 1450 Familien, die über Einreisegenehmigungen verfügen,
d. h. insgesamt ca. 7000 jüdischen Personen zu ermöglichen.
Seitens der Schweizer Gesandtschaft teilte Konsul Lutz[6] dem Außenministerium mit, dass er sich in der obigen Angelegenheit auch an die Deutschen gewandt hatte, bisher aber keine definitive Antwort bekommen habe. Das Innenministerium hat die Auswanderung der Juden in der Abschrift mit der Nr. 38/8/1944 res.VII.c./K.E.O.K.H./ vom 15. Juni 1944 abgelehnt.[7]
Am 12. Juni 1944 schickte die Apostolische Nuntiatur in Budapest dem Außenministerium mit der mündlichen Notiz Nr. 1216/1944 1423 Benachrichtigungen, wonach so vielen Personen (namentlich genannt) eine Einreisegenehmigung nach Palästina erteilt wird. Die Kopie dieses Verzeichnisses und die beigefügten 1423 Genehmigungen wurden vom Außenministerium an die Zentrale Behörde zur Kontrolle fremder Staatsbürger übermittelt. In der Angelegenheit der Ausreise dieser Juden nach Palästina können die zuständigen Behörden ohne den Ministerrat keine Maßnahmen ergreifen.[8]

4 KEOKH.
5 Richtig: Vitéz Gyula Király (1893–1979), Gendarm; von 1942 an Mitarbeiter der Abt. XX (Gendarmerie) im Innenministerium, stellv. Leiter, später Leiter der dortigen Abt. für öffentliche Sicherheit; gab nach der Entführung des Sohnes von Miklós Horthy im Okt. 1944 den Befehl, die Grenzübergänge zu schließen, wurde anschließend von der Gestapo verhaftet und in Mauthausen inhaftiert; 1945 in US-amerikan. Kriegsgefangenschaft, Emigration nach Brasilien.
6 Carl Lutz (1895–1975), von 1920 an in der schweizer. Gesandtschaft in Washington, D.C., tätig, 1935–1940 Konsularbeamter in Jaffa, von 1942 an Vizekonsul in Budapest, als Leiter der Abt. Fremde Interessen an der Rettung vieler ungar. Juden beteiligt; 1954–1961 schweizer. Konsul in Bregenz, 1964 von der Gedenkstätte Yad Vashem als Gerechter unter den Völkern geehrt, 1995 von den schweizer. Behörden rehabilitiert.
7 Nicht ermittelt.
8 Der Ministerrat gab am 28.6. dem Antrag der Schweizer Gesandtschaft auf Auswanderung von 7000 Personen nach Palästina statt, und auch die deutschen Organe stimmten im Okt. der Anfrage zu. Da Hitler jedoch die Auswanderung nach Palästina schließlich nicht befürwortete, wurde als Ausreiseziel die Schweiz vereinbart. Die Schweizer Gesandtschaft stellte auf Grundlage dieser Vereinbarung Schutzbriefe aus, um die Deportation der für die Emigration vorgesehenen Personen zu verhindern.

DOK. 214

Das Ungarische Rote Kreuz bittet am 20. Juni 1944 die Regierung um die Erlaubnis, die Deportierten an den Eisenbahnknotenpunkten mit Wasser versorgen zu dürfen[1]

Schreiben der Zentralen Direktion des Ungarischen Roten Kreuzes (ad 8996/1944), gez. Frau István Horthy[2] und Elemér Simon, an den ungar. Ministerpräsidenten Döme Sztójay, Budapest, vom 20.6.1944 (Abschrift)

Eure Exzellenz Herr kgl. ungar. Ministerpräsident!
Bezug nehmend auf unsere am 6. d. Monats in dieser Angelegenheit unter der Nummer 8996/1944 gerichtete Eingabe bitten wir Eure Exzellenz darum, dem Roten Kreuz zu erlauben, Judentransporte an den Eisenbahnknotenpunkten mit Wasser zu versorgen und den Notleidenden Erste Hilfe leisten zu dürfen. Nach unseren neuesten Erkundigungen ist die Aussiedlung der ungarischen Juden, welche teilweise oder ausschließlich durch die deutschen Militärbehörden durchgeführt wird, derzeit in vollem Gange. Unsere Hilfeleistung gehört zu den satzungsgemäßen Aufgaben des Roten Kreuzes, und da sich das Internationale Komitee des Roten Kreuzes an die Genfer Konvention und die Beschlüsse des Internationalen Roten Kreuzes hält, könnten wir eines Tages zur Rechenschaft dafür gezogen werden, ob wir versucht haben, den leidenden Mitmenschen zu helfen. Da der Verband der Ungarischen Juden weder über die nötige Organisation noch über die Ausrüstung für die Wasserversorgung und die Erste Hilfe verfügt, bitten und empfehlen wir mit allem Respekt, dass die von der kgl. ungar. Regierung anerkannten und bescheinigten Mitarbeiter des Ungarischen Roten Kreuzes den genannten Versorgungsdienst übernehmen dürfen.[3]

DOK. 215

Magdolna Gergely notiert Mitte Juni 1944, wie sie einer Bekannten bei ihrem Umzug in ein „Judenhaus" in Budapest geholfen hat[1]

Maschinenschriftl. Tagebuch von Magdolna Gergely, Einträge vom 19. bis 21.6.1944

19. Juni
(Montag) In der Frühe ruft mich Szendrényi[2] ins Vorzimmer, in einem der kleinen Empfangsräume kauert die alte Frau Szegvári;[3] sie sei hilflos, weil bis Mittwochabend aus den jüdischen Wohnungen alles weggeschafft und das gesamte Inventar verzeichnet sein

1 MNL OL, K 64 1944-43-I-234-377. Das Dokument wurde aus dem Ungarischen übersetzt.
2 Frau István Horthy, geb. Ilona Edelsheim-Gyulai (1918–2013), freiwillige Oberschwester des Roten Kreuzes; 1940 Heirat mit István Horthy, dem Sohn des Reichsverwesers; nach dem Krieg Emigration nach Portugal.
3 Döme Sztójay genehmigte das Ansuchen im Juli 1944.

1 Original in Privatbesitz von Mária Reichardt. Abdruck in: Anka naplója (wie Dok. 134 vom April 1944, Anm. 1), S. 57–60. Das Dokument wurde aus dem Ungarischen übersetzt.
2 Béla Szendrényi, befreundeter Kollege von Magdolna Gergely.
3 Borbála Szegváry, Mutter von Miklós Szegvári, dem Geschäftsführer der Englisch-Ungarischen Zwirnfabrik, der diesen Posten im Mai 1944 aufgeben musste, als er zum Arbeitsdienst eingezogen wurde.

müsse.[4] Mit Szendrényi kommen wir auf die Idee, dass ich mit dem Auto nach Újpest[5] fahre, als würde ich dort mit László[6] arbeiten, und von dort nach Pasarét.[7] (Wegen der Pfeilkreuzler im Büro.) Mit einem Unitaswagen[8] nach Újpest; Autos werden nicht mehr kontrolliert, man denkt gar nicht mehr daran, dass Juden es in letzter Zeit wagen könnten, sich in ein Auto zu setzen. Bei meiner Ankunft in der Fabrik gibt es einen Störflug.[9] Ich gebe das Paket ab; dem Paulitsek[10] kommt die Sache verdächtig vor, ich rase mit dem Auto zurück und fahre zu Tante Paula,[11] der Luftalarm ist gerade beendet worden. Ich mache mit ihr aus, zum Mittagessen zurückzukommen. Ich inventarisiere die Wohnung von Frau Szegvári in der Pasaréti-Straße 1. Die Ärmste hat völlig den Kopf verloren. Alles soll hier bleiben, Silber, Kleider, Bettzeug usw. „Es lohnt sich nicht, diese Sachen mitzunehmen." Ich glaube, sie hat recht. Sie wird mit ihrer Mutter und zwei ihr unbekannten Juden in einem Zimmer in der Dohány-Straße wohnen. Es schauen dauernd Gevatterinnen[12] [und] verschiedene christliche Proleten aus dem Haus vorbei, die sie damit aufziehen, dass sie ohnehin nicht mehr in diese Wohnung zurückkehren werde, sie also auch keine Kleider mehr brauche. Dagegen kann ich sie kaum davon abhalten, die unnötigsten Sachen mitzunehmen, z. B. die Offiziersauszeichnungen ihres Vaters, allerlei Totenkleider, Fotografien in Abendkleidern in riesigen Bilderrahmen! Schließlich nehmen wir zusammen mit dem alten [Dienst-]Mädchen,[13] das jetzt bei dem japanischen Mieter [angestellt] ist, die Sache in die Hand und sind um ½7 am Abend irgendwie fertig. Ich erreiche gerade noch die Zahnradbahn.

20. Juni

Ich schaue im Büro vorbei und tue so, als würde ich nach Újpest fahren, gehe [aber] in die Dohány-Straße. Ein schauerliches Haus, schreckliche Menschen. Im Zimmer steht ein Klavier. „[Das] Instrument moderner Bildung ist vorzüglich das Klavier",[14] sagte schon Heine, unter dem [Klavier] viele Koffer. Am Fenster liest ein fremder Jude relativ leise aus irgendeiner Verordnung vor. Am Tisch bereitet eine Jüdin für ihren Sohn im Arbeitsdienst ein Paket vor und will mir zwischendurch „zu richtig billigem Schwarzmarktpreis" (½ Kilo 15 P[engő]) Seife aus Friedenszeiten verkaufen. Wir leeren die Koffer und beim Wiedereinpacken verzeichne ich die einzelnen Sachen. Auch oben auf dem Schrank gibt es einen schrecklich schweren [Koffer], er gehört Oma Szegvári. Mit Müh und Not zerre ich ihn herunter, mit Hilfe einer Leiter kann ich ihn wieder zurückstellen. Die arme Frau hat niemanden, der ihr helfen könnte. Wo ist ihre Schwiegertochter? Auf

4 Die jüdischen Bewohner von Budapest mussten ab Mitte Juni in eigens gekennzeichnete Häuser ziehen; siehe auch Dok. 207 vom 13.6.1944.
5 Vorort von Budapest, wo die Zwirnfabrik lag, in der Magdolna Gergely als Sekretärin der Geschäftsführung tätig war.
6 Laut Mária Reichardt ein „halbenglischer Ingenieur", befreundet mit Magdolna Gergely.
7 Vornehme Wohngegend in Buda, wo die Familie Szegvári wohnte.
8 Für Ungarn lizenzierte und dort hergestellte Automobilmarke der Firma Tatra.
9 Gemeint sind alliierte Flugzeuge, die Budapest ohne Luftangriff passierten, aber dennoch Luftalarm auslösten.
10 Kálmán Paulitsek, von 1941 an Mitglied der Firmendirektion.
11 Paula Brózsa.
12 Im Original deutsch.
13 Siehe Dok. 134 vom 4. bis 14.4.1944, Anm. 15.
14 Zitat im Original deutsch.

einmal beginnt sie zu weinen, ich solle sie retten, ich solle diese Sachen in einem Sack irgendwohin mitnehmen. Es stellt sich heraus, dass es sich um ein kleines Stück Leinen, Seifen aus Friedenszeiten und Garn handelt. Sie hat recht: Wenn das entdeckt wird, wird sie sofort interniert, und sie warten nicht bis August.[15] Es ist riskant, weil es streng verboten ist, irgendetwas mitzunehmen; viele Christen wurden deshalb schon verhaftet. Der Teufel soll's holen, ich nehme den verdammt schweren Sack und schaffe es, ihn mit den [Straßenbahnen] 75 und 59 unbehelligt auf den Berg zu bringen.[16] Sie hat noch Kleiderstoff aus französischer Seide dazugelegt und gesagt, ich solle ein Kleid daraus nähen lassen. Ich werde ihn für sie bis zum Kriegsende aufbewahren.
Von Mártonhegy zurück nach Pasarét. Der Hausmeister hat erklärt, die Inventarliste nicht zu unterschreiben und nicht in die Wohnung hinaufzukommen.[17] Es stellt sich heraus, dass sie „einen Krach" mit Frau Szegvári gehabt haben. Ich gehe zu ihnen [zur Hausmeisterfamilie] hinunter und schaffe es schließlich irgendwie, zu zweit mit dem Mädchen [die Inventarliste] „nach bestem Wissen und Gewissen" zu machen; sie versprechen uns gnädig, sie zu unterschreiben. In der Zwischenzeit lässt [der Hausmeister] Frau Szegvári ausrichten, dass „die Deutschen gesagt haben, dass sie nie wieder in dieses Haus zurückkommen soll, sonst wird sie abgeholt und wird nie wieder die Sonne sehen"! (Im Haus gibt es irgendeine Fürsorgestelle[18] mit zwei SS-Zeichen und auch sonst wohnen überall Deutsche.) Den ganzen Tag schaut es nach Regen aus, ich ziehe schnell einen Trenchcoat über und eile zu Tante Paula. Beim Tor merke ich, dass ich die [Jacke] von Frau Szegvári genommen habe und ein großer gelber Stern auf mir strahlt. Wie ein erschrockener Hase renne ich zurück.
Am Nachmittag kommt eine christliche Nachbarin, ein sympathisches blondes Mädchen, um zu helfen; wir schreiben das Silberinventar um und hindern die Alte daran, Zierdeckchen für den Küchentisch in die Dohány-Straße mitzunehmen, wo sie ohnehin keine Küche hat. Sie verabschiedet sich unter Tränen von mir, das Inventar ist fertig, sie will mir ihr Bolerojäckchen aus russischem Eichhörnchenpelz schenken!!! Ich weiß, dass es ihr ohnehin weggenommen wird, und hätte keine Gewissensbisse der Regierung Sztójay gegenüber, dennoch will ich keine Beute.
Die Amerikaner haben die Westküste der Halbinsel Cotentin[19] erreicht, Cherbourg ist eingeschlossen. In Italien kämpfen die Alliierten vor Perugia. (Das alles steht wieder mal erst auf der letzten Seite, das Titelblatt ist voll mit einer neuen Waffe mit dem Kosenamen „Cerberus"!)[20]

15 Magdolna Gergely spielt hier auf Gerüchte an, denen zufolge die Budapester jüdische Bevölkerung Ende Aug. deportiert werden sollte; siehe Eintrag von Magdolna Gergely vom 16.6.1944. Tatsächlich wurden die landesweiten Deportationen zuvor eingestellt.

16 Gemeint ist Mártonhegy, ein hügeliges Viertel auf der Buda-Seite, Wohnsitz von Tódor Gergely, dem Vater von Magdolna Gergely. Das Haus wurde laut Mária Reichardt ursprünglich nur in den Sommerferien bewohnt und erst später für die Nutzung im ganzen Jahr ausgebaut.

17 Vor dem Absperren und Versiegeln der Wohnung mussten der Hausmeister sowie der Hauskommandant in einer unterschriebenen Inventarliste bestätigen, welche Gegenstände in der Wohnung zurückgelassen wurden.

18 Wort im Original deutsch.

19 Eine franz. Halbinsel am Ärmelkanal.

20 Gemeint ist vermutlich die im Deutschen Reich als „Wunderwaffe" propagierte sog. Vergeltungswaffe 1 (V1), die erstmals Mitte Juni 1944 gegen London eingesetzt wurde.

Um 5 treffe ich Márkus[21] bei der Zahnradbahn, die ich gerade noch erreiche, wir gehen auf der Eötvös-Straße bis zur Normafa-Straße spazieren, ich kehre um, ein Wolkenbruch! Bei grellen Blitzen stehen wir mit einem schwäbischen[22] Mädchen unter einem Baum, wir haben Angst vor ihr und wagen nicht zu sprechen. Vor einem Blitzschlag haben wir jedoch keine Angst und stellen bloß fest, dass er wie ein Bombardement klingt und dass man früher bei einem so starken Sturm nicht unter einen Baum geflüchtet wäre. Das Wasser steht unten in der Normafa-Straße bis zur Gehsteigkante! Ein Auto schießt vorbei, und der ganze gelbe Fluss landet auf uns. Ich habe angesichts meiner nassen Füße leicht lachen, aber Márkus hat Asthma und bekommt Kalziumspritzen. Die Kleider, die Schuhe, alles ist patschnass, obwohl ich einen Regenschirm dabeihatte und wir Mäntel trugen. Er [Márkus] setzt sich in ein Taxi und fährt nach Hause. Der Regen ist vorbei, ich gehe die Mártonhegyi-Straße hinunter und denke über ein längst vergessenes Spiel aus der Kindheit nach, bei dem man jemanden in Schrecken versetzte, indem man wie ein Einbrecher aus der Dunkelheit hervorsprang und schrie: „Geld oder Leben!" Wie viel fortschrittlicher wir doch geworden sind! In den kollektivistischen Staaten lautet die Parole nun: „Geld und Leben!". Sie ist viel praktischer, weil die Beraubten [sonst] womöglich zurückkehren und den Mund aufmachen könnten.
In Magyarország[23] erscheint [die Nachricht], dass die Frist für die Aussiedlung der Juden bis Samstag verlängert werde.[24] Die Gymnasiasten der siebten und achten [Klasse] werden zu Landesverteidigungsarbeiten eingezogen.

21. Juni
Nach der Büroarbeit gehe ich am Szent-István-Ring zu Ilus.[25] An den Häusern überall der große gelbe Stern, unzählige Autos, Handwagen; halb Pest zieht um. Die Fuhrleute verlangen 1000 P[engő] für eine Fahrt! Vor der Visegrádi-Straße hat man in großen roten Ölbuchstaben auf ein Schaufenster gemalt: „Juden sollen hingerichtet werden!" Die katholische Kirche ist mit der Aufhebung der bürgerlichen Ehe und mit dem Weihen von Luftschutzräumen beschäftigt. Jaross hat in einer seiner Reden in Siebenbürgen (ich glaube, in Gyergyószentmiklós) gesagt: „Es ist nicht *notwendig*, die Juden zu schikanieren; ihre Eliminierung ist ohnehin eine beschlossene Sache."[26]
Die Post zitiert den Observer mit einer Bemerkung, der zufolge es wünschenswert sei, dass der Papst im Interesse der Londoner Zivilbevölkerung die Stimme erhebe. Die Magyar Szó behauptet auf der Titelseite, dass sich die Engländer um Unterstützung an den Papst gewandt hätten. Am Nachmittag wird von den Pfeilkreuzlern bereits kolportiert, die Engländer hätten auf Vermittlung des Papstes einen Friedensvorschlag unterbreitet, d. h. unter

21 Pista (István) Márkus, Botschaftsangestellter.
22 Schwabe ist ein allgemeiner Ausdruck für Ungarndeutsche.
23 Eine seit 1898 erscheinende politische Tageszeitung.
24 Die vom Budapester Bürgermeister erlassenen VO 147.501/1944-IX. bis 147.513/1944-IX. vom 16.6.1944 setzten die Umsiedlungsfrist auf den 21.6. fest. Mit den VO 148.451/1944.-IX. bis 148.452/1944.-IX. vom 22.6. wurde der Termin auf den 24.6. verschoben und die Liste der für die Juden bestimmten Häuser modifiziert.
25 Ilona (Ilus) Bernauer, verh. Mezei (1902–1978), Chemikerin; studierte gemeinsam mit Magdolna Gergely.
26 Innenminister Andor Jaross hielt sich im Juni drei Tage in Siebenbürgen auf. Die hier zitierte Rede konnte nicht ermittelt werden.

dem Eindruck von „Cerberus“ kapituliert. Gleichzeitig Nachrichten über einen deutsch-russischen Sonderfrieden. Es wird schwierig werden, diese Propaganda rückgängig zu machen. Das ganze Land schimpft auf die Juden, spricht vom Cerberus, und die Frauen gehen mit deutschen Soldaten aus. Tiefer hätte dieses Land nicht sinken können.

Die Liste der jüdischen Häuser wird revidiert, weil fast alle Einspruch eingelegt haben. Zunächst hieß es, dass die jüdischen Wohnungen offiziell zusammengestellt worden seien, jetzt stellt es sich aber heraus, dass die Häuser vom Judenrat aufgelistet wurden und dass das Bürgermeisteramt lediglich unterschrieben hat. Jetzt beschimpft man den Rat, und László Endre revidiert höchstpersönlich die Liste der Häuser.[27] Ilus erklärte, dass der Judenrat so schrecklich sei, dass sie, obwohl sie wisse, dass es ihr nichts mehr nütze, konvertieren werde!

Nach Hause [gehe ich über] den Friedhof unter einer dunkelschwarzen Gewitterwolke. Medardus[28] behält recht. Am Abend hellt es auf, nach dem Abendessen gehen wir mit Vater und den Kindern[29] im Garten spazieren, unzählige Rosen, die frühen Kirschen sind aufgebraucht, wir konnten fast zwei Wochen lang von ihnen essen. Die Johannisbeeren und die schönen Kirschen beginnen jetzt zu reifen. Alles ist wunderschön! Ich muss mir abgewöhnen, auf Briefe zu warten.

DOK. 216

Die örtliche Polizei meldet am 21. Juni 1944 die Deportation der Juden aus Balassagyarmat[1]

Bericht (vertraulich) der kgl. ungar. Polizeidirektion von Balassagyarmat, Nr. 22/7–1944.biz, gez. Dr. László Eördögh,[2] Leiter der Direktion, an den Polizeipräsidenten[3] vom 21.6.1944 (Kopie)[4]

Bericht über die Sitzung der Pfeilkreuzlerpartei, Ortsgruppe Balassagyarmat (Verweisnr.: 30/174–1944.Biz. Anhänge: 5 Stück

Herr Polizeidirektor!

27 Die Liste der sog. Judenhäuser wurde von József Szentmiklóssy, dem Leiter der sozialpolitischen Abt. der Hauptstadt, und seinen Mitarbeitern erstellt. Er informierte dann den Budapester Judenrat über die Gettoisierungspläne; siehe auch Dok. 212 vom 17.6.1944, Anm. 4.

28 Magdolna Gergely spielt auf die Bauernregel an „Wenn es an Medardus regnet, wird es 40 Tage nass“, und damit auf den Umstand, dass es am Gedenktag des Heiligen Medardus am 8.6. geregnet hatte.

29 Tódor Gergely (1869–1949); Aladár (Boli) Tóth (1927–1989); Mária (Mari) Tóth, später verh. Reichardt (*1934).

1 NM NML, IV. 454, 11 525/1944. Abdruck in: Árpád Tyekvicska, Adatok, források, dokumentumok a balassagyarmati zsidóság holocaustjáról, in: Árpád Tyekvicska (Hrsg.), Nagy Iván Történeti Kör Évkönyv 1995, Balassagyarmat 1995, S. 63–210, hier S. 129 f. Das Dokument wurde aus dem Ungarischen übersetzt.

2 Dr. László Eördögh (*1896), Polizist; 1944 Leiter der Polizeidirektion von Balassagyarmat, im Juni 1944 Polizeioberstleutnant.

3 Vermutlich: Dr. Béla Buócz (1887–1946); stellvertretender Polizeichef in Szeged; von Mai 1944 an Leiter der Provinzpolizeidirektion.

4 Im Original Stempel der Polizeidirektion Balassagyarmat und Vermerk: „Zur Beglaubigung der Kopie: Balassagyarmat, am 22. Juni 1944, István Bugyi.“

Bezogen auf die oben ausgewiesene Verordnung melde ich dem Herrn Polizeidirektor Folgendes.

Der Leiter der Polizeidirektion von Balassagyarmat erhielt am 9. d. M. vom Kommando des VII. kgl. ungar. Honvéd-Armeekorps eine Order zum sofortigen Erscheinen. Er habe zwecks Requirierung und Schätzung seines Kraftfahrzeugs am 10. um 9 Uhr vormittags in der Kaserne der 104. Flakartillerie in Miskolc persönlich mit seinem Kraftfahrzeug zu erscheinen. Sein Abgang wurde der Provinzpolizeidirektion am 9. um 14 Uhr per Fernsprecher gemeldet. Der Leiter der Direktion war am 10. von 5 Uhr früh bis 23 Uhr abwesend.

Die Vereinbarung mit der in Balassagyarmat stationierten deutschen SS-Dienststelle besagte, dass der Abtransport des ersten Teils der in den Judenlagern[5] untergebrachten Juden, d. h. von ca. 3300 Personen, am Morgen des 11. Juni erfolgen sollte. Das Personal der Direktion wurde in diesem Sinne informiert, die entsprechenden Maßnahmen wurden getroffen. In den Mittagsstunden des 10. kamen mehrere deutsche Kraftfahrzeuge mit SS-Männern in die Stadt. Diese ordneten die sofortige Einwaggonierung der im Lager befindlichen Juden an. Polizeireferent Dr. László Miklós, stellvertretender Leiter der Polizeidirektion, verfügte sofort, dass das gesamte Personal, das Wachpersonal inbegriffen, zum Bahnhof der Ungarischen Staatsbahnen bzw. ins Lager ausrücken und bei der Selektion bzw. Verladung der Juden mitwirken sollte. In der Innenstadt blieben lediglich sieben Polizeiposten, um das im ehemaligen Getto befindliche Vermögen zu bewachen, sowie zwei städtische Wachposten. Die Verladung der Juden wurde am 11. um 2 Uhr früh abgeschlossen.[6]

Die Polizeidirektion wurde nicht darüber in Kenntnis gesetzt, dass Ferenc Szálassy[7] am 10. um 19 Uhr in die Stadt kommen würde, nicht einmal die Vertrauensmänner wussten davon.[8] Der Besuch von Ferenc Szálassy wurde am 10. von der Budapester Landeszentrale der Pfeilkreuzlerpartei vorbereitet, die die Parlamentsabgeordneten Dr. László Budinszky[9] und Dr. Sándor Horváth darüber unterrichtete. Diese meldeten das Eintreffen von Ferenc Szálassy wahrscheinlich den städtischen Führern András Kiss und Barna Bolgár, beide wohnhaft in Balassagyarmat. Die Mitglieder informierten sich im Schneeballsystem über das Erscheinen von Ferenc Szálassy.

[...][10]

5 In Balassagyarmat wurden zwischen dem 5. und 10.5.1944 zwei Gettos eingerichtet, die bis Anfang Juni bestanden. Deren Bewohner wurden an der Stadtgrenze in zwei Sammellagern in Nyírjespuszta und Illéspuszta konzentriert.

6 Die Deportationszüge aus den Sammellagern in Nyírjespuszta und Illéspuszta fuhren am 10. und 12.6.1944 nach Auschwitz ab.

7 Richtig: Szálasi.

8 Gegen die nicht angekündigte Versammlung der Pfeilkreuzlerpartei erstattete die Ungarische Nationalsozialistische Partei Anzeige und berief sich dabei auf das Versammlungsverbot, das in der VO 175.500/1944 VII.a.BM geregelt war; Schreiben von Lajos Kozáry an den Vizegespan des Komitats Nógrád vom 12.6.1944, wie Anm. 1, S. 128.

9 Dr. László Budinszky (1895–1946), Jurist; in russ. Kriegsgefangenschaft; von 1938 an Mitglied der Nationalen Front und der Pfeilkreuzlerpartei, 1939–1944 Parlamentsabgeordneter; Justizminister in der Szálasi-Regierung; 1946 vom ungar. Volksgericht zum Tode verurteilt und hingerichtet.

10 Im Folgenden informiert das Schreiben über die Parteisitzung der Pfeilkreuzler mit Ferenc Szálasi in Balassagyarmat, über eine Kranzniederlegung und über ein gemeinsames Abendessen. Die örtliche Polizeidirektion leitete Ermittlungen gegen die Teilnehmer der Sitzung und gegen die Organisatoren der Parteisitzung ein.

DOK. 217
Ministerpräsident Döme Sztójay informiert am 21. Juni 1944 den Ministerrat über die in- und ausländische Kritik an den Deportationen[1]

Protokoll der Ministerratssitzung in Budapest vom 21.6.1944, erstellt am 28.7.1944

Unter dem Vorsitz des königlich ungarischen Geheimrats, Generalleutnants a. D., mit der Leitung des kgl. ungar. Außenministeriums bevollmächtigten kgl. ungar. Ministerpräsidenten
Döme Sztójay waren anwesend:
kgl. ungar. Innenminister kgl. ungar. Geh.R. Vitéz von Nemesmiticz Andor Jaross
kgl. ungar. Finanzminister kgl. ungar. Geh.R. Dr. Lajos Reményi-Schneller
kgl. ungar. Landwirtschaftsminister und bevollmächtigter kgl. ungar. Minister für Volksernährung Béla Jurcsek
kgl. ungar. Industrieminister kgl. ungar. Geh.R. Dr. Lajos Szász
kgl. ungar. Handels- und Verkehrsminister kgl. ungar. Geh.R. Antal Kunder
kgl. ungar. Verteidigungsminister kgl. ungar. Geh.R. Generaloberst a. D. Lajos Csatay von Csatai
kgl. ungar. Wirtschaftsminister ohne Geschäftsbereich kgl. ungar. Geh.R. Vitéz Dr. Béla Imrédy von Ómoravicza
Staatssekretär der Kanzlei des Ministerpräsidenten Dr. Lajos Huszovszky
ao. Botschafter, bev. Minister, ständiger Stellvertreter des Außenministers, seitens des kgl. ungar. Außenministeriums Dr. Mihály Jungerth-Arnóthy
Staatssekretär Vitéz Dr. Mihály Kolosváry Borcsa

Schriftführer:
Staatssekretär der Kanzlei des Ministerpräsidenten kgl. ungar. Geh.R. Dr. István Bárczy von Bárcziház

Vorliegendes Protokoll in Reinschrift kollationiert: Petz, 28.7.

Nicht anwesend: Rátz[2]

Der Herr Ministerpräsident erklärt, dass er die Staatssekretäre des Innenministeriums László Baky und László Endre sowie Generalleutnant Vitéz Gábor Faraghó,[3] den Inspekteur der kgl. ungar. Gendarmerie, zur heutigen Sitzung des Ministerrats eingeladen habe, damit sie den Ministerrat über die Beschwerden informieren, die hinsichtlich des Abtransports und Umgangs mit jenen Juden eingegangen sind, die von den Deutschen

1 MNL OL, K 27 (1944.06.21). Das Dokument wurde aus dem Ungarischen übersetzt.
2 Dr. Lajos Reményi-Schneller (1892–1946); Dr. Lajos Szász (1888–1946); Dr. István Bárczy von Bárcziház (1882–1952); Jenő Rátz (1882–1952), stellv. Ministerpräsident.
3 Richtig: Vitéz Gábor Faragho (1890–1953), Offizier; 1940/41 Militärattaché in Moskau, 1941/42 Leiter des Präsidiums im Verteidigungsministerium, anschließend bis Okt. 1944 Inspekteur der Gendarmerie; von Sept. 1944 an Leiter der ungar. Waffenstillstandsdelegation in Moskau, Minister in der Provisorischen Nationalregierung.

für den Arbeitseinsatz angefordert und außer Landes gebracht worden sind. Aus diesem Grund richtete er die Bitte an den Herrn Innenminister, damit sich der Ministerrat nach den Referaten der beiden Staatssekretäre ein klares Bild darüber verschaffen kann, wie die Frage der zum Transport vorgesehenen Juden abgewickelt wird. Er habe [als Ministerpräsident] schon immer großen Wert darauf gelegt und werde dies auch in Zukunft einfordern, dass die Auslieferung der Juden unter humanen Bedingungen erfolgt. Mit Bedauern stelle er fest, dass die Transporte in vielen Fällen in einer Form abgewickelt worden seien, die von der Regierung nicht gebilligt werde. Er wolle dem Willen der Regierung, diese Frage human umzusetzen, unbedingt Geltung verschaffen. Auch seitens der Kirche seien massive Beschwerden vorgebracht worden.[4]

Der Apostolische Nuntius sei beim ständigen Vertreter des Außenministers erschienen, aber auch die Botschafter neutraler Länder trafen ein und hätten die Art und Weise, wie der Abtransport der Juden bisher erfolgt sei, aufs Schärfste verurteilt. Er [der Ministerpräsident] bitte den ständigen Vertreter des Außenministers, den bevollmächtigten Herrn Minister und außerordentlichen Botschafter Mihály Jungerth-Arnóthy nun, die außenpolitischen Bezüge dieser Frage vor dem Ministerrat zu erhellen.[5]

Der ständige Vertreter des Außenministers informiert den Ministerrat darüber, dass ihm der päpstliche Nuntius in B[uda]pest sowie die Vertreter der neutralen Länder in Budapest bereits mehrfach im Außenministerium ihren Besuch abgestattet hätten. Sie hätten sich sehr bestürzt gezeigt, dass ihren Informationen zufolge die Deportation der ungarischen Juden in vielen Fällen schonungslos und in einer im Hinblick auf humanitäre Kriterien bedenklichen Form erfolge. Er weist darauf hin, dass die europäische Presse – mit Ausnahme von Deutschland, Italien, Kroatien und der Slowakei – ebenso wie die der anderen Kontinente großes Interesse zeige und die Deportationen scharf verurteile. Die ausländische Presse berichte über diese Frage seit zwei bis drei Wochen äußerst kritisch.[6] Einige Organe der ausländischen Presse melden schwerwiegende Grausamkeiten hinsichtlich der „Ausrottung" der ungarischen Juden. Stark kritisiert werde, dass die Juden angeblich in Viehwaggons zusammengepfercht und in plombierten Wagen abtransportiert würden, wobei viele von ihnen nicht einmal einen Sitzplatz hätten und die lange Reise stehend hätten verbringen müssen. Mehrere ausländische Blätter hätten Artikel veröffentlicht, denen zufolge die Juden in Polen vergast und anschließend verbrannt würden. Angesichts solcher Nachrichten würden sich in den neutralen Staaten große Nervosität und Antipathie breitmachen. Er müsse mit Bedauern feststellen, dass sich die Stimmung in den neutralen Ländern gegenüber Ungarn und der ungarischen Regierung verschlechtert habe. Er weist darauf hin, dass der Abtransport der Juden in Rumänien, Bulgarien und der Slowakei humaner vonstattengegangen sei. Er versuche, diese im Ausland verbreiteten Informationen vor den Botschaftern, die er empfange, zu dementieren. Die Leiter der Auslandsvertretungen würden sich ebenfalls bemühen, diese Schreckensnachrichten bezogen auf die ungarischen Juden zu dementieren, doch die ausländische Propaganda habe leider alle neutralen und feindlichen Länder dermaßen mit solchen Nachrichten überflutet, dass die ungarischen Dementi kaum noch glaubwürdig wirkten.

4 Siehe Dok. 170 vom 15.5.1944 und Dok. 204 vom 9.6.1944.
5 Siehe auch Dok. 213 vom 19.6.1944.
6 Siehe Dok. 166 vom 10.5.1944 und Dok. 199 vom 4.6.1944.

Der Ministerpräsident weist darauf hin, dass der ständige Vertreter des Außenministers diese propagandistischen Vorwürfe aufs Entschiedenste zurückgewiesen habe. Um die Reputation des Landes zu wahren, sei es unbedingt erforderlich, keinerlei Überschreitungen, Brutalitäten und Unregelmäßigkeiten zuzulassen, sondern den Abtransport der Juden den Intentionen der Regierung gemäß zu handhaben.
Der Herr Innenminister kündigt an, dass die Herren Staatssekretäre László Baky und László Endre in einem detaillierten Bericht darüber informieren werden, wie der Transport der Juden bislang erfolgt sei und wie er in der Zukunft abgewickelt werden soll. Die beiden Staatssekretäre hätten darüber hinaus jeweils ein Memorandum bezüglich der Aussiedlung der Juden verfasst.
Herr László Baky, Staatssekretär des Innenministeriums, liest seinen schriftlich vorliegenden Bericht über seine Maßnahmen vor, die zum Abtransport der Juden in Ungarn in Arbeitslager getroffen worden seien. Dieser detaillierte Bericht wird dem Protokoll des Ministerrats beigelegt.[7]
Auf Aufforderung des Herrn Ministerpräsidenten liest danach Herr Staatssekretär Vitéz László Endre seinen Bericht über die Aussiedlung der Juden vor.[8]
Der betreffende Bericht wird dem Protokoll des heutigen Min[ister]rats beigefügt.[9]
Nach Aufforderung des Herrn Ministerpräsidenten stellt anschließend der Inspekteur der Gendarmerie und der Polizei, Generalleutnant Vitéz Gábor Faraghó, seinen Bericht vor. Er legt dar, dass er den gegebenenfalls eingegangenen Beschwerden über Grausamkeiten seitens der Gendarmerie sofort nachgegangen sei. Er habe aber in keinem konkreten Fall eine Anzeige bezogen auf die Behandlung durch die Gendarmerie erhalten.
Er habe sich in Nagyvárad ein einziges Mal gezwungen gesehen, eine Untersuchung in die Wege zu leiten, weil es sich erwiesen habe, dass dort etwa 1000 Personen, darunter hohe Gerichtsfunktionäre, Priester und angesehene Christen, jüdisches Vermögen versteckt hätten. Selbstverständlich hätten sich diese Personen nicht positiv und lobend über das Verhalten der Gendarmerie geäußert.[10] Er schätze die Disziplin der Gendarmerie als sehr gut ein. Wenn man in Betracht ziehe, dass wir bislang mehr als 400 000 Juden zwecks Arbeitseinsatz und Aussiedlung außerhalb des Landes transportiert haben, sei die Tatsache, dass angesichts von 20 000 ungarischen Gendarmen Beschwerden über einige wenige erhoben worden seien, als nichtig anzusehen.
Anschließend informiert der zum Ministerrat erschienene Staatssekretär des Ministeriums für Religion und Bildungswesen, Miklós Mester, über die Schritte, die einerseits von den Führern der protestantischen Kirchen und andererseits vom Lehrpersonal der vier Universitäten unternommen worden seien, um auf eine rücksichtsvollere Handhabung der Judenfrage hinzuwirken. Die Führer der protestantischen Kirchen seien angesichts des Umgangs mit der Judenfrage erschüttert. Sie würden keinerlei Klarheit mehr in der Handhabung dieser Frage sehen. Die Rektoren der vier Universitäten hätten beim Herrn Minister für Religion und Bildungswesen Eingaben eingereicht, um für bestimmte verdiente Universitätslehrer Ausnahmen zu erreichen. Der Rektor der B[uda]pester

7 Liegt nicht in der Akte.
8 Bericht von Endre in engl. Übersetzung teilweise abgedruckt in: Vági/Csősz/Kádár, The Holocaust in Hungary (wie Dok. 29 vom 5.5.1939, Anm. 1), S. 116 f.
9 Liegt nicht in der Akte.
10 Zur Situation im Getto in Nagyvárad (Oradea) siehe Dok. 195 vom Mai 1944.

Universität habe beispielsweise im Interesse des 94-jährigen Béla Földes,[11] eines emeritierten Universitätsprofessors, inneren Ehrenmitglieds und ehemaligen Ministers, interveniert, der sich bereits als aktiver Professor und auch später immer gegen die marxistische Weltanschauung gewandt habe. [Es habe] auch [eine Intervention] im Interesse des Mathematikprofessors Lipót Fehér[12] [gegeben], eines 65-jährigen Mannes, der heute noch Mitglied der Berliner Wissenschaftsuniversität[13] ist; der Rektor der Universität bitte, ihn in seiner gegenwärtigen Wohnung zu belassen. Der Rektor der Universität in Pécs habe sich mit einer ähnlichen Bitte an das Ministerium gewandt, und die Delegation der Universität in Szeged habe eine Eingabe für den Universitätsdozenten Purjesz[14] eingereicht.

Der Herr Innenminister weist darauf hin, dass ihm für Ausnahmen keinerlei Rechtsvorschriften zur Verfügung stünden; nur im Hinblick auf heldenhaftes Verhalten [im Krieg] sei die Regierung befugt, Ausnahmen zu gewähren.

Der Herr Wirtschaftsminister ohne Geschäftsbereich [erklärt, er] habe die Referate der beiden Staatssekretäre mit großer Aufmerksamkeit verfolgt. Er weist darauf hin, dass die Aussiedlung und der Abtransport der Juden lediglich anhand einer mündlichen Abmachung mit den Deutschen erfolgten, es existiere kein diesbezügliches schriftliches Dokument. Er halte es seinerseits ebenfalls für notwendig, dass nicht nur der ständige Vertreter des Außenministers, sondern die gesamte Regierung eine Erklärung in der Hinsicht abgäbe, dass der Abtransport der Juden in einer im Sinne der Regierung entsprechenden Weise erfolgen soll. Er weist darauf hin, dass, wie auch immer dieser zweite Weltkrieg enden werde, es eine internationale und eine ernüchterte ungarische öffentliche Meinung geben werde. Das erste antisemitische Auflodern in Ungarn 1919, trotz der vergleichsweise milden antijüdischen Maßnahmen der damaligen Regierung und Gesetzgebung, hätte eine starke internationale Reaktion ausgelöst.[15] Er weist auch darauf hin, dass Rom heute nicht mehr unter deutscher Besatzung stehe und der Druck seitens der Angelsachsen und der Juden eine ganz andere Stimmung in der gesamten katholischen Welt gegenüber Ungarn zeitigen werde. Allein die pure Staatsräson und die Stärkung unseres militärischen Potentials würden es erfordern, nach einem Weg zu suchen, um im Interesse des Landes eine günstigere Stimmung zu erzeugen. Man solle die Maßnahmen nicht übertreiben und nicht über das hinausgehen, was in der unter Hitlers Schutz stehenden Slowakei an Maßnahmen hinsichtlich der Deportation und

11 Béla Földes (1848–1945), Ökonom; Studium in Wien, Leipzig und Budapest, 1882–1889 außerordentlicher, 1889–1892 ordentlicher Professor für Statistik, 1892–1917 Professor für Finanzwesen, von 1901 an Mitglied der Akademie der Wissenschaften, 1917 Rektor; 1905–1918 Parlamentsabgeordneter, 1917/18 Minister ohne Geschäftsbereich; 1945 im Budapester Getto umgekommen.

12 Richtig: Lipót Fejér (1880–1959), Mathematiker; Studium in Budapest, Berlin und Göttingen; von 1905 an Universitätsdozent in Kolozsvár, 1911–1959 Professor für Mathematik in Budapest; nach der Machtübernahme der Pfeilkreuzler zwangspensioniert, überlebte den Krieg im Getto in Budapest.

13 Gemeint ist vermutlich die Akademie der Wissenschaften.

14 Béla Purjesz (1884–1959), Arzt; von 1915 an Privatdozent, 1919–1921 Privatpraxis in Cluj, von 1926 an Assistent in Szeged, von 1931 an Direktor der Diagnostischen Klinik für Innere Medizin; 1944 deportiert; 1945/46 Rektor in Szeged.

15 Gemeint sind die antisemitisch motivierten Übergriffe im Vor- und Umfeld der Etablierung des autoritär-konservativen Regimes und das im Jahr 1920 eingeführte Numerus-clausus-Gesetz; siehe Einleitung, S. 21–24.

der Handhabung der Juden getroffen worden sei.[16] Er halte es für notwendig, etwas zu Gunsten der zum Christentum konvertierten Juden zu unternehmen. Eine Geste gegenüber der päpstlichen Diplomatie sei also angezeigt.[17]
Der Herr Industriemin[ister] ist sich mit dem Herrn Wirtschaftsminister ohne Geschäftsbereich darin einig, dass man genötigt sei, auch gewisse Konzessionen gegenüber den Kirchen zu machen. Dies würde einen in die Lage versetzen, der wahnsinnig großen, gegen uns gerichteten Propaganda im Ausland und in der Presse der neutralen Länder etwas entgegenzusetzen.
Der Herr Innenminister betont, dass die Deportation der Juden anfangs auf Wunsch der Deutschen, aus militärischen Gründen seitens Deutschlands im Hinblick auf die militärische Sicherheit erfolgt sei. Die Deutschen hätten verlangt, die Juden aus den Gebieten, in denen das 8. und 9. Armeekorps operiert, sofort zu entfernen.
Der Herr Ministerpräsident bedankt sich bei den beiden in der heutigen Sitzung des Ministerrats erschienenen Staatssekretären für ihre Beiträge. Er nimmt ihre Vorträge zur Kenntnis. Zugleich weist er darauf hin, dass es sehr wohl Übergriffe gegeben habe, er bitte also die beiden Herren Staatssekretäre, dem Willen der Regierung mit aller Kraft Geltung zu verschaffen.
Diese Aktion müsse auf humane Weise abgewickelt und jegliche Art des Missbrauchs verhindert werden. Die Menschen würden immer dazu neigen, aus einem einzelnen Missbrauch Verallgemeinerungen abzuleiten. Wenn also die Juden in 50 Waggons eines Zugs zufriedenstellend untergebracht seien, sie in einem einzigen jedoch zusammengepfercht würden, werde dies immer als Beispiel herangezogen. Juden, die nicht zum Tragen des gelben Sterns verpflichtet seien, werden bleiben und würden nicht abtransportiert werden.
Er nehme die Feststellungen des Generalleutnants Faraghó hinsichtlich des guten Verhaltens der Gendarmerie mit Freude zur Kenntnis, weil die innere Sicherheit und Disziplin des Landes auf der Gendarmerie beruhen müssten.
Der Ministerrat nimmt den Bericht der Staatssekretäre für innere Angelegenheiten zur Kenntnis und entscheidet prinzipiell, dass die Juden, die nicht zum Tragen des gelben Sterns verpflichtet sind, innerhalb der Landesgrenzen bleiben dürfen.
Der Minister für Handel und Verkehr meldet dem Ministerrat, dass im Zuge der letzten Bombardements bei den Raffinerien 3300 Waggons Öl verbrannt seien. Er habe eine Untersuchung eingeleitet.
Der Ministerpräsident schlägt vor, die Verantwortlichen im Hinblick auf die Zukunft ausdrücklich zu nennen. Die Tankstellen seien nicht beliefert worden.
Wird zur Kenntnis genommen.

16 Die Deportationen in der Slowakei wurden im Oktober 1942 eingestellt und erst mit der deutschen Besetzung der gesamten Slowakei nach dem slowak. Aufstand im Herbst 1944 wieder aufgenommen; siehe VEJ 13, S. 38–40, 42–45.

17 Als eine entsprechende Geste verstand die Regierung die Einführung einer Vertretung innerhalb des Judenrats für Personen, die unter die antijüdischen Gesetze fielen, aber zum Christentum konvertiert waren, ab Juli 1944.

DOK. 218

Der reformierte Pfarrer Albert Bereczky schildert am 21. Juni 1944 seine schweren Gewissensbisse angesichts der Deportation der ungarischen Juden[1]

Schreiben von Albert Bereczky,[2] Budapest, vom 21.6.1944 (Abschrift)[3]

Euer Hochwürden!

Ich sehe mich gezwungen, diese kurze Gesprächsnotiz über die beim Herrn Ministerpräsidenten[4] geführte Besprechung zu verfassen, solange die Eindrücke noch frisch sind. (Ich wollte selbst nicht an der Delegation teilnehmen, Gyula Muraközy[5] war schließlich da, aber ich musste dann doch dabei sein; jetzt weiß ich, dass es für mich besser gewesen wäre, wenn ich nicht dabei gewesen wäre.)

Seine Exzellenz Jenő Balogh teilte dem Herrn Ministerpräsidenten mit, dass die Delegation der beiden Kirchen im Namen von neun protestantischen Bischöfen ein Memorandum einreichen werde,[6] und skizzierte den Inhalt des Memorandums. Er hob die unbestreitbaren Informationen über die Grausamkeiten hervor, legte dar, was für ein Missfallen diese in den Gemeinden und bei den gläubigen Seelsorgern erregten, was, so befürchte es die Leitung der Kirche, zum Eklat führen könne. Er betonte, dass wir die Situation der Regierung nicht zu erschweren wünschten, und hob auch jenen Teil des Memorandums hervor, demzufolge wir uns gleichsam in einem letzten Versuch an die Regierung wenden. Den Satz, der mit den Worten „Sollten unsere Worte keine Wirkung erzielen ...“ anfängt, hob er nicht eigens hervor.

Der Ministerpräsident antwortete, dass er ebenfalls über bestimmte Vorfälle in Kenntnis gesetzt worden sei und gerade am Vormittag jene beiden Staatssekretäre vor den Ministerrat geladen habe, die für diese Angelegenheiten zuständig waren.[7] Nach ihren Berichten sollen in der Tat an einigen Orten Grausamkeiten vorgefallen sein, aber im Allgemeinen wären die zum Abtransport Bestimmten nicht zu 80 oder 90 Personen in den Waggons zusammengepfercht worden, sondern nur entsprechend deren Fassungsvermögen. Davon sei nur dann abgewichen worden, wenn für den restlichen Transportteil kein eigener Waggon bereitgestellt werden konnte. Er missbillige diese Vorfälle auch, doch würden solche Sachen natürlich von der Propaganda ausgenutzt. Wenn in jedem hundertsten Fall einmal so etwas geschehe, aber in den restlichen 99 Fällen alles normal

1 Ráday Levéltár, A-1-c Elnöki iratok 1944. Das Dokument wurde aus dem Ungarischen übersetzt.

2 Albert Bereczky (1893–1966), Pfarrer; von 1930 an reformierter Pfarrer in Budapest; seit 1938 an Aktionen zur Rettung von Juden beteiligt, nach der Machtübernahme der Pfeilkreuzler ging er in die Illegalität; 1944 Mitglied der Provisorischen Nationalversammlung, 1945 StS im Ministerium für Religion und Bildung, 1948–1958 Bischof, führende Persönlichkeit der kirchlichen Friedensbewegung.

3 Das Schreiben richtete sich vermutlich an László Ravasz.

4 Döme Sztójay.

5 Gyula Muraközy (1892–1961), Pfarrer; von 1918 an reformierter Pfarrer in Kecskemét, 1932–1961 in Budapest; 1934–1944 Herausgeber der Wochenzeitung Református Élet (Reformiertes Leben); 1957–1961 Sekretär des Ökumenischen Rats der Ungarischen Kirche.

6 Das Memorandum legten u. a. die Bischöfe Béla Kapi und László Ravasz Ministerpräsident Sztójay am 23.6. vor. Darin drohten die Vertreter der protestantischen Kirchen, ihre Kritik an den Unmenschlichkeiten öffentlich zu machen, sollte das Memorandum keine Wirkung zeigen.

7 Siehe Dok. 217 vom 21.6.1944.

verlaufe, dann verweise man immer auf diesen Einzelfall. Er betonte, dass von Deportationen keine Rede sein könne, sondern nur davon, dass man in Deutschland mit einem großen Mangel an Arbeitskraft konfrontiert sei und dass die Deutschen die Juden zum Arbeitsdienst holten. Auf die Anmerkung, auch Säuglinge, Schwangere und Greise würden abtransportiert, antwortete der Ministerpräsident, dass dies auf den allseits bekannten starken familiären Zusammenhalt der Juden zurückzuführen sei. Zudem hätten die Erfahrungen der Deutschen gezeigt, dass man keine arbeitsfähigen Menschen gewinne, wenn eine Familie auseinandergerissen werde. Dem Bericht der Staatssekretäre zufolge habe es insgesamt acht Todesfälle gegeben, was einer normalen Sterberate entspreche. Bezüglich des grausamen Umgangs sagte er, dass der Abtransport aus dem Getto und die Verladung in Waggons bereits Aufgabe der Deutschen sei und nicht mehr Sache der ungarischen Behörden. (Nota bene: Einer unserer Seelsorger berichtete soeben, dass am Ende eines solchen Eisenbahnzugs, im offenen Waggon, ungarische Gendarmen gestanden hätten.)[8] Auf die Anmerkung, solche Brutalitäten seien auch seitens der ungarischen Gendarmen vorgefallen, erwiderte der Ministerpräsident, dass man seitens der Regierung von Anfang an die Anweisung ausgegeben habe, mit den Juden auf humane Weise umzugehen. Er habe jetzt die beiden betreffenden Staatssekretäre erneut angewiesen, diese Anordnung zu befolgen und dies auch persönlich zu überwachen. Der Ministerpräsident betonte, wie wichtig die Kooperation der Kirchen in dieser Zeit der großen Kraftprobe der Nation sei, und dass er auf die Unterstützung der Kirchen großen Wert lege.

Bischof Béla Kapi[9] berichtete von einem konkreten Fall, bei dem die Seelsorger trotz der Verordnung des Innenministers[10] nicht zu den Christen gelangen konnten, die sich unter den im Getto Separierten befanden. In Győr wollte einer der Seelsorger unter Berufung auf die Erlaubnis des Innenministers ins Getto gehen. Der Gendarm erklärte zwar, dass er die Verordnung kenne und er ihn auch hineinlassen wolle, doch würde er den Besuch nicht empfehlen. Sobald er den ersten Juden anspreche, bestehe die Gefahr, dass beide von dem dort diensthabenden deutschen Soldaten erschossen werden. Wir merkten an, dass heute der römisch-katholische, der reformierte und der lutherische Seelsorger von Szeged telefonisch darum gebeten hatten, eine Erlaubnis des Innenministers, möglichst durch einen Boten, zu erhalten, um ihre Gläubigen aufsuchen zu können. Der Herr Ministerpräsident konnte darauf nur erwidern, die ungarische Regierung tue alles in ihrer Macht Stehende.

Bischof Béla Kapi bat den Ministerpräsidenten um die Erlaubnis, christliche Kinder in unseren Waisenhäusern und Internaten unterzubringen. Der Herr Bischof sagte, sollten wir diesbezüglich vom Herrn Ministerpräsidenten ein ermutigendes Wort erhalten, würden wir sofort den entsprechenden Antrag stellen, natürlich nur hinsichtlich jener Kinder, deren Eltern (oder ein Elternteil) darum bitten. Der Herr Ministerpräsident antwortete nur so viel, dass dieser Antrag eingereicht werden könne. (Das Ersuchen wurde im Namen der beiden Kirchen vom Bischof Béla Kapi und von Gyula Muraközy im

8 Bis Kassa (Košice) begleiteten ungar. Gendarmen die Deportationszüge, dann wurden diese von deutschen Ordnungspolizisten übernommen.

9 Béla Kapi (1879–1957), evang.-luther. Bischof; 1901 Ordination, 1905–1916 Pfarrer in Körmend, 1916–1948 Bischof des evang.-luther. transdanubischen Distrikts; Gründer und Herausgeber des Blatts Harangszó (Glockenschlag); 1927–1939 Mitglied des Oberhauses.

10 Andor Jaross.

Ministerpräsidentenamt nach der Besprechung eingereicht. Eine Anmerkung unter uns: Bis über diesen Antrag entschieden wird, wird es keine Kinder mehr geben.)
Bischof Béla Kapi gab seiner persönlichen Erleichterung Ausdruck, dass die ungarischen Behörden keine Verantwortung für die Geschehnisse trügen.
Baron Albert Radvánszky erkundigte sich, warum wir keine Antwort auf unseren Antrag erhalten hätten, einen Rat der Konvertierten parallel zum Judenrat einzurichten.[11] Auch jenen Unterausschuss, den die Regierung mit einem unmittelbaren Berufungsrecht beim Innenminister in Aussicht gestellt hatte, gebe es bislang nicht. Der Ministerpräsident sagte, er werde noch mit dem Innenminister darüber reden – er habe aber den Eindruck, dass der Innenminister den Standpunkt vertrete, es sei leichter, nur mit einem Organ Kontakt zu halten.
Ich habe mich kurz gefasst. Aus der Antwort des Ministerpräsidenten geht klar hervor, dass er nichts zur Einstellung der Deportationen unternehmen wird. Man bekommt keine Antwort darauf, warum 70-jährige Greise, Mütter, die unmittelbar vor der Entbindung stehen, und Kinder zum „Arbeitsdienst“ abtransportiert werden. Noch bekommt man eine Antwort darauf, warum die Seelsorger unsere Gläubigen in den Gettos nicht betreuen dürfen bzw. wodurch diese ungeeigneter zum Arbeitsdienst werden sollten, wenn ein Seelsorger sie aufsuchen würde.
In diesem Augenblick, so kurz nach dieser außerordentlich düsteren Stunde, wäre es nicht angebracht, Euer Hochwürden meine schweren Gewissenskämpfe darzulegen. Nur so viel: Voraussichtlich werden große Massen unserer reformierten Gläubigen jüdischer Herkunft auch in die Waggons kommen.

DOK. 219

Der Großmufti von Jerusalem, Mohammed Amin El-Husseini, bittet am 22. Juni 1944 die ungarische Regierung, die Auswanderung ungarischer Juden nach Palästina zu unterbinden[1]

Schreiben des Großmuftis,[2] Berlin, an den ungar. Außenminister,[3] Budapest, vom 22.6.1944[4]

Exzellenz!
In diesem Kriege wandern viele Juden aus dem Balkan nach Palästina aus. So daß die jüdische halbmonatliche Zeitschrift „Information de Palestine“ Nr. 157 & 158 vom 14.4.

11 Nachdem der katholische Bischof Jusztinián Serédi angekündigt hatte, am 29.6. einen Hirtenbrief in den katholischen Kirchen verlesen zu lassen, stimmte Sztójay der Gründung einer Interessenvertretung für konvertierte Juden zu. Der Verband der christlichen Juden in Ungarn wurde im Juli 1944 formal ins Leben gerufen und bestand bis Anfang der Szálasi-Ära.

1 MNL OL, K 64 1944-43-II-234-374.
2 Mohammed Amin El-Husseini (ca. 1893–1974), islamischer Rechtsgelehrter; 1921–1937 Großmufti von Jerusalem, 1937 floh er nach fehlgeschlagenem Aufstand aus Palästina in den Irak, 1941 nach Scheitern des antibrit. Putsches im Irak Flucht nach Berlin; von dort aus 1942–1945 prodeutsche Propagandatätigkeit, rekrutierte Muslime für die Waffen-SS in Bosnien; 1945 Flucht nach Ägypten, 1948 Mitbegründer der sog. Arabischen Regierung für ganz Palästina.
3 Döme Sztójay.
4 Sprachliche Eigenheiten des deutschsprachigen Originals wurden beibehalten.

und 5. Mai 1944 geschrieben hat: (daß die Zahl der im Monat April ausgewanderten Juden nach Palästina 1000 beträgt). Außerdem brachten die „Nachrichten aus den arabischen Ländern" des Auswärtigen Amtes Berlin des öfteren Nachrichten über Transporte der Juden über die Türkei nach Palästina. Die Londoner „Times" vom 21. März 1944 schrieb: („daß der jüdische Verein Aliyah allein 5000 Kinder und Jugendliche der Juden aus dem Balkan seit Beginn des Krieges nach Palästina bringen konnte, und sie vor den Qualen der Nazis retten. Nachdem sie ihre Gesundheit wiedererlangt haben, sind viele von ihnen in den Dienst der Truppen getreten, und andere werden in der Landwirtschaft und Handwerkerschulen ausgebildet.")
Das ist nur ein kleines Beispiel für den Schaden, den diese Juden anrichten können und auf den ich bereits vor über einem Jahr die ungarische Regierung aufmerksam gemacht habe.
Abgesehen von dem kriegerischen und propagandistischen Schaden dieser Auswanderung, dürfte Ihnen Exzellenz bekannt sein, daß die Juden gerade sehr viele Kenntnisse und Geheimnisse kennen und auch sehr viele geheime Verbindungen unterhalten. Hinzu kommt, dass diese Tausende von jüdischen Flüchtlingen den Arabern in Palästina unangenehm werden. Diese Auswanderung wird aber auch bei den Arabern sehr schlechten Eindruck machen, und sich wundern, daß diese Transporte aus den befreundeten Staaten kommen.
Während ich meine Bewunderung für die Maßnahmen, die seitens der ungarischen Regierung gegen die Juden getroffen werden, zum Ausdruck bringe, glaube ich, daß gerade zu diesem Zeitpunkt die Juden versuchen werden, nach der Türkei und weiter nach Palästina über Rumänien oder Bulgarien zu entkommen.
Daher möchte ich die ungarische Regierung bitten, alle erforderlichen Befehle an die zuständigen Stellen zu erteilen, daß die Juden an der Ausfahrt verhindert werden, und Maßnahmen zu treffen, damit die Auswanderung der Juden nach Palästina offen oder geheim aufhört.
Ich habe große Hoffnung, dass die ungarische Regierung diese Maßnahmen im Interesse der Ungarn und Araber durchführen wird.
Genehmigen Sie Exzellenz meine vorzügliche Hochachtung!

DOK. 220

Der Politiker Kálmán Shvoy schaut sich am 22. Juni 1944 das Sammellager in Szeged an[1]

Handschriftl. Tagebuch von Kálmán Shvoy, Eintrag vom 22.6.1944

Donnerstag, 22. Juni
Um ¼ 9 aufgestanden, habe schlecht geschlafen, bin schon früh, um 5 Uhr, aufgewacht, Rasieren, Frühstück. Um ¾ 10 in die Militärapotheke, um Borwasser zu holen, zwi-

1 MNL CSML, XIV.12. Teilweise abgedruckt in: Perneki (Hrsg.), Shvoy Kálmán titkos naplója és emlékirata (wie Dok. 68 vom 18.4.1942, Anm. 1), S. 286. Das Dokument wurde aus dem Ungarischen übersetzt.

schendurch habe ich mir das Getto angeschaut.[2] Dort habe ich Lajos Pleplár[3] angetroffen, der mich seit Jahren nicht mehr grüßt, jetzt aber hat er es traurig getan; ich habe ihn gefragt, wie es kommt, dass er mich jetzt erkennt, daraufhin hat er weinend gesagt, dass seine Braut und die Szivessy-Mädchen gerade abgeholt werden, um Mittag muss sich auch seine Mutter melden, ich habe ihn getröstet. Pater Majthényi[4] habe ich auch getroffen. Mit Erlaubnis von László Endre war er draußen in der Ziegelfabrik, aber die SS-Leute haben sie nicht hineingelassen (auch den [reformierten und den evangelischen] Pfarrer nicht). Daraus wird ersichtlich, dass hinter der ganzen Judendeportation die Deutschen stecken, sie hatten jedoch Angst vor Kriegsverbrechen,[5] deshalb ließen sie das Ganze von Ungarn erledigen, und den Auftrag haben Baky [und] Endre mit der Mannschaft der zu Lenin-Buben[6] degradierten Gendarmen übernommen. Traurig! Damit haben wir selbst den Endpunkt der ungarischen Geschichte gesetzt, weil uns die Schande, dass wir mit unseren eigenen Mitbürgern so umgegangen sind, niemand mehr abnehmen wird; doch man wird auch uns nicht verschonen. Und dies alles wird vom ungarischen Volk zugelassen, es gibt sogar viele, die Spalier stehen und mit höhnischem Gelächter den Abtransport verfolgen und darauf warten, ein paar Möbelstücke zu erhalten. Ich habe in der Militärapotheke Borwasser gekauft. In die Jesuitenkirche und dann nach Hause. Auch Bischof Hamvas[7] durfte vor zwei Tagen die Ziegelfabrik nicht betreten. Zu Hause habe ich geholfen, Kirschen zu putzen, habe das Gutachten des […][8] Militärsachverständigen korrigiert, Conrad gelesen und einen Brief an den Schriftsachverständigen Miklós Sándor geschrieben, dem ich meine Überlegungen zum Ergänzungsgutachten zukommen ließ. Schlafengehen um ½ 1.

Ferenc Hoffmann und seine Frau sind am Mittwochnachmittag ins Getto gebracht worden, und man hat die jüdischen Ehepartner von Christen aufgefordert, sich zu melden, auch diese werden alle einberufen. Die Gendarmen sind brutal, in erster Linie Székler[9] aus Siebenbürgen. Am Nachmittag starkes Gewitter. Ich habe Sauerampfer gesucht, Balogh hatte welchen.

[…][10]

2 Gemeint ist vermutlich das Sammellager in Szeged, das sich in einer stillgelegten Ziegelfabrik in der Cserzy-Mihály-Straße 30–33 befand. Die jüdische Bevölkerung aus dem Getto Szeged musste in das Sammellager umziehen. Ein Teil wurde von dort nach Strasshof an der Nordbahn, ein anderer nach Auschwitz deportiert. Zwölf Personen gelangten mit dem „Kasztner-Transport“ in die Schweiz.

3 Lajos Pleplár (1869–1962), Offizier; wurde vermutlich aufgrund seines Anteils bei der Niederschlagung der Räterepublik von den Deportationen ausgenommen.

4 Richtig: Béla Majtényi (1907–1992), Jesuitenpater.

5 Gemeint ist wohl: Angst davor, der Kriegsverbrechen beschuldigt zu werden.

6 Bezeichnung für die Milizen der Räterepublik 1919, die zahlreiche Gewalttaten verübten.

7 Endre Hamvas (1890–1970); 1944–1964 Bischof von Csanád.

8 Ein Wort unleserlich.

9 Die Szekler sind eine ungar. Volksgruppe in Siebenbürgen mit einem eigenen Dialekt.

10 Anschließend beschreibt Shvoy die Lage an der Front.

DOK. 221
Béla Trebitsch beschreibt im Juni 1944 seinen Alltag im Arbeitsdienst und die Angst, nach Polen deportiert zu werden[1]

Handschriftl. Tagebuch von Béla Trebitsch, Einträge vom 12. bis 24.6.1944

12.6.: Vorbereitung zum Abmarsch. Ziel: Kincsespuszta, 7 km von Káta entfernt. Ankunft. Einteilung der Unterkünfte. Wir schlafen auf einem Dachboden über dem Schweinestall. Milliarden von Flöhen.
13.6.: Aufteilung nach Einheiten. Ansonsten Tatenlosigkeit.
14.6.: Einsatz im Weinbau des Guts, Unkrautjäten, Binden der Reben. Eine völlig vernachlässigte Wirtschaft.
15.–18.6.: Die gleiche Arbeit.
19.6.: Bereitmachen zum Abmarsch. Ziel: Káta. Bei Ankunft wurden wir von Gendarmen mit Bajonetten umzingelt, die uns mit vertrauter Brutalität alles abnahmen, was wir nicht direkt am Leib trugen.
Geld, Uhren, Konserven und zahlreiche persönliche Gegenstände wurden uns abgenommen. Von mir auch das Schuhmacherwerkzeug. Die Stimmung ist schrecklich. Wer etwas zu sagen wagte, wurde sofort geohrfeigt. Es regnete den ganzen Tag, das Wasser rann bereits unter unsere Gepäckstücke, aber es gibt keine Gnade. Um fünf Uhr am Nachmittag – ab in die Waggons. Wohin? Wir wissen nichts. Nachdem wir unsere Plätze eingenommen hatten, teilte uns unser Kommandeur mit, dass wir in der Eisenfabrik von Diósgyőr arbeiten würden. Irgendwie glauben wir seinen Worten nicht. Der Umgang der Gendarmen mit uns lässt eine andere Deutung zu.
20.6.: Im Morgengrauen brachen wir auf und kamen nach einem bitteren, langsamen Marsch in Rákos an. In der Nacht wurden wir an einen deutschen SS-Transport angeschlossen. Nach der Abfahrt – eine wilde Schießerei aus Richtung der deutschen Waggons. Diejenigen unter uns mit labilen Nerven gerieten in Panik. Manche glaubten, die Berge von Borsod seien schon die Karpaten und man hätte uns den Deutschen übergeben. Das ist also unser Ende.
21.6.: Der Hauptregisseur dieses – nicht gerade schönen – Spiels war ich.[2] Als wir in Miskolc ankamen und von der deutschen Lokomotive abgekoppelt wurden, hat sich alles als Scherz entpuppt, und es kehrte gleichzeitig wieder Ruhe ein.
22.6.: Ankunft in Diósgyőr. Eine angenehme Überraschung erwartete uns. Gesunde, luftige, geräumige, helle neue Arbeiterbaracken. Licht, Wasserleitung, gute Bergluft. Zehn Minuten von der Fabrik[3] entfernt, an einem schönen Hang.
23.6.: Ordnung schaffen im Revier, Unterbringung in Freundesgruppen. Waschen, essen.
24.6.: Einmarsch in die Fabrik. Die Kompanie wird in diverse Abteilungen in mehreren Gruppen eingeteilt. Mit acht Personen kam ich in die große Schmelzerei. Eine schwere Arbeit, aber sie gefällt mir. Mir gefällt es, wenn ich etwas [Neues] sehe und Erfahrungen sammle. Dafür gibt es hier genügend Möglichkeiten.

1 Original in Privatbesitz von Agnes Harichovszky, Kopie: USHMM, 2011.184. Das Dokument wurde aus dem Ungarischen übersetzt.
2 So im Original.
3 Die Kompanie von Béla Trebitsch arbeitete in der Eisenfabrik von Diósgyőr.

DOK. 222
Sándor Buczkay informiert am 24. Juni 1944 Staatssekretär László Endre, dass es bei der Versteigerung jüdischen Eigentums in Balassagyarmat zu Ausschreitungen kam[1]

Schreiben von Sándor Buczkay, Balassagyarmat, an den Staatssekretär[2] vom 24.6.1944[3]

Sehr geehrter Herr Staatssekretär!
Der Unterzeichnende bittet den Herrn Staatssekretär hochachtungsvoll darum, ihm die Möglichkeit zu geben, [bei ihm vorzusprechen]. Ich erbitte dies als mittelloser Mann, als ehemaliger Eintreiber von Mehrwertsteuern, einstiger Aufseher in einer Mühle und derzeit Bürohilfskraft bei der Finanzaufsicht, der 13 Monate an der Ostfront gekämpft hat und als Zeichen der Anerkennung seiner Tapferkeit vor dem Feind mit der Bronzenen Tapferkeitsmedaille und dem Feuerkreuz der Frontkämpfer ausgezeichnet wurde. Bei dem am 12. Januar 1943 erfolgten Rückzug vom Don wurde ich von einer Luftdruckwelle so schwer getroffen, dass ich mich bis jetzt noch nicht habe davon erholen können. Ich habe gehofft, dass es meiner daheimgebliebenen Frau und meinen beiden Kindern bzw. inzwischen drei Kindern an nichts fehlen würde. Man musste aber, um dem Hungertod zu entgehen oder nicht in Lumpen gekleidet herumzulaufen, alles zu Wucherpreisen auf dem überhandnehmenden Schwarzmarkt beschaffen. Als ich nach Hause zurückgekehrt war, fehlte es der Familie bereits an allem. Nun, da mein drittes Kind geboren ist, musste ich feststellen, dass ein Kinderwagen 600 Pengő [kostet]. Von einer Ausstattung [für das Kind] kann keine Rede sein, da [diese] nur stückweise und zu Wucherpreisen [erstanden werden kann]. Eine Windel kostet beispielsweise 10–20 Pengő, ein Kinderhemd 10 Pengő, ein Strickhemd 35 Pengő usw. – all das ist mit einem kleinen Beamtengehalt unerschwinglich.
Jetzt, nachdem die Juden aus dem Komitat Nógrád weggebracht wurden,[4] habe ich begonnen zu hoffen, dass auch ich etwas von den Kleidern und der Bettwäsche der Juden bekomme, und zwar zu einem anständigen Preis. Ich hätte auch gehungert, um [diese Dinge] zu kaufen. Meine neunjährige Tochter hat nur noch eine grobe Decke. Womit aber soll ich mein drittes Kind zudecken? Ich weiß es nicht. Ich hatte im Steueramt gehört, dass am Nachmittag in der Kaserne der Feuerwehrleute eine Versteigerung der jüdischen Kleider und Bettwäsche stattfinden sollte. Aus Neugier bin auch ich dorthin gegangen und [was ich dort sah, war] eine regelrechte Völkerwanderung. Der riesige Hof war voller Menschen. Während meiner zehnjährigen Arbeit als Aufseher habe ich viele Menschen kennengelernt. U. a. waren dort auch Bauern, die für die Juden Partei ergriffen und sie hochleben ließen und Gänse für 200–300 P[engő], Butter für 60 P, Eier für 3–5 P das Stück ins Getto schmuggelten. Auch die Hyänen jeder Versteigerung fehlten nicht, die die bei der Auktion erworbenen Sachen weiterverhökern.
U. a. wurde ein Teil der unten aufgelisteten Kleider und sonstige bewegliche Habe versteigert:

1 MNL OL, K 557 1944-VI/12. Das Dokument wurde aus dem Ungarischen übersetzt.
2 László Endre.
3 Im Original fehlerhafte Grammatik und Rechtschreibung.
4 Die jüdische Bevölkerung des Komitats wurde bis Mitte Juni 1944 deportiert.

Z. B. zwei Leintücher, das eine davon befand sich in einem ziemlich schlechten Zustand, während der Ausrufpreis des anderen, kaum benutzten [Leintuchs] von 80 P auf 190 P stieg.
Ein Paar gelbe Halbschuhe stieg von 40 P auf 135 P, vier Polsterbezüge stiegen von 140 P auf 240[, eine schwarze Hose stieg von 20 P auf 45, ein Herrennachthemd und ein normales Herrenhemd stiegen von 35 P auf 120, zwei Läufer (gebraucht), ca. 5 Meter lang, stiegen von 200 P auf 400, ein buntes Tischtuch für den Garten stieg von 40 P auf 85, ein Wintermantel mit Lammfell[-Futter], welcher von einer der Auktionskommission bekannten Person gekauft wurde, stieg auf 700 P, usw. usw.
Ich erwähne nur einen Bruchteil der Auktion. All das hat aber allgemeinen Unmut ausgelöst, und um mich herum wurde gesagt: Wenn der Staat die von den Juden konfiszierten Dinge zu solchen Wucherpreisen verkauft, warum verlangt er dann vom einfachen Volk, dass es sein Zeug zu Höchstpreisen[5] verkauft.
Über all das lässt sich meiner Meinung nach auch streiten. Jedenfalls begannen die Leute so hemmungslos zu schreien, dass sogar die Polizei keine Ordnung mehr schaffen konnte. Ein Polizeibeamter ordnete an, die Versammlung aufzulösen, indem die Polizisten die Breitseite der Säbel zum Einsatz brachten, um die Reihen aufzubrechen, was aber gar nichts nützte. Deshalb waren sie gezwungen, zum Feuerwehrschlauch zu greifen. Danach wurden die Reihen zwar gesprengt, das Publikum beschimpfte aber nach wie vor die Auktionsbehörde und ließ nicht locker. Sie[6] trieben die Preise wie wahnsinnig weiter in die Höhe, schon allein deshalb, weil 90 % gar kein Geld hatte. Dann entschloss ich mich, aufs Amt zu gehen und dem Herrn Staatssekretär davon zu berichten, weil ich weiß, dass er von alledem keine Ahnung hat.
Ich möchte den Herrn Staatssekretär sehr darum bitten, die kleinen mittellosen Beamten zu unterstützen und ihnen die Möglichkeit zu geben, [Güter] gegen Ratenzahlung mit einer Laufzeit von einem Jahr zu kaufen und die Raten jeden Monat vom Gehalt abzuziehen. Erlauben Sie beispielsweise Familienmitgliedern, dem Inventar entsprechend Bettwäsche und Kleidung aus jüdischem Besitz zu übernehmen. Sonst hat man nämlich keine Lust mehr, Kinder großzuziehen, wenn man keinen Schlafplatz für sie hat und sie auch nicht kleiden kann.
Es zerreißt den Eltern das Herz, wenn sie nicht richtig für ihre Kinder sorgen können. Für meine Glaubwürdigkeit bürgen meine ehemaligen Kollegen aus meiner Zeit als Aufseher der Mühlen Lajos Sághy und Árpád Rád. Nennen könnte ich noch István Theodorovics, den mir meine Freunde anlässlich eines Treffens im Restaurant „Ilkovics“ vorgestellt haben.
Mehr wage ich nicht, aufs Papier zu bringen, weil ich mir schon einmal die Finger verbrannt habe. Wenn Sie, Herr Staatssekretär, daher gestatten, möchte ich persönlich bei Ihnen vorsprechen und Ihnen mein Herz ausschütten.
Ich möchte den Herrn Staatssekretär um Vergebung bitten, dass ich es gewagt habe, ihn mit meinen Zeilen zu belästigen.
Mit patriotischer Hochachtung

5 Gemeint ist wohl: Mindestpreis.
6 Gemeint sind vermutlich die Mitglieder der Auktionsbehörde.

DOK. 223

Der US-amerikanische Diplomat Leland B. Harrison gibt am 24. Juni 1944 einen Bericht über den Ablauf der Deportationen der ungarischen Juden wieder[1]

Bericht von Harrison,[2] Bern, an Roswell Dunlop McClelland[3] vom 24.6.1944[4]

McClelland sende das Folgende an den WRB:[5]
Inzwischen gibt es keinen Zweifel mehr, dass die Mehrheit der jüdischen Bevölkerung östlich der Donau, insbesondere aus dem Osten, Norden und Nordosten Ungarns, nach Polen deportiert worden ist. In den vergangenen zwei Wochen wurden uns diese Informationen von drei zuverlässigen, unabhängigen Quellen bestätigt: (a) von einem Schweizer Beamten, der gerade aus Budapest zurückgekehrt ist,[6] (b) von Eisenbahnern, die in der tschechischen Untergrundbewegung aktiv sind, (c) und von einer weiteren zuverlässigen geheimen Quelle. Behandeln Sie die Informationen zu den Quellen absolut vertraulich, da jedwede öffentlichen Hinweise auf deren Identität ihr Leben gefährden würden.
Etwa zwei bis vier Wochen vor Anlauf der Deportationen hatte man damit begonnen, Tausende von Juden brutal zusammenzutreiben und sie ungeachtet ihres Gesundheitszustands, Geschlechts und Alters in primitiven Unterkünften ohne ausreichend Verpflegung, Kleidung und Wasser zusammenzupferchen. Durchgeführt wurde diese von László Endre verantwortete Aktion maßgeblich von der ungarischen Gendarmerie.
Anscheinend begannen die aktuellen Deportationen um den 15. Mai herum und dauerten bis Mitte Juni an. Davon betroffen waren täglich 12 000 Personen: Etwa 7000 gelangten über die Karpato-Ukraine und 5000 über die Slowakei [nach Polen]. Bei diesen Aktionen wurden in der Regel jeweils 60 bis 70 Menschen in versiegelte Güterwaggons gesperrt, die Fahrt dauerte zwei bis drei Tage, ohne ausreichend Wasser und Essen, so dass viele wahrscheinlich schon auf dem Weg starben.
Speziell folgende Bahnstrecken wurden genutzt:
(1) Csap–Kaschau–Resov–Lubotin–Nowyszez in Richtung Oswiecim; (2) Satoraljaujhely–Leginamich Klany–Michalovce–Medzilaborce; zudem wurden auf dieser Strecke täglich Tausende Soldaten an die polnische Front und von dort aus zurücktransportiert; (3) Munkacs–Lavoczne; (4) Galanta–Sered–Leopoldstadt–Novemeato–Trencin; (5) Vrut ky–Zilina.

1 NARA, Abram G. Duker/Irwing Dwork Papers RG 200, Box 10, Fol. 92. Das Dokument wurde aus dem Englischen übersetzt.

2 Leland B. Harrison (1883–1951), Jurist, Diplomat; von 1903 an Dritter Sekretär der US-Botschaft in Tokio, 1918 Teil der US-Delegation bei den Pariser Friedensverhandlungen, 1927–1929 Botschafter in Schweden, 1930 in Uruguay, 1935–1937 in Rumänien, 1937–1947 in der Schweiz; Mitarbeiter des Diplomatic Security Service.

3 Roswell Dunlop McClelland (1914–1995), Diplomat; US-amerikan. Repräsentant des War Refugee Board in der Schweiz; 1970–1973 Gesandter in Niger.

4 Im Original handschriftl. Korrekturen.

5 War Refugee Board.

6 Möglicherweise ist der Bericht von Miklós Krausz gemeint, den er am 19.6.1944 nach Genf übermitteln ließ. Der Bericht enthielt auch eine gekürzte Fassung des sog. Auschwitz-Protokolls, eines Berichts, in dem Struktur und Funktion des Lagers Auschwitz skizziert werden; siehe Randolph L. Braham, A népirtás politikája. A Holocaust Magyarországon, Bd. 2, Budapest 1997, S. 1069.

Alle, die uns diese Informationen aus der Slowakei und Ungarn geliefert haben, drängen auf eine Bombardierung entscheidender Streckenabschnitte, insbesondere von Brücken entlang der Strecke 1, weil dies das einzige Mittel wäre, um weitere Deportationen aufzuhalten oder zu stoppen. (Ich leite diesen Vorschlag hier weiter, ohne beurteilen zu können, ob es sich um eine sinnvolle Maßnahme handelt.)[7]
Nach den uns vorliegenden Informationen wurden bereits mindestens 335 000 Juden aus den folgenden Gebieten deportiert:
Ungefähr 130 000 aus dem Karpatenvorland und aus Ruthenien, vor allem aus den Städten Beregszász, Felsőviso, Huszt, Nagyszőllós, Máramarossziget, Munkács, Tecar und Ungvár.
Etwa 90 000 aus Siebenbürgen aus Beszterce, Dés, Kolozsvár, Marosvásárhely, Nagybánya, Nagyvárad, Szászrégen und Szilégy.[8]
Im Norden aus Kâssakaschau,[9] Gyöngyös, Sátoraljaujhely und Sárospatak.
Etwa 75 000 aus der Theiß-Region: Kisvárda, Mátészalka, Nagykároly, Nyiregyháza und Szatmárnémeti.
Eine Quelle berichtet darüber hinaus von annähernd 20 000 Juden, die aus einzelnen Städten im südlichen Ungarn deportiert worden seien, darunter Bacs*ya,[10] Baja, Nagykanizsa, Ujvidek und Szabadka, und von Vorbereitungen aus Dunaszerdehely,[11] Gyoer,[12] Komárom, Miskolc, Pécs und Szombathely, wo man die Menschen bereits zusammengetrieben hat.
In Budapest und Umgebung wurden bereits 350 000 Juden konzentriert. Diese Aktion begann am 16. Juni und war am 21. abgeschlossen.[13] Sie wurden in beschlagnahmten Häuserblocks untergebracht, die wie ein Schachbrett angeordnet sind, so dass es keinen Schutz vor Bombenangriffen gibt.
Um die 15 000 hat man in einem in einem Industriegebiet an der Donau gelegenen Getto in Ujpest in der Nähe von Budapest zusammengepfercht.[14]
Die innerhalb der Sztójay-Regierung für die Verfolgung von Juden verantwortlichen Personen sind: László Endre, vormals Unterpräfekt im Bezirk Pest, jetzt Innenministerium; László Baky, ebenfalls Innenministerium, und Andor Jaross, Innenminister.
Es bestehen kaum Zweifel, dass viele ungarische Juden in das Vernichtungslager Auschwitz (Oswiecim) und nach Birkenau (Rajska)[15] im westlichen Oberschlesien gebracht wer-

7 Am 4.7.1944 informierte John Jay McCloy, UStS im US-Kriegsministerium, John W. Pehle, Executive Director im War Refugee Board, darüber, dass die Zuggleise bei Kassa (Košice) nicht bombardiert werden, da dies kriegswichtige Kräfte binden würde.
8 Vermutlich ist das Komitat Szilágy gemeint.
9 Richtig: Kassa (Kaschau).
10 Vermutlich: Bácska (Batschka).
11 Richtig: Dunaszerdahely (Dunajská Streda).
12 Richtig: Győr.
13 Die VO über die Konzentration der Budapester Juden in gekennzeichneten Häusern wurde am 16.6. herausgegeben und am nächsten Tag bekanntgemacht. Ursprünglich sollten die Maßnahmen bis 21.6. abgeschlossen sein. Die Frist wurde anschließend bis zum 24.6. verlängert; siehe Dok. 207 vom 13.6.1944 und Dok. 247 vom 19.7.1944.
14 Ein geschlossenes Getto wurde in Budapest erst nach der Machtübernahme der Pfeilkreuzler im Herbst 1944 errichtet.
15 Beim Lager Rajsko handelte es sich um ein Außenlager des KZ Auschwitz. Es war nicht identisch mit dem Vernichtungslager Auschwitz-Birkenau; siehe VEJ 16/17, Anm. 12.

den, wo nach jüngsten Berichten seit Beginn des Sommers 1942 mindestens 1,5 Millionen Juden ermordet worden sind.[16] Hinweisen zufolge wurden in diesen Lagern bereits im Januar 1944 Vorbereitungen für die Aufnahme und Vernichtung ungarischer Juden getroffen.[17] Wir werden bald einen ausführlichen telegrafischen Bericht über diese Lager folgen lassen.

DOK. 224
Der Theologe Karl Barth übermittelt am 25. Juni 1944 dem Schweizer Bundesrat den Auschwitz-Bericht von Rudolf Vrba und Alfréd Wetzler sowie einen Bericht des Judenrats von Budapest[1]

Schreiben von Prof. Dr. Karl Barth,[2] St. Alban-Ring 178, Basel, an den Bundesrat Ernst Nobs,[3] Bern, vom 25.6.1944[4]

Sehr geehrter Herr Bundesrat!
Sie waren s. Z. so freundlich, mir zu schreiben, dass ich mich gegebenen Falles wieder mit Ihnen in Beziehung setzen dürfe. Ich habe heute dringenden Anlass, von diesem Angebot Gebrauch zu machen. Wenn ich mich an Sie wende, so denke ich freilich nicht an Ihre Eigenschaft als Chef des Finanzdepartementes – in dieser Hinsicht werde ich wohl schwerlich je in die Lage kommen, Sie bemühen zu müssen –, sondern an Sie als Mitglied des Gesamtbundesrates, der als solches wohl öfters im Fall sein dürfte, sich auch mit Dingen zu beschäftigen, die ausserhalb seines besonderen Bereiches liegen. Es handelt sich um den Inhalt der beiliegenden Aktenstücke aus Ungarn, die ich durch den Rabbiner Dr. Taubes[5] in Zürich zugestellt erhielt. Und meine Frage ist kurz die, ob die offizielle Schweiz, die hier allein handlungsfähig ist, irgend etwas tun kann, um auf das Geschehen, von dem da berichtet wird, mit einer hemmenden oder doch abschwächenden Gegenwirkung Einfluss zu gewinnen.

16 Bis zum Beginn der Transporte aus dem ungar. Herrschaftsgebiet sind in Auschwitz etwa 500 000 Juden ermordet worden.

17 Entgegen dieser Annahme ließ das SS-Wirtschafts-Verwaltungshauptamt im März 1944 alle Erweiterungsarbeiten in Auschwitz einstellen. Erst im Mai 1944 gab der als „Standortältester" nach Auschwitz zurückgekehrte Rudolf Höß in Vorbereitung auf die umfangreichen Transporte aus Ungarn die Beschleunigung der Bauarbeiten an einer Gleisverbindung in das Vernichtungslager Auschwitz-Birkenau in Auftrag und traf diverse weitere Maßnahmen, um die Ermordung der für die Gaskammern selektierten Juden zu beschleunigen; siehe dazu auch Einleitung, S. 62.

1 BAR, B.55.45.28.

2 Dr. Karl Barth (1886–1968), Theologe; von 1909 an Hilfsprediger in Genf; 1911–1921 evang.-reform. Pfarrer in Safenwill, von 1921 an Honorarprofessor in Göttingen, von 1925 an Professor in Münster, 1930–1935 in Bonn; von 1915 an Mitglied der sozialdemokratischen Partei, Mitbegründer der Bekennenden Kirche, Mitverfasser der Barmer Theologischen Erklärung.

3 Ernst Nobs (1886–1957), Lehrer, Journalist; von 1915 an Chefredakteur der sozialdemokratischen Tageszeitung Volksrecht, 1916–1933 Mitglied des Großen Stadtrats von Zürich, 1935–1942 im Regierungsrat des Kantons Zürich, 1942 Stadtpräsident von Zürich, von 1943 an Mitglied des Bundesrats; 1944–1951 Chef des Eidgenössischen Finanz- und Zolldepartements; 1948 Vizepräsident des Bundesrats, 1949 Bundespräsident.

4 Im Original handschriftl. Unterstreichungen.

5 Dr. Chaim Zvi Taubes (1900–1966), 1928–1936 Rabbiner in Wien, von 1936 an in Zürich.

Sie werden den beiden Stücken entnehmen, was für Ereignisse in Ungarn in ebendiesen Wochen sich zu vollenden im Begriff stehen. Für Hunderttausende der Betroffenen ist alle Hilfe heute schon ebenso zu spät wie für Millionen von ihren Stammesgenossen in Deutschland, Frankreich, Polen, Russland, die den Tod längst hinter sich haben. Jeden Tag fallen nun auch in Ungarn weitere Tausende oder Zehntausende. Die Bedrohung geht auch dort zweifellos aufs Ganze. In 2–3 Wochen kann alles vorbei sein. Noch ist es nicht so weit. Noch ist nicht ausgeschlossen, dass Hunderttausende gerettet werden könnten. Der Versuch, das zu tun, müsste aber sofort, mit grosser Autorität und mit grosser Energie, unternommen werden.
Die amerikanische und die englische Regierung wissen um die Sache und sollen nach dem, was das Radio meldete, den Deutschen und den Ungarn gegenüber mit einer dringenden Warnung vor der weiteren Verantwortlichkeit, die sie da auf sich nähmen, reagiert haben.[6] Gibt es weitere Möglichkeiten einer äusseren Einwirkung, die im schlimmsten Fall wenigstens einzelnen zugute kommen könnte? Sie sehen aus dem beiliegenden Brief aus Budapest, dass der dortige schweizerische Konsul[7] bereits mit der Sache beschäftigt ist. Ist es ausgeschlossen, dass ihm oder einem anderen Beauftragten von Bern aus weitergehende Vollmachten gegeben werden als die, die er zu besitzen scheint? Würde die ungarische bzw. die deutsche Regierung, die die dortigen Juden offenbar um jeden Preis loswerden wollen, mit sich reden lassen über eine vorläufige Konsignierung[8] der bis jetzt noch nicht Getöteten? Oder über ihre Überführung nach Rumänien? Oder über die von dem Briefschreiber aus Budapest erwogene Möglichkeit, dass ihnen vorläufig durch Ausstellung ausländischer Pässe ein gewisser Schutz zugewendet würde? Dr. Taubes erklärte mir in aller Form, dass es zur Realisierung irgendeiner von diesen Möglichkeiten keine finanziellen Schwierigkeiten geben dürfte, indem die schweizerischen Juden bereit wären, für alles aufzukommen. Oder sieht der Bundesrat, vielleicht in Konsultation mit dem Roten Kreuz und mit den Gesandtschaften der beteiligten Staaten, irgendeine andere Hilfsmöglichkeit?
Entscheidend ist freilich, ob sich der Bundesrat dieser Sache überhaupt annehmen will. Wenn er es aus irgendeinem Grunde nicht tun will, so sehe ich, wie ich Dr. Taubes gesagt habe, keine Hilfe. Aber vielleicht will er es tun. Dass Sie, sehr geehrter Herr Bundesrat, sich darum bemühen möchten, das ist die Hoffnung, in der ich Ihnen geschrieben habe. Über die Motive, die mich dabei bewegen, habe ich es gewiss nicht nötig, mich Ihnen gegenüber zu verbreiten, weil ich gewiss bin, dass sie Ihnen wie mir in gleicher Dringlichkeit gegenwärtig sind.
In ausgezeichneter Hochachtung und mit freundlichem Gruss
Ihr
Karl Barth[9]

6 Siehe Dok. 223 vom 24.6.1944. Die USA wandten sich am 26.6.1944 mit einer Protestnote an die ungar. Regierung.
7 Maximilian Jaeger.
8 Gemeint ist hier eine Übergabe.
9 Der Schweizer Außenminister Marcel Pilet-Golaz wies den schweizer. Gesandten in Budapest, Maximilian Jaeger, am 7.7.1944 an, „kein Hehl daraus [zu] machen, welche Reaktionen die antisemitischen Massnahmen der ungarischen Regierung" bei der schweizer. Regierung und im Volk ausgelöst haben; siehe Schreiben von Pilet-Golaz, B. 34.9.5.Ho.10-VR., Bern, an Jaeger vom 7.7.1944, BAR, CH-BAR#E4800.1#1967/111#330*.

2 Beilagen

Bericht über das Vernichtungslager Auschwitz-Birkenau und über die Deportationen in Ungarn[10]

Auf Grund verlässlicher Informationen wurden 90% der Juden, die aus Ungarn deportiert wurden, nach Auschwitz (Oberschlesien) gebracht.
Wir besitzen eine genaue Beschreibung des Vernichtungslagers Auschwitz. Aus unserem diesbezüglichen, pünktlichen und mehrmals kontrollierten, von mehreren Seiten bestätigten Protokoll geben wir hier bloss einen kurzen Auszug. Das Protokoll [wurde] wortgetreu aufgenommen nach der Aussage zweier junger slowakischer Juden. Der eine wurde am 13. April 194[11] aus dem Konzentrationslager von Szered nach Auschwitz und von dort nach Birkenau gebracht, und der andere kam am 14. Juni 194[12] aus dem Lager bei Novaky nach Lublin und von dort nach Birkenau und später nach Auschwitz. Diesen zwei deportierten slowakischen Juden ist es gelungen, nach langen Vorbereitungen und übermenschlichen Anstrengungen zu fliehen, und sie befinden sich jetzt auf neutralem Boden.[13]

[…][14]

Die Konzentrierung der ungarländischen Juden begann am 16. April 1944 immer und überall auf die gleiche Weise. Anfänglich die überstürzte Konzentrierung im Ghetto, dann nach ständiger Verschlechterung der Verhältnisse in Ziegeleien, auf den Höfen, ohne Wasser, auf blosser Erde, die Ausplünderung der Juden von allen ihren materiellen Gütern, darauffolgend brutale Verhöre in Begleitung schwerer körperlicher Misshandlung in Bezug auf angeblich verborgene Wertsachen, zuletzt die Deportation, 70 Menschen in einem Wagen, als Wegzehrung ein Kübel Wasser. Wir können nicht den Verlauf der Konzentration in allen Ortschaften bis ins Einzelne beschreiben, obwohl die Daten vorhanden sind,[15] sondern berichten nur in wenigen Worten über das kurze Leben einiger charakteristischer Konzentrierungsplätze.

10 BAR, E 2001(D)1968/74/ vol. 14. Abdruck als Faksimile in: Henry Friedlander/Sybil Milton (Hrsg.), Archives of the Holocaust. An International Collection of Selected Documents, Bd. 12: Hecht Archive, University of Haifa, hrsg. von Paul Lawrence Rose und Herbert Druks, New York/London 1990, S. 83–97. Sprachliche Eigenheiten des Originals wurden beibehalten.

11 Letzte Ziffer schwarz, gemeint ist 1942.

12 Letzte Ziffer schwarz, gemeint ist 1942.

13 Im April 1944 flüchteten Rudolf Vrba und Alfréd Wetzler aus dem Konzentrationslager Auschwitz und verfassten in der Slowakei einen 35 Seiten langen Bericht, in dem sie Aufbau und Funktion des Lagers genau schilderten. Der Mitarbeiter des Budapester Palästina-Büros Miklós Krausz leitete die gekürzte Fassung des Berichts, zusammen mit einer Zusammenfassung der Gettoisierungs- und Deportationsmaßnahmen in den Deportationszonen I, II und III Mitte Juni 1944 in die Schweiz weiter.

14 Es folgt ein Auszug aus dem Bericht von Vrba und Wetzler über die Struktur des Vernichtungslagers Auschwitz und über den genauen Ablauf des Judenmords. Der Bericht ist in einer etwas anderen Übersetzung abgedruckt in VEJ 16/108.

15 Der Zentralrat der ungarischen Juden stellte auf Basis der Berichte aus den verschiedenen örtlichen Gettos Tagesberichte zusammen, die über die Situation der jüdischen Bevölkerung in den diversen Städten detailliert Auskunft gaben. Ein Teil der Berichte wurde publiziert in: Molnár/Frojimovics (Hrsg.), Gettómagyarország (wie Dok. 195 vom Mai 1944, Anm. 1), S. 50–148. Siehe auch Dok. 206 vom 12.6.1944.

Nyiregyhaza
16\. April. Nach Nyiregyhaza und der hiervon 12 km entfernten Simapuszta wurden die Juden aus 46 umliegenden Gemeinden ausgesiedelt. In Nyiregyhaza selbst wurden 4120 Juden aus Nyiregyhaza und 6639 aus der Umgebung, insgesamt also 10 759 Personen, in 123 Häusern zusammengepfercht. Die Grundfläche dieser 123 Häuser, auch die Küche und Vorzimmer inbegriffen, betrug insgesamt 9665 m^2, so dass auf eine Person nicht einmal 1 m^2 fiel. Den Verordnungen gemäss konnte jede Person ausser der am Körper befindlichen Kleider und Wäsche noch 2 Garnituren Unterwäsche und 1 Paket von 50 kg mit sich nehmen, welches auch Nahrungsmittel für 2 Wochen enthalten musste. Leider wurden die Juden in der Provinz derart überraschend von den Gendarmen zusammengetrieben, dass sie überhaupt nichts mitnehmen konnten. Als Beispiel sei der Fall der Juden aus Nyirbator, die nach Simapuszta ausgesiedelt wurden, angeführt. Am 21. April, Freitag nachts um 11 Uhr, wurden sie durch fremde Gendarmen von der Wohnung abgeholt und nachts um ½ 2 Uhr auf Bauernwagen aus anderen Dörfern verladen und unter brutaler Behandlung nach Simapuszta gebracht.
1. Mai. Die Lage hat sich auffallend verschlechtert. Aus den für das Ghetto bestimmten Strassen in Nyiregyhaza wurden die Leute nach Padospuszta gebracht, wo die Nahrungsverhältnisse sehr schlecht sind. Sie verlangten Decken, Strohsäcke und hauptsächlich Stroh, damit sie wenigstens die Alten und Kranken vor dem Liegen auf der blossen Erde verschonen konnten.
5. Mai. Die in Nyiregyhaza aus der Umgebung konzentrierten Juden werden aus der Stadt nach der ca. 6 km entfernten Wirtschaft des Barons Molnár geführt, wo sie in Tabakscheunen furchtbar zusammengepfercht untergebracht wurden. Auf dem ganzen Gebiet befindet sich nur ein einziger Brunnen, in einer Entfernung von 150 m vom Lager, wohin die Leute nur hie und da in Begleitung eines Gendarmen gehen können, um Wasser zu holen. Das Traurigste ist aber, dass die Einwohner von Nyiregyhaza selbst, denen es endlich nach Erleiden schwerer Misshandlungen gelang, sich im Ghetto zu platzieren, welches sie schon fast vollständig eingerichtet hatten, auf Grund der neuen Weisungen gezwungen waren, dieses zu verlassen.
7. Mai. Beim Morgengrauen wird sowohl das Lager in Nyirjespuszta, wie auch in Simapuszta von Gendarmen umzingelt, so dass sich von jetzt an niemand dem Lager nähern kann, die Leute hungern, sie erhalten täglich 100 gr. Brot und ebensoviel Bohnen. Geld haben sie keines, Kleider nur so viel, als sie anhaben.
8. Mai. Die Aussiedlung aus Nyiregyhaza nimmt ihren Fortgang. Es sind nurmehr die Mitglieder des Judenrats und die Frontkämpfer dort. Auf Nyirjepuszta befinden sich noch 5665 Leute auf einem Gebiet von kaum einigen m^2 zusammengepfercht, Behandlung wie im Konzentrationslager. Die Lage wird dadurch noch unerträglicher, dass der einzige vorhandene Brunnen zu verschlammen beginnt. Der Wassermangel auf Simapuszta ist noch grösser als auf Nyirjes. Das Lager auf Harangodpuszta beginnt man heute anzufüllen.
10. Mai. Die Aussiedlung nach Harangodpuszta hält weiter an. Die Kapazität der dort befindlichen Tabakscheunen beträgt nicht mehr als 3000 Personen, aber schon am 10. Mai hat man dort eine grössere Menge von Menschen in gefährlicher Überfüllung untergebracht. Das Lager hat überhaupt kein Wasser, denn das Graben einiger Brunnen führt zu keinem Erfolg. Obwohl die Behörde die Mitnahme der notwendigsten Gegenstände gestattete, nahm die Gendarmerie den Leuten beim Eingang des Lagers alle Ge-

brauchsgegenstände, sogar den grösseren Teil der Lebensmittel ab. In den Lagern Simapuszta, Varjulapos und Nyirjes beträgt die tägliche Lebensmittelration pro Kopf 100 g Brot, 100 g Kartoffeln, 10 g Mehl.

15. Mai. Montag in den frühen Morgenstunden wurden die ersten 3200 Leute, darunter Alte, Kranke, Säuglinge, schwangere Frauen, zu 70 unter schweren körperlichen Misshandlungen, bei gänzlicher Fernhaltung der umgebenden Bevölkerung, einwaggoniert mit der Bestimmung nach einem unbekannten Endziel.

22. Mai. In der Früh erfahren wir durch eine Telephonmeldung, dass die Zahl der Abtransportierten über 9600 ausmacht. Es gibt kein Konzentrationslager mehr in Nyirjes und Harangodpuszta, auf Simapuszta befinden sich noch 760 Menschen, in Nyiregyhaza sind jedoch nur noch die Mitglieder des Judenrats verblieben.

23. Mai. Auch die noch auf Simapuszta [verbliebenen] 760 Juden aus Nyiregyhaza werden einwaggoniert.

6. Juni. Aus einem Telephongespräch mit der Polizei erfahren wir, dass alle Juden von Nyiregyhaza und den umgebenden „Puszta's"[16] schon weggeführt wurden, unter ihnen auch der Oberrabbiner Dr. Béla Bernstein.[17]

Munkacs

30. April. Die Juden von Munkacs, ca. 15 000 Seelen, wurden in 12 Gassen untergebracht. Die zum Komitat Bereg gehörenden ca. 20 000 Juden wurden in der Kallus'schen und Sajovics'schen Ziegelei konzentriert. Da sie weder Geld noch Lebensmittel mitnehmen konnten, ist die Lage besorgniserregend und katastrophal.

1. Mai. Die deutschen Soldaten drangen in die Ghettos ein, was mehrere Todesopfer erforderte. Es kamen Meldungen über 3 Typhusfälle. Wegen Arznei- und Lebensmittelmangel ist die Lage schrecklich. Ein Arzt und ein Ingenieur begingen Selbstmord.

9. Mai. Zwei Mitglieder des Judenrats wurden erschossen, die anderen schwer misshandelt.[18]

14. Mai. Die Lage in dem Ghetto in der Stadt und besonders in den zwei Ziegeleien hat sich bis Sonntag morgens bedeutend verschlechtert. Den jüdischen Funktionären und der jüdischen Hilfspolizei wird das Verlassen des Ghettos bzw. Lagers, was bisher gestattet war, verboten. Die Ziegeleien werden von Lagergendarmen umzingelt, und dann beginnt die Abtransportierung der dort Konzentrierten. Familien werden nicht getrennt, Arbeitsfähige und Arbeitsunfähige werden unter den schrecklichsten Verhältnissen in Begleitung der schwersten Atrozitäten[19] einwaggoniert. Montag wurde ein neuer Transport auf den Weg gebracht. Die Zahl der Mitglieder des Judenrates wurde von 12 auf 6 herabgesetzt.

18. Mai. Das grössere Lager, wo ungefähr 13 000 Personen zusammengepfercht waren, wurde nach der am Sonntag begonnenen Einwaggonierung bis Mittwoch ganz ausgelagert. Der Transport, 70/80 Personen pro Wagen, wurde in der Richtung von Kassa

16 Die ungar. Puszta ist ein Steppengebiet östlich der Donau.

17 Dr. Béla Bernstein (1868–1944).

18 Gemeint sind möglicherweise die Rabbiner Reb Mojsel und sein Sohn. Sie wurden im Getto in Munkács (Mukačevo) erschlagen. Sie waren jedoch nicht Mitglieder des Judenrats; siehe Protokoll mit Überlebenden aus Munkács vom 11.7.1945, DEGOB 1132.

19 Gemeint sind Gewalttätigkeiten.

abgefertigt. Die Abtransportierten konnten keine Sachen mit sich führen, die besseren Kleider zog man ihnen aus, und jeder Waggon führte nur einen Kübel Wasser mit. Diese zu Tode gequälten Juden wollten in Satoraljaujhely aus den Waggons ausbrechen, und 30 derselben verloren glücklicherweise dabei das Leben.[20] Das kleinere Lager wird auch liquidiert. Die Zahl der dort untergebrachten Personen beträgt 7000. Die Juden aus Munkacs, die im Ghetto untergebracht waren, wurden unter schweren Begleitumständen am 17. früh morgens in das ausgeleerte grössere Lager versetzt. Die Umstände der Versetzung waren so brutal, dass sich einige mit Messern auf die Polizisten stürzten. Hierbei kamen 5 Juden ums Leben. Die zu den Ausnahmekategorien gehörenden, selbst die vom Innenministerium hinversetzten Ärzte, erlitten dasselbe Schicksal.
30. Mai. Wir bekamen die folgende, niederschmetternde Nachricht: Munkacs, Huszt, Nagyszöllös sind leer; die Juden wurden alle abtransportiert.

Nagyvarad[21]
3. Mai. Beim Morgengrauen erschienen die Ghettoplakate, und schon um 5 Uhr morgens nahm ein Detektiv in Begleitung eines Polizisten den Juden alle Wertgegenstände ab. 15/20 Minuten zum Packen der notwendigen Kleider, Bettwäsche und Lebensmittel für 14 Tage wurden bewilligt. In einem Zimmer wurden 16/18 Personen zusammengepfercht. Die Strassenfenster wurden mit Brettern verschlagen, das Ghetto umzäunt.
11. Mai. Die Bewachung des umzäunten Ghettos wurde am 11. verschärft. Die dort diensttuende Polizei wurde durch Gendarmerie abgelöst, so dass man sich dem Ghetto nicht einmal nähern konnte. Es ist bezeichnend für die Strenge, dass solche Strassen, deren eine Seite zum Ghetto gehört, wie z. B. Szacsvay-Gasse, Kertesz-Gasse, Kapucinus-Gasse, von der Gendarmerie bewacht werden, die der christlichen Bevölkerung nur das Gehen auf dem Bürgersteig gestattete. Die sogenannten reicheren oder als reich zu betrachtenden Juden sind ohne Ausnahme verhaftet. Sie befinden sich in Gefangenschaft im Polizeigebäude und bei der Gendarmerie in der Burg, wo sie teuflische Peinigungen auszustehen haben. Dadurch will man sie zum Eingestehen der angeblich verborgenen Schätze zwingen.
24. Mai. Das kleine Ghetto, wo die Juden aus der Umgebung konzentriert waren, ist schon bald ausgeleert. Die halb zu Tode gequälten Leute wurden zu 70 einwaggoniert. Das grosse Ghetto wurde noch enger umzingelt, und die Folterung wird fortgesetzt.
25. Mai. Die Einwaggonierung wird weiter fortgesetzt. Nagyvarad ist entjudet.

Kassa[22]
28. April. 11 Strassen wurden den Juden aus Kassa als Ghetto angewiesen. Diese wurden am 30. April auf 3 reduziert. Endlich wurde aber der grösste Teil der Juden aus Kassa doch in der Ziegelei untergebracht.

20 In Sátoraljaújhely waren einige Juden nicht bereit, die Deportationswaggons zu besteigen, und legten sich auf die Schienen. Sie wurden von Gendarmen erschossen; siehe Braham, A népirtás politikája (wie Dok. 223 vom 24.6.1944, Anm. 6), Bd. 2, S. 886.
21 Zum Getto in Nagyvárad (Oradea) siehe auch Dok. 195 vom Mai 1944.
22 Zum Getto in Kassa (Košice) siehe auch Dok. 148 vom 24.4.1944.

2. Mai. Das Schicksal der in der Ziegelei untergebrachten 12 000 Juden ist katastrophal. Frauen, Kinder und Greise sind zwar im Trockenraum der Ziegelei unter einem Dach, aber die Räumlichkeiten gewähren den aller ihrer Habseligkeiten beraubten Wesen keinen Schutz, da die Trockenräume keine Seitenwände besitzen. Da die Ausgesiedelten ihre Wohnstätten, die dann später völlig ausgeraubt wurden, plötzlich verlassen mussten, kamen diese Leute ohne die notwendigste Ausrüstung und ohne Lebensmittel in die Ziegelei. Bloss 60 % der Ausgesiedelten erhielten Lebensmittel. Trinkwasser wird einmal täglich in den städtischen Sprengwagen hingebracht.
8. Mai. Von einem bewährten alten Freunde, einer prominenten Persönlichkeit, erhielten wir den folgenden Brief. „Für einige Stunden bin ich draussen aus den Greueln. Die Volksküche verlangte mich für irgendeine Arbeit auf kurze Zeit heraus. Ich fürchte, ich halte es nicht lange aus, denn wir leiden unbeschreiblich. Wir liegen im Staube, haben weder Strohsack noch Decke und werden erfrieren. Die Wohnung ist versiegelt, ich sehe keinen Ausweg. Schickt mir nichts, wir bekommen es sowieso nicht. Für einige Tage haben wir noch etwas zu essen, wie es weiter sein wird, weiss nur Gott. Hier befinden sich ungefähr 15 000 Menschen. Die Volksküche gibt uns jetzt schon einmal täglich nach langem Schlangestehen irgendeine suppenartige Flüssigkeit. Wer wird aber diesen Betrieb aufrechterhalten, denn die Kultusgemeinde wird dazu ja nicht fähig sein. Ich esse seit Tagen nicht und hoffe dadurch, meinen Weg verkürzen zu können. Wir sind so vernachlässigt, dass wir nicht mehr menschenähnlich aussehen. Keinerlei Möglichkeit zur Reinigung ist vorhanden. Seitdem wir da sind, haben wir die Kleider nicht abgelegt. Viele Grüsse an Euch alle, betet für uns, damit wir bald sterben."
15. Mai. Die ersten 8 Baracken des ersten Lagers wurden ausgeleert. Damit begann die letzte Etappe der Leidensgeschichte der Juden aus Kassa. Zuerst wurden 4800 Leute einwaggoniert. Die Männer und Jungen wurden vor den Waggons unter freiem Himmel von den Gendarmen und Polizisten vollständig entkleidet, damit sie nichts bei sich verbergen können. Die Frauen und Mädchen wurden von den Gendarmen in den Baracken auf dieselbe Weise untersucht. Die 4 Wochen der Konzentration haben unsere Brüder derart zugrunde gerichtet, dass 8 derselben beim Einwaggonieren starben. In einem Waggon wurden unter grausamster Brutalität 70/80 Leute einwaggoniert.
18. Mai. Die Aussiedlung ist im Gange. Das Konzentrationslager wurde durch die Gendarmerie und Polizei von der Aussenwelt gänzlich abgesperrt, nicht einmal die Mitglieder des Judenrates durften sich dem Lager nähern.
20. Mai. Abends um 6 Uhr werden die Mitglieder des Judenrats verhaftet. Diejenigen Christen, die den Juden irgendeinen Beistand leisteten, wurden ebenfalls einwaggoniert und mit den Juden verschleppt.
7. Juni. In Kassa gibt es keine Juden mehr.

Unter solchen oder ähnlichen Umständen wurde die gesamte jüdische Bevölkerung Ungarns, mit Ausnahme von Budapest, konzentriert. Die auf Budapest bezüglichen Massnahmen wurden soeben veröffentlicht,[23] und es besteht kein Zweifel darüber, welches Schicksal den Juden in Budapest bevorsteht.

23 Siehe Dok. 207 vom 13.6.1944.

Gegenwärtig sind folgende Städte vollständig entjudet:
Munkacs, Ungvar, Geregszasz,[24] Nagyszöllös, Huszt, Maramarossziget, Nagyvarad, Nagybanya, Beszterce, Koloszvar, Marosvasarhely, Szatmarnemety, Mateszalka, Baja, Barcs, Bacstopolya,[25] Ujvidek, Szabadka, Zenta, Zombor, Markoöz,[26] Gyöngyös, Satoraljaujhely, Sarospatak, Szilagysomlyo, Szaszrégen, Sepsizsentgyörgy,[27] Tecsö, Aknaszlatina, Nagykaroly, Felsöviso, Nagykanizsa, Kassa, Dés, Nyiregyhaza, Kisvarda. Die Bevölkerung folgender Städte wurde dieser Tage samt der jüdischen Bevölkerung der Umgebung konzentriert und wird in diesen Tagen deportiert: Komarom, Györ, Dunaszerdahely, Miskolc, Pecs.

Subkarpatien:	Munkacs	35 000 Seelen
	Ungvar	12 000 »
	Beregszasz	9000 »
	Nagyszöllös	8000 »
	Huszt	12 000 »
	Maramarosziget	12 000 »
	Felsövisö	35 000 »
	Tecsö	8000 »
	Aknaszlatina	3500 »
	Iza	3000 »
	Insgesamt:	106 000 Seelen[28]
Transylvanien:	Nagybanya	14 000 Seelen
	Beszterce	8000 »
	Kolozsvar	18 000 »
	Marosvasarhely	6000 »
	Nagyvarad	25 000 »
	Dés	6000 »
	Szilagysomlyo	8000 »
	Szaszrégen	6000 »
	Sepsiszentgyörgy	3000 »
	Insgesamt:	94 000 Seelen
Oberungarn:	Kassa	15 000 Seelen
	Satoraljaujhely	
	Sarospatak	15 000 »
	Gyöngyös	5000 »
	Insgesamt:	35 000 Seelen
Obere Tiszagegend:	Nyiregyhaza	18 000 Seelen
	Kisvarda	12 000 »
	Mateszalka	12 000 »
	Szatmarnemeti	25 000 »
	Nagykaroly	8000 »
	Insgesamt:	75 000 Seelen

24 Richtig: Beregszász (Berehowe).
25 Richtig: Bácstopolya (Bačka Topola).
26 Richtig: Muraköz (Međimurje).
27 Richtig: Sepsiszentgyörgy (Sfântu Gheorghe).
28 In der Summe ergeben die Angaben 137 500 Menschen.

Südungarn:	Nagykanizsa	7000 Seelen
	Baja	8000 »
	Barcs	2000 »
	Bacstopolya	5000 »
	Ujvidek,	
	Szabadka,	
	Zenta,	
	Zombor,	
	Muraköz	3000 »
	Insgesamt:	25 000 Seelen

Vom 15. Mai bis zum 10. Juni wurden insgesamt 335 000 Juden aus Ungarn deportiert.

DOK. 225
Die Bischöfe der reformierten und evangelisch-lutherischen Kirchen formulieren am 25. Juni 1944 einen Hirtenbrief, der in allen Kirchen verlesen werden soll[1]

Hirtenbrief, ungez.,[2] für den letzten Sonntag des Juni 1944, o. D. (vom 25.6.1944) (Entwurf)

Hochwürdiger Herr Seelsorger!
Wir fordern alle in unseren Zuständigkeitsbereich gehörigen, in der Seelsorge tätigen Brüder auf, am kommenden Sonntag nach Beendigung des Vormittagsgottesdienstes vor der versammelten Gemeinde die folgende Nachricht von uns zu verlesen:
An alle Gemeinden der reformierten und evangelischen Kirchen in Ungarn
Vergebung für euch! Der Friede unseres Vaters und unseres Herrn Jesus Christus sei mit euch!
Wir, die unterzeichnenden Bischöfe der Reformierten Kirche sowie der Evangelischen Kirche in Ungarn, wenden uns an euch, um euch vor dem Antlitz Gottes von den Schritten in Kenntnis zu setzen, die wir im Namen der auf dem Evangelium fußenden Kirchen bei der königlich ungarischen Regierung unternommen haben. Wir informieren die heiligen Kirchenversammlungen darüber, dass die beiden auf dem Evangelium fußenden Kirchen nach mehrfachem Vorbringen – mittels vielfacher Vorsprache und auf schriftlichem Wege – dem königlich ungarischen Herrn Ministerpräsidenten[3] am 21. Juni dieses Jahres eine feierliche Denkschrift, Protest und Bitte in einem, überreicht haben.[4] In dieser Denkschrift wurde auf die Vorkommnisse im Zuge der Separierung und Deportierung des ungarischen Judentums – egal ob Christen oder nicht – hingewiesen, die man gar nicht genug bedauern kann. Nach der Feststellung, dass diese Form der Lösung der Judenfrage die nicht antastbaren moralisch-ethischen Grundsätze unseres Glaubens verletzt, haben wir folgendes Anliegen unterbreitet:

1 EOL, Iratok a II.világháború idejéről, 2. doboz. Das Dokument wurde aus dem Ungarischen übersetzt.
2 Den Hirtenbrief hat der reformierte Bischof László Ravasz verfasst.
3 Döme Sztójay.
4 Siehe Dok. 218 vom 21.6.1944; siehe auch Elek Karsai (Hrsg.), Vádirat a nácizmus ellen, Bd. 3: 1944 június 26–október 15, Budapest 1967, S. 6–8.

„Wir wurden von Gott dazu berufen, der heute lebenden Generation sein ewig währendes Evangelium zu verkünden und die unabänderlichen Gesetze seiner moralischen Weltordnung zu bezeugen, ob es den Menschen gefällt oder nicht. Von diesem göttlichen Auftrag leiten wir das Recht ab, als demütige und sündige Menschen, aber in der heiligen Verpflichtung zum Glauben und Gehorsam und unter Bezeugung des Wortes Gottes, jede Maßnahme zu verurteilen, durch die die Grundsätze der Menschenwürde, Gerechtigkeit und Barmherzigkeit verletzt werden. Jeder Tropfen unschuldig vergossenen Bluts bedeutet für unser Volk ein furchtbares Urteil."
Gleichzeitig haben wir die ungarische königliche Regierung nachdrücklich gebeten, den Grausamkeiten ein Ende zu setzen, die auch von Regierungsmitgliedern verurteilt wurden.[5] Wir haben sie ersucht, den entsprechenden Verlautbarungen Geltung zu verschaffen, die einerseits gegen die gemutmaßte Judenvernichtung ihre Stimme erhoben und andererseits Maßnahmen setzten, um die auf Juden bezogenen Gesetzesbestimmungen human zu vollstrecken.
Schmerzlich müssen wir feststellen, dass unser Flehen keinerlei Ergebnisse gezeitigt hat. Als Bischöfe der beiden auf dem Evangelium fußenden Kirchen halten wir es deshalb für unsere Pflicht, alle Gläubigen und sämtliche Mitglieder unserer Kirchen sowie die gesamte Gemeinschaft der Heiligen Kirche davon in Kenntnis zu setzen. Wir rufen die Versammlungen dazu auf, Buße zu tun. Wir rufen das gesamte ungarische Volk auf, sich demütig Gottes mächtiger Hand anzuvertrauen und ihn ohne Unterlass um Gnade anzuflehen. Wir bitten Gott, dass er sich in seiner Barmherzigkeit und seiner Gnade unserer ungarischen Nation zuwenden möge.
Eure liebenden Brüder.
Im Namen des Herrn Jesus Christus.[6]

DOK. 226

Edmund Veesenmayer schlägt am 25. Juni 1944 vor, Ungarn solle zusätzliche Nahrungsmittel an das Reich liefern, um den Zuwachs an Konsumenten durch die Deportationen auszugleichen[1]

Telegramm (Nr. 272 – geheim, nur als Verschlusssache behandeln) der deutschen Gesandtschaft, gez. Veesenmayer, Budapest, an das Auswärtige Amt (Eing. 26.6.1944, 16.30 Uhr), vom 25.6.1944[2]

Gelegentlich Überreichung des Großkreuzes zum Adlerorden an Versorgungsminister Jurcsek erhielt ich von diesem die Zusage, daß Ungarn über die bisherigen Abschlüsse hinaus 10 000 t Mais zur Lieferung nach Deutschland freigibt. Davon sollen 5500 t effektiv

5 Zur Kritik am Ablauf der Deportationen siehe Protokoll der Ministerratssitzung, Dok. 217 vom 21.6.1944.
6 Der Hirtenbrief sollte am 2.7.1944 verlesen werden. Hierzu kam es jedoch nicht, da einige Bischöfe mit dem Entwurf nicht einverstanden waren und sich dafür aussprachen, im Hirtenbrief auch die alliierten Bombardierungen zu verurteilen; siehe Dok. 233 vom 3.7.1944.

1 PAAA, R 29795, Bl. 304. Abdruck in: ADAP, Serie E, Bd. 8 (wie Dok. 174 vom 17.5.1944, Anm. 1), Dok. 77, S. 139.
2 Im Original Verteilerliste und Randvermerk: „Telegramm wurde von Gesandtschaft Budapest unmittelbar nach Fuschl weitergegeben. Tel.Ktr. 26.6.44."

in Mais geliefert werden und 1500 t in Sojabohnen, was bei der bekannten Umrechnung etwa 4500 t Mais gleichkommt.
Bei dieser Gelegenheit habe ich mit Jurcsek zunächst rein grundsätzlich folgende Idee besprochen:
Nach Beendigung der Judenbereinigung in Ungarn ergibt sich der Tatbestand, daß hierdurch das Reich nicht nur entsprechend viele Juden übernommen hat, sondern damit auch entsprechend viele Nahrungsmittelkonsumenten. Die daraus resultierende Entlastung Ungarns auf dem Ernährungsetat sollte Ungarn durch eine einmalige großzügige Geste in Lieferung einer zusätzlichen Menge von Nahrungsmitteln beantworten. Jurcsek stand dieser Anregung positiv gegenüber, und ich würde vorschlagen, daß der in Aussicht gestellte Besuch von Reichsminister Backe[3] dazu benutzt wird, die Realisierung dieser Idee vorzunehmen. Denselben Gedanken habe ich gestern auch mit Imredy besprochen, der ihn wohlwollend zur Kenntnis nahm.[4]

DOK. 227
Die Spionageabwehr-Außenstelle in Munkács (Mukačevo) beklagt am 27. Juni 1944, dass zwei Ungarn, die Juden versteckt und daran verdient haben, wieder auf freiem Fuß sind[1]

Meldung des VIII. kgl. ungar. Honved-Generalkommandos in Kassa, Außenstelle „K"[2] in Munkács, Nr. 364/Kt. 1944, Unterschrift unleserlich, an die Außenstelle der 2. Abt. des VIII. kgl. ungar. Honved-Generalkommandos im Karpatenvorland vom 27.6.1944 (Abschrift)[3]

Betrifft: Angelegenheit Dániel Szabó und János Olgács
Ich melde hiermit, dass laut der Meldung von Gyula Baksa,[4] wohnhaft in der Gemeinde Szernye,[5] Haus 262, und Lajos Bimba, wohnhaft in Szernye, Haus 26, zwei Einwohner von Szernye, Dániel Szabó und János Olgács, einem hier ansässigen Juden namens Ignác Stark und seiner Ehefrau sowie zwei Angehörigen von ihnen bzw. einem jüdischen Mädchen namens Mariska Morvay Unterschlupf gewährt haben. Auf die Anzeige von Elek Orbán hin, wohnhaft in Szernye, konnte die Gendarmerie die Juden ausfindig machen

3 Herbert Backe (1896–1947), Diplom-Landwirt; 1922 SA- und 1926 NSDAP-Eintritt; von 1933 an StS im Reichsministerium für Ernährung und Landwirtschaft (RMEuL), von 1936 an Leiter der Geschäftsgruppe Ernährung des Beauftragten für den Vierjahresplan, 1942 Chef des RMEuL und SS-Obergruppenführer, 1944 Reichsminister und Reichsbauernführer; nahm sich in der Untersuchungshaft in Nürnberg das Leben; Autor u. a. von „Um die Nahrungsfreiheit Europas. Weltwirtschaft oder Großraum" (1942).
4 Jurcsek stimmte im Juli 1944 zusätzlichen Getreidelieferungen in Höhe von 100 000 Tonnen zu; siehe Gerlach/Aly, Das letzte Kapitel (wie Dok. 191 vom 29.5.1944, Anm. 13), S. 184.

1 MNL OL, K 774–1944. Das Dokument wurde am dem Ungarischen übersetzt.
2 Abkürzung für kémelhárítás (ungar.): Spionageabwehr.
3 Der Bericht wurde in Abschrift am 4.7.1944 an die kgl. ungar. Kommandantur für Verwaltung und Wirtschaft in das Karpatenvorland gesandt und von dort aus am 7.7.1944 an den Regierungskommissar des Operationsgebiets des Karpatenvorlands weitergeleitet. Im Original Eingangsstempel des Regierungskommissars vom 10.7.1944.
4 Gyula Baksa (1899–1945), Honved; starb als Kriegsgefangener in der Sowjetunion.
5 Richtig: Serne.

und ließ sie zusammen mit ihren Helfern auf die Wache in Nagylucska[6] und von dort zum Amt des Oberstuhlrichters von Munkács[7] bringen. Am darauffolgenden Tag wurden die Personen, die das Versteck zur Verfügung stellten, ohne weitere Strafe entlassen. In der Bevölkerung hat sich daraufhin erhebliche Unruhe breitgemacht. Die Empörung der Bevölkerung entzündete sich auch an der Tatsache, dass die Frau von Lajos Nagy – eine Kauffrau, die József Olgács[8] einen christlichen Taufschein hatte zukommen lassen, der ihm überhaupt erst erlaubte, die Reise der Schwägerin von Ignác Strack[9] nach Szernye zu ermöglichen – in besonderem Maße von der Verteilung der jüdischen Immobilien profitierte, genauso wie der Gemeinderichter Zsigmond Orbán,[10] bei dem deren Koffer deponiert und der damit also von der Ankunft der Jüdin im Vorfeld informiert worden war. Der größte Teil (500 Joch) des jüdischen Grundbesitzes fiel ihnen sowie einer dem Richter nahestehenden Gruppe zu, dessen Bruder Béla Orbán und Károly Bimba.

Die Aufregung der Bevölkerung ist umso berechtigter, weil diejenigen, die den Juden Unterschlupf gewährt haben, bei ihrer Abführung Bemerkungen fallenließen, denen zufolge sie innerhalb von 24 Stunden wieder freigelassen würden. So kam es dann auch, sie gingen ohne Strafe nach Hause und nutzen nach wie vor die jüdischen Felder. Beim Abtransport der Juden übernahmen sie auch deren Vieh, der Richter stellte einen vordatierten Rinderpass aus, um den unrechtmäßigen Kauf abzusichern. Dieselbe Gruppe kam außerdem noch vor der Inventarisierung in den Besitz des jüdischen Mobiliars, von dem bei der [offiziellen] Bestandsaufnahme dann nur noch ein Bruchteil übrig geblieben war.

Die Bevölkerung sieht keine Möglichkeit, diesen Vorfall durch den Notar und den Stuhlrichter bereinigen zu lassen, da diese für die Schuldigen Partei ergreifen und sie statt der Aburteilung ohne Strafe einfach freigelassen haben. Besonders bemerkenswert findet sie das Verhalten des Oberstuhlrichters in dieser Sache, denn es ist erwiesen, dass die betreffenden Personen die Juden versteckt hatten – der diensthabende Gendarm fand sie tatsächlich bei ihnen vor –, sie jedoch bei Nichtbeachtung des bekanntgemachten Regierungserlasses dennoch freiließ.

Ich berichte von der oben erwähnten Angelegenheit zwecks eventueller weiterer Schritte, da sie außerhalb meiner Zuständigkeit liegt und möglicherweise vom Kommandanten für öffentliche Sicherheit im Karpatenvorland weiter verfolgt werden müsste.

6 Richtig: Welyki Lutschky.

7 Simon Gribovszky, auch Gritovszki (*1893); um 1940 Generalinspektor bei der Polizei von Munkács, 1941–1944 Oberstuhlrichter in Munkács.

8 So im Original. Vermutlich ist János Olgács gemeint.

9 Richtig: Stark.

10 Zsigmond Orbán starb in einem Lager in der Sowjetunion.

DOK. 228

Die ungarische Botschaft in Lissabon äußert sich am 30. Juni 1944 verärgert darüber, dass die Familie Weiss-Chorin nach ihrer Ankunft von der portugiesischen Polizei verhört wurde[1]

Schreiben (72/Pol.-1944) des Botschaftssekretärs und provisorischen Geschäftsträgers der kgl. ungar. Botschaft in Lissabon, gez. Ujpétery,[2] an Döme Sztójay vom 30.6.1944

Betreff: Ankunft von ungarischen Juden in Lissabon
Am 26. Juni verbreitete sich wie ein Lauffeuer in der Stadt die Nachricht, der zufolge einige reiche jüdische Familien aus Ungarn mit einem Sonderflug der Lufthansa am Nachmittag des 25. Juni in Lissabon eingetroffen seien. Ich bin der Meldung schnell nachgegangen und konnte mich von deren Richtigkeit überzeugen. In zwei Gruppen kamen folgende ungarische Juden in Lissabon an:
Ferenc Chorin mit Frau und seinen drei Kindern,
György Hoff, der Rechtsberater der Manfréd-Weiss-Werke mit zwei Mitgliedern seiner Familie,
zwei Mitglieder der Familie Mauthner,
zehn Mitglieder der Familie Weiss, unter ihnen Jenő Weiss und Edit Weiss,[3]
vier Mitglieder der Familie Fenyvessi,
Móric Kornfeld samt Frau und drei Kindern und
drei Mitglieder der Familie Billitz.[4]
Insgesamt also 32 Personen. Die Genannten brachten insgesamt 1210 kg Gepäck mit und gaben am Flughafen gegenüber den portugiesischen Behörden eine ordnungsgemäße Erklärung über ihre Gold- und Silbergegenstände ab. Der hiesige Direktor der Lufthansa bekräftigte mir gegenüber, dass die Emigranten bis Stuttgart in einem Sonderzug gereist waren und das ihnen zur Verfügung gestellte große Flugzeug der Lufthansa dort auf sie wartete. Einige unter ihnen mussten wegen Schwierigkeiten mit dem Visum einen Tag in Madrid verbringen.
Nach ihrer Ankunft zogen die betreffenden Personen in das zweitbeste Hotel Lissabons, in das Avenida Palace. Sie kamen sofort mit meinem Vorgänger im Amt[5] in Kontakt, der seinen Neffen wie einen Diener zur Verfügung stellte. Der Plan war, dass sie am 1. Juli in ein Hotel in Estoril umziehen sollten. Die internationale Polizei in Portugal lud

1 MNL OL, K 61 1944-43-402. Das Dokument wurde aus dem Ungarischen übersetzt.
2 Elemér Újpétery (1911–2001), Diplomat; von 1937 an Mitarbeiter des ungar. Außenministeriums, von 1938 an Privatsekretär von Béla Imrédy und anschließend von Außenminister István Csáky, von 1941 an stellv. Leiter der Kulturabt. im Außenministerium, von 1942 an Mitarbeiter der ungar. Botschaft in Lissabon, später außerordentlicher Botschafter.
3 Edit Weiss (1899–1967); Tochter von Manfréd Weiss; engagierte sich karitativ für hilfsbedürftige Beschäftigte der Manfréd-Weiss-Werke, für Flüchtlinge und Internierte, im Leitungsgremium des Protektionsbüros der ungarischen Israeliten; 1944 Emigration nach Portugal, anschließend in die USA.
4 Zu den Familien Chorin, Mauthner, Weiss und Kornfeld siehe Dok. 173 vom 17.5.1944, Anm. 3.
5 Andor Wodianer (1890–1964), Diplomat; 1939–1944 ungar. Botschafter in Lissabon, zentraler Akteur der ungar. Bemühungen, einen Separatfrieden zu schließen; Abdankung nach der deutschen Besetzung

sie am 28. und 29. jedoch vor, und nach stundenlangen eingehenden detaillierten Verhören verwies sie sie in den Badeort Curia in Zentralportugal. Seit dem 1. Juli halten sie sich dort auf. Ich habe keine Informationen bezüglich der Fragen, die ihnen die Polizei während der Verhöre gestellt hat, aber einigen Gerüchten zufolge bat man sie auch um Informationen zur inneren Situation in Ungarn und Deutschland.
Die angelsächsischen und portugiesischen Journalisten bestürmten die Emigranten schon bei der Ankunft. Diese jedoch verweigerten jegliche Äußerungen mit der Begründung, einige ihrer Familienmitglieder seien noch in Deutschland und bis zu deren Ankunft seien sie nicht bereit zu sprechen.[6] In der Stadt wurde natürlich unterschiedlich kommentiert, dass diese Ausreise mit dem Einverständnis Ungarns und mit Unterstützung Deutschlands möglich wurde. Einige behaupteten, die genannten Familien hätten ihr riesiges Industrie- und Aktienvermögen an die Hermann-Göring-Werke überschrieben.[7] Eingeweihte meinten auch zu wissen, dass sich die Chorins nach der Ankunft in Lissabon in einem vertrauten Kreis dahingehend geäußert hätten, dass sie selbstverständlich alles gegeben hatten, um ihr Leben zu retten. Nach ihrer Logik hätten sie, wenn Deutschland den Krieg gewinnt, ohnehin ihr Vermögen verloren, sollte es jedoch verlieren, werde dieses privatrechtliche Geschäft im Hinblick auf eine frühere gemeinsame Erklärung der Alliierten ohnehin für ungültig erklärt werden. Sie würden natürlich mit dem Sieg der Alliierten rechnen. Sie seien sogar davon überzeugt, dass der Zusammenbruch Deutschlands und seiner Verbündeten innerhalb von Monaten, aber spätestens bis zum Jahresende eintreten werde. Die Portugiesen fragten mich, was die Ungarn – falls diese Nachricht stimme – denn veranlasst habe, der Veräußerung von derart großen Vermögenswerten zuzustimmen. Welche Vorteile würden uns, [den Ungarn,] aus dem Geschäft zuteil? Einige glaubten sogar die Antwort auf diese Frage zu kennen und behaupteten, die Emigranten hätten vor ihrer Abreise der Ungarischen Nationalbank größere Summen in Fremdwährung übergeben.[8]
Es ist als sicher anzunehmen, dass weder die angelsächsischen noch die hiesigen offiziellen deutschen Kreise von der Ankunft der Chorins in Lissabon wussten. Einer der hier lebenden Deutschen, der Ungarn kennt, bezeichnete das Verfahren seiner eigenen Behörde gar als völlig unverständlich und stellte fest, dass die emigrierten Leiter der ungarischen Industrie den Angelsachsen nicht nur ein vollständiges Bild von der ungarischen Produktion, Kriegsausrüstung und dem politischen Leben liefern, sondern sie die Alliierten auch mit unbezahlbaren Informationen in Bezug auf Deutschland versorgen könnten.

6 Neun Mitglieder der Familie – Baron György Kornfeld mit Frau und Sohn, János Mauthner mit Frau, Vilmos Billitz mit Frau sowie Baron Alfonz Weiss mit Frau – wurden in Wien als Geiseln zurückgehalten.
7 Siehe Dok. 173 vom 17.5.1944, Anm. 10.
8 In die Ausreise der Familie war die ungar. Regierung nicht eingeweiht worden. Dies und die vereinbarten Leistungen des Vertrags zwischen der SS und der Familie Chorin-Weiss erregten nicht nur auf Seiten der ungar. Regierung, sondern auch beim AA großes Missfallen; siehe Dok. 210 vom 14.6.1944.

DOK. 229
Die Volksdeutsche Mittelstelle informiert das Auswärtige Amt am 30. Juni 1944 über den Ablauf der Enteignungen in Ungarn[1]

Vermerk der Volksdeutschen Mittelstelle, gez. L. Heller, Amtschef,[2] Berlin, an Dr. Reichel vom 30.6.1944[3]

Betrifft: Judenvermögen Ungarn
Akt.Zch.: […][4] H.su.

Bei Besprechungen mit Volksgruppenführer Dr. *Basch*[5] und mit dem Wirtschaftsbevollmächtigten der Deutschen Gesandtschaft, Herrn Dr. *Boden*, am 26. Juni in Budapest wurde in der Frage des Verhaltens der deutschen Volksgruppe und ihrer Angehörigen bei der Arisierung in Ungarn folgendes festgestellt:

1.) Eine *Verwertung* des Judenvermögens hat bisher offiziell noch nicht begonnen. Demgegenüber wird aber laut verschiedenen Meldungen aus der Volksgruppe von lokalen Behörden und Organen doch bereits Judenvermögen verteilt, verkauft usw. In Nordsiebenbürgen sollen sogar schon öffentliche Versteigerungen von Judengrundstükken und Häusern stattgefunden haben, aber charakteristischerweise ohne öffentliche Bekanntmachung, also im internen madjarischen Kreise.[6]

2.) Laut Mitteilung der deutschen Gebietsführung in der Batschka hat das ung. Finanzministerium die Verbringung von Judenhausrat und Inventar von der Batschka nach Budapest angeordnet. Demgegenüber hat der neue Obergespan der Batschka[7] ein Verbot solcher Ausfuhr aus dem Gebiet erlassen und auf deutschen Vorschlag hin angeordnet, daß in erster Linie Angehörigen von Kriegsteilnehmern zu amtlicherseits sehr niedrigen, festgesetzten Preisen verkauft werden solle. Durch diese Anordnung würde der Hauptanteil entsprechend dem großen Anteil eingerückter Deutscher zur Waffen-SS auf Deutsche in der Batschka entfallen.

3.) Die Volksgruppenführung hat alle diejenigen Unternehmen und Liegenschaften, welche als kriegswirtschaftlich wichtig und gleichzeitig als Schlüsselstellungen für die Wirtschaft der Deutschen Volksgruppe in Ungarn anzusprechen sind, feststellen lassen. Selbstverständlich kann in der Kürze der Zeit und bei dem starken Personalmangel in der Wirtschaftsführung der Volksgruppe auch in den Gebieten und Kreisen weder die Liste noch der Inhalt dieser Angaben vollständig sein. An der Spitze dieser

1 PAAA, R 100604, Bl. 122 f.
2 Lothar Heller (*1902), Landwirt, Wirtschaftssachverständiger; Leiter des Amts X (Führung der Wirtschaft) der Volksdeutschen Mittelstelle; 1944 SS-Eintritt.
3 Im Original handschriftl. Notizen und Stempel des AA vom 17.7.1944.
4 Unleserlich.
5 Ferenc (Franz) Antal Basch (1901–1946), Politiker; 1925–1934 Sekretär der Deutschen Kulturgesellschaft in Ungarn, von 1933 an Generalsekretär des Volksbildungsvereins, 1938 Gründung und Leitung des Ungarischen Volksbunds der Deutschen, von 1940 an „Volksgruppenführer" der Deutschen in Ungarn; 1944 Flucht nach Deutschland, 1946 in Ungarn vom Volksgericht zum Tode verurteilt und hingerichtet.
6 Richtig: magyarischen.
7 Gemeint ist vermutlich der Obergespan des Komitats Bács-Bodrog, Dr. József Piukovich, auch Piukovics (*1895), der diesen Posten von Mai 1944 an innehatte.

Feststellungen für Forderungen gegenüber den ungarischen Behörden stehen die für das Fettproduktionsprogramm notwendigen jüdischen Molkereien in deutschen Gemeinden.[8]

4.) Der Wirtschaftsbevollmächtigte Dr. *Boden* hat sich bereit erklärt, diese Anforderungen der Wirtschaft der deutschen Volksgruppe beim Wirtschaftsminister Imredy[9] zu befürworten und zu vertreten, sobald ihm die Listen der Deutschen Volksgruppenführung vorliegen.

5.) Die Volksgruppenführung hat nach eingehender Beratung mit dem Wirtschaftsbeauftragten der Volksdeutschen Mittelstelle ihren Standpunkt in dieser Frage eindringlich dahingehend bekanntgemacht, daß die kriegswirtschaftlichen Notwendigkeiten allen privatwirtschaftlichen Wünschen voranzustellen sind und daß von den Erwerbern die fachlichen Voraussetzungen erfüllt werden müssen, um Rückschläge zu vermeiden. Ein Rundschreiben der Volksgruppenführung erläutert an Beispielen diese würdige und kriegsbewusste Geltung.[10]

DOK. 230
Der Provisorische Exekutivausschuss des Verbands der Juden in Ungarn erhält im Juni 1944 einen Bericht über das Leben im Getto Kecskemét und über die Vorbereitung der Deportationen[1]

Anonymes Schreiben an den Provisorischen Exekutivausschuss des Verbands der Juden in Ungarn, Budapest, o. D. [Juni 1944]

Aus vertraulicher, aber unbedingt verlässlicher Quelle erhielten wir die Nachricht, dass die Deportation der in Kecskemét isolierten Juden bevorsteht. In letzter Zeit wurden diese unter Zustimmung bzw. mit Bewilligung der lokalen Behörden zu verschiedenen Arbeiten herangezogen. Wer weiter als 5 km von der Stadt entfernt arbeitete, war nicht verpflichtet, am Abend mit Beendigung der Arbeit ins Getto zurückzukehren, sondern konnte an seinem Arbeitsplatz bleiben und dort auch übernachten. Am Montag kam seitens der lokalen Behörde dann der Befehl, alle jüdischen Männer und Frauen sofort ins Getto zurückzubringen, was, flankiert von Militär, auch geschehen ist. Ihnen wurde alle Habe abgenommen, und man brachte sie nicht ins Getto, sondern sie wurden in ein leer stehendes bzw. aufgelassenes Fabrikgelände umgesiedelt.[2]

Dr. Dezső Schönberger,[3] Kecskeméter Vertreter des Judenrats, der in dieser Position vom dortigen Bürgermeister[4] bestätigt worden war, hat sein Amt niedergelegt, weil er nach diesen Ereignissen die Verantwortung nicht mehr weiter übernehmen wollte.

8 Gemeint sind Gemeinden mit überwiegend deutschstämmiger Bevölkerung.
9 Richtig: Imrédy.
10 Gemeint ist vermutlich das Schreiben vom 5.6.1944, wie Anm. 1, Bl. 124–126.

1 MZSML, D 8/1. Das Dokument wurde aus dem Ungarischen übersetzt.
2 Das Getto in Kecskemét wurde in mehreren über die Stadt verstreuten Gebäuden eingerichtet, die durch einen gelben Stern gekennzeichnet wurden.
3 Dr. Dezső Schönberger (1892–1944 oder 1945), Händler; im KZ Bergen-Belsen umgekommen.
4 Béla Liszka (1895–1978), Bürgermeister von Kecskemét.

Aus dem oben Ausgeführten folgt zweifelsfrei, dass die dortigen Juden für die Deportation vorbereitet werden. Sie bitten um die dringende Hilfe durch den Adressaten dieses Schreibens.
Mit vorzüglicher Hochachtung[5]

DOK. 231
Der amerikanische Diplomat Herschel V. Johnson informiert am 1. Juli 1944 über die Deportation von 600 000 ungarischen Juden und über die Mordaktionen in Polen[1]

OSS-Bericht (OSS # 34 983 – geheim) von Johnson,[2] Stockholm, vom 1.7.1944 (Eing. 5.7.1944)[3]

Boheman[4] hat mir heute mitgeteilt, er verfüge nun über Informationen aus Budapest hinsichtlich des Umgangs mit den Juden. Nur 400 000 der ungarischen Juden seien noch übrig; die meisten davon in Budapest. Um die 600 000 seien entweder ermordet oder zu nicht näher identifizierten Zielen in Deutschland transportiert worden. Es scheint so, als wollten die Deutschen sie durchweg umbringen, da viele [Juden] an einen Ort in Polen gebracht werden, wo Gaskammern eingerichtet wurden. Boheman sagt, dass alle, unabhängig von Geschlecht und Alter, in überfüllten Güterwaggons an diesen entlegenen Ort verfrachtet werden. Ein beträchtlicher Teil ist bereits tot, wenn sie dort ankommen. Die Überlebenden werden gezwungen, sich auszuziehen, und bekommen ein seifenähnliches Objekt ausgehändigt. Sie werden angewiesen, im Badehaus ein Bad zu nehmen, und dann in einen großen Raum gestoßen, in dem dicht gedrängt 2000 Platz haben.[5] Ist er von den Körpern aufgeheizt, wird von der Decke herab ein feines Pulver versprüht, das sich in dem Moment, in dem es mit der warmen Luft in Berührung kommt, zu einem giftigen tödlichen Gas entwickelt. Die Leichen werden mit Lastern abtransportiert und anschließend verbrannt. Die Juden in Ungarn haben einen Appell an den König von Schweden[6] gerichtet, und Boheman hat mir mitgeteilt, der schwedischen Gesandtschaft in Budapest sei ein vom König unterzeichnetes Schreiben zugegangen, in dem er an Horthy appelliert, dieses Massaker zu

5 Im Juni 1944 wurde auf dem Gelände der Ziegelei in Kecskemét ein Sammellager eingerichtet. Am 27. und am 29.6.1944 wurden die dort untergebrachten Juden mit zwei Transporten nach Auschwitz deportiert.

1 NARA, Abraham G. Duker/Irwing Dwork Papers, RG 200, Box 10, Fol. 92. Das Dokument wurde aus dem Englischen übersetzt.
2 Herschel Vespasian Johnson (1894–1966), Diplomat; 1921–1953 im diplomatischen Dienst, 1941–1946 Gesandter in Schweden; 1946/47 US-Botschafter bei den Vereinten Nationen, von 1948 an Gesandter in Brasilien.
3 Im Original handschriftl. Bearbeitungsvermerke.
4 Erik Carlsson Boheman (1895–1979), Jurist, Diplomat; von 1918 an schwed. Attaché in Paris, anschließend in London, von 1920 an Mitarbeiter des schwed. Außenministeriums, Gesandter in Istanbul, Sofia, Athen, Warschau, Bukarest und Paris, 1938–1945 StS für Außenpolitik; 1947/48 Botschafter in Großbritannien, 1948–1958 in den USA.
5 Siehe dazu VEJ 16/127.
6 Gustav V. (1858–1950), 1907–1950 König von Schweden.

beenden.[7] Boheman ist sich nicht sicher, ob sein Gesandter[8] Gelegenheit haben wird, mit Horthy zu sprechen. Wenn nicht, wird man das Schreiben an das FO[9] weiterleiten. Sobald die schwedische Regierung über dessen Zustellung benachrichtigt ist, wird sie es veröffentlichen.

DOK. 232
Der Vizegespan beschwert sich am 1. Juli 1944 beim Bürgermeister von Makó, dass auch nicht bedürftige Personen jüdische Wohnungen erhielten[1]

Schreiben (11.239/1944. al.) des Vizegespans der Komitate Csanád, Arad und Torontál, gez. Ferenczy,[2] an den Bürgermeister von Makó[3] (Eing. 5.7.1944) vom 1.7.1944

Bei der Vergabe der jüdischen Wohnungen, die infolge der Umsiedlung der Juden aus Makó leer geworden sind,[4] kommt oft nicht das Bedürftigkeitsprinzip zur Geltung, wonach vor allem gänzlich wohnungslose Personen in den Genuss der jüdischen Wohnungen kommen sollen. Stattdessen werden leer stehende jüdische Wohnungen auch Personen zugeteilt, die bereits eine Wohnung haben, sich aber eine bequemere oder größere Wohnung wünschen. Der größte und ungeduldigste Teil der Antragsteller stammt gerade aus diesem Kreis.

Ich fordere den Herrn Bürgermeister hiermit auf, bei der Zuteilung der leer gewordenen jüdischen Wohnungen besondere Sorge dafür zu tragen, dass diese in erster Linie an wohnungslose Familien des Militärs, der königlich ungarischen Gendarmerie, der Beamtenschaft und anschließend anderen Familien zugeteilt werden, und zwar in dieser Reihenfolge.

Erst nach der vollständigen und restlosen Befriedigung solcher Ansprüche kann Familien oder Personen, die bereits eine Wohnung besitzen, eine leer gewordene jüdische Wohnung zugeteilt werden, und zwar zunächst zugunsten des Familienschutzes, in zweiter Linie aus gesundheitlichen und sozialen Gründen und erst ganz zum Schluss aus Gründen der Bequemlichkeit.

Ich merke an, dass bei der Befriedigung weiterer Ansprüche Wohnungen von Christen, die entsprechend Absatz 2 der vorliegenden Verordnung infolge einer eventuell bereits vollzogenen Zuteilung frei geworden sind und für weitere Zuteilungen zur Verfügung stehen, ebenfalls in Betracht gezogen werden sollten.

7 Nach den Protestbriefen von Papst Pius XII. und Franklin D. Roosevelt sandte der schwed. König am 30.6.1944 ein Schreiben an Reichsverweser Horthy, in dem er gegen die Deportationen Stellung bezog.

8 Carl Ivan Danielsson (1880–1963), schwed. Gesandter in Budapest.

9 Foreign Office.

1 MNL CSML, 12 046-81092/1944, Kopie: MNL OL, I, 38. tekercs. Das Dokument wurde aus dem Ungarischen übersetzt.

2 Béla Ferenczy, geb. als Ring, Obernotar; von 1937 an Vizegespan der Komitate Csanád, Arad und Torontál.

3 Dr. Bertalan Bécsy (1901–1967), Volkswirt; 1940–1944 Bürgermeister von Makó; im Sept. 1944 Flucht nach Budapest; 1946 vor Gericht gestellt, 1950 aus dem Gefängnis entlassen.

4 Das Getto in Makó wurde im Mai 1944 eingerichtet. Am 16.6.1944 wurde die dort zusammengefasste jüdische Bevölkerung nach Szeged und von dort nach Auschwitz bzw. Strasshof deportiert.

Ich darf den Herrn Bürgermeister abschließend darauf aufmerksam machen, dass für den Fall eventueller Bombenangriffe eine gewisse Anzahl leerer Wohnungen vorzuhalten ist und für eine Zuteilung jederzeit zur Verfügung zu stehen hat.
Ich fordere Sie auf, mich bis zum 20. d. M. unter Beachtung der dargelegten Bestimmungen über ihre Maßnahmen und die Durchführung bei der Wohnungsvergabe zu informieren.[5]

DOK. 233
Vertreter der reformierten und der evangelisch-lutherischen Kirche beraten am 3. Juli 1944 über die Frage, ob und wie sie gegen die Deportationen protestieren sollen[1]

Gedächtnisprotokoll, ungez., der Konferenz in Leányfalu am 3.7.1944

Auf der Konferenz waren die Bischöfe László Ravasz, Andor Enyedy, Béla Kapi, Sándor Raffay, Dezső Kuthy, der weltliche Vorsitzende des reformierten Konvents Jenő Balogh und der Missionsreferent Albert Bereczky anwesend.
1. Bischof László Ravasz informierte über die vorangegangenen Ereignisse, die zur Einberufung der Konferenz geführt haben. Sowohl der reformierte Gesamtkonvent als auch die evangelische Gesamtkirche hätten am 19. Mai 1944 dem Ministerpräsidenten[2] eine Eingabe zukommen lassen, in der sie ihren Protest gegen die einsetzende Separierung der Juden zum Ausdruck gebracht hatten.[3] Gleichzeitig warnten sie die Regierung ausdrücklich davor, die Deportation der ungarischen Juden ähnlich den traurigen Ereignissen im Ausland[4] durchzuführen, denn das würde die ungarische Regierung und damit die gesamte ungarische Nation mit einer ungeheuren Verantwortung belasten. Nachdem der Bischof den Ministerpräsidenten auch persönlich von den Gräueltaten, die im Zuge des Zusammentreibens und der späteren Deportation der Juden vorgefallen waren, informiert habe, sei eine definitive Stellungnahme der beiden auf dem Evangelium fußenden Kirchen notwendig geworden. So entstand die zweite Eingabe, die von allen neun Bischöfen der beiden Kirchen unterzeichnet worden und dem Ministerpräsidenten am 21. Juni von einer Delegation übergeben worden ist.[5] Darin sei eindeutig zum Ausdruck

5 Im Original handschriftl. Notiz vom 21.7.1944, betreffend Bewilligung von Wohnungsanträgen: „Euer Hochwohlgeboren, Herr Vizegespan! Auf Ihre Anordnung hin darf ich mit aller Hochachtung berichten, dass bei der Zuteilung der Wohnungen jene Prinzipien zur Anwendung kommen, die auch der Herr Vizegespan für richtig hält. Derzeit stehen immer noch etwa 250 leer stehende Wohnungen zur Verfügung, so dass die Ansprüche eventueller Bombengeschädigter ebenfalls befriedigt werden können. Die Finanzverwaltung und die deutschen Truppen besetzen recht viele Wohnungen, die, nach Abtransport der Möbel, ebenfalls für die Bewilligung von neuen Anträgen in Frage kommen."

1 Ráday Levéltár, A-1-C Elnöki iratok 1944. Das Dokument wurde aus dem Ungarischen übersetzt.
2 Döme Sztójay.
3 Siehe Dok. 204 vom 9.6.1944.
4 Vermutlich eine Anspielung auf die Massenmorde im besetzten Polen.
5 Siehe Dok. 218 vom 21.6.1944; siehe auch Karsai (Hrsg.), Vádirat, Bd. 3 (wie Dok. 225 vom 25.6.1944, Anm. 4), S. 6–8

gekommen, dass „wenn unser Wort nicht greift, wir gezwungen sein werden, vor der Öffentlichkeit unserer Kirche und vor dem Weltprotestantismus Zeugnis davon abzulegen, dass wir die Botschaft Gottes nicht verschwiegen haben."

László Ravasz betonte, dass die Kirche ihre Stimme jetzt nicht mehr als eine Körperschaft des öffentlichen Rechts erhoben habe, sondern als Diener des Wortes Gottes. Die Aufgabe, die aus der Predigt erwächst, mussten wir erfüllen. Die dem Ministerpräsidenten überbrachte Eingabe, die von allen Bischöfen unterschrieben wurde, hätte die Einlösung unseres Versprechens und die Vorbereitung einer öffentlichen Deklaration unausweichlich gefordert. Dies sei auch erfolgt. Der Text der Deklaration[6] sei per Eilboten an die entsprechenden Stellen verschickt worden, sieben der neun Bischöfe hätten ihn unterzeichnet, Zoltán Turóczy[7] habe ebenfalls sein Einverständnis gegeben, jedoch nur unter der Bedingung, dass alle Bischöfe die Deklaration unterzeichnen. Somit hatten wir eigentlich bereits acht Unterschriften. János Vásárhelyi,[8] Bischof aus Siebenbürgen, habe sich im Vorfeld noch mit dem Vorstand besprechen wollen.

Die Einberufung dieser Konferenz sei schließlich notwendig geworden, weil Bischof Sándor Raffay ihm [Ravasz] auf Initiative des evangelischen Bischofs Dezső Kuthy mitgeteilt habe, dass er und Kuthy schwerwiegende Bedenken hätten und um eine Zusammenkunft bitten. Anschließend sei auch die Stellungnahme aus Siebenbürgen eingetroffen, der zufolge der dortige reformierte Bischof nur dann unterschreiben könne, wenn die Deklaration entsprechend überarbeitet werde und auch den Protest gegen die Grausamkeiten der Bombardements beinhalte. Er [Ravasz] las das Protokoll der Sitzung des Vorstands in Kolozsvár vor, das ihm Kurator Miklós Bánffy[9] hatte zukommen lassen.

László Ravasz hob nach all dem hervor, dass man, wie dieses Beispiel zeige, von der Einberufung der Konferenz keine raschen Lösungen erwarten konnte, obwohl die Zeit dränge. Das sei auch der Grund gewesen, warum er versucht habe, eine gemeinsame Stellungnahme in einer ähnlichen Weise zu erreichen wie bei jenem Memorandum, das dem Ministerpräsidenten überbracht wurde. Seiner Überzeugung nach müsste sich der Protest gegen die Bombardements weniger an die ungarische Glaubensgemeinschaft als an die Protestanten im Ausland richten, während die Grausamkeiten in der Judenfrage als innere Angelegenheit zu betrachten seien. Es seien also zwei unterschiedliche Protestnoten aufzusetzen. Er habe bereits begonnen, den Protest gegen die Bombardements zu formulieren, durch seine Krankheit sei er jedoch daran gehindert worden, ihn zu vollenden. Er fügt hinzu, dass es nicht wesentlich sei, die Protestdeklaration in den Kirchen zu verlesen, wichtig sei vielmehr, dass sie an geeigneter Stelle bekannt werde.

6 Siehe dazu Dok. 225 vom 25.6.1944.

7 Richtig: Zoltán Túróczy (1893–1971), evang.-luther. Pfarrer; von 1917 an Pfarrer in Arnót, von 1923 an in Ózd, von 1927 an in Győr, von 1939 an in Nyíregyháza, von 1939 an Bischof; 1945 verhaftet und vom ungar. Volksgericht zu zehn Jahren Haft verurteilt, 1946 aus der Haft entlassen, von 1949 an Pfarrer in Győr und Bischof, 1952 zwangspensioniert, von Febr. bis Dez. 1957 erneut Bischof.

8 János Vásárhelyi (1888–1960), reformierter Pfarrer; von 1912 an Pfarrer in Beszterce, von 1918 an in Dés, von 1921 an in Cluj, von 1921 an Propst, von 1936 an Bischof; von 1945 an Abgeordneter in der rumän. Nationalversammlung.

9 Miklós Bánffy von Losoncz (1873–1950), Großgrundbesitzer in Siebenbürgen, Romanautor; von 1901 an Mitglied des Parlaments, 1906–1909 Präfekt im Komitat Kolozs, 1912–1918 Intendant der Budapester Oper und des Nationaltheaters, 1921/22 Außenminister; nach dem Krieg enteignet, 1949 Emigration nach Ungarn.

2. Die Bischöfe Sándor Raffay und Dezső Kuthy stimmten darin überein, die Note nicht in Kirchen verlesen zu lassen. Diesen Standpunkt teilte auch Andor Enyedy.[10] Mehrere Vertreter sprachen das Problem an, dass zahlreiche Geistliche eine solche Erklärung ohnehin nicht verlesen würden und sie auch innerhalb der Gemeinden große Abwehr auslösen könnte. László Ravasz gab seiner Überzeugung Ausdruck, dass dies in Cisdanubien[11] nicht zu befürchten sei.

3. Bischof Dezső Kuthy sah sich veranlasst zu erklären, weshalb er die Einberufung der Konferenz gefordert hatte. Er nehme die Gefahren, die seiner Person oder anderen Personen drohe, billigend in Kauf. Er sei aber besorgt, dass sich die protestantischen Kirchen mit einem derartigen Protest der Staatsmacht völlig entgegenstellen würden und eine solche Auseinandersetzung schwerwiegende Folgen haben könnte. Staatliche Zuschüsse könnten eingestellt, Schulen geschlossen und Vorsteher der Kirchen interniert oder verhaftet werden. Auch Béla Kapi merkt an, dass ihn nicht Angst um seine Person, sondern Angst um die Kirche umtreibe. Er weist darauf hin, dass der Ministerpräsident am 21. Juni gegenüber der Delegation offen geäußert habe, die Regierung würde etwas nur dann unternehmen können, wenn dies von den deutschen Besatzungsbehörden gebilligt werde. Gerade angesichts dieser Situation solle man die bischöfliche Deklaration eher in Form eines informierenden Schreibens als einer Protestnote herausgeben. László Ravasz stellt fest, man sei mehr denn je von einem Konsens entfernt. Wolle man nun Protest oder Mitteilung? Sándor Raffay meint, man solle neben der Mitteilung auch protestieren. Andor Enyedy betont, dass es unmöglich sei, sich in der Judenfrage zu äußern, ohne auf die Bombardements einzugehen. Auch Dezső Kuthy hält es für unerlässlich, die Öffentlichkeit in beiden Angelegenheiten gleichzeitig zu informieren und zu protestieren. „Nur dann ist zu verhindern, dass unsere Bischöfe verhaftet und staatliche Zuschüsse eingestellt werden."

Nachdem die Teilnehmer einvernehmlich festgestellt hatten, dass eine neue Erklärung formuliert werden müsse, in der neben dem Protest gegen die Grausamkeiten in Zusammenhang mit der Judenfrage auch die Bombardements zur Sprache kämen, und die Art der Bekanntmachung den Geistlichen überlassen bleiben solle, diktierte László Ravasz auf Wunsch der Teilnehmer ein Rundschreiben, das auf Basis der stenographischen Notizen von Jenő Balogh und Albert Bereczky und mit Zustimmung der Teilnehmer vor Ort aufgesetzt wurde.

Die Teilnehmer der Konferenz beschlossen, das Rundschreiben umgehend vervielfältigen und den Bischöfen zukommen zu lassen.[12]

10 Andor Enyedy (1888–1966), reformierter Pfarrer; 1915–1922 Pfarrer in Sátoraljaújhely, bis 1955 Pfarrer in Miskolc, 1942–1952 Bischof.

11 Gemeint sind die Gebiete nördlich der Donau und damit Teile der Slowakei.

12 Der neu ausgearbeitete Entwurf sollte am 9.7.1944 in den Kirchen verlesen werden, doch auch darauf wurde verzichtet, nachdem Justizminister István Antal den reformierten und den evang.-luther. Kirchen gegenüber einige Zugeständnisse gemacht hatte. Am 12.7.1944 wurde in den Kirchen schließlich lediglich ein kurzes Statement verlesen, in dem die Gläubigen davon in Kenntnis gesetzt wurden, dass die reformierten und evang.-luther. Kirchen bei den Regierungsbehörden wiederholt im Interesse der Juden, insbesondere der Konvertierten, vorgesprochen hätten und diese Bemühungen auch in Zukunft fortsetzen würden; Abdruck in: Karsai (Hrsg.), Vádirat, Bd. 3 (wie Dok. 225 vom 25.6.1944, Anm. 4), S. 153–155.

DOK. 234

Andor Vadnai schreibt am 4. Juli 1944 seinem Vater, dass seine Familie ins Sammellager Monor gebracht wurde[1]

Handschriftl. Brief von Andor Vadnai (Bandi), Arbeitsdienstkompanie 701/301, Budapest, Hungária-Ring 172, an Alfréd Vadnai,[2] Arbeitsdienstkompanie 101/311, Zombor 8, vom 4.7.1944[3]

Mein einziger, teurer Vater!
Ich habe bis jetzt Angst gehabt, Dir zu schreiben; mir fehlte die innere Kraft dazu. Durch Deine Postkarte habe ich aber erfahren, dass die schreckliche Nachricht auch Dich erreicht hat. Unsere kleine Familie ist nun zerfallen;[4] vom Hörensagen weiß man nur so viel, dass sie [die Familienmitglieder] in Monor bleiben, wo sie landwirtschaftliche Arbeit verrichten müssen; das Haus ist leer geworden, der Garten ruhig, das Tor ist versiegelt worden.[5] Wir haben jetzt nur noch eine Pflicht: Wir müssen mit eisernem Willen alles ertragen, unsere Lebenskraft steigern, damit wir unsere kleine Familie wieder sammeln und ein neues Leben beginnen können. Gott wird mit uns sein, und wir werden uns lächelnd an diese tränenreichen Tage erinnern. Vielleicht ist es auch besser, dass es so gekommen ist. Wer weiß, welcher Sache sie [die Familienmitglieder] so entkommen sind? Dinge mögen zerstört werden, doch das Leben bleibt bewahrt. Ich empfinde dies mit aller Gewissheit, heutzutage ist nur noch wichtig, am Leben zu bleiben. Wir wollen in unserer Seele über Mutter, die kleine Emmi und Api und die ihren wachen, und es wird ihnen nichts zustoßen. Du schreibst, dass Du im Urlaub nach Hause kommst. „Nach Hause" kannst Du nicht, aber Du kannst an unserem einst glücklichen Obdach vorbeispazieren. Wenn es [also] möglich ist, nimm Urlaub und übernachte bei Ernő (Nyár-Straße 7, 4. Stock, die Wohnung von Imre Vértes). Dann such mich auf, weil ich Dich so gerne umarmen und all meine Sorgen loswerden würde.
Es küsst Dich millionenmal Dein

1 Memorial Museum of Hungarian Speaking Jewry, D.8274. Das Dokument wurde aus dem Ungarischen übersetzt.
2 Andor Vadnai und sein Vater Alfréd Vadnai überlebten den Arbeitsdienst.
3 Im Original Zensurstempel vom 5.7.1944.
4 Erzsébet Frank, verh. Vadnai (1903–1944), Ehefrau von Alfréd Vadnai, und die gemeinsame Tochter Emma Vadnai (1934–1944) wurden in Auschwitz ermordet.
5 Die Familie Vadnai wohnte in der Budapester Vorstadt Kispest. Die dort lebenden Juden mussten im Mai in ein Getto umziehen. Am 30. Juni wurden dessen Bewohner in das Sammellager Monor und von dort zwischen dem 7. und 9.7.1944 nach Auschwitz deportiert.

DOK. 235
Der Ministerrat berät am 5. Juli 1944 über die Beschlagnahmung von 48 000 deutschsprachigen Büchern eines jüdischen Antiquariats durch SS-Angehörige[1]

Protokoll der Ministerratsitzung vom 5.7.1944 (Auszug)

Herr Staatssekretär Vitéz Mihály Kolozsváry-Borcsa[2] gibt dem Ministerrat bekannt, dass die sich in Budapest aufhaltenden deutschen SS-Organe eigenmächtig insgesamt 48 000 deutsche Bücher aus den geschlossenen jüdischen Antiquariaten in Budapest weggeschafft haben. Es wird berichtet, dass die Deutschen neben deutschsprachigen Publikationen auch seltene ungarische Bücher mitgenommen haben. Die Führung des deutschen Reichssicherheits[haupt]amtes[3] habe darum gebeten, mit dem weiteren Abtransport solcher deutschsprachigen Exemplare fortfahren zu dürfen.
Der Ministerrat beschließt, dass die zuständigen ungarischen Stellen diese Frage dem deutschen Botschafter in Budapest[4] zur Kenntnis bringen und um sein sofortiges Eingreifen bitten, damit in Zukunft derartige Beschlagnahmungen ohne Wissen und vorherige Einbeziehung der deutschen Botschaft nicht wieder vorkommen.

DOK. 236
Rózsi Stern erinnert sich, wie sie mit dem „Kasztner-Transport" vom 30. Juni bis 6. Juli 1944 nach Österreich reiste[1]

Handschriftl. Notizen von Rózsi Stern,[2] Genf, vom 15.11.1944[3]

Abfahrt 30. Juni 1944
Das Internierungslager, in dem wir gesammelt wurden ([auf dem Areal der] ehemaligen jüdischen Synagoge in der Aréna-Straße), war schon voll von Menschen, die Familien

1 MNL OL, K 28 (1944.07.05). Abdruck in: Karsai (Hrsg.), Vádirat, Bd. 3 (wie Dok. 225 vom 25.6.1944, Anm. 4), S. 65. Das Dokument wurde aus dem Ungarischen übersetzt.
2 Vitéz Mihály Kolozsváry-Borcsa (1896–1946), Journalist; Mitarbeiter der Zeitung Szózat (Appell), 1937/38 und 1939–1944 Chefredakteur der Zeitung Függetlenség (Unabhängigkeit), 1935 Ministerialrat, von 1938 an Leiter der Presseabt. der Regierung Imrédy, von 1939 an Parlamentsabgeordneter, von 1939 an Präsident der Ungarischen Pressekammer; von April 1944 an StS und Regierungskommissar für Presse- und Nachrichtenwesen; 1946 vom ungar. Volksgericht zum Tode verurteilt und hingerichtet.
3 Im Original deutsch.
4 Edmund Veesenmayer.

1 Original in Privatbesitz von Péter Sas. Abdruck in: Zsolt Zágoni (Hrsg.), Budapesttől Bergen-Belsenig, egy füzet 1944-ből, Ungváry Krisztián tanulmányával – From Budapest to Bergen-Belsen: A Notebook from 1944, Budapest 2012, S. 82–94. Das Dokument wurde aus dem Ungarischen übersetzt.
2 Rózsi Stern, verh. Frau György Bamberger (1901–1953), Tochter des Vorsitzenden der Pester Israelitischen Gemeinde, Samu Stern, gelangte 1944 mit dem „Kasztner-Transport" über Österreich in die Schweiz.
3 Rózsi Stern notierte nach ihrer Ankunft in der Schweiz in der Pension Caille ihre Erinnerungen über ihre Flucht aus Ungarn.

stammten teilweise aus Pest, größtenteils aus der Provinz, [wo sie bereits] aus den Ziegelfabriken herausgeholt worden waren.[4] Den ganzen Tag über herrschte große Aufregung, bis wir um 6 Uhr abends endlich abreisebereit waren. Bei strömendem Regen bestiegen wir mit Müh und Not die Wagen. Dicht gedrängt nahmen wir nebeneinander Platz, mit den Beinen über der Ladefläche. Wer keinen Platz mehr auf diese Weise ergatterte, versuchte stehend und sich beim Nachbarn abstützend, das Gleichgewicht zu halten. Die Zahl der Wagen entsprach der Anzahl der Waggons, auf die wir verladen werden sollten, das Gepäck wurde separat transportiert. Wir und Familie Torda erhielten die Nummer 15. Die Wagen wurden von beiden Seiten von deutschen Soldaten flankiert. So habe ich mir die Französische Revolution vorgestellt: Auf diese Weise mussten die Opfer wohl zum Schafott gebracht worden sein. Während der ganzen Fahrt war ich froh, dass mich meine Leute nicht in einem derartig entsetzlichen Zustand sehen mussten. Die Menschen auf der Straße traten in Gruppen zusammen und fragten sich verwundert, wohin diese Juden mit dem Stern wohl gebracht würden. Auf wenigen Gesichtern zeichnete sich Mitleid ab. Noch vor kurzem fuhr mein Gyuri[5] diese Strecke, die wir gerade passiert haben, vier Mal am Tag im eigenen Auto, um nach seinen Fabriken zu sehen; es ist traurig, so aus der Arbeit eines ganzen Lebens herausgerissen zu werden. Nach zweistündiger Fahrt kamen wir völlig durchnässt am Bahnhof Rákosrendező an. Es begann schon zu dämmern, als wir in den zugewiesenen Waggons Platz nahmen. Die Koffer wurden entlang einer der Wände aufgetürmt, die Rucksäcke an Haken um uns herum aufgehängt. In der Zwischenzeit trafen weitere Leute aus den anderen Lagern ein, so dass 72 Menschen in unserem Waggon zusammenkamen. Darauf waren wir nicht gefasst. Platz gehabt hätten vielleicht 6 Pferde oder 40 Menschen, aber wir konnten an den Tatsachen nichts ändern! Zusammengekauert saßen wir auf unseren Decken. Es gab 26 kleinere und größere Kinder unter uns (16 Waisen mit einer Aufsichtsperson),[6] denen wir etwas mehr Platz geben wollten, was die Lage noch schwieriger machte. Die Reise begann nicht besonders fröhlich! Inzwischen war es fast 11 Uhr und schon ganz dunkel geworden. Wir leuchteten mit Taschenlampen oder Kerzen. Ein miserabler Anblick! Insbesondere, weil es so viele seelisch mitgenommene Menschen [unter uns] gab. Einige versuchten, sich auszustrecken, was fast unmöglich war, andere, sich im Sitzen für ihre Beine etwas Platz zu schaffen. Die kleinen Kinder weinten vor Angst und unter dem Eindruck der ungewohnten Umgebung, die etwas älteren lehnten sich müde aneinander und schliefen ein. Die Erwachsenen, die von der hinter ihnen liegenden Aufregung erschöpft waren, stritten miteinander oder schluchzten still vor sich hin. Alle fragten sich, wie lange wir dies ertragen würden – und wir ertrugen noch viel, viel mehr. Mit 1700 unglücklichen Menschen[7] setzte sich der Zug Richtung Rettung endlich in Bewegung.

4 In der Provinz begannen die Deportationen nach Auschwitz bereits Mitte Mai 1944. Zuvor war die in Gettos zusammengefasste jüdische Bevölkerung in Sammellagern konzentriert worden, die in vielen Fällen in Ziegelfabriken eingerichtet worden waren.

5 György Bamberger (1890–1952), Direktor der Budapester Brotfabrik, Ehemann von Rózsi Stern.

6 Insgesamt wurden knapp 60 jüdische ungar. und poln. Waisenkinder für den „Kasztner-Transport" ausgewählt. Sie reisten zusammen mit ihrer Erzieherin Elza Jungreisz.

7 Die Angaben über die Gesamtzahl der Personen, die mit dem „Kasztner-Transport" in die Schweiz gelangen konnten, variieren zwischen 1683 und 1685. Zur ungenauen Zahlenangabe tragen Todesfälle und Geburten bei, zudem bestiegen in den Bahnhöfen Rákosrendező und Ferencváros einige „blinde Passagiere" den Zug.

Wir waren die ganze Nacht unterwegs, mal hielt der Zug an, mal wurde er rangiert, an Schlaf war überhaupt nicht zu denken. In der Frühe fanden wir uns am Bahnhof Ferencváros wieder. Viele von uns dachten, wie schön es wäre, hier zu bleiben, aber das war nicht möglich, weil wir sonst sicher in die Hände der Deutschen gefallen wären; man musste zu Ende bringen, was man sich vorgenommen hatte. Eine Toilette gab es natürlich nicht im Waggon, unsere Notdurft konnten wir nur verrichten, wenn der Zug irgendwo für längere Zeit Pause machte und es uns erlaubt wurde, auszusteigen. Das war auch nicht einfach, weil die Waggons sehr hoch waren und die Frauen und Kinder nur mit Unterstützung aus- und einsteigen konnten, was oft sehr lang dauerte. Für mich, die ich etwas zimperlich bin, war dies das Schrecklichste. Wie Tiere sprangen die Menschen aus den Waggons und verrichteten ohne jegliches Schamgefühl ihr Geschäft. Manche [kauerten] bei den Rädern, manche hinter den Waggons, aber die meisten ganz in der Nähe ihrer Waggons, weil man keine Zeit hatte, sich weiter zu entfernen. Oft waren noch gar nicht alle ausgestiegen, als schon die Schreie ertönten: „alles einsteigen".[8] Obwohl das während der ganzen Reise so ging, konnte man sich nicht daran gewöhnen, es war durchweg schrecklich. Ähnlich erging es uns mit dem Waschen. Wenn es erlaubt war, Wasser zu holen, trugen die Männer in Zehnergruppen das Wasser wie einen Schatz in Waschschüsseln und Kübeln heran (mit dem Wasser musste man sehr sparsam umgehen), und man konnte sich, so gut es ging, auf den Stufen der Waggons waschen. Das war auch bitter nötig, denn der Schmutz im Waggon war unbeschreiblich; nicht einmal Tiere hätten das so hingenommen, geschweige denn Menschen, die an Sauberkeit und Kultur gewohnt waren. Trotz all des Schmutzes mussten wir [dort] auch essen. Auf dem Bahnhof Ferencváros verzehrten wir also unser erstes Waggonfrühstück mit jämmerlichem Gefühl, aber hungrig nach der qualvollen und durchwachten Nacht. Am Samstag, dem 1. Juli fuhren wir um 10 Uhr morgens weiter. Wir drängten uns alle an das einzige kleine Fenster unseres Waggons, um uns von Budapest und von allem, was und wer uns lieb ist, endgültig zu verabschieden. Tränen liefen still über unsere Wangen, uns brach beinahe das Herz vor Schmerz, vielleicht war es das letzte Mal, dass wir die Donau, die Brücken und die ganze wunderbare Stadt, in der wir geboren und aufgewachsen waren, sahen. Die Jüngeren begannen, das hebräische Lied „wir brechen auf, um eine neue Heimat zu suchen" zu singen. Sie mögen diese vielleicht finden, doch uns Ältere kann man nicht mehr so einfach verpflanzen. Der Zug raste mit uns nun bis nach *Mosonmagyaróvár*, das wir um 6 Uhr nachmittags erreichten. Man ordnete an, die Nacht hier zu verbringen, und wenn man wollte, konnte man im Freien schlafen. Der Zug stand auf einem Nebengleis, daneben eine kleine Wiese. Wir freuten uns darüber, dass wir diese heiße Julinacht nicht im Waggon verbringen mussten. Im Freien schmeckte auch das Abendessen besser (alle bekamen Brot und Klobasse).[9]

Wir versuchten, auf der holprigen Wiese eine ebene Stelle zu finden, um endlich ein wenig zu ruhen. Trotz des harten Bodens konnten wir auf unseren Decken tatsächlich ein paar Stunden schlafen. Die Nacht war außergewöhnlich kühl und nass, so dass die Decken in der Frühe patschnass waren, ebenfalls die Kleider, die aber in der kräftigen Vormittagssonne bald wieder trockneten. Meine Familie[10] machte sich Sorgen, dass ich

8 Im Original deutsch.
9 Die Klobasse ist eine Wurstsorte.
10 Frau György Bamberger reiste zusammen mit ihrem Ehemann und ihrer Tochter Lídia.

bald krank werden könnte, aber Gott sei Dank kam es nicht dazu. In dieser Nacht kam ein kleines Mädchen auf die Welt. Ohne Komplikationen erblickte das winzige Wesen die dunklen Wände unseres Waggons, mit Hilfe geschickter Ärzte, die mit uns reisten. Wir hoffen, dass ihm auch einmal Sonnenschein zuteilwird.
Statt einer Übernachtung blieben wir vier Tage, bis Donnerstag, dort. Wir begannen uns schon für einen längeren Aufenthalt einzurichten. Die erste Maßnahme war, „Latrinen" zu bauen (diese wurden in einer gewissen Entfernung aufgestellt und waren auch hygienischer). Wir wuschen unsere schmutzigen Kleider, natürlich in kaltem Wasser, und hängten sie auf Leinen in die Sonne. Am heißesten Tag bildeten wir an einer entlegenen Stelle einen Kreis (wie eine spanische Wand), um uns nackt waschen zu können, was ein tolles Gefühl war, da wir uns tagelang nicht hatten ausziehen können. Die Einwohner des Dorfes brachten uns, nachdem sie von unserer Ankunft erfahren hatten, verschiedene Lebensmittel zum Zaun und boten sie zu horrenden Preisen zum Kauf an. Uns war ohnehin alles gleichgültig, die Pengős hätten wir anderswo nicht ausgeben können, also kauften wir, was wir kriegen konnten. Gyuri gab zum Beispiel 100 P[engő] für 10 Kilogramm Kirschen aus, die wir mit einer Reihe von Kindern gemeinsam aßen. An allen vier Enden der Wiese passte ein deutscher Wachdienst auf uns auf, damit uns die ungarische Gendarmerie nicht belästigte. Auch Wasser durfte nur unter Aufsicht aus dem Dorf geholt werden. Ironie des Schicksals! Die Deutschen schützten uns vor der Grausamkeit der Ungarn. So verbrachten wir unsere Tage, bis wir am Donnerstag wieder reisebereit die Waggons bestiegen.

6. Juli
Wir wurden zurückgeleitet. Komárom, Galánta. Große Aufregung! Es kursierte das Gerücht, dass wir nicht nach Auspitz (bei Wien), sondern nach Auswitz[11] in Polen (wo man die Juden vergast) fahren würden. Wir waren unbeschreiblich erregt, denn das bedeutete, dass wir uns selber deportiert hatten. Unsere armen Kinder, die wir hatten retten wollen, würden wir jetzt in den Tod mitnehmen. Blass und mit zitternden Händen streichelten und beruhigten wir einander. Schließlich waren es ein paar Männer, darunter auch mein Gyuri, die dem Lokführer 200 P[engő] gaben und der ihnen dafür die schriftliche Anweisung zeigte, derzufolge unser Ziel Auspitz war. Daraufhin schöpften wir wieder Hoffnung, dass der liebe Gott mit uns ist und uns nicht verlässt. Um 12 Uhr nachts erreichten wir Galánta. Ein dunkler, ausgestorbener Bahnhof, auf dem nur ein paar Bahnangestellte und Gendarmen zu sehen waren. Es begann ein gewaltiges Hin und Her, weil sie nicht glauben konnten, dass der Zug nicht Richtung Zsolna (Auswitz) fahren sollte, obwohl leider in dieser Zeit jeder Judenzug dorthin geschickt wurde. Schließlich lange Telefonate mit Pest, und auf Intervention unseres deutschen Führers konnte unsere Reise in Richtung Zencz (Auspitz) fortgesetzt werden. Während dieser aufregenden Stunden standen wir mit meinem Gyuri am Fenster des Waggons und hörten, wie die betrunkenen Gendarmen in einem Deutsch mit einem gutem ungarischen Akzent zu den deutschen Soldaten sagten: „Kamerad, wollen Sie noch Juden, ich gebe ihnen 100-e Wagons."[12] Das Herz schlug uns bis zum Hals. Mit bebendem Herzen standen wir am Fenster mit meinem Gyuri, der sich mit den Bahnverbindungen auskannte und deshalb wusste, dass wenn

11 Richtig: Auschwitz.
12 Im Original deutsch.

der Zug nach Galánta nach rechts abbiegen würde, dies Auswitz, also den sicheren Tod bedeutete; setzte er die Fahrt aber nach links fort, würde es nach Auspitz gehen, wo wir noch auf Rettung hoffen konnten. Erst als wir nach links abbogen, beruhigten sich die Passagiere. Eine solche Nacht kann man nie wieder vergessen.[13]

DOK. 237
Edmund Veesenmayer informiert am 6. Juli 1944 Reichsaußenminister von Ribbentrop, dass Horthy die Deportationen hat stoppen lassen[1]

Telegramm (Nr. 299 - geheim - citissime m. Vorrang!), gez. Veesenmayer, Budapest, an den RAM vom 6.7.1944

Für Herrn Reichsaußenminister über Botschafter Ritter
Erfahre soeben durch telefonische Rückfrage bei Sztojay, daß Reichsverweser offensichtlich in Einvernehmen mit ungarischer Regierung Fortsetzung der Juden-Aktionen gestoppt hat. Sztojay hat mich für morgen zu sich gebeten, um mir genau Auskunft über Zusammenhänge zu erteilen, die zu diesem Schritt geführt haben. Hatte gestern Abend noch längere Aussprache mit Sztojay, in der ich ihm unter Bezugnahme auf Drahterlaß RAM 708/44 I[2] vom 3. Juli weisungsgemäß Mitteilung machte. Sztojay war hierüber sehr betroffen und bat mich nochmals, beim Herrn RAM dringend vorstellig zu werden und das Einverständnis der Reichsregierung für die verschiedenen ausländischen Angebote zu Gunsten der ungarischen Juden zu erwirken. Als Begründung führte er aus:

1. Die ungarische Regierung hätte festgestellt, daß in Rumänien keine besonderen Maßnahmen gegen die dortigen Juden erfolgten und auch seitens der Reichsregierung es geduldet würde, daß eine verhältnismäßig großzügige Behandlung des Juden-Problems stattfinde.[3]

2. Auch in der Slowakei gebe es noch Tausende von Juden, die mit Billigung der Reichsregierung unter dem Schutz von Tiso[4] ständen, insbesondere die christlichen Juden.[5]

3. Die durch den Feindrundfunk bekanntgewordene Tatsache der Ankunft der jüdisch-ungarischen Millionäre in Lissabon[6] habe in ganz Ungarn riesiges Aufsehen erregt und habe Zweifel wach werden lassen über eine gerechte und konsequente Durchführung

13 Der Transport erreichte einige Tage später das KZ Bergen-Belsen, wo die Deportierten als „Vorzugsjuden“ in gesonderten Baracken untergebracht wurden. Wenige Wochen bzw. Monate nach ihrer Ankunft in Bergen-Belsen wurden sie in zwei Transporten in die Schweiz gebracht.

1 PAAA, R 29795. Abdruck in: ADAP, Serie E, Bd. 8 (wie Dok. 174 vom 17.5.1944, Anm. 1), Dok. 101, S. 171–173.

2 Darin wies Ribbentrop Veesenmayer an, der ungar. Regierung mitzuteilen, dass es nicht „opportun ist, auf die verschiedenen ausländischen Angebote zugunsten der dortigen Juden einzugehen“; wie Anm. 1.

3 Zur Situation der Juden in Rumänien siehe VEJ 13.

4 Dr. Jozef Tiso (1887–1947), Priester, Politiker, Staatspräsident der Slowakei; im April 1947 zum Tode verurteilt und hingerichtet.

5 Zur Situation der Juden in der Slowakei siehe VEJ 13.

6 Gemeint ist die Ankunft der Familie Weiss-Chorin in Portugal; siehe Dok. 228 vom 30.6.1944.

der Judenfrage in Ungarn. Wenn schon solche Juden mit Hilfe der SS in das neutrale Ausland können, so habe der Reichsverweser und auch die ungarische Regierung das Recht dafür einzutreten, daß zur Abmilderung der Judenfrage in Ungarn den besonderen Wünschen der einzelnen neutralen Staaten Rechnung getragen würde. Gerade durch solche Gesten wolle man der allgemeinen Hetze gegen Ungarn die Spitze nehmen, um so mehr diese neutralen Staaten vielfach auf anderem Gebiet für Ungarn von Wichtigkeit seien.

4. Der Reichsverweser und die ungarische Regierung stünden derzeit unter einem Trommelfeuer von Telegrammen, Appellen und Drohungen wegen der Judenfrage. So habe der König von Schweden[7] wiederholt telegrafiert, desgleichen der Papst. Der päpstliche Nuntius[8] sei täglich mehrmals beim Reichsverweser und bei Sztojay. Ferner die türkische Regierung, die schweizerische Regierung, maßgebliche Männer aus Spanien, nicht zuletzt zahlreiche Persönlichkeiten im eigenen Land selbst.

5. Streng vertraulich las mir Sztojay ferner drei von ungarischer Abwehr entzifferte Geheimtelegramme des englischen[9] und des amerikanischen Gesandten[10] in Bern an ihre Regierungen vor. Dieselben enthalten eine detaillierte Darstellung, was mit den Juden, die aus Ungarn deportiert werden, geschieht.[11] Es wird darin erwähnt, daß dort bereits 1 ½ Millionen Juden vernichtet worden seien und derzeit laufend der größte Teil der abtransportierten Juden das gleiche Schicksal erleide. In denselben Telegrammen wird dann folgender Vorschlag gemacht:
Bombardierung und Vernichtung des Bestimmungsortes, wohin die Juden kommen, ferner Zerstörung der Bahnen, die Ungarn mit diesem Ort verbinden.[12] Ziel-Bombardierungen aller ungarischen und deutschen Dienststellen mit genauen, zutreffenden Straßen und Nummern-Angaben in Budapest, die in dieser Sache mitwirken, und zuletzt großaufgezogene Propaganda über die ganze Welt und die Darstellung des genauen Sachverhalts. In einem weiteren Telegramm sind 70 ungarische und deutsche Persönlichkeiten namentlich genannt, die Hauptverantwortliche darstellen.
Sztojay erklärte mir, daß ihn persönlich diese Drohung kaltlasse, da er im Falle unseres Sieges die Sache als uninteressant betrachte, im anderen Falle sowieso mit seinem Leben abgeschlossen habe. Trotzdem stand er sichtlich sehr stark unter dem Eindruck der Telegramme, von denen ich inzwischen hörte, daß sie auch im Ministerrat vorgetragen [wurden] und dort entsprechende Wirkung auslösten.
Ich nehme an, daß inzwischen heute Nacht auch der Reichsverweser hiervon Kenntnis erhalten hat und die soeben angeführten Punkte zusammen mit dieser Tatsache zu der eingangs erwähnten Entscheidung geführt haben. Dazu tragen ferner die Feindmeldungen über die Lage im Osten bei, die hier in allen uns befreundeten Lagern eine mehr oder weniger starke Depression ausgelöst haben. Die durch das Einsetzen von „V 1"[13] erzeugte bessere Stimmung ist durch die Meldungen aus dem Osten verschwunden und

7 Gustav V.
8 Angelo Rotta.
9 Sir Clifford John Norton (1891–1990), Diplomat; von 1921 an im Dienst des Foreign Office, 1937–1939 Diplomat in Warschau, 1942–1946 brit. Gesandter in Bern.
10 Leland B. Harrison.
11 Siehe auch Dok. 231 vom 1.7.1944.
12 Siehe Dok. 223 vom 24.6.1944.
13 Der von der NS-Propaganda als „Wunderwaffe" bezeichnete Marschflugkörper Fieseler Fi 103 (auch V1 oder Vergeltungswaffe 1) wurde erstmals im Juni 1944 gegen Ziele in London eingesetzt.

ins Gegenteil umgeschlagen. Man sieht hier in erster Linie nur nach der russischen Front. Gleichzeitig hat sich auch die innere Lage wieder zugespitzt. Die Auswirkungen der letzten, teilweise recht schweren Bombardierungen, die auch Wohnviertel betrafen, sind recht unangenehm, und man fürchtet in breiten Kreisen, daß nach Entfernung der Juden Budapest der Vernichtung preisgegeben ist. Eine geschickte Flüsterpropaganda sowie feindliche Flugblatt-Propaganda tun ein übriges hierzu. Daneben geht der Kampf der Parteien untereinander in verschärftem Maße weiter, worunter die praktische Arbeit auf allen Gebieten leidet. Den Vorteil daraus ziehen die links- und rechtsradikalen Kreise, vor allem Szalazi,[14] vor dem die Burg[15] und die Regierung in latenter Putschangst leben. Ein missglücktes Attentat gegen Staatssekretär Barcsy[16] hat in den bürgerlichen Kreisen zusätzlich große Unruhe geschaffen.[17] Barcsy ist an sich eine politisch harmlose Figur, hat, furchtlos, [wie er] selbst immer wieder betont, in seiner bisherigen Eigenschaft bereits 21 ungarischen Ministerpräsidenten treu gedient, wird aber von gewisser Seite als Spion und gefährliche Figur betrachtet. Auch Sztojay nimmt die Sache sehr ernst und deutete gestern an, daß die laufenden Untersuchungen höchst interessante merkwürdige Ergebnisse zeitigen.[18] Einer näherbringenden Rückfrage wich er aus. Ich werde sofort nach meinem morgigen Gespräch mit Sztojay berichten.[19]

DOK. 238

Magdolna Gergely notiert am 6. und 7. Juli 1944 Gerüchte über internationale Interventionen gegen die Deportationen und über einen Putschversuch[1]

Maschinenschriftl. Tagebuch von Magdolna Gergely, Einträge vom 6. und 7.7.1944

6. Juli

Am Vormittag kommt Szegvári[2] für einen Tag nach Hause, er trägt die Mütze der Zwangsarbeiter und wird von einem Soldaten begleitet. Dann Hegedüs,[3] mit einem Polizisten. Die alte Frau Szegvári[4] erscheint auch und bittet mich, ihr den französischen

14 Richtig: Szálasi.

15 In der Budaer Burg befand sich der Sitz des Reichsverwesers. Gemeint sind hier der Reichsverweser und sein innerer Kreis.

16 Richtig: Dr. István Bárczy von Bárciház (1882–1952), Jurist; von 1928 an administrativer StS in der Kanzlei des Ministerpräsidenten, 1921–1944 Protokollführer im Ministerrat und im Kronrat.

17 Am 28.6.1944 missglückte ein Attentatsversuch auf István Bárczy in Szentendre. Die drei Attentäter zerstritten sich, der Anführer der Gruppe wurde von seinen Begleitern angeschossen. Anschließend wurden die drei Männer verhaftet.

18 Hinter dem Anschlag vermutete die Polizei die Gestapo bzw. rechtsextreme Gruppen, denen enge Verbindungen mit dem Kreis um StS László Baky nachgesagt wurden.

19 Siehe Telegramm (Nr. 303) von Veesenmayer an das AA vom 8.7.1944 über sein Gespräch mit Sztójay; Abdruck als Faksimile in: Braham (Hrsg.), The Destruction of Hungarian Jewry (wie Dok. 76 vom 25.9.1942, Anm. 1), Dok. 191, S. 439 f.

1 Original in Privatbesitz von Mária Reichardt. Abdruck in: Anka naplója (wie Dok. 134 vom 4. bis 14.4.1944, Anm. 1), S. 72 f. Das Dokument wurde aus dem Ungarischen übersetzt.

2 Miklós Szegvári.

3 Dr. Hegedűs; ein befreundeter Kollege von Magdolna Gergely.

4 Borbála Szegvári.

Seidenstoff zurückzugeben, den sie mir damals mit der Aufforderung aufgezwungen hat, „lassen sie sich doch ein schönes Kleid nähen, liebe Frau Bodor“.[5] Ich habe natürlich keins nähen lassen, sondern gesagt, dass ich den Stoff für sie aufbewahren werde.[6] Jetzt hat sie im Getto „nichts anzuziehen“ (sie hat nur drei Koffer mit Kleidung mit, doch ich glaube, sie schafft es nicht, die Koffer auszupacken, und würde keines der Kleider bügeln können, sie ist so unordentlich und ungeschickt). Sz[egvári] überblickt die Situation nicht und erwartet von mir, mithilfe von Molnár Lebensmittel für seine Mutter [ins „Judenhaus“] zu schmuggeln. Das kommt nicht in Frage. Szegvári ist sonnenverbrannt, hat lange Haare und ist den „gnädigen Herrn“ entschieden losgeworden – aber nur äußerlich. Sie haben mich nicht enttäuscht; Hegedüs hat zumindest noch einen Rest von Haltung, er spricht den dummen Satz aus, „ein Herr ist auch in der Hölle ein Herr“, aber bei ihm stimmt es tatsächlich.

Feri[7] wartet beim Eingang auf mich. Er sammelt Geld von den Juden, bringt Lebensmittel in das Deportationslager in Monor.[8] Die Menschen sind dort unter freiem Himmel zusammengepfercht worden und sie hungern. Er beschäftige sich nunmehr nur noch mit der Rettung „würdiger“ Menschen. Sein ganzes Vermögen geht dabei drauf. Er kenne Arbeiter, die ihm ihren ganzen Wochenlohn gäben. Die Deutschen sind mit der [ungarischen] Regierung unzufrieden, weil sie von ihr nicht nur die Verdammung der Juden erwarteten, sondern auch die totale Mobilmachung. Der schwedische König habe angeblich ein Ultimatum an Ungarn gestellt.[9] Den Berichten zufolge seien etwa 100 000 Juden hingerichtet worden.

Wir verabschieden uns, beide bringen wir Briefe in eines der Sternhäuser.[10] Nach Hause. Am Nachmittag kommt Magda[11] unerwartet zu Besuch. Gegenseitig ins Wort fallend erzählen wir mit immer neuen Details die altbekannten Geschichten von den Schikanen, der aufrührerischen Stimmung, der schrecklichen Raubwirtschaft und dem nahenden katastrophalen Ende des Kriegs. Inzwischen kommt der Polizist Jani, um Margit[12] zu besuchen; er hat am Abtransport der Juden von Pestszenterzsébet teilgenommen.[13] Das Ganze ekle ihn an, er hasse die Gendarmen, sie seien „tollwütig“, er habe mit dem einen auch einen Krach gehabt und schließlich Brot für die Juden bezahlt, weil ihnen das Geld

5 Magdolna Gergely trug den Namen ihres ersten Ehemanns (Aladár Tóth) bis zur Scheidung 1935. Ihre zweite Ehe mit dem Anwalt György Bodor war kurz, doch behielt sie den Namen, obwohl sie 1944 schon die Hochzeit mit Dr. György Baross plante.

6 Siehe Dok. 215 von Mitte Juni 1944.

7 Ferenc Hetesi, Widerstandskämpfer und Sohn von István Hetesi, dessen Frau im Haushalt der Gergelys aushalf.

8 In Monor, etwa 40 km südöstlich von Budapest, wurden die ortsansässige jüdische Bevölkerung und Juden aus der Umgebung von Budapest zusammengefasst.

9 Am 30. Juni 1944 erging die Aufforderung des schwed. Königs Gustav V. an den ungar. Reichsverweser Miklós Horthy, die Deportationen einzustellen.

10 Häuser, in die die Juden von Budapest laut der Verordnung des Bürgermeisters vom 16.6.1944 einzuziehen hatten und die mit einem Stern gekennzeichnet wurden.

11 Untermieterin der innerstädtischen Wohnung der Gergelys, Inhaberin eines Modegeschäfts.

12 Margit Vince.

13 Die jüdische Bevölkerung von Pestszenterzsébet wurde von Mai bis Juni 1944 in ausgewählten Häusern konzentriert, die von der Polizei bewacht wurden. Am 1.7.1944 führte die Gendarmerie Hausdurchsuchungen durch und nahm den Juden den Großteil ihrer Habseligkeiten weg. Anschließend wurden die Juden im Sammellager von Monor zusammengefasst und von dort zwischen dem 6. und 8.7. nach Auschwitz deportiert.

und alles Mögliche abgenommen worden sei und sie sich nicht einmal den Reiseproviant leisten könnten.
Der Titel des Tagesberichts vom Kriegsschauplatz in der heutigen Magyarország war: „Es ist nicht wahr, dass die deutsche Ostfront vor dem Zusammenbruch steht!" Es ist das erste Mal, dass man das Wort „Zusammenbruch" benutzt. Jetzt folgen die Kriegsereignisse so schnell aufeinander, dass die Kriegslage, so wie sie mittags in der [Zeitung] Pest geschildert wird, meist schon wieder anders aussieht, sobald das Abendblatt der Magyarország erscheint. Der Führer habe eine kleine Rede vor den Vertretern der Kriegsindustrie gehalten: Die wichtigste technische und militärische Aufgabe sei nun, das Unmögliche möglich zu machen. Plötzlich hört man die Reden aus den Jahren 1938 und 1939 wieder, die er stundenlang aus dem Radio gebrüllt hat.

7. Juli
Wunderbare Hitze. *Alarm* von 9.30 bis 12.45 [Uhr]. Nichts passiert. Ich arbeite mit László und Tauber[14] im Keller. Mittagessen mit László im Savarin, zwei miese deutsche Kerle beobachten uns von gegenüber. Schwarzer Kaffee, dann gehen wir zu Gerlóczy.[15] Mit der 75er nach Hause.
Man erzählt überall, dass es gestern einen großen Putschversuch gegen die Regierung gegeben habe.[16] Tatsächlich sah man auffallend viele Gendarmen und Panzer in den Straßen, aber es fällt einem ja kaum mehr auf! Angeblich soll Baky „die Macht angestrebt" haben. Andere meinen, [bald] werde es eine neue Regierung geben, mit Imrédy als Ministerpräsident und Szálasi als Verteidigungsminister! Der Kampf der Pfeilkreuzler gegeneinander.

DOK. 239

Neue Zürcher Zeitung: Artikel vom 7. Juli 1944 über die Konzentration und Deportation der Juden aus Ungarn und den annektierten Gebieten in das Vernichtungslager Auschwitz[1]

Die Deportation der Juden aus Ungarn

Seit der *Besetzung* Ungarns durch die *deutsche Wehrmacht* und der Ernennung der Regierung *Sztojay*, die den Organen der deutschen S.S. und den antisemitischen Parteien im eigenen Lande freie Hand läßt, ist ein furchtbares Schicksal über die ungarischen Juden hereingebrochen. Zur Begründung der deutschen Intervention, die am 19. *März* einsetzte, wurde bekanntlich damals u. a. erklärt, Deutschland müsse es als eine Bedrohung der

14 Richárd Tauber, von 1940 an als Mitglied der Direktion der Englisch-Ungarischen Zwirnfabrik tätig.
15 Befreundeter Kollege von Magdolna Gergely.
16 Am 6.7.1944 wurden 1500 Gendarmen in Budapest zusammengezogen. Ob es sich dabei – wie Reichsverweser Horthy betonte – um einen Putschversuch oder um eine Vorbereitungsmaßnahme zur Deportation der Budapester Juden handelte, ist ungeklärt.

1 Neue Zürcher Zeitung, Abendausgabe vom 7.7.1944, S. 1. Die Schweizer Tageszeitung Neue Zürcher Zeitung wurde 1780 gegründet.

Ostfront und seiner Position auf dem Balkan betrachten, daß sich in Ungarn eine Million Juden in voller Freiheit bewegen könnten.[2] Als unbefangener Beobachter konnte man diese Gefahr kaum so hoch einschätzen, um so weniger als man im Laufe des letzten Winters den nicht unbegründeten Eindruck erhielt, daß neben einflußreichen ungarischen Wirtschaftskreisen besonders auch maßgebende Juden aus leicht verständlichen Erwägungen zu einer vorsichtigen Politik und vielfachen Zugeständnissen gegenüber Deutschland bereit waren, um Berlin keinen Anlaß zu gewaltsamem Einschreiten und zu vollkommener innenpolitischer Gleichschaltung Ungarns zu liefern. Diesem Versuch konnte freilich höchstens aufschiebende Wirkung beschieden sein. In den dreieinhalb Monaten, die seit dem deutschen Einmarsch und dem inneren Umschwung vergangen sind, hat sich aber die ganze politische und menschliche Tragödie, die sich im Dritten Reich und in den von ihm besetzten und beherrschten Ländern in einem über Jahre sich hinziehenden Prozeß stufenweise vollzog, für die ungarischen Juden mit um so reißenderer Schnelligkeit abgespielt. Die Entrechtung, die Vernichtung der wirtschaftlichen Existenz und das Versinken in einem durch die antisemitischen Maßnahmen bewußt herbeigeführten Zustand der Illegalität waren nach dem 19. März als unabwendbar wohl vorauszusehen; aber mit dem wirtschaftlichen und sozialen Schiffbruch setzte gleichzeitig auch schon die *Deportation* ein. Die Berichte, die darüber vorliegen, haben durch autoritative Stimmen wie die des Königs von Schweden[3] und des Ökumenischen Ausschusses für Flüchtlingshilfe[4] so großes Gewicht erhalten, daß an dem ungeheuerlichen Umfang der Deportationen und an ihrer unmenschlichen Härte ein Zweifel nicht mehr möglich ist. Man hat mit der Tatsache zu rechnen, daß gegen 300 000 Juden – ungefähr ein Drittel der jüdischen Bevölkerung Ungarns – nach den Gebieten abtransportiert worden sind, in denen seit dem Krieg schon eine fast unübersch[au]bare Masse ihrer Glaubens- und Rassengenossen aus Deutschland und anderen mittel- und westeuropäischen Ländern verschollen und spurlos untergegangen ist.

Auf Grund der Nachrichten, die aus einer Reihe von ungarischen Städten vorliegen, ergibt sich das in allen Fällen übereinstimmende Bild, daß die von der Regierung Sztojay und ihren Organen verfügten und offiziell bekanntgegebenen Maßnahmen gegen die Juden – Vermögensanmeldung, Ausschaltung aus bestimmten Berufen und Erwerbszweigen unter Ansetzung bestimmter Fristen, Schließung der Geschäfte und Betriebe, Einweisung in Ghettos usw. – eigentlich nur eine Art von Wandschirm darstellen, der die wirtschaftliche Tragödie verbirgt. Die erbarmungslose Wirklichkeit ist die Einrichtung der *Ghettos* und Konzentrationslager, in denen die Juden einzelner Städte und ganzer Gegenden gesammelt und zu Tausenden eingepfercht werden. Jede Möglichkeit von geregeltem Verfahren oder des Genusses von Rechtswohltaten, welche die Gesetze, Verordnungen und Verfügungen offenzulassen scheinen, geht den Menschen verloren, die in der von der Gemeinschaft abgesonderten Masse der Ghettos untergegangen sind. Selbst die Einrichtung der Ghettos erweckt aber eine falsche Vorstellung, da sie glauben machen könnte, daß damit beabsichtigt sei, der jüdischen Bevölkerung eine von den

2 Siehe Einleitung, S. 49 f., und Dok. 237 vom 6.7.1944.

3 Gustav V.

4 Das Comité œcuménique pour les Réfugiés war eine Organisation des Ökumenischen Rats der Kirchen in Genf und wurde 1941 gegründet.

Magyaren, Deutschen und anderen Nationalitäten des Staates zwar streng geschiedene, auf engsten Raum beschränkte und armselige, aber doch dauernde und gesicherte Wohnstätte zuzuweisen. In Wirklichkeit ist das Ghetto jedoch nur eine *Durchgangsstation*, der Sammelplatz, von dem aus die Juden so rasch als möglich außer Landes deportiert werden. Der mit härtesten Entbehrungen und Leiden verbundene Transport bedeutet für viele schon den Tod, und für die anderen wartet am Ende der qualvollen Fahrt mit fast unentrinnbarer Sicherheit der physische Untergang.

Die Konzentrierung der Juden, von der vorläufig nur die jüdische Bevölkerung von Budapest ausgenommen blieb, begann in den ungarischen Provinzstädten und in den Dörfern am 16. April. Ein Beispiel für das Verfahren bietet *Nyiregyhaza*, wo die 4100 Personen zählende jüdische Bevölkerung dieser Stadt und die aus 46 Gemeinden der Umgebung ausgesiedelten Juden in einem Ghetto konzentriert sind.[5] In 123 Häusern mit einer Grundfläche von 9665 Quadratmetern wurden 10 759 Menschen zusammengepfercht, so daß also eine Person nicht einmal einen Quadratmeter zur Verfügung hatte. Die in das Ghetto eingewiesenen Juden sollten Lebensmittel für vierzehn Tage mitbringen und durften auch Wäsche, Unterkleider usw. in einem Paket von höchstens 50 Kilogramm Gewicht bei sich haben. Häufig wurden sie aber so plötzlich und überstürzt zum Verlassen ihrer Heime gezwungen, daß sie von dieser Erlaubnis keinen Gebrauch machen konnten. Vom 1. Mai an verschlechterten sich die Ernährungsverhältnisse, und im Lauf der folgenden Tage wurden die Insassen des Ghettos gruppenweise aus den Häusern ausquartiert und nach weit primitiveren und ungesunderen Unterkunftsräumen übergeführt. Am 15. Mai, also knapp vier Wochen nach dem Beginn der „Konzentrierung" der Juden, wurde in Nyiregyhaza das erste Kontingent zur Deportation verladen: 3200 Menschen aller Altersstufen, ihrer siebzig in einem Waggon, worauf der Transport mit unbekanntem Ziel abfuhr. Bis zum 22. Mai waren aus Nyiregyhaza 9600 Juden abtransportiert; es blieben nur noch 760 Personen in einem Lager in der Umgebung und einige Mitglieder des Judenrates in der Stadt selbst zurück. In *Munkacs* und in *Nagyvarad*, von wo ebenfalls genaue Angaben vorliegen, spielte sich der Vorgang in ganz ähnlicher Weise und fast auf den Tag zur gleichen Zeit ab. Überall war die Einweisung der Juden in die Ghettos nur der Auftakt zu ihrer Deportation. Mit dieser Methode wurde das Ziel der vollständigen „Entjudung" bis zum 10. Juni in 36 Städten erreicht, aus denen nach den uns vorliegenden Berichten insgesamt 335 000 Menschen deportiert wurden.

Neunzig Prozent der aus Ungarn deportierten Juden sollen nach dem Lager *Auschwitz* in Oberschlesien geschafft worden sein. Auschwitz, das als „Vernichtungslager" bezeichnet wird, scheint eines der in großem Maßstab angelegten Internierungslager zu sein, über die schon aus Polen Nachrichten und Schilderungen in die Welt drangen – Lager, die unter der Leitung und Aufsicht von Organen der S.S. stehen und deren Insassen gruppenweise und in stetigem Rhythmus dem Vergasungstod überliefert und darauf in den mit der Anlage verbundenen Krematorien eingeäschert werden. Die autoritativen, über jeden Verdacht der Unbesonnenheit oder Leichtfertigkeit erhabenen Stimmen, die sich gegen dieses entsetzliche Verbrechen erhoben und die Gebote des Christentums und der einfachen Menschlichkeit dagegen angerufen haben, erhärten leider die Nachrichten über das „Vernichtungslager" von Auschwitz zur Gewißheit. Um so

5 Die folgenden Ausführungen basieren auf einem Bericht des Budapester Judenrats, der in die Schweiz geschmuggelt wurde; siehe Dok. 224 vom 25.6.1944.

dringender ist zu hoffen, daß der Appell, der von überall her an die Treuhänder des Namens und der Zukunft Ungarns gerichtet wird, Gehör findet und daß der weiteren Deportation der noch in Ungarn lebenden Juden Einhalt geboten wird.[6]

DOK. 240

Der Verband der Juden in Ungarn bittet am 8. Juli 1944 Reichsverweser Horthy, sich für die Rettung der Juden in der Umgebung von Budapest einzusetzen[1]

Schreiben des Provisorischen Exekutivausschusses des Verbands der Juden in Ungarn, Budapest, Unterschrift unleserlich, an das Büro des Kabinetts des Reichsverwesers in Budapest vom 8.7.1944

Mit tiefer Verehrung wenden wir uns an das hochlöbliche Büro des Kabinetts Seiner Durchlaucht des Reichsverwesers mit der Bitte, unser ehrfurchtsvolles Flehen im Interesse der Rettung von zwanzigtausend ungarischen Staatsbürgern, die als Juden gelten und vor der Einwaggonierung zwecks Deportation stehen, an Seine Durchlaucht den Reichsverweser weiterzuleiten.

Nachdem in den Monaten Mai und Juni etwa eine halbe Million als Juden geltende ungarische Staatsbürger aus den unterschiedlichen Gettos der Provinzstädte und -siedlungen des Landes an unbekannte Orte über die Landesgrenze transportiert worden waren, begann am 1. Juli der Abtransport der Juden aus den Gemeinden um Budapest (Újpest, Rákospalota, Kispest, Pesterzsébet, Csepel usw.). Die Gettos dieser Gemeinden wurden von Gendarmen besetzt. Zwei Tage lang durfte niemand seine Wohnung verlassen, und weder Greisen oder Kranken wurde Gnade gewährt, noch konnten Säuglinge aus dieser tragischen Situation gerettet werden.

Am 2. und am 3. Juli blieb kein Jude in den Gemeinden um Pest mehr übrig. Sie wurden zum Teil in einem Konzentrationslager zwischen Budakalász und Békásmegyer untergebracht, wo es lediglich eine Ziegelfabrik gibt, in der höchstens 3000 Personen unterkommen können. Hier [in der Fabrik] und auf dem Gelände rundherum wurden etwa 23 000 Menschen zusammengepfercht, die, hungrig und durstig, ganz ausgemergelt auf ihre Deportation warten mussten. Ein ähnliches Konzentrationslager bestand auch in Monor, wo die aus den Gemeinden um Pest und von anderswo eingelieferten Juden ebenfalls unter unhaltbaren Bedingungen zusammengepfercht wurden.

Wir erlauben uns, die schreckliche Lage, in der die aus den Gemeinden um Pest eingelieferten Juden ausharren mussten, detailliert darzulegen. Mehrere Zehntausend unglückliche Menschen – Frauen, Männer sowie Alte, Jugendliche, Kranke, Kinder und Säuglinge – wurden aus ihren friedlichen, bescheidenen Heimen ins Lager bei Budakalász gebracht. Alle sind schon verwahrlost. In sechs Tagen bekamen sie nur einmal Brot und kein einziges Mal eine warme Speise. Ihre eigentliche Nahrung bestand aus zwei dl Lindenblütentee am Tag; in der gesamten Anlage gab es Kotgruben für nur hundert Menschen, so dass nicht einmal nach 24 Stunden jeder drankommen konnte. In vielen Fällen mussten sie ihre Notdurft in ihren Kleidern verrichten. Es gab zahlreiche Kranke unter

6 Reichsverweser Horthy verfügte am 6.7.1944 den Stopp der großangelegten Deportationsmaßnahmen; siehe Einleitung, S. 70–72, und Dok. 237 vom 6.7.1944.

1 MZSML, D 10/1. Das Dokument wurde aus dem Ungarischen übersetzt.

ihnen, viele sind bald gestorben, viele haben Selbstmord begangen. Die Kranken, die Sterbenden, die Säuglinge litten nicht nur, da sie ohne jegliche Medikamente und Säuglingsnahrung waren, sondern auch ohne elementarste Verpflegung und Nahrung.
Aus der Hauptstadt Budapest selbst wurden ebenfalls mehrere Tausend Juden, darunter zahlreiche Halbwüchsige, in das Lager von Budakalász eingeliefert. Darunter waren solche, die ohne besonderen Grund auf den Straßen der Hauptstadt von den Gendarmen verhaftet worden waren, die also nur mit dem, was sie am Leib trugen, ins Lager kamen. Etwa 3000 solcher unglücklichen Juden aus der Hauptstadt wurden im Garten der Ludovika[2] festgehalten, wo sie ein bis zwei Tage ganz ohne Nahrung ausharren mussten, bevor sie nach Budakalász abtransportiert wurden. Verzweifelte Eltern klagten, ihr Kind, das nur kurz auf die Straße ging, um einzukaufen, sei festgenommen und nie wieder freigelassen worden.
Auch folgende Fälle kamen vor:
Am 2. Juli wurden nach einem Begräbnis auf dem großen jüdischen Friedhof von Rákoskeresztúr in Budapest alle Mitglieder einer trauernden Familie, die einen [gelben] Stern trugen, von Gendarmen festgenommen und an einen unbekannten Ort gebracht. Bei dieser Gelegenheit wurde das ganze [Friedhofs-]Personal, einschließlich der Leitung, die das jüdische Begräbnis begleiteten, ebenfalls verhaftet. Jetzt ist es unmöglich, ein jüdisches Begräbnis abzuhalten, weil die auf dem Friedhof noch verbliebenen beiden Totengräber die Arbeit nicht bewältigen können. Dabei gibt es wegen der täglich steigenden Zahl der Selbstmorde sehr viele nicht begrabene Leichen, die beigesetzt werden müssen. Es können auch keine Arbeiter beauftragt werden, da sie ihre Festnahme befürchten.
Am 3. Juli beorderte das Meldebüro des VII. Bezirks der Hauptstadt 40 bis 45 Kinder, allesamt 14 bis 15 Jahre alt, zu Verteidigungsarbeiten nach Tétény. Von hier wurde am 4. d. M. gemeldet, dass diese unglücklichen Kinder, trotz ihrer Einberufung von offizieller Seite, von Gendarmen festgenommen bzw. auf ein Schiff geladen und ins Lager von Budakalász eingeliefert wurden.
Aus zahlreichen Orten wurde gemeldet, dass Polizisten, insbesondere Gendarmen, die von Behörden ausgestellten Dokumente nicht akzeptieren, sie in vielen Fällen zerreißen und die betreffende Person abführen. Auch muss leider gemeldet werden, dass nach der Räumung der Gettos in der Umgebung [von Pest] einzelne Gendarmerieeinheiten in der Peripherie der Hauptstadt, insbesondere an den Außengrenzen des IX., XI. und XIII. Bezirks, Häuser besetzten und deren Bewohner ebenfalls abführten.
Wir haben uns sehr bemüht, den armen jüdischen ungarischen Staatsbürgern, die im Lager von Budakalász zusammengepfercht waren, zumindest etwas Nahrung zukommen zu lassen. Durch das Entgegenkommen des hiesigen Gendarmeriekommandos wurde uns dies auch ermöglicht. Doch Zehntausende der Unglücklichen waren schon so sehr mitgenommen, dass sie keinen Bissen mehr herunterwürgen konnten, und ohne jegliche Möglichkeit, sich zu waschen, sich im Staub wälzen mussten.
Am 7. Juli begann man damit, die Unglücklichen im Lager zwischen Budakalász und Békásmegyer in Eisenbahnwaggons zu zwingen. Am 7. Juli wurden mehr als 3000 Menschen in Waggons verfrachtet, Jugendliche, Alte, Kranke, Frauen, Kinder, Säuglinge willkürlich ausgewählt, jeweils 70 bis 80 Menschen kamen in einen Waggon.

2 Ludovika-Akademie, ungar. Militärakademie.

Die deutsche Sicherheitspolizei orderte für 1300 Einwaggonierte Nahrung, aber auch für Tausende weitere wurden zusätzliche Lebensmittellieferungen bestellt. Wir wurden darüber informiert, dass bis zum Abend des 8. Juli das Lager von Budakalász geräumt werde und die dort eingepferchten 20 000 Menschen abtransportiert werden.
Von tiefster Sorge um das Schicksal der Juden aus der Hauptstadt Budapest erfüllt, denen, wie zu befürchten ist, die gleiche Gefahr droht, flehen wir inständig [um Hilfe], doch vor allem für unsere Geschwister, die dem Abtransport aus dem Lager von Budakalász entgegensehen.
Wir bitten ergebenst, dass Seine Durchlaucht der Reichsverweser in seiner von den Idealen der Menschlichkeit geleiteten Gnade die bereits auf dem Wege befindlichen oder abgefertigten Waggons, in denen mehr als 20 000 Menschen in die Vernichtung geschickt werden, stoppen möge. Wir bitten ergebenst um das gnädige Einwirken Seiner Durchlaucht des Reichsverwesers, damit diesen Unglücklichen die Rückkehr in ihre friedlichen Häuser gestattet wird oder sie zumindest in den Arbeitslagern des Landes konzentriert werden, wo sie unter den elementarsten sanitären Bedingungen eine für das Land nützliche Arbeit verrichten könnten.
Wenn schon Hunderttausende ungarische Juden aus der Provinz abtransportiert wurden, so sollten zumindest die Hauptstadt und ihre Umgebung von der schrecklichen Katastrophe der Deportation verschont bleiben, denn es kann nicht sein, dass so viele Hunderttausend ungarische Staatsbürger ohne Verhör und ohne gerichtlichen Beschluss zur Deportation verurteilt werden, dieser schrecklichsten, der ungarischen Rechtsordnung unbekannten Strafe. Und jeder wahrhaftige Mensch, welcher Glaubensgemeinschaft er auch angehört, muss aufschreien, wenn unschuldige Kinder und Säuglinge in den Armen ihrer Mütter in die Vernichtung geschickt werden, wenn hilflose Kranke, Alte und Schwangere ohne Nahrung und ausreichende Kleidung, in stickigen Viehwaggons zusammengepfercht, die verhängnisvolle Reise antreten müssen, von der es kaum eine Rückkehr gibt. Die Kinder von mehreren Tausend jüdischen Menschen, die sich im Ersten Weltkrieg ehrenvoll bewährt haben, werden ebenso verschleppt wie die Frauen, Kinder und Eltern jener zehntausend Arbeitsdienstler, die im jetzigen Krieg oder im Hinterland militärische Hilfsdienste leisten. Nicht einmal die Personen, die aufgrund ihrer militärischen oder patriotischen Taten [von den antijüdischen Bestimmungen] ausgenommen waren, konnten der Deportation entkommen.
Wir bitten ergebenst um die gnädige Intervention Seiner Durchlaucht des Reichsverwesers zugunsten der Rettung von Zehntausenden, denen die Deportation bevorsteht, und um die endgültige Einstellung der Deportationen.
Wir formulieren diese ergebene Bitte im Namen der Menschlichkeit, der christlichen Nächstenliebe und Wahrheit, die selbst in diesen fürchterlichen, blutigen Zeiten noch heilig sein sollten.
In ergebener Ehrfurcht gegenüber Seiner Durchlaucht des Reichsverwesers verbleiben wir mit tiefer Verehrung
Ihr
Provisorischer Exekutivausschuss des Verbands der Juden in Ungarn[3]

3 Das Sammellager in Budakalász wurde zwischen dem 6. und 8.7.1944 aufgelöst. Seine 16 000 bis 18 000 Insassen wurden nach Auschwitz deportiert. Horthy ließ am 6. Juli die Deportationen einstellen. Doch fuhren auch in den darauffolgenden Wochen vereinzelte Transporte nach Auschwitz ab.

DOK. 241
Edmund Veesenmayer berichtet am 9. Juli 1944, dass Innenminister Jaross die Deportation der Juden in der Umgebung von Budapest gegen die Weisung Horthys abgeschlossen hat[1]

Telegramm (Nr. 308 – geheim) von Veesenmayer, Budapest, an den Herrn Reichsaußenminister[2] über Botschafter Ritter (Eing. 9.7.1944, 16.20 Uhr) vom 9.7.1944, 13.05 Uhr[3]

Soeben besuchte mich Innenminister Jaross und teilte mit, daß er von deutschen und ungarischen Grenzstationen, speziell Hegyeshalom, Nachricht erhalten habe, daß auf deutscher Seite SS-Verbände im Anmarsch wären, vermutlich um nach Ungarn eingeschleust zu werden. Er brachte das in Zusammenhang mit der mir bereits durch Sztojay[4] – laut Drahtbericht 303[5] – geäußerten Vermutung, daß mit Hilfe dieser SS-Männer die Judenaktion in Budapest in rein deutscher Regie fortgeführt werden soll.[6] Ich habe Jaross beruhigt, ihm mitgeteilt, daß mir von einer beabsichtigten Heranziehung von SS-Verbänden nichts bekannt ist und daß wir nach wie vor den Grundsatz vertreten, daß die weitere Entjudung Budapests durch die Ungarn selbst durchgeführt werden müsse. Bei dieser Gelegenheit berichtete mir Jaross, daß er gegen Weisung des Reichsverwesers die Judenaktion in Zone V und die Vorstadtaktion – Budapest habe ablaufen lassen.[7] Dieses ist auch tatsächlich praktisch gestern abend reibungslos beendigt worden. Diesbezüglicher Drahtbericht folgt.[8] In den nächsten Tagen soll die Aussonderung der christlichen Juden zu Ende geführt werden. Jaross schätzt auf eine Zahl von 15–20000. Alsdann ist er gewillt, auch gegen des Reichsverwesers [Weisung] auf kaltem Wege die weitere Entjudung Budapests durchzuführen.[9]
Zur Vermeidung größerer Schwierigkeiten denkt er daran, sie zunächst in einigen Lagern – vermutlich in der bisherigen Zone V – zu konzentrieren und sie dann fallweise, wenn jeweils 30–40000 Juden beisammen sind, zum Abtransport nach dem Reich freizugeben. Wenn dieses Verfahren auch bedeutend mehr Umstände macht und erheblich mehr Bestände in Anspruch nimmt, so ist damit doch grundsätzlich die Fortführung der Aktion zugesichert, und ich werde Jaross mit allen Mitteln unterstützen,

1 PAAA, R 100893, Bl. 23 f. Abdruck als Faksimile in: Braham (Hrsg.), The Destruction of Hungarian Jewry (wie Dok. 76 vom 25.9.1942, Anm. 1), Dok. 192, S. 441 f.
2 Joachim von Ribbentrop.
3 Im Original handschriftl. Vermerke und Verteilerliste.
4 Richtig: Sztójay.
5 Telegramm von Veesenmayer an das AA vom 8.7.1944; Abdruck als Faksimile wie Anm. 1, Dok. 191, S. 439 f. Sztójay sprach in diesem Zusammenhang von 1000 SS-Männern aus Wien.
6 Von Seiten deutscher und ungar. Stellen wurden mehrere Versuche unternommen, Horthys Weisung vom 6.7.1944 zum Stopp der Massendeportationen zu umgehen; siehe Dok. 259 vom 5.8.1944 und Dok. 263 vom 21.8.1944.
7 Zone V umfasste die in den Gendarmeriebezirken III (Szombathely) und IV (Pécs) lebenden Juden und damit die südwestlichen Gebiete Ungarns. Der Großteil der in den Vorstädten von Budapest wohnhaften Juden (u. a. Budafok, Csepel, Kispest, Szentendre und Újpest) wurde zwischen dem 7. und 9.7.1944 deportiert; siehe auch Dok. 241 vom 9.7.1944.
8 Telegramm von Veesenmayer an das AA vom 11.7.1944; Abdruck als Faksimile wie Anm. 1, Dok. 193, S. 443.
9 So im Original.

damit er seine Pläne beschleunigt und möglichst reibungslos realisieren kann. Zu diesem Zwecke schlage ich vor, Gesandtschaftsrat Grell, der seit 6 Wochen die Judenfragen an der Gesandtschaft sehr gut bearbeitet, in engeren Kontakt mit Innenminister Jaross zu bringen, was nicht ausschließen soll, daß er selbstverständlich wie bisher mit der Dienststelle Eichmann vertrauensvoll zusammenarbeitet. Ich bemerke anschließend, daß nach meiner genauen Kenntnis der Lage auch weiterhin keinerlei Anlaß zu irgendwelcher Besorgnis gegeben ist. Im Ablauf dieser Woche hat sich die deutsche Gesandtschaft auch in den nervösesten Tagen als ruhiger Pol erwiesen. Dies hat insbesondere seine Wirkung auf die Ungarn nicht verfehlt. Ich halte auch weiterhin jegliche zusätzliche Sicherungsmaßnahme für überflüssig, ja sogar für verfehlt, da sie nur als Zeichen der Schwäche ausgelegt wird. Die Gesandtschaft hat alle politischen Drähte fest in der Hand und damit die Möglichkeit, auf rein politischem Wege allen Eventualitäten wirksam zu begegnen.
Der Führer braucht daher keine Verbände nach Ungarn dirigieren, die heute woanders viel zweckdienlicher sein dürften, selbst wenn von militärischer oder polizeilicher Seite solche Vorschläge gemacht werden sollten.

DOK. 242
Oberstleutnant der Gendarmerie László Ferenczy resümiert am 9. Juli 1944, dass 434 351 Personen jüdischer Herkunft aus Ungarn deportiert wurden[1]

Bericht Nr. 2 der Säuberungsaktion VI, gez. László Ferenczy, Budapest, an den kgl. ungar. Innenminister[2] vom 9.7.1944

Bezüglich des Abtransports von Juden, die in Städten und Gemeinden im Umkreis von Budapest sowie des I. Gendarmeriebezirks in zwei Sammellagern versammelt worden sind,[3] darf ich wie folgt meinen letzten Bericht erstatten:
1) Der Abtransport der aus den erwähnten Gebieten zusammengefassten Juden begann am 6. Juli und kam bereits am 8. Juli zum Abschluss. In insgesamt 8 Zügen wurden 24 128 Personen jüdischer Rasse abtransportiert.
2) Seit dem Beginn der Aussiedlungstransporte, [d. h.] seit dem 14. Mai 1944 bis heute, verließen 434 351 Personen jüdischer Rasse in insgesamt 147 Zügen das Land.
3) Mit Ausnahme der Hauptstadt Budapest ist das Judentum bereits aus dem gesamten Landesgebiet ausgesiedelt. Derzeit halten sich nur [noch] Honvéd-Arbeitsdienstler, das Budapester Judentum bzw. Personen im Land auf, die in kriegswichtigen Betrieben angestellt, untergetaucht oder konvertiert sind bzw. die in Mischehen leben.
4) In Zusammenhang mit der Sammlung [der Juden] und den Transporten in den erwähnten Gebieten sind hier keinerlei Berichte über Missbrauch, Misshandlung oder Ausschreitungen seitens der ungarischen Sicherheitsorgane eingegangen.

1 ÁBTL, 4.1.-A-643/3. Abdruck in: Molnár (Hrsg.), Csendőrtiszt a Markóban (wie Dok. 168 vom 12.5.1944, Anm. 1), S. 317. Das Dokument wurde aus dem Ungarischen übersetzt.
2 Andor Jaross.
3 Siehe Dok. 241 vom 9.7.1944.

Jeweils ein Exemplar dieses Berichts wird dem Kommissar der Gendarmerie, den Herren Staatssekretären Vitéz László Endre und László Baky, dem Leiter der Abteilung VII im Innenministerium[4] und dem zentralen Ermittlungskommando der Gendarmerie zugestellt.

DOK. 243
The New York Times: Artikel vom 10. Juli 1944 über den Protest von 2000 US-Amerikanern ungarischer Abstammung gegen die Ermordung der Juden aus Ungarn[1]

Massaker an Juden in Ungarn verurteilt
2000 Menschen nehmen an Gottesdiensten in den Kirchen der Bronx und in Manhattan teil, um ihren Protest auszudrücken

Aus Protest gegen die Verfolgung der Juden in Ungarn hielten Amerikaner ungarischer Abstammung gestern Gedenkgottesdienste ab. Um fünf Uhr nachmittags versammelten sich 2000 Menschen in der Bronx im Castle Hill Garden Park. Die Zeremonie wurde vom New Light Temple, Yorkville, und der Amerikanisch-Ungarischen Vereinigung in Washington organisiert. Die Erste Ungarische Reformierte Kirche von New York hatte um elf Uhr morgens einen Gottesdienst abgehalten.

Den Mitgliedern der christlichen Gemeinde wurden in der Kirche in der östlichen 69. Straße, Nr. 344, Armbinden mit dem gelben Davidstern ausgehändigt, die als symbolischer Ausdruck des Mitgefühls mit den verfolgten Juden vierundzwanzig Stunden lang getragen werden sollten. Zusätzliches Gewicht gewann das Ereignis durch die Rede von Außenminister Anthony Eden[2] im Unterhaus,[3] der am Donnerstag mitgeteilt hatte, dass es trotz wiederholter Warnungen der Vereinten Nationen zu umfangreichen Deportationen und Ermordungen von ungarischen Juden gekommen sei. Der Gottesdienst war von Hochwürden Geza Takaro[4] vor Bekanntwerden dieser Nachricht geplant worden.

„Das Massaker der Nazis an den Juden in Ungarn ist ein Frevel gegen die gesamte Menschheit“, erklärte Gouverneur Dewey[5] in einem Telegramm an die Kirche. „Jeder Amerikaner, ganz gleich ob Christ oder Jude, ist angesichts dieser Barbarei von tiefstem Abscheu erfüllt. Bei diesem besonderen Gottesdienst, der der Fürbitte für die Juden Ungarns gewidmet ist, sind Stimme und Herz Amerikas bei euch. Ihr sprecht in unser aller

4 Abt. für öffentliche Sicherheit.

1 The New York Times, Nr. 31 579 vom 10.7.1944, S. 9: Massacre of Jews in Hungary Scored. Special Services of Protest Held by 2,000 in Bronx and in Manhattan Church. Das Dokument wurde aus dem Englischen übersetzt.

2 Anthony Eden (1897–1977), Orientalist, Politiker; von 1923 an Mitglied des brit. Unterhauses, von 1931 an StS mit spezifischer Verantwortung für Belange des Völkerbunds, von 1934 an Minister für den Völkerbund, 1935–1938 Außenminister, 1939 Minister für die Dominions, 1940 Kriegsminister, 1940–1945 und 1951–1955 Außenminister, 1955–1957 Premierminister.

3 Siehe Rede von Eden vor dem brit. Unterhaus vom 5.7.1944.

4 Richtig: Géza Takaró (1881–1974), Pfarrer, Arzt; Reformierter Pfarrer in Kőbánya, 1922 Emigration in die USA, Pfarrer in New York City.

5 Thomas Edmund Dewey (1902–1971), Jurist; 1943–1954 Gouverneur des Bundesstaats New York, 1944 und 1948 Präsidentschaftskandidat der Republikanischen Partei.

Namen, wenn ihr die Bevölkerung Ungarns über Radio auffordert, diesen Verbrechen mit allen Mitteln Einhalt zu gebieten. Ihr sprecht für uns alle, wenn Ihr die Nazis wissen lasst, dass sie für die Konsequenzen ihrer Unmenschlichkeit teuer bezahlen werden."

Botschaft des Bürgermeisters

Bürgermeister LaGuardia[6] unterstrich in seiner Botschaft, „dass die von den Nazis in Ungarn praktizierte Brutalität alle anständigen Menschen in der gesamten Welt empört". Zusätzlich gab er seiner Hoffnung Ausdruck, dass „die Ungarn eine aktive Rolle bei der Befreiung ihres Heimatlandes von diesen Bestien leisten werden".

Senator Robert F. Wagner[7] schrieb: „Die Bevölkerung der Vereinigten Staaten und alle freiheitsliebenden Menschen sind entsetzt darüber, dass sich die gegenwärtige Marionettenregierung Ungarns dem ruchlosen Entschluss der Nazis, Hundertausende unschuldiger Männer, Frauen und Kinder zu beseitigen, angeschlossen hat. Es ist von besonderer Bedeutung, dass eure Gemeinde, Amerikaner ungarischer Abstammung, der gesamten Welt demonstriert, dass dieses gottlose Vorhaben Verrat am wahren ungarischen Geist ist."

Herr Takaro führte aus, dass „wir zeigen wollen, dass die christlichen Söhne und Töchter Ungarns, die ihre Meinungen und Gefühle in einem freien Land frei äußern können, die Verfolgung der Juden verabscheuen".

Louis Toth, der Vorsitzende des Kuratoriums der Kirche, erklärte, dass „wir zutiefst schockiert und bestürzt sind, dass es im Land unserer Geburt Menschen gibt, die sich als Komplizen von Hitlers Mörderbanden hergeben". Er forderte darüber hinaus „die Bestrafung der gemeinen, gewöhnlichen Mörder, die jetzt den guten Namen des ungarischen Volkes besudeln".

Erneute Radiosendung des OWI

Die kirchliche Zeremonie wird ebenso wie die Versammlung im Castle Hill Garden Park noch in dieser Woche vom Office of War Information erneut nach Ungarn ausgestrahlt werden. Monsignore Franxis X. Shea[8] hatte hier die Botschaft von Erzbischof Francis J. Spellman[9] an das ungarische Volk verlesen. Die Botschaft war vergangene Woche vom OWI gesendet worden.

In einer weiteren Botschaft an das ungarische Volk klagte Hochwürden George Borshy-Kerekes[10] aus Washington die Quisling-Regierung[11] Ungarns an und erklärte, dass die amerikanischen Ungarn nichts mit Quislingen gemein hätten.

6 Fiorello LaGuardia (1882–1947), Jurist; 1907–1910 Dolmetscher auf Ellis Island; 1916 ins Repräsentantenhaus der Vereinigten Staaten gewählt, 1920/21 Präsident des New Yorker Stadtrats, 1923–1933 Kongressabgeordneter, 1934–1945 Bürgermeister von New York City; anschließend Arbeit für die Vereinten Nationen.

7 Robert Ferdinand Wagner (1877–1953), Jurist; 1927–1949 Vertreter des Bundesstaats New York im US-Senat.

8 Francis X. Shea (1894–1970), Priester; Sekretär des Erzbischofs Spellman.

9 Francis Joseph Spellman (1889–1967), Priester; von 1939 an Erzbischof von New York und Militärerzbischof.

10 György Borshy-Kerekes (1892–1971), reformierter Pfarrer; 1924 Emigration in die USA, Pfarrer in Pennsylvania und Ohio, Gründer der Unabhängigen Ungarischen Reformierten Kirche und der Bewegung für ein unabhängiges Ungarn, 1936–1956 Sekretär, 1956–1964 Präsident der Ungarischen Reformierten Vereinigung der USA.

11 Anspielung auf den norweg. Ministerpräsidenten Vidkun Quisling, dessen Regierung mit der deutschen Besatzungsmacht kollaborierte.

Als Gastgeber fungierte Hochwürden Dr. George Lanyi vom New Light Temple. Den Vorsitz hatte dessen Präsident Albert B. Mark inne und ein Leiter der Amerikanisch-Ungarischen Vereinigung, der 125 000 Amerikaner ungarischer Abstammung angehören.

DOK. 244
Der Politiker Kálmán Shvoy notiert im Juli 1944 Gerüchte über einen Putsch in der Hauptstadt und über die Einstellung der Deportationen[1]

Handschriftl. Tagebuch von Kálmán Shvoy, Szeged, Einträge vom 8. bis 11.7.1944

Samstag, 8. Juli.
¾ 8 Radio, Frühstück, ab ½ 10 Einflug, offensichtlich überquert man wieder das Land wie gestern auf dem Weg nach Schlesien, auch in der Nacht gab es Überflüge.[2] Vormittags Zeitungslektüre. Majthényi[3] war bei mir, er kam aus Pest, denkt, dass die Abtransporte der J[uden] dort ins Stocken geraten sind. Die Truppen werden gegen den sog. Putsch von Baky und Endre in Pest zusammengezogen.[4] Die Gendarmen verlassen bereits Pest. Viele laufen über – es herrscht große Aufregung. Der Papst, der schwedische König, die Neutralen haben wegen der Judendeportation interveniert, Veesenmayer soll angeblich Pest verlassen. Der Reichsverweser ist energisch aufgetreten.[5] Ich glaube all das nicht!
Fricsay[6] hat angerufen – am Nachmittag will er mich besuchen. Heute, am Samstag, beginnt wieder die zweistündige Sperre des [...].[7] Ich habe einen langen Brief an Karcsi Vajda geschrieben. Am Nachmittag, nach Frau Sz., hat mich Fricsay besucht. Abends Lesen, Radio. Schlaf um ½ 1.
Kriegsschauplatz, Westen. Die amerikanische Armee hat im westlichen Abschnitt Raum gewonnen. La Haye-du-Puits wurde eingenommen. In der Vorstadt von Caen kämpfen die Engländer. Starke Unterstützung aus der Luft. Süden: Enormer deutscher Widerstand, langsamer englischer Raumgewinn. In Livorno werden die Deutschen von Partisanen angegriffen. Osten: Richtung Dünaburg Raumgewinn. Die Russen rücken sehr nah auf Wilna vor, sie beschießen den Festungsgürtel. Baranowitschi wurde von den Russen besetzt. Pinsk ist in eine [...][8] Situation geraten, 40 bis 50 Kilometer westlich stehen noch die Deutschen. Die um Minsk eingekreisten deutschen Kräfte werden

1 MNL CSML, XIV.12. Teilweise abgedruckt in: Perneki (Hrsg.), Shvoy Kálmán titkos naplója és emlékirata (wie Dok. 68 vom 18.4.1942, Anm. 1), S. 286 f. Das Dokument wurde aus dem Ungarischen übersetzt.
2 Gemeint sind alliierte Bomberverbände.
3 Richtig: Majtényi.
4 Siehe Dok. 238 vom 6. und 7.7.1944, Anm. 16.
5 Miklós Horthy forderte auf der Kronratssitzung in Reaktion auf die in- und v. a. ausländischen Interventionen am 26.6. die Einstellung der Deportationen. Diese gingen jedoch bis zum 9.7. unvermindert weiter.
6 Ferenc Fricsay (1914–1963), Dirigent.
7 Ein Wort unleserlich.
8 Ein Wort unleserlich.

aufgerieben. Auf dem Gebiet von Kovel und Tarnopol ebenfalls Angriffe, aber welcher Art und was sich daraus ergibt, ist noch nicht abzusehen. Bombardements: Wien, […],[9] Budapest, Flughäfen (in Fehérvár oder Börgönd), Zagreb, in der Nacht über […][10] Berlin. –
In Pest ist etwas los, aber man weiß noch nicht, was, irgendetwas mit der Judenfrage.

Sonntag, 9. Juli.
¾ 8 Radio, Frühstück. Ab ¾ 9 Einflüge, Störflugzeuge. Nach der Messe um 9 Uhr habe ich auf dem Nachhauseweg mit Béla Tóth[11] gesprochen, er weiß noch nichts vom Posten des Bürgermeisters. In Pest wurde irgendein Putsch vorbereitet, deshalb hat man dort Truppen zusammengezogen, der Gardekapitän ist verletzt worden, englische Note im Interesse der Juden, sonst werden wir bombardiert. Die Deportation der Juden scheint sich zu verzögern. Es herrscht Chaos, die Deutschen drängen uns, Baky und Endre fungieren als Agenten der Deutschen, pure Vaterlandsverräter. Das Verlesen des Hirtenbriefes in der Kirche wurde von der Regierung untersagt.[12] Brief von Böske:
Skultéty (Sztavinszky)[13] wollte Juden an der Grenze zur Flucht verhelfen, er wurde von den Deutschen verhaftet; ½ 11 bis ½ 1 Musik, ich habe mit Ferenc Lázár gesprochen, mit […][14] im Bad. Pali Szél war bei mir zu Besuch. Am Nachmittag Lesen von […],[15] Radio. Brief an Frau […], Frau Pongrácz, […],[16] Lajos, Böske. Ich habe Briefe von […][17] und Richter bekommen. Abends Lesen, Radio, Zeitung. Schlaf um ½ 1.
[…][18]

Dienstag, 11. Juli.
¾ 8 Radio, Rasieren, Frühstück, Zeitung, Dampfbad, 87 kg. Es regnet die ganze Nacht und den ganzen Tag hindurch. Mit […][19] und Huba im Bad. Nachm[ittags] Hindenburg gelesen, auch am Abend. Schlaf um 1. Langsam klärt sich die Geschichte mit dem Putsch in Pest auf. Aus dem Ausland, aus der Schweiz Druck auf Horthy wegen der Judendeportationen, auch seitens des Papsts, Telegramm vom schwedischen König.[20] Horthy gegen den Abtransport der Juden, verhandelt mit den Deutschen, der Abtransport der Pester Juden aufgeschoben.[21] Baky, Endre und Hubay[22] haben mit den Gendarmen, die zwecks

9 Ein Wort unleserlich.
10 Ein Wort unleserlich.
11 Dr. Béla Tóth (*1899); stellv. Bürgermeister von Szeged, übernahm nach dem Pensionierungsgesuch des amtierenden Bürgermeisters József Pálfy am 22.3.1944 dessen Aufgaben.
12 Die von den Kirchen vorbereiteten Hirtenbriefe sollten die Deportationen verurteilen, sie wurden jedoch zurückgezogen; siehe Dok. 225 vom 25.6.1944.
13 Jenő Skultéty (Sztavinszky).
14 Name unleserlich.
15 Ein Wort unleserlich.
16 Namen unleserlich.
17 Name unleserlich. Eventuell: Lajos Krukovszky.
18 Im Folgenden skizziert Shvoy den Kriegsschauplatz und die Ereignisse des 10. Juli.
19 Name unleserlich.
20 Gustav V.
21 Trotz des Deportationsstopps durch Miklós Horthy am 6.7. gingen aus der Umgebung von Budapest noch tagelang weitere Transporte nach Auschwitz ab; siehe Einleitung, S. 70–72.

der Judentransporte nach Pest beordert worden sind, einen Putsch gegen den Reichsverweser und die Regierung geplant. Die Deutschen haben sie verraten. Alle drei Herren in Haft,[23] Gendarmen und Polizisten [wieder] nach Hause, deshalb gab es Truppenkonzentration. Meiner Ansicht nach ist die Regierung verantwortlich – sie müsste gehen. Stattdessen redet Imrédy! Ich habe einen Brief von Hanna Fischhof bekommen. [Brief] von Pista.

[…][24]

DOK. 245

Ministerpräsident Döme Sztójay informiert am 13. Juli 1944 die Botschaften über die ausländischen Interventionen zugunsten der ungarischen Juden und die Aussetzung der Deportationen[1]

Communiqué (Nr. 6347 – geheim) von Sztójay an Ankara 106, Bukarest 257, Sofia 58, Zagreb 60, Bern 101, Vichy 50, Madrid 56, Lissabon 85, Kopenhagen 7, Helsinki 46, Preßburg 66, Stockholm 56[2] vom 13.7.1944

Betreff: Information über die Lösung der Judenfrage in Ungarn
Zu Ihrer Information teile ich mit, dass während der vergangenen Wochen der ungarischen Regierung folgende Vorschläge unterbreitet wurden:
1.) Die schwedische Regierung bat, unter Mitwirkung des schwedischen Roten Kreuzes um Genehmigung der Auswanderung ungarischer Juden mit Verwandtschaft oder Geschäftsbeziehungen in Schweden nach Schweden oder Palästina.
2.) Die Schweizer Regierung bat über ihre Gesandtschaft in Budapest im Auftrag der britischen Regierung darum, dass die bereits seit längerem bestehende, aber vorübergehend aufgehobene Auswanderungsmöglichkeit der über eine Einreiseerlaubnis verfügenden Juden nach Palästina erneut genehmigt wird.
3.) Die Amerikanische Behörde für Kriegsflüchtlinge[3] empfahl unter Vermittlung der Schweiz über unsere Botschaft in Bern die Unterstützung der sich in Gettos und Lagern befindlichen Juden durch das Rote Kreuz sowie die Verschickung von jüdischen Kindern unter zehn Jahren nach Palästina.
Die ungarische Regierung hat, unter Würdigung dieser humanitären Initiativen und nach sorgfältiger Erwägung, ihre Zustimmung zu den obigen Empfehlungen erteilt. Auf

22 Kálmán Hubay (1902–1946), Journalist; führender Funktionär der Pfeilkreuzlerpartei, 1940–1942 Stellv. von Szálasi, danach Ausschluss aus der Partei und Übertritt in die Vereinigte Ungarische Nationalsozialistische Partei; nach der Machtübernahme der Pfeilkreuzler Ministerialbeamter; vom ungar. Volksgericht zum Tode verurteilt und hingerichtet.

23 Die Gendarmerie-Aktion blieb ohne Konsequenzen. Die beiden Staatssekretäre Baky und Endre behielten ihre Posten im Innenministerium.

24 Im Folgenden skizziert Shvoy die Vorgänge an verschiedenen Kriegsschauplätzen.

1 MNL OL, K 64 1944-43-I-234-366. Das Dokument wurde aus dem Ungarischen übersetzt.

2 Bei den Zahlen handelt es sich vermutlich um den Code der jeweiligen Botschaft; die Zahl 56 findet sich im Original zweimal.

3 Engl.: War Refugee Board

ihr Ersuchen hin erteilte die deutsche Regierung den Auswandernden die Erlaubnis zur Durchreise durch deutsche und von Deutschland besetzte Gebiete.[4]
Solange die oben beschriebenen Aktionen laufen, wird die Verschickung ungarischer Juden zur Arbeit im Ausland ausgesetzt.
Für Arbeiten im Ausland wird übrigens nur ein Teil der Juden in Anspruch genommen, weil die übrigen – so wie die ungarischen Christen auch – Arbeitsdienst im Inland verrichten. Für die hierzulande beanspruchten Juden kommen in erster Linie konvertierte Juden und ihre Familien in Frage. Ausgenommen von der Maßnahme sind auch Juden, die sich auf dem Gebiet der Wissenschaft und Kunst verdient gemacht haben und ökonomisch unentbehrlich sind.[5]
Ich bitte darum, mit obigen Ausführungen der im Zusammenhang mit der Lösung der ungarischen Judenfrage stehenden ausländischen Verleumdungskampagne zu begegnen und sie in geeigneter Form so lange zu verwenden, wie eine weitere diesbezügliche Pressemitteilung herausgegeben wird.

DOK. 246
Der Reichsaußenminister teilt dem Reichsbevollmächtigten in Ungarn, Edmund Veesenmayer, am 17. Juli 1944 mit, dass Hitler die Fortsetzung der Deportationen in Budapest fordert[1]

Telegramm (Nr. 1537 – mit besonderem Vorrang) von Ribbentrop, RAM 774/44 R, Sonderzug, an den Reichsbevollmächtigten[2] (Eing. 17.7.1944, 5.10 Uhr) vom 17.7.1944, 3.30 Uhr[3]

1.) Telko
2.) Diplogerma Budapest
Tel. i. Ziffern (Geh. CH.V.)

Ich bitte Sie, sofort nach Erhalt dieses Telegramms den Reichsverweser aufzusuchen und ihm im Namen des Führers mündlich folgendes zu eröffnen:

1.) Der Führer hat von der vom Reichsbevollmächtigten übermittelten Mitteilung des Reichsverwesers, wonach dieser beabsichtigte, die derzeitige Regierung Sztojay,[4] deren Einsetzung seinerzeit im Einvernehmen mit der deutschen Regierung erfolgte, abzuberufen und eine Militärregierung einzusetzen,[5] mit äußerstem Befremden Kenntnis

4 Einer Auswanderung nach Palästina stimmte Hitler unter der Bedingung zu, dass die von Horthy vorerst gestoppten Deportationen „nunmehr sofort und schnellstens zu Ende geführt" würden; Telegramm von Ribbentrop an Veesenmayer vom 10.7.1944; Abdruck als Faksimile in: Braham (Hrsg.), The Destruction of Hungarian Jewry (wie Dok. 76 vom 25.9.1942, Anm. 1), Dok. 326, S. 700 f.

5 Handschriftl. Ergänzung: „die unter die Ausnahmebestimmungen fallen".

1 PAAA, R 99451. Abdruck in: ADAP, Serie E, Bd. 8 (wie Dok. 174 vom 17.5.1944, Anm. 1), Dok. 121, S. 221–223.

2 Edmund Veesenmayer.

3 Im Original Vermerk: „Unter Nr. 2160 an Diplogerma Budapest weitergeleitet. Tel. 17.7.44.", und Verteiler.

4 Richtig Sztójay.

genommen.[6] Mit noch größerem Befremden hat der Führer dem Bericht des Reichsbevollmächtigten entnommen, daß der Reichsverweser Verhaftungsbefehle gegen einzelne Minister und Staatssekretäre der Regierung Sztojay, die in letzter Zeit Maßnahmen gegen die Juden durchgeführt haben, erlassen hätte.[7]

2.) Der Führer müsse in diesen beabsichtigten Maßnahmen eine Wiederholung der Machenschaften erblicken, die seinerzeit zu dem Eingreifen Deutschlands in Ungarn am 19. März geführt haben. Nach den erhaltenen Nachrichten seien hier anscheinend erneut Personen der gleichen Clique von Verrätern an der deutsch-ungarischen Sache am Werke, die Ungarn schon einmal an den Rand des Abgrundes gebracht haben.

3.) Der Führer müsse in jedem Vorgehen gegen die Regierung Sztojay einen Bruch des am 19.3. beschlossenen neuen politischen Kurses in Ungarn sehen und in dem jetzigen Existenzkampf Europas um seine Zukunft jedes Abweichen von dem im März beschrittenen Wege als glatten Verrat an der europäischen Sache betrachten. Er werde in diesem Fall den Reichsbevollmächtigten, Gesandten Veesenmayer, sofort abberufen und diejenigen Maßnahmen ergreifen, die eine Wiederholung solcher Vorfälle in Ungarn ein für allemal ausschließen.

4.) Sollte irgendein Mitglied der uns in allen Einzelheiten genau bekannten Clique innerhalb und außerhalb der Burg, die den Reichsverweser – wir zweifelten nicht, gegen seinen Willen, wie ja aus der Zurücknahme der Maßnahmen nach der aufklärenden Besprechung mit Gesandten Veesenmayer hervorgeht – zu seinem Vorgehen bestimmt hat, noch einmal in Ungarn in irgendeiner Form politisch hervortreten oder sich zu betätigen versuchen, so würde der Führer den Betreffenden sofort durch den SD verhaften und innerhalb von 24 Stunden justifizieren lassen.

5.) Der Führer erwarte, daß nunmehr ohne jedes weitere Verzögern die Maßnahmen gegen die Budapester Juden von der ungarischen Regierung durchgeführt werden mit den Ausnahmen, die von der Reichsregierung auf Vorschlag des Gesandten Veesenmayer grundsätzlich der ungarischen Regierung zugestanden worden sind. Irgendeine Verzögerung in der Durchführung der allgemeinen Judenmaßnahmen darf durch diese Ausnahmen aber nicht eintreten, andernfalls die Zustimmung zu diesen Ausnahmen vom Führer wieder rückgängig gemacht werden müßte.

Ich bitte, dem Reichsverweser dann noch folgendes zu sagen:

Der Führer bedauert es außerordentlich, daß anscheinend die gleichen Einflüsse, die seinerzeit den Verrat Ungarns vorbereiteten und den Namen des Reichsverwesers selbst in diesen Verrat hineinzogen, es erneut jetzt vermocht haben, dem Reichsverweser zu Maßnahmen zu raten, die zu einer absoluten Katastrophe für Ungarn führen müßten. Der Führer hat seinerzeit gerade im Hinblick auf die Person des ungarischen Staatsoberhauptes, des ihm befreundeten Reichsverwesers, die denkbar größte Rücksicht bei der

5 Siehe Telegramm (Nr. 1967) von Veesenmayer, Budapest, an das AA vom 15.7.1944, wie Anm. 1, Dok. 119, S. 216–218.

6 Am 15.7.1944 forderte Horthy alle Minister auf, ihre Ämter niederzulegen, und informierte Hitler über sein Vorhaben am 17.7.1944; siehe Horthys Brief an Hitler; Abdruck in: Ádám/Juhász/Kerekes (Hrsg.), Allianz Hitler–Horthy–Mussolini (wie Dok. 114 vom 19.3.1944, Anm. 1), Dok. 130, S. 384 bis 386.

7 Horthy warf László Baky vor, am 6.7.1944 einen Putschversuch unternommen zu haben. Der Haftbefehl gegen Baky wurde nicht vollstreckt, und dieser behielt zunächst seinen Posten im Innenministerium.

Durchführung der Maßnahmen zur Beseitigung der Verräterclique in Ungarn und zur Wiederherstellung des im vitalsten Interesse Ungarns selbst liegenden innen- und außenpolitischen Kurses genommen. Bei einer Wiederholung solcher oder ähnlicher Vorgänge würde der Führer in Zukunft jede Rücksicht fallen lassen müssen. Er wäre in diesem Falle sogar gezwungen, nunmehr die wahren Absichten des vorbereiteten ungarischen Verrats der Weltöffentlichkeit in vollem Umfang und in allen Einzelheiten bekanntzugeben. Wie dem Reichsverweser bekannt, liegt hierfür derartig umfassendes Material vor, daß dieser Verrat dem italienischen in nichts nachsteht. Daß in einem solchen Fall die Person des Reichsverwesers in diese Dinge mit hineingezogen werde, werde sich dann auch nicht mehr vermeiden lassen mit allen Folgen, die sich hieraus für die geschichtliche Gestalt des Reichsverwesers zwangsläufig ergeben müssen. Europa steht heute in einem Kampf auf Leben und Tod, in dem sowohl über das Schicksal des deutschen als auch des ungarischen Volkes für Jahrhunderte, vielleicht für immer entschieden wird. In diesem Kampf, den unsere Soldaten an der Front mit einem Heldenmut ohnegleichen durchführen, ist der Führer nicht gewillt, im Rücken der kämpfenden Truppe irgendwelche Zustände zu dulden, die zu einer Schwächung ihrer Kampfkraft führen könnten und müßten und die geeignet wären, den kämpfenden Soldaten in den Rücken zu fallen. Der Führer bedauert, daß er heute gezwungen ist, ganz offen zu sprechen. Er ist aber der Überzeugung, daß nur eine vollkommene Offenheit die Klärung bringen wird, die im Interesse vor allem Ungarns selbst jetzt ein für allemal notwendig ist. Der Reichsverweser möge sich nicht von irgendwelchen lächerlichen jüdisch-amerikanischen Drohungen, die uns bekannt seien, einschüchtern lassen. Diese sollten auf ihn – wie sie dies auch auf uns nicht vermöchten – nicht den geringsten Eindruck machen, da am Ende dieses Krieges nicht Amerika, sondern Deutschland und seine Verbündeten als Sieger in Europa stehen würden. Der Führer hofft vielmehr, daß der Reichsverweser als einer der ersten Vorkämpfer gegen den Bolschewismus einsehen wird, ja einsehen muß, daß jedes Abweichen von dem seinerzeit in Kleßheim beschlossenen[8] und seither eingeschlagenen Wege nur zu den schwersten Gegensätzen im Innern Ungarns, zu einer Schwächung der Front im Osten und damit zu vielleicht unabsehbaren Konsequenzen für den Bestand Ungarns und die Existenz des ungarischen Volkes führen müßte.[9]

8 Siehe Dok. 114 vom 19.3.1944.

9 Der Einspruch Veesenmayers und Hitlers verhinderte zunächst eine Regierungsumbildung. Die neue Regierung unter Ministerpräsident Géza Lakatos wurde erst Ende Aug. 1944 eingesetzt. Die Deportationen wurden dagegen erst nach der Machtübernahme der Pfeilkreuzler im Oktober 1944 offiziell wieder aufgenommen.

DOK. 247
Der Arbeitsdienstler Zoltán Bíró erfährt von einer Freundin am 19. Juli 1944, dass seine Eltern deportiert wurden und die Juden in Budapest in „Judenhäuser" zusammenziehen mussten[1]

Handschriftl. Feldpostkarte von Frau Endre Rácz, gez. Margit, VII., Budapest, Wesselényi-Straße 71, II/2, an Zoltán Bíró (Lagerpostnummer: D-438) vom 19.7.1944

Mein teurer Zoli,
Deine Karte vom 6. habe ich erhalten. Deine Nachrichten haben mich sehr geschmerzt. Leider sind Deine Informationen richtig, denn Deine Eltern sind tatsächlich nicht mehr an ihrem einstigen Wohnort zu erreichen. Sie haben ihn am 16. Juni verlassen. Aus Szeged bekam ich noch eine Karte, seitdem nichts mehr.[2] Mein Zoli, ich denke, ich muss nicht in Einzelheiten gehen, um meine Gefühle zu beschreiben, ich denke Tag und Nacht an sie und fühle mich völlig hilflos. Alle sind fort, nur Laci [...][3] und Ingenieur Friedmann sind geblieben. Ich korrespondiere ständig mit Laci L., aber auch er weiß nichts. Meines Wissens sind die Csanyas und alle anderen ebenfalls weg. Auch Deine Großmutter ist nicht mehr in Kisbér,[4] niemand weiß, wo sie ist. Árpád Böhm und die anderen [sind] ebenfalls [weg]. Rózsa und die ihren wohnen hier in Pest, inzwischen sind sie in die Vörösmarty-Straße 4 umgezogen, da das Haus, in dem sie lebten, nicht zum Judenhaus erklärt worden ist. Ich konnte bleiben, eine weitere Familie wurde in das andere Zimmer eingewiesen. Der Mann ist eingezogen worden. Zwei Frauen wohnen noch im kleinen Zimmer. Herminka hat ihre Wohnung getauscht. Sie haben jetzt hier auf der Etage eine schöne Zweizimmerwohnung mit Blick auf den Hof. In dem einen Zimmer wohnen die [...][5] aus Buda bei ihnen. Bei [...][6] wohnen Károly Székely mit Familie und eine weitere Familie. Dort ist immer ganz großer Rummel. Die Eleks sind auch in ihrer Wohnung geblieben, während die Gombos unlängst ganz in der Nähe untergekommen sind. Sie wurden ausgebombt und haben alles verloren. Mir geht es gut, ich bin wieder gesund und mache mir nur wegen Deiner Eltern und den anderen Sorgen. Die arme [...],[7] wie sehr hat sie gehofft, ihr würdet alle bald wieder zu Hause sein. Wie geht es Dir, mein Zolika? Bist Du mittlerweile nicht völlig zerlumpt? Leider kann man Dir nichts schicken. Kürzlich habe ich zwei Kilogramm Kleidung geschickt, aber alles ist zurückgekommen. Mein Teurer, passe um Deiner Mutter willen sehr auf Dich auf. Ich küsse Dich Millionen Mal mit inniger Liebe,

1 Jevrejski istorijski muzej, K. 22-3-3/55. Das Dokument wurde aus dem Ungarischen übersetzt.
2 Die Gettoisierung in Szeged begann am 22.5.1944 und wurde bis zum 31.5. abgeschlossen. Der erste Deportationszug verließ die Stadt am 25.6.1944. Die Mehrzahl der Juden wurde in das Vernichtungslager Auschwitz-Birkenau deportiert, eine Minderheit in das Durchgangslager Strasshof an der Nordbahn.
3 Ein Wort unleserlich.
4 Die Juden aus der Stadt Kisbér mussten im Mai 1944 in die örtliche Synagoge ziehen, von wo sie über Komárom nach Auschwitz deportiert wurden.
5 Ein Wort unleserlich.
6 Unleserlich. Eventuell: den Rónais.
7 Ein Wort unleserlich.

DOK. 248
Die ungarische Regierung wird in einer Radiosendung aus London am 20. Juli 1944 für die Auslieferung der Juden verantwortlich gemacht[1]

Meldung des Ungarischen Nachrichtenbüros über eine ungarischsprachige Radiosendung aus London (vertraulich!) vom 20.7.1944, 23.55 Uhr

Antwort an Imrédy in der Sache der ungarischen Juden
Nótárius schreibt:
Der transatlantische Nachrichtendienst des ungarischen Rundfunks brachte einen Auszug aus der letzten Rede von Béla Imrédy. Laut dieses Auszugs, den ich hier wörtlich zitiere, legte Imrédy Folgendes dar: [„]Im Gegensatz zu den im Ausland verbreiteten Gerüchten stelle ich fest, dass kein Tropfen jüdisches Blut an den Händen der ungarischen Behörden oder der ungarischen Menschen klebt. Diese Erklärung ist ein Paradebeispiel für feige Arglist. Wir haben bereits mehrmals erklärt, dass wir die ungarische Regierung nicht der Abschlachtung unschuldiger ungarischer Juden, sondern der massenhaften Auslieferung ungarischer Staatsbürger jüdischer Rasse an die deutschen Behörden zwecks Deportation aus dem ungarischen Staatsgebiet bezichtigen.
Die ungarische Regierung handelte dabei in Kenntnis davon, dass sie die ungarischen Juden den deutschen Henkern ausliefern, die sie in schauderhaftester Grausamkeit ermorden werden. Dieser Anschuldigung ist auch nicht mit dem Hinweis zu begegnen, die ungarische Regierung sei im Hinblick auf eine vermeintliche Vereinbarung mit Deutschland verpflichtet, Deutschland ungarische Arbeitskräfte zur Verfügung zu stellen.[2] Kein Mensch in der weiten Welt wird dem Märchen Glauben schenken, dass der Weg der aus Ungarn verschleppten jüdischen Frauen, Kinder und alten Menschen in deutsche Kriegsbetriebe und nicht in die Gaskammern der Henker führt. Auch reicht es nicht aus, dass Imrédy erklärt, die ungarischen Behörden würden nicht an der Ermordung eines einzigen ungarischen Juden teilnehmen. Ein Mörder ist nicht nur, wer den Mord begeht, sondern auch derjenige, der die Unschuldigen mit dem sicheren Wissen ausliefert, dass sie ermordet werden. Auch diese werden am Tag der gerechten Vergeltung bestraft werden. Imrédy und seine Mitläufer sowie sämtliche ungarische Beamte, Gendarmen und Polizisten, die sich an der Verfolgung und Deportation der ungarischen Juden beteiligen, sollten also zur Kenntnis nehmen, dass sie am Tag der Abrechnung, der unbestreitbar näher rückt, für das Blut der unschuldig Ermordeten persönlich zur Verantwortung gezogen werden.[“]

1 Magyar Távirati Iroda vom 20.7.1944: Válasz Imrédynek a magyar zsidók ügyében. Abdruck in: Karsai (Hrsg.), Vádirat, Bd. 3 (wie Dok. 225 vom 25.6.1944, Anm. 4), S. 238. Das Dokument wurde aus dem Ungarischen übersetzt. Das Ungarische Nachrichtenbüro (MTI) wurde 1880/81 gegründet.

2 Siehe Dok. 217 vom 21.6.1944.

DOK. 249
Edmund Veesenmayer berichtet am 20. Juli 1944 über einen Dankgottesdienst der Pfeilkreuzler in Veszprém anlässlich der Deportationen und über die Verhaftung versteckter Juden[1]

Telegramm (Nr. 2019 – nur als Verschlusssache zu behandeln, geheim) von Veesenmayer, Budapest, an Botschafter Ritter (Eing. 20.7.1944, 17.20 Uhr) vom 20.7.1944, 10.50 Uhr[2]

Der Höhere SS-und Polizeiführer[3] meldet mir am 19. Juli 1944:
1.) Rechtsbewegung:
In Miskolc wurden 2 Flugblätter aufgefunden, deren Übersetzung lautet:
„Juden, Leidensgefährten, unsere letzte Hoffnung ist Imredy, betet für ihn, jüdische Gemeinde".
Der Komitatsleiter der Pfeilkreuzlerpartei in Veszprem, Dr. Schimberna,[4] hat sich an die dortigen Franziskaner gewandt mit der Bitte, aus Anlaß der Fortschaffung der Juden einen Dankgottesdienst zu veranstalten. Da die Franziskaner vom römisch-katholischen Bischof[5] unabhängig sind, wurde ohne dessen Einschaltung eine Messe für den 25.6.44 anberaumt. Die Ankündigung der Messe sollte durch die beiden Veszpremer Zeitungen erfolgen, die sich hierzu jedoch ablehnend verhielten. Daraufhin ließ sich Dr. Schiberna bei Anwesenheit des ersten Staatsanwalts durch den zweiten Staatsanwalt, der ebenfalls Pfeilkreuzler ist, die Genehmigung zum Druck einer Einladung in Flugblattform geben. Als der Bischof hiervon erfuhr, drohte er dem Guardian[6] mit einer Anzeige beim Nuntius[7] und erklärte in diesem Zusammenhang, daß unter den Juden sich viele getaufte Glaubensgenossen befänden. Infolge dieser Drohung sprach der Guardian bei den Pfeilkreuzlern vor, um mitzuteilen, daß er unter diesen Umständen die Messe nicht halten könne. Daraufhin ließ Dr. Schiberna den Bischof davon in Kenntnis setzen, daß bei einem Verbot der Messe neue Flugzettel dem Volk mitteilen würden, daß die Messe auf Grund der Intervention des Bischofs nicht stattfinden könne. Nunmehr gestattete der Bischof die Messe mit der Maßgabe, daß das Tedeum[8] ausbleiben möge und die Pfeilkreuzler nicht in Uniform erscheinen sollten.
Die letzte Bedingung wurde von den Pfeilkreuzlern abgelehnt. Der Dankgottesdienst fand bei überfüllter Kirche statt. Die Pfeilkreuzler erschienen in Uniform und der Mönch las die Messe in grünem Messkleid.

1 PAAA, R 100893, Bl. 44–46.
2 Im Original Verteilerliste, Eingangsstempel der Abt. Inl. II vom 21.7.1944 und handschriftl. Vermerke.
3 Otto Winkelmann.
4 Richtig: Dr. Ferenc Schiberna (*1894), Jurist, nach der Machtübernahme der Pfeilkreuzler Obergespan von Veszprém; nach 1945 vom ungar. Volksgericht in Abwesenheit zum Tode durch den Strang verurteilt.
5 József Mindszenty (1892–1975), Bischof von Veszprém.
6 Oberer eines Franziskanerkonvents.
7 Angelo Rotta.
8 Te Deum Laudamus (lat.): Dich, Gott, loben wir; ein Lob- bzw. Dankgesang der christlichen Kirche.

2.) Banditen:
Auf Grund der Aussage eines in Dunagallos[9] am 19.6.44 festgenommenen Banditen Andreas Seprag – Slowake –, wonach sich südöstlich Dunagallos auf einem Baugehöft ein Stützpunkt der Banditen befinden sollte, wurde am 14.7.44 morgens von ungarischer und deutscher Gendarmerie und Beamten des Außenkommandos Neusatz eine Aktion durchgeführt.
Bei der Durchsuchung des Gehöfts wurden 6 Personen – 3 Frauen und 3 Männer –, von denen einer mit einem deutschen Gewehr bewaffnet war, überrumpelt. Während der Durchsuchung erhielt der Stoßtrupp vom Dach einer nebenstehenden Scheune MP1.-Feuer. Der Stoßtrupp erwiderte das Feuer mit Handgranaten, wobei die Scheune Feuer fing. Dabei wurden 2 Banditen getötet. Einer der Erschossenen war der Kurier Mihaly Nendjasn, illegaler Name „Micha" aus Kisacs.[10] Die Gefangenen wurden sofort verhört, wobei der bewaffnete Andreas Forda aus Kisacs angab, daß das Gehöft die illegale Bezeichnung „Base Kuban" führe und daß sich auf dem etwa 2 km entfernt liegenden Gehöft in Palinkas[11] die „Base Tarnopol" befinde. Dort habe er vor zwei Tagen mit dem Sekretär des Gebietskomitees Jovan Mikic, genannt „Spartan", und 4–5 Männern gesprochen. Mikic ist seinerzeit infolge vorzeitigen Eingreifens der Neusatzer Polizei geflüchtet und hat den Überfall auf das Waffenlager der SS in Dunagallos geführt. Nach Aussagen des Torka war die Gruppe Mikic mit 2 MGs und 3 MPis bewaffnet. Der Stoßtrupp umstellte daraufhin sofort das andere Gehöft. Die Banditen und Einwohner waren jedoch vermutlich, nachdem sie die Schüsse gehört hatten, geflüchtet. Die Spuren waren noch frisch. Die Verfolgung verlief trotz der eingesetzten Polizeihunde ergebnislos. Bei der Durchsuchung des Bauerngehöfts wurden etwa 700 Schuß Munition, 1 Rundfunkgerät, eine deutsche MP1, Ladestreifentaschen und etwa 100 m Bauernleinen gefunden. Die beiden erbeuteten Gewehre sowie die Munition stammen aus dem Waffenlager der SS bei Dunagallos.
Am 6.7.44 wurde ein Hirtenjunge im Gebiet Hargita, 20 km südlich von Györgyöszentmiklos,[12] von 2 mit Gewehren bewaffneten Männern in deutscher Uniform seiner Lebensmittel beraubt. Seine Unterkunft wurde erbrochen und geplündert. Die Ermittlungen der ungarischen Gendarmerie verliefen ergebnislos. Im Gebirgsabschnitt Tölgyes wurden zwei Zivilpersonen und 2 Personen in deutscher Uniform festgestellt, die ständig ihren Aufenthaltsort wechseln. Vermutlich handelt es sich um entwichene Hiwis.[13]
Nach einer Meldung des III. Gendarmeriebezirks in Steinamanger[14] hat am 5.7.44 eine Banditengruppe von 500 Mann die Ortschaft Imbriovec/Kroatien eingenommen. Unter den Banditen befinden sich Engländer und Russen. Die Banditen sind mit Gewehren, MPis, LMGs und SMGs ausgerüstet. Die Straße zwischen Imbriovec und Nagyottok ist unterminiert.
Die Banditen sammelten mit 30 Wagen bei der Bevölkerung beider Ortschaften Lebensmittel. Ein Teil der Bevölkerung der Ortschaften ist an die ungarische Grenze geflüchtet.

9 Richtig: Dunagálos (Gložan).
10 Richtig: Kiszács (Kisač).
11 Nicht ermittelt.
12 Richtig: Gyergyószentmiklós (Gheorgheni).
13 Abkürzung für Hilfswillige. Dabei handelte es sich um Hilfskräfte der Wehrmacht bzw. der SS, die in Osteuropa rekrutiert wurden.
14 Deutsche Bezeichnung für die Stadt Szombathely.

Der größte Teil der Bevölkerung soll jedoch mit Hab und Gut in den Wald oder in die Felder geflüchtet sein.

3.) Juden

Nach Mitteilung des KDS[15] Klausenburg[16] wurden bei Tiszabogdany durch ungarische Gendarmeriestreifen 28 polnische Juden, die in Erdlöchern eines Waldstücks versteckt waren, festgenommen. 2 Juden hatten Pistolen bei sich.

Weiterhin wurden in einem Keller des ehemaligen Ghettos Großwardein[17] 15 Juden gefunden, die sich dort selbst eingemauert hatten. Im Ghetto Munkacs wurden 11 sich versteckt haltende Juden mit Wert- und Goldsachen im Gesamtwert von 150 000 Pengő festgenommen. In Kaschau[18] wurden in letzter Zeit 30–40 Juden inhaftiert. Sie werden dem nächsten Transport angeschlossen.[19]

Die ungarische Gendarmerie hat bei der Filiale der Firma „Una“[20] in Tatosnya,[21] KDS-Bereich Neumarkt,[22] umfangreiche Unregelmäßigkeiten zum Nachteil der deutschen Wehrmacht festgestellt. Zur restlosen Klärung der Angelegenheit war die Festnahme der früheren jüdischen Direktoren Frigyes Bihary, Gabor Balog und Stefan Mautner notwendig. Die festgenommenen Juden wurden der ungarischen Gendarmerie zur Verfügung gestellt.

Der Konservenfabrikant Nandor Polacsek sollte zu einer von ihm an die Staatssicherheitszentrale gerichteten Beschwerde wegen angeblich brüsken Auftretens eines deutschen Sicherheitspolizeibeamten zeugenschaftlich vernommen werden. Da er auf wiederholte Vorladungen nicht reagierte, sollte er durch deutsche und ungarische Polizeibeamte zur Vernehmung geholt werden. Hierbei stellte es sich heraus, daß es sich bei Polacsek um einen Volljuden handelt. Als er glaubte, er sollte festgenommen werden, bot er den Polizeibeamten 10 000–20 000 Pengő an, wenn sie ihn freiließen. Polacsek wurde wegen dieses Bestechungsversuches festgenommen.

4.) Reichsverrat

Durch Auslandskontrolle wurde eine Fotokopie der in der Schweiz herausgegebenen Zeitschrift „Mitteilungen der ungarischen nationalen Unabhängigkeitsfront“ in Budapest erfaßt.[23] Aus der Zeitschrift geht hervor, daß die Schweizer Organisation der Unabhängigkeitsfront durch 4 Ungarn geführt wird.[24] Die Organisation bestand angeblich schon vor dem deutschen Einmarsch in Ungarn. Das Organ hat am 15.3.44 u. a. die sofortige Aufnahme von Waffenstillstandsverhandlungen mit den Westmächten, die

15 Kommandeur der Sicherheitspolizei und des SD.

16 Deutsche Bezeichnung für die Stadt Kolozsvár (Cluj).

17 Deutsche Bezeichnung für die Stadt Nagyvárad (Oradea).

18 Deutsche Bezeichnung für die Stadt Kassa (Košice).

19 Die Deportationen in den Gendarmeriebezirken VIII und IX, wo sich die Gettos Nagyvárad, Kassa und Munkács befanden, wurden Anfang Juni abgeschlossen.

20 Una Holzverwertungsaktiengesellschaft.

21 Vermutlich: Ratosnya (Răstolița).

22 Deutsche Bezeichnung für die Stadt Marosvásárhely (Tîrgu Mureș).

23 Die erste Ausgabe der Mitteilungen der Ungarischen Nationalen Unabhängigkeitsfront erschien 1942 und wurde von ungar. kommunistischen Emigranten in der Schweiz gegründet; siehe dazu ausführlich Györgyi Markovits, A svájci Magyar Nemzeti Függetlenségi Front Közleményeiről, in: Irodalomtörténet 54 (1972) 2, S. 460–476.

24 Die Leitung der Schweizer Ungarischen Nationalen Unabhängigkeitsfront übernahmen Tibor Szőnyi, Ferenc Vági und András Kálmán.

Außerkraftsetzung der mit den Achsenmächten geschlossenen Verträge, den Abbruch diplomatischer Beziehungen zu Deutschland und die Bildung einer demokratischen Volksregierung aus Mitgliedern unterirdisch tätiger Opposition gefordert.

DOK. 250

Die Ungarische Nationalsozialistische Partei in Hosszúpályi möchte Mitte 1944 die örtliche Synagoge als Parteihaus übernehmen[1]

Handschriftl. Brief von Vince Tőkés,[2] Hosszúpályi, an den Vizegespan des Komitats Bihar,[3] Nagyvárad, o. D. [Juli 1944][4]

Euer hochwohlgeborener Herr Vizegespan!

Hiermit lege ich Widerspruch gegen den Beschluss Nr. 2255/1944 des Herrn Oberstuhlrichters des Kreises Derecske[5] ein, demzufolge der Ortsgruppe der Ungarischen Nationalsozialistischen Partei in Hosszúpályi die Benutzung des ehemaligen jüdischen Gebetshauses als Parteilokal untersagt wird.[6]

Als Gründe für den Widerspruch werden angeführt:

Der Oberstuhlrichter untersagte die Zuteilung aus religiösen und ethischen Gründen. Das besagte ehemalige Gebetshaus wird aber schon seit Jahren nicht mehr in Anspruch genommen, da die vorgeschriebene Zahl der in Hosszúapályi ansässigen Juden für die Nutzung nicht ausreichend war.[7] Deshalb fuhren sie zum Beten nach Monostorpályi. Nun, wo sie aus der Gemeinde abtransportiert worden sind, stehen diese Räumlichkeiten gänzlich leer und bleiben ungenutzt; angesichts ihrer Aufteilung und Ausstattung taugen sie zu nichts anderem außer als Parteilokal. Um keine andere Wohnfläche für unsere Zwecke in Anspruch zu nehmen, beantragte die Ortsgruppe die Zuteilung des Gebetshauses.

Ich nehme nicht an, dass die gegenwärtige Regierung derartige Räumlichkeiten für die Nachwelt erhalten wollte, und bezweifle noch mehr, dass die Clique um Kállay,[8] die ja

1 MNL HBML, IV.406/b.679.d.19865/1944. Abdruck in: Kálmán Radics (Hrsg.), A Hajdú-Bihar Megyei zsidóság történetének levéltári forrásai, Debrecen 1997, S. 87 f. Das Dokument wurde aus dem Ungarischen übersetzt.

2 Vince Tőkés (*1884).

3 Vitéz János Károly Nadányi (*1891).

4 Im Original Stempel des Vizegespans von Nagyvárad (Oradea) vom 22.7.1944 und der Abt. Hosszúpályi der Ungarischen Nationalsozialistischen Partei.

5 Dr. Kálmán Cziffra.

6 Das entsprechende Ersuchen richtete Tőkés am 27.6.1944 an den Oberstuhlrichter. Noch am selben Tag wies dieser das Ansinnen zurück. Gleichzeitig vermerkte er, dass die Ungarische Nationalsozialistische Partei in Hosszúpályi bereits über ein Parteihaus verfüge.

7 Im April 1944 informierte Bertalan Feisler den Zentralrat der ungarischen Juden, dass in Hosszúpályi keine jüdische Gemeinde als Körperschaft existiere und nur noch acht steuerzahlende Mitglieder dort lebten; siehe József Schweitzer (Hrsg.), Magyarországi Zsidó Hitközségek. 1944. április. A Magyar Zsidók Központi Tanácsának összeírása a német hatóságok rendelkezésé nyomán, 1. Rész: Adattár, Budapest 1994, Dok. 21, S. 31.

8 Gemeint ist der ehemalige Ministerpräsident Miklós Kállay, der in seiner Amtszeit eine Auslieferung der ungar. Juden an das Deutsche Reich ablehnte.

bereit gewesen wäre, Juden angesichts des erhalten gebliebenen Gebetshauses zurückzuholen, zurückkehren wird. Meiner bescheidenen Ansicht nach steht, in Einklang mit dem herrschenden Zeitgeist und wenn man die Abneigung gegenüber der Ungarischen Nationalsozialistischen Partei beiseiteschiebt, der Zuteilung der Räumlichkeiten nichts im Wege.

Bevor ich die Aufmerksamkeit des Magistrats auf diese Räume gelenkt habe (5. Juli 1944), standen diese Räumlichkeiten sperrangelweit offen; die Fenster waren eingeschlagen worden und die zurückgelassenen Spuren wiesen nicht gerade auf religiöse und ethische Verrichtungen hin. Damit sie nur nicht an uns übergeben werden müssen, ermöglichten aber religiöse und ethische Erwägungen, die Räumlichkeiten als Lagerraum zu nutzen und mit Mobiliar zu füllen. Derartige Vorgänge sind uns aus den Tageszeitungen über Russland bekannt mit dem Unterschied, dass es sich dort um Kirchen statt um jüdische Gebetshäuser handelt.

Euer Hochwohlgeboren, Herr Vizegespan! Ich darf Sie bitten, den Beschluss Nr. 2255/1944 des Oberstuhlrichters des Kreises Derecske zu unseren Gunsten abzuändern und uns die besagten Räumlichkeiten zuzuteilen oder, sollte dies nicht möglich sein, unsere Eingabe außerhalb des üblichen Geschäftsgangs zu bearbeiten, um das Verfahren im Innenministerium durch unsere Parteizentrale abwickeln zu lassen. Wir Nationalsozialisten sind sämtlich davon überzeugt, dass wir – trotz unseres flammenden ungarischen Patriotismus – vielen nicht genehm sind, doch die stets beschworene Einheit und der Zusammenhalt [des ungarischen Volkes] sollten, falls diese ernst gemeint sind, diesen Hass beilegen. Aus diesem Grunde bitten wir Sie, unserer Eingabe zu entsprechen.

Hochachtungsvoll[9]

DOK. 251

Der Schweizer Gesandte Maximilian Jaeger informiert am 25. Juli 1944 das Politische Departement über die innenpolitischen Machtkämpfe in Ungarn[1]

Schreiben (streng vertraulich, gefälligst nicht zu reproduzieren) der schweizerischen Gesandtschaft, Budapest (Aktenzeichen P.B.15.s.), gez. Jaeger, an den Chef des Eidg. Politischen Departements und Vizepräsidenten des Bundesrats Pilet-Golaz, Bern, vom 25.7.1944

Herr Bundesrat,

durch Kurzbericht hatte ich die Ehre, Ihnen zu melden, dass ich aus meiner erneuten Besprechung mit dem ungarischen Reichsverweser die Überzeugung gewinnen konnte, dass Admiral Horthy mit der Politik der heute am Ruder befindlichen Regierung nicht in allen Punkten einiggeht und vor allem die bisherige Judenpolitik des Kabinetts Sztójay desapprobiert.[2]

9 Über den weiteren Verlauf der Angelegenheit ist nichts bekannt.

1 BAR, E2300#1000/716#176*. Abdruck in: Diplomatische Dokumente der Schweiz, Bd. 15 (wie Dok. 88 vom 22.12.1942, Anm. 1), Dok. 184, S. 506–508.

2 Gemeint ist missbilligt. Horthy bemühte sich seit Anfang Juli, die Regierung Sztójay abzulösen, entließ bis Mitte Aug. 1944 jedoch zunächst nur einzelne Minister, die als besonders deutschfreundlich galten, darunter den für die Gettoisierung und Deportation verantwortlichen Innenminister Andor Jaross.

Seit Wochen findet ein innenpolitischer Kampf statt um die Beseitigung oder wenigstens um eine wesentliche Modifizierung der jetzigen Regierung. Des Reichsverwesers Plan wäre, an die Spitze des Kabinetts einen Militär zu stellen, der die Portefeuilles an parteilose Fachminister verteilen würde.[3] Diese gegen die politischen Parteien gerichtete Tendenz hat sich bisher nicht durchsetzen können, sondern die politischen Parteien sind zurzeit daran, sich über die Regierungsbildung zu verständigen und eine Koalitionsregierung aufzustellen, in der alle rechtsstehenden Parteien vertreten wären und auch der Pfeilkreuzlerführer Szalassy Platz finden solle.[4]

Die Parteien-Verhandlungen stehen unter dem Druck von verschiedenen Machtfaktoren. Als bedeutendste unter diesen müssen die im Lande anwesenden deutschen Gestapo- und SS-Truppen bezeichnet werden. Daneben spielt die ungarische Honvéd, aber auch die ungarische Gendarmerie eine Rolle. In diesem Zusammenhang muss erwähnt werden, dass der Innenminister Jaross und seine zwei Staatssekretäre Endre und Baky, denen die Vollstreckung der Judenverordnungen untersteht, anfangs Juli grössere Gendarmerie-Kräfte in der Hauptstadt zusammengezogen haben, hauptsächlich um die Sammlung und Deportation der Juden zu bewerkstelligen, aber es scheint auch, um ihre eigene Machtstellung zu verstärken und um ihren Anordnungen und Begehren mehr Nachdruck zu verleihen. Die Leitung der Honvéd, die dieses Manöver durchschaute, hat es dadurch durchkreuzt, dass sie Truppen ausrücken liess und es erreichte, dass die Gendarmerie-Truppen wieder abziehen mussten. Man hat diesen Zwischenfall nicht mit Unrecht als kleinen Putschversuch bezeichnet.

Seitdem es die Opposition erreicht hat, dass die Judendeportationen nach Deutschland vorläufig abgestoppt und den Juden allerlei Erleichterungen gewährt wurden,[5] haben die im Lande anwesenden Gestapo- und SS-Truppen eine als Drohung aufzufassende Demonstration in der Hauptstadt veranstaltet, indem sie in etwa Divisionsstärke durch die Straßen Budapests gezogen sind, um sich in der Umgebung der Hauptstadt zu zerstreuen.

Bei diesem Stand der Dinge ist es das Hauptziel des Reichsverwesers, die tatsächliche Macht im Lande wieder in seine Hand zu bekommen. Und zu diesem Zwecke bemüht er sich unablässig, die immer noch in Russland sich befindlichen ungarischen Divisionen zurückzukriegen. Gemeint sind hier nicht die unmittelbar jenseits der Karpaten stehenden ungarischen Truppen, die das eigene Land im Rücken haben und denen es jederzeit möglich sein wird, nach Ungarn zurückzukehren, sondern jene besten ungarischen Kavallerie-Divisionen, die ins Innere Russlands gezogen sind und nach dem Versprechen der Deutschen eigentlich nur als Polizei- und Etappentruppen hätten Verwendung finden sollen. Diese ungarischen Kräfte stehen heute noch im Sektor von Lemberg an der russischen Front und werden auch gegen Tanks eingesetzt, so dass sie schwerste Verluste erleiden. Ich habe ganz vertraulich vernehmen können, dass diese ungarischen Truppen

3 Dies geschah am 29. 8. 1944 mit der Ernennung von Generaloberst Géza Lakatos zum neuen Ministerpräsidenten.

4 Über die Gerüchte einer Regierungsbeteiligung des Pfeilkreuzlers Szálasi berichtete auch ein ungar. Verbindungsmann, der gleichzeitig darauf hinwies, dass diese mit den Führern der Nationalsozialisten und der Partei der Ungarischen Erneuerung immer stärker zerstritten seien; siehe Gerlach/Aly, Das letzte Kapitel (wie Dok. 191 vom 29.5.1944, Anm. 13), S. 342.

5 Zum Stopp der Deportationen siehe Einleitung, S. 70–72.

den Befehl erhalten haben, unbedingt zurückzukehren und sich gegebenenfalls auch gegen Widerstand durchzuhauen.
Der Reichsverweser hat nun als äusserste Massnahme ein Schreiben an Hitler gerichtet[6] und seinen Generaladjutanten mit diesem Brief persönlich zum deutschen Führer geschickt. Er soll in seinem Schreiben kategorisch die Rückkehr der erwähnten ungarischen Truppen verlangen.
Wäre Reichsverweser Horthy in der Lage, über diese seine bestausgerüsteten und ertüchtigten Truppen im Lande zu verfügen, so könnte er auf die Politik des Landes einen ganz anderen, ja einen entscheidenden Einfluss nehmen. Es steht dem Reichsverweser fern, etwa Verrat zu üben und die Deutschen im Lande mit den Waffen anzugehen, dagegen würde er es nicht dulden, dass Gestapo- und SS-Truppen in seinem Lande aggressiv werden sollten. In diesem Falle könnte die Situation in Ungarn von einem Tag auf den andern evoluieren,[7] d. h., Ungarn könnte noch in letzter Stunde in das andere Lager zu stehen kommen. Ich brauche hier nicht näher auf diesen Punkt einzugehen, dessen Bedeutung Sie ohne weiteres erkannt haben werden. Die vorstehende Skizzierung soll auch die Bemerkung meines Kurzberichtes erklärlich machen, dass auch die Innenpolitik und insbesondere die Judenpolitik Ungarns eine Machtfrage geworden ist.
Genehmigen Sie, Herr Bundesrat, den Ausdruck meiner ausgezeichneten Hochachtung

DOK. 252

Géza Kőműves beschwert sich am 26. Juli 1944 beim Bürgermeister von Sopron, dass durch die Verwüstung der Wohnungen von Juden das Inventar unbrauchbar werde[1]

Handschriftl. Brief von Dr. Géza Kőműves,[2] Sopron, an den Bürgermeister von Sopron[3] (Eing. 27.7.1944) vom 26.7.1944

Gnädiger Herr Bürgermeister!
Als amtlicher Zeuge, der durch die Verordnung 11.632/1944.II[4] des Bürgermeisters vom 6. Juni d. J. als behördlicher Zeuge mit der Übernahme und Inventarisierung des in Gewahrsam genommenen jüdischen Mobiliars beauftragt worden ist, halte ich es für meine Gewissenspflicht, Ihre geschätzte Aufmerksamkeit auf folgende Tatsachen bezüglich des Judenvermögens in Sopron zu lenken.[5]

6 Siehe Dok. 246 vom 17.7.1944, Anm. 5.
7 Sich verändern.

1 MNL GyMSM SL, VI. 1404. b, 489. doboz. Abdruck in: Soproni Szemle 59 (2005) 1, S. 44 f. Das Dokument wurde aus dem Ungarischen übersetzt.
2 Dr. Géza Kőműves (*1902), Gymnasiallehrer für Latein und Ungarisch.
3 Dr. Árpád Kamenszky (1891–1963), Jurist; 1941–1945 Bürgermeister von Sopron; 1945 interniert, nach seiner Entlassung als Anwalt tätig.
4 Nicht ermittelt.
5 Die jüdische Bevölkerung der Stadt Sopron wurde – von wenigen Ausnahmen abgesehen – am 5.7.1944 nach Auschwitz deportiert.

Ich erlaube mir, zunächst kurz den Zustand der in den jüdischen Wohnungen zurückgebliebenen Wertgegenstände zu beschreiben. Die in den ehemaligen jüdischen Wohnungen und in den Gettos aufzufindenden Einrichtungs- und Wertgegenstände sind in allergrößter Unordnung und Verwahrlosung hinterlassen worden. In den Wohnungen der Gettos hat die Gendarmerie sämtliche Betten, Schränke und Schubladen durchwühlt, ihren Inhalt auf den Boden geworfen und, indem sie darauf herumgetrampelt ist, ein Bild schwerster Verwüstung hinterlassen. Die Schlüssel wurden zu Tausenden ohne Kennzeichnung in Kisten gesammelt, so dass man jedes Mal (zum Beispiel zwecks Inventarisierung, Sammlung von Schreibtischen, Abtransport) nur in die Wohnungen gelangen kann, indem man Schlösser aufbricht und Türen und Tore beschädigt. In einer der Wohnungen haben wir auf einem Haufen wertvoller Textilien neben Möbelstücken, Taschen und anderen Gegenständen auch 15 bis 20 faule Eier gefunden. Andernorts ist die Lage ähnlich. Man stößt neben wertvollen Kleidungsstücken, Unterwäsche, Möbelstücken und Einrichtungsgegenständen überall auf Dreck, Gestank, verdorbene Lebensmittel, Ungeziefer, Mäuse. Ich habe voll ausgestattete Arztpraxen mit feinen Instrumenten gesehen, die völlig verwahrlost und verlottert waren. Sechs bis acht Menschen treten, wenn sie in die Immobilien eindringen, auf einer Unmenge von Wertgegenständen herum, die am Boden verstreut liegen.

Ohne Frage wird sich die sichere Zerstörung auf einen geschätzten Wert von mehreren Millionen [Pengő] belaufen, wenn die in vielen Fällen in den durchnässten und schmutzigen Räumlichkeiten hinterlassenen Wertgegenstände nicht durch rasche und durchgreifende amtliche Maßnahmen gerettet werden.

Nach meinen bisherigen Erfahrungen bin ich überzeugt davon, dass eine Monate dauernde Inventarisierung der in den Wohnungen und Geschäften hinterlassenen Dinge völlig sinnlos und überflüssig ist. Verlorene Liebesmüh. In dieser Angelegenheit liegt der Akzent nicht auf Bestandsaufnahme, sondern auf *Rettung*. Was ist eine bis zum letzten Nagel genauestens geführte Inventarliste wert, wenn die aufgenommenen Gegenstände inzwischen nicht mehr zu gebrauchen sind?

Derzeit haben wir folgende Situation: Während die Inventarisierungskommissionen [Etiketten von] leeren Flaschen entziffern, Knöpfe sortieren und sich mit ähnlichen Albernheiten beschäftigen, sind die tatsächlich wertvollen Einrichtungsgegenstände und Textilien der unwiederbringlichen Zerstörung preisgegeben. Während die Kommissionen sogar den Müll inventarisieren, gehen Wertsachen verloren oder lagern bei kriminellen Christen.

Die vergangenen Monate beweisen, dass das an Paragraphen gebundene Inventarisierungsverfahren nicht zweckdienlich ist. Ich habe gesehen, wie man Einbauschränke, Kronleuchter, Gardinenstangen und anderes Zubehör abmontiert hat, obwohl diese in den meisten Fällen dann keinen Wert mehr haben. Ein Kronleuchter mit 50 Lampen wurde aufwendig abgenommen und anschließend auf einem der Glasleuchter in der Ecke [des Zimmers] abgestellt. Wertvolle Kleidungsstücke, gebündelt oder in Koffer gestopft, wurden auf ewige Zeiten unter Möbelstücken versteckt.

Hier kann man nur durch energisches Durchgreifen, durch schnelle Maßnahmen, durch opferbereite Arbeit und finanzielle Investition Ergebnisse erzielen.

Meines Erachtens gibt es nur einen Weg, um die teuren Gegenstände zu retten: Man muss nach Auswahl und in Rückgriff auf entsprechende Lagerräumlichkeiten zwei Wochen lang mehrere Hundert Hand- und Geistesarbeiter sowie 40 bis 50 Lastwagen be-

hördlich in Anspruch nehmen, auch wenn andere, weniger bedeutende Arbeitsbereiche in dieser Zeit brachliegen gelassen werden müssten. Man müsste aus diesen Personen Kommissionen bilden, die von einer verlässlichen Person geleitet werden; diese soll für ihren jeweiligen Aufgabenbereich mit einer Vollmacht ausgestattet sein und bestimmen, welche Wertgegenstände in die entsprechenden, nach Ressorts getrennten Lager transportiert werden. Die übrigbleibenden minderwertigeren Gegenstände (mit Ausnahme des Wohnungszubehörs) sollten dem ärmeren Teil der Bevölkerung überlassen werden, die dafür die Müllabfuhr und Reinigung der Wohnungen übernimmt. Nur mit einer derartigen energischen, organisierten und keine Kosten scheuenden Vorgehensweise kann das der Zerstörung entgegensehende Judenvermögen gerettet werden. In den jüdischen Geschäften und Lagerräumen sollten außerdem Fachleute bereitgestellt werden, um die Warenbestände instand zu halten, zu pflegen und am Ende zu verkaufen.
Ich darf hier noch eine Bemerkung bezüglich der Einteilung der amtlichen Zeugen anbringen. Das bisher angewandte Verfahren ist nicht zweckdienlich. Oft gingen die Zeugen wochenlang umsonst zum Finanzamt, weil die Kommissionen in der Provinz beschäftigt waren. Man hatte es nicht für notwendig erachtet, die Zeugen darüber zu informieren. Folgerichtig sind bei der letzten Berufung lediglich drei Zeugen erschienen, und auch diese wurden erst nach langem Warten eingeteilt. Es ist überflüssig, darauf hinzuweisen, dass dieser Aufgabenbereich unter solchen Umständen nicht effizient sein kann.
Ich muss den Herrn Bürgermeister um Verzeihung bitten, den Sachverhalt so langatmig dargelegt zu haben, aber ich halte es für meine ethische Pflicht, meine Erfahrungen der dafür zuständigen Stelle zu unterbreiten.
Ich verbleibe hochachtungsvoll Ihr

DOK. 253

Das Deutsche Nachrichtenbüro meldet am 29. Juli 1944, dass die Auswanderung der ungarischen Juden nach Palästina durch Transportfragen erschwert wird[1]

DNB (vertrauliches Rohmaterial), Nr. 211, Eigendienst, Blatt 16, vom 29.7.1944

Schwedische Schiffe für Abtransport ungarischer Juden erwünscht
Stockholm, 29. Juli (DNB-Vertr.). Das Angebot des ungarischen Reichsverwesers Horthy bezüglich Evakuierung der ungarischen Juden nach Palästina[2] oder alliierten Gebieten betrachtet man in London nach Meldung des Londoner Korrespondenten von „Svenska Morgonbladet“ in erster Linie als eine Transportfrage. Eine große Einwanderungsquote für Palästina sei bisher noch nicht ausgenutzt. Könne man die Juden nicht

1 PAAA, R 99451.
2 Der ungar. Kronrat beschloss in seiner Sitzung am 26.6.1944, die Auswanderung von etwa 7800 Juden zu genehmigen („Horthy-Angebot“); siehe Dok. 260 vom 8.8.1944. Die Schweizer Botschaft und das Internationale Rote Kreuz begannen anschließend, die Auswanderung von 7000 Familien (etwa 40 000 Personen) nach Palästina vorzubereiten. Zur Umsetzung dieses Rettungsplans kam es zwar nicht, doch erhielten die Betroffenen sog. Schutzpässe, die sie vor Deportationsmaßnahmen schützen sollten.

sofort nach Palästina transportieren, so sollten sie vorübergehend nach Libyen gebracht werden. Türkische Schiffe seien schon bestellt für die Reise zwischen Konstanza und Palästina. Dieser Schiffsraum reiche jedoch für eine Evakuierung so großen Ausmaßes nicht aus. Infolgedessen seien die zwischen Griechenland und Palästina verkehrenden schwedischen Lebensmittelschiffe wieder aktuell geworden, die von Griechenland bisher leer nach Palästina zurückfuhren. Diese könnten auf ihrer Rückreise evakuierte Juden nach Haifa oder Libyen bringen. Die griechische Regierung habe früher Einwände gegen derartige Gedanken erhoben, da dadurch die Lebensmitteltransporte nach Griechenland verzögert werden könnten. Nunmehr sei die griechische Regierung jedoch bereit, diesen Vorschlag, der auch von der Bermudas-Konferenz[3] unterstützt worden sei, zu akzeptieren.

DOK. 254
Edmund Veesenmayer informiert am 29. Juli 1944 Joachim von Ribbentrop, dass er den ungarischen Ministerpräsidenten zur Wiederaufnahme der Deportationen gedrängt hat[1]

Telegramm (Nr. 2117 – geheime Reichssache) von Veesenmayer, Budapest, an Herrn Reichsaußenminister[2] über Botschafter Ritter (Eing. 29.7.1944, 11.45 Uhr) vom 29.7.1944, 1.30 Uhr[3]

Antwort auf Drahterlaß Nr. 2266 Inl. II (Sonderzug 1626) vom 27. Juli[4]
In meiner letzten Besprechung mit Sztojay[5] vor drei Tagen habe ich nochmals dringend die sofortige Wiederinangriffnahme der Judenevakuierung nach dem Reich gefordert[6] unter gleichzeitigem Hinweis darauf, daß andernfalls das großzügige Entgegenkommen der Reichsregierung (Drahterlaß 2085 vom 11. Juli)[7] nicht zur Durchführung kommen kann. Sztojay verwies auf die derzeitige Regierungskrise,[8] die er möglichst rasch beenden wolle, und daß er den Reichsverweser nochmals bitten werde, seine Genehmigung zur Wiederaufnahme der Judenaktion zu erteilen. Er hoffe, daß die Auslese der sogenannten christlichen Juden mit Stichtag vom 1. Januar 1941 in einigen Tagen beendet sei. Ich erwiderte, daß ein weiteres Zuwarten für uns untragbar sei, und vorschlug, daß zunächst einmal mit sofortiger Wirkung 50 000 Juden in einige Lager außerhalb der

3 Die Bermuda-Konferenz, an der Vertreter aus den USA und Großbritannien teilnahmen, fand im April 1943 statt und beschäftigte sich mit der Frage von jüdischen Flüchtlingen.

1 PAAA, R 100893, Bl. 191. Abdruck als Faksimile in: Braham (Hrsg.), The Destruction of Hungarian Jewry (wie Dok. 76 vom 25.9.1942, Anm. 1), Dok. 204, S. 461–463.
2 Joachim von Ribbentrop.
3 Im Original Verteilerliste und Vermerk: „Dies ist Exemplar Nr. 1".
4 Darin bat das AA Veesenmayer um Informationen über das Gespräch mit Sztójay bezüglich der „Weiterbehandlung der von hier grundsätzlich genehmigten Ausnahmen bei der Durchführung der Judenfrage in Ungarn"; Abdruck als Faksimile, wie Anm. 1, Dok. 203, S. 460.
5 Richtig: Sztójay.
6 Reichsverweser Horthy hatte am 6.7.1944 als Reaktion auf in- und ausländische Proteste den Stopp der Deportationen verfügt.
7 Liegt nicht in der Akte.
8 Siehe Dok. 246 vom 17.7.1944, Anm. 5; siehe auch Einleitung, S. 72 f.

Stadt gebracht werden, um von dort nach dem Reich weitertransportiert zu werden. Dies sei auch deshalb notwendig, weil die Juden in Budapest wieder frech würden und weil das Abstoppen der Judenevakuierung der Autorität der ungarischen Regierung sehr geschadet habe. Inzwischen ist Sztojay krank geworden[9] und ließ mir sagen, daß er mich frühestens morgen verständigen könne. Sein Besuch beim Reichsverweser hat nach meinen Feststellungen aus demselben Grunde noch nicht stattgefunden.[10]
Zu Ziffer 1.)[11] Gesandter Jungerth, der auf Weisung Sztojays während dessen Erkrankung beim Reichsverweser die Judenfrage zur Sprache brachte, erhielt von diesem über den Zeitpunkt der Wiederinangriffnahme der Judenevakuierung eine so allgemein gehaltene Antwort, daß sie als ausweichend angesehen werden muß.
Zu 2.)[12] Ungarische Regierung hat unser grundsätzliches Einverständnis zur möglichen Ausnahmebehandlung hiesiger Schweizer und schwedischer Gesandtschaft mündlich durch Sachbearbeiter Außenministeriums mitgeteilt.[13] Schweizer Gesandtschaft hat daraufhin, wie mit Drahtbericht Nr. 2075 vom 24. Juli gemeldet,[14] Vorbereitungen in der Art begonnen, daß sie in Zusammenarbeit mit ungarischem jüdischen Palästinaamt ein besonderes Büro eingerichtet hat und hier an Hand der bei ihr bereits vorliegenden Einwanderungzertifikate Auswanderungsanträge ungarischer Juden entgegennimmt. Die Anträge sollen in Form von Sammelpässen zu je ungefähr 200 Personen zusammengefaßt und durch das ungarische Außenministerium uns zur Erteilung des Passierscheins A zugeleitet werden. Transport soll über rumänische Grenze nach Constantza erfolgen, wo Schiffe zur Weiterfahrt nach Palästina bereitgestellt werden.[15] Hierbei hat sich herausgestellt, daß bei der in der Aufzeichnung des ungarischen Ministerpräsidenten vom 27.6.44 (Drahtbericht Nr. 1826 vom 29.6.)[16] enthaltenen Gesamtziffer für den Schweizer Plan von etwa 7000 Personen angeblich ein Schreibfehler unterlief. Nach Angabe der Schweizer Gesandtschaft handle es sich vielmehr um 7000 Familien mit insgesamt etwa 40 000 Personen, für die Einwanderungszertifikate bereits vorliegen. Das ungarische Außenministerium ist darauf hingewiesen worden, daß deutsche Entscheidung sich selbstverständlich nur auf die in jener Aufzeichnung festgelegte Ziffer von 7000 Personen bezogen hat.
Schwedische Gesandtschaft hat eine Liste von insgesamt etwa 650 Personen fertiggestellt, denen auf Grund persönlicher, namentlich verwandtschaftlicher oder geschäftlicher Beziehungen zu Schweden die schwedische Staatsangehörigkeit nach dem 19. März 1944 verliehen bezw. die Einreise nach Schweden bewilligt worden ist. Für eine erste Gruppe von etwa 100 Personen hat sie hier reguläre und provisorische schwedische

9 Döme Sztójay litt zu diesem Zeitpunkt an einer schweren Gelbsucht.
10 An dieser Stelle Vermerk: „Von hier ab mit Sonder-G-Schreiber".
11 Dieser Punkt des Schreibens des AA betraf die Frage „Ist Zeitpunkt und Tag der Durchführung Budapest festgelegt?"
12 Dieser Punkt des Schreibens des AA betraf die Frage „Sind schon Einzelheiten, besonders in Bezug auf den technischen Ablauf und die Zahl der betroffenen Personen, besprochen worden? […] Ferner wird um Bericht gebeten, ob und in welcher Form die ungarische Regierung unser grundsätzliches Einverständnis den fremden Regierungen mitgeteilt hat."
13 Siehe dazu auch Dok. 247 vom 19.6.1944 und Dok. 260 vom 8.8.1944.
14 PAAA, R 100893, Bl. 140–142.
15 Siehe Dok. 253 vom 29.7.1944.
16 Abdruck als Faksimile, wie Anm. 1, Dok. 324, S. 695 f.

Reisepässe mit dem Antrag auf Erteilung des deutschen Durchreisevisums und Passierscheins A vorgelegt. Für eine weitere größere Gruppe, die in diesen Tagen nachgereicht werden soll, hat schwedische Gesandtschaft Ermöglichung eines Sammelpasses erbeten. Die schwedische Aktion wird insgesamt die in der Aufzeichnung des ungarischen Ministerpräsidenten erwähnte Ziffer von etwa 400 Personen nicht übersteigen, da ein Drittel der genannten 650 schwedischen Schützlinge in der Provinz wohnhaft war und daher bereits nach Deutschland abtransportiert worden ist. Bei allen Beteiligten besteht Einverständnis darüber, daß in die neue Aktion nur solche Juden einbezogen werden können, die noch in Ungarn bezw. Budapest ansässig sind. Wegen schwedischen Planes vergleiche Drahtbericht Nr. 2058 vom 22. Juli.[17] In gleichem Zusammenhang hat auch hiesige spanische Gesandtschaft Ermöglichung der Ausreise eines und portugiesische Gesandtschaft von 9 ungarischen Juden beantragt, worüber mit Drahtbericht Nr. 1947 vom 12.7. und Nr. 1964 vom 14.7. berichtet worden ist.[18]
Alle diese Aktionen sind sowohl im ungarischen Außenministerium als auch von Mitgliedern der Missionen unmittelbar mit uns besprochen worden.[19]
Zu 3[).]:[20] In der Angelegenheit der Staatssekretäre Endre und Baky habe ich Sztojay unmissverständlich zum Ausdruck gebracht, daß die Reichsregierung unter keinen Umständen damit einverstanden ist, daß diese beiden ihrer Titel *oder* ihrer Funktionen enthoben werden. Sztojay erwiderte, daß der Reichsverweser darauf bestehe, *daß Baky und Endre zumindest andere Aufgaben als die der Judenfrage bezw. der politischen Polizei im Innenministerium übertragen bekommen.* Der Reichsverweser beabsichtigt, die beiden Herren zu sich kommen zu lassen, um ihnen das noch persönlich auseinanderzusetzen. Sztojay zusagte mir, den Einspruch der Reichsregierung dem Reichsverweser mitzuteilen, was infolge oben erwähnter Erkrankung Sztojays ebenfalls noch nicht erfolgt ist.[21]
Ergänzend bemerke ich, daß der Höhere SS- und Polizeiführer[22] die Anregung machte, Endre eine ähnliche Funktion zu übertragen, wie diese Gauleiter Sauckel im Reich hat.[23] Die Vitalität und Energie Endres bietet günstige Voraussetzungen für eine solche Aufgabe. Ich habe dementsprechend bei Sztojay vorgefühlt und vorgeschlagen, ihn im Rahmen der Regierungsneugestaltung zum Arbeitsminister mit besonderen Vollmachten zu machen. Der Wirtschaftsbeauftragte Dr. Boden und Oberstfrontführer Neyer von der O. T. haben allerdings gewisse Bedenken, da sie dadurch eine Dissonanz mit dem Honvedministerium befürchten. Das bisherige Fehlen eines Arbeitsministeriums hat jedoch das Bedürfnis entstehen lassen, einen solchen Posten zu schaffen und mit einer der

17 Richtig: 23. Juli; Drahtbericht Nr. 2058, wie Anm. 1, Bl. 132–134. Darin informiert Veesenmayer das AA darüber, dass die schwed. Gesandtschaft für drei verschiedene Gruppen Ausreiseanträge vorgelegt hat.

18 Liegt nicht in der Akte.

19 An dieser Stelle Vermerk: „von hier ab geh.Ch.V.".

20 Im Rahmen dieses Punktes bat das AA um einen Bericht, „wie die Angelegenheit der Staatssekretäre Baky und Endre steht".

21 Nicht zuletzt aufgrund der Kritik am brutalen Vorgehen der Gendarmerie bei der Deportation der ungar. Juden und an der Arbeit der Staatssekretäre Baky und Endre setzte sich Reichsverweser Horthy verstärkt für ihre Absetzung ein. Die Entfernung der beiden Staatssekretäre aus ihren Positionen gelang ihm wegen deutscher Intervention jedoch zunächst nicht.

22 Otto Winkelmann.

23 Fritz Sauckel war Generalbevollmächtigter für den Arbeitseinsatz.

stärksten Figuren zu besetzen. Ich bitte um Weisung, ob diese Bestrebungen fortgesetzt werden sollen oder ob Herr Reichsaußenminister darauf Wert legen, daß Endre in seiner bisherigen Funktion unverändert verbleibt.
Zu 4.):[24] Produktionsziffer im allgemeinen ist durch Ausscheiden der Juden zunächst zurückgegangen, und zwar in den verschiedenen Industrien in verschiedenen Graden. Bemühungen zur Überwindung der Schwierigkeiten sind im Gange. Jägerprogramm[25] wird hierdurch nicht unmittelbar betroffen. Gewisse Terminverschiebungen geringen Umfangs werden voraussichtlich besonders durch Luftangriffe eintreten. Im großen besteht aber Aussicht auf planmäßige Durchführung des Jägerprogramms.
Ungarische Sabotage gegen Industrie-Verlagerung vorliegt nicht. Die Mitwirkung der beteiligten ungarischen Stellen ist, den Umständen entsprechend, in den letzten Wochen zufriedenstellend.

DOK. 255
Andor Vadnai schreibt am 30. Juli 1944 seinem Vater, dass er nach der Deportation seiner Mutter und seiner Schwester das leer stehende Elternhaus aufgesucht hat[1]

Handschriftl. Postkarte von Andor Vadnai (Bandi), Arbeitskompanie 701/301, Budapest, Hungária-Ring 172, an Alfréd Vadnai, Arbeitsdienstkompanie 101/311, Zombor 8, vom 30.7.1944[2]

Mein teurer Vater!
Tischa BeAv.[3] Ich faste mit Dir, wir sind geistig miteinander verbunden, und unser beider Gebet geht zum Herrn im Himmel. Wir fasten für unsere Teuersten, wir fasten, damit wir sie so bald wie möglich gesund und unversehrt wiedersehen. Herr im Himmel, erhöre unser Gebet!
Gestern war ich daheim.[4] Das Haus ist nicht verlassen. Mörzsa hat mich empfangen, und ich habe mit Freude gesehen, dass der Garten wenn auch nicht gepflegt, so doch gegossen wird. Sie haben nämlich Frau Farkas heimgehen lassen, und jetzt wohnt sie in der Wohnung im unteren Stock (Waschküche). Die Finanzer haben die Siegel entfernt, und die Wohnung wurde zugänglich. Alles steht unberührt und ist in dem Zustand, wie es verlassen worden ist. Ich konnte in aller Eile ein paar Kleidungsstücke an mich nehmen, leider habe ich nur ganz wenig Unterwäsche gefunden. Die Dokumente in der kleinen Mappe, Deine Auszeichnungen sind ebenfalls alle bei mir. Auch Du solltest unbedingt versuchen, nach Hause zu kommen. Außerdem schreib mir, was Du brauchst,

24 Dieser Punkt des Schreibens des AA betraf Himmlers Bedenken „wegen des Rückganges der Produktionsziffern und wegen der nichtterminmäßigen Fertigstellung des Jägerprogramms" sowie dessen Besorgnis, „daß die Bemühungen zur Verlagerung der Industrie von den Ungarn sabotiert werden".
25 Im Rahmen des Jägerprogramms sollten jüdische Zwangsarbeiter in unterirdischen Rüstungsfabriken beim Bau von Abfangjägern eingesetzt werden.

1 Memorial Museum of Hungarian Speaking Jewry, D.8266. Das Dokument wurde aus dem Ungarischen übersetzt.
2 Im Original Zensurstempel vom 1.8.1944.
3 Der neunte Tag des Monats Av, ein jüdischer Fasten- und Trauertag, an dem der Zerstörung des Jerusalemer Tempels gedacht wird.
4 Siehe Dok. 234 vom 4.7.1944, Anm. 5.

[ob] Schuhe, Kleider, Hemden, Decken, Lebensmittel usw. fehlen. Gib mir Bescheid, wie schwer das Paket sein darf, und ich werde das sofort in die Wege leiten, jetzt habe ich die Möglichkeit dazu. Von unseren Eltern[5] habe ich keine Nachricht, aber ich bin sicher, dass sie im Land sind.
Viele Küsse,

DOK. 256

Gyula Mesterházy bittet am 30. Juli 1944 Bischof Kapi, ihn bei der Übernahme eines jüdischen Geschäfts zu unterstützen[1]

Handschriftl. Brief von Gyula Mesterházy,[2] Újpest, Lőrinc-Straße 5, Erdg. 17, an Bischof Béla Kapi vom 30.7.1944

Ehrwürdiger Herr Bischof!
Mein liebender Seelenhirt!
Ich habe Ihren äußerst liebevollen und ermutigenden Brief[3] erhalten und sofort geprüft, an wen ich mich hier in Pest hinsichtlich der Anfrage zur Übernahme des Geschäfts wenden kann.
Doch damals konnte man noch keinen Antrag für die Übernahme eines jüdischen Geschäfts stellen, weil noch kein Regierungsentscheid vorlag.
Jetzt aber, um den 17.7. herum, erschien im Budapester Amtsblatt der Erlass, demzufolge ein Antrag auf gesperrte jüdische Geschäfte, Warenbestände und Ladeneinrichtungen, die vom Regierungsbeauftragten für Eisenverarbeitung und verwandte Geschäftszweige verwaltet werden, bei diesem gestellt werden könne. Bis zum 29.7. müsse bei dem Regierungsbeauftragten der Anspruch eingereicht werden. Auch Fotografie wird von diesem verwaltet. Aus der Bestandsliste habe ich mir eine ehemalige jüdische Firma ausgesucht, genauer gesagt das ehemalige Geschäftslokal des Fotografen und Fotohändlers György Zalán (verschollen im Jahr 1941 an der Front), das sich am József-Ring 19 im 8. Bezirk befindet.[4] Ich hoffe, diesen Laden zu bekommen, weil die Örtlichkeit und dessen Umgebung meiner Kundschaft weitgehend entsprechen würden.
Gestatten Sie mir, Ihnen vom Stand dieser Antragssache zu berichten: Es dürfen nur diejenigen einen Antrag auf ein Geschäftslokal stellen, die bereits einen Gewerbeschein besitzen. Ich möchte eigentlich einen Laden für Fotoartikel mit einem Fotolabor verknüpfen. Ich habe jedoch nur den Gewerbeschein für Fotografie und Fotovergrößerung, der zur Leitung des Labors berechtigt. Ich habe keinen [Gewerbeschein] für Handel. Soweit ich weiß, ist es momentan unmöglich, einen solchen zu erhalten, außer in äußersten Ausnahmefällen wie z. B. bei Kriegsinvaliden, Kriegswitwen usw.

5 Gemeint sind vermutlich Großeltern.

1 EOL, Iratok a II.világháború idejéről, 1. doboz, 84. Kapi Béla: zsidó ügyek 1939–1944. Das Dokument wurde aus dem Ungarischen übersetzt.
2 Gyula Mesterházy (1914–1980), Fotograf; 1939–1942 Mitarbeiter von Kodak, von 1942 an als Einzelhändler tätig; 1946–1950 und 1952–1977 Besitzer eines Fotofachgeschäfts.
3 Nicht ermittelt.
4 In einem Brief vom 10.6.1944 bewarb sich Mesterházy bereits um das Geschäft des jüdischen Händlers Márton Szenes am Károly-Ring 10; wie Anm. 1.

Ich habe mir gedacht, dass ich den Antrag auf das Geschäftslokal als Fotografenmeister stelle und in der Zeit, bis ich den Gewerbeschein für den Handel mit Fotoartikeln erhalte, das Fotografengewerbe weiterführe. Natürlich werde ich mich nachdrücklich um den Erwerb des Gewerbescheins für den Handel mit Fotoartikeln bemühen, weil ich ohne den nur die Hälfte des möglichen Umsatzes erreichen kann.
Auf die gesamte ehemalige Judenhandlung, so wie sie war, kann man keinen Antrag stellen. Ich habe das oben genannte Geschäftslokal folgenderweise beantragt: Geschäfts- und Laboreinrichtung und das Geschäftslokal. Den Warenbestand beanspruche ich also nicht, diesen werde ich mir über christliche Großhändler beschaffen. Es gibt noch einen weiteren Erlass der Regierung, der besagt, dass das beantragte jüdische Geschäftslokal bei der Übergabe mit Bargeld bezahlt werden muss, in Kulanzfällen aber auch nach einer Teilzahlung übergeben wird. Ich bitte Sie sehr, mir dies zu ermöglichen; es wäre eine große Erleichterung für mich.
Ich fasse das oben Dargelegte folgenderweise zusammen: Ich bitte den ehrwürdigen Herrn Bischof, wenn möglich mit dem Herrn Regierungsbeauftragten für Eisenverarbeitung und verwandte Geschäftszweige, Lajos Kádár, in Kontakt zu treten; sein Referent ist Herr Dr. Margittay. Beide sind in der Nádor-Straße 28 zu finden, dort befindet sich, glaube ich, eine der Abteilungen des Außenhandelsamtes, für das sie arbeiten. Die Nummer des von mir gestellten Antrags lautet 00 572. Ich habe ihn am 28.7. in der Geschäftsstelle in der Akadémia-Straße 1, 5. Bezirk, eingereicht, er wird nach dem 1.[8.] bearbeitet.
Ich bitte um Verzeihung, dass ich eines der schwerwiegendsten Probleme meines Schicksals in die Hände des ehrwürdigen Herrn Bischofs lege und seine Hilfe erwarte, aber es wäre mir sehr, sehr wichtig, wenn Sie mich bei der Erlangung meines endgültigen Ziels unterstützen würden. Ich habe mich auch bisher immer bemüht und gearbeitet, auf Gott vertrauend, dass ich einmal zu meinem eigenen Geschäft kommen werde und, wie ich glaube, für die Gesellschaft und das Vaterland arbeiten kann. Auch jetzt, während ich diese Zeilen schreibe, höre ich im Radio, dass heute, am Sonntag, Pest und Transdanubien von feindlichen Fliegern angegriffen wurden. Der ehrwürdige Herr Bischof befindet sich hinsichtlich der Bombardements also in einer sehr, sehr exponierten Lage. Herr Dr. Korompay[5] und seine liebe Gattin[6] kamen vergangene Woche bei mir vorbei und erwähnten, dass sie im Sommer nach Máriamajor fahren – auch für den Herrn Bischof wäre es ratsam, sich in Gesellschaft dieser lieben Familie an diesem stillen, netten Ferienort ein wenig zu erholen. Für Herrn Dr. Korompay habe ich einen kleinen guten Fotoapparat beschafft, mit dem er schon recht gut umgehen kann.
Ehrwürdiger Herr Bischof, ich bitte Gott, dem Herrn Bischof und seinen Lieben in dieser krisenhaften Drangsal beizustehen und uns erfolgreich aus diesem schrecklichen Krieg zu führen. Auf Ihre Unterstützung hoffend und um Segen für Ihr Leben bittend schließe ich diese Zeilen.
Ihr ewig ergebener[7]

5 Richtig: Dr. János Korompai, Mitarbeiter der Ungarischen Staatsbahnen, Ehemann von Klára Kapi.
6 Klára Kapi, Tochter von Béla Kapi.
7 Das Ansuchen von Gyula Mesterházy blieb vermutlich ergebnislos. Erst 1946 gelang es ihm, zusammen mit einem Kollegen, ein Fotofachgeschäft zu eröffnen. Kurze Zeit später machte er sich selbständig.

DOK. 257
Die 16-jährige Éva Weinmann schildert Ende Juli 1944 in ihrem Tagebuch das tägliche Leben in Budapest[1]

Handschriftl. Tagebuch von Éva Weinmann,[2] Einträge vom 23. bis 31.7.1944

23. Juli 1944
Es ist leider eine sehr traurige Zeit, die mich dazu veranlasst, wieder auf deine Blätter zu schreiben, mein kleines Tagebuch. Im fünften Jahr des Krieges hat die Gefahr Europas auch uns erreicht: Hitler. Wie in den anderen europäischen Ländern hat auch hier die Judenverfolgung begonnen. Sie dauert nun schon seit fünf Monaten an. In ganz Ungarn sind wir[3] die Einzigen, die noch hier sind. Wo die anderen sind – das weiß nur der liebe Gott.[4] Alle meine Freundinnen wurden abtransportiert. Eine von ihnen wurde interniert, bislang war sie hier in der Páva-Straße,[5] aber jetzt wurde sie leider weggebracht. Sie waren in Kistarcsa,[6] aber angeblich wurden sie auch von dort weggebracht. Gott schütze sie vor dem Schlimmsten, dem Tod! Mein Herz ist mir um sie so weh.
Wir haben jetzt eine Zwei- (bzw. Einzimmerwohnung). Wir wohnen mit meiner Tante Juliska zusammen. Sie hat das größere Zimmer. Unseres ist etwas kleiner. Gott sei Dank geht es uns verhältnismäßig gut. Man kann von 11 bis 13 Uhr einkaufen und sich von 11 bis 5 Uhr draußen aufhalten. Gyöngyi wohnt in der Nähe von uns, und ich gehe immer zu ihr hinüber. Pista ist in Csepel,[7] am vergangenen Sonntag kam er sogar nach Hause. Die armen Jungs aus Kispest wurden alle nach Serbien verschleppt.[8] Ich weiß nicht, ob ich sie noch einmal wiedersehe. Frédi (mein gegenwärtiger Schwarm) – ich weiß weder, wo er ist, noch wie es ihm geht.
Diese Woche wurde ein Attentat auf das Schwein H. verübt, leider ohne Erfolg.[9] Ich habe auch gehört, dass er verreckte, aber ich glaube das nicht. Ich hoffe, dieser Zustand nimmt bald ein Ende. In der Rákóczy-Straße 57, wo wir wohnen, gibt es einen widerlichen Pfeilkreuzler. Bereits gestern wollte er das gesamte Haus abtransportieren lassen.

1 MZSML, XX-F-45. Abdruck in: Weinmann Éva naplója: 1941. okt. 10 – 1945. január 19, Budapest 2004, S. 12–14. Teilweise abgedruckt in engl. Übersetzung in: Vági/Csősz/Kádár, The Holocaust in Hungary (wie Dok. 29 vom 5.5.1939, Anm. 1), S. 130–132. Das Dokument wurde aus dem Ungarischen übersetzt.

2 Éva Weinmann (1928–1946) überlebte den Holocaust in einem „Judenhaus" und im Getto Budapest, sie starb 1946 an Leukämie.

3 Gemeint sind die Budapester Juden.

4 Die allermeisten Juden aus der ungar. Provinz wurden in das Vernichtungslager Auschwitz-Birkenau deportiert; siehe Einleitung, S. 64 f.

5 In der jüdischen Synagoge in der Páva-Straße befand sich ein Internierungslager für jüdische Flüchtlinge.

6 In Kistarcsa existierte bereits vor der deutschen Besatzung ein Internierungslager. Nach dem 19.3.1944 wurden dort etwa 2000 Personen interniert, darunter zahlreiche Juden, die unmittelbar nach der deutschen Besetzung verhaftet worden waren. Zur weiteren Geschichte des Lagers siehe Dok. 316 von März 1945, Anm. 7.

7 Gemeint ist vermutlich ein Arbeitsdienstlager in den Rüstungsbetrieben in Csepel.

8 In den Kupferminen im serbischen Bor wurden vom Sommer 1943 an jüdische Arbeitsdienstler zur Arbeit eingesetzt; siehe Dok. 101 vom 1.7.1943.

9 Am 20.7.1944 verübte Claus Schenk Graf von Stauffenberg ein Sprengstoffattentat auf Adolf Hitler, der dabei jedoch nur leicht verletzt wurde.

Die Zeit wird noch kommen, da man ihn totschlagen wird. Ich wünschte, ich würde das noch erleben. Unter den Juden von Budapest ist das Konversionsfieber ausgebrochen. Leider gehören auch wir dazu. Ich möchte nicht, Vati dagegen schon. Was soll ich da machen? Mich tröstet nur, dass eine Konversion drei Monate dauert und in der Zwischenzeit noch viel passieren kann. Hier im Haus findet sich keine passende Gesellschaft für mich. Es gibt zwei 17-jährige hässliche Jungs und drei hübsche junge Gojim,[10] die aber auf mich pfeifen, [außerdem] zwei 17-jährige und ein 22-jähriges Mädchen. Weiterhin einen 12-jährigen Jungen und ein 9-jähriges Mädchen. Das ist das ganze Kontingent. Der arme Robi wurde zum [...][11] gerufen und nun wurde er auch mit den Juden deportiert. Der Ärmste ist erst 15 Jahre alt. Er tut mir furchtbar leid.
Mit diesen Zeilen will ich schließen. Ich hoffe, dass ich, wenn ich wieder schreiben kann, hier nur lauter schöne und gute Dinge niederschreiben werde.
31. Juli 1944, Montag
Leider kann ich immer noch nichts Gutes berichten. Pista war gestern zu Hause. Er sieht sehr schlecht aus. Er kam mit seinem Kommando. Gyuri kam am Samstag nach Hause. Ohne Stern und Armbinde. Die Bombardierungen sind fürchterlich. Csepel ist dem Boden gleichgemacht! Diejenigen, um die ich mir bislang Sorgen gemacht habe, sind leider nicht mehr dort.[12] Gestern war ich in der Synagoge in der Dohány-Straße. Wir waren nicht grad viele. Der Rabbi hielt eine wunderschöne Rede. Unter anderem sprach er über die Deportierten und die Arbeitsdienstler. Gegen Mitte seiner Rede gab es Bombenalarm. Das verursachte eine kleine Panik. Wir und die meisten anderen blieben auf unseren Plätzen. Es war schrecklich, die Bombardierung zu hören. Der Gottesdienst wurde trotz allem fortgesetzt. Leider gibt es von den Bergers und den Leuten aus Kispest keine Nachrichten. Von Frédi weiß ich auch nichts. Mein Herz ist mir um sie alle so weh. Gott gebe, dass ich sie wiedersehe. Heute war der Pfarrer da. Diesen Winter beginnt der Unterricht.[13] Mich regt nichts mehr an. Es tut nur weh, dass man hier herumsitzen muss und nichts tun kann. In der Synagoge gestern habe ich mich richtig ausgeweint. Die Torarolle hatte keinen silbernen Aufsatz – sie war völlig schmucklos. Viele sind nach Palästina ausgewandert. Ich hätte auch auswandern können, wollte ohne meine Mutter und die Familie aber nicht gehen. 1500 sind nun weg – ein Transport blieb in Deutschland, dort hat man sie interniert, es sind auch viele Bekannte darunter.[14] Man muss Vertrauen haben. Wenn Gott nur ermöglicht, dass ich meine Freunde wiedersehe, die mir so sehr ans Herz gewachsen sind. Ich vertraue darauf, und es wird vielleicht wahr werden. Die arme Frajli wurde auch weggebracht.

10 Goj, Pl. Gojim (jidd.): Nichtjude.

11 Im Original unleserlich. Eventuell: Volksbewegungsbüro.

12 Die jüdischen Bewohner auf der Insel Csepel wurden vom 15.4.1944 an zusammengefasst und am 10.5. im Fahrraddepot der Manfréd-Weiss-Werke untergebracht. Zudem entstanden in den Gebäuden dieser Firma und der Tsuk-Fellfabrik Lager für Juden, die aus unterschiedlichen Gründen in der Hauptstadt verhaftet worden waren; siehe auch Dok. 240 vom 8.7.1944.

13 Gemeint ist der Religionsunterricht, der die Konversion vorbereitet.

14 Gemeint ist vermutlich die sog. Kasztner-Aktion, in deren Rahmen es gelang, etwa 1670 Personen freizukaufen. Sie wurden im Juli 1944 im Konzentrationslager Bergen-Belsen untergebracht; siehe Dok. 149 vom 25.4.1944 und Dok. 236 vom 30.6 bis. 6.7.1944.

DOK. 258

Aranka Grünberger notiert im Juli 1944, dass sie zusammen mit ihrem zwei Jahre alten Sohn in ein „Judenhaus" in Budapest umgezogen ist[1]

Handschriftl. Tagebuch von Frau Imre Sugár,[2] Eintrag vom Juli 1944[3]

Juli 1944. Im Zuge der Separierung der Juden zog ich mit meiner jüngeren Schwester Lili und mit ihrem Gyurika zu meiner Mutter.[4] Weil man mit den Kindern nicht spazieren und in den Park gehen kann,[5] sind sie sehr […][6] und ungeduldig. Die beiden haben sich zwar sehr lieb, aber sie streiten auch oft und prügeln sich, vor allem aufgrund des großen Altersunterschieds.[7] Péter[8] läuft Gyuri dauernd hinterher und versteht nicht, dass dieser nicht mit ihm spielen will. Wenn er morgens aufsteht, sagt er als Erstes: ins Bett zu Djujika. Mit Gottes Hilfe haben wir seinen zweiten Geburtstag alle wohlauf gefeiert, aber leider ohne seinen Vater.[9]

DOK. 259

Der britische Geheimdienst fängt ein deutsches Telegramm vom 5. August 1944 über den Abtransport von 1296 Personen aus dem Lager Sárvár Richtung Auschwitz ab[1]

German Police Decodes (GPD) 2918 Nr. 1 (streng geheim) der Government Code and Cypher School für die brit. Geheimdienste, abgefangen am 5. 8. 1944, dechiffriert am 14. 8. 1944[2]

From „CC":
DQB de LYD 0901[3] LYD Nr. 5 0 823 154 DSÖ6 155
An Pol. Regt. XXXX *Marseille*, weiterleiten an NSKK, Abtlg. *Bignolis*.

1 USHMM, 2008.69. Das Dokument wurde aus dem Ungarischen übersetzt.
2 Aranka Grünberger (*1918), verh. Frau Imre Sugár, überlebte den Krieg in Budapest; emigrierte 1948 zusammen mit ihrem Sohn Peter in die USA.
3 Frau Imre Sugár hielt in einem Buch die Entwicklung ihres Sohnes und die politischen Ereignisse fest.
4 Die Separierung der Budapester Juden in eigens gekennzeichnete Häuser wurde am 24. 6. 1944 abgeschlossen; siehe Dok. 207 vom 13. 6. 1944.
5 Eine VO vom 25. 6. 1944 bestimmte, dass Juden die mit dem gelben Stern gekennzeichneten Häuser ausschließlich zwischen 14 und 17 Uhr verlassen dürfen. Auch der Besuch von Parks wurde verboten. Einige Tage später wurden die Bestimmungen gelockert und die Möglichkeit, die Häuser zu verlassen, auf den Zeitraum zwischen 11 und 17 Uhr ausgedehnt.
6 Ein Wort unleserlich. Eventuell: unruhig.
7 Gyurika war zu diesem Zeitpunkt sechs Jahre alt.
8 Péter Sugár (*1942), Sohn von Frau Imre Sugár.
9 Imre Sugár wurde seit 1943 an der Ostfront vermisst, wo er Arbeitsdienst leisten musste. Im April 1944 erhielt seine Ehefrau die Benachrichtigung vom Roten Kreuz, dass er vermisst sei.

1 TNA, HW 16/70, message CIRO/PEARL/ZIP/AT 1194. Das Dokument ist auf Deutsch abgefasst. Die englischsprachigen Ergänzungen wurden nicht übersetzt, um sie als solche zu kennzeichnen.
2 Verteiler: M.I. 14 (d), Dr. Palmer, Major Leathen, Capt. B. Hawkins, Lt.-Col. Taylor, Major Evans, Major Webster, I.E.
3 Sender- und Empfängerkennung – DQB: Berlin, de: von, LYD: Rostock, Sendezeitpunkt: 9.01 Uhr.

Vater des NSKK. Scharführers *Roehmer*, Vorname Otto, am 4.8.44 verstorben. Anwesenheit erforderlich.
Von Kdo. der Schupo *Magdeburg*.

From „CG":
DTA de LYT 0640[4] LYT Nr. 12 1 932 340 DTA 6590
An das RSHA, Ref. IV A B C, zu Händen SS-Sturmbannführer *Günther*,[5] o. V. i. A. *Berlin*. Betr. Abbeförderung von Juden. Bezug: bekannt. Sonderzug unter Fahrt-Nr. 6 320 410 hat am 4.8.44 um 22.30 Uhr *Sarvar* in Richtung *Auschwitz* verlassen.[6] Transportstärke 1296. Transportführer SS-Untersturmführer *Hartenberger*,[7] BdS *Ungarn SEK*.[8]
Von BdO *Ungarn*.[9]

DOK. 260
Der britische Außenminister empfiehlt dem Kriegskabinett am 8. August 1944, Horthys Angebot anzunehmen und jüdische Kinder unter zehn Jahren nach Palästina ausreisen zu lassen[1]

Memorandum (geheim) des brit. Außenministers[2] – W.P. (44) 434 – an das Kriegskabinett vom 8.8.1944

Ungarisches Angebot, Juden die Ausreise aus Ungarn zu erlauben

Kürzlich hat Admiral Horthy Vertreter des Internationalen Roten Kreuzes in Budapest darüber unterrichtet, die ungarischen Behörden seien bereit, allen jüdischen Kindern unter zehn Jahren, die im Besitz eines Visums sind, und Juden, Erwachsenen und Kindern, die über ein Einwanderungszertifikat für Palästina verfügen, zu gestatten, Ungarn zu verlassen – unter der Voraussetzung, dass die Regierung Seiner Majestät und die Regierung der Vereinigten Staaten ausreichend Aufnahmeplätze finden.[3] Einstweilen würden alle Deportationen nach Polen ausgesetzt. Wir haben in dieser Angelegenheit

4 Sendezeitpunkt: 6.40 Uhr.
5 Rolf Günther (1913–1945), Polizist; 1929 SA- und NSDAP-Eintritt; 1937 Mitarbeiter der Gestapo Erfurt, wechselte von der SA zur SS, 1938 Zentralstelle für jüdische Auswanderung in Wien, 1941 Stellv. Eichmanns im RSHA, 1943/44 beim Zentralamt zur Regelung der Judenfrage in Prag, 1944 beim Inspekteur der Sicherheitspolizei Prag; nahm sich das Leben.
6 Trotz des Deportationsstopps durch Horthy fuhren am 24.7.1944 und am 4.8.1944 aus dem Internierungslager Sárvár zwei weitere Deportationszüge nach Auschwitz ab.
7 Richard Hartenberger (1911–1974), Steindrucker; 1938 SS-Eintritt, Mitarbeiter der Zentralstelle für jüdische Auswanderung in Wien, von 1941 an im Ref. IV B 4 des RSHA tätig, Zensor für die jüdische Häftlingspost; März bis Dez. 1944 Mitglied des Sondereinsatzkommandos Eichmann in Budapest; 1950 vom Volksgericht in Wien zu neun Monaten Haft verurteilt.
8 Sondereinsatzkommando unter Adolf Eichmann.
9 BdO Ungarn war Generalmajor d. P. Joseph Matros.

1 TNA, cab/66/53/34. Das Dokument wurde aus dem Englischen übersetzt.
2 Anthony Eden.
3 Dieses Angebot basierte auf der Entscheidung des Kronrats vom 26.6.1944, die Ausreise von 7800 Juden zu genehmigen.

die Regierung der Vereinigten Staaten konsultiert, und ihre Antwort ist dem Telegramm Nr. 4118 aus Washington zu entnehmen (Anhang I).[4]

2.[5] Da es sich um ein ernst zu nehmendes Angebot der Ungarn zu handeln scheint, drängt die Regierung der Vereinigten Staaten die Regierung Seiner Majestät nachdrücklich auf eine Entscheidung, und es wäre wünschenswert, wenn das Angebot unverzüglich akzeptiert würde (siehe hierzu das Telegramm Nr. 4238 aus Washington (Anhang II)).[6] Die Frage, ob das Angebot anzunehmen ist oder nicht, wurde am 4. August auf einer Sitzung des War Cabinet Committee on Refugees erörtert (J.R. (44) 21). Die Anwesenden waren mit folgendem Dilemma konfrontiert:

(a) Lehnen sie das „Horthy-Angebot" ab, sei es gemeinsam mit oder unabhängig von den Vereinigten Staaten, würde dies hierzulande und in den USA möglicherweise feindselige öffentliche Reaktionen hervorrufen.

(b) Nehmen sie das „Horthy-Angebot" an, würden sie mit der massiven Einwanderung von Juden aus Ungarn in die Levante[7] einen Bürgerkrieg in Palästina riskieren.

Daher kam man auf der Sitzung zu keinem diesbezüglichen Entschluss. Ich selbst war nicht anwesend.

3. Der Kolonialminister[8] hat erhebliche Bedenken gegen die Pläne des Internationalen Roten Kreuzes erhoben, wonach in Kürze 41 000 Juden Ungarn verlassen und über Rumänien in die Türkei[9] ausreisen sollen. Generell neigte die Stimmung der Versammelten dahin, mit der Regierung der Vereinigten Staaten keinen „Blankoscheck ausstellen [zu wollen], den wir nicht einlösen könnten". Stellvertretend für das Innenministerium teilte Sir Frank Newsam[10] die Sicht des Außenministeriums, das „Horthy-Angebot" als Geste zwar anzunehmen, aber die Amerikaner gleichzeitig wissen zu lassen, sie mögen uns nicht mit der unlösbaren Frage der Unterbringung konfrontieren.

4. Es wurde ebenfalls darauf hingewiesen, das Angebot könnte auf Anregung Hitlers gemacht worden sein, um durch den Exodus der Juden die Alliierten im Nahen Osten in Schwierigkeiten zu bringen.

4 Telegramm von Sir Ronald Ian Campbell an Eden vom 1.8.1944, wie Anm. 1. Darin informiert Campbell Eden, dass die US-amerikan. Regierung das ungar. Angebot als ernstgemeint verstehe und empfehle, es sofort zu akzeptieren.

5 Die Aufzählung beginnt mit Punkt 2.

6 Telegramm von Campbell an Eden vom 7.8.1944, wie Anm. 1. Darin informiert Campbell über den US-amerikan. Wunsch, bis zum 10.8. über das Angebot der ungar. Regierung zu entscheiden.

7 Bezeichnung für die Länder am östlichen Mittelmeer.

8 Oliver Stanley (1896–1950), Politiker; von 1924 an Mitglied des brit. Unterhauses, 1933/34 Transportminister, 1937–1940 Handelsminister, 1940 Kriegsminister, 1942–1945 Kolonialminister.

9 Im Original handschriftl. Korrektur auf Palästina.

10 Sir Frank Aubrey Newsam (1893–1964), von 1924 an privater Sekretär des brit. StS John Anderson, 1927–1932 Privatsekretär des Innenministers, von 1933 an Ministerialdirektor, von 1941 an Ministerialrat im Innenministerium; 1948–1957 StS für Inneres.

5. Letztlich beschloss die Versammlung, das beschriebene Dilemma dem Kriegskabinett darzulegen. Unterdessen wurden Telegramme nach Washington gesandt, um den Geschäftsträger der Regierung Seiner Majestät[11] anzuweisen, das State Department darüber zu informieren, dass wir für unsere Entscheidung noch mehr Zeit bräuchten.

6. Möglicherweise sind die im Telegramm Nr. 4118 von den Vereinigten Staaten angeführten Gründe, das Intergovernmental Committee on Refugees[12] nicht zu einer Zusammenarbeit einzuladen, von der Furcht getragen, es könnte dem War Refugee Board den Wind aus den Segeln nehmen. Das Außenministerium ist jedoch der Ansicht, dass das Intergovernmental Committee aus praktischen Gründen beteiligt werden sollte. Die Kooperation mit neutralen Ländern wie Schweden oder der Schweiz könnte wegen deren Assoziierung mit dem Committee erleichtert werden. Das Direktorium des Committees bräuchte vermutlich nur diejenigen Regierungen zu konsultieren, mit denen eine Zusammenarbeit hilfreich wäre. Die Behauptung, „jeglicher" Bezug zum Committee würde bei den Achsenmächten Europas als Verzögerungstaktik eingestuft werden, ist unzutreffend. Denn eine Konsultation des Committees könnte zeitgleich mit der Anerkennung des Angebots durch die angloamerikanischen Länder erfolgen, wie weiter oben vorgeschlagen. Unrichtig ist auch die Behauptung, die Hinzuziehung des Intergovernmental Committees würde Menschenleben gefährden. Die Regierung der Vereinigten Staaten meint vermutlich die Verzögerung, durch die Menschenleben aufs Spiel gesetzt würden, doch die Hinzuziehung des Intergovernmental Committees müsste gar nicht mit einer weiteren Verzögerung einhergehen, wenn dies parallel zur Anerkennung [des Angebots] in die Wege geleitet würde. Davon abgesehen würde ein Verweis auf das Intergovernmental Committee der ungarischen Regierung auch keinen Vorwand liefern zu behaupten, ihr Vorschlag sei praktisch zurückgewiesen worden. Darüber hinaus sollte auch unser Vorschlag, einen Appell an die lateinamerikanischen Regierungen zu richten (siehe Telegramm des Außenministeriums an Washington 6588, Anhang III),[13] nicht unter den Tisch fallen.

7. Die Unterbringung [der Flüchtlinge] wirft mindestens ebenso große Probleme auf wie deren Transport. Das Außenministerium hat unlängst erkunden lassen, inwieweit es möglich wäre, im Mittelmeerraum ein Transitzentrum für Flüchtlinge einzurichten, das Juden aus Ungarn aufnehmen könnte. Es gibt bereits Flüchtlingslager in Fedhala und Philippeville im französischen Nordafrika,[14] eventuell würden die französischen Behörden also der Einrichtung eines weiteren Lagers nicht zustimmen. Unter erheblichen Schwierigkeiten und gegen den Willen unserer Militärführung haben wir Vorkehrungen für die Errichtung eines Lagers in Tripolitanien[15] getroffen. Die Lager, die ursprünglich

11 Brit. Botschafter in Washington war zu dieser Zeit Edward Wood, 1. Earl of Halifax (1881–1959).

12 Das Intergovernmental Committee on Refugees wurde 1938 auf der Konferenz von Évian gegründet. Seine Aufgabe war es, mögliche Zielländer für jüdische Emigranten zu eruieren und die Ausreise von jüdischen Flüchtlingen mit den deutschen Behörden abzustimmen; siehe VEJ 2, S. 47, sowie VEJ 2/59.

13 Telegramm von Eden an Campbell vom 22.7.1944, wie Anm. 1. Darin schlug Eden vor, einen Appell an die lateinamerikan. Regierungen zu richten, mehr jüdische Flüchtlinge aufzunehmen.

14 Die Flüchtlingslager in Fedalla und Philippeville wurden nach der von den USA und Großbritannien einberufenen Bermuda-Konferenz im Jahr 1943 in Marokko für jüdische Flüchtlinge errichtet, die Spanien erreicht hatten.

15 Provinz in Libyen.

in Ägypten unter Aufsicht der Middle East Relief and Refugee Administration[16] entstanden sind, wurden in letzter Zeit erheblich ausgebaut, um einige Tausend jüdische Flüchtlinge aufzunehmen, die von Jugoslawien aus nach Süditalien gelangt sind. Das Colonial Office ist unserem Wissen nach gegen die Einrichtung eines solchen Transitlagers in Palästina oder Syrien, wo ohnehin schon einige Lager existieren. Zypern ist nicht in der Lage, weitere Flüchtlinge aufzunehmen. Die einzig verbliebene Möglichkeit scheint Sizilien zu sein, wie unlängst von Präsident Roosevelt angeregt. Offensichtlich wurde dieser Vorschlag von den britischen und amerikanischen Militärführungen im Mittelmeerraum jedoch abgelehnt. Aus Sicht des Außenministeriums könnte ein Zustrom jüdischer Flüchtlinge in die Levante zu einem unmittelbaren Problem werden, so dass wir aus praktischen Gründen die Errichtung eines Durchgangslagers in Syrien dringend in Betracht ziehen sollten. Wir stehen in Konsultation mit den Regierungen der Dominions, um dauerhaft Unterbringungsmöglichkeiten bereitstellen zu können.

8. Wir sollten mit der Regierung der Vereinigten Staaten vereinbaren, die Anerkennung des Angebots aus Ungarn, Juden ausreisen zu lassen, öffentlich zu machen.

9. Der Entwurf eines Telgramms, das ich vorschlage, nach Washington zu senden, ist angehängt (Anhang IV).[17]

10. Angesichts der wichtigen politischen Fragen, die hiervon berührt sind, halte ich eine baldige Entscheidung des Kriegskabinetts für unerlässlich.[18]

DOK. 261

Der Chefarzt der Ungarischen Bahnen rechtfertigt am 11. August 1944 gegenüber Bischof Kapi das brutale Vorgehen bei der Deportation der ungarischen Juden[1]

Schreiben des Chefarztes der Direktion der kgl. ungar. Staatsbahnen, VI., Budapest, Andrássy-Straße 75, Erdgeschoss 35, gez. Sándor Csia,[2] an Béla Kapi vom 11.8.1944

Gnädiger Herr!
Herzlichen Dank für Dein mich ehrendes Antwortschreiben.[3] Nimm es mir aber nicht übel, wenn ich Dir in gewissen Punkten widerspreche.
Wir stimmen darüber überein, dass die [Lösung der] Judenfrage mit zahllosen Versäumnissen einhergeht. Wenn man jedoch unter Druck steht, muss man handeln, ob

16 Die brit. Flüchtlingseinrichtung bestand seit 1942 mit Sitz in Kairo.
17 Wie Anm. 1.
18 Die brit. und die US-amerikan. Regierung erklärten am 17.8.1944, dass sie das ungar. Angebot annehmen würden. Die praktische Umsetzung der Maßnahmen scheiterte jedoch.

1 EOL, Iratok a II.világháború idejéről, 1. doboz, 84. csomó. Das Dokument wurde aus dem Ungarischen übersetzt.
2 Sándor Csia (1885–1962), Arzt; Chefarzt bei den kgl. ungar. Staatsbahnen; emigrierte 1958 in die Schweiz.
3 Nicht ermittelt.

die Sache nun vorbereitet ist oder nicht. Die Juden verseuchen andauernd unser Land. Will die ungarische Nation überleben, muss dies verhindert werden. Wie ich in meinem Brief an den gnädigen Herrn Ravasz[4] bereits ausgeführt habe (gestatte mir, hier nur kurz darauf hinzuweisen), herrscht ein jüdisch-ungarischer Krieg. Im Krieg muss man dem Feind die Möglichkeit nehmen, einem zu schaden. Dies ist ausschließlich durch radikale Separierung zu erreichen.

Was Du selbst nicht wünschst, das füge auch keinem anderen zu – dieses Prinzip steht im Allgemeinen außer Zweifel. Doch [wenn man ihm immer folgte], könnte man keine Kriege mit Waffen führen. Aus Notwehr darf man töten, aus Notwehr darf man Kriege führen, das erlaubt die Bibel, sonst hätte sich kein einziger aus Notwehr geführter Religionskrieg rechtfertigen lassen. Und auch nicht der derzeitige Krieg der Finnen[5] oder die ungarischen Freiheitskämpfe.

Natürlich hätte man alle Juden in Schlafwagen außer Landes bringen sollen! Aber wir haben nicht genügend Schlafwagen. Natürlich hätte man stets sanft mit ihnen sprechen sollen! Aber sie sind es, die unsere Schädel als Pflastersteine benutzen wollen. Mir ist klar, dass es viele brutale Gendarmen gibt, mir ist klar, dass einzelne hohe Funktionäre rücksichtslos denken – diese verurteile ich auch. Aber wir können nicht Unmögliches verlangen. Es ist Krieg, und wir müssen diesen Krieg gewinnen, sonst ist das endgültig unser Ende. Alles andere wäre Selbstbetrug und Betrug an der Nation.

Ich danke Dir herzlichst für den mir zugeschickten Hirtenbrief.

Hochachtungsvoll und mit warmer Zuneigung,

Dein getreuer Diener

DOK. 262

Das ungarische Außenministerium bereitet Mitte August 1944 ein Schreiben vor, mit dem die deutsche Regierung den Abschluss der „Lösung der Judenfrage" in Ungarn bestätigen soll[1]

Schreiben des Außenministeriums (568/Res.Pol), Politische Abt., Unterschrift unleserlich, o. D. [ca. 11.8.1944] (Entwurf)[2]

Deutsche Erklärung über die Lösung der ungarischen Judenfrage

Die Reichsregierung erklärt, daß Sie im Sinne der Erklärung der königlich ungarischen Regierung vom … August 1944 die ungarische Judenfrage als zufriedenstellend und endgültig gelöst betrachtet.[3]

4 László Ravasz.

5 Gemeint ist der Krieg zwischen Finnland und der Sowjetunion, der im Sept. 1944 mit dem Waffenstillstand von Moskau endete, in dem sich Finnland verpflichtete, besetzte Gebiete wieder an die Sowjetunion abzugeben und die im Land stationierten deutschen Truppen anzugreifen.

1 MNL OL, K 64 1944-43-II-568. Abdruck in: Karsai (Hrsg.), Vádirat, Bd. 3 (wie Dok. 225 vom 25.6.1944, Anm. 4), S. 375 f. Darin wird das Dokument auf den 11.8.1944 datiert.

2 Im Original handschriftl. Korrekturen und Ergänzung: „Gemäß der Entscheidung des Ministerrats vom […] in Planung genommen."

3 Heinrich Himmler ließ am 25.8.1944 die Deportation ungar. Juden mit sofortiger Wirkung untersagen.

Es wird dafür Sorge getragen, daß die zur Unterstützung der ungarischen Behörden bei der Lösung der Judenfrage entsandten Organe des SD bis zum ....1944 Ungarn verlassen werden, womit die Souveränitätsrechte der ungarischen Regierung auch auf diesem Gebiete wiederhergestellt werden.[4] Auch bis zu diesem Zeitpunkt werden [sich] die erwähnten deutschen Stellen und ihre Organe von dem unmittelbaren Verkehr mit dem ungarischen Judenrat sowie mit den jüdischen Interessierten enthalten.
Die Reichsregierung versichert der ungarischen Regierung, daß die von Ungarn nach Deutschland geschickten Juden ohne Unterschied [in Bezug] auf Alter und Geschlecht ausschließlich für Arbeitsdienste- oder Hilfsdienstzwecke verwendet werden.
Das Verfügungsrecht über das Vermögen der zum Arbeitsdienst nach Deutschland entsandten Juden sowie ihrer Familienangehörigen bleibt dem ungarischen Staat vorbehalten.
Die Reichsregierung gibt ihre Zustimmung, daß den im Rahmen der Auswanderungsaktionen ausreisenden Juden die notwendigen deutschen Aus- und Durchreisegenehmigungen erteilt werden.[5]

DOK. 263
Die ungarische Botschaft in Bern fragt am 21. August 1944 an, ob die Juden aus den Lagern Sárvár und Kistarcsa entgegen internationalen Vereinbarungen deportiert wurden[1]

Chiffriertes Fernschreiben (Nr. 137–582/Res.Pol.) der kgl. ungar. Botschaft in Bern, gez. Bothmer,[2] an den Außenminister,[3] an Botschafter Jungerth sowie an Rat Csepey[4] (Eing. 22.8.1944, 8 Uhr) vom 21.8.1944, 19.32 Uhr[5]

Der Leiter des Roten Kreuzes informiert darüber, dass die Deportationen fortgesetzt würden.[6] So hätten deutsche Organe am 19. vergangenen Monats 1200 Frauen und Männer aus Kistarcsa, am 24. des vergangenen Monats 1500 Personen aus Sárvár zunächst in Lastwagen, dann weiter in Zügen abtransportiert.[7] Da dies bedeuten würde, dass die

4 Das Sondereinsatzkommando wurde am 29.9.1944 weitgehend aufgelöst. Am 17.10.1944, nach der Machtübernahme der Pfeilkreuzler, hielt sich Adolf Eichmann wieder in Budapest auf.
5 Siehe Dok. 213 vom 19.6.1944 und Dok. 253 vom 29.7.1944.

1 MNL OL, K 64 1944-43-II-582, Bl. 207. Abdruck in: Karsai (Hrsg.), Vádirat, Bd. 3 (wie Dok. 225 vom 25.6.1944, Anm. 4), S. 422 f. Das Dokument wurde aus dem Ungarischen übersetzt.
2 Károly Bothmer (1893–1971), Jurist; 1935–1940 Leiter des Konsulats in Kolozsvár (Cluj), 1941–1943 Mitarbeiter der ungar. Botschaft in Bern, 1943 ungar. Generalkonsul in Wien, 1944 ungar. Gesandter in Bern.
3 Döme Sztójay.
4 Richtig: Csopey.
5 Im Original Vermerk: „Dechiffr.: 22.8.1944, 12 Uhr 15, Dörgei–Vágó–Jekelvalv[?], Apparat: F“.
6 Siehe Notiz des Außenministeriums vom 21.7.1944, wie Anm. 1.
7 Nach dem offiziellen Stopp der Deportationen im Juli 1944 deportierte das Sondereinsatzkommando am 19.7.1944 aus dem Lager Kistarcsa 1220 Juden, die drei Tage später in Auschwitz ankamen. Zudem fuhren am 24.7.1944 sowie am 4.8.1944 aus dem Internierungslager Sárvár zwei weitere Deportationszüge nach Auschwitz ab; siehe Dok. 259 vom 5.8.1944 und Dok. 263 vom 21.8.1944.

ungarische Regierung ihr Versprechen nicht gehalten hat, und das seiner [des Leiters des Roten Kreuzes] Ansicht nach früher oder später an die Öffentlichkeit gelangen würde und unvorstellbare Konsequenzen seitens der interessierten Regierungen und der Weltöffentlichkeit nach sich zöge, bittet er die ungarische Regierung um eine Stellungnahme zu diesem Sachverhalt. Ich möchte die Aufmerksamkeit Eurer Hoheit auf die Wichtigkeit dieser Frage lenken, weil der hochwohlgeborene Herr Reichsverweser persönlich in den entsprechenden Kommuniqués erwähnt wurde.
Ich bitte um eine nähere Erklärung des Begriffs „Sicherheitsgründe", der im Rundfernschreiben Nr. 140[8] erwähnt wurde, sowie um Informationen darüber, wohin wir die Juden aus Budapest transportieren.
Das Rote Kreuz bittet um die eilige Ausstellung der deutschen Durchreisevisa für die Beauftragten F. und V.
Mit Bitte um eilige Drahtantwort.[9]

DOK. 264

Der Befehlshaber im Operationsgebiet Ostungarn berichtet am 23. August 1944 über die Unzufriedenheit in der ungarischen Bevölkerung wegen der nachlassenden antijüdischen Maßnahmen[1]

Monatsbericht (geheime Kommandosache) des deutschen Befehlshabers im Op.Gebiet Ostungarn,[2] Abt. Ic Tgb. Nr. 100/44 g.Kdos, Unterschrift unleserlich, an den Bevollmächtigten General der Deutschen Wehrmacht in Ungarn,[3] Budapest, vom 23. 8. 1944

Betr.: Monatsbericht
Bezug: Bev. General d. D. Wehrmacht in Ungarn Abt. Ic Tgb. Nr. 116/44 g.Kdos. vom 9.5.1944

1) Stimmung und Äußerungen über die allgemeine politische Lage
Vielfach wird noch das Attentat auf den Führer erörtert.[4] Es wird bemerkt, daß zunächst in der Presse und in der Rede des Reichsministers Dr. Goebbels behauptet wurde, es

8 Nicht ermittelt.
9 In seiner Antwort bat das Außenministerium, dem Roten Kreuz mündlich mitzuteilen, dass „die deutschen Organe ohne Kenntnis und Einwilligung der ungarischen Regierung tatsächlich Juden aus den Lagern in Kistarcsa und Sárvár weggebracht hatten", und versicherte, dass solche Vorfälle sich nicht mehr wiederholen würden.

1 BArch-MA Freiburg, RH 31-V/3.
2 Emil Zellner (1889–1946), Offizier; von 1928 an Lehrer an der Infanterie-Fachschule, seit 1930 an der Kriegsakademie, 1940 Chef des Generalstabs des stellv. XVII. Armeekorps, 1941–1943 Kommandeur der 372. (kroat.) Infanteriedivision, 1943 Generalleutnant; April bis Okt. 1944 Befehlshaber im Operationsgebiet Ostungarn, anschließend Inspekteur in der Wehr-Ersatz-Inspektion Innsbruck.
3 Hans von Greiffenberg (1893–1951), Offizier; von 1938 an Abt.-Leiter im Generalstab des Heeres, 1941 Chef des Generalstabs der 12. Armee, 1941/42 der Heeresgruppe B, 1942 der Heeresgruppe A, von Okt. 1943 an Militärattaché bei der deutschen Botschaft in Budapest, 1944 General der Infanterie, April 1944 bis 1945 Bevollmächtigter General der Deutschen Wehrmacht in Ungarn; 1945–1947 in US-amerikan. Kriegsgefangenschaft, 1947–1951 in der „Historical Division" der US-Armee tätig.
4 Am 20.7.1944 verübte Claus Schenk Graf von Stauffenberg ein Attentat auf Hitler.

handle sich nur um einen kleinen Kreis von z. Z. bereits aus der Wehrmacht entlassenen bezw. ausgestoßenen Offizieren, die sich gegen den Führer erhoben hätten.[5] Durch die weiteren Pressemeldungen und durch die Veröffentlichungen über den Prozess gegen die Attentäter ist in ungarischen Kreisen der Eindruck erweckt worden, daß an dem Putschversuch eine große Anzahl hoher Offiziere beteiligt war. Von den Ungarn wird besonders betont, bei den Attentätern handle es sich ausgesprochen um Kreise aus der Intelligenz. Man betrachtet teilweise die Lage in Deutschland als absolut unsicher. In der Bevölkerung ging auch das Gerücht, daß der Führer seinen Verletzungen erlegen sei.[6]
Die in der deutschen Presse aufgezeigten Einzelheiten über das Attentat und die Gerichtsverhandlung[7] haben sich auf die Stimmung in Ungarn ungünstig ausgewirkt.
Die Stimmung hat sich in der Berichtszeit erheblich verschlechtert, und die außenpolitische Lage wird [als] sehr ernst beurteilt. Die Ursachen hierzu sind verschieden. Neben den militärischen Ereignissen ist es vor allem der Abbruch der wirtschaftlichen und diplomatischen Beziehungen der Türkei zu Deutschland. Man befürchtet den Kriegseintritt der Türkei auf seiten unserer Feinde und das Aufleben von Kämpfen auf dem Balkan, womit für Deutschland eine weitere Front entstehen würde. Für die Abkehr der befreundeten Türkei sucht man Erklärungsgründe, mehr schon Entschuldigungsgründe.[8]
Durch die Terrorangriffe[9] hat sich teilweise die Stimmung gegenüber den Angloamerikanern verschlechtert, teilweise wird aber auch die Schuld den Deutschen in die Schuhe geschoben.
Die ganze Stimmung ist daher gedrückt und nervös. Man fürchtet, daß Deutschland wohl kaum noch die Kraft haben würde, seine Gegner zu schlagen. Die unsinnigsten Gerüchte werden verbreitet. Z. B. Bulgarien aus dem Dreimächtepakt ausgetreten.[10]
Der Papst hat gedroht, wenn Juden aus Budapest abtransportiert würden, so würde er sofort Anweisung erteilen, daß kein Ungar mehr getauft und die kathol. Seelsorge eingestellt würde.
Ungarn hat sofort einen guten Frieden, wenn es sich von den Deutschen befreit.
Bulgarien wird mit Russland einen Sonderfrieden schließen auf Kosten Ungarns.
Diese Gerüchte werden vielfach durch die liberalistischen Kreise der Intelligenz und auch von den in Freiheit gesetzten Ausnahmejuden in die Welt gesetzt. Vor allem trägt das Abhören der ausländischen Sender Unruhe in das Volk hinein und ist geeignet, den Widerstandswillen des ungarischen Volkes zu untergraben und die breiten Massen systematisch zur Deutschfeindlichkeit zu bringen.
Gutgesinnte ungarische Kreise sind der Ansicht, daß das *Abhören der feindlichen Sender mit schärfster Strafe bedroht werden muß.* Die außenpolitische Aufklärung der breiten Masse liegt völlig im argen, so daß der Flüsterpropaganda Tür und Tor geöffnet ist.

5 Goebbels hielt seine Rede zum Hitler-Attentat am 26.7.1944; Abdruck in: Helmut Heiber (Hrsg.), Goebbels' Reden 1939–1945, Bd. 2, München 1971, S. 342–359.
6 Siehe auch Dok. 257 von Ende Juli 1944.
7 Als Folge des Attentats fanden mehrere Schauprozesse vor dem Volksgerichtshof statt.
8 Zum Abbruch der wirtschaftlichen und diplomatischen Beziehungen zu Deutschland kam es im Aug. 1944. Am 23.2.1945 erklärte die Türkei Deutschland den Krieg.
9 Gemeint sind die alliierten Bombardierungen.
10 Bulgarien war vom 1.3.1941 bis Ende Aug. 1944 Mitglied des Dreimächtepakts. Im Sept. 1944 brach Bulgarien die diplomatischen Beziehungen zum Deutschen Reich ab und kämpfte fortan auf alliierter Seite.

Symptomatisch erscheint mir die Tatsache, daß gerade Angehörige der armen Schichten sehr häufig mit „Heil Hitler" grüßen.

2) Stimmung und Äußerungen über die allgemeine militärische Lage. Einstellung der Honveds zum Einsatz gegen die Sowjetunion

Die militärische Lage wird ernst beurteilt; das Vordringen der Engländer und Amerikaner in Frankreich,[11] das der Russen haben selbst bei den Anhängern der Rechtsparteien die Siegeszuversicht stark gedämpft. Der Einsatz der von uns angekündigten neuen Waffen und unserer eigenen Reserven werden sehnsüchtig erwartet. Man hofft, daß dadurch die entscheidende Wendung dieses Krieges herbeigeführt wird.

Die Stimmung der 1. ung. Armee, die überstürzt und nach vorliegenden Meldungen unter Verlust eines großen Teils ihrer von Deutschland gelieferten Bewaffnung und Ausrüstung auf die Karpaten und mit ihren rückwärtigen Diensten über die Karpaten zurückgegangen ist, lässt eine starke Abneigung gegen die deutsche Waffenbrüderschaft bemerken. Man kann sehr häufig hören, daß die ungarischen Soldaten, die am Rückzug beteiligt waren, den Deutschen die Schuld an diesen Vorgängen geben. Es besteht die feste Ansicht, daß die Russen den Karpatenkamm nicht überschreiten würden, da Stalin versprochen haben soll, die ehemals tschechoslowakischen Gebiete von Ungarn abzutrennen und dann Rumpf-Ungarn sich selbst zu überlassen. Daß dazu die Russen zuerst die Karpaten überschreiten müssen, wird vergessen. Die Tatsache, daß ungarische Gefangene von den Russen und von den Partisanen gut behandelt würden, verleite die Honved mehr und mehr zu der Auffassung, daß sie in diesem „Deutschen Krieg" jederzeit zur Neutralität übergehen könnten.

Die zunehmenden Fluchten und Desertationen in der ungarischen Armee sind ein bedenkliches Zeichen, ebenso die in letzter Zeit verschiedentlich erfolgten Verhaftungen von Honvedangehörigen wegen Verdachts der Bandenunterstützung.

Bereits bei den einst in der Ukraine eingesetzten ungarischen Sicherungs-Divisionen konnte festgestellt werden, daß das *Abhören von Feindsendern* üblich war. Es muss vermutet werden, daß bei einem Teil der Honved-Offiziere eine starke deutschfeindliche Einstellung vorhanden ist, die, unterstützt durch die feindliche Radiopropaganda, sich bei den unterstellten Truppen mehr und mehr bemerkbar macht.

Bezeichnend sind Vorfälle in Munkacs, wo durchziehende ungarische Truppen von der Bevölkerung mit Obst und dergl. bewirtet wurden, wogegen dies bei deutschen Truppen nicht beobachtet werden konnte, dagegen erhielt ein kleiner Trupp russischer Kriegsgefangener ebenfalls Obst von der Bevölkerung. Wie weit es sich hier um ungarische oder ruthenische[12] Bevölkerungskreise handelt, konnte nicht festgestellt werden.

Von einsichtigen Ungarn wird *der Kriegsbeitrag ihres Landes als viel zu gering* bezeichnet; es könnten noch mindestens 1 000 000 Soldaten einberufen werden, wenn Waffen, Ausrüstung und Bekleidung vorhanden wären. Man hört, daß nach wie vor Offiziere und Mannschaften älterer Jahrgänge und solche, die 1½ Jahre gedient haben, aus Mangel an Ausrüstung entlassen werden, so daß durch Neueinberufungen keine Vergrößerung der Armee eintritt. Auch hört man Klagen über Nichtachtung der Mannschaften durch die

11 Am 6.6.1944 landeten alliierte Truppen in der Normandie.

12 Gemeint sind Ukrainer bzw. Russen in der Karpato-Ukraine.

Offiziere, unterschiedliche Verpflegung und Fehlen sozialer Fürsorge für Familien eingezogener Honveds.

Aus nationalsozialistischen ungarischen Kreisen (Pálfy-Richtung)[13] werden Stimmen laut, daß die Kampfesweise der Deutschen ihren brutalen Feinden gegenüber zu ritterlich sei. Die teilweise unmenschliche Kampfart der Bolschewisten, aber auch der Angloamerikaner müsste von den Deutschen auf die gleiche Art beantwortet werden.

Das *Fehlen ausreichenden aktiven Luftschutzes* – auch auf Flugplätzen – wird von der ungarischen Bevölkerung mißliebig festgestellt und als Zeichen deutscher Schwäche gewertet.

3) Stimmung und Äußerungen über innenpolitische Lage in Ungarn. Stellung zur Regierung und ihren Maßnahmen zur Judenfrage, zu den Volksdeutschen

Über die in der Berichtszeit erfolgte Umbildung der Regierung[14] sind je nach Parteirichtung die widersprechendsten Meinungen zu hören. Von restloser Zustimmung über Zweifel und Befürchtungen bis zur ausgesprochenen Ablehnung der Regierung kann man Stimmen hören. Die Verworrenheit der innerpolitischen Lage vergrößert das Mißtrauen innerhalb der politischen Parteien, die gegenseitig unter Ausnützung der Situation Parteiinteressen über Staatsinteressen stellen.

Bemerkenswert ist gerade in letzter Zeit die Aktivierung der illegalen Parteien, die sich unter dem Namen „Ungarische Front"[15] illegal betätigen. Auch an ungarische militärische und zivile Dienststellen sind eine Menge antideutscher Flugschriften verbreitet worden. Es ist den ungarischen Fahndungsorganen bisher noch nicht gelungen, die Hersteller dieser Flugschriften dingfest zu machen. Von den Drahtziehern dieser illegalen Parteien wird eine sehr geschickte *Flüsterpropaganda* betrieben, die immer mehr die Deutschen für alle unpopulären Maßnahmen der ungarischen Dienststellen verantwortlich macht.

Nationalsozialistische Kreise (Pálfy-Gruppe) hoffen, daß die Deutschen Ordnung in Ungarn schaffen werden, da die neue Regierung nichts anderes sei als die Neuauflage des vor dem 19. März[16] bestandenen Systems. Es werden sogar Stimmen laut, die meinen, daß Ungarn nur dann einer glücklicheren Zukunft entgegengehen kann, wenn es – vielleicht auch nur vorübergehend – in ein deutsches Protektorat umgewandelt würde. In diesen Kreisen geht man von der Idee des Heiligen Stephan aus, der eine enge Anlehnung an das Reich gesucht hat.[17]

Große Unruhe hat die *Rückkehr der sog. Ausnahmejuden* in weiten Kreisen der Provinzbevölkerung erregt. Unverständlich ist für einen großen Teil der Bevölkerung, daß man

13 Gemeint sind die Anhänger von Graf Fidél Pálffy von Erdőd, dessen 1941 – zusammen mit László Baky – gegründete Nationalsozialistische Partei sich mit der Partei von Béla Imrédy zusammenschloss.

14 Reichsverweser Miklós Horthy bemühte sich seit Juni 1944 um eine Umbildung der unter Ministerpräsident Döme Sztójay agierenden Regierung und veranlasste, dass einzelne deutschfreundliche Minister entlassen wurden. Ende Aug. setzte er schließlich eine neue Regierung unter der Führung von Géza Lakatos ein.

15 Die Ungarische Front wurde im Mai 1944 von oppositionellen bzw. illegalen Parteien und Gruppierungen ins Leben gerufen; sie setzte sich für den Austritt aus dem Krieg auf Seiten des Deutschen Reichs ein.

16 Gemeint sind die Regierungen, die vor der deutschen Besetzung im Amt waren.

17 Stephan I. (1000–1038 König von Ungarn) stützte sich bei der Christianisierung seines Königreichs v. a. auf Missionare aus dem Heiligen Römischen Reich.

scheinbar von Regierungsseite her die Lösung der Judenfrage in Budapest sabotiert.[18] Man hört immer wieder Stimmen, daß das Auftreten der Juden in Budapest immer frecher und unverschämter wird. Große Unzufriedenheit herrscht in der Bevölkerung, daß das *Judenvermögen in der Provinz immer noch nicht verteilt ist* und *so schlecht* gelagert wird, *daß ein großer Teil der Sachen verdirbt.*[19] Man glaubt teilweise, daß die Beamten und Angestellten sich an den Judenvermögen unrechtmäßigerweise bereichern.
F. K. 608[20] meldet die *merkwürdige Behandlung der Judenkompanien*[21] durch die ungarischen Bewachungsmannschaften. Die Juden haben verhältnismäßig viele Freiheiten. In einem Fall hat z. B. ein ungarischer Oberleutnant jüdische Ordonnanzen, seine Tochter reitet mit einem Juden spazieren.
Veränderungen in der *Behandlung der Volksdeutschen* haben sich nicht ergeben. Die geplante Evakuierung des Karpatenraumes ließ in den volksdeutschen Dörfern das Gerücht aufkommen, daß die Ungarn die Räumung nur durchführen, um die Volksdeutschen aus diesem Gebiet zu entfernen. Von ungarischer Seite wurde jedoch der Führung der Volksdeutschen mitgeteilt, daß das den Tatsachen nicht entspricht. Die Lage der Volksdeutschen hat sich trotz verstärkten reichsdeutschen Einflusses nicht gebessert. Es mag dies zum Teil auch an den Volksdeutschen selbst liegen, die nach der Besetzung Ungarns durch deutsche Truppen eine *materielle* Besserung ihrer Lage erhofften.

[...][22]

DOK. 265

Das ungarische Außenministerium entwirft im August 1944 eine Erklärung über die Auslieferung weiterer jüdischer Arbeitskräfte an das Deutsche Reich[1]

Erklärung (Nr. 568/res. pol.) vom ungar. Außenministerium, ungez., o. D. [ca. 23.8.1944] (Entwurf)[2]

Betreff: Ungarische Regierungserklärung über die weitere Behandlung der Judenfrage in Ungarn
Die Königlich-ungarische Regierung erklärt sich – nach Einholung der Zustimmung Seiner Durchlaucht des Reichsverwesers – bereit:

18 Horthy ließ Anfang Juli 1944, vor dem Abtransport der Budapester Juden, die Deportationen stoppen.
19 Siehe Dok. 261 vom 11.8.1944.
20 Nicht ermittelt.
21 Gemeint sind die jüdischen Arbeitsdienstkompanien.
22 Es folgen Stimmungsberichte zur Rekrutierung von Volksdeutschen für die deutsche Wehrmacht, zum Verhältnis zwischen deutschen und ungar. Soldaten und Dienststellen, Beschreibungen von besonderen Vorkommnissen und Zusammenstößen sowie Vorschläge für eine geeignete Propagandaarbeit, um auf die allgemeine Stimmung positiv einzuwirken.

1 NL OL, K 64-1944-43-II. Abdruck in: Karsai (Hrsg.), Vádirat, Bd. 3 (wie Dok. 225 vom 25.6.1944, Anm. 4), S. 451–453.
2 Im Original handschriftl. Korrekturen und Vermerk: „Pro domo vom 4.9.1944: Gemäß der Aufzeichnung des Herrn Außenministers vom 1. IX. wird die Angelegenheit vom Innenministerium verwaltet. Mészaros 4.9."

a) alle diejenigen zum Arbeitsdienst einberufenen Juden, deren Familien sich bereits in Deutschland befinden (ungefähr 55–60 000),
b) jene vorbestraften oder gemeingefährlichen Juden (diese Tatsache wird von der ungarischen Regierung festgestellt), deren Anwesenheit die öffentliche Ordnung, die Volksernährung oder die innere Sicherheit des Landes gefährdet,
für deutsche kriegswirtschaftliche Arbeitszwecke – vom 28. August 1944 ab – der deutschen Reichsregierung zur Verfügung zu stellen.
Die Reichsregierung versichert der ungarischen Regierung, daß die von Ungarn nach Deutschland geschickten Juden – ohne Unterschied [in Bezug] auf Alter und Geschlecht – ausschließlich für Arbeitsdienst- oder Hilfsdienstzwecke verwendet werden. Die der Reichsregierung zu überlassenden Juden werden in Ungarn, in Sammellagern, einer gemischten ungarisch-deutschen Kommission übergeben, und ihr Abtransport und ihre Reise bis zur ungarischen Staatsgrenze erfolgen unter Aufsicht derselben. Es wird dafür Sorge getragen, daß in einem Eisenbahnwagen nicht mehr als 50 Personen reisen, ferner, daß die Reisenden während der Fahrt entsprechend verpflegt werden. Lebensmittel usw. werden zu diesem Zwecke ungarischerseits zur Verfügung gestellt. Das Ungarische Rote Kreuz wird auf den Sammelbahnhöfen für den Gesundheits- und Erfrischungsdienst Sorge tragen.

II.
Die in Ungarn verbleibenden Juden werden außerhalb von Budapest unter ungarische Schutzhaft gestellt, in Lagern untergebracht und in der ungarischen Kriegswirtschaft verwendet.

III.
Die ungarische Regierung bittet, die weitere Lösung und Durchführung der ungarländischen Judenfrage ihr anzuvertrauen. Deswegen würde sie begrüßen, wenn
1.) im Interesse der deutsch-ungarischen freundschaftlichen Beziehungen die in Ungarn wirkende deutsche Sicherheitspolizei – insbesondere aber die unter der Leitung des Herrn Obersturmbannführers Adolf Eichmann stehende Gruppe – von Ungarn abberufen würde;
2.) a) die in Ungarn in deutscher Haft stehenden Juden den ungarischen Behörden übergeben, b) die in Ungarn deutscherseits errichteten und noch bestehenden Lager und Haftanstalten aufgelöst und c) die in diesen inhaftierten sogenannten Geiseln den ungarischen Behörden ebenfalls übergeben würden.[3]

3 Das Schreiben bricht an dieser Stelle ab. Der Entwurf der Erklärung stand mit Überlegungen der ungar. Regierung im Zusammenhang, die Deportationen wiederaufnehmen zu lassen; siehe Einleitung, S. 72.

DOK. 266

Edmund Veesenmayer informiert am 25. August 1944 Reichsaußenminister Ribbentrop, dass Himmler die Deportationen von Juden aus Ungarn stoppen ließ[1]

Telegramm (Nr. 2379) von Veesenmayer, Budapest, an Ribbentrop (Eing. 25.8.1944, 11.50 Uhr) vom 25.8.1944, 11.15 Uhr[2]

Für Herrn Reichsaußenminister
SS-Obergruppenführer Winkelmann teilt mir soeben telephonisch mit, dass er heute Nacht 3 Uhr durch Fernschreiben einen Befehl des Reichsführers SS[3] erhalten hat, demzufolge jegliche Deportation von ungarischen Juden nach dem Reich mit sofortiger Wirkung strengstens untersagt wird. Auf meine Rückfrage, ob dieser Befehl amtlich sei und ich davon Gebrauch machen kann, hat Winkelmann dies bejaht.
Wäre für umgehende Unterrichtung dankbar, da ich beabsichtige, diesen Befehl in geeigneter Form weitgehend für die Durchsetzung der übrigen Führerweisungen auszunützen.

DOK. 267

Der Verband Ungarischer Juden schätzt am 31. August 1944 die Zahl der Deportierten auf über 430 000[1]

Bericht der Sozialabteilung des Verbands Ungarischer Juden, gez. Miklós Vida,[2] Budapest, über die Arbeit der „Regionalen Abteilung“ vom 31.8.1944 (Durchschrift)

I. Informationsdienst
A.) Allgemeine Auskunft für Gruppen, die sich über den Aufenthaltsort von Personen erkundigten, die von ihren Wohnorten, aus Gettos, Lagern und aus Gefängnissen abtransportiert wurden, sowie täglich viermal verlesene Berichterstattung über einschlägige Fragen.
Zahl der Personen, die im Laufe des Monats diesbezügliche Informationen eingeholt haben: ca. 48 000.
B.) Individuelle Auskunft zu den oben genannten Fragen bzw. Mitteilungen in speziellen Angelegenheiten.
Zahl der Personen, die im Laufe des Monats diesbezügliche Informationen eingeholt haben: ca. 4000.
C.) Informierung einzelner Privatpersonen bzw. Personen im Arbeitsdienst und ganzer Arbeitskompanien per Post.

1 PAAA, R 100893, Bl. 66. Abdruck als Faksimile in: Braham (Hrsg.), The Destruction of Hungarian Jewry (wie Dok. 76 vom 25.9.1942, Anm. 1), Dok. 214, S. 481.
2 Im Original Stempel des AA, handschriftl. Vermerke und Verteilerliste.
3 Heinrich Himmler.

1 MZSML, D 8/2. Das Dokument wurde aus dem Ungarischen übersetzt.
2 Miklós Vida, Präsident der Jüdischen Gemeinde in Siklós.

II. Datensammlung

A.) An folgenden Orten holten unsere Beauftragten Informationen ein, um die Richtigkeit der durch Daten belegten Angaben über den Aufenthaltsort der Abtransportierten zu überprüfen:

Aradványpuszta (Nyírség), Alsódabas, Budakalász (3 Mal), Dombovár, Dunaegyháza, Fűzfő, Geszt, Hegyeshalom, Hernádliget, Illésháza (Komitat Nógrád), Kaposvár, Kolozsvár, Kőszeg, Kassa und Umgebung (Encs, Hollóháza, Kéked, Kenyerespuszta, Füzérkomlós), Kecskemét, Lupasziget, Nagyvárad, Nyíregyháza, Nyírjespuszta, Nyírbátor, Miskolc, Monor, Umgebung von Pest – Újpest (2 Mal), Kispest (2 Mal), Aquincum, Ferencváros, Rákosrendező (8 Mal) –, Pécs, Pilisszentkereszt, Ságvár, Sárvár (2 Mal), Sopron, Szombathely, Szászrégen, Tétény (insgesamt 52 Mal an 40 Orten).

B.) Identifizierung von Lagerstandorten in Niederösterreich aufgrund von erhaltenen und offiziell überprüften Informationen. Nachweis über die Lagerstandorte in der Anlage A).[3]

C.) Statistische Aufarbeitung der Benachrichtigungen aus „Waldsee"[4] durch Fragebögen an die Adressaten. Zahl der bisher verschickten Fragebögen: 13 000.

D.) Einige bemerkenswerte Informationen aus den Briefen aus Niederösterreich:[5]

1.) Die Absender berichten übereinstimmend, sie seien zufrieden mit ihrer Situation. Sie sind in unterschiedlichen Arbeitsbereichen beschäftigt (Landwirtschaft, Gärtnerei, Industrieanlagen). Die Arbeitszeit beträgt zehn bis elf Stunden, und die Arbeit ist recht schwer. Die Lebensmittelversorgung ist in allen Lagern mehr oder weniger identisch und besteht aus Folgendem: in der Früh schwarzer Kaffee, mittags und abends jeweils ein Teller Eintopf oder Suppe, sonntags Fleisch zum Mittagessen. Abweichungen gibt es nur bei den Brotrationen, die zwischen 15 und 25 dkg variieren. In einigen Lagern wird zweimal wöchentlich abends auch 5 dkg Butter ausgegeben. Das Abhalten von Gottesdiensten und in einigen Lagern das Anzünden von Kerzen an Freitagen sind erlaubt. Die meisten Briefschreiber bitten um Lebensmittel (Speck, Wurstwaren, Marmelade, Würfelzucker usw.), Kleidungsstücke und Geld. Nachdem die Ersuchen auf zensurierte Blätter geschrieben sind, ist davon auszugehen, dass die Zusendung von Lebensmitteln, Kleidern und Geld zugunsten der Häftlinge von den Behörden gestattet wird.

Die Ehepaare, die an unterschiedlichen Orten arbeiten, sind abends zusammen. Die älteren Frauen passen auf die Kinder auf; eine Frau beaufsichtigt jeweils 20 Kinder. Berichte über Erkrankungen liegen nicht vor. Es gibt angeblich ein Register über alle Häftlinge, anhand dessen sich jeder Häftling informieren kann (freie Einsicht),[6] und angeblich ist es erlaubt, die Zusammenführung von Angehörigen aus unterschiedlichen Lagern zu beantragen.

2.) „… wir werden vom Wiener Ältestenrat[7] versorgt, und wenn der Rat in Pest mit diesem in Kontakt treten würde, könnte man eventuell in Sachen Zusendung von

3 Liegt nicht in der Akte.

4 Die Lagerleitung von Auschwitz ließ ankommende Deportierte zur Täuschung Karten in die Heimat schreiben, in denen diese angeben mussten, in „Waldsee" eingetroffen zu sein; siehe Dok. 180 vom 20.5.1944.

5 Etwa 15 000 Juden wurden nicht nach Auschwitz deportiert, sondern ins österreich. Durchgangslager Strasshof an der Nordbahn. Die hier ankommenden Familien wurden in Zwangsarbeitslagern im Raum Wien untergebracht, wo die als arbeitsfähig eingestuften Männer und Frauen in der Landwirtschaft oder in der Industrie arbeiten mussten; siehe Einleitung, S. 66.

6 Im Original deutsch.

7 Im Original deutsch.

Schuhen und Winterkleidung etwas bewirken, weil wir damit bald große Probleme bekommen werden."

3.) Einem Bericht zufolge betreut ein jüdischer Rechtsanwalt in Wien die Angelegenheiten der Juden und übernimmt ihre Vertretung. Adresse:[8] Dr. Michael Izrael Stern,[9] Wien I., Marc-Aurel-Straße 9/4. Telefon: U.23-3-46 Konsulent. Zugelassen nur zur rechtlichen Beratung und Vertretung von Juden. KK.[10] Wiener Neustadt A 00 024.

E.) Mündlicher Bericht einer aus „Waldsee" zurückgekehrten Person:

S. R., wohnhaft in Budapest, wurde am 26. Juli d. J. aus der Rökk-Szilárd-Straße nach Kecskemét abtransportiert[11] und kam von dort mit dem Zug nach acht Tagen in Waldsee an. Im überfüllten Waggon waren die Entlüftungsöffnungen auf Deckenhöhe angebracht; S. R. sah den Himmel während dieser acht Tage kein einziges Mal. Völlig erschöpft und zerschlagen wurde man ausgeladen. Alles, auch die Dokumente, wurde den Menschen abgenommen. S. R. war ein paar Wochen in einem völlig abgeriegelten Lager, in dem sich seiner Schätzung nach etwa 80 000 bis 100 000 Deportierte aufhielten.[12] Wo oder in der Nähe welcher Ortschaft sich das Lager befindet, weiß S. R. nicht; ihm ist nur so viel bekannt, dass man es „Waldsee" nennt. Die Arbeitsfähigen sind – unabhängig von ihrem Alter – in unterschiedlichen Bereichen beschäftigt und erhalten die für zivile Arbeiter üblichen Essensrationen. Die Alten und Arbeitsunfähigen erhalten die geringsten Rationen – sie hungern. Vor seinem Rücktransport erschien eine Kommission, die ihm in Anwesenheit eines ungarischen Majors mitteilte, dass er, da er in Mischehe lebe, in sein Heimatland zurückbefördert werde. Mit ihm kamen angeblich 15 Personen über Kecskemét nach Budapest zurück.

S. R. ist ein völlig gebrochenes Nervenbündel. Er will weder aussagen noch die Namen jener nennen, die mit ihm zurückgekehrt sind. Wir haben Maßnahmen ergriffen, um diejenigen, die angeblich mit ihm zurückgekehrt sind, ausfindig zu machen.

F.) Mündlicher Bericht einer aus Wiener Neustadt zurückgekehrten Person:

J. B., angestellt bei der Chewra als Leichenwäscher, wurde zusammen mit seiner Frau, wohnhaft in Pest, angesichts ihres hohen Alters (80–82 Jahre) aus dem Lager von Wiener Neustadt nach Budapest zurücktransportiert.[13] Er will ebenfalls keine Aussage über die dortigen Bedingungen machen, was er aber berichtet, bestätigt die in Punkt 1 genannten Sachverhalte. J. B. kehrte ganz verlumpt und mit einer Wurmerkrankung zurück.

III. Unsere Befunde

A.) Die Zahl der Deportierten.

Laut den Angaben, die angeblich von offiziellen Stellen stammen, aber von uns nicht überprüft werden konnten, wurden seit dem Beginn der Deportationen bis zum 9./10. Juli d. J. etwa 430 000 Personen *über Kassa*[14] abtransportiert. Am 18. Juli passierte ein Zug,

8 Die folgenden Adressangaben im Original durchgehend auf deutsch.

9 Dr. Michael Stern (1897–1989), Jurist; von 1931 an Rechtsanwalt in Wiener Neustadt, von 1938 an Rechtskonsulent für nichtarische Klienten; nach 1945 Strafverteidiger in Wien.

10 Nicht ermittelt.

11 Zum Getto Kecskemét siehe Dok. 230 vom Juni 1944.

12 Zum KZ Auschwitz siehe VEJ 16.

13 In Wiener Neustadt bestanden mehrere „Judenlager", deren Insassen v. a. bei Räumungsarbeiten eingesetzt wurden.

14 Die Deportationszüge über Kassa (Košice) fuhren nach Auschwitz.

bestehend aus zwölf Waggons und als „Sondereilzug" bezeichnet, ebenfalls via Kassa die Grenze. Nach unseren Informationen fanden neben Transporten aus Sárvár (4. August)[15] und Kistarcsa[16] weitere über Hegyeshalom[17] statt. Darüber, wie viele Züge bzw. Personen nicht über Kassa abtransportiert wurden, liegen uns keine Informationen vor.

B.) Juden, wohnhaft in Ungarn oder vermutlich wohnhaft in Ungarn, und ihr Aufenthaltsort:

1.) laut der von der Sozialabteilung geführten Evidenz:

– Kistarcsa … 794
– Horthy-liget … 368[18]
– Levente-Schießstand Csepel … 50
– Lager V, Csepel … 30[19]
– Columbus-Straße … 600[20]
– Krankenhaus am Bethlen-Platz … 170
– Krankenhaus in der Wesselényi-Straße … 74
– Krankenhaus des Waisenhauses für Jungen … 24

2.) Personen, die in Mischehen leben oder aus unterschiedlichen Gründen begünstigt wurden, halten sich auf dem Staatsgebiet in unbekannter Zahl und an unbekannten Orten in ihren Wohnungen auf.

3.) Im Krankenhaus von Kolozsvár etwa 85 Männer und Frauen,
– im Krankenhaus von Marosvásárhely Männer und Frauen in unbekannter Zahl,
– im Sammelgefängnis von Kőbánya Männer und Frauen in unbekannter Zahl, die in Siebenbürgen gefangen genommen wurden,
– in Bácstopolya Internierte aus den südlichen Gebieten in unbekannter Zahl,
– in Jolsva etwa 80 internierte Ärzte,
– im Hilfsgefängnis von Magyaróvár etwa 400 Häftlinge. (Für diese wird soeben ein medizinisches Hilfspaket zusammengestellt.) In Magyaróvár werden Juden in der Leinenfabrik, in der Kühne-Fabrik sowie auf den Ländereien des Erzherzogs Albrecht in unbekannter Zahl beschäftigt.

4.) In mehreren Lagern um Kassa, und zwar in Kékedpuszta, Kenyerespuszta, Semse, Jász, Kassaújfalu, werden Juden, nach unseren Erkenntnissen aus der Umgebung von Pest stammend, festgehalten. An dieser Stelle werden nur Ortschaften bzw. Lagerstandorte erwähnt, von denen wir mittels unserer Beauftragten zuverlässige Informationen haben. Über diese Lager, die völlig abgeschottet sind, wissen wir nur so viel, dass sie zum Teil vom Militär und zum Teil von der Gendarmerie bewacht werden. In Kenye-

15 Die Kunstseidefabrik in Sárvár diente der Polizei seit Mai 1944 als Hilfsgefängnis, insbesondere für politische Gefangene sowie Personen, die gegen die antijüdischen Bestimmungen verstoßen hatten. Seit Juni 1944 wurde es als Sammellager genutzt, von wo aus über 10 000 Menschen deportiert wurden. Der letzte Transport mit 1500 Personen ging am 4.8.1944 ab; siehe auch Dok. 259 vom 5.8.1944.

16 In Kistarcsa bestand bereits vor der deutschen Besatzung ein Lager. Nach dem 19.3.1944 wurden dort etwa 2000 Personen interniert; siehe Dok. 315 vom 24.3.1945.

17 Die Deportationszüge über Hegyeshalom fuhren nach Strasshof an der Nordbahn.

18 Siehe Dok. 269 vom 15.9.1944.

19 Auf der Insel Csepel befanden sich mehrere Internierungslager.

20 Das Lager in der Columbus-Straße in Budapest wurde im Institut für Taubstumme eingerichtet. Die dort untergebrachten Juden lebten unter etwas besseren Bedingungen. Aus diesem Lager ging am 30.6.1944 der Transport des Rettungsausschusses ab; siehe Dok. 237 vom 6.7.1944.

respuszta kamen Typhuserkrankungen vor. Die Quarantäne war bis zum 16. d. M. befristet, von der Aufhebung derselben liegen uns keine Informationen vor.
C.) Nach Informationen, die aus mehreren Quellen stammen, aber durch keine Fakten untermauert sind und von uns nicht überprüft wurden, werden oder wurden noch vor kurzem an folgenden Orten im Staatsgebiet Juden beschäftigt:
Rahó, Monor, Kerekegyháza, Csíkszereda, Hernádliget, Szászrégen, Györöskistarcsa, Sátoraljaújhely, Toronynémeti, Mizsepuszta, Jánosháza, Szerencs, Kiscell, Jászberény, Hidasnémeti, Putnok, Kemecse.

IV.) Amtshandlungen und Beratungen bei den Behörden
1.) Eine Eingabe wurde an den Herrn Innenminister[21] bezüglich der offiziellen Bekanntgabe der Lagerstandorte im Lande usw. gerichtet.
2.) In derselben Sache führten wir mit dem Präsidium des Ungarischen Roten Kreuzes und mit dem Schwedischen Roten Kreuz Verhandlungen.
3.) Bei der Nationalbank konnte erreicht werden, dass für Personen, die in Niederösterreich untergebracht wurden, monatlich 30 Reichsmark auf dem Postwege gesendet werden können. Auf Anfrage werden individuelle Genehmigungsansprüche seitens der Nationalbank durch unsere Sozialabteilung abgewickelt.
4.) Kontaktaufnahme mit dem Verband Christlicher Juden.
Einer der Verbandsleiter stattete unserer Abteilung einen Besuch ab und lud uns zur Zusammenarbeit ein. Bei der Erwiderung des Besuchs am 14. d. M. baten wir den Verband, Informationen über den Orden der Prämonstratenser einzuholen. Man hat uns bereitwillig versprochen, unserer Bitte nachzukommen, doch wir erhielten bis dato keine einschlägigen Informationen.
Den Arbeitsplan unserer Abteilung für die Zukunft fügen wir in der Anlage B.) bei.[22]

DOK. 268

Ilona Ivándi und ihre Söhne bitten am 1. September 1944 den Reichsverweser, trotz der antijüdischen Bestimmungen weiter zusammenwohnen zu dürfen[1]

Brief von Frau János Dolecskó,[2] Róbert Ország[3] und Tamás Ország,[4] I., Budapest, Karácsonyi-Straße 11, an den Reichsverweser Miklós Horthy vom 1.9.1944

Eure Durchlaucht, Herr Reichsverweser!
Unser allergnädigster Herr!
Mit Ehrfurcht und Respekt treten die Unterzeichner dieses Schreibens mit jener demütigen Bitte vor das gnädige Antlitz Eurer Durchlaucht, uns durch Euren gnädigen Beschluss von den sich auf die Juden beziehenden Rechtsvorschriften auszunehmen.

21 Innenminister war bis 7.8.1944 Andor Jaross.
22 Liegt nicht in der Akte.

1 Ráday Levéltár, A-1-c Elnöki iratok, 1188–1944. Das Dokument wurde aus dem Ungarischen übersetzt.
2 Frau János Dolecskó, geb. Ilona Ivándi (1889–1970).
3 Dr. Róbert Ország (1909–1945), im Arbeitsdienst umgekommen.
4 Tamás Ország (*1911).

Unser Ersuchen möchten wir wie folgt begründen:
Mein verstorbener Gemahl bzw. unser Vater, Herr Róbert Ország,[5] war der geschäftsführende Direktor der Ungarischen Bank und Handels-AG. In Anerkennung seiner Verdienste für die Volkswirtschaft wurde ihm im Jahr 1918 ein ungarisches Adelsprädikat mit dem Namenszusatz von Máriabesnyó und im Jahr 1924 der Titel eines Oberregierungsrats verliehen.
Zusammen mit meinem Gemahl trat ich 1908 der Reformierten Kirche bei. 1909 und 1911 wurden unsere Kinder Róbert und Tamás also bereits als Reformierte geboren. Mein Mann war laut Zeugnis des Propstes der Budapester Diözese der Reformierten Kirche von 1915 bis zu seinem Tod 1925 Rat und Diakon des reformierten Kirchenbezirks von Fasor.
Ich, die Unterzeichnende, Ilona Ivándi, habe nach dem Tode meines Gatten, Róbert Ország, 1929 wieder geheiratet, und zwar den Arzt Dr. János Dolecskó. Insofern muss ich im Sinne der Verordnung den Stern nicht tragen, meine unverheirateten, bis jetzt bei mir wohnenden Kinder sind jedoch zum Tragen des Sterns verpflichtet. Daraus ergibt sich die traurige Situation, dass sie mit mir, ihrer Mutter, nicht in einem gemeinsamen Haushalt leben dürfen. Sie dürfen mich noch nicht einmal besuchen, daher blieb ich völlig alleine.
Ich, der Unterzeichnende Róbert Ország, bin Angestellter der Magyar Bank és Kereskedelmi Rt (Ungarische Bank und Handels-AG) und verrichte seit 16 Monaten meinen Arbeitsdienst.
Ich, der Unterzeichnende Tamás Ország, bin Angestellter eines Privatunternehmens und verrichte seit 22 Monaten meinen Arbeitsdienst. Als Mitglied des Christlichen Jugendvereins halte ich jeden Sonntag, in Ermangelung eines Priesters, für die im Arbeitsdienst Beschäftigten die Heilige Messe ab.
Angesichts dieser Umstände wenden wir uns an Eure Durchlaucht, auf dass Ihr geruhen möget, unsere Bitte zu erhören und uns von den Regelungen des Judengesetzes persönlich und vermögenstechnisch auszunehmen.
In untertänigster Ehrerbietung[6]

DOK. 269
Ein unbekannter Autor fasst am 15. September 1944 die dreieinhalbmonatige Geschichte des Lagers Horthy-liget zusammen[1]

Abschlussbericht über das Lager Horthy-liget, Unterschrift unleserlich, vom 15.9.1944 (Durchschrift)

Da unsere Aufgaben in Bezug auf das Lager beendet sind, der Rücktransport der dort gebliebenen Ausstattung sowie der Lebensmittel größtenteils abgeschlossen ist und die Rücküberstellung der restlichen Gegenstände nur noch eine Transportfrage darstellt, scheint ein Rückblick auf die dreieinhalbmonatige Geschichte des Lagers angebracht.
Das Lager im Horthy-liget[2] wurde völlig unvorhergesehen am 3. Mai [1944] eröffnet, wobei die Behörden den Judenrat im Voraus nicht benachrichtigt hatten. Noch am sel-

5 Róbert Ország (1875–1925).
6 Das Gesuch der Familie befürwortete auch der reformierte Bischof László Ravasz, der das Schreiben an den Kabinettschef Gyula Ambrózy weiterleitete. Über den weiteren Fortgang der Angelegenheit konnte nichts ermittelt werden.

1 MZSML, D 8/2. Das Dokument wurde aus dem Ungarischen übersetzt.

ben Tag erhielten wir die Aufforderung, das Lager mit Lebensmitteln zu versorgen und [mit allem Nötigen] auszustatten, und es fuhr ein erster Lebensmitteltransport [dorthin] ab. Das militärische Kommando hatte vom Anfang bis zum Ende Oberleutnant Károly Dudás[3] inne, der jüdische Lagerleiter war Rechtsanwalt Dr. Ernő Vajda.[4]

Die Lage der Internierten war in den ersten Tagen beinahe zum Verzweifeln. Trotz der Menschlichkeit und Gutmütigkeit des Kommandanten waren die Internierten den schwersten (auch körperlichen) Misshandlungen seitens der untergeordneten Behörden ausgesetzt. Am unmenschlichsten wurden sie von einem Fliegerleutnant namens Pintér und einem Betriebsoberinspektor namens Pusztafi behandelt. Nach sehr schwerer Arbeit[5] war es üblich, die Internierten stundenlang in voller Ausrüstung auf- und abmarschieren, exerzieren usw. zu lassen. Infolge von Misshandlungen verstarb bereits in den ersten Tagen einer der Internierten, József Biringer,[6] und ein anderer (Ernő Kugel) erlitt einen Schlaganfall.[7]

Die Lage besserte sich langsam, nachdem das Militär, das stets mit aufgepflanztem Bajonett Wache gehalten hatte, abgezogen wurde und die Anweisungen von Oberleutnant Dudás allmählich umgesetzt wurden. Ab Ende Mai war der Umgang mit den Internierten ausgesprochen human. Zu dieser Zeit wurde auch die Versorgung tendenziell besser. Ab Ende Mai war es auch gestattet, über die Vermittlung der OMZSA Lebensmittelpakete zu erhalten, und gleichzeitig setzte ein unregelmäßiger Postverkehr ein.

In der ersten Juliwoche kam es zu einer tief greifenden Krise im Lagerleben: Man wollte die Internierten des Horthy-liget zusammen mit jenen aus Pestvidék deportieren. Es ist ausschließlich der persönlichen Intervention des Oberleutnants Dudás zu verdanken, dass dies im letzten Augenblick – als der Befehl zum Appell bereits ausgegeben worden war – verhindert wurde. Dieses Wohlwollen war auf die sehr ernsthafte und fleißige Arbeit zurückzuführen, die die Internierten bei der Räumung der Fabrikruinen geleistet hatten.

Am 31. Juli kam es zu einem tragischen Ereignis: Bei einem Luftangriff auf die Fabrik wurde das Judenlager zerstört; unter den Internierten gab es 21 Tote und zahlreiche Verletzte. Trotz der schrecklich gedrückten Stimmung machten sich die Internierten sofort nach dem Angriff an die Arbeit und bemühten sich, ungeachtet ihrer eigenen Not, die [Bomben-]Schäden in der Fabrik zu beheben.

Ihr tadelloses Benehmen sowie das Unglück, von dem sie heimgesucht wurden, trugen gleichermaßen dazu bei, dass sich die Bedingungen von diesem Tag bis zur Räumung des Lagers rasch verbesserten. Am 3. August stattete der Polizeireferendar Ubrisy[8] dem Lager einen Besuch ab und erklärte öffentlich, dass – als Belohnung für das mutige und aufopfernde Verhalten der Internierten nach dem Bombenangriff – das Anliegen aller

2 Ein Liget ist ein Hain bzw. ein kleiner Wald.

3 Károly Dudás (*1909).

4 Dr. Ernő Vajda (1889–1980), Rechtsanwalt, Botaniker, Fotograf.

5 Die Insassen des Lagers Horthy-liget arbeiteten in der Donau-Flugzeugfabrik.

6 József Biringer starb an einem Herzinfakt infolge der Torturen oder wurde erschlagen.

7 Ernő Kugel, Mitarbeiter des Ungarischen Nachrichtenbüros, erholte sich vom Schlaganfall und überlebte die Inhaftierung.

8 Richtig: Dr. Pál Ubrizsy (auch Ubrizsi) (*1913), Polizist; Cousin von László Baky, Offizier im Hilfsgefängnis in der ehemaligen Rabbinerschule in Budapest; nach 1945 Emigration, er starb in der Schweiz.

Internierten überprüft werde und jene, die ohne ausreichenden Grund interniert wurden, freigelassen würden.
Durch die bekannte Aktion der schwedischen Botschaft[9] begannen Mitte August die ersten Freilassungen. Zu dieser Zeit war der letzte Judenhasser im Lager, der bereits erwähnte Oberinspektor Pusztafi, schon abgesetzt.
Ende August wurden die endgültige Räumung des Lagers und die Freilassung aller Internierten angeordnet. Obwohl die Bewachung der 400 Internierten aufgehoben wurde, blieben etwa 130 Personen als Facharbeiter in der Fabrik, die anderen wurden teils vom Trümmerräumungsdienst der Glaubensgemeinde übernommen, teils als Arbeitsunfähige freigelassen. Die offizielle Schließung des Lagers erfolgte am 31. August.
Die Zahl der Internierten betrug bei der Eröffnung des Lagers 200 Mann. Sie stieg langsam: Anfang Juni lebten etwa 400 Männer und 80 Frauen im Lager. Infolge der Deportation von etwa 50 Internierten und der Freilassungen sank die Gesamtzahl der männlichen und weiblichen Internierten Ende August auf 370.

DOK. 270

Der Chef der Schweizer Fremdenpolizei meldet am 24. September 1944 die Ankunft von 318 ungarischen Juden und schlägt vor, zugunsten weiterer Personen zu intervenieren[1]

Schreiben des Chefs der Polizeiabteilung im eidgenössischen Justiz- und Polizeidepartement,[2] ungez., Bern, vom 24.9.1944

Sollen wir offiziell bei der deutschen Regierung intervenieren zugunsten der sich noch in Deutschland oder in von Deutschland besetzten Gebieten befindlichen Juden?

Es sind uns von der Gestapo am 21. August 1944 in einem Eisenbahnzug 318 ungarische Juden ohne Voranmeldung an die Grenze gestellt worden.[3] Dieses Vorgehen widerspricht den internationalen Gepflogenheiten und läuft auch den im schweizerisch-deutschen Niederlassungsvertrag[4] getroffenen Abmachungen zuwider.

9 Gemeint ist die Vergabe von Schutzpässen an ungar. Juden durch die schwed. Botschaft.

1 BAR, E4800.1#1967/111#206*. Abdruck in: Diplomatische Dokumente der Schweiz, Bd. 15 (wie Dok. 88 vom 22.12.1942, Anm. 1), Dok. 242, S. 633–637.

2 Heinrich Rothmund (1888–1961), Jurist; 1919–1929 Chef der Zentralstelle für Fremdenpolizei, 1929–1954 Leiter der Polizeiabt. des Justiz- und Polizeidepartements, von Ende 1933 an war ihm in dieser Funktion die eidgenöss. Fremdenpolizei unterstellt; 1945–1947 Delegierter des Intergovernmental Committee on Refugees.

3 Es handelte sich dabei um den ersten Transport von etwa 1670 ungar. Juden, die vom Budapester Rettungsausschuss freigekauft worden waren und über das KZ Bergen-Belsen in die Schweiz gelangten. In dieser Gruppe befanden sich Aktivisten der zionistischen Bewegung, Rabbiner, Künstler und Intellektuelle mit ihren Familienmitgliedern; siehe Dok. 236 vom 30.6 bis. 6.7.1944. Saly Mayer informierte die schweizer. Behörden vorab über die Ankunft der zwei Transporte und holte am 8.8.1944 die Einwilligung von Rothmund ein. Dennoch protestierte die Schweiz schließlich formell bei den deutschen Behörden.

4 Der Niederlassungsvertrag zwischen der Schweizerischen Eidgenossenschaft und dem Deutschen Reich wurde am 13.11.1909 geschlossen.

Die 318 ungarischen Juden sind ein Teil von ungefähr 1600 offenbar ausgewählten ungarischen Juden, die zusammen in ein Lager bei Hannover[5] verbracht worden sind, wo sie anscheinend gut behandelt werden. Die zu uns gekommenen waren wenigstens in gutem körperlichem Zustand.

Es sind private Besprechungen in Gang gekommen zwischen Vertretern des SS-Sicherheitshauptamtes in Berlin und einer Gruppe ausländischer Juden in Zürich, Mantello[6] und Konsorten, vertreten durch Alt-Nationalrat Dr. Duft,[7] die durch einen gewissen Herrn Trümpy[8] mit den deutschen Stellen in Verbindung gekommen sind. Diese Gruppe bemühte sich zu Beginn angeblich darum, diese 1600 ungarischen Juden nach Spanien usw. zu bringen. Als dies nicht ging, wurden die obengenannnten 318 nach der Schweiz verbracht und sollen auch die andern zu uns kommen.[9]

In zweiter Linie finden Besprechungen statt zwischen einer Delegation aus Budapest, der auch ein deutscher Vertreter des SS-Sicherheitshauptamtes angehört, und Herrn Saly Mayer, dem Vertreter des American Joint Distribution Committee. Herr Saly Mayer stellt sich auf den Standpunkt, es könne sich nicht darum handeln, einige hundert oder tausend dieser Juden nach der Schweiz oder in irgendein anderes Land zu bringen und die andern vielen hunderttausende ihrem Schicksal zu überlassen. Er müsse dafür sorgen, dass alle am Leben blieben und durchgehalten werden könnten.[10] Der „Preis“, den das erste Komitee zu bezahlen gewillt ist, ist uns nicht bekannt. Sie spekulieren dem Vernehmen nach auf das American Joint Distribution Committee. Herr Saly Mayer soll von den Amerikanern die Bewilligung zu erhalten versuchen, Waren zu liefern. Zunächst sei – bei früheren Verhandlungen in Ankara – von 10 000 Lastwagen die Rede gewesen. Jetzt offenbar von andern Waren, die jedoch ebensowenig geliefert werden könnten wie die Lastwagen.[11]

Es besteht der Eindruck, dass das unsaubere Geschäft, das die SS mit der einen oder andern Partei abschliessen will, nicht zustande kommt. Herr Saly Mayer, der von allem Anfang an sehr contre coeur[12] in die Sache hineingegangen ist, hat stets auf Zeitgewinn tendiert in der Erwartung, solange noch ein Gedankenaustausch hin und her gehe, passiere den Juden nichts.

5 Die Juden aus dem „Kasztner-Transport“ wurden als „Vorzugsjuden“ im KZ Bergen-Belsen in Baracken, abgesondert vom restlichen Lager, untergebracht.

6 George Mandel-Mantello (1901–1992), Textilfabrikant; rumän. Attaché in Ungarn, von 1939 an Mitarbeiter des salvador. Konsulats in Bukarest, 1942–1945 Erster Sekretär des Konsuls der Republik El Savador in Genf, maßgeblich an der Verbreitung des Auschwitz-Berichts von Rudolf Vrba und Alfréd Wetzler beteiligt, ließ zahlreiche Schutzpässe für ungar. Juden ausstellen.

7 Dr. Johannes Duft (1883–1957), Jurist; 1913–1957 Rechtsanwalt in St. Gallen, 1915–1924 Mitglied des St. Galler Großrats, 1918–1921 und 1927–1930 Mitglied des Gemeinderats, 1919–1939 Mitglied des Nationalrats, Vizepräsident des Christlich-Sozialen Arbeiterbunds.

8 Hans Trümpy (1891–1974), Jurist; 1915–1918 Gerichtsschreiber in Glarus, 1924–1937 Ratsschreiber des Kantons Glarus; 1937–1966 Chefredakteur der Glarner Nachrichten; 1938–1944 und 1947–1961 Glarner Landrat, 1937–1943 Mitglied des Nationalrats.

9 Die zweite Gruppe des „Kasztner-Transports“ kam am 7.12.1944 in der Schweiz an.

10 So im Original.

11 Gemeint sind die Verhandlungen des Budapester Rettungsausschusses mit SS-Obersturmbannführer Kurt Becher über den Austausch ungar. Juden gegen kriegswichtige Waren, in erster Linie gegen Lastwagen und Traktoren. Joel Brand reiste Mitte Mai 1944 nach Istanbul, um die Alliierten für die Aktion zu gewinnen, doch die Verhandlungen scheiterten.

12 Franz.: zuwider; hier im Sinne von widerwillig.

Ich frage mich ernstlich, ob nicht der Zeitpunkt gekommen sei, wo sich die Schweiz offiziell einmischen sollte. Ich stelle mir das folgendermassen vor:
Wir reklamieren sehr energisch wegen der uns überstellten 318 ungarischen Juden, teilen aber zugleich mit, wir seien bereit, die Aufnahme der andern zu diesem Transport aus Ungarn gehörenden ca. 1300 Juden zu prüfen, vorausgesetzt, dass wir alle wünschbare Auskunft – die übrigens bereits vergeblich durch unsere Gesandtschaft in Berlin verlangt worden war – erhielten und die Transporte in unserem Einvernehmen erfolgen würden.
Darüber hinaus würde das Erstaunen ausgedrückt, dass private Verhandlungen stattfänden über Warenlieferungen oder Geldzahlungen zum Zwecke der Verschonung der noch in Deutschland anwesenden Juden von der Deportation und dem Untergang. Die öffentliche Meinung in der Schweiz rege sich mit Recht über die bereits erfolgten Deportationen auf.[13] Deshalb habe denn auch die schweizerische Regierung Schritte in Budapest unternommen, die, wenigstens was die ungarische Regierung anbelange, Erfolg gehabt hätten.[14] Es würde dringend gebeten, dass auch deutscherseits mit den Deportationen aufgehört würde. Wenn es schwerfallen sollte, die noch vorhandenen Juden zu ernähren und zu bekleiden, wäre die Schweiz bereit, durch das Internationale Rote Kreuz Nahrungsmittel und Kleider zur Verfügung zu stellen, damit Deutschland hier entlastet würde.
Dafür müsste natürlich zunächst das Einverständnis der Amerikaner eingeholt werden, Wie mir dieser Tage von Herrn Mac Master[15] mitgeteilt worden ist, hat Herr Mac Clelland,[16] der neue Assistent des amerikanischen Gesandten für Flüchtlingsmaßnahmen, ausgedehnte Kompetenzen, sodass zu erwarten ist, dass er Zusicherungen in dieser Beziehung geben könnte. Zusicherungen müssten auch verlangt werden für die Weiterreise der von der Schweiz noch aufzunehmenden Juden.
Das Internationale Komitee vom Roten Kreuz dürfte ohne Zweifel bereit sein, die Aufgabe der Versorgung der Juden in Deutschland mit Lebensmitteln und Kleidern zu übernehmen.
Nach meiner Kenntnis der Verhältnisse und der in Betracht fallenden Persönlichkeiten in Berlin dürfen wir erwarten, dass eine gut formulierte, aber energisch vorgetragene Intervention in Berlin erhebliche Chancen auf Erfolg aufweist. Sie müsste aber an hoher Stelle angebracht werden, bei Herrn Staatssekretär Steengracht, dem Nachfolger von Herrn v. Weizsäcker. Nachdem die Besprechungen über Mensch gegen Ware von einer Herrn Himmler sehr nahestehenden Stelle ausgeführt oder wenigstens überwacht werden, wissen wir mit Sicherheit, dass es diesen Leuten nicht mehr ganz wohl ist beim Judenmord und dass sie offenbar ein Alibi suchen für nach dem Krieg. Es ist deshalb

13 Auszüge aus dem Auschwitz-Bericht erreichten Mitte Juni 1944 die Schweiz und wurden in der schweizer. Presse verbreitet.

14 Die Interventionen ausländischer Stellen, darunter der schweizer. Regierung, trugen zum vorläufigen Stopp der Deportationen im Juli 1944 bei. Zudem stimmte der Kronrat der Auswanderung von 7600 Personen zu.

15 Richtig: Gilbert L. MacMaster (1869–1967); von 1920 an Mitarbeiter des Quäker-Hilfswerks American Friends Service Committee, 1925–1930 Leiter des Internationalen Sekretariats der Quäker in Berlin, von 1930 an in Basel, von 1933 an erneut in Deutschland und Österreich, von 1939 an Mitarbeiter des Quäkerzentrums in Genf.

16 Richtig: Roswell Dunlop McClelland.

sehr wohl möglich, dass eine geschickt und energisch vorgetragene Intervention von aussen nicht ungern zum Anlass genommen würde, um einzulenken.
Es ist nicht nötig beizufügen, dass ein schweizerischer Erfolg in dieser Sache von sehr grosser Bedeutung wäre für unser Land, während ein Misserfolg uns m. E. von deutscher Seite keinerlei wichtige Unannehmlichkeiten bringen könnte.

DOK. 271
Der Arbeitsdienstler Béla Trebitsch beschreibt im September 1944 die Bombardierung seiner Arbeitsstätte und die Sorge um seine Familie[1]

Handschriftl. Tagebuch von Béla Trebitsch, Einträge vom 5. bis 28.9.1944

5.9.: Ich wurde in die Schuhmacherwerkstatt der Kompanie abkommandiert.[2]
8.9.: Bis jetzt ist die geschlossene Werkstatt ungewohnt. Die Außenwelt fehlt mir.
9.9.: Das Lager ist eingezäunt – es handelt sich also um ein abgeschlossenes Gelände. Telegramm: Die Wohnung muss bis zum 16. geräumt werden. Eine neue Tragödie.
10.9.: Ich beginne mich an die Werkstatt zu gewöhnen. Es ist bequemer, weil [die Arbeit] nicht so sehr an Zeitabläufe gebunden ist. Die Arbeit läuft ganz gut.
11.9.: Vier feindliche Geschwader haben die Fabrik überflogen. Es gibt keinen Grund zur Sorge, nur mehrmals Luftalarm – für mehrere Stunden. Irgendwo, nicht weit entfernt, Bombardements.
13.9.: Luftalarm. Um halb eins Alarm, bald darauf zieht ein feindliches Geschwader Rauchstreifen, danach geht ein furchtbarer Bombenteppich auf die Fabrik nieder. Eine unserer Baracken ist hinüber. Die Fabrik ist furchtbar ramponiert. Die Produktion kam vollständig zum Stillstand. Unter den Toten sind etwa 80 Zivilisten und sechs Arbeitsdienstler. Trümmerbeseitigung. Ironie des Schicksals, dass die Aufschrift „Pax“[3] an der Fassade der Aufbahrungshalle des Friedhofs zusammen mit dem Dach von einer Bombe weggefegt wurde. In der Tat verschwand auf diese Weise der Frieden. Aus heiterem Himmel …
15.9.: Fremde Aufklärermaschinen in großer Höhe. Brief von zu Hause. So weit sei alles in Ordnung. Nur die Wohnung müsse geräumt werden. Neuer Leidensweg: Ich bin von den vielen Sorgen niedergeschlagen. Ich gebe schriftlich Ratschläge, soweit ich kann. Wohin sie ziehen werden – das weiß ich nicht.[4]

1 Original in Privatbesitz von Agnes Harichovszky, Kopie: USHMM, 2011.184. Das Dokument wurde aus dem Ungarischen übersetzt.
2 Zuvor arbeitete Béla Trebitsch in der Schmelzerei der Diósgyőrer Eisenfabrik.
3 Lat.: Frieden.
4 Béla Trebitsch stand zu dieser Zeit in Briefverkehr mit seiner Frau, die mit ihren gemeinsamen zwei Töchtern, Valeria und Agnes, und ihrer Mutter in Budapest wohnte. Ilona Spitz Trebitsch (1898–1951), Ehefrau von Béla Trebitsch, arbeitete im Familienunternehmen; nach der Machtübernahme der Pfeilkreuzler Umzug ins Große Getto; Valeria Trebitsch (1928–2005), Tochter von Béla Trebitsch, Okt. 1944 Deportation, Befreiung in Mauthausen, danach Rückkehr nach Budapest, arbeitete in einer Schuhfabrik; Agnes Trebitsch, verh. Harichovszky (*1934), Tochter von Béla Trebitsch, 1956 Emigration in die USA, arbeitete im Büro einer Nähfabrik; Zsófia Lang (1858?–1945), Hausfrau, starb im Januar 1945 im Großen Getto in Budapest.

16.9.: Gigantischer Luftangriff auf Pest. Ich warte nervös auf eine Nachricht von zu Hause.
19.9.: Der Brief ist angekommen. Alle sind gesund, nur das Nachbarhaus bekam eine Luftmine ab. Im Luftschutzkeller dort gab es 200 Tote. Im Übrigen ziehen sie in die Király-Straße 93.
22.9.: Die allgemeine Stimmung ist wegen der Bombardierungen sehr gedrückt. In der Fabrik wird nicht gearbeitet. Überall Trümmer.
24.9.: Ständiger Luftalarm, unsere Sachen sind gepackt, so sind wir ständig im Wald unterwegs. Kaum jemand kann arbeiten. Alle sind nervös. Brief von zu Hause. Sie sind gut untergebracht.
28.9.: Der Abmarsch der Kompanie hängt irgendwie in der Luft. Es gibt keine ernsthafte Arbeit. In der Schuhwerkstatt wird gearbeitet. Es gibt viele reparaturbedürftige Schuhe.

DOK. 272

Das US-Außenministerium befürchtet am 10. Oktober 1944, die drohende Unterbringung der Budapester Juden in Arbeitslagern könnte ein erster Schritt zu deren Vernichtung bedeuten[1]

Schreiben von Alexander Kirk,[2] US-Representative Advisory Council für Italien, an Myron C. Taylor,[3] den persönlichen Vertreter des Präsidenten bei seiner Heiligkeit, dem Papst, Rom, vom 10.10.1944

Mein lieber Botschafter,
ich habe vom Außenministerium ein Telegramm erhalten, das sich auf den unlängst öffentlich gemachten Plan Ungarns bezieht, alle Juden aus Budapest zu entfernen und in Lagern in der Provinz unterzubringen.[4] Es wird darum gebeten, die ungarischen Behörden über alle zur Verfügung stehenden Kanäle in folgendem Sinne zu unterrichten:
Die Regierung der Vereinigten Staaten hat vom Plan der ungarischen Behörden erfahren, die noch in Budapest verbliebenen Juden in vermeintliche Arbeitslager in der Provinz umzusiedeln. In Anbetracht des bevorstehenden Winters und der vorangegangenen Evakuierungen von Juden aus anderen Städten in ähnliche Lager gibt es gute Gründe anzunehmen, dass es sich bei dem gegenwärtigen Plan um eine weitere Maßnahme zur Massenvernichtung handelt. Dieses Ziel erreicht man entweder vermittels Methoden, wie sie an den endgültigen Bestimmungsorten, den Lagern in Polen, angewendet werden, oder indem man eine große Zahl von Menschen in improvisierten

1 NARA, NND 775 104. Das Dokument wurde aus dem Englischen übersetzt.
2 Alexander Comstock Kirk (1888–1979), Diplomat; von 1915 an im diplomatischen Dienst der USA; 1932 Botschaftsrat in Rom, von 1938 an Chargé d'affaires in Berlin, 1941–1944 Botschafter in Ägypten, von April 1944 an US-Repräsentant des Allied Advisory Council für Italien, von Nov. 1944 an Botschafter in Italien.
3 Myron Charles Taylor (1874–1959), Jurist und Unternehmer; 1932–1938 Präsident der U.S. Steel Corporation, 1938 von Roosevelt mit dem Vorsitz der Évian-Konferenz beauftragt; 1939–1950 Vertreter der USA im Vatikan.
4 Die Regierung Lakatos begann Ende Aug. 1944 mit ersten Vorbereitungen für die Umsiedlung der Budapester Juden in fünf sog. Konzentrationslager außerhalb der Hauptstadt.

Lagern Unterernährung, harter körperlicher Arbeit und unhygienischen Lebensbedingungen aussetzt.
Unter diesen Umständen hält es die Regierung der Vereinigten Staaten für angemessen, die ungarischen Behörden an die Entschlossenheit der Amerikaner zu erinnern, die deren Präsident am 24. März zum Ausdruck gebracht hat,[5] nämlich dass „niemand, der sich an diesen bestialischen Handlungen beteiligt, ungestraft davonkommen wird, [und] dass alle, die an dieser Schuld Anteil haben, auch Anteil an der Strafe haben werden". Am 31. Mai hat das Foreign Relations Committee des Senats diese Haltung öffentlich bekräftigt, und sie wurde am 28. Juni noch einmal vom Foreign Affairs Committee des Abgeordnetenhauses zum Ausdruck gebracht.
Die Regierung der Vereinigten Staaten räumt die Möglichkeit ein, dass der aktuelle Plan tatsächlich rein humanitäre Ziele verfolgt, wie von mehreren ungarischen Stellen behauptet wird. Sie ist selbstverständlich bereit, dies anzuerkennen, sollten diese Ziele tatsächlich erreicht werden. Sollte sich allerdings herausstellen, dass die Evakuierung der Juden aus Budapest nur der Auftakt ist zu einer weiteren Welle von Deportationen in die Vernichtungslager oder diese Maßnahme anderweitig zu ihrem Tode führt, werden die ungarischen Behörden die Haltung der US-Regierung und des amerikanischen Volkes mit voller Wucht zu spüren bekommen.
Um diese Botschaft wie beabsichtigt an die ungarischen Behörden zu übermitteln, scheint es mir am sinnvollsten zu sein, die Vermittlung des Vatikans in Anspruch zu nehmen.[6] Deshalb wage ich es, Ihnen das Vorstehende zur Kenntnis zu bringen, damit Sie angemessene Maßnahmen ergreifen können.
Mit besten Grüßen
Hochachtungsvoll[7]

DOK. 273

Die 16-jährige Éva Weinmann schildert am 15. und 16. Oktober 1944 das Wechselbad von Erleichterung und Niedergeschlagenheit nach der Horthy-Rede[1]

Handschriftl. Tagebuch von Éva Weinmann, Einträge vom 15. und 16.10.1944

15. Oktober. Ein denkwürdiges Datum. Wir setzten uns gerade an den Mittagstisch, auch Gyöngyi war mit dabei, als es klingelte. Pista und Gyöngyi gingen hinaus. Kurz darauf kamen sie mit glücklichen Gesichtern zurück. Frau Salgó war gekommen, um uns zu sagen, dass Horthy eine Rede hielt, dass wir die Waffen niederlegten.[2] Man kann sich die

5 Siehe Dok. 116 vom 24.3.1944.

6 In seinem Antwortbrief an Kirk versicherte Taylor, dass er im Rahmen seiner nächsten Audienz beim Papst die Situation der ungar. Juden ansprechen werde; wie Anm. 1.

7 Die Budapester Juden wurden von der Lakatos-Regierung nicht deportiert. Doch bereits am 15. Okt. 1944 übernahm Ferenc Szálasi die Macht in Ungarn und die neue Regierung nahm die Deportationen in das Deutsche Reich wieder auf.

1 MZSML, XX-F-45. Abdruck in: Weinmann Éva naplója (wie Dok. 257 von Ende Juli 1944, Anm. 1), S. 15 f. Das Dokument wurde aus dem Ungarischen übersetzt.

2 Wie Dok. 274 vom 16.10.1944, Anm. 4.

Freude vorstellen. Auch im Judenhaus gegenüber ging es zu wie in einem aufgestörten Bienenstock, das ganze Haus hing an den Fenstern. Auf der Rákóczy-Straße spazierten die Deutschen herum, als wäre nichts passiert. Ich rannte zu den Mädchen hinunter und erfuhr von ihnen, dass Horthy unter anderem Folgendes gesagt hatte: Die gnadenlose Misshandlung der Juden sei den Deutschen zuzuschreiben, und jeder vernünftige Mensch wisse heute, dass die Deutschen den Krieg verloren hätten. Ich weinte vor Freude und dachte sofort an Frédi und an die anderen Kinder, dass ich sie wiedersehen würde. Die Mädchen sagten, dass der Krieg noch nicht beendet sei und dass ich mich nicht so freuen sollte, aber sie konnten sagen, was sie wollten. Sie behielten recht, weil die wahre Prüfung erst später kam. Wir entfernten den Stern vom Haus und organisierten einen Wachdienst. Vati, Pista, Pali wurden von acht bis zehn eingeteilt. Abends marschierten zwei Gruppen von Demonstranten am Haus vorbei und schrien: „Nieder mit den Juden" usw. Wir Mädchen waren unten beim Tor bis neun, kamen aber nachher herauf. Vati kam um zwölf nach Hause, und wir waren schon sehr besorgt. Von ihm erfuhren wir die traurige Nachricht, dass Szálasi die Macht übernommen hatte. Er sprach um zehn im Radio. Er drohte, er werde die Juden ausrotten. Der feige Hausmeister hängte den Stern wieder auf. Es war eine schreckliche Nacht. Ich schlief aber vor Erschöpfung ein.

16. Okt.

Vormittags gingen wir zu den Mädchen hinunter. Sie waren auch schrecklich niedergeschlagen. Pista setzte sich zu ihnen, um Monopoli zu spielen, ich hatte keine Geduld dafür und ging hinauf. Die Kitty kam weinend herein und fragte, was man tun solle, man müsse jetzt abhauen. Ich habe ihr gesagt, dass wir vielleicht in unseren Laden gehen. Auf einmal stürzt Pista mit der Nachricht herein, dass man auf dem Tisza-Kálmán-Platz deutsche Soldaten erschossen habe und die Bewohner des Judenhauses in der Kenyérmező-Straße schon verschleppt worden seien. Man solle sofort fliehen. Mutti weinte und wollte nicht mitkommen, weil Vati schon um elf weggegangen war, und jetzt war es schon halb zwei, und er war immer noch nicht zu Hause. Ohne Vati wolle sie nicht gehen. Schließlich, nach vielen Tränen, kam sie trotzdem mit. Tante Juliska und die ihren gingen zu den Ruinen. Wir hielten beim Tor, um uns zu beraten, was wir tun sollten. Auf einmal kommt der Vize[hausmeister] durchs Tor, schließt es und schreit, niemand dürfe das Haus verlassen. Und rennt, um den Schlüssel zu holen. Wir brauchten keine zweite Aufforderung und schlichen uns hinaus. Wir kamen unversehrt zum Laden. Aber Pista war noch nicht da. Er kam später und wartete beim Hausmeister auf uns, dem er, der Dumme, erzählte, dass wir uns in diesen kritischen Tagen in dem Laden verstecken wollten. Wir schliefen dort, legten Mäntel auf den kalten Steinboden und deckten uns mit Mänteln zu. Ich weinte die ganze Nacht, weil ich nicht wusste, was mit Vati geschehen war.

DOK. 274
Ottó Komoly notiert am 16. Oktober 1944 antijüdische Gewaltakte in Budapest während der Machtübernahme der Pfeilkreuzler[1]

Handschriftl. Kalender von Ottó Komoly, Eintrag vom 16.10.1944

Montag, 16. Oktober
Aufst[ehen] um ¼ 8. Packen. Zusammen mit Lila zu Fuß in die Mérleg-Straße. Kaum einer der Beamten ist gekommen. Telefon: Born,[2] Dr. Schirmer[3] wegen der Ausgabe von Schildern mit rotem Kreuz zum Schutz von Wohnungen. Es wird bewilligt. Ausgegeben etwa 45–50 Stück. Auf dem Weg, beim Kopf der Kettenbrücke, sehen wir ein erstaunliches Bild, deutsche Soldaten treiben Menschen mit hochgehaltenen Armen Richtung Donau, andere werden in die Wartehäuschen der Bushaltestellen gejagt. Die, die später ankommen, sagen, man habe Kommunisten und Juden mit Maschinengewehren erschossen und später brachte man Neue ans Ufer, erschoss sie und warf sie in die Donau. Born und Schirmer kommen schon am N[ach]m[ittag]. Sie gehen zu Grell in die deutsche Botschaft, um etwas zu unternehmen. Nachrichten: Räumung von Judenhäusern nach dem Zufallsprinzip, Sperre von Judenhäusern, unter Gewaltanwendung, das Stadttheater als Konzentrationsort, Aufhebung der Befreiung vom Tragen des Sterns, Verpflichtung, wieder in die Judenhäuser zu ziehen. Rundfunknachricht am Abend: Der Reichsverweser hat den Antrag zum Waffenstillstand zurückgezogen, ist zurückgetreten und hat die Macht an Szálasi übergeben.[4] Wir schlafen im Büro auf Notliegen. (Außer uns noch 4 [Personen] aus dem Chevra und 3 aus dem Büro von Born.) Ins Bett um etwa 10 Uhr.

1 YVA, P 31/44. Das Dokument wurde aus dem Ungarischen übersetzt.

2 Friedrich Born (1903–1963), Mechaniker, Kaufmann; 1936 Leiter eines Getreideimportgeschäfts in Budapest; Mai 1944 bis Jan. 1945 Delegierter des IKRK in Budapest, schuf zahlreiche Wohlfahrtseinrichtungen für ungar. Juden und stellte Schutzpässe aus; nach dem Krieg Gründung einer Import-Export-Firma in der Schweiz, 1987 von der Gedenkstätte Yad Vashem als Gerechter unter den Völkern geehrt.

3 Dr. Robert Schirmer, Delegierter des IKRK in Berlin, überbrachte Horthy eine Protestnote des IKRK und war von Juli 1944 an in Budapest tätig, rettete mit Friedrich Born mehreren Tausend Juden das Leben, indem er Schutzpässe ausstellte.

4 Nachdem die Gesandten von Reichsverweser Horthy bereits am 11.10.1944 in Moskau ein provisorisches Geheimabkommen über die Waffenruhe mit der Sowjetunion unterzeichnet hatten, erklärte Horthy am 15. Okt. über den Rundfunk seine Absicht, die Unterstützung Deutschlands aufzukündigen und mit den Alliierten Frieden zu schließen. Am Nachmittag übernahmen jedoch die Pfeilkreuzler die Macht mit Hilfe der in Ungarn stationierten deutschen Truppen.

DOK. 275
Magdolna Gergely berichtet zwischen dem 15. und 17. Oktober 1944 über die chaotischen Tage des politischen Umbruchs[1]

Maschinenschriftl. Tagebuch von Magdolna Gergely, Einträge vom 15. bis 17.10.1944

15. und 16. Oktober
Am Sonntag, gleich nach dem Mittagessen, kommen Ilus und ihr Mann[2] an; Napó will seinen Augen kaum trauen, weil er nicht weiß, dass sie in die Ausnahmebestimmungen miteinbezogen wurden. Gleich zu Beginn unserer Unterhaltung stürzt Kalka[3] atemlos ins Zimmer: „Im Rundfunk wurde gesagt, es gebe einen Waffenstillstand!" Wir alle rennen vor die Küche [in den Hof], es wird die Proklamation von Horthy ausgestrahlt: Er habe um einen Waffenstillstand angesucht, weil die Kriegslage hoffnungslos sei![4] Wir setzen uns alle vor die Küche [im Hof] hin, Napó, Ilus, Péter und ich hören zu, in der ersten Minute mit großer Freude, aber wir erkennen sofort, dass das böse Ende erst noch kommt. Plötzlich ruft Boli an und weist uns darauf hin, dass im Radio etwas Verdächtiges ausgestrahlt werde; wir hören, dass Veress[5] die Truppen angewiesen hat, weiter zu kämpfen, da es vorläufig nur Verhandlungen gebe. Dann: Generaloberst Károly Beregffy[6] werde sofort nach Budapest bestellt! Boli sagt, er sei sicherlich ein Pfeilkreuzler (und in der Tat)! Inzwischen ist es recht kalt geworden (tagsüber war es wunderschön), wir decken den Küchentisch und essen schnell zu Abend, bereits in der festen Überzeugung, dass im Rundfunk etwas schiefgelaufen sein muss. Boli und Mari[7] rennen hinaus, man hört größere Schießereien, aber vor allem mehrere vereinzelte Schüsse aus der stockdunklen Stadt. Mit den Kindern begleiten wir Ilus und ihren Mann hinunter. Als wir zurückkehren und das Radio wieder einschalten, spricht man in den Acht-Uhr-

1 Original in Privatbesitz von Mária Reichardt. Abdruck in: Anka naplója (wie Dok. 134 vom 4. bis 14.4.1944, Anm. 1), S. 122–126. Das Dokument wurde aus dem Ungarischen übersetzt.
2 Ilona Bernauer und ihr Ehemann Peter Roger Mezei (1898–1944 oder 1945), Chemiker; Arbeit im Pharmakonzern Chinoin; am 2.12.1944 zum Arbeitsdienst eingezogen und deportiert, gilt offiziell als verschollen.
3 Frau Jakab Fáth, geb. Klára Verebi, kam öfter aus Mártonhegy zu Besuch. Ihre Eltern wohnten als Hausmeisterehepaar in einem kleinen Häuschen auf dem Grundstück der Gergelys. Früher half Kalka Magdolna Gergely bei der Betreuung ihres Sohnes Boli.
4 Abdruck von Horthys Rede in: Ádám/Juhász/Kerekes (Hrsg.), Allianz Hitler-Horthy-Mussolini (wie Dok. 114 vom 19.3.1944, Anm. 1), Dok. 133, S. 400–402. Die Verlautbarung des einschlägigen Armeebefehls boykottierten die Befehlshaber des ungar. Heeres.
5 Lajos Veress von Dálnok (1889–1976), Offizier; 1940–1942 Kommandeur der 2. Kavalleriebrigade, 1942 der 1. Panzerdivision an der Don-Front, 1942–1944 Befehlshaber des IX. Armeekorps, Aug. bis Okt. 1944 Oberbefehlshaber der 2. Armee, Okt. 1944 als Horthy-loyaler Offizier von den Pfeilkreuzlern verhaftet, degradiert und zu 15 Jahren Haft verurteilt; 1947 vom ungar. Volksgericht zu lebenslanger Haft verurteilt, 1956 nach Großbritannien emigriert.
6 Károly Beregfy (auch Beregffy) (1888–1946), Offizier; 1941–1943 Befehlshaber des VI. Armeekorps, Juni 1943 bis Mai 1944 Oberbefehlshaber der 3. Armee; Mai bis Aug. 1944 Oberbefehlshaber der 1. Armee, Okt. 1944 bis März 1945 Verteidigungsminister; 1946 vom ungar. Volksgericht zum Tode verurteilt und hingerichtet.
7 Mária Reichardt, geb. Tóth (*1934), Dolmetscherin; Tochter aus der ersten Ehe von Magdolna Gergely mit Dr. Aladár Tóth; 1956 Flucht aus Ungarn, Emigration nach Deutschland, 1961 akademisch geprüfte Auslandskorrespondentin, 1962–1992 Fremdsprachensekretärin am Slavischen Seminar der Philipps-Universität Marburg.

Nachrichten nicht mehr von „Verhandlungen", man sagt einfach die deutschen Nachrichten durch und betont, dass „unsere" Panzer den „Sturm der Bolschewiki" zurückgeschlagen hätten. Das Radio ist in den Händen der Deutschen!! Daraufhin gehen wir mit Boli hinaus, wir lauschen, man kann aus dem Osten der Stadt hören, dass ununterbrochen Panzer anrücken. So ein Dröhnen haben wir noch nie gehört, aber es ist deutlich erkennbar. Wir schlafen ein. In der Nacht weckt mich das Geschützfeuer, Maschinengewehre rattern. Um 5 Uhr früh wache ich wieder auf, das Geschützfeuer wird stärker. Boli kommt in mein Zimmer gerannt, er ist auch wach. Ich ziehe mich an, mache mich auf den Weg ins Büro. Als ich zum Friedhof komme, verstärkt sich das Maschinengewehrfeuer. Der Fahrer der 59er [Straßenbahn] will mich nicht einsteigen lassen: „Mehr Wagen fahren nicht mehr! Sie sollten gar nicht erst versuchen weiterzukommen, man darf die Brücken ohnehin nicht passieren! Gehen Sie sofort nach Hause!" Ich gehe, Boriska Csányi[8] versucht, das Ministerium anzurufen, um ihr Fernbleiben zu melden, doch die Leitungen funktionieren nicht. Vom Balkon und aus dem Garten aus hören wir den Schießereien zu, dann wird es allmählich ruhiger. Nach 10 Uhr wird im Radio durchgesagt, dass Arbeiter und Angestellte „sofort an ihren Arbeitsplätzen zu erscheinen hätten, sonst sei es Sabotage ... Todesurteil ... usw." Nun gut, morgen gehe ich sowieso hin. Herr Csányi kommt, er hat es auch nicht geschafft, die Brücke zu passieren, man dürfe nur mit einem Parteiausweis hinüber. Alle lesen die lange Proklamation von Horthy, die auf der ersten Seite von Virradat[9] veröffentlicht und noch am Abend von Kalka mitgebracht worden ist! Als die Virradat gesetzt wurde, war Horthy also noch der Befehlshaber. In der Proklamation wird aufrichtig von den Ereignissen im März erzählt, vom Verhalten der Deutschen, so wie wir davon [bereits] wussten. Die Schießereien von heute Vormittag schienen aus der Burg zu kommen. Am Nachmittag hört man im Radio andauernd nur Marschmusik, zwischendurch die Durchsage: „Achtung, in wenigen Minuten folgen wichtige Mitteilungen!" Das geht mindestens eine halbe oder dreiviertel Stunde lang. Und dann folgt das Komischste, was man je im Radio gehört hat. Wir lauschen neugierig, damit wir zumindest erfahren, was aus Szálasi geworden ist: Führer, König, Gott oder Kaiser; man weiß schon, dass „Szálasi die Macht übernommen" hat – das wurde noch in der Frühe von den Soldaten berichtet, denen es gelang, die Brücke zu passieren. Szálasi ernennt sich also selbst zum Ministerpräsidenten, und in dieser Funktion wirft er Horthy, den „Verräter", hinaus, den man jetzt „Herrn Horthy" nennt (nach deutschem Vorbild!), und [Szálasi] ernennt sich selbst zum Reichsverweser. Es gibt auch noch irgendeinen Regentschaftsrat, eines seiner Mitglieder ist Beregffy, Boli hatte recht. Als wir Feris[10] Radio lauschen, kommt auf einmal Mariska[11] herein: „Kommen Sie heraus, gnädige Frau!" Ich gehe hinaus, Ilus und ihr Mann! Im Rundfunk wurde vormittags bellend verkündet, dass sämtliche Juden, die sich des gelben Sterns entledigt hätten, verpflichtet seien, diesen sofort wieder anzubringen und in die jüdischen Häuser zurückzukehren, sonst drohe ihnen [„]Internierung ... Tod ..." Bis jetzt haben wir

8 Boriska Csányi; Tochter eines Ehepaars, das das Nachbarhaus in Mártonhegy bewohnte, in einem Ministerium angestellt.

9 Die den Pfeilkreuzlern nahestehende Montagszeitung erschien von 1936 bis Dez. 1944.

10 Ferenc Antal.

11 Maria Vince (1909–1993), Schwester von Margit Vince; beide Dienstmädchen im Haus in Mártonhegy.

immer darüber gelacht, wie schlecht die Nachrichtenansager Deutsch sprechen (man sagt Fligeralarm,[12] auf diese Weise ausgesprochen, mit diesem tiefen ungarischen „a"), doch jetzt kläfft der Sprecher wie ein Preuße, mit grollendem Hass in seiner Stimme: „Die Juden …"[13] Man habe sofort mit der Räumung der Häuser begonnen.[14] Die vom Reichsverweser erwirkte Ausnahmebestimmung sei natürlich ungültig! Ilus und ihr Mann haben den ganzen Tag im Zimmer verbracht, am Nachmittag sind sie hinausgegangen, weil Péter zum Barbier musste, und dann sind sie in ein kleines Kaffeehaus gegangen. Als sie in die Mietwohnung am Margit-Ring zurückkehren, sagt ihnen das Mädchen, das mit ihnen dort wohnt, erschrocken, dass Pfeilkreuzler da gewesen seien, um sie abzuholen. Daraufhin nehmen sie die Tasche, die sie für Fliegeralarme vorbereitet hatten, und laufen auf den Mártonhegy hinauf. (Ich habe ihnen schon früher gesagt, dass sie sofort zu mir kommen sollen, wenn es Probleme gibt.) Ich dränge sie in meine kleine Kammer, ich will Napó nichts erzählen. Mit steinerner Miene kehren wir mit Mariska in ihr Zimmer zurück, um Radio zu hören, dann essen wir zu Abend in der Küche, es ist kalt, Napó will nicht in seinem Schlafzimmer essen. Am Nachmittag haben wir den letzten Mandelbaum beim Hühnerstall abgeerntet, Klári, Manci[15] und die kleinen Kinder haben auch geholfen, Frau Verebi[16] hat die Mandeln vom Baum geschlagen. Mittendrin pfeifende Gewehrkugeln! Auch hier schießt jemand herum. Diese Mandeln waren ein Verhängnis, weil Napó jetzt nicht mehr aus der Küche will und sie alle putzen möchte. Dabei wollen wir Ilus und ihrem Mann etwas zu essen geben usw. Zähneknirschend setzen wir uns an den Tisch und helfen beim Schälen, Napó arbeitet ruhig, Mariska, die Kinder und ich in einem tollwütigen Tempo, wie im Akkord. Ich muss lachen, so haben wir noch nie Mandeln geputzt. Gott sei Dank, endlich sind wir fertig, Napó geht zu Bett, wir geben Ilus und ihrem Mann etwas zu essen, machen ein Bett für sie in meiner Kammer, ich gehe hinüber in Margits und Mariskas Zimmer zum Schlafen. Ich schalte das Radio ein, wieder „wichtige Mitteilungen". Ein Irrenhaus, wahrhaftig! Plötzlich will sich Szálasi auf gesetzliche Grundlagen stellen, man berichtet, dass Reichsverweser Horthy (vorhin noch Herr Horthy und Verräter und überhaupt ist er ja gar nicht mehr Reichsverweser, weil sich Szálasi vor zwei Stunden selbst dazu ernannt hat) zurücktrete und Szálasi sein Amt übergebe! Außerdem *ziehe* er seine Proklamation *zurück* und weise die Armee an, mit aller Kraft an der Seite der deutschen Verbündeten zu kämpfen!! Dass sie so blöd sind, ist ein gutes Zeichen. Ich schlafe ein, in der Nacht wieder Schießereien.

17. Oktober

In der Frühe gehe ich ins Büro. In den Straßen scheinbare Ruhe, Maschinengewehre, Deutsche, Pfeilkreuzler rasen mit Deutschen in Autos umher und stolzieren mit ihren dilettantisch hochgehaltenen Gewehren herum. Bei den Brücken Geschütze, Soldaten. Viele ungarische Soldaten tragen die Armbinde der Pfeilkreuzler. Im Büro erzählt man, dass es gestern etwa die Hälfte der Mitarbeiter nicht geschafft habe, zur Arbeit zu kom-

12 Wort im Original in dieser Form auf Deutsch.
13 Im Original deutsch.
14 Gemeint sind die „Judenhäuser".
15 Manci Verebi, Schwester von Klára Verebi und Tochter des Hausmeisterehepaars Verebi.
16 Mutter von Klára und Manci Verebi.

men; nur wer in der Nähe wohne, sei gekommen. Schreckliche Geschichten über die Kämpfe in der Népszínház-Straße,[17] noch immer würden dort Tote herumliegen. Die Deutschen hätten die Burg mit „Tigern“[18] gestürmt, zuerst das Radio besetzt. Die Honvéds in der Burg hätten Widerstand geleistet. Auch bei der Kaserne der Leibgarde habe es heftige Schusswechsel gegeben, man habe dort angeblich den Reichsverweser verhaftet und nach Süddeutschland gebracht,[19] Lakatos[20] habe man nach Wien überstellt. Der Terror ist hirnlos und ganz tragikomisch! Man räumt die jüdischen Häuser, schreckliche Szenen. Bei uns im Büro (es war mal ein jüdisches Haus) hat man zwei Stockwerke geräumt, der ehemalige Kommandant des Luftschutzes, Anwalt Kertész, wurde erschossen. Die kleinen Angestellten sind begeisterte Pfeilkreuzler. Sie jubeln, dass jetzt der Sieg käme, weil dem „Verrat“ ein Ende gesetzt worden sei. Das ist eine der widerwärtigsten Lügen der Deutschen: Solange sie gesiegt haben, war es ihr Verdienst, aber seit Stalingrad wird von Verrat gesprochen, natürlich möglichst ein Verrat seitens der Verbündeten! Szálasi entlässt die Kommandanten der Ersten und Zweiten Armee.[21] Nach ½ 3 gehe ich zu Tante Paula.[22] Im Radio die Durchsage, dass Miklós von Dálnok,[23] der Kommandant der Ersten Armee, „übergelaufen“ sei.[24] Ich eile nach Hause, weil „nach dem Einbruch der Dunkelheit“ Ausgangssperre ist, man darf keine Bekannten mehr, nur noch Verwandte besuchen, höchstens drei Personen können sich auf den Straßen als Gruppe aufhalten usw. Die Judenhäuser sind gesperrt. Gegenüber der Sportanlage des BBTE[25] gibt es ein Judenhaus, dort sehe ich unzählige Autos, man hält große Reden, ich komme näher, da werden Juden abgeschleppt. Unzählige Pfeilkreuzler, Schaulustige, viele Frauen. Man lässt jüdische Arbeitsdienstler mit gelber Armbinde die Bewohner des Hauses herumschubsen! Der Menschenzug setzt sich in Bewegung, vorne eine Pfeilkreuzlerin, in Hosen, mit einer Handgranate, sie kreischt hysterisch: „Schneller!“ In die Zahnradbahn steigt eine deutsche Schwadron ein, die die Beschimpfung der Juden angeführt hatte; ihre Fratzen sehen aus, als ob sie gerade ordentlich gezecht hätten, sie wirken total selbstzufrieden.

17 Die Népszínház-Straße war nach der Machtübernahme der Pfeilkreuzler Schauplatz von Kampfhandlungen zwischen Pfeilkreuzlern und bewaffneten Arbeitsdienstlern, die sich in einem der Häuser verbarrikadierten. Daraufhin wurden mehrere jüdische Bewohner des Hauses ermordet.

18 Gemeint sind die Panzerkampfwagen VI „Tiger“ der Wehrmacht, die allerdings dort nicht zum Einsatz kamen.

19 Miklós Horthy wurde nach seiner Abdankung zusammen mit seiner Familie auf Schloss Hirschberg am Haarsee interniert.

20 Géza Lakatos (1890–1967), Offizier; 1941–1943 Befehlshaber des VIII. Armeekorps, von Mai 1943 an Befehlshaber der ungar. Besatzungstruppen in der Sowjetunion; April bis Mai 1944 Oberbefehlshaber der 1. Armee, Aug. bis Okt. 1944 Ministerpräsident, Okt. 1944 bis April 1945 unter Hausarrest gestellt; bis Jan. 1946 in sowjet. Internierung, 1965 Emigration nach Australien.

21 Béla Miklós von Dálnok und Lajos Veress von Dálnok.

22 Paula Brózsa.

23 Béla Miklós von Dálnok (1890–1948), Offizier; 1933–1936 Militärattaché in Berlin, 1938–1940 Kommandeur der 2. Kavalleriebrigade, 1940–1942 Befehlshaber des Schnellen Korps (Gyorshadtest), 1942–1944 Chef der Militärkanzlei des Reichsverwesers, Aug. bis Okt. 1944 Oberbefehlshaber der 1. Armee; Dez. 1944 bis Nov. 1945 Ministerpräsident einer sowjet. unterstützten Gegenregierung, 1947 Mitbegründer und Parlamentsabgeordneter der Ungarischen Unabhängigkeitspartei.

24 Als Oberbefehlshaber der 1. Armee ging Béla Miklós von Dálnok nach der Machtübernahme der Pfeilkreuzler zu den sowjet. Truppen über. Seinem Beispiel folgten nur wenige Soldaten der 1. Armee.

25 Budapesti Budai Torna-Egylet: Turnverein von Buda, Budapest.

Eine hässliche, weißhaarige Pfeilkreuzlerin, die kein Mann mehr anblicken würde, nähert sich einschmeichelnd einem Deutschen und plappert andauernd in schlechtem Deutsch: „Nicht wahr, die Juden werden uns nicht auslachen noch einmal".[26]
Zu Hause, Napó hat nichts mitbekommen. Im Rundfunk gibt es schon seit Tagen keine Nachrichten mehr von der Front. Die Russen melden [auch] nichts. Ich ersuche im Büro um ein paar Tage Urlaub, es ist sehr nervenaufreibend, im Büro zu sitzen, wenn man nicht weiß, was zu Hause los ist. Außerdem habe ich etliche Sachen zu erledigen.

DOK. 276
Veesenmayer benachrichtigt das Auswärtige Amt am 18. Oktober 1944, Eichmann verhandele über die Übergabe von 50 000 jüdischen Arbeitskräften an das Deutsche Reich[1]

Telegramm (Nr. 2996 vom 17.10.1944 – Sonder-G. Schreiber), gez. Veesenmayer, an das AA (Eing. 18.10.1944, 3.30 Uhr) vom 18.10.1944, 00.15 Uhr[2]

Mit geänderter politischer Lage[3] ist auch Judenfrage hier in neues Stadium getreten. Obersturmbannführer Eichmann, der auf Antrag hiesigen Höheren SS-und Polizeiführers[4] und Befehl des Chefs der Sicherheitspolizei[5] heute nach Budapest zurückgekehrt ist,[6] hat Verhandlungen mit ung. Stellen dahin aufgenommen, daß 50 000 männliche arbeitseinsatzfähige Juden aus Budapest im Fußtreck zum Arbeitseinsatz nach Deutschland transportiert, weiters arbeitsfähige männliche Juden aus Budapest sofort zu militärischen Befestigungsarbeiten in Umgebung eingesetzt und übrige Juden insgesamt in Ghetto-ähnlichen Lagern an Stadtperipherie konzentriert werden. Bereits seit gestern sind Einzelaktionen gegen Budapester Juden auch in Form persönlicher Ausschreitungen und Tötungen im Gange, die jedoch auf Anordnung neuer Regierung gestoppt werden sollen.[7]
Es wird ferner angestrebt, für jüdischen Arbeitsdienst, der teilweise noch in unmittelbarer Frontnähe eingesetzt ist, endlich straffere Beaufsichtigung und geeignetere Sicherungsmaßnahmen zu erreichen.
Aus Veröffentlichungen neuer Regierung ist im übrigen zu ersehen, daß auch bisherige Ausnahme-Juden wieder zum Stern-Tragen verpflichtet werden. Gleiches gilt unter An-

26 Zitat im Original deutsch.

1 PAAA, R 99451. Abdruck in: ADAP, Serie E, Bd. 8 (wie Dok. 174 vom 17.5.1944, Anm. 1), Dok. 273, S. 504, dort auf den 17.10.1944 datiert.

2 Das Telegramm wurde offensichtlich am 17. Oktober verfasst, aber erst kurz nach Mitternacht abgeschickt.

3 Gemeint sind die Machtübernahme der Pfeilkreuzler und die Ernennung von Szálasi zum Ministerpräsidenten am 15.10.1944.

4 Otto Winkelmann.

5 Ernst Kaltenbrunner.

6 Am 29.9.1944 war das Sondereinsatzkommando von Eichmann weitgehend aufgelöst worden. Eichmann soll laut einer Nachkriegserklärung von Dieter Wisliceny bis zum 10.10. in Budapest geblieben sein; siehe Gerlach/Aly, Das letzte Kapitel (wie Dok. 191 vom 29.5.1944, Anm. 13), S. 353.

7 Siehe Dok. 274 vom 16.10.1944, Dok. 275 vom 15. bis 17.10.1944 und Dok. 277 vom 16. bis 20.10.1944.

drohung Bestrafung für Juden, die nach Horthy-Proklamation[8] selbständig Stern für ihre Person abgelegt bezw. an Judenhäusern entfernt hatten.
Schließlich ist auch beabsichtigt, abschließende Provinzaktion[9] gegen bisher ausgenommene oder verborgene Juden einschließlich Mischlingsjuden durchzuführen.

DOK. 277
Ármin Bálint schildert zwischen dem 16. und 20. Oktober 1944, wie er den Machtantritt der Pfeilkreuzler in einem „Judenhaus" erlebt[1]

Handschriftl. Tagebuch von Ármin Bálint,[2] Einträge vom 16. bis 20.10.1944

16. Okt.
In der Frühe haben wir ein länger anhaltendes Geschützfeuer gehört. Im Radio die Wiederholung von Szálasis Rede.[3] Es wird erklärt, dass Juden, die auf der Straße ohne gelben Stern angetroffen werden, deportiert würden. Es heißt, dass Horthy von Szálasi und seinen Mitkämpfern interniert worden sei.[4]
Die Russen sind in *Riga* einmarschiert. In *Belgrad* Straßengefechte. Die Deutschen ziehen allmählich aus *Griechenland* ab.
Zum Mittag völlige Ungewissheit, wir wissen nichts. Straßenbahnen und Züge verkehren nicht. Die Garnison von B[uda]pest handelt in Einklang mit den Deutschen, das Radio ist nach wie vor in den Händen der Deutschen. Über den Rundfunk hat man die Kaufleute aufgefordert, unverzüglich die Geschäfte zu öffnen. Zeitungen sind heute noch keine erschienen. Ungarische und deutsche Soldaten rasen in Autos durch die Stadt, mit der Waffe im Anschlag. Die Geschäfte werden nicht mit Waren beliefert, ich habe kein Brot kaufen können.
Abends wurde im Radio die Proklamation Horthys ausgestrahlt, in der *er seinen Befehl von gestern zurückzog* und den Erlass des Generalstabschefs *bestätigte*, demzufolge der Kampf fortzusetzen sei.[5]
Um 10 Uhr abends berichtete das Radio, dass *Horthy zurückgetreten sei und Ferenc Szálasi zu seinem Nachfolger ernannt habe.*

8 Wie Dok. 277 vom 16. bis 20.10.1944, Anm. 5.
9 Gemeint ist die Deportation der Juden außerhalb der Hauptstadt im Sommer 1944.

1 PIM Kézirattár, V.5860/1 Brauner Ármin naplója. Abdruck in: Ármin Bálint, Feljegyzések Gyuri fiam részére. Napló 1944-ből, Budapest 2014, S. 86–89. Das Dokument wurde aus dem Ungarischen übersetzt.
2 Ármin Bálint, geb. als Brauner (1875–1945), Bankbeamter; Bankdirektor, 1924 zwangspensioniert; überlebte den Krieg im Budapester Internationalen Getto; nach der Befreiung im Febr. 1945 gestorben.
3 Anlässlich der Machtübernahme hielt Szálasi am 15.10.1944 eine Radioansprache und erklärte die totale Mobilisierung.
4 Horthy und seine Frau wurden erst am 17.10.1944 interniert. Bereits zwei Tage zuvor wurde sein Sohn verhaftet und in das KZ Mauthausen, danach ins KZ Dachau deportiert.
5 Horthy unterschrieb am 16.10.1944 seine Rücktrittserklärung, zog seine Proklamation vom Vortag zurück, erklärte den Rücktritt der Lakatos-Regierung und ernannte Ferenc Szálasi zum Ministerpräsidenten; siehe auch Dok. 275 vom 15. bis 17.10.1944.

17. Okt. Frühmorgens. Die Tore sind zugesperrt, die Juden dürfen die Häuser nicht verlassen. Ist das das Ende des Endes? *10 Uhr.* Von fern hört man Geschützfeuer, auf Anordnung sind die Jalousien zur Straßenseite zu schließen. Dreiviertel 11: Luftgefahr [in] B[uda]pest. Gegen Mittag *einstündiger* Luftalarm.
Noch bevor das neue Gesetz über das Staatsoberhaupt verabschiedet ist, wurde von Ministerpräsident Szálasi ein Regentschaftsrat gebildet. Seine Mitglieder: Generalfeldmarschall Károly *Beregffy*, Ferenc *Rajniss* und Sándor *Csia*.[6] Regierungsmitglieder: Als stellvertretender Ministerpräsident der Landtagsabgeordnete Jenő Szöllösi.[7] Auswärtige Angelegenheiten: Baron Gábor Kemény,[8] Innere Angelegenheiten: Major Károly Vajna,[9] Finanzen: Lajos Reményi-Schneller, Landwirtschaft: Graf Fidél Pálffy, Industrie: Oberstleutnant Emil Szakváry,[10] Handel und Verkehr: Lajos Szász, Religion und Bildung: Ferenc Rajniss, Justiz: Landtagsabgeordneter Dr. László Budinszky, Verteidigungsminister und Generalstabschef: Károly Beregffy, Volksernährung: Béla Jurcsek, totale Mobilisierung: Major Emil Kovarecz,[11] Leiter der Produktionsprozesse: Generalmajor Vilmos Hellebronth,[12] Propaganda: Ferenc Kassay.[13]
Heute sind die Mittagsblätter schon erschienen. Nach 18 Uhr ist es verboten, auf die Straße zu gehen. Sämtliche Theater und Unterhaltungslokale wurden geschlossen.

18. Okt. Wir dürfen das Haus nicht verlassen, bekommen keine Zeitungen. Wir wissen nicht, was in B[uda]pest und in der Welt passiert. Am Tor des Judenhauses gegenüber sehen wir ein weißes Kreuz auf schwarzem Grund. Es heißt, auch unser Haus sei so gekennzeichnet.[14] Es soll angeblich darauf hinweisen, dass im Haus auch Christen wohnen. Einige Wohnungen in den Häusern gegenüber scheinen unbewohnt zu sein.
Innenminister Gábor *Vajna*: Die Lösung der *Judenfrage* wird *unerbittlich* sein, ganz so wie es das derzeitige Verhalten der Juden erfordert. Keine in- oder ausländische Befreiung und kein Pass wird etwas dagegen ausrichten können. Es gibt keinen Unterschied zwischen Juden römisch-katholischen, evangelischen oder israelitischen Glaubens mehr.
Bis 5 Uhr nachmittags müssen alle Waffen und jegliche Munition, die sich im Besitz von Juden befinden, abgeliefert werden. Mit Razzien wird die Einhaltung der Verordnung kontrolliert.

19. Okt. Unser Hausarrest dauert nun schon vier Tage. An jüdische Abonnenten werden keine Zeitungen mehr zugestellt, wir leben, als wären wir taub und blind. Wir hören, dass die Theater wieder geöffnet worden seien. Einer Nachricht zufolge sollen [alle Männer] zwischen 16 und 60 gemustert werden.
Jetzt ist per Post die Nemzeti Ujság angekommen, die die offizielle Regierungspropaganda verbreitet. Der Teil, der die Juden betrifft, lautet folgendermaßen:

6 Sándor Csia (1894–1946).
7 Richtig: Jenő Szöllősi (1893–1946).
8 Gábor Kemény (1910–1946).
9 Richtig: Gábor Vajna (1891–1946).
10 Emil Szakváry (*1896).
11 Richtig: Emil Kovarcz (1899–1946).
12 Vilmos Hellebronth (1895–1971).
13 Richtig: Ferenc Kassai-Schallmayer (1903–1946).
14 Zu diesem Zeitpunkt lebte Ármin Bálint zusammen mit seiner Ehefrau Kamilla Hoffmann in der Ügynök-Straße 8 (heute Kresz-Géza-Straße 16).

Die Regelung der Judenfrage: Die Juden bleiben in Ungarn und leisten Arbeitsdienst für die Nation; das Verhalten den Juden gegenüber: hängt vom persönlichen Verhalten der Juden und den feindlichen Luftangriffen ab; das Judentum wird nach Kriegsende aus Ungarn an einen Ort ausgewiesen, der durch internationale Vereinbarung bestimmt wird; es darf nicht mehr in den Lebensraum der ungarischen Nation zurückkehren; es gibt keinen Unterschied mehr zwischen Juden und Juden;[15] jüdischer Besitz fällt der Nation zu. Wer sich von seinem jüdischen Ehepartner oder seiner Ehepartnerin nicht scheiden lässt, wird deren Schicksal teilen, Kinder gelten als Juden. Südöstlich von *Debrecen* tobt eine große Infanterieschlacht. Im Umkreis von *Aachen* ist es dem Feind[16] nach 15-tägigem blutigen Kampf gelungen, *seine Flanken zu schließen* und von Südosten her, von der Stadtperipherie aus, vorwärts zu rücken. Man hat die Innenstadt von *Belgrad* vom Feind gesäubert. Um die Frontlinie zwischen den *Waldkarpaten* und Tasnád zu verkürzen, zogen die Deutschen auf Befehl Richtung Nordwesten. Mitteilung der Zeitungen: „*Generaloberst Miklós*, der Kommandant der I. ungarischen Armee, beging schmachvollen Verrat. Mit Oberst Kéri[17] und einigen Offizieren des Generalstabs *lief er* an der Karpatenfront *zum Feind über.*[18] Béla Miklós wurde entlassen, sein Nachfolger im Amt ist Generalleutnant Dezső László."[19] Das *Außenministerium* fordert alle Beamten im Urlaub auf, sich unverzüglich zwecks Ablegung des Treueeids und Dienstaufnahme zu melden.

Der *Reichsverweser* und Ministerpräsident *Géza Lakatos* stellten sich am 16.10. in den *Schutz Deutschlands.*[20] Ausgang ist [nun] bis 10 Uhr abends erlaubt. Theater und Kinos dürfen bis halb 10 spielen.

20. Okt. Heute in der Frühe hat man sämtliche j[üdische] Männer zwischen 16 und 60 weggebracht. Sie haben Lebensmittel für drei Tage und Arbeitskleidung mitgenommen.[21]

Die *griechische* Exilregierung ist nach Athen zurückgekehrt. Der neue Sitz der Regierung von *Nedics* ist Wien.[22] Störenfriede, Unruhestifter und Gerüchteverbreiter werden mit Todesstrafe bedroht. Das Gericht des Honved-Generalstabs[23]

15 Anspielung auf die Regelungen, die bestimmte Personen von den antijüdischen Verordnungen ausnahmen.

16 Gemeint sind die Alliierten.

17 Kálmán Kéri (1901–1994), Offizier; 1941/42 Militärattaché in der Slowakei, von 1942 an Flügeladjutant und Leiter des Büros des Verteidigungsministers, von 1944 an Generalstabschef der 1. Ungarischen Armee; im Okt. 1944 lief er zu den sowjet. Truppen über; von 1945 an Mitarbeiter des Verteidigungsministeriums, 1949 interniert, 1990 rehabilitiert, 1990–1994 Parlamentsabgeordneter.

18 Siehe Dok. 275 vom 15. bis 17.10.1944. Anm. 24.

19 Dezső László, geb. als Laucsek (1893–1949), Offizier; 1941 Generalmajor, 1941–1943 Kommandeur der Ludovika-Militärakademie, von 1942 an Kommandeur des VII. Armeekorps, von Okt. 1944 an Oberbefehlshaber der 1. Ungarischen Armee, 1944 Generaloberst; 1947 vom ungar. Volksgericht zum Tode verurteilt, 1949 hingerichtet.

20 Géza Lakatos wurde nach der Machtübernahme der Pfeilkreuzler unter Hausarrest gestellt und später im Gefängnis von Sopronkőhida interniert.

21 Siehe Dok. 278 vom 21.10.1944.

22 Milan Nedić war von 1941 an Ministerpräsident im deutsch besetzten Serbien. Nach der Auflösung seiner Regierung floh er im Okt. 1944 nach Österreich.

23 Im Original Satz abgebrochen.

DOK. 278

Der Verteidigungsminister Károly Beregfy ordnet am 21. Oktober 1944 die Einberufung jüdischer Männer und Frauen zum Arbeitsdienst an[1]

Ankündigung des Verteidigungsministers (Nr. 85 491), gez. Károly Beregfy, Budapest, vom 21.10.1944

Aufgrund des in §124 des Gesetzes 1939:II über die Landesverteidigung[2] mir zugesprochenen Rechts verpflichte ich Juden zwischen 16 und 60 Jahren und Jüdinnen zwischen 16 und 40 Jahren zum Arbeitsdienst im Bereich Landesverteidigung.

Ich fordere die Juden der Jahrgänge 1884 bis 1928 und Jüdinnen der Jahrgänge 1904 bis 1928 zu Folgendem auf: Die Männer sollen sich am 23. Oktober 1944 um 8 Uhr früh auf dem neuen Trabrennplatz in der Kerepesi-Straße, die Frauen am Sportplatz des KISOK[3] in der Erzsébet-királyné-Straße zur Arbeitseinteilung melden.

Meldepflichtig sind auch die mit Schutzpass versehenen, die begünstigten, die in Mischehen lebenden und der christlichen Glaubensgemeinschaft zugehörigen Juden. Ausgenommen sind Ehefrauen, Kinder und Eltern derjenigen, die faktisch wirklichen Militärdienst leisten, sowie Personen, die sich im Ruhestand der kgl. ungar. Honvéd befinden mit ihren Ehefrauen, Kindern und Eltern, des Weiteren jene jüdischen Personen und ihre Ehefrauen, Kinder und Eltern, die anhand von Sonderbestimmungen in der Kriegsindustrie belassen wurden, sowie Juden mit ausländischer Staatsbürgerschaft. Als ausländischer Staatsbürger kann nur derjenige Jude gelten, der einen gültigen ausländischen Reisepass besitzt.

Alle meldepflichtigen Juden und Jüdinnen sollen warme Kleidung, festes Schuhwerk, Decke, Blechnapf, Besteck, Kochgeschirr zum gemeinsamen Kochen, Reinigungsmittel, Rucksack und für drei Tage ausreichende Lebensmittel mitbringen.

Die Hauskommandanten und Hausmeister sind verpflichtet, die im Haus wohnhaften Juden zur Meldung aufzufordern. Sollten sich die arbeitsdienstpflichtigen Juden nicht melden oder nach Hause zurückkehren, sind die Hauskommandanten und Hausmeister *unter Strafe der Internierung* verpflichtet, dies in der nächstgelegenen Wachstube zu melden.

Jeder meldepflichtige Jude, der dieser Aufforderung nicht nachkommt, wird *strengstens bestraft.*[4]

1 MZSML, D 6/1, Kopie: ÁBTL, V-153 693/12. Abdruck in: Karsai (Hrsg.), „Fegyvertelen álltak az aknamezőkön …" (wie Dok. 47 vom 7.5.1941, Anm. 1), Bd. 2, Dok. 279, S. 643 f. Teilweise abgedruckt in engl. Übersetzung in: Vági/Csősz/Kádár, The Holocaust in Hungary (wie Dok. 29 vom 5.5.1939, Anm. 1), S. 153 f. Das Dokument wurde aus dem Ungarischen übersetzt.

2 Dieses Gesetz vom 11.3.1939 schuf die Grundlage für die Einberufung zum Arbeitsdienst.

3 Középiskolai Sportkörök Országos Központja: Landeszentrum der Sportverbände der Mittelschulen.

4 Zum Schicksal der am 21.10.1944 zum Arbeitsdienst einberufenen Juden siehe Einleitung, S. 74.

DOK. 279
Margit Erdős benachrichtigt am 22. Oktober 1944 ihren Mann, dass sie aus Budapest weggebracht werde und ihren vierjährigen Sohn bei ihrer Mutter gelassen habe[1]

Handschriftl. Brief von Manci[2] an Gyurka[3] vom 22.10.1944

Meine einzige Liebe, mein teurer Gyurka!
Ich verabschiede mich, verabschiede mich erneut. Viel halte ich nicht mehr aus, mein Herz ist schwach. Du bist bereits fort. Mein Teurer, es ist schon so lange her, aber keinen Augenblick habe ich aufgehört, auf Dich zu warten, jeden Tag, jede Stunde und jeden Augenblick. Jetzt muss ich fort, aber ich warte auch jetzt auf Dich, womöglich mit einer noch größeren Sehnsucht und Liebe, aber mit noch weniger Hoffnung. Mein Teuerster, kannst Du Dir das vorstellen? Ich habe gerade Abschied genommen von Peterchen,[4] meinem einzigen Trost in diesen langen zwei Jahren. Ich habe ihn mit Györgyike[5] zur Mutter[6] gebracht. Mein liebes Kind sagte, nicht wahr, wir übernachten ja nur ein- oder zweimal hier, dann holst du mich zusammen mit Vati ab. Dann hat er noch um ein großes, rotes Auto gebeten. Mein Herz, ich weiß nicht, was ich schreiben soll. Werden wir in diesem Leben noch einmal zusammenkommen? Werden wir zu dritt zusammenleben? Wenn Gott es nicht will, dass wir uns wiedersehen, wenn ich nicht zurückkehre, befindet sich Péter bei der Mutter. Hoffentlich werden sie wenigstens die beiden beieinander lassen. Bitte zieh ihn nach bestem Ermessen groß, mit viel, viel Liebe, denn die braucht mein Ärmster sehr. Unsere Sachen, wenn sie etwas davon übrig lassen, befinden sich größtenteils hier draußen im Keller in der Pósa-Lajos-Straße 52. Suche unbedingt meine Kneipenwirt-Verwandte[7] auf.
Mein Liebster, was soll ich Dir schreiben? Wie soll ich von Dir Abschied nehmen? Ich habe Dich immer geliebt, liebe Dich auch jetzt unendlich. Falls ich Dich mit irgendetwas verletzt habe, verzeih mir, denke immer mit Liebe an mich und pass sehr gut auf unser Kind auf, erzähle ihm viel von mir, damit es mich nicht vergisst. Verzeiht nie denen, die uns dies angetan haben. Mein Teuerster, ich wollte Dir bis zum Ende unseres Lebens eine gute Ehefrau bleiben, mit Dir in Ruhe alt werden und von Enkeln umgeben leben, aber das Schicksal wird das scheinbar nicht zulassen. Es ist das erste Mal, dass ich alle Hoffnung verloren habe. Bislang habe ich immer vertraut und gehofft, aber heutzutage, wo so etwas geschehen kann, beginnt man daran zu zweifeln, dass es einen Gott gibt.

1 Original in Privatbesitz von Péter Erdős. Das Dokument wurde aus dem Ungarischen übersetzt.
2 Margit Erdős, geb. Hechtmann (1912–2000), Näherin und Hausfrau.
3 György Erdős (1913–2009), Radiotechniker; Arbeitsdienst in der Ukraine, Rückkehr 1945; nach dem Krieg arbeitete er im Außenhandel.
4 Péter Erdős (*1940), Ingenieur und Außenhandelsvertreter; Sohn von Margit und György Erdős, überlebte den Krieg mit falschen Papieren in Budapest im Versteck.
5 Györgyi Steinberger (*1942); in den letzten Kriegswochen versteckte sie sich gemeinsam mit ihrer Mutter Franciska Hechtmann, ihrer Tante Margit Erdős und deren Sohn Péter in Budapest; lebt in Israel.
6 Emma Czieler (1882–1945), Mutter von György Erdős, starb wenige Tage nach der Befreiung des Großen Gettos in Budapest an Erschöpfung.
7 Róza Győri (1889–1975), Tante von Margit Erdős; 1916 heiratete sie den Wirt Kálmán Púp und konvertierte 1919 zum kath. Glauben, nach der Machtübernahme der Pfeilkreuzler half sie Margit Erdős, in einem sicheren Haus unterzutauchen.

Seit nun einer Woche schon sind wir eingesperrt, wir dürfen nicht ausgehen, und es interessiert niemanden, ob wir an Hunger sterben, ob wir einen Bissen zu essen haben. Morgen müssen wir um acht Uhr mit Verpflegung für drei Tage auf dem Hippodrom sein.[8] Deswegen gibt es morgen von sechs bis acht sogar Ausgang. Ich möchte anmerken, dass ein Teil der Geschäfte [erst] um acht, der andere um neun öffnet. Aber was zählt das alles, wo die Menschen so voneinander getrennt wurden? Die armen Ilus und ihre Familie[9] kommen mir manchmal ins Gedächtnis, sie haben es gut, ich beneide sie, sie haben alles hinter sich.

Mein Lieber, ich will Dich nicht weiter verbittern. Ich bin selbst nicht mehr ganz so verzweifelt, stehe aber noch sehr unter dem Einfluss der Tatsache, dass ich Peterchen soeben bei Mutter gelassen habe. Ich rannte wie eine Mörderin, bei jeder Ampel habe ich mein Gesicht verhüllt, damit mich niemand erkennt.

Mein teurer Gyurika, verzeih mir diesen Brief. Ich beende ihn sogleich, denn wenn ich nichts Schönes schreiben kann, sollte ich gar nichts schreiben. Noch einmal, sei mir nicht böse, wenn ich Dich einmal verletzt haben sollte, denkt immer an mich mit der Liebe, mit der ich auch an euch denke.

Ich habe Dich immer geliebt und liebe Dich sehr-sehr.

Immer die Deine[10]

DOK. 280

Edmund Veesenmayer meldet am 24. Oktober 1944 dem Reichsaußenminister, dass er die Übergabe von 25 000 jüdischen Arbeitskräften an das Reich erwirken konnte[1]

Telegramm (Nr. 3092 – Geh.Ch Verf. – gRS), gez. Veesenmayer, Budapest, an den Reichsaußenminister[2] (Eing. 24.10.1944, 23.30 Uhr) vom 24.10.1944, 22.40 Uhr (Arbeitsexemplar)[3]

Auf Telegramm vom 24. Nr. 3264[4]

Im Anschluß an Drahtbericht Nr. 3050[5] vom 23. Oktober teile ich mit, daß ich gestern auf die dringende, wiederholte Bitte von SA-Obergruppenführer Winkelmann Szalasi gebeten habe, uns wenigstens 25 000 Arbeitsjuden leihweise für ein halbes Jahr für die

8 Gemeint ist vermutlich der Tattersall (Lager) in der Nähe des Budapester Ostbahnhofs, der den Pfeilkreuzlern als Sammelstelle für Deportationen diente.

9 Frau László Fried, geb. Ilona Hechtmann (1905–1944), Hutmacherin, Schwester von Margit Erdős, Deportation im Dez. 1944, sie starb unter ungeklärten Umständen.

10 Am 23.10.1944 traf Margit Erdős bei der Sammelstelle ein. Sie ließ sich in der Reihung bewusst wiederholt zurückfallen, bis man sie bat, aufgrund der hohen Zahl der anwesenden Personen am nächsten Tag wiederzukommen. Sie beschloss anschließend, mit ihrem Sohn Péter mit Hilfe von falschen Papieren unterzutauchen.

1 PAAA, R 100894, Bl. 81. Abdruck in: ADAP, Serie E, Bd. 8 (wie Dok. 174 vom 17.5.1944, Anm. 1), Dok. 280, S. 512 f.

2 Joachim von Ribbentrop.

3 Im Original Eingangsstempel des AA vom 25.10.1944 und Verteiler:
„+) Inl.II gRs (Sonderzug 2285)
++) bei Inl. II gRs
+++) bei Inl.II (V.S.)".

4 Nicht ermittelt.

Verwendung im deutschen Jägerprogramm[6] zur Verfügung zu stellen. SA-Obergruppenführer[7] Winkelmann hat an sich die Forderung auf 50 000 Arbeitsjuden erhoben,[8] doch ist diese bisher am Widerstand der ungarischen Regierungsstellen gescheitert. Ich hielt es für richtig, zunächst eine Teilforderung zu realisieren mit der Absicht, gegebenenfalls später erneut unsere Wünsche vorzubringen.[9]
Szalasi hat sofort dieser Bitte entsprochen, hat lediglich darauf hingewiesen, daß Ungarn selbst das Gros der Juden für Schanzenarbeiten und andere vordringliche Aufgabe benötigt, und hat mich gebeten, die weitere Behandlung der Angelegenheit zwischen Obergruppenführer Winkelmann und Minister Kowacs[10] in die Wege zu leiten.
Der Wortlaut der im Telegramm Nr. 3037 erwähnten Aufzeichnung erfolgt gesondert.[11]

DOK. 281

Eberhard von Thadden berichtet am 2. November 1944 über sein Gespräch mit dem portugiesischen Gesandten in Berlin über die Ausstellung von Schutzpässen für ungarische Juden[1]

Notiz, gez. Thadden, Berlin, vom 2.11.1944

Der portugiesische Gesandte,[2] angemeldet von Gesandtschaftsrat Dr. Werkmeister, suchte mich auf, um die Frage der Behandlung ungarischer Juden mit portugiesischen Schutzpässen mit mir zu besprechen. Er habe eine so unklare Weisung seiner Regierung bekommen, daß er gar nicht wisse, worum es sich eigentlich handle. Er wisse zwar, daß zahlreiche schwedische und schweizerische Schutzpässe an ungarische Juden ausgestellt worden wären. Anscheinend habe die portugiesische Gesandtschaft auf Weisung seiner

5 Mit diesem Telegramm informierte Veesenmayer Ribbentrop, dass er bei Szálasi die Übergabe von „zunächst 25 000" ungar. jüdischen Männern „auf ein halbes Jahr zur Arbeitsleistung im Reich" erreicht habe; Abdruck als Faksimile in: Braham (Hrsg.), The Destruction of Hungarian Jewry (wie Dok. 76 vom 25.9.1942, Anm. 1), Dok. 232, S. 512.

6 Gemeint ist der Einsatz jüdischer Zwangsarbeiter in unterirdischen Fertigungsanlagen bei der Herstellung von Abfangjägern.

7 Richtig: SS-Obergruppenführer.

8 Siehe auch Dok. 276 vom 18.10.1944.

9 Insgesamt lieferte die Szálasi-Regierung dem Deutschen Reich 76 000 Juden aus; siehe Einleitung, S. 74–76.

10 Richtig: Emil Kovarcz (1899–1946), Offizier; 1940 wegen Beteiligung am Anschlag auf die Synagoge in der Dohány-Straße zu mehreren Jahren Haft verurteilt, Flucht nach Deutschland, Rückkehr im April 1944, in der Szálasi-Regierung als Minister zuständig für die totale Mobilisierung; 1946 vom ungar. Volksgericht zum Tode verurteilt und hingerichtet.

11 Telegramm (Nr. 3037) von Veesenmayer, Budapest, an das AA vom 20.10.1944 über sein Gespräch mit Außenminister Gábor Kemény, wie Anm. 5, Dok. 231, S. 511. Die darin erwähnte „zusammenfassende Aufzeichnung über die Entwicklung der Judenfrage in Ungarn seit dem 19. März" übermittelte Veesenmayer Ribbentrop am 24.10.1944; Telegramm (Nr. 3091) von Veesenmayer, Budapest, an Ribbentrop vom 24.10.1944, wie Anm. 5, Dok. 234, S. 514–518.

1 PAAA, R 99401.

2 Pedro Tovar de Lemos (1888–1961), Philosoph, Sprachwissenschaftler, Diplomat; 1912–1919 erster Sekretär der portugies. Gesandtschaft in London; von 1919 an Vize-Sekretär an der portugies. Akademie für Geschichte; 1933 Rückkehr in den diplomatischen Dienst, von 1940 an mit der Untersuchung der (nicht autorisierten) Ausstellung von Pässen und Visa durch den Generalkonsul von Bordeaux beauftragt, 1941–1945 Botschafter in Berlin.

Regierung nun das Gleiche gemacht, oder der portugiesische Geschäftsträger in Budapest habe selbständig gehandelt, so daß seine Regierung auch nicht genau informiert wäre. Er könne nur aus der unklaren Weisung schließen, daß die ungarische Regierung zu jedem Entgegenkommen gegenüber den Trägern portugiesischer Schutzpässe bereit sei, aber die deutsche Gesandtschaft einer privilegierten Behandlung dieser Juden widersprochen hätte. Auf meine Hinweise, daß es sich um interne ungarische Belange handle, winkte Gesandter Tovar ab mit dem Bemerken, unter uns brauchten wir ja wohl nicht formelle Gesichtspunkte ins Bild zu führen; denn wie die tatsächliche Machtverteilung in Ungarn zur Zeit sei, wisse er nur allzu genau. Ich erklärte [dem] Gesandten Tovar, daß mir nur 7 oder 9 Fälle bekannt geworden seien, in denen ungarische Juden portugiesische Pässe erhalten hätten, und zwar handle es sich dabei wohl um Angehörige einer ungarischen Familie, die dem letzten ungarischen Gesandten[3] sehr nahe gestanden hätten.[4] Weitere Fälle seien mir unbekannt. Der Gesandte erklärte darauf, bei seiner Regierung nochmals Rückfrage und nähere Instruktionen einholen zu wollen.[5]

DOK. 282

Mária Mádi beschreibt am 8. November 1944 die antisemitischen Maßnahmen der Szálasi-Regierung sowie die Sprengung der Margaretenbrücke[1]

Handschriftl. Tagebuch von Mária Mádi, Eintrag vom 8.11.1944

Mittwoch, 8. November
Ich sage dir, heute ist ein Tag voller Überraschungen. Am Morgen überall Aushänge mit der Aufforderung, dass sich in den kommenden drei Tagen alle Männer[2] (diesmal nicht die Juden) im Alter zwischen 16 und 50 Jahren um 7 Uhr morgens in Vác einfinden müssen, von wo aus sie nach Tata und Vál weitergeleitet werden sollen. Familienangehörige, die in der Lage sind, täglich 16 bis 20 km zu Fuß zurückzulegen, dürfen sie begleiten. Es wird geraten, kein Gepäck mitzunehmen, dafür aber Winterbekleidung, da der Fußmarsch zwei oder drei Wochen dauern kann. Das bedeutet: Deportation nach Deutschland.[3]

3 Carlos Sampaio Garrido (1883–1960), Diplomat; 1939–1944 portugies. Botschafter in Ungarn.
4 Gemeint ist Magda Gábor, die Sekretärin des Botschafters, die zusammen mit Sampaio Garrido im Juni 1944 Ungarn verließ. Ihre Familie folgte im Okt. 1944. Zudem erhielten weitere sieben Personen jüdischer Abstammung, die Geschäftsbeziehungen mit Portugal unterhielten oder in Portugal Verwandte hatten, portugies. Pässe; siehe Braham, A népirtás politikája (wie Dok. 223 vom 24.6.1944, Anm. 6), Bd. 2, S. 1421.
5 Die portugies. Botschaft in Ungarn stellte über 700 Schutzpässe für ungar. Juden aus. An den Rettungsaktionen war neben Sampaio Garrido, der im Juni 1944 Ungarn verließ und von der Schweiz aus weiter tätig war, sein Nachfolger Carlos Branquinho beteiligt. Die deutschen Behörden erkannten die portugies. Schutzpässe erst seit dem 9.11.1944 an.

1 USHMM, 2013.264.1. Das Dokument wurde aus dem Englischen übersetzt.
2 Ergänzung am Seitenende: „Das heißt, alle aus Budapest von der linken Uferseite (Pest)."
3 Gemeint ist vermutlich der Aufruf zur Aufstellung einer aus ungar. Soldaten bestehenden SS-Division, die der ungar. Verteidigungsminister Károly Beregfy und der HSSPF in Ungarn Otto Winkelmann am 23.10.1944 vereinbart hatten.

Auch Jüdinnen im Alter zwischen 14 und 40 Jahren[4] sowie Näherinnen müssen die Pester Seite verlassen und werden in ausgewählten Häusern in Buda untergebracht.[5] Das scheint meine Theorie zu bestätigen, wonach die in Pest verbliebene jüdische Bevölkerung von den Pfeilkreuzlern und den Deutschen vernichtet werden soll, oder geplant ist, sie vor den russischen Panzern herzutreiben. Man hat bereits alle Männer zwischen 16 und 60 Jahren aus ihren Häusern geholt, nun sind alle arbeitsfähigen Frauen an der Reihe.[6]
Die Deutschen umstellen ohne Vorwarnung ganze Fabriken, laden die Arbeiter auf Lastwagen und bringen sie außer Landes. Ich hoffe, dass sich darunter viele Pfeilkreuzler befinden, denn die Vergnügungsfahrt nach Deutschland ist die größte Strafe für sie.
Heute Morgen traf ich Marika Kánya. Wir haben vorläufig voneinander Abschied genommen, weil sie auf der anderen Seite der Donau wohnt. Das Verkehrsaufkommen durch die Deutschen und das Militär hat derart zugenommen, dass ich keine Ausflüge mehr auf die andere Seite des Flusses riskieren will. An den Ufern der Donau liegen um die fünfzig kleine Boote bereit. Ich nehme an für den Fall, dass auch noch die Kettenbrücke und die Elisabethbrücke gesprengt werden sollten.
In den Zeitungen von heute steht, dass Blockwarte und Hausmeister dazu verpflichtet sind, alle Wohnungen nach dort versteckten Juden zu durchsuchen.[7] Das Kind, das wir aufgenommen haben,[8] ist schwierig, und sein renitentes Verhalten könnte uns allen das Leben kosten. Ich muss gestehen, dass ich ein wenig nervös bin.
Gerüchten zufolge hat die Explosion an der Margaretenbrücke sechshundert Opfer gefordert.[9] Bö, die sich währenddessen in ihrer Wohnung im Getto direkt gegenüber der Brücke aufgehalten hat und seit diesem Nachmittag bei uns lebt, sagt, die Explosion sei schrecklich gewesen. Alle Fensterscheiben seien herausgesprungen und sie hätten im selben Moment die Hilfeschreie der Ertrinkenden gehört. Manche Menschen wussten schon, dass etwas ansteht. Nach allem, [was man weiß,] scheint es so, als hätten die Deutschen das mit Absicht getan, weil aus dem nördlichen Teil von Pest schlechte Nachrichten gekommen sind.
Heute haben sich die Russen offenbar zurückgezogen und die Deutschen ihren Verteidigungsring gefestigt. Das Ganze kann noch Wochen andauern.[10]

4 Der Befehl zur Einberufung der jüdischen Näherinnen zwischen 16 und 50 Jahren wurde am 2.11. herausgegeben. Der Einberufungsbefehl für jüdische Frauen zwischen 16 und 40 Jahren erschien einen Tag später.

5 Die für die Deportation vorgesehenen Juden wurden in der Ziegelfabrik von Óbuda (auf der Budaer Seite) zusammengefasst und vom 8.11. an zu Fuß Richtung Deutsches Reich getrieben.

6 Ende Okt. 1944 wurden alle jüdischen Männer zwischen 16 und 60 zu Landesverteidigungsarbeiten in der Nähe von Budapest verpflichtet; siehe Dok. 278 vom 21.10.1944.

7 Der entsprechende Polizeibefehl erschien am 7.11.1944.

8 Alfréd Lakos (*1937); den siebenjährigen Jungen versteckte Mária Mádi vom 17.10.1944 an gemeinsam mit seiner Tante Irén Lakos (gest. 1998), einer Freundin jüdischer Herkunft. Nach dem Krieg emigrierten beide.

9 Die Explosion der von der Wehrmacht mit Sprengsätzen versehenen Brücke ereignete sich am 4.11.1944 außerplanmäßig: Die Deutschen im Wachdienst hatten den Zündsatz zu Übungszwecken scharfgemacht. Bei der Explosion starben unterschiedlichen Schätzungen zufolge zwischen 100 und 600 Personen.

10 Am 2.11.1944 erreichten die sowjet. Truppen die Gegend um Dunaharaszti und waren nur noch 15 km von Budapest entfernt. Die deutschen und ungar. Truppen konnten bis zum 8.11. die Rote Armee zunächst zurückdrängen.

DOK. 283

Max Ember von der schweizerischen Gesandtschaft berichtet im Herbst 1944 über die antijüdische Gewalt, die Todesmärsche ungarischer Juden und über die Flucht seiner Eltern[1]

Handschriftl. Tagebuch von Max Ember,[2] Einträge vom 18.10. bis 12.11.1944[3]

18. Oktober 1944–10. November 1944

Die russische Offensive in Südungarn verschärft sich; bis Anfang November überqueren die Russen die Donau von Mohács an südwärts und dringen in den Westraum Ungarns ein. Ein Keil richtet sich zum Plattensee via Pécs, der andere genau nordwärts. In wenigen Tagen wird auch Pécs kampflos eingenommen und der Plattensee erreicht, und die Umklammerung Budapests macht sich bereits bemerkbar. Die […][4] Brücken werden von den Deutschen unterminiert. Nach wenigen Tagen fliegt auch schon die Hälfte der Margaretenbrücke in die Luft (anscheinend Unvorsichtigkeit).[5] Neue Judengesetze und Deportierungen sind am Tagesprogramm.[6] Ganze Kolonnen von Juden wandern unter Polizeischutz durch die Strassen. Es werden Schutzhäuser errichtet (Schweiz, Schweden, Portugal, Spanien, das Rote Kreuz und die Nuntiatur befassen sich ernstlich und in Eile, um die Juden zu retten.) Alle Gesandtschaften sind überfüllt von asylsuchenden Juden, die um Zuteilung in Schutzhäuser, Einreise in die Schweiz u. s. w. ansuchen. Von morgens 9 bis 2 Uhr empfangen wir ununterbrochen. – Auch zu Hause fängt der Sturm an, so dass man keine ruhige Minute mehr hat. – Helfen kann man nur wenigen. Erschiessungen am laufenden Band. An fast jeder Strassenecke wird man zur Ausweisung der Personalien angehalten. Unterdessen haben die Russen den östlichen Stadtrand Budapests erreicht und einige Spähpanzer bereits die […][7]strasse erreicht haben, wurden aber zurückgeworfen.

Mit aufregender Stimme gibt uns unser Gärtner durchs Telefon dieser Tage bekannt, dass die Pfeilkreuzler (Nyilas) in unser Bad eingedrungen sind, und es soll sofort jemand hinauskommen. Nach kurzer Beratung setze ich mich in den Wagen und fahre hinaus. Bereits der Haupteingang war von Csendören[8] bewacht, und als ich in unseren Hof einfahren will, kann ich nicht weiter, weil alles voll von fremdem Gerümpel ist. Im Bade selbst, also unter den wenigen Dächern und im Freien, sind nicht weniger als 5000 Juden – Männer, aber meist Frauen – von den Nyilas unterstützt durch Csendören und

1 Archiv für Zeitgeschichte, Zürich, NL Max Ember.
2 Max Ember, geb. als Maximilian Bauer (1915–1982), Architekt; geb. in der Schweiz, 1923 Übersiedlung nach Budapest, 1944 für die schweizer. Gesandtschaft tätig; 1945 Rückkehr in die Schweiz, 1950–1955 Arbeit in Montevideo als Architekt und Kaufmann.
3 Es handelt sich vermutlich um eine handgeschriebene Reinschrift der Notizen von Max Ember. In den 1970er-Jahren fertigte Ember zudem mit der Schreibmaschine eine Abschrift seiner Aufzeichnungen an, die jedoch nicht identisch ist mit dem handschriftl. Dokument.
4 Unleserlich. Eventuell: schönen.
5 Siehe Dok. 282 vom 8.11.1944, Anm. 9.
6 Im Okt. 1944 wurden die Deportationen aus Ungarn wieder aufgenommen; siehe Einleitung, S. 74 bis 76.
7 Unleserlich.
8 Ungar.: Gendarmen.

bewaffnete Rotzbuben eingetrieben worden. In unserer Villa haben sich die Nyilas ihr Hauptquartier errichtet. Handgranaten, Gewehre und Maschinenpistolen liegen in Hülle und Fülle umher. Lebensmittel liegen am Boden umher. Im Ess- und Herrenzimmer halten sich ca. 30 Nyilas, liegend, stehend und „fressend" auf! Der Schweizer Schutzbrief interessiert sie nicht. Die Rotzbuben treten zeitweise im Gänsemarsch ins „Hauptquartier" ein und bringen anscheinend die Meldungen ihrer Sklaven, der Juden, die draussen obdachlos, verhungert, teilweise krank und wehrlos im Park herumirren, ohne zu wissen, was ihnen bevorsteht!
Ein grässlicher Anblick, um so mehr, weil man den Leuten auf keine Weise helfen kann. Sie sind in den Klauen der Nyilas, und mit dem ist alles gesagt. Mit dem Häuptling der Bande setze, besser stehe ich mich ins Einvernehmen und tue mein Möglichstes, um noch zu retten, was zu retten ist, obwohl ich weiss, dass alles für die Katz ist. Es sind Männer und Buben von den Aussenbezirken Budapests mit beschränktem Verstand, die nur ungeschickt eine Waffe handhaben und Menschen quälen können. Unverrichteter Dinge verlasse ich unser jahrelang mit Herzen angelegtes Bad, das – nie hätte ich es mir träumen lassen – zu einer Quäl- und Mordstätte geworden ist. Zwei Tage später erfahre ich, dass diese Jammerkarawane Richtung Komárom aufgebrochen ist.
Zum „Andenken" hinterliessen sie uns fünf tote Frauen, wovon drei die Strapazen und Kälte nicht mehr aushielten und starben, zwei andere aus irgendeinem Grunde vor ein von diesen Unglücklichen selbst gescharrtes Loch gestellt wurden und kurzerhand erschossen in die eisige Erde gestossen wurden!

10. November 1944
Die Lage für meine Eltern, besonders aber für meinen Vater, wird unhaltbar.[9] Verschiedene Male erkundigt sich die hochwohlübliche Partei nach dem derzeitigen Wohnort meines Vaters, der seit 15. Oktober ununterbrochen in meiner Wohnung haust, um nicht auch in die Falle zu geraten! Nur getarnt in Uniform darf er sich selten in die Stadtwohnung wagen, um sich auf die Reise in die Schweiz vorzubereiten, deren Beschluss wir auf Grund der jüngsten Ereignisse beschlossen.[10] Unendlich viele und grosse Schwierigkeiten treten in den Weg, da eine Ausreise aus Ungarn verunmöglicht war und die Ausreise aus Deutschland fast ein Ding der Unmöglichkeit ist. Trotz alledem starten sie beide mit vollbepacktem Wagen, aber nur halb [...][11] Papieren morgens 6 Uhr nach Wien, um dort mit Hilfe eines Bekannten die deutsche Ausreise zu erwirken, die in B[uda]pest unbekömmlich war. Abends erhielt ich von einem Verwandten eine unangenehme Nachricht bezüglich Grenzübertritt Ungarn–Deutschl., da anscheinend der Name meines Vaters an den ung. Grenzstellen bereits angegeben wurde. Ich beschloss daher, diese Nachricht, im Falle, dass sie die Grenze noch nicht überschritten haben, persönlich zu überbringen, um die neue Lage zu besprechen.

9 Der Adoptivvater von Max Ember, Sándor Ember (1889–1983), war Abgeordneter im ungar. Parlament für die Partei des Ungarischen Lebens und persönlicher Rechtsanwalt des Sohnes von Miklós Horthy, István Horthy. Da er in den 1930er-Jahren im selben Wahlkreis kandidiert hatte wie Szálasi bzw. dessen Nachfolger Hubay, war er unter den Pfeilkreuzlern besonders unbeliebt, weshalb die Familie nach der Machtübernahme am 15. Oktober untertauchen musste.

10 So im Original.

11 Ein Wort unleserlich. Vermutlich: erledigten.

11. November 1944
Mein Freund Buzay Árpád stellte mir liebenswürdigerweise seinen Wagen samt Chauffeur zur Verfügung, doch morgens sechs Uhr vor dem Start besannen wir uns in Anbetracht der schwierigen Verhältnisse, besonders aber der vielen Kontrollen wegen, die fast in jedem Dorfe Wache stehen und offene Reisebefehle der Partei[12] verlangten, eines Besseren, so dass ich alleine mit meinem mit dem CD-Schild „bewaffneten" Wagen die Reise an die Grenze antrat. Zu meinem Pech musste ich in aller Eile noch etwas reparieren lassen, um nicht Gefahr zu laufen, auf der Landstrasse stehen zu bleiben. In der sechsten Werkstatt nach langem Bitten wurde der Wagen in Ordnung gebracht, nachdem ich dem Vorarbeiter ein grosses Trinkgeld, 3 kg Speck und Seife versprach. Um ½ 11 Uhr gings los. Durch die endlosen Kolonnen der Juden, die zu Fuss anscheinend nach Wien oder anderswohin transportiert wurden, und mit ihren letzten Habseligkeiten, die ihnen blieben, schwer belastet waren, ausserdem durch Lastwagen und Militärwagenkolonnen, die in allen Richtungen cirkulierten, ging's im Schneckentempo an die Grenze, die ich nach diesen unvergesslichen Anblicken um ½ 3 Uhr erreichte. Die Grenzstelle wurde durch meine Eltern Gott sei Dank noch nicht überschritten! Nach langen Hick-Hack-Fahrten im Grenzgebiet finde ich sie um 5 Uhr hinter dem […][13] in Buski bei einem seiner alten guten Freunde.

12. November 1944
Nach der prachtvollen Verköstigung und Gastfreundschaft wurde der letzte Entscheid gefällt, und der Grenzübertritt konnte auf geschickte Weise und doch nicht schwarz am Morgen […][14] 13 Uhr erfolgen. Nach schmerzlichem Abschied trat ich noch um 12 Uhr meine Rückreise nach B[uda]p[est] an, welche wieder fünf Stunden dauerte, (im Frieden 2 ½) und wieder die gleichen abscheulichen Anblicke zu sehen waren wie im Hinweg. Der erste Judentrupp hat bereits Györ erreicht, als viele, besonders kranke Frauen konnten einfach nicht mehr und blieben verlassen, aber immer bewacht im Graben bis zu ihrem Ende liegen.[15]

12 Gemeint ist die Pfeilkreuzlerpartei.
13 Unleserlich. Eventuell: Mond.
14 Ein Wort unleserlich. Vermutlich: um.
15 Satz so im Original.

DOK. 284
Der Diplomat Carl Lutz informiert am 13. November 1944 das Schweizer Außenministerium über ungarische Stellungnahmen zur antijüdischen Politik und die tatsächliche Praxis[1]

Schreiben der schweizerischen Gesandtschaft, Abt. für fremde Interessen, A.D.6. s/b, gez. Lutz, Budapest, an die Abt. für fremde Interessen, Eidg. Politisches Departement Bern, vom 13.11.1944

Betrifft: Amerikanische Interessen Ungarn

Herr Minister,[2]
zurückkommend auf Ihre Mitteilung vom 13. Oktober 1944, worin Sie uns den Text der amerikanischen Regierung betreffend die Judenbehandlung übermittelten, und unsere Mitteilung vom 30. Oktober, worin wir Ihnen die Notifizierung des Inhalts an das ungarische Aussenministerium zu Händen der ungarischen Regierung meldeten, beehren wir uns, Ihnen nachstehend den Inhalt der uns heute übermittelten Antwortnote des ungarischen Aussenministeriums vom 8. November 1944 zur Kenntnis zu bringen.[3]
„Unter Bezugnahme auf die geschätzte Verbalnote – Nr. 401 s/b. vom 28. Oktober 1944 – betreffend eine Mitteilung der amerikanischen Regierung bezüglich der jüdischen Arbeitslager[4] in Ungarn beehrt sich das Kgl. Ung. Ministerium des Aeussern der schweizerischen Gesandtschaft folgendes mitzuteilen:
Im Laufe der Kriegsanstrengungen Ungarns wird eine totale Mobilmachung durchgeführt, in deren Rahmen auch die jüdischen Arbeitskräfte in Anspruch genommen werden. Die Konzentrierung der arbeitsfähigen Juden in Arbeitslagern ist nicht diskriminativ, weil auf Grund des einschlägigen Gesetzes vom Jahre 1939 alle arbeitsfähigen Personen, ohne Unterschied der Rasse, Volkszugehörigkeit und Religion und ohne Rücksicht auf die Jahreszeit, für Zwecke des militärischen Arbeitsdienstes in militärischer Disziplin in Anspruch genommen werden können.[5] Die Konzentrierung von Juden in Arbeitslagern im Rahmen der Kriegsanstrengung kann nicht als ‚Straflager' betrachtet werden, und die Konzentrierung bedeutet also überhaupt nicht ihre Vernichtung. Die ungarische Regierung hat sich übrigens gegenüber dem Herrn Delegierten des Internationalen Roten Kreuzes – ebenso wie auch die deutsche Reichsregierung bezüglich der im Kriegsarbeitseinsatz in Deutschland befindlichen ungarischen Juden – bereit

1 BAR, E2001-02#1000/110#33*. Abdruck in: Diplomatische Dokumente der Schweiz, Bd. 15 (wie Dok. 88 vom 22.12.1942, Anm. 1), Dok. 292, S. 730–732.

2 Arthur-Edouard de Pury (1876–1947), Jurist; bis 1907 Attaché der schweizer. Gesandtschaften in Wien, Berlin und Paris, 1907–1911 Ausbildungschef von Polizeitruppen in Marokko, von 1911 an Legationsrat in St. Petersburg, 1918–1922 schweizer. Gesandter in Buenos Aires, 1922–1940 in den Niederlanden, 1941–1945 Leiter der Abt. für fremde Interessen in Bern.

3 Die Schweiz vertrat in Ungarn seit der ungar. Kriegserklärung an die USA auch die US-amerikan. Interessen.

4 In der Nähe der österreich.-ungar. Grenze wurden mehrere Arbeitslager eingerichtet, deren Insassen Schanzarbeit leisten mussten; siehe Einleitung, S. 77.

5 Siehe das zweite ungar. Wehrgesetz vom 11. März 1939; Abdruck in: Magyar Törvénytár, 1939. évi törvénycikkek, Budapest 1940, S. 6–128.

erklärt, eine Besichtigung dieser Lager und eine Betreuung der eingesetzten Juden in geeigneter Form und nach Massgabe der Arbeitserfordernisse zuzulassen.
Die Lösung der Judenfrage in Ungarn erfolgt ausschliesslich unter Berücksichtigung der Interessen der ungarischen Nation. Drohungen ausländischer Staaten gleich in welcher Form vermögen an diesem Grundsatz nichts zu ändern und müssen nachdrücklichst zurückgewiesen werden.
Die jüdischen Arbeitskräfte bilden einen Teil der Arbeitskräfte des ungarischen Staates, und sie werden im Rahmen der ungarischen Kriegsanstrengungen in einer der ungarischen Regierung geeignet erscheinenden Form nutzbar gemacht.
Die ungarische Regierung beabsichtigt im übrigen, die Juden gerecht und human zu behandeln. Die diesbezüglichen Massnahmen werden jedoch ausschliesslich von der Haltung der Juden selbst und von dem Umstande abhängig sein, ob weiterhin feindliche Terrorangriffe auf die ungarische Zivilbevölkerung erfolgen, die geeignet sind, die Judengegnerschaft der ungarischen Bevölkerung zu verschärfen. Der allgemeine Lebensstandard der Juden wird schliesslich nicht niedriger sein als der Lebensstandard der arbeitenden Massen.
Im Zusammenhang mit den von ausländischen Missionen in Budapest an ungarische Juden zur Ermöglichung der Auswanderung nach dem neutralen Ausland oder nach Palästina ausgestellten Pässen, Schutzpässen, provisorischen Pässen, Einwanderungszertifikaten, Visumzusagen usw. erklärt die ungarische Regierung erneut, dass sie nach Massgabe der seinerzeit getroffenen Vereinbarungen und unter der Voraussetzung des Ausschlusses von Missbräuchen nach wie vor bereit ist, diese anzuerkennen und den in Betracht kommenden Juden im Rahmen der seinerzeit von der deutschen Reichsregierung zugesagten und neuerdings bestätigten Sichtvermerkskontingente zur Durchreise durch deutsches Gebiet die Ausreise zu ermöglichen, falls dies ein normaler diplomatischer Verkehr mit den betreffenden Staaten es ermöglicht.
Budapest, den 8. November 1944."
Die darin zugesicherte humane Behandlung besteht darin, dass die Männer bis zu 60 Jahren, die Frauen bis zu 40 Jahren aus den Judenhäusern abgeholt, in der Umgebung von Budapest in Ziegeleien auf offenen Plätzen konzentriert und dann Richtung Györ (Raab) und Deutschland in Marsch gesetzt werden. Verfügungswidrig werden aber auch ältere Frauen mitgeschleppt. Nach zuverlässigen Quellen soll eine tägliche Marschleistung von 30 km verlangt werden. Es sind bereits lange Marschkolonnen auf der Wienerstrasse in Bewegung. Die Ausfälle sollen bis zu 25% betragen. Zurückgebliebene werden auf Camions geladen, Kranke und Marschuntüchtige kommen aber wahrscheinlich auf der Strecke ums Leben. Es soll vorgekommen sein, dass einzelne Gruppen nach ihrer Konzentrierung und auf dem Marsch die ganze Nacht im Freien zubringen mussten, was bei der gegenwärtigen kalten Jahreszeit für den Gesundheitszustand der Betroffenen die nachteiligsten Folgen hat.[6]
Was die in der Note zugesicherte Erlaubnis zur Auswanderung nach dem neutralen Ausland oder nach Palästina anbetrifft, beehren wir uns, auf den Passus „falls dies ein normaler diplomatischer Verkehr mit den betreffenden Staaten es ermöglicht" hinzuweisen. Es scheint, dass die Szálasi-Regierung die Frage der Auswanderung als Druckmittel ge-

6 Siehe auch Dok. 283 vom Herbst 1944.

genüber den neutralen Staaten verwenden will, um ihre diplomatische Anerkennung zu erzwingen. Wir dürfen annehmen, dass Sie diese Stellungnahme auch dem Eidgenössischen Politischen Departement zur Kenntnis bringen werden.[7]
Genehmigen Sie, Herr Minister, die Versicherung unserer ausgezeichneten Hochachtung.

DOK. 285
Edmund Veesenmayer teilt am 13. November 1944 dem Auswärtigen Amt mit, dass die Deportationen von Juden aus Budapest wie vorgesehen verlaufen[1]

Telegramm (Nr. 3262) von Veesenmayer, Budapest, an das Auswärtige Amt (Eing. 13.11.1944, 17.00 Uhr) vom 13.11.1944[2]

Evakuierung Budapester Juden verläuft ungeachtet technischer Schwierigkeiten[3] wie vorgesehen. Nach Mitteilung SS-Obersturmbannführers Eichmann sind bis heute rund 27 000 marsch- und arbeitseinsatzfähige Juden beiden Geschlechts in das Reichsgebiet in Marsch gesetzt worden. Es wird mit einem Restkontingent von noch rund 40 000 arbeitsfähigen Juden gerechnet, die in Tagesraten von 2–4000 abtransportiert werden. In besonderem Stadtteil zusammengefaßt werden danach an nicht arbeitsfähigen einschließlich Kindern in Budapest schätzungsweise 120 000 Juden verbleiben, über deren endgültige Bestimmung noch nicht entschieden ist, jedoch maßgeblich von Ermöglichung Gestellung Transportmittel abhängig ist.[4]

7 Tatsächlich teilten Funktionäre der Pfeilkreuzler-Regierung den Gesandtschaften der neutralen Staaten bald nach der Machtübernahme mit, dass ihre Tätigkeit zum Schutz der ungar. Juden nur dann toleriert werden würde, wenn sie im Gegenzug die neue Regierung diplomatisch anerkennen würden. Zu einer Anerkennung der Szálasi-Regierung durch die Schweiz kam es jedoch nicht.

1 PAAA, R 100891A, Bl. 43. Abdruck als Faksimile in: Braham (Hrsg.), The Destruction of Hungarian Jewry (wie Dok. 76 vom 25.9.1942, Anm. 1), Dok. 240, S. 527.
2 Im Original Eingangsstempel des AA und Verteilerliste.
3 Aufgrund von Transportschwierigkeiten wurden die meisten Deportierten zu Fuß Richtung österreich.-ungar. Grenze getrieben.
4 Im Dez. 1944 wurde in Budapest das Große Getto eingerichtet. Daneben bestand ein Internationales Getto für Personen, die unter dem Schutz eines neutralen Landes standen und über einen Schutzbrief verfügten; siehe Einleitung, S. 78–80.

DOK. 286

Das Innenministerium erteilt am 13. November 1944 die Weisung, Juden zu ergreifen, die aus den Marschkolonnen flüchten[1]

Schreiben des kgl. ungar. Innenministers (18.016/1944 VII res.),[2] Unterschrift unleserlich, vom 13.11.1944 (Kopie)[3]

Betreff: Die Umsiedlung eines Teils der Juden […][4]
Hinsichtlich der Umsiedlung eines Teils der Juden muss damit gerechnet werden, dass die Juden, die teilweise auf den Fußmarsch geschickt worden sind, Fluchtversuche unternehmen.
Ich weise Sie an, die notwendigen Maßnahmen zu treffen, um Fluchtversuche der erwähnten Personen zu verhindern, und die Ihnen untergeordneten Behörden und Organe entsprechend anzuweisen, damit die geflüchteten Juden im Rahmen der insbesondere an den Routen häufig durchgeführten Razzien verhaftet und in den Polizeidirektionen der zentral gelegenen Städte zusammengeführt werden. Um den Weitertransport der eingesammelten Personen zu ermöglichen, weise ich die zuständigen Polizeidirektionen an, uns den Tatbestand der Aufgriffe und die Zahl der Personen zu melden.

DOK. 287

Mária Mádi berichtet am 17. November 1944 über die Verbrechen der Pfeilkreuzler in und um Budapest[1]

Handschriftl. Tagebuch von Mária Mádi, Eintrag vom 17.11.1944

Freitag, 17. November
Ich fuhr in die Stadt, mit Paketen beladen wie ein Kamel, konnte aber keines davon übergeben. Anscheinend war Ernő gar nicht in der Stadt, und das Treffen mit Frau Goneplik fand wegen Fliegeralarm nicht statt. Ich verbrachte die beiden Alarmphasen im Schutzraum der Oti, eine eher lästige Angelegenheit. Im Oti-Zentrum fehlen viele der Mitarbeiter. Man hat mir erzählt, dass sie als Mitglieder der Pfeilkreuzler zwangsweise evakuiert worden sind. Das geschieht ihnen recht! Das gilt umso mehr für Elza Horchler und ihre Familie, ihr Sohn Peter ist mit der 9. Klasse im Sudetenland, sie [Elza] mit Moki in Wien, während ihr Ehemann immer noch hier ist und bei Gigi & Co. wohnt, aber jederzeit mit seiner Abreise rechnet. Teri Horchler wurde an den Balaton umgesie-

1 MNL NML, V. 83. 8 biz/1944., 18 016/944. Abdruck in: Elek Karsai/László Karsai (Hrsg.), Vádirat a nácizmus ellen, Bd. 4: 1944 oktober 15–1945 januar 18, Dok. 161, Budapest 2014. Das Dokument wurde aus dem Ungarischen übersetzt.

2 Teilweise unleserlich.

3 Das Schreiben ist überliefert als vertrauliche Abschrift des Vizegespans des Komitats Nógrád (143/1944.) an sämtliche Bürgermeister und Oberstuhlrichter des Komitats vom 17.11.1944 zur Weiterleitung an die zuständigen untergeordneten Organe.

4 Einige Wörter unleserlich.

1 USHMM, 2013.264.1. Das Dokument wurde aus dem Englischen übersetzt.

delt, mit zwei Kindern und einem Lastwagen voller Lebensmittel (wie sie das geschafft haben, so viel zusammenzubekommen!). […][2] Familie ist jetzt draußen in Császár, im Komitat Komárom. Mir gefällt die Vorstellung, insbesondere der Gedanke, dass Elza aus der Stadt raus ist und in Wien.

Ich traf gestern Marguerite.[3] Kuri versteckt sich, und sie hat Angst davor, von den Deutschen als Geisel genommen zu werden. Ihr Grundstück und ihr Schloss wurden entsprechend der deutschen Gesetzgebung konfisziert, so dass Hédervár[4] zum Sterben und zum Untergang verdammt ist. Sie hat auf der Straße nach Wien außerdem haufenweise jüdische Leichen gesehen. Frici Horchler Senior[5] hat gestern beobachtet, wie auf der Andrássy-Straße jüdische Frauen irgendwohin getrieben wurden. Als eine ältere Jüdin zu langsam war, hat man sie mitten auf der Straße erschossen!

Heute Nachmittag habe ich von der Straßenbahn aus gesehen, wie Jüdinnen und Juden vom Döbrentei-Platz in Richtung Döbrentei-Straße marschierten. Ich konnte erkennen, dass an der Spitze in Overalls gekleidete Männer, bewacht von bewaffneten Pfeilkreuzlern, gingen. Frauen und Kinder folgten ihnen, begleitet von unbewaffneten jugendlichen Pfeilkreuzlern. Keine Altersgruppe wird verschont, es waren alte Frauen und etwa fünfjährige Kinder mit auf der Straße. Sie waren für diesen kalten Wind viel zu dünn bekleidet. Früher, musst du wissen, waren die Juden besser mit Kleidung versorgt, so dass man ihnen wohl alle warmen Sachen abgenommen hat. Die meisten haben nur irgendwelche Strickpullover getragen und einige haben lediglich ein Hauskleid angehabt. Ich sah, wie viele von ihnen bitterlich weinten. Niemand in der Straßenbahn hat ein Wort des Protests oder des Entsetzens geäußert.

Die Stadt ist von der Luft aus bombardiert und auch vom Boden aus mehrere Male beschossen worden. Ich habe kein Mitleid mit diesen Leuten.

Von Elly habe ich erfahren, dass Herr Arnold, der niederländische Konsul,[6] von den Pfeikreuzlern verhaftet und anschließend von einem höheren Polizeibeamten mit Hilfe eines Tricks wieder entlassen worden ist. Zudem ist ein jüdisches Paar aus Holland verschwunden, die Pfeilkreuzler haben ihre ausländische Staatsbürgerschaft einfach ignoriert, das Oberhaupt einer sehr reichen holländischen Familie, der früher einmal Direktor bei Philips war, ist verschwunden (Grund: Verschwörung mit kroatischen Partisanen!),[7] er ist vermutlich in Deutschland gelandet, da er an Herrn Arnold eine Postkarte aus Hegyeshalom geschickt hat.[8] Zuvor hatte man ihn verdächtigt, mit den Nazis zu kollaborieren. Ich nehme an, sie haben sein Geld, sehr wahrscheinlich Devisen und

2 Name unleserlich.

3 Schwester von Mária Mádi.

4 Das im 16. Jahrhundert erbaute und bis Anfang des 20. Jahrhunderts mehrfach umgebaute Burgschloss nordwestlich von Győr war 1944 im Besitz der Familie Kuehn-Hédervári und wurde im Nov. 1944 beim Rückzug als Sitz der deutschen Botschaft in Anspruch genommen.

5 Richtig: Frigyes Horchler (1898–1954), Offizier, Motorradsportler; 1941 Verzicht auf den Offiziersrang.

6 Ein Mann mit dem Familiennamen Arnold war 1940 als Büroleiter an der kgl. niederländ. Botschaft in Budapest tätig, als kgl. Generalkonsul fungierte 1944 J.P. Ph. Clinge Fledderus (1870–1946).

7 Nicht ermittelt. Aus der Direktion der Magyar Philips Művek Rt. (Ungarische Philipswerke AG) schieden im Mai 1943 alle vier niederländ. Mitglieder aus.

8 An der österreich.-ungar. Grenze in Hegyeshalom wurden die von der Szálasi-Regierung deportierten Juden an das Deutsche Reich übergeben.

Gold, an sich genommen. Immer wieder hört man von Fällen, in denen Schweizer oder schwedische Schutzpapiere zerrissen worden sind.[9] Die entsprechenden Botschaften scheinen gegen dieses völkerrechtswidrige Verhalten nicht vorzugehen. Die Pfeilkreuzler sind darüber hinaus in ein Kloster eingefallen und haben in Anwesenheit der Polizei alle Nonnen und deren Schutzbefohlene festgenommen. Offenbar hat daraufhin die Nuntiatur interveniert, so dass die Nonnen eine Woche später wieder freigelassen wurden.

DOK. 288
Die Szálasi-Regierung definiert am 17. November 1944 verschiedene Kategorien von Juden[1]

Denkschrift des kgl. ungar. Außenministeriums[2] über die am 17.11.1944 gefassten Beschlüsse des Chefs der Nation[3] betreffend die endgültige Regelung der ungarländischen Judenfrage vom 17.11.1944

Die ungarländischen Juden werden in folgende 6 Kategorien eingereiht:
1.) Juden mit ausländischem Schutzpaß
Diese Juden sind spätestens bis zum 20. November 1944 um 16 Uhr in den von dem Kgl. Ung. Innenminister[4] bestimmten sogenannten Palatinus-Häusern zu konzentrieren.[5] In der ungarischen Tagespresse werden täglich entsprechende Bekanntmachungen veröffentlicht. Die genannten Juden werden bis zu ihrer Abreise in den vom Innenminister bestimmten Häusern bleiben. Sie dürfen jeden Tag von 8 bis 9 Uhr morgens in der Umgebung spazieren gehen. Die Abreise dieser Juden ist einerseits von der Gestaltung der diplomatischen Beziehungen zwischen der ungarischen Regierung und der Regierung des interessierten Staates, andererseits von der verkehrstechnischen Vereinbarung der betreffenden Regierung mit der deutschen Regierung abhängig. Die zwischen der ungarischen Regierung und den interessierten Regierungen vereinbarten Kontingente der mit Schutzpaß versehenen Juden können nicht erhöht werden.
2.) Die an die deutsche Regierung geliehenen Juden, die die deutsche Regierung als Arbeitsfähige im Interesse der gemeinsamen Kriegführung zu beschäftigen gewillt ist. Diese Juden leisten zugunsten der ungarischen Nation Arbeitsdienst. Sie werden individuell

9 Juden, die über einen Schutzbrief eines neutralen Staates verfügten, sollten gemäß der Zusage der ungar. Regierung von den Deportationen ausgenommen werden. Sie wurden von Nov. an im Internationalen Getto zusammengefasst; siehe Einleitung, S. 78 f., sowie Dok. 288 vom 17.1.1944.

1 PAAA, R 99451.

2 Die Denkschrift wurde dem AA am 20.11.1944 übersandt. Im beigefügten Schreiben heißt es, „daß die darin gemachten Ausführungen zum wesentlichen Teil für das Ausland bestimmt sind".

3 Ferenc Szálasi.

4 Gábor Vajna (1891–1946), Offizier; von 1919 an im Nachrichtendienst des Verteidigungsministeriums tätig, 1924 als Major ausgeschieden, 1931–1938 Direktor einer Pulverfabrik in Balatonfűzfő, von 1939 an Mitglied der Pfeilkreuzlerpartei und Parlamentsabgeordneter, von 1943 an für den Ausbau der Parteikontakte zum Deutschen Reich zuständig; Okt. 1944 bis März 1945 Innenminister; 1946 vom ungar. Volksgericht zum Tode verurteilt und hingerichtet.

5 Die Palatinus-Häuser wurden Anfang des 20. Jahrhunderts auf Pester Seite nördlich der Margaretenbrücke erbaut. Dort entstand das Internationale Getto; siehe Dok. 290 vom Nov. 1944.

(mit Namensangabe) der deutschen Regierung übergeben; für sie wird der Kgl. Ung. Innenminister einen ständigen ungarischen Ausschuß nach Deutschland delegieren; ein Mitglied dieses Ausschusses wird der gemeinsame Beauftragte des Internationalen Roten Kreuzes und der interessierten Missionen sein. Die Aufgabe dieses Ausschusses wird sein, die nach dem 16. Oktober 1944 in Deutschland Arbeitsdienst leistenden ungarländischen Juden in Evidenz zu halten und zu diesem Behufe die Verbindung mit der deutschen und der ungarischen Regierung aufrechtzuerhalten.
Die Juden sind für die ungarische Nation dienstpflichtig. Der ungarische Staat läßt im Interesse der Nation im Einvernehmen mit der deutschen Regierung auch im Auslande Arbeit leisten. Die Angelegenheit derjenigen Juden, die ihren ungarischen Arbeitsdienst im Ausland leisten, wird vom ungarischen Staat nach dem Kriege im Zuge der allgemeinen Regelung der europäischen Judenfrage und im Einklang mit den europäischen Gesichtspunkten geregelt werden. Bis dahin wird ihre Behandlung von ihrem Benehmen abhängig gemacht.
3.) Die in Ungarn vorläufig zurückbleibenden Juden sind im Ghetto zu konzentrieren auf Vorschlag und nach der Planung des Innenministers. Diese Juden sind in folgende Kategorien einzureihen:
a) Leihjuden (siehe Punkt 2), deren Abtransport zum Arbeitsdienst aus irgendwelchem Grunde noch nicht erfolgen kann.
b) Kinder, Greise und alle diejenigen, die aus irgendwelchem Grunde transport- bzw. marschunfähig sind (schwangere Frauen, Kranke, usw.).
c) Diejenigen jüdischen Kinder, die in den unter dem Schutze des Internationalen Roten Kreuzes stehenden Kinderheimen untergebracht sind, sowie ihr Aufsichtspersonal.
d) Juden christlicher Religion, für die extra Gebäude im Ghetto zu bestimmen sind, welche Gebäude mit einem Kreuz versehen werden können; die christlichen Juden tragen statt dem Stern einen Fleck und haben ihren eigenen Rat.
Für die öffentliche Sicherheit und die Gesundheitspflege im Ghetto sorgt der Innenminister. Der Judenrat ist im Ghetto tätig, dort baut er seine Organisation aus im Einvernehmen mit dem Innenminister. Es wird ermöglicht, daß sowohl das Internationale wie auch das Schwedische Rote Kreuz für die Ghettojuden im Ghetto Volksküchen aufstellen und in Betrieb halten.
Für die entsprechende und geziemende Unterbringung der unter dem Schutze der Nuntiatur, des Internationalen und des Schwedischen Roten Kreuzes stehenden Judenheime und Judenasyle innerhalb des Ghettos wird der Innenminister Sorge tragen. Innerhalb des Ghettos können die Juden frei leben und sich frei bewegen. Sie dürfen das Ghetto nicht verlassen, weder Radio noch Telefon benutzen, ihr Postverkehr wird durch ein vom Innenminister im Einvernehmen mit dem Verkehrsminister[6] zu errichtendes Postamt abgewickelt. Die Juden dürfen nur in ungarischer Sprache korrespondieren, sie dürfen nur an Juden schreiben unter genauer Angabe des Absenders, mit gelben, extra bezeichneten Postkarten.

6 Lajos Szász (1888–1946), Jurist; von 1935 an Abteilungsleiter im Finanzministerium, 1937–1942 StS, 1939–1944 Parlamentsabgeordneter, 1942–1944 Minister für Volksernährung, März bis Aug. 1944 Industrieminister, anschließend Handels- und Verkehrsminister; vom ungar. Volksgericht zum Tode verurteilt, hingerichtet.

Diejenigen Juden – gleich welcher Kategorie sie angehören – dürfen nicht im Ghetto bleiben, die laut dem Strafregister politische Verbrechen – sei es nur Übertretung – begangen haben, wegen solcher interniert waren oder unter polizeilicher Aufsicht standen vor dem 16. Oktober 1944. Unter politischem Verbrechen ist jede gegen die Nation gerichtete Handlung zu verstehen.
Das Ghetto hat vier Tore nach den vier Himmelsrichtungen. Juden können das Ghetto nur in einem Falle verlassen, nämlich die zum Arbeitsdienst verpflichteten Leihjuden im Falle ihres Abtransportes.
4.) Die mit Immunitätszeugnis versehenen Juden, und zwar:
a) Diejenigen Juden, deren vom gewesenen Reichverweser[7] gegebenes Immunitätszeugnis nach Überprüfung vom Innenminister anerkannt und die in dem vom Innenminister herausgegebenen amtlichen Namensverzeichnis angeführt sind.
b) Die vom früheren Innenminister[8] erteilten Immunitätszeugnisse, deren Anerkennung in einem, vom Innenminister herauszugebenden amtlichen Namensverzeichnis zu veröffentlichen ist.
c) Die mit dem Titel „Vitéz“ und mit der goldenen Tapferkeitsmedaille versehenen sowie kriegsinvaliden Juden auf Grund der Anerkennung seitens des Innenministers.
Diese Juden sind außer den rassenpolitischen und vermögensrechtlichen Bestimmungen von den übrigen Judengesetzen, Verordnungen und Bestimmungen befreit. Sie dürfen am politischen, wirtschaftlichen und gesellschaftlichen Leben nicht teilnehmen.
5.) Kirchliche Personen, Priester, Nonnen, genießen eine vollkommene Immunität, aber sie sind auf Grund einer Vereinbarung zwischen dem Außenminister,[9] dem Kultusminister[10] und den zuständigen kirchlichen Stellen in einem Ordenshaus abzusondern und in absehbarer Zeit nach dem Ausland zu versetzen bzw. zu übernehmen.
6.) Juden ausländischer Staatsangehörigkeit und solche ungarischen Juden, die ihren Reisepaß bis zum 17. November 1944 um 14 Uhr beim Fremdenkontrollamt (KEOKH) in Evidenz genommen wurden,[11] sind verpflichtet, das Gebiet des Landes bis zum 1. Dezember 1944 zu verlassen.

7 Miklós Horthy.
8 Döme Sztójay.
9 Dr. Gábor Kemény (1910–1946), Jurist; 1933 Mitarbeiter von Pesti Hírlap (Pester Zeitung), von 1939 an Mitglied der Pfeilkreuzlerpartei; Okt. 1944 bis März 1945 Außenminister; vom ungar. Volksgericht zum Tode verurteilt, hingerichtet.
10 Ferenc Rajniss.
11 So im Original.

DOK. 289

Veesenmayer informiert am 21. November 1944 das Auswärtige Amt, dass die Deportationen ins Reich stark eingeschränkt werden müssen[1]

Telegramm (Nr. 3353 – geheime Reichssache), Nr. 3353, von Veesenmayer, Budapest, an das Auswärtige Amt (Eing. 21.11.1944, 23.40 Uhr) vom 21.11.1944, 22.30[2]

I.) In Weiterführung Judenevakuation Budapest ist grundsätzliche Änderung eingetreten. Szalasi hat angeordnet, Abtransport von Judenfrauen im Hinblick auf hierbei aufgetretene Unzulänglichkeiten nicht mehr im Fuß-Treck, sondern ausschließlich bei Gestellung Transportmittel zuzulassen, was angesichts Unmöglichkeit Waggonbeschaffung praktisch Einstellung Abtransports gleichkommt. Andererseits hat hier anwesender Leiter Judeneinsatzes im Niederdonau-Gebiet, SS-Obersturmbannführer Höß,[3] mitgeteilt, daß er nur noch bestarbeitsfähige Männer, möglichst nicht über 40 Jahren, einsetzen könne, die die besonders schwere, im Reichsgebiet unter Tage auszuführende Arbeit auch auf längere Zeitdauer aushalten können.[4] Diesen Anforderungen nicht entsprechende Juden einschließlich Frauen stellten zurzeit schwerste Belastung seines Arbeitsbetriebes dar, so daß er bereits Zurückweisung schon in Marsch befindlicher ungeeigneter Kontingente an Reichsgrenze erwogen und hiervon nur aus politischen Gründen Abstand genommen habe.[5] Danach ist für weitere Arbeit hier nicht mehr Grundsatz möglichst weitgehender Ausräumung Stadtgebietes, sondern nur Abtransport absolut arbeitsfähiger Juden maßgebend. Hierfür werden im Wesentlichen noch restliche, bisher aus verschiedenen Gründen nicht erfaßte Teile jüdischen Honvedarbeitsdienstes, bei Kontrolle des Sonderghettos[6] festgestellte illegale Schutzpaß-Inhaber sowie bei nochmaliger Durchkämmung in Errichtung befindlichen allgemeinen Stadtghettos[7] als arbeitsfähig festgestellte männliche Juden in Betracht kommen.

II.) Errichtung Sonderghettos für Schutzpaß-Inhaber und allgemeiner Ghettos in besonderem Stadtteil für restliche Budapester Juden schreitet planmäßig fort. Bei erster Kontrolle Schweizer Schutzpässe (Visumzusagen für Auswanderer nach Palästina durch die Schweiz) im Sonderghetto sind unter Beteiligung hiesiger Schweizer Gesandtschaft, Ab-

1 PAAA, R 100894, Bl. 112 f. Abdruck als Faksimile in: Braham (Hrsg.), The Destruction of Hungarian Jewry (wie Dok. 76 vom 25.9.1942, Anm. 1), Dok. 242, S. 532 f.

2 Im Original Eingangsstempel des AA und Verteilerliste. Sprachliche Eigenheiten wurden beibehalten.

3 Rudolf Höß (1901–1947), Landwirt; 1922 NSDAP-Eintritt; 1924 zu zehn Jahren Zuchthaus wegen Beteiligung an einem Fememord verurteilt, 1928 entlassen; 1933 SS-Eintritt; 1938 Adjutant, 1939 Schutzhaftlagerführer in Sachsenhausen, Mai 1940 bis Nov. 1943 sowie Mai 1944 bis Juli 1944 Kommandant in Auschwitz, von Nov. 1943 an mit Unterbrechungen Amtschef D I im SS-WVHA, Ende 1944 „Leiter Judeneinsatz" in der Region Niederdonau; in Krakau zum Tode verurteilt und hingerichtet.

4 Ein Teil der an die SS übergebenen Juden wurde in österreich. Industriebetrieben, ein anderer in Konzentrationslagern (teils in unterirdischen Rüstungsfabriken) zur Zwangsarbeit eingesetzt. Die restlichen Frauen und Männer wurden beim Bau des Südostwalls zur Arbeit gezwungen; siehe Einleitung, S. 76–78.

5 Zur körperlichen Verfassung der zu Fuß an die Grenze getriebenen ungar. Juden siehe Einleitung, S. 75.

6 Gemeint ist das Internationale Getto in Budapest.

7 Das Große Getto in Budapest.

teilung für fremde Interessen, mindestens 30 vom Hundert – in einem Arbeitslager sogar 1100 von 1500 Fällen – Fälschungen und Verfälschungen festgestellt worden, die Schweizer Gesandtschaft mit katastrophalen Zuständen in ihren von jüdischen Angestellten geführten Auswanderungsbüros entschuldigt.
Wegen Schweden-Juden vorliegt bemerkenswerte Meldung, daß schwedische Regierung bei Schweizer Regierung nach Asylgewährung für schwedische Schutzpaß-Inhaber aus Ungarn angefragt habe, die sie also, wie bereits früher gemeldet, nach wie vor offenbar nicht geneigt ist, trotz Paßausstellung nach Schweden einreisen zu lassen. Wegen bisher nicht in Erscheinung getretener Kategorie von Schutzpaß-Inhabern hiesiger Nuntiatur hat ungarisches Außenministerium versichert, diese nach Angabe der Nuntiatur an besonders empfohlene getaufte Juden ausgestellten Schutzbescheinigungen privilegierten die Inhaber ausschließlich insoweit, als sie sich innerhalb des allgemeinen Ghettos in besonders zusammengefaßten, statt mit dem Judenstern mit einem Kreuz bezeichneten Häusern niederlassen dürften. Es soll sich hierbei um rund 20 000 Personen handeln.
III.) In Budapester allgemeinen Ghetto verbleibende Juden werden nach einer neueren Schätzung nicht mehr als rund 80 000 Personen betragen, während Sonderghetto für Schutzpaß-Inhaber rund 16 000 Personen umfassen wird.[8]
Zum Arbeitseinsatz in das Reichsgebiet in Marsch gesetzt sind zurzeit – ohne daß hierüber genaue Ziffern vorliegen – nicht mehr als 30 000 Juden. Noch zu erwartendes Restkontingent schwer abschätzbar. Es steht jedoch nach neuer Sachlage kaum zu erwarten, daß die ursprünglich angeforderte Zahl von 50 000 erreicht wird.[9]
IV.) Ungarisches Außenministerium hat heute allen an Regelung Judenfrage interessierten Stellen, einschließlich beteiligter Missionen, Denkschrift über am 17. d. Mts. vom Staatsführer[10] gefaßte Beschlüsse zur endgültigen Regelung ungarischer Judenfrage übermittelt, die mit heutigem Kurier im Wortlaut vorgelegt wird.[11]

DOK. 290

Ármin Bálint schildert im November 1944 die Wohnsituation im Internationalen Getto[1]

Handschriftl. Tagebuch von Ármin Bálint, Einträge vom 15. bis 26.11.1944

15. Nov. Ich habe heute von 8 bis 12 in Regen und Schlamm vor dem Amt für Wohnraumzuweisung gestanden, um zu einer Wohnung zu kommen. Inzwischen haben wir zusammen mit den Familien Iványi[2] und Varga[3] einen Platz in der Wohnung eines Freundes

8 Im Internationalen Getto lebten etwa 30 000 bis 35 000 Personen. Im Großen Getto waren im Jan. 1945 bis zu 70 000 Personen untergebracht.

9 Die Gesamtzahl der nach der Machtübernahme der Pfeilkreuzler deportierten Juden belief sich auf etwa 76 000; siehe Einleitung, S. 74–76.

10 Ferenc Szálasi.

11 Siehe Dok. 288 vom 17.11.1944.

1 PIM Kézirattár, V.5860/1 Brauner Ármin naplója. Abdruck in: Bálint, Feljegyzések Gyuri fiam részére (wie Dok. 277 vom 16. bis 20.10.1944, Anm. 1), S. 109–113. Das Dokument wurde aus dem Ungarischen übersetzt.

von Pista F.[4] bekommen. In der Dreizimmerwohnung sind wir derzeit 34 Leute, aber wir sind glücklich, weil wir in ein Haus ziehen können, das unter dem Schutz der Schweiz steht (?).[5] Der Transport unserer ärmlichen Habseligkeiten hat mich meine letzten 250 Pengő gekostet.
16. Nov. In zwei der Zimmer zogen fünf uns bekannte Familien ein. Im kleineren Zimmer acht Männer, im größeren zwölf Frauen, im Vorzimmer vier – im dritten Zimmer zwölf Fremde. Ich habe einen Platz auf einem wackeligen Sofa bekommen, an Schlaf kann man gar nicht denken. Meine körperlichen Kräfte schwinden dahin und meine Nerven versagen. Ich leide auch an heftigem Sodbrennen. Ich hatte mir auch wegen Giza[6] und deren Familie große Sorgen gemacht, ob sie vorgestern nicht vielleicht verschleppt worden sind. In der Frühe bin ich hingegangen, zum Glück war alles in Ordnung. Gestern am Abend ist auch Pali[7] eingetroffen. Heute Nachmittag oder morgen werde ich nachschauen, was mit den armen Csillags[8] los ist. Wir sind der Familie Faludi-Varga zu Dank verpflichtet, weil wir durch sie an eine sicherere Bleibe gekommen sind.
Inzwischen ist die Zahl der Bewohner auf 41 gestiegen. Im Haus wohnen circa 1800 Menschen. Irén hat heute wieder mit ihren Vorwürfen begonnen und in einem unerhörten Ton mit Mutter[9] gesprochen. Ich habe sie streng zurechtgewiesen und ein für alle Mal mit ihr gebrochen.
17. Nov. Heute bin ich zu den Csillags gegangen. Gestern ist es Meli[10] gelungen, in ein schwedisches Haus zu kommen. Die Großmutter, die sich schon seit vergangenem Jahr mit Selbstmordgedanken trug, hat sich vorgestern mit Gas umgebracht. Sie wollte das, was [uns] noch bevorsteht, nicht mehr durchmachen. So ist es besser für sie. Keine Nachricht von Béni und Vera.[11] Auf den Straßen, in den Häusern werden ständig Juden aufgegriffen.
18. Nov. *Jászberény, Jászárokszállás* wurden geräumt. Südlich von *Miskolc* und der *Mátra* wüten heftigste Kämpfe, nördlich der *Drau* wurden frische starke russische Truppen gesichtet. Die Alliierten rücken bis *Stuttgart* und *Metz* vor.[12] Der Anführer des *slowakischen* Aufstands wurde gehängt.[13] Die Aussiedlung der unter ausländischem Schutz stehenden Juden wurde *bis zum 20. Nov.* verlängert. Juden, die nicht mehr unter dem

2 Verwandte der Ehefrau von Ármin Bálint, Kamilla Hoffmann.
3 Erzsébet Varga war eine Freundin von Kamilla Hoffmann.
4 Pista Faludi.
5 Personen, die unter dem Schutz der neutralen Mächte standen und im Besitz eines Schutzpasses waren, wurden seit Nov. 1944 ausgewählten Wohnhäusern im Budapester Stadtteil Újlipótváros zugewiesen; siehe Einleitung, S. 78 f.
6 Gizella Brauner (1883–1971), Schwester von Ármin Bálint.
7 Pál Pollitzer (1908–2009), Sohn von Gizella Brauner.
8 Der Rechtsanwalt Béni Csillag und seine Frau Melanie waren die Schwiegereltern von György Bálint, dem 1943 verstorbenen Sohn von Ármin Bálint.
9 Gemeint ist Kamilla Hoffmann (gest. 1978), Ehefrau von Ármin Bálint.
10 Melanie Csillag.
11 Vera Csillag (1909–1997), Graphikerin, Illustratorin; Ehefrau von György Bálint; nach 1945 Arbeit für den Szikra und den Szépirodalmi Verlag, in den 1960er-Jahren Emigration nach Australien.
12 Metz wurde am 9.11.1944 von alliierten Truppen eingeschlossen, Stuttgart aber erst ab dem 21.4.1945 besetzt.
13 Der Nationalaufstand gegen die slowak. Kollaborationsregierung und die deutsche Besetzung der Slowakei dauerte bis Okt. 1944. Die beiden Oberbefehlshaber der Aufstandsarmee wurden 1945 im KZ Flossenbürg ermordet.

Schutz *des Reichsverwesers* stehen, werden in das Areal zwischen *Király*-Straße, Dohány-Straße, Kertész-Straße und Madách-Straße umgesiedelt.[14]

20. Nov. Es gibt keinen Winkel, in dem man einmal fünf Minuten in Ruhe lesen oder schreiben könnte. Jetzt versuche ich, die heutige Situation zu skizzieren. Heute sind wir 43 Leute in der Wohnung, aber heute fängt es an, sich ein wenig zu lichten. Die ca. 200 Menschen aus dem Keller und aus dem Treppenhaus sind bereits untergebracht. Nachts kann man nicht schlafen. Husten, Niesen, Zähneknirschen, die ständigen Wanderungen zum WC machen jegliche Ruhe unmöglich. Tagsüber sind die Leute angespannt, Wortwechsel, Streitereien sind an der Tagesordnung. Das Verhältnis zur Familie Varga-Faludi verbessert sich erfreulicherweise, aber mit der Familie Iványi grüßen wir uns kaum noch. Wo möglich, machen sie Stimmung gegen uns, insbesondere bei Onkel Lajos, der ihnen täglich ein Lebensmittelpaket bringt. Uns bringt er natürlich nichts. Obwohl sie fast den ganzen Tag hindurch essen, so dass schon alle über sie lachen. Wir haben auch kein anderes Gesprächsthema mehr. Aber wenn Onkel Lajos fragt, was wir tun, gibt Ági[15] eine stereotype Antwort: „Wir fasten." Laci und Tomi Kozspod sind nach Hause gekommen. Ich hoffe, dass Giza und Familie heute noch in einem Schutzhaus Unterkunft finden. Von Béni und Vera keine Nachricht. Ihr Haus steht unter dem Schutz des Vatikans, doch außer Tante Kati ist niemand mehr aus der Familie in der Wohnung. Sämtliche rechte Parteien sind der Partei der Hungaristen[16] beigetreten. *In Ungarn* gehen die Kämpfe mit unverminderter Härte weiter.

21. Nov. Aus den unterschiedlichen Nachrichten lässt sich Folgendes entnehmen: Laut den Berichten stehen die Russen vor *Gödöllő* und Miskolc. In *Csepel* kamen sie in den Besitz der B[uda]pester Sendeanlage sowie von *Monor. Ferencváros* wurde bereits von weitreichenden Kanonen beschossen. Die Deutschen haben *Gyöngyös* zurückerobert.

23. Nov. Der Umzug in die Schutzhäuser wurde abgeschlossen. Die Polizei hat gestern die Schutzbriefe bei uns kontrolliert. Viele Leute, bei denen etwas nicht in Ordnung war, wurden abgeführt, der Großteil wurde nach einer Überprüfung jedoch wieder nach Hause geschickt. Auch in der Wohnung hat sich die Lage beruhigt. Wir sind nun 42. Diejenigen, die nur für eine Nacht einen Platz haben wollten, erklärten am nächsten Tag, dass man sie nicht einmal mit Prügel loswerden würde. Unterschiedlichste Menschen sind hier zusammengepfercht, es gibt auch sieben bis acht Orthodoxe, die ihr eigenes Leben führen. Heute ist ein hier wohnender alter Herr nach Hause zurückgekehrt, er war eine Weile mit Béni zusammen, der sich freiwillig einer anderen Gruppe angeschlossen hatte, seitdem gibt es keine Nachricht mehr von ihm. Gestern gab es zwei Mal Luftalarm, aber in der Wohnung hört man nichts davon! Wir vernahmen auch eine riesige Explosion, aber wir wissen nicht, was geschehen ist.

Vor *Tura* und *Miskolc* gibt es schwere Kämpfe. *Gyöngyös* wurde zwei Mal eingenommen. In *Metz* Straßenkämpfe. *Salzburg* und *Mühlhausen* sind in der Hand der Alliierten.[17] Der Vormarsch General Tassignys[18] am *Rhein* geht weiter. Der Durchbruch an der *Bur-*

14 In diesem Areal wurde ein Getto errichtet; siehe Einleitung, S. 79.

15 Ágnes Iványi, Verwandte von Kamilla Hoffmann.

16 Gemeint ist die Pfeilkreuzlerpartei–Hungaristische Bewegung.

17 Salzburg wurde erst am 4.5.1945 von alliierten Truppen besetzt.

18 Jean de Lattre de Tassigny (1889–1952), Oberbefehlshaber der franz. 1. Armee.

gundischen Pforte wird in Berlin [...][19] eingeschätzt – auch hier sind die Alliierten auf beiden Ufern des Rheins vorgestoßen. Die Alliierten haben eine riesige Maschinerie von Menschen und Material in Gang gesetzt und berichten von einem *weitgehenden Durchbruch.* Beratung über *Kultur* bei Szálasi, an der unter anderen auch Ernő Dohnányi[20] teilgenommen hat. Der Bildhauer János Horvay[21] ist gestorben.

25. Nov. Bei Apatin und Báthaszék konnten die Russen neue Truppen *über die Donau übersetzen* und sind nördlich von der Drau im Vormarsch. Die Deutschen haben *Tokaj* geräumt. Die Schlacht in[22] hat sich intensiviert. Im *Westen* steht der Vormarsch der Alliierten in keinem Verhältnis zur Zahl der Opfer. Der Schwerpunkt liegt im Raum *Aachen* und *Metz.* Die Kämpfe sind schwerer als damals [im Ersten Weltkrieg]. In der Normandie halten die Deutschen ihre Stellungen *im Wesentlichen.*[23] In *Metz* gehen die Straßenkämpfe weiter. In der Stadt *Belfort* erbitterte Nahkämpfe. Auf dem italienischen Kriegsschauplatz, nördlich von Forli, ein erneuter großer Angriff der Engländer. Luftangriff auf *München.* Die Maschinen in den *Pester* Fabriken werden demontiert und abtransportiert. Tihamér *Fabinyi*[24] wurde seines Amts als Generaldirektor der Kreditanstalt enthoben, sein Nachfolger ist Iván Belatiny,[25] der ehemalige Generaldirektor der Nationalbank.

26. Nov. Die Deutschen haben sich auf eine neue Defensivlinie westlich von Apatin und Kőszeg, beim Zusammenfluss von *Donau und Drau,* zurückgezogen. Südlich von *Miskolc* ist den Russen ein kleinerer Durchbruch gelungen, sie haben mit gewaltigen Kräften von den Brückenköpfen an der *Donau aus* angegriffen. Auf der Insel *Csepel* eroberten die Deutschen Tököl zurück. Im Tal von *Hernád* mussten die Stellungen drei Kilometer nach hinten verrückt werden. Nördlich von *Ungvár* sind die Russen in die *Slowakei* einmarschiert und haben Szobráncz[26] besetzt. In Estland haben die Russen die Halbinsel *Sworbe* geräumt. In *Straßburg* erbitterte Straßenkämpfe. Die Amerikaner gelangten nach dem *Durchbruch bei Aachen* bis zum *Rhein.* Der polnische Ministerpräsident *Mikolajczik*[27] ist zurückgetreten.

Im Raum *B[uda]pest* haben am Freitag schwere Abwehrkämpfe stattgefunden. Heftiger Kampf um *Hatvan.* Die Russen sind in *Miskolc* einmarschiert.

Seit ein paar Tagen sind wir im Areal zwischen Csáky-, Sziget-, Katona-József-Straße und Újpesti-Kai eingesperrt.[28] Wir kommen nicht mehr zum Bäcker, können kein Brot oder andere Lebensmittel kaufen. Gestern habe ich 7 Pengő für ein [Stück] Brot bezahlt, 20 Pengő für ein Kilo Brot. Wir werden förmlich ausgehungert. Ich bestehe nur noch aus Haut und Knochen. Gestern wurde ein Schutzhaus geräumt, man musste es innerhalb von zehn Minuten verlassen haben. Ist der Schutz der neutralen Botschaften so viel

19 Wort unleserlich. Eventuell: unterschiedlich.
20 Ernő Dohnányi (1877–1960), Komponist, Dirigent, Pianist.
21 János Horvay, geb. als Hoppl (1874–1944).
22 Wort unleserlich. Eventuell: Kurland.
23 Tatsächlich marschierten alliierte Truppen bereits Ende Aug. 1944 zur Seine.
24 Tihamér Fabinyi (1890–1953).
25 Iván Belatiny (1898–1972).
26 Richtig: Sobrance.
27 Richtig: Stanisław Mikołajczyk (1901–1966), Juli 1943 bis Nov. 1944 Ministerpräsident der poln. Exilregierung.
28 Mit der Absperrung dieser Straßenzüge wurde das Internationale Getto geschaffen.

wert? Gräueltaten überall und jeden Tag. Gestern wurden zwei Söhne zweier Juden, die in der Arbeitskompanie unseres Mitbewohners Somló gearbeitet haben, sowie einer der Väter, der sie abholen wollte, verhaftet und in das Pfeilkreuzlerhaus am Szt.-István-Ring 2 gebracht. Wahr ist aber auch, dass die beiden Kinder von 15 oder 16 Jahren eine Armbinde der Pfeilkreuzler umhatten. Die beiden Söhne und der Vater wurden gestern erschossen.

DOK. 291

Ottó Komoly bedankt sich am 27. November 1944 bei Saly Mayer für seine Hilfe, aber hat keine Hoffnung mehr, ungarische Juden zu retten[1]

Brief von Ottó Komoly, ungez., an Saly Mayer, Sankt Gallen, vom 27.11.1944 (Abschrift)

Sehr geehrter Herr Direktor!
Ich habe nur wenige Minuten Zeit, um Ihnen zu schreiben, da ich erst in der letzten Stunde die Nachricht von Dr. Kastner[2] erhielt, daß ich die Möglichkeit habe, Ihnen schreiben zu können. Darum nur in aller Kürze.
Das Schicksal des ungarischen Judentums nähert sich seinem Ende. Es ist kaum zu erwarten, daß, außer einem kleinen Bruchteil, es die Gegenwart überleben wird können. Wir stehen hier machtlos den Ereignissen gegenüber und haben die Hoffnung, daß Ihrerseits etwas Entscheidendes erreicht werden könnte, sozusagen ganz verloren.[3] Das einzige, das wir mit Ihrer Hilfe zu erreichen trachten, ist, die Leiden zu mildern, Kinder zu überretten, Kranken und Greisen die letzten Tage erträglicher zu gestalten helfen.[4] Die Erhaltung des Bestandes ist heute nur mehr ein leerer Wahn.
Ich weiß, Sie haben, Herr Direktor, Unmenschliches, Übermenschliches geleistet, um uns zu helfen. Wir sagen Ihnen innigst Dank dafür. Nicht Ihr Wille war es, an welchem es mangelte: die Verhältnisse waren stärker als Ihre Kräfte. Mit diesem Bewußtsein gehen wir unserem Schicksal entgegen.
Meinerseits noch einen besonderen Dank für die Liebenswürdigkeit, mit welcher Sie sich meiner Tochter[5] angenommen haben. Ich bitte Sie innigst, sie auch weiter nicht aus den Augen [zu] lassen, ich glaube, daß sie dessen wert ist.
Empfangen Sie, sehr geehrter Herr Direktor, meine wiederholten herzlichen Grüße, Dank für alles, was Sie für uns taten, und den Ausdruck meiner besonderen Hochachtung
Ihr sehr ergebener

1 YVA, P 31/38.
2 Richtig: Dr. Rezső Kasztner.
3 Saly Mayer engagierte sich von der Schweiz aus für die Rettung der ungar. Juden und verhandelte über deren Freikauf mit der deutschen SS; siehe Dok. 149 vom 25.4.1944.
4 Ottó Komoly arbeitete seit Sept. 1944 als Leiter der Sektion A, die im Auftrag des Internationalen Roten Kreuzes für den Schutz jüdischer Kinder eingerichtet wurde. Sie unterhielt mehrere Kinderheime und war auch um die Versorgung von bedürftigen Personen bemüht, v. a. im später eingerichteten Budapester Getto.
5 Lea Fürst-Komoly (1921–2006), Bibliothekarin; im April 1944 verhaftet, flüchtete mit dem „Kasztner-Transport" in die Schweiz; 1945 Emigration nach Palästina.

DOK. 292

Leopold Breszlauer und Ladislaus Kluger berichten am 28. November 1944 über den schlechten allgemeinen Zustand der in Hegyeshalom ankommenden Budapester Juden[1]

Bericht von Dr. Leopold Breszlauer und Ladislaus Kluger,[2] Budapest, vom 28.11.1944[3]

Bericht der Kommission, bestehend aus Dr. Leopold Breszlauer und Ladislaus Kluger, über ihre Erfahrungen, welche sie während ihrer amtlichen Reise von Budapest nach Hegyeshalom zwischen dem 23. und dem 27. November 1944 gesammelt haben

Am 22.1.J.[4] in den Nachmittagsstunden wurde im Amtsgebäude der schwedischen Gesandtschaft (Uellöi-ut) eine Besprechung abgehalten, wo die Vertreter der schwedischen, schweizerischen, spanischen, portugiesischen Gesandtschaften und ausser ihnen – nicht amtlich – Dr. X.[5] teilgenommen haben. An dieser Besprechung haben seitens der schweizerischen Gesandtschaft Nikolaus Krausz,[6] Vorstand des Palästina-Amtes und Angestellter der Gesandtschaft, ferner Dr. Leopold Breszlauer, Angestellter der Gesandtschaft, teilgenommen.
Gegenstand der Besprechung war das Los der aus Budapest deportierten Juden und allmögliche Hilfeleistung für dieselben. Die Teilnehmer der Konferenz sind seitens Dr. X., der den Budapest-Hegyeshalomer Weg in amtlicher Eigenschaft schon früher absolvierte, vom Schicksal der Deportierten eingehend und folgendermassen informiert worden:
Nach seiner Schätzung und Information sind bis zum 22. November 25 000 Budapester Juden – Männer, Frauen und Kinder – aus der in Alt-Ofen liegenden „Ujlaker Ziegelfabrik"[7] zu Fuss nach Wien deportiert worden. Die Deportierung erfolgte über den Weg Budapest-Hegyeshalom. In Anbetracht der Umstände, dass die Deportierten den Weg nach Hegyeshalom, ohne Rücksicht auf Alter, Geschlecht und Gesundheitszustand zu Fuss absolvieren, weiters dass sie während ihrer Überführung keine Verköstigung, ärztliche Hilfe und Fürsorge erhalten, kommen sie in Hegyeshalom im vorstellbar schlechtesten Zustande an. Laut seiner Information sind von den bis zum 22. November deportierten 25 000 Leuten 10 000 an die Deutschen bereits übergeben worden, 6000–7000 sollen in den nächsten Tagen übergeben werden und die restlichen 6000–7000 wurden von den Pfeilkreuzlern unterwegs teilweise niedergeschossen, teilweise [sind sie] den unendlichen Mühen und Strapazen erlegen, teilweise krank an verschiedenen improvisierten Sammelstellen unterwegs zurückgelassen [worden]. Dr. X. berichtete weiters, dass es ihm gelungen ist, von dem Kgl. Ung. Gendarmerie-Oberstleutnant Ferenczy, der als Verbindungsoffizier eingeteilt ist, offene Befehle für die Gesandtschaften zu erwirken, auf Grund deren den Angestellten der Gesandtschaften ermöglicht wird, bei Wahrung ihrer eigenen

1 ACICR, BG 59/8/65–337. Teilweise abgedruckt in engl. Übersetzung in: Vági/Csősz/Kádár, The Holocaust in Hungary (wie Dok. 29 vom 5.5.1939, Anm. 1), S. 156 f.
2 Dr. Ladislaus (auch László) Kluger, Jurist; Repräsentant der schweizer. Gesandtschaft.
3 Im Original Stempel des Internationalen Roten Kreuzes. Sprachliche Eigenheiten wurden belassen.
4 Schreibfehler im Original. Es muss heißen: „22.11.J.".
5 Nándor Batizfalvy.
6 Miklós Krausz.
7 Die „Újlaker" Ziegelei befand sich in Óbuda.

Sicherheit die Deportierten unterwegs an der Strecke Budapest-Hegyeshalom zu besuchen, ihnen im Bedarfsfalle ärztliche Hilfe zuzuführen oder sie in möglichen Fällen nach Budapest an die hierzu bestimmten Stellen zurückzuführen.

Im Besitze eines solchen offenen Befehles haben wir unterfertigte Beamten der schweizerischen Gesandtschaft die oben bezeichnete Reise angetreten. Wir kamen in Hegyeshalom am 24. November in den frühen Morgenstunden an, wo wir folgende Lage vorgefunden und folgendes festgestellt haben:

Die in Budapest von den Strassen und aus den Häusern durch die Polizei, hauptsächlich aber durch die Mitglieder der Pfeilkreuzler-Partei, ausgehobenen Juden sind in Ofen,[8] in der sog. „Ujlaker"-Ziegelei konzentriert worden. Die Zahl der ausgehobenen Juden beläuft sich laut den von den in die verschiedenen Gruppen gehörenden Juden erhaltenen Informationen auf 50 000. Die in der Ziegelei konzentrierten Juden verblieben 1–2, höchstens 3 Tage lang in der Ziegelei, wo sie in Schuppen (mit offenen Wänden), meistens aber auch im Regen und auch in der Nacht, unter freiem Himmel untergebracht wurden. Die in der Ziegelei unterbrachten Juden haben in der Ziegelei keinerlei Verköstigung erhalten. Ihre Bewachung oblag prinzipiell der Polizei, tatsächlich aber ist die öffentliche Macht dort durch die Mitglieder der Pfeilkreuzler-Partei ausgeübt worden, die die Juden faktisch misshandelten, sie ihrer Werte immer, ihrer Kleider, Decken und Lebensmittel-Vorräte meistens beraubten. Nachher sind die Deportierten von der Ziegelei, ohne Rücksicht auf Alter und Geschlecht, in grösseren Gruppen zu Fuss teilweise nach Komarom, Szöny, Gönyü, meistens aber nach Hegyeshalom getrieben worden. Die ersten Gruppen haben den Weg über die Hauptverkehrslinien (Chaussées), die späteren aber über Nebenwege (Ausweichung) hinterlegt. Der 200–220 km lange Weg bis Hegyeshalom haben sie meistens innerhalb [von] 7–8 Tagen absolviert. Die unterwegs Erkrankten sind häufig durch das Begleitpersonal erschossen oder diese Erkrankten unterwegs in verlassenen landwirtschaftlichen Schuppen zurückgelassen worden, wo sie ohne ärztliche Hilfe geblieben sind und auch für ihre Verköstigung nur in seltenen Fällen und auch diesmal derart mangelhafte Sorge getragen wurde, dass sie bestenfalls täglich eine leere Suppe erhalten haben. Die Instradierung[9] der marschierenden Gruppen erfolgte immer derart, dass die einzelnen Gruppen während der ganzen Zeit (Dauer des Fussmarsches) höchstens 3–4 Suppen erhalten haben – meistens über mehrere Tage hindurch haben sie überhaupt keine Verköstigung erhalten. Während des Marsches begleiteten ungarische Gendarmen die marschierenden Gruppen, jedoch unter der Kontrolle der Pfeilkreuzler-Partei. Während des Marsches war es den Deportierten unmöglich gemacht, mit der Bevölkerung Fühlung zu nehmen oder Lebensmittel einzukaufen – auch in dem Falle nicht, wenn es einzelnen Deportierten gelungen ist, gelegentlich ihrer in Ofen durchgeführten Untersuchung etwas Geld zu verstecken. Wir betonen, dass auch die Personaldokumente anlässlich der in der Ziegelei erfolgten Durchsuchungen von den Deportierten weggenommen und vernichtet wurden, so dass die Deportierungen – wie früher auch in der Provinz – gemäss des amtlichen Ausdruckes bei Durchführung der „Vermögens- und Dokumentenentnahme" vorgenommen wurden. Die einzelnen Gruppen sind in Hegyeshalom durch Hauptmann Péterfy übernommen worden und die Gruppen wurden meistens den andern Tag früh um 6 Uhr an die deutsche Grenze

8 Buda.

9 Gemeint ist Beförderung.

getrieben, wo eine deutsche Kommission die Gruppen von der ungarischen Kommission übernommen hat. Vorstand der ungarischen Kommission war der Honvéd-Oberstleutnant Vitéz Ladislaus Barta,[10] derjenige der deutschen Kommission Hauptsturmführer Visznicꝫeny.[11] Die Übergabe erfolgte bei Protokollaufnahme täglich morgens zwischen 7 und 9 Uhr. Im Protokoll sind jedoch die Deportierten ohne Angabe von Namen, Alter und Geschlecht übergeben, resp. übernommen – nur die Gesamtzahl der übergebenen Personen war angeführt.

Es ist uns trotz wiederholter Bitten nicht gelungen, in so ein Protokoll Einsicht zu nehmen, wie es uns auch misslungen ist, die genaue Anzahl der bereits übergebenen Personen zu erfahren. Demgegenüber haben wir ohne Zweifel feststellen können, dass die deutsche Kommission die Übernahme arbeitsunfähiger, alter oder kranker Personen wie auch die von schwangeren Müttern konsequent verweigerte. Aus diesem Grunde haben wir in Hegyeshalom eine grosse Anzahl dieser Personen vorgefunden. Nachdem wir gemäss des Inhaltes unseres offenen Befehles beauftragt waren, die Kranken nach Budapest zurückzuschicken, haben wir nach unserer Ankunft dem Hauptmann Péterfy mitgeteilt, dass wir bereit sind, und ersuchen um seine Erlaubnis, die Kranken und alten Personen und die schwangeren Frauen nach Budapest zurückzuliefern, jedoch haben wir vom genannten Hauptmann die Antwort erhalten, dass er gemäss seines am selben Tage von Budapest erhaltenen höheren Befehls den Gesandtschaften nur diejenigen Personen ausfolgen kann, die gültige Schutzpässe besitzen, hingegen die übrigen Personen hat er resp. die Kommission, wenn auch „halbtot", den deutschen Behörden zu übergeben. Von den in unserer Gegenwart zwischen deutschen und ungarischen Offizieren geführten Gesprächen, weiters in den Hegyeshalomer Wirtshäusern zwischen deutschen Offizieren untereinander geführten Gesprächen und endlich der Tatsache, dass die deutsche Kommission die Übernahme der arbeitsunfähigen Kranken konsequent zurückgewiesen hat, haben wir entschieden feststellen können, dass die Erfüllung des Wunsches, dass die Übernahme der lt. obiger Definition bestimmten arbeitsunfähigen Kranken auf die Forderung der ungarischen Behörden und nicht auf Wunsch der Deutschen erfolgt ist. Die praktische Konsequenz liegt auf der Hand – da wir unterwegs aus mehreren Tatsachen festgestellt haben, dass die Führung und öffentliche Verwaltung des Landes fast ausschliesslich von deutschen Behörden betätigt wird –: Nur durch Fühlungsnahme und Vereinbarung mit den deutschen Behörden lässt sich verhindern, dass die restlose Deportierung der Juden in Budapest in so vollem Masse durchgeführt werde, wie das in der Gesamtprovinz früher schon erfolgt ist. Im allgemeinen haben wir festgestellt, dass diejenigen Juden, die innerhalb des Landes unter unmittelbarem deutschen Kommando arbeiten, ordentlich verköstigt und anstandslos behandelt werden, diejenigen Juden hingegen, die in ungarischer Einteilung und besonders unter Aufsicht der Mitglieder der Pfeilkreuzler-Partei zu arbeiten haben, in grausamster Weise behandelt und sehr schlecht verköstigt werden.

Laut den in Hegyeshalom erhaltenen und von mehreren Seiten bestätigten verlässlichen Informationen sind von den in den Borer Kupferminen (Jugoslawien) beschäftigten 4000 ungarisch-jüdischen Arbeitsdienstlern ca. 2000 von den Ungarn *erschossen* worden, die restlichen 2000 haben den Weg von Bor über Hegyeshalom nach Deutschland

10 Richtig: Vitéz László Bartha, Oberstleutnant der Luftwaffe.
11 Richtig. Wisliceny.

zu Fuss hinterlegen müssen.[12] Diese jüdischen Arbeitsdienstler sind – *barfuss* – sozusagen *halbnackt* in denkbar schlechtester physischer Kondition in Hegyeshalom angekommen. Unterwegs haben sie keine Verköstigung erhalten, hingegen sind ihnen stets Schläge zuteil geworden. Viele von ihnen sind unterwegs zufolge Endabschwächung gestorben. Laut gleichfalls in Hegyeshalom erhaltenen Informationen ist diese Gruppe nach Übergabe an die Deutschen in Deutschland zuerst desinfiziert, sodann aufgekleidet und in Arbeit gestellt worden.

In Hegyeshalom haben wir die Deportierten in dem denkbar schlechtesten Zustande vorgefunden. Die endlosen Mühen des Fussmarsches, der fast gänzliche Ausfall der Verköstigung, gesteigert durch die quälende ständige Angst, dass sie in Deutschland den Vernichtungskammern zugeführt werden, haben diese armseligen Deportierten in einen Zustand versetzt, dass jedes menschliche Aussehen und jede Menschenwürde ihnen gänzlich fehlen. Ihr Zustand lässt sich mit keinem von durch physische Entbehrungen und Leiden herabgekommenen Leuten vergleichen. Die Entblössung von den elementarsten Menschenrechten, weiters der Umstand, dass sie dem sich brutal aufführenden Wachpersonal meistens *restlos* ausgeliefert sind – die praktisch ihnen gegenüber vom Ins-Gesicht-Spucken durch Schläge und Ohrfeigenversetzen bis zum Niederschiessen alles tun können –, liessen auf den unglücklichen Opfern den Stempel dieser Grausamkeiten zurück. Die menschliche Würde lässt sich in Armut und Elend – jedoch bei Rechtssicherheit – bewahren. Aber diese Menschenwürde geht im Falle der totalen Rechtsentkleidung und Auslieferung verloren. Wir betonen diesen Zustand deswegen, weil seitens auch sonst gutmütiger Personen eine Aversion gegenüber den unglücklichen Opfern unter solchen Umständen fühlbar werden kann. Jede gesellschaftliche Differenz, Ergebnisse der Zivilisation und Fortschrittes, hören bei diesen Leuten völlig auf. Die Leute – gleich Frauen und Männern – verrichten ihre körperlichen Bedürfnisse bei Aufhören jeden Schamgefühles voreinander und vor fremden Leuten. – Die Verköstigung der Deportierten in Hegyeshalom war schon befriedigender. Täglich zweimal haben sie zum Essen bekommen, und die Verköstigung hat sich zufolge Auswirkung unseres Besuches und Intervention scheinbar noch gebessert. Ihre Unterkünfte waren aber auch in Hegyeshalom sehr schlecht, weil die Leute auch dort in Schuppen auf Stroh untergebracht wurden. Der Stroh war aber schon durch mehrere vorangegangene Transporte so verbraucht, dass dieser schmutzig und offenbar angesteckt war. Die Kranken sind in Hegyeshalom in abgesonderten Schuppen, jedoch ohne Pflege und Pflegepersonal in denkbar verzweifeltsten Zustande untergebracht worden. Die Kranken sind ärztlich überhaupt nicht untersucht worden, folglich fehlen diesbezügliche ärztliche Feststellungen gänzlich. Doch auch mit Laienaugen konnte man feststellen, dass eine hohe Anzahl der Kranken an Ruhr gelitten hat, und fast alle klagten über starke Dyarrhöe. Die Kranken sind derart verköstigt worden wie die Gesunden. Sie haben meistens um Opium und Schwarzen (Kaffee) gebeten. Waschmöglichkeit war für die Deportierten fast keine, weder auf dem Fussmarsche noch in Hegyeshalom, so dass sie am Körper stark riechen.

12 Im Sept. 1944 wurden die Zwangsarbeitslager in Bor in zwei Etappen geräumt. Die erste Kolonne verließ am 17.9.1944 das Lager. Die jüdischen Männer dieses Transports wurden Opfer zahlreicher Gewaltakte. Die Überlebenden wurden in verschiedenen Konzentrationslagern im Deutschen Reich untergebracht. Die zweite Gruppe machte sich wenige Tage später auf den Weg und wurde bald von jugoslaw. Partisanengruppen befreit.

In der Umgebung des Dorfes Hegyeshalom ist ein kleiner Wald, in welchem ein verlassenes, verwahrlostes Gebäude stand. Ein Teil der kranken Deportierten war in diesem Gebäude untergebracht, u. zw. diejenigen, welche die ungarische Behörde wiederholt vergeblich versucht hat, der deutschen Kommission zu übergeben. Der Zustand dieser Kranken war unbeschreiblich. Sämtliche liegen auf Stroh in ihrer Kleidung – meistens in einem Zustande, dass sie ihre menschlichen Bedürfnisse liegend in ihren Kleidern verrichteten, und so liegen sie seit mehreren Tagen. Niemand pflegt sie – niemand kümmert sich um sie. Bei der Eingangstür leistet ein Honvéd den Wachdienst. Fallweise bekommen die Kranken eine Suppe. In einem Zimmer haben wir auch einen Toten gefunden, der schon seit mehr als 24 Stunden dort gelegen ist; tot unter den lebendigen Toten. Die Anzahl der Sterbefälle ist gross und steigt stündlich. In der Nacht vom 26. auf den 27. November waren nur in Hegyeshalom 30 Sterbefälle zu verzeichnen, was auf die beschriebenen Zustände zurückzuführen ist. Es versteht sich von selbst, dass keine Heizungsmöglichkeit bei der Art und Weise der Unterkünfte gegeben war. Es ist noch zu erwähnen, dass einzelne in dem erwähnten Hause gelegene Kranke einem Honvéd 10 Pengö für ein Glas Wasser und 20 Pengö für einen schlechten schwarzen Kaffee bezahlt haben.

Nachdem der Honvéd-Hauptmann Péterfy uns mitteilte, dass wir die mit Schutzpässen Versehenen ausheben und zurückliefern können, haben wir schon am Tage unserer Ankunft 54 Leute lt. beigeschlossenem Namensverzeichnis herausgehoben, und es ist uns nach langem Hin und Her gelungen, dieselben nach Budapest zurückzubefördern. Am anderen Tage, am 25. November haben wir lt. gleichfalls beigeschlossenem Namensverzeichnis weitere 320 Leute ausgehoben.[13] Nachdem die Schutzpässe dieser Leute noch in Budapest in der Ziegelei durch die Pfeilkreuzler willkürlich zerrissen und vernichtet wurden und wir nur durch unsere Verzeichnisse nachweisen konnten, dass dieselben mit Schutzpässen richtig versehen waren, war Hauptmann Péterfy nicht geneigt, dieselben nach Budapest zurückzuschicken und hat nur die Berechtigung der im Verzeichnis enthaltenen 87 Personen anerkannt.

Am 26. November haben wir mit Oberstleutnant Barta und Hauptmann Péterfy vereinbart, dass wir weitere 275 Personen ausheben werden, deren Schutzpass-Berechtigung auf Grund unserer von der Schweizer Gesandtschaft erhaltenen Bevollmächtigung bestätigt wird, und wir werden dieselben Montag, den 27. Nov., nach Budapest zurückliefern. Diese 275 Personen haben wir tatsächlich ausgehoben, ihre Schutzpass-Berechtigung hat der uns beigestellte Honvéd-Oberleutnant auf Grund unserer Notizen bestätigt, und das diesbezügliche Namensverzeichnis haben wir dem Hauptmann Péterfy übergeben. Nach Übergabe desselben teilte uns der Hauptmann mit, dass er *inzwischen* höhere Instruktionen erhalten habe, dass er *keine* Schutzpässe weiterhin berücksichtige, niemanden nach Budapest zurückschicke, sondern jeden – u. zw. ohne Rücksicht auf event. Schutzpass – der deutschen Kommission übergebe. Nachher teilte uns der Gendarmerie-Hauptmann Dr. Kalotay mit, dass er vom ungarischen Innenministerium den Befehl erhalten hat, uns, den Bevollmächtigten der Gesandtschaften, mitzuteilen, dass die an uns erteilten offenen Befehle annulliert wurden. Wir haben das Dorf Hegyeshalom unmittelbar [zu] verlassen, [um] nach Budapest zurückzukehren, und es ist uns untersagt, auch unterwegs mit den

13 Die erwähnten Namenslisten befinden sich nicht in der Akte.

Deportierten Fühlung zu nehmen, und nach unserer Heimkehr haben wir [uns] unverzüglich beim kgl. ung. Innenministerium zu melden.
Im Zusammenhang mit unserem Bericht haben wir noch zu melden, dass Oberleutnant Barta, Vorstand der ungarischen Übergabekommission, der laut unserer Feststellung auch in dieser Eigenschaft die deutschen Intentionen vertrat, uns während unserer Verhandlungen ersuchte, an Stelle der mit Schutzpässen Versehenen eher Kranke und Arbeitsunfähige nach Budapest zurückzuschicken, da die Deutschen dieselben nicht brauchen können, auf solche nicht reflektieren und der Zurücklieferung derselben kein Hindernis im Wege steht. Wir haben diesen Antrag zurückgewiesen und ihm mitgeteilt, dass wir geneigt sind, auch die Kranken zurückzuschicken, aber keinesfalls zum Nachteil der mit Schutzpass Versehenen. Wir haben noch zu erwähnen, dass Oberleutnant Barta während unserer Verhandlungen erklärte, dass sie mit den Juden *„human"* vorgehen – die Toten werden durch Hauptmann Csepelka auf ihrem letzten Wege begleitet, wo sie nach christlichen Riten bestattet werden.
Die Übergabe und Übernahme der Juden wird in Hegyeshalom von Gendarmen verrichtet, denen ungarische Honvéds behilflich sind. Unter den Offizieren ist der Hauptmann Péterfy Antisemit aus Überzeugung, die übrigen sind Opportunisten und rückgratlose Menschen. Sie bedauern die Juden und befürchten die Verantwortung. Folglich streben sie an, den Wünschen der Gesandtschaft bis zu einem gewissen Grade nachzukommen. Da aber die tatsächliche Macht durch die Deutschen ausgeübt wird, tun sie auch alles, um sich bei den Deutschen Verdienste zu erwerben. Ihr Avancement hängt angeblich von der Pfeilkreuzler-Partei ab, aus welchem Grunde sie sehr vorsichtig sind, damit der lokale Pfeilkreuzler-Parteiführer sie nicht als Judenfreund bezeichnet.
Auf Grund unserer Erfahrungen beurteilen wir folgendes für erreichbar und notwendig:
Die Deportierten müssen an den einzelnen Sammelstellen mit Lebensmitteln, besonders aber mit Arzneien *dringend* versehen werden.
Der ständige Kontakt mit den Kommandanten der einzelnen Sammelstellen muss angebahnt und aufrechtgehalten werden, wodurch zu erreichen wäre, dass die Behandlung der Deportierten und ihre Verköstigung verbessert wird.
Mit Rücksicht darauf, dass die tatsächliche Macht hierorts durch die Deutschen ausgeübt wird, und die Deutschen derzeit nur jüdische *Arbeitskräfte*, nicht aber jüdische arbeitsunfähige Greise, Kranke und Kinder benötigen, müsste man in diesen Fragen mit den deutschen Behörden Fühlung suchen und Verhandlungen führen.
Der Zweck der gegenwärtigen ungarischen Regierung ist zweifellos die vollständige Vernichtung des ungarischen Judentums und laut Erklärung des „Nationsführers" (Szalasi) vor dem päpstlichen Nuntius[14] bitten sie nicht und werden auch nicht um „Gnade" bitten, aber sie geben auch keine „Gnade".[15] In dieser Richtung (ungarische Behörden) erscheint also jeder Verhandlungsversuch für im voraus gescheitert.
Die Kommission kam am 27. November abends in Budapest an.

14 Angelo Rotta.

15 Angelo Rotta war eine der ersten Personen, die Szálasi nach seiner Machtübernahme empfing. Die Audienz fand am 21.10.1944 statt; Abdruck der Besprechungsnotiz in: Karsai/Karsai (Hrsg.), Vádirat, Bd. 4 (wie Dok. 286 vom 13.11.1944, Anm. 1), S. 115–123.

DOK. 293

SS-Sturmbannführer Theodor Christensen meldet am 28. November 1944, dass ausländische Diplomaten an der ungarischen Grenze Kolonnen jüdischer Zwangsarbeiter filmen[1]

Fernschreiben (Nr. 597) von SS-Sturmbannführer Christensen,[2] Balassagyarmat, an den Befehlshaber der Sipo und des SD in Ungarn,[3] Budapest, vom 28.11.1944 (Abschrift)[4]

Honvédhauptmann Janko Brozovoy Miklos, zur Zeit Hegyeshalom Bahnhofskommando, gibt an, daß am 23.11.44 in Hegyeshalom Judenkolonne bei Passieren Grenze vor anwesenden Vertretern Schweden/Schweiz und Nuntiatur Budapest gefilmt. Diplomatische Vertreter hätten mehrere Juden durch Rückdatierung ihrer Papiere von Abtransport befreit. Für diese Fälschung bis 20 000 Pengö bezahlt. Brozovoy glaubt, daß Film für antideutsche Propaganda bestimmt [ist], zumal Aufnahmen entsprechend geeignet.[5] Beide zur Zeit im hiesigen Bereich auf Urlaub, fragten an, ob Vorgänge deutschen Dienststellen bekannt.

DOK. 294

Carl Lutz beklagt sich am 10. Dezember 1944 beim Schweizer Außenministerium über zunehmende Feindseligkeiten der Pfeilkreuzler ihm gegenüber, weil er sich für Juden einsetzt[1]

Schreiben des Vizekonsuls der schweizerischen Gesandtschaft, gez. Lutz, Budapest, an Legationsrat Kohli,[2] Chef des Rechtsbureaus, Eidgenössisches Politisches Departement, Bern, vom 10.12.1944

Sehr geehrter Herr Kohli,
Da Herr Dr. Kilchmann[3] heute nach Bern fährt, besteht noch eine Möglichkeit, Ihnen diese Zeilen zukommen zu lassen. Die Situation spitzt sich hier rapide zu. Die d.[eutsche] Gesandtschaft hat die Stadt gestern verlassen, und die Regierung folgt heute, Sonntag.[4] Es

1 PAAA, R 99451.

2 Theodor Christensen (1905–1988), 1930 NSDAP-, 1931 SA-, 1935 SS-Eintritt, 1940 SS-Sturmbannführer; von 1942 an Kommandeur der Sicherheitspolizei und des SD in Tschernigow, von 1944 an im Einsatzkommando 12 der Einsatzgruppe G in Rumänien; nach 1945 interniert, 1947 Flucht, unter falschem Namen untergetaucht, Handelsvertreter und Angestellter, 1969 vom Landgericht Darmstadt freigesprochen.

3 Hans-Ulrich Geschke.

4 Das Schreiben ist überliefert als weitergeleitetes Schreiben der deutschen Gesandtschaft an das AA, Nr. 77 a, vom 19.11.1944. Im Original Eingangsstempel des AA vom 8.12.1944.

5 Der Film konnte nicht ermittelt werden.

1 BAR, E 2800(-)1982/120/vol.60.

2 Robert Kohli (1896–1977), Jurist; von 1918 an Mitarbeiter des Eidgenössischen Politischen Departements (EPD), 1939–1945 Mitglied der ständigen Delegation für Wirtschaftsverhandlungen der Schweiz mit dem Ausland, von 1941 an Leiter der Abt. zur Wahrung der Schweizer Interessen im Ausland; von 1945 an Gesandter in Den Haag, von 1949 an in Belgrad, 1956–1961 Chef der Abt. für Politische Angelegenheiten und Generalsekretär des EPD.

3 Anton Kilchmann (1902–1961), Jurist, Diplomat.

4 Die Pfeilkreuzler-Regierung verließ am 11.12.1944 Budapest und verlegte ihren Sitz nach Westungarn. Am 29.3.1945 flüchteten ihre Mitglieder ins Deutsche Reich.

wurde dieser Gesandtschaft nahegelegt, ein Gleiches zu tun, ansonst wir die Konsequenzen zu tragen hätten. Was damit gemeint ist, sind wir uns nicht ganz klar, immerhin wird es mit der Sicherheit zu tun haben. Es wiederholt sich hier nun wieder das Spiel, dass Bern die Stützen wegnimmt und uns dem Schicksal überlässt. Auf der eigentlichen Gesandtschaft bleibt nun vorläufig Herr Feller[5] zurück, der eher Betreuung erfordert, als dass er der Gesandtschaft irgendwelchen Halt geben könnte. Zudem kämpft er seit Wochen mit einer passiven Brustfellentzündung, so dass er weder physische noch nervliche Strapazen auszuhalten vermag.

Seit meinem letzten Schreiben an Sie hat sich hier ein peinlicher Zwischenfall ereignet. Bei der Prüfung der Papiere der zur Auswanderung bestimmten Juden hat mich ein Pfeilkreuzler im St.-Istvan-Park, inmitten 5000 Juden und 200 Polizisten, mit gezogenem Revolver mit Erschiessen bedroht. Nachher richtete er die Pistole auch auf meine Frau. Es gelang mir, den Kabinettchef[6] zu rufen, dem es nicht besser erging, als er auf dem Platze erschien. Zwei, die die Maschinenpistole auf ihn richteten, sind bereits abgeurteilt (Todesstrafe) worden, während der in meinem Falle Schuldige frei ausging. Durch die Nichtanerkennung der gegenwärtigen Regierung[7] ist die Situation unserer Gesandtschaft hier eine sehr heikle geworden. Die Zurückgebliebenen sind dabei natürlich die Leidtragenden. Wiederum lässt mich das Politische Departement jämmerlich im Stich. Ich habe um routinierte Beamte gebeten, man antwortete, es stehen keine zur Verfügung, ich ersuchte um Anhersendung eines Camions,[8] um wenigstens das notwendigste Mobiliar des Personals zu retten, die Antwort war wieder negativ, ich ersuchte um prompten Kurierdienst, man antwortete, man habe nicht genügend Kuriere, ich ersuchte um einen meiner schweren Aufgabe entsprechenden Titel, und man hat auch dies abgelehnt. Dabei hat man mir vor drei Jahren jegliche Unterstützung versprochen, als ich nach hier abreiste.

Bekanntlich sind meine Sachen (Mobiliar und persönliche Effekten) bereits auf verschiedenen Kontinenten zurückgeblieben (Washington, Jerusalem, Bern, Budapest). Man kommt in ein Alter, wo man gerne Boden unter den Füssen hätte.

Wenn ich mir erlaubt habe, meinen Gefühlen etwas Raum zu verschaffen, so soll das nicht als Zeichen bösen Willens aufgefasst werden. Ich werde weiterhin versuchen, der ruhige Pol in der Kolonie und der Gesandtschaft zu sein. Gottlob haben meine Nerven bis jetzt standgehalten. Es ist erstaunlich, was der Mensch auszuhalten vermag, wenn es die Situation erfordert. Diese Zeilen schreibe ich inmitten starkem Kanonendonner. Es ist ein peinliches Gefühl zu wissen, dass man in einigen Tagen von der Heimat abgeschnitten sein wird, und dies ausgerechnet vor dem Weihnachtsfest.[9]

5 Harald Feller (1913–2003), Diplomat; von Dez. 1944 an Vertreter des schweizer. Gesandten Maximilian Jaeger in Budapest, an der Rettung zahlreicher Juden beteiligt; wurde im Febr. 1945 in die Sowjetunion verschleppt, 1946 Rückkehr in die Schweiz, 1999 von der Gedenkstätte Yad Vashem als Gerechter unter den Völkern geehrt.

6 Zoltán Bagossy (1905–1962?), von 1936 an Mitglied der Pfeilkreuzlerpartei, mehrere Haftstrafen wegen illegaler Parteiarbeit; von 1942 an Mitarbeiter des Instituts für Verwaltungswissenschaften; von Okt. 1944 an Abteilungsleiter im Außenministerium, Verbindungsmann zu den neutralen Botschaften (Untersuchung von Beschwerden); nach 1945 vom Gericht zu lebenslanger Haft verurteilt, 1956 entlassen.

7 Siehe Dok. 284 vom 13.11.1944, Anm. 7.

8 Franz.: Lastkraftwagen.

Ich lege diesem Brief eine Kopie eines Situationsberichtes an das Politische Departement zu Ihrer Orientierung bei. Ich nehme an, dass Sie gelegentlich auch Herrn Minister Jaeger, der mir immer eine grosse moralische Stütze war, sprechen werden.
Mit herzlichen Grüssen und besten Wünschen auf die Feiertage verbleibe ich
Ihr
C. Lutz

Situationsbericht der Abteilung für fremde Interessen[10]
Budapest.

Ich möchte die Gelegenheit des letzten Kuriers benützen, um über die sich immer schwieriger gestaltende Tätigkeit der Abteilung für fremde Interessen zu berichten. Bekanntlich ist dieser Abteilung seinerzeit auch die Durchführung der Auswanderung für Juden nach Palästina im Rahmen der Interessenvertretung übertragen worden, obwohl in offiziellen und unoffiziellen Kreisen der Schweiz noch immer die Meinung herrscht, dass das Internationale Rote Kreuz sich mit dieser Aktion befasse. Die britische Regierung hat uns ersucht, ca. 20 000 Familien für die Auswanderung unter Schutz zu nehmen. Wir wurden ermächtigt, diesen Personen Kollektivpassbescheinigungen auszuhändigen. Die ungarische und deutsche Regierung hat sich nach langen Bemühungen bereit erklärt, 7800 Personen jüdischer Abstammung für die Auswanderung freizugeben, für die restlichen hat sie uns jedoch das Recht abgesprochen, sie unter irgendwelchen Schutz zu nehmen.[11] Die zur Auswanderung bestimmten Juden wurden in den letzten Wochen in ca. 25 Häusern konzentriert, die unter Schutz der Gesandtschaft stehen.[12] Alle Juden[13] zwischen 16–60 Jahren sind arbeitsdienstpflichtig im In- oder Auslande.[14] Da es an Wagenmaterial fehlt, werden Letztere in langen Kolonnen nach der ca. 240 km entfernten Grenze in Marsch gesetzt, wobei ein grosser Prozentsatz am Wege erschöpft und sterbend liegen bleibt.[15] Sie müssen meist bei Nässe und Kälte im Freien übernachten und sich auf dem mehrtägigen Marsch selbst verpflegen. Diese Zustände tragen Schuld daran, dass die jüdischen Einwohner mit allen Mitteln versuchen, in den Besitz einer schweizerischen Passbescheinigung zu gelangen, da diese vom Arbeitsdienst befreit. Dies führte notgedrungen zu Dokumentfälschungen grossen Stils, der wir machtlos gegenüberstehen. Seit Wochen sind wir damit beschäftigt in Konzentrationslagern, in Ziegeleien, Bahnhöfen, Fabrikgebäuden und Häusern, die mit Passbescheinigungen versehenen Juden nach falschen Papieren zu durchkämmen. Unsere Tätigkeit, die nur unter starkem Polizeischutz durchgeführt werden kann, wird aber durch die Pfeilkreuzlerpartei immer wieder gestört, indem Mitglieder der Partei willkürlich in die „beschützten" Häuser eindringen, unsere Passbescheinigungen den Leuten abnehmen oder zerreissen, die Leute wegführen oder misshandeln. Die Angestellten dieser Abteilung sind denn auch beständig Provokationen seitens

9 Am 26.12.1944 wurde Budapest durch die sowjet. Armee eingeschlossen.
10 Abdruck in: Diplomatische Dokumente der Schweiz, Bd. 15, Bern, 1992, Dok. 311, S. 771–773.
11 Siehe Dok. 260 vom 8.8.1944, Dok. 254 vom 29.7.1944 sowie Dok. 213 vom 19.6.1944, Anm. 8.
12 Siehe Dok. 290 von Nov. 1944.
13 Gemeint sind v. a. jene Juden, die über keine Schutzpässe eines neutralen Landes verfügten.
14 Siehe Dok. 278 vom 21.10.1944.
15 Siehe Dok. 292 vom 28.11.1944.

der Pfeilkreuzler ausgesetzt. In diesem Zusammenhang möchte ich Ihnen von einem ernsten Zwischenfall Kenntnis geben. Anlässlich einer Inspektion im St.-Istvan-Park wurde ich kürzlich inmitten von ca. 5000 Juden und 200 Polizisten von einem Pfeilkreuzler mit gezogenem Revolver bedroht. Es gelang mir, das Auto zu erreichen und dem Kabinettchef Bagossy, selbst ein hohes Parteimitglied, Mitteilung zu machen. Als Letzterer auf dem Platze erschien, konfrontierten ihn Pfeilkreuzler von vier Seiten mit Maschinenpistolen und entrissen ihm Revolver und Legitimationspapiere. Es dauerte längere Zeit, bis die Ruhe hergestellt werden konnte.

Ein anderer Zwischenfall ereignete sich kürzlich an einem verkehrsreichen Punkte der Stadt, als mein Dienstwagen in eine Verkehrsstockung geriet. Sofort war ich von einer krakelenden, pfeifenden Menschenmenge umgeben, die sich in unflätigen Ausdrücken über die Schweiz und die Gesandtschaft erging. Es fielen dabei Beschimpfungen wie „das judenbeschützende Schweizergesindel möge Budapest sofort verlassen, ansonst etc.".

Ein anderes Mal wurde ich nachts zehn Uhr von einem unbekannten Hausbesitzer dahingehend informiert, dass 300 Juden mit z. T. schweizerischen Passbescheinigungen von Pfeilkreuzlern in zwei Zimmer eingeschlossen und dem Erstickungstod entgegengingen. Ich begab mich zum Kabinettchef Bagossy, der sofort mit Maschinenpistolen bewaffnet und drei Leibwachen mich in das betreffende Haus begleitete. Wir fanden dann auch die 300 Personen in zwei Zimmern zusammengedrängt, ohne Luft und Nahrung. Einige ältere Personen waren bereits bewusstlos. Ich konnte deren Unterbringung in einer grösseren Wohnung veranlassen. Als wir am nächsten Morgen, wie mit Herrn Kabinettchef Bagossy verabredet, mit Beamten der Gesandtschaft erschienen, um die Prüfung der Papiere und die notdürftige Verpflegung vorzunehmen, war die ganze Gruppe bereits von Pfeilkreuzlern weggeführt worden.

Ferner wurde kürzlich unser zweites Ausweichquartier an der Peripherie der Stadt von Pfeilkreuzlern, meistens halbwüchsigen Burschen, nach Waffen durchsucht, natürlich ohne Grund und Ursache. Trotzdem hat sich das Aussenministerium veranlasst gesehen, mit Verbalnote mitzuteilen, die Gesandtschaft möge dazu Sorge tragen, dass aus ihrem Ausweichquartier inskünftig nicht mehr auf Mitglieder der Partei geschossen werde.

Bei dieser Gelegenheit sei auch erwähnt, dass am Tage der Machtübernahme der jetzigen Regierung zwei Dienstwagen der Abteilung auf offener Strasse von Pfeilkreuzlern entwendet wurden. Der eine Wagen wurde einige Tage später in demoliertem Zustande aufgefunden, während der andere noch immer nicht gefunden werden konnte.

Besonders schwierig ist die Aufrechterhaltung der Asylrechtsbestimmungen. Seit der Einführung der Judengesetze, besonders aber seit dem 15. März d. J.[16] erhält die Interessenabteilung täglich zahlreiche Gesuche um Gewährung von Asylrecht. Schwerwiegender sind aber die Fälle, wo die Besucher sich in den Räumlichkeiten der Kanzlei zu verbergen versuchen. Es muss erwähnt werden, dass der Publikumsverkehr zu bestimmten Zeiten ausserordentlich stark ist. In unseren Bureaux am Szabádsag Tér beläuft er sich auf durchschnittlich 200–300 pro Tag. Die Ordnung vor den zwei Gebäuden kann nur durch starken polizeilichen Schutz, bisweilen mit berittener Polizei, aufrechterhalten werden. Leider kommt es trotz aller Warnung immer wieder vor, dass Leute aus Furcht vor Abschleppung sich weigern, die Bureaux der Schutzmachtabteilung zu verlassen. So ereignete es sich in

16 Gemeint ist vermutlich der 19.3.1944, der Tag der Besetzung Ungarns durch deutsche Truppen.

den Tagen um den 15. März und 15. Oktober,[17] dass sich über 100 Leute, meistens Juden jugoslawischer und ungarischer Nationalität, in den Möbellagern, Waschräumen und Stiegenhäusern der Interessenabteilung verbargen. Da sie unserer Aufforderung, das Gebäude zu verlassen, nicht nachkamen, sah ich mich leider gezwungen, die Leute mit polizeilicher Hilfe entfernen zu lassen. Diese Vorfälle wiederholen sich immer wieder mit der zunehmenden Unsicherheit für die jüdischen Bevölkerungsteile.
Da sich Juden nur während zwei Stunden frei auf der Strasse bewegen können, war es notwendig geworden, für unsere jüdischen Angestellten Quartiere im Gebäude der Abteilung für fremde Interessen zu besorgen. Die ungarische Regierung hat sich mit dieser Notlösung bei dieser und der schwedischen Gesandtschaft[18] einverstanden erklärt.
Mit dem Näherrücken der Front und der zunehmenden öffentlichen Unsicherheit wird die Tätigkeit im Interesse der fremden Staatsangehörigen immer schwieriger. Die Kanzleien mussten bisher noch nicht verlegt werden. Es könnte aber notwendig werden, falls die Stadt in die Kampfzone eingezogen werden sollte. Für diesen Fall habe ich Vorkehrungen getroffen, dass die Bureaux wie auch die Wohnquartiere des schweizerischen Personals nach dem Gebäude der früheren britischen Gesandtschaft, Verböczy utca 1,[19] Buda (Nähe der Burg), verlegt werden können.

DOK. 295
Éva Salgó bittet am 11. Dezember 1944 eine Bekannte um Hilfe, da sie aus Budapest weggebracht wurde[1]

Handschriftl. Brief von Éva Salgó,[2] Budaörs, an Tante Boriska vom 11.12.1944

Liebe Tante Boriska!
Wir sind unterwegs. Ich stehe ohne jegliche Ausrüstung und ohne Essen da. Ich habe 2 P. [Pengő] bei mir. Ich bräuchte sehr dringend eine lange Hose, Unterwäsche und überhaupt Kleidung, weil wir fürchterlich schmutzig sind. Ich habe natürlich auch keinen Kochtopf. – Ich bitte Sie sehr, wenn es nur irgendwie möglich ist, helfen Sie mir, bitte. Momentan sieht es so aus, als ob es Richtung Sopron ginge. – Ich habe meinen schweizerischen Schutzpass nicht bei mir, aber ich glaube, dieser würde mir auch nicht viel helfen. Mit einem *schwedischen* könnte ich zurückkehren. Wenn es irgend möglich ist, besorgen Sie mir doch bitte einen. Ich habe gehört, dass man mit einem solchen Pass sogar noch an der Grenze zurückgeschickt wird.
Meine Angaben: Éva Salgó, geb.: Budapest, 3.1.1925, Vater: Dr. Jenő Salgó, Mutter: Erzsébet Szemere. Falls ein Lichtbild benötigt wird, wenden Sie sich an den Fotografen an der Ecke Podmaniczky- und Jókai-Straße. Vor zwei Monaten haben wir alle drei dort Fotos

17 Am 15.10.1944 wurde die Regierung Lakatos zur Abdankung gezwungen und die Regierungsbildung an Ferenc Szálasi übergeben.
18 Die schwed. Botschaft, allen voran der Botschaftssekretär Raoul Wallenberg, setzte sich ebenfalls für die Rettung ungar. Juden ein und stellte Tausende Schutzpässe aus.
19 Verböczy-Straße 1.

1 HDKE, 2011.264.4. Das Dokument wurde aus dem Ungarischen übersetzt.
2 Vermutlich: Éva Salgó (1925–1945); im Dez. 1944 deportiert, im April 1945 ermordet.

machen lassen. – Wenn es möglich ist, schicken Sie bitte auch Medikamente (Ultraseptil, Cibazol, Acesal, Amidazophen, Kohle, irgendein Abführmittel, Opium) und Watte, Toilettenpapier.
– Ich fühle mich schrecklich elend; bin auch ziemlich durchgefroren. Bitte, helfen Sie mir! Ich bitte Sie im Namen des lieben Gottes! – Mutter wohnte am Mittwoch noch in der Pannónia-Straße 9, III/1. Wenn es möglich ist, berichten Sie ihr bitte von den Geschehnissen. – Tante Boriska, bitte, seien Sie nicht böse, dass ich Sie mit meinen Sorgen belästige! – Meine Bitte wiederholend, küsse ich Ihnen die Hand.

DOK. 296
Der Schriftsteller Antal Szerb sehnt am 16. Dezember 1944 das baldige Ende des Kriegs herbei[1]

Handschriftl. Brief von Antal Szerb,[2] gez. Tóni, Balf, an Frau Dr. Kálmán Csere, Budapest, vom 16.12.1944

Meine Lieben,
ich bin unendlich traurig: Euer Plan konnte nicht durchgeführt werden, und das Gepäck haben wir auch nicht erhalten. Balf,[3] dieser Ort, an dem wir uns jetzt aufhalten, ist ganz allgemein ein verfluchter Ort, und es geht uns in jeder Hinsicht sehr schlecht. Und jetzt habe ich keine andere Hoffnung, als dass der Krieg bald beendet sein wird; nur dies hält mich noch am Leben.
Nun ist es auch schon dunkel, und [ich] bin nicht in Stimmung, mehr zu schreiben. Seid auch Ihr zuversichtlich, dass wir uns bald wiedersehen, und liebt Euren unglücklichen

DOK. 297
Otto von Erdmannsdorff vom Auswärtigen Amt notiert am 17. Dezember 1944, dass Adolf Eichmann mit der Ermordung von Raoul Wallenberg gedroht habe[1]

Aufzeichnung (Pol. VI 1705) von Otto von Erdmannsdorff vom 17.12.1944

Der schwedische Gesandte[2] suchte mich heute auf und teilte mir folgendes im Auftrage seiner Regierung mit:
Der Chef des SS-Kommandos für die Lösung der Judenfragen in Budapest habe angeblich durch einen Herrn Eichmann einem Angestellten des Schwedischen Roten Kreuzes in

1 PIM Kézirattár, V.5462/9. Abdruck in: Erdei/Irás, Utolsó levelek (wie Dok. 136 vom 15.4.1944, Anm. 1), S. 28. Das Dokument wurde aus dem Ungarischen übersetzt.

2 Antal Szerb (1901–1945), Schriftsteller; Studium der Philologie, Hungarologie, Anglistik und Germanistik, 1937 Habilitation, anschließend Privatdozent an der Universität Szeged; von 1933 an Präsident der Ungarischen Literaturwissenschaftlichen Gesellschaft, 1943 und im Juni 1944 Einberufung zum Arbeitsdienst, im Jan. 1945 im Südostwall-Lager Balf ermordet.

3 In der Gemeinde Balf in der Nähe von Sopron befand sich bis zum 31.3.1945 eines der größten Südostwall-Lager für jüdische Zwangsarbeiter.

1 PAAA, R 99401.

Budapest mitgeteilt, daß er die Absicht habe, den sogenannten Judenhund Wallenberg zu erschießen. Es handelt sich um LS.[3] Wallenberg,[4] der bei der schwedischen Gesandtschaft in Budapest tätig ist und vor allem die Frage der Erteilung von Schutz-Pässen für Juden bearbeitet. Äußerungen ähnlicher Art habe der Stellvertreter des SS-Kommando-Chefs namens Droegger[5] getan. Ferner sei gemeldet worden, daß ein jüdischer Angestellter der Gesandtschaft mit seinen 3 Familienmitgliedern durch unbekannte Täter erschossen worden sei. Auf meine Frage bemerkte der schwedische Gesandte, daß dieser Angestellte der schwedischen Gesandtschaft wahrscheinlich ungarischer Staatsangehöriger sei.
Gesandter Richert fügte hinzu, er sei beauftragt worden, Vorstehendes dem Auswärtigen Amt mitzuteilen mit der dringenden Bitte, die zuständigen Stellen in Budapest anzuweisen, dahin zu wirken, daß kein Schwede und kein Angehöriger der schwedischen Gesandtschaft erschossen würden.
Ich habe dem schwedischen Gesandten gesagt, daß wir seine Mitteilungen nachprüfen würden, daß aber die von ihm erwähnten Äußerungen, falls sie wirklich gefallen seien, sicher nicht ernst gemeint gewesen seien. Der Gesandte räumte diese Möglichkeit ein, verwies aber darauf, daß die zur Zeit voraussichtlich in Budapest herrschende aufgeregte Stimmung zu ernsten Zwischenfällen führen könne.
Ich habe die deutsche Gesandtschaft in Budapest telegrafisch um Nachprüfung und Drahtbericht gebeten.[6]

DOK. 298

Der Judenrat von Budapest erstellt am 18. Dezember 1944 eine Abschrift aller Tagesbefehle und -berichte[1]

Zusammenstellung von Tagesbefehlen und Berichten durch den Budapester Judenrat vom 18.12.1944

18.12. Offener Befehl[2]
Ich befehle den in Parteidiensten stehenden Brüdern László Danics und Imre Hajdu in der Wesselényi-Straße 21, jeweils einen Wagen mit Brennholz und Kohle zu beladen und

2 Arvid Gustaf Richert (1887–1981), Diplomat, Regierungsbeamter; 1937–1945 schwed. Gesandter in Berlin.
3 Legationssekretär.
4 Raoul Wallenberg (1912–1947?), Architekt, Diplomat; Arbeit in Kapstadt und Haifa; von 1936 an Arbeit in Schweden; von Juli 1944 an erster Sekretär der schwed. Gesandtschaft in Budapest, mit Hilfe von Schutzpässen rettete er Tausenden Juden in Budapest das Leben; im Jan. 1945 in die Sowjetunion verschleppt, dort verschollen, vermutlich im Gefängnis gestorben; 1963 von der Gedenkstätte Yad Vashem als Gerechter unter den Völkern geehrt.
5 Veesenmayer spricht in seinem Telegramm vom 20.12.1944 in diesem Zusammenhang über „SS-Untersturmführer Danniger"; PAAA, R 99401. Vermutlich ist SS-Hauptsturmführer Theodor Dannecker gemeint.
6 Veesenmayer antwortete auf die Vorwürfe am 20.12.1944 und führte aus, dass „berichtete Äußerungen möglicherweise gefallen [sind], jedoch nicht als ernsthafte Drohung, sondern vielmehr, um auf weitere derartige Manipulationen [die massenhafte Verteilung von Schutzpässen an Zwangsarbeiter] abschreckend zu wirken"; wie Anm. 1.

1 HDKE, 2011.398.65. Das Dokument wurde aus dem Ungarischen übersetzt.
2 Es handelt sich dabei um die Wiedergabe eines Pfeilkreuzler-Befehls.

diese in den Keller des Hauses Nr. 23 an der Erzsébet-Ringstraße[3] zu transportieren. Sollte im genannten Keller bzw. im Lagerraum kein Brennholz mehr vorhanden sein, müsste es aus dem Keller der Markthalle am Klauzál-Platz geholt werden.[4]
Haltet durch! Es lebe Szálasi!
Unterschrift: Sallai eigenh.
Stempel: Pfeilkreuzlerpartei
Bezirksgruppe, VII. Bezirk, Budapest

18.12. Bericht
Um zwei Uhr nachts erschien in der Kisdiófa-Straße 11 ein Pfeilkreuzler und überprüfte die arbeitsdienstverpflichteten Frauen im Haus. Im Zuge der Kontrolle wählte er ein 16-jähriges Mädchen aus und nahm es kurz darauf mit sich. In der Frühe kehrte das Mädchen zurück und erklärte, der Pfeilkreuzler habe sie in ein Hotel geführt und bei Morgengrauen wieder nach Hause gebracht.

18.12.
Bericht
Vorsteher des III. Kreises
Die Kommandanten aus der Nagydiófa-Straße berichten,[5] dass ein uniformierter und ein in Zivil auftretender Pfeilkreuzler die Häuser abgehen und den Hausmeistern unter Androhung von Strafe den Befehl erteilen, um 7 Uhr früh aus den Wohnungen, Kellern und Dachböden Kohle auf den Hof zu schaffen. Den Bericht erstatteten die Kommandanten der Häuser Nr. 11 und Nr. 13 in der Nagydiófa-Straße. Sie beobachteten aber, wie die Pfeilkreuzler auch andere Häuser betraten. Ich bitte mit aller Hochachtung um dringende [Gegen-]Maßnahme.
Unterschrift: Kreisvorsteher

18.12.
Am heutigen Tag erschienen mehrere Personen bei unserem Verband und berichteten, dass sie in kriegswichtigen Betrieben in der Stadt arbeiteten, ihnen das Verlassen des Gettos aber nicht gestattet würde. Sie bitten um einen vom Regierungskommissariat ausgestellten grünen Ausweis, damit sie auch weiterhin ihrer Arbeit nachgehen können. Sie haben ihre Anstellung alle bescheinigen können.

3 Diese befand sich wenige Meter außerhalb des Gettos.
4 Sowohl die Wesselényi-Straße 21 als auch der Klauzál-Platz befanden sich auf dem Gelände des Großen Gettos.
5 Zur administrativen Organisation des Gettos siehe Einleitung, S. 79.

DOK. 299
Mária Mádi notiert kurz vor Weihnachten 1944 in ihrem Tagebuch die Erschießung von Juden in Budapest[1]

Handschriftl. Tagebuch von Mária Mádi, Einträge vom 21. und 22.12.1944

Donnerstag, 21. Dezember
Heute liegt die Stadt wie eine Geisterstadt da, selbst die Schreibwarenläden haben geschlossen. Nur der Blumenladen (sie haben eine Azalee im Topf für 400 P[engő] im Angebot und einen kleinen künstlichen Weihnachtsbaum für 400 bis 500 P), die Apotheke und ein Korbladen haben geöffnet. Im Korbladen gibt es außer Hundekörben überhaupt nichts mehr zu kaufen. Ich könnte einige Geschenke für Frédi[2] in einer Drogerie besorgen. Keinerlei Bücher im Angebot. Auf dem Rückweg vom Oti ließ ich mir von meiner Friseurin die Haare waschen, danach musste ich mir den neuen Jungen bei den Lángs ansehen. Magda, meine Friseurin, hat mir von einer Leiche in ihrer Straße, auf dem Weg zum Svábhegy,[3] erzählt. Sie lag dort bis in die Nacht hinein, mit zusammengebundenen Händen und einem gelben Stern an der Kleidung. Ich gehe davon aus, dass es sich dabei gar nicht um einen Juden gehandelt hat, sondern dass der Stern an der Leiche befestigt worden ist, um damit den Mord „zu erklären". Handelt es sich um jüdische Tote, traut sich niemand, Fragen zu stellen. Aber Juden werden inzwischen auch mitten in der Innenstadt auf der Straße erschossen. Warum also so weit draußen? Ich habe all dies um Viertel vor fünf niedergeschrieben, bei Euch[4] entspricht das 22.45 Uhr. Ich nehme an, Ihr habt über mich gesprochen, nicht wahr, meine Liebste?

Freitag, 22. Dezember
Ich konnte heute meiner Arbeit nicht nachgehen, weil ich gerade auf dem Weg zum Oti war, als der Fliegeralarm losging. Also kehrte ich im Kriszt-Haus[5] ein (davor eine Sprengfalle in der Piarista-Straße) und nahm nach Beendigung des Alarms ein bescheidenes Mittagessen ein, für das ich 18 P bezahlt habe. Von Rami bekam ich 25 Gramm Tabak, von Ilonka 100 Symphonia-Zigaretten. Gar nicht so schlecht für einen Tag wie heute. Ich habe mir den in die Luft gesprengten Buchladen der Pfeilkreuzler (früher Bárd) in der Kossuth-Lajos-Straße angeschaut.[6] Nach der Explosion hatte man zehn Juden dorthin gebracht und erschossen, ihre Leichen blieben einen ganzen Tag dort liegen. Ein Lebensmittelhändler aus unserer Nachbarschaft, ein Pfeilkreuzler, hatte ein halbes Kilo Zucker außerhalb der Rationen in Aussicht gestellt, allerdings nur gegen den Kauf von [Pfeilkreuzler-]Broschüren (Zucker auf Ration gibt es seit vergangenen November nicht mehr), aber es standen dort mindestens zweihundert Menschen wartend in der Kälte. Parteimitglieder konnten direkt, ohne zu warten, in den Laden gehen. Du kannst

1 USHMM, 2013.264.1. Das Dokument wurde aus dem Englischen übersetzt.
2 Alfréd Lakos.
3 Ein Stadtgebiet im XII. Budapester Bezirk.
4 Mária Mádi adressierte ihr Tagebuch an ihre Tochter Hilda, die zu diesem Zeitpunkt in den USA, in Shreveport, Louisiana, lebte.
5 Gasthaus, benannt nach der langjährigen Besitzerfamilie.
6 Der Laden wurde von Widerstandskämpfern gesprengt.

dir denken, dass ich das Vorhaben aufgegeben habe, obwohl wir nicht mehr als ein paar Zuckerbrösel übrighaben. Es war mir einfach zu viel, selbst an einem Tag wie heute. Auf der Zugangsstraße zur Elisabethbrücke auf der Budaer Seite brachte man heute Sprengfallen an. Es sieht so aus, als hätten die wichtigsten Truppenteile der Deutschen Budapest bereits verlassen. Frédi, der siebenjährige Junge in meiner Wohnung hier,[7] klammert manchmal schrecklich. Mittlerweile ist es einfacher, mit ihm umzugehen, aber manchmal fällt er mir sehr auf die Nerven. Lacy[8] dagegen nie. Sie ist so rücksichtsvoll, wir kommen sehr gut miteinander aus seit dem 17. Okt. Und das ist angesichts der minimalen Größe der Wohnung und der völligen Abschottung keine Kleinigkeit.

DOK. 300

Der Judenrat von Budapest bittet am 23. Dezember 1944 darum, Genehmigungen für das einmalige Verlassen des Gettos ausstellen zu dürfen[1]

Antrag des Budapester Judenrats vom 23.12.1944[2]

Mit aller Hochachtung melden wir dem Herrn Ministerkommissar,[3] dass es wiederholt vorkommt, dass einzelne im Getto wohnende jüdische Personen lediglich eine ein- oder zweifache Erlaubnis benötigen würden, um das Getto zu verlassen und zurückzukehren. In einem Fall kam es beispielsweise vor, dass die Prothese einer im Getto wohnenden Person bei einem christlichen Zahntechniker [zur weiteren Bearbeitung] zurückblieb. Dort wollte die betreffende Person sie abholen bzw. beim Zahntechniker probetragen, da es normalerweise beim ersten oder zweiten Mal immer noch etwas anzupassen gibt. Wir merken dabei an, dass die zur Hälfte gefertigte Prothese weder dem Zahntechniker noch der christlichen Bevölkerung von Nutzen sein könnte, da ohnehin niemand anderes sie gebrauchen kann.

In einem derartigen Fall besteht natürlich kein Grund für die Ausstellung eines permanenten grünen Ausweises. Für den Betroffenen ist es jedoch lebenswichtig, dass er zu seiner Prothese kommt, da er ohne diese nicht einmal Brot kauen kann.

Solche und ähnliche Fälle kommen mehrfach vor. Daher ersuchen wir den Herrn Ministerkommissar, in Ausnahmefällen das ein- oder mehrmalige Verlassen des Gettos und die Rückkehr dorthin zu genehmigen.

Mit dem gebotenen Respekt möchten wir vorschlagen, dass der Herr Ministerkommissar Blanko-Genehmigungen für das einmalige Verlassen [des Gettos] einführt und diese in begründeten Fällen auf unser Ansuchen hin ausstellt oder – bei entsprechender Haftung – den Judenrat zur Ausstellung ermächtigt.

7 Siehe Dok. 282 vom 8.11.1944, Anm. 9.
8 Kosename von Irén Lakos.

1 HDKE, 2011.398.93. Das Dokument wurde aus dem Ungarischen übersetzt.
2 Der Adressat des Schreibens wird im Dokument nicht angeführt.
3 István Lőcsey, Polizeioberinspektor; seit Mitte Dez. 1944 Ministerkommissar für jüdische Angelegenheiten. Ein Ministerkommissar übernahm Aufgaben aus dem Tätigkeitsbereich des Ministers.

DOK. 301
Die Repräsentanten der neutralen Mächte in Ungarn intervenieren am 23. Dezember 1944 zugunsten jüdischer Kinder in Budapest und fordern, sie von der Gettoisierung auszunehmen[1]

Schreiben, ohne Nummer (A.E.S. 6452/45, Kopie), des Apostolischen Nuntius Angelo Rotta, des schwed. Ministers Carl Joan Danielsson,[2] des Beauftragten der Schweiz Harald Feller, des Beauftragten Spaniens Jorge Perlasca[3] und des Beauftragten Portugals Graf von Pongrac,[4] Budapest, an das ungar. Ministerium für Auswärtige Angelegenheiten vom 23.12.1944

Erneutes gemeinsames Vorgehen zugunsten der ungarischen Juden.
Die unterzeichnenden, in Budapest akkreditierten Vertreter der neutralen Mächte haben sich schon zweimal an die königlich ungarische Regierung gewandt,[5] um sich für die Belange der verfolgten und entrechteten Juden einzusetzen. Da die königliche Regierung – aus Gründen, die hier nicht zur Debatte stehen – glaubt, die Juden ins Getto sperren zu müssen, erlauben sich die Gesandten der neutralen Mächte, erneut dafür zu plädieren, Kinder von dieser Maßnahme auszunehmen.[6]
Tatsächlich ist es nicht nachvollziehbar, Unschuldige zu bestrafen oder sich gegen Kinder, die überhaupt keinen Schaden anrichten können, verteidigen zu wollen. Selbst wenn man das Ziel verfolgen sollte, sich gegen mögliche Unruhen abzusichern, sind derartige Befürchtungen im Hinblick auf Kinder nicht begreiflich. Wir hören, die Juden seien Ungarns Feinde; doch auch im Kriegszustand verurteilen Recht und Gewissen feindliche Handlungen gegen Kinder. Welchen Sinn soll es also haben, diese unschuldigen Wesen zu zwingen, an Orten zu leben, die in vieler Hinsicht einem Gefängnis gleichen, und wo sie nichts als Elend, Leid und Verzweiflung der Alten und Frauen vor Augen haben, die ebenfalls ausschließlich aufgrund ihrer Rasse verfolgt werden? Alle zivilisierten Völker

1 AAV, A.E.S. 6452/45. Das Original konnte nicht eingesehen werden. Abdruck in: Actes et documents du Saint Siège relatifs à la Seconde Guerre Mondiale, hrsg. von Pierre Blet, Bd. 10: Le Saint Siège et les victimes de la guerre. Janvier 1944–Juillet 1945, Citta del Vaticano 1980, Dok. 424, S. 519 f. Auf deutsch einsehbar unter http://www.raoul-wallenberg.de/Wallenberg/Rettung__Teil_2_/Dezember_1944/dezember_1944.html (zuletzt aufgerufen am 3.7.2020). Das Dokument wurde für diese Edition aus dem Französischen neu übersetzt.

2 Richtig: Carl Ivan Danielsson (1880–1963), Jurist; von 1903 an im diplomatischen Dienst, seit den 1920er-Jahren schwed. Botschafter in verschiedenen Ländern, 1942–1945 Gesandter in Budapest; 1982 von der Gedenkstätte Yad Vashem als Gerechter unter den Völkern geehrt.

3 Richtig: Giorgio Perlasca (1910–1992), italien. Geschäftsmann; 1935 Freiwilliger im Abessinien-Krieg, 1936–1939 Artillerist im span. Bürgerkrieg; 1942–1944 als Lieferant in Ungarn tätig; vom Okt. 1944 an als Abgesandter der span. Botschaft für die geschützten Häuser zuständig, später setzte er sich für die Rettung von ungar. Juden ein; von 1945 an Geschäftsmann in Italien, 1989 von der Gedenkstätte Yad Vashem als Gerechter unter den Völkern geehrt.

4 Richtig: Ferenc de Pongrácz; bis Dez. 1944 Sekretär von Carlos Branquinho, dem Geschäftsführer des portugies. Gesandten in Ungarn, anschließend stellv. Geschäftsführer.

5 Protestnoten wurden von Rotta und anderen Vertretern der neutralen Länder am 15.5. und am 21.8.1944 an die ungar. Regierung geschickt.

6 Die Intervention erfolgte als Reaktion auf die Internierung jener etwa 6000 jüdischen Kinder im Budapester Großen Getto, die bis Anfang Dez. 1944 unter dem Schutz des Internationalen Roten Kreuzes gestanden hatten und in Heimen untergebracht waren. Am 12.12. wurden die ersten 500 Kinder in das Getto gebracht, bis zum 24.12. war die Umquartierung abgeschlossen.

haben stets Rücksicht auf Kinder genommen, und es wäre für die gesamte Menschheit eine traurige Überraschung, wenn das traditionell christliche und ritterliche Ungarn so hart gegen die Kleinsten vorgehen sollte.
Die Vertreter der neutralen Mächte sind zuversichtlich, dass die königliche Regierung diese Bitte erhören und erlauben wird, dass alle Kinder (im Falle von Säuglingen auch die Mütter) außerhalb des Gettos leben, in den von den diplomatischen Gesandtschaften oder den Einrichtungen des Roten Kreuzes eingerichteten und betreuten Heimen. Um dieser ausschließlich humanitären Aufgabe nachzukommen, werden diese mit größter Sorgfalt ein politisch mustergültiges Personal auswählen, das in der Lage ist, eine gute und patriotische Erziehung der Kinder zu gewährleisten.[7]

DOK. 302

Der Vorsitzende des Judenrats vermerkt am 26. Dezember 1944 die Zusicherung der Behörden, das Getto vor Übergriffen zu schützen[1]

Chronik des Gettos Budapest, Eintrag vom 26.12.1944[2]

In der Früh ging ich zur Mérleg-Straße, doch sie war gesperrt. Von dort auf den Szabadság-Platz, wo ich mit K.[3] und Herrn Krauss[4] sprach. Von dort aus rief ich Lőcsey an und bat ihn, etwas zu unternehmen, nachdem ich ihm von den gestrigen Vorfällen berichtet hatte.[5] Ich erklärte, unter solchen Bedingungen nicht arbeiten zu wollen. Er wusste überhaupt nichts von dieser Maßnahme und beschwerte sich, alleine zu sein, obwohl er selbst krank sei. Er hoffe aber, dass er am nächsten Tag im Amt sein werde. Er verwies mich an Vitéz Molnár.[6] Ich bat ihn jedoch, diesen zuvor telefonisch zu benachrichtigen. Ich erklärte, es sei stets von Ordnung und Disziplin im Getto die Rede, die ich aber nur dann gewährleisten könne, wenn ich die Sicherheit hätte, dass nichts gegen das Getto unternommen und es vor jeglichen Angriffen geschützt werde. Ich erinnerte ihn an seine frühere Erklärung, der zufolge uns die hier stationierte Polizei unbedingt zu schützen habe,[7] und fragte ihn, ob dies weiterhin gelte. Er versprach es nachdrücklich, woraufhin ich ihn fragte, ob dafür auch ausreichend Kräfte bereitstünden. Er gab mir eine beruhi-

7 Die Intervention hatte keinen Erfolg. Die jüdischen Kinder konnten das Getto nicht verlassen.

1 MZSML, D 9/3. Abdruck in: Karsai/Karsai (Hrsg.), Vádirat, Bd. 4 (wie Dok. 286 vom 13.11.1944, Anm. 1), S. 945. Das Dokument wurde aus dem Ungarischen übersetzt.
2 Die Einträge stammen von Lajos Stöckler (1897–1960), Unternehmer; seit dem 22.7.1944 Mitglied des Judenrats in Budapest, nach der Machtübernahme der Pfeilkreuzler Vorsitzender des Judenrats; 1945–1950 Präsident der Pester Israelitischen Gemeinde (PIH) und des Staatlichen Büros der Ungarischen Israeliten, 1953 verhaftet, der gegen ihn geplante Schauprozess fand jedoch nicht statt, 1956 Emigration nach Australien.
3 Ottó Komoly.
4 Richtig: Miklós Krausz.
5 Am 25.12.1944 meldete der Judenrat, dass seine Mitarbeiter am Verlassen des Gettos, zu dem sie durch besondere Ausweise berechtigt waren, gehindert wurden. Erst nach der Ablösung der Wachen konnten sie die Tore wieder passieren; siehe Chronik des Gettos Budapest, Eintrag vom 25.12.1944, Abdruck wie Anm. 1, S. 937 f.
6 Vitéz János Molnár (gest. 1946), Polizeihauptkommissar; 1944 in der Polizeidirektion im 7. Bezirk tätig (Standort des Gettos), an mehreren Rettungsaktionen beteiligt; nach 1945 entlassen.

gende Antwort. Daraufhin ging ich zu Dr. Földes,[8] und wir suchten Vitéz Molnár auf. Inzwischen meldete Domonkos[9] telefonisch, dass ein Mann am Klauzál-Platz erschossen worden sei. Vitéz Molnár suchte mit einem Streifenposten sofort den Tatort auf und schaffte Ordnung; er gab den Befehl, niemanden ohne Erlaubnis ins Getto zu lassen. Bei seiner Rückkehr versicherte er mir (nachdem ich schon mit ihm telefoniert und auch Lőcsey ihn bereits informiert hatte), dass wir mit unseren Ausweisen weiterhin unterwegs sein könnten und er, wenn es zu Zwischenfällen kommen sollte, sofort intervenieren würde. Dann gingen wir mit Dr. Földes ins Getto und konnten es nachmittags ungestört auch wieder verlassen.
Dr. Földes sprach mit Rosta[10] und bat um Mehl. Dieser versprach für Donnerstag zwei Waggons Gerstenmehl, weil in den Mühlen überhaupt kein Weizen vorhanden sei. Ich bat Bauer, alle noch verfügbaren Teigwaren sofort liefern zu lassen, als Ersatz, wenn das Brot knapp werden sollte.[11]

DOK. 303
Der Mitarbeiter der schweizerischen Gesandtschaft Max Ember berichtet am 26. Dezember 1944 in seinem Tagebuch über ein Massaker an einer Gruppe von Juden in Budapest[1]

Handschriftl. Tagebuch von Max Ember, Eintrag vom 26.12.1944

Zum ersten Male hören wir, allerdings noch weit, die Front, d. h. Maschinen- und Pistolenfeuer sowie Mineneinschläge. Frühnachmittags vor dem Mittagessen schnappen wir noch was frische Luft bis zum Heldenplatz, wo übrigens bereits große Munitionsdepots lagerten, und zurück. Ein schrecklicher Anblick trat uns Ecke Stefania ut Tököly ut[2] vor Augen, als wir von jungen 14- bis 16jährigen, mit Flobertgewehren[3] ausgerüsteten Wachen zum Umdrehen gezwungen werden. Auf der anderen Seite sehen wir ca. 15 sitzende, erfrorene, „erschossene" Menschen, jung und alt, wahrscheinlich ganze Familien bis zum 6jährigen Kind. Beim genauen Schauen sieht man daneben in einem

7 Pfeilkreuzlertrupps drangen wiederholt ins Getto ein, verübten Gewalttaten und unternahmen Raubzüge. Polizeioberinspektor Lőcsey versuchte verschiedene Male, das Getto vor Überfällen zu schützen, und verfügte beispielsweise am 17.12.1944, im Bereich des Gettos gemischte Streifen aus Polizei und Pfeilkreuzlern patrouillieren zu lassen. Außerdem erwirkte er Anfang Jan. 1945 die Möglichkeit, nicht befugten Personen den Eintritt zu verbieten.

8 Dr. István Földes, Anwalt; Mitglied des Judenrats; nach 1945 stellv. Präsident der Pester Israelitischen Gemeinde.

9 Miksa Domonkos.

10 Dr. János Rosta (*1889), Jurist; von 1931 an Mitarbeiter, von 1934 an Leiter der Magistratsabt. für Lebensmittelversorgung, 1935 Stadtrat, 1938 ORR; Ansprechpartner des Judenrats in Lebensmittelfragen.

11 Die Lebensmittelrationen im Getto waren extrem niedrig. Die vorgeschriebenen Rationen pro Kopf und Tag betrugen 150 g Brot, 40 g Mehl, 10 g Öl, 30 g Hülsenfrüchte.

1 Archiv für Zeitgeschichte, Zürich, NL Max Ember.

2 Stefania-, Ecke Tököly-Straße.

3 Eine Handfeuerwaffe, die meist als Übungs- bzw. Ausbildungswaffe eingesetzt wurde.

Bombentrichter weitere zusammengeworfene Leichen, alles Juden, die von den Pfeilkreuzlern niedergemacht wurden; scheußlicher Anblick!
Ein Russenkeil zwängt sich nachmittags bis zum Szell Kalmán tér[4] vor.[5]

DOK. 304

Der Repräsentant der jüdischen Auswanderungshilfsorganisation HICEM informiert am 28. Dezember 1944 das State Department über ungarische jüdische Flüchtlinge in Rumänien[1]

Schreiben des HICEM-Beauftragten S. Bertrand Jacobson,[2] 7 Strada Polona, Bukarest, an Burton Berry,[3] Esquire, vom 28.12.1944 (Abschrift)

Betreff: Ungarische Flüchtlinge in Rumänien
Höchst vertrauenswürdigen Informationen zufolge, die ich mit Hilfe der verantwortlichen jüdischen Hilfskomitees sorgfältig überprüft habe, liefern die folgenden Angaben ein recht genaues Bild von der Zahl der sich derzeit in Rumänien aufhaltenden ungarischen jüdischen Flüchtlinge. Ich habe sie in drei Kategorien unterteilt, die sich auf ihren Status vor ihrer Flucht über die rumänische Grenze beziehen.
Kategorie 1. Diese Gruppe setzt sich aus ungarischen Juden zusammen, die der Deportation aus Ungarn entgehen konnten und seit Juni 1944 illegal über die Grenze nach Rumänien gekommen sind. Sie waren in Ungarn nicht zur Zwangsarbeit verpflichtet, und es befinden sich zahlreiche Familien unter ihnen. Sie leben zum größten Teil in Bukarest, Arad und Temesvár (Timisoara). Ihre Zahl liegt bei 1500.
Kategorie 2. Diese Gruppe umfasst ungarische Juden, die aus Ungarn deportiert wurden, um in den Kupferminen von Bor in Jugoslawien Zwangsarbeit zu leisten.[4] Von den ursprünglich 7000 sind etwa 3200 von Marschall Titos[5] Truppen befreit worden.[6] Im September und Oktober 1944 gestatteten die rumänischen Behörden ihnen, die Grenze zu überqueren. Einige wenige wanderten nach Palästina aus. 3200 fallen in Rumänien unter diese Kategorie.

4 Kálmán-Széll-Platz.

5 Am 24.12.1944 drangen erste sowjet. Truppen nach Buda vor, nach der Einnahme der Stadt Esztergom am 26.12. war Budapest eingeschlossen und die Schlacht um die Stadt begann. Den Széll-Kálmán-Platz erreichten sowjet. Truppen erst Ende Januar 1945.

1 NARA, Abram G. Dukes/Irwing Dwork Papers, RG 200, Box 29, Fol. 362. Das Dokument wurde aus dem Englischen übersetzt.

2 S. Bertrand Jacobson, Generalbevollmächtigter des Joint Distribution Committee in Osteuropa, Vertreter der HICEM in Bukarest.

3 Burton Yost Berry (1901–1985), Diplomat; von 1928 an im diplomatischen Dienst der USA, 1929 bis 1931 Vizekonsul in Istanbul, 1938 Konsul in Athen, 1943 in Istanbul, 1944 in Bukarest; 1947 Direktor des State Department's Office of African, South Asian and Near East Affairs, 1948 Konsul in Budapest, 1952–1954 Botschafter im Irak.

4 Siehe Dok. 101 vom 1.7.1943.

5 Josip Broz Tito (1892–1980), Politiker; organisierte die von den Kommunisten geleitete Partisanenbewegung.

6 Siehe Dok. 292 vom 28.11.1944, Anm. 12.

Kategorie 3. Diese Gruppe besteht aus ungarischen Juden, die Zwangsarbeitsbataillonen in Ungarn angehörten und von den vorrückenden russisch-rumänischen Truppen[7] gefangen genommen worden sind. Die meisten von ihnen wurden freigelassen und leben heute vorwiegend in Bukarest, Arad und Temesvár. Sie sind als Flüchtlinge anerkannt. Sie kamen vornehmlich direkt aus Ungarn und aus dem Norden Siebenbürgens, das seit Kurzem wieder zu Rumänien gehört.[8] Ihre Zahl beläuft sich auf etwa 8000.

[Kategorie 1:]	1500
[Kategorie 2:]	3200
[Kategorie 3:]	8000
[Summe]	12700

Diese Gesamtzahl steigt aufgrund weiterer Grenzübertritte von Menschen, die aus Ungarn nach Rumänien fliehen, täglich.
Man sollte zu der Zahl von 12 700 vielleicht noch 4000 bis 5000 ungarische Juden dazurechnen, die durch die russisch-rumänische Offensive kürzlich aus den ungarischen Zwangsarbeiterkolonnen befreit wurden. Diese Gruppe befindet sich im Norden Siebenbürgens, wo ein Teil von ihnen ursprünglich herstammt.
Die Gesamtsumme, die zwischen Juni und 30. November 1944 für Nothilfemaßnahmen für die erwähnten Flüchtlinge aufgebracht wurde, beträgt 456 000 000 Lei.[9] Unterstützung wurde nicht nur für den Unterhalt gewährt, ein Teil der Mittel floss auch in Bekleidung.

DOK. 305

The New York Times: Artikel vom 29. Dezember 1944 über die Todesmärsche ungarischer Juden von Budapest an die österreichische Grenze[1]

Enthüllungen zum Todesmarsch von Juden in Ungarn

100 000 aus Budapest getrieben, 75 000 davon erreichten Österreich, sagt ein Augenzeuge

Genf, 28. Dezember (Jewish Telegraphic Agency)
Ein „Marschierer", der in die Schweiz fliehen konnte, hat enthüllt, wie im vergangenen Monat Zehntausende ungarische Juden auf einem nicht enden wollenden „Todesmarsch" von Budapest an die Grenze Österreichs ums Leben gekommen sind.[2] In seinem in der Schweizer Presse veröffentlichten Augenzeugenbericht heißt es:
„Anfang November trieb man in Budapest Tausende von Juden – Männer, Frauen und Kinder – zusammen und zwang sie auf einen Fußmarsch in Richtung der österreichischen

7 Im Aug. 1944 trat Rumänien auf Seiten der Alliierten in den Krieg ein.
8 Nach dem Einmarsch der Roten Armee in Siebenbürgen wurde der Zweite Wiener Schiedsspruch annulliert.
9 Im Okt. 1944 war 1 US-Dollar 11 400 Lei wert.

1 The New York Times, Nr. 31751 vom 29.12.1944, S. 5: Jews' Death March in Hungary Bared: 100,000 Driven From Budapest, 75,000 Reached Austria, a Witness Reports. Das Dokument wurde aus dem Englischen übersetzt.
2 Siehe auch Dok. 292 vom 28.11.1944.

Grenze. Sieben oder acht Tage lang legten wir täglich durchschnittlich 30 Kilometer zurück, manchmal bei kaltem Wetter und heftigem Regen. Bevor wir aufbrachen, durchsuchten uns ungarische Nazis[3] nach Wertsachen. Auch die Ausweispapiere wurden uns abgenommen.

Die Straße, die von Budapest über Komárom zur ungarischen Grenzstadt Hegyeshalom führt, ist über 120 Kilometer lang. Angehörige der antisemitischen Pfeilkreuzler begleiteten uns. Wer zusammenzubrechen drohte, wurde sofort erschossen. Völlig durchnässt, nur noch mit Fetzen am Körper, mussten wir nachts am Straßenrand schlafen. Jeden zweiten Tag erhielten wir einen Teller wässriger Suppe, das war alles.

Von den 100 000 Juden, die in Budapest aufgebrochen waren, erreichten nur 75 000 die österreichische Grenze.[4] Man schickte uns in Gruppen von jeweils 500 über die Grenze. Die Deutschen suchten jedoch nur diejenigen heraus, die noch zu harter körperlicher Arbeit imstande waren.[5] Die anderen wurden zurück in die Wälder getrieben, wo viele an Krankheit, Erschöpfung und Hunger starben."

Außerdem traf heute der erste verlässliche Bericht ein über das, was den Juden in Budapest und in den anderen Teilen Ungarns zugestoßen ist, seitdem im vergangenen März die deutsche Wehrmacht das Land besetzt hat.

„Die Deutschen", heißt es darin, „begannen sofort damit, die Juden von der restlichen Bevölkerung abzusondern und in Gettos einzusperren. Daraufhin folgten Massendeportationen, so dass im ungarischen Teil von Siebenbürgen, im Karpatenland und im Süden Ungarns seit Mitte Juli kein einziger Jude mehr lebt. Innerhalb von zwei Monaten wurden mehr als 600 000 Juden deportiert,[6] die meisten von ihnen in das Vernichtungslager Oswiecim[7] im deutsch besetzten Teil Polens.

Zu diesem Zeitpunkt[8] waren in Budapest erst 10 000 [Menschen] deportiert, aber bereits mehr als 250 000 in speziellen für Juden vorgesehenen Gebäuden konzentriert worden.[9] Es bestand Hoffnung, dass man sie in Ruhe lassen würde, doch nachdem die nazifreundliche Szalasi-Regierung an die Macht gekommen war, wendete sich im Oktober das Blatt."

Am 15. Oktober, so fährt der Bericht fort, verübten Einheiten der Pfeilkreuzler auf Befehl von Premierminister Ferenc Szalasi und mit Unterstützung deutscher Einheiten ein Pogrom, bei dem Tausende von Juden auf den Straßen Budapests niedergemetzelt wurden.[10] Unter dem Vorwand, die Juden würden Waffen verstecken, drangen Pfeilkreuzler in jü-

3 Pfeilkreuzler.

4 Seit Okt. 1944 wurden insgesamt 76 000 ungar. Juden an das Deutsche Reich übergeben. Über die Zahl der auf dem Fußmarsch an die ungar. Grenze Umgekommenen liegen keine genauen Informationen vor.

5 Siehe Dok. 289 vom 21.11.1944 und Dok. 292 vom 28.11.1944.

6 Edmund Veesenmayer nennt in seinem zusammenfassenden Bericht vom 11.7.1944 die Zahl von 437 402 Deportierten. Zur Zahl der deportierten Juden bis Sommer 1944 siehe Einleitung, S. 63 und 83.

7 Gemeint ist das Konzentrationslager Auschwitz in der Stadt Oświęcim.

8 Gemeint ist der Sommer 1944.

9 Zu den mit einem gelben Stern gekennzeichneten „Judenhäusern" siehe Dok. 207 vom 13.6.1944.

10 Die Zahl der Personen, die in den ersten Tagen der Machtübernahme von Pfeilkreuzlertrupps ermordet wurden, wird heute auf einige Hundert geschätzt; siehe Braham, A népirtás politikája (wie Dok. 223 vom 24.6.1944, Anm. 6), Bd. 2, S. 909 f.; siehe auch Dok. 275 vom 15. bis 17.10.1944 und Dok. 273 vom 15. und 16.10.1944.

dische Häuser und Wohnungen ein und zerrten die Bewohner auf die Straße und töteten sie. Aus deutschen Panzern und gepanzerten Fahrzeugen wurden Gebäude beschossen, wenn deren jüdische Bewohner sich weigerten, ihre Wohnungen zu verlassen.[11]
Am darauffolgenden Tag erging eine Verordnung, wonach es Juden verboten war, ihre Unterkunft zu verlassen. Fünf Tage lang hatten sie keinen Zugang zu Lebensmitteln. Danach isolierte man alle Juden und sperrte sie in ein Getto rund um die Tabakgasse.[12]

DOK. 306
Ein gerichtsmedizinisches Institut meldet Anfang 1945, dass die meisten der seit Oktober obduzierten Toten Juden waren[1]

Obduktionsbefund des Gerichtsmedizinischen Instituts der Kgl. Ungar. Pázmány-Péter-Universität Budapest, gez. Dr. Lóránd Tamáska,[2] o. D. [ca. Anfang Januar 1945]

Zwischen dem 15. Okt. 1944 und 31. Dez. 1944 wurden 292 Leichen[3] ins Gerichtsmedizinische Institut eingeliefert. Es handelt sich zum größten Teil um Personen jüdischer Konfession, deren Tod in den meisten Fällen durch einen Genickschuss verursacht worden ist. Davon wurden

104 gerichtsmedizinisch obduziert,
56 kriminalmedizinisch obduziert,
25 von der Obduktion ausgenommen,
bei 97 wurden keine Maßnahmen durchgeführt.
Insgesamt 292

Eigens zu erwähnen ist der wichtige Umstand, dass 20 der oben aufgelisteten Leichen aus der Donau geborgen, bei der Polizei eingeliefert und dort als ertrunken verzeichnet worden sind.[4] Im Zuge der Obduktion wurde der Genickschuss festgestellt.

11 Am 16.10.1944 wurden die „Judenhäuser" in Budapest für etwa zehn Tage abgeriegelt.
12 Das Große Getto in Budapest befand sich in der Umgebung der Dohány-Straße.

1 BFL XVII.2., 18. doboz, 35. csomó. Das Dokument wurde aus dem Ungarischen übersetzt.
2 Dr. Lóránd Tamáska (1918–1994?), Gerichtsmediziner; von 1944 an für Obduktionen im Polizeipräsidium zuständig, 1940–1958 Mitarbeiter des Gerichtsmedizinischen Instituts, 1958–1961 Dozent an der Universität Pécs, 1961 Emigration, bis 1983 Gerichtssachverständiger in Aachen.
3 Die Addition der unten angegebenen Zahlen ergibt 282.
4 Nach der Machtübernahme verübten Pfeilkreuzler in Budapest zahlreiche Massaker an der örtlichen jüdischen Bevölkerung. In vielen Fällen wurden die Opfer am Donauufer erschossen; siehe Einleitung, S. 79 f., sowie Dok. 274 vom 16.10.1944.

DOK. 307

Der Provisorische Exekutivausschuss des Verbands der Juden in Ungarn teilt am 4. Januar 1945 mit, wie die Leichen im Getto zu bestatten sind[1]

Anweisung der Bestattungsabteilung des Provisorischen Exekutivausschusses des Verbands der Juden in Ungarn, ungez., Budapest, vom 4.1.1945

Anweisung bezüglich der Beerdigung der Toten im Getto:
Die Beerdigungen der im Getto Verstorbenen regeln die Hauskommandanten. Sie haben über die Todesfälle ein Register zu führen. Sollte ein Verstorbener unbekannt sein, haben sie eine Personenbeschreibung zu geben. Sämtliche Leichen sind mit einem Fußzettel zu versehen, wobei die persönlichen Daten möglichst auf Karton festzuhalten sind. Einmal täglich müssen die Todesfälle dem zuständigen Bezirksvorstand schriftlich gemeldet werden. Der Hauskommandant ist verpflichtet, auf der für den Bezirk vorgesehenen Fläche am Klauzál-Platz für die Aushebung der Gräber und die Beerdigung der Toten zu sorgen. Die Gräber sind zwei Meter tief, eng beieinander liegend, ohne Zwischenräume, auszuheben. In jedes Grab sind drei Tote, durch eine zehn Zentimeter dicke Erdschicht getrennt, zu legen. Für die Beerdigung der in Krankenhäusern Verstorbenen haben die Krankenhauskommandanten wie oben beschrieben zu sorgen. Die auf Straßen vorgefundenen Leichen sind von der Polizei beim zuständigen Bezirksvorstand zu melden, und dieser hat die Beerdigung wie oben beschrieben zu veranlassen.
Die für die Aushebung der Gräber notwendigen Gerätschaften sind zunächst aus dem Luftschutzgerätebestand der Häuser zu entnehmen. Sollten keine geeigneten Geräte vor Ort zur Verfügung stehen, sind sie zuerst beim Bezirksvorstand oder im Bedarfsfall bei der technischen Abteilung anzufordern.
Bis auf weiteres können die für den Leichentransport benötigten Särge bei der Bestattungsabteilung angefordert werden. Ein Sarg steht erst zur Verfügung, wenn das entsprechende Grab ausgehoben wurde.

DOK. 308

Ármin Bálint schildert zwischen dem 31. Dezember 1944 und dem 5. Januar 1945, wie er die Schlacht um Budapest im Internationalen Getto erlebt[1]

Handschriftl. Tagebuch von Ármin Bálint, Einträge vom 31.12.1944 bis 5.1.1945

31. Dez. Einem offziellen Bericht zufolge sind *Esztergom* und Szécsény gefallen – vom Osten her sind erneut russische Truppen in Richtung B[uda]pest im Vormarsch, vom Plattensee bis nach Ipoly hat sich eine Gesamtfront gebildet – in *Buda* toben Straßenkämpfe von Haus zu Haus.[2] Andere Berichte besagen, dass die Russen schon auf den

1 MZSML, D 9/3. Abdruck in: Karsai/Karsai (Hrsg.), Vádirat, Bd. 4 (wie Dok. 286 vom 13.11.1944, Anm. 1), S. 997. Das Dokument wurde aus dem Ungarischen übersetzt.

1 PIM Kézirattár, V.5860/1 Brauner Ármin naplója. Abdruck in: Bálint, Feljegyzések Gyuri fiam részére (wie Dok. 277 vom 16. bis 20.10.1944, Anm. 1), S. 130–132. Das Dokument wurde aus dem Ungarischen übersetzt.
2 Seit dem 25./26.12.1944 war Budapest vollständig von sowjet. Truppen eingekesselt.

Boráros-Platz und in die Ráday-Straße sowie nach Újpest vorgedrungen sind. Wir liegen unter ständigem Geschützfeuer. Trümmerteile fliegen herum, das Dach des Hauses uns gegenüber an der Ecke Katona-József- und Pozsonyi-Straße wurde vor unseren Augen von einem Treffer weggefegt. Heute haben wir nur Tee zum Frühstück gehabt, es gibt kein Brot, man kann nicht einmal eine Kartoffelsuppe kochen, weil es kein Gas gibt. Unsere tägliche Mahlzeit besteht bis auf weiteres nur aus dem Frühstückstee und der Suppe zu Mittag. Ich bin neugierig, wie lange mein Skelett diese Ernährung noch ertragen wird.
Am 1. Januar [1944], wenn ich mich richtig erinnere (das Heft wird mit den anderen Heften von Betti aufbewahrt, wenn überhaupt, denn wir haben nichts von ihr gehört),[3] habe ich mein Tagebuch so begonnen: Neues Jahr, glücklicheres, besseres Jahr? Jahr des Friedens und des Wiedersehens? Wenn ich eine Ahnung gehabt hätte, dass dies das verfluchteste Jahr werden würde, nicht nur in meinem Leben, sondern auch im Schicksal meiner Rasse, dann hätte ich mit diesem jämmerlichen, verfluchten, abscheulichen Leben Schluss gemacht.

1945
1. Jan. Geschützdonner. Neujahr hat sich mit dem Pfeifen der Stalin-Orgel,[4] mit dem Dröhnen der Flugzeuge angekündigt. Der offizielle Bericht besagt Folgendes: [Die Stadtteile] Svábhegy, Zugliget sind in der Hand der Russen, der Kampf um die Innenstadt von B[uda]pest wird Haus für Haus ausgetragen, südlich von Komárom und westlich von der Ipoly Terraingewinne der Russen. Zwei Häuser (unter schwedischem Schutz) in der Katona-József-Straße wurden von den Pfeilkreuzlern geräumt; wie es den 350 Juden ergangen ist, weiß man noch nicht. Neben Gas und Strom gibt es jetzt auch kein Wasser mehr, man kann sich nicht mehr waschen. Unsere gestrige Nahrungszufuhr: in der Frühe dünner Tee, zu Mittag dünne Suppe. Heute Morgen konnten wir nicht einmal mehr einen Tee kochen. Bis auf weiteres wird unsere Tagesration also auf die Mittagssuppe zusammenschrumpfen, solange man sie überhaupt zubereiten kann. Wer weiß, was danach kommt.
2. Jan. Gestern Nachmittag, nachts und heute Morgen fast die ganze Zeit Fliegerangriffe, es werden auch Brandbomben abgeworfen, vor allem in unserer Nachbarschaft. Ein Großteil von Buda ist in der Hand der Russen, nach einem Bericht sollen sie die Deutschen zur Kapitulation aufgefordert haben. Diese sollen interniert werden, während man die Ungarn nur entwaffnen will, und B[uda]pest mit Lebensmitteln und Medikamenten versorgen würde. Die Deutschen haben auf die Aufforderung nicht reagiert.
3. Jan. Die russische Militärführung hat am 29.12. ein Ultimatum an die deutsche Kommandantur in B[uda]pest versandt und diese im Hinblick auf die Einkesselung aufgefordert, B[uda]pest zu übergeben. Einem Bericht nach sollen die Deutschen die beiden Parlamentäre erschossen haben.[5] Die Russen haben Vergeltung angedroht. Seitdem gibt es ein Dauerbombardement über B[uda]pest. Gestern wurde unser Haus beschädigt, Fenster zerbarsten, Ziegelsteine und Dachziegel flogen umher, die Straßen sind voller

3 Ármin Bálint übergab zwei Bände seiner Tagebücher zur Aufbewahrung an Frau Elek Horváth. Über den Verbleib der Hefte ist nichts bekannt.
4 Sowjet. Mehrfachraketenwerfer.
5 Die beiden Abgesandten der sowjet. Armee, Miklós Steinmetz und Ilija Osztapenko, fielen vermutlich durch Eigenbeschuss bzw. durch Unfall.

Schutt. Gestern Nachmittag – nachdem wir 24 Stunden lang nur einen Teller Suppe im Magen hatten – sind wir mitten in den Fliegerangriffen zu Giza[6] gegangen, bei der wir ein bisschen Fleisch und eine Scheibe Brot bekommen haben, so werden wir es bis morgen Mittag irgendwie schaffen. Aber bis auf weiteres gehen wir nicht mehr zu ihr, weil sie und die Ihren auch beginnen, Not zu leiden, und ich ihr nicht zur Last fallen will. Hier im Haus hat niemand Rente erhalten, offenbar arbeiten Banken und die Postsparkasse nicht. Ich weiß nicht, wie ich über die Runden kommen werde. Man muss wöchentlich 84 Pengő in die gemeinsame Kasse (für den täglichen Teller Suppe) zahlen, der Monatsbedarf beträgt mindestens 450 Pengő. Wo soll ich das Geld hernehmen?
5. Jan. Gestern begann wieder ein schrecklicher Tag. In aller Frühe hat man mit der Räumung sämtlicher Schutzhäuser in der Nachbarschaft begonnen: Um halb 9 besetzte die Polizei auch unser Haus, wir begannen, fieberhaft zu packen, trugen das Allernötigste zusammen und fanden uns zum Appell auf der Straße zusammen. Nachdem wir eine Stunde lang herumgestanden sind, erklärte ein Polizist, die Kranken und Alten könnten ins Haus zurückkehren. Wir gehen hinauf, werden aber wieder nach unten gejagt, was ein Polizist sagt, wird vom anderen nicht respektiert. Drei Stunden dauerte dieses Hin und Her, Rauf und Runter, der eine ist grob, der andere mitleidig. Frierend und erschöpft kommen wir gegen Mittag endlich in die Wohnung, die inzwischen größtenteils geplündert worden ist, auch die Kleider und die Lebensmittel von Ági und Familie. Von den 34 Bewohnern unserer Behausung sind sechs übrig geblieben, vier sind zurückgekehrt, aber mit den zwischenzeitlich Eingewiesenen sind wir schon wieder bei 23 Personen. Die übrigen wurden ins Getto gebracht,[7] auf dem Weg dorthin wurden sie von russischen Fliegern beschossen. Heute Morgen haben sie auch das oberste Stockwerk unseres Hauses getroffen. Neue Einweisungen. Wasser gibt es nur wenig, waschen kann man sich nur wie ein Soldat. Es gibt kein Licht, keine Kerzen, keine Streichhölzer. Ich weiß nicht, wie es Giza und ihren Leuten geht. Wenn die Bombardements aufhören, werde ich am Nachmittag nach ihnen schauen. Auf den Straßen Leichen.

DOK. 309

Erzsébet Fóti skizziert zwischen dem 6. Dezember 1944 und dem 18. Januar 1945 ihr Leben in den geschützten Häusern und im Großen Getto von Budapest[1]

Tagebuch von Erzsébet Fóti, Einträge vom 6.12.1944 bis 18.1.1945 (Abschrift)[2]

6. Dezember 1944
Ich habe eine Nachricht von zu Hause bekommen.[3] Ein schönes Geschenk zum Nikolaustag. Jancsi wurde aufs Land gebracht, Vati war inzwischen wieder beim Arbeits-

6 Gizella Brauner, Schwester von Ármin Bálint.
7 Gemeint ist das Große Getto in Budapest.

1 HDKE, 2011.50.1. Das handschriftl. Original befindet sich in Privatbesitz. Das Dokument wurde aus dem Ungarischen übersetzt.
2 Die Übersetzung basiert auf der Abschrift des Tagebuchs.
3 Erzsébet Fóti war ursprünglich für einen Kindertransport nach Schweden vorgesehen. Nachdem dieser nicht zustande kam, wurde sie im Kloster Sacré Coeur in Budapest untergebracht.

dienst, ist dann aber wegen seines Alters demobilisiert worden. Während er fort war, wurde Mutti fortgebracht, Vati weiß auch nicht, wohin. Vati schreibt etwas von einer Ziegelfabrik, aber ich verstehe das nicht. Was sollte sie denn in einer Ziegelfabrik machen?[4]
Gestern hatten wir eine Nikolausfeier. Ich habe sogar ein Salzkipferl wie in Friedenszeiten bekommen. Ich liege im Bett, weil ich Fieber habe. Wo kann Mutti nur sein?

Dezember 1944
Ich weiß gar nicht, wie ich beschreiben soll, was hier vor sich geht. Die Pfeilkreuzler sind schon mehrere Male hier eingefallen, die Nonnen geben ihnen Lebensmittel, dann ziehen sie ab. Eines Nachts bin ich aufgewacht, weil man mir mit einer schrecklich starken Taschenlampe ins Gesicht geleuchtet hat. Es waren schwarz gekleidete Pfeilkreuzler mit Handgranaten am Gürtel. Ich dachte, ich werde erschossen.

Dezember 1944
Wieder sind die Pfeilkreuzler da gewesen, und diesmal haben sie die älteren Mädchen verschleppt. Wir saßen gerade in der Stube bei Handarbeiten. Bevor sie bei mir ankamen, hat mir Mutter Barkóczy, meine Klassenvorsteherin, schnell zwei Zöpfe geflochten und einem Pfeilkreuzler gesagt, er solle wenigstens dieses kleine Mädchen in Ruhe lassen, es sei erst 12 Jahre alt, woraufhin der Pfeilkreuzler gegangen ist, doch die anderen [Mädchen] wurden auf Lastwagen weggebracht. Ich habe meine Kamelhaardecke Zsuzsi Fenyves gegeben, ich werde sie ohnehin nicht mehr brauchen.

14. Januar 1945
Inzwischen war ich in einem schwedischen Schutzhaus, in das man mich nachts in einem großen, schwarzen Auto der schwedischen Botschaft gebracht hat, weil das Kloster nicht mehr sicher war. Währenddessen hat es sich herausgestellt, dass es Leute aus dem Pfeilkreuzlerhaus in Zugló waren, die bei uns [im Kloster] eingebrochen haben. Im Schutzhaus hat man mich in eine Wohnung gebracht, die aus zwei Zimmern und einer Diele besteht und in der schon 40 Leute waren. Die Schweden haben dem Wohnungsbeauftragten 400 Pengő gegeben und gesagt, man solle mir zu essen geben und auf mich aufpassen. Ich war so gleichgültig, als ob es mich gar nichts anginge. Das Essen bekam ich jeden Tag von einer anderen Person. Ich habe auf dem Boden geschlafen, die Decke, die ich Zsuzsi gegeben habe, wäre jetzt gut gewesen. Dann, eines Tages in der Frühe, sind auch hier Deutsche und Pfeilkreuzler mit Hunden eingedrungen, und jagten uns vor das Haus. Wir standen dort vom frühen Morgen bis 1 Uhr [mittags], ich hatte nur dünne Schuhe aus Antilopenleder an, wir standen bis zu den Knöcheln im Schnee, ich hatte so kalte Füße und Hände, dass ich geweint habe. Dann sind wir endlich Richtung Getto aufgebrochen. Später habe ich gehört, dass wir großes Glück gehabt haben, weil man an diesem Vormittag viele Menschen zum Donauufer gebracht und an der Donau erschossen hat. Mit dem Getto habe ich also ein Riesenglück, weil ich [überhaupt] noch lebe. Am Eingang zum Getto haben wir lange gestanden, weil man uns alle durchsucht hat; das nennt man „hipis“. Inzwischen ist Jancsi gekommen, er transportierte einen

4 Siehe Dok. 282 vom 8.11.1944, Anm. 5.

Verletzten auf einer Tragbahre, den man in das Krankenhaus in der Wesselényi-Straße gebracht hat. Es hat sich herausgestellt, dass Jancsi mit anderen Zwangsarbeitern ins Getto kam, er hat mir erzählt, Vati wohne [jetzt] in der Wesselényi-Straße, ich solle zu ihm gehen, er komme später nach. Von Mutti haben wir keine Nachrichten.
Ich habe die Adresse von Vati aufgesucht, der Ärmste wollte seinen Augen nicht trauen, als er mich erblickte, aber dann waren wir sehr glücklich.

Dienstag, 16. Januar 1945, 12 Uhr Vormittag
Heute habe ich eine Scheibe Brot und etwas Marmelade bekommen. Wir hatten eine schreckliche Nacht, weil es ein noch nie dagewesenes Bombardement gab. Sämtliche Fenster der Wohnung sind zerborsten, wir liegen auf dem Boden. Ich habe Läuse in den Haaren. Wir haben auch kein Wasser mehr, die Tagesration besteht aus [der Füllung] einer Ein-Liter-Milchflasche, damit soll man sich auch noch waschen.

Mittwoch, 17. Januar 1945
Heute haben die Straßenkämpfe in unserer Gegend eingesetzt. Hier, in der Wesselényi-Straße, kämpft man auch. Viele Menschen sind erschossen worden. Zu essen gibt es nichts. Ich habe Hunger. Ich bin irrsinnig hungrig. Hungrig. Hungrig. Mir ist kalt. Ich kann nicht mehr schreiben, ich spüre meine Finger nicht mehr.

Donnerstag, 18. Januar 1945
Die Russen sind gekommen. Einer von ihnen hat mir Brot gegeben, schwarz, würfelförmig, ich habe es in mich hineingestopft.

DOK. 310

Regierungskommissar Árpád Toldi regt am 23. Januar 1945 an, die Worte „jüdisch" oder „Jude" in Behördenbezeichnungen zu tilgen, weil es keine jüdischen Angelegenheiten mehr gebe[1]

Schreiben (Nr. 8/eln.-1945) des Regierungskommissars Dr. Árpád Toldi,[2] an seinem Standort,[3] an den Innenminister[4] vom 23.1.1945

Betreff: Beitrag zum Entwurf der Verordnung
Im Hinblick auf die geplante Verordnung[5] das ehemalige Judenvermögen betreffend empfehle ich:
Ich schlage vor, bei der Behördenbezeichnung auf das Wort „Jude" bzw. „jüdisch" zu verzichten und sie folgendermaßen zu benennen:

1 MNL OL, K 775 1945-C-I-1-19. Das Dokument wurde aus dem Ungarischen übersetzt.

2 Dr. Árpád Toldi (*1898), Gendarmerieoberst; April bis Sept. 1944 Obergespan von Székesfehérvár sowie des Komitats Fejér, von Nov. 1944 an Regierungskommissar für jüdische Angelegenheiten, von Jan. 1945 an Leiter der Abt. XI im Innenministerium, zuständig für den sog. Goldzug, einen Zug mit Wertgegenständen, die Juden geraubt worden waren; nach seiner Flucht von franz. Behörden verhaftet, jedoch wieder entlassen.

3 Die Regierung hatte zu diesem Zeitpunkt Budapest verlassen und befand sich in Westungarn; siehe Dok. 294 vom 10.12.1944, Anm. 4.

„Staatliche Behörde für die in Staatsbesitz übergegangenen Vermögenswerte" (Abkürzung: ÁVOH).[6]
Die Verwendung des Begriffs „jüdisch" ist nicht korrekt, weil es sich nicht mehr um „jüdisches", sondern ausschließlich um an den Staat übergegangenes „nationales" Vermögen handelt. Wenn aber etwas nicht mehr jüdisch ist, sollte es auch nicht so genannt werden. Was die Bezeichnung „jüdische Angelegenheiten" angeht, ist auch dieser Begriff nicht zutreffend, da die Behörde keine Angelegenheiten „der Juden" erledigt. Die Angelegenheiten möglicherweise noch übrig bleibender Juden werden einfach verwaltungsbehördlich-polizeilich erledigt werden.
Allgemein ist die ganze Frage in Bezug auf die Juden als etwas Abgeschlossenes und in der Vergangenheit Liegendes zu betrachten. Augenblicklich stellen sich nur noch bestimmte Aufgaben in Zusammenhang mit der Liquidierung [ihres Besitzes]. Ich halte es im Hinblick auf die derzeitige und zukünftige Wirkung für nicht zielführend, bei der Benennung einer staatlichen Behörde und der Bestimmung ihrer Aufgaben „jüdische" Bezüge hervorzuheben.
Daher schlage ich vor, den Text des vorliegenden Entwurfs mit den von mir vorgenommenen Modifizierungen anzunehmen.
Es scheint sinnvoll, den Behördenleiter als „Präsidenten" zu bezeichnen und ihn als vom Innenminister vorgeschlagene hochrangige Person dem Führer der Nation[7] zu unterstellen.[8]

DOK. 311
Die Honvéd-Ortskommandantur in Hosszúpereszteg meldet am 23. Januar 1945, dass die Waren aus dem Geschäft der Familie Schwartz an die örtliche Bevölkerung versteigert wurden[1]

Schreiben der Honvéd-Ortskommandantur, gez. unleserlich, Hosszúpereszteg, an die kgl. ungar. Finanzdirektion vom 23.1.1945[2]

Auf Ersuchen der Beamten der Finanzdirektion von Szombathely, die sich am 23. Januar 1945 an die Honvéd-Ortskommandantur in Hosszúpereszteg gewendet haben, melde ich Folgendes:

4 Gábor Vajna.
5 Der erste Entwurf der VO wurde von der Abt. I (Gesetzesvorbereitung) des Innenministeriums erstellt.
6 Államraszállt Vagyonok Országos Hatósága. Der Beschluss, eine staatliche Behörde zu schaffen und ihr die Aufgaben des Regierungskommissariats für jüdische Angelegenheiten zu übertragen, hing mit der Entscheidung des Ministerrats am 8.1.1945 zusammen, mit wenigen Ausnahmen alle Regierungskommissariate aufzulösen. Szálasi stimmte am 22.1. dem Vorhaben zu.
7 Ferenc Szálasi.
8 Der Innenminister entschied schließlich, die Kompetenzen des Regierungskommissariats nicht einer neuen Behörde, sondern einer Abt. im Innenministerium zu übertragen. Ende Jan. wurde unter der Leitung von Toldi die Abt. XI gegründet.

1 MZSML, D 6/1. Das Dokument wurde aus dem Ungarischen übersetzt.
2 Im Original Stempel der kgl. ungar. Fahrzeughalle, Kontingentierungsstelle.

Am 8. Dezember 1944 erschienen im Gebäude der Honvéd-Ortskommandantur mehrere deutsche Soldaten, die uns im Auftrag ihres Vorgesetzten aufforderten, ihnen das Geschäftslokal der Eheleute Schwartz[3] sofort zu übergeben. Sie wollten es umgehend öffnen und das ganze Lokal beschlagnahmen.
Die Honvéd-Ortskommandantur schob die Sache mit den Deutschen bis zum nächsten Tag auf mit der Absicht, die Waren des Ladens für die Dorfbewohner zu retten. Sie bestellte die Deutschen für den darauffolgenden Tag. Gleichzeitig wurde angeordnet, den Laden zu öffnen und die Waren mit Hilfe einer Kommission an die Dorfbewohner zu verkaufen.
Die Kommission, in die auch der Ortsrichter berufen wurde, wurde von der Ortskommandantur ernannt.
Die Kommandantur forderte die Gemeindeverwaltung auf, die Schlüssel zu übergeben.
Die Ortskommandantur ließ den Laden öffnen, und die Waren wurden dem beigelegten Protokoll gemäß den Personen – den Dorfbewohnern und den militärischen Einheiten, die sich zum Ankauf bereit erklärten – öffentlich verkauft.
Einer der delegierten Geschworenen des Ortes war bei diesem Geschehen die ganze Zeit anwesend.
Das Mobiliar des Judenhauses von Schwartz wurde gemäß der beigelegten Inventarliste[4] von der Kontingentierungsstelle der Fahrzeughalle beansprucht.
2 *Anlagen*[5]

DOK. 312

Éva Weinmann schildert zwischen dem 1. Januar und 11. Februar 1945 die letzten Kriegstage in Budapest und die Befreiung durch die Rote Armee[1]

Handschriftl. Tagebuch von Éva Weinmann, Einträge vom 1.1. bis 11.2.1945

1. Januar 1945.
Das neue Jahr hat begonnen. Es ist das siebte Kriegsjahr und der zehnte Monat unseres Leidenswegs. Die Russen sind in Buda, und seit dem 25. bzw. dem ersten Weihnachtstag beschießen sie die Stadt. Es gibt keinen Strom, kein Wasser, kein Gas mehr. Wir holen das Wasser aus dem Keller hoch und kochen auf dem Hof. Auf den Straßen liegen die Leichen nackt herum, weil ihnen die Kleidung abgenommen wird. Auch jetzt gerade wird fürchterlich bombardiert.
Der Granatwerfer ist bei uns in der Nähe stationiert,[2] und immerzu versuchen sie, ihn zu treffen. Das Haus nebenan und das uns gegenüber bekamen bereits einen Treffer ab. Sollten wir noch eine Woche lang hier bleiben müssen, werden wir hungern. Das Geld hat keinen Wert mehr.

3 David Schwartz (1883–1944), Kaufmann, und seine Frau, geb. Irma Breiner (1886–1944), wurden am 7.7.1944 in Auschwitz ermordet.
4 Liegt nicht in der Akte.
5 Liegen nicht in der Akte.

1 MZSML, XX-F-45. Abdruck in: Weinmann Éva naplója (wie Dok. 257 von Ende Juli 1944, Anm. 1), S. 25 f. Das Dokument wurde aus dem Ungarischen übersetzt.

Brot habe ich seit einer Woche keines mehr gegessen. Ich bin total verbittert. Die Russen kommen nicht. Ich habe so sehr gehofft, dass sie zu Neujahr hier sein würden. Aber leider nichts. Es gibt nicht viel Hoffnung, dass wir das Ende erleben. Hier, am Donauufer, ist es sehr gefährlich.[3] Nur der liebe Gott schützt uns hier noch. Ich hoffe, dass Gott uns wirklich helfen wird und dass wir [eines Tages] wieder in unserem Zuhause alleine zusammenleben können, gemeinsam mit Pista und allen anderen. So soll es sein!

19. Januar 1945.

Endlich kann ich über das lang ersehnte Glück schreiben. Die Russen sind da, endlich sind sie gekommen. Am 16. in der Früh, nach einer schrecklichen Nacht, weckte uns ihre Ankunft. Gott sei Dank kamen sie ohne jeglichen Kampf.

In die große Freude mischte sich jedoch auch großer Kummer. Die teure Tante Juliska war bereits am 13. gestorben, drei Tage vor der Befreiung. Der Luftdruck hat sie getötet. Der arme Peti ist jetzt bei uns. Pest sieht entsetzlich aus.

Am 15. um 4 Uhr in der Früh sind wir voller Schrecken aufgewacht, weil das Holzlager neben uns Feuer gefangen hatte. Wir waren sehr erschrocken und befürchteten, dass auch unser Haus Feuer fängt. Wir zogen uns an. Die Männer gingen nach unten, um die unbeschädigten Bretter zu retten. Vati ging auch hinunter, aber er kam glücklicherweise wieder zurück. Plötzlich gab es eine fürchterliche Detonation und von der Straße her hörten wir viel Geheul und Geschrei. Zwei Granaten schlagen vor unserem Haus ein. Die Panik wäre nicht so groß gewesen, wenn an jenem Morgen nicht auch noch die Deutschen dagewesen wären und ein Maschinengewehr im Haus platziert hätten. Als wir zum Haustor hinunterkamen, lagen dort bereits die Leichen. Vier Menschen starben, einer wurde verwundet, starb aber am nächsten Tag. Ein deutscher Soldat starb ebenfalls. In dieser Nacht übernachteten wir im Keller. Es war schrecklich. Zankerei und das alles.

Bislang sind wir noch hier, in der Tátra-Straße. Am Sonntag gehen wir nach Hause. Die Möbel aus dem Esszimmer wurden weggetragen. Alle Geschäfte wurden geplündert. Ich bin Gott nur dankbar, dass ich überlebt habe.

11. Februar 1945. Sonntag.

Ich liege im Bett und schreibe so. Ich habe Schnupfen. Gott sei Dank sind wir [wieder] zu Hause. Wir können das Zimmer heizen und es ist angenehm warm. Die Lage wurde leider nicht besser. Die Russen wohnen hier im Haus, und jede Nacht wollen sie hier schlafen. Heute Nacht schliefen zwei im anderen Zimmer. Die Möbel aus dem Essraum wurden weggebracht. Die Jungs aus Kispest haben Gott sei Dank überlebt.[4] Nur von Frédi[5] weiß ich nichts.

2 Éva Weinmann erhielt im Nov. 1944 einen schweizer. Schutzpass und zog zusammen mit ihrer Familie in ein geschütztes Haus in der Tátra-Straße in Pest, einige Querstraßen von der Donau entfernt.

3 Die Pfeilkreuzler verübten am Ufer der Donau mehrere Massaker; siehe Einleitung, S. 79 f., sowie Dok. 274 vom 16.10 1944 und Dok. 306 von Anfang 1945.

4 „Die Jungs aus Kispest" waren nach Bor deportiert worden, wo sie in den Kupferminen hatten arbeiten müssen; zum Schicksal der ungar. jüdischen Zwangsarbeiter in Bor siehe Dok. 292 vom 28.11.1944, Anm. 12.

5 Frédi war ihr „gegenwärtiger Schwarm", wie sie in ihrem Eintrag vom 23.7.1944 schrieb; siehe Dok. 257 von Ende Juli 1944.

DOK. 313

Dagens Nyheter: Artikel vom 6. März 1945 über die schwedischen Hilfsaktionen und die Rolle von Raoul Wallenberg[1]

Schwedische Heldentaten in Ungarn

Wettlauf mit dem Judenzug in Richtung Grenze

In Budapest sagen Tausende von Juden und andere Verfolgte bis heute: „Die Juden in Warschau verteidigten sich selbst, die dänischen Juden wurden von König Christian, die holländischen von der Bevölkerung beschützt, wir aber wurden von den Schweden gerettet."

Dies berichtet ein Ungar, der vor wenigen Wochen in Stockholm angekommen ist, nach einer abenteuerlichen Reise durch Deutschland.

Ihm fehlen fast die Worte, um seine Dankbarkeit für die Opferbereitschaft zum Ausdruck zu bringen, die Unermüdlichkeit und den Heldenmut, den schwedische Privatpersonen und Botschaftsangehörige in Budapest an den Tag gelegt hatten, als die Verfolgungen ihren Höhepunkt erreichten.

Zwei Namen stehen für diesen Ungarn ganz oben auf der Liste, der Chef der B-Abteilung der Botschaft,[2] Attaché Raoul Wallenberg, und der Lektor für Schwedisch an der Universität Budapest, Waldemar Langlet.[3]

Die detaillierte Schilderung über deren Einsatz unterstreicht die Richtigkeit seiner Beurteilung.

Wie man sich erinnert, erklärte sich Reichsverweser Horthy, nachdem er einen persönlichen Brief von König Gustav[4] erhalten hatte, damit einverstanden, für einige Tausend ungarische Juden schwedische Schutzpässe auszustellen, sofern sie durch Geschäftsbeziehungen oder Verwandtschaft eine Verbindung zu Schweden nachweisen konnten.

So umfangreich die Verfolgungen unter dem Sztójay-Regime auch waren, kam es in Budapest noch zu keinen Hinrichtungen oder Deportationen, und die Inhaber der schwedischen Pässe blieben unangetastet.

Die Grausamkeiten begannen, als der Pfeilkreuzler Szálasy[5] an die Macht kam, da halfen auch keine Schutzpässe mehr.

1 Dagens Nyheter, Nr. 63 vom 6.3.1945, S. 1 und S. 32: Svensk Bragd I Ungarn. Kappkörning med judetag mot gränsen. Die schwedische Tageszeitung Dagens Nyheter erscheint seit 1864 in Stockholm. Das Dokument wurde aus dem Schwedischen übersetzt.

2 Die B-Abt. war die Humanitäre Abt. der schwed. Botschaft.

3 Waldemar Langlet (1872–1960), Journalist; Gründer der Esperanto-Zeitschrift Lingvo Internacia, 1906–1909 Präsident der Schwed. Esperanto-Vereinigung, von 1909 an Chefredakteur des Svenska Dagblad; 1932 Umzug nach Ungarn, Lektor für Schwedisch in Budapest; von 1938 an Kulturattaché in der schwed. Botschaft; von Mai 1944 an schwed. Abgesandter des Roten Kreuzes; 1945 Rückkehr nach Schweden, 1965 von der Gedenkstätte Yad Vashem als Gerechter unter den Völkern geehrt.

4 Der Brief von König Gustav V. vom 30.6.1944 und die Antwort von Miklós Horthy von Anfang Juli 1944 sind abgedruckt in: Karsai (Hrsg.), Vádirat, Bd. 3 (wie Dok. 225 vom 25.6.1944, Anm. 4), Dok. 25-1 und 25-2, S. 58 f.

5 Richtig: Szálasi.

5000 Juden wurden in „Schwedischen Häusern" interniert.
Die B-Abteilung der schwedischen Botschaft unternahm alles, um die Interessen [der betroffenen Juden] wahrzunehmen, stieß dabei jedoch auf heftigen Widerstand. Eines Abends verkündete der Innenminister[6] dann im Radio, die Schutzpässe seien nicht mehr gültig. Das löste eine ungeheure Panik unter all jenen aus, die solche Papiere besaßen.
Raoul Wallenberg packte indessen den Stier bei den Hörnern, erschien persönlich bei der Führung der Pfeilkreuzler, wurde dort jedoch mit der Frage konfrontiert, warum sich die Schweden überhaupt der ungarischen Juden annähmen.
Wallenbergs Antwort wuchs sich zu einer Predigt über Humanität aus. Nach einer Stunde Verhandlung kehrte er mit der schriftlichen Versicherung Szálasys zurück, dass die schwedischen Schutzpässe weiterhin gültig seien und die Behörden dies respektieren würden.
Den Schweden wurde Extraterritorialrecht eingeräumt.
Nichts schien für Wallenberg unmöglich. Während dieser unruhigen Tage erhielt er Briefe mit Morddrohungen,[7] sein Auto wurde mit Steinen beworfen, und man versuchte mit allen Mitteln, ihn vom Besuch seiner Schützlinge abzuhalten. Bewaffnete Gangster wurden ausgesandt, um ihn zu verfolgen, aber er gab nicht nach.
Es gelang ihm zu erreichen, dass das ungarische Außenministerium ungarische Juden mit Schutzpässen als ausländische Mitbürger – mit allen damit verbundenen Rechten – anerkannte. Weiterhin arrangierte er, dass die betroffenen Juden – an die 5000 – in sogenannten „Schwedischen Häusern" untergebracht werden konnten. Diese Häuser galten als exterritorial und genossen jeden denkbaren Schutz. Die Juden mussten auch nicht den sonst obligatorischen Judenstern tragen.
Der Informant berichtet weiter, dass all dies sich in einer Stadt ereignete, in der Gestapo und Pfeilkreuzler mit äußerster Brutalität vorgingen.
Wallenberg holte mitten in der Nacht Menschen aus den Gefängnissen, die trotz Schutzpass verhaftet worden waren. Im Dunkel der Nacht fuhr er mit Medikamenten zu den Schwedenhäusern und sorgte dafür, dass Kranke die notwendige Pflege bekamen. Für die dort lebenden Juden galt nämlich Ausgangssperre. Alles, was sie zum Leben benötigten, musste hingebracht werden, und damit war die Botschaft unermüdlich beschäftigt.

„So lange ich lebe, wird hier niemand weggebracht."

Eines Tages wurde Wallenberg darüber informiert, dass die ungarischen Militärbehörden beabsichtigten, einige Bewohner der Schwedenhäuser zum Arbeitsdienst abzuholen. Er begab sich sofort zur Militärführung, doch die langwierigen Verhandlungen verliefen ohne Erfolg. Der Stadtkommandant ließ ihn wissen: „Wenn Ihre Schützlinge sich nicht zum Arbeitsdienst melden, werden sie als Deserteure eingestuft und sofort gehängt."
Wallenberg musste ergebnislos zu den „Schwedischen Vierteln"[8] zurückkehren. Dort erfuhr er, dass bereits eine Patrouille eingetroffen war, um die arbeitsfähigen Männer mitzunehmen. Wallenberg wurde wütend und machte seinen Leuten Vorwürfe, dass sie

6 Gábor Vajna.
7 Siehe Dok. 297 vom 17.12.1944.
8 Gemeint sind die schwed. Schutzhäuser.

überhaupt jemandem erlaubt hatten, in extraterritoriales Gebiet einzudringen. Ihm wurde erklärt, dass die Patrouille bewaffnet sei. Das hinderte Wallenberg jedoch nicht daran, auf den Patrouillenchef zuzugehen und für das ganze Quartier hörbar zu rufen: „Dies ist schwedisches Gebiet, Sie haben hier nichts zu suchen!"
Die Antwort lautete: „Ich habe den Befehl, alle arbeitsfähigen Männer abzuholen."
Wallenberg erwiderte: „Hier geht niemand. Wenn Sie versuchen, jemanden von hier fortzubringen, bekommen Sie es mit mir zu tun. Solange ich lebe, kommt hier niemand heraus, vorher müssen Sie mich erschießen."
Die Soldaten wussten nicht so recht, wie sie reagieren sollten, und entfernten sich nach einer Weile. Später bat der Kommandant um ein Gespräch mit Wallenberg, der seinem Wunsch sofort nachkam. Die Verhandlungen zogen sich eine Stunde hin. Dann kehrte Wallenberg mit einem Papier zurück, in dem erklärt wurde, dass alle Juden unter schwedischem Schutz vom Arbeitsdienst befreit seien.

Wettlauf mit dem Deportationszug
In derselben Nacht erhielt der schwedische Attaché[9] eine weitere alarmierende Meldung: Elf Personen, die einen schwedischen Schutzpass besaßen, waren von der Gestapo verhaftet worden und – was noch schlimmer war – in einen Eisenbahnwaggon verfrachtet worden. Keine Sekunde war zu verlieren.
Mit dem Auto raste Wallenberg zum Bahnhof, doch der Zug mit den Juden war bereits abgefahren, mit Bestimmungsort Wien.
Wallenberg nahm die Verfolgung auf. An einer Station nahe der deutschen Grenze holte er den Transport ein.
Dort war der Zug zum Stehen gekommen. Es gelang dem schwedischen Diplomaten, den Befehlshaber ausfindig zu machen, und zehn Minuten später durften seine Leute den versiegelten Wagen verlassen.
Die übrigen, die nicht gerettet werden konnten, mussten in den überfüllten und schmutzigen Wagen weiterfahren, bis sie deutschen Boden erreichten.
Zur gleichen Zeit als die russischen Truppen schon in Budapests Vorstädte einmarschierten, suchte ein alter Mann das Konsulat auf. Er erzählte, dass er in der Druckerei Athenäum arbeite – einem der größten Betriebe dieser Art –, die beschlagnahmt worden war. Er zeigte Wallenberg die Korrekturfahne einer Proklamation. Darin wurden „Arbeiter, Juden und alle Unterdrückten" aufgefordert, bewaffneten Widerstand gegen Deutsche und Pfeilkreuzler zu leisten. Der Setzer erzählte, dass das Flugblatt in 300 000 Exemplaren gedruckt werden sollte, um von Flugzeugen herab verbreitet zu werden. Damit wolle man einen Aufstand provozieren, um so ohne weiteres diejenigen, die mit einer Waffe in der Hand angetroffen würden, verhaften zu können. Wallenberg zögerte nicht und wandte sich erneut an Szálazy. Dieser behauptete, dass er von dieser Provokation nichts wisse, und das Ende vom Lied war, dass die Flugblätter niemals verbreitet wurden.

Langlets Pass rettete 2000 Leben
Wie anfangs erwähnt, konnte die schwedische Botschaft nur eine begrenzte Anzahl von Pässen ausstellen, und das nur an solche Personen, die die [genannten] Voraussetzungen

9 Carl Ivan Danielsson.

erfüllten. Waldemar Langlet, dem 70-jährigen schwedischen Lektor an der Universität, gelang es in seiner gleichzeitigen Eigenschaft als Repräsentant des schwedischen Roten Kreuzes jedoch, viele Menschenleben zu retten. Er ließ spezielle Schutzbriefe auf Ungarisch, Deutsch, Französisch und Russisch erstellen, versehen mit Goldprägung, Passbildern, Unterschriften, Stempel und Siegel, was ihnen eine ungeheure Bedeutung verlieh. Solche Pässe bewahrten viele Menschen davor, in Konzentrationslagern zu verschwinden und alles zu verlieren, was sie noch an Eigentum besaßen, und am Ende sogar ihr Leben. Wie unser Informant erklärt, werden diese Pässe für lange Zeit die darin zum Ausdruck kommende menschliche Güte bezeugen. Durch sie konnten mindestens 2000 Menschen gerettet werden, unter ihnen auch drei- bis vierjährige Kinder.
Zum Schluss unterstreicht der Informant der „Dagens Nyheter", dass sich die schwedische Botschaft nicht nur darauf beschränkt habe, Juden zu unterstützen. Sie half überall dort, wo es nötig war.
Doch die Grausamkeiten unter dem Pfeilkreuzler-Regime trafen viele – zu viele. Kriminelle machten die Straßen unsicher. Sie stahlen, verbrannten, ermordeten und plünderten. Die Polizei verhielt sich, von Ausnahmen abgesehen, korrekt, andere Behörden dagegen umso schlimmer.
Die Nonnen und Mönche zeigten indessen großen Einsatz, nicht nur, indem sie Tausende Verfolgte in den Klöstern versteckten.[10] In einem Nonnenkloster wurde eine geheime Druckerei eingerichtet, um Ausweispapiere herzustellen. Als die Szálasy-Leute für den Freikauf von Juden einmal Millionen verlangten, trugen die Benediktiner- und Zisterziensermönche die Hälfte dazu bei.[11]

DOK. 314

Fanni Gyarmati macht sich am 18. März 1945, ein Jahr nach Beginn der deutschen Besatzung, Mut, ihren verschollenen Ehemann Miklós Radnóti wiederzufinden[1]

Stenograph. Tagebuch von Fanni Gyarmati, Eintrag vom 18.3.1945 (Abschrift)

Heute ist es ein Jahr her, ein Jahr her, dass der Himmel über uns eingestürzt ist. Am Vormittag habe ich die Nachricht vernommen: Die Deutschen seien einmarschiert, und ich konnte jene literarische Floskel am eigenen Leib erfahren, wie es ist, wenn man sagt, dass einem das Blut in den Adern gefriert. Von diesem Augenblick an saß uns bis zum Ende das Grauen, die Beklemmung im Nacken. Aus meinem Herzen sind sie heute gewichen. Vorgestern ist Pali Kürti,[2] der alte Regisseur und ehemalige Lektor bei Pharos, ins Radio gekommen. Er wollte schon länger mit Gyula[3] sprechen, sicherlich wegen einer

10 Siehe Dok. 309 vom 6.12.1944 bis 18.1.1945.
11 Nicht ermittelt.

1 MTA Könyvtára Kézirattára, Ms 2671/12. Abdruck in: Gyarmati, Napló (wie Dok. 6 vom 12. bis 16.3.1938, Anm. 1), Bd. II: 1941–1946, S. 451 f. Das Dokument wurde aus dem Ungarischen übersetzt.
2 Pál Kürti (1897–1966), Theaterkritiker; vor 1945 Regisseur und Dramaturg im Theater Belvárosi Színház.
3 Gyula Ortutay.

Anstellung, und er erzählte, dass er Tibor Nyíri[4] getroffen habe, dem von jeher dunkle Geschäfte nachgesagt werden. Er sei ein schwacher Dramatiker und habe erzählt, dass er noch im Oktober Miklós zusammen mit der Kompanie bei Szentkirályszabadja verlassen habe. Er sei damals ins Krankenhaus von Szombathely gekommen, im Dezember von dort geflohen und nach Buda gelangt. Wenn das stimmt, hat er [Miklós Radnóti] das Blutbad von Délvidék überlebt.[5] Ich weiß nicht, ob man diesem Schurken glauben darf. Am selben Nachmittag ist er auch zu uns gekommen, ich war noch nicht zu Hause, und so sprach er nur mit Laci.[6] Er hat versichert, dass das wahr sei, und als Beweis hat er von einem Gebetbuch mit einer Widmung von Sándor Sík[7] erzählt, das Mik[8] bei sich trug, und dass Mik auch seinen kleinen schäbigen Trauring in Mohács verkauft habe, mein kleiner Schatz. Wieder ein Strohhalm, an dem ich mich festhalten kann, und ich habe mich sehr geschämt wegen meines bisherigen Kleinmuts. Ich entsinne mich der Worte von Pater Sík: „Wie können Sie denn nur glauben, dass Gott Miklós weniger liebt, als Sie es tun?" In der Tat, wie kann ich das glauben? Inzwischen ist auch meine Suchanzeige in der *Népszava* erschienen. In der *Szabadság* hat man sie nicht publiziert, obwohl der Redakteur Gyula geschrieben hat, er habe sie zur Veröffentlichung gegeben. Natürlich keine Nachrichten, nur eine zwielichtige Person kam vorbei, um nachzufragen, ob sich schon jemand gemeldet habe. Er will mit Miklós im gleichen Zimmer in Bor gewesen sein.[9] Ich konnte nicht länger mit ihm sprechen, weil ich mit Cs. Szabó[10] zu tun hatte, den ich nicht warten lassen wollte. Er hat erzählt, dass Mik bis zum Abmarsch in guter Kondition gewesen und man relativ gut ernährt worden sei. Die Stiefel habe er dort nicht strapazieren müssen, weil man Halbschuhe angehabt und die Stiefel nur auf dem Rückmarsch angezogen habe. Aber er war ja im Oktober, als ich nach den Personen aus Szentkirályszabadja gesucht habe, bereits hier, und Dezső Baróti[11] hat die Nachricht erhalten, dass sie von den Pfeilkreuzlern strengstens bewacht werden und man nichts Näheres über sie in Erfahrung bringen könne. Damals habe ich mich damit abgefunden und weitere Versuche eingestellt. Ich war zu bequem und ungläubig. Damals hätte man vielleicht sogar noch einen Schutzbrief beschaffen und Mik nach Hause holen können.[12]

4 Tibor Nyíri (1906–1977), Schriftsteller, Journalist; 1944 Arbeitsdienst in Bor.

5 Anfang Okt. 1944 ermordeten SS-Einheiten 700–1000 Arbeitsdienstler aus Bor. Miklós Radnóti überlebte dieses Massaker.

6 László Gyarmati, Bruder von Fanni.

7 Sándor Sík (1889–1963), Dichter, Literaturwissenschaftler, Piaristenmönch; er taufte 1943 Miklós Radnóti und Fanni Gyarmati, als sie zum katholischen Glauben konvertierten.

8 Miklós Radnóti.

9 Miklós Radnóti verbrachte seinen dritten Arbeitsdienst im Lager Bor, wo er in den Kupferminen und beim Gleisbau arbeiten musste.

10 László Cs. Szabó (1905–1984), Schriftsteller, Kritiker.

11 Dezső Baróti, geb. als Kratochfill (1911–1994), Literaturwissenschaftler, Studienfreund von Miklós Radnóti.

12 Der durch den Evakuierungsmarsch vollkommen erschöpfte Miklós Radnóti wurde im Nov. 1944 zusammen mit 21 weiteren Personen erschossen. Fanni Gyarmati erfuhr im Aug. 1946, dass seine sterblichen Überreste mitsamt seinen letzten Gedichten in Abda in einem Massengrab aufgefunden worden waren.

DOK. 315

Ein ehemaliger Arbeitsdienstler bittet am 24. März 1945 Rezső Kasztner, er möge sich für seine Entlassung aus einem sowjetischen Kriegsgefangenenlager einsetzen[1]

Handschriftl. Brief, gez. Laci, an Dr. Rezső Kasztner, Síp-Straße 12, Budapest, vom 24.3.1945

Mein lieber Rezső!
Ich hoffe, die Vorsehung sorgt dafür, dass Du diesen Brief erhältst. Und ich habe das Gefühl, dass es so kommen wird, da Du so beschäftigt bist. Auch bei mir ist viel passiert, aber kurzgefasst steht die Sache nun so, dass ich seit dem 4. Januar im russischen Gefangenenlager in Baja bin,[2] zusammen mit mehreren jüdischen Brüdern, teils aus Ungarn, teils aus Rumänien. Man behandelt uns gut, nur sind wir nicht frei und werden es, wie es aussieht, auch in absehbarer Zeit nicht sein. Deshalb wende ich mich an Dich: Bitte unternehme *alles* beim Joint und bei der Schweizer Botschaft, damit wir hier rauskommen. Du weißt, was alles für uns spricht, wir haben Arbeitsdienst geleistet, gelitten, und darüber, dass wir keine Faschisten sind, besteht wohl kein Zweifel.
Ich hoffe, dass wir uns bald wiedersehen, und dann werden wir miteinander ausführlich sprechen können.
Ich bitte Dich noch einmal, alles zu unternehmen. Wir können für den finanziellen Aufwand auch aufkommen.
Bis zu unserem Wiedersehen grüßt Dich herzlich und umarmt Dich
Dein[3]

DOK. 316

Ein Überlebender erinnert sich im März 1945 an seine Haft in Kistarcsa und seine Arbeit im Sonderkommando in Auschwitz-Birkenau[1]

Protokoll der Befragung von Imre Reich, aufgenommen in den Räumlichkeiten der Regionalabt. des Verbands Ungarländischer Juden, Síp-Straße 12, Budapest, am 25.3.1945

Seitens der Abteilung anwesend: László Szekulesz.[2]

Imre Reich, geboren und wohnhaft in Budapest, Flüchtling aus Auschwitz, meldet sich und berichtet Folgendes:

1 MZSML, D 6/4. Das Dokument wurde aus dem Ungarischen übersetzt.
2 In der Kaserne in der Vaskúti-Straße bestand zwischen Nov. 1944 und Aug. 1945 ein sowjet. Kriegsgefangenenlager, aus dem mehrere Tausend deutsche und ungar. Gefangene in die Sowjetunion transportiert wurden.
3 Über den weiteren Verlauf des Gesuchs konnte nichts ermittelt werden.

1 MZSML, DEGOB 3631. Das Dokument wurde aus dem Ungarischen übersetzt.
2 Dr. László Szekulesz (1907–1996?), bis 1945 Vizepräsident des Landesfürsorgekomitees der Deportierten (DEGOB), führendes Mitglied der ungar. zionistischen Bewegung, Geschäftsführer der ungarisch-palästinensischen Gesellschaft.

Am 12. April 1944 wurde ich mit meinen Eltern von der Gestapo in unserer Budapester Wohnung verhaftet. Die Verhaftung erfolgte aufgrund einer anonymen Anzeige. Die Denunziantin ist mir bekannt: Zsuzsi Oláh, eine Bauerntochter aus Nyíregyháza, und ein 25-jähriger Beamter aus der Kunstdüngerfabrik Hungária namens Szűcs aus Apc brachten die Anzeige gegen uns ein. Zunächst kamen wir in die Polizeidirektion, damals ein Gefängnis der Gestapo, später wurden wir ins Gefängnis von Pestvidék überführt. Dort, in einer Zelle von etwa 25 m^2, wo wir zu 65 untergebracht waren, erlebte ich die schrecklichsten zwei Wochen meines Lebens. Wir konnten uns nicht nur nicht hinlegen, sondern standen so dicht aneinandergepfercht, dass, wenn sich jemand rührte oder sich in die Tasche griff, der andere bei dieser Handbewegung zwangsläufig angestoßen wurde. In der Zelle gab es kein Wasser, die Wasserhähne auf dem Flur waren abgedreht, und wir konnten unseren Durst nur stillen, wenn wir aufs Klo gingen und dort aus dem WC-Becken Wasser schöpften. Etwa jede halbe Stunde kam ein SS-Wachmann zu uns, der versuchte, uns mit ausgewählten Foltermethoden zur Aushändigung unserer versteckten Juwelen zu zwingen.
Im Gefängnis war eine große Menschenmenge untergebracht und wegen des intensiven Gebrauchs war das WC jeden Tag verstopft. Zum Putzen des WCs hielt der Wachmann regelmäßig mich und den Baron Gyuri Weiss[3] an, und er sorgte gewissenhaft dafür, dass wir die Arbeit mit bloßen Händen verrichteten. Unsere Wächter hatten auch großen Spaß, wenn sie den Abgeordneten Ernő Bródy[4] zusammen mit einem anderen großgewachsenen Gefangenen auswählten und sie zwangen, einander zu ohrfeigen, solange ihre Kraft dazu ausreichte. Ein ähnlicher Spaß war es, wenn wir auf den Flur hinausgeschickt wurden und wie Frösche herumspringen mussten. Die Jüngeren und Dünneren wurden bald aus der Gruppe entfernt, und wir mussten dem Leiden unserer Kameraden tatenlos zusehen; die Älteren und Dickeren wurden noch stundenlang gequält. Sie mussten so lange herumspringen, bis sie so schwach waren, dass sie nicht einmal nach zwei oder drei Versuchen, sie mit Wasser wieder zur Besinnung zu bringen, wieder zu Bewusstsein kamen. Wenn sich die SS-Männer betranken, mussten sich die Frauen nackt ausziehen und vor ihnen tanzen, während sie die Männer zwangen, den Befehl „nieder-auf“[5] auszuführen. Ich muss nachdrücklich betonen, dass unsere SS-Wächter zum größten Teil keine Reichsdeutschen[6] waren, sondern sich aus ungarländischen Schwaben rekrutierten. Diese taten sich besonders hervor: Sie waren in jeder Hinsicht unbarmherziger und brutaler als die richtigen Deutschen.
Nach 14 Tagen kam ich frei und dachte, dass ich der Hölle entkommen sei. Aber als ich mit 30 anderen in einem ganz kleinen Gefangenentransporter nach Kistarcsa[7] überstellt wurde, wurde mir klar, dass mein Schicksal genauso weiterging. Ich stellte fest – was

3 György Weiss.

4 Dr. Ernő Bródy (1873–1961), Jurist, Strafverteidiger, Politiker; von 1906 an Parlamentsabgeordneter, von 1926 an Präsident der Nationalen Demokratischen Bürgerlichen Partei; nach der deutschen Besetzung interniert; von Febr. 1945 an Mitglied des Budapester Nationalen Komitees, Vizepräsident, später Präsident der Bürgerlichen Demokratischen Partei.

5 Im Original deutsch.

6 Im Original deutsch.

7 Im Lager Kistarcsa wurden etwa 2000 Personen aus politischen Gründen oder als Juden interniert. Am 29.4.1944 fuhr ein erster Transport aus dem Lager nach Auschwitz ab. Nach dem Stopp der Deportationen im Juli 1944 unternahm Eichmann am 14.7. einen Versuch, die in Kistarcsa Inter-

sich später auch bewahrheiten sollte –, dass die Zeit im Gefängnis von Pestvidék nur eine Station auf meinem Leidensweg war. In Kistarcsa mussten wir uns auf einem Flur mit dem Gesicht zur Wand aufstellen, und man fing mit der Leibesvisitation an. Wurde bei jemandem etwas gefunden, wie zum Beispiel bei meinem Vater, so wurde er zusammengeschlagen. In der Tasche hatte mein Vater 10 Pengő, und deshalb wurde er mit seinem eigenen Spazierstock so verprügelt, dass er mit mehrfach gebrochenem Schädel blutend zusammenbrach. Meine Mutter, die neben ihm stand und alles mitangesehen hatte, wurde ohnmächtig. Ich musste mit erhobenen Händen weiterhin dort stehen, ohne etwas tun zu können. Der Umgang mit uns in Kistarcsa ähnelte in vielem jenem in Pestvidék. Nachts kam beispielsweise der SS-Wachmann in unser Zimmer zur Fußvisite. Diejenigen, deren Füße als nicht sauber genug befunden wurden, mussten 25 Kniebeugen[8] machen und dann fünf Mal hintereinander im eiskalten Wasser die Füße waschen und melden, dass der Befehl ausgeführt worden war. Jede Meldung zog Ohrfeigen nach sich; außerdem mussten die Bewohner der Zelle die ganze Nacht über wachbleiben. Später, als die ungarische Polizei mit der Überwachung des Lagers beauftragt wurde, verbesserte sich gewissermaßen unsere Lage. Hinsichtlich der Lebensmittelversorgung waren wir aber ausschließlich auf die Hilfe der OMZSA angewiesen. An den Tagen, an denen die OMZSA keine Lebensmittel liefern konnte oder die Lieferung zurückgehalten wurde, hungerten wir den ganzen Tag.

Am Abend des 14. Juli verbreitete sich im Lager das Gerücht, dass unser Transport ins Ausland geschickt wird. Und in der Tat: Nachts begann man mit der Selektion. In der Früh teilte man Essen aus und brachte uns nach Pest. Der Wachkommandant war ein Polizeirat, der bei unserer Abfahrt seine Untergebenen namens Nemeskéri und Pap mit folgenden Worten ermutigte: „Schlagt sie nur, sie kommen sowieso nie wieder zurück!" Beide gehorchten und schlugen mit Händen und traten mit Füßen auf uns ein, während der Polizeirat brüllte: „Na, ihr Stinkjuden, endlich konnte ich auch mit euch abrechnen!" Nach der Ankunft in Budapest wurden wir einwaggoniert, der Zug fuhr am 15. um 4 Uhr nachmittags mit uns los. Wir alle sprachen ein kurzes Gebet und schlossen mit allem ab. Im ganzen Zug herrschte Apathie und Lethargie, bis wir in Gödöllő sahen, dass der Zug auf die Gleise der Vorortbahn umgeleitet wurde und wir zurück nach Kistarcsa transportiert wurden. Wir dachten, wir wären gerettet. Aber wir mussten eine neue Enttäuschung verkraften: Nach vier Tagen, während des Mittagessens, tauchten 20 SS-Henkersknechte auf. Wir durften nicht zu Ende essen. Sie zwangen uns unter Schlägen und Fußtritten, den größten Teil unseres Gepäcks zurückzulassen und umgehend in einen Lastwagen zu steigen. In Rákos wurden wir einwaggoniert.[9]

In unserem Waggon waren 89 Menschen, und der Zug fuhr ins Vernichtungslager, dem zu entkommen für jeden einzelnen Menschen an ein Wunder grenzte. Die Fahrt dauerte dreieinhalb Tage, während derer wir ein Mal Wasser erhielten. Am dritten Tag, in Tarnów, bekamen wir von einem SS-Wachmann für 1000 Pengő, die wir untereinander gesammelt hatten, einen Eimer Wasser. Diese 1000 Pengő waren unser letzter Schatz,

nierten zu deportieren. Der Zug mit den etwa 1200 Personen wurde jedoch in der Nähe von Hatvan angehalten und wieder nach Kistarcsa umgeleitet. Am 19.7.1944 gelang es dem Sondereinsatzkommando dennoch, 1220 in Kistarcsa Internierte nach Auschwitz zu deportieren.

8 Im Original deutsch: „nieder".

9 Siehe Dok. 263 vom 21.8.1944.

weil wir zuvor schon einerseits von den ungarischen Gendarmen vor der ungarischen Grenze und andererseits von den SS-Leuten hinter der Grenze völlig ausgeraubt worden waren. Nachdem die Sache mit dem 1000-Pengő-Wasser aufgedeckt wurde, kam es etwa alle zwei Stunden zu Schikanen, und da wir nichts mehr zu geben imstande waren, bekamen wir die ersten harten Schläge. Es gab die ersten Toten, und als wir am 22. in der Früh in Birkenau ankamen, waren von den 89 Waggoninsassen 17 tot.
In Birkenau kam ich nach der üblichen Selektion und nachdem sie uns alle Habseligkeiten abgenommen hatten ins Lager E.[10] Die Häftlinge im Lager E waren Zigeuner, und ein paar Tage nach meiner Ankunft wurden Freiwillige zur Arbeit ausgewählt. 120 Leute meldeten sich, aber nur acht wurden genommen. Wir acht kamen in eine separate Baracke, und die restlichen Zigeuner mussten sich nackt ausziehen, Lastautos besteigen und wurden in die Gaskammern gefahren. Einige Stunden nach der Abfahrt des ersten Transports wurden wir in einen Raum geführt, auf dem außen „Bad" angeschrieben stand. In einen Raum von etwa 50 m^2 wurden 400 Menschen unter dem Vorwand zusammengepfercht, sie würden desinfiziert. Jeder bekam ein Handtuch und eine Seife, dann wurden sie durch einen langen Korridor in einen Raum mit Duschen geführt. Dann sperrte man die Tür hinter diesen 400 Menschen zu und ließ das Zyan-Gas[11] hereinströmen, das diese Unglücklichen tötete. Ihre Qualen müssen etwa fünf Minuten gedauert haben. Danach kam ein SS-Mann mit Gasmaske in die Kammer, öffnete die beiden Fenster, und nach der Auslüftung übergab er die Leichen zunächst den Zahnärzten. Leute, die aus dem Mund der Leichen die Goldzähne ausbrachen, nannte man Zahnärzte, aber dass sie von Beruf tatsächlich Zahnärzte waren, würde ich nicht behaupten. Es kann sein, dass sie aus Hohn so bezeichnet wurden. Nach der Zahnoperation gingen wir acht in die Gaskammer und legten die Leichen auf Rollwagen; diese schoben wir zum Verbrennungsofen, kippten sie dort um, und die Leute vom Sonderkommando[12] warfen die Leichen in den brennenden Ofen. Die Verbrennung dauerte etwa drei Stunden. Am ersten Tag arbeiteten wir 20 Stunden. Wir vergasten und verbrannten 2200 Zigeuner. Das ganze Lager war vom charakteristischen Geruch der verbrannten organischen Stoffe erfüllt; man versuchte ihn zu neutralisieren, indem man frisches Grünzeug brennen bzw. qualmen ließ, dessen starker Geruch sich mit dem der brennenden Körper vermischte. Nach 24 Stunden Arbeit bekamen wir 24 Stunden Ruhepause, und am dritten Tag wurden wir zur Arbeit im Büro eingeteilt. Die Büroarbeit bestand aus dem Abstempeln der Karteiblätter der 2200 Zigeuner mit der Aufschrift „gestorben am 7. August".[13] Nach Beendigung dieser Arbeit verteilten wir neben dem Krematorium die schlackigen Torsos, die nach der Verbrennung übrigblieben; andere Teile, vor allem die Asche, brachten wir zum Lagerplatz des Feldarbeitskommandos,[14] wo man damit düngte.
In der zweiten Arbeitswoche wurden wir in einen Tannenwald außerhalb des Lagers geführt, wo Säuglinge lagen, teils noch lebend, teils totgeschlagen. Wie wir während der

10 Das „Zigeunerlager" im Abschnitt B II e des Vernichtungslagers Auschwitz-Birkenau bestand zwischen Febr. 1943 und Aug. 1944. Das Lager wurde am 2./3.8.1944 liquidiert. Ein Teil des Lagerabschnitts wurde als Durchgangslager für jüdische Häftlinge aus Polen und Ungarn genutzt, die nicht registriert wurden und als arbeitsfähig galten.

11 Gemeint ist Zyklon-B.

12 Im Original deutsch.

13 Im Original deutsch.

14 Im Original deutsch.

Arbeit erfuhren, hatte man auf diese Weise 160 kleine Kinder vernichtet. Die Wächter forderten uns auf, eine Grube auszuheben und die Säuglinge hineinzuwerfen. Es war eine schreckliche Arbeit und ein schreckliches Gefühl, und die Wächter schlugen uns, um uns von unseren Gedanken abzulenken, pausenlos mit Gummischläuchen auf unsere Rücken und Köpfe. Dies wirkte denn auch, weil wir von den Schlägen so betäubt waren, dass wir überhaupt nicht mehr denken konnten. Wir schütteten die Leichen mit Erde zu. Als wir am nächsten Tag wieder in die Gegend kamen, sah ich, dass sich die Erde über dem Grab hier und da noch bewegte; der Erdboden wurde innerhalb eines Tages ganz uneben.

Als ich erfuhr, dass ich meinen Vater und meine Mutter auf die gleiche Weise bzw. durch Vergasung verloren hatte, setzte ich alles daran, mich einem Kommando zuteilen zu lassen, das Birkenau verließ. So kam ich am 15. August nach Trzebinia,[15] wo ich mit 400 ungarischen und 400 polnischen Kameraden eine ausgebombte Ölraffinerie[16] aufräumen musste. Wir mussten täglich zehn Stunden arbeiten, die Kost war kläglich: um 5 Uhr in der Früh ein Schwarzer[17] mit 25 dkg Kommissbrot, am Abend 7 dl Krautsuppe. Ich trug auch im kältesten Winter eine im Sommer erhaltene und mittlerweile völlig zerfetzte Häftlingsuniform aus Leinen; wir mussten bei 20 Grad Kälte ohne Schuhe bzw. in zerfaserten Holzpantoffeln arbeiten, bis zu den Knien im Wasser stehend und auch bei Sturm. Dies hatte zur Folge, dass im Januar die Zahl der Lagerinsassen auf 400 sank. Die Ausgefallenen waren zumeist Ungarn. Die liegenden Lebenden waren von den Leichen nicht zu unterscheiden; diese ausgehungerte, gequälte, halb totgeschlagene Menschenmasse sah aus, als ob sie nur noch Minuten oder eher Sekunden zu leben hätte. Jene, die so schwach waren, dass sie nicht mehr arbeiten konnten, wurden ausgezogen, auf Autos geladen, besser gesagt: geworfen, und ins Krematorium transportiert. Die Unglücklichen, die auf das Auto geladen wurden, waren sich über ihr Schicksal im Klaren, aber es wäre ein Irrtum zu glauben, sie wären verzweifelt gewesen. Wir waren in einem solchen Zustand, dass das Krematorium für uns die Erlösung bedeutete. Wir sprachen dauernd von Selbstmord, aber selbst daran wurden wir durch unseren psychischen und physischen Kräfteverfall gehindert, denn man braucht dazu Energie, die wir ja nicht hatten.

Mit dem Heranrücken der Russen marschierte unser Lager am 18. Januar Richtung Westen los. Wir wurden wie Sklaven getrieben, und die völlig geschwächte Menschenmasse schleppte sich bei 15 Grad Kälte und bei Schneestürmen zwei volle Tage dahin. Jene, die unterwegs hinfielen oder beim anstrengenden Marsch nicht mithalten konnten, wurden erschossen. Es gab kein Erbarmen. Freunde konnten den Freunden, Söhne konnten den Vätern nicht helfen, weil die ohnehin abgemagerten Körper im Zuge dieses irrsinnigen Marsches so schwach waren, dass wenn man hielt, man sich nicht mehr wieder aufraffen konnte.

Nach 80 km kamen wir in die Ortschaft Pleszew, wo wir das erste Mal ausruhen durften. Als wir wieder weitergetrieben werden sollten, hatte ich das Gefühl, dass ich auf dem ersten km erlöst werden würde. Ich hatte daher nicht viel zu verlieren und flüchtete vor

15 Trzebinia war ein Außenlager des KZ Auschwitz.

16 Die Häftlinge im Außenlager Trzebinia arbeiteten für die Kontinentale Öl AG Berlin (Erdöl Raffinerie Trzebinia GmbH).

17 Gemeint ist ein Kaffee.

dem Abmarsch in einen Heuschober. Einer der Wächter bemerkte das und folgte mir. Er fragte mich, ob ich fliehen wolle, woraufhin ich aufrichtig eingestand, dass ich fliehen wollte. Er drehte mich um, zog seine Pistole, setzte sie an mein Genick und drückte ab. Ich fiel um, aber es war keine Kugel im Lauf. Er half mir auf und ließ mich stehen. 49 von 50 Wachmännern hätten mich sicherlich nicht begnadigt, und ich weiß nicht, ob ich mein Leben dem guten Willen eines Menschen zu verdanken habe oder ob dieser Wachmann das Leben von so vielen Kameraden ausgelöscht hatte, dass seiner Pistole die Kugeln ausgegangen waren und er es vielleicht gar nicht selbst bemerkt hatte.
Das Schicksal wollte, dass ich gerettet wurde. Ich kam zu einer polnischen Familie, die mir zu essen gab und mir zusammen mit anderen Ortsbewohnern half, die Befreiung durch die Russen zu erleben. Das russische Militär befreite mich und unterstützte mich, wo es ging, bei meiner Rückkehr. Ich denke an sie [die Soldaten] mit ewiger Dankbarkeit.

DOK. 317
Sámuel Schönberger äußert im Mai 1945 seine Verzweiflung darüber, dass er das Schicksal seiner Familienangehörigen nicht kennt[1]

Handschriftl. Brieftagebuch von Sámuel Schönberger,[2] gez. Vati, Eintrag vom 3. bzw. 24.5.1945[3]

Meine süße Juliska! Teure Emike! Teure Erzsike! Teure Gabika! Liebes Omachen![4]
In der heutigen Zeitung lese ich, dass Hitler tot ist[5] und dass euer Hauptpeiniger aus der Ziegelfabrik,[6] Gendarmenoberst Szilády,[7] am Galgen endete! Und doch verspüre ich keinerlei Genugtuung. Ich wünsche niemandem den Tod, ich wünsche mir nur Euer Leben, und dies mit einer unbeschreiblichen herz- und seelenzerreißenden Intensität.

1 Original in Privatbesitz von Bán Noémi, Kopie: HDKE, 2013.35.1. Abdruck in: Heléne Huhák, Egy Holokauszt-Túlélő 1945-ös Levélnaplója, in: ArchivNet 15(2015) 2. Das Dokument wurde aus dem Ungarischen übersetzt.
2 Sámuel Schönberger, wenige Tage nach Einrichtung des Gettos Debrecen zum Arbeitsdienst einberufen.
3 Schönberger begann die Niederschrift dieses Eintrags am 3.5.1945 und schloss sie drei Wochen später ab.
4 Julia Schönberger (1900–1944), Ehefrau von Sámuel Schönberger; Noémi Schönberger (*1922), Tochter von Sámuel Schönberger; Erzsébet Schönberger (1931–1944), Tochter von Sámuel Schönberger; Gábor Schönberger (1943–1944), Sohn von Sámuel Schönberger; Nina Schönberger, geb. Wohlberg (1864–1944), Mutter von Sámuel Schönberger. Julia, Erzsébet, Gábor und Nina Schönberger wurden am 28.6.1944 aus dem Getto Debrecen nach Auschwitz deportiert und dort ermordet. Noémi Schönberger wurde ebenfalls nach Auschwitz deportiert, am 17.8.1944 nach Buchenwald überstellt und anschließend nach Allendorf zur Arbeit in einer Munitionsfabrik gezwungen. Auf dem Todesmarsch nach Bergen-Belsen konnte sie flüchten; im Okt. 1945 kehrte sie nach Budapest zurück und emigrierte 1956 in die USA.
5 Hitler nahm sich am 30.4.1945 das Leben.
6 Die Familie Schönberger wurde in das im Mai 1944 eingerichtete Getto Debrecen eingewiesen. Am 20. Juni 1944 wurden die Bewohner des Gettos in das Sammellager auf dem Gebiet der Serly-Ziegelei gebracht, wo insgesamt etwa 13 000 Personen aus der Umgebung zusammengefasst wurden. Ende Juni fuhren von dort je zwei Deportationszüge nach Auschwitz bzw. nach Strasshof an der Nordbahn ab.

Meine Freunde sagen mir, ich sei in keiner guten Verfassung, dass ich auf mich aufpassen solle, denn bis die Meinen zurückkehrten, werde ich abgemagert sein, man wird nichts von mir vorfinden.

Aber wie soll ich auf mich aufpassen? Wie kann man fließendem Wasser befehlen, rückwärts zu fließen? Das geht doch nicht, nicht wahr! Es ist nicht möglich, *nicht an Euch zu denken*!

Es ist nicht möglich, mich nicht um Euch zu zerquälen. Da ich nicht wissen kann, nicht weiß: Lebt Ihr noch? Wer ist geblieben von Euch? Und wenn Ihr am Leben seid, in welcher Gefahr seid Ihr, welche Gefahr droht Euch in jeder Minute, jeder Stunde des Tages? Am 30. April erkrankte ich an Grippe, und heute, am 3. Mai, hatte ich den ganzen Tag kein Fieber mehr. Die Schwägerin von Bencze fuhr am 1. Mai ab, am gleichen Tag trafen Benczes Ehefrau und Tochter ein. Die beiden haben mich gepflegt und gefüttert und mir geholfen, als ob wir Geschwister wären. Und trotzdem habe ich mich wie ein vertriebener Hund gefühlt. Obwohl ich ein eigenes kleines Zimmer für mich habe. Und Ihr, meine Teuren, meine Süßen! Wo legt Ihr Eure erschöpften Häupter nieder, wenn auf dem Weg nach Hause oder irgendwo an einem unbekannten Ort einer von Euch krank wird? Doktor Dickmann und seine Frau waren mehrmals bei mir und waren so lieb! Und wer behandelt Euch? Wer stärkt, wer beruhigt Euch? Wie werdet Ihr nach Hause finden? Wenn dies überhaupt möglich ist, wenn Ihr noch am Leben seid. Dieses quälende, ätzende, verzehrende „Wenn"!!! Dieses Gedankenkarussell, diese seelensprengende Qual, dieses bohrende „Wenn"!!! Das ist es, was es so unerträglich macht. Seitdem ich weiß, dass diejenigen, die in der Hölle auf dem Dachboden der Ziegelfabrik waren, ohne jeden Zweifel nach Auschwitz verschleppt worden sind, quält es mich mehr, als wenn ich im Voraus das genaue Datum und die Stunde meines Ablebens wüsste.

Der nun beinahe sechs Jahre andauernde Krieg wird innerhalb von Tagen auch offiziell zu Ende gehen! Es wird bei der Rückkehr ruhiger sein und bessere Voraussetzungen geben, und langsam werden diejenigen ankommen, die ankommen können, diejenigen, die noch am Leben sind. Ich warte. Ich werde lange warten. Wenn ich Nachrichten von Euch bekomme, werde ich auch geduldig sein. Wenn nicht, werde ich versuchen, alles Mögliche [zu tun], jede Nachricht und jede Spur zu finden. Wenn ich bis Herbst nichts von Euch gehört habe, werde ich selbst die blasseste Spur von Euch verfolgen. Ich würde bereits jetzt losgehen. Gehen? Ich würde zu Euch rennen, Euch entgegenrennen, ich befürchte jedoch, wir würden uns verfehlen. Im Herbst muss ich davor dann keine Sorge mehr haben, im Herbst werde ich losgehen, wohl wissend, dass ich niemals hierher zurückkehre. Sobald es möglich ist, werde ich nach Tel Aviv und New York und dem Schweizer Roten Kreuz schreiben. An die beiden ersten Stellen habe ich bereits im Winter aus Bukarest geschrieben. Soweit ich mich erinnern kann, sprachen wir über diese drei Stellen am Abend vor meiner Einberufung. Genau heute vor einem Jahr! Es war der 25. Mai, heute ist der 24. Mai, aber damals war es ein Donnerstag. Heute vor einem Jahr – mein Gott, mein Herr, mein Schöpfer! Ein ganzes Jahr schon! Wir packten den Rucksack. Um 11 Uhr abends. Ich kann nicht schlafen, kann nicht lesen, ich habe diesen Abend vor einem Jahr genau vor mir. Bis jetzt schrieb ich diese Briefe auf Blätter. Heute,

7 Gyula Szilády (1892–1945), Gendarmerieoberst; 1943/44 Kommandant des VI. Gendarmeriebezirks, von Dez. 1944 an Kommandant der Gendarmerie in Budapest; 1945 vom ungar. Volksgericht zum Tode verurteilt, vor der Hinrichtung erschlagen.

am Vorabend des ersten Jahrestags, habe ich eine geeignete Beschäftigung gefunden, ich schreibe die bisherigen Briefe ab in dieses Buch. Heute vor einem Jahr. Ich habe Dich immer über den Rucksack hinweg beobachtet, wie traurig warst Du, mein einziges, gutes, teures Mütterchen. Ich konnte Dich nicht aufmuntern, weil ich fühlte, ich würde für lange Zeit fort sein, ich spürte, dass ein ziemlich großes Unheil drohte! Ich spürte und wusste, dass Du es ebenfalls wusstest, dass Du das Gleiche dachtest und fühltest. Warum ging ich damals fort? Wir könnten jetzt zusammen sein, sei es im *Jenseits*, aber zusammen. Seither ist mein Leben eine öde Wüste der Hoffnungslosigkeit, ein schreiender Schmerz. Was bringt das? Nur die handflächengroßen, ja winzigen Oasen der Hoffnung, des Vertrauens, der sehnsüchtigen Wünsche und des Seufzens halten mich seelisch zusammen. Ein Jahr ist es her!!! Was habt Ihr seither durchgemacht? Lebt Ihr noch? Wann wird diese zischend brennende Wunde von einem balsamierenden Ja geheilt? Das wird ein wahrer Feiertag!!! Aber kommt er, wird er überhaupt kommen???
In dem Roman Leonardo da Vinci von Mereschkowski las ich gestern diese Zeile: „Je mehr Gefühl, umso mehr Leid. Ein großes Martyrium!“[8] Als ob sich dies direkt auf uns beziehen würde. Als wir am zweiten Abend von Pessach mit dem Omer-Zählen[9] begannen, betete ich: „Mein Gott, mein Herr. Wenn das Omer-Zählen zu Ende geht, mach, dass unsere Qualen, unsere Schmerzen ein Ende finden. Meine Teuren sollen bis dahin […][10] !“ Ob mein Gebet Gehör fand? Ob es *noch* Gehör finden kann, ja, kann mein Gebet überhaupt noch Gehör finden? Ob Ihr noch am Leben seid? Wen werde ich noch einmal von meinen Liebsten wiedersehen? Ach, es ist eine Schande, dass ich so etwas aufschreiben muss. (Der Sephirot[11] ist vorbei, aber Ihr seid nicht gekommen. Ob mein Gebet doch kein Gehör fand? Kein Gehör finden konnte? Wie kann man *das* aushalten?)
Der Krieg ist zu Ende. Jetzt könnte man leben. Die Judenverfolgung ist zu Ende! Jetzt würde es sich lohnen zu leben. Leben, leben, aber nur mit Euch. Für Euch und um Euretwegen! Ohne Euch nicht!!! Es hätte keinen Sinn. Ich sehne mich so sehr nach Euch. Wenn Ihr *schon alles hinter Euch habt*, dann geht es Euch *dort* besser, und ich möchte *dort* sein, wo Ihr seid.
Debrecen, 3. Mai bzw. 24. Mai 1945, an einem Donnerstagabend in der Nacht um ¾ 12.[12]

8 Dmitri Mereschkowski, Leonardo da Vinci, Berlin 1929, S. 232.

9 Das rituelle Omer-Zählen beginnt am zweiten Seder-Abend. Gezählt werden die 49 Tage zwischen den Festen Pessach und Schavuot.

10 Unleserlicher Satzteil.

11 (Hebr.): Mehrzahl für Zahl, Ziffer. Gemeint ist das Omer-Zählen.

12 Sámuel Schönberger erfuhr erst im Aug. 1945, dass seine Familie ermordet wurde und lediglich seine Tochter Noémi überlebt hat.

Glossar

Alija (hebr.)

Aufstieg. Jüdische Einwanderung nach Palästina. 1933 gründete die Jewish Agency unter ihrem Dach außerdem die Jugendalija, die mehreren Tausend jüdischen Kindern und Jugendlichen aus Europa durch den Transport nach Palästina das Leben rettete. Nach dem Zweiten Weltkrieg betreute die Abteilung Kinder, die überlebt hatten.

Arbeitsdienst (*munkaszolgálat*)

Der ungar. Arbeitsdienst wurde mit dem Gesetz 1939:II am 11. März 1939 eingeführt. Mit dieser Maßnahme sollten Personen militärisch eingezogen werden, die für die Landesverteidigung als ungeeignet eingestuft wurden (Angehörige der nationalen und religiösen Minderheiten, Kommunisten). In erster Linie traf diese Maßnahme Juden. Im Verlauf des Kriegs durften jüdische Männer beim Arbeitsdienst keine Uniformen mehr tragen, sondern mussten besondere Armbinden zur Kennzeichnung anlegen. Die Arbeitsdienst leistenden Juden wurden nicht nur innerhalb Ungarns, sondern 1941–1943 auch an der Ostfront eingesetzt. Viele starben aufgrund der kriegerischen Auseinandersetzung bzw. an den Misshandlungen oder den schlechten Lebensbedingungen im Arbeitsdienst. Im Frühjahr/Sommer 1944 wurden die Arbeitsdiensteinheiten von den Deportationsmaßnahmen ausgenommen, doch nach der Machtübernahme der Pfeilkreuzler übergab die ungar. Regierung unter Ferenc Szálasi Zehntausende Arbeitsdienstler an das Deutsche Reich.

Cétnik / Tschetnik

Nationalserb. royalistische Guerillagruppen, die sich nach der Kapitulation der jugoslaw. Armee bildeten. Die wichtigste unter ihnen war die Ravna-Gora-Bewegung, die für die Restauration der jugoslaw. Monarchie unter serb. Dominanz kämpfte. Von der jugoslaw. Exilregierung zunächst als „Jugoslawische Armee in der Heimat" anerkannt, verlor die Bewegung aufgrund ihrer Passivität sowie der teilweisen Kooperation mit den Achsenmächten von Herbst 1943 an die Unterstützung der Alliierten zugunsten der rivalisierenden Partisanen.

Chevra Kadisha / Chewra Kadisha

Rituelle Beerdigungsgesellschaft, die sich der religiösen Begleitung Sterbender, der rituellen Bestattung und der Betreuung der Trauernden widmet.

Eiserne Garde

Antisemitische nationalistische Organisation, 1930 im Königreich Rumänien gegründet. Sie entwickelte sich zu einer Massenbewegung und verhalf mit einem Putsch im Jahr 1940 General Ion Antonescu zur Macht und zur Errichtung einer Militärdiktatur. 1941 kam es zum Bruch zwischen Antonescu und der Eisernen Garde.

Emanzipationsgesetz

Im Emanzipationsgesetz von 1867 wurde das Judentum zur Konfession erklärt. Es schrieb zudem die Gleichstellung aller Juden vor dem Gesetz fest und hob alle Verordnungen auf, die das Judentum in seiner bürgerlichen Existenz behindert hatten.

Erez Israel (hebr.)

Das Land Israel, das die Zionisten im Mandatsgebiet Palästina errichten wollten. Dort sollte ein jüdischer Staat als Zielland und Zufluchtsort für die in der Diaspora lebenden, von Verfolgung und Assimilation bedrohten Juden geschaffen werden.

Felvidék

Bezeichnung für die südliche Slowakei.

Frontkämpfer

Bezeichnung für Veteranen des Ersten Weltkriegs.

Geheimrat

Der Titel Geheimrat wurde hochrangigen Beamten als Auszeichnung verliehen.

Geschütztes Haus

Gebäude in Budapest, in denen seit Nov. 1944 Juden untergebracht wurden, die unter dem Schutz eines neutralen Staates standen.

Gespan / Obergespan siehe Komitat

Großes Getto

Die per Verordnung vom 29. Nov. 1944 beschlossene Errichtung des Großen Gettos in Budapest war wenige Tage später abgeschlossen. Dort waren im Jan. 1945 bis zu 70 000 Personen untergebracht.

G-Schreiber

Der Geheimfernschreiber war eine deutsche Verschlüsselungsmaschine für Funkfernschreiben.

Haschomer Hazair (hebr.)

Junge Wächter. Ziele der vor dem Ersten Weltkrieg gegründeten ältesten sozialistisch-zionistischen Jugendorganisation waren die Auswanderung nach Palästina und die Gründung von Kibbuzim. Die von der Pfadfinder- und Wanderbewegung beeinflusste Bewegung propagierte einen kollektiven Lebensstil.

HICEM

Die jüdische Hilfsorganisation wurde 1927 nach dem Zusammenschluss von drei Emigrationsorganisationen gegründet und unterstützte europäische Juden in ihren Auswanderungsbestrebungen. 1940 verlegte sie ihren Sitz von Paris nach New York.

Honvéd

Bezeichnung für die ungar. Streitkräfte.

Hungarismus

Ferenc Szálasi bezeichnete seit 1937 die ideologischen Grundlagen seiner Bewegung als Hungarismus, der in vielen seinen Forderungen an den italien. Faschismus bzw. den deutschen Nationalsozialismus anknüpfte, jedoch auch zahlreiche spezifisch ungar. ideologische Komponenten besaß.

Internationales Getto

In dem im Nov. 1944 eingerichteten Internationalen Getto in Budapest wurden etwa 30 000 Personen untergebracht, die über einen Schutzbrief eines neutralen Landes verfügten.

Jägerstab / Jägerprogramm

Der Jägerstab koordinierte von März 1944 an die deutsche Luftrüstung.

Jeschiwa, Plur.: Jeschiwot (hebr.)

Höhere jüdische theologische Lehranstalt (Talmudschule) zur Ausbildung von Rabbinern und jüdischen Religionsgelehrten.

Jewish Agency for Palestine

Die 1929 auf dem 16. Zionistenkongress in Zürich gegründete Organisation repräsentierte die in Palästina lebenden Juden und diente der brit. Mandatsmacht als Ansprechpartner. Darüber hinaus war die Jewish Agency für die Einwanderung und die Zuweisung von brit. Zertifikaten an Immigrationswillige zuständig. Im Mai 1948 bildete sie die provisorische Regierung Israels.

Joint

American Jewish Joint Distribution Committee (JDC). US-amerikanische Hilfsorganisation, die seit 1914 Juden in Europa finanziell und materiell unterstützte.

Jom Kippur

Versöhnungsfest, höchster jüdischer Feiertag.

„Judenhaus" *(csillagos ház)*

Häuser, die seit Juni 1944 der Konzentration der jüdischen Bevölkerung von Budapest dienten. In der Hauptstadt bestanden etwa 2000 mit einem gelben Stern gekennzeichnete „Judenhäuser", verstreut über das ganze Stadtgebiet. Ende November/Anfang Dezember wurden ihre Bewohner ins Große bzw. ins Internationale Getto umgesiedelt.

Jüdischer Weltkongress (World Jewish Congress – WJC)

Nahum Goldmann und Vertreter aus 32 Staaten gründeten den Jüdischen Weltkongress im August 1936 in Genf – dem Sitz des Völkerbunds – als internationale Vereinigung jüdischer Gemeinschaften und Organisationen. Der Hauptsitz befand sich zunächst in Paris. Vorbild für den WJC war der American Jewish Congress.

Katasterjoch

Ein Flächenmaß. Das ungar. Joch beträgt etwa 0,575 ha.

Komitat (*megye*)

Regionale Verwaltungseinheit, an deren Spitze der Obergespan (*főispán*) stand. Die einzelnen Komitate waren in Bezirke (*járás*) unterteilt, die von einem Oberstuhlrichter (*főszolgabíró*) geleitet wurden.

Levente

Die 1921 gegründete paramilitärische Jugendorganisation diente der ideologischen Erziehung bzw. der vormilitärischen Ausbildung männlicher Jugendlicher zwischen 12 und 21 Jahren. Jüdische Jugendliche wurden seit 1941 in separaten Levente-Einheiten zusammengefasst, bis sie 1942 von der Organisation ganz ausgeschlossen wurden.

Magnatenhaus

Oberhaus des ungar. Parlaments. Das Magnatenhaus stellte im Nov. 1918 seine Arbeit ein, 1926 wurde es offiziell aufgelöst.

Neologie

Religiöse Strömung innerhalb des Judentums in Ungarn. Die neologen Juden reformierten ihre religiösen Traditionen und strebten die kulturelle und gesellschaftliche Assimilation zur Mehrheitsgesellschaft an. Die größte und bedeutendste neologe Gemeinde war die Pester Israelitische Gemeinde.

Numerus-clausus-Gesetz

Bezeichnung für das Gesetz 1920:XXV, mit dem u. a. die Zahl der jüdischen Studenten an den Universitäten in Ungarn auf ihren Bevölkerungsanteil (sechs Prozent) begrenzt wurde. Das Parlament nahm das Gesetz im Sept. 1920 an.

Offener Befehl (*nyilt parancs*)

Schriftliche Anweisung an militärische Formationen oder Einzelpersonen zur Ausführung einer bestimmten Aufgabe. Das Schreiben, das auch Ministerien oder andere zivile Behörden ausstellen konnten, sicherte den ausführenden Organen zumeist außerordentliche Rechte und Prioritäten für die Umsetzung der Maßnahmen zu.

Palästina-Amt

Das Palästina-Amt der Jewish Agency förderte die Auswanderung nach Palästina u. a. mittels Verteilung von Einwanderungszertifikaten. 1918 in Wien gegründet, hatte das Amt seinen Hauptsitz bis 1941 in Berlin und unterhielt zahlreiche Zweigstellen.

Pfeilkreuzler (*nyilasok*)

Anhänger einer unter verschiedenen Namen 1935–1945 bestehenden rechtsextremen, antisemitischen Partei in Ungarn. Sie führten von Okt. 1944 bis März 1945 eine ungar. Kollaborationsregierung an, unter der mehrere Zehntausend Menschen ins Deutsche Reich deportiert wurden.

Protektionsbüro der ungarischen Israeliten (Magyar Izraeliták Pártfogó Irodája – MIPI)

Die Institution entstand Ende Dez. 1938 mit Unterstützung des American Joint Distribution Committee und kümmerte sich um soziale Belange. Der Joint finanzierte die Arbeit des Protektionsbüros monatlich mit 25 000 Dollar.

Räterepublik (*tanácsköztársaság*)

Zwischen März und Aug. 1919 bestand in Ungarn eine kommunistische Räterepublik unter der Führung von Béla Kun.

„Roter Terror"

Gewaltakte unter der kommunistischen Räterepublik gegen vermeintliche und tatsächliche Gegner des politischen Systems. Dem „roten Terror" fielen mehrere Hundert Menschen zum Opfer.

Schutzbrief, Schutzpass

Ein Dokument, das darüber informiert, dass dessen Besitzer unter dem Schutz eines neutralen Staats (insbesondere Schwedens, der Schweiz und des Vatikans) oder einer neutralen Organisation (Rotes Kreuz) steht. Damit sollte ihm Schutz vor Verfolgung und Deportation gewährt werden. Die Verteilung bzw. Fälschung von Schutzpässen war eine bewährte Maßnahme zur Rettung von Juden in Ungarn.

Staatliche Ungarische Jüdische Hilfsaktion (Országos Magyar Zsidó Segítő Akció – OMZSA)

1939 auf Betreiben des Joint gegründet, um bedürftige Juden zu unterstützen.

Staatliches Büro der Ungarischen Israeliten (Magyar Izraeliták Országos Irodája – MIOI)

Dachorganisation aller neologen Gemeinden in Ungarn.

Status quo ante

Religiöse Strömung innerhalb des Judentums in Ungarn, deren Anhänger bei der Spaltung des Judentums im Jahre 1868/69 sich weder der Neologie noch der Orthodoxie anschließen wollten.

Stuhlrichter / Oberstuhlrichter siehe Komitat

Trianon

Infolge des am 4. Juni 1920 unterzeichneten Friedensvertrags von Trianon musste Ungarn zwei Drittel seines Territoriums an seine Nachbarländer abtreten.

Ungarisch-Israelitischer Landesverband für öffentliche Bildung (Országos Magyar Izraelita Közművelődési Egyesület – OMIKE)

Der 1910 gegründete Verein hatte die Förderung der jüdischen Kultur in Ungarn zum Ziel und bestand bis 1944.

Ungarischer Rassenschutz (*magyar fajvédelem*)

Die Anhänger des ungarischen Rassenschutzes postulierten die Notwendigkeit eines „neuen ungarischen Menschen" und vertraten die Ansicht, dass Ungarn aufgrund seiner Kultur und seiner zentralen Lage im Donaubecken die Führungsrolle unter den Völkern in Zentraleuropa übernehmen müsse.

Vaadat ha'Ezra ve'ha'Hatzalah (kurz: Vaada), Budapester Rettungskomitee

Die zionistische Hilfsorganisation wurde 1942/43 zur Unterstützung jüdischer Flüchtlinge in Ungarn ins Leben gerufen. Nach der deutschen Besetzung nahm sie Verhandlungen mit der SS über die Rettung der Juden in Ungarn auf.

Vitéz / Orden der Vitéz

Der Orden der Vitéz wurde 1920 gegründet. Mit dem Titel wurden verdiente Soldaten beider Weltkriege geehrt sowie Personen, die für ihre Beteiligung in den ungar. nationalen Bewegungen in den Nachbarländern bzw. für ihren Kampf gegen die Räterepublik ausgezeichnet worden waren. Bei ihrer Aufnahme in den Orden erhielten sie den Titel Vitéz und ein Stück Landbesitz.

Volksgericht (*népbíróság*)

Ungarische Gerichtshöfe zur Verurteilung von Kriegsverbrechern. Die Verordnung über die Volksgerichte wurde am 25. Januar 1945 erlassen. Bis zum Mai 1945 wurden insgesamt 24 Volksgerichte eingerichtet. Laut kommunistischen Statistiken stellten die Volksgerichte rund 60 000 Personen vor Gericht, befanden mehr als 26 000 Angeklagte für schuldig und verurteilten 476 Personen zum Tode. 189 Todesurteile wurden vollstreckt. Neben der Aburteilung von Kriegsverbrechern dienten die Volksgerichte auch der kommunistischen Machtausweitung und -absicherung. 1950 stellte das letzte Volksgericht seine Arbeit ein.

War Refugee Board (Komitee für Kriegsflüchtlinge – WRB)

Gegründet im Januar 1944 auf Initiative des US-Präsidenten Roosevelt zur Unterstützung der Opfer der NS-Diktatur, vor allem der jüdischen Flüchtlinge, unterhielt das Komitee Zweigstellen u. a. in den neutralen Staaten, in Großbritannien, Italien sowie in Afrika.

„Weißer Terror"

Politische Gewaltakte und Pogrome, die bewaffnete Einheiten 1919/20 gegen Protagonisten der Räterepublik, Sozialdemokraten, Liberale, einfache Bürger, Bauern, Arbeiter und Juden verübten.

Wiener Schiedssprüche

Zwischen Italien und dem Deutschen Reich ausgehandelte Abkommen zur Beruhigung territorialer Konflikte zwischen Ungarn und seinen Nachbarstaaten. Durch den Ersten Wiener Schiedsspruch vom 2. Nov. 1938 erhielt Ungarn Teile der Slowakei und der Karpato-Ukraine. Im Zweiten Wiener Schiedsspruch wurde Ungarn am 30. August 1940 Nordsiebenbürgen zugesprochen.

Zentrale Behörde zur Kontrolle fremder Staatsbürger (Külföldieket Ellenőrző Országos Központi Hatóság – KEOKH)

Die KEOKH war u. a. für die Überwachung von ausländischen bzw. staatenlosen Juden in Ungarn zuständig.

Zentralrat der ungarischen Juden (Magyar Zsidók Központi Tanácsa)

Der Zentralrat der ungarischen Juden wurde auf deutsche Anordnung hin am 21. März 1944 in Budapest eingerichtet. Am 22. April 1944 ließ die ungar. Regierung einen neuen Judenrat unter der Bezeichnung Provisorischer Exekutivausschuss des Verbands der Juden in Ungarn (Magyarországi Zsidók Szövetségének Ideiglenes Intéző Bizottsága) bilden. Ab Juli 1944 erhielten jene Personen, die unter die antijüdischen Gesetze fielen, aber zum Christentum konvertiert waren, eine eigene Vertretung innerhalb des Judenrats (Verband der christlichen Juden in Ungarn). Zudem bestanden in mehreren Städten örtliche Judenräte. Nach der Machtübernahme der Pfeilkreuzler setzte die Szálasi-Regierung am 22. Okt. 1944 einen neuen Judenrat in Budapest ein, der für die Belange im Großen Getto zuständig war.

Abkürzungsverzeichnis

AA	Auswärtiges Amt
Abt. D	Abteilung Deutschland
Abt. D III	Abteilung Deutschland, Judenfrage, Rassenpolitik
A. C.	Actions-Comitee
ADAP	Akten zur deutschen auswärtigen Politik
AEG	Allgemeine Elektricitäts-Gesellschaft
A.E.M.	Affari di Europa e del Mediterraneo
A.G. IV	Affari Generali–IV (Abt. IV [Vertrauliche Angelegenheiten] der Generaldirektion für Allgemeine Angelegenheiten)
A.G.R.	Affari generali e riservati (Allgemeine und vertrauliche Angelegenheiten)
a. o.	außerordentlicher
ÁVOH	Államraszállt Vagyonok Országos Hatósága (Staatliche Behörde für die in Staatsbesitz übergegangenen Vermögenswerte)
BdO	Befehlshaber der Ordnungspolizei
BdS	Befehlshaber der Sicherheitspolizei und des SD
Bev. General d. D. Wehrmacht	Bevollmächtigter General der Deutschen Wehrmacht
biz.	bizalmas (vertraulich)
B.M./BM	Belügyminisztérium/belügyminiszteri (Innenministerium)
Bp.	Budapest
CdZ	Chef der Zivilverwaltung
CIA	Central Intelligence Agency
Col.	Colonel
ČSR	Tschechoslowakei
DEGOB	Deportáltakat Gondozó Országos Bizottság (Landesfürsorgekomitee der Deportierten)
Diko	Deutsche Industriekommission
Diplogerma	Telegramm-Adresse deutscher diplomatischer Vertretungen
Dir.	Direktor
dkg.	Dekagramm (= zehn Gramm)
dl.	Deziliter
DNB	Deutsches Nachrichtenbüro
e. h.	eigenhändig
E. I. H.	Erez Israel Haovedet
eln. sz.	elnöki szám (Präsidialnummer)
ÉME	Ébredő Magyarok Egyesülete (Vereinigung Erwachendes Ungarn)
EMKE	Erdélyi Magyar Közművelődési Egyesület (Ungarischer Siebenbürgischer Bildungsverein)
EPD	Eidgenössisches Politisches Departement
FO	Foreign Office
g. Kdos.	geheime Kommandosache
g. Rs.	Geheime Reichssache
GBA	Generalbevollmächtigter für den Arbeitseinsatz

geh.Ch.V.	Geheimes Chiffrier-Verfahren
Gen. Dir.	Generaldirektor
Gen. Kons.	Generalkonsul
Generalmajor d. P.	Generalmajor der Polizei
Gestapo	Geheime Staatspolizei
GPU	Gosudarstvennoe Političeskoe Upravlenie (Staatliche politische Verwaltung)
Gr.	Graf
G-Schreiber	Geheimschreiber
hdm.	Hadművelet/i (Operation/s)
h. E.	hiesigen Erachtens
H. H.	Hashomer Hazair
Histadrut	HaHistadrut HaKlalit schel Ha'Owdim B'Eretz Israel (Allgemeiner Verband der Arbeiter im Lande Israel)
HSSPF	Höherer SS- und Polizeiführer
Ibusz	Idegenforgalmi Beszerzési Utazási és Szállítási Rt. (AG für Akquisition, Reise und Transport im Fremdenverkehr)
Ic	Dritter Generalstabsoffizier (Feindbild)
IGC	Intergovernmental Commitee on Refugees
IKRK	Inernationales Komitee vom Roten Kreuz
Inl.	Inland
Joint	American Jewish Joint Distribution Committee
KdS	Kommandeur der Sicherheitspolizei und des SD
KEOKH	Külfödieket Ellenőrző Országos Központi Hatóság (Zentrale Behörde zur Kontrolle fremder Staatsbürger)
KH	Keren Hajesod (Gründungsfonds)
KISOK	Középiskolai Sportkörök Országos Központja (Landeszentrum der Sportverbände der Mittelschulen)
KKL	Keren Kajemeth LeIsrael (Jüdischer Nationalfonds)
KMOF	Közérdekű Munkaszolgálat Országos Felügyelője (Landesinspektor des gemeinnützigen Arbeitsdienstes)
KMSZ	közérdekű munkaszolgálatos/munkaszolgálat (gemeinnütziger Arbeitsdienst/Arbeitsdienstler)
k. u. k.	kaiserlich und königlich
LR/Leg.rat	Legationsrat
LS	Legationssekretär
Lt.	Leutnant/Lieutenant
MAORT	Magyar–Amerikai Olajipari Részvénytársaság (Ungarisch-Amerikanische Ölindustrie-AG)
MAPAI	Mifleget Poalei Erez Israel (Arbeiterpartei des Landes Israel)
MÁV	Magyar Állami Vasutak (Ungarische Staatsbahnen)
MÁVAG	Magyar Királyi Államvasutak Gépgyára (Maschinenfabrik der Ungarischen Königlichen Staatsbahnen)
m. d. B.	mit der Bitte
M. E.	Miniszterelnök/miniszterelnöki (Ministerpräsident)
MÉP	Magyar Élet Párja (Partei Ungarisches Leben)
M.I. 14	British Military Intelligence, Section 1
MIEFHOE	Magyar Izraelita Egyetemi és Főiskolai Hallgatók Országos Egyesülete (Landes-

	verband der Ungarischen Israelitischen Hörer an Universitäten und Hochschulen)
Min.rat	Ministerialrat
MIOI	Magyar Izraeliták Országos Irodája (Staatliches Büro der Ungarischen Israeliten)
MIPI	Magyar Izraeliták Pártfogó Irodája (Protektionsbüro der ungarischen Israeliten)
MOVE	Magyar Országos Véderő Egylet (Ungarischer Landeswehrverein)
MTI	Magyar Távirati Iroda (Ungarisches Nachrichtenbüro)
NEP	Nemzeti Egység Pártja (Partei der Nationalen Einheit)
NKWD	Narodnyj Komissariat Vnutrennych Del (Volkskommissariat für Inneres)
NSDAP	Nationalsozialistische Deutsche Arbeiterpartei
NSDAP-AO	NSDAP Auslands- und Aufbauorganisation
NSKK	Nationalsozialistisches Kraftfahrkorps
OA	Oberabschnitt
OKW	Oberkommando der Wehrmacht
OLG	Oberlandesgericht
OMIKE	Országos Magyar Izraelita Közművelődési Egyesület (Ungarisch-Israelitischer Landesverband für öffentliche Bildung)
OMKE	Országos Magyar Kereskedelmi Egyesülés (Ungar. Landesvereinigung für Handel)
OMZSA	Országos Magyar Zsidó Segítö Akció (Staatliche Ungarische Jüdische Hilfsaktion)
Op.Gebiet	Operationsgebiet
ORR	Oberregierungsrat
ORT	Organizacija razprostranenija remeslennogo i zemledel'českogo truda sredi evreev v Rossii (Verein zur Förderung des Handwerks und der Landwirtschaft unter den Juden in Russland)
OSS	Office of Strategic Services
OT	Organisation Todt
OTI	Országos Társadalombiztosító Intézet (Landesanstalt für Sozialversicherung)
o. V. i. A.	oder Vertreter im Amt
OWI	United States Office of War Information
PIH	Pesti Israelita Hitközség (Pester Israelitische Gemeinde)
PNF	Partito Nazionale Fascista (Nationalsozialistische Partei)
RAM	Reichsaußenminister/-ium
Ref. IV B4	Referat Judenangelegenheiten und Räumungsangelegenheiten im Reichssicherheitshauptamt
Ref. IV D4	Referat Räumungsangelegenheiten und Reichszentrale für jüdische Auswanderung
res.	reservált – gesonderte (Schriftstücke)
RM	Reichsmark
RMEuL	Reichsministerium für Ernährung und Landwirtschaft
RSHA	Reichssicherheitshauptamt
RSI	Repubblica Sociale Italiana (Italienische Sozialrepublik, auch Republik von Salò)
Rt.	Részvénytársaság (Aktiengesellschaft)
RWM	Reichswirtschaftsminister
SA	Sturmabteilung
SAS	Siess, Azonnal, Sürgős (Beeil dich, sofort, dringend)
Schupo	Schutzpolizei

SD	Sicherheitsdienst
SEK	Sondereinsatzkommando
Sipo	Sicherheitspolizei
SS	Schutzstaffel
SSPF	SS- und Polizeiführer
SS-WVHA	SS-Wirtschafts-Verwaltungshauptamt
StPO	Strafprozessordnung
StS	Staatssekretär
sz.	szám/ú (Nummer)
t.c.	törvénycikk (Gesetzesartikel)
Tel.	Telegramm
Telko/Tel.Ktr.	Telegrammkontrolle
Tgb.	Tagebuch
U. A. C.	Ungarische Allgemeine Creditbank
UStS	Unterstaatssekretär
Vaada	Vaadat ha'Ezra ve'ha'Hatzalah (Budapester Rettungskomitee)
VAC	Vívó és Atlétikai Club (Club für Fechten und Athletik)
VDU	Volksbund des Deutschen in Ungarn
VEJ	Die Verfolgung und Ermordung der europäischen Juden durch das nationalsozialistische Deutschland 1933–1945
vkf. (honvéd)	vezérkar főnöke (Chef des Generalstabs)
VO	Verordnung
WJC	World Jewish Congress
WRB	War Refugee Board
z. b. V.	zur besonderen Verwendung

Verzeichnis der im Dokumententeil genannten Archive

Állambiztonsági Szolgálatok Történeti Levéltára (ÁBTL, Historisches Archiv der Staatssicherheitsdienste), Budapest
American Jewish Archives (AJA), Cincinnati
Archiv für Zeitgeschichte, Zürich
Archiv Mauthausen Memorial (AMM), Wien
Archives du Comité International de la Croix Rouge (ACICR), Genf
Archivio Apostolico Vaticano (AAV), Vatikanstadt
Archivio Centrale dello Stato (ACS), Rom
Archivio Storico Diplomatico del Ministero degli Affari Esteri (ASMAE), Rom
Arhivele Naţionale ale României (Nationale Archive Rumäniens), Cluj
Budapest Főváros Levéltára (BFL, Hauptstadtarchiv Budapest), Budapest
Bundesarchiv Berlin (BArch)
Bundesarchiv-Militärarchiv (BArch-MA), Freiburg
Central Zionist Archives (CZA), Jerusalem
Centre de Documentation Juive Contemporaine (CDJC), Paris
Déri Múzeum irodalmi gyűjteménye (Literarische Sammlung des Déri-Museums), Debrecen
Evangélikus Országos Levéltár (EOL, Evangelisches Staatsarchiv), Budapest
HM HIM Hadtörténelmi Levéltár (Militärhistorisches Archiv), Budapest
Holokauszt Emlékközpont (HDKE, Holocaust Gedenkzentrum), Budapest
Hoover Institution Library and Archives (HIA), Stanford
Institut für Zeitgeschichte, Archiv (IfZArch), München
Jevrejski istorijski muzej (Jüdisches Museum), Belgrad
Lavon Institute for Labour Research (LI), Tel Aviv
Leo Baeck Institute (LBI), New York/Berlin
Magyar Nemzeti Galéria Adattára (Archiv der Ungarischen Nationalgalerie), Budapest
Magyar Nemzeti Levéltár Bács-Kiskun Megyei Levéltára (MNL BKML, Archiv des Komitats Bács-Kiskun des Ungarischen Nationalarchivs), Kecskemét
Magyar Nemzeti Levéltár Baranya Megyei Levéltára (MNL BML, Archiv des Komitats Baranya des Ungarischen Nationalarchivs), Pécs
Magyar Nemzeti Levéltár Békés Megyei Levéltára (MNL BéML, Archiv des Komitats Békés des Ungarischen Nationalarchivs), Gyula
Magyar Nemzeti Levéltár Borsod-Abaúj-Zemplén Megyei Levéltára (MNL BAZML, Archiv des Komitats Borsod–Abaúj–Zemplén des Ungarischen Nationalarchivs), Miskolc/Sátoraljaújhely/Alsózsolca
Magyar Nemzeti Levéltár Csongrád-Csanád Megyei Levéltára (MNL CSML, Archiv des Komitats Csongrád-Csanád des Ungarischen Nationalarchivs), Szeged
Magyar Nemzeti Levéltár Győr–Moson–Sopron Megye Soproni Levéltára (MNL GyMSM SL (Soproner Archiv des Komitats Győr–Moson–Sopron des Ungarischen Nationalarchivs), Sopron
Magyar Nemzeti Levéltár Hajdú-Bihar Megyei Levéltára (MNL HBML, Archiv des Komitats Hajdú-Bihar des Ungarischen Nationalarchivs), Debrecen
Magyar Nemzeti Levéltár Nógrád Megyei Levéltára (MNL NML, Archiv des Komitats Nógrád des Ungarischen Nationalarchivs), Salgótarján/Balassagyarmat/Bátonyterenye
Magyar Nemzeti Levéltár Országos Levéltára (MNL OL, Staatsarchiv des Ungarischen Nationalarchivs), Budapest
Magyar Nemzeti Levéltár Pest Megyei Levéltára (MNL PML, Archiv des Komitats Pest des Ungarischen Nationalarchivs), Budapest
Magyar Zsidó Múzeum és Levéltár (MZSML, Ungarisches Jüdisches Museum und Archiv), Budapest

Magyarországi Református Egyház Zsinati Levéltára (Synodenarchiv der ungarischen reformierten Kirche), Budapest
Memorial Museum of Hungarian Speaking Jewry, Safed
MTA Könyvtára Kézirattára (Handschriftenarchiv der Bibliothek der Ungarischen Akademie der Wissenschaften), Budapest
Országos Széchényi Könyvtár Kézirattára (Handschriftenarchiv der Staatlichen Széchényi Bibliothek), Budapest
Petőfi Irodalmi Múzeum Kézirattár (PIM, Handschriftenarchiv des Petőfi Literaturmuseums), Budapest
Politikatörténeti és Szakszervezeti Levéltár (PIL, Archiv für Politik- und Gewerkschaftsgeschichte), Budapest
Politisches Archiv des Auswärtigen Amts (PAAA), Berlin
Ráday Levéltár (Ráday Archiv), Budapest
Schweizerisches Bundesarchiv (BAR), Bern
Serviciul Județean al Arhivelor Naționale (SJAN) Maramureș (Maramureș' Zweigstelle des Rumänischen Nationalarchivs), Baia Mare
Staatsarchiv Nürnberg
Stadtarchiv Nürnberg
The National Archives (TNA), Kew/London
The Wiener Holocaust Library (WHL), London
United States Holocaust Memorial Museum (USHMM), Washington, D.C.
US National Archives and Records Administration (NARA), College Park, Maryland
Yad Vashem Archives (YVA), Jerusalem
Zentrale Stelle der Landesjustizverwaltungen (ZStL), Ludwigsburg

Systematischer Dokumentenindex

Die angegebenen Zahlen beziehen sich auf die Nummern der Dokumente.

Register der Institutionen, Firmen und Zeitschriften

Zeitungen und Zeitschriften sind ins Register nur aufgenommen, wenn der Text Informationen über die Zeitung/Zeitschrift als Institution enthält (z. B. Erscheinungszeitraum, Herausgeber), nicht, wenn sie lediglich erwähnt oder als Quelle genannt werden.

Ortsregister

Orte, Regionen und Länder sind i. d. R. nur verzeichnet, wenn sie Schauplätze historischen Geschehens sind, jedoch nicht, wenn sie nur als Wohnorte erwähnt werden. Orte, die zwischen 1938 und 1941 von Ungarn annektiert oder besetzt wurden, werden auf Ungarisch verzeichnet und der 1937 gültige Name ebenso wie deutsche Ortsbezeichnungen oder abweichende heutige Benennungen in Klammern hinzugefügt.

Taucht ein Ortsname in den Dokumenten in mehreren Varianten auf – einschließlich der damals völkerrechtlich gültigen –, werden diese im Register durch Schrägstriche getrennt aufgelistet und der völkerrechtlich gültige Name an erster Stelle genannt. Unterscheiden sich die Varianten nur marginal (z. B. durch das Fehlen von Sonderzeichen), werden sie nicht alle aufgeführt; ist die Diskrepanz wesentlich, wird jeweils auf die damals völkerrechtlich gültige Schreibweise verwiesen. Sonderzeichen werden den betreffenden Buchstaben des Alphabets zugeordnet (also steht á bei a und é bei e usw.).

Personenregister

In Fällen, in denen der Vorname unbekannt ist, folgt in Klammern eine Angabe zu Beruf bzw. Funktion oder Rang, wenn diese nicht bekannt sind, eine Ortsangabe. Namen verheirateter Frauen werden unter der damals gebräuchlichen Form, ergänzt durch den Zusatz „Frau" (als Übersetzung des Ungarischen „né") angeführt.

DEUTSCHES REICH
Auschwitz
Protektorat Böhmen und Mähren
Brno (Brünn)
March
SLOWAKEI
Österreich
Strasshof an der Nordbahn
Wien
Bratislava (Preßburg)
(zum Deutschen Reich)
Kassa (Košice)
Léva (Levice)
Felvidék
Érsekújvár (Nové Zámky)
Hegyeshalom
Mosonmagyaróvár
Donau
Komárom
Győr
Sopron
Tata
Ózd
Miskolc
Salgótarján
VII
Eger
Mezőkövesd
Gyöngyös
Vác
Újpest
II
Budapest
Kistarcsa
Jászberény
Kispest
I
Sárvár
Pápa
Szombathely
Székesfehérvár
III
Veszprém
Cegléd
Karca
Túrkeve
VI
Kecskemét
Csongrád
Kiskunfélegyháza
Szentes
Békéscsa
Paks
Kalocsa
Nagykanizsa
IV
Kiskunhalas
Hódmezővásárhely
Kaposvár
Szekszárd
Szeged
Makó
V
Baja
Drau
Pécs
Szabadka (Subotica)
Timișo
Zombor (Sombor)
Délvidék
Osijek (Esseg)
Theiß
Újvidék (Novi Sad)
UNABHÄNGIGER STAAT KROATIEN
(ab 10.4.1941)
Westbana
Save
Belgrad
SERBIE
(unter deutscher Besa
0 20 40 60 80 100 km